정보 검색의 이론과 실제

정보 검색의 이론과 실제

검색엔진을 구현하고 평가하는 방법

스테판 버처 · 찰스 클라크 · 고든 코맥 지음   임형준 · 김진홍 옮김

i!i
에이콘

에이콘출판의 기틀을 마련하신 故 정완재 선생님 (1935-2004)

우리 가족에게

추천의 글

학계의 거장 셋이 뭉쳐서 정보 검색에 관한 훌륭한 교재를 만들었습니다. 스테판 버처, 찰스 클라크, 고든 코맥이 세대를 이어 정보 검색을 연구한 기간을 합하면 50년이 넘습니다. 버처는 클라크의 박사과정 학생이었고, 클라크는 다시 코맥의 박사과정 학생이었습니다. 이 세 사람은 심오한 연구 성과뿐만 아니라 실용적인 검색 시스템을 만들고자 하는 열의로 유명합니다. 세계적 수준의 연구자들이 시스템 개발에도 많은 기여를 한 보기 드문 경우입니다.

이 책은 문서 수집, 색인, 질의 처리를 포함해 검색엔진의 주요 구성 요소를 다룹니다. 많은 부분을 색인, 검색 기법, 평가에 관한 핵심 주제를 다루는 데 할애했습니다. 특히 구현과 실험을 강조해 독자들이 색인 압축이나 색인 갱신 정책을 포함해 정보 검색 시스템이 동작하는 상세한 구조를 배울 수 있습니다. 또 실제 상황에서 어떤 기법이 잘 동작하는지 이해할 수 있게 설명했습니다. 성능 평가를 다룬 두 개의 장에서는 검색엔진을 평가하는 방법론적이면서 통계적인 기초를 제공합니다. 독자는 이를 근거로 순위화 수식을 바꾸면 검색 결과 품질이 개선되는지와 같은 의사 결정을 할 수 있습니다. 분류를 다루는 특정 언어로 된 문서만 검색하거나 부적절한 내용을 검색 결과에서 거르는 등의 고급 검색 연산을 수행하는 데 유용한 머신러닝 기법을 소개합니다. 병렬 정보 검색과 웹 검색을 다루는 장에서는 기초적인 정보 검색 시스템을 수십억 개 문서와 수십만 명의 사용자를 지탱할 수 있는 대규모 시스템으로 탈바꿈하는 데 필요한 지식을 제공합니다.

저자들은 입문자를 위해 최신 정보 검색 연구 분야에 대한 개요를 제공하고 수많은 연구 논문을 참조하면서도, 단순히 연구 성과를 나열하는 데 그치지 않습니다. 실험해볼 수 있는 예제와 일반적인 도구를 사용해서 검색엔진의 구성 요소를 떠받치는 중요한 기법들을 구체적으로 설명합니다. 이러한 기법들이 어떻게 동작하고 어떻게 구현할 수 있으며 어떤 결과를 보여주는지 말이죠. 저자들은 이 책을 쓰면서 거의 모든 중요한 기법을 직접 구현하고 시험해보고 설명을 뒷받침할 수많은 실험을 수행했습니다. 각 장 마지막에 나오는 연습 문제로 여러분도 검색엔진을 직접 만들고 탐구해보기 바랍니다.

정보 검색 분야에 발 담근 연구자와 개발자라면 꼭 읽어야 할 책입니다!

– 아미트 싱할 Amit Singhal**, 전 구글 펠로우**

지은이 소개

스테판 버처(Stefan Büttcher), 찰스 클라크(Charles L. A. Clarke), 고든 코맥(Gordon V. Cormack)
구글의 소프트웨어 엔지니어이며, 워털루대학교의 전산학과 교수다.

감사의 글

여러 동료가 자신들의 전문 분야에 관련된 부분의 초안을 읽고 검토해줬다. 특히 유진 아지테인, 알리나 알트, 로렌 그리피스, 돈 메츨러, 토르 마이클버스트, 파브리지오 실베스트리, 마크 스머커, 토르스텐 수엘, 앤드류 트로트먼, 올가 베크토모바, 윌리엄 웨버, 저스틴 조벨은 소중한 의견을 많이 내줬다. 또한 긍정적인 의견을 보내준 익명의 검토자들에게도 감사한다.

수업에 참여한 대학원생들도 이 책의 초안에 많이 기여했다. 그들의 노고에 감사한다. 그중에서도 모하마드 하산 아마디, 존 아킨예미, 찬드라 프라카시 예타니, 앤드류 케인은 초안을 꼼꼼히 읽고 여러 오류를 교정하는 데 도움을 줬다. 또 다른 세 학생인 아진 아쉬칸, 마히다르 콜라, 이안 맥키넌은 2007년 가을학기 수업에서 처음 시도한 평가 작업에 자원해 참여했으며, 그 덕분에 1부에 소개한 많은 실험을 수행할 수 있었다. 잭 왕은 3장에 소개한 CJK 언어에 관한 내용을 꼼꼼히 검토했고 켈리 이타쿠라는 일본어에 관한 정보를 제공해줬다.

옮긴이 소개

임형준(hyungjuneim@gmail.com)
카이스트에서 전산학을 전공했으며, SK텔레콤과 네이버에서 근무했다. 지난 수년 동안 네이버에서 검색엔진 시스템을 개발했다. 분산 시스템과 팀 성장이라는 사뭇 다른 주제에 관심을 갖는 동시에 일과 육아 사이에서 균형을 찾고자 노력 중이다.

김진홍(jinhong.kim@gmail.com)
서울대 물리학과 복잡계 네트워크 연구실에서 통계 물리학을 전공하고, IT 업계에서 데이터 분석 및 검색 모델링에 관한 일을 오랫동안 해왔다. 데이터가 만들어 가는 미래를 꾸준히 관찰하는 재미로 살고 있으며, 데이터에 담겨 있는 흥미로운 이야기를 다른 이에게 들려줘 그 변화에 조금이라도 기여할 수 있는 사람이 되는 것이 목표다. 옮긴 책으로는 『아름다운 시각화』(인사이트, 2012), 『해커 스타일로 배우는 기계학습』(인사이트, 2014), 『디자이닝 인포메이션』(비즈앤비즈, 2015), 『밑바닥부터 만드는 컴퓨팅 시스템』(인사이트, 2019)이 있다.

옮긴이의 말

오늘날 누구나 일상에서 흔히 검색 서비스를 사용한다. 하지만 비전공자는 물론이고 인터넷 서비스에 종사하는 개발자 대다수도 검색 시스템의 구조와 원리는 잘 모른다. 정보 검색은 데이터베이스와 같은 관련 분야와 공통점도 있지만, 그들과 구분되는 고유한 특성도 분명히 갖고 있기 때문이다.

검색 서비스에는 다양한 컴퓨터 시스템이 필요하지만 그중 검색엔진은 특히 모든 검색 서비스의 공통 요소이자 핵심이다. 일상에서 검색엔진이라고 말하면 대개 유명한 검색 서비스를 떠올린다. 그리고 검색엔진의 정의를 묻는다면 (검색업계 종사자조차) 저마다의 관점이나 관심사에 따라 다른 대답을 내놓을 것이다. 사견으로는 검색 서비스를 뜻하는 광의의 검색엔진과, 문서를 색인하고 질의를 처리하는 시스템을 뜻하는 협의의 검색엔진으로 나눌 수 있을 것 같다. 다시 말해, 검색엔진(서비스)의 핵심에 검색엔진(시스템)이 자리한다.

이제는 수많은 인터넷 서비스에서 검색이 필수 기능으로 여겨진다. 여러분이 직접 검색엔진을 구현하지 않더라도, 어떤 방식으로든 검색에 엮인 일을 맡는다면 이 책이 도움이 될 것이다. 서두에서 언급한 정보 검색의 고유한 특성을 알면 더 효율적으로 목적을 달성할 수 있다. 동작 원리를 알면 좋은 활용법도 찾을 수 있으며, 새로운 아이디어를 구현하는 데도 밑거름이 될 수 있다. 어느 분야나 마찬가지지만, 기초가 탄탄하면 응용하기 쉬워진다.

이 책을 번역하면서 다양한 기술 용어를 되도록이면 우리말로 옮기고자 노력했다. 그중 학계나 산업계에서 굳어진 원어도 있어서 망설이기도 했지만, 정보 검색 분야가 생소한 독자의 이해를 돕고 싶었다. 영문 용어가 익숙한 독자들은 다소 어색하게 느낄 수 있다. 이 점 너그러이 양해를 구한다.

마지막으로 오랜 기간 밤마다 방에 틀어박혀 작업하는 남편 덕분에 아이를 재우느라 수고한 아내에게 감사한다. 번역을 시작하기 전에는 아빠와 함께 잠들었지만, 이제는 그 자리를 엄마가 대신하고 있다.

인터넷 시대에 검색엔진은 우리 삶에 없어서는 안 되는 기능이 됐다. 뉴스를 보거나, 모르는 단어를 찾거나, 물건을 사거나, 맛집을 가거나, 다른 사람의 의견을 읽을 때도 먼저 검색을 한다. 꼭 네이버나 구글 같은 검색 서비스를 이용하지 않더라도 검색 기능은 SNS에도, 휴대폰 사진 앱에도, 서점의 책 검색대에도, 패스트푸드점의 키오스크에도 들어가 있어서 하루에 한 번 이상은 꼭 무언가를 검색하게 되는 것 같다.

이렇게 검색 기능이 여러 곳에서 다양하게 쓰이는 만큼 시중에는 편리하게 쓸 수 있는 검색엔진 솔루션과 오픈소스 툴이 많이 나와 있다. 개발자들은 실제 검색엔진이 구체적으로 어떤 원리로 어떻게 작동하는지 잘 몰라도, 데이터를 준비한 후에 여러 검색 솔루션 중에 하나를 선택해서 약간 설정해주는 것만으로 검색엔진 기능을 자신의 서비스에 비교적 쉽게 추가할 수 있다.

하지만 모든 일이 그렇듯, 기초를 아는 것이 중요하다. 전반적인 원리를 이해하고 있으면 똑같은 문제를 더 빠르고 쉽게 풀 수도 있고, 새로운 아이디어를 적용해 다른 방식으로 응용하는 것도 가능해진다. 이 책은 실제 검색엔진을 연구하고 만들어온 저자들의 경험을 바탕으로 정보 검색론의 전반적인 내용을 한 번씩 다루고 있어서 그 기초를 배우는 데 많은 도움이 될 것으로 생각한다. 실제로 검색 순위화 로직을 오래 개발해온 나 역시 번역하면서 그동안 자세히 몰랐던 내용을 한 번 더 배울 기회를 가질 수 있었다. 정보 검색이론 및 검색엔진 기술에 관심이 있거나, 관련 일을 하는 분들은 참고서적으로 두고 읽어 보면 좋으리라 생각한다.

오랜 기간 번역하면서 같이 작업해준 임형준 님과 에이콘출판사 담당자 및 편집자께 감사드린다. 또 신혼인데도 집에서 밤마다 번역 일하느라 바빴던 나를 이해해준 아내에게도 감사를 전한다. 덕분에 좋은 책을 옮길 수 있었다.

김진홍

차례

1부   기초 지식

4부   평가

부록

들어가며

정보 검색 이론은 현대 검색엔진의 근간을 이룬다. 이 책은 전산학, 컴퓨터 공학, 소프트웨어 공학 분야의 대학원생과 현업 전문가를 대상으로 정보 검색 이론을 소개한다. 알고리즘, 자료 구조, 색인, 검색, 평가와 같은 핵심 주제는 물론이고 더 깊이 탐구할 수 있는 바탕을 제공함으로써 폭넓은 관심을 끌 만한 주제를 선정했다. 또한 웹 검색엔진, 병렬 처리 시스템, XML 검색과 같이 잘 알려졌거나 향후 널리 쓰일 응용 분야의 특성을 다루는 데에도 신경을 썼다.

이론과 실제 사이에서 균형을 잡으면서도, 구현 방식이나 실험 결과 등을 강조해서 실용성에 조금 더 무게를 실었다. 본문에서 소개한 기법은 가급적 실험을 거쳐 비교, 평가했다. 각 장 마지막에는 연습 문제와 프로젝트가 나온다. Wumpus는 저자 중 한 사람이 개발에 참여한 멀티유저 오픈소스 정보 검색 시스템으로서, 모델을 구현하고 수업 과제의 기반 내용을 제공하는 데 활용했다. Wumpus는 http://stefan.buettcher.org/cs/wumpus/에서 찾아볼 수 있다.

책의 구성

5부로 구성됐으며 각각 독자적인 구조를 가진다. 1부는 개론에 해당한다. 2부에서 4부까지는 각각 주요 영역인 색인, 검색, 평가를 다룬다. 각 장은 1부를 읽은 다음 순서에 상관없이 독자적으로 읽어도 된다. 5부는 그 전까지 소개한 내용을 바탕으로 특정 응용 분야를 깊이 파고든다.

1부는 정보 검색 기초를 소개한다. 1장에서는 정보 검색 시스템 구조, 용어, 문서의 특성, 문서 형식, 텀 분포, 언어 모델, 문서 모음을 비롯한 기초 개념을 설명한다. 2장은 세 가지 주요 주제인 색인, 검색, 평가의 기초를 설명한다. 각 주제마다 (2부에서 4부까지) 한 부를 할애해 자세히 다룰 것이다. 2장에서 각 주제를 독립적으로 바라볼 수 있는 토대를 마련할 것이다. 1부의 마지막인 3장에서는 1장에서 시작한 주제를 이어가는 동시에 2장의 내용을 마무리한다. 여기서는 특정 자연어(사람의 언어 등)와 연관된 문제를 다루는데, 그중에서도 토큰 생성, 즉 문서를 색인하고 검색하도록 일련의 텀으로 바꾸는 절차가 대표적이다. 검색 시스템은 여러 언어가 뒤섞인 문서를 적절히 처리할 수 있어야 하며, 이런 관점에서 여러 주요 언어가 갖는 중요한 특성을 논의할 것이다.

2부는 역색인을 만들고 읽고 유지하는 기술에 초점을 맞춘다. 4장에서 정적 색인을 구축하고 읽는 알고리즘을 살펴볼 것이다. 정적 색인은 문서 모음이 자주 바뀌지 않고, 바뀌었을 때 색인 전체를 재구축할 시간이 충분한 상황에 적합하다. 5장은 색인 읽기와 질의 처리 기법을 설명한다. 이 장에서는 문서 구조를 다루기 위한 경량 구조를 소개하고, 불리언 조건 검색에 이 경량 구조를 적용해본다. 6장은 색인 압축에 관한 내용이다. 7장은 동적 문서 모음을 유지하는 알고리즘을 소개한다. 동적 문서 모음은 질의에 비해서 문서 갱신이 잦고, 갱신을 곧바로 반영해야 하는 속성을 가진다.

3부는 검색 기법과 알고리즘을 다룬다. 8장과 9장은 문서 내용에 기반한 순위화 검색의 주요한 두 가지 기법을 소개, 비교하는데 바로 확률적 기법과 언어 모델 기법이다. 이러한 순위화 검색 기법은 명시적인 적합도 관련 정보, 즉 문서 구조와 사용자 피드백과 질의 확장으로부터 얻는 정보를 도입하면 효과가 더 높아진다. 각 기법에 관련된 자세한 내용을 논의할 것이다. 10장은 문서를 분류하고 제한하는 기술을 소개하며, 문서 구분을 위한 기초적인 머신러닝 알고리즘도 설명한다. 11장에서는 메타 학습 알고리즘과 이를 순위화에 적용하는 방법과 더불어, 증거와 매개변수 조정을 어떻게 결합하는지 소개한다.

4부의 주제는 정보 검색 기법 평가다. 검색 유효성과 능률이라는 두 가지 개념을 개별 장에서 자세히 설명한다. 12장은 기초적인 검색 유효성 지표를 제시하고, 유효성을 측정하기 위한 통계적 기반을 탐구하며, 최근 십여 년 간 전통적인 정보 검색 평가 방법론을 넘어서 새로 제안된 지표들을 논의한다. 13장은 검색 시스템의 성능을 응답 시간과 처리량의 관점에서 평가하는 방법을 설명한다.

마지막 5부에서는 특정 검색 응용 분야 몇 가지를 선택해 4부까지 알아본 일반적인 지식과 개념을 세분화, 구체화한다. 병렬 검색엔진의 구조와 동작 방식은 14장에서 다룬다. 15장은 웹 검색엔진에 관한 내용이다. 여기에는 링크 분석, 문서 수집, 중복 탐지와 같은 내용이 포함된다. 16장은 XML 문서를 대상으로 한 정보 검색이다.

각 장 끝부분에는 더 읽어볼 만한 자료와 연습 문제를 제공한다. 연습 문제는 대체로 각 장에서 소개한 개념을 시험하고 확장해본다. 종이와 연필만 있으면 몇 분 안에 풀 수 있는 것도 있고 제법 복잡한 프로그래밍 프로젝트 문제도 있다. 참고 자료와 연습 문제를 통해 각 장의 본문에서 다루지 못한 중요한 개념을 배울 수 있다.

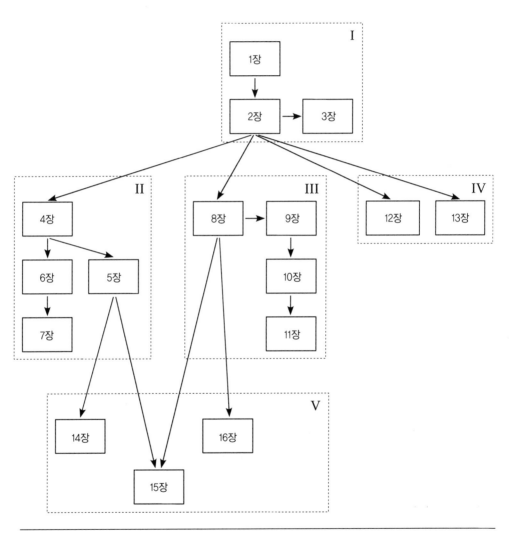

이 책의 구성. 화살표는 각 장 사이의 의존성을 나타낸다.

도표는 각 부와 장이 어떻게 연관되는지를 보여준다. 화살표는 두 장 간의 의존 관계를 가리킨다. 이 책은 독자가 주제마다 서로 다른 측면에 집중할 수 있도록 구성했다. 데이터베이스 시스템 구현에 집중해서 수업을 진행한다면 1~2장, 4~7장, 13장, 14장을 읽기를 권한다. 좀 더 전통적인 정보 검색 수업에서는 정보 검색 이론에 초점을 맞추게 되므로 1~3장, 8~12장, 16장을 다루면 된다. 웹 검색 기초에 관한 수업이라면 1~2장, 4~5장, 8장, 13~15장을 읽기를 권한다. 예로 든 흐름은 모두 책 전체 내용의 반에서 3분의 2에 해당하는 분량이다. 이 정도면 3~4개월에 걸쳐 진행하는 대학원 수업에서 끝내기에 적당할 것이다.

이 책의 대상 독자

전산학, 컴퓨터 공학, 소프트웨어 엔지니어링, 또는 여타 관련 전공의 학부 과정 수준의 지식이 있다고 가정하고 설명했다. 다시 말해 (1) 연결 자료 구조, B-트리, 해시 함수와 같은 기초적인 자료 구조 개념 (2) 알고리즘과 시간의 복잡도 분석 (3) 운영체제, 디스크 장치, 메모리 관리, 파일 시스템 등에 익숙해야 한다는 뜻이다. 이와 더불어 확률 변수, 분포, 확률 질량 함수와 같은 기초적인 확률과 통계 이론도 알고 있다고 가정했다.

고객 지원

오탈자

콘텐츠의 정확성을 위해 모든 노력을 기울였음에도 실수가 있을 수 있다. 이 책에 관련된 자료를 비롯해 원서의 정오표와 참고 논문에 대한 링크는 ir.uwaterloo.ca/book에서 찾을 수 있다. 한국어판의 정오표는 에이콘출판사의 도서정보 페이지 http://www.acornpub.co.kr/book/information-retrieval에서 찾아볼 수 있다.

문의 사항

이 책과 관련해 질문이 있다면 이 책의 옮긴이의 이메일이나 에이콘출판사 편집 팀 (editor@acornpub.co.kr)으로 문의해주길 바란다.

표기법

독자의 편의를 위해서 이 책에 자주 나오는 표기법을 정리했다. 이외의 표기법은 본문에서 직접 설명한다.

$\mathcal{C}$	문서 모음
d	문서
$E[X]$	확률 변수 X의 기댓값
$f_{t,d}$	문서 d에서 텀 t가 등장한 횟수
l_{avg}	문서 모음에 속하는 모든 문서의 평균 길이
$l_{\mathcal{C}}$	문서 모음 $\mathcal{C}$의 크기(토큰 수)
l_d	문서 d의 길이(토큰 수)
l_t	텀 t의 포스팅 목록 길이(텀이 등장한 문서 수)
$\mathcal{M}$	주로 언어 모델과 압축 모델에 쓰는 확률 분포
N	문서 모음에 속하는 문서 수
N_t	텀 t를 포함하는 문서 수
n_r	적합한 문서 수
$n_{t,r}$	텀 t를 포함하는 적합한 문서 수
$\Pr[x]$	사건 x의 발생 확률
$\Pr[x\|y]$	사건 y가 발생했을 때 사건 x가 발생할 조건부 확률
q	질의
q_t	질의 q에 텀 t가 나타난 횟수
t	텀
$\mathcal{V}$	문서 모음의 어휘
$\vec{x}$	벡터

$\lvert \vec{x} \rvert$	벡터 $\vec{x}$의 길이
$\lvert \mathcal{X} \rvert$	집합 $\mathcal{X}$의 크기

1부
기초 지식

1
들어가며

1.1 정보 검색이란 무엇인가?

정보 검색IR, Information Retrieval이란 수많은 전자 문서나 사람의 언어로 만들어진 자료에서 정보를 찾고 다루는 기술을 말한다. 매일 수백만 명이 업무, 교육, 오락을 위해서 무엇이든 검색할 정도로 검색 시스템은 이미 우리 생활에 보편적으로 자리 잡았다. 구글Google이나 빙Bing 같은 웹 검색엔진은 가장 유명한 서비스로, 수많은 사람들이 검색을 활용해 최신 기술을 배우고 특정 인물이나 조직 정보를 조회하고 뉴스 기사를 읽으며 쇼핑몰에서 상품을 쉽게 비교한다. 의료계와 학계 종사자는 디지털 도서관의 도움을 받아 연구에 필요한 새로운 저널 기사와 학회 발표 자료를 얻는다. 소비자는 지역 검색으로 필요한 제품이나 서비스의 판매자를 찾는다. 대기업에는 기업용 자체 검색 시스템으로 이메일, 메모, 기술 보고서, 사업 문서 등을 저장해두고 그 속에 담긴 지식을 뽑아낼 수 있다. 개인 사용자는 데스크톱 검색으로 이메일, 문서, 파일 등을 뒤져볼 수 있다.

1.1.1 웹 검색

웹 검색엔진을 쓰는 사람은 몇 단어짜리 짧은 질의를 입력하고 검색 버튼을 누르는 즉시 정확한 응답을 받으리라 응당 기대한다. 이렇게 단순하고 직관적인 인터페이스 뒤편에서는 수천 대의 컴퓨터가 모여 사용자에게 유용한 정보를 담은 웹 페이지를 모으고 순위를 매긴다. 질의에 담긴 단어를 포함한 페이지들을 추리고 각각 점수를 계산한 다음 겹치는 내용을 제거하고 문서 내용을 발췌해 요약본과 문서 링크를 웹 브라우저에 띄운다.

웹 검색엔진은 웹 페이지와 사용자가 늘어나도 즉각 응답하고자 캐시 서버를 둬 자주 요청받는 질의는 곧바로 응답하며 복제 서버를 둬 질의를 병렬 처리한다. 검색엔진은 검색 결과를 정확하게 얻고자 웹 구조의 특정 순간 상태(스냅숏)를 저장한다. 웹 크롤러라고 부르는 문서 수집기도 수백, 수천 대 컴퓨터로 이뤄진 클러스터에서 주기적으로 (아마도 일주일에 한 번 정도) 최신 페이지를 다운로드한다. 뉴스 기사처럼 자주 바뀌는 양질의 정보는 어쩌면 매일 또는 매시간마다 수집할 것이다.

간단한 예를 하나 들겠다. 바로 곁에 인터넷에 연결된 컴퓨터가 있다면 웹 브라우저를 열어서 아무 주요 검색엔진에 대고 "정보 검색information retrieval"이라고 입력해보라. 곧바로 응답이 올 것이다. 검색 결과에서 위로부터 10번째까지 읽어보자. 각 항목은 URL과 페이지 제목을 포함하며 본문 일부를 보여준다. 전반적으로 검색 결과는 다양한 웹사이트로부터 왔으며 유명한 책에 대한 사이트나 저널, 학회, 연구자에 대한 사이트도 보인다. 이 예와 같은 정보성 질의의 검색 결과 중에는 위키피디아Wikipedia 문서[1]도 종종 보인다. 그런데 10위 이내에서 그다지 적당하지 않은 항목이 있을까? 페이지가 나열된 순서를 개선할 수는 없을까? 그 뒤에 오는 10개(11~20위) 중에서 10위 이내보다 나은 내용이 있는지 살펴보자.

이번엔 "정보"와 "검색"이라는 단어를 포함하는 수백만 개의 웹 페이지를 떠올려보자. 이 가운데는 학생의 개인 페이지나 한 개인의 연구 논문처럼 정보 검색과 관계는 있지만 앞서 본 최상위 결과보다 대중성이 훨씬 떨어지는 것도 많을 것이다. 더 나아가 주제와 직접 연관성은 없지만 우연히 두 단어를 포함하는 페이지도 많을 것이다. 검색엔진의 순위화 알고리즘은 이처럼 수많은 후보 중에서 문서의 내용과 구조, 다른 페이지와의 연관성(하이퍼링크 등), 웹 전체 구조 등 다양한 특성을 토대로 최상위 문서를 고른다. 특수한 유형의 질의에 대해서는 사용자의 지리적 위치나 과거 검색 이력도 순위에 영향을 준다. 적합도 순위화라는 건 순위를 매길 때 여러 문서 특성을 균형 있게 반영해 질의 의도에 부합하

---

1   en.wikipedia.org/wiki/Information_retrieval

는 수준을 예측하는 방식이다. 다양한 문맥과 요구 사항 사이에서 적합도 순위화 알고리즘을 어떻게 효율적으로 구현하고 평가하느냐는 정보 검색 분야에서 중요한 문제이며, 이 책의 핵심 주제이기도 하다.

1.1.2 다른 검색 응용 프로그램

파일 검색도 널리 쓰이는 검색 응용 분야다. 데스크톱 검색엔진으로 로컬 하드 디스크 또는 네트워크로 연결된 디스크에 저장된 파일을 검색하고 조회할 수 있다. 데스크톱 검색엔진은 웹 검색엔진과 달리 파일 형식과 생성 시간을 자세히 알아야 한다. 사용자가 이메일 파일에서만 검색하거나 파일의 생성 또는 다운로드 기간을 정해 검색할 수도 있기 때문이다. 파일에 저장한 내용은 자주 바뀌기 때문에 검색 시스템을 운영체제의 파일시스템과 직접 연계하고 또한 적절히 튜닝해야 수많은 갱신을 반영할 수 있다.

데스크톱 검색과 일반적인 웹 검색이라는 성격이 전혀 다른 양 극단 사이에 기업 등에 문서 관리 및 검색 서비스를 제공하는 기업용 정보 검색 시스템이 존재한다. 이 부류는 구체적으로 파고들면 매우 다양한 형태를 띤다. 어떤 시스템은 웹 검색엔진을 그대로 사내 인트라넷에 적용해 직원만 조회할 수 있는 문서를 수집하되 일반적인 웹 검색엔진과 비슷한 인터페이스를 제공한다. 이와 달리 문서 갱신, 버전 관리, 접근 권한 제어 같은 기능을 갖춘 좀 더 보편적인 문서 관리 시스템도 있다. 특정 산업군에는 이메일과 업무 회의록을 일정 기간 동안 보관해야 하는 규정이 있어서, 이런 규정을 따르는 정보 관리 역할을 검색 시스템에 맡긴다.

그밖에 디지털 라이브러리나 전문 정보 검색 시스템도 있는데, 정보 가치가 높아 주로 소유권이 있는 자료에 접근한다. 저작권 때문에 공개된 웹사이트에 게재하지 않는 뉴스 기사, 의학 저널, 지도, 서적 등이 여기에 해당한다. 이런 자료는 잘 편집된 데다 주제도 명확해 저자, 제목, 날짜, 출판 정보 같은 특성을 잘 활용하면 정확도 높은 검색 결과를 얻을 수 있다. 또한 디지털 라이브러리에는 과거 출판물도 영상 문자 인식 기술^{OCR, Optical Character Recognition}로 전자화해서 저장할 수 있다. 다만 문자 인식이 잘못돼 문서 내용이 바뀌면 검색이 잘 안 되기도 한다.

1.1.3 다른 정보 검색 응용 분야

정보 검색 기술의 핵심은 검색 과정 그 자체지만 저장 공간, 자료 가공, 사람의 언어에 기반한 탐색 기술이 얽힌 다양한 문제도 관심 범위에 속한다.

- 문서 전달, 조건 검사, 선택적 배포 작업은 전형적인 정보 검색 과정과 정반대다. 전형적인 검색이란 임의의 질의를 받아 정해진 문서를 평가하지만, 이 시스템은 질의 집합을 미리 고정하고 새로운 문서가 들어오면 정해 놓은 질의로 평가해 사용자의 관심을 끌 만한 것을 골라낸다. 예컨대 뉴스 기사 분류기는 그날의 뉴스를 경제, 정치, 생활 분야 등으로 분류하거나 가입자가 관심을 가질 만한 헤드라인을 골라 제공한다. 이메일 시스템은 스팸 판별기로 원치 않는 메시지를 막는다. 앞으로도 보겠지만 정보 검색과 문서 전달은 응용 프로그램 특성이나 세부적인 구현 방법이 다르긴 해도 본질적으로는 같은 문제를 푸는 셈이다.
- 문서 클러스터링과 분류 시스템은 공통점을 갖는 문서를 묶는다. 클러스터링 혹은 분류로의 구분은 시스템에 제공하는 정보 유형에 따라 정해진다. 분류 시스템은 여러 유형에 속한 자료를 미리 학습한다. 이를테면 경제, 정치, 생활 분야의 기사를 분류 시스템에 입력해 학습시킨 다음 아직 분류하지 않은 기사들을 셋 중 하나로 분류한다. 그에 반해 클러스터링 시스템은 학습용 자료를 사전에 입력을 받지 않는다. 스스로 어떤 패턴을 찾아 문서들을 적절한 묶음으로 나눈다.
- 요약 시스템은 원본 문서를 핵심적인 문단이나 문장, 구절 몇 개로 줄인다. 웹 검색 결과에 표시하는 본문 발췌가 문서 요약의 한 가지 보기이다.
- 정보 추출 시스템은 자료에서 장소나 날짜 같이 정해진 항목을 찾아내고, 이 항목들을 결합해 항목 간의 관계를 표현하도록 구조화한다. 예를 들면 웹 자료로부터 책과 저자 목록을 생성하는 것과 같은 일이다.
- 주제 추적 시스템은 끊임없이 입력되는 뉴스 기사 등으로부터 특정 사건을 찾아내고 그 사건의 흐름을 추적한다.
- 전문가 검색 시스템은 조직 내에서 어떤 분야의 전문가를 찾아준다.
- 질의 응답 시스템은 질문이 주어지면 여러 출처에서 모은 정보를 결합해 간결하게 대답한다. 이때 검색, 요약, 정보 추출을 비롯한 정보 검색 기술이 자주 쓰인다.

- 멀티미디어 검색 시스템은 적합도 순위화 방식이나 기타 정보 검색 기술을 화상, 영상, 음악, 음성 자료로 확장 적용한다.

정보 검색의 기술적 문제들은 문헌정보학뿐만 아니라 전산학의 주요 영역인 자연어 처리, 데이터베이스, 머신러닝 분야에서도 다룬다.

나열한 분야 가운데 분류와 조건 검사 기술은 가장 널리 쓰이며 이 책에서도 소개할 것이다. 나머지는 여기서 깊이 다루지는 않겠지만, 모두 앞으로 소개할 내용을 토대로 발전한 기술이다.

1.2 정보 검색 시스템

대부분의 정보 검색 시스템은 같은 기본 구조를 가지면서도 각 응용 분야에 특화됐다. 이 책에서 다루는 개념은 대부분 공통된 기본 구조를 상정한다. 하나 덧붙이자면 다른 기술 분야도 그렇듯이 정보 검색 분야에도 일반적인 의미와 다르게 통하는 나름의 은어가 있다. 앞으로 여러분이 혼동하지 않고 맥락을 이해하도록 간략하게나마 정보 검색의 기초 용어와 기술에 관해 설명하겠다.

1.2.1 정보 검색 시스템의 기본 구조

다음 페이지에 나오는 그림 1.1은 정보 검색 시스템의 주된 요소다. 사용자는 무언가를 알고 싶어서 검색한다. 사용자의 정보에 대한 욕구를 주제topic라고 칭하기도 한다. 특히 검색 시스템 평가에 사용하는 시험용 자료를 기술할 때 그렇다. 사용자는 원하는 정보를 찾고자 검색 시스템에 질의를 입력한다. 질의는 대체로 '텀term' 몇 개로 이뤄지며, 웹 검색에는 두세 텀짜리 질의가 흔하다. '단어word'라는 표현 대신 '텀'이라고 쓴 이유는 질의가 단어만으로 이뤄지는 건 아니기 때문이다. 원하는 정보가 무엇이냐에 따라 텀은 날짜, 숫자, 악보, 구절 같은 것이 되기도 한다. 와일드카드 연산자(*)와 부분 부합 연산자도 질의 텀이 될 수 있다. 예를 들어보자. "inform*"이라는 텀은 "inform"으로 시작하는 모든 단어("inform", "informs", "informal", "informant", "informative" 등)에 부합한다.

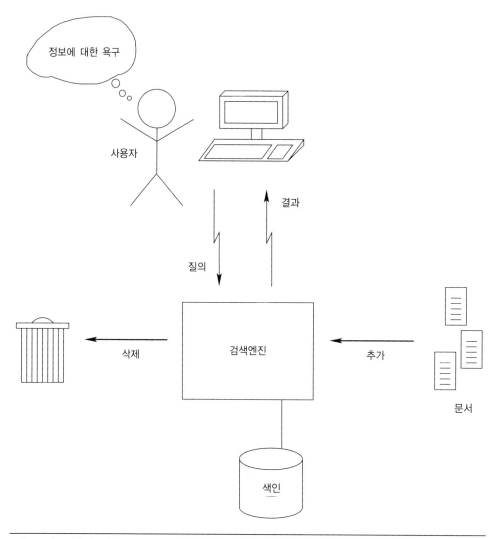

그림 1.1 정보 검색 시스템의 구성 요소

질의는 대체로 단순한 키워드 형식이지만, 복잡한 불리언^{Boolean}과 패턴 부합(5장 참고) 등 풍부한 질의 문법을 제공하는 검색 시스템도 많다. 특정 사이트에서만 문서를 찾거나 저자와 제목을 제한한다든가 문서의 부분 집합에서만 결과를 찾고자 필터를 설정할 때 이런 기능이 유용하다. 더불어 이런 복잡한 기능을 사용하려면 사용자와 시스템 사이에 질의를 손쉽게 만들어주는 인터페이스가 있어야 한다.

검색엔진은 사용자의 개인 컴퓨터에서 작동하거나 원격에 있는 대규모 클러스터에서 작동하거나 그 둘 사이 어디에선가 작동하면서 질의를 처리한다. 검색엔진의 주요 작업은 문서 모음에 대한 역색인inverted index을 만들고 유지하는 일이다. 역색인은 문서 탐색과 적합도 순위화에 사용하는 가장 중요한 자료 구조로, 각 텀과 그 텀이 문서에서 등장한 위치를 이어준다. 색인의 크기는 원본 문서 규모에 필적하므로 색인에 접근하고 갱신하는 속도는 빨라야 한다.

검색엔진은 적합도 순위화 알고리즘을 지원하도록 각 텀을 포함하는 문서 수나 각 문서의 길이 등에 대한 통계를 구한다. 또한 문서 원본을 읽어 검색 결과로 함께 돌려준다.

검색엔진은 역파일 색인, 문서 집합 통계, 기타 자료를 사용해 질의를 처리하고 결과를 정렬한 뒤 돌려준다. 적합도로 순위를 정하려면 문서 점수 또는 검색 상태 값RSV, Retrieval Status Value이라고 부르는 값을 계산한다. 이 점수를 기준으로 문서를 정렬한 다음 중복되는 결과를 제거하는 등 추가 작업을 하기도 한다. 예컨대 검색 결과를 다양한 출처로부터 보여주도록 한 호스트나 도메인에서 여러 문서를 찾더라도 그중 한두 개만 남기고 나머지는 없애기도 한다. 주어진 질의에 대한 문서 점수를 계산하는 문제는 정보 검색의 가장 기본적인 주제 가운데 하나다.

1.2.2 문서 갱신

이 책을 통틀어서 "문서"라는 표현은 검색 결과로 돌려줄 수 있는 온전한 단위라면 무엇이든 뜻한다. 실제 서비스에서는 이메일, 웹 페이지, 뉴스 기사, 동영상 등을 문서로 간주한다. 책 한 권에서 특정 페이지나 문단을 찾아내는 것처럼 어떤 커다란 대상을 여러 부분으로 나누고 각 부분을 검색 결과로 돌려줄 수 있다면 이 부분들을 요소elements라고 부른다. 본문 일부, 동영상 일부, 또는 결과 문서 일부를 검색 결과로 돌려줄 때 이를 발췌문 또는 추출문이라고 부른다.

대부분 문서 갱신은 단순하다. 전체 집합에 일부를 더하거나 전체에서 일부를 없앤다. 문서를 일단 추가하면 이후 내용을 바꾸는 일은 없다. 대개 이 정도면 충분하다. 웹 수집기가 어떤 페이지 내용이 바뀐 것을 탐지하더라도 기존 페이지를 없애고 바뀐 내용을 새 문서인 것처럼 추가하면 사실상 문서 내용을 바꾸는 것과 똑같다. 파일 검색처럼 파일 일부분이 수시로 바뀌는 환경에서도 문서 편집기 같은 프로그램은 전체 파일을 다시 쓴다. 예외적으로 이메일 프로그램은 새 메시지를 저장함 마지막에 덧붙인다. 이메일 저장함은 이미 크거나 금방 커질 수 있어서 전체를 덮어쓰는 것보다 뒤에 덧붙이는 쪽이 효율적이다.

1.2.3 성능 평가

검색 시스템 성능을 평가할 때는 주로 능률efficiency과 유효성effectiveness을 따진다. 시스템 능률은 시간과 공간의 척도로 측정한다. 가장 명확한 능률 척도는 응답 시간(또는 응답 지연 시간)으로서, 질의를 보낸 순간부터 검색 결과를 돌려받은 순간까지 걸린 시간을 뜻한다. 여러 명이 동시에 검색하는 시스템에서는 초당 처리하는 질의 수로 나타내는 질의 처리량 역시 중요한 척도가 된다. 범용 웹 검색엔진은 초당 수만 개를 훌쩍 넘기기도 한다. 저장 공간 사용량도 능률의 척도가 되며, 색인을 비롯한 검색 자료를 저장하는 데 사용한 디스크와 메모리 크기로 측정한다. 또한 수천 대 이상의 컴퓨터가 동원된 시스템에서는 전력 소비량과 탄소 배출량도 주요 고려 대상이다.

검색 유효성은 사람의 주관으로 판단하기 때문에 시스템 능률보다 측정하기 까다롭다. 유효성 평가에 있어서 중요한 개념은 적합도다. 어떤 문서가 주어진 질의에 적합하려면 질의한 사람의 궁금증을 만족시켜야 한다. 유효성 평가자는 문서와 주제를 검토해 둘 사이의 적합도를 부여한다. 적합도는 이분법(적합하다/아니다)으로 매길 수도 있고 등급(완벽함/훌륭함/괜찮음/적당함/나쁘지 않음/관련 없음/나쁨)으로 매길 수도 있다.

적합도 순위화는 흔히 확률 순위 원칙PRP, Probability Ranking Principle이라고 부르는 기본 목표가 있는데, 이는 다음과 같이 서술한다.

> 정보 검색 시스템이 각 질의마다 적합도 확률이 높은 순서대로 문서를 나열한다면 사용자가 느끼는 전반적인 검색 시스템의 성능이 가장 좋을 것이다.

이 가정은 정보 검색 영역에서 잘 정립됐고 시스템 평가 표준 방법론의 근간을 이룬다. 다만 이 원칙은 실제 상황에서 고려해야 하는 적합도의 몇 가지 중요한 측면을 간과하는데, 여기엔 구체적으로 문서의 크기와 주제 범위 등이 있다. 문서의 특화도는 문서 내용이 얼마나 특정 정보에 집중하는지 반영한다. 특화도가 높은 문서는 특정 주제에 관련된 내용이 대부분을 차지한다. 특화도가 낮은 문서는 상당 부분 주제와 관련 없는 내용이다. 문서의 완전도는 문서 내용이 해당 정보를 얼마나 폭넓게 다루는지 반영한다. 완전도가 높으면 관련된 사실을 거의 모두 포함하고, 낮으면 그중 일부만 다룬다. 특화도와 완전도는 서로 영향을 준다. 문서가 길면 어떤 주제에 대한 모든 사실을 포함해서 완전도가 높지만, 반면 부수적인 내용도 많아 특화도는 그리 높지 않을 것이다.

전체 검색 결과 목록을 놓고 적합도를 따질 때는 문서의 참신함도 대두된다. 사용자가 결과 목록에서 첫 번째 문서를 읽어서 필요한 정보를 얻고 난 다음, 그곳에 없는 다른 정보를 더 알고 싶을 수도 있다. 이때 두 번째 문서가 독창적인 정보 없이 첫 번째와 대동소이하면, 사용자의 바뀐 관심사를 충족시키지 못하기 때문에 좋은 결과라고 볼 수 없을 것이다.

1.3 전자 문서 다루기

사람의 언어로 쓰인 전자 문서는 정보 검색의 재료가 된다. 검색 시스템을 구축하려면 먼저 전자 문서 형식과 그 속에 담긴 내용의 특징을 이해해야 한다.

1.3.1 본문 형식

셰익스피어의 작품은 방대한 영문 자료이며 웹상에서 전자 문서를 쉽게 구할 수도 있다. 셰익스피어가 썼다고 공인된 작품은 희곡 37편과 100여 개의 소네트와 영시가 있다. 그림 1.2는 희곡 〈맥베스〉의 1막 첫머리다.

이 그림은 희곡을 인쇄한 형태다. 이 내용을 전자화해서 검색 시스템에서 색인할 때 두 가지를 고려해야 한다. 첫 번째는 그 내용, 즉 사람이 대본을 읽을 때 말하는 단어들이다. "천둥, 번개, 마녀 셋 등장 마녀1 언제 우리 셋이"Thunder and lightning. Enter three Witches First Witch When shall we…". 두 번째는 내용이 아니라 구조, 즉 행과 페이지의 구분, 대사를 읊는 화자의 이름, 무대 지시 사항, 몇 장 몇 막 몇 페이지인지와 같은 부분이다.

다양한 문서 편집기나 출판용 프로그램은 전자 문서의 내용과 구조를 수많은 형식으로 저장할 수 있다. 그중에는 마이크로소프트 Word, HTML, XML, XHTML, LaTex, MIF, RTF, PDF, PostScript, SGML 등이 있으며 파일 검색에서는 이메일과 프로그램 소스 코드도 포함된다. 문서 형식을 자세히 설명하지는 않겠지만 문서 형식이 어떻게 색인과 검색 작업에 영향을 미치는지는 알아 둘 필요가 있다.

이 가운데 두 가지만 살펴보자. 하나는 웹 문서의 기초인 HTML이다. HTML이 특별한 점은 웹 페이지 간의 관계를 표현하는 하이퍼링크다. 웹 검색엔진은 하이퍼링크로 표현되는 관계를 활용한다. 하이퍼링크에는 흔히 앵커 텍스트가 붙어서 링크가 가리키는 페이지 내용을 나타낸다.

또 하나는 XML이다. 엄밀히 말해 XML은 문서 형식이라기보다는 형식을 정의하는 메타 언어다. 후반부(16장)에서 XML에 관해 자세히 논의하겠지만 지금은 그런 점을 따지지 말고 살펴보자. XML은 사람이 이해하게끔 문서 구조를 본문 자체에 포함하는 점이 편리하다. 그렇기 때문에 이 책에서는 문서 예제를 종종 XML로 표현한다. 특히 문서 구조를 다룰 때는 항상 XML을 활용한다. HTML과 XML은 모두 1980년대에 개발된 표준 마크업 언어SGML, Standard Generalized Markup Language에 뿌리를 두고 있으며 태그를 사용한다는 공통점이 있다.

그림 1.3은 〈맥베스〉의 첫머리를 XML로 표현했다. XML 표준의 핵심 작성자 중 한 명인 존 보사크Jon Bosak가 작성했다. 〈name〉과 같은 태그는 문서 구성 요소가 시작함을 나타내고 〈/name〉과 같은 태그는 구성 요소가 끝남을 나타낸다. 태그의 형태가 좀 다르거나 본문의 특성을 정의하는 속성을 가질 수도 있지만, 그런 자세한 내용은 16장에서 다룰 것이다. 다른 예제에서도 그림 1.3과 같이 단순한 태그 형태를 고수하겠다.

XML의 전통적인 설계 철학에 따라서 화자, 대사, 장, 장면, 행과 같은 문서의 논리적 구조만 나타냈다. 폰트, 글자 강조, 배치 구성, 페이지 분리 같은 시각적 특성은 페이지를 보여줄 방식을 결정해 실제로 출력하거나 화면에 그릴 때까지는 정하지 않는다.

하지만 다른 문서 형식은 논리적 구조와 시각적 특성을 일관되게 구분하지 않는 경우가 많다. 더구나 어떤 형식은 문서 내용만 구분하거나 내용 일부만을 잘라서 결과로 돌려주기가 매우 어렵다. 주로 이진binary 형식인데, 이름에서 알 수 있듯이 내부 구조가 복잡해 단순한 문자열로 취급할 수 없기 때문이다.

예를 들어 PostScript 문서는 Forth라는 프로그래밍 언어로 표현한다. PostScript 문서

> 천둥, 번개, 마녀 셋 등장.   I.1 (제1막 제1장)
>
> 마녀1
> 　　언제 우리 셋이 다시 만날까.
> 　　천둥 울릴 때, 번개 칠 때, 아니면 비 오실 때?
> 마녀2
> 　　법석이 끝나고,
> 　　싸움의 승부가 끝난 다음에.
> 마녀3
> 　　그건 해지기 전이 될 거야.
> 마녀1
> 　　장소는?
> 마녀2
> 　　　　　그 들판.
> 마녀3
> 　　그래, 거기서 맥베스를 만나자.
> 마녀1
> 　　　　　곧 갈게. 늙어빠진 고양이야!
> 마녀2
> 　　　　　두꺼비가 부르는구나.
> 마녀3
> 　　　　　곧 간다니까!
> 모두
> 　　고운 건 더럽고, 더러운 건 곱다.
> 　　자아, 날아서 가자, 안개 속, 탁한 공기 속을 헤치고. (안개 속으로 사라진다.)   10
>
> Alarum within   I.2 (제1막 제2장)
> **포레스 부근의 진영.**
> **나팔 소리. 덩컨 왕, 맬콤, 도널베인, 레녹스, 시종들 등장.**
> **다른 쪽에서 부상 입은 부대장이 나온다.**
> 덩컨
> 　　저 피투성이가 된 사람은 누구냐? 저 모양으로 보아, 저 사람은 잘 알고 있겠구나.
>
> 53

그림 1.2 셰익스피어의 〈맥베스〉 제1막의 첫머리[2]

---

2   희곡 번역은 학원 세계문학전집 5권 〈셰익스피어〉(학원출판공사, 1993)에서 따왔다. – 옮긴이

```
<STAGEDIR>Thunder and lightning. Enter three Witches</STAGEDIR>

<SPEECH>
<SPEAKER>First Witch</SPEAKER>
<LINE>When shall we three meet again</LINE>
<LINE>In thunder, lightning, or in rain?</LINE>
</SPEECH>

<SPEECH>
<SPEAKER>Second Witch</SPEAKER>
<LINE>When the hurlyburly's done,</LINE>
<LINE>When the battle's lost and won.</LINE>
</SPEECH>

<SPEECH>
<SPEAKER>Third Witch</SPEAKER>
<LINE>That will be ere the set of sun.</LINE>
</SPEECH>

<SPEECH>
<SPEAKER>First Witch</SPEAKER>
<LINE>Where the place?</LINE>
</SPEECH>

<SPEECH>
<SPEAKER>Second Witch</SPEAKER>
<LINE>Upon the heath.</LINE>
</SPEECH>

<SPEECH>
   <SPEAKER>Third Witch</SPEAKER>
   <LINE>There to meet with Macbeth.</LINE>
</SPEECH>
```

그림 1.3 XML로 작성한 셰익스피어의 〈맥베스〉[3]

---

3   그림 1.2와 같은 내용이라 다시 번역하지 않았다. – 옮긴이

는 본질적으로 문서라기보다는 문서 내용을 출력할 때 실행하는 프로그램이다. 프로그래밍 언어로 표현하면 유연한 문서를 만들 수 있지만, 본문을 추출해서 색인하기는 어렵다. PostScript의 동생뻘인 PDF 형식은 비록 프로그래밍 언어를 내재하진 않지만 비슷한 수준으로 유연하고도 복잡하다. 둘 다 원래 어도비 시스템즈에서 개발했으나 현재는 표준 규격이 공개돼 오픈소스 도구를 비롯한 다양한 서드파티 도구로 문서를 생성, 편집할 수 있다.

PostScript와 PDF 문서에서 본문을 추출하기 위한 다양한 변환 도구가 있다. 여기서 얻은 결과물을 색인할 수도 있다. 이 프로그램들은 저마다의 방식으로 문서를 분석하고 내용을 유추한다. 표준 도구로 만든 문서로부터 얻은 결과는 훌륭한 편이지만, 덜 유명한 도구로 만든 문서를 다룰 때는 오동작할 수도 있다. 심지어 변환 도구가 자체 버퍼에 문서를 그림처럼 그린 다음 패턴 부합 알고리즘으로 문자와 단어를 인식하는 경우도 있다.

더구나 PostScript나 PDF 문서의 가장 단순한 논리적 구조를 찾아내는 일조차 그리 쉽지 않다. 심지어 문서 제목을 글자 폰트, 크기, 문서에서의 위치 같은 시각적 특성만으로 추측해야 하는 경우도 있다. PostScript에서는 한 페이지를 그리는 코드가 다음 페이지에도 영향을 줄 수 있어서, 개별 페이지를 추출하는 일조차 문제의 소지가 있다. 이런 이유로 두툼한 기술 사용 설명서의 한 절을 뽑는 경우처럼 긴 문서의 특정 구간을 돌려주기가 어려울 수 있다.

어떤 문서 형식은 소프트웨어 회사가 소유권을 갖는다. 마이크로소프트의 워드^{Word} 파일 형식이 여기에 속한다. 최근까지 마이크로소프트 오피스의 시장 점유율이 독보적이어서 여러 사람들이 함께 이용하는 문서로 워드 파일을 많이 사용했다. 독점 형식은 명세를 공개한다고 하더라도 내용이 원체 복잡한 데다 소유 기업의 의사 결정에 따라 버전이 바뀌면 명세도 크게 바뀔 위험이 있다. 그래서 마이크로소프트를 비롯한 소프트웨어 회사들은 색인 난이도를 줄이고자 XML 기반 형식을 도입했다(OpenDocument 형식이나 마이크로소프트의 OOXML 등이 있다).

HTML도 실제로 써 보면 이진 형식이 갖는 여러 가지 문제를 똑같이 맞닥뜨리게 된다. 많은 HTML 페이지에는 자바스크립트^{JavaScript}나 플래시 스크립트가 포함된다. 이들은 문서 전체를 새롭게 그리거나 원래 없던 내용을 화면에 출력하기도 한다. 스크립트로 내용을 자유롭게 바꾸는 상황에서 웹 수집기가 읽어들인 내용만으로 검색엔진이 유용한 색인을 만들어내기란 사실상 불가능하다.

1.3.2 영문에서 간단히 토큰 만들기

역색인을 만들려면 어떤 형식의 문서든지 토큰으로 나열해야 한다. 영문 문서의 토큰은 보통 알파벳과 숫자의 조합이지만 XML 태그처럼 구조 정보를 표현하거나 기타 본문 특성을 포함하기도 한다. 어떤 유형의 질의를 사용할 수 있는지는 토큰 생성 단계에서 상당 부분 결정되므로 색인 과정에서 토큰 생성은 대단히 중요하다.

문서가 이진 형식이라면 토큰을 생성하기 전에 우선 문자열로 바꿔야 한다. 이 과정에서 폰트를 비롯해서 문서 출력을 위한 시각적 특성은 모두 사라지지만, 논리적인 문서 형식은 유지해야 하므로 문자열로 바꾼 뒤 다시 별도의 태그를 추가하기도 한다. 문서 제목이나 문단 구분 같은 정보는 이런 방법으로 유지해야 한다. XML과 HTML 문서는 이미 색인 생성에 적합한 순서로 토큰을 저장하고 있다. 따라서 이런 사전 작업이 필요 없고 사전 처리 비용이 상당히 줄어든다. 즉 XML과 HTML은 그대로 색인하면 된다.

영문의 모든 문자는 7비트 아스키ASCII 코드로 변환할 수 있다. 하지만 다른 언어는 아스키 코드로 충분치 않으므로 다른 코드를 도입해야 한다. 다른 코드를 사용하면 한 글자를 표현하는 데 한 바이트를 넘기도 한다. 유니코드의 UTF-8 인코딩은 영어 이외의 언어를 표현하는 용도로 널리 알려졌다(3.2절 참고). UTF-8은 현존 언어 대부분은 물론이고 페니키아어나 수메르의 쐐기문자 같은 사멸한 언어까지 아우르고자 1바이트부터 4바이트를 써서 문자를 표현한다. 또한 UTF-8은 아스키 코드와 호환성이 있어서 아스키 코드로 작성한 문서는 자동으로 UTF-8 문서도 된다.

그림 1.3에 나온 XML 문서에서 각 태그와 글자 뭉치는 모두 토큰으로 간주한다. XML 태그 외에는 대소문자 구분이 없어서 비교하기 쉽도록, 다시 말해 "FIRST", "first", "First"를 다 똑같이 취급하도록 모든 대문자를 소문자로 바꾼다. 토큰 생성 결과는 그림 1.4에 정리했다. 각 토큰은 셰익스피어의 37개 희곡에서 나왔으며, 토큰 출현 위치는 숫자로 표시한다. 숫자 1은 〈안토니우스와 클레오파트라Antony and Cleopatra〉의 첫 단어이고 마지막 숫자 1,271,504는 〈겨울 이야기The Winter's Tale〉의 마지막 단어다.[4] 이는 단순하면서도 1, 2장에서 다룰 개념을 설명하기에 충분하므로 이후에도 필요하면 같은 방식을 가정할 것이다. 그리고 3장에서 영어 및 다른 언어 문서로부터 토큰을 생성하는 과정을 다시 살펴볼 것이다.

---

4   모든 희곡의 제목을 알파벳 순서로 나열한 다음 순서대로 본문을 이어 붙여서 한 덩이로 만든 셈이다. – 옮긴이

문서 모음에 존재하는 고유한 토큰(또는 심볼)의 집합을 어휘^{vocabulary}라고 부르며 $\mathcal{V}$라고 표기한다. XML 문서로 된 셰익스피어 희곡의 어휘에는 총 22,987개의 심볼이 있다.

$$\mathcal{V} = \{\text{a, aaron, abaissiez}, ..., \text{zounds, zwaggered}, ..., \text{<PLAY>}, ..., \text{<SPEAKER>}, ..., \text{</PLAY>}, ...\}$$

...

745396	745397	745398	745399	745400
<STAGEDIR>	thunder	and	lightning	enter

745401	745402	745403	745404	745405
three	witches	</STAGEDIR>	<SPEECH>	<SPEAKER>

745406	745407	745408	745409	745410
first	witch	</SPEAKER>	<LINE>	when

745411	745412	745413	745414	745415
shall	we	three	meet	again

745416	745417	745418	745419	745420
</LINE>	<LINE>	in	thunder	lightning

745421	745422	745423	745424	745425
or	in	rain	</LINE>	</SPEECH>

745426	745427	745428	745429	745430
<SPEECH>	<SPEAKER>	second	witch	</SPEAKER>

...

그림 1.4 셰익스피어의 〈맥베스〉에서 토큰을 추출한 결과

알파벳과 숫자로 조합된 어떤 문자열이든 적법한 단어로 간주한다면, 전체 어휘에는 22,943개 단어와 44개 XML 태그가 있다. 어휘에 속한 심볼은 질의를 처리할 때 질의 텀과 비교하므로 일반적으로 호칭을 통일해 "텀"이라고 부른다. 더불어 토큰은 흔히 텀의 출현(또는 등장)이라고도 부른다. 이렇게 호칭을 통일하면 질의와 문서 사이의 연결고리가 확연

해지지만, 그 대신 심볼과 토큰 사이의 한 가지 중요한 차이점을 가리게 된다. 심볼은 추상적인 개념이고 토큰은 그 추상적인 개념이 실체화한 것이다. 철학에서는 이 차이를 "형식과 실체의 구분"이라고 부르는데, 객체 지향 프로그래밍에서 클래스와 객체 사이의 차이점과 같은 개념이다.

1.3.3 텀의 분포

표 1.1에 셰익스피어 희곡을 XML로 작성했을 때 가장 많이 출현한 텀 20개를 나열했다. 가장 빈번한 여섯 개는 행(LINE), 화자(SPEAKER), 대사(SPEECH)를 감싸는 태그다. 그 다음으로는 일반적인 영문이 그렇듯이 "the"가 가장 흔하고 그 다음으로는 대명사, 전치사를 비롯한 기능성 단어들이 따라온다. "abaissiez", "zwaggered"처럼 딱 한 번씩만 출현하는 텀도 전체 어휘의 1/3을 넘는 8,336개나 된다.

표 1.1 존 보사크가 만든 XML 형식 셰익스피어 희곡에서 가장 자주 나온 단어 20개

순위	빈도	토큰	순위	빈도	토큰
1	107,833	`<LINE>`	11	17,523	of
2	107,833	`</LINE>`	12	14,914	a
3	31,081	`<SPEAKER>`	13	14,088	you
4	31,081	`</SPEAKER>`	14	12,287	my
5	31,028	`<SPEECH>`	15	11,192	that
6	31,028	`</SPEECH>`	16	11,106	in
7	28,317	the	17	9,344	is
8	26,022	and	18	8,506	not
9	22,639	i	19	7,799	it
10	19,898	to	20	7,753	me

어떤 태그가 얼마나 자주 나오는지는 문서의 구조적 제약에 따라 다르다. 예컨대 〈name〉이라는 태그가 있으면 항상 상응하는 〈/name〉 태그가 따라온다. 희곡 한 편에는 제목이 하나뿐이다. 대사마다 최소 한 명은 화자가 있어야 하며 드물게 여럿이 동시에 읊는 대사도 있다. 한 행에는 평균적으로 단어 8, 9개가 들어간다.

태그의 유형이나 상대적인 비율은 문서 모음마다 다르겠지만, 영문에서 단어의 빈도는 대체로 일관된 패턴이 있다. 그림 1.5에는 셰익스피어 희곡에 나온 모든 텀 중에서 태그가 아닌 나머지, 즉 단어의 빈도가 높은 순서대로 빈도와 순위의 관계를 표시했다. 도표의 x축과 y축 모두 로그 스케일이다. 양단(가장 빈도가 높거나 낮은 텀들)을 빼면 거의 모든 점은 대체로 기울기가 -1인 직선 상에 놓인다. 도표에서 "the"를 나타내는 점은 좌측 상단에, "zwaggered"에 나타내는 점은 단 한 번만 등장하는 모든 텀과 함께 우측 하단에 위치한다.

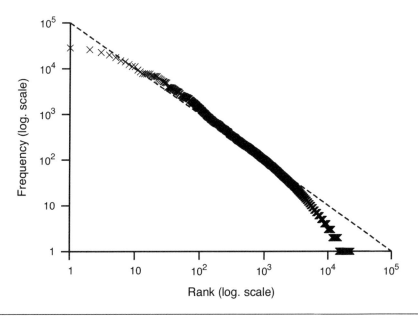

그림 1.5 셰익스피어 희곡에서 등장한 단어를 빈도가 높은 순으로 나열했다. 점선은 α = 1인 지프의 법칙을 따른다.

단어 빈도와 순위의 관계가 이런 패턴을 보이는 현상을 '지프^{Zipf}의 법칙'이라고 한다. 이 이름은 1930년대 이 법칙을 주창하고 여러 사회 과학 분야의 자료 모델에 적용한 언어학자 조지 지프의 이름에서 따왔다(Zipf, 1949). 이 관계를 수식으로 나타내면 다음과 같다.

$$\log(\text{빈도}) = C - \alpha \cdot \log(\text{순위}) \qquad (1.1)$$

또는 다음과 같다.

$$\mathcal{F}_i \sim \frac{1}{i^\alpha} \tag{1.2}$$

$\mathcal{F}_i$는 i번째로 많이 등장한 텀의 빈도를 뜻한다. 영문 통계에서 α의 값은 유동적이지만 대체로 1에 가깝다. 지프의 법칙은 다른 자연어의 단어 빈도는 물론이고 언어 이외의 자료에도 적용할 수 있다. 이 법칙은 4장에서 자연어 문서를 색인할 때 특정 자료 구조를 선택하는 이유가 된다. 15장에서 질의의 빈도 비율 모델을 만들 때에도 이 법칙을 적용할 것이다.

1.3.4 언어 모델링

존 보사크가 작성한 XML판 셰익스피어 희곡에서 태그를 제외하면 총 912,052개의 토큰이 나온다(단, 원본에는 없는 내용도 일부 가미됐다). 그중에서 한 개를 무작위로 뽑는다면 "the"가 나올 확률은 28,317/912,052 ≈ 3.1%이고, "zwaggered"가 나올 확률은 1/912,052 ≈ 0.00011%에 지나지 않는다. 그동안 알려지지 않았던 셰익스피어의 새로운 희곡이 발견됐다고 한번 상상해보자. 기존 작품에 대한 지식을 기반으로 새로운 희곡의 내용에 관해 뭔가 예측할 수 있을까? 이때 어휘에서 XML 태그는 배제한다. 발견된 희곡이 XML 형식은 아닐 테니까.

처음 보는 문서의 내용을 예측할 때 언어 모델이라고 하는 독특한 확률 분포식을 사용할 수 있다. 가장 단순한 언어 모델은 어휘에 포함된 모든 심볼이 정해진 확률 분포 $\mathcal{M}(\sigma)$를 갖는다.

$$\sum_{\sigma \in \mathcal{V}} \mathcal{M}(\sigma) = 1 \tag{1.3}$$

언어 모델은 대체로 기존 문서를 근거로 만든다. 예를 들어 frequency(σ)가 셰익스피어 작품 전체에서 텀 σ가 출현한 횟수를 뜻한다면 다음과 같이 정의한다.

$$\mathcal{M}(\sigma) = \frac{\text{frequency}(\sigma)}{\sum_{\sigma' \in \mathcal{V}} \text{frequency}(\sigma')} \tag{1.4}$$

이 경우 $\mathcal{M}(\text{"the"}) \approx 3.1\%$, $\mathcal{M}(\text{"zwaggered"}) \approx 0.00011\%$이다.

셰익스피어 희곡에서 무작위로 토큰을 하나 고른다면 텀 σ를 고를 확률은 $M(\sigma)$다. 같은 논리로 새로운 희곡에서도 무작위로 토큰을 하나 고르면 $M(\sigma)$의 확률로 σ가 나온다고 가정하자. 텀 σ가 나올 확률이 $M(\sigma)$이라고 가정한 언어 모델을 이용하면 새로운 희곡을 읽어 나가면서 다음에 어떤 텀이 올지 예측할 수 있다. 이 단순한 언어 모델에서는 각 텀을 독립적으로 취급한다. 다시 말해 맨 처음 텀과 그 뒤에 나올 모든 텀을 예측할 때도 모두 독립적인 사건으로 계산한다. 이 경우 다음에 올 여섯 텀이 "to be or not to be"[5]일 확률은 다음과 같다.

$$2.18\% \times 0.76\% \times 0.27\% \times 0.93\% \times 2.18\% \times 0.76\% = 0.000000000069\%$$

이 단순한 모델에서 식 1.4는 최대 우도 추정MLE, Maximum Likelihood Estimate이라고 부른다. 일반적으로 최대 우도 추정은 일련의 자료가 주어졌을 때 아직 모르는 확률 분포 모수(파라미터)를 예측하는 표준 기법이다. 이 예제에서는 처음 보는 문서에서 특정 텀이 나올 확률을 이미 알고 있다. 대략적으로 말해 최대 우도 추정이란 갖고 있는 자료가 확률적으로 볼 때 가장 높아지도록 만드는 모수를 고르는 기법이다. 예제에서는 셰익스피어의 기존 작품이 추정에 필요한 근거 자료를 제공했다. 그리고 식 1.4는 가장 셰익스피어 희곡처럼 보이는 결과를 주는 확률 분포다. 새로 발견된 희곡이 기존 작품과 비슷하다고 가정하면 최대 우도 추정으로 그 내용을 예측하는 접근 방식은 괜찮아 보인다.

새로운 문서 파편이 기존의 말뭉치에 얼마나 가까운지 수치화하도록 언어 모델을 사용할 수 있다. 한 언어 모델은 셰익스피어의 작품에, 또다른 언어 모델은 역시 영국 극작가인 존 웹스터[6]의 작품에 기반한다고 해보자. 작자 미상인 새 희곡이 발견됐는데 전문가들이 두 사람 중 누구의 작품인지를 두고 갑론을박한다고 상상해보자. 우리가 만든 두 언어 모델이 두 작가의 어휘 선호도 같은 현저한 특징을 잘 구분한다면, 두 모델을 새 희곡에 적용해 각 작가가 그 내용 그대로 저술했을 확률을 구할 수 있다. 확률이 더 높게 계산된 쪽이 실제 저자라고 볼 수 있다.

하지만 언어 모델이 최대 우도 추정 기법만 사용해야 하는 것은 아니다. 전체 어휘에 대

5　"사느냐 죽느냐": 희곡 〈햄릿〉에서 주인공 햄릿의 대사 – 옮긴이

6　John Webster. 영국 엘리자베스 여왕 시대의 극작가로 셰익스피어와 동시대에 활동했다. – 옮긴이

한 확률 분포를 부여할 수만 있으면 무엇이든 언어 모델이 될 수 있다. 예를 들어서 다음과 같은 확률 분포가 있다고 해보자.

$$\mathcal{M}(\text{"to"}) = 0.40 \quad \mathcal{M}(\text{"be"}) = 0.30 \quad \mathcal{M}(\text{"or"}) = 0.20 \quad \mathcal{M}(\text{"not"}) = 0.10$$

이 분포에 기반해 여섯 단어가 "to be or not to be"일 확률은 다음과 같다.

$$0.40 \times 0.30 \times 0.20 \times 0.10 \times 0.40 \times 0.30 = 0.029 \text{ \%}$$

물론 이 모델에서는 "the lady doth protest too much"[7]라는 문구가 나올 가능성은 전혀 없다.

실제 상황에 모델을 적용할 때 새로운 문서에서 아직 본 적이 없는 텀이 나올 수도 있다. 이런 경우에 대처하려면 어휘 집합에 UNKNOWN(미지의 단어)이라는 심볼을 추가해 기존 문서에는 없었던 텀을 표현해야 한다.

$$\mathcal{V}' = \mathcal{V} \cup \{\text{UNKNOWN}\} \tag{1.5}$$

동시에 언어 모델도 UNKNOWN에 확률을 부여하도록 바꿔야 한다.

$$\mathcal{M}'(\text{UNKNOWN}) = \beta \tag{1.6}$$

β는 확률이므로 0과 1 사이의 값을 가진다. 확률 β는 모델 $\mathcal{M}$을 구축하는 데 사용한 문서 모음에는 존재하지 않는 텀이 다음 텀으로 출현할 확률이다. 나머지 텀에는 다음과 같이 정의한다.

$$\mathcal{M}'(\sigma) = \mathcal{M}(\sigma) \cdot (1 - \beta) \tag{1.7}$$

이때 $\mathcal{M}(\sigma)$는 최대 우도 추정 모델이다. 확률 β는 기존 문서 특성을 근거로 정한다. 예컨대 β가 기존에 딱 한 번씩만 나온 텀의 확률에 비해 약 절반이라고 짐작할 수 있다.

---

7 "맹세하는 대목이 너무 수다스러운 것 같구나.": 〈햄릿〉에서 거트루드 왕비의 대사. 학원 세계문학전집 5권 〈셰익스피어〉에서 인용했다. – 옮긴이

$$\beta \;=\; 0.5 \cdot \frac{1}{\sum_{\sigma' \in V} \text{frequency}(\sigma')} \tag{1.8}$$

다행히 기존 어휘에 없는 텀이 문제가 되는 상황은 드물다. 완전한 어휘 집합은 색인 과정에서 결정할 수 있기 때문이다.

색인과 문서 압축(6장)도 언어 모델을 활용하는 주요 영역이다. 압축 알고리즘에서는 어휘의 각 텀이 온전한 단어가 아니라 한 문자 또는 몇 비트일 때가 많다. 압축 문제를 풀고자 만든 언어 모델은 흔히 압축 모델이라고 부르기도 하지만, 사실 이들은 특수한 언어 모델일 뿐이다. 10장에서 스팸 메일 감지를 비롯한 필터링 문제에 압축 모델을 적용할 것이다.

한편 언어 모델은 새로운 문서의 내용을 예측할 뿐만 아니라 문서 자체를 생성하는 데에도 쓸 수 있다. 예를 들어서 앞서 설명한 언어 모델 $\mathcal{M}(\sigma)$로 계산한 확률에 기반해 임의로 텀을 생성해 나열하면 셰익스피어를 흉내 낸 뒤죽박죽 희곡이 만들어진다.

> strong die hat circumstance in one eyes odious love to our the wrong wailful would all
>
> sir you to babies a in in of er immediate slew let on see worthy all timon nourish both
>
> my how antonio silius my live words our my ford scape

고차원(고차식) 모델

방금 본 뒤죽박죽 희곡은 셰익스피어의 작품 같기는커녕 멀쩡한 영문으로조차 보이지 않는다. 모든 텀을 독립적으로 추정했기 때문에 "our" 바로 다음에 "the"가 나올 확률은 여전히 3.1%이다. 실제 문장에서는 소유격인 "our" 직후에는 거의 일반명사가 따라온다. 모델의 확률 분포대로라면 "our the"는 자주 출현하는 두 단어로 이뤄졌지만 실제 영문에는 이런 조합이 사실상 없으며, 하물며 셰익스피어 희곡에는 절대 나오지 않는다.

이와 달리 고차원 언어 모델은 문맥을 고려한다. 1차 언어 모델은 직전에 나온 심볼을 보고 다음 텀을 정하는 조건부 확률이다. 예를 들면 다음과 같다.

$$\mathcal{M}_1(\sigma_2 \mid \sigma_1) \;=\; \frac{\text{frequency}(\sigma_1 \sigma_2)}{\sum_{\sigma' \in V} \text{frequency}(\sigma_1 \sigma')} \tag{1.9}$$

1차 언어 모델은 0차 모델[8]을 써서 두 텀을 이어 붙인 덩어리^{bigram}에 대한 최대 우도 추정을 하는 방식으로 볼 수 있다.

$$\mathcal{M}_1(\sigma_2 \mid \sigma_1) \;=\; \frac{\mathcal{M}_0(\sigma_1\sigma_2)}{\sum_{\sigma' \in \mathcal{V}} \mathcal{M}_0(\sigma_1\sigma')} \tag{1.10}$$

그리고 이 전개를 일반화하면 모든 n차 언어 모델은 $(n + 1)$ 텀을 붙인 덩어리, 즉 $(n + 1)$-gram에 대한 0차 모델로 표현할 수 있다.

$$\mathcal{M}_n(\sigma_{n+1} \mid \sigma_1 \ldots \sigma_n) \;=\; \frac{\mathcal{M}_0(\sigma_1 \ldots \sigma_{n+1})}{\sum_{\sigma' \in \mathcal{V}} \mathcal{M}_0(\sigma_1 \ldots \sigma_n \sigma')} \tag{1.11}$$

셰익스피어 희곡에 나오는 "first witch"라는 구절을 예로 들어보자. 이 구절은 모두 23번 나오고, 이 가운데 "first"는 1,349번 나온다. 최대 우도 추정을 bigram에 적용해 확률을 구하면 다음과 같다.

$$\mathcal{M}_0(\text{"first witch"}) \;=\; \frac{23}{912{,}051} \;\approx\; 0.0025\%$$

(분모가 912,052가 아니라 912,051인 이유는 bigram의 총 개수가 토큰의 총 개수보다 하나 작기 때문이다.)[9] 이제 1차 모델로 확률을 구해보자.

$$\mathcal{M}_1(\text{"witch"} \mid \text{"first"}) \;=\; \frac{23}{1349} \;\approx\; 1.7\%$$

토큰 개수와 bigram 개수의 차이를 무시하고 식 1.9와 1.10을 적용하면 "our the"에 대한 최대 우도 추정은 다음과 같다.

$$\mathcal{M}_0(\text{"our the"}) \;=\; \mathcal{M}_0(\text{"our"}) \cdot \mathcal{M}_1(\text{"the"} \mid \text{"our"}) \;=\; 0\%$$

예상대로의 결과다. 이 조합은 본문에서 한 번도 나온 적이 없기 때문이다. 한 가지 아쉬

---

8   각 텀의 출현 확률을 독립적으로 구하는 모델 – 옮긴이

9   토큰이 (A, B, C, D)이면 bigram은 (AB, BC, CD)이므로 개수가 하나 줄어든다. – 옮긴이

운 점은 "fourth witch"라는 구절은 충분히 있을 법하지만 셰익스피어 희곡에 실제로 나오지는 않아 추정 확률이 0이 된다. 팀 "fourth"는 총 55회, 팀 "witch"는 총 92회 나오기 때문에 우리가 아직 모르는 작품에는 "fourth witch"가 실제로 있을지도 모른다. 또한 "our the" 같은 가능성이 희박한 bigram도 고대의 작문이나 방언에는 쓰일 수도 있으므로, 어쩌면 작게나마 확률을 부여해야 할지도 모른다. 〈윈저의 즐거운 아낙네들The Merry Wives of Windsor〉이라는 희곡에서 등장인물인 프랑스인 의사 카이어스의 대사 중에 "a the"라는 아무 의미 없어 보이는 bigram이 있다. "If dere be one or two, I shall make-a the turd"[10]. 전체 문장을 보면 왜 이런 구절이 나오는지 분명히 알 수 있다.

모델 평활화하기

방금 언급한 문제를 피하려면 1차 모델 $\mathcal{M}_1$을 0차 모델 $\mathcal{M}_0$로 평활화하는 방법이 있다. 평활화된 모델 $\mathcal{M}_1'$은 $\mathcal{M}_0$와 $\mathcal{M}_1$의 선형 조합으로 만든다.

$$\mathcal{M}_1'(\sigma_2 | \sigma_1) = \gamma \cdot \mathcal{M}_1(\sigma_2 | \sigma_1) + (1 - \gamma) \cdot \mathcal{M}_0(\sigma_2) \tag{1.12}$$

양변에 $\mathcal{M}(\sigma_1)$을 곱하면 다음 식과 같다.

$$\mathcal{M}_0'(\sigma_1 \sigma_2) = \gamma \cdot \mathcal{M}_0(\sigma_1 \sigma_2) + (1 - \gamma) \cdot \mathcal{M}_0(\sigma_1) \cdot \mathcal{M}_0(\sigma_2) \tag{1.13}$$

두 수식에서 γ은 평활도를 정한다($0 \leq \gamma \leq 1$). 예컨대 $\gamma = 0.5$일 때 최대 우도 추정을 하면

$$
\begin{aligned}
\mathcal{M}_0'(\text{"first witch"}) &= \gamma \cdot \mathcal{M}_0(\text{"first witch"}) + (1 - \gamma) \cdot \mathcal{M}_0(\text{"first"}) \cdot \mathcal{M}_0(\text{"witch"}) \\
&= 0.5 \cdot \frac{23}{912,051} + 0.5 \cdot \frac{1,349}{912,052} \cdot \frac{92}{912,052} \approx 0.0013\%
\end{aligned}
$$

이고,

---

10 "If there be one or two, I shall make the third(한두 명 있다면, 내가 세 번째가 되겠소)". 원문에서 a-the 중 a는 관사로 쓰인 것이 아니다. - 옮긴이

$$\mathcal{M}_0'(\text{"fourth witch"}) = \gamma \cdot \mathcal{M}_0(\text{"fourth witch"}) + (1 - \gamma) \cdot \mathcal{M}_0(\text{"fourth"}) \cdot \mathcal{M}_0(\text{"witch"})$$
$$= 0.5 \cdot \frac{0}{912{,}051} + 0.5 \cdot \frac{55}{912{,}052} \cdot \frac{92}{912{,}052} \approx 0.00000030\%$$

이다. 1차 모델은 0차 모델을 써서, 2차 모델은 1차 모델을 써서, ⋯ 이런 식으로 모델을 평활화할 수 있다. 물론 0차식에는 적용할 수 없지만, 그 대신 어휘에 없는 텀을 다루는 방식(식 1.5)을 응용할 수 있다. 좀 더 흔한 방식은 작은 문서 모음 S에서 얻은 0차 모델 $\mathcal{M}_{s,0}$을 더 큰 문서 모음 L에서 얻은 0차 모델 $\mathcal{M}_{L,0}$으로 평활화하는 것이다.

$$\mathcal{M}_{S,0}' = \gamma \cdot \mathcal{M}_{S,0} + (1 - \gamma) \cdot \mathcal{M}_{L,0} \tag{1.14}$$

L이 어떤 말뭉치든지 충분히 크면 상관없다.

마르코프 모델

그림 1.6은 텀 분포를 표현하는 또 다른 중요한 기법인 마르코프 모델을 나타낸다. 마르코프 모델은 본질적으로 유한 상태 오토마타에 상태 전이 확률을 덧붙인 형태다. 언어 모델을 오토마타로 표현하려면 상태 전이마다 텀 하나와 그 텀의 출현 확률을 부여한다. 상태 전이를 따라가면서 다음 텀을 예측하거나 생성할 수 있다. 상태 1에서 시작해 $1 \rightarrow 2 \rightarrow 3 \rightarrow 4 \rightarrow 1 \rightarrow 2 \rightarrow 3$ 순으로 전이하면 "to be or not to be"를 만들게 되며 그 확률은, 다음

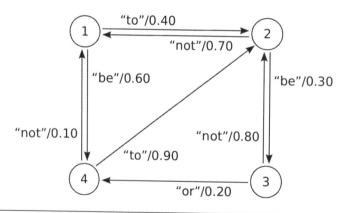

그림 1.6 마르코프 모델

과 같다.

$$0.40 \times 0.30 \times 0.20 \times 0.10 \times 0.40 \times 0.30 = 0.029\%$$

(상태 1과 4 사이와 같이) 상태 전이가 없으면 확률은 0인 셈이다. 전이가 절대로 발생하지 않기 때문에 텀을 연결하는 일도 무의미하다. 모델을 단순하게 유지하도록 두 상태 사이에는 전이가 최대 하나만 있다고 가정해도 충분히 필요한 형태를 표현할 수 있다. 두 상태 사이에 전이가 여러 개 있는 모델이 있을 때, 같은 내용을 표현하면서도 상태 전이는 하나씩만 존재하는 모델이 반드시 존재하기 때문이다(연습 문제 1.7).

마르코프 모델로 예측한 확률은 시작 상태에 영향을 받는다. 상태 4에서 시작하면 "to be or not to be"를 생성할 확률은 (상태 1에서 시작했을 때와 달리) 다음과 같다.

$$0.90 \times 0.30 \times 0.20 \times 0.10 \times 0.40 \times 0.30 = 0.065\%$$

마르코프 모델은 10장에서 소개할 압축 모델의 근간이 된다.

상태가 n개인 마르코프 모델은 $n \times n$ 전이 행렬로 나타낸다. 전이 행렬 M에서 $M[i][j]$는 상태 i에서 상태 j로 전이하는 확률이다. 그림 1.6에 대한 전이 행렬은 다음과 같다.

$$M = \begin{pmatrix} 0.00 & 0.40 & 0.00 & 0.60 \\ 0.70 & 0.00 & 0.30 & 0.00 \\ 0.00 & 0.80 & 0.00 & 0.20 \\ 0.10 & 0.90 & 0.00 & 0.00 \end{pmatrix} \tag{1.15}$$

행렬의 모든 요소가 [0, 1] 구간의 값을 가지며 한 행을 모두 더하면 1이 된다는 점을 주목하라. 이런 특징을 갖는 $n \times n$ 행렬을 확률론적stochastic 행렬이라고 부른다.

전이 행렬을 알면 현재 상태를 나타내는 상태 벡터를 곱해서 전이 결과를 알 수 있다. 상태 1을 벡터 (1 0 0 0)로 표현하고, 첫 번째 전이 후에는 상태 벡터가 다음과 같이 된다.

$$\begin{pmatrix} 1 & 0 & 0 & 0 \end{pmatrix} \begin{pmatrix} 0.00 & 0.40 & 0.00 & 0.60 \\ 0.70 & 0.00 & 0.30 & 0.00 \\ 0.00 & 0.80 & 0.00 & 0.20 \\ 0.10 & 0.90 & 0.00 & 0.00 \end{pmatrix} = \begin{pmatrix} 0.00 & 0.40 & 0.00 & 0.60 \end{pmatrix}$$

첫 번째 전이 후 상태 2에 있을 확률이 0.40이고 상태 4에 있을 확률이 0.60이다. 같은 과정을 한 번 더 하면 다음과 같다.

$$
\begin{pmatrix} 0.00 & 0.40 & 0.00 & 0.60 \end{pmatrix}
\begin{pmatrix}
0.00 & 0.40 & 0.00 & 0.60 \\
0.70 & 0.00 & 0.30 & 0.00 \\
0.00 & 0.80 & 0.00 & 0.20 \\
0.10 & 0.90 & 0.00 & 0.00
\end{pmatrix}
= \begin{pmatrix} 0.34 & 0.54 & 0.12 & 0.00 \end{pmatrix}
$$

두 단계 전이 후 상태 2에 있을 확률은 0.54임을 알았다. 상태 벡터는 일반적으로 모든 요소의 합이 1인 어떤 n-차원 벡터라도 될 수 있다. 상태 벡터에 전이 행렬을 k번 곱하면 k번 전이 이후에 각 상태에 머무를 확률을 알게 된다.

확률론적 행렬과 초기 상태 벡터를 모아 마르코프 체인이라고 한다. 15장에서 웹 링크 분석 알고리즘을 설명할 때도 마르코프 체인을 사용한다. 마르코프 모델과 체인은 러시아의 통계학자 안드레이 마르코프Andrey Markov(1856~1922)가 그 특성을 기술하고 증명했으므로 그의 이름을 따왔다.

1.4 시험용 자료 모음

〈맥베스〉를 비롯한 셰익스피어의 작품은 간단한 정보 검색 개념을 설명하기에 좋은 예제이지만, 연구자들은 성능 평가를 위해 좀 더 풍부한 시험용 자료 모음을 개발했다. 1991년부터 미국국립표준기술연구소NIST, National Institute of Standards and Technology는 매년 텍스트 검색 학회TREC, Text REtrieval Conference[11]라고 부르는 모임을 개최해 실험적인 평가 방식을 소개했으며, 그 과정에서 여러 가지 문서 모음을 개발했다. TREC은 정보 검색 연구자들이 개발한 검색 시스템을 다양한 문제에 적용해 시험해볼 수 있는 포럼을 제공한다. 2007년에는 대학, 산업계, 정부 부처에서 100개 이상의 그룹이 TREC에 참가했다.

전형적인 TREC 실험은 매년 6, 7개의 트랙으로 구성된다. 각 트랙은 서로 다른 정보 검

---

11 trec.nist.gov

색 영역을 집중적으로 다룬다. 최근 몇 년 동안 TREC은 기업용 검색, 유전자 정보 검색, 법률 정보 탐색, 스팸 메일 판별, 블로그 검색 등에 초점을 맞췄다. 각 트랙은 맡은 분야의 여러 측면을 시험하고자 몇 가지 과업으로 나뉜다. 2007년에는 기업용 검색 트랙에서 이메일 토론 검색과 주제별 전문가 검색이라는 주제를 다뤘다. 트랙이 한 번 구성되면 통상 3년 이상 유지된다.

TREC은 정보 검색 연구자들에게 적어도 두 가지 큰 이점이 있다. 첫째로, 연구자들이 똑같은 자료를 사용해 같은 문제에 집중함으로써 작업을 서로 공유하고 토론하며 결과를 비교한다. 따라서 어떤 기법이 제대로 동작하고 잘 동작하지 않는지 신속하게 드러난다. 그 결과 새로운 트랙이 만들어지면 즉시 관련 분야에서 괄목할 성과를 확인할 수 있다. 둘째로, 재사용할 시험용 자료 모음을 개발함으로써 참여자들은 개선 사항을 검증하고 외부인은 그들의 시스템을 평가할 도구를 얻었다. 그리고 TREC이 시작한 이래 전 세계적으로 비슷한 연구 모임이 여럿 생겼다. XML 검색에 주력하는 유럽의 INEX, 다국어 정보 검색에 집중하는 CLEF, 아시아 언어 검색을 주로 다루는 일본의 NTCIR 그리고 인도의 FIRE 등이다.

1.4.1 TREC 과업

고정된 문서 집합에서 지금껏 다루지 않은 주제에 관한 순위화한 목록을 돌려받는 기본적인 검색을 TREC 은어로는 '애드혹adhoc[12] 과업'이라고 한다. 애드혹 과업에 쓸 문서 모음은 문서 집합과, 질의를 생성할 주제 집합과 더불어 문서가 각 주제에 적합한지 아닌지를 표시한 적합 여부 판별 결과("qrel 파일" 또는 "qrel")를 포함한다. TREC이 생긴 이래 애드혹 과업은 웹 검색이나 유전자 검색 같은 다양한 연구 트랙의 일부였다. 주제가 다르더라도 애드혹 과업을 운영하는 방식은 초기부터 바뀌지 않은 채 유지됐다.

2000년 이전에는 TREC의 애드혹 과업에 쓸 문서 집합은 TREC 참가자들에게 나눠주는 다섯 장의 CD에 들어 있는 160만 개의 문서 중에서 취할 때가 많았다. 이 문서 집합에는 「월스트리트 저널」, 「LA 타임즈」 등의 신문 기사와 연방 등록부Federal Register, 의회 기록

---

12 특정 작업에만 사용할 수 있고 일반화할 수 없는 방법을 뜻한다. - 옮긴이

부^{Congressional Record} 같은 미 연방 정부에서 발간하는 문서가 들어 있다. 이 문서들은 대부분 사실이나 사건을 서술하는 전문가들이 쓰고 편집했다.

그림 1.7은 TREC CD 5번에 있는 한 문서의 요약본이다. 바로 「LA 타임즈」의 1990년 5월 19일자 기사 한 편이다. TREC 실험을 위해서 본문을 XML 형식으로 바꿨다. 문서 모음마다 세부적인 XML 태그는 다르기도 하지만, 문서를 구분하고 문서 인식자^{ID}를 나타내는 태그는 똑같다. 모든 문서는 〈DOC〉, 〈/DOC〉 태그로 감싸고, 문서 인식자는 〈DOCNO〉, 〈/DOCNO〉 태그로 나타낸다. 인식자는 qrel 파일에서 문서의 적합성을 판별할 때 사용한다. 이렇게 핵심 문서 태그를 통일하면 색인 과정이 단순해지고 여러 문서 모음을 모아서 처리하기가 쉽다. 연구용 검색 시스템은 이러한 규칙을 따르는 문서를 다루도록 별도 도구를 제공하는 경우가 많다.

근래에는 TREC 작업에 필요한 문서를 주로 웹에서 얻는다. 2009년까지 가장 큰 규모의 문서 모음은 2004년 미국 정부 도메인·^{gov}으로부터 약 2천 5백만 웹 페이지를 수집해서 만든 GOV2 모음으로 크기가 426GB에 달한다. 웹 수집기는 되도록 많은 문서를 수집하려고 시도했으며 당시의 해당 도메인을 충분히 잘 나타내는 결과라고 볼 수 있다. GOV2에는 PDF 형식으로 된 장문의 기술 보고서부터 하이퍼링크만 갖고 있는 HTML 문서까지 다양한 형식과 길이를 가진 문서가 모여 있다. 2004부터 2006년까지 이어진 Terabyte 트랙에서 GOV2 모음을 사용했고, 2007년부터 2008년까지 이어진 Million Query 트랙에서도 사용했다.

```
<DOC>
<DOCNO> LA051990-0141 </DOCNO>

<HEADLINE> 의회가 개 소유주들을 교육하기로 결정하다.  </HEADLINE>

<P>
시의회는 이번 주 개에게 재갈을 물리는 조례를 신중히 검토했으며,
경찰이 규정 준수를 강제하지 않기로 결정했다.
</P>

. . .

</DOC>
```

그림 1.7 TREC CD 5번 디스크의 예제 문서(LA051990−0141)

GOV2가 TREC 문서 모음 중에서는 매우 큰 편이지만 상업적 웹 검색엔진에서 다루는 크기에 비하면 수십, 수백 분의 일에 불과하다. 2009년 TREC에는 10억 단위의 문서를 가진 ClueWeb09라는 문서 모음이 소개돼서 연구자들이 상업적 웹 검색에 필적하는 규모로 연구를 수행할 기회를 갖게 됐다.[13]

NIST는 애드혹 과업을 수행하는 해마다 통상 50개의 새로운 주제를 선정한다. 트랙 참가자들은 이 주제를 다운로드하려면 먼저 시스템을 변경하는 개발 작업을 멈춰야 한다. 주제를 받아서 질의를 생성하고, 질의를 문서 집합을 대상으로 실행해서 얻은 순위 목록을 NIST에 보고해서 평가한다.

그림 1.8은 TREC 1999에서 만들어진 전형적인 애드혹 주제를 보여준다. 이 주제는 대부분의 TREC 주제처럼 세 부분으로 구성되며 어떤 정보를 필요로 하는지도 여러 가지 형태로 기술한다. 제목<title>은 검색엔진에서 입력 받는 키워드성 질의로 쓸 수 있는 형식이다. 상세<description> 항목은 주제의 요구 사항을 좀 더 긴 문장으로 설명하며, 자연어 처리 기술을 갖춘 연구용 시스템에서는 질의로 쓸 수 있다. 설명<narrative> 항목은 온전한 한 문단 길이가 되기도 하는데, 나머지 두 항목을 보충하고 적합한 정보가 무엇인지 더 자세하게 기술한다. 이 항목은 일차적으로 평가자가 결과로 받은 문서가 주제에 적합한지 아닌지 판단하는 데 쓴다.

표 1.2 이 책에서 사용하는 시험용 문서 집합에 대한 요약

문서 집합	문서 수	크기(GB)	연도	주제
TREC45	500,000	2	1998	351 – 400
			1999	401 – 450
GOV2	25,200,000	426	2004	701 – 750
			2005	751 – 800

이 책에서 소개하는 대부분의 실험은 두 가지 문서 모음(하나는 크고 하나는 작다)에서 따온 TREC 시험용 자료 모음 네 가지를 사용한다. 작은 문서 모음은 TREC CD 4번과 5번 디스크에 들어 있는 문서 중에서 의회 기록부를 제외한 것이며, 「파이낸셜 타임즈^{Financial}

13 boston.lti.cs.cmu.edu/Data/clueweb09

```
<top>

<num>번호: 426

<title> 법적 규제, 개

<desc> 상세:
전 세계적으로 법 강제집행 절차에 개를 투입하는데 대한 정보를 제공한다.

<narr> 설명:
적합한 문서는 집행 업무에 개를 투입하는데에 대한 구체적인 정보를 포함해야 한다.
개 훈련과 다루는 사람에 대한 정보도 적합하다.

</top>
```

그림 1.8 TREC 주제 426번

Times」, 미 연방 등록부U.S. Federal Register, 미 국외 방송 정보 서비스U.S. Foreign Broadcast Information Service, 「LA 타임즈」의 문서를 포함한다. 이 문서 집합은 TREC45라고 칭하는데 1998년과 1999년의 주요 애드혹 과업에서 사용했다.

1998년과 1999년에 걸쳐서 NIST는 TREC45에서 50개의 주제와 더불어 적합도를 판별하는 기준을 제정했다. 1998년에 제정한 주제는 351번부터 400번까지, 1999년의 주제는 401번부터 450번까지 번호를 붙였다. 다시 말해 TREC45로부터 두 개의 시험용 자료 모음을 얻어서 각각 TREC45 1998과 TREC45 1999라고 이름 붙였다. 비록 이 책에서 수행한 실험과 TREC 실험 과정이 약간 다르긴 하지만 이 책의 실험 결과를 TREC 1998과 1999에서 발표한 결과와 비교하는 데 무리는 없을 것이다.

다른 출처인 큰 문서 집합은 앞서 언급한 GOV2 말뭉치다. 이것과 Terabyte 트랙의 2004년 주제(701번부터 750번)와 2005년 주제(751번부터 800번)를 합쳐서 GOV2 2004와 GOV2 2005를 만들었다. 이를 사용한 실험 결과도 역시 2004년과 2005년의 Terabyte 트랙에서 발표한 결과와 비교해도 괜찮을 것이다.

표 1.2에는 이 책에서 사용한 네 가지 시험용 자료 모음을 요약했다. TREC45는 NIST의 표준 레퍼런스 데이터 생성 결과 웹사이트Standard Reference Data Products Web에서 특별 데이터베이스Special Databases 22번과 23번을 찾으면 된다.[14] GOV2는 글래스고대학교에서 배포한다.[15]

---

14 www.nist.gov/srd

15 ir.dcs.gla.ac.uk/test_collections

이 문서 모음에 대한 주제와 평가 결과는 TREC 자료 저장소에서 얻을 수 있다.[16]

1.5 오픈소스 정보 검색 시스템

이 책에서 소개한 실험을 하거나 여러분만의 실험을 수행하려면 다양한 오픈소스 검색 시스템을 사용할 수 있다. 위키피디아에서 (완벽하지는 않지만) 오픈소스 검색 시스템 목록을 찾아볼 수 있다.[17]

위키피디아에서 소개한 시스템 목록은 너무 길어서 여기서 자세히 다룰 수는 없다. 그 대신 매우 유명하거나 정보 검색 연구에 많은 영향을 끼쳤거나 이 책의 내용과 관련이 깊은 세 가지 시스템을 간략하게 소개한다. 모두 웹에서 다운로드할 수 있고 라이선스에 따라서는 무료로 사용해도 된다.

1.5.1 루씬

루씬Lucene은 자바Java로 구현한 색인 및 검색 시스템이며 다른 프로그래밍 언어로도 이식됐다. 1997년에 더그 커팅Doug Cutting이 개발하기 시작했으며 이후로 전 세계적으로 수백 명의 개발자가 참여하는 프로젝트로 성장했다. 현재는 아파치 재단 프로젝트다.[18] 루씬은 현재 가장 성공적인 오픈소스 검색엔진이다. 가장 규모가 큰 사용처는 아마도 위키피디아일 것이다. 위키피디아에 유입되는 모든 질의는 루씬으로 처리한다. 루씬을 활용하는 다른 프로젝트는 "PoweredBy" 페이지에서 소개한다.[19]

루씬은 개발자들이 자신만의 색인 방식이나 검색 규칙 및 수식을 정의할 수 있어서 모듈화가 잘 돼 있고 확장성이 좋다고 알려져 있다. 루씬의 검색 프레임워크 내부는 모든 문서가 필드의 모음이라는 개념을 깔고 있다. 제목, 본문, URL 등이 모두 필드가 된다. 이 개

---

16 trec.nist.gov

17 en.wikipedia.org/wiki/List_of_search_engines

18 lucene.apache.org

19 wiki.apache.org/lucene-java/PoweredBy

넘 덕분에 쉽게 검색 요청을 구조화하고 문서의 각 부분마다 다른 가중치를 줄 수 있다.

루씬은 널리 쓰이는 시스템인만큼 다양한 책과 안내 문서를 활용해서 사용법을 빨리 배울 수 있다. 여러분이 사용하는 웹 검색엔진에서 '루씬 튜토리얼'이라고 검색해보라.[20]

1.5.2 Indri

Indri[21]는 C++로 작성한 학술용 검색 시스템이다. 매사추세츠대학교 연구진이 카네기멜론 대학교와 협업하는 Lemur 프로젝트[22]의 일환으로 개발했다.

Indri는 검색 유효성이 높다고 알려졌으며 종종 TREC의 검색엔진 순위 최상위에도 들어간다. Indri는 9장에서 논의할 언어 모델을 결합한 검색 방식을 사용한다. 루씬과 마찬가지로 제목, 본문 그리고 웹 검색에서 중요한 앵커(15장)를 비롯한 여러 필드로 구성된 문서를 다룬다. 처음 요청한 질의로 얻은 결과를 기반으로 질의에 연관된 텀을 덧붙이는 의사 적합도 피드백pseudo-relevance feedback이라는 기법을 이용해서 자동으로 질의를 확장할 수 있다(8.6을 보라). 또한 질의와 독립적인 점수 계산도 지원해서, 최신 문서에 추가 점수를 주어 순위를 끌어올리는 방식도 쓸 수 있다(9.1과 15.3을 보라).

1.5.3 Wumpus

Wumpus[23]는 워털루대학교에서 C++로 개발한 학술용 검색엔진이다. 다른 검색엔진들과 달리 Wumpus는 내부적으로 문서 단위라는 개념이 없어서 색인을 만들 때 문서의 시작과 끝을 구분하지 않는다. 구조적 질의의 제약 조건만 만족하면 전체 문서 모음에서 어떤 부분이라도 검색 결과 단위가 된다. 그렇기 때문에 검색 결과가 반드시 문서 단위일 필요가 없고 한 절, 한 문단, 연속된 몇 문단을 반환하기를 바라는 검색 영역에는 특히 매력적인 시스템이다.

Wumpus는 2장에서 설명할 근접도 순위화, 8장에서 설명할 BM25 알고리즘, 9장에서

---

20 안타깝게도 한국어보다 영어인 "lucene tutorial"로 검색해야 풍부한 결과를 얻는다. – 옮긴이

21 www.lemurproject.org/indri/

22 www.lemurproject.org

23 www.wumpus-search.org

다루는 언어 모델과 무작위성 분화 같은 다양한 검색 기법을 지원한다. 더불어 실시간으로 색인을 갱신(색인에 새로운 파일을 추가하거나 이미 색인에 있는 파일을 삭제)하고, 여러 사용자가 검색 시스템을 이용할 때 보안을 위해서 각 사용자가 색인의 일부분만 검색하도록 제약을 걸 수 있다.

별도 설명이 없다면 이 책에 나오는 모든 성능 관련 도표는 Wumpus를 사용해서 얻은 결과다.

1.6 더 읽을거리

이 책이 정보 검색 기술을 처음 다루는 건 아니다. 예전부터 정보 검색 개론서는 여럿 있었다. 이 절에서 그중 몇 가지를 소개하고자 한다. 솔튼의 초기 서적(Salton, 1968)과 판 레이스베르헌의 책(van Rijsbergen, 1979)은 이 분야의 기초 지식을 꾸준히 다뤄왔고, 그로스먼과 프리더가 다룬 핵심 주제(Grossman and Frieder, 2004)는 지금까지도 의미가 있다. 위튼 외(Witten et al., 1999)는 본문과 영상 압축과 같이 이 책에서는 다루지 않는 여러 관련 주제에 대한 배경 지식을 제공했다.

최근 몇 년간 좋은 입문용 서적들이 출간됐다. 크로프트 외(Croft et al., 2010)는 학부 수준의 개론을 다루기 위한 교재를 저술했다. 배자-예이츠와 히베이루-네투(Baeza-Yates and Ribeiro-Neto, 2010)는 정보 검색 분야의 폭넓은 조사 결과를 제공하며, 각 장마다 해당 분야의 전문가들이 기여했다. 한편 매닝(Manning, 2008)도 읽어볼 만한 조사 결과를 만들었다.

〈정보 검색의 기초와 경향Foundations and Trends in Information Retrieval〉 저널에는 구체적인 주제를 조사한 기고문이 정기적으로 올라온다. 〈데이터베이스 시스템 백과사전The Encyclopedia of Database Systems〉(Özsu and Liu, 2009)에는 정보 검색 관련 입문용 기사가 많이 수록돼 있다. 허스트(Hearst, 2009)는 검색 응용 프로그램의 사용자 인터페이스를 소개한다. 자연어 처리 분야 중에서도 특히 통계적 자연어 처리는 정보 검색과 밀접한 관련이 있다. 매닝과 슈체(Manning and Schütze, 1999)가 통계적 자연어 처리에 대한 폭넓은 개괄을 제시한다.

정보 검색의 최상급 연구 학회로서는 40년 넘게 지속된 ACM의 SIGIR이 있다.[24] 또 다른 선도적 학회와 워크숍은 ACM CIKM^{Conference on Information and Knowledge Management}, JCDL^{Joint Conference on Digital Libraries}, ECIR^{European Conference on Information Retrieval}, ACM WSDM^{International Conference on Web Search and Data Mining}, SPIRE^{String Processing and Information Retrieval}, TREC^{Text REtrieval Conference} 등이 있다. WWW^{World Wide Web Conference}나 NIPS^{Annual Conference on Neural Information Processing Systems}, AAAI^{Conference on Artificial Intelligence}, KDD^{Knowledge Discovery and Data Mining Conference} 등 다른 분야의 최상위 학회에도 중요한 정보 검색 연구 결과가 꾸준히 발표된다. 가장 중요한 연구 저널은 ACM Transactions on Information Systems다. 그 밖에도 〈Information Retrieval〉과 〈Information Processing & Management〉 같은 저널도 중요하다.

XML을 배우고 사용하는 데 초점을 맞춘 책과 웹사이트도 많다. World Wide Web Consortium^{W3C}[25]은 XML 기술 명세를 정의하고 유지하는 책임을 지며, XML 공식 홈페이지를 관리한다. 이 사이트에는 광범위한 참고 자료는 물론이고 여러 튜토리얼과 안내 문서도 있다. 존 보사크의 개인 웹 페이지[26]에는 XML의 초기 개발에 대한 정보와 더불어 XML로 작성한 셰익스피어 희곡도 담겨 있다.

1.7 연습 문제

연습 문제 1.1 여러분이 웹 검색엔진을 사용하면서 던지는 질의 열 개를 기록한다(검색엔진이 검색 이력을 제공하면 그것을 활용해도 된다). 그중에서 얼마나 많은 질의가 이전 질의에 텀을 더하거나 빼서 검색 범위를 바꾸도록 다듬은 것인지 확인해보라. 평소에 사용하는 것을 포함해 상업적 검색엔진 세 개를 선택하고, 각 검색엔진에 기록한 질의를 그대로 입력한다. 질의마다 처음 다섯 개 결과를 자세히 살펴보고, 각 결과가 얼마나 적절한지에 따라 −10점부터 +10점까지 매긴다. 각 검색엔진에서 모든 질의에 대한 결과 점수 평균을 내보라. 주로 사용하는 검색엔진이 가장 점수가 높은가? 이런 실험으로 검색엔진의 상대적인

품질을 정확히 알 수 있을까? 이 실험을 개선할 방안 세 가지를 들어보라.

연습 문제 1.2 오픈소스 검색 시스템을 구해서 설치해본다. 1.5절에서 소개한 것도 괜찮다. 여러분의 이메일이나 그 밖의 자료로부터 작은 문서 모음을 만든다. 문서 수는 수십 개 정도면 충분하다. 색인을 하고 질의를 몇 개 요청해보라.

연습 문제 1.3 그림 1.6의 마르코프 모델에서 상태 3으로부터 시작하면 "not not be to be"라는 구절을 생성할 확률은 얼마인가?

연습 문제 1.4 그림 1.6의 마르코프 모델에서 시작 상태가 무엇인지 모르는데 "to be"라는 구절을 생성했다. 이 구절을 생성한 직후 현재 상태는 어떨 것인가?

연습 문제 1.5 그림 1.6의 마르코프 모델에서 시작 상태가 무엇이든 길이 n 이상의 구절을 생성한 직후 어떤 상태인지 무조건 알 수 있는 유한한 n이 존재하는가?

연습 문제 1.6 어떤 마르코프 모델이 주어질 때, 유한한 n이 있어서 길이 n 이상의 구절을 생성한 직후 어떤 상태인지 무조건 안다고 가정하자. 이 마르코프 모델을 n차 유한 컨텍스트 모델로 바꾸는 과정을 설명하라.

연습 문제 1.7 마르코프 모델을 확장해서 두 상태 사이에 여러 전이가 있을 수 있다고 가정하자. 단, 두 상태 사이의 각 전이는 다른 텀을 나타낸다. 이런 마르코프 모델과 같은 의미를 가지면서 두 상태 사이에 전이가 최대 한 개만 존재하는 마르코프 모델이 있다는 사실을 보여라(힌트: 전이 대상 상태를 분리하라).

연습 문제 1.8 n차원 유한 컨텍스트 언어 모델을 마르코프 모델로 변환하는 과정을 설명해보라. 얼마나 많은 상태가 있어야 하는가?

연습 문제 1.9 (프로젝트 문제) 위키피디아에 있는 문서를 이용해 실험용 말뭉치를 만들어보겠다. 이렇게 만든 말뭉치는 1부에 나오는 여러 연습 문제에서 사용할 것이다.

우선 영문 위키피디아 복사본을 다운로드한다. 이 책을 쓰는 시점에서 커다란 파일 하나로 된 버전을 다운로드할 수 있다. 이 파일 형식에 대한 설명 문서도 위키피디아에서 제공한다.[27]

27　en.wikipedia.org/wiki/Wikipedia:Database_download

파일에는 위키피디아 문서 자체도 있지만 다른 제목으로 문서를 가리키는 문서 넘김 기록도 있다. 파일에서 이런 기록과 기타 정보를 지우고 실제 문서만 남긴다. 위키피디아 고유의 문서 형식 정보도 없애고 필요하다면 XML 태그로 대체한다. 각 문서마다 유일한 지정자를 부여하고 〈DOC〉와 〈DOCNO〉 태그를 붙인다. 이렇게 만든 문서 모음은 1.4절과 그림 1.7에 설명한 TREC 문서 형식과 일치해야 한다.

연습 문제 1.10 (프로젝트 문제) 그림 1.8에 나온 형식에 따라서 위키피디아 문서로 검색 품질을 시험할 만한 주제 서너 개를 고른다. 어떤 문서 하나가 완벽하게 설명하는 주제는 피하고, 여러 문서를 조합해야 완전하게 설명할 수 있는 주제를 찾도록 한다(이 연습 문제는 위키피디아 시험용 자료 모음을 만드는 수업 과제의 기초를 만들기에 알맞다. 학생 개개인이 주제를 몇 개씩 제안해서 총 50개 이상 주제를 만들 수 있다. 자세한 내용은 연습 문제 2.13을 보라).

연습 문제 1.11 (프로젝트 문제) 오픈소스 검색 시스템을 구해서 설치해본다(연습 문제 1.2를 참고하라). 이 검색 시스템으로 연습 문제 1.9에서 만든 위키피디아 문서 모음을 색인한다. 연습 문제 1.10에서 만든 주제의 제목을 질의로 해서 검색해본다. 주제마다 얻은 상위 다섯 개 문서가 적합한지 아닌지 판별하라. 선택한 검색 시스템이 모든 주제에서 같은 수준의 품질을 보여주는가?

연습 문제 1.12 (프로젝트 문제) 연습 문제 1.9에서 만든 문서 모음에서 1.3.2절의 절차대로 토큰을 생성한다. 태그는 버리고 (문자와 숫자로 이루어진) 단어만 모은다. 위키피디아 문서는 UTF-8 유니코드로 저장돼 있지만, 이 연습 문제에서는 단순히 아스키 코드로 간주해도 무방하다. 그림 1.5에서 본 것과 같이 단어 빈도와 순위 사이 관계를 로그-로그 차트로 그려보라. 지프의 법칙을 따르는가? 따른다면 α는 대략 얼마인가?

연습 문제 1.13 (프로젝트 문제) 연습 문제 1.12에서 생성한 토큰을 사용해서 trigram 언어 모델을 만들어보라. 이 언어 모델로 위키피디아 본문 생성기를 구현한다. 어떻게 하면 생성기 기능을 확장해서 대문자와 구두점을 포함하는 좀 더 그럴듯한 본문을 만들 수 있을까? 생성기를 어떻게 개선하면 태그와 링크를 본문에 넣을 수 있을까?

1.8 참고문헌

Baeza-Yates, R. A., and Ribeiro-Neto, B. (2010). *Modern Information Retrieval* (2nd ed.). Reading, Massachusetts: Addison-Wesley.

Croft, W. B., Metzler, D., and Strohman, T. (2010). *Search Engines: Information Retrieval in Practice*. London, England: Pearson.

Grossman, D. A., and Frieder, O. (2004). *Information Retrieval: Algorithms and Heuristics* (2nd ed.). Berlin, Germany: Springer.

Hearst, M. A. (2009). *Search User Interfaces*. Cambridge, England: Cambridge University Press.

Manning, C. D., Raghavan, P., and Schütze, H. (2008). *Introduction to Information Retrieval*. Cambridge, England: Cambridge University Press.

Manning, C. D., and Schütze, H. (1999). *Foundations of Statistical Natural Language Processing*. Cambridge, Massachusetts: MIT Press.

Özsu, M. T., and Liu, L., editors (2009). *Encyclopedia of Database Systems*. Berlin, Germany: Springer.

Salton, G. (1968). *Automatic Information Organization and Retrieval*. New York: McGraw-Hill. van Rijsbergen, C. J. (1979). Information Retrieval (2nd ed.). London, England: Butterworths.

Witten, I. H., Moffat, A., and Bell, T. C. (1999). *Managing Gigabytes: Compressing and Indexing Documents and Images* (2nd ed.). San Francisco, California: Morgan Kaufmann.

Zipf, G. K. (1949). *Human Behavior and the Principle of Least-Effort*. Cambridge, Massachusetts: Addison-Wesley.

2

검색 기초

2장에서는 1장에서 간략히 설명한 색인의 기초와 검색 및 평가 방법 같은 정보 검색의 구성 요소를 살펴보며 이 책의 나머지 부분의 기반을 잡는다. 첫 두 절은 색인과 검색 과정을 다룬다. 이 내용은 서로 깊이 관련 있어서 두 가지 주제에 관한 통합된 시야를 제공한다. 셋째 절은 앞의 두 절에서 소개한 알고리즘의 능률과 효용성을 어떻게 평가하는지 알아본다.

2.1 역색인

역색인(inverted index, 역파일^{inverted file}이라고 부르기도 한다)은 사실상 모든 정보 검색 시스템의 중심이 되는 자료 구조다. 가장 단순하게 말하면 역색인은 각 텀을 해당 텀이 문서 모음에서 출현하는 위치를 연결하는 역할을 한다. 그림 2.1에 셰익스피어의 희곡(그림 1.2와 1.3)을 색인해서 얻은 역색인의 기본적인 요소를 그렸다. 사전^{dictionary}이란 문서 전체의 어휘에 포함된 모든 텀의 목록이다. 각 텀은 해당 텀이 출현한 위치를 나타내는 포스팅 목록 ^{postings list}이라는 자료 구조와 연결돼 있으며, 텀의 위치는 그림 1.4에서 사용한 번호와 일치한다.

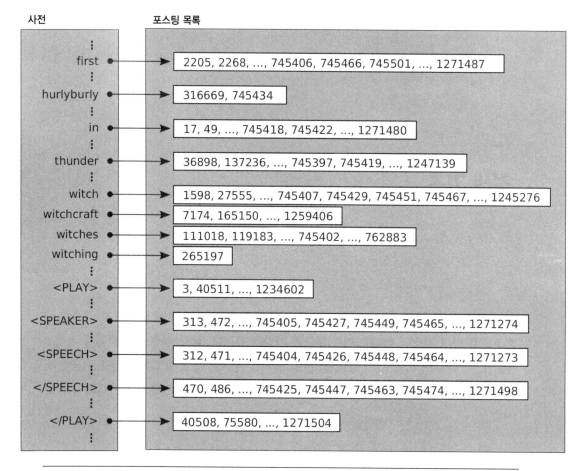

그림 2.1 셰익스피어 희곡의 스키마 독립적인 역색인이다. 사전은 각 텀을 그 텀의 등장 위치 정보와 연결해준다.

여러분이 색인 구조를 이미 알고 있다면 그림 2.1에서 문서의 고유 번호[ID]가 아니라 전체 문서 모음에서의 단어 위치가 들어 있는 점이 의아할 것이다. 이런 유형은 문서 내부 구조(데이터베이스 분야에서는 스키마라고 칭한다)에 관해서 어떤 가정도 하지 않기 때문에 스키마 독립적 색인이라고 부른다. 스키마 독립적인 색인은 가장 단순하므로 2장의 예제 대부분에서 이 계통의 색인을 선택했다. 다른 유형의 색인은 2.1.3절에서 전반적으로 소개한다.

어떤 색인 유형이든지 색인을 구성하는 요소, 즉 사전과 포스팅 목록은 메모리나 디스크 중에서 한쪽에 저장하거나 양쪽에 나눠서 저장할 수 있다. 아직 자료 구조를 구체적으로 설명하진 않겠다. 지금은 역색인을 네 가지 메서드를 갖는 추상 자료 구조[ADT, Abstract Data Type]라고만 정의하자.

- **first**(t)는 문서 모음에서 텀 t가 처음으로 나타난 위치를 돌려준다.
- **last**(t)는 문서 모음에서 텀 t가 마지막으로 나타난 위치를 돌려준다.
- **next**(t, *current*)는 *current*가 가리키는 위치 이후에 텀 t가 처음으로 나타난 위치를 돌려준다.
- **prev**(t, *current*)는 *current*가 가리키는 위치 이전에 텀 t가 마지막으로 나타난 위치를 돌려준다.

또한 l_t를 텀 t가 전체 문서 모음에서 나타난 횟수라고 정의한다(즉, t의 포스팅 목록 길이다). 문서 모음 전체의 길이를 l_c라고 정의하면, $\sum_{t\in \mathcal{V}} l_t = l_c$가 된다($\mathcal{V}$는 문서 모음의 전체 어휘). 그림 2.1에서 본 색인이라면 다음과 같을 것이다.

$\mathbf{first}(\text{``hurlyburly''}) = 316669$

$\mathbf{first}(\text{``witching''}) = 265197$

$\mathbf{next}(\text{``witch''}, 745429) = 745451$

$\mathbf{next}(\text{``hurlyburly''}, 345678) = 745434$

$\mathbf{next}(\text{``witch''}, 1245276) = \infty$

$l_{<\text{PLAY}>} = 37$

$l_{\text{witching}} = 1$

$\mathbf{last}(\text{``thunder''}) = 1247139$

$\mathbf{last}(\text{``witching''}) = 265197$

$\mathbf{prev}(\text{``witch''}, 745451) = 745429$

$\mathbf{prev}(\text{``hurlyburly''}, 456789) = 316669$

$\mathbf{prev}(\text{``witch''}, 1598) = -\infty$

$l_C = 1271504$

$-\infty$와 ∞는 파일의 시작(첫 번째 텀의 앞)과 파일의 끝(마지막 텀의 뒤)을 뜻하는 기호다. 편의상 다음과 같이 정의한다.

$$\mathbf{next}(t, -\infty) = \mathbf{first}(t) \qquad \mathbf{next}(t, \infty) = \infty$$
$$\mathbf{prev}(t, \infty) = \mathbf{last}(t) \qquad \mathbf{prev}(t, -\infty) = -\infty$$

지금까지 설명한 역색인 메서드를 사용하면 포스팅 목록에 대한 순차 접근과 임의 접근을 구현할 수 있다. 그중 순차 탐색은 다음과 같이 간단한 반복 작업이 된다.

$$current \leftarrow -\infty$$

while $current < \infty$ **do**

$$current \leftarrow \mathbf{next}(t, current)$$

$current$ 값으로 필요한 작업을 한다.

하지만 곧 살펴볼 구문 검색을 비롯한 여러 검색 알고리즘은 포스팅 목록에서 임의의 위치에 접근해야 한다. 이런 알고리즘들은 흔히 한 텀에 대해 역색인 메서드를 호출하고, 호출 결과를 다른 텀에 대한 메서드 호출의 인자로 사용함으로써 포스팅 목록 사이를 앞뒤로 이리저리 건너뛴다.

2.1.1 심화 예제: 구문 검색

여러 검색 시스템과 상업적 웹 검색엔진은 따옴표("…")로 묶인 텀들을 (텀 순서가 일치해야 하는) 구문으로 취급한다. 구문이 포함된 질의를 처리하려면 문서 모음에서 해당 구문이 온전히 등장하는 위치를 알아야 한다. 이를 알면 검색 처리 중 문서 필터링과 순위화를 할 때 온전한 구문이 없는 문서를 제외할 수 있다.

구문 검색은 역색인상에서 검색 알고리즘이 어떻게 동작하는지 잘 보여준다. 셰익스피어 작품에서 "first witch"라는 구문이 나오는 위치를 모두 찾는다고 하자. 이 등장인물의 모든 대사를 찾고자 할 때 유용할 것이다. 그림 2.1에 그린 포스팅 목록을 눈으로 훑어보면 745406에서 시작하고 745407에서 끝나는 구문을 하나 찾을 수 있다. 이처럼 포스팅 목록을 탐색해서 "first" 바로 다음에 "witch"가 등장하는 다른 위치도 찾을 수 있겠다. 이 절에서는 여러분이 방금 시도한 절차를 정립해서, 역색인을 활용해 주어진 구문이 등장하는 모든 위치를 효율적으로 찾는 알고리즘을 설명한다.

구문의 위치는 구문의 시작 위치와 끝 위치를 뜻하는 구간 $[u, v]$로 표시한다. "first witch"라는 구문은 [745406, 745407] 외에도 [755466, 745467]과 [745501, 745502] 등에도 등장한다. 구문 검색 알고리즘의 목표는 문서 모음 내에서 구문이 출현하는 모든 구간의 시작과 끝을 구하는 것이다.

이 책 전반에서 검색 결과를 이처럼 구간으로 표현할 것이다. 또한 맥락에 따라서는 구간을 그 구간의 본문 그 자체와 동일시하면 편리하다. 예컨대 [914823, 914829]는 본문 중

```
nextPhrase (t₁t₂...tₙ, position) ≡
1      v ← position
2      for i ← 1 to n do
3          v ← next(tᵢ, v)
4      if v = ∞ then
5          return [∞, ∞]
6      u ← v
7      for i ← n − 1 down to 1 do
8          u ← prev(tᵢ, u)
9      if v − u = n − 1 then
10         return [u, v]
11     else
12         return nextPhrase(t₁t₂...tₙ, u)
```

그림 2.2 주어진 위치부터 가장 먼저 구문이 나타나는 위치를 계산하는 함수. 함수 안에서 역색인 추상적 자료 구조의 next와 prev를 부르며 문서 모음에서 찾은 결과 구간을 돌려준다.

에서 다음 구문과 같다.

O Remeo, Romeo! Wherefore art thou Romeo?[1]

텀 n개로 된 구문 "$t_1t_2 \cdots t_n$"이 주어지면 구문 검색 알고리즘은 왼쪽부터 오른쪽으로 포스팅 목록을 훑어 가며 각 텀에 대해 **next**를 부르고, 그 다음 반대 순서로 돌아오면서 각 텀에 대해 **prev**를 부른다. 이렇게 한 번 왕복하면 모든 텀이 순서대로 나오는 가장 짧은 구간을 계산한다. 모든 텀이 인접해 있다면 원하는 구문을 찾은 것이고, 그렇지 않다면 그 다음으로 이동해 계속 탐색한다.

그림 2.2는 주어진 위치 바로 다음에 구문이 나타나는 위치를 계산하는 **nextPhrase** 알고리즘의 핵심 내용이다. 2–3번 행의 반복 구간은 역색인 메서드를 호출해 각 텀의 위치를 순서대로 찾는다. 구간이 끝났을 때 구문이 [$position$, v] 안에 있다면 v가 구문의 마지막 텀 위치다. 7–8행의 반복 구간은 구문을 포함하는 최소 구간을 정한다. 마지막으로 9–12행에서 모든 텀이 인접해 있는지 확인해서 맞다면 그 구간을 반환한다. 텀이 인접하지 않으면 다시 자신을 호출해서 탐색을 이어 나간다. 12행에서 (v가 아닌) u가 함수 호출의 두

---

1   "아 로미오, 로미오! 왜 당신은 로미오이신가요?"(학원 세계문학전집 5권 〈셰익스피어〉) – 옮긴이

번째 인자로 넘어가는 점에 유의하라. 구문의 모든 텀이 다르면 v를 대신 넘길 수 있다. 인자로 u를 넘겨야 같은 텀이 두 번 반복해서 나와도, 즉 t_i와 t_j가 같아도 ($1 \leq i < j \leq n$) 제대로 동작한다.

"first witch"라는 구문이 맨 처음 등장한 위치를 찾는다고 해보자. 즉, **nextPhrase**("first witch", $-\infty$)를 구한다. 우선 "first"가 처음 등장한 위치를 찾는다.

$$\textbf{next}(\text{"first"}, -\infty) = \textbf{first}(\text{"first"}) = 2205$$

만약 이 위치에 구문이 있다면 바로 뒤에 "witch"가 출현해야 한다. 하지만,

$$\textbf{next}(\text{"witch"}, 2205) = 27555$$

이므로 인접하지 않는다. 이제 구문이 끝나는 위치는 27555보다 앞설 수 없으므로, 다음 계산을 한다.

$$\textbf{prev}(\text{"first"}, 27555) = 26267$$

텀 "first"의 포스팅 목록에서 2205부터 26267으로 이동하면서 15개의 "first" 출현 위치를 건너뛴다. 구간 [26267, 27555]의 길이는 1288로, 구문 길이 2보다 길기 때문에 그 다음에 오는 "first"를 찾는다.

$$\textbf{next}(\text{"first"}, 26267) = 27673$$

알고리즘의 8행에서 **prev**가 꼭 필요하진 않지만(연습 문제 2.2), 알고리즘의 복잡도를 분석하는 데 도움이 된다.

구문이 등장한 모든 위치를 알고 싶다면 각 등장 위치를 **nextPhrase** 함수로 구하도록 반복 구간을 하나 더해야 한다.

```
u ← -∞
while u < ∞ do
    [u,v] ← nextPhrase("t₁t₂...tₙ", u)
    if u ≠ ∞ then
        [u, v]를 돌려준다(보고한다).
```

각 구간을 찾을 때마다 바로 보고한다. 필요하다면 $[u, v]$를 반환하면서 해당 구문을 포함하는 문서를 같이 반환하거나 구간을 배열 같은 자료 구조에 저장했다가 한꺼번에 처리할 수도 있다. 그림 2.2의 코드와 마찬가지로 (v가 아니라) u를 **nextPhrase** 함수의 두 번째 인자로 넘긴다. 그렇기 때문에 아래 몬티 파이튼[2]의 유명한 노래 구절에서 "spam spam spam"이라는 구문이 등장하는 여섯 위치를 정확히 찾을 수 있다.

Spam spam spam spam
Spam spam spam spam

알고리즘의 시간 복잡도를 구하려면 우선 각 **nextPhrase** 호출이 **next**와 **prev**를 $O(n)$번 부르는 점을 살펴보자(**next**를 n번 부르고, 이어서 **prev**를 n-1번 부른다). 8행 이후 $[u, v]$는 구문에 있는 모든 텀을 순서대로 포함하는 가장 작은 구간이므로, 이 구간 안에 같은 조건을 만족하는 또 다른 구간이 있을 수 없다. 다음으로, 텀 t_i가 출현하는 각 위치는 1-8행에서 구한 구간 중에서 많아야 하나에만 존재할 수 있다(즉, 두 구간이 같은 위치의 텀을 공유할 수 없다). 구문에 반복된 텀 t_i, t_j가 있다고 하더라도, 한 위치가 어떤 구간에서는 t_i를 나타내고 다른 구간에서는 t_j를 나타낼 수는 있어도 두 구간에서 모두 t_i를 나타내는 번호가 될 수는 없다. 그러므로 시간 복잡도는 구문의 모든 텀의 포스팅 목록 중에서 가장 짧은 것에 의해 결정된다.

$$l = \min_{1 \leq i \leq n} l_{t_i} \tag{2.1}$$

지금까지 설명한 내용을 종합하면 최악의 경우에 주어진 구문의 모든 등장 위치를 계산하려면 색인 메서드를 $O(n \cdot l)$번 불러야 한다. 자주 출현하는 텀과 가끔 출현하는 텀이 구문 안에 섞여 있다면("Rosencrantz and Guildenstern are dead") 메서드 호출 수는 가장 출현 빈도가 높은 텀("and")이 아니라 가장 빈도가 낮은 텀("Guildenstern")에 의해 결정된다.

---

2   Monty Python. 1969년부터 활동한 영국 코미디 그룹 – 옮긴이

$O(n \cdot l)$의 의미가 알고리즘의 코드 행 수가 아니라 메서드 호출 수라는 점에 유의하자. 메서드를 한 번 실행하는 데 걸리는 시간은 구현 방식에 따라 달라진다. 앞서 소개한 알고리즘의 접근 패턴을 잘 이용하면 각 텀의 빈도가 어떻든 간에 굉장히 단순하고 효율적으로 구현할 수가 있다. 이는 다음 절에서 관련 내용을 자세히 다루겠다.

비록 최악의 상황에서는 메서드를 $O(n \cdot l)$번 부르지만, 실질적으로 각 텀의 상대적인 위치에 따라 메서드 호출 횟수는 달라진다. 다음 내용에서 "hello world"를 찾는다고 해 보자.

hello ⋯ hello ⋯ hello ⋯ hello world ⋯ world ⋯ world ⋯ world

앞부분에 "hello"가 모두 나온 다음 "world"가 모두 나온다. 이런 경우 각 텀이 몇 번씩 나오든지 전체 문서 모음이 얼마나 크든지, 단 한 번 나온 "hello world"의 위치를 찾으려면 메서드를 단지 네 번만 호출하면 된다. 이 극단적인 예제는 일부러 만들어내긴 했지만 수행 시간이 입력 자료의 특성에 의해 정해지는 면을 보여줌으로써 알고리즘의 적응성을 잘 드러낸다. 다른 정보 검색 문제도 이처럼 적응성을 지닌 알고리즘으로 풀면 효율성을 높일 수 있어서 가급적 많이 활용하고자 한다.

알고리즘의 적응성을 좀 더 명확하게 드러내고자 메서드 호출 수를 결정하는 자료의 특성을 어떻게 측정하는지 소개한다. 그림 2.2의 9행에서 조건을 검사하기 직전 시점에 $[u, v]$는 구문에 있는 모든 텀을 순서대로 담고 있는 최소 구간이다. 이런 구간을 후보 구문이라고 하자. 문서 모음에 존재하는 후보 구문의 수를 κ라고 하면, 모든 구문 위치를 찾으려면 메서드를 $O(n \cdot \kappa)$번 호출해야 한다.

2.1.2 역색인 구현하기

그는 별들이 반짝이는 어둠 속을 배회하면서 천천히 기계적으로 다리를 저었다. 하지만 그가 한걸음 걸을 때마다 공허를 가로지르는 보폭이 두 배씩 늘어났다. 그럼에도 매 걸음 내딛는 데 걸린 시간은 일정했다. 태양이 눈 앞에 번쩍이더니 이내 뒤쪽으로 멀리 물러나서 희미하게 반짝였다. 단단한 암석을 뚫고 이글거리는 불길을 헤치고 성단을 넘어서 어둠 속에 쏟아져내리는 별을 향해 달려갔다. 시간이 충분히 흐른 뒤에는 단 한 걸음에 온 우주를 가로지를 수 있었으리라. 그 경지를 넘어서 어떻게 됐을지는 아무도 모른다.

– 로저 젤라즈니, 『빛과 어둠의 피조물(Creatures of Light and Darkness)』 중에서

문서 모음의 내용이 달라지지 않고 그 크기가 작아서 메모리에 모두 저장할 수 있다면 아주 단순한 자료 구조만으로 색인을 구현할 수 있다. 사전은 해시 테이블이나 그와 비슷한 자료 구조로 만들고 포스팅 목록은 길이가 l_t인 배열 $P_t[]$에 저장한다. 셰익스피어 희곡에서 "witch"라는 텀의 포스팅 목록은 아래와 같은 배열로 나타낼 수 있다.

1	2		31	32	33	34		92
1598	27555	$\cdots$	745407	745429	745451	745467	$\cdots$	1245276

역색인 추상 자료 형식의 메서드 중에서 **first**와 **last**는 각각 $P_t[1]$과 $P_t[l_t]$를 반환하면 되므로 시간 복잡도가 상수다. 그리고 **next**와 **prev**는 배열에 대한 이진 탐색으로 구현하면 $O(\log(l_t))$의 시간 복잡도를 가진다. 그림 2.3은 **next** 구현 방식을 보여주며, **prev**도 이와 비슷하다.

```
   next (t, current) ≡
1      if l_t = 0 or P_t[l_t] ≤ current then
2          return ∞
3      if P_t[1] > current then
4          return P_t[1]
5      return P_t[binarySearch (t, 1, l_t, current)]

   binarySearch (t, low, high, current) ≡
6      while high − low > 1 do
7          mid ← ⌊(low + high)/2⌋
8          if P_t[mid] ≤ current then
9              low ← mid
10         else
11             high ← mid
12     return high
```

그림 2.3 next를 이진 탐색으로 구현한다. 길이가 l_t인 배열 $P_t[]$는 텀 t에 대한 포스팅 목록을 갖고 있다. binarySearch 함수는 $P_t[low] \leq current < P_t[high]$를 가정한다. 1–4행에서 이 가정이 성립하고 6–11행의 반복 구간에서는 불변한다.

2.1.1절에서 본 구문 검색 알고리즘은 최악의 경우 **next**와 **prev**를 $O(n \cdot l)$번 부른다는 점을 떠올려보자. 다음과 같은 정의를 이용하면

$$L = \max_{1 \leq i \leq n} l_{t_i} \tag{2.2}$$

각 메서드 호출이 (이진 탐색으로 구현했으므로) 최대 $O(\log(L))$ 시간이 걸리기 때문에, 전체 알고리즘의 시간 복잡도는 $O(n \cdot l \cdot \log(L))$이 된다. 후보 구문의 개수를 뜻하는 κ로 표현하면 $O(n \cdot \kappa \cdot \log(L))$이다.

구문에서 어떤 텀은 자주 등장하고 어떤 텀은 드물게 등장한다면 앞서 소개한 방식은 뛰어난 성능을 보인다. 예를 들어 "tempest"라는 텀은 셰익스피어 희곡 전체에서 고작 49번 등장하는 반면 1.3.3절에서 본 바와 같이 "the"라는 텀은 무려 28,317번 등장한다. 그러나 "the tempest"라는 구문을 검색한다면 최대 $2 \cdot 49 = 98$번의 이진 탐색을 수행하면서 "the"의 포스팅 목록은 2천 번 미만으로 접근한다.[3]

반면 구문의 각 텀이 비슷한 빈도로 출현하면 이진 탐색을 반복하는 일이 낭비일 수 있다. "two gentlemen"이라는 구문의 두 텀은 각각 수백 번(정확히는 702번과 225번) 등장한다. 모든 구문의 위치를 찾으려면 "two"의 포스팅 목록 배열을 2천 번 넘게 접근해야 한다. 이런 경우에는 두 배열을 동시에 순차적으로 탐색해가면서 값을 비교하는 방식이 더 효율적이다. 구문 검색 알고리즘이 상황에 따라 효율적인 방식을 선택하게 하려면 **next**와 **prev**의 정의가 달라져야 한다.

구문 검색에서 특정 텀 t_i에 대해서 **next**를 연달아 부르면 두 번째 인자 v는 **nextPhrase** 함수를 몇 번 부르더라도 항상 증가한다(모든 구문 위치를 찾고자 nextPhrase를 여러 번 불러도 그렇고, nextPhrase 안에서 재귀 호출을 해도 그렇다). 구문 출현 위치를 모두 찾는 과정에서 해당 텀에 대해 **next**를 최대 l(모든 텀 중 가장 짧은 포스팅 목록의 길이)번 부를 수 있다.

$$\textbf{next}(t_i, v_1), \ \textbf{next}(t_i, v_2), \ ..., \ \textbf{next}(t_i, v_l) \qquad v_1 < v_2 < ... < v_l$$

---

3   28,317개 배열은 이진 탐색 한 번에 최대 15회 접근이 필요하고(214 < 28,317 < 215), 총 98번의 이진 탐색이 발생하므로 15 × 98, 약 1,500회 접근한다. − 옮긴이

게다가 호출 결과 역시 항상 증가한다.

$$\mathbf{next}(t_i, v_1) < \mathbf{next}(t_i, v_2) < ... < \mathbf{next}(t_i, v_l)$$

예를 들어 셰익스피어 작품에서 "first witch"를 찾는다면 "first"에 대한 호출 순서는 다음과 같이 시작한다.

$$\mathbf{next}(\text{"first"}, -\infty), \ \mathbf{next}(\text{"first"}, 26267), \ \mathbf{next}(\text{"first"}, 30608), \ ...$$

그리고 반환받은 값은 다음과 같다.

$$2205 < 27673 < 32995 < ...$$

물론 두 번째 인자의 정확한 값과 **next**를 부르는 총 횟수는 구문에 포함된 다른 텀의 영향을 받는다. 어쨌든 반환값이 계속 증가하고 최악의 경우 반환값이 l개 있다는 사실은 변함이 없다.

순차 탐색 방식으로 구현하려면 어떤 텀에 대해서 **next**를 호출한 결과를 저장해둬야 한다. 나중에 같은 텀에 대해서 **next**를 다시 호출하면 저장한 위치부터 탐색을 재개한다. 자세한 내용은 그림 2.4를 보라. 저장된 값 c_i는 이전 호출에서 반환한 배열의 오프셋이며 각 텀마다 오프셋("first"에는 c_{first}, "witch"에는 c_{witch} 등)을 둔다. 이 메서드로 포스팅 목록을 순

```
next (t, current) ≡
1      if l_t = 0 or P_t[l_t] ≤ current then
2          return ∞
3      if P_t[1] > current then
4          c_t ← 1
5          return P_t[c_t]
6      if c_t > 1 and P_t[c_t − 1] > current then
7          c_t ← 1
8      while P_t[c_t] ≤ current do
9          c_t ← c_t + 1
10     return P_t[c_t]
```

그림 2.4 next를 선형 탐색으로 구현한다. 각 텀에 대한 오프셋 c_t를 저장하며, $P_t[c_t]$는 같은 텀에 대해서 직전에 next 결과로 반환한 (∞가 아닌) 결과다. 오프셋이 유효하면 그 위치부터 탐색을 재개하고, 그렇지 않으면 6~7행에서 오프셋을 1로 되돌린다.

서대로만 처리하지는 않기 때문에 순서가 바뀐 경우에는 6-7행에서 오프셋 c_i를 1로 되돌린다.

비슷한 방식으로 **prev**도 텀마다 오프셋을 저장해 두도록 구현하면 구문 검색 알고리즘은 각 텀의 포스팅 목록을 순차 탐색해 배열의 각 요소에 정해진 숫자 이내만큼($O(1)$) 접근한다. 가장 긴 포스팅 목록(길이 L) 전체를 탐색해야 하고 모든 텀의 포스팅 목록 길이가 같다면 전체 시간 복잡도는 $O(n \cdot L)$이다. 이런 경우는 알고리즘의 적응성도 별로 도움이 안 된다.

두 가지 방식으로 **next**와 **prev**를 구현한다는 건 다시 말해 **nextPhrase**도 두 가지 구현 방식이 있다는 뜻이다. 이진 탐색을 사용한 첫 번째 방식은 시간 복잡도가 $O(n \cdot l \cdot \log(L))$이고 가장 짧은 포스팅 목록이 가장 긴 포스팅 목록보다 상당히 짧은 경우($l \ll L$)에 적합하다. 순차 탐색을 이용한 두 번째 방식은 시간 복잡도가 $O(n \cdot L)$이고 모든 포스팅 목록 길이가 비슷한 경우에 좋다.

두 가지 방식을 두고 실행 시점에 l과 L을 비교해서 어떤 쪽을 사용할지 고르는 방안이 있다. 반면 두 알고리즘을 결합해서 제3의 방식으로 구현할 수도 있으며, 시간 복잡도는 최장/최단 포스팅 목록의 비율(L/l)에 의해 결정된다. 이 세 번째 알고리즘은 지수적 또는 뜀뛰기 탐색^{galloping search}[4]을 활용한다. 뜀뛰기 탐색은 이전에 저장한 위치부터 지수적으로 이동 간격을 증가시키면서 원하는 답을 지나칠 때까지 이동한다. 일단 뜀뛰기 방식으로 정답이 존재하는 구간(마지막 직전에 뛴 위치와 마지막으로 뛴 위치 사이)을 찾고, 이진 탐색을 이용해서 정답 구간 안에서 정확한 오프셋을 구한다. 그림 2.5에 자세한 알고리즘이 나온다.

그림 2.6은 셰익스피어 희곡에서 **prev**("witch", 745429)를 부르는 세 가지 방식을 비교한다. 이진 탐색(part a)으로는 메서드가 배열을 7번 접근한다. 처음에 이진 탐색의 불변 조건을 정할 때 위치 1과 92번을 접근하고, 이진 탐색 과정에서 46, 23, 34, 28, 31번 순서로 접근한다. 순차 탐색(part b)으로는 초기에 오프셋에 1이 저장돼 있으며 (경계 조건 검사를 위해 접근하는 경우를 포함해) 배열에 34번 접근한다. 뜀뛰기 탐색(part c)으로는 1, 2, 4,

---

4   직역하면 '질주 탐색'에 가깝지만, 탐색 거리가 점차 늘어나는 특성이 뜀뛰기를 연상시켜서 '뜀뛰기 탐색'이라고 이름 붙였다. – 옮긴이

$$\textbf{next}\ (t,\ current) \equiv$$

```
1      if l_t = 0 or P_t[l_t] ≤ current then
2          return ∞
3      if P_t[1] > current then
4          c_t ← 1
5          return P_t[c_t]
6      if c_t > 1 and P_t[c_t − 1] ≤ current then
7          low ← c_t − 1
8      else
9          low ← 1
10     jump ← 1
11     high ← low + jump
12     while high < l_t and P_t[high] ≤ current do
13         low ← high
14         jump ← 2 · jump
15         high ← low + jump
16     if high > l_t then
17         high ← l_t
18     c_t ← binarySearch (t, low, high, current)
19     return P_t[c_t]
```

그림 2.5 뜀뛰기 탐색을 이용해 next를 구현한다. 6–9행은 low의 초깃값이 Pt[low] ≤ current가 되도록 정하며, 저장된 값이 있으면 사용한다. 12–17행에서 지수적으로 간격을 키우면서 Pt[high] > current인 high를 찾을 때까지 이동한다. 최종 결과는 이진 탐색(그림 2.3 참고)으로 정한다.

8, 16, 32번에 접근해 정답 구간을 찾고, 이진 탐색 과정에서 24, 28, 30, 31번에 접근하므로 (경계 검사를 포함해) 총 12번 배열에 접근한다. 순차 탐색과 뜀뛰기 탐색 모두 최종적으로 31을 오프셋으로 저장한다.

뜀뛰기 방식의 시간 복잡도를 구하려면 애초에 순차 탐색을 도입한 동기가 된 **next** 호출 순서를 떠올려보자. c_t^j를 텀 t에 대해서 j번째로 **next**를 호출한 뒤 저장된 오프셋이라고 하자.

$$P_t[c_t^1] \quad = \quad \textbf{next}\ (t,\ v_1)$$
$$P_t[c_t^2] \quad = \quad \textbf{next}\ (t,\ v_2)$$
$$\cdots$$
$$P_t[c_t^l] \quad = \quad \textbf{next}\ (t,\ v_l)$$

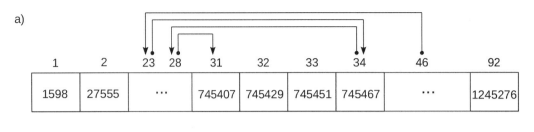

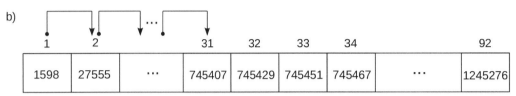

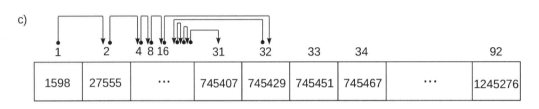

그림 2.6 prev("witch", 745429) = 745407을 구하는 세 가지 방법. (a) 이진 탐색 (b) 순차 탐색 (c) 뜀뛰기 탐색. (b)와 (c)의 경우 최초 저장된 위치는 10이다.

뜀뛰기 탐색에서 한 번 **next**를 부를 때 수행하는 작업량은 부를 때마다 저장된 값이 바뀌는 크기에 영향을 받는다. 저장된 값이 Δc만큼 바뀌면 호출 한 번에 수행하는 작업은 $O(\log(\Delta c))$이다. 따라서 다음과 같이 정의하면

$$\begin{aligned} \Delta c_1 &= c_t^1 \\ \Delta c_2 &= c_t^2 - c_t^1 \\ &\cdots \\ \Delta c_l &= c_t^l - c_t^{l-1} \end{aligned}$$

텀 t에 대해서 **next**를 호출할 때 수행하는 전체 작업량은 다음과 같다.

$$\sum_{j=1}^{l} O(\log(\Delta c_j)) \;=\; O\left(\log\left(\prod_{j=1}^{l} \Delta c_j\right)\right) \tag{2.3}$$

c_j가 음수가 아닌 이상 산술 평균은 항상 기하 평균보다 크다.

$$\frac{\sum_{j=1}^{l} \Delta c_j}{l} \;\geq\; \sqrt[l]{\prod_{j=1}^{l} \Delta c_j} \tag{2.4}$$

그리고 $\sum_{j=1}^{l} \Delta c_j \leq L$이므로, 다음 식을 얻는다.

$$\prod_{j=1}^{l} \Delta c_j \;\leq\; (L/l)^l \tag{2.5}$$

그러므로 텀 t에 대해서 **next**(**prev**도 마찬가지)를 호출해서 수행하는 전체 작업량은 다음과 같다.

$$O\left(\log\left(\prod_{j=1}^{l} \Delta c_j\right)\right) \;\subseteq\; O\left(\log\left((L/l)^l\right)\right) \tag{2.6}$$

$$=\; O\left(l \cdot \log\left(L/l\right)\right) \tag{2.7}$$

텀이 n개인 구문을 찾는 작업의 전체 시간 복잡도는 $O(n \cdot l \cdot \log(L/l))$이다. 이는 $l \ll L$이면 이진 탐색과 비슷한 수준의 성능을 보이고, $l \approx L$이면 순차 탐색과 비슷한 성능을 보인다. 알고리즘의 적응성을 고려하면, 유사한 추론을 거쳐서 시간 복잡도는 $O(n \cdot \kappa \cdot \log(L/\kappa))$라고 구할 수 있다.

여기서는 구문 검색의 구현만 언급했지만, 다른 문제에도 뜀뛰기 탐색 방식이 유용하다는 사실을 나중에 살펴볼 것이다. 2부에서 여기서 소개한 개념을 디스크에 저장하는 자료 구조에도 적용한다.

2.1.3 문서와 그 밖의 요소들

정보 검색 시스템은 대체로 하나의 문서를 검색 단위로 취급한다. 1장에서 논의했듯이 구체적인 사용 환경에 따라 문서의 정의가 달라진다. 다양한 요구 사항에 따라 이메일, 웹 페이지, 뉴스 기사 등이 하나의 문서가 될 수 있다.

많은 분야에서 문서의 정의는 사뭇 자연스럽다. 하지만 서적 모음 같은 대상은 자연적인 구분 단위(서적 한 권) 중 아주 작은 부분만 특정 질의와 관련된 내용을 담고 있으며, 한 권은 적절한 반환 단위보다 훨씬 크다. 차라리 장, 절, 페이지 단위로 반환하는 편이 바람직하다.

셰익스피어 작품에서는 각 희곡을 하나의 문서로 보는 관점이 가장 자연스럽겠지만, 상황에 따라서 각 장, 장면, 대사, 한 행 단위로 반환하는 게 더 적절할지 모른다. 간단한 예로 "first witch"의 대사를 찾고 싶다고 하자.

"first witch"라는 구문은 [745406, 745407] 구간에서 처음 등장한다. 이 구문을 포함하는 대사를 검색하기는 비교적 쉽다. 역색인 메서드를 이용해 대사의 시작 시점이 이 구문보다 바로 앞에 있는 경우를 찾아본다.

$$\mathbf{prev}(\text{``<SPEECH>''}, 745406) = 745404$$

이 대사가 끝나는 위치도 찾는다.

$$\mathbf{next}(\text{``</SPEECH>''}, 754404) = 745425$$

[745406, 745407] 구간("first witch")이 [745405, 745425] 안에 포함된다고 확인했으므로 이 대사에 "first witch"가 포함된다는 사실을 알았다. 구문이 항상 대사 안에서 나온다는 법은 없으므로 꼭 포함 여부를 확인해야 한다. 하나가 아니라 모든 대사를 찾고 싶다면 다음 번 위치부터 같은 과정을 반복한다.

한 가지 사소한 문제가 남아 있다. 대사에서 구문이 포함된 건 알아도 "first witch"가 진짜 화자인지는 아직 모른다. 어쩌면 그저 다른 사람의 대사에서 언급됐을지도 모른다. 다행히 이 문제는 역색인 메서드를 두 번 더 부르면 화자인지 여부를 알 수 있다(연습 문제

2.4). 사실 다음 제시한 요건을 계산하는 데는 간단한 메서드 호출만으로 충분하다.

1. 아무 마녀("witch")의 대사
2. "To be or not to be"라는 대사의 화자
3. 마녀[witches]와 천둥[thunder]을 언급하는 희곡의 제목

이처럼 문서 단위를 따지지 않고 구간 포함 여부만으로 유연하게 검색 단위를 정하고 결과 대상을 제한하는 방식은 활용도가 높다. 웹 검색 시스템에서는 단순한 필터링으로 특정 도메인의 결과만 얻을 수 있다. 기업용 검색 시스템에서는 발신자만 검색해 특정인이 보낸 메시지를 걸러낼 수 있다. 파일 검색에서는 어떤 사용자가 특정 디렉터리에 접근할 수 있는 권한이 있는지 확인할 수 있다.

이러한 "경량" 구조의 필요성은 검색 사용 분야에서 종종 발생하기 때문에, 아예 색인의 기본 기능으로 채택하고자 한다. 앞서 든 예들은 경량 구조를 택한 접근 방식을 보여준다. 5장에서 관련 내용을 자세히 다루는데, 법률 문서 검색처럼 특화된 검색 기능을 구현할 때 자주 쓰는 고급 연산자를 구현하는 도구가 된다. 이는 또한 8.7에서 기술하는 필드별 가중치 구현에 쓸 수도 있다. 다시 말하면 어떤 질의 텀이 제목에 포함되는 경우를 본문에 포함되는 경우보다 더 가치 있게 여기기도 한다. XML 검색을 지원하려면 더 복잡한 색인 구조가 필요한데, 경량 구조 방식을 기반으로 색인을 구현할 수 있다(16장을 보라).

이런 경량 구조가 필요한 상황이 있음에도 검색 시스템 대부분은 문서 모음이 자연스럽게 문서 단위로 나뉘고 결과도 문서 단위로 반환한다고 가정한다. 이메일 검색 시스템에서는 메시지가 기본 검색 단위이며, 파일 검색에서는 파일이, 웹 검색에서는 웹 페이지가 기본 단위다. 문서 단위는 검색 단위일 뿐만 아니라 문서 모음을 나누는 기준도 된다. 문서 단위를 기반으로 전체 문서 모음을 여러 하위 모음으로 나누면 병렬로 검색을 수행할 수 있고, 같은 웹사이트나 출처에서 모은 문서를 묶는 방법 등으로 문서를 재배치해 효율성을 높일 수 있다.

문서 지향 색인

문서 단위로 검색하는 방식이 중요하기 때문에 색인도 보통 그에 맞게 최적화한다. 최적화를 위해서 문서 모음에서 텀의 위치 정보를 문서 번호와 문서 내의 등장 위치(오프셋)로 나눌 수 있다.

문서 지향 색인에서 문서 위치를 $n{:}m$으로 표시하는 건 문서 고유 번호[docid, document identifier]가 n인 문서의 문서 내 위치(오프셋) m에 있다는 뜻이다. 그림 2.7은 셰익스피어의 각 희곡을 하나의 문서로 취급한 역색인이다. 역색인 메서드는 앞서 설명한 대로 동작하지만 입력 인자와 반환값 모두 (문서 번호):(문서 내 위치) 형식으로 나타낸다.

예를 몇 개 들어보자.

$$\textbf{first}(\text{``hurlyburly''}) = 9{:}30963$$
$$\textbf{first}(\text{``witching''}) = 8{:}25805$$

$$\textbf{last}(\text{``thunder''}) = 37{:}12538$$
$$\textbf{last}(\text{``witching''}) = 8{:}25805$$

$$\textbf{next}(\text{``witch''}, 22{:}288) = 22{:}310$$
$$\textbf{next}(\text{``hurlyburly''}, 9{:}30963) = 22{:}293$$
$$\textbf{next}(\text{``witch''}, 37{:}10675) = \infty$$

$$\textbf{prev}(\text{``witch''}, 22{:}310) = 22{:}288$$
$$\textbf{prev}(\text{``hurlyburly''}, 22{:}293) = 9{:}30963$$
$$\textbf{prev}(\text{``witch''}, 1{:}1598) = -\infty$$

문서 내 위치는 1부터 시작해서 문서의 길이까지 도달한다. 여기서도 $-\infty$와 ∞는 각각 파일 시작과 끝을 뜻하는데, $-\infty$는 $(-\infty){:}(-\infty)$로 봐야 하고 ∞는 $(\infty){:}(\infty)$로 봐야 한다. 텀 위치를 이런 형식으로 표현하면 전후 관계를 비교할 때 문서 번호부터 비교한다.

$$n{:}m < n'{:}m'\text{이라면 반드시 } (n < n'\text{이거나 } (n = n'\text{이고 } m < m'))$$

문서 지향 검색에 최적화된 색인을 스키마 의존적 색인이라고 부른다. 전체 문서 모음을 검색 단위(즉 스키마)로 나누는 경계가 색인을 만들 때 결정되기 때문이다.

문서 단위 최적화가 적용되지 않은 색인을 스키마 독립적이라고 한다. 스키마 독립적인 색인은 질의 수행 시점에 문서의 경계를 구분할 수 있다. 물론 스키마 의존적 색인보다 속도가 느려지긴 하겠지만 말이다.

스키마 의존적 색인은 흔히 문서 순위화에 사용하는 다양한 문서 관련 통계를 보유한다. 이러한 통계를 설명할 때 다음 표기법을 사용한다.

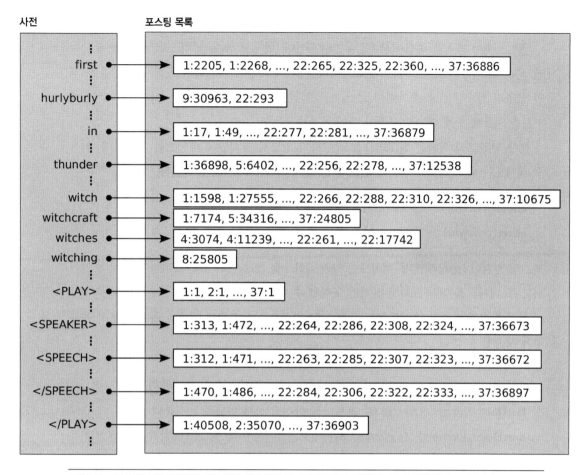

사전　　　　　　포스팅 목록

first ● ⟶ 1:2205, 1:2268, …, 22:265, 22:325, 22:360, …, 37:36886

hurlyburly ● ⟶ 9:30963, 22:293

in ● ⟶ 1:17, 1:49, …, 22:277, 22:281, …, 37:36879

thunder ● ⟶ 1:36898, 5:6402, …, 22:256, 22:278, …, 37:12538

witch ● ⟶ 1:1598, 1:27555, …, 22:266, 22:288, 22:310, 22:326, …, 37:10675

witchcraft ● ⟶ 1:7174, 5:34316, …, 37:24805

witches ● ⟶ 4:3074, 4:11239, …, 22:261, …, 22:17742

witching ● ⟶ 8:25805

<PLAY> ● ⟶ 1:1, 2:1, …, 37:1

<SPEAKER> ● ⟶ 1:313, 1:472, …, 22:264, 22:286, 22:308, 22:324, …, 37:36673

<SPEECH> ● ⟶ 1:312, 1:471, …, 22:263, 22:285, 22:307, 22:323, …, 37:36672

</SPEECH> ● ⟶ 1:470, 1:486, …, 22:284, 22:306, 22:322, 22:333, …, 37:36897

</PLAY> ● ⟶ 1:40508, 2:35070, …, 37:36903

그림 2.7 그림 2.1에 나온 내용으로 만든 문서 지향 색인. 각 포스팅은 (문서 번호):(문서 내 위치) 형태로 저장된다.

N_t	문서 빈도document frequency	문서 모음에서 텀 t를 포함하는 문서의 수
$f_{t,d}$	텀 빈도term frequency	문서 d에서 텀 t가 출현하는 횟수
l_d	문서 길이document length	토큰 수로 표현한 문서 d의 길이
l_{avg}	평균 길이average length	문서 모음 전체의 평균 문서 길이
N	총 문서 수document count	문서 모음 전체의 문서 수

여기서 $\Sigma_{d \in C} \, l_d = \Sigma_{t \in V} \, l_t = l_C$이고, $l_{avg} = l_C/N$이다.

셰익스피어 희곡을 통틀어서 $l_{avg} = 34363$이다. 텀 t이 "witch"이고 $d = 22$(맥베스)이면 $N_t = 18$, $f_{t,d} = 52$이고 $l_d = 26805$이다. 스키마 의존적 색인에서 이런 통계는 흔히 색인 구조의 필수 요소로 유지한다. 스키마 독립적 색인이라면 질의 처리 시점에 역색인 메서드를 사용해 통계 정보를 구해야 한다(연습 문제 2.5).

문서 단위로 동작하는 알고리즘을 작성하기 쉽도록 역색인에 메서드를 추가하자. 처음 두 메서드는 위치 정보에서 문서 번호와 문서 내 위치(오프셋)를 분리한다.

docid(*position*)   *position*과 연관된 문서 번호를 돌려준다.

offset(*position*)   *position*과 연관된 문서 내 오프셋을 돌려준다.

포스팅 형식이 [u:v]라면 두 메서드는 각각 u와 v를 돌려준다. 또한 스키마 독립적 색인에서도 두 메서드를 약간 느리긴 하지만 구현할 수 있다.

이전에 설명한 기본 메서드들도 문서 지향 방식으로 정의하면 뒤에 나올 부분에서 유용하게 사용할 수 있다.

firstDoc(*t*)   텀 *t*를 포함하는 첫 번째 문서 번호를 돌려준다.

lastDoc(*t*)   텀 *t*를 포함하는 마지막 문서 번호를 돌려준다.

nextDoc(*t*, *current*)   *current*보다 번호가 큰 문서 중 텀 *t*를 포함하는 가장 작은 문서 번호를 돌려준다.

prevDoc(*t*, *current*)   *current*보다 번호가 작은 문서 중 텀 *t*를 포함하는 가장 큰 문서 번호를 돌려준다.

스키마 의존적 색인에서는 여러 포스팅이 같은 문서 번호를 가질 수 있다. 문서 번호만 따로 구분한 포스팅(포스팅 목록이 아님) 형식을 만들 수 있다.

$$(d, f_{t,d}, \langle p_0, ..., p_{f_{t,d}} \rangle)$$

$\langle p_0, ..., p_{f_{t,d}} \rangle$는 문서 d에서 텀 t가 출현하는 $f_{t,d}$개의 위치를 나열한 것이다. 이 형식은 매번 똑같은 문서 번호를 쓸 필요가 없다는 장점도 있는 데다, 스키마 의존적인 색인에서 포스

팅을 실제로 어떻게 표현하는지 잘 보여준다. 이 형식을 따라서 "witch"라는 텀에 대한 포스팅 목록을 작성해보겠다.

$$(1, 3, \langle 1598, 27555, 31463 \rangle)), \ ..., \ (22, 52, \langle 266, 288, ... \rangle)), \ ..., \ (37, 1, \langle 10675 \rangle)$$

오프셋을 저장할 필요가 없는 상황도 있다. 기본적인 키워드 검색으로 충분하거나 결과 순위를 문서 수준의 통계만으로 계산하는 경우다. 가장 단순한 순위화나 문서 제한을 위해서라면 문서 수준 통계조차 필요 없다.

포스팅 목록에 저장하는 정보의 종류에 따라서 네 가지 색인 유형이 존재한다. 그중 앞의 세 개는 스키마 의존적이다.

- 문서 번호 색인은 가장 단순한 유형이다. 각 텀에 대해서 그 텀이 등장하는 문서 번호를 모두 저장한다. 단순하지만 불리언 질의(2.2.3절)를 이용한 문서 제한과 간단한 적합도 랭킹(연습 문제 2.7)을 수행하기에 부족함이 없다.
- 빈도 색인은 각 엔트리(포스팅이 아님)가 문서 번호와 텀 빈도 두 가지 정보를 가진다. 각 포스팅은 $(d, f_{t,d})$ 형식이다. 여러 순위화 방식(2.2.1절)을 지원하기에 충분하지만 구문 검색이나 복잡한 제한 방식을 지원하지는 못한다.
- 위치 정보 색인은 포스팅 형식이 $(d, f_{t,d}, \langle p_1, ..., p_{f_{t,d}} \rangle)$이다. 빈도 색인이 지원하는 모든 연산을 지원한다. 추가로 구문 질의, 근접도 순위화(2.2.2절)를 비롯해서 질의 텀의 정확한 출현 위치를 알아야 하는 질의 유형도 처리할 수 있다.
- 스키마 독립적인 색인은 위치 정보 색인처럼 문서 지향 최적화를 하지 않지만, 그 점만 제외하면 위치 정보 색인과 같은 기능을 한다고 볼 수 있다.

표 2.1 〈로미오와 줄리엣〉 1막 1장에서의 한 장면

문서 번호	문서 내용
1	Do you quarrel, sir?
2	Quarrel sir! No, sir!
3	If you do, sir, I am for you: I serve as good a man as you.
4	No better.
5	Well, sir.

표 2.2 표 2.1에서 나온 텀에 대한 포스팅 목록. 각 목록의 길이는 목록의 시작 부분에 나온다.

텀	문서 번호	위치 정보	스키마 독립적
a	1; 3	1; (3, 1, ⟨13⟩)	1; 21
am	1; 3	1; (3, 1, ⟨6⟩)	1; 14
as	1; 3	1; (3, 2, ⟨11, 15⟩)	2; 19, 23
better	1; 4	1; (4, 1, ⟨2⟩)	1; 26
do	2; 1, 3	2; (1, 1, ⟨1⟩), (3, 1, ⟨3⟩)	2; 1, 11
for	1; 3	1; (3, 1, ⟨7⟩)	1; 15
good	1; 3	1; (3, 1, ⟨12⟩)	1; 20
i	1; 3	1; (3, 2, ⟨5, 9⟩)	2; 13, 17
if	1; 3	1; (3, 1, ⟨1⟩)	1; 9
man	1; 3	1; (3, 1, ⟨14⟩)	1; 22
no	2; 2, 4	2; (2, 1, ⟨3⟩), (4, 1, ⟨1⟩)	2; 7, 25
quarrel	2; 1, 2	2; (1, 1, ⟨3⟩), (2, 1, ⟨1⟩)	2; 3, 5
serve	1; 3	1; (3, 1, ⟨10⟩)	1; 18
sir	4; 1, 2, 3, 5	4; (1, 1, ⟨4⟩), (2, 2, ⟨2, 4⟩), (3, 1, ⟨4⟩), (5, 1, ⟨2⟩)	5; 4, 6, 8, 12, 28
well	1; 5	1; (5, 1, ⟨1⟩)	1; 27
you	2; 1, 3	2; (1, 1, ⟨2⟩), (3, 3, ⟨2, 8, 16⟩)	4; 2, 10, 16, 24

표 2.1은 〈로미오와 줄리엣〉의 한 장면이다. 한 줄을 문서 하나로 취급했고 길이를 줄이고자 태그는 생략했다. 표 2.2는 여기에 출현한 모든 텀을 포스팅 목록으로 만든 것이다. 문서 번호 색인, 위치 정보 색인, 스키마 독립적 색인의 포스팅 목록을 모두 나열했다.

네 가지 유형 중에서 문서 번호 색인이 가장 적은 정보를 저장하며 따라서 크기도 가장 작다. 전형적인 문서 모음으로 만든 위치 정보 색인과 스키마 독립적 색인은 그 크기가 가

표 2.3 각 색인 유형과 시험용 자료 모음 종류에 따른 색인 크기. 압축과 압축하지 않은 경우를 나열했다. 첫 번째 숫자는 각 요소가 32비트 정수로 저장된 경우이고, 두 번째 숫자는 각 엔트리가 바이트 정렬 코드 방식으로 압축한 경우다.

	셰익스피어 희곡	TREC	GOV2
문서 번호 색인	n/a	578MB/200MB	37751MB/12412MB
빈도 색인	n/a	1110MB/333MB	73593MB/21406MB
위치 정보 색인	n/a	2255MB/739MB	245538MB/78819MB
스키마 독립적 색인	5.7MB/2.7MB	1190MB/533MB	173854MB/65960MB

장 커서, 빈도 색인의 두 배에서 다섯 배, 문서 번호 색인의 세 배에서 일곱 배에 이른다. 정확한 비율은 문서의 길이, 텀 분포의 고른 정도, 압축 효과 등에 따라 달라진다. 앞서 살펴본 세 가지 문서 모음으로 만든 네 가지 유형의 색인 크기를 표 2.3에 정리했다. 색인 압축은 크기에 상당한 영향을 미치는데, 6장에서 이를 자세히 다룰 것이다.

2장의 초반부에서 등장한 역색인 관련 개념은 네 개의 기본 메서드뿐이었지만 문서 지향 색인을 다루면서 수가 늘었다. 나중에 참고하도록 표 2.4에 이를 요약했다.

표 2.4 역색인에 관한 개념과 표기법 정리

기본 메서드	
first(*term*)	문서 모음에서 텀의 처음 위치를 돌려준다.
last(*term*)	문서 모음에서 텀의 마지막 위치를 돌려준다.
next(*term*, *current*)	*current* 직후에 텀이 나타난 위치를 돌려준다.
prev(*term*, *current*)	*current* 직전에 텀이 나타난 위치를 돌려준다.

문서 지향 색인에서 작동하는 기본 메서드
firstDoc(*term*), lastDoc(*term*), nextDoc(*term*, *current*), lastDoc(*term*, *current*)

스키마 의존적 색인의 위치 정보	
n:*m*	*n* = 문서 번호, *m* = 오프셋(문서 내 위치)
docid(*position*)	*position*과 연관된 문서 번호를 돌려준다.
offset(*position*)	*position*과 연관된 문서 내 오프셋을 돌려준다.

문서와 텀 관련 통계	
l_t	t의 포스팅 목록 길이
N_t	t가 출현한 문서의 수
$f_{t,d}$	문서 d에서 t가 출현하는 횟수
l_d	토큰 수로 표현한 문서 d의 길이
l_{avg}	문서 모음 전체의 평균 문서 길이
N	문서 모음 전체의 문서 수

포스팅 목록의 구조	
문서 번호 색인	$d_1, d_2, ..., d_{Nt}$
빈도 색인	$(d_1, f_{t,d1}), (d_2, f_{t,d2}), ...$
위치 정보 색인	$(d_1, f_{t,d1}, \langle p_1, ..., pf_{t,d1} \rangle), ...$
스키마 독립적 색인	$p_1, p_2, ..., pl_t$

2.2 문서 선택과 순위화

이번에는 2.1절에서 소개한 자료 구조를 기반으로 간단한 검색 방법을 세 가지 제시한다. 처음 두 개는 질의에 적합한 문서 순으로 결과를 만들고, 세 번째는 불리언 필터를 적용해 질의에 부합하는 문서를 찾는다.

순위화 검색에 사용하는 질의는 흔히 텀 벡터라고 부른다. 검색 시스템에 질의를 입력할 때 공백으로 벡터의 각 텀을 구분한다. 예를 들어서 셰익스피어와 앤 해서웨이의 결혼을 다루는 웹 페이지 순위 목록을 얻고자 다음 질의를 웹 검색엔진에 입력한다고 하자.

william shakespeare marriage

벡터라는 점이 잘 보이도록 질의를 $\langle t_1, t_2, ..., t_n \rangle$과 같이 쓰겠다. 그러면 질의는 다음처럼 쓴다.

$\langle$ "william", "shakespeare", "marriage" $\rangle$

어째서 질의를 집합이 아니라 벡터로 표현하는지 궁금할 수 있겠다. 질의에서 같은 텀이 반복되거나 텀의 순서를 고려해야 할 수 있어서 벡터로 표현하는 편이 유용하다. 순위 계산식에서 텀이 질의에 등장하는 횟수를 q_t로 표시한다.

불리언 조건은 불리언 연산자(AND, OR, NOT)를 조합해서 만든다. 불리언 질의는 이 조건을 만족하는 문서 집합을 구한다. 다음과 같은 불리언 질의는 "william"과 "shakespeare"라는 텀이 모두 있지만 "marlowe"나 "bacon"이라는 텀은 없는 문서를 찾는다.

"William" AND "shakespeare" AND NOT ("marlowe[5]" OR" bacon[6])

다른 장에서 불리언 연산자를 확장해서 결과 집합을 추가로 제한하는 방법을 알아볼 것이다.

---

5   Christopher Marlowe. 셰익스피어의 공동 저자로 추정되는 인물이다. – 옮긴이

6   Francis Bacon. 셰익스피어 작품을 썼다는 의혹이 있다. – 옮긴이

순위화 검색에 쓰는 텀 벡터와 불리언 검색에 쓰는 조건 사이에는 차이점이 있다. 불리언 질의는 보통 엄격하게 적용해 질의에 부합하지 않는 문서는 처음부터 검색 결과에서 배제한다. 반면 텀 벡터는 흔히 정보 욕구를 반영한다고 간주하므로 모든 텀이 있어야만 검색 결과에 들어갈 수 있는 건 아니다. 예를 들어 셰익스피어의 인생과 업적에 관해 알고 싶으면 관련된 텀을 될 수 있는 한 많이 넣어서 빈틈없는 질의를 만들어볼 수 있다.

william shakespeare stratford avon london plays sonnets poems tragedy comedy poet playwright players actor anne hathaway susanna hamnet judith folio othello hamlet macbeth king lear tempest romeo juliet julius caesar twelfth night antony cleopatra venus adonis willie hughe wriothesley henry ...

이 가운데 일부를 포함하는 웹 페이지는 많이 있겠지만 모든 텀을 포함하는 문서는 거의 없을 것이다. 문서에 없는 텀이 최종 결과 순서에 얼마나 영향을 미칠지는 순위화 기준에 의해 결정된다.

불리언 검색과 순위화 검색 방식을 결합해서 두 단계 과정으로 만들기도 한다. 먼저 문서 모음에 불리언 질의를 적용해서 부합하는 일부 문서 집합만 구하고, 그 다음으로 순위화 방식을 적용해 최종 결과를 만든다. 상업적 웹 검색엔진은 이렇게 두 단계로 검색을 수행한다.

william shakespeare marriage

최근까지 상업적 검색 시스템 대부분이 다음과 같은 질의가 주어졌을 때, 텀들의 교집합인 불리언 질의("william" AND "shakespeare" AND "marriage")로 인식하는 동시에 순위화 검색을 위한 텀 벡터(〈"william", "shakespeare", "marriage"〉)로도 해석했다. 웹 페이지가 검색 결과에 들어가려면 모든 텀이 페이지에 들어 있거나 외부에서 해당 페이지로 연결하는 앵커 텍스트에 존재해야 한다.

질의에 텀을 추가하면, 질의와 관련 있지만 추가한 텀이 없는 문서들이 검색 결과에서 누락돼 오히려 품질이 나빠지는 역효과가 발생한다. 원칙적으로는 질의에 텀을 추가하면 사용자가 원하는 정보를 더 구체적으로 정의하기 때문에 검색 결과가 더 좋아져야 한다. 최근 상업적 웹 검색엔진 중 일부는 결과 목록에 더 많은 문서들이 포함되도록 문서 제한 기준을 완화하긴 했지만, 여전히 앞서 본 두 단계의 검색 과정을 적용한다. 이런 시스템은 질의 텀이 많아지면 결과 문서가 거의 없는 경우도 생긴다.

문서 순위를 정하는 과정에서 문서의 간단한 특성을 비교한다. 이 특성들 중 가장 중요한 하나는 텀 빈도(*term frequency*, $f_{t,d}$), 즉 텀 t가 문서 d에서 몇 번 출현했는가다. 두 문서 d_1과 d_2가 있을 때, 모든 특성이 같고 질의 텀만 d_1에서 훨씬 많이 출현한다면 d_1이 d_2보다 순위가 높다고, 다시 말해 질의와 더 관련성이 높다고 볼 수 있다. 〈"william", "shakespeare", "marriage"〉라는 질의를 주었을 때 "marriage"가 어떤 문서에서 반복해서 나타난다면 이 문서는 같은 텀이 한 번만 나타난 다른 문서보다 순위가 높아야 할 것이다.

또 다른 중요한 특성은 텀 간의 근접도다. 문서 d_1에서 문서 d_2보다 텀들이 가깝게 붙어서 나타나고 나머지 특성은 같다면 d_1이 d_2보다 순위가 높다고 볼 수 있다. 어떤 경우에는 문서 내에서 구문으로 나타날 수 있지만("william shakespeare"), 근접도는 단순히 구문 부합 여부보다 더 넓은 의미를 갖는다. 다음과 같이 william", "shakespeare", "marriage" 가 한 문단에서 동시에 쓰였다면 이들 사이에 어떤 연관성이 있다고 볼 수 있다.

> ... while no direct evidence of the marriage of Anne Hathaway and William Shakespeare exists, the wedding is believed to have taken place in November of 1582, while she was pregnant with his child ...

반면 텀들이 더 멀리 떨어져 있었다면 어떤 연관성이 있다고 보기는 힘들 것이다.

다른 특성들은 여러 요소들이 배치되는 양상을 보일 때 이를 조율하도록 도와준다. 천 단어로 된 문서에 "willam"이 네 번, "shakespeare"가 다섯 번, "marriage"가 두 번 등장하고 5백 단어로 된 문서에는 같은 텀이 각각 3번, 2번, 7번 등장한다고 하자. 어느 쪽이 더 순위가 높아야 할까? 이럴 때는 각 문서 길이(l_d)와 평균 문서 길이(l_{avg})의 비율을 따지거나, 전체 문서 수(N) 중에서 각 텀이 등장하는 문서 수(N_t)의 비율 등을 봐야 할 것이다.

지금까지 많은 순위 모델에서 핵심적으로 사용하는 기본적인 특성들을 설명했지만, 이 밖에도 다양한 특성을 활용할 수 있다. 웹 검색을 비롯한 일부 영역에서는 이런 부수적인 특성을 어떻게 활용하는지가 검색엔진의 성공 여부를 좌우한다.

그중 한 가지 중요한 특성은 문서 구조다. 같은 질의 텀이라도 제목에서 나타나느냐 혹은 본문에서 나타나느냐에 따라 영향도가 다를 수 있다. 웹 페이지 사이의 연결 상태와 같은 문서 간 관계도 중요하다. 웹 검색에서는 문서 간 연결 관계를 파악하고, 문서마다 질의와 무관한 정적 순위를 부여해 순위화 요소로 활용할 수 있다. 마지막으로 사용자가 많은 검색 시스템에서는 사용 행동을 관찰해 검색 품질을 향상시킬 수 있다. 예컨대 사용자들이 검색 결과 가운데 특정 웹사이트의 문서를 더 많이 클릭한다면 이 사이트를 다른 사이트보다 선호한다고 추정하고, 이러한 관찰 결과를 바탕으로 순위화 방식을 개선할 수 있다. 이와 같은 부수적인 특성은 나중에 자세히 다룰 것이다.

2.2.1 벡터 공간 모델

벡터 공간 모델은 가장 오래된 모델 중 하나이며 이 책에서 다루는 여러 모델 중 가장 잘 알려져 있다. 초기 정보 검색 연구자 중 아마도 가장 영향력 있는 인물인 제라드 솔튼^{Gerard} ^{Salton}이 1960년대부터 1990년대에 걸쳐서 이 모델을 개발하고 전파해왔다. 덕분에 벡터 공간 모델은 검색 분야에서 친숙한 개념이 됐고, 단지 문서 순위화에 국한되지 않고 문서 분류와 클러스터링 같은 문제를 푸는 데에도 중요한 역할을 맡게 됐다. 근래에는 확률 모델, 언어 모델, 머신러닝(3부를 보라) 등에 의해 영향력을 많이 잃었지만, 벡터 공간 모델은 밑바탕에 깔린 직관적인 개념과 오랜 역사 덕분에 여전히 순위화 검색을 소개하는 데 유용하다.

벡터 공간 모델의 기본 개념은 단순하다. 문서와 질의 모두 고차원 공간에서 벡터로 표시되며 벡터의 각 요소는 전체 어휘에 포함된 각각의 텀에 대응한다. 이전 절에서 설명한 텀 벡터는 질의 텀만 포함하기 때문에 벡터 모델의 표현 방식과는 다르다. 질의 벡터와 문서 벡터 집합이 주어지면 각 문서 벡터와 질의 벡터 사이의 유사도, 즉 벡터 간 각도를 계산해서 순위를 매긴다. 각도가 작을수록 벡터가 가깝다(유사하다). 그림 2.8에 2차원 공간에서 이 개념을 나타냈다.

선형 대수로 두 벡터 사이의 각도를 쉽게 구할 수 있다. 두 개의 $\mathcal{V}$차원 벡터 $\vec{x} = \langle x_1, x_2, ..., x_{|\mathcal{V}|} \rangle$와 $\vec{y} = \langle y_1, y_2, ..., y_{|\mathcal{V}|} \rangle$가 있으면 다음 공식이 성립한다.

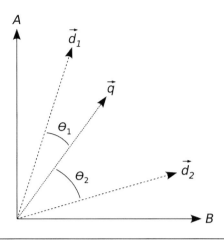

그림 2.8 벡터 공간에서 문서 유사도. 질의 벡터 $\vec{q}$와 두 개의 문서 벡터 $\vec{d_1}$, $\vec{d_2}$ 사이의 각도를 계산한다. $\theta_1 < \theta_2$이므로 d_1이 d_2보다 더 순위가 높다.

$$\vec{x} \cdot \vec{y} \;=\; |\vec{x}| \cdot |\vec{y}| \cdot \cos(\theta) \tag{2.8}$$

$\vec{x} \cdot \vec{y}$는 벡터의 내적 또는 스칼라곱을 뜻하고, $|\vec{x}|$와 $|\vec{y}|$는 각 벡터의 길이를 뜻한다. 벡터의 내적은 다음과 같이 정의한다.

$$\vec{x} \cdot \vec{y} \;=\; \sum_{i=1}^{|\mathcal{V}|} x_i \cdot y_i \tag{2.9}$$

그리고 벡터의 길이는 유클리드 거리 공식으로 구한다.

$$|\vec{x}| \;=\; \sqrt{\sum_{i=1}^{|\mathcal{V}|} x_i{}^2} \tag{2.10}$$

위 공식을 조합하면 다음과 같이 벡터 간 각도의 코사인 값을 구할 수 있다.

$$\cos(\theta) \;=\; \frac{\vec{x}}{|\vec{x}|} \cdot \frac{\vec{y}}{|\vec{y}|} \;=\; \frac{\sum_{i=1}^{|\mathcal{V}|} x_i\, y_i}{\left(\sqrt{\sum_{i=1}^{|\mathcal{V}|} x_i{}^2}\right)\left(\sqrt{\sum_{i=1}^{|\mathcal{V}|} y_i{}^2}\right)} \tag{2.11}$$

위 값에 arccos를 적용해서 정확한 각도를 구할 수도 있지만, 코사인은 각도가 커지면 단조 감소[7]하는 함수이므로 군이 각도를 구하지 않고 코사인 값을 그대로 유사도로 간주해도 된다. 벡터 간 각도 θ = 0°이면 $\cos(\theta)$ = 1이고 두 벡터는 같은 직선상에 위치해서 가장 가깝다. 반면 θ = 90°이면 $\cos(\theta)$ = 0이고 두 벡터는 직교해서 가장 멀다.

요약하자면 문서 벡터와 질의 벡터 사이에서 코사인 유사도 $sim(\vec{d}, \vec{q})$는 다음과 같이 계산한다.

$$sim(\vec{d}, \vec{q}) \ = \ \frac{\vec{d}}{|\vec{d}|} \cdot \frac{\vec{q}}{|\vec{q}|} \tag{2.12}$$

문서 벡터와 질의 벡터의 내적 값을 단위 길이로 정규화한다. 모든 벡터 요소가 음수가 아니라고 하면 코사인 유사도는 0과 1 사이의 값을 가지며, 코사인 값이 클수록 벡터 간 유사도도 크다.

당연한 이야기지만 문서 수가 그리 크지 않아도 벡터 공간 차원(총 어휘 크기)은 수백만 개가 넘는다. 차원이 높기 때문에 언뜻 생각하면 계산이 오래 걸릴 것 같지만, 대다수의 질의 벡터는 몇 개 요소만 빼고 나머지는 모두 0인 희소 벡터다. 앞서 본 〈"william", "shakespeare", "marriage"〉라는 질의는 오직 세 요소만 0이 아니다. 벡터의 길이를 계산하거나 문서 벡터와 내적을 구할 때 이 세 텀에 대한 요소만 고려하면 된다. 반면 문서 벡터는 보통 문서에 나온 모든 텀이 0이 아닌 요소를 가지기 때문에, 그 수가 수천 개에 이르기도 한다. 하지만 문서 벡터의 길이는 질의를 처리하기 전에 이미 알고 있으므로 사전에 계산해서 색인에 저장할 수 있다. 아예 문서 벡터를 미리 길이로 정규화해서 색인의 포스팅 목록에 텀 빈도 대신 저장해 두는 방법도 있다.

질의는 보통 대부분의 문서보다 짧지만, 벡터 공간에서 문서 벡터와 질의 벡터는 똑같이 벡터 형식이기 때문에 문서 자체를 질의로 사용할 수도 있다. 이 경우 공식 2.12는 두 문서 간의 유사도를 도출한다. 이렇게 문서를 질의로 간주함으로써 일부 검색엔진에서 제공하는 유사한 페이지 찾기 기능을 구현할 수 있다.

---

7   각도가 0~180° 사이일 때만 단조 감소하지만, 벡터 공간 모델에서는 항상 이 조건을 만족한다. – 옮긴이

코사인 유사도를 순위화 기준으로 사용하면 직관적이고 단순하다는 장점이 있다. 질의와 문서를 벡터로 적절하게 표현할 수 있다면 코사인 유사도를 이용해서 질의에 적합한 순서로 문서를 정렬할 수 있다. 문서와 질의를 벡터로 표현할 때 각 텀에 가중치를 주어서 벡터 요소의 값으로 부여해야 한다. 벡터 공간 모델이 존재한 이래 가중치를 부여하는 다양한 공식이 제안돼 평가를 거쳤다. 극소수의 예외를 제외하면 모든 가중치 공식은 TF(텀 빈도)-IDF(역 문서 빈도) 가중치라고 부르는 일반적인 범주에 속한다.

TF-IDF 가중치는 텀 빈도($f_{t,d}$)에 관한 함수와 역 문서 빈도($1/N_t$)에 관한 함수를 곱한 값을 문서 벡터 가중치로서 부여한다. 질의 벡터에 가중치를 부여할 때는 질의 자체를 하나의 문서로 간주해서 질의 내 텀 빈도(q_t)를 문서 텀 빈도($f_{t,d}$) 대신 사용한다. 물론 문서와 질의 벡터에 서로 다른 텀 빈도 함수와 역 문서 빈도 함수를 적용할 수도 있다.

다시 한 번 말하지만 TF-IDF 가중치는 텀 빈도와 역 문서 빈도의 "함수"를 곱한 값이다. 흔히 텀 빈도 함수 대신 텀 빈도 자체($f_{t,d}$)를 사용하는 실수를 저지르는데, 이러면 검색 모델의 성능이 떨어진다.

오랜 시간 연구자들은 다양한 TF와 IDF 함수의 변형을 만들고 평가했다. IDF 함수는 통상적으로 문서 빈도를 문서 모음의 전체 문서 수(N)과 관련지어서 계산한다. IDF 함수를 직관적으로 설명하자면, 여러 문서에 등장한 텀은 적은 문서에 등장한 텀보다 가중치가 낮아야 한다는 말이다.[8] IDF 함수는 TF 함수보다 좀 더 표준화된 형식을 따른다.

$$\text{IDF} \; = \; \log(N/N_t) \tag{2.13}$$

변형된 IDF 함수들도 대부분 N_t와 N을 사용한 어떤 비율에 로그를 적용해서 구한다.

TF 함수를 직관적으로 설명하자면, 어떤 텀이 많이 등장한 문서는 적게 등장한 문서보

---

8 여러 문서에 나올수록 일반적인 텀이기 때문에 질의의 의도를 구체화하기 어렵다는 관점이다. - 옮긴이

다 그 텀에 대한 가중치를 더 많이 받아야 한다는 말이다.[9] TF 함수에 관해서 하나 더 중요하게 고려할 부분은 $f_{t,d}$가 증가한다고 해서 반드시 함수 값이 선형적으로 증가할 필요는 없다는 점이다. 물론 텀이 두 번 나오면 한 번 나올 때보다 가중치가 높지만, 꼭 두 배일 필요는 없다. 이런 특성을 만족하는 함수는 다음과 같으며, 솔튼의 후기 연구에서 많이 보인다.

$$\text{TF} \;=\; \begin{cases} \log(f_{t,d}) + 1 & \text{if } f_{t,d} > 0, \\ 0 & \text{otherwise.} \end{cases} \tag{2.14}$$

위 공식을 질의 벡터에 사용하면 $f_{t,d}$는 질의어 t의 빈도 q_t로 대체된다. 이 식과 식 2.13을 함께 사용해서 앞으로 나올 예제의 문서와 질의 가중치를 계산하겠다.

표 2.1에 서술한 〈로미오와 줄리엣〉 본문과 표 2.2에 정리한 포스팅 목록을 떠올려보자. 문서는 모두 다섯 개이고 "sir"는 그중 네 개에 나온다. IDF 함수를 계산하면 다음과 같다.

$$\log(N/f_{\text{sir}}) \;=\; \log(5/4) \;\approx\; 0.32$$

이 식과 여타 TF-IDF 수식에서도 로그의 밑은 그리 중요하지 않다. 이 책의 모든 예제는 로그의 밑으로 2를 준다.

문서 2번에서 "sir"는 두 번 등장하므로 TF-IDF 가중치 값은 다음과 같다.

$$(\log(f_{\text{sir},2}) + 1) \cdot (\log(N/f_{\text{sir}})) \;=\; (\log(2) + 1) \cdot (\log(5/4)) \;\approx\; 0.64$$

나머지 문서와 텀에 대해서 TF-IDF 값을 계산해 벡터 집합으로 나타내면 다음과 같다.

$$\vec{d_1} \;\approx\; \langle 0.00, 0.00, 0.00, 0.00, 1.32, 0.00, 0.00, 0.00, 0.00, 0.00, 0.00, 1.32, 0.00, 0.32, 0.00, 1.32 \rangle$$
$$\vec{d_2} \;\approx\; \langle 0.00, 0.00, 0.00, 0.00, 0.00, 0.00, 0.00, 0.00, 0.00, 0.00, 1.32, 1.32, 0.00, 0.64, 0.00, 0.00 \rangle$$
$$\vec{d_3} \;\approx\; \langle 2.32, 2.32, 4.64, 0.00, 1.32, 2.32, 2.32, 4.64, 2.32, 2.32, 0.00, 0.00, 2.32, 0.32, 0.00, 3.42 \rangle$$
$$\vec{d_4} \;\approx\; \langle 0.00, 0.00, 0.00, 2.32, 0.00, 0.00, 0.00, 0.00, 0.00, 0.00, 1.32, 0.00, 0.00, 0.00, 0.00, 0.00 \rangle$$
$$\vec{d_5} \;\approx\; \langle 0.00, 0.00, 0.00, 0.00, 0.00, 0.00, 0.00, 0.00, 0.00, 0.00, 0.00, 0.00, 0.00, 0.00, 0.32, 2.32, 0.00 \rangle$$

---

9   반복해서 나온 텀은 그 문서의 내용을 더 잘 대표한다는 관점이다. – 옮긴이

각 벡터 요소는 알파벳 순서로 나열한 텀에 대응한다. 이 벡터를 길이로 나누면 다음과 같이 정규화된다.

$$\vec{d_1}/|\vec{d_1}| \approx \langle 0.00, 0.00, 0.00, 0.00, 0.57, 0.00, 0.00, 0.00, 0.00, 0.00, 0.00, 0.57, 0.00, 0.14, 0.00, 0.57 \rangle$$
$$\vec{d_2}/|\vec{d_2}| \approx \langle 0.00, 0.00, 0.00, 0.00, 0.00, 0.00, 0.00, 0.00, 0.00, 0.00, 0.67, 0.67, 0.00, 0.33, 0.00, 0.00 \rangle$$
$$\vec{d_3}/|\vec{d_3}| \approx \langle 0.24, 0.24, 0.48, 0.00, 0.14, 0.24, 0.24, 0.48, 0.24, 0.24, 0.00, 0.00, 0.24, 0.03, 0.00, 0.35 \rangle$$
$$\vec{d_4}/|\vec{d_4}| \approx \langle 0.00, 0.00, 0.00, 0.87, 0.00, 0.00, 0.00, 0.00, 0.00, 0.00, 0.49, 0.00, 0.00, 0.00, 0.00, 0.00 \rangle$$
$$\vec{d_5}/|\vec{d_5}| \approx \langle 0.00, 0.00, 0.00, 0.00, 0.00, 0.00, 0.00, 0.00, 0.00, 0.00, 0.00, 0.00, 0.00, 0.14, 0.99, 0.00 \rangle$$

이 다섯 개 문서를 질의 〈"quarrel", "sir"〉에 관해 순위를 매긴다면 우선 텀을 벡터로 생성해야 한다(질의 벡터의 길이로 정규화한다).

$$\vec{q}/|\vec{q}| \approx \langle 0.00, 0.00, 0.00, 0.00, 0.00, 0.00, 0.00, 0.00, 0.00, 0.00, 0.00, 0.97, 0.00, 0.24, 0.00, 0.00 \rangle$$

질의 벡터와 각 문서 벡터의 내적을 구하면 다음과 같이 코사인 유사도를 얻는다.

문서 번호	1	2	3	4	5
유사도	0.59	0.73	0.01	0.00	0.03

따라서 최종 문서 순서는 2, 1, 5, 3, 4가 된다.

```
    rankCosine (⟨t₁, ..., tₙ⟩, k) ≡
1       j ← 1
2       d ← min₁≤ᵢ≤ₙ nextDoc (tᵢ, −∞)
3       while d < ∞ do
4           Result[j].docid ← d
5           Result[j].score ← (d⃗/|d⃗|) · (q⃗/|q⃗|)
6           j ← j + 1
7           d ← min₁≤ᵢ≤ₙ nextDoc (tᵢ, d)
8       score로 Result를 정렬한다.
9       return Result[1..k]
```

그림 2.9 벡터 공간 모델 순위화를 위한 질의 처리. 텀 벡터 〈t_1, ..., t_n〉이 주어지면 (질의 벡터는 q) 상위 k개의 문서를 반환하는 함수다.

벡터 모델의 질의 처리는 텀들의 포스팅 목록을 병합하는 작업이므로 간단명료하다(그림 2.9). 문서 번호와 그 문서의 점수를 계산해 결과 배열에 누적한다. 한 번에 한 문서에 대해 동작한다. **while** 반복 구간을 매번 돌 때마다 문서 d의 점수를 문서 벡터와 질의 벡터를 내적해서 계산하고 그 값을 문서 번호와 함께 결과 배열 *Result*에 저장한 뒤, 다음번에 계산할 문서 번호를 찾는다. 이 알고리즘에서는 질의 텀이 하나도 등장하지 않는 문서는 아예 점수를 계산하지 않는데, 이런 문서에는 암묵적으로 점수 0을 부여한다. 함수 수행이 끝나면 *Result*에는 점수가 높은 순서로 문서가 저장돼 있으므로 이 가운데 상위 k를 반환한다.

상당수의 검색 응용 분야에서 질의에 부합하는 모든 문서를 알 필요는 없고, 필요에 따라 최대 상위 k개의 문서만 결과로 반환한다. 예컨대 웹 검색엔진은 상위 10개 또는 20개 문서만 첫 페이지에 보여준다. 이런 상황에서 질의 텀을 포함하는 모든 문서의 — 그저 가중치도 낮은 텀 하나만 있는 문서까지도 — 점수를 계산하는 일은 시간 낭비다. 이런 명백한 낭비를 줄이고자 벡터 공간 모델은 물론이고 여타 검색 모델에도 적용할 수 있는 개선된 질의 처리 방식이 등장했다. 5장에서 이를 논의할 것이다.

이 절의 초반부에서 나열한 문서 특성 — 텀 빈도, 텀 근접도, 문서 빈도, 문서 길이 — 중에서, 벡터 모델은 텀 빈도와 문서 빈도만 명시적으로 사용한다. 문서 길이는 벡터를 정규화할 때 암묵적으로 개입한다. 한 문서가 다른 문서보다 두 배 길지만 같은 텀을 같은 비율로 포함한다면 정규화를 거친 두 문서 벡터는 동일하다. 벡터 공간 모델에서 근접도는 전혀 고려하지 않는다. 이러한 특징 때문에 다양한 벡터 공간 모델을 (그리고 같은 특징을 가지는 다른 모델도) 소위 "단어 주머니^{bag of words}" 모델이라는 개념으로 본다.

이 절에서 다룬 벡터 공간 모델은 솔튼의 후기 저술에 근간을 둔다. 실제로 검색 시스템을 구축할 때는 벡터 공간 모델을 구현하면서 길이에 의한 벡터 정규화와 문서 벡터의 IDF 요소를 배제한다. 게다가 코사인 유사도를 구할 때 유클리드 길이로 정규화하는 방식은 문서 모음에 길이가 긴 문서와 짧은 문서가 섞여 있을 때는 적합하지 않다는 사실이 증명됐다. 이런 문서 모음을 사용하려면 모델을 상당히 조정해야 한다. 2.3절에서는 이에 관한 이슈를 살펴볼 것이다.

벡터 공간 모델은 엄밀한 이론적 근거가 없다고 비판받기도 했다. 직관적인 개념과 간단한 수식과 2.3절에서 살펴볼 실험 등을 빼면 더 이상 모델을 정당화할 수단은 없다. 나중에 (8장과 9장에서) 소개할 검색 모델들은 좀 더 확고한 이론적 배경을 바탕으로 한다. 어쩌면 그렇기 때문에 후배 모델은 더욱 다양한 문서 특성을 반영할 수 있도록 적응하고 확장할 수 있는 걸지도 모른다.

2.2.2 근접도 순위화

벡터 공간 모델은 오로지 TF와 IDF에만 의존하는데 반해, 이 절에서 다룰 방법은 온전히 텀 근접도에만 의존한다. 텀 빈도는 암묵적으로만 다뤄질 뿐이고 문서 빈도, 문서 길이, 그 밖의 다른 특성은 전혀 관여하지 않는다.

텀 벡터 $\langle t_1, t_2, ..., t_n \rangle$의 각 텀이 서로 가까이 위치하는 문서는 각 텀이 멀리 떨어진 문서보다 질의에 좀 더 적합하다고 볼 수 있다. 어떤 텀 벡터가 있을 때 문서 모음 안에서 모든 텀을 포함하는 가장 작은 구간 $[u, v]$를 이 벡터에 대한 "커버^{cover}"라고 정의한다(가장 작은 구간이라는 말은 이 구간 안에 포함되는 어떤 구간 $[u', v']$ — 즉 $u \leq u' \leq v' \leq v$ — 도 모든 텀을 포함할 수는 없다는 뜻이다). 2.1.1절에서 정의한 후보 구문 역시 커버의 일종으로 모든 텀이 질의에 정해진 순서대로 등장하는 특별한 경우다.

표 2.1의 문서 모음에서 [1:2, 1:4], [3:2, 3:4], [3:4, 3:8]는 $\langle$"you", "sir"$\rangle$에 대한 커버다. [3:4, 3:16]에는 두 텀이 모두 등장하지만, 커버인 [3:4, 3:8]을 포함하므로 커버가 아니다. 이와 비슷하게 $\langle$"quarrel", "sir"$\rangle$에는 [1:3, 1:4]와 [2:1, 2:2]라는 두 개의 커버가 존재한다.

경우에 따라 커버가 겹칠 수도 있다. 그렇지만 텀 t_i에 부합하는 토큰은 최대 $n \cdot l$개 커버에 속한다. 여기서 l은 모든 질의 텀의 포스팅 목록 중에서 가장 짧은 목록의 길이이다. 텀 벡터 $\langle t_1, t_2, ..., t_n \rangle$이 있을 때 어떻게 최대 $n \cdot l$개의 커버가 생길 수 있는지를 보고자 모든 텀이 똑같은 횟수와 똑같은 순서로 나오는 문서 모음을 생각해보자.

$$... t_1 ... t_2 ... t_3 ... t_n ... t_1 ... t_2 ... t_3 ... t_n ... t_1 ...$$

커버의 수가 $n \cdot l$개를 넘을 수 없음을 보이는 일은 연습 문제 2.8로 남긴다. 새로운 커버는 벡터의 텀이 등장하는 위치마다 시작한다. 따라서 커버의 총 개수는 $n \cdot l$로 제한되고 가장 긴 포스팅 목록의 길이 L에 의존하지는 않는다. 근접도 순위화에 관해서는 κ를 $\kappa \leq n \cdot l$

```
    nextCover (⟨t₁, ..., tₙ⟩, position) ≡
1       v ← max₁≤ᵢ≤ₙ(next(tᵢ, position))
2       if v = ∞ then
3           return [∞, ∞]
4       u ← min₁≤ᵢ≤ₙ(prev(tᵢ, v + 1))
5       if docid(u) = docid(v) then
6           return [u, v]
7       else
8           return nextCover(⟨t₁, ..., tₙ⟩, u)
```

그림 2.10 주어진 위치 이후로 텀 벡터 ⟨t₁, ..., tₙ⟩를 포함하는 다음 커버 위치를 구하는 함수

인 문서 모음에서 텀 벡터에 대한 커버의 개수로 정의한다.

어쩌면 당연한 말이지만, 이 알고리즘은 그림 2.2에서 나온 구문 검색을 위한 알고리즘과 유사한 점이 있다. 그림 2.10은 주어진 위치 직후에 존재하는 커버를 찾는다. 1행에서는 v가 벡터의 모든 텀을 포함하는 구간 $[position, v]$의 시작점이 된다. 커버가 u보다 뒤에서 시작하면 v보다 앞서서 끝날 수 없다. 4행에서는 v에서 끝나는 구간을 축소해 $[u, v]$보다 작으면서 모든 텀을 포함하는 구간이 없도록 한다. 5행에서 u와 v가 같은 문서에 속하는 위치인지를 검사한다. 만약 다른 문서에 속한다면 **nextCover**를 다시 불러서 다른 커버를 찾는다.

마지막에 문서 번호를 검사하는 이유는 찾아낸 커버가 문서의 순위화 점수에 영향을 주기 때문이다. 사실 텀 벡터 ⟨"quarrel", "sir"⟩에 대해서 [1:4, 2:1](다른 두 문서 사이에 걸친 구간)도 커버가 될 수 있다. 하지만 스키마 의존적 색인에서는 문서 경계를 넘어가는 커버는 그다지 의미가 없다.

근접도 순위화에 관해서 두 가지 가정을 하자. (1) 포함 구간이 짧을수록 적합하고 (2) 한 문서에 포함 구간이 많을수록 그 문서는 적합하다. 이 가정은 직관적으로 봐도 그럴 듯하다. 첫 번째 가정은 각각의 커버는 그 길이에 따라서 점수가 달라진다는 점을 시사한다. 두 번째 가정은 각 문서의 점수는 그 안에 포함된 모든 커버의 점수를 합한 값이라는 뜻이다. 이 두 가지 개념을 묶어서 문서 d가 커버 $[u_1, v_1]$, $[u_2, v_2]$, $[u_3, v_3]$, ... 를 포함할 때 다음 수식으로 점수를 계산한다.

$$score(d) \;=\; \sum \left(\frac{1}{v_i - u_i + 1} \right) \qquad (2.15)$$

그림 2.11에는 근접도 순위화를 위한 질의 처리 과정이 나와 있다. 5~13행의 while 반복 구간에서 **nextCover** 함수를 이용해 커버를 하나씩 찾는다. 문서 모음에 존재하는 커버의 총 개수 κ는 13행에서 **nextCover** 함수를 부른 횟수와 동일하다. 다른 문서가 나타나면 (6행) $Result$ 배열에 문서 번호와 누적한 점수를 기록한다(8~9행). 모든 커버를 찾고 나면 마지막 문서의 점수를 기록하고(14~17행), 배열을 점수 기준으로 정렬한 다음(18행), 상위 k개 문서를 돌려준다(19행).

rankProximity 함수가 **nextCover** 함수를 부를 때마다 두 번째 인자로 넘긴 위치 값이 증가한다. 또한 **nextCover** 함수가 **next**와 **prev**를 부를 때마다 넘기는 두 번째 인자(기준 위치) 역시 증가한다. 2.1.1에서 설명한 구문 검색 알고리즘처럼 이러한 성질을 이용해서 뜀뛰기 탐색으로 **next**와 **prev**를 구현할 수도 있다. 뜀뛰기 탐색을 사용하면 **rankProximity**

```
    rankProximity (⟨t₁,...,tₙ⟩, k) ≡
1       [u, v] ← nextCover(⟨t₀, t₁,...,tₙ⟩, −∞)
2       d ← docid(u)
3       score ← 0
4       j ← 0
5       while u < ∞ do
6           if d < docid(u) then
7               j ← j + 1
8               Result[j].docid ← d
9               Result[j].score ← score
10              d ← docid(u)
11              score ← 0
12          score ← score + 1/(v − u + 1)
13          [u, v] ← nextCover(⟨t₁,...,tₙ⟩, u)
14      if d < ∞ then
15          j ← j + 1
16          Result[j].docid ← d
17          Result[j].score ← score
18      Result[1..j]를 score 기준으로 정렬한다
19      return Result[1..k]
```

그림 2.11 근접도 순위화를 위한 질의 처리. 그림 2.10에 나온 nextCover 함수를 사용해 각 포함 구간을 구한다.

함수의 전체 시간 복잡도는 $O(n^2 \cdot l \cdot \log(L/l))$이 된다.

최악의 경우 $O(n \cdot l)$개의 커버가 있으므로, 시간 복잡도는 텀 벡터의 크기인 n의 제곱임을 알아두자. 다행히 적응적인 알고리즘의 성질 덕분에 시간 복잡도는 $O(n \cdot \kappa \cdot \log(L/\kappa))$가 된다.

문서 점수가 0보다 크려면 모든 텀이 문서에 존재해야 한다. 이런 측면에서 근접도 순위화는 많은 상업적 검색엔진에서 최근까지 동작한 방식과 유사하다. 표 2.1의 문서 모음에서 〈"you", "sir"〉라는 질의를 처리하는 데 근접도 순위화를 적용한다면 문서 1의 점수는 0.33이고 문서 3의 점수는 0.53이며 나머지 문서는 모두 점수가 0이다.

같은 문서 모음에 〈"quarrel", "sir"〉라는 질의를 처리한다면 문서 1과 2의 점수는 0.50이 되고 문서 3과 5의 점수는 0.00이 된다. 코사인 유사도와는 달리 문서 2에서 두 번째로 등장하는 "sir"는 점수에 영향을 주지 않는다. 근접도 순위화에서 같은 텀이 몇 번 반복해서 나오는지는 중요하지 않고 여러 텀의 조합이 얼마나 가깝고 자주 나오는지가 중요하다. 어떤 문서에 모든 텀이 여러 번 나오더라도 같은 텀끼리만 붙어 있다면 커버는 단 하나만 찾을 것이다.

2.2.3 불리언 검색

웹 검색엔진에서 암묵적으로 불리언 필터를 적용하는 것과 별개로, 디지털 라이브러리나 법률 문서 검색에는 명시적으로 불리언 질의를 지원해야 한다. 순위화 검색과 달리 불리언 검색은 순서를 매기지 않고 문서 집합을 반환한다. 불리언 검색 모델에서는 질의 텀이 문서 집합을 정의하는 기준이 될 뿐이다. 질의를 만들 때는 기본 불리언 연산자(AND, OR, NOT)를 사용하며 각 연산자의 의미는 다음과 같다.

A AND B A와 B의 교집합($A \cap B$)

A OR B A와 B의 합집합($A \cup B$)

NOT A 전체 문서 모음과 A의 차집합($\bar{A}$)

여기서 A와 B는 텀이거나 또 다른 불리언 질의를 의미한다. 표 2.1의 문서 집합을 예로 든다면 다음과 같은 질의의 결과는 문서 집합 {1, 3}이 되고,

("quarrel" OR "sir") AND "you"

다음의 질의의 결과는 {2, 5}가 된다.

("quarrel" OR "sir") AND NOT "you"

불리언 질의 처리 알고리즘은 그림 2.2의 구문 검색 알고리즘이나 그림 2.10의 커버 탐색 알고리즘의 또 다른 변형이라고 볼 수 있다. 이 알고리즘은 주어진 불리언 질의에 부합하는 문서들의 구간으로 표현된 결과 후보들을 찾는다. 후보들은 근접도 순위화에서 봤던 커버와 마찬가지로 조건을 만족하는 가장 작은 구간이다. 만약 어떤 후보 구간의 길이가 1이면 문서 하나가 온전히 불리언 질의에 부합한다는 뜻이므로 결과 집합에 넣는다.

불리언 검색에서도 구문 검색이나 커버 탐색 알고리즘에서 수행한 작업을 동일하게 수행한다. 구문 검색 알고리즘(그림 2.2)의 1~6행에서 모든 텀을 순서대로 포함하는 가장 작은 구간을 확인한다. 커버 탐색 알고리즘(그림 2.10)에서는 1~4행에서 이와 비슷하게 모든 텀이 되도록 가깝게 붙어 있는 구간을 찾는다. 두 가지 모두 일단 구간을 찾은 다음 추가로 제한 조건을 적용한다.

불리언 검색 알고리즘의 정의를 단순화하도록 스키마 의존적 색인의 **nextDoc**과 **prevDoc**을 확장한 두 가지 함수를 정의한다.

$\mathbf{docRight}(Q, u)$ — $\mathbf{docRight}(Q, u)$: 질의 Q에 대한 결과 후보 중 문서 u 직후에 있는 구간의 끝 지점

$\mathbf{docLeft}(Q, v)$ — $\mathbf{docLeft}(Q, v)$: 질의 Q에 대한 결과 후보 중 문서 v 직전에 있는 구간의 시작 지점

질의 Q 대신 텀 t를 적용한다면 다음과 정의한다.

$$\mathbf{docRight}(t, u) \equiv \mathbf{nextDoc}(t, u)$$
$$\mathbf{docLeft}(t, v) \equiv \mathbf{prevDoc}(t, v)$$

AND와 OR 연산자를 적용한 경우는 다음과 같이 정의한다.

$$\textbf{docRight}(A \textbf{ AND } B, u) \equiv \max(\textbf{docRight}(A, u), \textbf{docRight}(B, u))$$
$$\textbf{docLeft}(A \textbf{ AND } B, v) \equiv \min(\textbf{docLeft}(A, v), \textbf{docLeft}(B, v))$$
$$\textbf{docRight}(A \textbf{ OR } B, u) \equiv \min(\textbf{docRight}(A, u), \textbf{docRight}(B, u))$$
$$\textbf{docLeft}(A \textbf{ OR } B, v) \equiv \max(\textbf{docLeft}(A, v), \textbf{docLeft}(B, v))$$

주어진 질의에 대한 결과를 얻으려면 이러한 정의를 재귀적으로 적용한다. 예를 들어보자.[10]

$\textbf{docRight}((\text{``quarrel''} \text{ OR } \text{``sir''}) \text{ AND } \text{``you''}, 1)$
$\quad \equiv \max(\textbf{docRight}(\text{``quarrel''} \text{ OR } \text{``sir''}, 1), \textbf{docRight}(\text{``you''}, 1))$
$\quad \equiv \max(\min(\textbf{docRight}(\text{``quarrel''}, 1), \textbf{docRight}(\text{``sir''}, 1)), \textbf{nextDoc}(\text{``you''}, 1))$
$\quad \equiv \max(\min(\textbf{nextDoc}(\text{``quarrel''}, 1), \textbf{nextDoc}(\text{``sir''}, 1)), 3)$
$\quad \equiv \max(\min(2, 2), 3)$
$\quad \equiv 3$

$\textbf{docLeft}((\text{``quarrel''} \text{ OR } \text{``sir''}) \text{ AND } \text{``you''}, 4)$
$\quad \equiv \min(\textbf{docLeft}(\text{``quarrel''} \text{ OR } \text{``sir''}, 4), \textbf{docLeft}(\text{``you''}, 4))$
$\quad \equiv \min(\max(\textbf{docLeft}(\text{``quarrel''}, 4), \textbf{docLeft}(\text{``sir''}, 4)), \textbf{prevDoc}(\text{``you''}, 4))$
$\quad \equiv \min(\max(\textbf{prevDoc}(\text{``quarrel''}, 4), \textbf{prevDoc}(\text{``sir''}, 4)), 3)$
$\quad \equiv \min(\max(2, 3), 3)$
$\quad \equiv 3$

NOT 연산 적용을 정의하기는 좀 까다로워서 주 알고리즘을 설명한 뒤로 미룬다.

```
    nextSolution (Q, position) ≡
1       v ← docRight(Q, position)
2       if v = ∞ then
3           return ∞
4       u ← docLeft(Q, v + 1)
5       if u = v then
6           return u
7       else
8           return nextSolution (Q, v)
```

그림 2.12 주어진 위치보다 뒤에 오면서 불리언 질의 Q를 만족하는 위치를 찾는 함수. nextSolution은 docRight와 docLeft를 사용해 후보 결과를 만들어낸다. 질의 구조에 따라서는 docRight와 docLeft의 재귀적 호출이 일어나기도 한다.

---

10 표 2.2를 참고하라. – 옮긴이

그림 2.12는 불리언 질의를 만족하는 위치 중 주어진 값 바로 뒤에 오는 것을 찾는 **nextSolution** 함수를 설명한다. 여기서는 후보 결과를 생성하도록 **docRight**와 **docLeft**를 부른다. 4행 직후에 $[u, v]$가 후보 결과를 포함하며 그 안에 문서가 단 하나라면 적합한 결과로서 반환한다. 문서가 하나가 아닐 경우에는 다시 **nextSolution**을 재귀 호출해 다른 결과를 찾는다. 이 함수로 불리언 질의 Q에 부합하는 모든 구간을 다음과 같이 찾을 수 있다.

$$u \leftarrow -\infty$$
$$\textbf{while } u < \infty \textbf{ do}$$
$$u \leftarrow \textbf{nextSolution}(Q, u)$$
$$\textbf{if } u < \infty \textbf{ then}$$
$$\text{report } \textbf{docid}(u)$$

뜀뛰기 탐색을 이용해 **nextDoc**과 **prevDoc**을 구현하면, 질의의 텀 개수가 n일 때 시간 복잡도는 $O(n \cdot l \cdot \log(L/l))$이 된다. 문서 번호 색인이나 빈도 색인을 사용하고 위치 정보를 색인에 저장하지 않는다면, l과 L은 각각 가장 짧은 포스팅 목록과 가장 긴 포스팅 목록에 저장된 문서 개수를 나타낸다. 이 같은 시간 복잡도를 구한 근거는 앞서 구문 검색이나 근접도 순위화 알고리즘의 시간 복잡도를 구했을 때와 비슷하다. 후보 결과 개수 κ를 놓고 본다면 시간 복잡도는 $O(n \cdot \kappa \cdot \log(L/\kappa))$가 된다. 4행에서 **docLetf** 함수를 부르는 단계는 생략할 수 있지만(연습 문제 2.9), 이 과정은 후보 결과의 의미를 명확히 드러냄으로써 시간 복잡도를 분석하는데 도움이 된다.

앞서 **docRight**와 **docLeft**를 NOT 연산자에 대해 정의하는 부분을 건너뛰었다. 사실 NOT 연산자에 맞는 일반적인 함수 구현을 할 필요는 없다. 그 대신 드 모르간의 법칙[De Morgan's laws]을 이용해 NOT 연산자가 각 텀에 직접 적용되도록 질의를 바꿀 수 있다.

$$\textbf{NOT } (A \ \textbf{AND} \ B) \ \equiv \ \textbf{NOT } A \ \textbf{OR} \ \textbf{NOT } B$$
$$\textbf{NOT } (A \ \textbf{OR} \ B) \ \equiv \ \textbf{NOT } A \ \textbf{AND} \ \textbf{NOT } B$$

예컨대 다음 질의는 이렇게 바뀔 것이다. 그 다음 줄을 보라.

"william" AND "shakespeare" AND NOT ("marlowe" OR "bacon")

"william" AND "shakespeare" AND (NOT "marlowe" AND NOT "bacon")

이렇게 질의를 바꿔도 AND와 OR의 총 개수는 바뀌지 않으므로 텀 개수 역시 그대로다. 드 모르간의 법칙을 적절히 적용하면 모든 NOT 연산자가 텀에 적용된 **NOT** t와 같은 표현식을 포함하는 질의를 얻는다. 이러한 표현식이 들어 있는 질의를 처리하려면 그에 맞는 **docRight**와 **docLeft** 함수를 정의해야 한다. 이는 **nextDoc**과 **prevDoc**을 이용해서 할 수 있다.

$$\begin{aligned}
&\textbf{docRight}(\textbf{NOT } t, u) \equiv \\
&\quad u' \leftarrow \textbf{nextDoc}(t, u) \\
&\quad \textbf{while } u' = u + 1 \textbf{ do} \\
&\qquad u \leftarrow u' \\
&\qquad u' \leftarrow \textbf{nextDoc}(t, u) \\
&\quad \textbf{return } u + 1
\end{aligned}$$

하지만 이 방식은 잠재적인 비효율성이 있다. 텀 t가 등장한 문서 수가 적다면 충분히 짧은 시간에 수행이 끝나지만, 문서 수가 많아지면 사실상 선형 탐색이 돼서 뜀뛰기 탐색을 도입하는 의미가 없어진다. 더구나 **docLeft**를 같은 방식으로 구현하면 포스팅 목록을 따라서 거꾸로 선형 탐색을 해야 하기 때문에 뜀뛰기 탐색으로 이득을 볼 수 없다.

그 대신 2.1.2절에서 다룬 자료 구조상에 NOT 연산자를 직접 구현할 수 있다. 즉 **nextDoc**(**NOT** t, u)와 **prevDoc**(**NOT** t, v)를 이용해서 역색인 메서드를 확장한다. 자세한 내용은 연습 문제 2.5를 보라.

2.3 평가

코사인 유사도나 근접도 순위화를 설명할 때는 직관에 의지하는 바가 크다. 문서와 질의를 벡터로 표현하는 이유도, 유사도를 벡터 간의 각도로 설명하는 이유도, 텀이 문서에 더 자주 등장하거나 더 가깝게 등장하면 더 높은 점수를 부여하는 이유도 모두 직관적으로 생각하면 그럴 듯하다. 하지만 아무리 그럴 듯해 보여도 실제로 잘 동작해야 소용 있다. 게다가 구현 결과가 사용자가 만족할 만큼 빠른 시간 안에 질의를 처리해야 한다. 사용자는 품질이 조금 더 좋다고 해서 더 오래 — 수초, 심지어는 수분씩 — 기다리기보다는 품질이 조금 떨어져도 즉시 결과를 받고 싶어 하기 때문이다.

2.3.1 재현율과 정밀도

검색 방식이 효과적인지 알려면 사람이 직접 검색 결과의 적합도를 평가해야 한다. 물론 사용자의 행동에서 간접적으로 적합도를 유추하는 경우도 있다. 예컨대 사용자가 어떤 결과 문서를 클릭한 뒤 곧바로 검색 결과 페이지로 돌아온다면 그 문서는 적합하지 않다고 봐도 될 것이다. 그럼에도 지금까지 공개된 검색 실험 대부분은 수작업으로 평가한 결과에 근거한다. 1장에서 설명한 TREC 실험 등이 그렇다. 이런 평가는 흔히 평가자가 문서를 읽어본 뒤 주어진 주제에 "적합하다"와 "적합하지 않다", 두 가지로 결과를 매긴다. TREC 실험도 일반적으로 이런 방식을 따르며 문서의 일부라도 주제에 적합하다면 적합하다고 평가한다.

예를 들어 TREC 주제 426번(그림 1.8)으로 검색을 하고자 다음과 같은 불리언 질의를 만들었다고 하자.

(("law" AND "enforcement") OR "police") AND ("dog" OR "dogs")

이 질의를 TREC45 문서 모음에서 수행하면 881개의 문서를 얻는데, 이는 전체 문서 약 50만 개의 0.17%에 해당한다.

불리언 질의의 유효성을 측정하려면 두 가지 문서 집합을 비교해야 한다. 하나는 질의로 얻은 문서 집합 Res이고 또 하나는 실제로 문서 모음 중에서 주제와 관련 있는 문서 집합 Rel이다. 이 두 집합으로부터 유효성을 측정하는 표준 지표, 즉 재현율[recall]과 정밀도[precision]를 계산할 수 있다.

$$ \text{재현율} \quad = \quad \frac{|Rel \cap Res|}{|Rel|} \tag{2.16} $$

$$ \text{정밀도} \quad = \quad \frac{|Rel \cap Res|}{|Res|} \tag{2.17} $$

간단히 말해 재현율은 적합한 문서 중에서 검색 결과에 포함된 비율이고, 정밀도는 결과 집합 중에서 적합한 문서의 비율이다.

NIST의 공식적인 판정에 따르면 TREC45 시험용 자료 모음에서 주제 426와 실제로 관련 있는 문서는 총 202개다. 위의 예제 질의로는 167개 문서를 반환받았는데 정밀도는 0.190이고 재현율은 0.827이다. 누군가는 이 정도면 만족할 것이다. 실제로 적합한 문서 중 35개만 결과에서 누락됐다. 하지만 결과 집합에는 적합한 문서 하나마다 평균적으로 4.28개의 관계 없는 문서가 섞여 있다.

때로는 재현율과 정밀도를 결합해 F-척도라는 단일 점수로 표현한다. 가장 단순한 F-척도는 F_1이며 이는 재현율과 정밀도의 조화 평균이다.

$$F_1 = \frac{2}{\frac{1}{R} + \frac{1}{P}} = \frac{2 \cdot R \cdot P}{R + P} \tag{2.18}$$

여기서 R은 재현율, P는 정밀도를 뜻한다. 산술 평균인 $(R + P)/2$와 비교해, 조화 평균은 재현율과 정밀도 간의 균형을 중시한다. 만약 전체 문서 모음을 결과로 반환한다면 재현율은 1이 되지만 정밀도는 거의 0에 가까울 것이다. 산술 평균은 이 경우 0.5보다 크지만, 조화 평균은 $2P/(1 + P)$이므로 정밀도(P)가 0에 가까우면 평균값 역시 0에 가까워진다.

이 수식을 좀 더 일반화해서 재현율이나 정밀도 중 어느 한쪽을 더 강조할 수 있는 가중 조화 평균으로 쓰기도 한다($0 \leq \alpha \leq 1$).

$$\frac{1}{\alpha \frac{1}{R} + (1 - \alpha) \frac{1}{P}} \tag{2.19}$$

$\alpha = 0$이면 수식은 정밀도 자체와 동일하고, $\alpha = 1$이면 재현율과 동일하며, $\alpha = 0.5$이면 2.18에서 본 식과 동일하다. 표준 절차(van Rijsbergen, 1979, 7장)를 따라서 $\alpha = 1/(\beta^2 + 1)$으로 치환하면 F-척도 수식은 이렇게 된다.

$$F_\beta = \frac{(\beta^2 + 1) \cdot R \cdot P}{\beta^2 \cdot R + P} \tag{2.20}$$

β가 어떤 실수든 상관없다. F_0는 재현율, F_∞는 정밀도다. $|\beta| < 1$이면 재현율을 중시하고 $|\beta| > 1$이면 정밀도를 중시한다.

2.3.2 순위화 검색의 유효성 척도

사용자가 단지 질의에 적합한 문서 한 두 개로 만족한다면 불리언 검색보다 순위화된 검색이 더 유용할 것이다. 재현율과 정밀도라는 개념을 순위화 검색 결과에 적용하고자 결과 목록의 상위 k개 문서인 $Res[1..k]$를 이용해 다음과 같이 정의한다.

$$\text{recall@k}(상위\ k개의\ 재현율)\ =\ \frac{|Rel \cap Res[1..k]|}{|Rel|} \tag{2.21}$$

$$\text{precision@k}(상위\ k개의\ 정밀도)\ =\ \frac{|Rel \cap Res[1..k]|}{|Res[1..k]|} \tag{2.22}$$

precision@k는 흔히 P@k라고도 쓴다. 주제 426번의 제목을 〈"law", "enforcement", "dogs"〉라는 텀 벡터로 간주해 근접도 순위화 방식을 적용하면 P@10 = 0.400이고 recall@10 = 0.0198이다. 결과 목록의 맨 위부터 읽는다면 첫 10개 문서 중 4개가 질의에 적합하다.

정의를 보면 알 수 있듯이 recall@k는 k가 증가하면 항상 따라서 증가한다. 반면 1장에서 설명한 확률적 순위 원칙을 충실히 따르는 검색 방식에서는 k가 증가함에 따라 P@k는 감소하는 추세를 보일 것이다. 주제 426번에 대해서 근접도 순위화 방식으로는 각각 다음과 같다.

k	10	20	50	100	200	1000
P@k	0.400	0.450	0.380	0.230	0.115	0.023
recall@k	0.020	0.045	0.094	0.114	0.114	0.114

문서 모음 중에서는 주어진 질의의 모든 텀을 가진 문서가 82개뿐이다. 그렇기 때문에 근접도 순위화를 적용하면 점수가 0보다 큰 문서가 200개나 1천 개씩 나올 수가 없다. 다른 순위화 방식과 비교하려면 근접도 순위화 결과에서 나올 수 없는 순위에는 부적합한 문서가 있다고 가정하고 재현율과 정밀도를 계산해야 한다. 이 점을 고려하면 사용자가 2.3.1절에 나온 불리언 질의로 얻은 결과를 선호할 수도 있다. 하지만 이 불리언 질의는 텀 벡터에는 넣지 않은 텀도 포함하고 있고, 이런 질의를 만드는 데 더 많은 수고가 들기 때문에 두

가지를 동일 선상에서 비교하는 건 불공평하다. 근접도 순위화와 동일한 텀 벡터에 코사인 유사도를 적용하면 다음과 같다.

k	10	20	50	100	200	1000
P@k	0.000	0.000	0.000	0.060	0.070	0.051
recall@k	0.000	0.000	0.000	0.030	0.069	0.253

코사인 유사도로 얻은 결과 품질은 별로 좋지 않다. 사람들 대부분은 이렇게 얻은 결과를 좋아하지 않을 것이다.

k를 바꾸면 정밀도와 재현율을 조절할 수 있는데, 결과의 정확성이 떨어지더라도 더 많은 관련 문서를 얻거나 반대로 관련 문서 일부를 놓치더라도 결과에서 적합한 문서의 비율을 높일 수 있다. 검색 실험을 수행할 때는 k를 정해진 구간에서 바꿔가면서 사용자가 문서 수가 적더라도 빠른 응답을 원하는 상황에는 k를 작게, 사용자가 가급적 주제에 관련된 많은 문서를 얻어서 꼼꼼히 살펴볼 용의가 있는 상황에는 k를 크게 설정할 수 있다. 전자는 웹 검색에서 흔히 볼 수 있는데 사용자는 검색 결과에서 최상위 한두 개 문서만 살펴볼 가능성이 높기 때문이다. 후자는 법률 문서 검색, 즉 특정 사건에 관한 검색 결과가 단 하나의 판례나 일부 증거에 관련되므로 조금이라도 관련된 내용은 철저히 검색해야 하는 경우와 같은 상황이다.

예제에서 보듯이 $k = 1000$이어도 재현율은 100%보다 꽤 낮은 편이다. 재현율을 많이 높이려면 이보다 훨씬 더 많은 문서를 가져와야 한다. 게다가 주제에 적합한 문서 중에는 질의 텀이 아예 없는 경우도 많이 있기 때문에, 점수가 0인 문서까지도 결과에 포함시키지 않는 이상 재현율을 100%로 달성하기란 거의 불가능하다. 다만 검색 실험을 단순하고 일관되게 구성하려고 흔히 반환 문서 수를 1,000개 정도로 고정한다. 그보다 큰 숫자로 실험하는 경우는 정밀도를 단순히 0이라고 간주한다. 실험 수행 시 k를 그림 2.9나 그림 2.11에 나온 함수들에 인자로 전달한다.

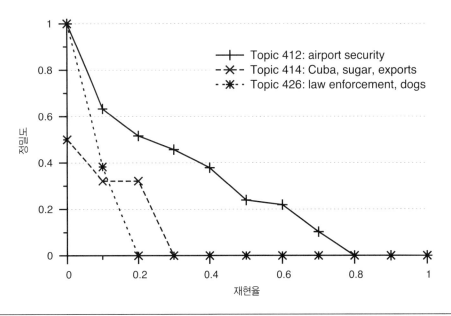

그림 2.13 TREC45 문서 모음에서 세 가지 주제로 검색해서 얻은 11개의 재현율-정밀도 값을 근거로 근사한 보간 변화 곡선을 그렸다. 근접도 순위화를 사용했다.

재현율과 정밀도 사이의 트레이드-오프를 살펴보고자 재현율-정밀도 곡선을 그려 볼 수 있다. 그림 2.13은 근접도 순위화를 사용한 세 가지 예가 나온다. 이 그림은 1998년 TREC의 애드혹 작업에서 뽑은 426번 주제와 더불어 412번 "공항 보안airport security"과 414 번 "쿠바의 설탕 수출Cuba, sugar, exports"에 대한 결과를 나타낸다. 재현율을 0%부터 100%까 지 10%씩 증가시키면서 11개 지점으로 구분하고, 각 지점의 재현율을 유지하면서 최대로 얻을 수 있는 정밀도를 측정했다. 재현율이 0%인 점은 모든 지점에서 얻을 수 있는 최고 정밀도다. 각 주제별로 얻은 최고 정밀도는 412번이 80%[11], 414번이 50%, 426번이 100% 이다. 재현율이 20% 이상이면 근접도 순위화로 얻는 최고 정밀도는 412번 주제가 57%[12], 414번 주제가 32%, 426번 주제는 0%이다. 이처럼 어떤 수준 이상의 재현율을 보장하면서 얻을 수 있는 최고 정밀도를 구하는 기법을 보간 정밀도라고 부른다. 보간 방식을 적용하면

---

11 그림 2.13에 따르면 100%여야 한다. 도표나 문장 둘 중의 오류로 보인다. - 옮긴이

12 마찬가지로 도표와 문장의 내용이 일치하지 않는다. 도표상에서는 약 50% 초반대로 보인다. - 옮긴이

변화 곡선이 단조 감소하므로 재현율과 정밀도 사이의 트레이드-오프를 잘 그릴 수 있다.

모든 재현율을 아우르는 유효성의 대푯값으로서 정밀도의 평균치를 계산할 수 있다.

$$\frac{1}{|Rel|} \cdot \sum_{i=1}^{k} \text{relevant}(i) \times \text{P@}i \qquad (2.23)$$

이때 relevant(i)는 i번째 문서가 실제로 적합한 문서일 경우 (즉, $Res[i]$가 Rel에 속할 경우) 1이고 그렇지 않다면 0이다. 평균 정밀도는 재현율-정밀도 변화 곡선이 그리는 면적과 비슷한 값이 된다. 426번 주제로 얻은 상위 1,000개 문서를 기준으로 비교하면 근접도 순위화의 평균 정밀도는 0.058이고 코사인 유사도의 평균 정밀도는 0.016이다.

여기까지는 유효성 척도를 한 가지 주제만 대상으로 잡았다. 하지만 주제 하나만으로 유효성을 판단하기에는 정보가 부족하므로 일반적인 실험에서는 50개 이상 사용한다. 여러 주제에 대한 유효성을 계산하는 표준 절차는 개별 주제마다 지표를 구한 다음 산술 평균을 내는 방식이다. 검색 연구 분야에서 P@k, recall@k, 그 밖의 재현율-정밀도 곡선을 포함한 다른 지표들은 일반적으로 여러 주제에서 얻은 평균을 의미한다. 특별히 어떤 주제만 다루는 게 아니라면 개별 주제에서 얻은 지표는 사용하지 않는다. 평균 정밀도는 여러 주제로 얻은 산술 평균치를 **평균 정밀도의 평균치**[MAP, Mean Average Precision]라고 부름으로써 P@k의 평균치와 구분한다.

몇 년 전까지만 해도 정보 검색 실험 결과를 MAP 점수로 보고하는 건 보편적이었다. 이는 한편으로는 MAP이 모든 재현율 범위를 아울러 시스템의 성능을 대표하고, 다른 한편으로는 TREC이나 기타 평가 포럼에서 통용되기 때문이기도 했다. 하지만 최근에는 MAP의 여러 가지 한계점이 드러나 다른 종류의 척도가 더 널리 쓰이게 됐다. MAP은 부차적인 척도로만 참고한다.

MAP은 평균을 다시 평균한 값이기 때문에 사용자가 체감하는 실제 성능을 직관적으로 표현하기는 다소 어렵다. P@10과 같은 척도는 시스템 성능을 대표하진 못하지만 사람이 받아들이기는 더 쉽다. 그렇기 때문에 이 책에서는 MAP과 P@10을 모두 실험 결과에 사용한다. 3부에서는 또 다른 유효성 척도를 소개하고 이들을 정밀도, 재현율, MAP과 비교할 것이다.

유효성 평가 코드를 직접 만드는 일은 피하는 게 좋다. NIST에서 제공하는 **trec_eval** 프로그램을 사용하면 P@k나 MAP과 같은 다양한 표준 척도를 측정할 수 있고 다른 평가 결과와 일관성을 유지할 수도 있으며 작업도 더 간단해진다. 이 프로그램은 TREC에 보고할 결과를 계산하는 표준 도구다. 크리스 버클리[Chris Buckley]는 이 프로그램을 만들고 유지하며 새로운 척도가 추가되면 프로그램을 업데이트한다.

표 2.5 이 책에서 다루는 검색 방식으로 측정한 유효성 척도

방식	TREC45				GOV2			
	1998		1999		2004		2005	
	P@10	MAP	P@10	MAP	P@10	MAP	P@10	MAP
코사인 유사도(2.2.1)	0.264	0.126	0.252	0.135	0.120	0.060	0.194	0.092
근접도 순위화(2.2.2)	0.396	0.124	0.370	0.146	0.425	0.173	0.562	0.230
코사인 유사도(raw TF)	0.266	0.106	0.240	0.120	0.298	0.093	0.282	0.097
코사인 유사도(TF docs)	0.342	0.132	0.328	0.154	0.400	0.144	0.466	0.151
BM25(8장)	0.424	0.178	0.440	0.205	0.471	0.243	0.534	0.277
LMD(9장)	0.450	0.193	0.428	0.226	0.484	0.244	0.580	0.293
DFR(9장)	0.426	0.183	0.446	0.216	0.465	0.248	0.550	0.269

유효성 평가 결과

표 2.5에 네 가지 시험용 자료 모음에서 다양한 방식으로 검색했을 때의 MAP과 P@10 값을 정리했다. 첫 번째 행은 2.2.1절에서 다룬 코사인 유사도에 기반한 순위화 방식이고, 두 번째 행은 2.2.2절에서 다룬 근접도 순위화 방식이다.

2.2.1절에서 언급했듯이 여러 해 동안 코사인 유사도의 수많은 변형이 개발됐다. 그다음에 오는 두 행은 그중 두 가지다. 하나(3행)는 식 2.14를 TF 자체($f_{t,d}$)로 치환한 경우다. 이렇게 바꾸면 TREC45 문서 모음에서는 성능이 떨어지지만 GOV2 문서 모음에서는 오히려 좋아진다. 두 번째 변형(4행)은 문서 길이 정규화 과정과 문서의 IDF 값을 생략했다(단, 질의의 IDF 값은 유지한다). 문서 점수는 단순히 정규화하지 않은 문서 벡터와 질의 벡터를 내적해서 구한다.

$$score(q, d) \;=\; \sum_{t \in (q \cap d)} q_t \cdot \log\left(\frac{N}{N_t}\right) \cdot (\log(f_{t,d}) + 1) \qquad (2.24)$$

결과를 보면 놀랍게도 변형한 방식의 성능이 거의 근접도 순위화와 비슷한 수준으로 개선된다.

이렇게 성능이 좋아진 이유를 어떻게 설명해야 할까? 벡터 공간 모델은 검색할 문서가 책이나 과학 기사의 초록과 같이 대체로 짧고 길이가 비슷비슷한 시기에 등장했다. 문서를 일종의 벡터로 표현하는 방식이 이 모델의 핵심 발상이다. 문서를 벡터로 간주하면 덧셈, 정규화, 내적, 코사인 유사도 같은 수학적 연산을 적용하기가 쉬워진다. 하지만 아쉽게도 문서 길이가 다양해지면서 벡터 정규화는 잘 동작하지 않게 됐다. 그렇기 때문에 1990년대 초반에 이르러 두 번째로 소개한 변형 벡터 공간 모델이 표준이 됐다.

표 2.6 이후에 논의할 순위화 수식. 수식에서 q_t는 텀 t가 질의에 등장한 횟수를 뜻한다. 이 책의 실험에서는 BM25 수식의 b = 0.75, k_1 = 1.2, LMD 수식의 μ = 1000으로 지정했다.

계산 방식	문서 점수식
BM25(8장)	$\sum_{t \in q} q_t \cdot (f_{t,d} \cdot (k_1 + 1)) / (k_1 \cdot ((1-b) + b \cdot (l_d/l_{avg})) + f_{t,d}) \cdot \log(N/N_t)$
LMD(9장)	$\sum_{t \in q} q_t \cdot (\log(\mu + f_{t,d} \cdot l_C/l_t) - \log(\mu + l_d))$
DFR(9장)	$\sum_{t \in q} q_t \cdot (\log(1 + l_t/N) + f'_{t,d} \cdot \log(1 + N/l_t)) / (f'_{t,d} + 1)$ 이고
	$f'_{t,d} \;=\; f_{t,d} \cdot \log(1 + l_{avg}/l_d)$

2장에서 벡터 공간 모델을 다룬 이유는 역사적인 중요성이 가장 크다. 오랫동안 정보 검색 영역에 영향을 미쳤기 때문에 이를 빠뜨린 채 순위화 방식을 완벽하게 설명할 수는 없다. 나중에는 벡터 공간 모델과 전혀 다른 이론적 배경을 근거로 만들어진 순위화 방식을 다룰 예정이다. 표 2.5의 마지막 세 행은 그중에서도 확률적 모델에 근거한 방식(BM25), 언어 모델에 근거한 방식(LMD), 임의성으로부터의 발산에 근거한 방식(DFR)에 기반한 척도다. 각 모델의 문서 점수 계산식을 표 2.6에 정리했다. 세 가지 모두 2.2절 초반에 나열한 기본 특성만으로 계산한다. 또한 이들 모두 코사인 유사도나 근접도 순위화보다 좋은 지표를 보여준다.

그림 2.14에는 1998 TREC의 애드혹 작업의 재현율-정밀도 곡선을 11개 지점을 근거로

보간해 그렸다. 표 2.5의 4행과 5행에 해당한다. LM과 DFR은 BM25보다 약간 더 좋은 성능을 보이며 근접도 순위화 및 코사인 유사도의 TF doc 변형보다도 우월하다.

2.3.3 시험용 자료 만들기

검색 방법이 얼마나 유효한지 측정하려면 사람이 적합도를 평가해야 한다. 문서 한 벌과 주제가 주어지면 평가자는 각 문서를 읽어보고 주제에 적합한지 아닌지 판단한다. 주제가 명확하면 평가 작업은 제법 빠르게 진행된다. 평가자가 작업에 익숙해지면 10초 이내에 문서 하나를 평가할 수 있다. 하지만 이런 속도로 평가를 해도 평가자 한 명이 주 5일, 하루 8시간씩 일해도 TREC45에 존재하는 약 50만 개의 문서를 두고 주제 하나의 평가를 마치려면 거의 1년은 걸리며, GOV2의 2천 5백만 개 문서를 읽는다면 은퇴할 때까지 몰두해야 주제 하나를 마칠 것이다.

전체 문서 모음에서 주제의 적합성을 따지기는 어렵기 때문에 TREC 등에서는 판별 대상을 줄이는 방법(pooling)을 사용한다. TREC의 표준 실험 절차는 애드혹 작업에 참여하는 각 연구 그룹으로부터 하나 이상의 실험 수행 결과를 받는 것이다. 각 수행 결과는 개별 주제에 대한 상위 1,000개 또는 10,000개 문서로 이뤄진다. 각 수행 결과로부터 상위 100개 정도의 문서를 뽑아서 (하나의 pool로) 모두 합친 뒤 순서를 뒤섞어서 평가자에게 전달한다. 설령 연구 그룹이 수십 개 이상 참여해도 서로 다른 그룹에서 같은 상위 문서를 선택할 가능성이 높아 평가자에게 최종 전달되는 문서 수는 주제별로 1,000개 미만일 것이다. 이 정도 숫자라면 평가자가 각 문서를 수분에 걸쳐서 신중히 읽어보고 평가한다고 해도 일주일 안에 모두 판별할 수 있다. 실제로는 대개 그보다 짧게 걸린다.

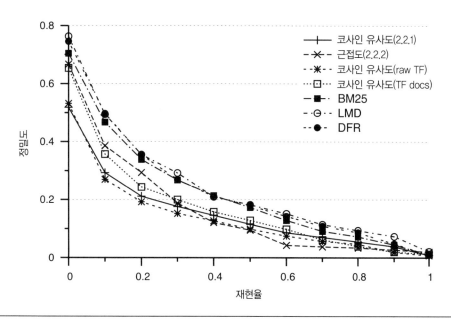

그림 2.14 1999년 TREC 애드혹 작업을 다양한 검색 방법으로 측정한 재현율-정밀도 변화 곡선(TREC45 문서 모음에서 주제 401-450으로 실험함)

위 방식의 목표는 평가에 드는 노력과 비용을 줄이면서도 정밀도와 재현율을 적절한 수준에서 추정하기다. 실험 수행 결과의 P@k와 recall@k는 선택한 개수(pool depth, 상위 100여 개)까지는 정확하다. 어떤 문서들은 한 수행 결과에는 빠졌지만 다른 실험 수행 결과에 들어 있어서 평가 대상에 포함되는 경우도 있다. 수행 결과마다 MAP은 여전히 전체 문서, 즉 1,000개 또는 10,000개로 계산하며 평가 대상에서 빠진 문서는 적합하지 않다고 간주한다. 최상위 문서들이 MAP에 가장 큰 영향을 미치기 때문에 이렇게 추정한 값도 제법 정확하다.

지금까지 설명한 방법으로 TREC 또는 비슷한 평가 연구에 사용할 시험용 자료를 만드는 과정은 다음과 같다.

1. 공개된 문서를 모으거나 문서 소유자와 협상해 적절한 문서 집합을 얻는다.
2. 50개 이상의 주제를 선정한다. 이 숫자는 의미 있는 평가를 위해 필요한 최소 요건이다.
3. 선정한 주제를 참가자에게 배포하고 그들의 실험 수행 결과를 얻는다.

4. 문서를 선별하고 주제를 판별해 그 결과를 참가자에게 돌려준다.

주제를 선정할 사전 시험 결과를 표준 검색 시스템에서 미리 얻는데, 이 사전 결과 상위에는 주제에 적합한 문서와 적합하지 않은 문서가 섞여 있어야 한다. 사전 결과 안에 적합한 문서가 너무 흔하면 많은 시스템에서 MAP이 1.0에 가깝게 나와서 변별력이 떨어진다. 반대로 적합한 문서가 거의 없으면 많은 시스템에서 MAP이 0을 넘기지 못해 역시 변별력이 떨어진다. 곰 세 마리 이야기[13]에 나오듯이 너무 많지도 너무 적지도 않고 딱 적당해야 한다.

이상적으로는 시험용 자료를 재사용할 수 있어야 한다. 새로운 검색 방식을 연구하는 사람이 자료를 재사용하면 기존 방식과 얼마나 차이가 있는지 판단하기 쉽다. 평가 문서 수를 줄여서 적당한 시간 안에 시험용 자료를 만들 수 있지만 이렇게 만든 자료를 재사용할 수 있을지는 장담할 수 없다. 어쩌면 참신한 검색 방식을 개발해 기존 방식으로 못 찾은 적합한 문서를 많이 발굴할지도 모른다. 기존에 몰라서 평가 대상에서 빠지고 적합하지 않은 문서로 간주해 버린다면 이 참신한 방법은 제 점수를 받을 수 없으며 그로 인해 연구자들이 미처 알아보지 못하고 세상에서 잊혀진다면 정말 안타까울 것이다. 이런 문제점을 해결할 대안을 12장에서 다루겠다.

2.3.4 능률 척도

검색 시스템의 유효성 못지않게 능률 측정도 중요하다. 능률은 검색 시스템 수행 비용과 사용자 만족도를 결정하기 때문이다. 사용자 입장에서는 오로지 질의를 보내고 결과를 돌려받기까지 걸린 응답 시간이 중요하다. 검색엔진 운영자에게는 단위 시간 동안 처리한 질의 수를 뜻하는 처리량이 최대 관심사다. 특히 사용자가 많아서 초당 수천 개가 넘는 질의를 처리해야 하는 경우에는 더욱 그렇다. 모든 요청을 동시에 처리하면서도 각 사용자가 체감하는 응답 시간이 늘어지지 않도록 하려면 시스템 자원을 적절히 확보해야 한다. 응답 시간이 너무 길어지면 사용자는 불만스러워 하며, 어쩌면 다른 검색엔진으로 떠날 것이다.

질의 처리량과 더불어 응답 시간과의 트레이드-오프를 실제 상황에 가깝게 측정하려

13　원제는 『Goldilocks and the Three Bears』이다. – 옮긴이

면 모의 질의 부하를 신중히 설계해야 한다. 단순히 능률 측정을 할 거라면 검색엔진에 사용자를 한 명만 두고 한 번에 질의 하나만 요청해 응답 시간을 잴 것이다. 13장에서는 질의 처리량에 관해 자세히 논의하고 능률 측정에 관해 좀 더 폭넓게 다룰 것이다.

단순하고 효과적으로 응답 시간을 측정하고자 하면 어떤 질의 집합을 수행하면서 첫 번째 질의를 보낸 시점부터 마지막 질의 수행 결과가 만들어진 시점까지 걸린 시간을 잰다. 전체 소요 시간을 질의 수로 나누면 평균 응답 시간을 구할 수 있다. 이때 검색 결과를 디스크에 저장하거나 네트워크로 전송하면 (특히 문서 모음이 작아서 응답 시간이 빠른 경우) 전체 수행 시간의 상당 부분이 저장과 전송에 소요돼 측정 결과가 왜곡되므로 검색 결과를 보내지 않고 그냥 버리기도 한다.

표 2.7 Wumpus 검색엔진에서 Okapi BM25(8장 참고) 방식으로 검색을 수행할 때 질의별 평균 응답 시간이다. 두 가지 색인과 네 가지 질의 집합을 사용했다.

색인 유형	TREC45		GOV2	
	1998	1999	2004	2005
스키마 독립적 색인	61ms	57ms	1686ms	4763ms
빈도 색인	41ms	41ms	204ms	202ms

질의 집합을 수행하기 전에 검색 시스템을 재시작 또는 재설정해서 이전 질의 수행 과정에서 메모리에 저장된 정보를 지우고 운영체제의 디스크 입출력 캐시도 비워야 한다. 성능을 정확하게 측정하려면 같은 질의 집합을 여러 번 반복 수행한 다음 (물론 각 수행 시 시스템을 재시작한다) 평균치를 구한다.

표 2.7은 Wumpus 검색엔진 위에서 Okapi BM25 순위화 수식을 구현해 스키마 독립적인 색인과 빈도 색인으로 수행했을 때의 평균 응답 시간을 비교한 결과다. Okapi BM25를 선택한 건 Wumpus가 이 방식을 빠르게 수행하게끔 만들어졌기 때문이다.

빈도 색인을 사용하는 성능상 장점은 특히 크기가 큰 GOV2 문서 모음에서 두드러진다. 빈도 색인에는 문서와 텀 관련 통계 정보가 사전에 계산해서 저장되지만, 스키마 독립적 색인을 사용하면 질의 수행 시점에 계산해야 하기 때문이다. 사용자는 응답 시간이 202ms이면 즉각적이라고 느끼지만, 4.7초가 걸리면 느리다고 생각할 것이다. 단, 빈도 색인을 사용하면 구문 검색이나 여타 순위화 수식을 문서 단위로만 적용할 수 있다.

능률 측정 결과를 비롯해서 이 책에 나온 실험 결과들은 랙에 설치한 AMD 옵테론 프로세서(2.8GHz)와 2GB의 RAM을 갖춘 서버에서 수행했다. 부록 A에 시스템의 자세한 수행 성능 정보가 나온다.

2.4 요약

2장에서는 다양한 주제를 제법 깊이 다뤘다. 요점은 다음과 같다.

- 역색인을 표 2.4에 정리한 메서드로 접근할 수 있는 일종의 추상 자료 구조로 간주한다. 색인의 네 가지 주요 유형은 문서 번호 색인, 빈도 색인, 위치 색인, 스키마 독립적 색인이며 각각 저장하는 정보의 형식이 다르다.
- 구문 검색, 근접도 순위화, 불리언 질의와 같은 다양한 검색 알고리즘은 뜀뛰기 탐색을 활용하면 효율적으로 구현할 수 있다. 이 알고리즘들은 시간 복잡도가 결과 후보가 될 만한 구문의 개수 같은 자료의 특성에 따라 달라지기 때문에 적응성이 있다.
- 순위화 검색과 불리언 필터 둘 다 현재 검색 시스템의 중요한 요소다. 합리적인 순위화 검색 방식은 텀 빈도^{TF}, 역문서 빈도^{IDF}, 텀 근접도 등의 문서와 텀의 통계 정보에 기반한다. 잘 알려진 코사인 유사도 방식은 문서와 질의를 벡터로 표현해서 질의 벡터와 문서 벡터 사이 각도의 코사인 값을 기준으로 순위를 정한다.
- 재현율과 정밀도는 검색 유효성을 측정하는 데 널리 쓰이는 지표다. 두 지표 사이에는 흔히 트레이드-오프가 존재해 재현율을 높이면 정밀도가 떨어지기 마련이다. 평균 정밀도의 평균치^{MAP}는 검색 시스템이 다양한 재현율 수준에서 보여주는 유효성을 압축해서 표현하는 지표다. MAP과 P@10은 이 책에서 사용하는 핵심적인 유효성 척도다.
- 사용자가 체감하는 검색 시스템의 능률 응답 시간으로 나타낸다. 여러 질의를 한 번에 하나씩 순차적으로 처리함으로써 응답 시간을 적절히 예측할 수 있다.

2.5 더 읽을거리

역색인은 오랜 시간 동안 검색 시스템의 근간이 된 자료 구조다(Faloutsos, 1985; Knuth, 1973, page 552-554). 특정 연산을 더 잘 지원하는 자료 구조가 만들어지기도 했지만, 그 무엇도 역색인만큼 유연하고 일반적인 기능을 제공하지 못하기 때문에 오늘날에는 대부분 사장됐다.

시그니처 파일은 디스크와 메모리가 매우 비싼 시기에 오랫동안 역색인과 경쟁하는 위치에 있었다(Faloutsos, 1985; Faloutsos and Christodoulakis, 1984; Zobel et al., 1998). 시그니처 파일은 불리언 질의에 부합하지 않는 문서를 빨리 걸러내는 데 편리한 자료 구조다. 두 단계 검색 과정에서 문서를 걸러내는 데 사용할 메서드를 제공한다. 하지만 시그니처 파일로 걸러내고 남은 문서도 사실 질의에 부합하지 않을 수 있으며, 구문 검색이나 순위화 검색을 지원하도록 시그니처 파일을 확장하기도 어렵다.

후위 트리(Weiner, 1973)는 일종의 검색 트리로, 루트부터 각 말단 노드에 이르는 경로가 문서 모음에 존재하는 고유한 접미사에 대응한다. 후위 배열(Gonnet, 1987; Manber and Myers, 1990)은 사전순으로 정렬된 문서 모음에 존재하는 고유한 접미사를 가리키는 포인터 배열이다. 후위 트리와 후위 배열은 구문 검색과 더불어 사전 구간 기반 검색 및 구조화 검색을 효율적으로 수행하려고 고안됐다. 다만 둘 다 순위화 검색에는 별로 적합하지 않다.

벤틀리와 야오(Bently and Yao, 1976)는 뜀뛰기 탐색을 자세히 기술하고 성능을 평가했다. 2장에 나온 구문 검색, 근접도 순위화, 불리언 검색 알고리즘은 모두 정렬한 목록 위에서 집합 연산을 수행하는 알고리즘을 변형한 것이다. 뜀뛰기 탐색이란 표현은 드메인 외(Demaine et al., 2000)가 지어냈다. 이들은 합집합, 교집합, 차집합 연산을 처리하는 알고리즘이 적응성을 갖는 방법도 제시했다. 정렬한 목록으로 교집합을 구하는 다른 알고리즘은 바베이와 케넌(Barbay and Kenyon, 2002) 그리고 배자-예이츠(Baeza-Yates, 2004)가 각각 제시했다. 역색인을 단순한 메서드 몇 개로 접근할 수 있는 추상 자료 구조로서 바라보는 관점은 클라크 외(Clarke et al., 2000)의 연구에서 왔다. 3장에서 다룬 근접도 순위화 역시 같은 논문에 나온 기법을 단순화했다.

벡터 공간 모델은 적어도 1950년대부터 룬의 연구(Luhn, 1957, 1958)로부터 시작해서 오랜 시간 발전해왔다. 이 모델이 오랜 시간 큰 영향력을 가질 수 있었던 건 코넬대학교의 솔튼이 이끄는 연구 그룹의 노력에 힘입은 바가 크다. 이들은 벡터 공간 모델을 자신들이 개발한 SMART 검색 시스템의 핵심 요소로 만들고자 많은 노력을 들였으며, SMART 검색 시스템은 1964년 가을에 최초로 운영됐다(Salton, 1968, page 422). 1990년대 초반까지 도 SMART는 검색 연구에 쓸 수 있는 몇 안되는 시스템 중 하나였으며, 솔튼의 그룹 외에 도 많은 연구자들이 이 시스템을 바탕으로 연구를 수행했다.

1990년대 초반 최초의 TREC 실험 이후로 벡터 공간 모델은 계속 진화해 마침내 2장 에서 소개한 내용과 매우 비슷한 모양이 됐다(Buckley et al., 1994). 1995년의 네 번째 TREC에서는 좀 더 발전해서 문서 길이를 명시적으로 조정하는 기법이 추가됐다(Singhal et al., 1994). 이 기법은 순위화 검색을 위한 벡터 공간 모델에 필수 요소가 됐지만, 클러스 터링과 문서 분류 같은 분야에는 적용되지 않았다. 1995년 솔튼이 세상을 떠난 후 버클리 가 SMART 시스템 개발을 이끌었으며, 10년이 지난 뒤에도 여전히 연구용 시스템으로서 경쟁력을 갖추고 있다(Buckley, 2005).

잠재 의미 분석^{LSA, Latent Semantic Analysis}은 이 책에서 다루지 않지만 벡터 공간 모델을 확장 한 중요하고 유명한 모델이다(Deerwester et al., 1990). 잠재 의미 분석은 텀 벡터의 차 원을 줄이려고 선형 대수의 특이값 분해^{SVD, Singular Value Decomposition} 기법을 사용한다. 같은 뜻을 지닌 다른 텀이 여러 개 있을 때 관련된 텀을 묶음으로써 동의어가 주는 부정적 효과 를 줄이고자 하는 접근법이다. 이와 관련된 확률적 잠재 의미 분석은 같은 문제를 확률 모 델로 풀려는 시도이다(Hofmann, 1999). 아쉬운 점은 두 가지 모두 검색 시스템에서 효율 적으로 동작하도록 구현하는 게 어려워 잘 적용되지 않았다.

스팸 송(2.1.1절)은 아마도 컴퓨터 용어에 가장 큰 영향을 준 노래일 것이다. 이 노래는 1970년 12월 15일 BBC 텔레비전에서 방영한 〈몬티 파이튼〉의 '플라잉 서커스^{Flying Circus}' 두 번째 시즌의 12번째 에피소드에서 소개했다.

2.6 연습 문제

연습 문제 2.1 **next**("the", **prev**("the", **next**("the", $-\infty$)))를 단순화하라.

연습 문제 2.2 그림 2.2에 나온 구문 검색 알고리즘을 다음과 같이 재작성했다.

$$
\begin{aligned}
&\textbf{nextPhrase2} \; (t_1 t_2 ... t_n, \; position) \equiv \\
&\quad u \leftarrow \textbf{next}(t_1, \; position) \\
&\quad v \leftarrow u \\
&\quad \textbf{for } i \leftarrow 2 \textbf{ to } n \textbf{ do} \\
&\qquad v \leftarrow \textbf{next}(t_i, \; v) \\
&\quad \textbf{if } v = \infty \textbf{ then} \\
&\qquad \textbf{return } [\infty, \; \infty] \\
&\quad \textbf{if } v - u = n - 1 \textbf{ then} \\
&\qquad \textbf{return } [u, \; v] \\
&\quad \textbf{else} \\
&\qquad \textbf{return nextPhrase2}(t_1 t_2 ... t_n, \; v - n)
\end{aligned}
$$

이 알고리즘은 그림 2.2에서 본 것과 같은 수만큼 **next**를 부르지만 **prev**는 한 번도 부르지 않는다. 알고리즘이 어떻게 동작하는지 설명하라. 주어진 위치 다음으로 등장하는 구문을 어떻게 찾는가? 모든 구문 위치를 찾을 때 뜀뛰기 탐색과 결합하면 원래 알고리즘보다 더 빠르게 동작할까? 설명해보라.

연습 문제 2.3 역색인 추상 자료 구조의 메서드를 사용해 모든 대사(⟨SPEECH⟩ ... ⟨/SPEECH⟩)의 구간을 찾는 알고리즘을 작성하라. 그림 2.1에 나온 스키마 독립적인 색인을 사용한다고 가정하자.

연습 문제 2.4 역색인 메서드를 사용해 셰익스피어 희곡에서 한 마녀가 읊은 모든 대사의 위치를 찾는 알고리즘을 작성하라. 그림 2.1에 나온 스키마 독립적인 색인을 사용한다고 가정하자.

연습 문제 2.5 셰익스피어 희곡으로 만든 스키마 독립적 색인이 있다고 하자. 희곡 하나를 문서 하나로 취급하기로 한다.

(a) 다음에 나열한 통계를 구하는 알고리즘을 작성하되 **first**, **last**, **next**, **prev**만 사용해

야 한다. (i) N_t, 즉 전체 문서 모음에서 텀 t를 포함하는 문서 개수. (ii) $f_{t,d}$, 즉 문서 d에서 텀 t가 나오는 횟수. (iii) l_d, 즉 문서 d의 길이. (iv) l_{avg}, 즉 평균 문서 길이. (v) N, 즉 전체 문서 수.

(b) 2장에서 기술한 **docid**, **offset**, **firstDoc**, **lastDoc**, **nextDoc**, **prevDoc** 함수 알고리즘을 **first**, **last**, **next**, **prev**만으로 작성하라.

문제를 단순하게 만들려면 〈PLAY〉 태그가 나오는 위치를 해당 문서의 번호로 부여해도 된다. 문서 번호가 연속될 필요는 없다. 예를 들어서 〈맥베스〉의 문서 번호는 745142가 된다(따라서 "first witch"의 첫 출현 구간은 [745142:265, 745142:266]이 된다).

연습 문제 2.6 포스팅 목록이 온전히 메모리에 적재되지 않고 디스크에 저장돼 있다면 역색인 메서드 수행 시간은 디스크 읽기 부하에 크게 좌우된다. "Winnie the Pooh"라는 구문을 찾는다고 할 때, 빈도가 높은 텀과 낮은 텀이 섞여 있어서 "winnie"에 대해서 처음 메서드를 호출하면 (즉, **next**("winnie", -∞)) 포스팅 목록 전체를 디스크에서 읽어올 수도 있다. 다음에 다시 메서드를 호출하면 이미 읽은 부분에 뜀뛰기 탐색을 적용할 수 있다. 마찬가지로 "pooh"의 포스팅 목록도 그리 길지 않기 때문에 처음 메서드를 호출할 때 한꺼번에 읽어서 메모리에 적재할 수 있다. 반면 "the"는 포스팅 목록이 너무 길어서 메모리로 모두 옮길 수 없고, 포스팅 중에서도 극히 일부만 전체 구문을 포함할 것이다.

이상적으로는 "the"의 모든 포스팅을 디스크에서 읽지 않아도 된다. 대신 한 번에 포스팅 일부분을 읽음으로써, 목록을 탐색하면서 불필요한 부분은 건너뛰고 몇 번에 걸쳐서 디스크를 읽을 수도 있다.

텀 "the"에 대해서 메서드를 호출할 때마다 디스크를 읽는다면, "winnie" 위치를 찾을 때마다 그보다 (텀 2개) 뒤에 나오는 "pooh"를 찾는 방법이 효율적이겠다. 그 위치에 "pooh"가 없으면 그 사이에 오는 "the"를 확인할 필요 없이 바로 다음 "winnie"로 넘어가면 되기 때문이다. "winnie"와 "pooh"가 적절한 거리로 나왔을 때("winnie _ pooh")만 "the"에 대해 메서드를 호출한다.

이를 일반화하면 어떤 구문 "$t_1 t_2 ... t_n$"을 검색할 때 가장 빈도가 낮은 텀부터 찾아 적절한 위치에 텀이 없으면 그 구간을 버리고 다음으로 넘어감으로써 빈도가 높은 텀에 대한 메서드 호출을 최소화할 수 있다. 역색인 자료 구조의 기본 정의와 메서드를 이용해서 이 알고리즘을 완성하라. 알고리즘의 시간 복잡도는 **next**와 **prev**의 호출 수를 기준으로 어떻게 되는가? 뜀뛰기 탐색을 적용하면 전체 시간 복잡도가 얼마일까?

이 알고리즘이 적응성을 가지는가?(힌트: 2.1.1에 나온 "hello world" 문서에서 검색하는 경우를 생각해보자. 최소한 얼마만큼 메서드를 호출해야 할까?)

연습 문제 2.7 부합 정도란 질의 벡터 $\langle t_1, ..., t_n \rangle$ 중에서 문서에 실제로 등장하는 텀의 개수이며, 1부터 n까지 될 수 있다. 역색인 메서드를 사용해 부합 정도 순서대로 문서 순위를 매기는 알고리즘을 작성하라.

연습 문제 2.8 텀 벡터 $\langle t_1, ..., t_n \rangle$이 최대 $n \cdot l$개의 커버를 가질 수 있다는 사실을 보여라 (2.2.2절 참고). 여기서 l은 모든 질의 텀 중에서 가장 짧은 포스팅 목록의 길이이다.

연습 문제 2.9 연습 문제 2.2을 참고해서 그림 2.10에 나온 알고리즘을 **docLeft**를 사용하지 않고 작성하라.

연습 문제 2.10 식 2.19와 2.20은 $\alpha = 1/(\beta^2 + 1)$일 때 같음을 보여라.

연습 문제 2.11 (프로젝트 문제) 2.1.2절에 나온 메모리상의 배열 기반 역색인을 구현하고 **next**를 이진 탐색, 순차 탐색, 뜀뛰기 탐색 방식 각각으로 구현하라. 구현한 역색인 메서드를 사용해서 2.1.1절에 나온 구문 검색 알고리즘을 구현하라.

여러분이 만든 구문 검색 알고리즘을 시험하도록 메모리에 충분히 들어갈 수 있는 256MB 이상의 말뭉치를 사용해보자. 다양한 길이의 구문을 1만 개 이상 선택해서 구현한 알고리즘이 올바르게 구문 위치를 찾는지 확인한다. 선택한 구문은 2~3단어짜리 짧은 것과 4~10단어짜리 긴 것과 100단어 이상의 매우 긴 것을 포함해야 한다. 출현 빈도가 높은 텀과 낮은 텀이 섞인 구문을 사용해보자. 시험용 구문 중 절반 이상은 관사나 전치사처럼 아주 흔한 텀을 최소한 하나 포함해야 한다.

2.3.4절에 나온 안내를 따라 세 가지 **next** 구현 방식을 이용했을 때 구문 검색 속도가 어떻게 다른지 측정해보자. 평균 응답 시간을 구해보고, 세 가지 버전에서 구문 길이에 따라 응답 시간이 바뀌는 양상을 그려보자. 선형 탐색은 나머지 두 가지 방식과 따로 그려야 결과가 잘 보일 수도 있다.

이번에는 두 단어짜리 구문만 만들어보자. 이번에도 흔한 텀과 드문 텀이 섞인 구문도 포함해야 한다. 다시 세 가지 버전을 놓고 포스팅 목록 중에서 가장 긴 길이에 대한 응답 시간을 그려보자. 가장 짧은 포스팅 목록 길이에 대해서도 그려본다.

선택 문제: 연습 문제 2.6에 기술한 구문 검색 알고리즘을 구현해보라. 이 알고리즘도 이전과 같이 성능 측정을 해보자.

연습 문제 2.12 (프로젝트 문제) 코사인 유사도를 2.2.1절에 기술한 대로 구현해보자. 연습 문제 2.13에서 만들 시험용 자료나 TREC 자료 등을 사용해 구현한 결과물을 시험해보라.

연습 문제 2.13 (프로젝트 문제) 과목 프로젝트로서 TREC 양식의 애드혹 검색 실험의 일환으로 위키피디아 문서를 실험용 자료로 개발해보자. 연습 문제 1.9와 1.10에 이어서 참여자 각각 평가 주제를 제안해 50개 이상 모은다. 참여자는 오픈소스 검색 시스템을 기반으로 이후 소개하거나 직접 고안한 기술들을 적용함으로써 저마다의 검색 시스템을 구현한다. 구현한 시스템에 평가 주제의 제목을 질의로 해서 검색하고, 각자 자신이 만든 주제로 검색 결과를 평가한다. 평가를 위한 대화형 인터페이스를 설계, 구현하는 데 관심 있는 참여자는 부 프로젝트로 수행해도 좋다. 수행 결과를 `trec_eval` 프로그램으로 비교해보라.

2.7 참고문헌

Baeza-Yates, R. (2004). A fast set intersection algorithm for sorted sequences. In *Proceedings of the 15th Annual Symposium on Combinatorial Pattern Matching*, pages 400–408. Istanbul, Turkey.

Barbay, J., and Kenyon, C. (2002). Adaptive intersection and t-threshold problems. In *Proceedings of the 13th Annual ACM-SIAM Symposium on Discrete Algorithms*, pages 390–399. San Francisco, California.

Bentley, J. L., and Yao, A. C. C. (1976). An almost optimal algorithm for unbounded searching. *Information Processing Letters*, 5(3):82–87.

Buckley, C. (2005). The SMART project at TREC. In Voorhees, E.M., and Harman, D. K., editors, TREC — *Experiment and Evaluation in Information Retrieval*, chapter 13, pages 301–320. Cambridge, Massachusetts: MIT Press.

Buckley, C., Salton, G., Allan, J., and Singhal, A. (1994). Automatic query expansion using SMART: TREC 3. In *Proceedings of the 3rd Text REtrieval Conference*. Gaithersburg, Maryland.

Clarke, C. L. A., Cormack, G.V., and Tudhope, E.A. (2000). Relevance ranking for one to three term queries. *Information Processing & Management*, 36(2):291–311.

Deerwester, S. C., Dumais, S. T., Landauer, T. K., Furnas, G. W., and Harshman, R.A. (1990). Indexing by latent semantic analysis. *Journal of the American Society of Information Science*, 41(6):391–407.

Demaine, E. D., López-Ortiz, A., and Munro, J. I. (2000). Adaptive set intersections, unions, and differences. In *Proceedings of the 11th Annual ACM-SIAM Symposium on Discrete Algorithms*, pages 743–752. San Francisco, California.

Faloutsos, C. (1985). Access methods for text. *ACM Computing Surveys*, 17(1):49–74.

Faloutsos, C., and Christodoulakis, S. (1984). Signature files: An access method for documents and its analytical performance evaluation. *ACM Transactions on Office Information Systems*, 2(4):267–288.

Gonnet, G. H. (1987). Pat 3.1 — *An Efficient Text Searching System — User's Manual*. University of Waterloo, Canada.

Gonnet, G. H., Baeza-Yates, R. A., and Snider, T. (1992). New indices for text — pat trees and pat arrays. In Frakes, W. B., and Baeza-Yates, R., editors, *Information Retrieval — Data Structures and Algorithms*, chapter 5, pages 66–82. Englewood Cliffs, New Jersey: Prentice Hall.

Hofmann, T. (1999). Probabilistic latent semantic indexing. In *Proceedings of the 22nd Annual International ACM SIGIR Conference on Research and Development in Information Retrieval*, pages 50–57. Berkeley, California.

Knuth, D. E. (1973). *The Art of Computer Programming*, volume 3. Reading, Massachusetts: Addison-Wesley.

Luhn, H. P. (1957). A statistical approach to mechanized encoding and searching of literary information. *IBM Journal of Research and Development*, 1(4):309–317.

Luhn, H. P. (1958). The automatic creation of literature abstracts. *IBM Journal of Research and Development*, 2(2):159–165.

Manber, U., and Myers, G. (1990). Suffix arrays: A new method for on-line string searches. In *Proceedings of the 1st Annual ACM-SIAM Symposium on Discrete Algorithms*, pages 319 – 327. San Francisco, California.

Salton, G. (1968). *Automatic Information Organization and Retrieval*. New York: McGraw-Hill.

Singhal, A., Salton, G., Mitra, M., and Buckley, C. (1996). Document length normalization. *Information Processing & Management*, 32(5):619 – 633.

van Rijsbergen, C. J. (1979). *Information Retrieval* (2nd ed.). London, England: Butterworths.

Weiner, P. (1973). Linear pattern matching algorithm. In *Proceedings of the 14th Annual IEEE Symposium on Switching and Automata Theory*, pages 1 – 11. Iowa City, Iowa.

Zobel, J., Moffat, A., and Ramamohanarao, K. (1998). Inverted files versus signature files for text indexing. *ACM Transactions on Database Systems*, 23(4):453 – 490.

3
토큰과 텀

토큰은 질의와 문서를 잇는 연결 고리다. 검색 시스템은 색인 과정에서 각 문서를 토큰으로 분해한 뒤 역색인 자료 구조에 집어넣는다. 질의를 수행할 때는 색인 과정과 같은 토큰 생성 방식으로 질의를 텀으로 분해한 뒤 색인에 저장된 텀과 비교해 문서를 찾는다.

1장에서 문서에서 토큰을 뽑는 간단한 규칙을 소개했다. 토큰이란 글자와 숫자의 조합이며 공백이나 구두점 같은 그 외의 문자로 구분한다. (영문에서) 토큰은 대소문자 구분이 없도록 소문자로 통일한다. 또한 XML 문서에서는 ⟨name⟩과 ⟨/name⟩ 같은 간단한 태그도 모두 토큰으로 취급한다.

이 책에 나오는 실험 정도는 간단한 토큰 생성 규칙으로도 충분하지만, 실제로 서비스를 만들고자 하면 더 복잡한 규칙이 필요할 것이다. 예를 들어서 "didn't" 같은 축약형은 단순하게 나누면 "didn t"라는 두 토큰이 되는데, 이 결과는 "did not"이라는 질의에는 부합하지 않는다. 한편 숫자 "10,000,000"는 "10 000 000"이라는 토큰 세 개로 나뉘므로 "10"이라는 질의에 부합하는 오류가 발생한다.

게다가 단순한 토큰 생성 규칙은 아스키 코드로 표현할 수 있는 영문만 상정했다. 글자 β나 숫자 八 등은 아스키 코드로 표현할 수 없기 때문에 예의 "글자와 숫자" 조합에 해당하지 않는다. 심지어 영어에서조차 "naïve"라는 단어는 아스키 코드로 표현할 수 없다.

실사용 환경에서는 정보 검색 시스템이 영어 외의 언어도 지원해야 한다. 다양한 언어를 지원하려면 언어마다 다른 문자 집합이나 토큰 생성 규칙 같은 속성을 고려해야 한다. 간단히 말해 토큰 생성이란 문서를 단어로 쪼개는 일이다. 비록 단어라는 개념은 모든 언어에 보편적이지만(Trask, 2004), 그 특성은 언어마다 사뭇 다르다. 모든 단어가 토큰으로 만들기에 적합하지는 않으며 모든 토큰을 단어로 간주할 수도 없다.

3장에서는 우선 영문에서 토큰을 생성하고 텀을 비교하는 문제를 살펴본 뒤 다른 언어로 논의 대상을 넓힌다. 일단 문서의 내용에만 초점을 맞추되, XML을 비롯한 문서 구조에 관한 자세한 내용은 5장과 16장에서 다룰 것이다. 토큰 생성 과정의 일견 사소한 세부 사항조차 특정 유형의 질의를 처리할 때는 검색 유효성에 상당한 파급 효과를 주곤 한다. 적절히 토큰을 생성하려면 대다수 질의의 전체적인 검색 유효성은 물론이고 이런 특정 질의에도 유의해야 한다.

1절에서는 영문 토큰 생성을 다루며, 토큰 생성에 관한 전통적인 주제인 어간 추출 stemming과 불용어 제거stopping도 함께 다룬다. 어간 추출이란, 이를테면 질의 텀이 "orien- teering"인 경우 문서에 나온 "orienteers"라는 텀에도 부합하게끔 텀을 공통된 어근으로 치환하는 작업이다. 불용어 처리란 "the"나 "I"처럼 흔해 빠진 단어는 검색 과정에서 별로 중요하지 않다는 점에 착안해 이들을 무시하는 기법이다. 불용어를 배제하면 검색 능률(속도)이 좋아지고 역색인 크기를 줄일 수 있다.

2절에서는 문자 인코딩, 그중에서도 유니코드와 UTF-8의 기초를 설명한다. 3절에서는 새로운 언어를 도입할 때 출발점이 되는 문자 기반 n-gram 색인을 설명한다. 이 기법은 광학 문자 인식OCR, Optical Character Recognition 시스템으로 만든 문서처럼 오탈자가 섞인 원문에서 토큰을 생성할 때도 유용하다. 마지막 절에서는 유럽과 아시아 언어에서 토큰을 생성하는 방법과 그 과정에서 생기는 난제를 간략히 짚어본다.

3.1 영어

토큰 생성과 텀 비교 방식을 이해하려면 영어부터 시작하는 게 좋다. 우선 독자에게 친숙한 언어[1]이고 수억 명이 모국어로 사용할 정도로 널리 쓰인다. 제1, 2 외국어로 영어를 배

---

1   원문이 영어로 쓰였으므로 친숙하다고 생각하자. – 옮긴이

우는 인구도 역시 수억 명에 이른다. 웹에도 영어로 작성된 자료의 비율이 단연 높다. 이런 점을 고려할 때 영어를 효과적으로 지원하는 기능은 정보 검색 시스템의 기본 요건이라고 봐야 한다.

3.1.1 구두점과 대문자

영어에는 토큰 생성을 약간 어렵게 만드는 몇 가지 특성이 있는데, 대부분 구두점 및 대문자 처리와 관련 있다. 영어에서는 한 가지 구두점을 서로 다른 여러 가지 용도로 사용하기도 한다. "I'll"이나 "it's"처럼 축약형에서 아포스트로피(apostrophe, ')를 사용하는 경우는 이미 언급했으며, 이 경우 각각 "I ll"과 "it s"가 아니라 "I will"과 "it is"로 구분해야 합리적이다. 하지만 같은 부호(')를 "o'clock"이나 "Bill's"와 같이 다른 의미로 사용할 수도 있다. "o'clock"은 "clock"에 부합하지 않아야 하므로 토큰 두 개로 나누는 대신 하나로 봐야 한다. 반면 "Bill's"는 "bill"에 부합되게끔 하려면 두 토큰으로 나눠야 한다.

마침표(.)는 문장의 끝을 나타낸다. 하지만 마침표는 축약어^{acronym}, 숫자, 이니셜^{initial}, 인터넷 주소를 비롯한 다양한 문맥에 사용할 수 있다. "I.B.M."이나 "U.S."라는 축약어는 "IBM"이나 "US"로도 바꿔서 쓸 수 있다. 검색 시스템이 이런 축약어를 적절히 인식하면 "IBM"이라는 질의에 대해서 두 가지 축약어 형식 모두 부합할 것이다. "Yahoo!"나 "Panic! At the Disco"처럼 때로는 구두점이 회사나 조직의 이름에 필수 요소가 되기도 한다. 일부 질의는 이런 부호를 잘못 처리하면 검색 결과가 전혀 엉뚱하게 나올 수 있다. "C++", "C#", "\index"(Latex 명령) 같은 예를 생각해보라. 물론 대다수의 질의에서는 구두점을 무시해도 별 문제가 되지 않는다.

구두점과 달리 대소문자 통일(색인과 질의에 오는 모든 영문자를 소문자로 맞추기)은 거의 모든 질의에 영향을 준다. 많은 언어에서 문장의 첫 단어 첫 글자는 대문자로 쓴다. 설령 사용자가 소문자로 질의를 입력해도 대문자로 된 첫 단어도 찾아야 한다. 문제는 대문자가 단어 의미에 중요한 경우, 대소문자를 통일하면 오히려 검색 결과 품질에 나쁜 영향을 줄 위험이 있다. 축약어인 "US"는 대문자로 써야 대명사 "us"와 구분되며, 축약어인 "THE"[2]

2　아인트호벤공과대학교의 에츠허르 데이크스트라(Edsger Wybe Dijkstra)가 동료들과 함께 1960년대 중반 개발한 멀티프로 그래밍 시스템이다.

와 관사 "the"도 마찬가지다.

축약어나 여타 토큰 생성 문제를 다루는 간단한 경험적 해결책은 같은 텀을 두 개의 색인에 저장하기이다. 예컨대 축약어 "US"가 등장한 위치를 색인에서 "us"와 "US" 두 텀의 포스팅 목록에 모두 저장한다. 따라서 "US"의 위치는 두 포스팅 목록에 모두 존재하되 대명사 "us"의 위치는 한쪽에만 존재한다. 질의에 "us"라는 텀이 들어 있으면 "us"의 포스팅 목록으로 처리하고 "US"(또는 "U.S.")라는 텀이 있으면 "US"의 포스팅 목록으로 처리한다. 고유명사도 이렇게 다룰 수 있다. "Bill"이라는 사람 이름과 청구서bill를 구분할 수 있다는 얘기다.

대소문자와 구두점 처리 방식을 바꿀 때는 주의해야 한다. 어떤 질의에는 유효하지만 다른 질의에는 역효과를 줄 수 있기 때문이다. 예컨대 영화 〈터미네이터〉(1984)의 팬이라면 "I'll be back"이 "I will be back"과 다르다는 걸 알 것이다. 또한 실수로 혹은 저자의 기분을 전달하고자 일부러 모든 글자를 대문자로 쓴 문장이 있다면 이를 축약형으로 인식하면 안 된다. 이런 문장에서 "IN"이 대문자로 쓰였다고 해서 미국 인디애나주를 뜻하는 건 아니다. 모든 정보 검색 기술이 그렇겠지만, 토큰 생성 방식도 검색 유효성과 능률에 미치는 종합적인 영향을 고려해야 한다.

3.1.2 어간 추출

어간 추출은 질의어 "orienteering"으로 문서의 "orienteers"를 찾거나, 질의어 "runs"로 문서의 "running"을 찾을 수 있게 해준다. 어간 추출은 형태소 개념을 이용해 모든 텀을 어근으로 치환함으로써 텀끼리 비교할 수 있게 한다. 예를 들어 "orienteering"과 "orienteers" 모두 "orienteer"라는 어근으로 치환되고 "runs"와 "running" 모두 "run"으로 치환된다.

어간 추출기는 색인 생성과 질의 처리 과정에서 모두 사용할 수 있다. 색인 생성 과정에서는 모든 텀을 어근으로 치환해서 색인한다. 질의 처리 과정에서는 같은 방식으로 질의 텀을 치환한 다음 색인에 저장된 텀과 비교한다. 그러므로 질의에 "runs"라는 텀이 있으면 "running"이 등장한 문서를 찾을 수 있다.

원본

To be, or not to be: that is the question:
Whether 'tis nobler in the mind to suffer
The slings and arrows of outrageous fortune,
Or to take arms against a sea of troubles,
And by opposing end them? To die: to sleep;
No more; and by a sleep to say we end
The heart-ache and the thousand natural shocks
That flesh is heir to, 'tis a consummation
Devoutly to be wish'd. To die, to sleep;
To sleep: perchance to dream: ay, there's the rub;

정규화

to be or not to be that is the question
whether tis nobler in the mind to suffer
the slings and arrows of outrageous fortune
or to take arms against a sea of troubles
and by opposing end them to die to sleep
no more and by a sleep to say we end
the heart ache and the thousand natural shocks
that flesh is heir to tis a consummation
devoutly to be wish d to die to sleep
to sleep perchance to dream ay there s the rub

정규화와 어간 추출

to be or not to be that is the question
whether ti nobler in the mind to suffer
the sling and arrow of outrag fortun
or to take arm against a sea of troubl
and by oppos end them to die to sleep
no more and by a sleep to sai we end
the heart ach and the thousand natur shock
that flesh is heir to ti a consumm
devoutli to be wish d to die to sleep
to sleep perchanc to dream ay there s the rub

그림 3.1 셰익스피어의 〈햄릿〉에서 햄릿의 독백 시작 부분이다. 상단은 원문이고 하단 왼쪽은 대소문자를 통일하고 구두점을 제거한 결과이며 하단 오른쪽은 포터의 어간 추출기를 적용한 결과다.

어간 추출은 언어학의 원형 추출^{lemmatization}과 관련이 있다. 원형 추출은 텀을 어휘소^{lexeme}, 즉 사전에 등록된 단어와 비슷한 형태로 치환한다. 그리고 각 어휘소를 대표할 원형^{lemma}, 즉 우리가 사전에서 찾는 형태를 선택한다. 예를 들어서 "run"이라는 형태는 "runs", "running", "ran"이 포함된 그룹을 대표한다.

어간 추출과 원형 추출은 같은 개념으로 인식되기도 하지만 사실은 그렇지 않다. 어간 추출은 철저하게 실용적 작업이다. 어간 추출로 치환한 어근이 언어학 관점에서 합당한지는 신경 쓰지 않는다. 오로지 검색 성능에 어떤 영향을 주는지만 볼 뿐이다.

마틴 포터^{Martin Porter}는 1970년대 후반 영어권에 널리 알려진 포터 어간 추출기(Porter, 1980)를 개발했다. 그림 3.1에는 〈햄릿〉의 유명한 독백 초반부에 포터 어간 추출기를 적용하기 전과 후를 비교해 놓았다. 사전에 모든 구두점을 제거하고 대소문자를 통일했다. 일부 텀의 어근은 올바른 단어가 아니다. 예컨대 "trouble"은 "troubl"로 바뀌었다. 사용자는 치환한 어근을 직접 볼 일이 없으므로 이렇게 바꿔도 무방하다. 질의 텀이 "troubling"이면 "troubl"로 치환해서 처리하므로 올바른 질의 부합 문서를 찾을 것이다.

표 3.1 어간 추출의 영향도. 다양한 검색 방식의 유효성을 측정한 결과다. 표 2.5와 비교해보라.

| 방식 | TREC45 | | | | GOV2 | | | |
| | 1998 | | 1999 | | 2004 | | 2005 | |
	P@10	MAP	P@10	MAP	P@10	MAP	P@10	MAP
근접도 순위화(2.2.2)	0.418	0.139	0.430	0.184	0.453	0.207	0.576	0.283
BM25(8장)	0.440	0.199	0.464	0.247	0.500	0.266	0.600	0.334
LMD(9장)	0.464	0.204	0.434	0.262	0.492	0.270	0.600	0.343
DFR(9장)	0.448	0.204	0.458	0.253	0.471	0.252	0.584	0.319

포터 추출기는 종종 과도하게 동작하는 문제가 있다. "orienteering"과 "orienteers"가 "orienteer"가 아니라 "orient"로 치환되는 식이다. 여기에 "oriental" 역시 "orient"로 치환되면 부합하는 텀의 집합이 필요 이상으로 커진다. 이 밖에도 불규칙 동사나 복수형은 잘 처리하지 못한다. 예를 들어 "runs"와 "running"은 "run"으로 치환하지만 불규칙 과거형인 "ran"은 그대로 "ran"이 된다. 마찬가지로 "mouse"는 "mous"로 치환하지만 불규칙 복수형인 "mice"는 그대로 "mice"가 된다. 더구나 어간 추출기는 접미어[suffix]에만 작용하기 때문에, "un"이나 "re" 같은 접두어[prefix]는 제거하지 못한다.

어간 추출기는 일련의 재작성 규칙 목록을 여러 단계에 걸쳐 적용함으로써 동작한다. 예를 들어 (1a 단계를 구성하는) 첫 번째 규칙 목록은 다음과 같이 복수형을 다룬다.

sses → ss

ies → i

ss → ss

s →

텀의 접미사가 왼쪽 패턴에 맞으면 오른쪽 패턴으로 바꾼다. 즉, 첫 번째 규칙을 "caresses"에 적용하면 "caress"가 되고, 두 번째 규칙을 "ponies"에 적용하면 "poni"가 된다. 가장 먼저 패턴에 맞는 규칙만 적용한다. 세 번째 규칙은 아무 작용도 하지 않는 것처럼 보이지만, "caress"처럼 "ss"라는 접미어가 있을 때 네 번째 규칙 적용을 막는 역할을 한다. 바로 그 네 번째 규칙은 "cats"를 "cat"으로 바꾸는 경우처럼 단순히 마지막에 오는 "s"를 없앤다. 전체적으로 어간 추출 과정은 다섯 단계로 구성되며 그중 어떤 단계는 다시 세부 단계로 나뉜다. 모두 9개의 규칙 목록이 있으며 그중 가장 긴 목록은 규칙이 20개나 있다.

추출기를 사용하면 더 많은 문서를 찾으므로 재현율을 높일 수 있는 반면, 관련 없는 문서들이 점수를 높게 받아서 정밀도는 떨어질 수 있다. 그럼에도 전형적인 TREC 실험의 주제에 대해서 평균을 내면 추출기를 적용했을 때 괄목할 만큼 품질이 개선된다. 표 3.1는 1장에서 소개한 실험용 문서 모음에 포터 추출기를 적용한 영향도를 보여준다. 이 표를 표 2.5와 비교해보면 네 가지 자료 모두 추출기를 적용한 쪽이 더 낫다. 그러므로 TREC류의 실험에 참가한다면 어간 추출기를 사용하는 쪽이 좋은 선택이다.

그렇지만 어간 추출이 잘못 적용되면 형편없는 결과가 나온다. 일례로 TREC 주제 314번의 제목은 "marine vegetation(해양 식물)"이며 포터 추출기를 적용한 결과는 "marin veget"이다. 하필 "marinated vegetables(채소 절임)"도 같은 형태로 치환되기 때문에, 사용자는 음식의 조리법이나 음식점 평가를 수중 식물학 기사와 함께 접하고는 혼란스러울 것이다. 사용자는 왜 그런 결과가 나왔는지 알 수 없으므로 검색 시스템에 오류가 있다고 생각할지도 모른다. 설령 사용자가 원인을 알더라도 어간 추출 여부를 직접 설정하지 못하면 손쓸 도리가 없다.

물론 연구 분야에서는 어간 추출기가 여전히 유용한 편이다. TREC 실험 등에 참가한다면 수고를 좀 들여서 추출기를 사용하면 결과를 크게 개선할 수 있다. 하지만 실제 서비스에서는 토큰이 잘못 추출돼 이해할 수 없는 결과를 반환할 가능성이 있다면 주의해서 사용해야 한다. 검색 시스템에 어간 추출기를 적용하기 전에 이런 문제점을 깊이 고민해야 한다.

3.1.3 불용어 제거

형식형태소function word는 그 자체로는 명확한 의미가 없지만 다른 단어를 꾸미거나 문법적 관계를 나타내는 용도로 사용한다. 영어에서 형식형태소는 전치사, 관사, 대명사, 접속사 등이 있으며, 모든 언어에서 가장 자주 쓰는 편에 든다. 그림 1.1에 나온 XML 태그를 제외한 모든 단어는 형식형태소다.

벡터 공간 모델에서 본 바대로 문서를 그저 단어의 모음^{bag of words}으로 간주한다면 질의에 형식형태소를 포함할 필요가 없다. 일반적인 문장에서 자주 쓰인다는 점으로 볼 때, 근접도 모델에서도 특정 형식형태소가 다른 질의 텀과 가까이 붙는 게 어색하지 않다. 이러한 이유로 검색 시스템은 전통적으로 **불용어**^{stopwords}라는 개념을 정의한다. 불용어에는 보통 형식형태소가 포함된다. 질의에서 불용어는 미리 제거하고 남은 텀으로만 처리한다.

질의에 "the"라는 텀이 있다고 생각해보자. 전체 영문 문서에서 만든 토큰 중 약 6%가 이 텀이다. 마찬가지로 전체 영문 토큰 중 약 2%는 "of"다. 사실상 모든 영문 문서에 두 텀이 함께 나온다. 어떤 사용자가 "the marriage of William Shakespeare"에 관한 정보를 얻고자 할 때 "of"와 "the"를 불용어로 간주해 〈"marriage", "william", "shakespeare"〉라는 질의를 만든다고 해도 검색 결과 품질에는 아무런 악영향이 없을 것이다.

형식형태소 외에도 한 글자, 숫자, 그리고 상태 동사(be 동사) 같은 흔한 단어들은 불용어 목록에 넣을 수 있다. 웹 환경에 한해서는 "www", "com", "http" 등도 사실상 의미가 없으므로 불용어가 될 수 있다. 검색 시스템과 운용 환경에 따라서 불용어 목록은 몇 개만 있을 수도, 수백 개가 될 수도 있다. 그림 3.1에서 일반적인 불용어를 제거하고 남은 결과는 다음과 같다.

question

ti nobler mind suffer

sling arrow outrag fortun

take arm sea troubl

oppos end die sleep

sleep sai end

heart ach thousand natur shock

flesh heir ti consumm

devoutli wish die sleep

sleep perchanc dream ay rub

불용어는 일반적으로 문서에 흔하게 분포하므로 포스팅 목록이 길어지는데, 이들을 미리 제거하면 긴 포스팅 목록을 탐색할 수고를 덜어 질의 처리 시간을 상당히 줄일 수 있다. 더구나 질의에서 항상 불용어를 제거한다면 아예 색인에 저장할 필요도 없다. 초기 검색 시스템에서는 디스크와 메모리 크기가 작고 비쌌기 때문에 색인 크기가 줄어드는 데 따른 이득이 매우 컸다.

하지만 안타깝게도 일부 질의는 불용어를 제거하면 역효과를 보인다. 흔히 불용어가 구문의 중요한 요소인 경우다. 햄릿의 독백 시작부인 "to be or not to be that is the"가 좋은 예다. 이 대사는 아주 유명하지만 모든 단어가 전통적인 불용어에 속한다. 밴드 이름인 "The The"도 또 다른 좋은 예다. 심지어 이 예제는 대문자조차 유의미하다. 극단적인 예를 들긴 했지만, 어쨌든 검색엔진은 이런 질의도 적절하게 처리해야 한다.

이런 상황에 대응하려면 불용어도 일단 색인에 저장해야 한다. 검색 알고리즘에 따라서 불용어가 거의 의미 없는 상황인지 판단해서 질의에서 선택적으로 배제할 수도 있다. 불용어를 색인에 저장해두고 검색 시스템이 질의마다 사용 여부를 결정하면 된다. 최근 상업적 웹 검색엔진의 순위화 알고리즘은 텀 빈도와 근접도를 비롯한 다양한 속성을 결합한다. 질의 텀 사이의 근접도에 영향받지 않는 속성에 대해서는 불용어를 제거할 것이다. 반대로 근접도를 고려해야 하는 속성에 대해서는 불용어를 유지하는 편이 적절하다.

3.2 문자

원문에서 토큰을 생성하려면 문자가 어떤 방식으로 부호화(인코딩)돼 있는지 알아야 한다. 지금까지는 암묵적으로 7비트 아스키 코드 기반이라고 가정해왔다. 아스키 코드는 대소문자, 숫자, 구두점을 포함해 대부분의 영문을 부호화하기에 충분하다.

그렇지만 영어 외에는 거의 모든 언어를 지원하기에 부족하다. 아스키 코드는 1963년에 표준이 됐는데, 당시는 메모리가 매우 비쌌고 네트워크 통신은 꿈같은 일이었으며 컴퓨터 구매자는 거의 영어권 국가에만 있었다. 기타 언어는 필요하면 그때그때 지원하는 식이었다. 이처럼 필요할 때마다 문자 인코딩을 추가하는 방식으로는 대상 언어를 제대로 지원하지 못하는 경우도 흔했다. 어떤 언어는 국가, 지역, 개발사가 다르면 문자 인코딩이 서로 호환되지 않기도 했다. 심지어 영어조차도 IBM이 개발한 EBCDIC 방식은 아스키 코드와 경쟁 관계였다.

진척이 느리긴 했지만, 1980년대 후반에는 전 세계 언어들을 (궁극적으로는 여러 사멸한 언어도) 단일 문자 인코딩으로 통합하기에 이르렀다. 오늘날 유니코드[3] 표준은 방대한 언어 집합을 지원하며 그 수는 계속 늘어나고 있다. 단순한 실험용 검색 시스템이 아니라면 유니코드는 반드시 지원해야 한다. 다른 인코딩으로 작성한 문서들도 유니코드로 변환할 수 있다. 검색 시스템이 유니코드를 기본적으로 지원한다면 필요에 따라 새로운 언어를 추가하기 쉽다.

유니코드 체계에서 모든 문자는 코드포인트^{codepoint}라고 하는 고유한 값을 부여받는다. 하지만 이들을 어떻게 실제 비트로 표현하는지는 정하지 않는다. 코드포인트는 U+nnnn과 같은 형식으로 쓰는데, nnnn은 16진수로 나타내는 코드포인트의 값이다. 예를 들어서 문자 β의 코드포인트는 U+03B2다. 유니코드에는 현재 10만 개 이상의 문자가 정의돼 있으며 U+2F800을 넘는 범위까지 늘어났다.

표준 인코딩 중 하나인 UTF-8은 코드포인트를 실제 문자열로 표현하는 편리한 방법이다. 유니코드를 표현하는 방식은 여러 가지가 있지만 그중에서도 특히 UTF-8은 아스키 코드와 호환된다는 점을 포함해서 몇 가지 장점이 있다. UTF-8은 각 코드포인트를 1부터 4바이트 사이에서 표현한다. 아스키 코드에 정의한 모든 문자는 1바이트로 나타내며 아스키 문자와 같은 값이다. 그러므로 아스키 코드로 작성한 자료는 그 자체로 UTF-8도 된다.

UTF-8은 가변 길이 인코딩이지만 해석하기 쉽다. 첫 바이트의 상위 비트는 문자 코드의 길이를 표현한다. 최상위 비트가 0이면, 즉 바이트가 0xxxxxxx 형식이면 1바이트로 인코딩이 끝난다. 하위 7비트는 코드포인트의 값을 나타내며 7비트 아스키 코드를 그대로 쓴다. 예를 들어 UTF-8으로 01100101은 문자 "e"(U+0065)이고 이는 아스키 문자도 같다.

첫 바이트의 최상위 비트가 1이면 문자 인코딩 길이는 2바이트에서 4바이트 사이가 되고 정확한 길이는 뒤따라오는 몇 비트가 1이냐로 결정된다. 2바이트 인코딩이면 첫 바이

---

3   www.unicode.org

트는 110xxxxx 형식이고 3바이트 인코딩이면 1110xxxx 형식이며 4바이트 인코딩이면 11110xxx 형식이다. 첫 바이트를 제외한 나머지 바이트는 10xxxxxx 형식이다. 그러므로 어떤 바이트이든 상위 두 비트만 확인하면 문자의 첫 바이트인지 아닌지를 알 수 있다.

2바이트와 4바이트 사이인 경우 코드포인트 값은 첫 바이트부터 x로 표시한 비트에 저장한다. 2바이트 길이는 U+0080부터 U+07FF까지의 코드포인트를 표현할 수 있고, 3바이트는 U+0800부터 U+FFFF까지, 4바이트는 U+10000 이상을 표현할 수 있다. 예를 들어서 3바이트 문자가 다음과 같다면, xxxxyyyyyyzzzzzz라는 16비트 값을 표현한다.

    1110xxxx 10yyyyyy 10zzzzzz

한자 八의 코드포인트는 U+516B이며 이진수로 표현하면 01010001 01101011이다. UTF-8으로 인코딩하면 11100101 10000101 10101011이라는 3바이트로 표현한다.

3.3 문자 N-Gram

언어마다 문자열로부터 토큰을 생성하는 난이도가 다르다. 단어를 인식하고 어간을 추출하는 작업 역시 언어별로 상이하다. 문자 n-gram은 언어별 복잡한 토큰 생성 방식을 회피하기 위한 한 가지 방편이다. 이 절에서는 영어에 문자 n-gram을 어떻게 적용하는지 보이고, 후반 절에서 다른 언어에 적용하는 방법도 알아보겠다.

문자 n-gram은 단순히 n개 문자를 순서대로 겹치게 묶어서 토큰으로 간주한다. 예를 들어서 $n = 5$이면, "orienteering"이라는 단어는 다음과 같은 5-gram으로 나눌 수 있다.

    orie orien rient iente entee nteer teeri eerin ering ring

앞뒤에 붙는 "_"는 단어 시작이나 끝을 의미한다. 색인을 만들 때는 각 묶음이 텀이 돼 포스팅 목록을 가진다. 질의를 처리할 때도 질의를 n-gram으로 나눈다. 이때 "the"와 같은 세 글자 단어가 있다면 "_the_"라는 5-gram으로 색인된다. 두 글자 이하라면 융통성을 발휘해 "of"는 "_of_"로, "a"는 "_a_"로 바꿔 색인한다.

원론적으로 n-gram 색인은 구두점이나 대소문자나 공백이나 기타 언어별 특성을 고려하지 않아도 된다. 적절한 n의 크기는 언어마다 다를 수 있지만 그 밖에는 언어에 상관없이 동일하다. 그저 문서를 n-gram으로 쪼개서 색인하고 질의를 처리한다. 하지만 실사용 환경에서는 언어의 기본 특성을 무시할 수 없다. 영어를 예로 든다면 구두점을 없애고 대소문자도 통일할 것이다.

마땅한 어간 추출기가 없다면 n-gram이 대체할 수 있다. 여러 언어에서 형태소는 서로 다른 두 텀에 공통으로 존재하는 n-gram인 경우가 많다. "orienteers"에서 얻은 5-gram 은 "oriental"에서 얻은 것보다는 "orienteering"에서 얻은 것과 더 많이 겹칠 것이다.

표 3.2 5-gram 색인의 효과. 이 책에서 다루는 검색 방식의 측정 결과를 정리했다. 표 2.5와 표 3.1에 정리한 결과와 비교해보라.

| | TREC45 | | | | GOV2 | | | |
| | 1998 | | 1999 | | 2004 | | 2005 | |
방식	P@10	MAP	P@10	MAP	P@10	MAP	P@10	MAP
근접도 순위화(2.2.2)	0.392	0.125	0.388	0.149	0.431	0.171	0.552	0.233
BM25(8장)	0.410	0.177	0.446	0.214	0.463	0.226	0.522	0.296
LMD(9장)	0.416	0.186	0.438	0.222	0.404	0.188	0.502	0.276
DFR(9장)	0.440	0.203	0.444	0.230	0.478	0.243	0.540	0.284

영어의 n-gram 색인은 특별한 효과는 없다. 표 3.2에는 이미 보았던 문서 모음으로 5-gram 색인을 만들어 측정한 지표를 정리했다. 표 2.5와 표 3.1에 정리한 결과와 비교해 보기 바란다. 특히 표 2.5의 지표와 비교해본다면, 어떤 건 개선됐고 어떤 건 악화됐다. 다음 절에서 보겠지만 언어가 다르면 변화 양상도 다를 수 있다.

N-gram 색인을 하면 색인 크기가 커지고 능률(응답 속도)이 떨어진다. 표 3.2에서 사용한 색인은 압축했음에도 단어 기반 토큰으로 생성한 색인보다 여섯 배까지 커진다. 질의처리 시간도 30배 혹은 그 이상 걸릴 수 있다. 질의에서 더 많은 토큰을 만들어내는 데다 포스팅 목록의 평균 길이도 더 길어지기 때문이다.

N-gram 색인의 용도를 더 확장할 수도 있다. 영어처럼 단어가 공백과 구두점으로 분리되더라도, n-gram은 단어 경계를 넘어서 토큰을 생성할 수 있으므로 구문 관계를 찾을 수 있는 가능성이 생긴다. 예를 들어 "...perchance to dream..."이라는 구절은 다음과 같이

5-gram으로 분리된다.

> _perc perch ercha rchan chanc hance ance_ nce_t ce_to e_to_ _to_d to_dr o_dre _
> drea dream ream_

"_"는 단어 사이의 공백을 뜻한다. 이 책에 나온 검색 방식과 영문 문서 모음에 이 기법을 적용하면 약간 역효과가 있지만, 그 밖의 검색 방식이나 다른 언어에서는 이점이 있을 수 있다.

3.4 유럽 언어

이 절에서는 영어가 아닌 유럽 언어에서 토큰을 생성하는 방법으로 범위를 넓힌다. 여기서 유럽 언어란 여러 어족에 속하는 다양한 언어를 가리킨다. 예컨대 프랑스어와 이탈리아어는 로마 어족이고 네덜란드어와 스웨덴어는 게르만 어족이며 러시아어와 폴란드어는 슬라브 어족에 속한다. 이 세 어족끼리는 서로 관련이 있지만, 이들과 무관한 핀란드어와 헝가리어는 네 번째 어족에 속한다. 아일랜드어와 스코틀랜드의 게일어는 또 다른 다섯 번째 어족이다. 스페인과 프랑스 일부 지방에서 통하는 바스크어는 백만 명 이상이 사용하지만 현존하는 어떤 언어와도 관련이 없는 고립어다.

사실 언어학 관점에서는 유럽 언어라는 분류가 무의미하지만, 정보 검색 관점에서는 이들을 하나로 묶어볼 수 있다. 이들은 한 대륙에서 오랫동안 공존한 언어이기 때문에 철자법 등 유사한 측면이 있다. 그리고 이들은 20여 개의 알파벳의 대소문자를 사용하며 구두점을 써서 문장 구조를 세운다. 무엇보다 유용한 공통점은 공백과 구두점으로 단어를 구분한다는 점이다.

그런데 토큰 생성과 관련해 영어에는 없지만 유럽 언어에는 흔한 이슈가 몇 가지 있다. 영어에는 "naïve"같은 드문 경우를 제외하면 억양이나 발음 표시 기호는 없다. 반면 여러 유럽 언어에서는 이러한 표시 기호가 발음을 표현하거나 단어를 구분하는 데 필수적이기도 하다. 스페인어에서는 "cuna"는 요람을 뜻하지만 "cuña"는 쐐기를 뜻한다. 포르투갈어에서는 "nó"는 매듭을 뜻하지만 "no"는 "~ 안에"를 뜻한다. 잘 작성한 문서에는 이런 표시 기호가 정확히 쓰여 있지만 사용자 질의나 대충 쓴 문서에는 생략돼서 검색되지 않을 수 있다.

이 문제를 푸는 한 가지 해결책은 토큰에서 기호를 없애는 방법이다. 이를테면 "cuna" 와 "cuña"를 같은 텀으로 취급한다. 또 다른 해법은 기호가 있는 텀을 기호가 있는 텀과 없는 텀으로 두 번 색인하는 방법이다. 질의를 처리할 때는 기호가 꼭 필요한 상황과 그렇지 않은 상황을 구분해 적절한 색인을 사용한다. 특화된 검색 방식으로는 두 가지 형태 중 어느 쪽이든 부합하도록 만들 수도 있다. 어떤 언어인지, 어떤 상황인지 고려해서 방침을 정하는 편이 최선이다.

어떤 토큰 생성 이슈는 한두 가지 언어나 어족에 국한된다. 게르만 어족은 흔히 복합 명사를 한 단어로 쓴다. 예를 들어 네덜란드어에서 "자전거 바퀴"를 뜻하는 단어는 "fietswiel"이다. 토큰 생성 과정에서 이 복합명사는 두 개의 텀으로 쪼개지는데, 이렇게 하면 "fiets"라는 질의 텀에 부합한다. 유사한 예로 독일어에서 "Versicherungsbetrug" 는 "Versicherung"(보험)과 "Betrug"(사기)를 조합한 단어다. 이 예에서 볼 수 있듯이 단순히 단어를 두 부분으로 쪼개기만 해서는 충분하지 않고 두 부분을 연결하는 "s"까지 신경을 써야 한다. 여러 언어가 한 문서에 섞여 있어서 문제가 되는 경우도 있다. 프랑스어의 "thé"(차, tea)와 영어의 "the"는 억양 기호를 정확히 분석해야 구분할 수 있다.

표 3.3 유럽 언어에 여러 토큰 생성 기법을 적용한 결과를 비교했다(McNamee, 2008의 연구 결과에 기초함). 어간 추출을 하지 않은 경우, 스노우볼 추출기를 적용한 경우, 문자 기반 4-gram, 문자 기반 5-gram 방식에 대해서 평균 정밀도의 평균치(MAP)를 구했다.

언어	단어	어간 추출	4-gram	5-gram
네덜란드어	0.416	0.427	0.438	0.444
영어	0.483	0.501	0.441	0.461
핀란드어	0.319	0.417	0.483	0.496
프랑스어	0.427	0.456	0.444	0.440
독일어	0.349	0.384	0.428	0.432
이탈리아어	0.395	0.435	0.393	0.422
스페인어	0.427	0.467	0.447	0.438
스웨덴어	0.339	0.376	0.424	0.427

유럽 언어 대부분은 어간 추출기가 존재한다. 그중에서 스노우볼^{Snowball} 추출기[4]는 눈여겨볼 만한데, 10여 개 이상의 유럽 언어 및 터키어를 지원한다. 이 추출기는 영어의 포터 추출기를 개발한 마틴 포터가 만들었으며, 자연히 두 추출기는 비슷한 접근법을 택한다. 유럽 언어에도 문자 n-gram 기반 토큰 생성 방식이 잘 동작하는데, n의 최적값은 4나 5다.

표 3.3에는 여덟 가지 유럽 언어로 된 TREC 스타일의 시험용 문서 모음을 사용해서 여러 토큰 생성 기법을 비교한다. 모든 언어에서 스노우볼 추출기는 어간 추출을 하지 않을 때보다 좋은 결과를 낸다. 네덜란드어, 핀란드어, 독일어, 스웨덴어에서는 문자 5-gram이 최상의 결과를 보인다.

3.5 한중일 언어

중국어(Chinese), 일본어(Japanese), 한국어(Korean)는 (첫글자를 따서) 이른바 CJK 언어라고 분류한다. 이들은 비록 같은 어족에 속하지는 않지만 유럽 언어와 마찬가지로 역사적인 이유로 인해 공통된 특징이 있다. 일단 유럽 언어에 비해서 문자 수가 많다. 중국 신문에는 대개 수천 개의 글자가 쓰인다. 또한 중국어나 일본어는 공백으로 단어를 구분하지 않는다. 그러므로 토큰 생성 작업에서 어떻게 토큰을 분리하는지가 매우 중요하다.

문자 체계가 복잡한 만큼 맞닥뜨리는 문제도 많다. 일본어는 세 가지 문자 형식을 사용한다. 그중 두 가지(히라가나와 가타카나)는 각 문자가 음절을 표현하지만 나머지 하나는 한자에서 왔으며 유니코드의 코드포인트 역시 한자와 공유한다. 단어 하나를 세 가지 형식중 무엇으로든 쓸 수 있는데, 경우에 따라서 한 가지 문자 형식으로 작성한 질의를 다른 형식으로 작성한 문서에 결부시킬 필요가 있다.

한자에는 번체와 간체가 모두 있는 글자가 많다. 역사적 이유로 인해 각각 서로 다른 지역에서 주로 쓰였다. 번체는 홍콩과 마카오 지방에서 통용됐고 간체는 나머지 지역에서 표준이었다. 문서가 번체로 쓰이고 질의가 간체로 쓰였더라도 (또는 그 반대라도) 검색 결과로

---

4 snowball.tartarus.org

부합해야 합당할 것이다. 많은 사람들이 두 가지 모두 읽을 수 있기 때문이다. 번체와 간체를 자동 변환해 주는 브라우저 플러그인과 같은 소프트웨어 도구도 있다.

한자는 각 문자가 뜻을 가진다는 점이 독특하다. 하지만 그렇다고 해서 각 문자가 개별 단어가 되는 건 아니다. 더구나 단어에 포함된 글자의 뜻을 이어 붙여도 단어 자체의 뜻이 되지 않는다. 예를 들어서 위기를 뜻하는 중국어 "危機"는 위험을 뜻하는 "危"와 기회를 뜻하는 "機"로 이뤄진다. 하지만 이 단어에서 두 번째 글자는 중요한 시점이라는 의미에 더 가깝고, 다른 단어에서 쓰면 기계를 뜻하기도 한다. 또한 같은 글자는 공항이라는 뜻의 중국어 "機場"에서 첫 번째 글자이기도 한데, 이 단어의 두 번째 글자는 원래 장소, 들판을 뜻한다. 각 요소를 잘 연결해야 전체의 뜻을 잘 보존할 수 있다. 공항이 "기계 들판"이 아니며, 자유(自由)는 스스로(自) 말미암다(由)라는 뜻이 아니듯이 말이다.

중국어에는 한 글자로 된 단어도 있지만 대부분은 두 글자 이상이다. 그리고 그중 상당수는 bigram, 즉 두 글자 단어다. 죽 이어진 글자를 쪼개서 단어로 구분하는 건 어려운 편이다. 영어 문장에서 공백이 없다고 상상해보라. "Wegotogethertogether". 이 문장을 "We go to get her together"라고 제대로 단어를 구분하려면 영어의 어휘와 문법을 알아야 한다. 중국어에서는 한 글자가 앞선 글자와 단어를 이룰 수 있고 뒤따라오는 글자와 단어를 이룰 수도 있으므로 정확한 단어 구분을 위해서는 문맥을 파악해야 한다. 다만 단어를 구분하는 작업이 중국어 검색에서는 절대적으로 중요하지는 않다. 대다수의 단어가 두 글자이기 때문인지, 2-gram 색인을 만들면 단어 구분 성능의 기준점으로 삼을 수 있을 정도로 제법 괜찮은 결과를 보여준다.

CJK 언어에는 각각 표준 알파벳 표기법이 있다. 중국어의 경우 한어병음(또는 간단히 병음)이라는 현대 표기법이 있다. 한어병음 방식에서 危機는 "wēijī"로 쓰고, 機場는 "jīchǎng"이라고 쓴다. 발음 기호는 중국어에서 음의 높낮이인 성조를 나타낸다.

한어병음은 중국어 질의를 표현하는 편리한 대안이 된다. 하지만 안타깝게도 병음 방식은 얼마간 모호성을 내포한다. 예컨대 병음에서 "jī"라고 표기하면서 흔히 사용하는 글자가 여섯 개 정도 있다. 또한 질의를 입력할 때 흔히 성조 기호를 생략하기 때문에 더 많은 글자가 후보가 될 수 있다. 성조 기호를 생략하면 "yi"라고 표기하는 글자 중 자주 쓰이는 것만 30개 정도이며, "shi"에는 더 많은 글자 후보가 있다. 질의 텀이 "shishi"일 때 이는 시사(時事), 실시(實施), 또는 다른 여러 단어를 뜻할 수 있다. 이러한 모호성을 해소하려면 검색엔진이 사용자로 하여금 의도에 맞게 선택할 수 있도록 선택지를 제공해야 한다.

3.6 더 읽을거리

간단하게 말해서 토큰 생성이란 문서를 단어로 쪼개는 작업이다. 트라스크(Trask, 2004)는 언어학 관점에서 "단어"란 무엇인가에 대해 논의했다. 매닝과 슈체의 저술(Manning and Schütze, 1999) 4장에서는 자연어 처리의 관점에서 토큰 생성과 원형 추출에 관해 논의했다.

오늘날 대부분의 프로그래밍 언어와 운영체제는 유니코드와 UTF-8을 지원한다. 유니코드에 관해 더 자세히 알고 싶다면 공식 웹사이트[5]를 참고하라. UTF-8 인코딩은 롭 파이크$^{Rob Pike}$와 켄 톰슨$^{Ken Thompson}$이 Plan-9 운영체제를 개발하는 과정에서 나온 부속물이다(Pike and Thompson, 1993). UTF-8은 발명된 후 유니코드의 변경 사항과 확장된 내용을 반영하도록 계속 개정됐다. RFC3629[6]에서 인터넷 표준으로 채택됐다.

영어에는 포터 어간 추출기(Porter, 1980) 외에도 로빈스(Lovins, 1968), 프레익스(Frakes, 1984), 파이스(Paice, 1990) 등이 개발한 초기 어간 추출기가 있다. 하만(Harman, 1991)은 복수형 단어를 단수형으로 바꾸는 간단한 S 어간 추출기를 내놓았다. 하만은 S 추출기를 포터나 로빈스가 개발한 추출기의 성능과 비교해봤지만 어떤 추출기를 사용해도 어간 추출을 하지 않았을 때보다 나은 결과를 얻지 못했다. 반면 헐(Hull, 1996)은 더 큰 시험 문서를 이용해 광범위한 평가를 수행한 결과 어간 추출기를 사용하면 유효성 척도 평균치가 크게 개선된다고 발표했다. 하지만 그와 동시에 어간 추출을 과도하게 할 경우 평균 지표가 개선되기는 하지만, 자세히 뜯어보면 소수의 질의에 대한 지표가 크게 좋아졌을 뿐이고 대다수 질의에는 오히려 역효과가 있다고 경고했다.

스노우볼[7] 어간 추출기는 추출기를 만들기 위한 알고리즘적 프레임워크를 제공한다. 하지만 이런 도구를 제공한다고 해도 새로운 언어에 대해서 추출기를 만들려면 여전히 많은

---

5   www.unicode.org

6   tools.ietf.org/html/rfc3629

7   snowball.tartarus.org

인력이 필요하다. 그런 이유로 방대한 말뭉치로부터 예제를 뽑아 자동으로 추출기를 생성하려는 시도가 여러 번 있었다. 크로이츠와 라구스(Creutz and Lagus, 2002)는 비용함수를 최적화하는 방식으로 단어를 구분하는 방법을 제안하고 영어와 핀란드어에 대해서 기존 어간 추출기와 비교했다. 마음더 외(Majumder et al., 2007)는 형태소 분석 결과에 기반해 단어들을 여러 동등한 분과로 나누고 묶는 방법을 고안했으며 벵갈어를 비롯한 몇몇 언어에 적용해봤다.

맥나미와 메이필드(McNamee and Mayfield, 2004)는 정보 검색에서의 n-gram 토큰 생성 방식을 전체적으로 조망했다. 또한 맥나미 외(McNamee et al., 2008)는 n-gram 색인을 스노우볼 추출기와 크로이츠와 라구스의 방식에 각각 적용한 결과를 비교했다. 또한 문자 n-gram 방식은 광학 문자 인식시 발생하는 인식 오류에 대응할 수 있는 방법을 제공한다. 바이츨 외(Beitzel et al., 2002)는 이에 관한 짧은 조사 결과를 발표했다.

스페인어 검색은 1994년부터 1996년까지의 TREC의 실험 트랙 주제였다. 중국어 검색은 1996년과 1997년에 한 트랙의 주제였다(Voorhees and Harman, 2005). 아랍 언어를 다루는 다중 언어 트랙은 1997년부터 2002년까지 지속됐다(Gey and Oard, 2001). 2000년에는 언어간 교차 평가 포럼CLEF, Cross-Language Evaluation Forum[8]이 유럽 언어를 대상으로 다중 언어와 언어 교차에 관한 실험을 진행했다. 표 3.3은 CLEF 시험용 문서 모음에서 얻은 결과다. 2001년부터는 일본국립정보기술원 시험용 자료 모음NTCIR, Japanese National Institute of Informatics Test Collection for IR Systems[9] 프로젝트가 아시아 언어에 대해서 유사한 연구 포럼을 제공했다. 인도정보검색평가포럼FIRE, Indian Forum for Information Retrieval Evaluation[10]도 인도 내 언어를 사용한 실험을 주도했다.

아시아 언어를 컴퓨터로 처리하는 일은 어렵고 복잡해 여전히 중요한 연구 주제다. 주요 저널 중 하나인 ACM Transactions on Asian Language Information Processing은 온전히 이 주제만을 다룬다. 루커와 퀴억(Luk and Kwok, 2002)은 중국어 검색을 위한 토큰 생성 기법에 관한 광범위한 개괄서를 제공했다. 펭 외(Peng et al., 2002)도 중국어 검색에

---

8   www.clef-campaign.org

9   research.nii.ac.jp/ntcir

10   www.isical.ac.in/~clia

서 단어 구분의 중요성을 탐구하고 여러 관련 기법을 비교 평가했다. 브래슐러와 리플링어(Braschler and Ripplinger, 2004)는 독일어의 단어 구분 문제를, 크라이와 폴만(Kraaij and Pohlmann, 1996)은 네덜란드어를 연구했다. 「Information Retrieval Journal」의 특별 이슈에서는 '비영어권의 웹 검색'을 다룬다(Lazarinis et al., 2009).

새로운 언어로 토큰을 생성하려면 맞춤법과 형태론을 모두 신중하게 고려해야 한다. 후지이와 크로프트(Fujii and Croft, 1993)는 일본어 토큰 생성의 기초를 다졌다. 아시안 외(Asian et al., 2005)는 인도네시아어를, 라키 외(Larkey et al., 2002)는 아랍어를 다뤘다. 누위스리 외(Nwesri et al., 2005)는 아랍어에서 접속사와 전치사를 표현하는 어미를 제거하는 알고리즘을 제안했다.

철자 교정은 토큰 생성과 관계가 깊다. 토큰은 질의와 문서를 이어주는 역할을 하므로 철자가 틀리면 문서 탐색이 어려워진다. 쿠키치(Kukich, 1992)는 철자 오류를 감지하고 교정하는 기법을 조사했다. 브릴과 무어(Brill and Moore, 2000)는 철자 교정에 활용할 오류 모델을 만들었다. 루치(Ruch, 2002)는 기초 애드혹 과업에서 철자 오류가 미치는 영향을 조사했다. 쿠세르잔과 브릴(Cucerzan and Brill, 2004), 그리고 리 외(Li et al., 2006)는 상업적 웹 검색 로그에서 철자 오류와 교정 결과를 찾아서 철자 교정기를 만드는 연구를 했다. 자인 외(Jain et al., 2007)는 질의 로그를 사용해서 축약어를 원단어로 바꾸는 방법을 기술했다.

3.7 연습 문제

연습 문제 3.1 다음 나열한 질의를 상업적 검색엔진 두 개 이상에 요청해보라.

(a) to be or not to be

(b) U.S.

(c) US

(d) THE

(e) The The

(f) I'll be back

(g) R-E-S-P-E-C-T

어떤 질의가 토큰 생성 과정을 거치면 원래 의미를 잃어버리는가? 검색 결과 상위 다섯 개를 살펴보자. 어떤 문서가 적합한가?

연습 문제 3.2 웹상에서 너무 흔하게 나오는 텀은 불용어로 간주할 수 있다. 아래 질의를 상업적 검색엔진 두 개 이상에 요청해보라.

(a) www

(b) com

(c) http

검색 결과 상위 다섯 개를 살펴보자. 어떤 문서가 적합한가?

연습 문제 3.3 유니코드에서 β의 코드포인트는 U+03B2다. UTF-8 이진값은 무엇인가?

연습 문제 3.4 (프로젝트 문제) 연습 문제 1.9에서 만든 문서 모음으로 토큰 생성을 해보자. 영어 알파벳으로 된 토큰만 생성하고, 태그나 아스키가 아닌 문자는 버린다. 만든 토큰으로부터 3.3에 설명한 절차대로 문자 5-gram을 생성해보자. 그림 1.5나 연습 문제 1.12에서 그린 대로 빈도와 순위 간 관계를 로그-로그 척도로 그려보자. 지프의 법칙을 따르는가? 따른다면 α는 대략 얼마인가?

연습 문제 3.5 (프로젝트 문제) 연습 문제 3.4의 과정을 위키피디아의 중국어 문서를 사용하고 문자 bigram으로 토큰을 생성해서 반복해보자.

연습 문제 3.6 (프로젝트 문제) 포터 어간 추출기나 기타 영어 어간 추출기를 구해보자. 연습 문제 1.9에서 만든 문서 모음에서 토큰을 생성한다. 연습 문제 3.4처럼 영어 알파벳으로 된 토큰만 고려한다. 중복된 토큰을 빼고 어휘 집합을 만든다. 어휘 집합의 텀을 어간 추출해서 같은 어간으로 추출되는 텀끼리 모인 집합을 구한다. 가장 큰 집합은 무엇인가? 어간 추출 결과로 관계없는 텀이 모인 집합을 세 개 이상 찾아보자.

연습 문제 3.7 (프로젝트 문제) 영어 외에 어간 추출기를 쓸 수 있는 언어를 잘 안다면, 그 언어로 연습 문제 3.6을 되풀이해보자. 위키피디아를 원본 문서로 사용할 수도 있다.

3.8 참고문헌

Asian, J., Williams, H.E., and Tahaghoghi, S. M. M. (2005). Stemming Indonesian. In *Proceedings of the 28th Australasian Computer Science Conference*, pages 307 – 314. Newcastle, Australia.

Beitzel, S., Jensen, E., and Grossman, D. (2002). Retrieving OCR text: A survey of current approaches. In *Proceedings of the SIGIR 2002 Workshop on Information Retrieval and OCR: From Converting Content to Grasping Meaning*. Tampere, Finland.

Braschler, M., and Ripplinger, B. (2004). How effective is stemming and decompounding for German text retrieval? *Information Retrieval*, 7(3-4):291 – 316.

Brill, E., and Moore, R. C. (2000). An improved error model for noisy channel spelling correction. In *Proceedings of the 38th Annual Meeting on Association for Computational Linguistics*, pages 286 – 293. Hong Kong, China.

Creutz, M., and Lagus, K. (2002). Unsupervised discovery of morphemes. In *Proceedings of the ACL-02 Workshop on Morphological and Phonological Learning*, pages 21 – 30.

Cucerzan, S., and Brill, E. (2004). Spelling correction as an iterative process that exploits the collective knowledge of Web users. In *Proceedings of the Conference on Empirical Methods in Natural Language Processing*, pages 293 – 300.

Frakes, W. B. (1984). Term conflation for information retrieval. In *Proceedings of the 7th Annual International ACM SIGIR Conference on Research and Development in Information Retrieval*, pages 383 – 389. Cambridge, England.

Fujii, H., and Croft, W. B. (1993). A comparison of indexing techniques for Japanese text retrieval. In *Proceedings of the 16th Annual International ACM SIGIR Conference on Research and Development in Information Retrieval*, pages 237 – 246. Pittsburgh, Pennsylvania.

Gey, F. C., and Oard, D. W. (2001). The TREC-2001 cross-language information retrieval track: Searching Arabic using English, French or Arabic queries. In *Proceedings of the 10th Text REtrieval Conference*, pages 16 – 25. Gaithersburg, Maryland.

Gore, A. (2006). *An Inconvenient Truth*. Emmaus, Pennsylvania: Rodale.

Harman, D. (1991). How effective is suffixing? *Journal of the American Society for Information Science*, 42(1):7 – 15.

Hull, D. A. (1996). Stemming algorithms: A case study for detailed evaluation. *Journal of the American Society for Information Science*, 47(1):70 – 84.

Jain, A., Cucerzan, S., and Azzam, S. (2007). Acronym-expansion recognition and ranking on the Web. In *Proceedings of the IEEE International Conference on Information Reuse and Integration*, pages 209 – 214. Las Vegas, Nevada.

Kraaij, W., and Pohlmann, R. (1996). *Using Linguistic Knowledge in Information Retrieval*. Technical Report OTS-WP-CL-96-001. Research Institute for Language and Speech, Utrecht University.

Kukich, K. (1992). Technique for automatically correcting words in text. *ACM Computing Surveys*, 24(4):377 – 439.

Larkey, L. S., Ballesteros, L., and Connell, M. E. (2002). Improving stemming for Arabic information retrieval: Light stemming and co-occurrence analysis. In *Proceedings of the 25th Annual International ACM SIGIR Conference on Research and Development in Information Retrieval*, pages 275 – 282. Tampere, Finland.

Lazarinis, F., Vilares, J., Tait, J., and Efthimiadis, E.N. (2009). Introduction to the special issue on non-English Web retrival. *Information Retrieval*, 12(3).

Li, M., Zhu, M., Zhang, Y., and Zhou, M. (2006). Exploring distributional similarity based models for query spelling correction. In *Proceedings of the 21st International Conference on Computational Linguistics and the 44th Annual Meeting of the Association for Computational Linguistics*, pages 1025 – 1032. Sydney, Australia.

Lovins, J. B. (1968). Development of a stemming algorithm. *Mechanical Translation and Computational Linguistics*, 11(1 – 2):22 – 31.

Luk, R. W. P., and Kwok, K. L. (2002). A comparison of Chinese document indexing strategies and retrieval models. *ACM Transactions on Asian Language Information Processing*, 1(3):225 – 268.

Majumder, P., Mitra, M., Parui, S. K., Kole, G., Mitra, P., and Datta, K. (2007). YASS: Yet another suffix stripper. *ACM Transactions on Information Systems*, 25(4): article 18.

Manning, C. D., and Schütze, H. (1999). *Foundations of Statistical Natural Language*

Processing. Cambridge, Massachusetts: MIT Press.

McNamee, P. (2008). Retrieval experiments at Morpho Challenge 2008. In *Cross-Language Evaluation Forum*. Aarhus, Denmark.

McNamee, P., and Mayfield, J. (2004). Character n-gram tokenization for European language text retrieval. *Information Retrieval*, 7(1-2):73–97.

McNamee, P., Nicholas, C., and Mayfield, J. (2008). Don't have a stemmer?: Be un+concern+ed. In *Proceedings of the 31st Annual International ACM SIGIR Conference on Research and Development in Information Retrieval*, pages 813–814. Singapore.

Nwesri, A. F. A., Tahaghoghi, S. M. M., and Scholer, F. (2005). Stemming Arabic conjunctions and prepositions. In *Proceedings of the 12th International Conference on String Processing and Information Retrieval*, pages 206–217. Buenos Aires, Agentina.

Paice, C. D. (1990). Another stemmer. *ACM SIGIR Forum*, 24(3):56–61.

Peng, F., Huang, X., Schuurmans, D., and Cercone, N. (2002). Investigating the relationship between word segmentation performance and retrieval performance in Chinese IR. In *Proceedings of the 19th International Conference on Computational Linguistics*. Taipei, Taiwan.

Pike, R., and Thompson, K. (1993). Hello world. In *Proceedings of the Winter 1993 USENIX Conference*, pages 43–50. San Diego, California.

Porter, M. F. (1980). An algorithm for suffix stripping. *Program*, 14(3):130–137.

Ruch, P. (2002). Information retrieval and spelling correction: An inquiry into lexical disambiguation. In *Proceedings of the 2002 ACM Symposium on Applied Computing*, pages 699–703. Madrid, Spain.

Trask, L. (2004). *What is a Word?* Technical Report LxWP11/04. Department of Linguistics and English Language, University of Sussex, United Kingdom.

Voorhees, E. M., and Harman, D. K. (2005). The Text REtrieval Conference. In Voorhees, E. M., and Harman, D. K., editors, *TREC — Experiment and Evaluation in Information Retrieval*, chapter 1, pages 3–20. Cambridge, Massachusetts: MIT Press.

2부

색인하기

4

정적 역색인

4장에서는 질의 처리에 적합한 색인 구조를 설명한다. 이 단계에서는 정적 색인, 다시 말해 내용이 전혀 바뀌지 않는 문서 모음을 색인하는 경우만 다룬다. 문서가 추가 또는 제거되는 상황에서의 색인, 즉 동적 색인은 7장에서 다룬다.

검색 작업을 빠르게 수행하려면 색인 전체를 주 메모리(메인 메모리, RAM)에 저장하는 게 바람직하지만 이렇게 할 수 없는 상황이 흔하다. 파일 시스템 검색에서 모든 파일 내용을 색인하면 그 크기가 수 기가바이트^GB에 달한다. 사용자는 다른 애플리케이션도 함께 사용하기 때문에 이만큼의 메모리를 기꺼이 검색 시스템에만 할당하리라고 기대하기 어렵고, 따라서 색인 전체를 RAM에 저장하는 건 피해야 한다. 심지어 웹 검색 전용 서버라 할지라도 색인의 상당량을 RAM 대신 훨씬 값싼 디스크에 저장하는 쪽이 경제적이다. 이 책을 쓸 때 1기가바이트 RAM은 약 40달러인 반면, 1기가바이트 하드디스크는 단지 0.2달러에 불과하다. 이처럼 가격 차이는 200배 정도지만 성능도 그만큼 차이나는 건 아니다. 전형적인 색인 연산을 할 때 색인을 메모리에 저장하면 디스크에 저장할 때보다 약 10배에서 20배 정도 빠르다. 그러므로 같은 비용을 들여서 검색 시스템을 구축한다면, 메모리에 색인을 저장한 시스템과 디스크에 색인을 저장한 시스템 두 가지 중에서 실질적으로 디스크 저장 시스템이 더 빠른 셈이다(더 깊이 있는 내용을 알고 싶다면 벤더 외의 연구(Bender et al., 2007)를 참고하라).

4장에서는 주 메모리가 희소 자원이라고 가정한다. 이유는 방금 언급한 대로 검색엔진이 다른 프로세스와 메모리를 공유해야 하기 때문이기도 하고, RAM보다 디스크에 자료를 저장하는 쪽이 더 경제적이기 때문이기도 하다. 역색인에 사용하는 자료 구조를 논할 때, 색인 일부는 메모리에 저장하고 대다수의 나머지 부분은 디스크에 저장하는 혼합 구조를 중심으로 설명하겠다. 검색엔진의 다양한 부분에서 사용하는 여러 자료 구조를 살펴보고 실험으로 성능을 평가할 것이다. 실험에 사용한 시스템 성능 정보는 부록에 수록했다.

4.1 색인 요소와 생명 주기

역색인의 다양한 측면을 두 가지 관점에서 접근한다. 하나는 구조적 관점으로서 전체 색인 시스템을 하위 구성 요소로 분해해 각 요소를 면밀히 살펴본다. 다른 하나는 운영 측면의 관점으로서 역색인이 거치는 생명 주기의 각 단계와 그때마다 수행하는 필수 작업을 살펴본다.

2장에서 이미 언급했지만, 역색인의 두 가지 주요 요소는 사전과 포스팅 목록이다. 문서 모음에 존재하는 각 텀마다 포스팅 목록이 존재해 그 텀의 출현 정보를 담고, 검색 질의를 처리할 때 이 포스팅 목록의 정보를 사용한다. 사전은 적절한 포스팅 목록을 찾기 위한 자료 구조인 셈이다. 검색엔진은 입력된 각 질의 텀마다 포스팅 목록부터 찾아야 하는데, 사전이 바로 텀으로부터 포스팅 목록 위치를 연결하는 역할을 한다.

검색엔진은 사전과 포스팅 목록 외에도 다양한 자료 구조를 도입한다. 예컨대 문서 맵 document map은 각 문서로부터 얻은 URL, 문서 길이, 페이지 랭크PageRank(15.3.1절을 보라)와 같은 저마다의 정보를 저장한다. 다만 이런 자료 구조는 대부분 단순해서 특별히 언급할 만한 내용은 없다.

문서 모음이 변하지 않는 정적 역색인의 생명 주기는 따로 일어나는 두 단계로 나뉜다 (동적 색인에서는 두 단계가 동시에 일어난다).

1. 색인 생성: 문서 모음을 순서대로 처리하면서 등장한 각 텀마다 포스팅 목록을 점차 증가시킨다.
2. 질의 처리: 생성된 색인을 사용해 질의를 처리한다.

1단계(색인 생성)는 보통 색인 생성 시간, 2단계는 보통 질의 처리 시간이라고 부른다. 두 과정은 여러모로 상호 보완적이다. 색인 생성시 미리 계산을 많이 해 두면(5.1.3절의 내용처럼 점수 분포를 미리 계산해 둔다거나) 질의 처리 시 해야 할 일이 줄어든다. 하지만 일반적으로 두 단계는 서로 무관한 작업이며 사용하는 알고리즘과 자료 구조 역시 상이하다. 비록 색인의 구성 요소 중에는 사전처럼 두 단계에서 모두 사용하는 것도 있지만, 이런 공통 요소 역시 각 단계에서 실제로는 다르게 구현하는 경우가 흔하다.

4장의 전반적인 흐름은 이와 같은 두 가지 관점을 따른다. 앞부분(4.2절부터 4.4절까지)에서는 주로 질의 처리 단계에서 사용하는 사전과 포스팅 목록의 면모를 살펴볼 것이며, 효율적인 색인 접근과 질의 처리에 적합한 자료 구조를 알아볼 것이다. 뒷부분(4.5절)에서는 색인 생성 단계에 집중해 색인 자료 구조를 어떻게 효율적으로 구축할지 논하겠다. 또한 색인 단계에서 생성 작업 성능을 최대로 높이고자 사전과 포스팅 목록을 질의 처리 시와 어떻게 다르게 구성하는지도 논의한다.

논의를 단순화하고자 4장에서는 스키마 독립적인 색인만 다룬다. 그러나 다른 유형의 색인도 이와 크게 다르지 않아 4장에서 설명하는 기법은 모두 적용할 수 있다(여러 색인 유형은 2.1.3절을 참고하라).

4.2 사전

사전은 문서 모음에 존재하는 텀 집합을 관리하는 핵심 자료 구조다. 사전은 색인된 텀과 그 텀의 포스팅 목록 위치를 연결해준다. 질의 처리 과정에서 초기에 수행하는 연산 중 하나가 바로 질의 텀의 포스팅 목록을 찾는 일이다. 색인을 만드는 과정에서는 사전을 활용해 문서에서 찾은 텀의 포스팅 목록이 저장된 메모리 주소를 빠르게 찾고, 그곳에 찾은 텀의 정보(포스팅)를 덧붙인다.

검색엔진의 사전은 보통 다음과 같은 연산을 제공한다.

1. 새로운 텀 T를 사전에 추가한다.
2. 사전에 텀 T가 이미 있다면 그 정보를 찾아서 반환한다.
3. 주어진 접두어[prefix]로 시작하는 모든 텀의 정보를 찾아서 반환한다.

색인을 만들 때는 1번과 2번 연산을 사용해 문서 모음으로부터 얻은 텀에 대해 포스팅을 추가한다. 색인이 완성된 다음에는 질의 처리를 위해서 2번과 3번 연산으로 모든 질의 텀에 대한 포스팅 목록을 찾는다. 3번 연산은 사실 필수는 아니지만 검색엔진이 이를 이용해서 "inform*"이라고 질의했을 때 "inform"으로 시작하는 모든 단어를 포함하는 문서를 찾아내는 접두어 질의prefix query를 제공할 수 있으므로 유용하다.

표 4.1 세 가지 문서 모음으로부터 만든 여러 가지 유형의 색인 크기를 비교했다. 색인 압축 여부에 따라 크기가 다르다. 숫자가 두 개인 항목에서 첫 번째는 각 요소가 32비트 정수인 경우이고 두 번째는 바이트 단위로 구분되는 인코딩 방식을 적용했을 때다.

	셰익스피어 희곡	TREC45	GOV2
총 토큰 수	1.3×10^6	3.0×10^8	4.4×10^{10}
총 텀 수	2.3×10^4	1.2×10^6	4.9×10^7
사전(비압축)	0.4MB	24MB	1046MB
문서 번호 색인	n/a	578MB/200MB	37751MB/12412MB
빈도 색인	n/a	1110MB/333MB	73593MB/21406MB
위치 정보 색인	n/a	2255MB/739MB	245538MB/78819MB
스키마 독립적 색인	5.7MB/2.7MB	1190MB/532MB	173854MB/63670MB

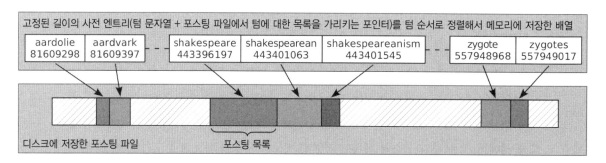

그림 4.1 정렬된 배열에 기반한 사전 구조(TREC45 문서 모음을 스키마 독립적 색인으로 구현했다). 사전 엔트리는 고정된 길이이며 널 문자로 끝나는 텀 문자열과 포스팅 목록의 위치를 가리키는 포인터로 이뤄진다.

일상 언어를 포함하는 일반적인 문서 모음을 색인하면 사전 크기는 전체 색인 크기에 비해 작은 편이다. 표 4.1에 나온 세 가지 문서 모음에서도 이러한 경향이 잘 나타난다. 스키마 독립적 색인을 압축하지 않으면 사전의 크기는 전체 색인 크기의 0.6%(GOV2)에서 7%(셰익스피어 작품) 정도에 불과하다(문서 모음 크기가 클수록 사전의 비율이 작아지는 점은 지프의 법칙을 따르기 때문이다. 식 1.2를 참고하라). 그러므로 적어도 현 단계에서는 사전이 메모리에 충분히 들어갈 수 있는 크기라고 가정한다.

사전을 메모리에 완전히 적재하려고 사용하는 흔한 방법은 두 가지다.

- 정렬 기반 사전: 문서 모음에 있는 모든 텀을 알파벳 순으로 정렬해서 저장하는 방식으로 그림 4.1과 같다. 텀 탐색은 탐색 트리를 이용하거나 정렬된 배열에 대한 이진 탐색으로 구현한다.
- 해시 기반 사전: 각 텀이 해시 테이블에 저장된다. 해시 충돌(다른 텀이 같은 해시 값을 가지는 경우)이 발생하면 그림 4.2와 같이 체인 기법으로 저장한다.

사전에 텀 저장하기

정렬 기반 사전을 구현한다면 정렬된 배열에 저장하는 모든 엔트리 크기가 같아야 한다. 그렇지 않으면 이진 탐색이 어려워진다. 그런데 엔트리 크기를 맞추는 데 걸림돌이 있다. GOV2를 예로 들면 문서 모음 전체에서 가장 긴 텀은 무려 74,147바이트^{byte}나 된다. 그렇다고 해서 모두 같은 길이로 저장하도록 텀마다 74KB의 메모리를 할당할 수는 없는 일이다. 설령 이런 예외적인 상황을 무시하고 어느 정도 적당한 길이, 이를테면 20바이트 정도를 텀마다 할당한다고 해도 여전히 메모리를 낭비하게 된다. 1.3.2절에서 설명한 간단한 토큰 생성 기법을 적용한다면, GOV2 문서 모음의 평균 텀 길이는 9.2바이트가 된다. 각 텀을 20바이트 공간에 저장한다면 텀 하나당 평균 10.8바이트를 낭비하는 셈이다(이런 현상을 내부 단편화라고 부른다).

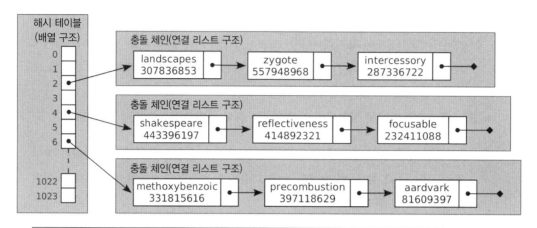

그림 4.2 해시 테이블을 이용한 사전 구조. 해시 테이블의 크기는 1024이다(TREC45의 스키마 독립적 색인의 내용이다). 같은 해시 값을 가지는 텀은 연결 리스트 형태로 저장한다(체인 기법). 연결 리스트의 각 노드는 텀과 그 텀의 포스팅 목록 위치와 연결 리스트상의 다음 노드를 가리키는 포인터를 저장한다.

내부 단편화 문제를 해결하려면 텀 자체가 아니라 텀을 가리키는 포인터를 배열에 저장하면 된다. 검색엔진은 일차 사전 배열에 32비트 포인터들을 저장하고, 이 포인터는 이차 사전 배열을 가리킨다. 이차 사전 배열에는 실제 사전 엔트리, 즉 텀과 포스팅 목록을 가리키는 포인터를 저장한다. 그림 4.3은 이러한 구조를 나타낸다. 이 구조에서 이차 색인 배열에는 모든 사전 엔트리가 구분자 없이 하나의 매우 긴 문자열처럼 이어진다.

GOV2 문서 모음에 이 구조를 적용하면, 그림 4.1의 구조와 비교해서 한 엔트리당 10.8 − 4 = 6.8바이트를 아낄 수 있다. 여기서 10.8바이트는 내부 단편화를 완전히 없애서 얻는 이익이고, 4바이트는 일차 배열에 추가로 저장하는 포인터 크기로 생기는 비용이다.

이차 사전 배열에는 문자열의 끝을 의미하는 널 문자 같은 표식이 필요 없다는 점을 상기하라. 각 텀의 길이는 일차 사전 배열의 포인터로 알 수 있기 때문이다. 그림 4.3의 예에서 "shakespeare"와 "shakespearean"을 가리키는 포인터를 사용해 "shakespear"의 사전 엔트리 길이가 16629970 − 16629951 = 19바이트라는 걸 알 수 있다. 이 가운데 파일 위치를 가리키는 포인터가 8바이트이므로 텀 길이는 11바이트인 셈이다.

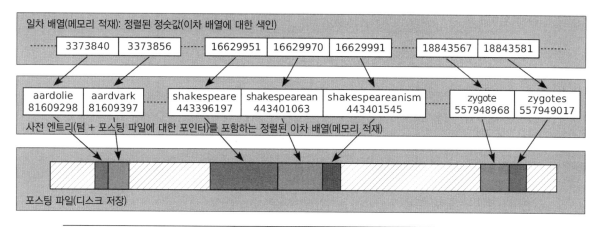

그림 4.3 정렬 기반 색인 자료 구조. 일차-이차 사전 배열을 적용했다.

정렬 기반 색인과 해시 기반 색인

대다수의 경우 해시 기반 사전이 정렬 기반 사전보다 빠를 것이다. 정렬 기반 사전은 텀을 찾으려면 트리 탐색 또는 이진 탐색을 해야 하는 반면, 해시 테이블은 해시 값을 계산하면 바로 텀을 찾을 수 있기 때문이다. 해시 기반 사전이 정렬 기반 사전보다 얼마나 더 빠른지는 해시 테이블의 크기에 따라 다르다. 해시 테이블이 너무 작으면 많은 해시 충돌이 일어나 연결 리스트 탐색을 많이 하게 돼 해시의 이점이 사라진다. 대충 기준을 잡자면 사전에 저장하는 텀 수에 비례해 해시 테이블이 커지면 해시 충돌로 인한 연결 리스트 길이를 짧게 유지할 수 있다.

표 4.2 질의 처리 과정의 사전 탐색 성능. 텀 하나를 정렬 기반 사전(그림 4.3)과 해시 기반 사전(그림 4.2)에서 찾는 데 걸리는 평균 소요 시간이다. 해시 기반 사전에서 해시 테이블의 크기는 2^{18}($\sim= 262,000$)에서 2^{24}($\sim= 1680$만) 사이로 설정했다.

	정렬	해시(2^{18})	해시(2^{20})	해시(2^{22})	해시(2^{24})
셰익스피어 희곡	0.32μs	0.11μs	0.13μs	0.14μs	0.16μs
TREC45	1.20μs	0.53μs	0.34μs	0.27μs	0.25μs
GOV20	2.79μs	19.8μs	5.80μs	2.23μs	0.84μs

표 4.2는 세 가지 문서 모음으로 만든 색인에서 임의의 텀의 사전 엔트리를 찾는 데 걸린 평균 시간을 보여준다. 테이블이 클수록 대체로 탐색 시간이 줄어들지만, 셰익스피어 작품

은 예외적으로 너무 작아서(텀이 23,000개밖에 안 된다) 텀의 해시 충돌이 줄어드는 정도보다 CPU 캐시 효율성이 더 크게 줄어들어 오히려 탐색이 느려진다. 그렇지만 어쨌든 테이블 크기만 적절하다면 해시 기반 사전이 정렬 기반 사전보다 두 배 이상 빠르다.

다만 해시 기반 색인은 텀 하나에 대한 탐색 시간이 빠른 대신 단점도 있다. 정렬 기반 색인은 접두어 질의("inform*" 등)를 쉽게 지원한다. 이런 질의 처리는 주어진 접두어에 맞는 첫 번째 텀 T_j와 마지막 텀 T_k를 찾도록 두 번만 이진 탐색하고, 이 두 텀 사이에 있는 모든 텀을 $k - j + 1$번 선형 탐색해서 찾으면 된다. 이 과정에 필요한 시간 복잡도는 다음과 같다.

$$\Theta(\log(|\mathcal{V}|)) + \Theta(m) \tag{4.1}$$

이때 $m = k - j + 1$은 질의에 부합하는 텀 개수이고 $\mathcal{V}$는 전체 어휘 집합이다.

해시 기반 사전에서 이와 같은 접두어 질의를 지원하려면 해시 테이블에 있는 모든 텀을 순차적으로 탐색하는 방법밖에 없으며, 이때 $\Theta(|\mathcal{V}|)$의 문자열 비교를 해야 한다. 그렇기 때문에 여러 검색엔진에서 두 가지 사전 구조를 모두 사용하곤 한다. 색인 생성 과정에서는 연산 1번(텀 삽입)과 2번(단일 텀 탐색)을 빠르게 지원하는 해시 기반 사전을 사용하고, 색인이 모두 만들어진 다음 정렬 기반 사전을 구성해 질의를 처리할 때 연산 2번(단일 텀 탐색)과 3번(접두어 기반 탐색)을 빠르게 지원하는 방식이다.

이렇게 색인 생성 과정과 질의 처리 과정을 구분하는 또 다른 이유는 텀 하나를 빨리 찾는 작업이 질의 처리보다 색인 생성 과정에 더 중요하기 때문이다. 질의 처리 과정에서는 사전에서 텀을 찾는 작업보다 다른 작업에 드는 부하가 훨씬 커서, 텀 탐색 비용을 무시할 만하다. 하지만 색인 생성 과정에서는 문서에 나온 모든 토큰마다 사전을 탐색해야 하므로(GOV2 문서 모음의 경우는 440억 회나 된다) 전체 작업에서 가장 큰 부분을 차지한다. 따라서 최대한 빨라야 한다.

4.3 포스팅 목록

질의 처리에 필요한 실제 색인 정보는 포스팅 목록에 저장된다. 포스팅 목록은 텀이 문서 목록에서 어떻게 나타나는지에 관한 정보를 담고 있다. 색인 유형(2.1.3절에서 설명한 문서 번호, 빈도, 위치, 스키마 독립적 색인 등)에 따라서 포스팅 목록이 포함하는 내용은 정보의 자세함과 자료의 크기가 다르다. 하지만 어떤 색인 유형이든 포스팅 정보가 전체 색인 정보의 대부분을 차지한다. 그렇기 때문에 포스팅 목록 크기는 보통 메모리에 완전히 적재하기에는 너무 크며, 대신 디스크에 저장하는 경우가 많다. 질의 처리 과정에서는 입력 받은 질의 텀의 포스팅 목록만 실제로 사용하므로 메모리에 적재한다.

포스팅 정보를 디스크에서 메모리로 최대한 빠르게 옮기려면 한 텀의 포스팅 목록은 처음부터 끝까지 연속된 디스크 공간에 저장해야 한다. 그래야 디스크에서 정보를 읽을 때 탐색 연산 실행을 최소화할 수 있다. 이 책에서 사용한 컴퓨터 시스템(부록에 정리했다)의 하드 디스크 드라이브는 한 번 디스크 탐색을 하는 데 걸리는 시간 동안 약 0.5MB를 읽을 수 있다. 그러므로 포스팅 목록이 불연속적으로 저장돼 있어서 탐색 연산이 여러 번 일어나면 질의 처리 성능이 크게 나빠진다.

임의 접근 방식: 텀별 색인

검색엔진이 질의 처리를 위해 포스팅 목록에 접근하는 패턴은 질의 유형에 따라 다르다. 어떤 질의를 처리할 때는 거의 순차적인 방식으로 읽는 반면, 다른 질의를 처리할 때는 임의의 위치에 접근한다. 후자로는 구문 검색이나 불리언 교집합 검색 방식이 있다(스키마 독립적 색인 위에서 구문 검색을 수행하기는 본질적으로 문서 번호 색인에서 불리언 AND 질의 처리하기와 동일하다).

2장의 내용을 다시 떠올려보면, 역색인이 제공하는 주요 접근 메서드가 두 가지 있다. 주어진 위치 이후에 가장 먼저 특정 텀이 출현하는 위치를 반환하는 next와 주어진 위치 이전에 마지막으로 텀이 출현하는 위치를 반환하는 prev다. GOV2 문서 모음에서 "iterative binary search"라는 구문이 출현하는 위치를 모두 찾고 싶다고 하자. 첫 두 텀인 "iterative binary"가 전체 문서 모음에서 딱 한 번 출현하고, 그 위치가 [33,399,564,886, 33,399,564,887]이라고 하면, 다음을 호출해서 "iterative binary search"라는 구문이 존재하는지 여부를 알 수 있다.

$$\text{next}(\text{“search”}, 33{,}339{,}564{,}887)$$

호출 결과가 33,399,564,888이면 존재하고 그렇지 않으면 존재하지 않는다.

포스팅 목록이 정수 배열 형태로 메모리에 저장돼 있다면, 위 함수 연산은 "search"라는 텀의 포스팅 목록에서 이진 탐색(또는 2.1.2절에서 소개한 뜀뛰기 탐색)을 적용해 빠르게 수행할 수 있다. GOV2에서 "search"라는 텀은 약 5백만 번 출현하므로, 이진 탐색을 적용하면 총 다음 횟수의 임의 접근을 해야 한다.

$$\lceil \log_2(5 \times 10^7) \rceil = 26$$

디스크에 색인이 저장돼 있어도 같은 방식으로 동작할 수는 있지만, 디스크는 진정한 의미로 임의 접근을 지원하지 않고 탐색 연산이 오래 걸리기 때문에 매우 비효율적일 것이다. 디스크에 저장된 포스팅 목록에서 이진 탐색을 하려고 26번에 걸쳐서 임의 접근을 한다면 탐색 시간과 디스크 회전 시간으로 인해 200밀리초는 가뿐히 넘길 것이다.

대안으로서 포스팅 목록 전체를 한꺼번에 읽어서 메모리에 적재하는 방법을 생각해볼 수 있다. 하지만 이는 좋은 해결책이 아니다. 포스팅 하나가 8바이트 크기라고 가정하면 500만 개 길이의 포스팅 목록을 읽으려면 4초가 넘게 걸린다.

디스크에 저장된 포스팅 목록에서 임의 접근을 효율적으로 하려면 포스팅 목록마다 텀별 색인이라는 추가 정보를 넣어야 한다. 텀별 색인은 포스팅 목록의 맨 앞에 붙여서 함께 디스크에 저장한다. 여기에는 전체 포스팅 중 일부를 복사해 두는데, 이를테면 매 5천 번째 포스팅 같은 식이다. 어떤 텀 T의 포스팅 목록에 접근할 때, 우선 텀별 색인을 메모리에 올린다. 그런 다음 **next**에 필요한 임의 접근을 하고자 T의 텀별 색인 위에서 이진 탐색을 수행한다. 이진 탐색으로 어떤 구간의 포스팅 목록이 필요한지 알 수 있으며, 이렇게 구한 구간(앞의 예에서라면 5천 개)만을 메모리에 올려서 임의 접근을 수행한다.

이러한 방식을 자체 색인(Moffat and Zobel, 1996)이라고도 부른다. 텀별 색인의 각 엔트리는 동기화 지점이라고 부른다. 그림 4.4는 셰익스피어 작품의 색인에서 "denmark"라는 텀의 포스팅 목록에 매 6개 포스팅마다 동기화 지점을 설정한 텀별 색인을 붙인 모양이다. 이 그림에서 **next**(250,000)을 호출하면 우선 (이진 탐색으로) 248,080부터 시작하

목록 시작	텀별 색인(포스팅 5개)				
TF: 27	239539	242435	248080	255731	281080
239539	239616	239732	239765	240451	242395
242435	242659	243223	243251	245282	247589
248080	248526	248803	249056	254313	254350
255731	256428	264780	271063	272125	279107
281080	281793	284087			

그림 4.4 셰익스피어 작품으로부터 생성한 스키마 독립적 색인 중에서 "denmark"에 대한 포스팅 목록과 텀별 색인. 6개 포스팅마다 동기화 지점을 생성했다. 동기화 지점의 수는 포스팅 목록의 길이로부터 산출할 수 있다($\lceil 27 / 6 \rceil = 5$).

는 포스팅 구간을 찾는다. 그런 다음 이 구간을 메모리에 적재하고 이진 탐색을 수행해서 254,313을 결과로 반환한다. 이와 비슷하게 "iterative binary search"라는 구문 탐색의 예에서도 텀 "search"의 포스팅 목록에 대한 임의 접근은 단 2번 디스크 탐색을 수행하고 약 15,000개의 포스팅만을 메모리에 적재하면 된다(이 가운데 10,000개는 텀별 색인, 5,000개는 후보 구간이다). 이제 전체 수행 시간은 약 30밀리초에 불과하다.

텀별 색인에서 한 구간의 길이, 즉 몇 개마다 동기화 지점을 복사하는지에는 트레이드-오프가 존재한다. 한 구간이 길어지면 디스크로부터 메모리에 적재해야 하는 후보 구간이 커지는 반면 구간이 짧아지면 임의 접근의 사전 작업으로서 디스크로부터 읽어야 하는 텀별 색인의 크기가 커진다(연습 문제 4.1에서 주어진 포스팅 목록에 대한 최적값을 구해본다).

이론상 포스팅 목록의 길이가 수십억 개 이상으로 길어질 수도 있다. 이러면 텀별 색인의 크기가 최적값이라고 하더라도 크기가 너무 커서 메모리에 적재할 수 없을 수도 있다. 이런 상황에서는 텀별 색인에 대해 재차 색인을 하거나 그 색인을 다시 색인할 수 있다. 결국 여러 단계로 된 정적 B-트리를 만들어 효율적인 임의 접근 연산을 제공하는 셈이다. 하지만 현실적으로 이렇게까지 해야 하는 경우는 드물다. 단지 포스팅 목록마다 텀별 색인이 붙은 두 단계의 단순한 구조면 충분하다. 예를 들어 GOV 문서 모음에서 가장 흔한 텀인 "the"는 총 10억 번 정도 출현한다. 스키마 독립적 색인을 만들어서 압축하지 않고 디스크에 저장하면, 포스팅 하나가 8바이트라고 가정할 때 전체 크기는 80억 바이트다. 텀별 색인을 매 2만 개 포스팅마다 저장한다고 하자. 텀별 색인 길이는 5만이고, 전체를 메모리에 적재하려면 디스크를 한 번 탐색해서 40만 바이트를 순차적으로 읽어서 메모리에 적재한다(약 4.4밀리초가 걸린다). 그 다음 텀별 색인으로 찾은 포스팅 목록 구간에서 임의 접근을 하려면 디스크 탐색 및 16만 바이트 분량의 메모리 적재를 수행한다(약 1.7밀리초). 따라서 종합적으로 포스팅 목록에서 한 번 임의 접근 연산을 수행하려면 한 번에 12밀리초가 걸리는 디스크 임의 접근과 총 56만 바이트를 디스크에서 메모리로 전송하는 시간을 합쳐서 약 30밀리초가 걸린다. 이와 비교해서 텀별 색인에 대한 추가 색인을 한 단계 더하면, 같은 연산을 수행하려고 디스크 접근을 최소한 한 번 더 해야 하기 때문에 수행 성능이 저하될 가능성이 높다.

텀별 색인을 도입하면 포스팅 목록을 디스크에 저장한 상태로 이진 탐색을 수행할 때보다 임의 접근 성능이 훨씬 좋다. 하지만 텀별 색인의 진정한 장점은 각 포스팅의 길이가 달라져도 된다는 점이다. 즉, 포스팅이 문서 번호, 텀 빈도, 출현 위치 목록과 같은 형식이거나 포스팅을 압축해서 길이가 가변적인 경우를 말한다. 만약 포스팅을 압축해서 (8바이트와 같이) 모두 같은 길이로 저장하지 않으면 단순한 이진 탐색을 쓸 수 없다. 하지만 여러 포스팅을 작은 묶음으로 압축하고 각 묶음의 시작 위치를 텀별 색인의 동기화 지점으로 복사하면, 앞서 설명한 방법으로 압축된 포스팅 목록에서도 효율적인 임의 접근 연산을 제공할 수 있다. "동기화 지점"이라는 표현을 쓴 이유가 이 시점에서 명확해진다. 포스팅 목록을 해석하는 복호기가 목록을 작성한 부호기와 동기화함으로써 압축한 포스팅 목록의 임의의 지점부터 압축을 풀 수 있도록 한다. 역색인 압축에 관한 자세한 내용은 6장을 참고하라.

접두어 질의

검색엔진이 "inform*"과 같은 접두어 질의를 처리하려면 각 포스팅 목록을 해당 텀의 사전 순서대로 저장해야 한다. GOV2 문서 모음을 본다면 "inform*"이라는 질의에 부합하는 텀이 4,365개고 총 6,700만 번 출현한다. 포스팅 목록을 텀의 사전 순으로 저장하면 이 4,365개 텀의 포스팅 목록들이 디스크 안에서 서로 가까이 붙게 된다. 그리고 디스크에서 목록을 탐색하는 거리가 줄어들어서 질의 처리 성능이 향상된다. 반대로 디스크에 임의의 순서로 목록을 저장한다면 질의 처리의 나머지 과정은 차치하고라도 디스크 탐색과 회전 지연만으로도 거의 1분(4,365 × 12밀리초)이 걸릴 것이다. 목록을 텀의 사전 순으로 저장함으로써 빈도 색인을 기준으로 같은 질의를 2초 이내에 처리할 수 있고, 스키마 독립적 색인을 사용하더라도 6초 정도면 처리한다. 사전 순과 같이 일정한 기준에 따라 목록을 저장하면, 7장에서 논의하는 내용처럼 색인 갱신도 효율적으로 수행할 수 있다.

별도의 위치 정보 색인

문서 기반의 위치 정보 색인은 문서 번호, 텀 빈도, 문서별 텀 출현 위치 정보를 포함하는 형식인데, 색인을 두 개의 역파일로 나누기도 한다. 하나는 각 포스팅의 문서 번호와 텀 빈도만을 저장하는 파일이고, 또 하나는 문서별 텀의 출현 위치를 저장하는 파일이다. 이렇게 파일을 나누는 이유는 많은 질의와 순위화 연산에서 위치 정보는 필요 없는 경우가 있기 때문이다. 사용하지 않는 부분을 주 색인에서 분리한다면 사용하는 색인 파일이 작아지므로 질의 처리 속도가 빨라진다.

4.4 사전과 포스팅 목록 뒤섞기

문서 모음 중 상당수는 색인하면 사전 크기가 장비 한 대의 메모리에 모두 올릴 수 있을 정도로 작다. 하지만 큰 문서 모음을 사용하면 텀의 개수만 수백만 개를 넘어서 사전조차 모두 메모리에 넣지 못할 수 있다. 예컨대 GOV2 모음은 약 490만 개의 텀을 포함하며, 이 모든 텀들을 널 문자로 끝나는 문자열 형태로 만들어서 이어 붙인다면 482MB에 달한다. 이러한 정보를 그림 4.3처럼 정렬 기반 사전으로 생성한다고 가정해보자. 각 텀마다 일차 배열에는 이차 배열에 대한 색인으로서 32비트 포인터를 저장하고, 이차 배열에는 포스팅 파일에서의 포스팅 위치를 가리키는 64비트 포인터를 저장해야 한다. 이로 인해 12바이트 × 490만 = 588MB 정도의 메모리를 추가로 소비하므로 전체 메모리 사용량은 1,046MB에 달한다. 그러므로 GOV2 문서 모음 전체를 장비 한 대에 보관할 수 있을 수는 있어도, 사전을 메모리에 완전히 보관하기에는 너무 클 것이다.

표 4.3 세 가지 문서 모음에서 고유한 텀 개수, bigram 개수, trigram 개수. 고유한 bigram은 텀보다 10배 이상이나 많다.

	토큰	고유 텀	고유 bigram	고유 trigram
셰익스피어 희곡	1.3×10^6	2.3×10^4	2.9×10^5	6.5×10^5
TREC45	3.0×10^8	1.2×10^6	2.5×10^7	9.4×10^7
GOV2	4.4×10^{10}	4.9×10^7	5.2×10^8	2.3×10^9

압축 기법(6.4절 참고)을 활용하면 이 문제를 어느 정도는 해소할 수 있다. 하지만 이 방법도 한계가 있다. 문서 모음에 포함된 텀이 너무 많아 압축을 하더라도 메모리에 사전을 모두 적재하지 못하는 경우도 발생한다. 개별 텀이 아니라 "information retrieval"처럼 텀 두 개를 조합한 텀 bigram[1] 단위로 포스팅 목록을 생성하는 경우를 떠올려보자. 이렇게 하면 구문 질의를 처리하는 데 매우 유용하다는 장점이 있다. 하지만 어떤 문서 모음이든지 고유한 bigram의 조합 개수는 전체 텀 개수보다 훨씬 크다. 표 4.3을 보면 GOV2는 고유한 텀의 수가 490만 개에 불과하지만, 고유한 bigram 조합의 수는 5,200만 개에 이른다. 더우기 bigram이 아니라 텀 세 개의 조합인 trigram으로 색인한다면 상황이 더 악화되리라는 건 새삼스러울 것도 없는데, GOV2에서는 무려 23억 개의 고유한 trigram이 나온다. 이런 상황에서 사전 전체를 메모리에 적재할 수는 없다.

사전을 디스크에 저장하면 공간은 충분하겠지만 질의 처리 속도는 느리다. 여타 조치 없이 디스크에 저장한 사전을 사용하면 텀 하나당 최소 한 번 이상 디스크 탐색을 더 해야 한다. 검색엔진은 질의를 처리할 때 가장 먼저 사전에서 각 텀의 엔트리를 읽어 들여야 하기 때문이다. 이러한 이유로 순수하게 디스크에만 사전을 저장하는 방식도 좋은 선택이 아니다.

한 가지 해법은 그림 4.5에서 설명하는 사전 혼재(뒤섞기) 방식이다. 모든 사전 엔트리는 디스크에 저장하고, 각 엔트리 다음에 해당 텀의 포스팅 목록이 오도록 해서 검색엔진이 사전 엔트리와 포스팅 목록을 한꺼번에 읽을 수 있게 한다. 그리고 사전 엔트리 일부를 복사해서 메모리에 적재한다. 검색엔진이 어떤 텀의 포스팅 목록이 저장된 위치를 알려면 우선 메모리에 적재된 사전 엔트리에서 이진 탐색을 수행해서 원하는 텀의 앞뒤

---

1 텀 n-gram은 3.3절에서 소개한 문자 n-gram과 달리 텀 n개를 이어 붙인다. – 옮긴이

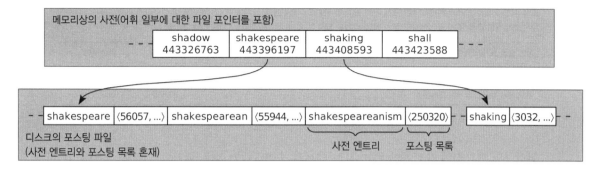

메모리상의 사전(어휘 일부에 대한 파일 포인터를 포함)

| shadow 443326763 | shakespeare 443396197 | shaking 443408593 | shall 443423588 |

| shakespeare ⟨56057, ...⟩ | shakespearean ⟨55944, ...⟩ | shakespeareanism ⟨250320⟩ | shaking ⟨3032, ...⟩ |

디스크의 포스팅 파일
(사전 엔트리와 포스팅 목록 혼재)

사전 엔트리   포스팅 목록

그림 4.5 사전 엔트리와 포스팅 목록을 혼재한 방식. 디스크에는 각 텀의 사전 엔트리와 포스팅 목록을 연이어 저장한다. 메모리에는 일부 텀의 사전 엔트리만을 유지한다. 만약 "shakespeareanism"이라는 텀의 포스팅 목록 위치를 찾으려면 "shakespeare"와 "shaking"이라는 텀 사이의 정보를 디스크로부터 순차적으로 읽어야 한다.

에 오는 엔트리를 찾고, 이 두 엔트리 사이의 정보를 순차적으로 탐색한다. 그림에서는 "shakespeareanism"이라는 텀을 찾으려면 우선 이 텀의 포스팅 목록이 "shakespeare"와 "shaking"의 포스팅 목록 사이에 온다는 사실을 알아야 한다. 이 두 텀 사이의 구간을 메모리에 적재해서 순차적으로 탐색하면서 "shakespeareanism"이라는 텀과 그 포스팅 목록이 존재하는지 검사한다.

사전 혼재는 디스크 임의 접근을 회피하려고 일부 영역을 순차적으로 읽는다는 점에서 4.3절에서 본 자체 색인과 비슷하다. 디스크 순차 접근은 임의 접근보다 빠르기 때문에, 디스크로부터 읽어야 하는 정보의 양이 작은 편이라면 이런 트레이드-오프는 대개 유익하다. 이 기법의 이점을 누리려면 디스크로부터 읽는 구간의 크기, 즉 메모리의 사전 엔트리와 디스크의 사전 엔트리 사이에 저장된 정보의 크기에 상한선을 둬야 한다. 이 상한선을 색인 블록 크기라고 칭한다. 색인에 존재하는 모든 텀 T에 대해서 디스크에 저장된 T의 사전 엔트리에 접근할 때 최대 1,024바이트까지만 읽는다고 보장한다면, 색인의 블록 크기는 1,024바이트라고 볼 수 있다.

표 4.4에는 사전 혼재가 메모리 사용량과 접근 성능에 어떤 영향을 미치는지 정리했다. 사전 혼재를 적용하지 않으면 검색엔진이 메모리에 유지해야 하는 사전 엔트리 수는 4950만 개 정도이며, 임의의 텀에 대한 포스팅 목록에서 첫 번째 포스팅을 접근하는 데 평균적으로 11.3밀리초(임의 디스크 탐색과 회전 지연)가 걸린다. 블록 크기를 1,024바이트로

표 4.4 GOV2의 스키마 독립적 색인에서 사전 혼재의 영향도. 색인 블록 크기를 16,384바이트로 설정하면 메모리에 유지하는 사전 엔트리의 수를 99% 줄이면서도 질의 텀당 추가로 필요한 처리 시간은 1밀리초 정도밖에 안 된다.

색인 블록 크기(바이트)	1,024	4,096	16,384	65,536	262,1440
메모리의 사전 엔트리 수(백만 개)	3.01	0.91	0.29	0.10	0.04
평균 색인 접근 소요 시간(밀리초)	11.4	11.6	12.3	13.6	14.9

설정하면 메모리에 유지해야 하는 사전 엔트리 수는 3백만 개로 줄어드는 반면 목록에 접근하는 시간은 고작 0.1밀리초 늘어나는 데 불과하다. 블록 크기를 늘리면 메모리의 사전 엔트리 수는 점점 줄어들고 접근 소요 시간은 점점 길어진다. 256KB 정도로 비교적 큰 블록 크기를 선택하더라도 텀 하나당 추가로 걸리는 소요 시간은 고작 수 밀리초 정도일 뿐이다.

블록 크기가 B인 사전 혼재와 매 B바이트마다 사전 엔트리를 메모리에 유지하는 방식의 메모리 사용량은 매우 다르다는 점을 유념하라. GOV2 모음을 압축된 스키마 독립적 색인으로 만들면 전체 크기는 약 62GB다. 블록 크기 B를 64KB로 선택한다고 해서 사전 엔트리 수가 62GB/64KB ≈ 1백만 개가 되지는 않고 그 10분의 1 정도가 된다. 이유는 "the"나 "of" 같이 빈도가 높은 텀들은 포스팅 목록이 아주 길어서 64KB보다 훨씬 큰 공간("the"의 포스팅 목록을 압축하면 약 1GB가 된다)을 사용하면서도 사전 엔트리 하나만 필요하기 때문이다.

실질적으로 블록 크기가 4KB에서 16KB 사이이고, 특히 압축 기법(6.4절 참고)을 적용하면 메모리에 적재할 사전의 크기가 적당한 수준으로 줄어든다. 이 정도 크기의 블록을 사용하면 한 텀마다 디스크에서 메모리로 정보를 전송하는 시간이 1밀리초 미만이어서 성능 문제를 야기할 가능성이 낮다.

텀과 포스팅을 구분하지 않기

사전 혼재에서 한 발 더 나아가 텀과 포스팅을 구분하지 않고 색인 자료 자체를 (텀, 포스팅) 쌍이 나열된 형태로 간주할 수 있다. 그러면 디스크에 저장한 색인은 64KB 정도로 고정된 길이의 색인 블록으로 나뉜다. 모든 포스팅은 대상 텀의 알파벳 순서대로 디스크에

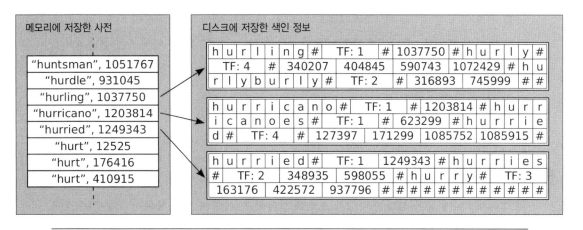

그림 4.6 사전과 포스팅 목록을 결합한 구조. 색인은 72바이트 크기의 블록으로 나뉜다. 메모리상의 각 요소는 (텀, 포스팅) 형태이며 각 색인 블록의 첫 번째 텀과 포스팅을 나타낸다. 색인 블록에서 '#' 기호는 구분하기 쉽도록 넣은 구분자다.

저장하며, 같은 텀의 포스팅들은 이전처럼 (문서 번호 또는 출현 위치의) 오름차순으로 저장한다. 각 텀의 사전 엔트리도 디스크에 저장하며, 어떤 텀의 포스팅이 하나라도 색인 블록에 저장돼 있으면 그 텀의 사전 엔트리도 같은 블록에 저장한다. 따라서 하나의 텀에 대한 사전 엔트리가 여러 군데 저장될 수 있다. 메모리에 유지하는 자료 구조는 단순히 각 색인 블록에서 첫 번째로 저장된 텀과 포스팅의 쌍을 나열한 배열 형태가 된다.

지금까지 설명한 구조는 그림 4.6에 정리했다. 여기서 다음을 호출하면 ("hurricano"로 시작하는) 두 번째 블록을 디스크로부터 메모리로 적재해서 탐색해 가장 먼저 부합하는 포스팅(1,085,752)을 반환한다.

$$\textbf{next}(\text{"hurried"}, 1{,}000{,}000)$$

한편 다음을 호출하면 ("hurling"으로 시작하는) 첫 번째 블록을 적재, 탐색하지만 부합하는 포스팅이 없으므로 그다음 블록을 탐색해 포스팅 1,203,814를 반환한다.

$$\textbf{next}(\text{"hurricano"}, 1{,}000{,}000)$$

사전과 포스팅 목록을 결합하는 이 방식은 사전 혼재와 4.3절에 나온 자체 색인을 절묘하게 접목했다. 이런 구조에서는 디스크 탐색 한 번으로 임의의 텀에 대한 포스팅 목록에 접근할 수 있다(팀별 색인을 메모리에 적재하는 과정을 없앴다). 반면 전체 메모리 사용량은 자체 색인과 사전 혼재를 따로 적용했을 때보다 더 크다는 단점도 있다. 앞서 언급했던 62GB 크기의 색인을 64KB 크기의 블록으로 나눈다고 하면 메모리에 저장하는 쌍의 개수는 거의 1백만 개에 육박한다.

4.5 색인 생성

앞 절에서 역색인을 구성하는 다양한 요소를 알아봤다. 설령 포스팅 목록이 모두 디스크에 저장돼 있거나 사전 전체를 적재할 만큼 충분한 메모리를 확보하지 못하더라도, 구성 요소를 적절히 조합해 색인 접근을 빠르게 수행하게끔 구현할 수 있다. 이제는 주어진 문서 모음으로부터 어떻게 역색인을 효율적으로 생성하는지 알아보겠다.

추상적으로 보면 문서 모음이란 텀 출현 정보를 순서대로 나열한 것이다. 즉, (텀, 출현 위치) 쌍의 형태로 표현할 수 있으며 여기서 출현 위치는 문서 모음의 시작부터 몇 번째인 지를, 텀은 말 그대로 그 위치에 존재하는 텀을 뜻한다. 셰익스피어 작품 문서 모음을 이런 관점에서 해석해서 얻은 결과 일부분을 그림 4.7에 나타냈다. 문서 모음을 순서대로 읽으면 두 번째 요소인 출현 위치 순서대로 나온다. 색인 생성이란 이 순서를 바꿔서 첫 번째 요소인 텀 순서대로 정렬하는 작업이다(같은 텀끼리는 두 번째 요소로 정렬한다). 일단 새로이 정렬하고 나면, 부가적인 자료 구조를 포함해 색인을 만드는 과정 자체는 비교적 쉽다.

일반적으로 색인 생성 방법은 메모리에서 생성하기와 디스크 기반으로 생성하기, 이렇게 두 종류로 나눌 수 있다. 전자는 오로지 메모리에서 색인을 만들기 때문에 문서 모음의 크기가 가용한 메모리에 비해 작아야 쓸 수 있다. 그리고 메모리상 생성 방법은 이보다 좀 더 복잡한 디스크 기반 색인 생성 방법의 기본이 되는 기법이다. 문서 모음이 메모리보다 훨씬 크다면 디스크 기반으로 색인을 만들어야 한다.

이 절에서도 스키마 독립적 색인만을 대상으로 한다. 다른 색인 유형에서 다뤄야 하는 자질구레한 사항을 무시하고 알고리즘의 핵심에만 집중할 수 있기 때문이다. 물론 여기서 다루는 기법은 다른 색인 유형에도 어렵지 않게 적용할 수 있다.

문서 일부분

⟨SPEECH⟩

⟨SPEAKER⟩ JULIET ⟨/SPEAKER⟩

⟨LINE⟩ O Romeo, Romeo! wherefore art thou Romeo? ⟨/LINE⟩

⟨LINE⟩ ...

원래의 순서(문서 모음 출현 순서)

..., ("⟨speech⟩", 915487), ("⟨speaker⟩", 915488), ("juliet", 915489),
("⟨/speaker⟩", 915490), ("⟨line⟩", 915491), ("o", 915492), ("romeo", 915493),
("romeo", 915494), ("wherefore", 915495), ("art", 915496), ("thou", 915497),
("romeo", 915498), ("⟨/line⟩", 915499), ("⟨line⟩", 915500), ...

새로운 순서(색인 저장 순서)

..., ("⟨line⟩", 915491), ("⟨line⟩", 915500), ...,
("romeo", 915411), ("romeo", 915493), ("romeo", 915494), ("romeo", 915498),
..., ("wherefore", 913310), ("wherefore", 915495), ("wherefore", 915849), ...

그림 4.7 색인 생성은 문서 모음을 구성하는 (텀, 위치) 쌍을 재정렬하는 과정으로 볼 수 있다. 각 쌍은 원래 문서 모음에 등장하는 순서대로 나열돼 있는데, 이것을 텀 순서대로 재배치했다.

4.5.1 메모리상의 색인 생성

문서 모음이 충분히 작아서 색인 전체를 메모리 안에서 만들 수 있는 경우를 생각해보자. 색인 생성 과정 동안 다음 자료 구조를 유지해야 한다.

- 단일 텀을 빠르게 조회하고 삽입할 수 있는 사전
- 각 텀의 포스팅들을 저장하는 확장할 수 있는 리스트 자료 구조

일단 이 두 가지 자료 구조가 준비되면 색인 생성 과정은 그림 4.8에 설명한 대로 평이하다. 사전과 포스팅 목록에 적절한 자료 구조를 사용하면 이 과정은 매우 빠르게 동작해 셰익스피어 문서 전체를 1초 이내에 색인할 정도다. 그렇다면 두 가지 질문이 남는다. 1. 사전에 어떤 자료 구조를 사용할까? 2. 포스팅 목록에 어떤 자료 구조를 사용할까?

buildIndex (*inputTokenizer*) ≡
1   *position* ← 0
2   **while** *inputTokenizer.hasNext*() **do**
3   *T* ← *inputTokenizer.getNext*()
4   *T*에 대한 사전 엔트리를 얻거나, 기존에 없으면 새로 만든다.
5   *T*의 포스팅 목록에 새 포스팅을 덧붙인다.
6   *position* ← *position* + 1
7   모든 사전 엔트리를 사전 순서로 정렬한다.
8   사전에 존재하는 각 텀 *T*에 대해서
9   *T*의 포스팅 목록을 디스크에 쓴다.
10   사전 내용을 디스크에 쓴다.
11   **return**

그림 4.8 메모리 안에서 색인 생성하는 알고리즘. 메모리에 저장하는 사전과 확장할 수 있는 포스팅 목록을 사용한다.

색인 생성 과정의 사전

색인 생성 과정에서 사용하는 사전은 텀 하나를 조회하거나 새로운 텀을 삽입하는 동작을 빠르게 수행해야 한다. 이런 종류의 작업을 지원하는 자료 구조는 꽤 흔해서 여러 공개 프로그래밍 라이브러리에 포함돼 있다. 한 예로 SGI가 개발한 C++ 표준 템플릿 라이브러리 STL[2]는 조회와 삽입 연산을 수행하는 **map** 자료 구조(이진 탐색 트리)와 **hash_map** 자료 구조(가변 크기의 해시 테이블)를 제공한다. 여러분이 색인 생성 프로그램을 만든다면 이처럼 이미 누군가 구현한 자료 구조를 사용하고 싶은 생각이 들 것이다. 하지만 항상 권장할 만한 방법은 아니다.

STL 자료 구조를 사용해 GOV2 문서 모음 중 처음 1만 개 문서를 색인하는 속도를 측정했고, 그 결과를 표 4.5에 정리했다. 언뜻 보면 STL의 **map**과 **hash_map**의 텀 조회 성능이 색인 생성 과정에서 사용하기에 충분한 것 같다. 조회 한 번에 **map**은 평균 630나노초, **hash_map**은 좀 더 빠른 평균 240나노초가 걸린다.

이번에는 1만 개가 아니라 GOV2 문서 모음 전체를 색인한다고 생각해보자. 조회 성능이 이전과 비슷하다고 가정해도(실제로는 텀이 점점 늘어나기 때문에 낙관적인 가정인 셈이다), **hash_map**을 사용했을 때 전체 색인 과정에서 440억 개 토큰을 조회하는 데 소요되는 전체 시간은 다음과 같다.

2   www.sgi.com/tech/stl/

$$44 \times 10^9 \times 240\text{나노초} = 10{,}560\text{초} \approx 3\text{시간}$$

가장 빠른 공개 검색엔진으로 GOV2 문서 모음을 색인하는 데 4시간 정도 걸린다. 여기에는 입력 파일을 읽고 문서를 파싱하고 압축된 색인을 디스크에 저장하는 시간이 포함된 것이기 때문에, 단지 토큰 조회에만 3시간이 걸린다면 개선의 여지가 있어 보인다. 이런 이유로 인해 사전 자료 구조를 직접 구현하기도 한다.

사전을 직접 구현할 때는 다루고자 하는 정보의 특성에 맞추어 성능 최적화를 해야 한다. 1장에서 자연어로 작성된 문서는 텀 출현 빈도가 대략 지프 분포를 따른다고 언급했다. 지프 분포의 주요 특성은 상당수의 토큰이 매우 적은 수의 텀으로 대응된다는 점이다. 예를 들어서 GOV2 문서 모음에는 총 5천만 개 정도의 서로 다른 텀이 존재하지만, 전체 자료의 90% 이상이 가장 빈번한 1만 개 텀에 속한다. 그러므로 색인 생성 과정에서 사전을 조회하는 데 소요되는 전체 부하 중 상당 부분도 매우 빈번한 텀에 대해서 일어날 것이다. 만약 사전을 해시 테이블로 구현하고 해시 충돌은 (그림 4.2처럼) 체인 기법으로 해결한다면, 빈번한 텀을 체인 앞부분에 두어야 빠르게 처리할 수 있다. 이는 두 가지 방법으로 구현할 수 있다.

1. **뒤쪽으로 텀 삽입하기**

   어떤 텀이 비교적 자주 출현하면 토큰 생성 초기부터 등장할 가능성이 높다. 반대로 어떤 텀이 비교적 뒤쪽에서 처음 등장하면 그 텀은 흔한 텀이 아닐 가능성이 높다. 그러므로 맨 처음 등장한 텀을 해시 테이블의 체인에 넣을 때, 체인의 뒤쪽에 넣는 편이 유리하다. 자주 출현하는 텀은 초기에 삽입해서 앞쪽에 가깝게, 그렇지 않은 텀은 주로 뒤쪽에 자리잡을 것이다.

2. **앞으로 옮기기**

   어떤 텀이 자주 출현하면 해시 테이블 체인의 시작 위치에 있어야 한다. 뒤쪽으로 텀을 삽입하는 기법과 마찬가지로 앞으로 옮기는 기법 역시 새로운 텀을 체인의 맨 뒤에 삽입한다. 하지만 거기서 그치지 않고, 텀을 조회했을 때 체인의 맨 앞에 없다면 그 텀을 맨 앞으로 옮긴다. 다음 번에 같은 텀을 조회하면 여전히 텀의 사전 엔트리가 체인의 맨 앞(또는 적어도 앞부분)에 존재할 것이다.

위 두 가지 기법을 적용했을 때 텀 조회 성능이 어느 정도인지 측정하고 세 번째 기법인 새 텀을 체인의 맨 앞에 삽입하는 방식과 비교해봤다(해시 테이블은 직접 구현하고 같은 크기의 해시 테이블을 사용했다). 측정 결과는 표 4.5에 정리했다.

표 4.5 GOV2의 (1,400만 개 토큰과 181,334개의 고유한 텀이 존재하는) 처음 1만 개 문서를 색인할 때의 지표. 평균 사전 조회 시간을 나타낸다. "해시 테이블"이라고 이름 붙은 행은 직접 해시 테이블을 구현해서 크기를 고정하고 체인 기법을 사용한 경우이다.

사전 구현 방식	토큰 하나당 조회 시간	토큰 하나당 문자열 비교 횟수
이진 탐색 트리(STL map)	0.63μs	18.1
가변 크기의 해시 테이블(STL hash_map)	0.24μs	2.2
해시 테이블(크기 2^{10}, 앞쪽에 삽입)	6.11μs	140
해시 테이블(크기 2^{10}, 뒤쪽에 삽입)	0.37μs	8.2
해시 테이블(크기 2^{10}, 앞으로 옮기기)	0.31μs	4.8
해시 테이블(크기 2^{14}, 앞쪽에 삽입)	0.32μs	10.1
해시 테이블(크기 2^{14}, 뒤쪽에 삽입)	0.09μs	1.5
해시 테이블(크기 2^{14}, 앞으로 옮기기)	0.09μs	1.3

두 기법은 대략 비슷한 성능을 보인다(해시 테이블의 크기가 2^{14}이면 텀 조회 한 번에 90나노초가 걸린다). 해시 테이블이 작아지면 앞으로 옮기기 방식이 약간 더 빠르다(해시 테이블 크기가 2^{10}이면 20% 빠르다). 맨 앞에 삽입하는 세 번째 기법은 성능이 매우 나빠서 앞으로 옮기기 방식보다 시간이 3배에서 20배 정도 걸린다. 왜 이렇게 큰 차이가 나는지 이해하려면 테이블에서 "문자열 비교"라는 열을 살펴보라. GOV2의 첫 문서 1만 개는 181,344개의 텀을 가지고 있고, 해시 테이블이 2^{14} = 16,384개의 슬롯을 가진다면 한 슬롯 체인마다 평균 11개 텀이 포함된다. 앞쪽에 삽입하는 방식에서는 사전에서 어떤 텀을 조회하려면 평균 10.1회 문자열 비교를 수행한다. 흔한 텀이 문서 앞부분에서 출현할 가능성이 높아 체인 앞쪽에 새 텀을 삽입하면 흔한 텀이 체인 뒤로 밀리며, 이 때문에 평균 텀 조회 속도가 형편없이 떨어진다. 우연의 일치로 STL의 hash_map 역시 새로운 해시 테이블 엔트리를 체인 맨 앞에 추가하기 때문에 우리가 수행한 성능 평가에서 좋은 결과를 내지 못한다.

해시 기반 사전을 구현할 때 앞으로 옮기기 기법을 적용하면 조회 성능이 해시 테이블 크기에 그다지 영향을 받지 않는다. 실제로 문서 모음이 수백만 개 이상의 서로 다른 텀을 포함한다고 해도 2^{16}개 정도의 비교적 작은 해시 테이블로도 충분히 빠르게 텀을 조회할 수 있다.

확장할 수 있는 메모리상의 포스팅 목록

메모리에서 색인을 생성하는 데 필요한 두 번째 요소는 메모리에 적재하는 확장할 수 있는 포스팅 목록 구현이다. 앞서 언급한 대로 각 포스팅 목록을 단일 연결 리스트로 구현하면 새로운 포스팅을 효율적으로 덧붙일 수 있다. 그 대신 메모리 사용량이 상대적으로 큰 단점이 있는데, 32비트(또는 64비트) 크기의 포스팅 하나마다 추가로 32비트(또는 64비트) 포인터가 따라 붙으므로 메모리 총 사용량이 연결 리스트로 구현하지 않을 때보다 50~200% 증가한다.

　확장할 수 있는 포스팅 목록을 사용할 때 디스크 저장 크기를 줄이고자 제안된 방법이 여러 가지가 있다. 그중 하나는 연결 리스트 자료 구조 대신 고정된 크기의 배열을 사용한다. 이 방법으로 연결 리스트에서 다음 노드를 가리키는 포인터 사용을 피할 수 있다. 하지만 각 텀의 포스팅 목록이 얼마나 길어질지는 사전에 알 수 없어서 입력 정보를 두 번 읽어야 하는 단점이 있다. 처음에는 텀의 통계를 수집하고 그 정보를 바탕으로 각 텀의 포스팅 목록에 배열을 할당한다. 그다음에는 배열에 포스팅 정보를 채운다. 입력 정보를 두 번 읽어야 하므로 색인 성능은 떨어지기 마련이다.

　또 다른 방법은 각 텀마다 배열을 사전 할당하되, 필요하면 메모리 재할당으로 (단, 프로그래밍 언어와 실행 환경이 메모리 재할당을 지원한다는 가정하에) 배열 크기를 늘린다. 새로운 텀을 발견하면 최초 할당 크기인 init 바이트(예컨대 16바이트) 배열을 생성한다. 이 배열을 다 채우면 메모리 재할당으로 더 큰 배열을 할당한다. 새로 할당할 때 다음 공식에 따라서 할당할 크기를 정하면

$$s_{\text{new}} = \max\{s_{\text{old}} + init, k \times s_{\text{old}}\} \tag{4.2}$$

재할당을 하는 횟수를 작게 (포스팅 크기의 로그 비율로) 유지할 수 있다. 여기서 s_{old}는 원래 배열의 크기이고 k는 사전 할당 상수이다. 하지만 이 방법에도 단점이 있다. 사전 할당 상수가 너무 작으면 배열 재할당이 자주 일어나 색인 성능을 저해한다. 반대로 상수가 너무

크면 많은 공간을 할당만 하고 실제로 포스팅을 저장하지 않아 낭비하게 된다. 만약 $k = 2$면 할당한 공간 중 평균 25%는 쓰지 않을 것이다.

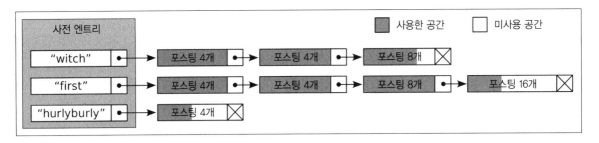

그림 4.9 확장할 수 있는 포스팅 목록을 포스팅 묶음 단위로 연결한 모습이다. 사전 할당 방식(여기서는 상수 $k = 2$)은 다음 노드를 가리키는 포인터를 저장하는 추가 공간과 내부 단편화로 인한 공간 사용 사이에서 적절한 트레이드-오프를 제공한다.

저장 공간을 줄이는 세 번째 방법은 연결 리스트를 사용하되, 여러 포스팅을 묶어서 하나의 노드로 저장함으로써 다음 노드를 가리키는 포인터 개수를 줄이는 방법이다. 새로운 텀을 사전에 추가할 때는 16바이트 정도로 작은 공간을 우선 할당한다. 할당한 공간을 다 사용할 때마다 포스팅 묶음을 저장할 공간을 추가로 할당한다. 새 묶음에 할당할 크기는 다음 식처럼 결정한다.

$$s_{\text{new}} = \min\{limit, \max\{16, (k-1) \times s_{\text{total}}\}\} \tag{4.3}$$

여기서 $limit$은 포스팅 묶음의 최대 크기로, 예컨대 256바이트 정도이며, s_{total}은 지금까지 포스팅 목록에 할당한 크기이고 k는 재할당 방식에서 설명한 대로 사전 할당 상수다.

표 4.6 확장할 수 있는 포스팅 목록(32비트 포스팅과 32비트 포인터)에 여러 가지 메모리 할당 기법을 적용해 TREC45 문서 모음을 색인했을 때의 성능 비교. 포스팅을 묶어서 연결 리스트에 저장하는 방식이 가장 빠르다. 사전 할당 상수 $k = 1.2$를 설정했다.

할당 정책	메모리 사용량	전체 시간	CPU 수행 시간
연결 리스트(기본)	2,312MB	88초	77초
통계 수집 + 할당	1,168MB	123초	104초
재할당	1,282MB	82초	71초
연결 리스트(묶음 단위)	1,208MB	71초	61초

이렇게 포스팅을 묶어서 저장하고 묶음마다 하나씩 포인터를 저장하는 방식을 그림 4.9에 나타냈다. 연결 리스트 구조에서 노드 하나에 값을 여러 개 저장하는 방식은 프로그래밍에서 루프를 펼치는 기법에 비유해 펼친 연결 리스트라고 부른다. 같은 개념을 색인 생성을 주제로 할 때는 묶음 방식이라고 부르겠다.

묶음 방식에서 사전에 할당하는 공간 크기에 상한선을 둬 내부 단편화를 조절할 수 있다. 또한 메모리 재할당 방식과 달리 사전에 좀 더 큰 메모리 공간을 할당하는 작업 자체는 부하가 작을뿐더러 재할당이 일어날 때처럼 포스팅 정보를 옮길 필요도 없어서 성능을 떨어뜨리지도 않는다.

지금까지 설명한 네 가지 연결 리스트 할당 정책, 즉 단순한 연결 리스트, 두 단계 처리(통계 수집 후 할당), 재할당, 묶음 방식 연결 리스트의 성능을 비교해 표 4.6에 정리했다. 두 단계 처리 방식은 메모리 사용량이 가장 적지만, 묶음 방식과 비교하면 시간은 거의 두 배가 걸린다. 할당 상수 $k = 1.2$로 지정하면 재할당 방식은 메모리 사용량이 가장 적은 두 단계 처리 방식보다 약 10% 정도 더 많은 메모리를 사용한다. 이 결과는 사전 할당한 공간 중 약 절반은 낭비된다는 가정과 일치한다. 한편 묶음 방식은 최소 메모리 사용량보다 단지 3% 정도 더 사용할 뿐만 아니라 재할당 방식에 비해 약 16% 빠르다.

의외로 묶음 방식이 개별 포스팅을 연결 리스트로 만드는 방식보다 빠르다(CPU 수행 시간 61초 대 77초). 그 이유는 펼친 연결 리스트가 내부 단편화를 줄일 뿐만 아니라 같은 텀에 대한 포스팅을 가까운 메모리 주소에 둠으로써 CPU 캐시 효율성도 높이기 때문이다. 단순 연결 리스트를 사용하면 같은 텀의 포스팅이라도 임의의 메모리 주소에 흩어지기 때문에 한 텀의 포스팅 목록을 모아서 디스크에 쓸 때 CPU 캐시 미스가 여러 번 발생한다.

4.5.2 정렬 기반 색인 생성

메모리상에서 해시 기반 색인을 생성하는 작업은 앞서 살펴본 바와 같이 매우 효율적이다. 하지만 가용한 메모리 크기보다 더 큰 문서 모음을 색인하려면 메모리만으로 작업하는 방식을 포기하고 디스크 기반에서 작업을 수행해야 한다. 정렬 기반 색인 기법은 4장에서 다룰 두 가지 디스크 기반 수행 방식 중 하나다. 정렬 기반 색인은 문서 모음이 가용한 메모리 크기보다 훨씬 큰 경우에도 활용할 수 있다.

이 절을 시작하면서 역색인을 만드는 작업이란 문서 모음에 존재하는 텀-위치 쌍을 문서에 등장한 순서로부터 색인에 저장하는 순서로 바꾸는 과정으로 볼 수 있다고 한 것을 복기해보라. 이 말대로라면 색인 생성의 본질은 정렬 작업이므로 정렬 기반 색인 생성이 순서 변환 과정을 제일 단순하게 구현한다. 정렬 기반 색인 과정은 입력 파일로부터 토큰을 하나씩 처리해서 (텀 ID, 출현 위치) 정보를 내뱉고 이를 즉시 디스크에 쓴다. 그 결과물은 두 번째 요소 즉, 출현 위치를 기준으로 나열된 텀 출현 목록이다. 입력 파일 처리를 마치면 디스크에 쓴 모든 텀 출현 정보를 첫 번째 요소로 다시 정렬하되, 같은 텀 ID끼리는 두 번째 요소로 정렬한다. 이렇게 만든 결과물은 텀 ID로 나열한 새로운 텀 출현 목록이다. 이를 메모리에 저장한 사전 자료와 결합해 역색인 형식으로 변환하는 작업은 단순명료하다.

buildIndex_sortBased (*inputTokenizer*) ≡
1    $position \leftarrow 0$
2   **while** *inputTokenizer.hasNext*() **do**
3       $T \leftarrow inputTokenizer.getNext()$
4   T의 사전 엔트리를 얻거나, 없으면 새로 만든다.
5       $termID \leftarrow T$의 고유한 ID
6       $R_{position} \equiv (termID, position)$을 디스크에 쓴다.
7       $position \leftarrow position + 1$
8    $tokenCount \leftarrow position$
9    $R_0 \dots R_{tokenCount-1}$을 첫 번째 요소(termID)로 정렬하고, 첫 번째 요소가 같으면 두 번째 요소(position)로 정렬한다.
10   $R_0 \dots R_{tokenCount-1}$을 순차적으로 읽으면서 최종 색인 파일을 만든다.
11   **return**

그림 4.10 스키마 독립적 색인을 만드는 정렬 기반 색인 알고리즘. 가장 어려운 부분은 디스크에 저장된 $R_0 \dots R_{tokenCount-1}$ 목록을 효율적으로 정렬하는 작업이다.

그림 4.10에 이 알고리즘을 의사 코드로 작성했는데, 구현이 쉽고 메모리 크기보다 큰 색인도 만들 수 있다. 가용 디스크 크기에 제한될 뿐이다.

디스크에 저장한 목록을 정렬하려면 요령이 조금 필요하다. 주로 텀 출현 정보를 가용한 메모리와 정보 크기를 고려해서 한 번에 정해진 개수 n개만큼 메모리에 적재하고, 이 n개의 출현 정보를 메모리에서 정렬한 다음 다시 디스크에 쓴다. 이 과정을 $\lceil \frac{tokenCount}{n} \rceil$만큼 반복해서 모든 블록을 정렬한다. 그 다음에 이 블록을 한꺼번에 또는 여러 단계에 걸쳐서 (한 번에 두 개씩 병합하고 그 결과물로 같은 과정을 반복) 병합하면 최종적으로 모든 출현 정보가 정렬된다. 그림 4.11에 두 번째 방법, 즉 한 번에 두 블록씩 여러 단계에 걸쳐서 병합하는 과정을 그렸다. 이 그림의 최종 결과물에 몇 가지 필요한 자료 구조를 더하고 각 포스팅에서 텀 ID를 제거하면 완성된 색인의 모습을 갖추게 된다.

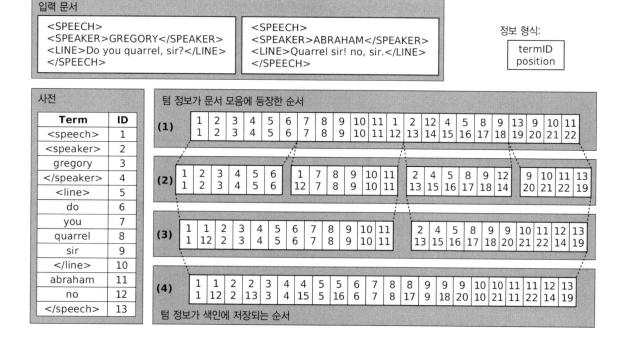

그림 4.11 전역(global) 텀 ID를 사용해 정렬 기반 색인을 생성한 모습이다. 메모리에는 (텀 ID, 출현 위치) 정보를 한꺼번에 6개까지 저장할 수 있다. (1) → (2): 메모리에서 한 번에 블록 하나씩 (크기는 6 이하) 정렬한다. (2) → (3)과 (3) → (4): 정렬한 블록을 더 큰 블록으로 병합한다.

비록 정렬 기반 색인 방식이 메모리 크기보다 큰 문서를 색인할 수 있지만, 여기에는 두 가지 제약이 있다.

- 디스크를 상당히 많이 사용한다. 입력 토큰 하나마다 최소 8바이트(텀 ID 4바이트 + 위치 정보 4바이트) 또는 문서 모음 규모가 크면 12바이트(4 + 8)를 저장한다. GOV2 문서 모음을 색인한다면 임시 파일을 저장하는 데 $12 \times 44 \times 10^9$바이트(=492GB)를 사용하는데, 이는 압축하지 않은 최종 색인 크기(426GB)보다도

크다.

- 첫 번째 단계에서 (텀 ID, 문서 ID) 쌍을 배출해야 하는데, 이를 위해서는 전체 문서 모음에서 각 텀마다 유일한 텀 ID를 유지해야 한다. 유일한 텀 ID를 부여하려면 메모리에 전체 사전을 적재해야 한다. 앞서 설명한 바와 같이 GOV2의 전체 사전 크기는 1GB를 넘기 때문에 저사양 장비에서 수행하기는 어렵다.

이런 제약점을 해결하는 방법이 여러 가지 있다. 하지만 결국에는 이런 시도들 모두 정렬 기반의 색인 생성 방식을 일종의 병합^{merge} 기반 색인 생성 방식으로 바꾸는 셈이다.

4.5.3 병합 기반 색인 생성

정렬 기반 생성과 달리 병합 기반 방식은 전역 자료 구조를 유지할 필요가 없다. 특히 텀마다 유일한 ID를 부여할 필요가 없다. 그러므로 색인 과정에서 사용할 메모리 크기에 제약을 받지 않고, 오로지 임시 파일과 최종 색인 파일을 저장할 디스크 용량만 충분하면 된다.

병합 기반 색인 생성이란 4.5.1절에서 설명한 메모리상에서 해시 테이블을 사용한 색인 생성 기법을 일반화한 방법이다. 만일 색인 크기가 메모리에 모두 적재될 만큼 작은 상황이라면 병합 기반 방식은 메모리상의 색인 방식과 똑같이 동작한다. 반면 메모리만으로 불충분하면 문서 모음에 대해 동적 파티션을 수행한다. 다시 말해 일단 메모리상 색인 생성 과정을 수행하되, 메모리가 부족하게 된 시점(또는 사전 정의한 메모리 사용 문턱값에 도달한 시점)에서 메모리에 적재된 색인을 디스크에 저장하고 메모리의 색인을 지운 다음, 이어서 색인 생성을 수행한다. 전체 문서를 색인할 때까지 이 과정을 반복한다. 그림 4.12에 상세한 알고리즘을 기술했다.

반복 작업을 거쳐서 역색인 파일이 여러 개 만들어지고, 각 파일은 문서 모음 일부분으로 만든 색인이 된다. 이렇게 만든 각 하위 색인을 색인 파티션이라고 부른다. 반복 작업이 끝나면 색인 파티션을 하나의 색인으로 병합한다. 색인 파티션에 저장된 포스팅 목록은 보통 입출력 부하를 줄이도록 압축된 상태다(6장을 보라).

buildIndex_mergeBased $(inputTokenizer, memoryLimit) \equiv$

1     $n \leftarrow 0$ // 색인 파티션 수를 초기화한다.
2     $position \leftarrow 0$
3     $memoryConsumption \leftarrow 0$
4   **while** $inputTokenizer.hasNext()$ **do**
5       $T \leftarrow inputTokenizer.getNext()$
6   T에 대한 사전 엔트리를 얻고, 없으면 새로 만든다.
7   T의 포스팅 목록 뒤에 position에 대한 새 포스팅을 추가한다.
8       $position \leftarrow position + 1$
9       $memoryConsumption \leftarrow memoryConsumption + 1$
10   **if** $memoryConsumption \geq memoryLimit$ **then**
11   **createIndexPartition()**
12   **if** $memoryConsumption > 0$ **then**
13   **createIndexPartition()**
14   색인 파티션 $I_0 \ldots I_{n-1}$을 병합해서 최종 색인 I_{final}을 디스크에 만든다.
15   **return**

createIndexPartition $() \equiv$

16   디스크에 빈 역색인 파일 I_n을 만든다.
17   메모리에 적재된 사전 엔트리를 사전 등재 순서로 정렬한다.
18   사전의 각 텀 T에 대해서
19   T의 포스팅 목록을 I_n에 추가한다.
20   메모리의 모든 포스팅 목록 정보를 지운다.
21   메모리의 사전을 리셋한다.
22     $memoryConsumption \leftarrow 0$
23     $n \leftarrow n + 1$
24   **return**

그림 4.12 색인 파티션 또는 하위 색인을 만드는 병합 기반 색인 생성 알고리즘. 최종 색인은 하위 색인을 병합해서 만들어낸다.

중간 결과물로서 디스크에 저장한 색인 파티션은 서로 독립적이다. 다시 말해 전체에서 유일한 텀 ID를 부여할 필요가 없고 심지어 텀 ID가 숫자일 필요조차 없다. 각 텀이 그 자체로 ID인 셈이다. 색인 파티션에 저장된 포스팅 목록은 텀의 사전(알파벳) 순서로 배치돼 있고, 특정 텀의 목록에 접근하려면 4.3절과 4.4절에서 기술한 자료 구조를 사용하면 된다. 포스팅 목록이 텀의 사전 순서대로 정렬돼 있고 별도의 텀 ID를 사용하지 않기 때문에 색인 파티션을 병합해서 최종 색인 파일로 만드는 작업은 평이하다. 그림 4.13에 기술한 의사 코드는 모든 색인 파티션을 순차적으로 검사하는 작업을 반복하는 매우 단순한 구현 방식이다. 색인 파티션이 많다면(10개 이상) 파티션을 우선 순위 큐(힙 등)를 이용해서 다음에 나올 텀 순서대로 정렬함으로써 알고리즘을 개선할 수 있다. 이 방법으로 7~10행의 순차 탐색을 피할 수 있다.

---

mergeIndexPartitions $(\langle I_0, \ldots, I_{n-1} \rangle) \equiv$
1 　 빈 역색인 파일 I_{final}을 만든다.
2 　 **for** $k \leftarrow 0$ **to** $n - 1$ **do**
3 　　 색인 파티션 I_k을 연다.
4 　 $currentIndex \leftarrow 0$
5 　 **while** $currentIndex \neq nil$ **do**
6 　　 $currentIndex \leftarrow nil$
7 　　 **for** $k \leftarrow 0$ **to** $n - 1$ **do**
8 　　　 I_k에 텀이 남아 있으면
9 　　　　 **if** $(currentIndex = nil) \ \vee \ (I_k.currentTerm < currentTerm)$ **then**
10 　　　　　 $currentIndex \leftarrow I_k$
11 　　　　　 $currentTerm \leftarrow I_k.currentTerm$
12 　　 **if** $currentIndex \neq nil$ **then**
13 　　　 $I_{\text{final}}.addPostings(currentTerm, currentIndex.getPostings(currentTerm))$
14 　　　 $currentIndex.advanceToNextTerm()$
15 　 delete $I_0 \ldots I_{n-1}$
16 　 **return**

그림 4.13 색인 파티션 $I_0 \ldots I_{n-1}$을 병합해서 색인 I_{final}을 만든다. 병합 기반 색인 생성의 마지막 단계이다.

병합 기반 색인 생성의 전반적인 성능 지표는 표 4.7에 정리했다. GOV2 문서 전체를 스키마 독립적인 색인으로 만드는 데 4시간 정도가 걸린다. 마지막 단계에서 n개의 색인 파티션을 최종 색인으로 병합하는 데 걸린 시간이 색인 파티션을 만드는 데 걸린 시간의 30% 정도다. 이 알고리즘은 확장성이 좋아서, 실험한 장비에서는 전체 GOV2 문서(426GB)를 색인하는 시간이 그중 10%(43GB)를 색인하는 시간보다 11배 정도만 소요됐다.

하지만 알고리즘 확장성에도 제한점이 약간 있다. 최종 단계에서 색인 파티션을 병합할 때, 각 파티션마다 최소한 수백 KB 이상의 미리 읽기 버퍼read-ahead buffer를 두어야 한다. 여러 파티션을 오가면서 디스크 탐색을 하는 숫자를 줄이고자 함이다. 버퍼 하나의 크기는 M이 가용한 메모리이고 n이 파티션 수라고 할 때 M/n을 넘을 수 없다. 그러므로 n이 너무 커지면 (버퍼 크기가 작아지므로) 병합 과정이 느리다.

이런 이유로 가용 메모리가 줄어들면 두 가지 효과가 발생한다. 첫째로 미리 읽기 버퍼에 쓸 수 있는 메모리가 줄어들고, 둘째로 색인 파티션 수가 늘어난다. 메모리가 50% 줄면 각 색인 파티션의 읽기 버퍼는 75% 줄어든다. 메모리가 128MB로 제한되면 총 3,032개 색인 파티션을 병합해야 하며, 이때 파티션 하나당 고작 43KB 정도만 버퍼로 사용할 수 있다. 그림 4.14에 이런 경향을 일반화했다. 그림에 따르면 최종 병합 성능은 가용 메모리 크기에 크게 좌우된다. 가용 메모리가 128MB일 때 병합 연산은 가용 메모리가 1,024MB일 때보다 6배나 오래 걸린다.

위 제약점을 푸는 두 가지 대처법이 있다. 하나는 다중 병합^{multiway merge} 연산을 단계적 병합^{cascaded merge}으로 바꾸기다. 예를 들어 1,024개 색인 파티션을 병합한다면 우선 32개씩 묶어서 32번 병합한 뒤($32 \times 32 = 1{,}024$), 그 결과로 나온 32개의 새로운 파티션을 최종 색인으로 병합한다. 이는 그림 4.11에서 한 번에 두 개씩 단계적으로 병합한 과정을 일반화했다. 다른 방법은 포스팅 목록을 압축해서 메모리 사용량을 줄이는 것이다. 메모리에 압축해서 적재하면 같은 크기의 메모리로 더 많은 포스팅을 처리할 수 있고, 따라서 디스크에 저장하는 색인 파티션 수가 줄어든다.

표 4.7 다양한 문서 모음을 스키마 독립적 색인으로 생성한 성능 지표다. 병합 기반 색인 생성 방식이며 512MB 메모리를 사용했다. 사전은 2¹⁶개 엔트리를 가진 해시 테이블로 만들었고 앞으로 옮기기 기법을 적용했다. 메모리에 적재하는 포스팅 목록은 묶음 방식의 연결 리스트이며 사전 할당 상수 $k = 1.20$이다.

	읽기, 파싱, 색인	병합	전체 소요 시간
셰익스피어 희곡	1초	0초	1초
TREC45	71초	11초	82초
GOV2(10%)	20분	4분	24분
GOV2(25%)	51분	11분	62분
GOV2(50%)	102분	25분	127분
GOV2(100%)	205분	58분	263분

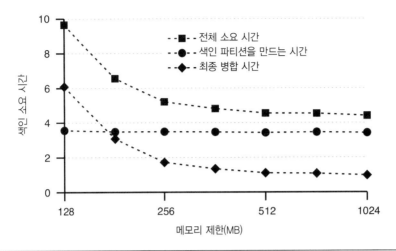

그림 4.14 병합 기반 색인 방식에서 가용한 메모리 크기가 성능에 미치는 영향(GOV2를 사용함). 색인 파티션을 만드는 성능은 메모리 크기에 크게 좌우된다. 병합 연산의 성능은 아주 적은 메모리를 사용할 경우 매우 느려진다.

결론적으로 병합 기반 색인 생성 방식은 병합 과정에서 몇몇 제약점이 있긴 하지만 매우 큰 문서 모음을 심지어 PC 한 대만으로도 색인할 수 있다. 병합 기반 색인을 정렬 기반 색인과 비교하면, 전역적으로 유일한 텀 ID가 필요 없다는 장점이 있다. 그러므로 사전에 저장할 텀이 매우 많은 경우 특히 매력적이다. 또 다른 중요한 장점은 메모리에 적재한 색인이 그 자체로 질의를 처리할 수 있다는 점이다. 이 특징은 검색엔진이 동적으로 변하는 문서 모음을 색인하는 데 필수적이다(7장 참고).

4.6 다른 색인 유형

지금까지 다룬 색인 자료 구조는 모두 역색인에 한정됐다. 하지만 역색인은 검색엔진이 사용할 수 있는 여러 가지 색인 유형 중 하나일 뿐이다.

정색인forward index, direct index은 각 문서의 ID와 그 문서에서 나온 텀의 목록을 연결하는 구조다. 정색인은 역색인과 보완 관계에 있다. 대체로 실제 검색에 직접 쓰기보다는 질의 처리 과정에서 의사 적합도 피드백과 같은 질의 확장 기법에 필요한 각 문서의 텀 분포를 알아내는 데 쓴다. 원본 문서 파일에서 정보를 뽑아내는 대신 정색인을 활용하면 문서가 이미 파싱돼 있으므로 훨씬 더 빠르게 정보를 얻을 수 있다.

시그니처 파일^{Signature files}(Faloutos and Christodoulakis, 1984)은 문서 ID 기반 색인을 대체할 수 있다. 이는 블룸 필터(Bloom, 1970)와 비슷해서 주어진 텀을 포함하고 있을 가능성이 있는 문서들을 얻는 데 쓸 수 있다. 실제로 어떤 텀이 문서에 존재하는지를 알려면 문서 자체(또는 정색인)를 훑어봐야 한다. 시그니처 파일의 파라미터를 조절함으로써 탐색 시간과 저장 공간을 맞바꿀 수 있다. 즉, 색인이 작아지면 허위 결과^{false positive}를 얻을 가능성이 높아지고, 그 반대도 성립한다.

후위 트리^{suffix tree}(Weiner, 1973)과 후위 배열^{suffix arrays}(Manber and Myers, 1990)은 문서 모음에 존재하는 모든 n-gram을 효율적으로 찾을 수 있다. 이들은 (입력 문서에서 토큰 생성을 하지 않는) 문자 n-gram과 (토큰을 생성하는) 단어 n-gram 모두 색인할 수 있다. 후위 트리는 구문 검색이나 정규식 검색을 하기에 유용한 자료 구조지만, 대체로 역색인보다 크기가 큰 데다 메모리가 아닌 디스크에 저장하면 검색 연산 속도가 많이 느리다.

4.7 요약

4장에서는 역색인을 생성하고 접근하는 데 필수적인 알고리즘과 자료 구조를 살펴봤다. 4장의 핵심 내용은 다음과 같다.

- 역색인은 대체로 메모리에 온전히 적재할 수 없을 정도로 크다. 그렇기 때문에 흔히 상대적으로 크기가 작은 사전만 메모리에 보관하고 포스팅 목록은 디스크에 저장한다(4.2절).
- 문서가 많으면 사전조차도 메인 메모리에 전부 유지하지 못할 정도로 클 수 있다. 사전의 일부만을 메모리에 적재하고 대신에 사전 엔트리와 포스팅 목록이 혼재돼 디스크에 저장하고, 모든 포스팅 목록을 사전(알파벳) 순서로 정렬하는 점을 이용해서 메모리 사용량을 크게 줄일 수 있다(4.4절).
- 검색엔진이 접두어 검색을 제공하려면 정렬 기반 사전을 사용하고 포스팅 목록은 사전 순서대로 디스크에 저장해야 한다(4.2절과 4.3절).
- 디스크에 저장한 포스팅 목록마다 텀별 색인을 두어서 포스팅 일부의 정보를 관리

한다면 거의 임의 접근에 근접하는 빠른 접근 방식을 구현할 수 있다(4.3절).

- 메모리상의 해시 기반 사전과 앞으로 옮기기 기법과 포스팅 목록 확장을 위해서 포스팅 묶음 방식을 사용하면 메모리에서 색인을 빠르게 생성할 수 있다(4.5.1절).
- 색인에 사용할 수 있는 메모리가 너무 작아서 메모리만으로는 작업이 불가능하다면 메모리 기반 색인 기법을 확장한 병합 기반 색인을 채택할 수 있다. 병합 기반 색인 방식에서는 전체 문서 모음을 메모리만으로 색인할 수 있는 여러 파티션으로 나눈다. 각 파티션을 메모리 기반 방식으로 색인한 다음, 전체 병합 또는 단계적 병합 방식으로 이들을 모아서 최종 색인을 만든다(4.5.3절).
- 병합 기반 색인 성능은 기본적으로 문서 모음의 크기에 따라 선형적으로 증가한다. 하지만 최종 색인 병합 단계는 각 색인 파티션의 읽기 버퍼로 사용할 수 있는 메모리가 너무 작다면 심각하게 느려질 것이다(4.5.3절).

4.8 더 읽을거리

역색인의 구조와 성능에 관해 좀 더 깊이 알고 싶다면 위튼 외(Witten et al., 1999, 3장과 5장)의 저술부터 시작하는 것이 좋다. 구글에서 1998년 즈음 채용한 색인 자료 구조에 관한 고차원적인 개괄은 브린과 페이지(Brin and Page, 1998)가 발표했다.

모팻과 조벨(Moffat and Zobel, 1996)은 질의 처리 시점에서 역파일 구조의 효율성을 논했는데, 여기엔 4.3절에서 포스팅 목록 임의 접근 방법으로 소개한 텀별 색인 자료 구조도 포함돼 있다. 라오와 로스(Rao and Ross, 1999, 2000)는 색인이 디스크에 저장된 경우만 아니라 메모리에 적재돼 있을 때도 여전히 임의 접근 연산이 이슈가 될 수 있음을 보였다. 이들은 메모리에 존재하는 포스팅 목록에서 임의 접근을 구현할 때 이진 탐색이 최선의 선택은 아니라는 사실을 보여줬다.

하인즈와 조벨(Heinz and Zobel, 2003)은 한 번만에 병합하는 색인 생성 방식과 이 방식이 정렬 기반에 비해서 어떤 장점이 있는지 탐구했다. 이들은 또한 4.5.1절에서 설명한 앞으로 옮기기 기법을 포함해서(Zobel et al., 2001) 다양한 메모리상 사전 구현 기법의 효율성을 살펴보고, burst trie(Heinz et al., 2002)라는 새로운 사전 자료 구조를 제안했다.

이 자료 구조는 텀을 찾는 성능은 해시 테이블에 가깝게 빠른 데다 접두어 질의도 처리할 수 있다.

버처와 클라크(Büttcher and Clark, 2005) 그리고 다시 루크와 램(Luk and Lam, 2007)이 확장성 있는 포스팅 목록(펼친 연결 리스트 등)을 구현하기 위한 메모리 관리 정책을 연구했다.

병합 기반 색인 (및 일부 변칙적인 정렬 기반 색인) 과정에서 최종 병합 작업을 단순하게 구현하면 필요한 저장 공간 총량은 최종 색인 크기의 두 배가 된다. 모팻과 벨(Moffat and Bell, 1995)은 병합 과정에서 입력 정보가 되는 색인 파티션 공간 자체에 최종 색인을 다시 저장해 디스크 공간을 재사용하는 기법을 고안했다.

팔로웃소스와 크리스토둘라키스(Faloutsos and Christodoulakis, 1984)는 시그니처 파일에 관해 이론적인 특성을 포함해서 전반적으로 개괄했다. 조벨 외(Zobel et al., 1998)는 역파일 구조와 시그니처 파일의 상대적인 성능을 비교했으며, 많은 적용 사례에서 역파일이 더 우수하다는 결론에 이르렀다. 반면 카터렛과 캔(Carterette and Can, 2005)은 어떤 상황에서는 시그니처 파일도 역파일 못지않게 빠르다고 주장했다.

후위 트리는 위너(Weiner, 1973)의 논문에서 위치 트리[position tree]라는 이름으로 처음 소개됐다. 우코넨(Ukkonen, 1995)이 후위 트리를 선형 시간 복잡도로 생성하는 방법을 제시했고, 클라크와 먼로(Clark and Munro, 1996)는 메모리 대신 디스크에 저장했을 때에도 빠르게 검색 연산을 수행하는 후위 트리의 변종을 고안했다.

4.9 연습 문제

연습 문제 4.1 4.3절에서 텀별 색인이 임의 접근 성능을 높일 수 있다고 설명했다. 어떤 텀이 6,400만 개 포스팅을 가졌다고 하자. 포스팅 하나는 4바이트다. 검색엔진이 이 텀의 포스팅 목록에 임의 접근을 하려면 디스크 읽기 연산을 두 번 수행해야 한다.

1. 텀별 색인(동기화 지점 목록)을 RAM에 적재한다.
2. 동기화 지점에서 이진 탐색으로 찾은 포스팅 구간 B를 RAM에 적재한다.

동기화 지점 하나에 들어가는 포스팅 개수를 텀별 색인의 입도^{granularity}라고 부르자. 위 접근 양상대로라면 디스크 입출력을 최소화하는 최적 입도는 얼마일까? 이때 디스크에서 읽는 총 바이트 수는 얼마일까?

연습 문제 4.2 4.3절에서 다룬 텀별 색인은 전형적인 하드 디스크가 보이는 성능 특성(특히 긴 탐색 시간) 때문에 도입했다. 하지만 이미 메모리에 있는 색인에 대한 임의 접근 성능을 높이는 데에도 텀별 색인을 쓸 수 있다. 이 점을 확인하려면 메모리의 포스팅 목록을 서로 다른 두 가지 자료 구조로 구현해 각각 **next** 접근 메서드(2장에 나온다)를 제공하도록 해야 한다. 첫 번째 자료 구조는 32비트 정수로 된 배열에 포스팅을 저장한다. 이 경우 **next**는 배열에서 이진 탐색을 한다. 두 번째 자료 구조는 포스팅 목록의 매 64번째 포스팅만 따로 모아서 배열을 하나 더 만든다. 이 경우 **next**는 추가 배열에서 이진 탐색을 하고, 여기서 찾은 위치에 있는 64개 포스팅을 순차 탐색한다. 두 가지 구현 방법이 포스팅 하나를 찾는 데 걸리는 평균 시간을 측정해보라. 포스팅 목록 길이를 2^{12}, 2^{16}, 2^{20}, 2^{24}로 바꿔본다. 결과를 설명하고 분석해보자.

연습 문제 4.3 색인 만들기는 본질적으로 정렬과 같다. 모든 범용 정렬 알고리즘의 시간 복잡도 하한은 $\Omega(n \log(n))$이다. 하지만 4.5.3절에 설명한 병합 기반 색인 생성 기법은 소요 시간이 문서 모음 크기에 비례한다(표 4.7 참고). 로그 복잡도가 숨어 있는 부분을 두 개 이상 찾아라.

연습 문제 4.4 그림 4.12에 나온 알고리즘에서 메모리 제한을 RAM에 저장할 포스팅 개수로 표현했다. 이렇게 정의할 수 있는 이유는 무엇일까? 이 가정이 안 맞는 문서 모음이나 검색 응용 분야가 있는지 예를 들어보라.

연습 문제 4.5 다양한 사전 자료 구조의 성능 특성을 4.5.1절에서 다뤘다. 해시 기반 구현 방식은 (주로 색인 생성 시) 텀 하나를 조회하는 성능이 좋은 반면, 정렬 기반 방식은 접두어 질의처럼 여러 텀을 조회하는 데 적합하다. 정렬 기반 사전보다 단일 텀 조회 성능이 좋고 해시 기반 사전보다 접두어 질의를 빠르게 처리하는 자료 구조를 고안해서 구현해보자.

연습 문제 4.6 (프로젝트 문제) 주어진 문서 모음에서 스키마 독립적 색인을 만드는 기법을 설계하고 구현해보자. 생성 결과물은 디스크에 저장한다. 이렇게 만든 색인은 4.3절과

4.4절에 소개한 최적화 기법을 전혀 사용할 필요가 없다.

- 4.5.1절에 소개한 메모리상의 색인 생성 기법을 구현해보자. 전형적인 영문 문서를 색인하면 메모리 M바이트를 사용할 때 약 $M/8$개 토큰이 포함된 문서 모음을 색인할 수 있어야 한다.
- 앞서 구현한 기법을 확장해 가용 메모리 크기에 구애받지 않고 어떤 문서 모음이든 색인할 수 있게 만들자. 이렇게 하려면 디스크에 저장한 색인 두 개 이상을 색인 하나로 병합하는 모듈을 작성해야 한다.

4.10 참고문헌

Bender, M., Michel, S., Triantafillou, P., and Weikum, G. (2007). Design alternatives for large-scale Web search: Alexander was great, Aeneas a pioneer, and Anakin has the force. In *Proceedings of the 1st Workshop on Large-Scale Distributed Systems for Information Retrieval* (LSDS-IR), pages 16–22. Amsterdam, The Netherlands.

Bloom, B. II. (1970). Space/time trade-offs in hash coding with allowable errors. *Communications of the ACM*, 13(7):422–426.

Brin, S., and Page, L. (1998). The anatomy of a large-scale hypertextual Web search engine. *Computer Networks and ISDN Systems*, 30(1-7):107–117.

Büttcher, S., and Clarke, C. L. A. (2005). *Memory Management Strategies for Single-Pass Index Construction in Text Retrieval Systems*. Technical Report CS-2005-32. University of Waterloo, Waterloo, Canada.

Carterette, B., and Can, F. (2005). Comparing inverted files and signature files for searching a large lexicon. *Information Processing & Management*, 41(3):613–633.

Clark, D. R., and Munro, J. I. (1996). Efficient suffix trees on secondary storage. In *Proceedings of the 7th Annual ACM-SIAM Symposium on Discrete Algorithms*, pages 383–391. Atlanta, Georgia.

Faloutsos, C., and Christodoulakis, S. (1984). Signature files: An access method for documents and its analytical performance evaluation. *ACM Transactions on*

Information Systems, 2(4):267 – 288.

Heinz, S., and Zobel, J. (2003). Efficient single-pass index construction for text databases. *Journal of the American Society for Information Science and Technology*, 54(8):713 – 729.

Heinz, S., Zobel, J., and Williams, H. E. (2002). Burst tries: A fast, efficient data structure for string keys. *ACM Transactions on Information Systems*, 20(2):192 – 223.

Luk, R. W. P., and Lam, W. (2007). Efficient in-memory extensible inverted file. *Information Systems*, 32(5):733 – 754.

Manber, U., and Myers, G. (1990). Suffix arrays: A new method for on-line string searches. In *Proceedings of the 1st Annual ACM-SIAM Symposium on Discrete Algorithms*, pages 319 – 327. San Francisco, California.

Moffat, A., and Bell, T. A. H. (1995). In-situ generation of compressed inverted files. *Journal of the American Society for Information Science*, 46(7):537 – 550.

Moffat, A., and Zobel, J. (1996). Self-indexing inverted files for fast text retrieval. *ACM Transactions on Information Systems*, 14(4):349 – 379.

Rao, J., and Ross, K. A. (1999). Cache conscious indexing for decision-support in main memory. In *Proceedings of 25th International Conference on Very Large Data Bases*, pages 78 – 89. Edinburgh, Scotland.

Rao, J., and Ross, K. A. (2000). Making B^+-trees cache conscious in main memory. In *Proceedings of the 2000 ACM SIGMOD International Conference on Management of Data*, pages 475 – 486. Dallas, Texas.

Ukkonen, E. (1995). On-line construction of suffix trees. *Algorithmica*, 14(3):249 – 260.

Weiner, P. (1973). Linear pattern matching algorithm. In *Proceedings of the 14th Annual IEEE Symposium on Switching and Automata Theory*, pages 1 – 11. Iowa City, Iowa.

Witten, I. H., Moffat, A., and Bell, T. C. (1999). *Managing Gigabytes: Compressing and Indexing Documents and Images* (2nd ed.). San Francisco, California: Morgan Kaufmann.

Zobel, J., Heinz, S., and Williams, H. E. (2001). In-memory hash tables for accumulating text vocabularies. *Information Processing Letters*, 80(6):271–277.

Zobel, J., and Moffat, A. (2006). Inverted files for text search engines. *ACM Computing Surveys*, 38(2):1–56.

Zobel, J., Moffat, A., and Ramamohanarao, K. (1998). Inverted files versus signature files for text indexing. *ACM Transactions on Database Systems*, 23(4):453–490.

5

질의 처리하기

4장에서 역색인을 구성하는 기본적인 자료 구조를 알아봤다. 5장에서는 역색인 자료 구조를 이용해 검색을 빠르게 수행하는 방법을 알아보고자 한다. 자세한 검색 절차와 구현 방식은 검색엔진마다 다르다. 하지만 데스크톱 검색 시스템이든 대규모 웹 검색엔진이든 핵심 개념과 알고리즘은 대체로 같다.

가장 기초적인 검색 모델은 2.2절에서 설명한 불리언 모델에 매우 가깝다. 불리언 모델에서 각 텀은 자신을 포함하는 문서 집합을 나타낸다. 여러 텀의 문서 집합은 AND(교집합 연산), OR(합집합 연산), NOT(차집합 연산)과 같은 표준 연산으로 결합한다. 5장에서는 불리언 모델을 대체할 만한 잘 알려진 두 가지 모델을 살펴보겠다. 한 가지는 순위화 검색(5.1절)으로서, 검색엔진이 질의에 대한 적합도에 따라 검색 결과에 순위를 매긴다. 또 한 가지는 경량 구조(5.2절)로서, 불리언 모델을 문서 하위 구조 수준으로 확장한다. 다시 말해 문서 전체에서 검색 절차를 수행하는 대신, 불리언과 비슷한 조건으로 임의의 본문 구간에서 검색할 수 있는 방식이(예컨대 "'약제사'와 '약품'이 10단어 거리 이내에 존재하는 모든 본문 구간을 보고 싶다").

어떤 경우에는 평균 정밀도^{MAP}와 같은 유효성 지표를 고려하기도 하지만 기본적으로 5장에서는 질의 처리 과정의 능률, 즉 속도에 중점을 둔다. 검색 품질 측면은 8장과 9장에서 다룰 것이다.

5.1 순위화 검색 질의 처리하기

2.2절에서 지적했듯이 불리언 검색과 순위화 검색은 상호 배타적이라기보다는 보완적이라고 볼 수 있다. 사용자 질의를 불리언으로 해석해서 부합하는 문서 집합을 찾을 수 있다. 예를 들어 다음 질의(TREC 주제 433번)

$$Q = \langle \text{"greek"}, \text{"philosophy"}, \text{"stoicism"} \rangle \tag{5.1}$$

에 대해서 다음과 같이 불리언 논리곱^{conjunctive}을 만족하는 문서들만 찾을 수 있고,

$$\text{"greek" AND "philosophy" AND "stoicism"} \tag{5.2}$$

또는 다음과 같이 논리합^{disjunctive}을 만족하는 문서들을 찾을 수도 있다.

$$\text{"greek" OR "philosophy" OR "stoicism"} \tag{5.3}$$

찾은 문서를 코사인 유사도(식 2.12)와 같이 질의 Q에 대한 유사도에 따라서 순위를 매긴다.

전통적인 검색 시스템은 주로 논리합 방식을 따르는 반면, 웹 검색엔진은 논리곱 방식을 취한다. 논리곱이 논리합보다 더 적은 문서를 대상으로 점수를 계산하고 순위를 매기기 때문에 속도가 더 빠르다. 하지만 빠른 대신 재현율이 낮다는 단점이 있다. 만약 어떤 질의에 적합한 문서가 있는데 질의 텀은 세 개이지만 문서에는 그중 두 개만 나온다면, 이 문서는 질의에 적합함에도 — 결코 검색 결과에 포함되지 않는다. 예제 질의 Q는 이런 단점이 명백히 드러난다. TREC 문서 모음에 있는 약 50만 개의 문서 중에서 질의 Q의 논리합 해석에는 7,834개가 부합하지만 논리곱 해석에는 단 한 개만 부합한다. 하필 그 문서는 질의에 적합하지도 않다(멕시코의 어떤 배우와 최신 출연작에 관한 내용이다).

위의 예제에서 논리곱 방식이 잘 동작하지 않는 이유를 따져보자. 스토아 학파^{stoicism}를 잘 아는 문서 저자는 이 학파가 그리스^{greek}에서 유래한 철학^{philosophy} 사조라는 언급을 굳이 할 필요를 못 느낀다. 너무 뻔한 사실이기 때문이다. 사용자는 "greek"과 "philosophy"라는 텀을 질의에 넣으면 검색엔진이 문서를 더 잘 찾을 것이라고 기대하겠지만 실제로는 역효과가 난다. 질의가 길어질수록 한 텀만 섣부르게 입력해도 검색 결과가 엄청나게 나빠지

는 현상이 확연하다.

  적절한 텀을 질의에 추가하면 검색 결과가 나빠지지 않아야 한다는 관점을 지키고자 한다. 이제부터는 논리합 방식으로 질의를 처리해서 한 텀이라도 가진 문서는 일단 모두 찾고, 질의에 적합한 문서를 결정하는 역할은 순위화 작업에 맡긴다고 가정하겠다. 물론 논리곱 방식이 당연히 질의 처리 속도가 더 빠르다. 그렇기 때문에 이 절에서 다루는 여러 최적화 기법은 하나의 같은 목표를 가진다. 바로 질의를 AND로 해석했을 때와 OR로 해석했을 때의 성능 차이 좁히기다.

Okapi BM25

앞으로의 논의를 위해서 검색엔진이 질의 적합도에 따라서 문서 순위를 매기고자 Okapi BM25 함수(식 8.48 참고)를 사용한다고 가정한다. 편의상 수식을 여기 적어 둔다.

$$\text{Score}_{\text{BM25}}(q, d) \quad = \quad \sum_{t \in q} \log\left(\frac{N}{N_t}\right) \cdot \text{TF}_{\text{BM25}}(t, d) \tag{5.4}$$

$$\text{TF}_{\text{BM25}}(t, d) \quad = \quad \frac{f_{t,d} \cdot (k_1 + 1)}{f_{t,d} + k_1 \cdot ((1 - b) + b \cdot (l_d / l_{avg}))} \tag{5.5}$$

수식에서 k_1(기본값은 1.2)은 TF 요소가 얼마나 빨리 최대치에 수렴하는지 조절하는 인자이며, b(기본값은 0.75)는 문서 길이에 따른 정규화를 조절하는 인자다. 다른 모든 변수는 책 첫머리에서 소개한 표기법 표에서 설명한 표준 의미를 가진다.

  BM25 수식에 깔려 있는 이론적인 기반을 알고 싶다면 8장에서 수식 유도 과정 및 자세한 설명을 읽어보기 바란다. 더 진행하기 전에 BM25 수식을 완벽하게 이해할 필요는 없다. 다만 인자 k_1의 의미는 잘 이해하고 넘어가기 바란다. 순위화 검색에서 다양한 질의 최적화에 관여하기 때문이다. k_1은 개별 텀이 최종 점수에 미치는 영향도를 억제한다.

$$\lim_{f_{t,d} \to \infty} \text{TF}_{\text{BM25}}(t, d) \quad = \quad k_1 + 1 \tag{5.6}$$

k_1의 기본값이 1.2이면 한 텀이 전체 TF 점수에 기여하는 값은 최대 2.2다. 텀 하나의 점수 상한값이 그리 높지 않기 때문에, 질의 텀 두 개를 포함하는 문서는 텀 한 개만 포함하는

문서보다 순위가 높을 가능성이 매우 크다. 설령 후자에는 해당 텀이 여러 차례 등장하더라도 말이다.

질의 q가 $\langle t_1, t_2 \rangle$이고 $N_{t_1} \approx N_{t_2}$일 때, 평균 길이를 갖는 두 문서 d_1과 $d_2(l_{d_1} = l_{d_2} = l_{avg})$를 놓고 점수를 계산한다고 하자. 문서 d_1은 t_1과 t_2가 각각 1번씩 나오고 d_2는 t_1만 10번 나온다고 하면 각 문서의 점수는 다음과 같이 계산한다. ($k_1 = 1.2$)

$$\text{Score}_{\text{BM25}}(q, d_1) \quad \approx \quad \log\left(\frac{N}{N_{t_1}}\right) \cdot \left(2 \cdot \frac{1 \cdot (k_1 + 1)}{1 + k_1}\right) \quad \approx \quad 2 \cdot \log\left(\frac{N}{N_{t_1}}\right) \tag{5.7}$$

$$\text{Score}_{\text{BM25}}(q, d_2) \quad \approx \quad \log\left(\frac{N}{N_{t_1}}\right) \cdot \frac{10 \cdot (k_1 + 1)}{10 + k_1} \quad \approx \quad 1.95 \cdot \log\left(\frac{N}{N_{t_1}}\right) \tag{5.8}$$

이 절 후반부에서 어떤 포스팅이 결과 상위에 들지 못한다는 사실을 문서 점수 계산 전에 미리 판별하고자 k_1에 의한 점수 상한값을 사용할 것이다.

5.1.1 문서 하나씩 질의 처리하기

순위화 검색에서 가장 흔한 질의 처리 방식은 한 번에 문서 하나씩^{document-at-a-time} 처리하는 방식이다. 질의에 부합하는 모든 문서를 한 번에 하나씩 순차적으로 점수를 계산한다. 점수 계산이 끝나면 모든 문서를 점수 기준으로 정렬해서, (사용자가 지정한) 상위 k개를 사용자에게 돌려준다.

그림 5.1에는 BM25를 사용해서 문서 하나씩 처리하는 과정을 기술했다. 이 알고리즘은 점수 계산 방식만 제외하면 그림 2.9의 **rankCosine** 알고리즘과 같다. 알고리즘의 시간 복잡도는 다음과 같다.

$$\Theta(m \cdot n + m \cdot \log(m)) \tag{5.9}$$

여기서 n은 질의 텀 개수, m은 질의에 부합(텀을 하나 이상 포함)하는 문서 개수다. 복잡도 요소 중 $m \cdot n$은 3번 행부터 시작하는 반복 구간에 해당하고, $m \cdot \log(m)$은 8행에서 문서를 정렬하는 부분에 해당한다.

```
rankBM25_DocumentAtATime (⟨t_1,...,t_n⟩, k) ≡
1     m ← 0    // m은 부합하는 문서 총 개수
2     d ← min_{1≤i≤n}{nextDoc(t_i, -∞)}
3     while d < ∞ do
4         results[m].docid ← d
5         results[m].score ← ∑_{i=1}^{n} log(N/N_{t_i}) · TF_BM25(t_i, d)
6         m ← m + 1
7         d ← min_{1≤i≤n}{nextDoc(t_i, d)}
8     results[0..(m-1)]을 score의 내림차순으로 정렬한다.
9     return results[0..(k-1)]
```

그림 5.1 BM25 방식으로 문서 하나씩 처리하는 알고리즘

검색 수행 이전에는 문서 개수 m을 모르기 때문에 식 5.9를 바로 사용하기 어렵다. 각 문서에서 얼마나 많은 텀이 등장하는지에 따라서 m은 모든 텀의 포스팅 목록 길이를 합한 $N_q = N_{t_1} + \cdots + N_{t_n}$을 사용해서 표현하면 N_q/n과 N_q 사이에 올 수 있다. 최악의 경우는 모든 문서가 텀 하나씩만 포함하는 경우이며, 이때 시간 복잡도는 다음과 같다.

$$\Theta(N_q \cdot n + N_q \cdot \log(N_q)) \tag{5.10}$$

실제로도 많은 문서가 텀 하나만 포함한다. 앞서 본 ⟨"greek", "philosophy", "stoicism"⟩ 이라는 질의로 돌아가보면, $m = 7835$이고 $N_q = 7921$이다. 그렇기 때문에 대개 식 5.10을 식 5.9의 근사치로 봐도 좋다.

그림 5.1에서 기술한 기본적인 문서 단위 알고리즘에는 비효율적인 부분이 두 군데 있다.

- 5행과 7행에서 수행하는 계산을 처리할 문서에 몇 개의 텀이 있든지 간에 항상 모든 n개 질의 텀에 관해 반복해야 한다. 텀 개수가 많아지면 이로 인해 속도가 느려진다. 극단적으로 질의 텀이 10개 있고 모든 문서가 텀 하나만 갖고 있다고 생각해보자. 이 알고리즘대로라면 각 텀을 따로 처리했을 때보다 10배 느릴 것이다.

- 8행에서 모든 문서 배열에 대해 최종 정렬을 해야 한다. 상위 k개 문서만 돌려주면 되기 때문에 모든 문서를 정렬하는 건 시간 낭비이다. 시간 복잡도가 $\Theta(m \cdot \log(m))$라서 별 문제가 아닌 듯 보일 수 있지만, 문서 수가 수백만 개 이상인 경우를 감안하면 식 5.9에 주는 $m \cdot \log(m)$의 영향이 $m \cdot n$의 영향보다 훨씬 더 커질 수 있다.

이 두 가지 문제점은 힙^{heap}이라는 자료 구조를 도입해 해결할 수 있다. 힙을 이미 알고 있다면 '힙을 이용한 효율적인 질의 처리' 절로 바로 넘어가라.

이진 힙

힙이란, 정확히는 이진 최소 힙^{binary min-heap}이란, 다음의 정의를 따르는 이진 트리다.

1. 빈 이진 트리는 힙이다.
2. 비어 있지 않은 이진 트리는 다음 조건을 만족하면 힙이다.
   (a) 마지막 레벨 외의 모든 레벨에서 모든 노드가 채워져 있다.
   (b) 마지막 레벨은 왼쪽부터 순서대로 노드가 채워져 있다.
   (c) 각 노드의 값은 항상 자기 자식 노드 값보다 작다.

(a)와 (b)는 합쳐서 형태 특성이라고도 부른다. 형태 특성 덕분에 힙을 트리 구조 대신 배열로 표현할 수도 있다. 트리의 루트 노드는 배열 0번째 요소가 되고, i번째 노드의 자식 노드들은 $2i + 1$과 $2i + 2$번째 배열 요소가 된다. 집합 {1, 2, 3, 4, 5, 6}으로 만든 힙을 그림 5.2(a)는 트리로, 그림 5.2(b)에는 배열로 표현했다.

그림 5.2 {1, 2, 3, 4, 5, 6}으로 만든 힙을 트리와 배열로 표현했다.

배열은 자식 노드를 가리키는 포인터가 필요 없어서 트리보다 공간 활용성이 높고, 연속된 주소에 저장하므로 지역성이 높아 접근 속도가 빠르기 때문에, 실제로 구현할 때는 배열을 더 선호한다. 배열로 구현할 경우 2(c) 요건은 다음과 같이 표현할 수 있다.

$$\forall i \in \{0, 1, 2, \ldots, len - 1\} : \\ (2i + 1 \geq len \ \lor \ A[i] \leq A[2i + 1]) \ \land \ (2i + 2 \geq len \ \lor \ A[i] \leq A[2i + 2]) \tag{5.11}$$

여기서 *len*은 배열 *A*의 길이이다. 덧붙이자면 정렬된 배열은 그 자체로 힙이다(하지만 역으로 힙을 배열로 나타내더라도 반드시 정렬되진 않는다).

힙은 흥미로운 연산을 여럿 제공하지만 지금 관심 있는 건 REHEAP이라고 부르는 연산뿐이다. 그림 5.2의 힙을 다시 보자. 루트의 값 1을 힙 요건을 지킨 채 9로 바꾸고 싶다면 REHEAP 연산을 사용해 1을 9로 바꾸고, 9를 (자식 노드인) 2와 바꾸고, 다시 9를 5와 바꾼다. 그 결과 ⟨2, 3, 5, 4, 6, 9⟩인 배열이 만들어지는데, 여전히 힙 요건을 지킨다. 정리하면 REHEAP은 힙 요건 중에서 2(c)만 빼고 충족하는 이진 트리를 받아서 힙 요건을 만족할 때까지 루트 값을 아래로 계속 옮긴다.

REHEAP의 시간 복잡도는 얼마나 될까? 힙에 *n*개 노드가 있다고 하자. 힙은 균형 잡힌 이진 트리이므로 모든 말단(리프) 노드는 높이가 $\lfloor \log_2(n) \rfloor$이거나 $\lfloor \log_2(n) \rfloor - 1$이다. 따라서 $O(\log(n))$ 안에 동작이 끝난다.

힙을 활용한 효율적인 질의 처리

REHEAP을 사용해서 그림 5.1 알고리즘의 비효율성을 해소할 수 있다. 개선한 알고리즘은 힙 두 개를 사용한다. 하나는 각 질의 텀 *t*마다 *t*를 포함하는 다음 문서를 추적하는 데 사용하고, 다른 하나는 지금까지 찾은 상위 *k*개 결과를 저장하는 데 사용한다.

그림 5.3에 개선한 알고리즘을 기술했다. 텀 힙은 질의 텀을 다음 번 출현하는 문서(*nextDoc*) 순서대로 저장한다. 이 덕분에 *n*개 포스팅 목록을 효율적으로 병합할 수 있다. 결과 힙은 현재까지 계산한 문서 중 상위 *k*개 문서를 점수 순서대로 저장한다. 결과 힙의 루트 노드(배열에서 0번째 요소)는 가장 점수가 높은 문서가 아니라 *k*번째로 높은 문서라는 점에 유의하자. 그 이유는 새로 발견한 문서가 *k*번째보다 점수가 높다면 루트 노드를 바꾸고 다시 힙 요건을 지키도록 만듦으로써 계속해서 상위 *k*개 문서 집합을 갱신하기 쉽기 때문이다.

새로운 알고리즘의 시간 복잡도는 최악의 경우에도 다음과 같다.

$$\Theta(N_q \cdot \log(n) + N_q \cdot \log(k)) \tag{5.12}$$

여기서 $N_q = N_{t_1} + \cdots + N_{t_n}$, 즉 모든 질의 텀의 포스팅 수를 더한 값이다. $(N_q \cdot \log(n))$은

포스팅 하나를 처리할 때마다 텀 힙에 REHEAP을 수행하는 비용이고, $(N_q \cdot \log(k))$는 새 문서가 상위 k개에 들 때마다 결과 힙에 REHEAP을 수행하는 비용이다.

새로운 알고리즘을 식 5.10과 비교하면 전체 문서 대신 상위 k개만 최종 정렬하도록 한 덕분에 상당히 빨라졌음을 알 수 있다. 게다가 상위 k개를 힙에 유지하는 비용은 최악의 경우 $\Theta(N_q \cdot \log(k))$라고 했지만 실제 상황은 많이 다르다. 평균 시간 복잡도는 식 5.12에 정의한 것보다 훨씬 작다(연습 문제 5.1을 보라).

---

rankBM25_DocumentAtATime_WithHeaps $(\langle t_1, ..., t_n \rangle,\ k) \equiv$

1   **for** $i \leftarrow 1$ **to** k **do**   // 상위 k개 결과를 저장할 최소 힙을 만든다.
2          $results[i].score \leftarrow 0$
3   **for** $i \leftarrow 1$ **to** n **do**   // 질의 텀 n개를 저장할 최소 힙을 만든다.
4          $terms[i].term \leftarrow t_i$
5          $terms[i].nextDoc \leftarrow \textbf{nextDoc}(t_i, -\infty)$
6   텀을 $nextDoc$의 오름차순으로 정렬한다.   // 텀 힙의 요건을 채운다.
7   **while** $terms[0].nextDoc < \infty$ **do**
8          $d \leftarrow terms[0].nextDoc$
9          $score \leftarrow 0$
10   **while** $terms[0].nextDoc = d$ **do**
11             $t \leftarrow terms[0].term$
12             $score \leftarrow score + \log(N/N_t) \cdot \text{TF}_{\text{BM25}}(t, d)$
13             $terms[0].nextDoc \leftarrow \textbf{nextDoc}(t, d)$
14   **reheap**$(terms)$ // 텀 힙 요건을 유지한다.
15   **if** $score > results[0].score$ **then**
16             $results[0].docid \leftarrow d$
17             $results[0].score \leftarrow score$
18   **reheap**$(results)$ // 결과 힙 요건을 유지한다.
19   결과 힙(results)에서 $score = 0$인 문서를 지운다.
20   결과 힙(results)을 점수가 큰 순서로 정렬한다.
21   **return** $results$

그림 5.3 BM25 방식으로 문서 하나씩 계산하는 질의 처리 알고리즘을 텀 힙과 결과 힙을 사용해 구현한다.

텀 최대 점수

그림 5.3에 나온 알고리즘이 상당히 빠르긴 하지만 여전히 개선의 여지가 남아 있다. 앞서 BM25의 TF 점수 영향이 $k_1 + 1 = 2.2$를 넘길 수 없다고 한 점을 떠올려보자. 텀 t가 전체 점수에 미칠 수 있는 영향은 아무리 커도 $2.2 \cdot \log(N/N_t)$를 넘길 수 없다. 이 값을 텀의 최대 점수 MAXSCORE라고 부른다. 앞서 봤던 질의 예제로 돌아가보자.

$$Q \ = \ \langle \ \text{``greek''}, \ \text{``philosophy''}, \ \text{``stoicism''} \ \rangle \tag{5.13}$$

텀의 문서 빈도^{DF}, 역문서 빈도^{IDF}, 텀 최대 점수는 다음과 같다.

Term	N_t	$\log_2(N/N_t)$	MaxScore
"greek"	4,504	6.874	15.123
"philosophy"	3,359	7.297	16.053
"stoicism"	58	13.153	28.936

표 5.1 텀 최대 점수를 적용했을 때와 아닐 때 질의 하나당 처리하는 데 걸린 전체 시간과 CPU 소요 시간. 사용한 자료는 TREC TB 2006에서 얻은 질의 10,000개와 GOV2로 만든 빈도 색인이다.

	텀 최대 점수 미사용			텀 최대 점수 사용		
	전체 시간	CPU	처리 문서 수	전체 시간	CPU	처리 문서 수
OR, $k = 10$	400ms	304ms	4.4×10^6	188ms	93ms	2.8×10^5
OR, $k = 100$	402ms	306ms	4.4×10^6	206ms	110ms	3.9×10^5
OR, $k = 1000$	426ms	329ms	4.4×10^6	249ms	152ms	6.2×10^5
AND, $k = 10$	160ms	62ms	2.8×10^4	n/a	n/a	n/a

사용자는 상위 10개 결과만 필요하다고 하자. 어느 정도 문서를 처리해 나가다 보면 누적된 문서 중 10위 점수가 "greek"의 텀 최대 점수보다 커지는 시점이 온다. 즉,

$$results[0].score > \text{MaxScore}(\text{``greek''}) = 15.123 \tag{5.14}$$

이 시점부터는 텀 중에서 "greek"만 있고 "philosophy"와 "stoicism"이 없는 모든 문서는 10위 안에 들 수 없음을 확신할 수 있다. 따라서 이런 문서들은 점수를 계산할 필요조차 없다. 텀 힙에서도 "greek"을 빼버린 다음, 나머지 텀이 존재하는 문서가 있을 때만 "greek"의 포스팅 목록을 참조하면 된다.

문서를 더 많이 처리하다 보면 10위 점수가 더 커져서 심지어 다음과 같이 될 수도 있다.

$$results[0].score > \text{MaxScore}(\text{``greek''}) + \text{MaxScore}(\text{``philosophy''}) = 31.176 \tag{5.15}$$

앞서 "greek"을 배제했듯이, "stoicism"까지 포함하지 않는 문서는 더 이상 신경 쓸 필요가 없으므로 이번에는 "philosophy"를 텀 힙에서 지운다.

지금까지 설명한 전략을 최대 점수 기법이라고 부르며, 터틀과 플러드(Turtle and Flood, 1995)가 고안했다. 최대 점수 기법은 상위 k개 문서를 얻고자 할 때 그림 5.3에 기술한 알고리즘과 똑같은 결과를 내면서도 확실히 가망 없는 문서를 배제한 덕분에 훨씬 빠르게 동작한다.

물론 계산 도중 텀 힙에서 몇몇 텀을 지우긴 하지만 문서 점수를 계산할 때는 지운 텀들도 여전히 고려해야 한다. 그러므로 힙에 남아 있는 텀과 지운 텀을 각각 유지한다. 어떤 문서 d가 힙에 남은 텀을 포함하면 힙에서 지운 텀을 순서대로 찾아서 각 텀 t마다 **nextDoc**$(t, d - 1)$을 호출해서 텀 t가 문서 d에 등장하는지 확인한다. 실제로 텀이 있다면 그 점수를 계산해서 문서 점수에 반영한다.

표 5.1에는 GOV2를 빈도 색인(각 포스팅은 $(d, f_{t,d})$ 형태를 지닌다)으로 만들어서 디스크에 저장하고 TREC 2006 Terabyte 트랙에 소개된 질의 1만 개를 수행했을 때, 질의마다 걸린 평균 응답 시간과 CPU 사용 시간을 정리했다. 평소에 검색엔진을 사용하듯이 상위 10개 결과를 요청하면 최대 점수 기법이 그림 5.3의 기본 알고리즘보다 응답 시간은 53%, CPU 시간은 69%가 줄어들었다. 소요 시간이 짧아진 건 질의마다 계산하는 평균 문서 수가 약 440만 개에서 약 28만 개로 줄어들었기 때문이다. 최대 점수 기법을 도입하더라도 AND 연산으로 검색할 때보다는 10배 이상 많은 문서 점수를 계산해야 한다. 하지만 전체적으로 볼 때 최대 점수를 적용한 OR 연산은 AND 연산에 비해서 속도가 크게 뒤떨어지지 않는다. 평균 CPU 사용 시간은 각각 93ms와 62ms로 OR 연산이 50% 정도 높을 뿐이다.

5.1.2 텀 하나씩 질의 처리하기

문서 하나씩 처리하는 대신 텀 하나씩 처리하는^{term-at-a-time} 방법도 있다. 힙을 사용해서 여러 질의 텀 포스팅 목록을 병합하는 게 아니라 텀마다 포스팅 목록 전체를 한번에 훑는다. 문서 점수 누적기를 만들고 포스팅 목록 하나를 훑을 때마다 적절한 누적기를 찾아서 포스팅에서 얻은 점수를 해당 문서에 반영한다. 모든 텀을 처리하고 나면 누적기에는 질의에 부합하는 모든 문서의 최종 점수가 담겨 있어서 그중 상위 k개를 힙 등을 이용해서 고를 수 있다.

 텀 하나씩 처리하는 이유는 색인이 디스크에 저장돼 있고 포스팅 목록이 한꺼번에 메모리에 적재할 수 없을 정도로 큰 경우에 문서 하나씩 처리하는 방식보다 빠르기 때문이다. 문서 단위로 점수를 계산하려면 여러 텀의 포스팅 목록을 이리저리 건너뛰어야 하는데, 매번 포스팅을 조금씩 읽어야 하므로 연속되지 않은 디스크 영역을 여러 번 읽는 단점이 있다. 텀이 두 세 개 정도라면 각 텀의 포스팅 목록을 미리 읽어서 버퍼에 저장해두면 큰 문제가 아니지만, (8.6절에서 다룰 의사 적합도 피드백 적용 등으로 인해서) 텀이 십수 개까지 늘어나면 디스크 접근 시간을 무시할 수 없다. 이와 달리 텀 하나씩 처리한다면 디스크를 여기저기 읽을 필요가 없다. 텀 t_i의 포스팅 목록을 연속된 디스크 영역에서 순서대로 읽어서 처리한 뒤, 다음 텀 $t_i + 1$로 넘어가면 되기 때문이다.

 각 텀의 포스팅 목록을 따로 처리하기 때문에 주로 다음 형태를 띄는 문서 점수 함수만 사용할 수 있다.

$$\text{score}(q, d) \;=\; \text{quality}(d) + \sum_{t \in q} \text{score}(t, d) \tag{5.16}$$

이 식에서 quality(d)는 선택 사항으로, 페이지 랭크(식 15.8)처럼 질의와 무관한 요소다. 전통적인 점수 계산 함수인 VSM(식 2.12), BM25(식 8.48), LMD(식 9.32) 등이 모두 이런 형식이다. 이 함수들은 단어 주머니[bag-of-words] 방식이라고도 부른다. 문서에서 텀들이 얼마나 가까이 붙어서 나오는지를 따지는 근접도[proximity]를 점수에 반영하려면 식 5.16과 같은 함수는 쓸 수 없다. 물론 단어 하나씩 처리하면서도 근접도 함수를 구현할 수는 있지만, 그렇게 하려면 문서마다 달린 누적기에 점수뿐만 아니라 텀 위치 정보 등을 추가로 유지해야 하므로 크기가 상당히 커진다.

rankBM25_TermAtATime $(\langle t_1, ..., t_n \rangle, k) \equiv$

1     $\langle t_1, ..., t_n \rangle$ 을 N_{t_i} 오름차순으로 정렬한다.

2     $acc \leftarrow \{\}$, $acc' \leftarrow \{\}$ // 누적기 집합 두 개를 초기화한다.

3     $acc[0].docid \leftarrow \infty$ // 목록 끝을 표시

4   **for** $i \leftarrow 1$ **to** n **do**

5        $inPos \leftarrow 0$ // acc 의 현재 위치

6        $outPos \leftarrow 0$ // acc' 의 현재 위치

7   t_i 의 포스팅 목록에 포함된 각 문서 d에 대해서

8   **while** $acc[inPos] < d$ **do**   // acc 의 누적기를 acc' 로 복사한다.

9              $acc'[outPos\texttt{++}] \leftarrow acc[inPos\texttt{++}]$

10           $acc'[outPos].docid \leftarrow d$

11           $acc'[outPos].score \leftarrow \log(N/N_{t_i}) \cdot \text{TF}_{\text{BM25}}(t_i, d)$

12   **if** $acc[inPos].docid = d$ **then**   // 텀과 누적기가 일치하면

13              $acc'[outPos].score \leftarrow acc'[outPos].score + acc[inPos\texttt{++}].score$

14           $d \leftarrow \textbf{nextDoc}(t_i, acc'[outPos])$

15           $outPos \leftarrow outPos + 1$

16   **while** $acc[inPos] < \infty$ **do**   // acc 에 남은 누적기를 마저 acc' 로 복사한다.

17           $acc'[outPos\texttt{++}] \leftarrow acc[inPos\texttt{++}]$

18        $acc'[outPos].docid \leftarrow \infty$ // 목록 끝을 표시

19   acc 와 acc' 를 서로 바꾼다.

20   acc 의 상위 k 개 결과를 반환한다.   // 힙을 사용해서 상위 k 개를 고른다.

그림 5.4 BM25 방식으로 텀 하나씩 계산하는 질의 처리 알고리즘이다. 문서 점수를 누적기에 저장한다. 누적기 배열과 현재 텀의 포스팅 목록을 따라 나란히 이동한다.

그림 5.4는 BM25 함수를 사용해서 텀 하나씩 처리하는 알고리즘이다. 점수 누적기는 acc 배열에 저장한다. 각 질의 텀 t_i에 대해서 텀의 포스팅 목록과 더불어 acc 배열을 따라 이동하면서 새로운 배열 acc'에 갱신한 누적기를 저장한다. 최악의 경우 시간 복잡도는 다음과 같다.

$$\Theta\left(\sum_{i=1}^{n}(N_q/n \cdot i) + N_q \cdot \log(k)\right) = \Theta(N_q \cdot n + N_q \cdot \log(k)) \tag{5.17}$$

N_q는 모든 텀의 포스팅을 합한 수, 즉 $N_q = N_{t_1} + \cdots + N_{t_n}$다. 모든 텀 포스팅 목록의 길이가 같으면, 다시 말해 모든 $1 \leq i \leq n$에서 $N_{t_i} = N_q/n$이면 최악의 경우가 된다.

식 5.17과 식 5.12를 비교해보면 적어도 그림 5.4의 텀 하나씩 처리하는 알고리즘이 문서 하나씩 처리하는 방식보다 조금 느리다는 걸 알 수 있다($N_q \cdot \log(n)$ 대신 $N_q \cdot n$이므로). 그 이유는 모든 텀에 대해서 누적기 전체를 갱신해야 하기 때문이다. 이론상 acc를 배열이

아니라 해시 테이블로 구현하면 각 누적기를 갱신하는 비용이 $O(1)$이 돼서 갱신 비용을 줄일 수 있다. 그러면 전체 시간 복잡도는 $\Theta(N_q + N_q \cdot \log(k)) = \Theta(N_q \cdot \log(k))$가 된다. 하지만 실제 상황에서는 두 가지 이유로 배열이 해시 테이블보다 더 빠를 것이다. 첫째로 배열은 연속된 주소에 저장하므로 CPU 캐시 효율성이 좋아지는 반면 해시 테이블은 연속된 주소를 사용하지 않기 때문에 캐시 미스가 자주 일어난다. 두 번째는 더 중요한 이유인데, 실제 시스템에 텀 하나씩 처리하는 방식을 구현할 때는 누적기를 모든 문서에 대해서 유지하지 않고 누적기 잘라내기 기법을 적용하기 때문이다.

누적기 잘라내기

앞서 설명했듯이 텀 하나씩 처리하는 배경에는 포스팅 목록이 한꺼번에 메모리에 올라가기에 너무 크다는 이유가 있다. 이 가정대로라면 문서마다 달리는 누적기 집합 또한 메모리에 모두 유지하기에는 너무 클 것이다. 따라서 그림 5.4에 나온 알고리즘은 이런 가정에 맞지 않는다. 이 문제를 해결하려면 누적기 집합을 작게 유지해서 메모리 사용량을 줄이도록 알고리즘을 고칠 필요가 있다. 다시 말해 누적기를 만드는 수에 상한선 a_{max}를 둔다.

누적기 수를 줄이는 고전적인 방식 두 가지는 모팻과 조벨(Moffat and Zobel, 1996)이 제안한 끝내기^{QUIT}와 이어가기^{CONTINUE} 기법이다. 끝내기 기법은 텀 하나를 처리할 때마다 현재 누적기 집합 크기가 상한선을 넘는지, 즉 $|acc| \geq a_{max}$인지 검사한다. 상한을 넘는다면 그 시점에서 질의 처리를 중단하고 여태껏 모은 누적기 집합으로 최종 결과를 만든다. 반면 이어가기 기법은 다른 텀의 포스팅 목록을 처리하고 누적기도 계속 갱신하지만, 새로 누적기를 추가하지는 않는다.

하지만 어떤 텀의 포스팅 목록이 a_{max}보다 길다면 두 가지 기법 모두 (포스팅 목록을 다 처리한 뒤 크기를 검사하므로) 누적기 집합 크기를 정확히 상한선 이내로 유지하지 못한다. 상한선을 작게 잡으면 실제로 만드는 누적기 집합은 그보다 훨씬 클 가능성이 높다. 여기서 다룰 누적기 제한 기법은 이후 레스터 외(Lester et al, 2005) 등이 제안한 방법을 따른다. 레스터의 알고리즘은 누적기 생성 수가 a_{max}의 일정 비율 이내로 유지된다고 보장한다. 이 알고리즘을 좀 더 변형해서 이 상한선을 절대로 넘지 않음을 보여줄 것이다.

문서 하나씩 처리하는 알고리즘에 최대 점수 기법을 적용한 방식과 기본 개념은 비슷하게, 질의에 부합한 문서 전체를 볼 필요 없이 상위 k개만 알면 된다는 점을 고려한다. 다만 최대 점수 기법과 달리 누적기 잘라내기 방식은 문서 전체를 검사하는 알고리즘과 똑같은 결과를 보장하진 않고 단지 비슷한 결과를 만들 뿐이다. 결과가 얼마나 비슷한지는 잘라내는 방식 및 누적기 생성 상한값 a_{max}에 따라 달라진다.

그림 5.4에서 설명한 알고리즘에서는 질의 텀을 빈도가 낮은 순서대로 처리했다. 빈도 수가 낮은, 즉 포스팅 수가 적은 텀부터 처리하면 기본 알고리즘대로 누적기를 모두 유지할 경우 집합 acc에서 acc'로 복사하는 수가 적어져서 유리하다. 그런데 누적기 잘라내기 기법에서는 이 특성이 훨씬 더 중요해진다. 누적기 수를 제한하기 때문에 가급적 상위 k개에 들어갈 만한 문서에 누적기를 할당해야 하는데, 다른 조건이 똑같다면 여러 텀 중에서 점수가 더 큰 텀을 포함하는 문서가 상위에 들어갈 가능성이 높다. 그리고 BM25(뿐만 아니라 모든 IDF 기반 순위화 함수)에서는 빈도가 낮은 텀이 점수가 높으므로 먼저 처리해야 한다.

구체적으로 어떻게 누적기를 잘라낼지 정하려면 어떤 포스팅에 누적기를 할당할지 판단하는 규칙이 필요하다. 앞에서부터 $i - 1$개 텀을 처리한 상황에서 누적기 집합의 크기가 $a_{current}$라고 하자. 이제 텀 t_i를 처리해야 하는데, 다음 세 가지 경우가 있다.

1. $a_{current} + N_{t_i} \leq a_{max}$인 경우에는 t_i의 모든 포스팅에 누적기를 할당해도 충분하기 때문에 잘라낼 필요가 없다.

2. $a_{current} = a_{max}$인 경우에는 이미 누적기 집합 크기가 상한선에 도달했으므로 t_i의 어떤 포스팅에도 새로 누적기를 만들 수 없다.

3. $a_{current} < a_{max} < a_{current} + N_{t_i}$인 경우에는 모든 포스팅에 누적기를 만들 수는 없으므로 일부를 잘라내야 한다.

1, 2번은 단순명확하다. 3번의 경우 간단하게는 누적기를 만들지 않은 문서의 포스팅 순서대로 $a_{max} - a_{current}$개 만큼만 더 만드는 방법을 생각해볼 수 있다. 이 방안은 문서 모음 앞부분에 있는 문서들에 편중될 수 있다는 문제점이 있다. 일부러 문서 모음에 페이지랭크 같은 기준으로 문서를 정렬해 저장한 게 아닌 한 앞부분에 있는 문서가 더 질의에 적합하다고 판단할 근거는 아무데도 없다.

텀 t_i의 포스팅 목록에서 정확히 $a_{max} - a_{current}$개 포스팅의 점수가 어떤 문턱값 ϑ보다 크다는 사실을 알아서, 점수가 ϑ를 넘는 문서에만 누적기를 만든다면 이상적이다. 정말로 이 방법을 쓰려면 질의 처리 과정에서 각 텀의 포스팅 목록을 두 번 훑어야 한다. 처음 훑는 과정에서는 전체 포스팅의 점수를 계산하고 정렬해 문턱값 ϑ를 구하고, 다음 과정에서 다시 모든 포스팅의 점수를 계산해서 문턱값과 비교한다. 포스팅 목록이 매우 길다면 이 과정은 꽤 오래 걸릴 것이다. 이 문제는 두 단계로 풀어본다.

1. ϑ 대신 ϑ_{TF}라는 근사 문턱값을 사용해서 포스팅의 점수 계산 작업을 피한다. 새 문턱값은 포스팅에 저장된 TF 요소값과 그대로 비교함으로써 점수 계산 작업에 드는 시간을 아낀다.

2. ϑ_{TF}의 정확한 값을 구하는 대신 근삿값을 사용함으로써 두 번째 과정을 생략한다. 근삿값은 그때까지 비교한 포스팅들의 TF 분포에 기반해서, 포스팅을 비교해 나가면서 주기적으로 갱신한다.

이렇게 개선한 알고리즘을 그림 5.5에 기술했다. 질의 텀과 반환 개수 k뿐만 아니라 누적기 개수 상한인 a_{max}와 문턱값 ϑ_{TF}를 갱신할 주기 u도 인자로 받는다. 배열 *tfStats*는 주어진 TF 값을 가지며 아직 누적기를 생성하지 않은 포스팅 수를 기록한다. 여기 저장한 통계를 외삽해서 어떤 TF 값의 포스팅 수가 몇 개나 남았는지 예측하면 ϑ_{TF}를 예측하는 데 쓸 수 있다. 알고리즘상에서 31~32행에 해당한다.

갱신 주기 인자 u는 ϑ_{TF}를 재계산하는 비용을 적절히 제한하는 데 쓴다. 실험으로 알아본 결과 $u = 128$이면 문턱값 추정치는 제법 정확하면서도 재계산에 많은 비용이 들지 않았다. 또는 갱신 주기를 고정하지 않고 레스터 외(Lester et al., 2005)이 제안했듯이 지수적으로 주기를 늘려갈 수도 있다. 작업을 진행하면서 문턱값 추정이 점점 정확해져서 자주 갱신할 필요가 없기 때문이다.

32행에서 문턱값 계산을 하는 비용이 신경 쓰인다면 *tfStats* 배열에 있을 수 있는 모든 TF 값을 유지할 필요가 없다는 점을 고려하기 바란다. 대부분의 $f_{t_i,d}$는 매우 작아서 (4나 5에도 못 미친다) 큰 값 여러 개를 하나로 묶으면 *tfStats* 배열에 수많은 0을 불필요하게 유지할 필요가 없다. 만약 28행을 다음과 같이 바꿔도 실제로는 ϑ_{TF} 계산 결과가 별로 다르지 않지만 32행에서 ϑ_{TF}를 갱신하는 게 매우 빨라진다.

$$tfStats[\min\{15, f_{t_i,d}\}] \leftarrow tfStats[\min\{15, f_{t_i,d}\}] + 1$$

rankBM25_TermAtATimeWithPruning $(\langle t_1, ..., t_n \rangle, k, a_{max}, u) \equiv$

1    $\langle t_1, ..., t_n \rangle$을 N_{t_i}가 작은 순서로 정렬한다.

2    $acc \leftarrow \{\}, \ acc' \leftarrow \{\}$ // 누적기 집합을 초기화한다.

3    $acc[0].docid \leftarrow \infty$ // 목록 끝 표시

4   **for** $i = 1$ **to** n **do**

5         $quotaLeft \leftarrow a_{max} - length(acc)$ // 더 만들 수 있는 누적기 수

6   **if** $N_{t_i} \leq quotaLeft$ **then**   // 1번: 잘라낼 필요 없음

7   그림 5.4에 나온 알고리즘을 수행한다.

8   **else if** $quotaLeft = 0$ **then**   // 2번: 더 만들 수 없음

9   **for** $j = 1$ **to** $length(acc)$ **do**

10                  $acc[j].score \leftarrow acc[j].score + \log(N/N_{t_i}) \cdot \text{TF}_{\text{BM25}}(t_i, acc[j].docid)$

11   **else**   // 3번: 더 만들 수 있지만 잘라내기가 필요함

12             $tfStats[j] \leftarrow 0 \quad \forall j$ // 잘라내기를 위해서 TF 통계를 초기화함

13             $\vartheta_{TF} \leftarrow 1$ // 새 누적기에 적용할 문턱값

14             $postingsSeen \leftarrow 0$ // t_i의 포스팅 목록에서 탐색한 포스팅 수

15             $inPos \leftarrow 0$ // acc에서 위치

16             $outPos \leftarrow 0$ // acc'에서 위치

17   t_i의 포스팅 목록에 있는 각 문서마다

18   **while** $acc[inPos] < d$ **do**   // acc의 누적기를 acc'로 복사

19                       $acc'[outPos\text{++}] \leftarrow acc[inPos\text{++}]$

20   **if** $acc[inPos].docid = d$ **then**   // 문서와 누적기가 일치하면

21                       $acc'[outPos].docid \leftarrow d$

22                       $acc'[outPos\text{++}].score \leftarrow acc[inPos\text{++}].score + \log(N/N_{t_i}) \cdot \text{TF}_{\text{BM25}}(t_i, d)$

23   **else if** $quotaLeft > 0$ **then**

24   **if** $f_{t_i, d} \geq \vartheta_{TF}$ **then**   // $f_{t_i, d}$가 문턱값을 넘으므로 새 누적기를 생성함

25                            $acc'[outPos].docid \leftarrow d$

26                            $acc'[outPos\text{++}].score \leftarrow \log(N/N_{t_i}) \cdot \text{TF}_{\text{BM25}}(t_i, d)$

27                            $quotaLeft \leftarrow quotaLeft - 1$

28                       $tfStats[f_{t_i, d}] \leftarrow tfStats[f_{t_i, d}] + 1$

29                  $postingsSeen \leftarrow postingsSeen + 1$

30   **if** $(postingsSeen \bmod u = 0)$ **then**   // $tfStats$를 기반으로 ϑ_{TF}를 갱신함

31                       $q \leftarrow (N_{t_i} - postingsSeen)/postingsSeen$

32                       $\vartheta_{TF} \leftarrow \text{argmin}_x \{ x \in \mathbb{N} \mid \sum_{j=1}^{x} (tfStats[j] \cdot q) \geq quotaLeft \}$

33   acc에 아직 남은 누적기를 그림 5.4처럼 acc'로 마저 복사한다.

34   acc와 acc'를 맞바꾼다.

35   acc의 상위 k개 결과를 반환한다.   // 상위 k개를 고르는데 힙을 사용

그림 5.5 BM25와 누적기 잘라내기로 텀 하나씩 처리하는 알고리즘이다. 함수 입력 인자는 질의 텀 t_1, ⋯, t_n과 반환할 문서 수 k와 누적기 생성 수 상한인 a_{max}, 문턱값 갱신 주기 u다.

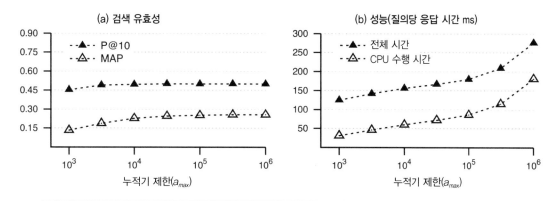

그림 5.6 누적기 잘라내기로 텀 하나씩 처리한 질의 처리 유효성과 성능을 측정했다. TREC TB 2006에서 사용한 질의 1만 개를 GOV2의 빈도 색인상에서 수행했다.

그림 5.6은 그림 5.5의 누적기 잘라내기 알고리즘을 구현해 검색 유효성과 성능을 측정한 결과다. 유효성 지표는 TREC Terabyte 2004와 2005에서 사용한 애드혹 주제 99개를 뽑고, 거기서 사용한 짧은 질의를 수행해서 얻은 상위 $k = 1$만 개 문서로 측정했다. 성능은 TREC Terabyte 2006의 능률 측정 주제 1만 개를 수행해 상위 $k = 10$개 문서를 요청한 다음 측정했다.

유효성은 a_{max}가 작더라도 변화가 별로 없다. 평균 정밀도 평균치^{MAP}는 $a_{max} \approx 10^5$ 정도일 때 떨어지기 시작한다. 상위 10개 결과의 정밀도(P@10)는 잘라내기를 적극적으로 적용할 때만($a_{max} < 10^4$) 저하된다. 수행 성능은 질의당 처리 시간이며 대강 텀 최대 점수를 적용해서 문서 하나씩 처리할 때와 비슷하다. $a_{max} = 10^5$이면 문서 하나씩 처리하든 텀 하나씩 처리하든 수행 성능과 검색 유효성은 대체로 비슷하다. a_{max}가 그보다 커지면 텀 하나씩 처리하는 쪽이 매번 누적기 배열을 탐색하는 비용이 커져서 더 느려진다.

흥미롭게도 텀 하나씩 처리하는 방식이 누적기를 적게 생성하면($a_{max} \leq 10^4$) 불리언 AND 질의보다도 빠르다(그림 5.6과 표 5.1을 비교해보라). 다만 어느 정도는 예상할 수 있는 결과다. 표 5.1을 보면 논리곱 질의(불리언 AND)를 처리할 때 질의당 평균 28,000개 문서 점수를 계산해야 한다. 따라서 조건이 맞으면 논리곱 방식이 논리합 방식에 누적기 잘라내기 기법을 적용할 때보다 더 느릴 수 있는 셈이다. 물론 논리곱 방식에도 누적기 잘라내기를 적용할 수 있으므로 공정한 비교라고 볼 수는 없다(연습 문제 5.2를 보라).

5.1.3 점수 분포 미리 계산하기

지금까지 살펴본 내용대로라면 검색엔진에서 질의 처리할 때 가장 병목이 되는 부분은 BM25 점수 계산식(식 5.5) 등으로 문서 점수를 계산하는 작업이라는 점이 명백하다. 텀 최대 점수 기법과 누적기 잘라내기 기법은 최종 상위 k개 문서에 들어갈 가능성이 있는 문서에 대해서만 점수 계산을 하도록 함으로써 성능 향상을 가져온다.

단어 주머니 패러다임을 따르는 점수 계산 방식(식 5.16)은 텀의 점수 기여도를 질의 처리 시점에 계산할 필요가 없다. 그 대신 색인을 만들 때 각 포스팅의 점수를 미리 계산해 문서 번호와 묶어서 (*docid, tf*) 대신 (*docid, score*) 쌍으로 저장해두면 된다. 미리 점수를 계산해두면 질의 처리 시점에 CPU 연산량을 획기적으로 줄일 수 있다. 다만 색인에 TF 대신 계산한 점수를 저장하면 나중에 점수 계산식을 바꿀 수는 없다. 이런 제약이 실제 서비스에서 문제가 되는 일은 드물지만, 새로 고안한 점수 계산식을 실험하기는 어렵다.

그보다 더 문제가 되는 부분은 점수를 사전 계산하면 색인 크기가 커지는 점이다. 역색인은 보통 저장 공간을 줄이고자 그리고 만약 디스크에 저장한다면 입출력 부하도 줄이려고 압축해서 저장한다. 압축을 어떻게 하는지는 여기서 중요하지 않다(6장에 자세히 나온다). 다만 압축의 기본 개념은 작은 정수를 적은 비트로 저장하기이다. 역색인에서 상당한 양의 TF는 4보다 작기 때문에 압축이 아주 잘 돼서 포스팅당 2, 3비트만 사용한다. 반면 사전 계산한 점수는 압축이 사실상 불가능하다. 텀 점수를 32비트 실수형으로 표현하면 24에서 32비트가 필요하다.[1]

텀 점수를 미리 계산해서 사용할 때 문서 점수 계산을 빠르게 하고 싶다면 계산한 텀 점수를 사전에 정의한 대푯값으로 바꿔야 한다. 점수를 저장할 때 압축하지 않고 B비트를 쓴다고 하자. 각 텀 점수는 아래와 같이 대푯값으로 치환된다.

$$score' = \left\lfloor \frac{score}{score_{max}} \cdot 2^B \right\rfloor \tag{5.18}$$

여기서 $score_{max}$는 점수 계산 함수로 얻을 수 있는 최댓값이다. BM25에서는 $score_{max} = k_1 + 1 = 2.2$다(IDF 요소는 무시했다).

---

[1] IEEE 표준에 따르면 32비트 실수형은 24비트 유효숫자와 8비트 지수로 이뤄진다. 유효숫자는 사실상 압축할 수 없다.

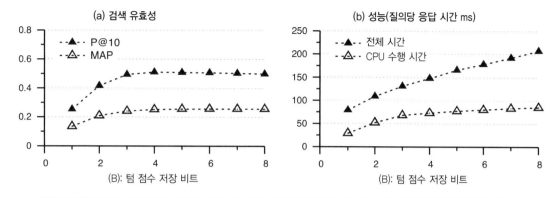

그림 5.7 문서 하나씩 처리하는 기법에 점수를 사전 계산하고 텀 최대 점수를 적용했을 때의 검색 유효성과 질의 수행 성능을 측정했다. TREC TB 2006에서 사용한 질의 1만 개를 GOV2의 빈도 색인상에서 수행했다.

치환한 대푯값 *score'*는 2^B가지 값을 가질 수 있지만 일반적으로 고르게 분포하지 않으므로 허프먼 코딩(Huffman coding, 6.2.2)과 같은 기법으로 압축하기에 적당해서 B비트보다 적게 써서 저장할 수 있다.

그림 5.7은 점수를 미리 계산하고 문서 하나씩 처리하는 방식으로 실험한 결과(검색 유효성과 질의당 처리 시간)를 보여준다. 이 그림에서 사전 계산한 점수를 압축하지 않고 4비트 정도의 적은 공간에 저장해도, 텀 점수를 미리 계산하지 않는 원래 방식에 비등한 검색 유효성을 보인다. 동시에 질의당 평균 처리 시간은 188ms에서 148ms로 21% 줄었다.

저장 비트 수를 늘리면 처리 속도가 느려져서 원래 방식보다도 느려지기까지 한다(B = 8이면 207ms로 원래의 188ms보다 더 걸린다). 속도가 느려지는 건 디스크 입출력이 늘어나기 때문이며, CPU 사용 시간은 거의 변하지 않는다. 그러므로 색인을 모두 메모리에 저장하면 속도가 느려지는 양상은 없을 것이다.

5.1.4 영향도순 색인

4장에서 기술한 역색인 자료 구조에서 포스팅은 문서 모음에서 등장한 순서대로 저장된다. 이렇게 저장하면 색인을 만들기 쉬울뿐더러 질의를 처리할 때도 포스팅 교집합 연산 등을 효율적으로 수행할 수 있다. 하지만 원본 문서 모음에서 나온 문서 순서대로 포스팅 목록을 만드는 게 꼭 최선은 아니다. 그림 5.5처럼 텀 하나씩 처리하고 누적기 잘라내기 기법을 사용하는 경우, t_i의 포스팅 목록에서 최대 점수 근사치를 구하려고 편법을 사용해야 했다. 그 대신 포스팅 목록 자체가 점수순으로 정렬됐다면 최대 점수를 훨씬 쉽게 구할 수 있다. 그저 포스팅 목록 앞쪽에서 찾으면 된다.

이렇게 점수 순서대로 포스팅을 저장한 색인을 영향도순 색인impact-ordered index이라고 부른다. 영향도순 색인에는 보통 TF대신 사전 계산한 텀 점수를 저장한다. 점수 순서대로 저장하는 건 이미 점수 계산 함수가 정해졌다는 뜻이다.

그저 원론대로 영향도순 색인을 구현하면 색인 접근에 사용하는 기본 함수가 끔찍하게 복잡해진다. 예를 들어 2장에서 나온 **next**는 더 이상 로그 수준이 아니라 선형 복잡도를 갖게 된다. 이런 문제를 피하려면 점수를 정확히 계산해 포스팅을 정렬하는 게 아니라 앞 절에서 본 대로 대푯값으로 치환해 정렬해야 한다. 대푯값은 2^B가지 중 하나를 가지며 B는 대체로 3에서 5다. 포스팅 목록의 모든 포스팅은 치환한 대푯값을 기준으로 정렬하지만, 같은 대푯값을 갖는 문서끼리는 4장에서 그랬듯이 문서 번호 순서로 저장한다.

이런 혼합 기법으로 포스팅 목록에서 임의 접근 연산 비용이 문서 순서로만 정렬할 때와 비교해도 그럭저럭 나쁘지 않게 된다. 그에 비해 점수가 높은 포스팅에 훨씬 빠르게 접근할 수 있어서, 특히 텀 하나씩 처리하는 방식에서 유용하다.

5.1.5 정적 색인 잘라내기

5.1.2절에서 본 누적기 잘라내기 기법은 영향도순 정렬 여부와 관계없이 포스팅 중 상당 부분을 계산하지 않고 넘어감으로써 속도를 높인다. 예컨대 누적기 제한 $a_{max} = 1,000$이 면 최대 1,000개 문서만 계산하는 식이다. 하지만 점수 계산을 할 만한 포스팅을 읽으려면 계산할 필요 없는 포스팅도 같이 읽어서 압축을 풀어야만 한다.

이마저도 피해서 성능을 짜내고 싶다면 색인 생성 시점에 어떤 포스팅이 질의 처리에 쓰이고 어떤 포스팅이 안 쓰일지 예측해보고, 안 쓰일 것 같은 포스팅을 아예 색인에서 제외할 수 있다. 이런 접근 방식을 정적 색인 잘라내기라고 부른다. 색인의 포스팅 목록이 짧아지기 때문에 처리 속도가 상당히 향상된다.

정적 색인 잘라내기는 확실히 단점도 있다. 첫째, 검색 결과로 정말로 상위 k개 문서가 돌아오는지 확신할 수 없다. 둘째, 구조적 질의 제한을 하거나 구문 검색을 요청하면 제대로 동작하지 않는다. 예를 들어서 "to be or not to be"라는 질의를 예의 셰익스피어 희곡 색인에 요청했는데 색인 잘라내기 알고리즘에서 〈햄릿〉 3막 2장에서 등장한 "not"이 별로 중요하지 않다고 판단해서 버렸다면 사용자가 원하는 장면을 찾을 수 없다. 하지만 이런 단점에도 색인 잘라내기 기법은 전통적인 단어 주머니 유형의 질의 처리에서 제법 쓸모 있다고 판명 났다.

색인 잘라내기 알고리즘은 일반적으로 두 가지 중 하나다.

- 텀 중심 색인 잘라내기란 색인에 있는 각 텀을 독립적으로 다루는 방식이다. 정해진 기준에 따라 각 텀의 포스팅 목록에서 중요한 포스팅만 골라서 저장하고 나머지는 버린다.
- 문서 중심 색인 잘라내기란 그와 반대로 각 문서를 살펴본다. 문서마다 어떤 텀이 중요하고 안 중요한지 예측해 중요한 텀의 포스팅 목록에는 해당 문서를 저장하고 그렇지 않은 텀은 애초에 텀이 없었던 것처럼 포스팅 목록에도 저장하지 않는다.

텀 중심 잘라내기

텀 중심 색인 잘라내기는 카멜 외(Carmel et al., 2001)가 최초로 고안했다. 카멜 외는 논문에서 여러 가지 엇비슷한 색인 잘라내기 알고리즘을 살펴봤다. 여기서는 그중 top-(K,ε) 텀 중심 잘라내기 알고리즘만 설명한다.

텀 t의 포스팅 목록 L_t와 내용을 모르지만 t를 포함하는 질의 q가 있다고 하자. 다른 조건이 같다면 L_t에 존재하는 어떤 포스팅 P가 질의 q에 대한 상위 k개 문서에 포함될 가능성은 P의 텀 점수가 커질수록 증가한다. 따라서 텀 중심 잘라내기 알고리즘은 L_t의 모든 포스팅을 BM25와 같은 점수 계산 함수로 얻은 값으로 정렬하고, 그중 상위 K_t개 포스팅만 색인에 넣고 나머지는 버린다.

포스팅을 몇 개나 남길지, 즉 K_t를 정하는 방법은 여러 가지다. 그중 하나는 모든 텀에 대해 같은 K_t를 적용하는 방식이다. 아니면 색인 전체의 텀 점수를 고려해 문턱값 ϑ를 정하고, 이 값을 넘는 포스팅만 색인에 남기는 방식도 있다. 세 번째는 어떤 텀이든 최소한 K개는 포스팅을 남기는 방식이다. 텀을 포함한 문서가 K개보다 많으면 포스팅 목록에서 텀 점수 분포에 따라서 K_t를 정한다. 이 기법이 바로 top-(K,ε) 잘라내기다.

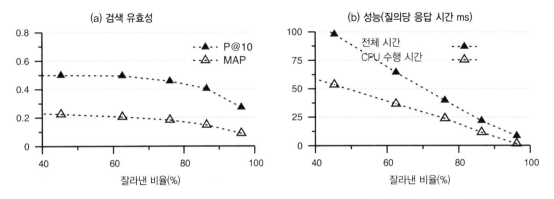

그림 5.8 텀 중심 색인 잘라내기를 $K = 1000$, ε은 0.5에서 1 사이에서 수행한 결과. 성능 측정에는 TREC TB 2006에서 사용한 질의 1만 개를, 유효성 측정에는 TREC 주제 701-800번을 사용했다.

- 두 가지 파라미터 K(자연수), $\varepsilon \in [0, 1]$을 정한다.
- 텀 t가 등장한 문서가 K개보다 적다면 모든 포스팅을 색인에 저장한다.
- 텀 t가 등장한 문서가 K개보다 많다면 문턱값 $\vartheta_t = score(L_t[K]) \cdot \varepsilon$를 계산하고 텀 점수가 ϑ_t 이상인 포스팅만 색인에 저장하고 나머지는 버린다. 여기서 $score(L_t[K])$는 t의 포스팅 중 K번째로 높은 텀 점수다.

어떻게 K와 ε를 정할지는 명확한 기준이 없다. 하지만 어느 한쪽을 정하면 다른 쪽은 색인 크기나 수행 속도, 검색 품질 등으로 봐 가면서 조절하면 된다.

그림 5.8의 실험에서는 임의로 $K = 1000$으로 고정하고 ε를 0.5에서 1까지 바꿔가면서 검색 유효성과 질의 처리 성능을 측정했다. 그림을 보면 $\varepsilon = 0.5$(잘라낸 비율이 약 50%)일 때 잘라내기를 하든 안 하든 검색 품질에는 눈에 띄는 차이가 없다(잘라내기를 하면 P@10는 0.503에서 0.500으로 바뀌고 MAP은 0.260에서 0.238로 바뀐다). 그러나 평균 질의 처리 시간은 188ms에서 118ms로 37% 줄어든다. 그보다 더 많이 잘라내면 성능 향상 폭이 더 크지만, 전체 포스팅의 70% 이상 잘라내면 검색 품질이 크게 떨어진다.

문서 중심 잘라내기

문서 중심 색인 잘라내기는 문서 기반 의사 적합도 피드백에서 영감을 얻은 방식이다(8.6절 참고). 의사 적합도 피드백은 두 단계로 질의를 처리하는 기법으로 첫 번째 단계는 질의에 대한 상위 k'개 문서를 고르고, 이들이 모두 질의에 적합하다고 가정해 문서 집합을 대표할 텀 집합을 정한다. 텀을 정할 때는 보통 텀 분포를 분석한 통계를 근거로 한다. 두 번째 단계는 이렇게 고른 텀을 원래 질의에 더해 다시 검색한다(새로 더한 텀이 원래 텀보다 더 큰 영향을 주지 않도록 가중치를 줄이기 마련이다). 의사 적합도 피드백으로 고른 텀은 원래 질의 텀을 포함하는 경우가 많다. 따라서 질의와 무관하게 색인 생성 시점에 의사 적합도 피드백을 각 문서에 적용해서 해당 문서 순위가 높을 만한 텀을 미리 고를 수 있다.

카피네토 외(Carpineto et al., 2001)가 연구한 의사 적합도 피드백 동작 원리에서 영감을 얻어서, 버처와 클라크(Büttcher and Clarke, 2006)는 다음과 같이 문서 중심 잘라내기 알고리즘을 제안했다.

- 잘라내기 파라미터 $\lambda \in (0, 1]$를 정한다.
- 각 문서 d에 대해서 문서 내에 등장한 고유한 텀 n개를 다음 함수에 따라 정렬한다.

$$score(t, d) \;=\; p_d(t) \cdot \log\left(\frac{p_d(t)}{p_C(t)}\right) \tag{5.19}$$

이때 $p_d(t) = f_{t,d}/l_d$는 unigram 언어 모델상에서 텀 t가 문서 d 안에 등장할 확률이다. 그리고 $p_C(t) = l_t/l_C$는 텀 t가 역시 unigram 언어 모델상에서 전체 문서 모음 C 안에 등장할 확률이다. 상위 $\lceil \lambda \cdot n \rceil$ 텀을 골라서 색인에 저장하고 나머지는 버린다.

여러분이 정보 이론의 여러 개념을 잘 알고 있다면 식 5.19를 보고 두 확률 분포의 차이를 계산하는 데 쓰는 쿨백-라이블러 발산$^{KL\ divergence,\ Kullback\text{-}Leibler\ divergence}$을 떠올렸을지도 모른다. 두 이산 확률 분포 f와 g 사이의 쿨백-라이블러^{KL} 발산은 다음과 같이 정의한다.

$$\sum_x f(x) \cdot \log\left(\frac{f(x)}{g(x)}\right) \tag{5.20}$$

KL 발산은 두 확률 분포가 얼마나 다른지 측정하는 데 주로 쓰며, 정보 검색의 여러 분야에서도 유용한 역할을 한다. 9.4에서는 언어 모델을 이용한 순위화 방식에서 문서 점수를 계산하는 데 활용한다.

색인 잘라내기에 있어서는 KL 발산을 사용하면 한 문서가 나머지와 얼마나 다른지 정량화할 수 있다. 이런 관점에서 보면 식 5.9의 잘라내기 기준은 특정 문서의 KL 발산이 가장 커지도록 만드는 텀을 고르는 작업이 된다. 바꿔 말하면 그 문서를 가장 독특해지도록 만들어주는 텀인 셈이다. 잘라내기 기준은 어떤 점수 계산 함수를 선택할지와는 무관하다는 점을 유념하자.

그림 5.9는 문서 중심 잘라내기 방식으로 얻은 실험 결과를 나타냈다. 잘라내기를 적당히 해서는 검색 유효성에 별다른 영향이 없음을 볼 수 있다. 예컨대 전체 포스팅의 70%를 색인에서 제거해도($\lambda = 0.3$) MAP은 0.260에서 0.238로 떨어질 뿐이다. P@10은 거의 변화가 없을뿐더러 심지어 잘라내기를 전혀 하지 않은 색인보다 높기도 하다(0.508 대 0.503). 아주 높은 비율을 잘라낸 다음에야($\lambda < 0.1$) 상위 문서 정밀도(P@10)가 떨어진다.

그림 5.8과 그림 5.9를 비교해보면 잘라내기 비율이 같으면 텀 중심 잘라내기 방식이 항상 수행 속도가 더 빠르다. 이는 텀 중심 잘라내기는 색인의 모든 텀에서 잘라낼 포스팅을 선택하기 때문이다. 많은 텀이 질의에 쓰지 않는 부산물(문서 작성 시간 등)이다. 문서 중심 잘라내기 방식은 이런 텀이 문서에서 한 번만 나오는 경우가 많으므로 별로 중요하지 않다고 판단해 색인에서 제거한다. 그 결과 색인에 남은 텀의 포스팅 목록 평균 길이는 늘어난다. 그렇기 때문에 잘라내기 비율이 같으면 문서 중심 잘라내기 방식이 질의 수행 시간이 더 길다.

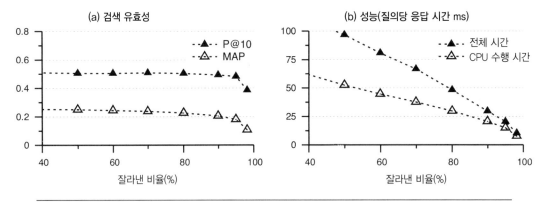

그림 5.9 문서 중심 색인 잘라내기를 λ가 0.05에서 0.6 사이일 때 수행한 결과. 성능 측정에는 TREC TB 2006에서 사용한 질의 1만 개를, 유효성 측정에는 TREC 주제 701–800번을 사용했다.

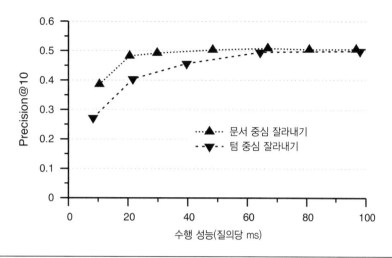

그림 5.10 문서 중심과 텀 중심 색인 잘라내기 방식 간의 능률-검색 유효성 트레이드 오프

그림 5.10에 텀 중심과 문서 중심 잘라내기 방식을 직접 비교했다. 질의 처리 성능이 보통 수준(질의당 60ms 초과)이라면 두 가지 방식 모두 잘라내지 않은 색인과 비슷한 정밀도를 보인다. 하지만 처리 속도가 빠른 질의에서는 정밀도 차이가 눈에 띄기 시작한다. 예컨대 P@10 = 0.45로 고정하면 문서 중심 잘라내기 방식이 두 배 정도 빠르다.

정확성 보장

직전에 설명한 색인 잘라내기는 검색엔진에서 파라미터를 조정해 능률과 유효성을 맞바꿀 수 있는 흥미로운 기법이지만, 실제 서비스 상황에서 쓸 만한 건 아니다. 웹 검색 시장을 예로 든다면 워낙 경쟁이 심하기 때문에 검색 결과 품질이 조금만 떨어져도 점유율이 떨어질 위험이 있다. 성능이 좋아지는 건 물론 반갑지만 검색 유효성에 악영향을 주지 않을 때에만 해당하는 이야기다.

엔툴라스와 조(Ntoulas and Cho, 2007)는 잘라낸 색인에서 검색한 결과가 색인을 잘라내지 않고 검색했을 때 얻는 결과와 똑같은지 판별하는 방법을 제시했다. 이 방법은 순위화 함수가 단어 주머니 점수 모델(식 5.16 참고)을 따른다고 가정한다.

단순하게 설명하도록 식 5.16에서 quality 요소를 뺀 다음과 같은 점수 계산식을 사용한다고 하자.

$$\text{score}(q, d) = \sum_{t \in q} \text{score}(t, d) \tag{5.21}$$

위 식으로 검색엔진에서 문서 점수를 계산하고 색인 잘라내기를 적용해 일부 포스팅이 제
거됐다고 가정하자. 또한 텀 중심 top-$(K\varepsilon)$ 잘라내기 알고리즘으로 색인을 잘라냈다고 하
자. 이제 색인의 각 텀 t에 대해서 문턱값 ϑ_t를 두고 텀 점수가 이 값을 넘는 포스팅만 색인
에 남긴다.

이러한 사실을 바탕으로 잘라낸 색인에서 검색한 결과가 원래 색인에서 얻는 결과와 같
은지 아닌지 판별할 수 있다. 텀 세 개짜리 질의 $q = \langle t_1, t_2, t_3 \rangle$가 있고 문서 d가 있어서 잘
라낸 색인에서 이 문서에는 텀 t_1과 t_2가 있지만 t_3는 없다고 하자. 색인 정보만으로는 사실
d에 t_3가 있는데 포스팅이 잘린 건지 아니면 원래 텀이 없는지 알 수 없다. 그렇지만 만약
d에 t_3가 있다면 $\text{score}(t_3, d)$는 ϑ_{t_3}보다 클 수 없다는 건 안다. 따라서 d의 최종 점수 최댓

---

rankBM25_DocumentAtATimeWithCorrectnessGuarantee $(\langle t_1, ..., t_n \rangle, k) \equiv$
1. $m \leftarrow 0$ // m은 질의에 부합하는 문서의 총 개수
2. $d \leftarrow \min_{1 \le i \le n} \{\textbf{nextDoc}(t_i, -\infty)\}$
3.   **while** $d < \infty$ **do**
4. $results[m].docid \leftarrow d$
5. $results[m].score \leftarrow 0$
6. $results[m].numHits \leftarrow 0$
7.   **for** $i \leftarrow 1$ **to** n **do**
8.   **if** $\textbf{nextDoc}(t_i, d-1) = d$ **then**
9. $results[m].score \leftarrow results[m].score + \log(N/N_{t_i}) \cdot \text{TF}_{\text{BM25}}(t_i, d)$
10. $results[m].numHits \leftarrow results[m].numHits + 1$
11.   **else**
12. $results[m].score \leftarrow results[m].score + \vartheta_{t_i}$
13. $m \leftarrow m + 1$
14. $d \leftarrow \min_{1 \le i \le n} \{\textbf{nextDoc}(t_i, d)\}$
15. $results[0..(m-1)]$을 $score$의 내림차순으로 정렬한다.
16. **if** $results[i].numHits = n$ for $0 \le i < k$ **then**
17.   **return** $(results[0..(k-1)], true)$ // 결과가 원래 색인과 동일하다.
18. **else**
19.   **return** $(results[0..(k-1)], false)$ // 결과가 다를 수 있다.

그림 5.11 색인 잘라내기를 적용하고 문서 하나씩 처리하는 질의 수행 알고리즘. 상위 k개 문서가 정확하면 (즉, 잘라내지 않은
색인에서 얻은 결과와 같으면) *true*를 반환하고 아니면 *false*를 반환한다.

값은 다음과 같다.

$$\text{score}(q, d) \leq \text{score}(t_1, d) + \text{score}(t_2, d) + \vartheta_{t_3} \tag{5.22}$$

잘라낸 색인은 온전한 점수를 계산할 수 없으므로, 문서 d의 점수를 포스팅으로 계산한 값 대신 위의 최댓값으로 부여한다. 그림 5.11은 그림 5.1의 알고리즘을 변형한 것이다. 이 알고리즘에서는 문서가 질의 텀 t의 포스팅에 없으면 잘라내기 파라미터 ϑ_t를 텀 점수로 사용한다. 순위 계산이 끝나고 상위 k개 문서 모두가 모든 텀에 부합한다면(16행에서 $results[i].numHits = n$) 잘라내지 않은 색인에서 얻은 결과와 같다.

그림 5.11의 알고리즘은 두 단계 질의 처리 구조에 적용할 수 있다. 첫 번째 단계는 잘라낸 색인을, 두 번째 단계는 잘라내지 않은 원래 색인을 사용한다. 질의는 우선 잘라낸 색인으로 보내서 처리하고, 검색 결과가 원래 색인과 같다고 확인되면 그대로 반환한다. 검색 결과가 다를 수 있다고 판별되면 질의를 원래 색인에 보내서 다시 처리한다. 잘라낸 색인이 원래 색인보다 얼마나 더 빨리 질의를 처리하는지, 전체 질의 중 얼마나 잘라낸 색인만으로 응답할 수 있는지에 따라 검색 품질을 해치지 않고도 평균 질의 부하를 줄일 가능성이 생긴다. 다만 그림 5.11의 알고리즘은 문서 중심 잘라내기와 같이 쓸 수 없다는 점에 유의하자. 문서 중심 잘라내기는 텀 점수의 상한선 ϑ_t를 정할 수 없기 때문이다. 따라서 실제로 문서 중심으로 잘라낸 색인에서 검색한 결과 품질이 원래보다 떨어지지 않더라도 색인에 있는 정보만으로 그 사실을 판단할 수 없다.

5.2 경량 구조

2장 도입부에서 역색인을 단순한 추상 자료 형식으로 표현했다. 이 추상 자료 형식으로 어떻게 구문 검색을 수행하는지, 또는 셰익스피어 희곡에서 특정 화자의 모든 대사를 찾는 경우처럼 어떻게 구조적 요소를 사용한 연산을 수행하는지 설명했다. 이런 예제에서 역색인 자료 구조의 메서드를 활용해 등장인물 이름과 이름이 나오는 대사의 위치를 찾을 수 있었다. 이제는 영역 대수$^{region\ algebra}$[2]라는 개념을 사용해 위 기법을 일반화하고자 한다.

---

2   공간상의 영역에 대한 불리언 대수이며, 정보 검색에서는 문서의 본문 구간이 영역 개념이 된다. – 옮긴이

영역 대수는 본문 구간(또는 영역)을 결합하고 조정하는 연산자와 함수를 제공해 경량 구조를 뒷받침한다. 영역 대수는 기본적인 문서 검색과 복잡한 XML 검색(16장을 보라) 사이에 오는 중간 지점이라고 볼 수 있다. 또한 검색엔진과 디지털 라이브러리가 지원하는 여러 고급 검색 기능을 묶을 수도 있다. 1980년대 초 '신 옥스포트 영어 사전^{New Oxford English Dictionary} 프로젝트'를 위해 PAT 영역 대수를 고안한 이래(Gonnet, 1987; Salminen and Tompa, 1994), 연구자들은 여러 가지 영역 대수 연산을 제안했다. 5장에서 소개할 영역 대수 연산은 이들을 대표할 만한 내용이며, 비교적 단순하고 2장에서 소개한 기법을 사용해 만들 수 있다(Clarke et al., 1995a, 1995b; Clarke and Cormack, 2000).

5.2.1 일반화한 용어 색인 목록

영역 대수는 본문 구간 집합을 다룬다고 볼 수 있다. 각 구간은 구간 시작을 뜻하는 u와 끝을 뜻하는 v를 써서 $[u, v]$로 나타낼 수 있다. 여기서 소개할 영역 대수 연산으로 다룰 본문 구간 집합이 가져야 할 간단하지만 중요한 요건이 있다. 바로 어떤 구간도 같은 집합에 속하는 다른 구간을 품지(포함하지) 않는다는 점이다. 이런 요건을 지키는 구간 집합을 일반화한 용어 색인 목록^{Generalized Concordance List} 또는 GC 목록이라고 부른다.

GC 목록은 용어 색인^{concordance}, 즉 문서에 나오는 단어를 알파벳 순서로 나열하고 어떤 부분에서 단어가 나오는지 정리한 목록에서 이름을 땄다. 컴퓨터가 없던 시절에는 셰익스피어 작품처럼 방대한 문서에서 무언가 찾고자 종이에 용어 색인 목록을 만들었다. 본질적으로 역색인의 초창기 형태라고 할 수 있겠다.

구간 $[u', v']$가 다른 구간 $[u, v]$를 품으면 $[u, v] \sqsubseteq [u', v']$라고 표기하겠다. 그리고 $[u, v] \not\sqsubseteq [u', v']$는 $[u', v']$가 $[u, v]$를 품지 않는다는 뜻이다. 영역 대수 연산을 수행할 집합에 속하는 구간 $[u, v]$와 $[u', v']$는 항상 $[u, v] \not\sqsubseteq [u', v']$다. 다시 말해 $u < u'$이고 $v < v'$거나, 아니면 $u > u'$이고 $v > v'$여야 한다. 예를 들어서 아래 구간 집합에서 $[5, 9] \sqsubseteq [1, 10]$이므로 이는 GC 목록이 아니다.

$$S = \{[1, 10], [5, 9], [8, 12], [15, 20]\} \tag{5.23}$$

이 집합에서 $[1, 10]$을 빼면 GC 목록으로 만들 수 있다.

$$\{[5, 9], [8, 12], [15, 20]\} \tag{5.24}$$

여기서 [5, 9]는 [8, 12]와 겹치지만, 어느 한 쪽이 다른 쪽을 품는 건 아니라서 괜찮다. 오히려 겹치는 구간이 있어야 영역 대수가 힘을 발휘한다. 물론 위 집합 S에서 [1, 10] 대신 [5, 9]를 빼도 GC 목록을 만들 수 있다. 다만 나중에 다시 설명하겠지만, 좀 더 큰 구간을 빼는 편이 유리하다.

구간 집합을 GC 목록으로 만드는 과정을 공식화할 수 있다. 집합 S가 구간 집합이라고 하면 함수 $\mathcal{G}(S)$를 다음과 같이 정의한다.

$$\mathcal{G}(S) = \{a \mid a \in S \text{ and } \nexists\, b \in S \text{ such that } b \sqsubset a\} \tag{5.25}$$

이 함수는 주어진 집합에서 다른 구간을 품는 구간을 제거함으로써 GC 목록을 만든다. 다시 말해 집합 S가 GC 목록이라면 $\mathcal{G}(S) = S$이고 $\mathcal{G}(S) = \mathcal{G}(\mathcal{G}(S))$여야만 한다. 영역 대수를 구현하면 GC 목록은 자연스럽게 부각된다. 비록 구현한 영역 대수가 명시적으로 구간 집합을 GC 목록으로 바꾸진 않지만, 위 함수를 통해 어떻게 동작하는지 간명히 나타낼 수 있다.

GC 목록은 몇 가지 중요한 특성이 있다. 구간이 서로 품지 않기 때문에 같은 위치에서 시작하는 구간은 없다. 즉, 두 구간 $[u, v]$와 $[u', v']$가 있으면 $u < u'$이거나 $u > u'$이다. 마찬가지로 같은 위치에서 끝나는 구간도 없다. $u < u'$면 $v < v'$여야 한다. 그렇기 때문에 GC 목록에 존재하는 구간은 시작 위치로 정렬하든 끝나는 위치로 정렬하든 똑같은 순서가 된다. 끝으로 어떤 위치에서든 딱 한 구간만 시작할 수 있으므로 GC 목록의 크기(구간의 개수)는 전체 모음의 총 길이를 넘지 않는다.

스키마 독립적인 포스팅 목록은 같은 위치에서 시작하고 끝나는 길이 1의 구간으로 된 GC 목록이라고 볼 수 있다. 따라서 그림 2.1에 나온 "first"의 포스팅 목록은 다음과 같은 GC 목록으로 표현할 수 있다.

$$\text{"first"} = \{[2205, 2205], [2268, 2268], ..., [1271487, 1271487]\} \tag{5.26}$$

구문 질의의 결과도 각 구문의 시작 위치와 끝 위치를 구간으로 갖는 GC 목록으로 나타낼 수 있다. 예를 들어서 셰익스피어 문서에서 "first witch"라는 구문에 대한 결과는 다

표 5.2 영역 대수에서 정의하는 이항 연산

포함 연산자
Contained In: (포함된다)
$A \lhd B = \{a \mid a \in A \text{ and } \exists\, b \in B \text{ such that } a \sqsubset b\}$
Containing: (포함한다)
$A \rhd B = \{a \mid a \in A \text{ and } \exists\, b \in B \text{ such that } b \sqsubset a\}$
Not Contained In: (포함되지 않는다)
$A \ntriangleleft B = \{a \mid a \in A \text{ and } \nexists\, b \in B \text{ such that } a \sqsubset b\}$
Not Containing: (포함하지 않는다)
$A \ntriangleright B = \{a \mid a \in A \text{ and } \nexists\, b \in B \text{ such that } b \sqsubset a\}$

결합 연산자
Both Of: (둘 다 갖는)
$A \vartriangle B = \mathcal{G}(\{c \mid \exists\, a \in A \text{ such that } a \sqsubset c \text{ and } \exists\, b \in B \text{ such that } b \sqsubset c\})$
One Of: (하나는 갖는)
$A \triangledown B = \mathcal{G}(\{c \mid \exists\, a \in A \text{ such that } a \sqsubset c \text{ or } \exists\, b \in B \text{ such that } b \sqsubset c\})$

순서 연산자
Before: (앞서 오는)
$A \dots B = \mathcal{G}(\{c \mid \exists\, [u,v] \in A \text{ and } \exists\, [u',v'] \in B \text{ where } v < u' \text{ and } [u,v'] \sqsubset c\})$

음과 같이 표현할 수 있다,

$$\text{"first witch"} = \{[745406, 745407], [745466, 745467], [745501, 745502], \dots\} \quad (5.27)$$

5.2.2 연산자

앞으로 표 5.2에 정리한 일곱 개의 영역 대수 이항 연산자를 사용한다. 모든 연산자는 GC 목록을 받아서 역시 GC 목록을 만들어낸다. 이들은 포함 연산자, 결합 연산자, 순서 연산자 이렇게 세 가지 유형으로 분류할 수 있다.

포함 연산자는 한 GC 목록 구간 중에서 다른 GC 목록의 구간에 포함되거나 포함되지 않거나 포함하거나(품거나) 포함하지 않는 구간을 골라낸다. 포함 연산자는 문서 모음의 구조적 요소가 갖는 위계 특성을 이용한 질의를 형식화하는 데 사용한다. 우항 피연산자는 좌항을 제한하는 필터 역할을 해서, 연산 결과는 좌항 GC 목록의 부분 집합이 된다.

결합 연산자 두 개는 불리언 AND와 OR 연산자를 닮았다. "Both of" 연산자는 두 피연산자에 모두 존재하는 구간을 결과로 돌려주므로 AND와 비슷하다. 연산 결과가 GC 목록임을 보장하고자 $\mathcal{G}()$ 함수를 적용한다. "One of" 연산자는 두 GC 목록을 합해서 어느 쪽에서 나온 구간이든지 모두 결과로 돌려준다.

순서 연산자는 구간 이어 붙이기의 일반화인 셈이다. 연산 결과에 있는 각 구간은 좌항에 속하는 구간에서 시작해 우항에 속하는 구간에서 끝난다. 좌항에서 온 구간이 끝나는 지점은 우항에서 온 구간 시작 지점보다 앞선다. 순서 연산자를 활용하는 예로는 구성 요소를 구분하는 태그를 연결해 한 구성 요소가 한 구간을 차지하는 GC 목록으로 만드는 경우를 들 수 있다. 다음 절에서 7가지 연산자 모두를 활용하는 예를 보여줄 것이다.

이항 연산자 외에도 단항 투영^{projection} 연산자 두 가지가 있다. 각각 π_1과 π_2라고 부르며, GC 목록 A가 주어질 때 다음과 같이 정의한다.

$$\pi_1(A) \ = \ \{[u, u] \mid \exists v \text{ with } [u, v] \in A\} \tag{5.28}$$

$$\pi_2(A) \ = \ \{[v, v] \mid \exists u \text{ with } [u, v] \in A\} \tag{5.29}$$

예를 들면 이러하다.

$$\pi_1(\{[5, 9], [8, 12], [15, 20]\}) \ = \ \{[5, 5], [8, 8], [15, 15]\} \tag{5.30}$$

$$\pi_2(\{[5, 9], [8, 12], [15, 20]\}) \ = \ \{[9, 9], [12, 12], [20, 20]\} \tag{5.31}$$

또한 특정 길이의 구간을 모두 포함하는 GC 목록은 다음과 같이 정의한다.

$$[i] \ = \ \{[u, v] \mid v - u + 1 = i\} \tag{5.32}$$

예를 들면 이러하다.

$$[10] \ = \ \{..., [101, 110], [102, 111], [103, 112], ...\} \tag{5.33}$$

5.2.3 연산자 예제

2장에 나온 질의를 처리할 때 영역 대수를 활용할 수 있다.

1. 아무 마녀^{witch}나 읊은 대사

   ("⟨LINE⟩"   ...   "⟨/LINE⟩")
    ◁ (("⟨SPEECH⟩"   ...   "⟨/SPEECH⟩")
       ▷ (("⟨SPEAKER⟩"   ...   "⟨/SPEAKER⟩") ▷ "witch"))

   괄호는 표현식을 묶어서 어떤 연산을 먼저 수행해야 하는지 알려준다. 가장 먼저
   화자가 마녀인 경우를 찾은 다음 대사에 포함된 행을 뽑는다. 연산 중간 결과와 최
   종 결과 모두 GC 목록이다.

2. "To be or not to be"를 말한 등장인물

   ("⟨SPEAKER⟩"   ...   "⟨/SPEAKER⟩")
    ◁ (("⟨SPEECH⟩"   ...   "⟨/SPEECH⟩")
       ▷ (("⟨LINE⟩"   ...   "⟨/LINE⟩") ▷ "to be or not to be"))

   찾을 구문을 포함하는 행이 어느 대사인지 찾아서 화자를 뽑아낸다. 셰익스피어 희
   곡에서 이 구문은 딱 한 번 나와서 연산 결과 GC 목록은 구간을 하나만 가진다.

3. 마녀^{witch}와 천둥^{thunder}이 언급된 희곡 제목

   ("⟨TITLE⟩"   ...   "⟨/TITLE⟩")
    ◁ (("⟨PLAY⟩"   ...   "⟨/PLAY⟩") ▷ ("witch" △ "thunder"))

   우선 "witch"와 "thunder" 둘 다 포함하는 본문 부분을 찾아서 GC 목록을 만든다.
   그다음으로 이 부분을 포함하는 희곡 제목을 뽑아낸다.

위 예제에서 XML이 적절한 구조를 가진다고 가정했다. 제목, 장면, 희곡, 행 각각 알맞은
태그로 감싸고 모든 희곡은 제목이 있으며 모든 대사는 화자와 대사 내용을 포함한다. 그
리고 각 구성 요소는 자신을 포함하지 않는다(이를테면 대사 안에 다른 대사가 들어가지 않는
다).

영역 대수의 한 가지 고유한 속성은 "witch" △ "thunder" 같은 불리언 질의에 희곡이나 행 같은 전체 집합 개념을 도입하지 않고도 의미를 부여할 수 있다는 점이다. 이는 연산 결과를 GC 목록으로 표현하기 때문이다. 셰익스피어 희곡에 적용하면 다음과 같다.

$$\text{"witch"} \triangle \text{"thunder"} = \{[31463, 36898], [36898, 119010], [125483, 137236], ...\} \quad (5.34)$$

이 가운데서는 겹치는 구간도 있고 어떤 구간은 두 희곡에 걸쳐 있기도 하다. 한 구간이 다른 구간을 포함하지 않으므로 각 구간은 "witch"로 시작해서 "thunder"로 끝나거나 그 반대다. 이 불리언 질의에 부합하는 희곡, 장면, 행, 그 밖의 구성 요소 위치를 찾는 건 한 GC 목록으로 다른 목록을 필터링하는 작업이다.

AND와 OR만 사용한 불리언 표현식은 모두 결합 연산자로 나타낼 수 있다. 예를 들어서 다음 질의는 "witch"나 "king" 중 하나라도 나오면서 동시에 "thunder"나 "dagger" 중 하나라도 나오는 본문 구간을 정의한다.

$$(\text{"witch"} \triangledown \text{"king"}) \triangle (\text{"thunder"} \triangledown \text{"dagger"})$$

그 결과로 나온 GC 목록에 속한 구간은 같은 표현식을 만족하는 다른 구간을 포함하지 않는다. 같은 표현식을 충족하는 더 큰 구간이 있다면 GC 목록에 속한 구간 중 하나를 포함할 것이다. 식 5.25에서 정의한 $\mathcal{G}(S)$의 정의에 따르면 포함 관계에 있는 두 구간 중 더 큰 쪽을 없앤다고 했다. 지금 다시 생각해보면 그 이유가 좀 더 명확하다. 적어도 불리언 표현식에 있어서는 더 큰 구간을 남겨서 득 될 게 전혀 없다.

불리언 연산자 NOT을 쓰려면 전체 집합 개념이 필요하다. 예를 들어서 마녀^{witch}나 천둥^{thunder}이 전혀 나오지 않은 희곡을 찾는 질의는 다음과 같다.

$$(\text{"}\langle\text{PLAY}\rangle\text{"} ... \text{"}\langle/\text{PLAY}\rangle\text{"}) \not\triangleright (\text{"witch"} \triangledown \text{"thunder"})$$

이 책에서 소개한 영역 대수를 활용해 많은 검색엔진이나 디지털 라이브러리의 고급 기능을 구현할 수 있다. 이런 정보 검색 시스템에서 제목이나 저자, 초록과 같은 특정 필드에 한정해 불리언 질의를 수행하는 기능은 흔한 일이다. 그리고 이런 질의는 적절한 영역 대수 연산으로 대응하기 좋다. 많은 웹 검색엔진은 특정 사이트 문서만을 대상으로 검색하는 기능을 제공한다. 질의 텀에 "site:uwaterloo.ca"가 들어 있으면 워털루대학교 사이트의 페이지 중에서만 검색한다. 색인과 태그가 적절하게 됐다고 가정하면, 이런 질의는 다음과 같이 표현할 수 있다.

$$(\text{ "}\langle \text{PAGE}\rangle\text{" } \dots \text{ "}\langle/\text{PAGE}\rangle\text{" }) \vartriangleright ((\text{ "}\langle \text{SITE}\rangle\text{" } \dots \text{ "}\langle/\text{SITE}\rangle\text{" }) \vartriangleright \text{ "uwaterloo.ca" })$$

5.2.4 구현

영역 대수 구현은 2장에서 소개한 구문 검색, 근접도 순위화, 불리언 질의 알고리즘을 일반화한다. 앞서 살펴본 대로, 한 GC 목록에 속하는 구간을 시작 위치 순서로 정렬하든 끝나는 위치 순서로 정렬하든 결과는 같다. 이런 속성을 활용해 영역 대수를 효율적으로 구현하는 프레임워크를 만들 것이다. 이 방법은 2.1에서 정의한 역색인과 비슷한 추상 자료 구조를 사용해 GC 목록을 색인한다. GC 목록의 구간 순서를 매기는 방식은 이 추상 자료 구조를 정의하는 근간이 된다. GC 목록과 문서 모음 안에서 어떤 위치가 주어지면 그 위치에 가장 가깝다고 볼 수 있는 구간을 찾도록 GC 목록을 색인한다. 우선 예를 들어 설명한 다음 정식으로 프레임워크를 설명하겠다.

어떤 표현식 $A \dots B$ 연산을 수행한다고 하자(그림 5.12를 보라). 결과로 얻은 GC 목록은 A에서 나온 한 구간부터 B에서 나온 한 구간까지 가진다. A의 첫 구간이 $[u, v]$라고 하자. B의 첫 구간이 $[u', v']$이고 $u' > v$라면 v'는 $A \dots B$ 연산 결과 첫 구간이 끝나는 위치다. B를 색인해서 $u' > v$인 첫 번째 구간을 찾을 수 있다. A의 구간 중 u' 이전에 끝나는 마지막 구간이 $A \dots B$의 첫 번째 구간이 된다. A를 색인해서 $v'' < u'$를 만족하는 마지막 구간 $[u'', v'']$를 찾을 수 있다. 이제 $[u'', v']$는 $A \dots B$ 연산 결과의 첫 번째 구간이 된다. 처음에 A에서, 그다음에 B에서, 다시 A에서 색인으로 구간을 탐색하는 세 단계를 거치면 첫 번째 결과를 얻을 수 있다. 그 다음 결과 구간은 u''보다 뒤에 나오며, A에서 그보다 뒤에 나오는 첫 번째 구간을 찾을 수 있다. 이렇게 A와 B의 색인에서 계속 구간을 찾아가면서 $A \dots B$의 남은 구간을 모두 찾을 수 있다.

구현 프레임워크는 다양한 방법으로 GC 목록에 색인으로 접근하는 네 가지 메서드로 이뤄진다. 각 메서드는 GC 목록상에서 문서 모음의 특정 위치에 '가장 가까운 구간'을 나

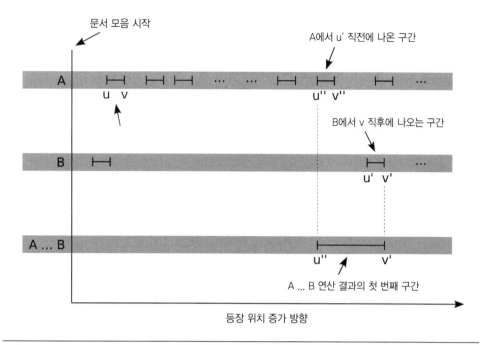

문서 모음 시작

A에서 u′ 직전에 나온 구간

A

u v

B에서 v 직후에 나오는 구간

B

u′ v′

A ... B

u″   v′

A ... B 연산 결과의 첫 번째 구간

등장 위치 증가 방향

그림 5.12 *A* ... *B* 결과인 GC 목록의 구간을 찾는 과정

름의 방법으로 나타낸다. 영역 대수 연산자를 위한 네 가지 메서드를 피연산자 메서드를 사용해 구현한다.

- $\tau(S, k)$는 GC 목록 S에서 위치 k나 그 뒤에서 시작하는 첫 번째 구간을 돌려준다.

$$\tau(S, k) = \begin{cases} [u, v] & \text{if } \exists\, [u, v] \in S \text{ such that } k \leq u \\ & \text{and } \not\exists\, [u', v'] \in S \text{ such that } k \leq u' < u \\ [\infty, \infty] & \text{if } \not\exists\, [u, v] \in S \text{ such that } k \leq u \end{cases} \qquad (5.35)$$

- $\rho(S, k)$는 S에서 k나 그 뒤에서 끝나는 첫 번째 구간을 돌려준다.

$$\rho(S, k) = \begin{cases} [u, v] & \text{if } \exists\, [u, v] \in S \text{ such that } k \leq v \\ & \text{and } \not\exists\, [u', v'] \in S \text{ such that } k \leq v' < v \\ [\infty, \infty] & \text{if } \not\exists\, [u, v] \in S \text{ such that } k \leq v \end{cases} \qquad (5.36)$$

- $\tau'(S, k)$는 τ와 반대로 S에서 k나 그 앞에서 끝나는 마지막 구간을 돌려준다.

$$\tau'(S, k) = \begin{cases} [u, v] & \text{if } \exists\, [u, v] \in S \text{ such that } k \geq v \\ & \text{and } \not\exists\, [u', v'] \in S \text{ such that } k \geq v' > v \\ [\text{-}\infty, \text{-}\infty] & \text{if } \not\exists\, [u, v] \in S \text{ such that } k \geq v \end{cases} \tag{5.37}$$

- $\rho'(S, k)$는 ρ와 반대로 S에서 k나 그 앞에서 시작하는 마지막 구간을 돌려준다.

$$\rho'(S, k) = \begin{cases} [u, v] & \text{if } \exists\, [u, v] \in S \text{ such that } k \geq u \\ & \text{and } \not\exists\, [u', v'] \in S \text{ such that } k \geq u' > u \\ [\text{-}\infty, \text{-}\infty] & \text{if } \not\exists\, [u, v] \in S \text{ such that } k \geq u \end{cases} \tag{5.38}$$

예를 들어 $S = \{[5, 9], [8, 12], [15, 20]\}$이고 $k = 10$이면 다음과 같이 구한다.

$$\begin{aligned} \tau(\{[5, 9], [8, 12], [15, 20]\}, 10) &= [15, 20] \\ \rho(\{[5, 9], [8, 12], [15, 20]\}, 10) &= [8, 12] \\ \tau'(\{[5, 9], [8, 12], [15, 20]\}, 10) &= [5, 9] \\ \rho'(\{[5, 9], [8, 12], [15, 20]\}, 10) &= [8, 12] \end{aligned}$$

역색인 메서드를 설명할 때와 마찬가지로 ∞와 $-\infty$는 각각 파일 끝과 시작을 나타낸다.

여기 소개한 메서드, 즉 $\tau(S, k)$, $\rho(S, k)$, $\tau'(S, k)$, $\rho'(S, k)$는 2장에서 다룬 역색인 추상 자료 구조와 관련이 깊다. 그림 5.13에 $\tau(t, k)$와 $\tau'(t, k)$을 정의한 바 대로, 개별 질의 텀에 대해서 역색인 추상 자료 구조를 사용해서 이들을 정의할 수 있다. 그러므로 그림 2.1의 역

$\tau(t, k) \equiv$
1   **if** $k = \infty$ **then**
2      $u \leftarrow \infty$
3   **else if** $k = -\infty$ **then**
4      $u \leftarrow -\infty$
5   **else**
6      $u \leftarrow \text{next}(t, k - 1)$
7   **return** $[u, u]$

$\tau'(t, k) \equiv$
8   **if** $k = \infty$ **then**
9      $v \leftarrow \infty$
10   **else if** $k = -\infty$ **then**
11      $v \leftarrow -\infty$
12   **else**
13      $v \leftarrow \text{prev}(t, k + 1)$
14   **return** $[v, v]$

그림 5.13 텀 t에 대한 $\tau(t, k)$와 $\tau'(t, k)$의 의사 코드

색인이 있다면 다음 식이 성립한다.

$$\tau(\text{"first"}, 745466) = [745501, 745501] \tag{5.39}$$

$\rho(t, k)$는 $\tau(t, k)$와 비슷하게 정의하고 $\rho'(t, k)$는 $\tau'(t, k)$와 비슷하게 정의한다. 구간 길이가 똑같다면 GC 목록 메서드 구현은 k를 통해 해답을 바로 구할 수 있어서 한층 간결해진다 (연습 문제 5.5를 보라).

이항 연산자 메서드는 피연산자 메서드를 기반으로 동작한다. 그림 5.14는 몇 가지 예를 보여준다. $\tau(A \dots B, k)$를 구현하는 데 있어서 코드 상당수는 ∞와 $-\infty$에 얽인 경계 상황을 처리하는 데 쓰인다. 알고리즘 동작의 핵심 요소는 5, 8, 11행에 나오며 그림 5.12에 나타난 아이디어를 반영한다. 5행에서 A의 첫 번째 구간은 k나 그 뒤에서 시작한다. 8행에서 B의 첫 번째 구간은 앞서 구한 A의 구간 끝이나 그 뒤에서 시작한다. B의 첫 번째 구간 끝은 $\tau(A \dots B, k)$ 해답이 끝나는 위치이기도 하다. 마지막으로 11행에서 해답 시작 위치를 구한다.

뜀뛰기 탐색(그림 2.5)을 이용해 메서드를 구현할 수도 있다. 질의 Q에 대한 모든 해답을 일반화하려면 $\tau(Q, k)$를 반복해서 호출한다.

$\tau(A \dots B, k) \equiv$

1   **if** $k = \infty$ **then**
2   **return** $[\infty, \infty]$
3   **if** $k = -\infty$ **then**
4   **return** $[-\infty, -\infty]$
5     $[u, v] \leftarrow \tau(A, k)$
6   **if** $[u, v] = [\infty, \infty]$ **then**
7   **return** $[\infty, \infty]$
8     $[u', v'] \leftarrow \tau(B, v + 1)$
9   **if** $[u', v'] = [\infty, \infty]$ **then**
10   **return** $[\infty, \infty]$
11    $[u'', v''] \leftarrow \tau'(A, u' - 1)$
12   **return** $[u'', v']$

$\tau(A \lhd B, k) \equiv$

13   **if** $k = \infty$ **then**
14   **return** $[\infty, \infty]$
15   **if** $k = -\infty$ **then**
16   **return** $[-\infty, -\infty]$
17    $[u, v] \leftarrow \tau(A, k)$
18   **if** $[u, v] = [\infty, \infty]$ **then**
19   **return** $[\infty, \infty]$
20    $[u', v'] \leftarrow \rho(B, v)$
21   **if** $[u', v'] = [\infty, \infty]$ **then**
22   **return** $[\infty, \infty]$
23   **if** $u' \leq u$ **then**
24   **return** $[u, v]$
25   **else**
26   **return** $\tau(A \lhd B, u')$

$\rho(A \rhd B, k) \equiv$

27   **if** $k = \infty$ **then**
28   **return** $[\infty, \infty]$
29   **if** $k = -\infty$ **then**
30   **return** $[-\infty, -\infty]$
31    $[u, v] \leftarrow \rho(A, k)$
32   **if** $[u, v] = [\infty, \infty]$ **then**
33   **return** $[\infty, \infty]$
34    $[u', v'] \leftarrow \tau(B, u)$
35   **if** $[u', v'] = [\infty, \infty]$ **then**
36   **return** $[\infty, \infty]$
37   **if** $v' \leq v$ **then**
38   **return** $[u, v]$
39   **else**
40   **return** $\rho(A \rhd B, v')$

그림 5.14 A와 B가 GC 목록일 때 $\tau(A \dots B, k)$, $\tau(A \lhd B, k)$, $\rho(A \rhd B, k)$를 각각 구현하는 방법

$$k \leftarrow 0$$
$$\textbf{while } k < \infty \textbf{ do}$$
$$[u, v] \leftarrow \tau(Q, k)$$
$$\textbf{if } k \neq \infty \textbf{ then}$$
$$\text{output } [u, v]$$
$$k \leftarrow u + 1$$

5.3 더 읽을거리

5.1절의 시작 부분에서 순위화 검색을 위한 질의 처리는 논리곱이나 논리합 불리언 모델 중 하나를 따라야 한다는 점을 암시했다. 단, 이들을 함께 사용할 수도 있다. 예를 들면 우선 질의를 논리곱 방식으로 해석해서 검색하되, 결과 문서가 너무 적으면 논리합 방식으로 다시 검색하는 식이다. 브로더 외(Broder et al, 2003)는 이와 같은 소위 "weak-AND" 접근 방식을 더 일반화했다.

텀 최대 점수 기법(5.1.1절)은 터틀과 플러드(Turtle and Flood, 1995)가 고안했다. 스미스(Smith, 1990)도 그보다 먼저 비슷한 알고리즘을 제안했다. 최근에는 스트로맨 외 (Strohman et al., 2005)가 상위 문서 목록(매우 공격적으로 잘라낸 색인으로 볼 수도 있다)을 미리 계산해서 k번째 검색 결과 점수 하한선을 얻는 방식으로 텀 최대 점수 기법을 개선했다. 점수 하한선을 보고 문서 하나를 계산하기 전부터 질의 텀을 힙에서 제거할 수 있다. 이들은 이 방식으로 원래의 텀 최대 기법보다 처리 시간을 23% 줄였다고 보고했다. 주 외 (Zhu et al., 2008)는 텀 최대 점수 기법을 변형해서 순위화 함수에 텀 근접도 요소를 반영하는 방법을 제시했다. 스트로맨의 접근법과 비슷하지만 구문 색인을 사용해서 근접도를 고려한 상위 문서 목록을 계산했다.

영향도순 색인(5.1.4절)은 원래 퍼신 외(Persin et al., 1996)가 빈도순 색인이라는 이름으로 연구했다. 이를 안 외(Anh et al., 2001, 2004, 2006)가 연달아 발표한 논문에서 개선해왔다. 그중 마지막 논문이 특히 중요한데 그때까지 잘 몰랐지만 영향도순 색인이 문서 하나씩 처리하는 방식에 적합하다는 점을 보여줬기 때문이다.

PAT 영역 대수(Gonnet, 1987; Salminen and Tompa, 1994)는 원래 새 옥스포드 영어

사전 프로젝트를 지원하려고 만들었다. 이후 Open Text Corporation이 상업화해서 자사의 검색엔진에 주요 부분으로 만들었다(Open Text Corporation, 2001). 이 검색엔진의 첫 번째 버전을 혼자서 개발한 팀 브레이는 나중에 XML 표준을 공동 작성하기도 했다. 이후 버전은 1990년대 중반 야후!(Yahoo!)의 검색 서비스에 쓰였고 콘텐츠 관리 시스템에도 지속적으로 활용했다.

PAT 영역 대수가 성공을 거두자 이를 확장, 개선하는 작업이 잇따랐다. PADRE 시스템(Hawking and Thistlewaite, 1994)은 PAT를 병렬 처리할 수 있도록 구현했다. 버코우스키(Burkowski, 1992)는 계층적 영역 대수를 위한 포함 연산자와 집합 연산자를 제안했다. 5장에서 소개한 영역 대수 연산은 클라크 외(Clarke et al., 1995a, 1995b)가 연구한 내용에 기반하는데, 버코우스키의 영역 대수를 확장(동시에 단순화)했다고 볼 수 있다. 다오 외(Dao et al., 1996)와 더불어 야콜라와 킬페레이넨(Jaakkola and Kilpeläinen, 1999)은 이를 더 확장해서 재귀 구조(예컨대 다른 대사를 포함하는 대사)에도 적합하게 만들었다. 콘센스와 밀로(Consens and Milo, 1995)는 영역 대수의 이론적인 측면과 그 한계점을 탐구했다. 나바로와 배자-예이츠(Navarro and Baeza-Yates, 1997)는 영역을 여러 계층으로 구성하고 인접한 상하위 관계와 재귀 구조를 지원하는 영역 대수를 기술했다.

결합 연산자를 효율적으로 구현하는 방법을 더 알고 싶다면 클라크와 코맥(Clarke and Cormack, 2000)의 연구 내용을 참고하라. 장 외(Zhang et al., 2001)는 관계형 데이터베이스 시스템에서 포함 연산 질의를 효율적으로 구현하는 방법을 논의했다. 영-라이와 톰파(Young-Lai and Tompa, 2003)는 상향식 일회 탐색 구현법을 기술했다. 볼디와 비냐(Boldi and Vigna, 2006)는 계산을 미뤄서 더 효율적으로 구현하는 방법을 탐구했다.

5.4 연습 문제

연습 문제 5.1 식 5.12를 보면 힙을 두고 문서 하나씩 처리하는 알고리즘이 최악의 상황에서 $\Theta(N_q \cdot \log(n) + N_q \cdot \log(k))$ 시간 복잡도를 가진다.

(a) 최악의 시간 복잡도로 수행하도록 만드는 (문서 점수 분포와 같은) 입력 정보의 특징을 기술하라.

(b) 알고리즘의 평균 시간 복잡도가 항상 $\Theta(N_q \cdot \log(k))$보다 좋다는 점을 증명하라. 필요하다면 $k > n$이고 문서 점수가 고르게 분포해 있다고 가정해도 좋다. 점수가 고르게 분포한다는 것은 모든 문서가 같은 확률로 최고 점수를 비롯해 모든 순위의 점수를 가질 수 있다는 뜻이다.

연습 문제 5.2 논리곱 형식(불리언 AND) 질의를 처리하고 누적기 잘라내기를 지원하는 텀 하나씩 처리하기 알고리즘을 작성하라.

연습 문제 5.3 그림 5.7(b)에서 사전 계산 점수 저장(B)에 3비트보다 적게 사용하면 질의당 평균 CPU 사용 시간은 급격하게 줄어든다. 이는 텀 최대 점수 기법을 적용했을 때 발생하는 부수적 효과다. 텀 최대 점수 기법이 B가 작은 경우보다 더 효과적인 이유를 설명하라.

연습 문제 5.4 5.2.3에서 설명한 가정에 따라서 다음 질의를 영역 대수로 표현해보라.

(a) "Birnam"이 "Dunsinane" 뒤에 나오는 희곡을 찾아라.

(b) "Birnam"과 "Dunsinane"이 포함된 본문 구역을 찾아라.

(c) 마녀의 대사 중에 "Birnam"이 포함된 희곡을 찾아라.

(d) 첫 행에는 "toil"이나 "trouble"이 첫 행에 나오되 두 번째 행에는 "burn"이나 "bubble"이 나오지 않는 대사를 찾아라.

(e) "Something wicked this way comes"라는 행이 나온 장면에서 "fife"를 포함하는 유령의 대사를 찾아라.

연습 문제 5.5 길이가 고정된 구간에 대한 GC 목록 메서드 $\tau([i], k), \rho([i], k), \tau'([i], k), \rho'([i], k)$를 의사 코드로 구현하라.

연습 문제 5.6 투영 연산자를 적용한 GC 목록 메서드 $\tau(\pi_1(A), k), \rho(\pi_1(A), k), \tau'(\pi_1(A), k), \rho'(\pi_1(A), k), \tau(\pi_2(A), k), \rho(\pi_2(A), k), \tau'(\pi_2(A), k), \rho'(\pi_2(A), k)$를 의사 코드로 구현하라.

연습 문제 5.7 그림 5.14의 알고리즘을 본따 다음 메서드를 의사 코드로 구현하라.

(a) $\rho(A \ldots B, k)$

(b) $\tau(A \triangle B, k)$

(c) $\tau(A \triangledown B, k)$

240

(d) $\tau(A \,\triangleright\, B, k)$

(e) $\rho(A \,\triangleleft\, B, k)$

(f) $\tau'(A \,\triangleleft\, B, k)$

연습 문제 5.8 구문 검색을 위한 GC 목록 메서드 $\tau(t_1 \ldots t_n, k)$, $\rho(t_1 \ldots t_n, k)$, $\tau'(t_1 \ldots t_n, k)$, $\rho'(t_1 \ldots t_n, k)$를 의사 코드로 구현하라(힌트: 그림 2.2의 **nextPhrase** 함수 구현을 참고해보자).

연습 문제 5.9 (프로젝트 문제) BM25 순위화 수식(식 8.48)을 문서 하나씩 처리하는 방식으로 구현해보자. 텀 최대 점수 기법을 사용해 점수를 계산하는 문서 수를 줄여야 한다.

5.5 참고문헌

Anh, V. N., de Kretser, O., and Moffat, A. (2001). Vector-space ranking with effective early termination. In *Proceedings of the 24th Annual International ACM SIGIR Conference on Research and Development in Information Retrieval*, pages 35 – 42. New Orleans, Louisiana.

Anh, V. N., and Moffat, A. (2004). Collection-independent document-centric impacts. In *Proceedings of the 9th Australasian Document Computing Symposium*, pages 25 – 32. Melbourne, Australia.

Anh, V. N., and Moffat, A. (2006). Pruned query evaluation using pre-computed impacts. In *Proceedings of the 29th Annual International ACM SIGIR Conference on Research and Development in Information Retrieval*, pages 372 – 379. Seattle, Washington.

Boldi, P., and Vigna, S. (2006). Efficient lazy algorithms for minimal-interval semantics. In *String Processing and Information Retrieval, 13th International Conference*, pages 134 – 149. Glasgow, Scotland.

Broder, A. Z., Carmel, D., Herscovici, M., Soffer, A., and Zien, J. (2003). Efficient query evaluation using a two-level retrieval process. In *Proceedings of the 12th International Conference on Information and Knowledge Management*, pages 426 – 434. New Orleans, Louisiana.

Burkowski, F. J. (1992). An algebra for hierarchically organized text-dominated databases. *Information Processing & Management*, 28(3):333–348.

Büttcher, S., and Clarke, C. L. A. (2006). A document-centric approach to static index pruning in text retrieval systems. In *Proceedings of the 15th ACM International Conference on Information and Knowledge Management*, pages 182–189. Arlington, Virginia.

Carmel, D., Cohen, D., Fagin, R., Farchi, E., Herscovici, M., Maarek, Y., and Soffer, A. (2001). Static index pruning for information retrieval systems. In *Proceedings of the 24th Annual International ACM SIGIR Conference on Research and Development in Information Retrieval*, pages 43–50. New Orleans, Louisiana.

Carpineto, C., de Mori, R., Romano, G., and Bigi, B. (2001). An information-theoretic approach to automatic query expansion. *ACM Transactions on Information Systems*, 19(1):1–27.

Clarke, C. L. A., and Cormack, G. V. (2000). Shortest-substring retrieval and ranking. *ACM Transactions on Information Systems*, 18(1):44–78.

Clarke, C. L. A., Cormack, G. V., and Burkowski, F. J. (1995a). An algebra for structured text search and a framework for its implementation. *Computer Journal*, 38(1):43–56.

Clarke, C. L. A., Cormack, G. V., and Burkowski, F. J. (1995b). Schema-independent retrieval from heterogeneous structured text. In *Proceedings of the 4th Annual Symposium on Document Analysis and Information Retrieval*, pages 279–289. Las Vegas, Nevada.

Consens, M. P., and Milo, T. (1995). Algebras for querying text regions. In *Proceedings of the 14th ACM SIGACT-SIGMOD-SIGART Symposium on Principles of Database Systems*, pages 11–22. San Jose, California.

Dao, T., Sacks-Davis, R., and Thom, J. A. (1996). Indexing structured text for queries on containment relationships. In *Proceedings of the 7th Australasian Database Conference*, pages 82–91. Melbourne, Australia.

Gonnet, G. H. (1987). *Pat 3.1 — An Efficient Text Searching System — User's Manual*. University of Waterloo, Canada.

Hawking, D., and Thistlewaite, P. (1994). Searching for meaning with the help of a PADRE. In *Proceedings of the 3rd Text REtrieval Conference (TREC-3)*, pages 257–267. Gaithersburg, Maryland.

Jaakkola, J., and Kilpeläinen, P. (1999). *Nested Text-Region Algebra*. Technical Report CC-1999-2. Department of Computer Science, University of Helsinki, Finland.

Lester, N., Moffat, A., Webber, W., and Zobel, J. (2005). Space-limited ranked query evaluation using adaptive pruning. In *Proceedings of the 6th International Conference on Web Information Systems Engineering*, pages 470–477. New York.

Moffat, A., and Zobel, J. (1996). Self-indexing inverted files for fast text retrieval. *ACM Transactions on Information Systems*, 14(4):349–379.

Navarro, G., and Baeza-Yates, R. (1997). Proximal nodes: A model to query document databases by content and structure. *ACM Transactions on Information Systems*, 15(4):400–435.

Ntoulas, A., and Cho, J. (2007). Pruning policies for two-tiered inverted index with correctness guarantee. In *Proceedings of the 30th Annual International ACM SIGIR Conference on Research and Development in Information Retrieval*, pages 191–198. Amsterdam, The Netherlands.

Open Text Corporation (2001). *Ten Years of Innovation*. Waterloo, Canada: Open Text Coporation.

Persin, M., Zobel, J., and Sacks-Davis, R. (1996). Filtered document retrieval with frequencysorted indexes. *Journal of the American Society for Information Science*, 47(10):749–764.

Salminen, A., and Tompa, F.W. (1994). Pat expressions — An algebra for text search. *Acta Linguistica Hungarica*, 41(1–4):277–306.

Smith, M. E. (1990). *Aspects of the P-Norm Model of Information Retrieval: Syntactic Query Generation, Efficiency, and Theoretical Properties*. Ph.D. thesis, Cornell University, Ithaca, New York.

Strohman, T., Turtle, H., and Croft, W. B. (2005). Optimization strategies for complex queries. In *Proceedings of the 28th Annual International ACM SIGIR Conference on Research and Development in Information Retrieval*, pages 219–225. Salvador, Brazil.

Turtle, H., and Flood, J. (1995). Query evaluation: Strategies and optimization. *Information Processing & Management*, 31(1):831–850.

Young-Lai, M., and Tompa, F.W. (2003). One-pass evaluation of region algebra expressions. *Information Systems*, 28(3):159 – 168.

Zhang, C., Naughton, J., DeWitt, D., Luo, Q., and Lohman, G. (2001). On supporting containment queries in relational database management systems. In *Proceedings of the 2001 ACM SIGMOD International Conference on Management of Data*, pages 425 – 436. Santa Barbara, California.

Zhu, M., Shi, S., Yu, N., and Wen, J. R. (2008). Can phrase indexing help to process nonphrase queries? In *Proceedings of the 17th ACM Conference on Information and Knowledge Management*, pages 679 – 688. Napa, California.

6

색인 압축

역색인은 상당히 클 수 있다. 특히 텀의 위치 정보를 모두 저장하면 더욱 커진다. 전형적인 영문 문서에는 구두점과 공백을 포함해 대략 6바이트마다 토큰이 하나씩 나온다. 따라서 포스팅을 64비트 정수로 저장하면 압축하지 않은 위치 정보 색인은 압축하지 않은 원본 문서 크기의 130%에서 140% 정도가 된다. 표 6.1에 이를 뒷받침하는 수치를 정리했는데, 이 책에서 사용한 세 가지 문서 모음 자체의 비압축 크기, 압축한 크기와 더불어 그로부터 만든 스키마 독립적 색인의 비압축 크기, 압축 크기를 나열했다. 예를 들어서 TREC45 문서 모음으로 만든 색인을 압축하지 않으면 약 331MB이며 이 크기는 원래 문서 크기의 122%이다.[1]

표 6.1 세 가지 문서 모음의 비압축시 크기와 압축 시(gzip --bset) 크기, 스키마 독립적 색인의 비압축 시(64비트 정수 표현) 크기와 압축 시(vByte) 크기 비교

	문서 모음 크기		색인 크기	
	비압축	압축	비압축	압축
셰익스피어 희곡	7.5MB	2.0MB	10.5MB(139%)	2.7MB(36%)
TREC45	1904.5MB	582.9MB	2331.1MB(122%)	533.0MB(28%)
GOV2	425.8GB	79.7GB	328.3GB(77%)	62.1GB(15%)

---

1   GOV2 색인의 원본 대비 크기는 다른 두 문서 모음보다 훨씬 작다. 이는 자바스크립트 코드나 색인에 쓸모 없는 내용이 많이 포함됐기 때문이다.

색인 크기를 줄이는 확실한 방법 한 가지는 개별 포스팅을 64비트 정수 대신 문서 모음 전체 토큰 수가 n이라고 할 때 $\lceil \log(n) \rceil$ 비트 정수로 저장하는 방법이다. TREC45는 ($\lceil \log(n) \rceil$ = 29) 이 방법으로 색인 크기를 2331.1MB에서 1079.1MB, 즉 원래 문서 모음 크기의 57%로 줄일 수 있다. 단순히 64비트로 저장하는 방식과 비교하면 상당히 개선한 셈이다. 하지만 이것조차도 표 6.1에서 보듯이 색인 압축 효과에는 훨씬 미치지 못한다.

역색인은 사전과 포스팅 목록이라는 두 가지 핵심 요소가 있으며 각각 서로 다른 압축 방식을 적용할 수 있다. 대체로 사전 크기가 포스팅 목록보다 훨씬 작기 때문에(표 4.1을 보라) 연구자와 개발자 모두 포스팅 목록 압축에 더 많이 신경을 썼다. 그러나 사전 압축도 주 메모리 사용량을 줄여서 포스팅이나 검색 결과 캐싱에 메모리를 더 쓸 수 있게 하기 때문에 요긴한 때가 있다.

6장의 남은 부분은 세 부분으로 나뉜다. 첫 번째 부분(6.1절과 6.2절)은 심볼 단위의 범용 압축 기법을 간략히 소개한다. 두 번째 부분(6.3절)은 포스팅 목록 압축을 다룬다. 여기서는 목록 구조를 위한 몇몇 압축 방법을 논의하고 여러 가지 역색인 유형의 차이점을 짚어본다. 또한 문서를 재배치해서 압축 효과가 어떻게 개선되는지도 함께 보일 것이다. 마지막 부분(6.4절)은 사전 자료 구조를 위한 압축 기법을 설명하고, 어떻게 사전을 압축해서 메모리 사용량을 크게 절감할 수 있는지 보이겠다.

6.1 범용 데이터 압축

데이터 압축이란 간단히 말하면 A라는 데이터 뭉치를 그보다 크기가 작은 B라는 데이터 뭉치로 바꾸는 작업이다. 크기가 작으면 전송하거나 저장하는 데 더 적은 용량이 필요하다. 모든 압축 알고리즘은 부호기encoder, compressor와 복호기decoder, decompressor를 가진다. 부호기는 원본 데이터 A를 압축해서 데이터 B를 만들어내고, 복호기는 B를 받아 C라는 결과물을 만들어낸다.

압축 기법에는 손실 압축과 비손실 압축 두 가지 방식이 있다. 비손실 방식은 복호기가 만든 결과 C가 원본 A와 똑같다. 손실 방식은 C가 A와 똑같지 않지만 거의 비슷하다. 손실 압축 방식은 (JPEG 등)영상이나 (MP3 등)음원 파일을 압축할 때 유용하다. 원본과 약간 다르더라도 사람은 인지하지 못하기 때문이다. 하지만 그 사소한 차이가 데이터 품질을 얼마나 떨어뜨리는지 추정하려면 압축하는 데이터의 구조나 의미를 사전에 알아야 한다.

6장에서는 비손실 압축 알고리즘만 다룬다. 가장 큰 이유는 포스팅 목록을 압축했다가 복원했을 때 원본과 달라진다면 의미가 없기 때문이다(텀 위치 정보는 근삿값만 얻어도 충분할 수 있을지도 모르지만). 그렇기 때문에 누군가 손실 색인 압축이라고 말할 땐 압축 기법을 구분해서 지칭하는 것이 아니라 색인 일부를 잘라내는 방식을 뜻한다(5.1.5절을 보라).

6.2 심볼 기반 데이터 압축

어떤 데이터를 압축한다면 데이터 개별 비트보다는 데이터가 나타내는 정보의 의미가 더 중요하다. 이 정보를 메시지 M이라고 부르자. 압축 기술 분야에서는 메시지를 흔히 심볼 집합 S(알파벳이라고 부른다)에 속하는 심볼이 나열된 것으로 간주한다.

$$M = \langle \sigma_1, \sigma_2, \ldots, \sigma_n \rangle, \quad \sigma_i \in \mathcal{S} \tag{6.1}$$

이런 압축 기법을 심볼 기반 또는 통계적 기법이라고 부른다. 심볼은 경우에 따라 한 비트나 한 바이트가 될 수도 있고 한 단어(본문 압축 시), 한 포스팅(역색인 압축 시) 또는 그밖의 무언가가 될 수도 있다. 적절한 심볼 집합을 정의하는 일은 상황에 따라서는 어렵기도 하지만, 일단 정의하고 나면 잘 정립된 통계 이론으로 M에 나열된 심볼을 부호화해서 전체 크기를 줄일 수 있다. 심볼 기반 데이터 압축의 근간이 되는 개념은 두 가지다.

1. 모든 심볼이 같은 빈도로 나타나지 않는다. 자주 나오는 심볼을 드물게 나오는 심볼보다 더 적은 비트로 부호화하면 메시지를 표현하는 전체 비트 수를 줄일 수 있다.
2. 메시지에 나열된 심볼 $\langle \sigma_1, \sigma_2, \ldots, \sigma_3, \ldots, \sigma_n \rangle$ 중에서 i번째 심볼이 그 앞에 나온 심볼 $\langle \ldots, \sigma_{i-2}, \sigma_{i-1} \rangle$에 의해 결정되는 경우가 종종 있다. 이와 같은 심볼 간 연관성을 이용하면 저장 공간을 더 줄일 수 있다.

글자당 8비트를 차지하는 ASCII로 작성한 셰익스피어 희곡 본문(XML 형식의 영문)을 압축한다고 생각해보자. 본문에 나오는 글자는 모두 86개이므로 일단 손쉽게 글자당 8비트에서 7비트로 줄일 수 있다. 뿐만 아니라 본문에 나오는 글자 간에도 등장 빈도 차이가 심하다. 예를 들어서 가장 자주 나온 6글자와 가장 뜸하게 나온 6글자를 비교해보면 다음과 같다.

1. " ":	742,018	4. "(":	359,452	81. "(":	2	84. "8": 2
2. "E":	518,133	5. ")":	359,452	... 82. ")":	2	85. "$": 1
3. "e":	410,622	6. "t":	291,103	83. "5":	2	86. "7": 1

가장 자주 나온 글자, 즉 공백을 1비트 줄여서 7비트 대신 6비트로 저장하고 가장 뜸하게 나온 두 글자를 1비트 늘려서 8비트로 저장하면 총 742,016비트를 줄일 수 있다.

게다가 본문에서 연이어 나오는 글자 사이의 연관성도 있다. 예컨대 "u"는 본문 전체에서 114,592번 나오는데, 이는 중간 정도 빈도에 해당한다. 하지만 "q"가 나온 다음에는 반드시 "u"가 나온다. 그러므로 "q" 직후에 나온 "u"는 따로 저장할 필요조차 없다!

6.2.1 모델링과 코딩

심볼 기반 압축 방식은 보통 모델링과 코딩이라는 두 단계로 동작한다. 모델링 단계에서는 각 심볼이 등장하는 확률 분포 M(모델이라고도 부른다)을 계산한다. 코딩 단계에서는 메시지에 담긴 심볼을 코드 C에 따라서 재부호화한다. 코드란 단순히 각 심볼 σ을 몇 비트로 표현하는 코드값 $C(\sigma)$에 연결한 정보다. $C(\sigma)$는 압축 모델 M에서 σ의 등장 확률에 따라 정한다. $M(\sigma)$가 작으면 $C(\sigma)$의 길이(비트 수)는 길어지고 $M(\sigma)$가 크면 짧아진다.

모델링 단계를 언제 어떻게 수행하느냐에 따라 심볼 기반 압축 방식을 세 가지 유형으로 구분할 수 있다.

- **정적 방식**에서는 모델 M이 압축할 메시지에 독립적이다. 사전에 정해진 확률 분포에 따라 심볼이 나온다고 가정한다. 만약 실제 메시지의 확률 분포가 모델과 다르면 압축 성능이 실망스러울 수 있다.
- **반 정적 방식**에서는 메시지를 한 번 훑어서 모델 M을 만들고 이를 이용해서 압축한다. 정적 방식과 비교하면 사전 확률을 맹신하지 않는다는 장점이 있다. 하지만 부

호기가 계산한 모델을 복호기가 알아야 하므로, 복호기에 전달할 모델이 가급적 작아야 한다. 모델 자체가 너무 크면 정적 방식에 비해 가진 장점이 사라진다.

- 적응적 압축 방식은 우선 정적 모델로 시작한 뒤, 압축 대상 메시지에서 지금까지 나온 심볼의 확률 분포에 기반해서 점차 모델을 조정한다. 심볼 σ_i를 압축할 때 최초의 정적 모델과 이전에 부호화한 심볼로 정해진 모델 $\mathcal{M}_i$를 사용한다.

$$\mathcal{M}_i = f(\sigma_1, \ldots, \sigma_i - 1)$$

압축한 σ_i를 풀 때도 이미 이전 심볼 σ_1, ..., $\sigma_i - 1$을 알고 있으므로 위 함수를 이용해 같은 모델을 만들 수 있다. 다시 말해 적응적 방식은 모델을 전송할 필요가 없다. 하지만 모델을 계속 갱신해야 하므로 복호화 작업이 복잡해지며, 따라서 반 정적 모델에 비해서 대체로 복호화 속도가 느리다.

모델의 확률을 꼭 고정해야 하는 건 아니다. 어떤 심볼의 등장 확률을 앞서 등장한 1, 2, 3개 등의 심볼에 따라서 정하는 경우도 흔하다(셰익스피어 희곡에서 "q" 다음에는 항상 "u"가 나온 경우를 떠올려보자). 이런 모델을 유한 컨텍스트라고 부르거나 관여하는 이전 심볼의 개수에 따라서 1차, 2차, 3차 모델 등으로 부른다. 이전에 나온 심볼을 전혀 반영하지 않으면 0차 모델이다.

압축 모델과 코드는 서로 깊이 관련이 있다. 어떤 모델이든 그 모델을 따라서 코드값을 만들 때 평균 길이가 가장 짧아지는 코드가 있기 마련이다. 뒤집어보면 어떤 코드든지 그 코드가 최적으로 대응하는 확률 분포가 있다. 예를 들어 0차 압축 모델 $\mathcal{M}_0$가 다음과 같다고 하자.

$$\mathcal{M}_0(\text{"a"}) = 0.5, \ \mathcal{M}_0(\text{"b"}) = 0.25, \ \mathcal{M}_0(\text{"c"}) = 0.125, \ \mathcal{M}_0(\text{"d"}) = 0.125 \qquad (6.2)$$

모델 $\mathcal{M}_0$에 대해서 최적인 코드 $\mathcal{C}_0$는 다음과 같은 특성을 갖는다($|\mathcal{C}_0(X)|$는 $\mathcal{C}_0(X)$의 비트 수를 뜻한다).

$$|\mathcal{C}_0(\text{"a"})| = 1, \ |\mathcal{C}_0(\text{"b"})| = 2, \ |\mathcal{C}_0(\text{"c"})| = 3, \ |\mathcal{C}_0(\text{"d"})| = 3 \qquad (6.3)$$

그리고 다음 코드는 이 요건에 맞는다.[2]

$$\mathcal{C}_0(\text{``a''}) = \overline{0}, \ \mathcal{C}_0(\text{``b''}) = \overline{11}, \ \mathcal{C}_0(\text{``c''}) = \overline{100}, \ \mathcal{C}_0(\text{``d''}) = \overline{101} \tag{6.4}$$

이 코드로 "aababacd"를 부호화하면 다음과 같다.

$$\mathcal{C}_0(\text{``aababacd''}) = \overline{00110110100101} \tag{6.5}$$

코드 $\mathcal{C}_0$의 중요한 특성 하나는 어떤 코드값 $\mathcal{C}_0(x)$도 다른 코드값 $\mathcal{C}_0(y)$의 앞부분prefix과 똑같지 않다는 점이다. 이런 코드를 접두 코드prefix code라고도 부른다. 접두 코드가 아니면 대개 압축에는 쓸 수 없다(예외도 있다. 연습 문제 6.3을 보기 바란다). 예를 들어 또 다른 코드 $\mathcal{C}_1$이 다음과 같다고 하자.

$$\mathcal{C}_1(\text{``a''}) = \overline{1}, \ \mathcal{C}_1(\text{``b''}) = \overline{01}, \ \mathcal{C}_1(\text{``c''}) = \overline{101}, \ \mathcal{C}_1(\text{``d''}) = \overline{010} \tag{6.6}$$

코드값의 길이만 보면 이 코드도 $\mathcal{M}_0$에 대해 최적이다. 그러나 "aababacd"를 부호화하면 다음과 같이 되는데, 이를 복원할 때 "aababacd"인지 "accaabd"인지 구분할 방법이 없다.

$$\mathcal{C}_1(\text{``aababacd''}) = \overline{11011011101010} \tag{6.7}$$

다시 말해 코드가 모호하기 때문에 압축에 쓸 수 없다.

접두 코드는 일종의 이진 트리로 생각해볼 수 있다. 각 말단 노드는 심볼 하나에 대응하고 트리의 루트에서 말단 노드까지 이르는 경로를 따라가면서 읽은 값은 심볼의 코드값이다. 말단 노드에 이르는 깊이가 해당 심볼 코드값의 길이가 된다.

그림 6.1은 $\mathcal{C}_0$를 트리로 그렸다. 압축을 풀 때는 비트를 순서대로 읽어서 트리를 따라 말단 노드에 도착하면 원래 심볼을 찾고, 다시 루트로 돌아가서 반복한다. 코드를 트리로 나타내면 왜 접두 코드의 성질이 중요한지 알기 쉽다. 접두 코드가 아닌 트리에서는 말단이 아닌 중간 노드에 코드값을 할당하게 된다. 이런 중간 노드에 다다르면 심볼을 출력하고 루트로 돌아갈지 아니면 말단 노드까지 계속 이동할지 판단할 수 없다.

---

2 심볼 "0"이나 "1"과 코드값의 비트를 구분하고자 명백한 경우가 아니면 비트를 $\overline{0}$이나 $\overline{1}$로 쓴다.

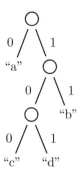

그림 6.1 접두 코드 C_0를 나타내는 이진 트리. 코드값은 각각 $C_0(\text{"a"}) = 0$, $C_0(\text{"b"}) = \overline{11}$, $C_0(\text{"c"}) = \overline{100}$, $C_0(\text{"d"}) = \overline{101}$.

이번엔 심볼 집합 $\{\sigma_1, ..., \sigma_n\}$에 대한 압축 모델 $\mathcal{M}$이 있고 각 심볼의 확률은 2의 역제곱이라고 하자.

$$\mathcal{M}(\sigma_i) = 2^{-\lambda_i} \; ; \;\; \lambda_i \in \mathbb{N} \;\; \text{for } 1 \leq i \leq n \tag{6.8}$$

확률 분포의 정의에 따라 다음 요건이 성립한다.

$$\sum_{i=1}^{n} \mathcal{M}(\sigma_i) \;=\; \sum_{i=1}^{n} 2^{-\lambda_i} \;=\; 1 \tag{6.9}$$

이 확률 분포에 대해 최적 코드 트리를 찾아보자. 트리의 모든 노드는 코드값을 가지는 말단 노드거나 자식 노드가 두 개인 중간 노드다. 이런 트리를 정 이진 트리$^{\text{proper binary tree}}$라고 부른다. 만약 어떤 중간 노드가 자식 노드를 하나만 가지면 그중간 노드를 없애고 모든 하위 노드의 깊이를 하나씩 줄일 수 있으므로, 이런 트리는 최적 코드가 아니다.

정 이진 트리의 말단 노드 집합 $\mathcal{L} = \{L_1, ..., L_n\}$가 있을 때 다음 공식이 성립한다.

$$\sum_{i=1}^{n} 2^{-d(L_i)} = 1 \tag{6.10}$$

$d(L_i)$는 노드 L_i의 깊이이자 코드값의 길이도 된다. 식 6.9와 6.10은 비슷해서 심볼에 코드값을 할당할 때 다음과 같은 조건을 따르는 게 자연스럽다.

$$|\mathcal{C}(\sigma_i)| = d(L_i) = \lambda_i = -\log_2(\mathcal{M}(\sigma_i)) \quad \text{for } 1 \le i \le n \tag{6.11}$$

이 조건을 따르는 코드 트리는 $\mathcal{M}$의 확률 분포에 대해서 최적이다. 왜 그럴까? $\mathcal{M}$의 확률을 따르는 일련의 심볼을 방금 언급한 코드 $\mathcal{C}$로 압축할 때 필요한 심볼당 평균 비트 수를 따져보자.

$$\sum_{i=1}^{n} \Pr[\sigma_i] \cdot |\mathcal{C}(\sigma_i)| = -\sum_{i=1}^{n} \mathcal{M}(\sigma_i) \cdot \log_2(\mathcal{M}(\sigma_i)) \tag{6.12}$$

위 식은 $|\mathcal{C}(\sigma_i)| = -\log_2(\mathcal{M}(S_i))$라는 점에 근거한다. 다음 정리는 위 결과가 최선임을 보여준다.

> **샤넌의 소스 코딩 정리**Source Coding Theorem (Shannon, 1948)
> 알파벳 $\mathcal{S}$로부터 어떤 확률 분포 $\mathcal{P}_s$에 따라 심볼을 만드는 심볼 소스(출처) S가 있을 때 이를 가장 작게 압축하면 심볼당 평균
>
> $$\mathcal{H}(S) = -\sum_{\sigma \in \mathcal{S}} \mathcal{P}_S(\sigma) \cdot \log_2(\mathcal{P}_S(\sigma))$$
>
> 비트를 사용한다. $\mathcal{H}(S)$는 심볼 소스의 엔트로피라고 부른다.

샤넌의 정리를 적용하면 모델 $\mathcal{M}$의 확률 분포에 대해서 위 코드가 최적임을 알 수 있다. 그러므로 처음 가정대로 모든 심볼의 등장 확률이 2의 역제곱(식 6.8)이면 모델 $\mathcal{M}$의 최적 코드를 빨리 찾을 수 있다. 물론 실제 상황에서는 확률이 정확히 이런 형식을 따르는 경우는 거의 없고 [0, 1] 구간에서 임의의 값이 된다. 이런 모델의 최적 코드를 찾기는 확률이 2의 역제곱인 모델보다 좀 더 어렵다.

6.2.2 허프만 코딩

유명한 비트 기반 부호화 기법으로 허프만 코딩(Huffman, 1952)이 있다. 주어진 확률 분포 $\mathcal{M}$과 심볼 집합 $\{\sigma_1, ..., \sigma_n\}$이 있을 때 허프만 코딩은 다음 값이 최소가 되는 접두 코드

$\mathcal{C}$를 만든다.

$$\sum_{i=1}^{n} \mathcal{M}(\sigma_i) \cdot |\mathcal{C}(\sigma_i)| \qquad (6.13)$$

심볼당 비트 수가 정수인 코드 중에서는 허프만 코딩이 항상 최적이다. 만약 코드값이 정수가 아니라 유리수가 되는 걸 허용하면 산술 코딩^arithmetic coding(6.2.3절)과 같이 더 압축률이 좋은 방식이 존재한다.

어떤 압축 모델 M이 있고 각 심볼의 출현 확률은 $\mathcal{M}(\sigma_i) = \Pr[\sigma_i]$ $(1 \le i \le n)$라고 하자. 허프만 코딩은 이 모델의 최적 코드 트리를 가장 확률이 낮은 두 심볼부터 시작해 상향식으로 만들어 나간다. 이 알고리즘은 각각 확률 합을 부여한 트리의 집합을 조작하는 작업으로 볼 수 있다. 처음엔 각 심볼 σ_i마다 $\Pr[T_i] = \Pr[\sigma_i]$가 되도록 트리 T_i를 만든다. 그리고 매 단계마다 확률 합이 가장 작은 두 트리 T_j와 T_k를 골라서 새로운 트리 T_l로 합친다. 이 새로운 트리의 확률 합은 $\Pr[T_l] = \Pr[T_j] + \Pr[T_k]$가 된다. 트리가 하나만 남을 때까지 이 과정을 반복하면 마지막 남은 트리 T_{Huff}의 확률 합은 $\Pr[T_{\text{Huff}}] = 1$이 된다.

그림 6.2에는 심볼 집합 $\mathcal{S} = \{\sigma_1, \sigma_2, \sigma_3, \sigma_4, \sigma_5\}$가 아래와 같은 확률 분포를 가질 때, 코드 트리 생성 알고리즘의 각 수행 단계를 그렸다.

$$\Pr[\sigma_1] = 0.18, \ \Pr[\sigma_2] = 0.11, \ \Pr[\sigma_3] = 0.31, \ \Pr[\sigma_4] = 0.34, \ \Pr[\sigma_5] = 0.06 \quad (6.14)$$

트리가 완성되면 트리를 따라 하향식으로 각 심볼의 코드값을 부여한다. 예를 들어서 σ_3의 코드값은 $\overline{01}$, σ_2의 코드값은 $\overline{110}$이 된다.

최적성

그런데 이렇게 만든 코드가 왜 최적일까? 우선 최적인 접두 코드 $\mathcal{C}_{\text{opt}}$가 있다면 다음 조건을 만족한다는 점을 염두에 두자.

$$\text{어떤 두 심볼 } x\text{와 } y\text{에 대해서도 } \Pr[x] < \Pr[y] \Rightarrow |\mathcal{C}_{opt}(x)| \ge |\mathcal{C}_{opt}(y)| \qquad (6.15)$$

만약 이 조건이 성립하지 않으면 x와 y의 코드값을 바꾸기만 해도 압축률이 더 좋은 코드를 얻을 수 있으므로 최적 코드는 항상 이 조건을 만족한다. 또한 최적인 접두 코드 트리는 항상 정 이진 트리이므로 가장 확률이 낮은 두 심볼의 코드값은 길이가 d(트리에서 말단 노드의 깊이이며 나중에 다시 나온다)로 같다(두 심볼의 말단 노드는 트리에서 가장 낮은 위치에 있는 형제 노드다. 그렇지 않다면 가장 낮은 위치의 말단 노드를 재조정해서 두 심볼이 형제 노드가 되도록 만들 수 있다).

이제 허프만 알고리즘이 최적 코드를 만든다는 사실을 심볼 개수 n에 대한 귀납법으로 증명하자. $n = 1$일 때, 코드 트리의 높이는 0이고 이는 명백히 최적 코드다. 심볼 집합 $\mathcal{S} = \{\sigma_1, ..., \sigma_n\}$인 일반적인 경우를 보면, 가장 확률이 낮은 두 심볼 σ_j와 $\sigma_k(j < k)$는 코드값의 길이가 같다. 그러므로 $\mathcal{S}$의 심볼로 된 메시지를 부호화한 코드값 길이의 기댓값(심볼당 비트 수)은 다음과 같다.

$$\mathrm{E}[\mathrm{Huff}(\mathcal{S})] \;=\; d \cdot (\Pr[\sigma_j] + \Pr[\sigma_k]) + \sum_{x \in (\mathcal{S} \setminus \{\sigma_j, \sigma_k\})} \Pr[x] \cdot |\mathcal{C}(x)| \qquad (6.16)$$

이번에는 심볼 집합을 다음처럼 바꿔보자.

$$\mathcal{S}' = \{\sigma_1, \ldots, \sigma_{j-1}, \sigma_{j+1}, \ldots, \sigma_{k-1}, \sigma_{k+1}, \ldots, \sigma_n, \sigma'\} \qquad (6.17)$$

원래 집합에서 σ_j와 σ_k를 새로운 심볼 σ'로 대체했다. 이 심볼의 확률은 원래 있었던 두 심볼의 합과 같다.

$$\Pr[\sigma'] = \Pr[\sigma_j] + \Pr[\sigma_k] \qquad (6.18)$$

심볼 집합 $\mathcal{S}$에 대한 허프만 코드 트리에서 σ'는 σ_j와 σ_k의 부모 노드였다. 따라서 $\mathcal{S}'$에 대한 트리에서 σ'의 노드 깊이는 (원래 두 심볼보다 하나 작은) $d - 1$이다. 이제 $\mathcal{S}'$의 심볼로 된 메시지를 부호화할 코드값 길이의 기댓값을 구하자.

$$\mathrm{E}[\mathrm{Huff}(\mathcal{S}')] \;=\; (d - 1) \cdot (\Pr[\sigma_j] + \Pr[\sigma_k]) + \sum_{x \in (\mathcal{S}' \setminus \{\sigma'\})} \Pr[x] \cdot |\mathcal{C}(x)| \qquad (6.19)$$

이제 식 6.16과 식 6.19로부터 $\mathrm{E}[\mathrm{Huff}(\mathcal{S}')] = \mathrm{E}[\mathrm{Huff}(\mathcal{S})] - \Pr[\sigma_j] - \Pr[\sigma_k]$를 유도할 수 있다.

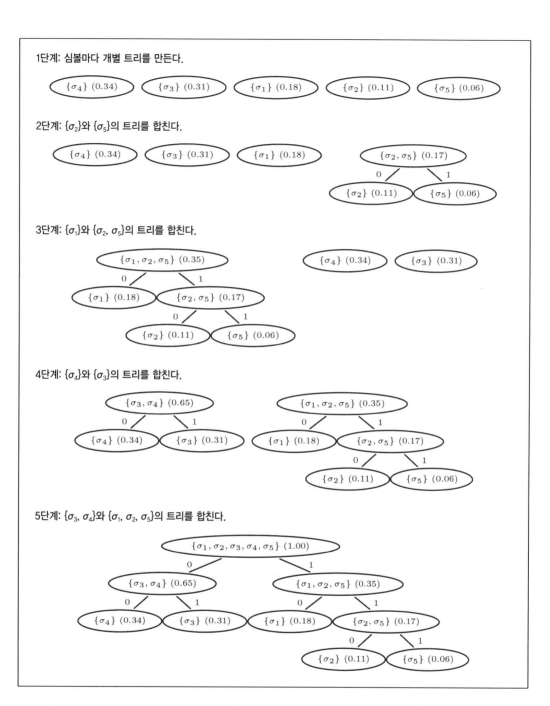

1단계: 심볼마다 개별 트리를 만든다.

$\{\sigma_4\}$ (0.34) $\{\sigma_3\}$ (0.31) $\{\sigma_1\}$ (0.18) $\{\sigma_2\}$ (0.11) $\{\sigma_5\}$ (0.06)

2단계: $\{\sigma_2\}$와 $\{\sigma_5\}$의 트리를 합친다.

3단계: $\{\sigma_1\}$와 $\{\sigma_2, \sigma_5\}$의 트리를 합친다.

4단계: $\{\sigma_4\}$와 $\{\sigma_3\}$의 트리를 합친다.

5단계: $\{\sigma_3, \sigma_4\}$와 $\{\sigma_1, \sigma_2, \sigma_5\}$의 트리를 합친다.

그림 6.2 허프만 코드의 트리를 만드는 과정. 심볼은 $\{\sigma_1, \sigma_2, \sigma_3, \sigma_4, \sigma_5\}$이고 각 심볼의 확률 분포는 $\Pr[\sigma_1]$ = 0.18, $\Pr[\sigma_2]$ = 0.11, $\Pr[\sigma_3]$ = 0.31, $\Pr[\sigma_4]$ = 0.34, $\Pr[\sigma_5]$ = 0.06이다.

귀납법에 의해서 $\mathcal{S}'$의 허프만 코드 트리는 $n - 1$개 심볼에 대한 최적 접두 트리다. 이를 증명하고자 $\mathcal{S}$에 대한 허프만 코드 트리가 최적이 아니라고 가정해보자. 그러면 다른 최적 트리가 존재해서 코드값 길이의 기댓값은 다음과 같이 된다.

$$\mathrm{E}[\mathrm{Huff}(\mathcal{S})] - \varepsilon \quad (\text{어떤 값 } \varepsilon > 0) \tag{6.20}$$

이 트리에서 σ_j와 σ_k의 노드를 합치면 $\mathcal{S}'$에 대한 코드 트리를 얻는다. 그리고 이 트리의 코드값 길이 기댓값은 다음과 같다(최적 코드 트리에서 σj와 σk는 형제 노드이므로 합칠 수 있다).

$$\mathrm{E}[\mathrm{Huff}(\mathcal{S})] - \varepsilon - \mathrm{Pr}[\sigma_j] - \mathrm{Pr}[\sigma_k] \; = \; \mathrm{E}[\mathrm{Huff}(\mathcal{S}')] - \varepsilon \tag{6.21}$$

하지만 이 결과는 $\mathcal{S}'$에 대한 허프만 코드 트리가 최적이라는 가정과 모순된다. 그렇기 때문에 $\mathcal{S}$에 대한 접두 코드의 코드값 길이 기댓값은 $\mathrm{E}[\mathrm{Huff}(\mathcal{S})]$보다 작을 수 없다. 즉, 앞서 구한 $\mathcal{S}$에 대한 허프만 코드 트리는 최적이다.

복잡도

허프만 코드 트리를 만드는 첫 번째 단계가 끝나면, 이 트리를 따라 이동하면서 각 심볼에 코드값을 부여하는 두 번째 단계를 수행한다. 트리에는 $2n - 1$개만큼 노드가 있으므로 두 번째 단계는 단순히 봐도 $\Theta(n)$ 시간 복잡도가 걸린다. 트리를 만드는 첫 번째 단계는 이보다 좀 더 복잡하다. 항상 확률 합이 가장 작은 두 트리 $T_j, T_k \in \mathcal{T}$를 유지해야 하기 때문이다. 이를 위해서는 우선순위 큐(최소 힙)를 사용해서 가장 확률 합이 작은 트리를 큐의 맨 앞에 저장하면 된다. 이런 종류의 자료 구조는 삽입^{INSERT}과 최솟값 추출^{EXTRACT-MIN} 연산을 $\Theta(\log(n))$시간 복잡도로 제공한다. 트리 생성 알고리즘 전체적으로 $2(n - 1)$번의 최솟값 추출과 $n - 1$번의 삽입 연산을 수행해야 하므로 첫 번째 단계의 시간 복잡도는 $\Theta(n \log(n))$이 된다. 그러므로 허프만 코드를 만드는 전체 시간 복잡도 역시 $\Theta(n \log(n))$이다.

표준 허프만 코드

허프만 코드를 데이터 압축에 쓸 때, 코드 정보 자체도 압축한 결과 앞에 붙여서 복호기가 원래 심볼을 복원할 수 있게끔 한다. 이렇게 앞에 붙이는 코드 정보를 전문^{preamble}이라고

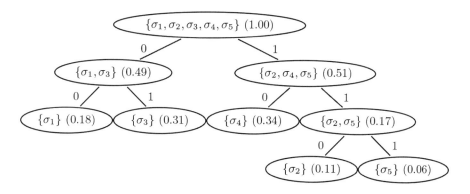

그림 6.3 그림 6.2에 기술한 허프만 코드를 표준 허프만 코드로 나타냈다. 같은 깊이에 있는 심볼끼리는 사전순으로 나열했다.

한다. 코드 정보는 흔히 모든 심볼과 각 심볼의 코드값을 담는다. 그림 6.2에 나온 허프만 코드를 예로 든다면 코드 정보는 다음과 같을 것이다.

$$\langle (\sigma_1, \overline{10}), (\sigma_2, \overline{110}), (\sigma_3, \overline{01}), (\sigma_4, \overline{00}), (\sigma_5, \overline{111}) \rangle \tag{6.22}$$

이렇게 코드 정보를 기술하면 저장 공간이 많이 필요하며, 특히 압축하는 대상이 짧을수록 코드 정보에 드는 추가 부담이 더 크다.

다행히 코드 전체를 그대로 저장할 필요 없이 주요 특징만 기술해도 충분하다. 그림 6.2에 나온 허프만 코드 트리를 다시 살펴보자. 그림 6.3에는 똑같은 의미를 갖는 트리가 나온다. 심볼마다 할당한 코드값 길이는 두 트리에서 똑같다. 그렇다면 굳이 그림 6.3 대신 그림 6.2의 트리를 사용해야 할 이유는 없다.

그림 6.3에서 심볼을 왼쪽부터 오른쪽으로 읽어 나가면 자연스럽게 코드값 길이가 짧은 순서로 읽게 된다. 코드값 길이가 같으면 (σ_1가 σ_3보다 앞서 나오는 등) 심볼의 사전 순서대로 나온다. 이런 속성을 가지는 코드를 **표준 허프만 코드**^{canonical Huffman code}라고 부른다. 어떤 허프만 코드든지 그에 상응하는 표준 허프만 코드가 있게 마련이다.

표준 허프만 코드를 기술할 때는 모든 심볼의 정확한 코드값 대신 코드값의 비트 길이만 나열해도 충분하다. 그림 6.3에 나온 트리의 코드 정보는 다음과 같다.

$$\langle (\sigma_1, 2), (\sigma_2, 3), (\sigma_3, 2), (\sigma_4, 2), (\sigma_5, 3) \rangle \tag{6.23}$$

이와 비슷하게, 그림 6.1을 표준 허프만 코드로 변환하면 (6.24)와 같이 된다.

$$\langle\,(\text{``a''}, \overline{0}), (\text{``b''}, \overline{10}), (\text{``c''}, \overline{110}), (\text{``d''}, \overline{111})\,\rangle \tag{6.24}$$

이 코드 정보는 다음과 같이 기술한다.

$$\langle\,(\text{``a''}, 1), (\text{``b''}, 2), (\text{``c''}, 3), (\text{``d''}, 3)\,\rangle \tag{6.25}$$

복호기가 심볼 집합을 미리 알고 있다면 심볼 정보마저 생략하고 $\langle 1, 2, 3, 4\rangle$만으로 저장해서 표준 허프만 코드가 아닐 때보다 절반 정도 크기로 줄일 수 있다.

길이 제한 허프만 코드

허프만 코드의 코드값 길이에 상한선을 두는 게 유용한 때가 있다. 주로 성능 때문인데, 코드값이 짧으면 복호기가 더 효율적으로 동작하기 때문이다(6.3.6절에서 좀 더 자세히 다루겠다).

심볼 n개로 된 알파벳이 있을 때 코드값 길이가 절대로 $\lceil \log_2(n)\rceil$를 넘지 않는 접두 코드를 찾을 수 있다. 코드값 길이의 상한선으로 L비트($L \geq \lceil \log_2(n)\rceil$)가 주어지면 이 값을 넘지 않으면서 최적인 접두 코드 C_L을 찾는 알고리즘이 있다. 이런 알고리즘은 대체로 우선 일반적인 허프만 코드를 만든 다음, 이 코드의 이진 트리를 변형해서 조건에 맞는 코드를 계산한다. 이렇게 만든 코드는 절대적으로 최적 코드는 아니기 때문에(코드값 길이가 제한된 코드 중에서만 최적이다), 엄밀히 말해서 허프만 코드라고 볼 수는 없지만 실질적으로 최적 코드와 큰 차이는 없다.

길이 제한 접두 코드를 만드는 유명한 방법 하나는 라모어와 히르쉬베르그(Larmore and Hirschberg, 1990)가 제안한 PACKAGE-MERGE 알고리즘이다. 이 알고리즘은 심볼 개수가 n일 때 $O(nL)$ 시간 복잡도로 최적의 길이 제한 접두 코드를 만든다. 흔히 L이 작은 값이므로 (그게 바로 길이 제한 코드를 사용하려는 이유이다) PACKAGE-MERGE 알고리즘이 허프만 코드의 부호화 작업에 심각한 부하를 더하지는 않는다. 게다가 일반적인 허프만 코드와 마찬가지로 모든 길이 제한 코드마다 같은 효과를 갖는 정식 코드가 존재해, 앞서 설명한 최적화 기법을 똑같이 사용할 수 있다.

6.2.3 산술 코딩

허프만 코딩은 특정 심볼의 등장 확률이 1에 가까울 경우는 적절히 대응하지 못하는 단점이 있다. 심볼이 단 두 개이고 확률 분포는 다음과 같다고 가정해보자.

$$\mathrm{Pr}[\text{``a''}] = 0.8, \ \mathrm{Pr}[\text{``b''}] = 0.2 \tag{6.26}$$

샤넌의 정리에 의해 가장 짧게 압축하면 심볼당 평균

$$-\mathrm{Pr}[\text{``a''}] \cdot \log_2(\mathrm{Pr}[\text{``a''}]) - \mathrm{Pr}[\text{``b''}] \cdot \log_2(\mathrm{Pr}[\text{``b''}]) \ \approx \ 0.2575 + 0.4644 \ = \ 0.7219 \tag{6.27}$$

비트를 사용한다. 하지만 허프만 코드로 압축하면 모든 코드값은 정수이므로 심볼 하나가 1비트보다 적게 쓸 수는 없다. 따라서 샤넌의 정리로 알 수 있는 하한값보다 39% 더 많은 저장 공간이 필요하다.

허프만 방식보다 성능을 끌어올리려면 심볼마다 코드값을 할당해야 한다는 제약에서 벗어나야 한다. 이를테면 심볼 여러 개를 묶고 각 고유한 묶음에 코드값을 부여한다. 앞서 본 예제에서 심볼 두 개씩 묶으면 확률 분포가 다음과 같을 것이다.

$$\mathrm{Pr}[\text{``aa''}] = 0.64, \ \mathrm{Pr}[\text{``ab''}] = \mathrm{Pr}[\text{``ba''}] = 0.16, \ \mathrm{Pr}[\text{``bb''}] = 0.04 \tag{6.28}$$

이를 허프만 코드로 만들면 두 심볼 묶음당 평균 1.56비트를 사용하므로 심볼당 평균 0.78비트(연습 문제 6.1을 보라)를 쓰는 셈이다. 그러나 심볼을 묶는 건 다소 귀찮은 데다 부호기에서 복호기로 전달할 전문(허프만 코드 정보 등) 크기를 늘리는 단점이 있다.

산술 코딩은 이 문제를 좀 더 세련되게 푸는 기법이다. 집합 $\mathcal{S} = \{\sigma_1, ..., \sigma_n\}$에 속한 심볼을 k개 나열한 조합을 생각해보자.

$$\langle s_1, s_2, \ldots, s_k \rangle \ \in \ \mathcal{S}^k \tag{6.29}$$

이렇게 나열한 조합마다 확률 분포가 존재한다. 예컨대 k값을 고정하면 출현 확률은 다음과 같이 계산할 수 있다.

$$\mathrm{Pr}[\langle s_1, s_2, \ldots, s_k \rangle] = \prod_{i=1}^{k} \mathrm{Pr}[s_i] \tag{6.30}$$

당연한 얘기지만 같은 길이 k만큼 나열한 모든 심볼 조합의 출현 확률을 더하면 1이다. 이는 다시 말하면 길의 k의 각 조합 x를 $0 \le x_1 < x_2 \le 1$인 구간 $[x_1, x_2)$로 간주하고, $x_2 - x_1 = \Pr[x]$라고 볼 수 있다는 얘기다. 그리고 이렇게 구한 구간을 심볼 조합의 사전 순서 대로 $[0, 1)$의 하위 구간으로 정렬해 $[0, 1)$ 구간을 빈틈없이 분할한다.

식 6.26의 확률 분포를 다시 보자. 확률을 구간으로 표현하면 "aa"라는 심볼 조합은 $[0, 0.64)$에 연동될 것이다. 다음으로 "ab"는 $[0.64, 0.80)$에, "ba"는 $[0.80, 0.96)$에, 마지막으로 "bb"는 $[0.96, 1.0)$에 연동된다. 그림 6.4처럼 심볼 조합 길이가 얼마가 되든지 이 방법을 적용할 수 있다.

이제 메시지를 구간에 대응할 수 있으므로 어떤 메시지가 주어지면 메시지 내용 대신 상응하는 구간 정보를 부호화할 수 있다. 구간 정보를 직접 부호화하기는 어렵지만, 그 구간에 포함되고 다음과 같이 특수한 형태를 갖는 더 작은 구간을 부호화할 수 있다.

$$\mathcal{I}' = [x, x + 2^{-q}), \quad \text{with } x = \sum_{i=1}^{q} a_i \cdot 2^{-i} \quad (a_i \in \{0, 1\}) \tag{6.31}$$

이런 구간을 이진 구간$^{\text{binary interval}}$이라고 부른다. 이진 구간은 비트를 몇 개 나열함으로써 단순명료하게 부호화할 수 있다. 예를 들어서 비트 값이 $\overline{0}$이 뜻하는 구간은 $[0, 0.5)$이고, 비

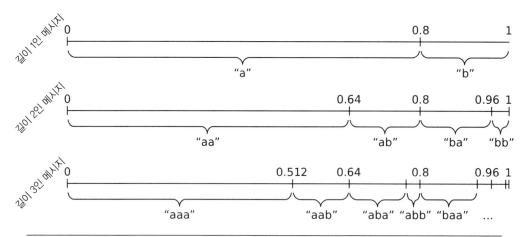

그림 6.4 메시지(심볼의 나열)를 $[0, 1)$ 구간의 하위 구간으로 변환하는 산술 코딩. 메시지 M을 이진 하위 구간으로 부호화한다. 사용한 확률 분포는 $\Pr["a"] = 0.8$, $\Pr["b"] = 0.2$이다.

260

트 값이 $\overline{01}$이면 구간은 $[0.25, 0.5)$이며, 비트 값이 $\overline{010}$이면 구간은 $[0.25, 0.375)$다.

지금까지 설명한 두 단계, 즉 (1) 메시지를 상응하는 구간으로 바꾸고 (2) 변환한 구간에 포함된 이진 구간을 비트 형식으로 부호화하는 방식이 바로 산술 코딩이다. 압축할 메시지가 "aab"라면 산술 코드로 구간 $[0.512, 0.64)$를 찾고(그림 6.4를 보라), 이 구간에 포함된 이진 하위 구간을 구한다.

$$\mathcal{I}' \;=\; [0.5625, 0.625) \;=\; [x, x + 2^{-4}) \tag{6.32}$$

식에 맞는 $x = 1 \cdot 2^{-1} + 0 \cdot 2^{-2} + 0 \cdot 2^{-3} + 1 \cdot 2^{-4}$이므로 부호화 결과는 $\overline{1001}$이다.

$\overline{1001}$은 4비트인데, 같은 메시지를 허프만 코드로 압축할 때보다 한 비트 더 길다. 반대로 "aaa"를 허프만 코드로 압축하면 3비트지만 산술 코드를 쓰면 한 비트($\overline{0}$)만 필요하다. 일반적으로 확률 p를 가지는 메시지는 구간 $[y, y + p)$에 대응하며 이에 포함되는 이진 구간 $[x, x + 2^{-q})$를 찾아야 한다.

$$y \leq x < x + 2^{-q} \leq y + p \tag{6.33}$$

여기서 $2^{-q} \leq p/2$이면 위와 같은 구간이 반드시 존재한다는 걸 증명해보자. 조건에 맞는 가장 작은 q의 값은 다음과 같다.

$$q = \lceil -\log_2(p) \rceil + 1 \tag{6.34}$$

따라서 다음 메시지

$$M = \langle s_1, s_2, \ldots, s_k \rangle \tag{6.35}$$

를 상응하는 확률 $p = \prod_{i=1}^{k} \Pr[s_i]$에 따라 부호화하면 $\lceil -\log_2(p) \rceil + 1$비트면 충분하다. 메시지가 짧으면 덧붙인 "+1" 때문에 오히려 산술 코드가 허프만 코드보다 더 길어질 수도 있다. 하지만 메시지 길이가 무한대에 다가갈수록 심볼 하나당 필요한 비트 수가 샤넌의 소스 코드 정리에서 보여준 최적치(6.2.2절을 보라)에 가까워진다. 그러므로 압축 모델이 실제 심볼 조합에서 나온 통계를 제대로 반영한다면 산술 코딩은 점근적으로 볼 때 최적이 된다.

산술 코딩은 두 가지 편리한 속성이 있다.

- 입력한 심볼 조합에서 각 위치마다 다른 모델을 사용할 수 있다(복호기가 모델 정보를 미리 알아야 한다는 제약은 있다). 그 덕분에 적응성을 가진 압축 방식에 사용할 수 있다.
- 메시지 길이를 복호기가 사전에 몰라도 된다. 그 대신 메시지 끝을 뜻하는 특별한 심볼을 추가해서 다른 심볼과 똑같이 취급할 수 있다(메시지가 길어질수록 특별 심볼 확률이 작아지도록 한다).

6장에서 설명하는 수준에서는 이러한 산술 코딩의 속성을 고려하지 않아도 된다. 이에 관해 자세히 알고자 한다면 데이터 압축에 관한 교재를 참고하기 바란다(6.6절을 보라).

구현하기

지금까지 산술 코딩에 관한 설명을 읽고 나서, 부호화와 복호화에 부동 소수점 연산을 사용해야 하므로 정밀도를 비롯해 부동 소수점 연산에서 발생하는 문제를 우려할지도 모른다. 하지만 그런 걱정을 할 필요는 없다. 위튼 외(Witten et al., 1987)는 추가 비용을 아주 조금만(심볼당 10^{-4}비트 미만) 들여서 정수 연산으로 산술 코딩을 구현하는 방법을 제안했다.

허프만 코딩 대 산술 코딩

산술 코딩이 허프만 코딩에 비해 심볼당 비트 수를 적게 사용할지 여부는 심볼 확률 분포에 달렸다. 모든 심볼의 확률이 2의 제곱의 역수라면 허프만 코딩 역시 최적이어서 산술 코딩과 아무런 차이가 없다. 하지만 이처럼 정형화된 확률 분포가 아니라면 허프만 코드가 (심볼마다 더 써야 하는 여분의 비트처럼) 최적인 산술 코드에 비해 가지는 추가 비용이 최대 1비트에 이른다. 이 사실은 코드값 길이가 $|\mathcal{C}(\sigma_i)| = \lceil -\log_2(p_i) \rceil$인 접두 코드를 손쉽게 만들 수 있는 점으로 알 수 있다. 이런 접두 코드는 심볼당 여분 비트가 하나 미만이다. 그리고 모든 접두 코드는 허프만 코드보다 비트를 적게 쓸 수는 없다.

　일반적으로 허프만 코드가 갖는 여분 비트 크기는 심볼 집합의 확률 분포에 따라 다르다. 갤러거(Gallager, 1978)는 어떤 확률 모델 $\mathcal{M}$에서 가장 흔한 심볼을 σ_{max}라고 할 때,

허프만 코드의 여분 비트는 항상 $M(\sigma_{max})$ + 0.0861보다 작다고 증명했다. 한편 호리베 (Horibe, 1977)는 가장 드문 심볼 σ_{min}를 이용해서 여분이 최대 $1 - 2 \cdot M(\sigma_{min})$ 비트라고 증명했다.

허프만 코드의 압축률은 대체로 이론상 최적값에 가깝고 복호화 과정도 산술 코드보다 빨라서, 산술 코드 대신 허프만 코드를 사용하는 경우가 많다. 특히 검색엔진은 대체로 질의 처리 속도가 역색인 저장 크기보다 더 중요하기 때문에 색인을 압축할 때 허프만 코드를 선호한다. 길이 제한 표준 허프만 코드는 산술 코드에 비해 훨씬 빨리 복호화할 수 있다.

6.2.4 심볼 기반 본문 압축

지금까지 살펴본 범용 심볼 기반 데이터 압축 기법을 본문 압축 문제에도 그대로 적용할 수 있다. 만약 어떤 문서 모음을 더 작게 저장하고 싶다면 허프만 코드를 이용해서 두 단계에 걸쳐 본문을 압축하는 반 정적 알고리즘을 만들면 된다. 첫 번째 단계는 문서 모음에 나오는 모든 문자의 출현 빈도를 수집하고 이를 바탕으로 0차 압축 모델을 만든다. 이렇게 만든 압축 모델에서 허프만 코드를 생성한 다음, 본문의 각 글자를 대응하는 코드값으로 치환한다.

위에서 설명한 대로 알고리즘을 구현해 적당한 영문서를 압축해보면 글자당 5비트 조금 넘게 차지한다. 이 수치는 영문의 (이전 글자를 고려하지 않은 독립적 확률 모델인) 0차 엔트로피가 글자당 약 5비트라는 통념에 맞아떨어진다. 표 6.2에 세 가지 문서 모음을 압축한 결과를 정리했다.

표 6.2 세 가지 문서 모음에 대한 (글자당 비트 사용량으로 따진) 문서 압축률. 허프만 코딩과 산술 코딩은 복호기로 전달하는 압축 모델(허프만 트리 정보 등)을 저장한 크기는 제외했다.

문서 모음	허프만 코드			산술 코드			기타	
	0차	1차	2차	0차	1차	2차	gzip	bzip2
셰익스피어 희곡	5.220	2.852	2.270	5.190	2.686	1.937	2.155	1.493
TREC45	5.138	3.725	2.993	5.105	3.676	2.813	2.448	1.812
GOV2	5.413	3.948	2.832	5.381	3.901	2.681	1.502	1.107

0차 압축 모델 대신 직전 글자에 따르는 조건부 확률을 나타내는 1차 압축 모델을 사용하도록 알고리즘을 다듬을 수 있다. 그러려면 (원문에서 이전 바이트가 가질 수 있는 값마다 트리 하나씩) 총 256개의 허프만 트리를 만들어서 복호기로 전송해야 하는 부담이 있지만, 글자당 4비트 미만으로 압축 효율이 좋아지므로 그 정도 비용은 상쇄된다. 같은 이유로 2차, 3차 모델로 올리면 압축률이 점점 더 좋아진다. 이는 곧 영문에서 연달아 나오는 글자 사이에 연관성이 깊다는 뜻이다(예컨대 셰익스피어 희곡에서 "q" 뒤에는 항상 "u"가 온다). 이런 연관성을 잘 이용하면 글자당 5비트보다 훨씬 적게 사용해 영문서를 압축할 수 있다.

표 6.2에 정리한 결과에 따르면 산술 코딩이 허프만 코딩에 비해서 그다지 나은 성능을 보이지는 않는다. 0차 모델을 비교하면, 모든 문서 모음에서 글자당 0.04비트 이상 줄어들지 않는다. 고차higher-order 모델을 비교하면 차이가 좀 더 커지는데(2차 모델에서는 0.12-0.33비트), 이는 확률 분포가 점차 쏠리면서 산술 코딩의 이점이 커지기 때문이다.

다만 표 6.2에 나온 수치는 허프만 코드 정보 같은 압축 모델 저장 크기를 제외했기 때문에 다소 부정확하다. 예를 들어 3차 모델의 경우 실제 부호화 이전에 우선 압축 모델로 $256^3 = 1,680$만 개의 허프만 트리를 만들어서 전송해야 한다. GOV2같이 거대한 자료는 이 정도 비용을 감내할 만하지만, 그보다 작은 셰익스피어 희곡 정도만 해도 추가 비용이 너무 커진다. 그렇기 때문에 실제 압축 알고리즘은 상황에 맞는 모델을 선택한다. PPM(prediction by partial matching, Cleary and Witten, 1984)과 DMC(dynamic Markov compression, Cormack and Horspool, 1987)가 좋은 예다.

이런 알고리즘은 (0차 모델 같은) 초기 모델로 시작해서 이미 읽은 데이터 통계를 기반으로 점차 압축 모델을 다듬어 나간다. 이런 방식은 실제 사용 결과도 반 정적 기법에 근접할 정도로 꽤 좋고, 동시에 압축 모델을 복호기에 전송할 필요가 없다는 장점도 있어서 확실히 반 정적 방식보다 우월하다.

마지막으로 표 6.2에는 허프만 코딩, 산술 코딩처럼 비교적 간단한 압축 기법 외에도 **gzip**(Ziv and Lempel, 1977)[3]이나 **bzip2**(Burrows and Wheeler, 1994)[4] 같이 좀 더 복

---

3 gzip(**www.gzip.org**)은 사실 Ziv-Lempel 압축 모델과 약간 다른 DEFLATE 알고리즘에 기반한다. gzip을 처음 개발할 당시 Ziv-Lempel 방식에 특허가 걸려 있어서 쓸 수 없었기 때문이다.

4 bzip2(**www.bzip.org**)는 Burrows-Wheeler 변환에 기반한 압축 소프트웨어로서, 특허 이슈가 없고 무료로 쓸 수 있다.

잡한 압축 기법을 사용한 결과도 정리해 놓았다. 이들도 본질적으로는 허프만 또는 산술 코딩에 기반을 두고 있지만, 부호화를 시작하기 전에 추가 작업을 수행한다. 표에 나타난 결과를 비교하면 이러한 추가 작업으로 압축률을 상당히 끌어올리는 점을 알 수 있다. 예를 들어서 `bzip2`(--best 옵션 적용)는 세 문서 모음을 글자당 1.1에서 1.8비트만 써서 압축한다. 원문이 글자당 8비트를 사용하는 경우보다 약 80% 줄어든 수치다. 이 수치 역시 영문서의 엔트로피가 글자당 1에서 1.5비트라는, 반세기도 더 전에 정립된 하한선(Shannon, 1951)을 따르는 통념에 들어맞는다.

6.3 포스팅 목록 압축하기

지금까지 논의한 일반적인 데이터 압축 원리를 역색인 압축에도 적용할 수 있다. 이로써 어쩌면 아주 많이 사용할 저장 공간을 원래보다 줄일 것이다. 4장에서 언급한 대로(표 4.1) 역색인에서 많은 부분은 포스팅 정보가 차지한다. 그러므로 색인 크기를 줄이려면 사전이나 다른 어떤 요소보다도 우선 포스팅 목록을 압축하는 방법을 생각해야 한다.

구체적으로 어떻게 포스팅 정보를 압축할지는 압축할 색인 유형(문서 번호, 빈도, 위치 정보, 스키마 독립적 등)에 따라 다르다. 다만 어떤 유형이든 공통적으로 통하는 접근 방식도 있다.

문서 번호 색인에서 어떤 텀의 포스팅 목록에 다음과 같이 정수가 나열돼 있다고 하자.

$$L = \langle 3, 7, 11, 23, 29, 37, 41, \ldots \rangle$$

L을 허프만 코딩 같은 기법으로 직접 압축하는 건 좋은 선택이 아니다. 목록이 매우 길어질 가능성이 있는 데다 각 숫자는 딱 한 번씩만 나오기 때문이다. 그 대신 목록의 모든 요소(숫자)가 단조 증가하므로 앞선 숫자보다 증가한 값만 나열할 수 있다.

$$\Delta(L) = \langle 3, 4, 4, 12, 6, 8, 4, \ldots \rangle$$

이 새로운 목록 $\Delta(L)$은 원래 목록 L보다 두 가지 이점이 있다. 첫째로 $\Delta(L)$의 각 요소는 L의 요소보다 작아서 더 적은 비트로 부호화할 수 있다. 둘째로 $\Delta(L)$에는 같은 숫자가 여러 번 나올 수 있어서 그 빈도에 따라서 코드값을 부여하면 저장 크기를 더 줄일 여지가 있다.

이렇게 목록을 변환하는 방법은 당연히 문서 번호 색인과 스키마 독립적 색인에 효과가 있다. 뿐만 아니라 포스팅 정보를 $(d, f_{t,d}, \langle p_1, \cdots, p_{f_{t,d}} \rangle)$와 같은 형식으로 저장하는 문서 중심 위치 정보 색인에도 적용할 수 있다. 예를 들어보자.

$$L = \langle (3, 2, \langle 157, 311 \rangle), (7, 1, \langle 212 \rangle), (11, 3, \langle 17, 38, 133 \rangle), \dots \rangle$$

이 포스팅 목록은 다음과 같이 변환될 것이다.

$$\Delta(L) = \langle (3, 2, \langle 157, 154 \rangle), (4, 1, \langle 212 \rangle), (4, 3, \langle 17, 21, 95 \rangle), \dots \rangle$$

다시 말해 각 문서 번호는 앞선 문서 번호와의 차이로 나타내고, 문서마다 딸린 위치 정보는 다시 그 안에서 직전 위치와의 차이로 나타낸다. 빈도 값은 그대로 둔다.

이렇게 변환한 목록에서 세 가지 하위 목록(문서 번호, 빈도, 위치 정보)은 확률 분포가 서로 다르기 때문에(예컨대 빈도 값은 문서 내 텀 위치 값보다 훨씬 작기 마련이다), 하위 목록마다 각기 다른 압축 방식을 적용하는 건 드문 일이 아니다.

역색인에 저장한 포스팅 정보를 압축하는 방법은 두 가지로 나눌 수 있는데, 바로 모수(또는 매개변수, parametric) 기반과 비모수nonparametric 기반 코드다. 비모수 코드는 입력 목록을 변환했을 때 실제 요소 간 차이가 어떻게 분포하는지 고려하지 않는다. 그 대신 모든 포스팅 목록이 겉보기에 대체로 비슷하고, 동일한 속성을 갖는다고 가정한다. 예를 들면 인접한 요소 간 차이는 대체로 작다는 속성 등이다. 이와 반대로 모수 코드는 우선 압축할 목록의 통계적 특성을 분석한 뒤 압축을 수행한다. 분석한 결과에 따라서 매개변수를 선택하고 코드값은 이 매개변수를 토대로 결정한다.

6.2.1절에서 설명한 개념을 도입하면 비모수 코드는 정적 압축 모델에 해당하고 모수 코드는 반 정적 방식에 해당한다고 볼 수 있다. 적응적 방식은 압축 모델을 갱신하는 데 따르는 복잡도 때문에 색인 압축에는 잘 쓰지 않는다.

6.3.1 비모수 기반 차이 압축

자연수를 부호화하는 가장 단순한 방식은 일진unary 코드다. 자연수 k를 나타내려면 $\overline{0}$인 비트를 $k - 1$개 쓴 다음 마지막에 비트 $\overline{1}$을 하나 붙인다. 이 방식은 포스팅 목록에서 구한 차이값이 다음과 같은 기하 분포를 따르는 한 최적이다.

$$\Pr[\Delta = k] = \left(\frac{1}{2}\right)^k \tag{6.36}$$

다시 말해 차이가 $k + 1$인 빈도는 차이가 k인 빈도의 절반이다(코드와 확률 분포 사이의 관계를 알고 싶다면 6.2.1절을 보라). 역색인에 포함된 포스팅 목록이 이런 분포를 따르는 경우는 "the"나 "and"처럼 거의 모든 문서에 등장할 만한 아주 흔한 텀을 빼면 별로 없다. 그럼에도 일진 코드는 색인 압축에 쓰는 다른 기법(바로 뒤에서 설명할 감마 코드를 포함해서)에 활용되기 때문에 무시할 수 없다.

일라이어스의 감마 코드

일라이어스가 설계한 감마(γ) 코드(Elias, 1975)는 자연수를 대상으로 하는 초기 비모수 코드 중 하나다. 자연수 k를 나타내는 감마 코드값은 두 부분으로 이뤄진다. 우선 뒷부분은 k를 이진수로 표현한 본체이고, 앞부분은 본체의 길이를 일진 코드로 부호화한 값(선택자라고 부른다)이다. 예를 들어 1, 5, 7, 16에 대한 코드값은 다음과 같다.

k	k의 길이(선택자)	k의 본체
1	1	1
5	001	101
7	001	111
16	00001	10000

모든 코드값의 본체가 1로 시작하는 점을 눈치챘을 것이다. 우연의 일치가 아니다. 길이가 j이면 $2^{j-1} \leq k < 2^j$이므로 뒤에서부터 j번째 비트, 즉 본체의 첫 번째 비트는 항상 1이어야 한다. 그 말인즉 본체의 첫 비트는 생략해도 된다는 뜻이다. 이렇게 하면 위 예제의 감마 코드값은 각각 $\overline{1}(1)$, $\overline{001}\,01(5)$, $\overline{001}\,11(7)$, $\overline{00001}\,0000(16)$으로 쓸 수 있다.

자연수 k를 이진수로 표현하려면 $\lfloor \log_2(k) \rfloor + 1$비트가 필요하다. 따라서 감마 코드에서 k의 코드값 길이는

$$|\gamma(k)| \;=\; 2 \cdot \lfloor \log_2(k) \rfloor + 1 \text{ bits} \tag{6.37}$$

비트가 된다. 목록 요소 간 차이 분포로 논점을 되돌리면, 감마 코드는 다음과 같은 확률 분포를 따르는 수열에 대해서 최적이다.

$$\Pr[\Delta = k] \;\approx\; 2^{-2 \cdot \log_2(k) - 1} \;=\; \frac{1}{2 \cdot k^2} \tag{6.38}$$

델타 코드와 오메가 코드

감마 코드는 인접한 요소 간 차이가 대부분 (32 미만으로) 작은 목록을 압축할 때는 효과적이지만 차이가 큰 경우의 비율이 늘어나면 비효율적이다. 이런 경우는 감마 코드의 변종인 델타(δ) 코드가 더 나을 수 있다. 델타 코드는 감마 코드와 매우 비슷하지만 본체 길이를 일진 코드 대신 감마 코드 자체로 부호화한다. 그러므로 앞서 본 예제를 델타 코드값으로 나타내면 다음과 같다(본체의 첫 비트 1은 모두 생략했다).

k	k의 길이(선택자)	k의 본체
1	1	
5	01 1	01
7	01 1	11
16	001 01	0000

16은 이진수로 나타내면 5비트가 필요하고, 5를 감마 코드로 나타내면 $\overline{001\,01}$이므로 16의 본체 길이 표현, 즉 선택자는 $\overline{001\,01}$이다.

감마 코드에서 k의 코드값 길이가 대략 $2 \cdot \log_2(k)$인 점과 비교하면 델타 코드는 단지 다음의 비트만 사용한다.

$$|\delta(k)| \;=\; \lfloor \log_2(k) \rfloor + 2 \cdot \lfloor \log_2(\lfloor \log_2(k) \rfloor + 1) \rfloor + 1 \text{ bits} \tag{6.39}$$

위 식에서 첫 항은 코드값 본체의 길이를, 둘째 항은 그 길이를 표현하는 감마 코드의 길이에 해당한다. 델타 코드는 포스팅 목록에서 요소 간 차이가 다음 확률 분포를 따르는 경우 최적이다.

$$\Pr[\Delta = k] \approx 2^{-\log_2(k) - 2 \cdot \log_2(\log_2(k)) - 1} = \frac{1}{2k \cdot (\log_2(k))^2} \tag{6.40}$$

요소 간 차이가 매우 크다면 델타 코드가 감마 코드에 비해 두 배 가까이 효율적이다. 하지만 실제 색인에서 그렇게 큰 차이가 나는 경우는 드물다. 일반적으로 감마 코드에 비해 15%에서 35% 정도 크기가 줄어든다. 예를 들어 2^{10}, 2^{20}, 2^{30}을 감마 코드로 표현하면 각각 21, 41, 61비트가 되는데, 같은 값을 델타 코드로 표현하면 각각 17, 29, 39비트가 된다(각각 -19%, -29%, -36%).

델타 코드처럼 선택자를 감마 코드로 부호화하는 방식을 반복해 적용할 수 있는데, 오메가 코드가 바로 이런 기법이다. 자연수 k를 다음 순서에 따라 오메가 코드로 표현할 수 있다.

1. 비트 0을 쓴다.
2. $k = 1$이면 끝난다.
3. 그렇지 않으면 k를 (첫 번째 비트 $\overline{1}$을 포함하는) 이진수로 해서 지금까지 쓴 값 앞에 덧붙인다.
4. $k \leftarrow \lfloor \log_2(k) \rfloor$
5. 2번으로 돌아간다.

예를 들어보자. $k = 16$이면 오메가 코드는 이렇다.

$$\overline{10}\ \overline{100}\ \overline{10000}\ 0 \tag{6.41}$$

16을 이진수로 쓰면 $\overline{10000}$이고, $\lfloor \log_2(16) \rfloor = 4$를 이진수로 쓰면 $\overline{100}$이며, $\lfloor \log_2(\lfloor \log_2(16) \rfloor) \rfloor = 2$를 이진수로 쓰면 $\overline{10}$이다. 오메가 코드의 코드값 길이는 대략

$$|\omega(k)| = 2 + \log_2(k) + \log_2(\log_2(k)) + \log_2(\log_2(\log_2(k))) + \cdots \tag{6.42}$$

비트가 된다. 표 6.3에 여러 자연수를 감마, 델타, 오메가 코드로 부호화한 값을 나열했다. 32 이상에서는 델타 코드가 감마 코드보다 크기가 작다. 128 이상이면 오메가 코드는 감마 코드보다 크기가 작다.

표 6.3 자연수를 비모수 기반 코드로 부호화한 결과

수	감마 코드	델타 코드	오메가 코드
1	1	1	0
2	01 0	01 0 0	10 0
3	01 1	01 0 1	11 0
4	001 00	01 1 00	10 100 0
5	001 01	01 1 01	10 101 0
6	001 10	01 1 10	10 110 0
7	001 11	01 1 11	10 111 0
8	0001 000	001 00 000	11 1000 0
16	00001 0000	001 01 0000	10 100 10000 0
32	0000001 00000	001 10 00000	10 101 100000 0
64	0000001 000000	001 11 000000	10 110 1000000 0
127	0000001 111111	001 11 111111	10 110 1111111 0
128	00000001 0000000	0001 000 0000000	10 111 10000000 0

6.3.2 모수 기반 차이 압축

비모수 기반 코드는 압축할 목록의 특성을 이용하지 않는 단점이 있다. 압축 대상이 코드에서 가정하는 차이 분포를 따른다면 괜찮겠지만, 코드의 가정과 실제 목록 특성이 다르다면 비모수 기반 방식 대신 모수 기반 방식을 선택하는 편이 훨씬 효율적이다.

　모수 기반 압축 방식은 전역 방식과 지역 방식으로 나뉜다. 전역 방식이란 색인에 있는 모든 목록에 대해 단일 매개변수(모수)를 적용하는 방식이다. 반면 지역 방식은 각 목록마다, 심지어 한 목록 내에서도 포스팅 수백 또는 수천 개를 묶은 덩어리마다 서로 다른 매개변수를 사용한다. 4.3절에서 포스팅 목록에는 임의 접근을 돕는 동기화 지점이 있다고 설명한 사실을 떠올려보자. 동기화 지점을 따라 자연스럽게 압축 단위를 분리할 수 있다. 각 동기화 지점이 압축할 한 덩어리의 시작점이다. 한 포스팅 목록 안에서 각 부분이 서로 다른 통계적 특성을 지닌다면 덩어리 단위로 압축하는 쪽이 전체적인 압축 효율성을 높인다.

대부분의 경우는 지역 방식이 전역 방식보다 효과가 좋다. 하지만 목록이 매우 짧다면 지역별 변수 정보를 저장하는 비용이 압축률을 높여서 얻는 이득을 뛰어넘는다. 특히 매개변수 정보가 허프만 트리같이 복잡하면 더욱 그렇다. 이런 경우는 전역 방식 또는 비슷한 속성(평균 요소 간 차이 등)을 갖는 목록끼리는 같은 변수를 써서 압축하는 일괄 방식이 낫다.

매개변수는 압축 모델을 표현하는 정보로 볼 수 있으므로, 지역 방식과 전역 방식 압축 사이의 관계는 6.1절에서 다룬 범용 데이터 압축의 모델과 코드 사이의 관계의 특화된 예라고 할 수 있다. 어느 시점에서 모델 생성을 멈추고 부호화를 시작해야 하는가? 지역 방식은 대상 목록의 요소 간 차이 분포를 정교하게 구한 모델을 만든다. 반면 전역 방식(또는 일괄 방식)은 모델은 좀 부정확하지만 같은 모델을 여러 목록에 사용하므로 전체적인 크기를 줄인다.

골롬/라이스 코드

압축할 어떤 목록이 있고 이 목록의 요소 간 차이가 기하 분포를 따른다, 즉 요소 간 차이가 k인 확률이 다음을 따른다고 하자.

$$\Pr[\Delta = k] \ = \ (1 - p)^{k-1} \cdot p \tag{6.43}$$

여기서 p는 0과 1 사이의 상수다. 역색인에서 이런 분포가 발생한다는 가정은 나름 현실적이다. 문서 N개로 이뤄진 문서 모음이 있고 텀 T가 그중 N_T개 문서에 등장한다고 하자. 아무 문서나 임의로 골라 텀 T가 들어 있을 확률은 N_T/N이다. 모든 문서가 서로 독립적이라는 가정하에, 목록 요소 간 차이가 k일 확률은 다음과 같다.

$$\Pr[\Delta = k] \ = \ \left(1 - \frac{N_T}{N}\right)^{k-1} \cdot \frac{N_T}{N} \tag{6.44}$$

다시 말해 어떤 문서에서 T가 나온 다음 $k - 1$개 문서에서는 T를 발견하지 못하고 (각 문서마다 $1 - N_T/N$의 확률), 그 다음으로 T가 있는 문서를 (N_T/N의 확률로) 보게 된다. 이는 바로 $p = N_T/N$인 기하 분포다.

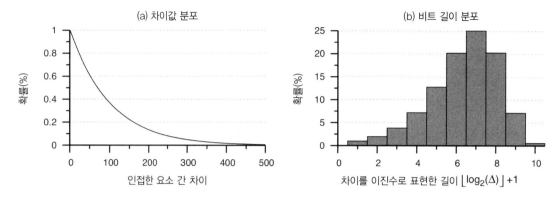

그림 6.5 가상의 포스팅 목록에서 NT/N = 0.01(즉, 텀 T가 전체 문서의 1%에 등장)이라고 가정해 목록의 인접한 요소 간 차이 분포를 나타냈다. (a)는 차이값 자체에 따른 분포, (b)는 차이값을 이진수로 나타낼 때 필요한 비트 수에 따른 분포다.

그림 6.5에 $p = 0.01$인 가상의 텀에 대한 기하 확률 분포를 그렸다. 더불어 요소 간 차이를 비트 길이인 $\text{len}(k) = \lfloor \log_2(k) \rfloor + 1$이 같은 텀을 한데 묶어서도 확률 분포를 그렸다. 그림을 보면 전체 차이값의 65%가 $6 \leq \text{len}(k) \leq 8$ 범위에 속한다. 이를 토대로 다음과 같이 부호화하자.

1. 나눗셈에 쓸 정수 M을 하나 고른다.
2. 각 요소 간 차이값에서 M으로 나눈 몫 $q(k)$와 나머지 $r(k)$를 구한다.

$$q(k) = \lfloor (k-1)/M \rfloor, \quad r(k) = (k-1) \bmod M$$

3. $q(k) + 1$을 일진 형식으로 부호화하고, 그 뒤에 $r(k)$를 $\lfloor \log_2(M) \rfloor$ 비트나 $\lceil \log_2(M) \rceil$ 비트인 이진수로 표현해서 덧붙인다.[5]

그림 6.5에 나온 차이 분포대로라면 $M = 2^7$이 적당하겠다. 2^8보다 큰 차이는 별로 없으므로 포스팅 대부분은 $q(k)$가 3비트 미만으로 충분하다. 동시에 2^5보다 작은 차이도 드물어서 $r(k)$에 쓰는 7비트가 필요 이상으로 큰 경우는 그리 많지 않다.

---

5   k가 아니라 $k - 1$으로 $q(k)$, $r(k)$를 구하면 k가 M의 배수일 때 $q(k)$의 길이를 줄일 수 있다. 요소 간 차이인 k는 0보다 커서 $k - 1$로 $q(k)$, $r(k)$를 구해도 문제없다. 한편 $q(k)$ 대신 $q(k) + 1$을 일진 형식으로 부호화하는 건 $q(k)$는 0이 될 수 있고 일진 코드는 1부터 표현할 수 있기 때문이다. – 옮긴이

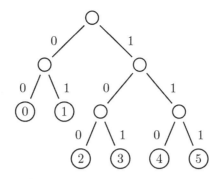

그림 6.6 골룸 코드에서 $M = 6$이고 $0 \le r(k) < 6$인 경우의 코드값

방금 설명한 부호화 기법에서 임의의 정수 M을 사용할 수 있도록 일반화한 기법이 바로 발명자인 솔로몬 골룸의 이름을 딴 골룸 코드(Golomb, 1966)다. 그리고 M이 2의 제곱수인 경우는 역시 발명자인 로버트 라이스의 이름을 딴 라이스 코드(Rice, 1971)다.[6]

구체적인 예를 들어보자. $M = 2^7$이고 어떤 차이값 $k = 345$라고 하자. 라이스 코드값은 이러하다.

$$\text{Rice}_{M=2^7}(345) = \overline{001\ 1011000}$$

이는 $q(345) = \lfloor (345 - 1)/2^7 \rfloor = 2$이고, $r(345) = (345 - 1) \bmod 2^7 = 88$이기 때문이다.

부호화한 코드값을 복호화하는 건 단순명료하다. 목록에 있던 포스팅마다 코드값에서 처음 $\overline{1}$이 등장하는 위치를 확인해 $q(k)$의 값을 알아낸다. 그런 다음 코드값 앞부분부터 $q(k) + 1$비트를 건너뛰고 뒤따라오는 $\lambda (= \lceil \log_2(M) \rceil)$비트를 읽어서 $r(k)$를 알아낸다. 이로부터 k를 다음과 같이 구한다.

$$k = q(k) \cdot 2^\lambda + r(k) + 1 \tag{6.45}$$

2^λ를 곱하는 계산을 빠르게 하려고 보통 비트 이동으로 구현한다.

---

6   엄밀히 말하면 라이스가 라이스 코드를 발명한 것은 아니다. 라이스 코드는 골룸 코드의 부분 집합이고, 골룸은 라이스보다 5년 전에 이미 골룸 코드를 발표했다. 다만 라이스의 연구가 골룸 코드를 실제 사용하기 더 좋게 만들었기 때문에 이 코드 계통을 설명할 때 라이스의 이름도 종종 언급된다.

아쉬운 점은 이처럼 간단한 부호화/복호화는 라이스 코드에서만 쓸 수 있으며 M이 2의 제곱수가 아닌 일반적인 골룸 코드에 적용할 수는 없다. 나머지 값인 $r(k)$에 $\lceil \log_2(M) \rceil$ 비트를 할당했는데 실제로 나올 수 있는 가장 큰 나머지 값은 $M < 2^{\lceil \log_2(M) \rceil}$이기 때문에, 일부 비트는 어쩔 수 없이 낭비하게 된다. 이는 곧 최적 코드가 아니란 뜻이다. 실제로 M이 얼마건 간에 $\lceil \log_2(M) \rceil$ 비트를 나머지 값에 사용하는 골룸 코드는 $M' = 2^{\lceil \log_2(M) \rceil}$을 사용한 라이스 코드보다 성능이 떨어진다.

이처럼 공간을 낭비하는 단점을 메꾸려면 어떤 경우에는 나머지 값을 $\lceil \log_2(M) \rceil$ 비트로 표현하고, 그 외에는 $\lfloor \log_2(M) \rfloor$ 비트로 표현해야 한다. 어떤 경우에 길고 어떤 경우에 짧게 표현해야 할까? 골룸 코드는 요소 간 차이가 기하 분포(식 6.44)를 따른다는 가정을 바탕에 깔고 있으므로 차이값이 작을수록 출현 확률이 높다고 볼 수 있다. 따라서 나머지 $r(k)$를 코드값을 나타내는 방법은 다음과 같다.

- $[0, 2^{\lceil \log_2(M) \rceil} - M - 1]$ 구간에 있으면 $\lfloor \log_2(M) \rfloor$ 비트로 코드값을 나타낸다.
- $[2^{\lceil \log_2(M) \rceil} - M, M - 1]$ 구간에 있으면 $\lceil \log_2(M) \rceil$ 비트로 코드값을 나타낸다.

표 6.4 골룸/라이스 코드에서 여러 매개변수로 목록 내 차이값 같은 자연수를 부호화한 코드값이다. 코드값마다 앞부분은 몫 $q(k)$, 뒷부분은 나머지 $r(k)$이다.

수	골룸 코드			라이스 코드	
	$M = 3$	$M = 6$	$M = 7$	$M = 4$	$M = 8$
1	1 0	1 00	1 00	1 00	1 000
2	1 10	1 01	1 010	1 01	1 001
3	1 11	1 100	1 011	1 10	1 010
4	01 0	1 101	1 100	1 11	1 011
5	01 10	1 110	1 101	01 00	1 100
6	01 11	1 111	1 110	01 01	1 101
7	001 0	01 00	1 111	01 10	1 110
8	001 10	01 01	01 00	01 11	1 111
9	001 11	01 100	01 010	001 00	01 000
31	00000000001 0	000001 00	00001 011	00000001 10	0001 110

그림 6.6에 $M = 6$인 골룸 코드가 동작하는 원리를 표현했다. 나머지 값이 $0 \leq r(k) <$

2이면 코드값 길이는 $\lfloor \log_2(6) \rfloor - 2$이고, 그 밖에는 코드값 길이가 $\lceil \log_2(6) \rceil - 3$이다. 이를 조금 다른 관점에서 살펴보면 M가지 나머지에 대한 코드값은 표준 허프만 코드(그림 6.3 참고)에 따라 할당된다고 볼 수 있다. 표 6.4에 여러 자연수 k에 매개변수 M에 대해서 골룸/라이스 코드값을 정리했다.

라이스 코드는 상대적으로 단순하고 골룸 코드는 압축률이 더 좋지만 좀 더 복잡하다. 라이스 코드를 복호화할 때 $r(k)$의 코드값은 항상 같은 길이인 데다 단순한 비트 이동 연산으로 해석할 수 있지만, 골룸 코드를 복호화할 때는 $r(k)$ 코드값 길이가 다양한 데다 (따라서 분기 예측이 틀릴 수 있으며) M이 단순히 2의 제곱수가 아니어서 비트 이동보다 비용이 큰 정수 곱셈 연산을 수행해야 한다. 그 결과로 라이스 코드가 골룸 코드보다 복호화 속도가 보통 20%에서 40% 정도 빠르다.

골룸/라이스 코드의 최적 매개변수 찾기

어떻게 M을 골라야 평균 코드값 길이를 가장 작게 만들 수 있는지 아직 언급하지 않았다. 6.2.1의 내용을 곱씹어보면, 어떤 코드 $\mathcal{C}$가 주어진 확률 분포 $\mathcal{M}$에 대해 두 심볼 σ_1와 σ_2의 코드값 길이가

$$|\mathcal{C}(\sigma_1)| \;=\; |\mathcal{C}(\sigma_2)| + 1 \tag{6.46}$$

일 때 다음 조건을 충족하면 이 코드는 최적이다.

$$\mathcal{M}(\sigma_1) \;=\; \frac{1}{2} \cdot \mathcal{M}(\sigma_2) \tag{6.47}$$

정수 $k - M$를 골룸 코드로 부호화하면 k를 부호화한 코드값보다 1비트가 길다($q(k + M) = q(k) - 1$이다). 따라서 최적 매개변수 M^*은 다음 수식을 충족해야 한다.

$$\Pr[\Delta = k + M^*] = \frac{1}{2} \cdot \Pr[\Delta = k] \;\; \Leftrightarrow \;\; (1 - N_T/N)^{k+M^*-1} = \frac{1}{2} \cdot (1 - N_T/N)^{k-1}$$

$$\Leftrightarrow \;\; M^* = \frac{-\log(2)}{\log(1 - N_T/N)} \tag{6.48}$$

문제는 M^*가 정수가 아닌 경우가 많다는 점이다. 라이스 코드를 쓴다면 $M = 2^{\lfloor \log_2(M^*) \rfloor}$와 $M = 2^{\lceil \log_2(M^*) \rceil}$ 중 택일할 것이고, 골룸 코드를 쓴다면 $M = \lfloor M^* \rfloor$과 $M = \lceil M^* \rceil$ 중 택일해야 한다. 어느 쪽이 더 좋은지는 대개 불분명하다. 경우에 따라 다르기 때문이다. 갤러거와 반 보리스(Gallager and van Voorhis, 1975)는 최적 코드를 위한 매개변수가

$$M_{opt} = \left\lceil \frac{\log(2 - N_T/N)}{-\log(1 - N_T/N)} \right\rceil \tag{6.49}$$

라는 사실을 증명했다.

전체 문서의 50%에 존재하는 텀 T를 예로 들어보자. $N_T/N = 0.5$이고, 따라서 최적 매개변수는 다음과 같이 구한다.

$$M_{opt} = \lceil -\log(1.5)/\log(0.5) \rceil \approx \lceil 0.585/1.0 \rceil = 1 \tag{6.50}$$

이 경우 최적 골룸/라이스 코드는 일진 코드가 된다.

허프만 코드: LLRUN

주어진 목록의 인접한 요소 간 차이가 기하 분포를 따르지 않는다면 골룸 코드를 사용해서 좋은 결과를 얻을 수 없다. 문서 간 상관관계가 없다는 가정이 깨지거나 목록이 단순히 문서 번호만으로 이뤄지지 않았다고 생각해보자.

이처럼 임의의 분포를 갖는 목록을 최적 압축률로 압축할 수 있는 방법을 이미 봤다. 바로 허프만 코드다(6.2.2절 참고). 다만 차이값 목록을 허프만 코드로 직접 압축하기는 어렵다. 요소 간 차이값의 집합 크기가 포스팅 목록 자체 길이에 육박하는 경우가 많아서다. TREC45 문서 모음에서 "aquarium"이라는 텀은 149개 문서에 나오는데, 문서 번호 목록의 전후 차이를 구하면 147개의 다른 값이 존재한다. 이런 차이값 목록을 허프만 코드로 부호화해도 크기가 별로 줄어들지 않는다. 전문, 즉 허프만 트리 정보를 나타내는 모델 정보에 147가지 차이값 정보를 담아야 복호기가 어떤 코드값이 어떤 차이값에 대응하는지 알 수 있기 때문이다.

그렇기 때문에 차이값 자체에 허프만 코드를 바로 적용하기보다, 비슷한 크기의 차이값

을 모은 묶음마다 같은 허프만 코드값을 부여하는 방법을 쓴다. 이를테면 $[2^j, 2^{j+1} - 1]$ 구간에 들어 있는 모든 차이값이 비슷한 확률로 나온다고 가정했을 때, 차이값 묶음을 B_0, B_1, ..., $B_j = [2^j, 2^{j+1} - 1]$처럼 만들 수 있다. 이제 같은 묶음 B_j에 속하는 모든 차이값은 허프만 코드값 w_j를 공유한다. 차이값을 부호화할 때는 w_j를 먼저 쓰고, 그 뒤에 해당 차이값이 2^j보다 얼마만큼 큰지를 j비트짜리 이진수로 덧붙인다(차이값의 첫 비트 $\bar{1}$은 w_j에 이미 반영했으므로 생략하는 셈이다).

지금까지 설명한 내용은 프란켈과 클라인(Fraenkal and Klein, 1985)이 제안한 기법으로 LLRUN이라고 부른다. LLRUN은 일라이어스의 감마 코드와 꽤 비슷하지만, 선택자(여기서는 특정 차이값이 어느 묶음에 속하는지 나타내는 정수값)가 일진 코드 대신 최소 중복 허프만 코드로 부호화된다. LLRUN이 기본적인 허프만 코드보다 좋은 부분은 압축 대상을 묶음으로써 허프만 트리를 만드는 심볼 집합 크기를 엄청나게 줄인다는 점이다. 스키마 독립적 색인에서조차 요소 간 차이값이 2^{40}을 넘는 경우가 거의 없다. 따라서 허프만 트리의 말단 노드도 40개를 넘지 않는다. 길이 제한 표준 허프만 코드에서 코드값 길이를 15비트로 제한하면(길이 제한 허프만 코드에 관한 자세한 내용은 6.2.2절을 참고하라), 코드 정보는 4 × 40 = 160비트로 표현할 수 있다. 게다가 같은 묶음에 속하는 차이값은 비슷한 확률로 나타난다는 가정도 j가 아주 작은 경우를 제외하면 색인 정보상에서 대체로 유효하다. 그렇기 때문에 가까운 차이값을 모아서 같은 허프만 코드값을 공유해도 압축 효과가 그리 떨어지지 않는다.

6.3.3 컨텍스트를 고려한 압축 방식

지금까지 살펴본 방식은 모두 포스팅 목록의 인접한 요소 간 차이를 독립적으로 취급했다. 6.1절에서 살펴본 바로는 압축 기법이 부호화할 심볼의 컨텍스트[7]를 고려하면 압축 효과가 상승할 수도 있는데, 이번에도 마찬가지다. 같은 텀이 여러 번 이어서 나온다면 이를 하나로 묶을 수 있다(같은 텀이 짧은 본문 구간 안에서 여러 번 나오는 경우). 이러한 포스팅들은

---

7   컨텍스트는 "문맥", "맥락" 정도로 옮길 수 있는데, 여기서는 둘 이상의 심볼이 서로 연관돼 나오는 경향을 말한다. 일반적인 문맥의 의미와는 약간 차이가 있어서 영단어 그대로 쓴다. 앞서 언급한 대로 영문에서 "q" 직후에는 통상 "u"기 따라오는 특성이 컨텍스트의 한 예다. – 옮긴이

서로 가까워서 차이값이 작다. 이런 상황을 잘 반영한 압축 기법이 있다면 압축률이 더 좋아질 것이다.

허프만 코드: 유한 컨텍스트 LLRUN

앞서 다룬 LLRUN 방식을 약간 변형해서 현재 차이값을 부호화할 때 직전 차이값을 고려하도록 만들 수 있다. 원래는 0차 모델을 사용했지만 이번엔 1차 모델을 사용해서 직전 차이값의 선택자가 현재 차이값의 선택자에 영향을 준다. 직전 차이값이 2^{40}보다 크지 않다는 가정하에, 40가지(나올 수 있는 묶음이 40개이므로) 허프만 트리 중 직전 차이값이 속하는 묶음에 해당하는 것을 사용하면 된다.

다만 이 방법은 허프만 트리 하나가 아닌 40개를 전송해야 하기 때문에 압축된 메시지가 커진다는 단점이 있다. 그리고 실제로는 두어 개 모델만 사용해도 40개 모델을 사용할 때와 별다른 차이를 보이지 않는다. 이처럼 LLRUN 기법을 변형해서 k개 모델만 사용하는 방식을 LLRUN-k라고 부른다.

그림 6.7은 LLRUN-2의 부호화 알고리즘이다. 여기엔 문턱값 ϑ이 명시돼 있는데, 알

---

encodeLLRUN-2 $(\langle L[1], \ldots, L[n]\rangle, \vartheta, output) \equiv$
1    $\Delta(L)$은 $\langle L[1], L[2] - L[1], \ldots, L[n] - L[n-1]\rangle$를 뜻한다.
2    $\Delta_{max} \leftarrow \max_i\{\Delta(L)[i]\}$
3    $bucketFrequencies[0..1][0..\lfloor\log_2(\Delta_{max})\rfloor]$ 배열을 0으로 초기화한다.
4    $c \leftarrow 0$ // 유한 컨텍스트 모델링에 사용할 컨텍스트 번호
5   **for** i $\leftarrow 1$ **to** n **do**   // 컨텍스트 관련 통계를 모은다.
6        $b \leftarrow \lfloor\log_2(\Delta(L)[i])\rfloor$ // 현재 차이값의 묶음
7        $bucketFrequencies[c][b] \leftarrow bucketFrequencies[c][b] + 1$
8   **if** $b < \vartheta$ **then** $c \leftarrow 0$ **else** $c \leftarrow 1$
9   **for** i $\leftarrow 0$ **to** 1 **do**   // 두 컨텍스트에 대한 허프만 트리를 만든다.
10       $T_i \leftarrow$ **buildHuffmanTree**$(bucketFrequencies[i])$
11    $c \leftarrow 0$ // 컨텍스트를 재설정한다.
12   **for** i $\leftarrow 1$ **to** n **do**   // 포스팅을 압축한다.
13        $b \leftarrow \lfloor\log_2(\Delta(L)[i])\rfloor$
14   b의 허프만 코드값을 허프만 트리 T_c에서 찾아서 쓴다.
15        $\Delta(L)[i]$의 값을 첫 번째 비트 $\overline{1}$을 생략하고 b비트짜리 이진수로 쓴다.
16   **if** $b < \vartheta$ **then** $c \leftarrow 0$ **else** $c \leftarrow 1$
17   **return**

그림 6.7 유한 컨텍스트 LLRUN 변형의 일종으로 허프만 트리 두 개를 사용하는 LLRUN-2의 부호화 알고리즘이다. 문턱값 매개변수 ϑ로 컨텍스트를 양분하는 기준을 잡는다.

고리즘 속에서 $0 < \vartheta < \log_2(\max_i\{\Delta(L)[i]\})$의 값을 모두 점검해 압축된 크기가 가장 작은 것 하나를 자동으로 선택한다. 이를 위해 실제로 전체 목록을 $\Theta(\log(\max_i\{\Delta(L)[i]\})$ 번 압축할 필요는 없다는 점을 알아두자. 그 대신 묶음 B_j에 속하는 차이값이 다른 묶음 $B_{j'}$에 속하는 차이값 뒤에 나오는 빈도를 분석하면 된다. 분석하는 데 걸리는 시간 복잡도는 $\Theta(\log(\max_i\{\Delta(L)[i]\})^2)$가 된다.

보간 코드

컨텍스트를 고려한 압축 방식에는 모팻과 스튜버(Moffat and Stuiver, 2000)가 고안한 보간 코드도 있다. 다른 압축 기법과 마찬가지로 보간 코드도 포스팅 목록에는 오름차순으로 포스팅을 저장한다는 특성을 활용하지만, 활용 방법은 약간 다르다.

TREC45의 문서 번호 색인에서 "example"이라는 텀의 포스팅 목록 시작 부분을 살펴보자.

$$L = \langle 2, 9, 12, 14, 19, 21, 31, 32, 33 \rangle$$

이를 보간 기법으로 압축하려면 우선 첫 번째 요소인 $L[1] = 2$와 마지막 요소인 $L[9] = 33$을 감마 코드와 같은 어떤 다른 기법을 사용해서 부호화한다. 그다음으로 $L[5] = 19$를 부호화하는데, 이때 $L[5]$는 $L[1]$과 $L[9]$ 사이에 오며 두 값을 이미 안다는 점을 이용한다. 모든 포스팅은 오름차순으로 저장돼 있으므로,

$$2 = L[1] < L[2] < \ldots < L[5] < \ldots < L[8] < L[9] = 33$$

임을 보장할 수 있다. 이미 알고 있는 $L[1]$과 $L[9]$의 값과 목록에는 9개 요소가 들어 있다는 점으로부터 $L[5]$의 값이 [6, 29] 구간에 있음을 알 수 있다. 이 구간은 $2^5 = 32$보다 작기 때문에 5비트면 $L[5]$를 부호화할 수 있다. 이제 이 기법을 재귀적으로 적용해 $L[3]$은 4비트로($L[1]$과 $L[5]$의 값으로부터 $L[3]$는 [4, 17] 구간에 있음을 알 수 있으므로) 부호화하고, $L[2]$도 4비트로 (같은 원리로 [3, 11] 구간에 오기 때문에) 부호화하고, 이런 식으로 반복한다.

그림 6.8에 보간 기법 과정을 좀 더 정형화했다. 보간 기법으로 목록 L을 압축한 결과는 표 6.5에 정리했다. 이 가운데 $L[8] = 32$를 부호화할 때, $L[7] = 31$이고 $L[9] = 33$이어서

```
encodeInterpolative (⟨L[1], . . . , L[n]⟩, output) ≡
1       encodeGamma (n)
2       encodeGamma (L[1], output)
3       encodeGamma (L[n] − L[1], output)
4       encodeInterpolativeRecursively (⟨L[1], . . . , L[n]⟩, output)

        encodeInterpolativeRecursively (⟨L[1], . . . , L[n]⟩, output) ≡
5       if n < 3 then
6           return
7       middle ← ⌈n/2⌉
8       firstPossible ← L[1] + (middle − 1)
9       lastPossible ← L[n] + (middle − n)
10      k ← ⌈log₂(lastPossible − firstPossible + 1)⌉
11      (L[middle] − firstPossible)을 k비트짜리 이진수로 output에 쓴다.
12      encodeInterpolativeRecursively (⟨L[1], . . . , L[middle]⟩, output)
13      encodeInterpolativeRecursively (⟨L[middle], . . . , L[n]⟩, output)
```

그림 6.8 포스팅 목록 ⟨L[1], ..., L[n]⟩을 보간 코드로 압축하는 과정이다. 압축한 결과를 *output*에 쓴다.

$L[8]$이 가질 수 있는 값이 딱 하나뿐이어서 0비트로 부호화할 수 있다는 점은 눈여겨볼 만하다.

골룸 코드와 마찬가지로, 그림 6.8에서 정의한 *firstPossible*과 *lastPossible* 사이의 구간이 2의 제곱수로 맞아떨어지는 경우는 드물다. 따라서 구간 내의 각 값을 k비트로 부호화하면 일부 비트는 쓰지 않게 된다. 이미 언급한 대로, 이러한 단점을 해결하도록 구간 내 값 중 2^k − (*lastPossible* − *firstPossible* + 1)개는 $k − 1$비트로, 나머지는 k비트로 부호화할 수 있다. 그림 6.8에는 단순하게 설명하려고 이 기법을 넣지 않았다. 이에 관한 자세한 내용은 6.3.2절의 골룸 코드 설명을 참고하라.

하지만 골룸 코드와 달리 (*lastPossible* − *firstPossible* + 1)까지 값 중에서 무엇이 더 등장 확률이 높은지 알 수 없다. 그렇기 때문에 어떤 값에 k비트 코드값을 부여하고 또 어떤 값에 $(k − 1)$비트 코드값을 부여해야 할지 명확하지 않다. 모팻과 스튜버 (Moffat and Stuiver, 2000)는 [*firstPossible, lastPossible*] 구간 중간 구역에 오는 값에 더 짧은 코드값을 부여하도록 권장했다. 다만 구간에 포스팅이 하나만 있는 경우 (**encodeInterpolativeRecursively** 함수의 n = 3인 경우)에는 구간 양 끝에 오는 값에 짧은 코드값을 부여하도록 권장했다. 실험 결과 이 방침을 따르면 포스팅 하나당 평균 0.5비트를 아

표 6.5 TREC45에서 텀 "example"의 문서 번호 목록에서 첫 아홉 개 요소를 보간 코드로 압축한 결과

포스팅 (목록상 순서)	포스팅 (탐색한 순서)	압축 결과	
(n = 9)	(n = 9)	0001001	(n = 9의 γ(감마) 코드값)
2	2	010	(2의 γ 코드값)
9	33	000011111	(31 = 33 − 2의 γ 코드값)
12	19	01101	(13 = 19 − 6을 5비트 이진수로)
14	12	1000	(8 = 12 − 4를 4비트 이진수로)
19	9	0110	(6 = 9 − 3을 4비트 이진수로)
21	14	001	(1 = 14 −13을 3비트 이진수로)
31	31	1010	(10 = 31 − 21을 4비트 이진수로)
32	21	0001	(1 = 21 − 20을 4비트 이진수로)
33	32		(0 = 32 − 32를 0비트 이진수로)

낄 수 있었다.

6.3.4 질의 처리 성능을 높이는 색인 압축 방식

포스팅 목록을 압축해서 저장하는 이유는 두 가지다. 하나는 색인 저장에 필요한 공간을 줄인다. 또 하나는 압축의 부수적 효과로, 질의 처리 시점에 디스크 입출력 부하를 줄임으로써 질의 처리 성능을 높인다. 5장에서 다룬 압축 기법은 모두 첫 번째 측면에 집중했기 때문에 질의 처리 시점에 수행하는 복호화 과정의 복잡도를 신경 쓰지 않았다.

두 가지 압축 방식 A와 B가 있고 이 가운데 질의 처리의 최적 성능을 얻도록 하나를 고른다면, 각 방식이 (하드 디스크 등에) 색인을 저장한 상태에서 얼마나 빠르게 자료를 읽어서 복호화하는지 비교하면 된다. 예컨대 하드 디스크에 저장한 포스팅 정보를 초당 5천만 바이트(=4억 비트)로 읽는다고 하자. A 방식이 B 방식보다 포스팅 하나당 평균 1비트를 적게 쓰는 반면, 포스팅 하나를 복호화하는 데 평균 2.5나노초(하드 디스크에서 1비트를 읽는 시간)보다 더 걸리지는 않는다면, A 방식을 선택하는 게 좋다. 반대로 복호화 시간이 평균 2.5나노초 넘게 더 걸리면 B 방식이 낫다.

2.5나노초는 대단히 빠른 현대 마이크로프로세서 기준으로도 그리 긴 시간이 아니다.

CPU의 클록에 따라 다르지만 CPU 사이클을 2에서 10번 정도 수행하는 시간이다. 따라서 A 방식이 B 방식보다 포스팅당 몇 비트를 아낄 수 있다 쳐도, 여전히 복호화 과정이 상당히 빨라야만 질의 처리 시점에 B 방식에 비해 이득을 볼 수 있다.

앞서 설명한 선택 기준은 디스크 입출력과 복호화 작업이 동시에 일어날 여지와 포스팅 목록이 캐시 메모리에 적재될 여지를 배제했다. 그렇지만 두 압축 방식이 검색엔진의 질의 처리 성능에 어떤 영향을 줄지 비교하는 출발점으로 삼기에는 괜찮다. 6.3.6절에서 보겠지만 앞서 살펴본 압축 기법은 복호화 과정이 제법 복잡하고 오래 걸려 질의 처리 성능 최적화에는 적합하지 않다. 복호화 성능을 높이고자 설계한 두 가지 압축 기법을 곧 소개한다.

바이트 정렬 코드

바이트 정렬된 차이 기반 압축은 가장 단순한 형태의 압축 기법에 속한다. 이 기법이 널리 쓰이는 건 단순해서이기도 하지만, 그보다도 복호화 성능이 뛰어난 점이 더 큰 요인이다. GOV2 자료로 만든 문서 번호 색인에서 "aligned"라는 텀의 포스팅 목록 첫 부분을 가져와보자.

$$
\begin{aligned}
L &= \langle 1624, 1650, 1876, 1972, \ldots \rangle, \\
\Delta(L) &= \langle 1624, 26, 226, 96, 384, \ldots \rangle
\end{aligned}
\tag{6.51}
$$

비트 단위로 복잡하게 연산하지 않도록 각 차이값을 정수 단위 바이트로 부호화하고자 한다. 제일 쉬운 방법은 차이값의 이진수 표현을 7비트 단위로 자르고, 잘라낸 덩어리마다 맨 앞에 이것이 마지막인지 여부를 뜻하는 1비트짜리 지속 플래그를 붙이기다. 이 기법이 vByte, 즉 가변 길이 바이트$^{variable-byte}$ 코드다. 검색엔진뿐만 아니라 여러 분야에서 vByte 코드를 사용한다. 위에 예로 든 문서 번호 목록을 vByte 코드로 부호화하면 다음과 같다.

1 1011000 0 0001100 0 0011010 1 1100010 0 0000001 0 1100000 1 0000000 0 0000011 ...

(각 덩이마다 플래그를 알기 쉽게 공백으로 구분했다)

예를 들어 첫 번째 덩이의 본체(1011000)는 정수 88의 7비트 이진수 값이다. 두 번째 덩이의 본체(0001100)는 정수 12의 7비트 이진수 값이다. 두 번째 덩이는 첫 비트가 $\overline{0}$인

데, 이는 곧 현재 코드값의 마지막이란 뜻이다. 복호화할 때는 두 수를 합해서 88 + 12 × 2^7 = 1624를 얻으며, 이 결과는 바로 목록의 첫 번째 요소의 값이다.

그림 6.9에 vByte의 부호화와 복호화 과정을 기술했다. 코드를 살펴보면 최대 압축률을 얻고자 하는 게 아니란 사실을 깨달을 것이다. 예컨대 차이값 0은 코드값 $\overline{00000000}$을 할당하는데, 포스팅 목록 같은 단조 증가 수열에서는 인접한 요소 간 차이가 0이 될 수 없으므로 이 코드값은 낭비한 셈이다. 다른 압축 기법(감마 코드, LLRUN 등)은 이런 특성을 고려해 차이값 0에는 코드값을 아예 할당하지 않는다. 하지만 vByte 기법은 상황이 좀 달라서 이처럼 불필요한 코드값을 두는 게 의미가 있다. 복호화 작업이 대단히 빨라 포스팅 하나당 고작 몇 CPU 사이클만 소비할 정도여서, 연산을 추가해 복잡도를 늘리면 (설령 +1/−1처럼 단순한 연산일지라도) vByte가 다른 기법 대비 갖는 속도상 이점을 해칠 위험이 있다.

```
    encodeVByte (⟨L[1], . . . , L[n]⟩, outputBuffer) ≡
1       previous ← 0
2       for i ← 1 to n do
3         delta ← L[i] − previous
4         while delta ≥ 128 do
5           outputBuffer.writeByte(128 + (delta & 127))
6           delta ← delta ≫ 7
7         outputBuffer.writeByte(delta)
8         previous ← L[i]
9       return

    decodeVByte (inputBuffer, ⟨L[1], . . . , L[n]⟩) ≡
10      current ← 0
11      for i ← 1 to n do
12        shift ← 0
13        b ← inputBuffer.readByte()
14        while b ≥ 128 do
15          current ← current + ((b & 127) ≪ shift)
16          shift ← shift + 7
17          b ← inputBuffer.readByte()
18        current ← current + (b ≪ shift)
19        L[i] ← current
20      return
```

그림 6.9 vByte 기법의 부호화와 복호화 과정이다. 곱셈과 나눗셈을 빠르게 하도록 비트 이동 연산을 사용했다("≪": 왼쪽 이동, "≫": 오른쪽 이동, "&": 비트 AND 연산).

워드 정렬 코드

비트 단위보다 바이트 단위로 연산하는 쪽이 빠르듯이, 워드 단위로 처리하면 바이트 단위로 연산할 때보다 복호화 속도가 더 빨라진다. 따라서 포스팅 목록에 포스팅을 저장할 때 항상 16비트, 32비트, 64비트와 같은 기계 워드 단위로 저장하면 복호화 속도를 높일 수 있다. 다만 이렇게 하면 색인 압축이라는 본분을 잃는다. 차이값을 32비트 단위로 압축할 바에는 차라리 압축하지 않고 32비트 정수로 그냥 저장하는 쪽이 낫다.

표 6.6 Simple-9 기법으로 포스팅 정보를 워드 정렬 압축한 결과다. 32비트 중 4비트로 선택자를 저장하고, 남은 28비트를 같은 크기로 나누는 방법이 아홉 가지 존재한다.

선택자	0	1	2	3	4	5	6	7	9
차이값 개수	1	2	3	4	5	7	9	14	28
각 비트 길이	28	14	9	7	5	4	3	2	1
미사용 비트 수	0	0	1	0	3	0	1	0	0

이 딜레마를 해결하는 방법은 다음과 같다. 32비트 워드 하나에 차이값 하나씩 저장하는 대신, 연속된 몇 개의 차이값을 워드 하나에 함께 저장한다. 이를테면 연속된 차이값 $k_1 \ldots k_3$가 $k_i \leq 2^9$ $(1 \leq i \leq 3)$라면 차이값 하나마다 9비트씩 할당해 세 개를 한꺼번에 워드 하나에 저장할 수 있다. 즉, 27비트는 차이값을 저장하고 남은 5비트는 다른 곳에 쓸 수도 있다.

안과 모팻(Anh and Moffat, 2005)은 지금까지 설명한 내용과 비슷한 개념을 바탕으로 여러 워드 정렬 압축 기법을 제안했다. 그중 가장 단순한 건 Simple-9이라는 기법이다. Simple-9은 연속된 포스팅에 나오는 차이값을 몇 개 검사해 32비트 워드에 되도록 많이 쑤셔 넣는다. 당연히 복호화할 때는 32비트 워드 하나에 값이 몇 개 들어 있고 각각 몇 비트인지 미리 알 수 없다. 그래서 맨 앞의 4비트는 선택자로 남겨둔다. 선택자를 보고 워드를 어떻게 나눴는지 판단한다. 선택자를 제외한 28비트를 같은 크기로 나누는 방법은 아홉 가지가 있다(그림 6.6 참고). 아홉 가지 선택지가 있어서 Simple-9이라고 부른다.

앞서 사용한 GOV2 문서 번호 색인의 "aligned"에 대한 차이값 목록을 Simple-9으로 다시 써 보면 다음과 같다.

0001 00011001011000 00000000011001 0010 011100001 001011111 101111111 U (6.52)

여기서 $\overline{0010}(=2)$은 두 번째 워드의 선택자고, $\overline{011100001}$은 $225(=1876 - 1650 - 1)$을 9비트 이진수로 표현했다. 마지막의 "U"는 사용하지 않은 비트를 뜻한다.

이 예제에서는 Simple-9이 vByte보다 더 작게 압축하지 않는다. 그 이유는 "aligned"라는 텀이 그리 흔하지 않아 포스팅 목록에 저장된 차이값이 제법 크기 때문이다. 하지만 더 자주 등장하는 텀이 있다면 차이값도 작을 것이고, 이 경우 Simple-9은 최소 1비트로도 차이값을 부호화할 수 있어서 (선택자를 저장하는 비용은 들겠지만) vByte보다 확실히 우수하다. 반면 복호화 성능은 vByte에 맞먹을 정도로 빠른데, 이는 한 워드에서 n개의 $\lfloor 28/n \rfloor$비트짜리 정수를 뽑아내는 비트 이동과 비트 마스크 연산이 매우 빠르기 때문이다.

비정렬 코드를 빠르게 복호화하기

이전 절에서 설명한 비정렬 방식은 정렬 방식인 vByte나 Simple-9과 달리 복호화 성능을 크게 고려해 만들지는 않았지만, 그중 대부분은 복호화 속도가 제법 빠르다. 다만 복호화 속도를 높이려면 복잡한 비트 단위 연산은 가급적 피하는 게 좋다.

예를 들어 보자. 6.3.1절에서 소개한 감마 코드를 떠올려보라. 다음 포스팅 목록을 차이값 목록으로 변환해보자.

$$L = \langle 7, 11, 24, 26, 33, 47 \rangle \tag{6.53}$$

그러면 다음과 같이 된다.

$$\Delta(L) = \langle 7, 4, 13, 2, 7, 14 \rangle \tag{6.54}$$

이를 다시 감마 코드로 부호화하면 다음과 같은 비트 수열로 표현된다.

$$\gamma(L) = \overline{001\ 11\ 001\ 00\ 0001\ 101\ 01\ 0\ 001\ 11\ 0001\ 110} \tag{6.55}$$

복호기가 각 코드값의 비트 길이를 알려면 처음 $\overline{1}$이 나오는 위치, 즉 코드값의 선택자가 끝나는 위치를 매번 찾아야 한다. 물론 $\gamma(L)$를 한 비트씩 읽어서 값이 $\overline{0}$인지 $\overline{1}$인지 검사해도 되지만, 이렇게 하면 너무 느리다. 비트 하나를 읽는 데 CPU 연산 하나 이상이 걸리는 데다, 현재 위치에서 읽은 비트가 $\overline{0}$인지 검사하는 조건부 코드는 분기 예측이 어긋날 가능성이 높다. 분기 예측이 어긋나면 미리 수행한 CPU 실행 파이프라인을 비워야 하므로 복호화 성능이 크게 떨어진다(부록에 고성능 컴퓨팅에 관해 간략히 소개했다. 패터슨과 헤네시(Patterson and Hennessy, 2009)의 연구도 이 분야에 관해 자세히 다룬다).

만약 위 예제처럼 $\Delta(L)$에 나열된 차이값이 $2^4 - 1$을 넘지 않는다면, 이는 곧 선택자 길이도 4비트를 넘지 않는다는 뜻이다. 따라서 테이블 T를 하나 만들어서 주어진 4비트에서 1이 몇 번째 비트에서 처음 나오는지 가리키는 요소 $2^4 = 16$개만 넣어두면 된다.

$$
\begin{aligned}
&T[\,\overline{0000}\,] = 5, \quad T[\,\overline{0001}\,] = 4, \quad T[\,\overline{0010}\,] = 3, \quad T[\,\overline{0011}\,] = 3, \\
&T[\,\overline{0100}\,] = 2, \quad T[\,\overline{0101}\,] = 2, \quad T[\,\overline{0110}\,] = 2, \quad T[\,\overline{0111}\,] = 2, \\
&T[\,\overline{1000}\,] = 1, \quad T[\,\overline{1001}\,] = 1, \quad T[\,\overline{1010}\,] = 1, \quad T[\,\overline{1011}\,] = 1, \\
&T[\,\overline{1100}\,] = 1, \quad T[\,\overline{1101}\,] = 1, \quad T[\,\overline{1110}\,] = 1, \quad T[\,\overline{1111}\,] = 1
\end{aligned}
\tag{6.56}
$$

(값이 "5"면 주어진 4비트 안에 나오지 않는다는 뜻이다)

이 테이블을 이용해 그림 6.10처럼 감마 코드 복호화를 빠르게 수행할 수 있다. 매 비트마다 검사하는 대신 한 번에 8비트씩 읽어서 64비트 크기의 버퍼에 저장하고, 테이블에 저장한 정보를 조회해 연산 한 번에 4비트까지 처리한다. 이와 같은 방식을 일반화한 기법이 테이블 기반 복호화다. 테이블 기반 기법은 감마 코드, 델타 코드, 골룸 코드 및 라이스 코드는 물론이고 허프만 코드의 LLRUN 방식에도 적용할 수 있다. 다만 LLRUN에 테이블을 사용할 때는 부호화 과정에서 어떤 코드를 쓰느냐에 따라 테이블 내용이 달라진다. 그러므로 복호기는 허프만 트리를 처리해서 조회 테이블을 구성한 다음에야 복호화 작업을 시작할 수 있다.

테이블 기반 기법은 어째서 길이 제한 허프만 코드(6.2.2절을 보라)가 질의 처리를 빠르게 하는 데 중요한지 보여준다. 만약 사전에 코드값이 k비트를 넘지 않는다는 사실을 안다면 복호화 과정에서 주어진 비트 수열로부터 다음 코드값을 구할 때 (크기가 2^k인) 테이블을 한 번만 조회하면 된다. 이렇게 하면 비트 단위로 허프만 트리를 탐색하는 방식보다 훨씬 빠르다.

```
     decodeGamma (inputBuffer, T[0..2^k − 1], ⟨L[1], . . . , L[n]⟩) ≡
1        current ← 0
2        bitBuffer ← 0
3        bitsInBuffer ← 0
4        for i ← 1 to n do
5            while bitsInBuffer + 8 ≤ 64 do
6                bitBuffer ← bitBuffer + (inputBuffer.readByte() ≪ bitsInBuffer)
7                bitsInBuffer ← bitsInBuffer + 8
8            codeLength ← T[bitBuffer & (2^k − 1)]
9            bitBuffer ← bitBuffer ≫ (codeLength − 1)
10           mask ← (1 ≪ codeLength) − 1
11           current ← current + (bitBuffer & mask)
12           bitBuffer ← bitBuffer ≫ codeLength
13           bitsInBuffer ← bitsInBuffer − 2 × codeLength − 1
14           L[i] ← current
15       return
```

그림 6.10 조회 테이블을 이용한 감마 코드 복호화 알고리즘이다. 버퍼를 사용하고 코드값 길이를 알 수 있는 크기가 2^k인 조회 테이블 T를 조회함으로써 비트 단위 연산을 피한다. 곱셈과 나눗셈은 비트 이동 연산으로 빠르게 수행한다("≪": 왼쪽 이동, "≫": 오른쪽 이동, "&": 비트 단위 AND).

6.3.5 압축 효과

지금까지 살펴본 여러 가지 압축 기법이 어느 정도 압축률을 보이는지 한 번 살펴보자. 표 6.7에 이를 정리해뒀다. 앞서 본 세 가지 문서 모음을 다양한 종류의 포스팅 목록(문서 번호, 빈도, 문서 내 등장 위치, 스키마 독립적)으로 색인할 때 포스팅 하나당 몇 비트를 사용하는지 측정했다. 셰익스피어 희곡 모음은 실제 문서라고 부를 대상이 없으므로 각 대사, 즉 ⟨SPEECH⟩ ⋯ ⟨/SPEECH⟩ 태그로 둘러싼 XML 요소를 문서로 간주하고 실험했다.

사용한 압축 기법으로는 감마 코드와 델타 코드(6.3.1절), 골룸/라이스 코드와 허프만 LLRUN(6.3.2절), 보간 코드(6.3.3절), 마지막으로 복호화 성능을 중시한 두 가지, vByte와 Simple-9(6.3.4절)을 선택했다. 포스팅 목록은 약 16,000개 포스팅을 담은 덩어리로 구분해서 압축했다. 모수 기반 기법(골룸, 라이스, LLRUN)을 측정할 때는 압축 매개변수를 각 덩어리마다 다르게 지정했으므로, 포스팅 목록 각 부분마다 발생한 분포 차이를 반영할 수 있었다. 이는 6.3.7절에서 소개할 내용에도 유용하다.

표 6.7 세 가지 문서 모음으로 생성한 포스팅 목록에 다양한 압축 기법을 적용했을 때 얻은 압축률이다. 압축률은 포스팅당 사용한 비트 수로 나타낸다. 각 행마다 가장 좋은 결과를 굵게 표시했다.

	목록 유형	감마	델타	골룸	라이스	LLRUN	보간	vByte	S-9
셰익스피어	문서 번호	8.02	7.44	6.48	6.50	6.18	6.18	9.96	7.58
	텀 빈도	1.95	2.08	2.14	2.14	1.98	1.70	8.40	3.09
	문서 내 위치	8.71	8.68	6.53	6.53	6.29	6.77	8.75	7.52
	스키마 독립적	15.13	13.16	10.54	10.54	10.17	10.49	12.51	12.75
TREC45	문서 번호	7.23	6.78	5.97	6.04	5.65	5.52	9.45	7.09
	텀 빈도	2.07	2.27	1.99	2.00	1.95	1.71	8.14	2.77
	문서 내 위치	12.69	11.51	8.84	8.89	8.60	8.83	11.42	10.89
	스키마 독립적	17.03	14.19	12.24	12.38	11.31	11.54	13.71	15.37
GOV2	문서 번호	8.02	7.47	5.98	6.07	5.98	5.97	9.54	7.46
	텀 빈도	2.74	2.99	2.78	2.81	2.56	2.53	8.12	3.67
	문서 내 위치	11.47	10.45	9.00	9.13	8.02	8.34	10.66	10.10
	스키마 독립적	13.69	11.81	11.73	11.96	9.45	9.98	11.91	n/a

표 6.7을 보면 보간 코드가 문서 번호와 텀 빈도 목록에 대해서는 항상 가장 압축률이 높다. 그 뒤를 근소한 차이로 LLRUN과 골룸/라이스 코드가 따라온다. 보간 코드가 다른 기법에 비해서 갖는 장점은 차이값이 1인 경우가 대다수라면 포스팅 하나를 평균 1비트 미만으로 부호화할 수 있는 능력이다. 문서 번호 목록에서 가장 자주 등장하는 텀("the"는 GOV2 전체 문서 중 80%에서, TREC45 전체 문서 중 99%에서 등장한다)이 이에 해당하며, 빈도 목록에서도 한 문서에서 임의의 텀이 딱 한 번 나오는 경우가 많다.

다른 유형, 즉 위치 정보 목록과 스키마 독립적 목록에서는 양상이 뒤집혀서, LLRUN이 가장 압축률이 좋고 보간 코드와 골룸/라이스 코드가 그 뒤를 따른다. 골룸/라이스 코드 성능이 나쁜 이유는 차이값이 기하 분포를 따른다는 골룸 코드의 전제 조건이 성립하지 않기 때문이다.

문서 간 상관 관계가 없다는 가정하에 문서 번호 목록의 차이값 분포는 대략 다음과 같다(식 6.43을 참고하라).

$$\Pr[\Delta = k] \;=\; (1-p)^{k-1} \cdot p \tag{6.57}$$

위치 정보와 스키마 독립적 목록에서는 이와 다르다. 만약 어떤 텀 T가 문서 앞부분에서 나올수록 같은 텀이 같은 문서에서 다시 나올 가능성이 높아진다. 그래서 목록에 포함된

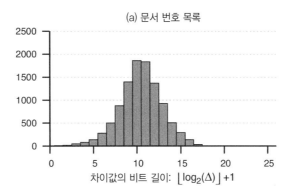

(a) 문서 번호 목록

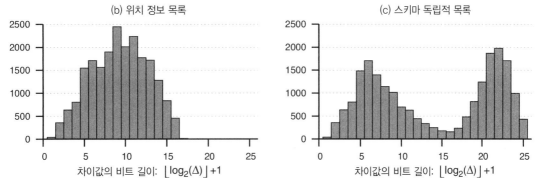

(b) 위치 정보 목록

(c) 스키마 독립적 목록

그림 6.11 GOV2에서 "huffman"이라는 텀의 포스팅 목록 유형마다 갖는 차이값 분포. 수직축은 해당 차이값이 나온 횟수다. 문서 번호 목록만 기하 분포를 따른다.

요소들이 상호 관련성이 있으며, 요소 간 차이값이 기하 분포를 따르지도 않는다.

GOV2에 나오는 "huffman"이라는 텀 출현 양상은 이런 현상을 잘 보여주는 예다. 그림 6.11은 이 텀을 문서 번호 목록, 위치 정보 목록, 스키마 독립적 목록으로 만들었을 때 요소 간 차이값 분포를 보여준다. 차이값에 로그를 적용해서 얻은 비트 수 $len(\Delta) = \lfloor \log_2(\Delta) \rfloor + 1$이 같은 것끼리 묶어서 분포도를 그렸을 때, (a)는 $len(\Delta) \approx 10$ 근처에서 최대가 되는 기하 분포를 따르는 곡선을 보여준다. 위치 정보 목록을 나타낸 그림 (b)도 최대치는 있지만 (a)만큼 확연하지는 않다. 그리고 스키마 독립적 목록을 나타낸 그림 (c)는 기하 분포와는 전혀 다른 모양을 보인다. 그 대신 봉우리 두 개를 볼 수 있는데, 왼쪽은 "huffman"이 같은 문서에서 여러 번 나오는 경우($len(\Delta) \approx 6$)고, 오른쪽은 서로 다른 문서에 연달아 나오는 경우($len(\Delta) \approx 22$)에 해당한다. 당연한 얘기지만 기하 분포에 맞춰서 설계한 기법은

그림 6.11 (c)처럼 기하 분포를 따르지 않는 목록에는 잘 동작하지 않는다. 이것이 위치 정보 포스팅 목록(문서 기반이든 스키마 독립적이든)에 대해서 LLRUN이 골룸/라이스 코드보다 포스팅당 최대 2.5비트까지 적게 드는 이유다.

표 6.8 LLRUN 0차 방식과 1차 방식 간 차이를 정리했다. 1차 방식이 눈에 띌 만한 개선을 보이는 건 GOV2로부터 만든 위치 정보 색인(문서 내 위치와 스키마 독립적) 두 개뿐이다. 다른 색인은 크기가 작아 복잡한 모델을 저장하는 추가 비용이 압축 효과를 가리거나, 목록 내 포스팅 사이에 큰 연관성이 없다.

목록 유형	TREC45			GOV2		
	LLRUN	LLRUN-2	LLRUN-4	LLRUN	LLRUN-2	LLRUN-4
문서 내 위치	8.60	8.57	8.57	8.02	7.88	7.82
스키마 독립적	11.31	11.28	11.28	9.45	9.29	9.23

연속된 포스팅 간에 연관성을 고려해 설계한 방식이 LLRUN-k다(6.3.3절). LLRUN-k는 LLRUN과 매우 비슷하지만 1차 압축 모델을 1개가 아닌 k개 허프만 트리에 저장한다. 표 6.8에 0차 LLRUN 방식과 LLRUN-k 방식의 압축률을 비교 정리했다.

LLRUN-k는 크기가 작은 두 문서 모음에서 별다른 이득을 얻지 못하는데, 압축 효과가 조금 더 좋더라도 코드값 앞에 붙이는 모델 정보가 커서 효과가 상쇄된다. 하지만 GOV2로 만든 위치 정보 색인 두 개는 저장 크기가 약간 줄었다. 문서 내 위치 정보 색인의 경우 LLRUN-2/LLRUN-4 방식은 LLRUN에 비해 각각 포스팅 하나당 0.14/0.20비트(-1.7%/-2.5%)를 줄이고, 스키마 독립적 색인의 경우 포스팅 하나당 0.16/0.22비트(-1.7%/-2.3%)를 줄인다. 이만한 차이가 가치 있는지 아닌지는 응용 대상에 달렸다. 대개 검색엔진에서는 크기를 2% 줄이려고 더 복잡하게 복호화하는 비용을 감수할 만하지 않다.

6.3.6 복호화 성능

6.3.4절에서 지적했듯이 역색인 저장 공간 크기가 작아진다는 점은 바이트 또는 워드 단위 정렬 압축 기법을 도입하는 몇몇 이유 중 하나일 뿐이다. 아마도 그보다 더 중요한 또 다른 이유는 색인 크기가 작아지면 질의 처리 성능이 더 좋아질 수 있기 때문이다. 적어도 포스팅 목록이 디스크에 저장된 경우는 그렇다. 대강 기준을 잡으면, 압축한 색인을 복호화하는 비용(포스팅당 나노초로 측정)이 포스팅 크기가 줄어들어서 단축된 디스크 입출력 시간

보다 짧으면 질의 처리 성능을 높인다고 볼 수 있다.

표 6.9 GOV2 문서에서 문서 번호 색인으로 만들 때 발생하는 디스크 입출력 비용과 압축 비용의 합을 비교했다. 디스크 입출력 비용은 디스크 순차 읽기 속도 초당 87MB(비트당 약 1.37나노초)를 기준으로 산출했다.[8]

압축 기법	압축 (문서 번호당 비트 수)	복호화 (문서 번호당 나노초)	비용 합 (복호화 + 디스크 입출력)
감마(γ) 코드	4.56	7.73	13.98ns
골룸 코드	3.78	10.85	16.03ns
라이스 코드	3.81	6.46	11.68ns
LLRUN	3.89	7.04	12.37ns
보간 코드	3.87	26.50	31.80ns
vByte	8.11	1.39	12.50ns
Simple-9	4.91	2.76	9.49ns
비압축(32비트)	32.00	0.00	43.84ns
비압축(64비트)	64.00	0.00	87.68ns

표 6.9는 다양한 압축 기법을 문서 번호 목록에 적용할 때의 압축 효과, 복호화 속도, 복호화와 디스크 입출력 비용 합을 비교했다. 모든 수치는 TREC Terabyte 트랙 2006의 효율성 작업에서 사용한 질의 1만 개를 수행하는 과정에서 불용어를 제외한 모든 질의 텀의 포스팅 목록을 복호화한 결과다. 압축 효과(즉, 문서 번호당 비트 수)가 이전 표에 정리한 내용과 사뭇 다르다는 점을 주목하라. 전체 색인에 대한 수치가 아니고 질의로 들어온 텀만 반영했기 때문이다. 두 가지 경우가 다르리라고 예상할 수 있다. 문서 모음에 자주 나온 텀은 질의에도 흔할 가능성이 높기 때문이다. 자주 등장한 텀은 다른 텀보다 포스팅 목록의 요소 간 차이가 작기 때문에 표 6.9에 나온 압축률이 표 6.7 압축률보다 더 좋다.

복호화 비용과 디스크 입출력 비용 총합을 구하고자 하드 디스크에서 포스팅 정보를 초당 87MB씩 읽는다고 가정했다(이는 비트당 약 1.37나노초이며, 자세한 내용은 부록을 참고하라). 예를 들어 vByte는 압축한 문서 번호 하나에 평균 8.77비트를 사용하므로, 디스크 입출력 시간은 포스팅 하나당 8.77 × 1.37 = 12.01나노초다. 복호화 시간이 포스팅 하나당 1.35나노초이므로 둘을 더하면 비용 총합은 포스팅 하나당 13.36나노초가 된다.

압축 방식 대부분은 비용 합이 10에서 15나노초 정도로 엇비슷하다. 다소 복잡한 복호

---

8 정오표(http://www.ir.uwaterloo.ca/book/errata.html)에서 일부 수치를 정정했다. - 옮긴이

화 과정을 거치는 보간 코드만 예외로, 포스팅 하나당 30나노초 넘게 걸린다. 바이트 정렬 방식인 vByte는 다른 기법과 비교하면 의외로 평범한 수준이다. 상대적으로 더 복잡한 LLRUN을 포함해 세 가지 방식이 vByte보다 더 빠르다. Simple-9은 압축 효율도 좋고 복호화 비용도 낮아 본 실험에서 가장 좋은 성능을 보였다.

물론 여기 나온 수치는 문서 번호 색인만 대표한다. 위치 정보 색인이나 스키마 독립적 색인으로 실험하면 vByte가 더 좋은 결과를 보일 것이다. 게다가 이 실험에서 적용한 성능 모델(총 비용을 디스크 입출력과 복호화 연산 시간의 합으로 구한 방식)은 너무 단순해 캐시나 백그라운드 입출력이 개입하면 의문의 여지가 남는다. 그럼에도 이 실험이 전달하는 내용은 큰 틀에서 보면 분명하다. 어떤 압축 방식이든 (32비트이든 64비트이든) 비압축 색인에 비해서는 질의 처리 성능이 낫다.

6.3.7 문서 재정렬

지금까지 여러 가지 압축 기법을 설명하면서 항상 포스팅 목록에 저장된 정보 자체는 바꾸지 않는다고 가정했다. 허나 이는 너무 단순하다. 실제 세상에서 문서는 대표하는 값은 단순히 번호가 아니라 파일 이름이나 URL, 또는 출처를 알려주는 일종의 문자열 형식이다. 검색엔진 내부에서 만들어낸 검색 결과를 사용자에게 보여줄 때는 각 결과 문서를 인식할 수 있도록 문서 번호를 문자열 형식으로 바꿔야 한다. 이 변환 작업은 대개 문서 맵(document map, 4.1절 참고)이라는 자료 구조의 도움을 받는다.

바꿔 말하면 문서 번호 자체는 순전히 임의의 값이고 어떤 실질적인 의미도 담고 있지 않다는 뜻이다. 그렇기 때문에 문서 맵에 정확히 반영하기만 하면 문서 번호를 마음대로 재배치해도 아무런 문제가 없다. 예들 들면 색인 압축도가 가장 높게끔 문서 번호를 바꿀 수 있다. 이와 같은 작업을 보통 문서 재정렬이라고 부른다. 어떤 효과를 얻을 수 있는지 가상의 문서 번호 목록을 하나 만들어보자.

$$L = \langle 4, 21, 33, 40, 66, 90 \rangle \tag{6.58}$$

이 목록을 감마 코드로 나타내면 다음과 같이 총 46비트다.

$$\overline{001\ 00\ 00001\ 0001\ 0001\ 100\ 001\ 11\ 00001\ 1010\ 000001\ 00010}\qquad(6.59)$$

만약 문서 번호를 재배치해서 목록이 다음과 같아진다고 치자.

$$L = \langle\, 4, 6, 7, 45, 51, 120 \,\rangle \qquad(6.60)$$

이제 이 목록 역시 감마 코드로 나타내면 다음과 같이 총 36비트로, 처음보다 크기가 22% 줄었다.

$$\overline{001\ 00\ 01\ 0\ 1\ 000001\ 00110\ 001\ 10\ 0000001\ 000101}\qquad(6.61)$$

예제에서 알 수 있듯이 포스팅 목록 요소 간 평균 차이값은 그리 중요하지 않다(6.58의 목록은 평균 17.2지만 6.60의 목록은 평균 23.2로 더 크다). 그보다는 평균 코드값 길이를 최소화하는 게 중요한데, 이는 각 차이값의 로그값, 즉 비트 수와 밀접한 관계가 있다. 위 예제에서 다음 식의 계산 결과는 22에서 18로 18% 줄었다.

$$\sum_{i=1}^{5} \lceil \log_2(L[i+1] - L[i]) \rceil \qquad(6.62)$$

물론 실제 상황은 이처럼 간단하지 않다. 문서 번호를 재배치해서 한 포스팅 목록의 저장 크기를 줄이면 다른 포스팅 목록의 크기가 커질 수 있다. 색인 전체 크기를 최소화하는 최적 문서 번호 배치를 찾는 일은 매우 복잡한 문제[NP-complete]라고 알려져 있다. 다행히 몇 가지 경험적인 해법이 있어서 최적 배치는 아닐지라도 상당히 압축 효과를 개선할 수 있다. 이런 해법 중에는 구현이 제법 어렵고 계산도 복잡한 클러스터링 알고리즘에 기반을 둔 방식이 많다. 여기서는 구현하기 아주 쉽고 계산도 간단하면서도 결과가 꽤 괜찮은 두 가지 방식을 소개한다.

- 첫 번째는 문서에 등장하는 고유한 텀 개수 순서대로 문서를 재배치하는 방법이다. 이는 두 문서가 텀을 많이 가진다면 서로 간에 겹치는 텀이 상대적으로 많을 것이라는 발상에서 나왔다. 그러므로 텀이 많은 문서를 가까운 위치에 오도록 재배치하면 임의로 배치할 때보다 클러스터 효과가 더 클 것이라고 기대할 수 있다.

- 두 번째는 문서를 웹(또는 기업 내부망)에서 수집했다고 가정한 방법이다. 문서 URL 사전(알파벳) 순서대로 문서를 재배치한다. 같은 웹 서버에 있는 문서끼리는 (같은 서버의 같은 디렉터리이면 더욱) 다른 출처에서 온 문서보다 겹치는 텀이 많을 것이라는 발상에서 나왔다.

이 두 가지 재배치 방법이 다양한 색인 압축 기법에 어떤 영향을 미치는지 표 6.10에 정리했다. "원본 순서" 행은 GOV2의 공식 문서 배치 순서와 웹에서 문서를 수집한 순서를 뜻한다. 다른 행에는 임의 재배치, 고유한 텀 개수 순서, URL 순서의 결과가 나온다.

문서 번호 목록에서 문서 재배치를 하면 표에 나타난 모든 압축 기법이 개선된다. 개선 정도는 압축 기법에 따라 다른데, (보간 코드 등) 어떤 기법은 (골룸 코드 등) 다른 기법보다 새로 바뀐 목록 요소 분포에 더 잘 적응하기 때문이다. 물론 일반적인 경향은 모두 같다. 일부는 극적인 개선 효과를 보여준다. 예컨대 보간 코드를 적용하면 포스팅 하나당 평균 공간 사용량이 5.97비트에서 2.84비트로 50% 넘게 줄어든다. 이처럼 큰 차이가 나는 주된 이유는 보간 코드로 작은 차이값을 평균 1비트 미만으로 부호화할 수 있기 때문이다. 다른 압축 기법은 포스팅 하나에 1비트 이상 사용한다. 다만, 6.2.3절에서 언급한 묶음 방식을 LLRUN에 도입하면 1비트 미만으로 사용하게 바꿀 수 있다.

표 6.10 문서 재배치가 압축 효과(목록 요소당 사용 비트 수)에 미치는 영향. GOV2를 대상으로 얻은 자료다.

	문서 순서	감마	골룸	라이스	LLRUN	보간	vByte	Simple-9
문서 번호	원본 순서	8.02	6.04	6.07	5.98	5.97	9.54	7.46
	임의 순서	8.80	6.26	6.28	6.35	6.45	9.86	8.08
	텀 개수 순	5.81	5.08	5.15	4.60	4.26	9.18	5.63
	URL 순	3.88	5.10	5.25	3.10	2.84	8.76	4.18
TF	원본 순서	2.74	2.78	2.81	2.56	2.53	8.12	3.67
	임의 순서	2.74	2.86	2.90	2.60	2.61	8.12	3.87
	텀 개수 순	2.74	2.59	2.61	2.38	2.31	8.12	3.20
	URL 순	2.74	2.63	2.65	2.14	2.16	8.12	2.83

조금 의외일지도 모르지만 문서 번호 목록만 아니라 TF 값이 포함된 경우도 문서 재배치로 압축률을 개선할 수 있다. 그 이유는 실험에서 사용한 목록은 포스팅 약 16,000개씩 묶은 덩어리로 나뉘고, 전체 목록을 한꺼번에 압축하는 대신 덩어리별로 압축하기 때

문이다. 원래 전체 목록을 덩어리로 나눈 이유는 포스팅 목록에 임의 접근을 더 빠르게 하기 위함이었다(4.3절 참고). 목록 전체를 한 번에 압축하면 빠른 임의 접근을 구현할 수 없기 때문이다. 그런데 이렇게 목록을 나눈 덕분에 덩어리마다 적절한 압축 매개변수(압축 모델 등)를 적용할 수 있다(감마 코드나 vByte같은 비모수 기반 압축 방식은 제외). 문서 재배치의 기본 목적이 비슷한 내용을 가진 문서를 가까이 모으기인데, 한 목록 안에서 각 덩어리는 저마다 다른 속성을 지니고 한 덩어리 안에 묶인 문서들은 비슷한 속성을 지닐 것이므로 전반적인 압축률이 더 좋아진다. 예를 들어서 LLRUN을 적용하면 TF 값 목록에서 평균 비트 수는 2.56에서 2.14로 16% 줄어든다.

6.4 사전 압축하기

4장에서 역색인의 사전 크기가 제법 클 수 있다는 사실을 소개했다. 비록 포스팅 목록만큼 크진 않지만 메모리에 모두 들어갈 수 없을 정도로 클 수는 있다. 게다가 설령 사전이 메모리에 모두 들어갈 만한 크기일지라도 그 크기를 더 줄이면 그만큼 메모리를 다른 용도로 쓸 수 있다. 이를테면 자주 읽는 포스팅 목록이나 빈번한 질의에 대한 검색 결과를 메모리에 캐싱할 수 있다. 요는 사전 엔트리와 포스팅 목록 접근 시간을 짧게 유지하면서 사전 크기를 되도록 작게 만들기다. 색인 생성 과정에서 주로 병목이 되는 지점이 사전 조회이고 4.5.3절에 소개한 병합 기반 색인 생성 알고리즘은 가용 메모리 크기에 상관없이 동작하므로, 색인 생성 시점에 굳이 사전을 압축할 필요는 없다. 그러므로 색인이 다 만들어진 다음 질의 처리 시점에 조회하는 사전을 압축하는 기법만 논의하겠다.

그림 4.1에 표현한 메모리상의 정렬 기반 사전이 본질적으로 정수 배열(일차 배열)이라는 점을 떠올려보자. 각 정수는 크기가 다른 텀 정보(사전 엔트리 등), 즉 이차 배열 요소를 가리키는 포인터다. 텀 정보에는 텀 자체와 포스팅 파일에서 텀의 포스팅 목록 위치를 가리키는 파일 포인터가 들어 있다. 이 자료 구조에서 사전 엔트리를 접근하려면 일차 배열을 이진 탐색해서 포인터를 얻은 다음, 포인터가 가리키는 이차 배열 위치에서 문자열 비교를 수행한다. 일차 배열에 저장한 포인터 크기는 보통 32비트다(이차 배열 크기가 232보다 작다고 가정한다).

정렬 기반 사전에서 메모리에 저장하는 정보는 세 가지다. 바로 일차 배열의 포인터, 텀 정보에 포함된 파일 포인터, 마지막으로 텀 자체다. 이차 배열에 저장된 정보가 정렬된다는 사실을 고려해서, 인접한 텀 정보를 묶어서 그룹으로 만들고 그 내용을 함께 압축함으로써 세 가지 정보를 한꺼번에 다룰 수 있다.

사전 그룹

텀 정보를 묶어서 그룹을 만드는 이유는 일차 배열에 모든 텀에 대한 포인터를 저장할 필요는 없다(모두 저장하면 오히려 안 좋다)는 기본적인 통찰에서 시작한다. 연속된 g(그룹 크기)개의 텀을 그룹으로 묶고 각 그룹의 첫 번째 텀에 대한 포인터(그룹 리더)만 일차 배열에 저장한다고 하자. 만약 $g = 1$이면, 이전 내용에서 흔히 그랬듯이 텀 하나를 조회할 때 모든 $|V|$개 텀을 가진 목록 위에서 이진 탐색을 하는 셈이다. 한편 $g > 1$이면, 텀 하나를 조회할 때 $\lceil |V|/g \rceil$ 개 그룹 리더를 대상으로 이진 탐색을 해서 텀이 속한 그룹을 찾은 뒤, 그룹 안에서 $g - 1$개 요소로 순차 탐색을 수행한다.

이렇게 정렬 기반 사전 자료 구조를 변형한 구조가 그림 6.12에 나와 있다(그룹 크기는 3이다). 이 사전에서 "shakespeareanism"이란 텀을 찾으려면 먼저 이 텀이 속할 만한 그룹, 즉 "shakespeare"로 시작하는 그룹을 찾는다. 그 다음엔 그룹 안에서 모든 텀을 순서대로 검사해서 "shakespeareanism"의 사전 엔트리를 찾는다. 이 조회 방식은 4.4절에 소개한 사전 혼재 기법과 사뭇 유사하다.

텀 T 하나를 찾는데 수행해야 하는 문자열 비교 횟수를 따져보자. 설명을 단순하게 하고자 텀 T는 사전에 존재하고 사전은 총 $|V| = 2^n$개 텀을 갖고 있으며 그룹 크기 $g = 2^m$이라고 가정한다(n과 m은 양수이며 $m < n$ 이고 $n \gg 1$이다).

- 만약 $g = 1$이면 조회 한 번에 문자열 비교를 평균 약 $n - 1$번 수행한다. 1을 빼는 이유는 텀 T를 찾는 즉시 이진 탐색을 중단하기 때문이다. T를 찾을 확률은 n번 비교 후 50%, $n - 1$번 비교 후 25%, $n - 2$번 비교 후 12.5%, ...가 된다. 그렇기 때문에 평균 $n - 1$번이 된다.
- $g > 1$이면 두 가지 경우로 나눠서 생각한다.

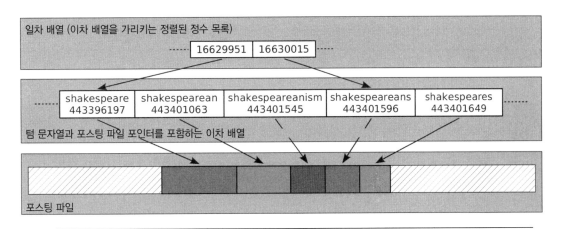

일차 배열 (이차 배열을 가리키는 정렬된 정수 목록)

| 16629951 | 16630015 |

| shakespeare 443396197 | shakespearean 443401063 | shakespeareanism 443401545 | shakespeareans 443401596 | shakespeares 443401649 |

텀 문자열과 포스팅 파일 포인터를 포함하는 이차 배열

포스팅 파일

그림 6.12 정렬 기반 사전을 그룹으로 나눴다. 사전 엔트리를 그룹으로 묶음으로써 일차 배열에 저장하는 포인터 수를 줄였다.

1. 텀 T가 $|\mathcal{V}|/g$개 그룹 리더 중 하나다. 그룹 리더일 확률은 $1/g$이고, 이때 평균 $n - m - 1$번 문자열 비교를 수행한다.

2. 텀 T가 그룹 리더가 아니다. 그룹 리더가 아닐 확률은 $(g - 1)/g$이고, 이때 평균 $(n - m) + g/2$번 문자열 비교를 수행한다. 여기서 첫째 항은 $|\mathcal{V}|/g$개 그룹 리더를 대상으로 이진 탐색을 할 때 필요하고(텀이 그룹 리더가 아니므로 중간에 멈추지 않는다), 둘째 항은 찾은 그룹에서 그룹 리더를 제외한 $g - 1$개 요소를 대상으로 순차 탐색을 할 때 필요하다. 텀을 찾는 즉시 순차 탐색을 멈춘다.

1과 2를 결합해서 구한 문자열 비교 횟수의 기댓값은 다음과 같다.

$$\frac{1}{g}(n - m - 1) + \frac{g - 1}{g}\left(n - m + \frac{g}{2}\right) \;=\; \log_2(|\mathcal{V}|) - \log_2(g) - \frac{1}{g} + \frac{g - 1}{2}$$

표 6.11에 크기가 $|\mathcal{V}| = 2^{20}$인 사전에서 그룹 크기를 바꿔가며 조회할 때 평균 몇 번 문자열을 비교하는지 정리했다. 표에 따르면 $g = 2$이면 평균 비교 횟수가 전혀 늘어나지 않는다. 반면 $g = 8$이면 약 7% 늘어난다. 하지만 동시에 일차 배열에 저장하는 포인터 개수가 크게 줄고, 따라서 더 적은 메모리 페이지만 필요하므로 사전의 캐시 효율성이 높아진다.

표 6.11 |V| = 2^{20}개 텀을 포함하는 정렬 기반 사전에서 텀 조회에 필요한 평균 문자열 비교 횟수

그룹 크기	1	2	4	8	16	32	64
문자열 비교 횟수	19.0	19.0	19.3	20.4	23.4	30.5	45.5

전방 코드

일단 사전을 그룹으로 나누고 나면 그룹 리더를 동기화 지점으로 활용해서 텀 정보를 압축할 수 있다. 압축하든 안 하든 한 그룹 안에서 텀 정보는 순차적으로만 접근하므로 저장 공간을 줄이고 조회 시 접근하는 자료의 크기를 줄이는 건 어쨌든 바람직하다.

정렬 기반 사전에서 텀 문자열은 흔히 전방 코드라는 기법으로 압축한다. 텀은 알파벳 순서대로 저장하기 때문에 연속된 텀은 대체로 같은 접두어로 시작한다. 접두어 자체가 꽤 길 수 있는데, 그림 6.12에 나온 다섯 개 텀을 예로 들면 모두 "shakespeare"라는 접두어로 시작한다.

전방 코드에서 접두어는 이전에 온 텀 같으므로 생략하고 그 길이만 저장한다. 그래서 텀 하나를 표현하는 형식은 다음과 같은 세 가지 요소를 포함한다.

$$\text{(접두어 길이, 나머지 길이, 나머지 문자열)} \tag{6.63}$$

구현을 쉽게 하려고 접두어와 나머지 길이를 모두 15개 문자로 제한하는 경우가 많다. 이렇게 제한하면 접두어 길이와 나머지 길이 값을 모아서 한 바이트(각 4비트)로 저장할 수 있기 때문이다. 나머지 부분이 15개 문자보다 길면 특수 처리 코드 (접두어, 나머지) = (*, 0)를 저장하고 텀 문자열 자체는 다른 방법으로 부호화한다.

그림 6.12에 나온 텀을 전방 코드로 나타내면 다음과 같다.

⟨"shakespeare", (11, 2, "an"), (13, 3, "ism")⟩, ⟨"shakespeareans", (11, 1, "s"), . . .⟩

앞서 언급한 대로 각 그룹의 첫 번째 텀은 압축하지 않고 이진 탐색에 활용할 동기화 지점으로 저장한다.

이렇게 텀 문자열을 압축한 뒤, 마지막 단계로서 사전에 저장하는 파일 포인터 크기도 줄일 수 있다. 사전에 텀을 저장할 때와 마찬가지로 포스팅 파일에도 알파벳 순서로 목록

을 저장하므로 파일 포인터는 단조 증가하는 정수 모음이 된다. 따라서 6.3절에서 설명한 차이값 기반 압축 기법을 아무거나 적용해도 파일 포인터 저장 공간을 줄일 수 있다. 예컨 대 바이트 정렬 기법인 vByte를 사용하면 "shakespeare"로 시작하는 그룹을 다음과 같이 압축한다.

$$\langle\,(\langle 101, 96, 54, 83, 1\rangle, \text{"shakespeare"}), (\langle 2, 38\rangle, 11, 2, \text{"an"}), (\langle 98, 3\rangle, 13, 3, \text{"ism"})\,\rangle$$

$$\equiv\ \langle\,(443396197, \text{"shakespeare"}), (4866, 11, 2, \text{"an"}), (482, 13, 3, \text{"ism"})\,\rangle \tag{6.64}$$

여기서 각 사전 엔트리의 첫째 요소는 차이값 기반으로 부호화한 파일 포인터다(윗줄은 vByte로, 아랫줄은 차이값 그대로 표현했다). 전방 코드를 쓰면 그룹 리더의 파일 포인터는 압축하지 않는다.

표 6.12 GOV2로 만든 정렬 기반 사전을 압축한 효과를 정리했다. 사전 엔트리는 총 4,950만 개다. 그룹 크기 및 압축 기법을 달리하면서 사전 크기와 평균 텀 조회 시간을 측정했다.

그룹 크기	비압축	전방 코드	전방 코드 + vByte	전방 코드 + vByte + LZ
텀 1개	1046MB/2.8μs	n/a	n/a	n/a
텀 2개	952MB/2.7μs	807MB/2.6μs	643MB/2.6μs	831MB/3.1μs
텀 4개	904MB/2.6μs	688MB/2.5μs	441MB/2.4μs	533MB/2.9μs
텀 16개	869MB/2.7μs	598MB/2.2μs	290MB/2.3μs	293MB/4.4μs
텀 64개	860MB/3.9μs	576MB/2.4μs	252MB/3.2μs	195MB/8.0μs
텀 256개	858MB/9.3μs	570MB/4.8μs	243MB/7.8μs	157MB/29.2μs

위에 기술한 기법이 사전 크기와 평균 텀 조회 시간에 미치는 영향을 표 6.12에 정리했다. 인접한 사전 엔트리를 그룹으로 묶되 압축하지 않으면 사전 크기는 1,046MB에서 858MB로 약 18% 줄어든다. 그룹 기법과 전방 코드를 함께 적용하면 사전 크기는 거의 절반 수준이 된다. 여기에 파일 포인터도 vByte로 압축해서 저장하면 원래 크기의 약 25%까지 작아진다.

텀 조회 성능으로 넘어가면 두 가지 재미난 현상이 나타난다. 첫째, 그룹 안의 텀 정보를 정렬하면 문자열 비교 횟수가 약간 늘어남에도 조회 성능이 좋아진다. 그 이유는 일차 배열에 저장하는 포인터 개수가 줄어서 이진 탐색의 캐시 효율성이 높아지기 때문이다. 둘째, 텀을 전방 코드로 부호화하면 그룹 크기에 관계없이 조회가 빨라진다. 비교할 문자열

이 작아지고 탐색 중 접근 위치 이동 크기도 작아지기 때문이다.

표 6.12에서 마지막 열에는 아직 설명한 적 없는 압축 기법이 등장한다. 그룹 기법과 전방 코드와 vByte를 적용했을 뿐만 아니라, (zlib 압축 라이브러리로 구현한) 범용 Ziv-Lempel 압축 알고리즘으로 전방 코드와 vByte를 이미 적용한 그룹을 다시 압축했다. 이렇게 한 이유는 전방 코드로 사전을 압축하더라도 여전히 상당히 중복된 부분이 남기 때문이다. 예를 들어 고유한 텀 120만 개를 가진 TREC 문서 모음을 전방 코드로 부호화하면, 접두어를 제외한 나머지 부분이 "ation"인 텀이 171개, "ing"인 텀이 7726개, "ville"인 텀이 722개나 된다. 전방 코드는 오로지 접두어만 신경 쓰기 때문에 이런 중복된 나머지 부분을 알 수 없다. 파일 포인터를 차이값으로 변환할 때도 마찬가지이다. 길이가 같은 포스팅 목록이 많기 때문에(특히 포스팅 하나만 가지는 목록이 많다), 같은 차이값을 갖는 파일 포인터가 상당히 많을 것이다. 전방 코드와 vByte를 적용한 다음 다시 표준 Ziv-Lempel 압축 기법을 적용하면 이런 중복 정보를 없앨 수 있다. 표 6.12를 보면 Ziv-Lempel 압축을 적용하는 방법이 그룹 크기가 작을 때는 별 효과가 없지만 그룹 크기 $g \geq 64$인 경우에는 사전 크기를 압축하지 않은 원본의 85%까지 줄일 수 있다.

표 6.13 사전 압축과 4.4절에 나온 사전 혼재 기법을 결합했을 때 사전 메모리 크기. 압축 기법은 전방 코드 + vByte + LZ다. 색인 유형은 빈도 색인(문서 번호와 TF 값 포함)이며, GOV2 문서 모음으로부터 만들었다.

| | | 색인 블록 크기(바이트) | | | | | | |
		512	1,024	2,048	4,096	8,192	16,384	32,768
그룹 크기	텀 1개	117.0MB	60.7MB	32.0MB	17.1MB	9.3MB	5.1MB	9.9MB
	텀 4개	68.1MB	35.9MB	19.2MB	10.4MB	5.7MB	3.2MB	1.8MB
	텀 16개	43.8MB	23.4MB	12.7MB	7.0MB	3.9MB	2.3MB	1.3MB
	텀 64개	32.9MB	17.8MB	9.8MB	5.4MB	3.1MB	1.8MB	1.0MB
	텀 256개	28.6MB	15.6MB	8.6MB	4.8MB	2.7MB	1.6MB	0.9MB

사전 압축과 사전 혼재 기법 결합하기

4.4절에서 사전이 차지하는 메모리 크기를 줄이는 또 다른 방법을 설명했다. 바로 사전 엔트리를 디스크에 포스팅 목록과 섞어서 저장(혼재)하고 64KB 정도 크기의 색인 정보마다 사전 엔트리 하나만 메모리에 유지함으로써 메모리에 유지하는 사전 크기를 수 기가바이

트에서 수 메가바이트 수준으로 상당히 줄일 수 있다. 여기서 한 발 더 나아가 사전 혼재 기법과 압축 기법을 결합해 사전을 더 작게 만드는 방법을 생각해봄 직하다.

표 6.13에 이 방법으로 얼마나 사전 메모리 크기를 줄이는지 요약했다. 색인 블록 크기 B(메모리에 유지할 사전 엔트리 하나를 뽑는 디스크상 정보의 최대 크기 — 4.4절 참고)와 메모리상의 사전 그룹 크기 g에 따라서 사전 메모리 크기를 1MB 미만까지 줄일 수 있다 (B=32,768, g=256). 그 대가로 질의 수행 시점에 받는 불이익은 질의 텀 하나마다 추가로 32,768바이트를 디스크로부터 읽어야 하는 비용인데, 실험에 사용한 하드 디스크에서는 0.5ms 미만이 걸린다.

그보다 더 주목할 만한 결과는 B=512, g=256으로 설정해서 얻은 사전 크기다. 색인 블록 크기 B=512를 설정해도 질의 처리 성능이 떨어지는 걸 볼 수 없다. 512바이트(1섹터)는 대부분 하드 디스크 드라이브에서 최소 전송 단위이기 때문이다. 반면 사전 메모리 크기는 사전 혼재나 압축 기법을 사용하지 않았을 때보다 97% 넘게 줄어들었다.

6.5 요약

6장의 주요 내용을 정리해보자.

- 많은 압축 기법이 압축할 메시지를 심볼을 나열한 것으로 간주하고, 더 자주 등장한 심볼에 짧은 코드값을 부여하는 방식으로 심볼의 통계적 속성을 반영한 코드를 찾는다.
- 유한한 심볼 집합이 가지는 어떤 확률 분포에 대해서도 허프만 코드는 최적 접두 코드(평균 코드값 길이가 가장 짧은 코드)를 만들어낸다.
- 산술 코드는 심볼의 코드값에 정수 비트 수를 사용하지 않음으로써 허프만 코드보다 좋은 압축률을 얻을 수 있다. 하지만 일반적으로 허프만 코드는 복호화가 산술 코드보다 훨씬 더 빨라 검색엔진을 포함한 많은 분야에서 채택한다.
- 역색인 목록을 압축하는 방식은 모두 한 목록에는 포스팅이 오름차순으로 저장된다는 사실에 기반한다. 보통 원본 목록을 전후 인접한 요소 간 차이값으로 변환한 다음 압축한다.

- 모수 기반 압축 기법은 일반적으로 비모수 기반 압축 기법보다 압축 결과가 작다. 모수 기반 압축을 적용할 때는 목록마다 매개변수를 설정해야 한다.
- 포스팅 목록의 차이값이 기하 분포를 따르면 골롬/라이스 코드가 좋은 압축 효과를 보인다.
- 차이값이 대체로 아주 작으면 보간 코드가 좋은 압축 효과를 보인다. 포스팅 하나당 평균 1비트 미만으로 부호화할 수 있기 때문이다(산술 코드도 같은 효과를 낼 수 있지만, 보간 코드보다 복호화 과정이 더 복잡하다).
- 다양한 차이값 분포 양상에 대해서 허프만 코드 기반 LLRUN 기법은 대체로 훌륭한 압축 효과를 보인다.
- 전방 코드는 검색엔진의 사전 자료 구조에 필요한 메모리 크기를 획기적으로 줄일 수 있다. 특히 사전 혼재 기법과 함께 사용하면 사실상 질의 수행 성능을 떨어뜨리지 않으면서도 메모리에 저장할 사전 크기를 99% 이상 줄일 수 있다.

6.6 더 읽을거리

문자열 압축을 비롯한 범용 데이터 압축에 관한 훌륭한 개괄서는 벨 외(Bell et al., 1990)가 소개했고, 좀 더 최근에는 세이우드(Sayood, 2005)와 살로몬(Salomon, 2007)도 각각 발표했다. 특별히 역색인의 포스팅 목록을 대상으로 한 압축 기법은 위튼 외(Witten et al, 1999)가 연구했다. 조벨과 모팻(Zobel and Moffat, 2006)은 현존하는 역색인 목록 압축 방식을 포함해 역파일 관련 압축 기법 연구에 관해 조사했다.

허프만 코드는 데이비드 허프만David Huffman이 MIT 학생이던 1951년에 개발했다. MIT의 교수였던 로버트 파노Robert Fano는 학생들에게 주어진 유한한 원본 메시지에서 최적 이진 코드를 만드는 방법을 숙제로 냈다. 그리고 허프만은 숙제를 완수한 덕택에 기말 고사를 면제받았다. 지난 60여 년 동안 허프만 코드는 광범위하게 연구됐다. 그리고 이론적인 최적 코드(산술 코드)에 비해서 갖는 군더더기(비효율성)에 관해서도 중요한 연구 결과를 얻었다(Horibe, 1977; Gallagar, 1978; Szpankowski, 2000).

산술 코드는 허프만 코드가 각 심볼 코드값으로 정수 비트 수를 할당해야 한다는 요건 때문에 가질 수밖에 없는 제한점을 극복했다. 산술 코드는 리사넨(Rissanen, 1976)이 최초로 그리고 다시 리사넨과 랭던(Rissanen and Langdon, 1979)이 개발했으며, 마틴(Martin, 1979)도 범위 부호화range encoding라는 이름으로 개발했다. 그러나 1980년대 중반까지는 널리 쓰이지 않다가 위튼 외(Witten et al., 1987)가 효율적인 산술 코드기를 발표한 후에야 유명해졌다. DMC(Cormack and Horspool, 1987)나 PPM(Cleary and Witten, 1984)과 같은 현대 문자열 압축 알고리즘 중에는 변형된 산술 코드에 기반한 기법이 많다.

감마(γ), 델타(δ), 오메가(ω) 코드는 일라이어스(Elias, 1975)가 소개했을 뿐 아니라 그 보편성을 입증했다. 코드의 보편성이란 등장 확률이 높은 심볼일수록 짧은 코드값을 할당하면, 심볼당 사용하는 비트 수의 기댓값이 심볼 출처의 엔트로피의 상수 배 이내에 들어온다는 특성이다. 골룸 코드는 골룸(Golomb, 1966)이 "비밀 요원 00111"이 룰렛 게임을 즐긴다는 내용의 매우 유쾌한 수필 속에서 제안한 방식이다. 보간 코드는 모팻과 스튜버(Moffat and Stuiver, 2000)의 작품이다. 두 사람은 역파일 압축에 보간 코드를 적용하는 데 멈추지 않고 허프만 코드의 코드 정보나 버로우–휠러 변환Burrow-Wheeler transform에 기반한 압축 알고리즘에서 전방 이동 값을 부호화하는 데도 보간 코드를 쓸 수 있다는 점을 보였다.

vByte(6.3.4절 참고)와 같은 바이트 정렬 압축 기법은 학술적으로는 윌리엄스와 조벨(Williams and Zobel, 1999)이 처음 탐구했지만, 실제로는 그보다 오래전부터 사용했다. 트로트먼(Trotman, 2003)은 디스크에 저장한 색인 관련해서 압축률과 복호화 성능 간 트레이드-오프를 여러 모로 탐구했으며, 가변 바이트 부호화가 대체로 비트 단위 기법보다 질의 처리 속도가 빠르다는 점을 밝혔다. 스콜러 외(Scholer et al., 2002)도 같은 결론을 냈으며, 더불어 바이트 정렬 압축을 적용하면 때로는 압축하지 않은 색인을 메모리에 저장한 경우보다도 더 빠르다는 점도 밝혔다. 최근 연구에서 버처와 클라크(Büttcher and Clarke, 2007)는 스콜러의 주장이 검색엔진의 색인 접근 양상이 완전히 무작위라고 할지라도 여전히 유효하다고 밝혔다.

압축률을 높이는 문서 재배치는 블랜드포드와 벨로흐(Blandford and Blelloch, 2002)가 처음 연구했다. 이들이 고안한 방법은 내용이 비슷한 문서들에 가까운 문서 번호를 부여해 묶는 방식에 기반을 둔다. 이와 별도로 시에 외(Shieh et al., 2003)는 문서 재배치 문제를 판매원 여행 문제TSP, Traveling Salesperson Problem로 치환하는 방법을 소개했다. URL 순서로 문서를 재배치해서 압축률을 높이는 방안은 실베스트리(Silvestri, 2007)의 작품이다.

6.7 연습 문제

연습 문제 6.1 심볼 집합 S = {"a", "b"}가 있고 각각 등장 확률은 Pr["a"] = 0.8, Pr["b"] = 0.2다. S에 기반한 메시지를 부호화하면서 심볼 두 개를 묶어서 나타낸다고 가정하자 (즉, Pr["aa"] = 0.64, Pr["ab"] = 0.16 등이다). 이렇게 만든 확률 분포를 이용해서 허프만 트리를 생성하라.

연습 문제 6.2 감마 코드는 접두 코드임을 보여라. 다시 말해 한 코드값이 다른 코드값의 앞부분(접두)이 되지 않는다.

연습 문제 6.3 접두 코드는 아니지만 모호하지 않은 이진 코드를 예로 들어보자. 이 코드가 최적이 되는 확률 분포는 무엇인가? 그 확률 분포에 대한 최적 접두 코드를 만들어보자.

연습 문제 6.4 오메가 코드의 부호화 절차를 작성해보자(6.3.1절 참고).

연습 문제 6.5 어떤 정수 n_0 이상의 모든 정수에 대해서 오메가 코드가 항상 델타 코드보다 짧은 코드값을 할당한다면 이 n_0는 얼마인가? n_0는 대단히 큰 값(> 2^{100})일 수 있다.

연습 문제 6.6 기하 분포를 가지는 포스팅 목록에서 어떤 텀 T의 등장 비율이 N_T/N = 0.01 이라고 하면, 라이스 코드에 매개변수 $M = 2^7$을 적용해서 압축할 때 코드값의 평균 비트 수는 얼마일까?

연습 문제 6.7 차이값이 기하 분포를 가지고 평균 차이값 N/N_T = 137(즉 p = 0.0073)인 포스팅 목록이 있다고 하자. 골룸 코드에서 매개변수 M의 최적값은 얼마일까? 라이스 코드에서 매개변수 M의 최적값은 얼마일까? 최적 골룸 코드 대신 최적 라이스 코드를 사용하면 평균 몇 비트를 더 쓰게 될까? 산술 코드 대신 최적 골룸 코드를 사용하면 평균 몇 비트를 더 쓰게 될까?

연습 문제 6.8 6.2.2에서 허프만 트리를 $n = |S|$, 즉 입력 알파벳 집합 크기에 대해서 시간

복잡도 $\Theta(n \log(n))$에 만드는 방법을 논의했다. 부호화를 시작하기 전에 이미 S에 속하는 심볼을 등장 확률 순서대로 정렬했다고 가정하자. 시간 복잡도 $\Theta(n)$으로 허프만 트리를 만드는 알고리즘을 작성하라.

연습 문제 6.9 6.3.4절에서 설명한 Simple-9 압축 기법은 연속된 차이값을 묶어서 32비트 기계 워드 안에 저장하되 4비트는 선택자 영역으로 남긴다. 이와 비슷하게 64비트 기계 워드에 저장하는 Simple-14라는 방법을 생각해보자. 이번에도 4비트를 선택자 영역으로 남긴다고 가정하면 나머지 60비트를 분할하는 방법을 모두 나열해보자. 전형적인 문서 번호 색인을 압축한다면 두 가지 중 어느 방법의 압축률이 더 높을까? Simple-9이 Simple-14 보다 더 나은/못한 결과를 내는 문서 번호 색인 유형을 특징지어보자.

연습 문제 6.10 6.3.7절에서 언급한 문서 재배치 기법 중 하나는 문서 URL의 알파벳 순서대로 문서 번호를 부여한다. 문서 URL을 이용하는 건 같지만, 재배치 기준은 다르고 압축률은 더 높은 방법이 있을까? URL을 구성하는 요소를 어떻게 활용할 수 있을지 생각해보라.

연습 문제 6.11 (프로젝트 문제) 이전에 구현한 역색인 자료 구조에 색인 압축 기법을 추가해보자. 6.3.4절에서 설명한 바이트 정렬 기반 vByte를 구현하고, 6.3.1절에서 설명한 감마 코드나 6.3.4절에서 설명한 Simple-9 중에서도 하나 선택해서 구현하자. 압축 기능을 구현한 뒤에는 모든 포스팅 목록을 압축해서 저장해야 한다.

6.8 참고문헌

Anh, V. N., and Moffat, A. (2005). Inverted index compression using word-aligned binary codes. *Information Retrieval*, 8(1):151–166.

Bell, T. C., Cleary, J. G., and Witten, I. H. (1990). *Text Compression*. Upper Saddle River, New Jersey: Prentice-Hall.

Blandford, D. K., and Blelloch, G. E. (2002). Index compression through document reordering. In *Data Compression Conference*, pages 342–351. Snowbird, Utah.

Burrows, M., and Wheeler, D. (1994). *A Block-Sorting Lossless Data Compression Algorithm*. Technical Report SRC-RR-124. Digital Systems Research Center, Palo Alto, California.

Büttcher, S., and Clarke, C. L. A. (2007). Index compression is good, especially for random access. In *Proceedings of the 16th ACM Conference on Information and Knowledge Management*, pages 761–770. Lisbon, Portugal.

Cleary, J. G., and Witten, I. H. (1984). Data compression using adaptive coding and partial string matching. *IEEE Transactions on Communications*, 32(4):396–402.

Cormack, G. V., and Horspool, R. N. S. (1987). Data compression using dynamic Markov modelling. *The Computer Journal*, 30(6):541–550.

Elias, P. (1975). Universal codeword sets and representations of the integers. *IEEE Transactions on Information Theory*, 21(2):194–203.

Fraenkel, A. S., and Klein, S. T. (1985). Novel compression of sparse bit-strings. In Apostolico, A., and Galil, Z., editors, *Combinatorial Algorithms on Words*, pages 169–183. New York: Springer.

Gallager, R. G. (1978). Variations on a theme by Huffman. *IEEE Transactions on Information Theory*, 24(6):668–674.

Gallager, R. G., and Voorhis, D. C. V. (1975). Optimal source codes for geometrically distributed integer alphabets. *IEEE Transactions on Information Theory*, 21(2):228–230.

Golomb, S. W. (1966). Run-length encodings. *IEEE Transactions on Information Theory*, 12:399–401.

Horibe, Y. (1977). An improved bound for weight-balanced tree. *Information and Control*, 34(2):148–151.

Larmore, L. L., and Hirschberg, D. S. (1990). A fast algorithm for optimal length-limited Huffman codes. *Journal of the ACM*, 37(3):464–473.

Martin, G. N. N. (1979). Range encoding: An algorithm for removing redundancy from a digitized message. In *Proceedings of the Conference on Video and Data Recording*. Southampton, England.

Moffat, A., and Stuiver, L. (2000). Binary interpolative coding for effective index compression. *Information Retrieval*, 3(1):25–47.

Patterson, D. A., and Hennessy, J. L. (2009). *Computer Organization and Design: The Hardware/Software Interface* (4th ed.). San Francisco, California: Morgan Kaufmann.

Rice, R. F., and Plaunt, J. R. (1971). Adaptive variable-length coding for efficient compression of spacecraft television data. *IEEE Transactions on Commununication Technology*, 19(6):889–897.

Rissanen, J. (1976). Generalized Kraft inequality and arithmetic coding. *IBM Journal of Research and Development*, 20(3):198–203.

Rissanen, J., and Langdon, G.G. (1979). Arithmetic coding. *IBM Journal of Research and Development*, 23(2):149–162.

Salomon, D. (2007). *Data Compression: The Complete Reference* (4th ed.). London, England: Springer.

Sayood, K. (2005). *Introduction to Data Compression* (3rd ed.). San Francisco, California: Morgan Kaufmann.

Scholer, F., Williams, H. E., Yiannis, J., and Zobel, J. (2002). Compression of inverted indexes for fast query evaluation. In *Proceedings of the 25th Annual International ACM SIGIR Conference on Research and Development in Information Retrieval*, pages 222–229. Tampere, Finland.

Shannon, C. E. (1948). A mathematical theory of communication. *Bell System Technical Journal*, 27:379–423, 623–656.

Shannon, C. E. (1951). Prediction and entropy of printed English. *Bell System Technical Journal*, 30:50–64.

Shieh, W. Y., Chen, T. F., Shann, J. J. J., and Chung, C. P. (2003). Inverted file compression through document identifier reassignment. *Information Processing & Management*, 39(1):117–131.

Silvestri, F. (2007). Sorting out the document identifier assignment problem. In *Proceedings of the 29th European Conference on IR Research*, pages 101–112. Rome, Italy.

Szpankowski, W. (2000). Asymptotic average redundancy of Huffman (and other) block codes. *IEEE Transactions on Information Theory*, 46(7):2434–2443.

Trotman, A. (2003). Compressing inverted files. *Information Retrieval*, 6(1):5–19.

Williams, H. E., and Zobel, J. (1999). Compressing integers for fast file access. *The Computer Journal*, 42(3):193 – 201.

Witten, I. H., Moffat, A., and Bell, T. C. (1999). *Managing Gigabytes: Compressing and Indexing Documents and Images* (2nd ed.). San Francisco, California: Morgan Kaufmann.

Witten, I. H., Neal, R. M., and Cleary, J. G. (1987). Arithmetic coding for data compression. *Communununications of the ACM*, 30(6):520 – 540.

Ziv, J., and Lempel, A. (1977). A universal algorithm for sequential data compression. *IEEE Transactions on Information Theory*, 23(3):337 – 343.

Zobel, J., and Moffat, A. (2006). Inverted files for text search engines. *ACM Computing Surveys*, 38(2):1 – 56.

7
동적 역색인

4장에서 역색인을 만드는 과정을 다루면서 문서 집합이 색인 생성 과정이나 완성 후에도 변하지 않는 정적 집합이라고 가정했다. 당연한 말이지만 항상 이 가정이 성립하진 않는다. 다양한 환경에서 문서 집합은 시간이 흐르면서 바뀌기 마련이다. 이런 "동적" 문서 모음에는 파일 시스템, 디지털 라이브러리, 웹 등이 있다.

동적 문서 모음은 흔히 세 가지 연산을 허용한다. 바로 문서 삽입, 삭제, 변경이다. 동적 문서 모음으로 색인을 만들 때는 정보의 변동성을 고려해 색인 내용이 문서 내용과 일치하도록 적절한 방안을 준비해야 한다. 7장에서는 이러한 색인 유지 방안을 다룬다.

첫 번째 절(7.1절)에서 반정적 문서 모음을 어떻게 다루는지 논의한다. 반정적 문서 모음은 문서 삽입과 삭제를 지원하지만(문서 변경은 삭제 후 삽입으로 간주한다), 변경 내용이 즉시 색인에 반영되지 않고 몇 시간이나 며칠 정도 늦어져도 괜찮다. 웹 검색엔진은 흔히 웹 문서 집합의 상당한 부분을 반정적 모음으로 취급한다. 새로운 웹 페이지가 검색엔진 색인에 반영되기까지 며칠 또는 몇 주가 걸릴 수 있다(www.whitehouse.gov 같이 유명한 페이지는 그보다 더 자주 재색인된다).

두 번째 절(7.2절)에서는 증분 문서 모음을 다룬다. 증분 문서 모음은 새 문서를 추가할 수 있지만 이미 색인한 문서를 바꾸거나 지우지는 못하는 경우도 있다. 증분 문서 모음을 위한 색인 갱신 방안을 몇 가지 살펴보고, 전체 색인을 독립적인 하위 색인(색인 파티션)으로 나누면 효율적으로 색인을 갱신하면서도 질의 처리의 성능 문제를 야기하지 않는다는 점을 보일 것이다. 이 방법으로 문서가 대량으로 입력되는 상황에서도 색인을 최신 정보로 유지할 수 있다.

세 번째와 마지막 절에서는 모든 갱신 연산, 즉 삽입, 삭제, 변경을 지원하는 비증분 동적 문서 모음을 위한 색인 갱신 정책을 논의할 것이다. 7.3절에서 삭제된 문서의 포스팅을 색인에서 곧바로 없애는 대신 표시만 해두는 지연 삭제 절차를 어떻게 구현하는지 살펴보겠다. 이렇게 표시한 포스팅은 주기적으로 정리하는 작업을 거친다. 7.4절은 검색엔진이 문서 변경(덧붙이기 등)을 지원하려면 색인 구조를 어떻게 바꿔야 하는지에 관한 내용이다. 이런 상황에서 어떤 어려움이 있는지 살펴볼 것이다. 이 논의를 통해 검색엔진이 어째서 문서 자체 변경을 지원하는 대신 삭제와 재삽입이라는 방식으로-문서가 매우 길면 비효율적인 방식임에도-대신하는지 실마리를 얻을 수 있을 것이다.

4장과 마찬가지로 메모리 자원이 전체 색인 크기에 비해 많이 부족해서 색인 정보 대부분은 디스크에 저장해야 한다고 가정한다. 충분한 메모리를 가진 대규모 검색엔진에는 7장에서 소개할 기법이 별다른 쓸모가 없을지도 모른다. 하지만 디스크상의 색인이건 메모리상의 색인이건 마주치는 일반적인 문제는 대체로 비슷하다.

7.1 일괄 갱신

검색 분야에 따라서는 문서 모음에서 바뀐 부분이 색인에 곧바로 반영되지 않아도 무방하다. 색인 과정은 새 문서를 얼마간 누적할 때까지 기다렸다가 일괄 갱신 연산으로 한꺼번에 색인에 추가한다. 웹 검색에서는 이런 방식이 전형적이며 새로운 문서가 주요 웹 검색엔진에 반영되려면 며칠이나 몇 주씩 걸릴 수도 있다. 기존 색인을 일괄 갱신하는 작업은 두 가지 방식으로 구현할 수 있다.

- 새로운 색인을 처음부터 만든다. 색인 생성이 끝나면 기존 색인을 지우고 새로 만든 색인으로 대체한다. 이런 과정을 재구축 갱신 방식이라고 한다.
- 새로 추가된 문서로부터 색인을 만든다. 색인 생성이 끝나면 기존 색인에 병합한다. 병합한 색인으로 이전 색인을 대체한다. 이런 과정을 재병합 갱신 방식이라고

한다. 병합 연산은 사실상 병합 기반 색인 생성의 마지막 병합 단계(4.5.3 참고)와 같은 동작이다.

재구축과 재병합 중 어느 쪽이 나은 방식일까? 개발자 입장에서는 재구축이 좀 더 구현하기 쉽다. 하지만 재구축 방식으로는 문서 모음에 있는 모든 문서를 이전에 이미 색인했더라도 모두 다시 분석해서 색인해야 한다. 재병합 방식이면 기존에 색인한 정보를 재활용해서 재구축 방식보다 더 빨리 마칠 수 있다.

일괄 갱신에 오로지 문서 삽입만 있고 삭제가 없다면 재병합 성능이 재구축보다 당연히 더 좋다. 하지만 문서 삽입과 삭제가 함께 발생하면 어느 쪽이 우월한지 불분명하다. 이 경우 재병합 방식은 삭제돼 새로운 색인에 넣지 않을 문서의 포스팅을 읽고 복호화하는데 시간을 쓰게 된다. 반면 재구축 방식은 그럴 필요가 없으므로 재병합 방식보다 더 빠를 가능성이 있다.

기존 색인 I_{old}가 d_{old}개 문서의 포스팅을 저장하고 문서는 모두 비슷한 크기라고 하자. 그리고 일괄 갱신 작업에는 d_{delete}개 문서가 삭제되고 d_{insert}개 문서가 삽입된다고 하자. 즉 일괄 갱신이 끝나면 새로운 색인 I_{new}에는 다음 갯수의 문서 포스팅이 들어 있는 셈이다.

$$d_{new} \quad = \quad d_{old} - d_{delete} + d_{insert} \tag{7.1}$$

재구축으로 I_{new}를 만드는 시간은 전적으로 d_{new}에 달렸다. 4장에서 소개한 병합 기반 색인 구축 방식을 사용하면 I_{new}를 만드는 시간은 다음과 같으며, c는 시스템 성능을 따르는 상수다.

$$\begin{aligned} time_{rebuild}(d_{old}, d_{delete}, d_{insert}) \quad &= \quad c \cdot d_{new} \\ &= \quad c \cdot (d_{old} - d_{delete} + d_{insert}) \end{aligned} \tag{7.2}$$

재병합으로 I_{new}를 만드는 데는 얼마나 오래 걸릴까? 답은 검색엔진이 수행하는 색인과 병합 연산의 상대적 속도에 달렸다. 표 4.7을 보면 GOV2 문서 모음으로 병합 기반 색인을 수행할 때, 최종 병합 연산이 전체 색인 시간의 25% 정도를 차지했다. 나머지 75%는 문서를 분석하고 하위 색인을 만드는 데 걸린 시간이다. 그러므로 재병합으로 새로운 색인을 만드는 데 걸리는 전체 시간은 대략 다음과 같다고 볼 수 있다.

$$time_{remerge}(d_{old}, d_{delete}, d_{insert}) \quad = \quad c \cdot d_{insert} + \frac{c}{4} \cdot (d_{old} + d_{insert}) \qquad (7.3)$$

식의 첫째 항은 새로 들어온 d_{insert}개 문서로 색인 I_{insert}를 만드는 데 걸린 시간이고, 둘째 항은 기존 색인 I_{old}를 I_{insert}와 병합해서 새로운 색인 I_{new}를 만드는 데 걸린 시간이다.

식 7.3은 재병합에서 수행하는 병합 연산이 4.5.3절에서 설명한 과정보다 좀 더 오래 걸린다는 점을 염두에 두지 않았다. 더 오래 걸리는 이유는 삭제한 문서를 가리키던 포스팅을 정리하는 작업을 함께 수행해야 하기 때문이다. 다만 여기서는 설명을 단순하게 하고자 정리 작업 비용은 무시할 정도로 작다고 가정하며, 실제로도 병합은 재색인보다 네 배가량 빠르다(문서 삭제가 갱신 성능에 미치는 영향에 관해서는 7.3절에서 다시 논의한다). 이렇게 가정하면 재구축과 재병합은 다음과 같은 조건에서 같은 성능을 보인다.

$$time_{rebuild}(d_{old}, d_{delete}, d_{insert}) \quad = \quad time_{remerge}(d_{old}, d_{delete}, d_{insert}) \qquad (7.4)$$

$$\Leftrightarrow \quad d_{old} - d_{delete} + d_{insert} \quad = \quad d_{insert} + \frac{1}{4} \cdot (d_{old} + d_{insert}) \qquad (7.5)$$

$$\Leftrightarrow \quad d_{delete} \quad = \quad \frac{3}{4} \cdot d_{old} - \frac{1}{4} \cdot d_{insert} \qquad (7.6)$$

문서 모음이 비록 시간이 흐르면서 변할지라도 안정 상태, 즉 새로 삽입한 문서와 삭제한 문서 수가 같은 상태($d_{insert} = d_{delete}$)라고 하자. 실제로 여러 문서 모음은 문서 갱신이 많이 일어나더라도 전체 크기에 비해 매우 천천히 증가하므로 정적 상태라고 볼 수 있다. 이런 경우 식 7.6은 식 7.7처럼 간소화할 수 있다.

$$d_{delete} = \frac{3}{5} \cdot d_{old} \qquad (7.7)$$

이를 바탕으로 재구축은 기존 색인에서 전체 문서의 60% 이상 삭제돼야 재병합보다 빠르다는 결론을 내릴 수 있다. 반대로 삭제 비율이 60%보다 낮으면 재병합이 낫다.

대부분의 경우 연달아 일괄 갱신을 수행하면 직전 주기에 만든 색인에서 삭제되는 문서 비율은 60%보다 훨씬 낮다. 꼭 문서 변경량이 적어서가 아니라 검색엔진이 검색 결과로 돌려주는 문서가 이렇게 쉽게 사라지는 건 사용자에게 별 도움이 안 되기 때문이다. 도움이 되려면 문서 모음이 빨리 바뀌는 만큼 색인 갱신도 더 자주 일어나야 한다. 이런 이유로 재병합이 거의 항상 재구축보다 빠르다.

병합 기반으로 색인을 생성(4.5.3절 참고)하는 검색엔진은 모두 두 역색인을 병합하는 기능을 갖추고 있으므로, 군이 재병합 대신 재구축을 선택할 이유가 없다. 재병합은 속도도 훨씬 빨라서 색인 갱신 주기를 짧게 가져감으로써 색인의 최신성을 유지하기에 좋다. 물론 문서 삭제를 반영해야 하므로 병합 기반 색인 생성 과정보다는 좀 더 복잡하긴 하다. 하지만 이로 인해 추가로 처리해야 하는 작업은 그리 큰 문제는 아니다. 기존 색인에서 삭제할 포스팅을 정리하는 방법은 7.3절에서 다루겠다.

7.2 증분 색인 갱신

일괄 갱신 방식으로 충분한 경우도 있지만, 최신 정보를 색인에 반영하는 일이 매우 중요한 상황도 많다. 인터넷 뉴스 검색, 파일 시스템 검색 그리고 아마존Amazon[1]이나 이베이eBay[2] 등의 인터넷 상점에서 사용하는 내부 검색 시스템 등이 좋은 예다. 이들은 문서 정보가 바뀌자마자 색인을 갱신해야 한다. 다시 말해 일괄 갱신을 적용할 수 없다. 이 절에서 문서 모음이 순전히 증가할 때, 즉 새 문서를 추가하지만 기존 문서를 변경하거나 삭제하는 경우가 없을 때 어떻게 색인에 즉각 반영하는지 설명한다.

4.5.1절에서 설명한 메모리상의 해시 기반 색인 생성 과정을 다시 떠올려보자. 이 색인의 뼈대는 메모리 안에 구축한 해시 테이블이다. 해시 테이블은 텀 문자열을 그 텀의 포스팅 목록 주소로 연결해준다. 원래 이 자료 구조는 색인 생성 요건에 맞춰 고안했지만, 질의 처리에도 요긴하게 쓸 수 있다.

검색엔진이 기존에 n개 색인을 만들어서 디스크에 저장했고, 메모리에서 다시 색인을 만드는 동안 m개 텀을 가진 질의를 처리한다고 가정하자. 질의 처리 과정은 각 텀에 대해 다음 과정을 반복하면 된다.

---

1   www.amazon.com

2   www.ebay.com

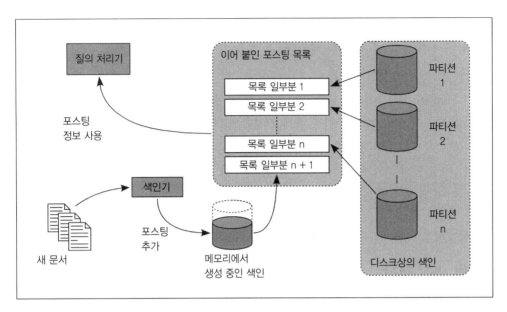

그림 7.1 오프라인의 병합 기반 색인 구축 과정을 온라인 색인 유지 방식(무병합)으로 바꾸는 방법이다. 메모리에 있는 생성 중인 색인과 디스크에 저장된 기존 색인 양쪽으로부터 질의 텀의 포스팅 목록을 가져온다. 가져온 목록을 이어 붙여 최종 포스팅 목록을 얻는다.

1. 디스크에 저장한 n개 색인 파티션 각각에서 텀의 포스팅 목록 일부를 가져온다.
2. 메모리에 있는 포스팅 목록 부분은 해시 테이블을 조회해서 가져온다.
3. 가져온 $n + 1$개 포스팅 목록을 이어서 온전한 포스팅 목록을 만든다.

이 과정을 그림 7.1에 나타냈다. 총 $m \cdot n$번 디스크 임의 접근을 해야 한다. 이 방식을 무병합 색인 갱신 방안이라고 부르자. 이렇게 부르는 이유는 곧 알게 된다.

무병합 갱신이 정적 문서 모음의 오프라인 색인 구축 방식을 문서 삽입과 질의 처리를 병행할 수 있는 온라인 방식으로 바꾸기는 하지만, 질의 처리를 위해서 디스크 접근을 (질의 텀마다 색인 파티션 수만큼) 많이 하기 때문에 추천할 만한 방법은 아니다. 색인 파티션이 많으면 무병합 갱신 방식의 질의 처리 속도는 지극히 느려진다. 다만 이 방식은 좀 더 정교한 기법의 성능을 평가할 기준으로 활용할 수 있다.

이 절의 나머지 부분은 증분 문서 모음을 위한 색인 갱신 정책을 다룬다. 이들 정책은 무병합 갱신과 기본 개념은 같다. 새로 들어온 문서를 마치 정적 문서 모음의 일부인 것처

314

럼 색인하고, 디스크와 메모리에 각각 저장한 색인에서 얻은 포스팅 목록을 이어 붙여서 질의를 처리한다. 그러나 무병합 갱신과 달리 디스크에 저장한 작은 색인 조각(파티션)을 합쳐서 파편화를 줄이고자 한다.

7.2.1 연속된 역색인 목록

디스크의 포스팅 목록 파편화를 낮게 유지하는 가장 과격한 방법은 이미 디스크에 포스팅 목록이 존재하면 그 목록은 더 이상 새로 만들지 않는 것이다. 이는 제자리 갱신과 재병합 갱신이라는 두 가지 다른 방식으로 구현할 수 있다.

재병합 갱신

7.1절에 소개한 재병합 방식을 다시 떠올려보자. 재병합은 반정적 문서 모음의 일괄 갱신에 쓸 수 있을 뿐 아니라 증분 문서 모음의 갱신 정책으로도 쓸 수 있다. 검색엔진 색인 모듈(색인기)은 새로 들어온 문서를 정적 문서 모음과 같은 방식으로 처리한다. 다만 정적 문서 모음과 달리 색인기에 메모리가 부족하면 디스크에 저장한 기존 색인과 메모리에 존재하는 정보를 모아서 디스크에 새로 색인을 만든다. 이 방식의 일반적인 절차를 그림 7.2에 나타냈다.

기존 색인 정보와 메모리에 존재하는 정보를 병합하려면 디스크의 색인을 읽으면서 동시에 새로 디스크에 색인 파일을 써야 한다. 한 번에 수 메가바이트 정도를 읽고 쓰면 (기존 색인과 새 색인 사이를 이동하는) 디스크 연산 횟수를 줄일 수 있어서 갱신 연산이 꽤 빨라진다.

(일괄이 아닌) 실시간 갱신 상황에서, 메모리가 부족할 때는 병합 연산을 중단하는 다른 병합 기반 갱신 방식으로부터 재병합을 구분하고자 즉시 병합이라고 부르기도 한다.

즉시 병합과 무병합 방식의 성능 차이를 측정하고 디스크에 포스팅 목록을 연속되게 저장하는 게 중요하다는 점을 보이고자 GOV2 문서 모음에 포함된 2천5백20만 개 문서를 메모리 약 800MB(25만 개 문서를 색인할 수 있는 크기)를 사용해 색인했다. 메모리가 부족한 상황에서는 메모리에 만든 색인과 기존에 디스크에 있던 색인을 병합하는 디스크 기반 색인 갱신을 수행하고, 갱신이 끝나면 질의 1,000개를 처리했다.

```
buildIndex_ImmediateMerge (M) ≡
1        I_mem ← ∅    // 메모리상의 색인을 초기화한다.
2        currentPosting ← 1
3        색인할 토큰이 남아 있는 한
4            T ← next token
5            I_mem.addPosting(T, currentPosting)
6            currentPosting ← currentPosting + 1
7            I_mem이 M − 1개 이상 토큰을 포함하면
8                I_disk 가 존재하면
9                    I_disk ← mergeIndices({I_mem, I_disk})
10               else
11                   I_disk ← I_mem
12               I_mem ← ∅    // 메모리상의 색인을 지운다.
13       return
```

그림 7.2 즉시 병합을 적용한 온라인 색인 구축 알고리즘. 여기서 사용한 mergeIndices는 그림 4.13에 나온다.

그림 7.3은 두 가지 색인 갱신 방식을 사용했을 때 평균 질의 처리 속도를 측정한 결과다. 예상대로 즉시 병합은 포스팅 목록을 연속된 디스크 공간에 저장하기 때문에 무병합 방식보다 질의 처리 속도가 더 빠르다. 그렇지만 그 차이가 꽤 큰 점은 다소 의외일 수 있다. 전체 문서를 색인한 다음에는 무병합의 질의 처리가 즉시 병합보다 일곱 배 이상 느리다(즉시 병합에서 690ms, 무병합에서 5,100ms).

왜 이렇게 엄청난 차이가 날까? 가용 메모리가 25만 개 문서를 색인할 정도밖에 안 되기 때문에 무병합 방식은 총 100개 색인 파티션을 디스크에 저장한다. 다시 말해 질의 텀 하나마다 디스크 임의 접근을 거의 100번 수행해야 한다는 뜻이다. 디스크 임의 접근 한 번(디스크 탐색과 회전)에 약 12ms가 걸리고 질의 하나에 평균 3.5개 텀이 있으니까 질의 하나를 처리하는 시간은

$$12\text{ms} \cdot 100 \cdot 3.5 = 4{,}200\text{ms} \tag{7.8}$$

가 되며, 이는 즉시 병합에서 걸린 690ms에 비해 약 7배 느리다. 이 계산 결과를 보면 무병합은 근본적으로 한계가 있음을 알 수 있다. 설령 가용 메모리를 다섯 배 늘린다고 해도 색인 파티션은 20개나 되고 여전히 질의당 800ms는 걸린다. 반대로 가용 메모리가 오히려 더 줄어들면 그림 7.3의 M = 100,000일 때처럼 질의 처리 속도는 심각하게 느려진다.

그런데 이처럼 즉시 병합이 무병합보다 확실히 우월함에도 색인 갱신의 최종 답안은 아

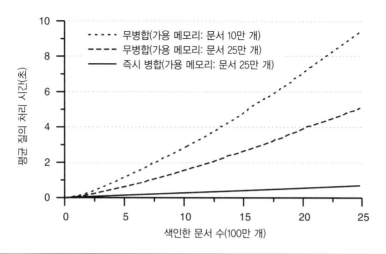

그림 7.3 즉시 병합과 무병합의 평균 질의 처리 성능을 색인 크기에 따라 그렸다. 문서는 GOV2, 질의는 TREC Terabyte 2006 에서 사용한 질의 중 무작위로 선택했으며, 근접도 순위화(2.2.2절 참고)로 질의를 처리했다.

니다. 어떤 이유이건 색인기에 메모리가 부족하면 디스크에서 모든 색인 정보를 읽은 다음 메모리에 있는 정보와 병합하고, 그 결과로 나온 색인을 다시 디스크에 써야 한다. 시간이 흐르면 디스크 읽기/쓰기 연산 횟수는 문서 모음 크기 제곱에 비례하게 된다.

총 N개 토큰을 포함하는 문서 모음을 색인하면서 포스팅 M개는 메모리에 유지할 수 있다고 생각해보자. 메모리 부족을 처음으로 맞닥뜨리면 지금까지 저장한 M개 포스팅을 디스크로 옮긴다. 두 번째로 메모리가 부족해지면 처음에 디스크로 옮긴 M개 포스팅을 다시 메모리에 적재해 이미 메모리에 있던 또 다른 포스팅 M개와 병합한 다음, 총 $2M$개 포스팅을 디스크에 다시 쓴다. 그러므로 문서 모음 전체에 토큰 N개가 있으면 디스크에서 읽고 디스크로 쓰는 총 포스팅 개수는 다음과 같다.

$$\sum_{k=1}^{\lfloor N/M \rfloor} (k-1)M + kM \quad = \quad M \cdot \sum_{k=1}^{\lfloor N/M \rfloor} (2k-1) \tag{7.9}$$

$$= \quad M \cdot \left(\left\lfloor \frac{N}{M} \right\rfloor \right)^2 \quad \in \quad \Theta\left(\frac{N^2}{M} \right) \tag{7.10}$$

가용 메모리 크기가 문서 모음에 비해 작으면 복잡도가 문서 모음 크기 제곱에 비례하는

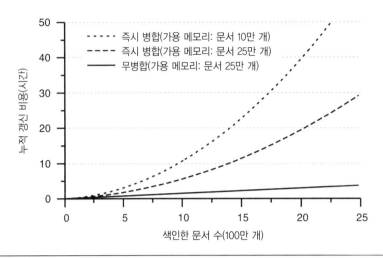

그림 7.4 즉시 병합과 무병합에서 색인 크기에 따라 변하는 색인 갱신의 누적 비용. GOV2 문서 모음(문서 2,520만 개)을 사용했다.

속성 때문에 즉시 병합이 무용지물이 된다. 이 점은 그림 7.4에서 색인 크기가 커지면서 무병합과 즉시 병합에서 색인 갱신 누적 비용이 변하는 양상을 봐도 알 수 있다. 가용 메모리를 800MB(문서 약 25만 개)로 제법 넉넉하게 잡았음에도 즉시 병합이 무병합보다 약 6배 느리다.

제자리 갱신

제자리 갱신이란 즉시 병합에서 메모리가 부족할 때마다 디스크에서 전체 색인을 읽어야 하는 한계점을 극복하는 방편이다. 제자리 갱신은 디스크상 색인 갱신 중에 포스팅 목록을 디스크로 쓸 때마다 목록 끝에 빈 공간을 좀 남겨둔다. 나중에 같은 포스팅 목록에 포스팅을 추가할 때 이 빈 공간에 덧붙인다. 만약 추가할 포스팅이 많아서 빈 공간에 다 넣지 못할 경우 전체 목록을 충분한 공간이 있는 디스크 영역으로 옮긴다. 그림 7.5에 제자리 갱신의 일반적인 절차를 나타냈다.

여러 가지 제자리 갱신 방식이 있는데, 이들 사이에는 목록 끝에 빈 공간을 미리 할당하는 방식에 근본적인 차이가 있다. 가장 널리 통용되는 방식은 (이미 4.5.1절에서 봤던) 비율 사전 할당 방식이다. 크기가 b바이트인 포스팅 목록을 메모리에서 디스크로 (또는 새로운

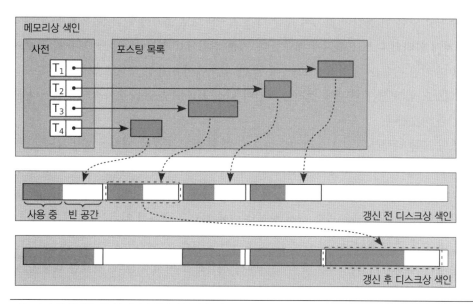

그림 7.5 사전 할당을 적용한 제자리 색인 갱신 과정. 디스크에 저장한 텀 T_3의 포스팅 목록 끝부분에 새 포스팅을 추가할 충분한 공간이 없다. 이 목록은 다른 영역으로 옮겨야 한다.

디스크 영역으로) 옮긴다고 생각해보자. 이때 이 포스팅 목록에 $k \cdot b$바이트를 남겨둔다. 다시 말해 목록 끝의 $(k - 1) \cdot b$바이트는 나중에 추가될 포스팅을 넣을 자리다. 흔히 $k = 1.5$나 $k = 2$로 설정한다. 목록 끝에 정해진 바이트만큼 남겨두는 다른 사전 할당 방식 등과 비교하면, 비율 사전 할당은 포스팅 목록 이동 중 디스크에서 읽고 디스크에 쓰는 총 바이트 수가 최종 목록 크기에 비례한다는 장점이 있다(연습 문제 7.2). 앞으로는 비율 사전 할당을 적용한 제자리 갱신을 단순히 '제자리 기법'이라고 부르겠다.

제자리 기법에서 디스크에서 오가는 총 바이트 수가 포스팅 목록 크기에 비례하기 때문에, 전체 색인에 대해서도 마찬가지로 디스크에서 오가는 총 바이트 수가 색인 크기에 비례한다고 볼 수 있다. 이는 곧 디스크 이동 정보량이 크기 제곱에 비례하는 즉시 병합보다 제자리 기법이 더 나은 갱신 성능을 낸다는 의미로 들린다. 하지만 실제로는 그렇지 않다. 제자리 갱신 방식은 디스크 임의 접근이 많기 때문이다. 그래서 단순히 디스크를 오가는 정보량만으로 갱신 성능을 판단할 수 없다.

그림 7.5에 나온 예제를 다시 살펴보자. 텀 T_3의 포스팅 목록은 메모리에 있는 새 포스

팅을 추가할 만한 빈 공간이 없어서 다른 디스크 영역으로 옮겨야 한다. 목록을 옮길 때에는 두 차례 임의의 디스크 위치에 접근한다. 기존 위치에서 읽는 데 한 번, 메모리 정보와 합쳐서 더 커진 목록을 새 영역에 쓰는 데 한 번. 실험에서 사용한 하드 드라이브(부록 A 참고)는 디스크 임의 접근 한 번에 걸리는 시간이 디스크 1MB 분량을 순차적으로 읽거나 쓰는 시간과 비슷하다.

포스팅 목록 대부분은 (지프의 법칙을 따라서) 매우 짧기 때문에 제자리 기법의 잦은 비순차 접근은 갱신 성능을 엄청나게 떨어뜨린다. 예컨대 목록 하나마다 디스크 탐색 한 번이 걸린다고 가정하면 매우 짧은 포스팅 목록 10만 개를 제자리 기법으로 갱신하는 데 약 20분이 걸린다. 같은 작업을 병합 갱신 방식과 그에 따르는 순차적 읽기/쓰기 연산으로 대체하면 고작 몇 초면 끝난다.

기본적인 제자리 기법은 색인 유지 측면에서 최적화할 여지가 많다. 자세한 내용은 시에와 청(Shieh and Chung, 2005)의 연구나 레스터 외(Lester et al., 2006)의 연구를 참고하라. 여기서는 최적화에 관한 논의를 더 이상 다루지 않고, 대신 전체 갱신 비용을 줄이는 원론적인 방식을 설명한다. 바로 제자리 기법과 즉시 병합을 결합한 혼합 갱신 방식이다.

혼합 색인 유지 방식

제자리 기법과 즉시 병합을 비교해보면, 제자리 기법은 디스크 탐색 횟수가 상대적으로 많고 즉시 병합은 메모리가 부족할 때마다 디스크에 저장한 색인 전체를 읽고 써야 한다는 제약이 존재한다. 어느 한 가지 방식을 전체 색인에 적용하는 게 아니라 포스팅 목록마다 어느 한쪽을 선택함으로써, 두 가지 방식의 장점만 모은 갱신 방식을 고안할 수 있다.

디스크에 포스팅 목록 L이 존재한다고 하자. 색인 갱신 중 i번째로 메모리가 부족해진 시점에서 L의 크기가 s_i 바이트라고 하자. 그리고 다음번, 즉 $i + 1$번째 시점에는 $s_i + 1$바이트다. 색인을 저장한 하드 드라이브는 순차적으로 초당 b바이트를 읽거나 쓸 수 있고, 임의 접근은 평균 r초가 걸린다고 하자. 즉시 병합으로 L을 갱신하면 $i + 1$번째 시점에서 갱신 비용은 다음과 같다.

$$D_{i+1} = \frac{s_i + s_{i+1}}{b} \qquad (7.11)$$

위 식의 두 개 항은 기존 목록을 읽는 비용과 새 목록을 쓰는 비용에 해당한다. 제자리 갱신을 선택하면 그 비용은 다음처럼 바뀐다.

$$D_{i+1} = 2r + \frac{s_{i+1} - s_i}{b} \tag{7.12}$$

목록 하나를 갱신할 때 디스크를 두 번 탐색한다고 가정했다(혼합 방식에서는 제자리 갱신 과정에서 순차적인 병합 연산 중간에 끼어들기 때문에, 디스크를 한 번이 아니라 두 번 탐색해야 한다). 식 7.11과 7.12의 값이 같다면 다음과 같이 된다.

$$s_i = r \cdot b \tag{7.13}$$

다시 말해 디스크에 저장한 포스팅 목록이 $r \cdot b$바이트보다 커지는 시점에서 재병합(즉시 병합)보다 제자리 갱신을 선택하는 게 더 효율적이다. 일반적인 개인용 하드 드라이브의 경우 대략 $s_i = 0.5MB$다. 포스팅 목록이 이보다 짧으면 즉시 병합을, 길면 제자리 기법이 적절한 선택이다.

지금까지 설명한 내용을 그림 7.6에 알고리즘으로 기술했다. 이 알고리즘은 디스크에 I_{merge}와 $I_{inplace}$라는 색인 두 개를 유지한다. 처음에는 모든 포스팅 목록을 I_{merge}에 저장한다. 그중에서 사전 정의한 문턱값 ϑ(하드웨어 성능에 따라서 재병합과 제자리 기법 비용이 같아지는 지점)를 넘어선 목록은 $I_{inplace}$로 옮긴다. 알고리즘에서 변수 L은 제자리 기법 색인에 저장한 긴 포스팅 목록을 모두 담는다.

이 방법에 혼합 색인 유지라는 이름이 붙은 건 재병합과 제자리 기법의 장점을 결합했기 때문이다. 특히 그림 7.6에 기술한 방식을 연속된 포스팅 목록에 대한 혼합 즉시 병합 방식(HIM_C)이라고 부른다. 버처와 클라크(Büttcher and Clarke, 2008)가 이 방식을 분석해 이론상 복잡도는 문서 모음의 텀 분포에 따라 결정되며, 정확히는 다음과 같다고 밝혔다.

$$\Theta\left(\frac{N^{1+1/\alpha}}{M}\right) \tag{7.14}$$

이 식에서 N은 문서 모음 크기, M은 색인 과정의 가용 메모리, α는 대상 문서 텀의 지프

buildIndex_HybridImmediateMerge $(M) \equiv$

1   I_{merge}를 디스크상 주요 색인이라고 한다(병합할 대상이며 처음에는 비었음).

2    $I_{inplace}$를 디스크상 보조 색인이라고 한다(제자리 갱신하며 처음에는 비었음).

3    $I_{mem} \leftarrow \emptyset$ // 긴 목록 집합은 처음에 비었다.

4    $currentPosting \leftarrow 1$

5    $\mathcal{L} \leftarrow \emptyset$ // 메모리상 색인을 초기화한다.

6   색인할 토큰이 있는 한

7      $T \leftarrow$ 다음 토큰

8      $I_{mem}.addPosting(T, \; currentPosting)$

9      $currentPosting \leftarrow currentPosting + 1$

10   I_{mem}이 포스팅 목록을 $M - 1$개 이상 포함하면

11   // 텀의 알파벳 순서로 포스팅 목록을 순회하면서 I_{mem}과 I_{merge}를 병합한다.

12        $I'_{merge} \leftarrow \emptyset$ // 디스크에 새로운 색인을 만든다.

13   **for each** term $T \in I_{mem} \cup I_{merge}$ **do**

14   **if** $(T \in \mathcal{L}) \vee (I_{mem}.getPostings(T).size + I_{merge}.getPostings(T).size > \vartheta)$ **then**

15            $I_{inplace}.addPostings(T, \; I_{merge}.getPostings(T))$

16            $I_{inplace}.addPostings(T, \; I_{mem}.getPostings(T))$

17            $\mathcal{L} \leftarrow \mathcal{L} \cup \{T\}$

18   **else**

19            $I'_{merge}.addPostings(T, \; I_{merge}.getPostings(T))$

20            $I'_{merge}.addPostings(T, \; I_{mem}.getPostings(T))$

21      $I_{merge} \leftarrow I'_{merge}$ // 디스크상 색인을 새것으로 교체한다.

22      $I_{mem} \leftarrow \emptyset$ // 메모리상 색인을 다시 초기화한다.

그림 7.6 HIM_C를 사용한 온라인 색인 구축 절차다. 입력 매개 변수: 긴 목록 여부를 결정하는 문턱값 ϑ

분포 매개변수다. GOV2 정도 되는 크기라면 HIM_C로 색인 갱신하는 비용이 즉시 병합보다 약 50% 낮다. 반면 양쪽 다 디스크에 연속된 포스팅 목록을 유지하기 때문에 질의 수행속도는 거의 비슷하다.

7.2.1 불연속 역색인 목록

혼합 색인 유지 방식은 즉시 병합에 비해서 월등히 개선된 기법이다. 하지만 메모리 자원이 희소하면 갱신 속도가 여전히 검색엔진의 주요 병목이 될 수 있다. 안타깝게도 포스팅목록을 항상 디스크에 연속되게 저장하고자 한다면 혼합 방식이 최선이다. 갱신 속도를 더끌어올리려면 포스팅 목록을 연속적으로 저장해야 한다는 고집을 버려야 한다.

```
buildIndex_LogarithmicMerge (M) ≡
1     I_0 ← ∅    // 메모리상의 색인을 초기화한다.
2     currentPosting ← 1
3     색인할 토큰이 있는 한
4          T ← 다음 토큰
5          I_0.addPosting(T, currentPosting)
6          currentPosting ← currentPosting + 1
7          I_0가 포스팅 목록을 M − 1개 이상 포함하면
8               // 병합할 색인 파티션 집합을 구성한다.
9               I ← {I_0}
10              g ← 1
11              while I_g exists do    // 충돌을 예상한다.
12                   I ← I ∪ {I_g}
13                   g ← g + 1
14              I_g ← mergeIndices(I)
15              delete every I ∈ I
16              I_0 ← ∅    // 메모리상의 색인을 재설정한다.
17    return
```

그림 7.7 로그 병합을 사용한 온라인 색인 구축 절차다. 여기서 사용한 mergeIndices는 그림 4.13에 나온다.

색인 파티션

디스크에 여러 역색인 파일(역파일)을 유지하고 각 역파일이 포스팅 목록 일부를 포함하는 형태를 색인 파티션이라고 한다. 이처럼 디스크에 저장할 색인을 서로 독립적인 색인 파티션으로 나누면 갱신 성능이 대단히 높아진다. 그 대신 포스팅 목록이 하드 드라이브의 연속된 영역에 저장되지 않기 때문에 질의 처리 성능은 약간 떨어질 수 있다. 색인 파티션 수를 작게 유지하면 질의 처리 성능 저하를 수용할 만한 수준으로 관리할 수 있다.

로그 병합

색인 파티션 알고리즘 중에서 많이 쓰이는 기법 중 하나가 로그 병합이다. 루씬과 Wumpus를 비롯한 여러 오픈소스 검색 시스템에서 채용한 표준 색인 유지 방식이기도 하다. 로그 병합은 색인 파티션 집합을 유지한다. 각 파티션에는 자신의 세대 번호 g가 붙는다. 검색엔진이 색인 생성 과정에서 메모리가 부족하면 그때까지 메모리에 보관한 색인 정보로 디스크에 새로운 색인 파티션을 만든다. 이렇게 새로 만든 역색인 파일은 조건부로 세대 번호 1이 붙는다. 그리고 그때까지 만든 모든 색인 파티션을 검사해 같은 세대 번호

g'가 붙은 파티션이 두 개 있는지 확인한다. 실제로 번호가 같은 파티션이 두 개 있으면 그 둘을 병합해서 하나로 만들고 여기에 세대 번호 $g' + 1$을 붙인다. 세대 번호가 겹치는 파티션이 없을 때까지 이 과정을 반복한다.

표 7.1 로그 병합에서 유지하는 색인 파티션 조합이 변하는 순서다. 변수 M은 가용 메모리에 저장할 수 있는 포스팅 수를 뜻한다. "디스크 저장 포스팅"은 병합 연산 직후 시점에서 디스크에 포스팅을 저장한 누적 횟수를 나타낸다.

읽은 토큰	색인 파티션						디스크 저장 포스팅
	1	2	3	4	5	#	
$0 \times M$	·	·	·	·	·	0	0
$1 \times M$	*	·	·	·	·	1	$1 \times M$
$2 \times M$	·	*	·	·	·	1	$3 \times M$
$3 \times M$	*	*	·	·	·	2	$4 \times M$
$4 \times M$	·	·	*	·	·	1	$8 \times M$
$5 \times M$	*	·	*	·	·	2	$9 \times M$
$6 \times M$	·	*	*	·	·	2	$11 \times M$
$7 \times M$	*	*	*	·	·	3	$12 \times M$
$8 \times M$	·	·	·	*	·	1	$20 \times M$

방금 설명한 기본 방침에 충돌을 예상하는 기법을 적용하면 성능이 약간 개선된다. 이를테면 g'세대의 두 색인 파티션을 병합해야 하는데 이미 $g' + 1$세대의 파티션도 있다면, 이 파티션도 한꺼번에 병합함으로써 두 차례 병합하는 수고를 덜 수 있다. 다시 말해 g'세대 파티션 두 개를 먼저 병합해 $g' + 1$세대 파티션을 만들고 그 결과를 이미 존재하는 $g' + 1$세대 파티션과 다시 병합하는 대신 처음부터 세 개 파티션을 한 번에 병합해 $g' + 2$세대의 파티션을 만든다.

지금까지 설명한 과정, 즉 충돌 예상 기반 로그 병합을 그림 7.7에 공식화했다. 이 알고리즘에서 I_g는 디스크에 저장한 g세대의 색인 파티션이고, I_0는 메모리에 유지하는 색인이다.

로그 병합의 갱신 복잡도를 분석하기에 앞서 구체적인 예를 하나 살펴보자. 검색엔진이 색인 갱신을 위해 포스팅을 최대 M개 메모리에 보관할 수 있다고 하자. 이제 주어진 문서 모음을 색인하기 시작한다. 포스팅 M개를 메모리에 누적한 시점에 디스크에 저장할 색인 파일을 만든다. 새로 만든 이 색인 파티션은 세대 번호 1이 붙는다. 색인을 재개하고 메모리에 포스팅을 누적하다가 다시 메모리가 꽉 차는 시점(포스팅 $2M$개 생성 시점)에 또 다른 색인 파티션을 만든다. 이미 1세대 색인 파티션을 만들었기 때문에 이번에 만드는 파티션은 세대 번호 1을 붙일 수 없다. 그러므로 기존 1세대 파티션과 새로 만든 파티션을 병합해서 새 파티션을 하나 만들고 세대 번호 2를 붙인다. 색인 재개 후 다시 메모리가 꽉 차는 시점(포스팅 $3M$개 생성 시점)에 세대 번호 1인 색인 파티션을 새로 만든다. 이때는 기존 1세대 파티션이 없으므로 파티션 병합은 필요 없고 문서 색인을 이어 가면 된다. 표 7.1에 이러한 흐름을 정리했다.

충돌 예상 없는 기본 로그 병합 과정에서 디스크에 포스팅을 쓰는 횟수는 모두 얼마나 될까? 색인할 문서 모음에 총 $N = 2^k M$개 토큰이 있다고 가정하자. 색인이 모두 끝나면 세대가 $k + 1$인 단 하나의 색인 파티션 I_{k+1}이 존재할 것이다. I_{k+1}은 k세대 파티션 두 개를 병합한 결과다. 그리고 k세대의 파티션은 각각 $k - 1$세대 파티션 두 개를 병합한 결과다. 이와 같이 계속 이어 나갈 수 있다.

세대가 i인 파티션을 하나 만들 때마다 $2^{i-1}M$개 포스팅을 디스크에 써야 한다. 따라서 로그 병합으로 디스크에 포스팅을 쓰는 총 횟수는 다음과 같이 구할 수 있다.

$$2^k M + 2 \cdot (2^{k-1}M + 2 \cdot (2^{k-2}M + \cdots)) \tag{7.15}$$

$$= \sum_{i=1}^{k+1} 2^{k+1-i} \; 2^{i-1} \; M \tag{7.16}$$

$$= (k + 1) \cdot 2^k M \tag{7.17}$$

$$= \left(\log_2 \left(\frac{N}{M} \right) + 1 \right) \cdot N \tag{7.18}$$

마지막 단계는 $k = \log_2(N/M)$임을 이용했다.

디스크에서 포스팅을 읽는 횟수는 디스크에 쓰는 횟수를 넘지 않는다(디스크에 쓴 포스팅은 두 번 읽지 않으므로). 그러므로 기본 로그 병합의 총 디스크 접근 복잡도, 즉 포스팅을 디스크에서 읽고 디스크로 쓴 횟수는 다음과 같다.

$$D_{\text{LogMerge}}(N) \in \Theta \left(N \cdot \log \left(\frac{N}{M} \right) \right) \tag{7.19}$$

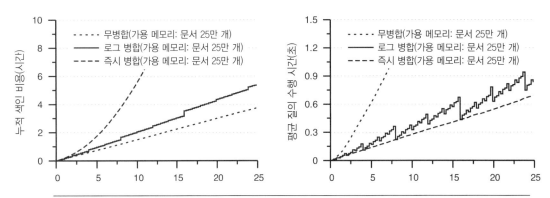

그림 7.8 로그 병합의 색인 갱신/질의 수행 성능과 무병합, 즉시 병합의 성능을 비교했다. 색인한 문서는 GOV2(문서 2,520만 개)다. 수평축은 색인한 문서 개수다.

충돌 예상 기법을 적용한다고 해도 기본 로그 병합보다 고정된 크기만큼 속도가 빨라지기 때문에 점근적인 복잡도는 똑같다(연습 문제 7.3을 보라).

그림 7.8은 로그 병합과 이전에 설명한 다른 갱신 방식들이 문서 약 25만 개까지 메모리에 보관할 수 있을 때 보이는 갱신 성능과 질의 처리 성능을 나타낸다. 로그 병합은 갱신 성능과 질의 처리 성능 모두 괜찮은 성능을 보인다. 누적 색인 비용은 무병합 방식에 비해 고작 40% 정도 더 높을 뿐이고, 평균 질의 처리 시간은 즉시 병합과 비교해도 큰 차이가 없다.

그림에서 중간중간 지표가 튀어오르는 이유는 병합 작업 때문이다. 메모리에 문서 25만 개를 보관할 수 있으므로, 로그 병합을 선택하면 문서 $2^k \cdot 250{,}000$개를 색인할 때마다 (예컨대 400만, 800만, 1,600만 개) 온전한 재병합을 수행한다. 재병합 결과로 디스크에는 색인 파티션이 딱 하나만 남는다. 다음 색인 파티션이 새로 생기기 전까지 색인 파티션이 하나만 존재하는 짧은 기간 동안 로그 병합의 질의 수행 성능은 즉시 병합과 차이가 없다.

7.3 문서 삭제

문서 추가만 다루는 증분 갱신 기능으로 충분한 경우도 있지만, 여러 가지 실제 상황에서는 문서가 삭제되는 경우도 다룰 수 있어야 한다. 예를 들어 인터넷상에는 존재하던 웹 페이지가 사라지는 일도 비일비재하다. 사라진 문서는 검색 결과에 더 이상 나타나면 안 된다. 문서가 삭제되는 비율이 상대적으로 작고 검색 결과 중 일부분이 현재 사라진 문서를 가리킨다고 해도 그다지 문제가 아니라고 하면 7.1절에서 소개한 재구축 방식을 고려할 만하다. 하지만 이런 경우도 삭제된 문서는 검색 결과에서 제외하는 편이 바람직하다. 검색엔진이 계속 없는 문서를 검색 결과로 돌려준다면 사용자는 실망해 그 검색엔진을 더 이상 쓰지 않을지도 모른다.

7.3.1 무효화 목록

삭제된 문서를 확실히 검색 결과에 나타나지 않게 하려면 색인의 포스팅 목록에서 지우면 된다. 하지만 포스팅 목록에서 지우려면 포스팅 목록을 모두 읽어 압축을 풀고 삭제된 포스팅을 제외한 다음 다시 압축해 디스크에 저장해야 한다. 증분 갱신과 마찬가지로 문서가 삭제될 때마다 이런 작업을 하는 건 말이 안 된다. 그 대신 검색엔진이 삭제된 문서 정보를 모아서 무효화 목록(무효 문서 목록)을 만들고, 검색 수행 과정에서 무효화 목록을 참조해 삭제된 포스팅을 무시하거나 최종 결과에서 제외하면 된다.

문서 번호 색인이나 빈도 색인 같은 문서 기반 색인을 사용하는 경우, 무효화 목록은 단순히 삭제된 문서 번호를 나열한 목록이면 된다. 그러나 스키마 독립적 색인을 사용하는 경우는 무효화 목록에 전체 텀 위치 범위 중에서 삭제된 문서 구간을 (시작, 끝) 형식으로 표시해야 한다.

다섯 개 문서 D_1, ..., D_5를 색인했고, 각 문서는 토큰을 100, 200, 150, 100, 200개씩 포함한다고 가정하자. 스키마 독립적 색인에서 D_2와 D_5가 삭제되면 무효화 목록은 다음과 같이 만든다.

$$I = \langle (101, 300), (551, 750) \rangle \qquad (7.20)$$

이 무효화 목록 I를 포스팅 목록이나 검색 결과 집합에 적용하는 건 그리 복잡하지 않다. 5.2절에서 설명한 구조적 질의 연산자를 구현했다면, 단지 질의 트리의 각 포스팅 목록 P를 정제한 $P(I) = (P \not\lhd I)$로 바꾸면 된다. 여기서 "$\not\lhd$"는 "포함하지 않는" 관계를 뜻한다(정확한 정의는 표 5.2를 참고하라).

이 방법을 실제로 적용해보면 특히 "⊿" 연산자가 느긋한 계산법$^{lazy\ evaluation}$에 맞게 설계되고 정제한 목록 $P^{(i)}$에서 임의 접근을 효율적으로 구현할 수 있으면 잘 동작한다. 하지만 질의 처리 과정에서 실제로 쓰든 말든 모든 $P^{(i)}$를 일단 구해 놓고 보려는 상황에서는, 그림 2.5에 기술한 **next** 같은 고급 연산이 단순한 순차 색인 접근보다 나을 게 없을 가능성이 높다.

무효화 목록이라는 일반적인 개념은 단순하지만 어떻게 구현하느냐에 따라 실제 수행 성능에 큰 영향을 준다. 어떤 영향을 주는지 예를 들어보자. 비록 무효화 목록을 모든 포스팅 목록에 적용해야 한다고 앞서 설명했지만, 그보다는 질의 트리를 재배열해 모든 질의 텀의 포스팅 목록을 병합한 뒤에 무효화 목록을 적용하는 쪽이 나을 수도 있다. 셰익스피어 희곡 모음에서 "to be or not to be"라는 질의를 수행하는 경우를 생각해보자. 질의 텀 각각은 2,425번("or")에서 19,898번("to") 사이로 등장하지만, 정확한 전체 구문은 전체 문서 모음에서 딱 한 번(3막 1장) 등장한다. 그러므로 일치하는 구문을 찾으려면 모든 텀의 포스팅 목록을 무효화 목록으로 걸러낸 뒤 교집합을 구하기보다, 우선 포스팅 목록 그대로 교집합을 구하고 마지막으로 그 결과를 무효화 목록으로 걸러내는 편이 더 효율적이다.

질의에 따라 무효화 목록을 어떻게 적용할지는 전통적인 데이터베이스 시스템의 최적화 문제와 밀접한 관계가 있다. 데이터베이스에서는 최적의 질의 수행 계획을 결정하는 데는 무엇보다도 질의에 들어 있는 각 조건 서술이 참이 되는 레코드 비율이 중요하다(관계형 데이터베이스 시스템 개론은 가르시아-몰리나 외(Garcia-Molina et al., 2002)의 저술을 참고하라). 이런 특성을 문서 검색 관점으로 해석하면, 어떤 텀이 삭제된 문서에 많이 등장했다면 그 텀의 포스팅 목록에는 무효화 목록을 바로 적용해야 한다는 말이 된다.

불리언 AND 질의에서는 질의 텀 중 하나만 무효화 목록으로 걸러도 AND 연산 의미에 따라 삭제된 문서가 제외된다. 불리언 OR 질의는 버처와 클라크(Büttcher and Clarke, 2005b)의 제안에 따르면, 되도록이면 질의 트리 상위에서 무효화 목록을 적용하는 게 반드시는 아니지만 대략적으로 유리하다. 다만 검색 응용 대상에 따라서 심지어는 같은 응용 내에서도 질의에 따라 최선의 선택은 당연히 다를 수 있다.

```
    collectGarbage (P, I) ≡
1      (startDeleted, endDeleted) ← nextInterval(I, −∞)
2      for i ← 1 to |P| do
3          if P[i] > endDeleted then
4              // P[i]를 포함할 가능성이 있는 다음 구간을 찾는다.
5              (startDeleted, endDeleted) ← nextInterval(I, P[i] − 1)
6          if P[i] < startDeleted then
7              output P[i]
8          else
9              // 현재 포스팅을 가비지 모음한다.

    nextInterval (I, current) ≡
10     intervalEnd ← next(I.end, current)
11     // 이제 c_{I.end}는 포스팅 목록 I.end의 위치를 기억한다.
12     // (자세한 내용은 그림 2.5를 보라.)
13     if intervalEnd = ∞ then
14         intervalStart ← ∞
15     else
16         intervalStart ← I.start[c_{I.end}]
17     return (intervalStart, intervalEnd)
```

그림 7.9 스키마 독립적 색인에서 무효 포스팅을 가비지 모음하는 알고리즘이다. 그림에서 collectGarbage 함수는 인자를 두 개 받는다. 하나는 포스팅 목록 P이고 다른 하나는 삭제된 문서 구간을 나타내는 무효화 목록 I = (I.start[], I.end[])이다. 이 함수는 무효화 목록에 포함되지 않은 포스팅을 반환한다. 보조 함수 nextInterval은 무효화 목록 I에서 현재 색인 위치 current보다 뒤에서 끝나는 첫 번째 구간을 반환한다. 이 함수는 그림 2.5에 기술한 next 함수를 사용한다.

7.3.2 가비지 모음

앞서 설명한 무효화 목록은 삭제된 문서의 포스팅 수가 전체 포스팅 규모에 비해서 작을 때만 유용하다. 보통 역색인 포스팅 목록은 포스팅 여러 개를 묶어서 압축한 형태로 보관하기 때문에(4.3절과 6.3.2절 참고), 질의 처리 과정에서 유효한 포스팅과 같이 묶인 삭제된 포스팅도 함께 메모리에 적재해서 압축을 풀어야 할 때가 많다. 시간이 흐르면서 삭제된 문서가 점점 늘어나면 불필요하게 처리해야 하는 삭제된 포스팅도 늘어나, 질의 처리 시간이 감당할 수 없을 정도로 오래 걸릴 수 있다. 그렇기 때문에 어느 시점에 이르면 삭제된 포스팅을 색인에서 모두 제거하고 유효한 포스팅만 갖는 새로운 색인을 구성해야 한다. 이 작업을 가비지(garbage, 쓰레기) 모음이라고 부른다.

가비지 모음은 보통 한 번에 목록 하나씩 이뤄진다. 추상적으로 바라보면 질의 처리 작업과 크게 다르지 않다. 단순히 무효화 목록을 원래 색인의 포스팅 목록에 적용해서 정제된 포스팅 목록을 얻고, 이를 가비지가 없는 새로운 색인에 추가하는 셈이다. 그러나 조금 다른 점도 있다. 가비지 모음을 수행한 결과로 얻은 새로운 색인은 원래 색인에 있던 삭제되지 않은 모든 포스팅을 포함하기 때문에, "◁" 연산자를 나중에 적용^{lazy evaluation}할 필요가 없다. 원래 색인에 있던 모든 포스팅 목록을 바로바로 무효화 목록으로 걸러낼 것이다. 그림 7.9는 포스팅 목록 단위로 가비지 모음을 하는 알고리즘을 보여준다. 이때 포스팅 목록과 무효화 목록의 교집합을 빠르게 구하도록 2장에 소개한 뜀뛰기 탐색 기반의 **next** 역색인 메서드를 활용했다.

그런데 가비지 모음을 얼마나 자주 해야 할까? 우선 질의 처리 속도가 얼마만큼 느려져도 괜찮은지에 달렸다. 예를 들어 질의 처리 성능이 10% 떨어져도 괜찮다면 가비지 비율이 5%밖에 안될 때 가비지 모음을 하는 건 별로 의미가 없다. 일반적으로 가비지 모음은 자주 하지 않는 편이 좋다. 가비지 모음은 꽤 복잡한 작업이어서 통상적인 재병합 작업보다도 시스템 부하가 크다. 단지 원래 색인을 읽어서 메모리에 옮기고 새로 만든 색인을 다시 디스크에 쓸 뿐만 아니라 포스팅 압축을 풀고 목록간 교집합을 구한다. 이는 가뜩이나 오래 걸리는 재병합 갱신에 30~40%가량 시스템 부하를 더한다. 그러므로 전체 비용을 낮추려면 가비지 모음을 정규 색인 병합 과정에 녹여서 색인을 디스크에서 메모리로, 다시 메모리에서 디스크로 옮기는 과정 한 번만으로 색인 병합과 가비지 모음이 함께 이뤄지게 해야 한다.

실제로 구현할 때는 흔히 문턱값 ρ를 둬서 가비지 모음 수행 여부를 결정한다. 색인 병합을 수행해야 하는데 가비지 포스팅 비율이 문턱값을 넘어가면, 다시 말해

$$\text{병합할 색인의 가비지 포스팅 수/병합할 색인의 전체 포스팅 수} > \rho$$

이면 병합 과정에서 가비지 모음도 함께 수행한다.

문턱값 ρ는 질의 처리 성능에 미치는 영향과 별개로 색인 갱신 성능에도 영향을 준다. 문턱값이 너무 작으면 가비지 모음을 필요 이상 자주 수행해 갱신 성능이 떨어진다. 반대로 너무 크면 색인 병합 중에 가비지 포스팅이 많이 남아 있어 역시 갱신 성능이 떨어진다.

그림 7.10은 GOV2 문서 모음의 절반(문서 1,260만 개)을 색인한 실험 결과를 보여준다. 색인을 구축한 다음 문서 삽입과 삭제 명령을 섞어서 검색엔진에 보낸다. 이때 문서 삽입 명령 10번당 삭제 명령 9번을 보내 서서히 문서 규모를 키운다. 색인 갱신은 즉시 병합이

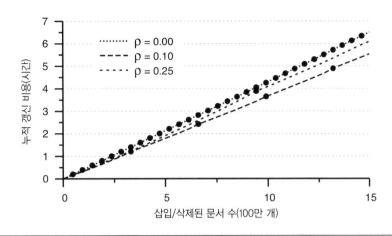

그림 7.10 문서 삭제/삽입 비율이 0.9인(삭제 9번에 삽입 10번) 색인 갱신 비용을 비교했다. 문서 모음은 GOV2를 사용했고 메모리상에 문서 25만 개를 보관할 수 있다. 재병합과 가비지 모음을 병행한 경우는 "●"로 표시했다.

며 메모리에 25만 개 포스팅을 누적할 수 있다. 문턱값 ρ를 다양하게 바꿔가며 색인 갱신 부하를 측정했다.

실험 결과에서도 재병합 작업마다 가비지 모음을 병행하면 색인 갱신 성능이 떨어진다는 예상이 들어맞았다. 실제로 $\rho = 0$으로 설정하면 $\rho = 0.1$일 때보다 색인 갱신 비용이 20% 가까이 높아졌다. 세 번째 실험값인 $\rho = 0.25$에서 색인 갱신 성능은 앞의 두 값에서 봤던 결과 사이에 있었다. 이는 ($\rho = 0$보다는) 가비지 모음을 덜 하기 때문에 갱신 부하가 줄어든 부분과 ($\rho = 0.1$보다는) 삭제된 포스팅이 많아 재병합 작업 부하가 커진 부분이 모두 있기 때문이다.

전체 색인 갱신 비용을 최소화하는 문턱값을 어떻게 찾을까? 가비지 모음을 동반하지 않는 일상적인 병합 작업은 대략 기존 색인과 새로 쓰는 색인에 들어 있는 포스팅 수에 비례한다.

$$C_{merge}(I_{in}, I_{out}) \;=\; c \cdot (\#postings(I_{in}) + \#postings(I_{out})) \qquad (7.21)$$

이때 c는 시스템 성능에 따라 정해지는 상수다. 앞서 언급했듯이 가비지 모음을 병행하면 병합 비용은 30~40% 늘어난다. 그렇지만 가비지 모음의 복잡도는 주로 기존 색인을 무효화 목록으로 걸러내는 데서 발생하므로, 결과로 만든 색인 I_{out}의 크기와는 대체로 무관하다. 따라서 가비지 모음을 동반한 색인 병합 비용^{Cost}을 다음과 같이 유추할 수 있다.

$$C_{merge+gc}(I_{in}, I_{out}) \ = \ c \cdot (1.6 \cdot \#postings(I_{in}) + \#postings(I_{out})) \tag{7.22}$$

상수 c는 이전 수식과 같은 의미다.

우선 삭제되지 않고 남은 유효한 문서의 포스팅이 유발하는 비용을 무시하고, 온전히 가비지 포스팅이 갱신 과정에서 유발하는 효과에만 집중하자. 정규 병합 작업에서 가비지 포스팅으로 인한 추가 부하^{Overhead}는 그 수에 비례한다.

$$O_{merge}(I_{in}, I_{out}) \ = \ c \cdot (\#garbage(I_{in}) + \#garbage(I_{out})) \tag{7.23}$$

만약 가비지 모음이 없다면 $\#garbage(I_{in})$ = $\#garbage(I_{out})$이므로 다음과 같이 유도할 수 있다.

$$O_{merge}(I_{in}, I_{out}) \ = \ 2c \cdot \#garbage(I_{in}) \tag{7.24}$$

병합 중 가비지 모음이 실제로 일어날 경우 이로 인한 추가 부하는

$$O_{merge+gc}(I_{in}, I_{out}) \ = \ c \cdot (\#garbage(I_{in}) + 0.6 \cdot \#postings(I_{in})) \tag{7.25}$$

이다. 이는 우선 (유효한 포스팅과 더불어) 가비지 포스팅을 읽어야 하고, 그런 다음 유효한 포스팅과 삭제된 포스팅 모두를 무효화 목록과 비교해서 걸러야 하기 때문이다. 이 과정이 식 7.22에서 보는 60%의 추가 부하를 유발한다.

이번에는 병합 작업 n번마다 가비지 모음을 병행하도록 문턱값 ρ를 설정했다고 가정하자. 나아가 포스팅 P개를 포함하고 가비지는 하나도 없는 새로운 색인으로 시작하며, 연속된 재병합 작업 사이에 포스팅 M개가 누적된다고 가정하자. 마지막으로 문서 삽입 대비 삭제 비율이 g다. 예컨대 g = 0이면 문서 삭제가 전혀 없고, g = 1이면 시간이 흘러도 전체 문서 수가 변하지 않는 안정 상태에 있다. 이러한 가정 아래 $k(\leq n)$번째 병합 작업 시점에 남아 있는 가비지 포스팅 수는 $k \cdot g \cdot M$개다. 따라서 n번 병합 작업을 수행하고 이 중 앞의 $n-1$번은 가비지 모음 없이, 마지막 n번째에서 가비지 모음을 병행한다면 가비지 포스팅으로 인한 총 부하는 다음과 같다.

$$O_{total}(n) = \sum_{k=1}^{n-1} (2kgM) + ngM + 0.6 \cdot (P + nM) \tag{7.26}$$

$$= (n-1)ngM + ngM + 0.6 \cdot (P + nM) \tag{7.27}$$

$$= n^2 gM + 0.6 \cdot nM + 0.6 \cdot P \tag{7.28}$$

시스템 상수 c는 각 식의 모든 항에서 같으므로 생략했다. 그리고 병합 연산이 n번 일어나므로 평균 부하는 다음과 같다.

$$O_{avg}(n) = \frac{O_{total}(n)}{n} = ngM + 0.6 \cdot M + 0.6 \cdot \frac{P}{n} \tag{7.29}$$

평균 부하 $O_{avg}(n)$를 최소화하는 n의 최적값은 미분값 $\mathrm{d}/\mathrm{d}n(O_{avg}(n))$이 0이 되는 값이다.

$$\frac{\mathrm{d}}{\mathrm{d}n}(O_{avg}(n)) = 0 \quad \Leftrightarrow \quad gM - 0.6 \cdot \frac{P}{n^2} = 0 \quad \Leftrightarrow \quad n = \sqrt{\frac{0.6 \cdot P}{gM}} \tag{7.30}$$

이제 다음 부등식으로부터 가비지 모음 수행 여부를 결정하는 문턱값 ρ_{opt}의 최적값을 구할 수 있다.

$$\frac{(n_{opt} - 1) \cdot gM}{P + (n_{opt} - 1) \cdot M} < \rho_{opt} < \frac{n_{opt} \cdot gM}{P + n_{opt} \cdot M} \tag{7.31}$$

예를 들어서 문서 삭제가 일어나지 않으면 ($g = 0$) $n_{opt} = \infty$이고 $\rho_{opt} =$ 미정이며, 이는 곧 가비지 모음을 전혀 수행하지 않는다는 의미다. 만약 그림 7.10의 실험처럼 $P = 50 \cdot M$이고 $g = 0.9$이면 최적값은 각각 $n_{opt} = \sqrt{33.3} \approx 6$과 $0.082 < \rho_{opt} < 0.096$이 된다. 실험에서 가장 좋은 결과를 보인 경우는 $\rho = 0.1$인데, 최적값에 비슷하게 병합 일곱 번마다 가비지 모음을 병행한다.

식 7.31에서 색인이 클수록 P는 그에 비례하지만 n_{opt}는 $\sqrt{P}$에 비례하므로 ρ_{opt}는 점점 작아진다는 점을 주목하자. 그러므로 가비지 모음 문턱값을 고정하는 건 색인 크기가 시간이 흘러도 거의 변하지 않을 때만 유용하다.

2단 가비지 모음 정책

지금까지 가비지 모음을 논의하면서 오로지 즉시 병합만 갱신 정책으로 고려했다. 로그 병합과 같이 색인 파티션 여러 개를 유지하는 방식에도 당연히 가비지 모음을 적용할 수 있다. 다만 적용 과정은 조금 더 복잡하다.

즉시 병합으로 색인을 갱신한다면 항상 모든 포스팅을 포함하는 재병합 작업이 일어난다. 작업 시작 전에 내부 로그를 바탕으로 전체 포스팅 중 가비지 포스팅의 비율을 계산할 수 있다. 이 비율이 문턱값을 넘어서면 가비지 모음을 병행한다.

삭제되는 문서와 새로 삽입되는 문서의 규모가 비등해서 시스템이 안정 상태에 있다고 가정해보자. 직전 병합 작업이 끝나고 다시 병합이 일어나려면 메모리에 포스팅 M개를 누적해야 하고, 삽입과 삭제 수가 비슷하므로 가비지 포스팅도 약 M개가 누적된다. 만약 M이 전체 색인 크기 N보다 작다면, 이를테면 $N > 10M$이면, 직전 병합과 다음 병합 사이에 생기는 가비지 비율이 전체 색인 규모의 10%를 넘길 수 없다. 이렇게 해서 가비지 총량을 조절할 수 있다.

이와 달리 색인 파티션을 여러 개 만드는 방식에서는 병합 작업을 한 번 수행할 때 반드시 전체 색인을 다룰 필요는 없다. 그러므로 오랫동안 병합이 이뤄지지 않은 파티션에는 가비지가 계속 쌓일 수 있다. 로그 병합을 갱신 정책으로 선택했고 방금 막 병합 작업이 한 번 끝나서 $2^{g-1}M$개 포스팅을 포함하는 g세대의 새로운 색인 파티션 I_g를 만들었다고 가정하자. I_g에 있는 포스팅을 다시 병합할 때까지 $2^{g-1}M$개 토큰을 다시 색인하게 된다. 색인이 안정 상태에 있으므로 새로 $2^{g-1}M$개 포스팅을 색인하면 같은 수의 포스팅은 무효화(삭제)된다. 무효화된 포스팅이 색인 전체에 고르게 분포한다고 가정하면 그중 $2^{g-2}M$개는 I_g에 존재할 것이다. 따라서 I_g의 가비지 비율은 50%다. 그리고 전체 색인에서 가비지 비율은 나중에 만든 색인 파티션 $I_1, ..., I_{g-1}$에서 얼마나 빨리 가비지 포스팅을 정리했느냐에 따라 33%에서 50%에 이를 것이다. 많은 검색 분야에서 이 비율은 너무 높다.

이 문제는 가비지 모음 문턱값을 ρ와 $\rho'(0 \leq \rho < \rho')$로 두 개 설정해서 해결할 수 있다. 색인 파티션 집합 S를 병합할 때마다 다음 세 가지 중 한 가지 동작을 취한다.

1. S의 가비지 비율이 ρ를 넘기면 병합 작업에 가비지 모음을 병행한다.
2. 전체 색인의 가비지 비율이 ρ'를 넘기면 S만 병합하는 대신 모든 색인 파티션을

병합하고 동시에 모든 가비지를 정리해서 가비지가 전혀 없는 온전한 색인 하나를 만든다.

3. 1과 2가 아닐 경우 S의 병합만 수행하되, 가비지 모음을 병행하지 않는다.

이렇게 두 계층으로 가비지 모음을 나누는 방식은 오래된 색인 파티션에도 가비지가 너무 많이 쌓이지 않게끔 한다. 다만 전체 병합 작업을 더 자주 수행해야 하기 때문에 로그 병합 같은 색인 파티션 기반 방식이 갖는 성능상 이점을 포기해야 한다는 단점이 있다.

이 절을 마무리하면서 7.2.2절에서 다룬 로그 병합 기본 알고리즘은 설령 2단 가비지 모음 정책을 채용하더라도 문서가 삭제되는 상황에서는 그다지 잘 동작하지 않는다는 점을 짚고 넘어가자. 병합 전의 입력 색인 파티션보다 병합 작업 결과물로 만든 색인 파티션이 더 작은 경우 즉, 입력 색인 파티션에 가비지가 많이 있어서 가비지 모음의 결과로 크기가 작아지는 경우에는 색인 세대라는 개념이 통하지 않는다. 그림 7.7에 기술한 알고리즘이 제대로 동작하려면 세대 번호가 아니라 파티션 크기를 기준으로 병합할 파티션을 정하도록 바꿔야 한다.

7.4 문서 변경

갱신 작업의 세 번째 유형은 문서 변경이다. 대다수 검색엔진은 문서 변경을 특별히 처리하는 대신 기존 문서를 삭제한 다음 바뀐 문서를 다시 삽입한다는 개념으로 취급한다. 변경한 문서가 전체 문서 모음에 비해 작다면 이렇게 처리해도 적절한 성능이 나온다. 그러나 제법 큰 문서에서 작은 부분만 변경하는 경우가 흔하다면 상황이 다르다.

유닉스 계열 운영체제에서 관리하는 로그 파일(리눅스의 /var/log/messages 등)을 예로 들어보자. 이런 로그 파일을 검색할 때는 다수의 로그 엔트리에 부합하는 검색, 이를테면 무허가 침입 시도처럼 반복되는 패턴을 탐색하는 유형의 작업이 유용하다. 비록 로그 파일 자체는 수십 또는 수백 메가바이트 정도로 매우 클 수 있지만, 갱신 한 번으로 바뀌는 부분은 수십 또는 수백 바이트짜리 한 줄뿐이다. 갱신이 일어날 때마다 파일 전체를 다시 색인하는 건 명백히 불가능하다. 그렇다고 해서 한 줄을 문서 하나로 취급해 색인하는 방안도 좋지 않다. 여러 줄에 걸친 검색 조건을 지정할 수 없기 때문이다. 이런 유형의 파일이 바뀌는 방식에 맞게 색인을 갱신하면 편리할 것이다.

아쉽게도 앞 절에서 소개한 색인 유지 기법은 이런 동작을 수행하기가 대단히 어렵다. 포스팅 형식이 다음과 같은 위치 정보 색인을 사용한다고 치자.

$$(d, \ f_{t,d}, \ \langle p_1, \ldots, p_{f_{t,d}} \rangle) \tag{7.32}$$

그리고 7.2.2절에서 설명한 로그 병합 방식으로 색인을 갱신한다고 가정한다. 파일 뒤에 내용을 덧붙일 때마다 검색엔진이 새 토큰을 추출해 색인하고, 메모리에 포스팅이 꽉 찼을 때 디스크로 쓴다면 결과적으로 하나의 (텀, 문서) 쌍이 각기 다른 색인 파티션에 포함되는 여러 포스팅에 존재할 것이다. 이로 인해 질의 처리와 색인 갱신이 복잡해진다.

- 검색엔진이 색인 파티션 n개를 유지하면 역색인 메서드 **next**를 한 번 호출할 때 임의 접근 연산을 파티션마다 한 번씩, 총 n번 수행한다. 모든 색인 파티션이 결과 일부에 해당하는 포스팅을 포함할 가능성이 있기 때문이다.
- 삭제된 문서의 포스팅이 여러 색인 파티션에 포함될 수 있으므로, 7.3.2절에서 설명한 가비지 모음 동작을 더 이상 색인 파티션 하나에서만 수행할 수 없다. 바꿔 말하면 가비지 모음을 할 때마다 전체 색인을 재병합해야 한다는 뜻이다.

버처(Büttcher, 2007, 6장 참고)는 스키마 독립적 색인과 동적 주소 공간 해석 기법에 기반한 갱신 방법으로 위 문제를 일부나마 해소했다. 그러나 이 방법은 메모리 사용량이 더 커지고 질의 처리 속도가 더 느려지기 때문에 항상 좋은 선택은 아니다.

임의로 문서가 변경되는 문제를 (또는 앞선 예처럼 단순히 내용을 덧붙이는 문제조차도) 푸는 명쾌한 방법이 없기 때문에 아예 이를 방치하는 경우가 흔하다. 예컨대 대다수 데스크톱 검색 시스템은 각 파일을 앞에서부터 수 킬로바이트만 색인하고 나머지 부분은 버린다. 이렇게 함으로써 파일 변경을 삭제 후 삽입으로 처리하면서도 수 메가바이트 이상 재색인하는 부담을 피한다.

7.5 논의점과 더 읽을거리

제자리 갱신과 재병합 갱신 성능을 처음으로 비교한 건 커팅과 피더슨(Cutting and Pedersen, 1990)이다. 이들은 재병합 갱신이 대체로 성능이 더 좋다고 결론지었다. 허나 이들이 구현한 제자리 갱신 기능은 디스크상의 B-트리와 최근 사용한 트리 노드를 보관하는 메모리 캐시에 기반한 방법이다. 이는 오늘날 사용하는 제자리 갱신 동작과는 사뭇 다르다. 레스터 외(Lester et al., 2006)는 그 후로 10년 이상 흐른 뒤에 최신 방식으로 구현한 다양한 갱신 기법을 사용해 제자리 갱신, 재구축, 재병합의 성능 비교를 실시했다. 이 실험으로 제자리 갱신은 메모리 자원이 지극히 희소하고 디스크상 색인 갱신을 자주 수행해야 하는 경우에만 경쟁력이 있다는 커팅과 피더슨의 결론이 옳다는 사실을 재확인했다.

조벨 외(Zobel et al., 1993)는 가변 길이 레코드를 위한 저장 공간 관리 계획과 이를 제자리 색인 갱신 방식에 어떻게 적용할지를 논의했다. 시에와 청(Shieh and Chung, 2005)은 제자리 갱신 방식을 변형해 사전 할당 비율이 텀에 따라 다르다는 점과 상수 비율을 적용한 사전 할당 방식의 이력을 기반으로 할당 비율을 계산하는 방법을 소개했다.

7.2.1절에서 설명한 혼합 색인 유지 정책은 제자리 갱신 영역과 병합 영역을 분리하는 방식으로서, 버처와 클라크(Büttcher and Clarke, 2006)의 연구 결과다. 이는 커팅과 피더슨(Cutting and Pedersen, 1990)이 기술한 맥동^{pulsing} 방식과 핵심은 비슷하다. 이와 관련된 이중 구조 색인 구성 기법에 관해서는 쇼엔스 외(Shoens et al., 1994)와 토마식 외(Tomasic et al., 1994)가 각각 탐구했다.

로그 병합은 버처와 클라크(Büttcher and Clarke, 2005a)가 연구했으며, 레스터 외(Lester et al., 2005)는 기하 파티션이라는 좀 더 일반화된 형태를 연구했다. 이 두 가지 연구로 검색엔진이 질의 처리 성능은 대체로 20% 미만으로 조금 느려지는 대가로 색인을 유지하는 부하를 극적으로 줄일 수 있다는 점을 알아냈다. 이들은 로그 병합이 색인 시간과 질의 처리 성능 사이에 트레이드-오프가 일어나는 구간에서 종종 적절한 선택이라는 결론을 얻었다. 로그 병합이 포함된 혼합 방식은 버처 외(Büttcher et al., 2006)가 더 연구했다.

로그 병합 같은 색인 파티션 기반 방식은 비록 상당한 잠재력이 있지만 순수한 역색인에서만 그 이점을 살릴 수 있다. 웹 검색을 비롯한 일부 응용 분야에서는 색인에 부가 정보를 넣어서 순위화에 사용한다. 앵커 텍스트나 페이지랭크 점수 등(15장을 보라)이 여기에 속한다. 이런 경우는 새 문서 D_1을 색인에 추가할 때, D_1에 이미 색인에 들어 있는 다른 문서 D_2를 가리키는 링크가 있다면, D_2의 정보도 함께 바뀌어야 한다. 그러므로 문서 삽입이 문서 하나 영역에만 영향을 주는 게 아니라 색인 전반적으로 변경을 가한다. 이런 상황에서는 제자리 갱신, 재구축, 재병합만 제대로 동작한다. 아니면 갱신 성능을 높이려고 색인의 부가 정보를 무시하고 앵커 정보나 페이지랭크 점수 등은 가끔씩 갱신하기로 정할 수도 있다. 하지만 이런 결정이 검색엔진의 효용성과 사용자 만족도에 어떤 영향을 줄지는 알려진 바 없다.

문서 삭제를 다루는 방안은 치웨와 황(Chiueh and Huang, 1998)이 함께 연구했으며, 같은 주제를 버처와 클라크(Büttcher and Clarke, 2005a)도 다뤘다. 치웨와 황이 제시한 해법이 특히 흥미로운데, 가비지 모음을 단지 병합 작업 중 병행할 뿐만 아니라 질의 처리 과정에도 병행한다. 질의 텀의 포스팅 목록을 읽어서 현재의 무효화 목록으로 걸러낸 다음, 결과로 얻은 가비지가 사라진 목록을 다시 색인에 저장한다.

림 외(Lim et al., 2003)는 문서 변경이 발생하는 환경에서 색인 유지(갱신)를 더 빠르게 수행하는 방법을 연구했다. 이들이 제안한 랜드마크 차이$^{\text{landmark-diff}}$ 기법은 재구축 기법에 비해 색인 유지 부하를 약 50% 줄인다. 그렇지만 총 색인 구축 비용 중에서 큰 부분이 입력 정보를 읽어서 토큰을 추출하는 작업에 든다는 사실(4.5.3절 참고)과 이들의 논문에서는 문서의 기존 내용과 바뀐 내용의 차이를 구하는 데 드는 시간을 고려하지 않았다는 점을 감안할 때, 실제 상황에서 얼마나 좋은 성능을 보일지는 미지수다.

7장에서 색인 유지 정책을 논의하면서 이들이 색인 갱신 도중 새로운 문서 반영을 막는다는 특성을 언급하지 않았다. 그림 7.2에 기술한 즉시 병합 알고리즘은 메모리가 부족할 때마다 병합 작업을 수행하는데, 병합 작업 중에는 새 포스팅을 색인에 추가할 수 없다. GOV2를 색인하는 경우 메모리상의 색인과 디스크상의 색인을 병합하는 데 한 시간이 걸릴 수도 있다. 이는 결코 실시간이라고 볼 수 없는 수준이다. 스트로맨(Strohman, 2005)은 실시간으로 색인을 갱신하고 질의를 처리하는 몇 가지 기법(백그라운드 디스크 입출력 등)을 고안했다.

마지막으로 7장에서 소개한 모든 색인 유지 방식의 성능은 색인에 적용한 압축 기법과 밀접하게 관련돼 있다. 예컨대 병합 작업은 압축하지 않거나 어설프게 압축한 색인에서는 디스크 입출력이 늘어나 두 배나 오래 걸릴 수 있다. 압축률이 좋으면 갱신 성능도 따라서 좋아진다. 이와 반대로 가비지 모음은 압축을 풀고 다시 압축하는 작업의 비중이 큰 편이어서, 압축률을 따지기보다 부호화와 복호화 속도가 **빠른** 압축 기법을 선택해야 한다. 구체적으로는 vByte(6.3.4절 참고)와 같은 비모수 기반 코드가 LLRUN(6.3.2절 참고)과 같은 모수 기반 코드보다 나은 경우가 많다. 포스팅 목록을 압축할 때 입력 정보를 한 번만 훑기 때문이다.

7.6 연습 문제

연습 문제 7.1 검색엔진이 디스크에 저장한 색인을 제자리 갱신으로 관리한다고 가정하자. 가용 메모리는 포스팅 1천만 개를 보관할 수 있는 크기이고, 지프 상수 α = 1.33인 문서 모음(GOV2)을 색인하려고 한다. 디스크에 역색인 포스팅 목록을 몇 개나 만들고 몇 번이나 가용 메모리가 다 차서 갱신하는가? 포스팅 목록 갱신 한 번에 디스크 탐색을 한 번하고, 탐색 한 번에 10ms가 걸리면 전체 갱신에 소요되는 디스크 탐색 시간은 얼마인가?

연습 문제 7.2 사전 할당(k = 2)을 적용한 제자리 갱신 방식을 사용한다고 가정하자. 목록의 길이가 s바이트라고 하면, 이 목록을 갱신하는 데 디스크상에서 읽고 쓴 정보의 총량이 $5 \times s$바이트 미만이라는 사실을 증명하라. 포스팅 크기는 모두 같다고(예컨대 4바이트) 가정해도 된다.

연습 문제 7.3 7.2.2절에서 로그 병합의 기본 동작 방식으로 색인을 구축하는 복잡도는 $\Theta(N \cdot \log(N/M))$라고 설명했다. 충돌 예상 기법을 더해서 여러 목록을 한꺼번에 병합하는 로그 병합 방식을 사용하더라도 복잡도는 여전히 $\Theta(N \cdot \log(N/M))$라는 사실을 증명하라.

연습 문제 7.4 (프로젝트 문제) 7.2.1절에서 소개한 즉시 병합 기법을 구현해보자. 검색엔진에 이 기법을 구현하면, 새로운 문서가 색인에 추가될 때 다음 재병합을 기다릴 필요 없이 즉시 질의 처리 결과로 그 문서를 얻을 수 있다.

7.7 참고문헌

Büttcher, S. (2007). *Multi-User File System Search*. Ph.D. thesis, University of Waterloo, Waterloo, Canada.

Büttcher, S., and Clarke, C. L. A. (2005a). *Indexing Time vs. Query Time Trade-offs in Dynamic Information Retrieval Systems*. Technical Report CS-2005-31. University of Waterloo, Waterloo, Canada.

Büttcher, S., and Clarke, C. L. A. (2005b). A security model for full-text file system search in multi-user environments. In *Proceedings of the 4th USENIX Conference on File and Storage Technologies*, pages 169–182. San Francisco, California.

Büttcher, S., and Clarke, C. L. A. (2006). A hybrid approach to index maintenance in dynamic text retrieval systems. In *Proceedings of the 28th European Conference on Information Retrieval*, pages 229–240. London, England.

Büttcher, S., and Clarke, C. L. A. (2008). Hybrid index maintenance for contiguous inverted lists. *Information Retrieval*, 11(3):175–207.

Büttcher, S., Clarke, C. L. A., and Lushman, B. (2006). Hybrid index maintenance for growing text collections. In *Proceedings of the 29th Annual International ACM SIGIR Conference on Research and Development in Information Retrieval*, pages 356–363. Seattle, Washington.

Chiueh, T., and Huang, L. (1998). *Efficient Real-Time Index Updates in Text Retrieval Systems*. Technical report. SUNY at Stony Brook, Stony Brook, New York.

Cutting, D. R., and Pedersen, J. O. (1990). Optimization for dynamic inverted index maintenance. In *Proceedings of the 13th Annual International ACM SIGIR Conference on Research and Development in Information Retrieval*, pages 405–411. Brussels, Belgium.

García-Molina, H., Ullman, J., and Widom, J. (2002). *Database Systems: The Complete Book*. Upper Saddle River, New Jersey: Prentice Hall.

Lester, N., Moffat, A., and Zobel, J. (2005). Fast on-line index construction by geometric partitioning. In *Proceedings of the 14th ACM Conference on Information and Knowledge Management*, pages 776–783. Bremen, Germany.

Lester, N., Zobel, J., and Williams, H. E. (2004). In-place versus re-build versus remerge: Index maintenance strategies for text retrieval systems. In *Proceedings of the 27th Conference on Australasian Computer Science*, pages 15 – 22. Dunedin, New Zealand.

Lester, N., Zobel, J., and Williams, H. E. (2006). Efficient online index maintenance for contiguous inverted lists. *Information Processing & Management*, 42(4):916 – 933.

Lim, L., Wang, M., Padmanabhan, S., Vitter, J. S., and Agarwal, R. (2003). Dynamic maintenance of web indexes using landmarks. In *Proceedings of the 12th International Conference on World Wide Web*, pages 102 – 111. Budapest, Hungary.

Shieh, W. Y., and Chung, C. P. (2005). A statistics-based approach to incrementally update inverted files. *Information Processing & Management*, 41(2):275 – 288.

Shoens, K. A., Tomasic, A., and García-Molina, H. (1994). Synthetic workload performance analysis of incremental updates. In *Proceedings of the 17th Annual International ACM SIGIR Conference on Research and Development in Information Retrieval*, pages 329 – 338. Dublin, Ireland.

Strohman, T. (2005). *Dynamic Collections in Indri*. Technical Report IR-426. University of Massachusetts Amherst, Amherst, Massachusetts.

Tomasic, A., García-Molina, H., and Shoens, K. (1994). Incremental updates of inverted lists for text document retrieval. In *Proceedings of the 1994 ACM SIGMOD International Conference on Management of Data*, pages 289 – 300. Minneapolis, Minnesota.

Zobel, J., Moffat, A., and Sacks-Davis, R. (1993). Storage management for files of dynamic records. In *Proceedings of the 4th Australian Database Conference*, pages 26 – 38. Brisbane, Australia.

3부

검색과 순위

8
확률적 검색

8장과 9장은 이론과 실제의 두 측면에서 영향력이 강한 몇 가지 정보 검색 모델을 설명한다. 8장에서는 확률적 모델(이하 확률 모델)을 다룰 것이다. 9장은 언어 모델링과 관련 방법론을 설명한다. 정보 검색에서 "모델"이라는 용어는 서로 다르면서 중요한 두 가지 의미를 담고 있다(Ponte and Croft, 1998). 그 의미 중 하나는 "검색 작업 자체의 추상화"이다(예: 벡터 공간 모델). 앞으로 살펴보겠지만 이 용어는 적합도 모델이나 문서 내용 모델과 관련한 "확률적 모델"의 의미로도 쓰인다.

여러 정보 검색 모델들이 확률적으로 기술되지만, "확률적"이라는 용어는 보통 1970년대 초 스티븐 로버트슨과 카렌 스파크 존스가 런던시티대학교, 케임브리지대학교, 마이크로소프트 케임브리지연구소 동료들과 함께 수행한 연구로부터 기원한 기법을 가리킨다. 그 기간 동안 이 연구자들은 혁신적인 연구들을 거쳐 현재 가장 성공적인 정보 검색 모델 중 하나인 확률적 검색 모델을 개발해냈다. 이 모델은 다른 연구 그룹에서도 자신들이 연구하는 검색 시스템에 통합 확장시켜왔다.

8장에서는 확률 모델의 발전 역사를 따라가면서 중요했던 혁신들을 차례대로 살펴볼 것이다. 8장의 상당 부분은 현재 검색 분야에서 가장 성능이 좋은 (그리고 잘 알려진) 검색 공식 중 하나인 BM25(식 8.48)를 만들어 나가는 내용으로 돼 있다. BM25 공식을 자세히 몰라도 쓰는 데 문제는 없지만, 8장에서는 BM25의 개발 과정뿐만 아니라 정보 검색 이론의 근간이 되는 전개 과정을 실제로 자세히 다루고자 한다.

8장은 질의 확장 기법으로서 확률 및 벡터 공간 모델과 밀접하게 연관이 있는 적합도 피드백을 살펴보면서 마무리를 지을 것이다. 또한 문서 본문보다 제목에 나타나는 질의 텀들이 적합도에 더 강한 영향을 끼치도록 서로 다른 문서 요소에서 나타나는 텀에 가중치를 다르게 적용해 BM25 개념을 확장한 BM25F를 소개한다.

8.1 적합도 모델링

확률 모델은 1.2.3절에서 소개한 확률 순위 원칙에서 시작한다.

> 정보 검색 시스템이 각 질의마다 적합도 확률이 높은 순서대로 문서를 나열한다면 사용자
> 가 느끼는 전반적인 검색 시스템의 성능이 가장 좋을 것이다.

1.2.3절에서 언급했듯이 이 원칙은 독창성, 특화도, 완전도 같은 중요한 문제들을 무시하고 너무 단순화시킨다. 그럼에도 이 원칙은 질의가 주어졌을 때, 문서 집합 내의 각 문서들을 적합도 확률에 따라 정렬하는 검색 알고리즘의 윤곽을 그대로 보여준다. 이 알고리즘을 구현하면 곧바로 스파크 존스 외(Spark Jones et al. 2000a)가 "기본 질문"이라고 표현했던 질문에 닿게 되는데, 표현을 살짝 바꿔 다시 쓰면 다음과 같다.

> 사용자가 이 문서가 이 질의에 적합하다고 판정할 확률은 무엇인가?

이제 이 확률을 추정하는 문제로 넘어가보자.

래퍼티와 자이(Lafferty and Zhai, 2003)가 택한 확률 모델의 방법론을 따라서 3개의 확률 변수, 즉 문서 D, 질의 Q, 사용자가 판단한 적합도 여부 R을 도입해 기본 질문을 통계적으로 표현해보자. 이때 확률 변수 D의 경우에는 검색엔진이 색인한 문서 모음을 샘플 공간이나 결과 집합으로 볼 수 있다. 그런 다음 어떤 사용자 집단이 검색엔진에 입력할 수 있는 질의 Q의 샘플 공간에서 질의를 골라 입력한다고 상상해보자. 검색엔진에서 이 질의들을 텀 벡터로 입력받을지도 모르지만, 지금은 이런 조건은 생각하지 않는다. 마지막으로, 이진 확률 변수 R은 적합 문서인지 아닌지를 1, 0 값으로 표현하는 변수라고 하자. 이렇게

표기하면 기본 질문은 적합 문서 확률을 추정하는 문제로 바뀌며, 다음과 같이 쓸 수 있다.

$$p(R = 1 \mid D = d, Q = q) \tag{8.1}$$

이 수식은 문서와 질의에 대한 확률 질량 함수로 볼 수 있다. 연구 문헌에서는 편의상 "D"는 "$D = d$"를, "Q"는 "$Q = q$"를 뜻하는 표기법으로 쓰곤 하므로, 다시 쓰면

$$p(R = 1 \mid D, Q) \tag{8.2}$$

이와 비슷하게, "r"은 "$R = 1$", "$\bar{r}$"는 "$R = 0$" 대신 쓴다. 따라서 다음과 같다.

$$p(r \mid D, Q) \;=\; 1 - p(\bar{r} \mid D, Q) \tag{8.3}$$

확률론의 기초인 베이즈 정리$^{\text{Bayes' Theorem}}$는 다음과 같다.

$$p(A \mid B) \;=\; \frac{p(B \mid A)\; p(A)}{p(B)} \tag{8.4}$$

베이즈 정리를 식 8.3에 적용하면 다음과 같다.

$$p(r \mid D, Q) \;=\; \frac{p(D, Q \mid r)\; p(r)}{p(D, Q)} \text{과} \tag{8.5}$$

$$p(\bar{r} \mid D, Q) \;=\; \frac{p(D, Q \mid \bar{r})\; p(\bar{r})}{p(D, Q)} \tag{8.6}$$

이제 확률을 바로 다루기보다는 로그-오즈$^{\text{log-odds}}$ 또는 로짓^{logit} 수식을 이용해 방정식 표현이나 계산을 간단하게 해보자. 주어진 확률 p에 대해, p의 로짓 함수는 다음과 같이 정의된다.

$$\text{logit}(p) \;=\; \log\left(\frac{p}{1 - p}\right) \tag{8.7}$$

여기서 로그의 밑은 임의로 선택할 수 있다. 이 책의 관행에 따라 밑은 2로 한다.

로그-오즈는 유용한 속성이 많다. p가 0에서 1로 변할 때 $\text{logit}(p)$는 $-\infty$에서 ∞가 된다. 만약 오즈가 동일하면($p = 0.5$), $\text{logit}(p) = 0$이다. 주어진 확률 p, q에 대해 $p < q$는

$\mathrm{logit}(p) > \mathrm{logit}(q)$와 동치이다. 그러므로 로그-오즈와 확률은 순위가 동등하다. 즉, 하나의 값으로 순위를 매기면 다른 값으로 매긴 결과와 같아진다. 이와 같은 순위 동등 변환(또는 순위 보존이나 순서 보존 변환이라고도 한다)은 정보 검색 모델을 단순화하는 데 유용한 도구가 된다.

식 9.2의 로그-오즈에 베이즈 정리(식 8.5 및 8.6)를 적용하면 다음과 같다.

$$\log \frac{p(r \mid D, Q)}{1 - p(r \mid D, Q)} \quad = \quad \log \frac{p(r \mid D, Q)}{p(\bar{r} \mid D, Q)} \tag{8.8}$$

$$= \quad \log \frac{p(D, Q \mid r)\ p(r)}{p(D, Q \mid \bar{r})\ p(\bar{r})} \tag{8.9}$$

로그-오즈로 변환하면 좋은 점은 $p(D, Q)$가 상쇄돼, 이 값을 추정할 필요가 없어진다는 점이다.

식 8.8의 결합확률을 $p(D, Q \mid R)\ p(D \mid Q, R)\ p(Q \mid R)$ 관계식을 이용해서 조건부 확률로 전개할 수 있다. 이 방법대로 결합확률을 전개하고 다시 베이즈 정리를 적용하면 다음과 같다.

$$\log \frac{p(D, Q \mid r)\ p(r)}{p(D, Q \mid \bar{r})\ p(\bar{r})} \quad = \quad \log \frac{p(D \mid Q, r)\ p(Q \mid r)\ p(r)}{p(D \mid Q, \bar{r})\ p(Q \mid \bar{r})\ p(\bar{r})} \tag{8.10}$$

$$= \quad \log \frac{p(D \mid Q, r)\ p(r \mid Q)}{p(D \mid Q, \bar{r})\ p(\bar{r} \mid Q)} \tag{8.11}$$

$$= \quad \log \frac{p(D \mid Q, r)}{p(D \mid Q, \bar{r})} + \log \frac{p(r \mid Q)}{p(\bar{r} \mid Q)} \tag{8.12}$$

"$\log(p(r \mid Q)/p(\bar{r} \mid Q))$"항은 D에 독립이다. 이 항은 질의의 난이도로 간주할 수 있다. 어쨌든 순위를 정하려는 목적으로 수식을 사용할 때는 이 항을 무시해도 되므로, 순위 보존 변환을 거쳐 다음과 같은 순위 공식이 남는다.

$$\log \frac{p(D \mid Q, r)}{p(D \mid Q, \bar{r})} \tag{8.13}$$

이 공식은 확률론적 검색 모델의 핵심이므로, 이 값을 추정하는 방법들을 다룰 때 다시 여러 번 만나게 될 것이다.

8.2 이진 독립 모델

식 8.13의 값을 추정하는 첫 방법에서는 문서와 질의에서 텀이 있거나 없는 경우만 고려한다. 어휘 $\mathcal{V}$에 속하는 각 텀에 대해 문서에 텀이 존재할 경우 $D_i = 1$, 텀이 존재하지 않는 경우 $D_i = 0$가 되도록, 문서 확률 변수 D를 이진 확률 변수 벡터 $D = \langle D_1, D_2, ... \rangle$로 재정의하자. 이와 비슷하게 질의 확률 변수 Q는 해당 텀이 있을 경우 $Q_i = 1$, 없을 경우 $Q_i = 0$가 되도록 이진 확률 변수의 벡터 $Q_i = \langle Q_1, Q_2, ... \rangle$로 바꾼다.

이제 두 가지 강력한 가정을 해보자. 첫 번째 가정은 독립성 가정이다.

가정 T: 주어진 적합도에 대해, 각 텀들은 통계적으로 독립이다.

바꿔 말하면 적합도 판정이 양수일 때 한 텀의 존재 여부는 어떠한 다른 텀의 존재 여부와는 무관하다는 뜻이다. 마찬가지로 적합도 판정이 음수일 때도 한 텀의 존재 여부는 어떠한 다른 텀의 존재 여부와도 무관하다. 물론 적합도에 따라 존재의 확률이 달라지는 텀들이 많기 때문에, 적합도 값을 조건으로 하지 않으면 텀들은 서로 독립이 아니게 된다.

이 가정은 현실을 정확히 반영하지는 않는다. 예를 들어 문서에 "shakespeare"라는 텀이 있다면 "william", "hamlet", "stratford" 등과 같은 텀들이 그 문서에 같이 나타날 확률이 높아진다. 하지만 이 가정은 식 9.13의 값을 추정하는 문제를 매우 단순하게 만들어 준다. 독립성 가정은 정보 검색론에서는 흔한 가정이다. 이 가정이 비현실적이기는 하지만 이 가정을 바탕으로 한 방법이 좋은 성능을 내는 경우가 많다.

이 가정을 하면 식 8.13의 확률들을 D의 각 차원에 해당하는 확률 변수들의 확률 곱으로 다시 쓸 수 있다.

$$p(D\,|\,Q, r) \;\; = \;\; \prod_{i=1}^{|\mathcal{V}|} p(D_i\,|\,Q, r) \tag{8.14}$$

$$p(D \mid Q, \bar{r}) \quad = \quad \prod_{i=1}^{|\mathcal{V}|} p(D_i \mid Q, \bar{r}) \tag{8.15}$$

따라서 식 8.13은 다음과 같이 된다.

$$\log \frac{p(D \mid Q, r)}{p(D \mid Q, \bar{r})} \quad = \quad \sum_{i=1}^{|\mathcal{V}|} \log \frac{p(D_i \mid Q, r)}{p(D_i \mid Q, \bar{r})} \tag{8.16}$$

두 번째 강력한 가정은 질의에서 텀의 존재 여부와 적합 문서에서 텀의 존재 여부를 연결해 질의가 사용자의 요구사항과 문서의 적합도 사이에서 뚜렷하게 다리 역할을 하도록 만드는 가정이다.

> 가정 Q: 문서 내에서 한 텀의 존재 여부에 따라 적합도가 달라지는 경우는, 질의에서 그 텀
> 이 존재할 때만이다.

이 가정을 공식화하고자 각 q_i가 0 또는 1이라 할 때, 질의 Q가 $Q = q = \langle q_1, q_2, ... \rangle$가 되도록 하자. 가정 Q에 따라, $q_i = 0$이면, 다음 식이 된다.

$$p(D_i \mid Q, r) \quad = \quad p(D_i \mid Q, \bar{r})$$

따라서 다음과 같다.

$$\log \frac{p(D_i \mid Q, r)}{p(D_i \mid Q, \bar{r})} \quad = \quad 0$$

이 가정은 식 8.16에서 어휘 내 모든 텀들에 대한 합을 질의 내 모든 텀의 합으로 바꾼다. 이제 질의 조건은 불필요하므로 지워버리면 순위 공식은 다음과 같아진다.

$$\sum_{t \in q} \log \frac{p(D_t \mid r)}{p(D_t \mid \bar{r})} \tag{8.17}$$

이때 D_t는 벡터 $\langle d_1, d_2, ... \rangle$에서 텀 t에 대응하는 확률 변수를 뜻한다.

가정 T처럼 가정 Q도 현실을 정확히 반영하지는 않는다. 만약 우리가 윌리엄 셰익스피어의 결혼에 관심이 생겨서 질의를 다음과 같이 입력했다고 하면,

$$\langle\ \text{"william"}, \text{"shakespeare"}, \text{"marriage"}\ \rangle$$

"hathaway"[1]라는 텀이 질의에 없더라도, 비적합 문서보다 적합 문서에서 그 텀이 나올 확률이 훨씬 높을 것이다. 하지만 전체 어휘에 속하는 모든 텀들에 대한 합을 구하기보다 질의 텀에 대해서만 합을 구하는 편이 더 쉬우므로, 어느 정도 감안하고 가정을 받아들이도록 하겠다.

이제 각 d_i가 0 또는 1이라 할 때, $D = d = \langle d_1, d_2, ...\rangle$가 되도록 확률 변수의 값을 정한다. 앞에서의 표기법을 확장해 $\langle d_1, d_2, ...\rangle$에서 텀 t에 대응하는 확률 변숫값을 $D_t = d_t$로 쓰면 다음과 같아진다.

$$\sum_{t \in q} \log \frac{p(D_t = d_t \mid r)}{p(D_t = d_t \mid \bar{r})} \tag{8.18}$$

이제 식 8.18에서 문서에 질의 텀이 없어서 모든 D_t가 0이 될 때의 값을 빼면 다음과 같다.

$$\sum_{t \in q} \log \frac{p(D_t = d_t \mid r)}{p(D_t = d_t \mid \bar{r})} \ - \ \sum_{t \in q} \log \frac{p(D_t = 0 \mid r)}{p(D_t = 0 \mid \bar{r})} \tag{8.19}$$

질의 텀이 모두 없을 때 식 8.18의 값은 상수이고, 상수 값을 빼도 순위에 아무런 영향을 끼치지 않으므로, 이는 순서 보존 변환이 된다. 식을 약간 정리하면 다음과 같으며

$$\sum_{t \in (q \cap d)} \log \frac{p(D_t = 1 \mid r)\ p(D_t = 0 \mid \bar{r})}{p(D_t = 1 \mid \bar{r})\ p(D_t = 0 \mid r)} \ - \ \sum_{t \in (q \setminus d)} \log \frac{p(D_t = 0 \mid r)\ p(D_t = 0 \mid \bar{r})}{p(D_t = 0 \mid \bar{r})\ p(D_t = 0 \mid r)} \tag{8.20}$$

여기서 왼쪽 항은 질의와 문서에 있는 모든 텀에 대한 합이고, 오른쪽 항은 질의에는 있지만 문서에는 나타나지 않는 텀들에 대한 합이다.

---

1   셰익스피어의 아내인 앤 해서웨이의 성 - 옮긴이

오른쪽 항은 0이므로, 수식은 다음과 같아진다.

$$\sum_{t \in (q \cap d)} \log \frac{p(D_t = 1 \mid r) \; p(D_t = 0 \mid \bar{r})}{p(D_t = 1 \mid \bar{r}) \; p(D_t = 0 \mid r)} \tag{8.21}$$

이렇게 가정 T와 Q를 바탕으로, 텀의 존재 여부만 따져서 식 8.13을 변경한 모델을 이진 독립 모델Binary Independence Model이라고 한다.

8.3 로버트슨/스파크 존스 가중치 공식

이제 식 8.21에서 복잡한 표기들을 상당히 단순화해서 다음과 같이 다시 쓰자.

$$\sum_{t \in (q \cap d)} w_t \tag{8.22}$$

여기서 w_t는 각 텀에 대한 가중치다. 만약 $p_t = p(D_t = 1 \mid r)$, $\bar{p}_t = p(D_t = 1 \mid \bar{r})$라고 하면, $p(D_t = 0 \mid r) = 1 - p(D_t = 1 \mid r) = 1 - p_t$이고 $p(D_t = 0 \mid \bar{r}) = 1 - p(D_t = 1 \mid \bar{r}) = 1 - \bar{p}_t$ 이기 때문에 w_t는 다음과 같이 된다.

$$w_t = \log \frac{p_t \; (1 - \bar{p}_t)}{\bar{p}_t \; (1 - p_t)} \tag{8.23}$$

p_t와 $\bar{p}_t$의 추정값은 문서 모음 내 적합 문서수의 기댓값과, t를 포함한 적합 문서수의 기댓값을 추정하면 결정할 수 있다. 이 추정값은 예를 들어 문서 모음에서 샘플링한 문서들마다 적합도 판정을 하면 얻을 수 있을 것이다. 모든 질의마다 이런 작업을 하기가 무척 부담스러울 수 있지만, 문서 모음이 주기적으로 변해 질의를 여러 번 실행해야 한다고 하면 무리한 정도는 아닐 듯하다.

질의가 하나 주어졌을 때 N_r은 문서 모음 내의 적합 문서수의 기댓값이고, $N_{t,r}$은 텀 t를 포함한 적합 문서수의 기댓값이라고 하자. 그러면 p_t와 $\bar{p}_t$는 다음과 같이 추정할 수 있다.

$$p_t = \frac{N_{t,r}}{N_r} \quad \text{and} \quad \bar{p}_t = \frac{N_t - N_{t,r}}{N - N_r} \tag{8.24}$$

여기서 N은 문서 모음 내의 문서 수이고, N_t는 t를 포함한 문서 수다. 식 8.23에 이 값을 대입하면 가중치는 다음과 같이 된다.

$$w_t = \log \frac{N_{t,r}\,(N - N_t - N_r + N_{t,r})}{(N_r - N_{t,r})\,(N_t - N_{t,r})} \tag{8.25}$$

적합 문서와 비적합 문서의 실제 개수를 알 때, 이 수식은 다음과 같이 표현된다.

$$w_t = \log \frac{(n_{t,r} + 0.5)\,(N - N_t - n_r + n_{t,r} + 0.5)}{(n_r - n_{t,r} + 0.5)\,(N_t - n_{t,r} + 0.5)} \tag{8.26}$$

여기서 nr은 적합 문서의 개수, $n_{t,r}$은 t를 포함한 적합 문서의 개수를 뜻한다. 수식에 있는 0.5 값은, 예를 들어 개수가 0일 때 가중치가 비정상적인(즉, 무한대) 값이 되지 않도록 숫자를 "매끄럽게(평활화)" 만드는 값이다. 1장에서 언급했듯이, 이런 종류의 평활화 방법은 정보 검색론뿐만 아니라 다른 통계적 자연어 처리에서도 일반적으로 사용하는 방법이다.

독자들은 식 8.25와 8.26에서 분자의 문서 수 N과 분모의 텀을 포함한 문서 수 N_t를 보고 2장에서 소개했던 역 문서 빈도[IDF](식 2.13)를 떠올릴 수 있을 것이다. 이 관찰 결과를 더 발전시켜, 식 8.23에서 적합과 비적합에 해당하는 부분을 나눠서 다시 쓰면 다음과 같다.

$$
\begin{aligned}
w_t &= \log \frac{p_t}{1 - p_t} + \log \frac{1 - \bar{p}_t}{\bar{p}_t} \tag{8.27}\\
&= \log \frac{N_{t,r}}{N_r - N_{t,r}} + \log \frac{N - N_r - N_t + N_{t,r}}{N_t - N_{t,r}} \tag{8.28}
\end{aligned}
$$

왼쪽 항은 텀 t를 포함한 적합 문서의 로그-오즈다. 문서 모음이 클 때 보통 N_t과 $N_{t,r}$이 N과 N_t에 비해 작다고 가정하는 게 이상하지 않으므로, 오른쪽 항을 $N_r = N_{t,r} = 0$으로 놓아서 근사할 수 있다.

$$w_t = \text{logit}(p_t) + \log \frac{N - N_t}{N_t} \qquad (8.29)$$

이제 IDF와 더 유사해졌다. 이 공식을 유도한 크로프트와 하퍼(Croft and Harper, 1979)는 $p_t = 0.5$이고 N_t가 N에 비해 작으면, 일반적인 IDF가 이 공식으로 근사된다는 사실을 알아냈다. 로버트슨과 워커(Robertson and Walker, 1997)는 $p_t = 1/(1 + ((N - N_t)/N))$로 두면 이 공식이 표준 IDF 공식(식 8.30)이 됨을 밝혔다.

$$w_t = \log \frac{N}{N_t} \qquad (8.30)$$

식 8.23은 로버트슨/스파크 존스 가중치 공식이라고 부른다. 가중치는 어떤 정보가 있는지에 따라 식 8.25, 8.26, 8.30 중 아무거나 써서 계산해도 된다. 로버트슨과 워커(Robertson and Walker, 1997)는 관련 정보가 없을 때에도 사용할 수 있는 혼합 변형 모델도 제안했다. 8장 뒷부분에서 나오는 w_t가 그 변형 모델 가운데 하나다.

관련 정보가 따로 없을 때, 일반적으로 w_t는 표준 IDF 공식이라고 가정한다. 식 8.26에서 $n_r = n_{t,r} = 0$으로 놓고 사용하기도 하지만, 가중치가 음수가 되지 않도록 반드시 주의해야 한다(문제 8.2 참고). 가중치가 음수가 될 경우에는 0으로 대체해야 한다.

관련 정보가 있을 때는 $N_{t,r}$과 N_r의 정확한 추정치가 없더라도 식 8.26을 사용하는 편이 일반적이다. 예를 들어 검색엔진에 질의를 한 후에 사용자가 약간의 적합 문서를 고르는 경우를 생각해보자. 사용자가 3개의 적합문서를 골랐는데, 텀 t가 포함된 문서가 그중에 둘이라면 $n_r = 3$, $n_{t,r} = 2$로 놓을 수 있다. 마찬가지로 이때도 가중치가 음수가 되지 않도록 신경 써야 한다.

따라서 우리는 2장에서 직관과 실험만으로 만들었던 IDF 공식으로 크게 돌아 다시 왔다. 비록 비현실적인 독립성 가정과 대략적인 근사들로 이뤄진 가시밭길이기는 했지만, 확률 순위 원칙에서 시작해 이론적인 경로를 따라 IDF에 도달했다. 정보 검색 연구에서 이런 경험은 흔하다. 이론과 실험이 서로를 뒷받침하면서 성공적인 방법론을 만들고 검증하는 경우가 많다.

아쉽게도 아직 우리는 효과적인 순위 공식을 만드는 면에서는 별로 진전이 없었다. 관련 정보 없이 식 8.22를 바로 적용하는 모델은, 2장에서 TF 인수를 상수 1로 놓고 문서 길이 정규화를 하지 않았을 때의 벡터 공간 모델과 다를 바가 없다.

하지만 간단한 예제로 표 2.1의 문서 모음으로 돌아가보자. w_i를 IDF 추정치로 놓고 식 8.22를 적용해 질의 〈"quarrel", "sir"〉에 대해 문서 모음 순위를 매긴다고 하자. 문서 모음에는 $N = 5$개의 문서들이 포함돼 있다. 이 문서들 중 두 개는 "quarrel" 텀을, 네 개는 "sir" 텀을 포함하므로 IDF는 다음과 같다.

$$w_{\text{quarrel}} = \log(5/2) \approx 1.32, \quad w_{\text{sir}} = \log(5/4) \approx 0.32 \tag{8.31}$$

이 가중치를 사용하면 문서 1과 2의 점수는 1.64, 문서 3과 5의 점수는 0.32가 된다. 문서 2에 "sir"가 더 많이 나타나지만, 텀이 있는지 없는지만 영향을 끼치므로 문서 1, 2는 동점이다.

8.4 텀 빈도

2장에서 기초적인 순위 방법론에서 문서를 비교하고 적절한 순위를 결정하는 데 사용하는 간단한 문서 특성들을 나열했다. 텀 빈도, 텀 근접도, 문서 길이 등이 이러하다. 우리는 지금까지 확률 모델을 전개하면서 텀 빈도를 약화한 텀 존재 여부 특성만 고려했다. 모델을 확장해서 텀 빈도를 완전히 반영하도록 하려면 식 8.13으로 돌아가서 문서 확률 변수 D를 표현하는 방법부터 다시 고려해봐야 한다.

8.2절 시작 부분에서 우리는 확률 변수 D를 이진 확률 변수들의 벡터 $D = \langle D_1, D_2, ... \rangle$로 놓고, 각 확률 변수 D_i가 특정 텀의 존재 여부를 가리키도록 정의했다. 이 시점으로 돌아가 F_i가 문서 내에서 어떤 텀의 빈도일 때, D를 확률 변수들의 벡터 $D = \langle F_1, F_2, ... \rangle$가 되도록 재정의하고 다시 앞의 과정을 되짚어볼 수 있을 것이다. 8.2절에서처럼 텀 t에 해당하는 벡터 내 확률 변수는 F_t로 표기한다.

가정 T와 Q는 그대로 두고, 텀 존재 여부를 텀 빈도로 바꾸고 8.2절의 전개 과정을 비슷하게 따라가면, 식 8.21과 비슷한 결과를 얻는다.

$$\sum_{t \in q} \log \frac{p(F_t = f_t \,|\, r) \; p(F_i = 0 \,|\, \bar{r})}{p(F_t = f_t \,|\, \bar{r}) \; p(F_i = 0 \,|\, r)} \tag{8.32}$$

여기서 f_t는 t가 문서에서 나타나는 빈도수를 뜻한다(연습 문제 8.3 참조). 이 수식을 사용하려면 적합, 비적합일 때 텀 빈도 확률인 $p(F_t = f_t \mid r)$와 $p(F_t = f_t \mid \bar{r})$ 값을 추정해야 한다. 결국 이 값들을 추정하려면 텀 빈도와 적합도 사이의 관계를 알아야 한다.

특정 주제에 관해 문서를 쓸 때 작성자는 일반적으로 주제에 관련된 용어(텀)를 선택한다. 따라서 어떤 텀이 특정 주제와 관련이 있다면, 그 주제와 무관한 문서보다 관련 문서에서 더 자주 나타나리라 예상할 수 있다. 주제와 무관한 문서에는 그 텀이 가끔만 나타날 것이다.

북스테인과 스완슨(Bookstein and Swanson, 1974)은 로버트슨 외(Robertson et al. 1981)의 논문과 로버트슨과 워커(Robertson and Walker, 1994)의 논문에서 "엘리트성 eliteness"이라고 부른 개념을 이용해 주제와 텀 사이 관련성을 찾아내려고 했다. 어떤 문서가 어떤 텀에 관련한 주제에 "어떻게든 연관된"다면, 그 문서는 그 텀에 대해 "엘리트"라고 한다. 이 관계를 뒤집으면 텀 빈도에서 엘리트성 확률을 유추할 수 있다. 즉, 어떤 텀 빈도가 높을수록, 그 텀은 그 문서에서 엘리트일 가능성이 높다. 그러므로 적합도와 텀 빈도 사이의 관계는 엘리트성 개념을 따르게 된다. 대략적으로 어떤 주제에 관한 문서는 그 주제에 관련된 텀에 대해 엘리트일 가능성이 더 높으므로, 해당 텀들은 이 문서에 나타날 확률이 더 높게 된다.

각 텀 t에 대해, F_t에 대응해 엘리트성을 뜻하는 이진 확률 변수 E_t를 정의할 수 있다. $E_t = 1$은 문서가 t에 대해 엘리트임을 뜻하고, $E_t = 0$은 문서가 t에 대해 엘리트가 아님을 가리킨다. 적합도를 구할 때처럼 e를 $E_t = 1$의 약자로, $\bar{e}$는 $E_t = 0$의 약자로 정의하자. 보통 이 약자 표기법에서 어떤 텀을 뜻하는지는 명확하므로 아래첨자 t는 생략한다. 적합도와 텀 빈도 사이 관계는 다음과 같이 공식화할 수 있다.

$$
\begin{aligned}
p(F_t = f_t \mid r) &= p(F_t = f_t \mid e) \cdot p(e \mid r) + p(F_t = f_t \mid \bar{e}) \cdot p(\bar{e} \mid r) \\
p(F_t = f_t \mid \bar{r}) &= p(F_t = f_t \mid e) \cdot p(e \mid \bar{r}) + p(F_t = f_t \mid \bar{e}) \cdot p(\bar{e} \mid \bar{r})
\end{aligned}
\tag{8.33}
$$

이 확장 수식을 식 8.32에 대입하면 다음 식을 얻는다.

$$
\sum_{t \in q} \log \frac{(p(F_t = f_t \mid e)p(e \mid r) + p(F_t = f_t \mid \bar{e})p(\bar{e} \mid r))(p(F_t = 0 \mid e)p(e \mid \bar{r}) + p(F_t = 0 \mid \bar{e})p(\bar{e} \mid \bar{r}))}{(p(F_t = f_t \mid e)p(e \mid \bar{r}) + p(F_t = f_t \mid \bar{e})p(\bar{e} \mid \bar{r}))(p(F_t = 0 \mid e)p(e \mid r) + p(F_t = 0 \mid \bar{e})p(\bar{e} \mid r))}
$$

이제 이 수식에서 각각의 확률들을 추정하는 문제로 넘어가자.

8.4.1 북스테인의 2-푸아송 모델

엘리트성이라는 다소 모호한 개념은 문서 내 텀들의 분포가 2개의 푸아송 분포^{Poisson} ^{distributions} 즉, 텀에 대해 엘리트인 문서들에 해당하는 푸아송 분포와, 엘리트가 아닌 문서에 해당하는 푸아송 분포의 혼합이라고 가정함으로써 더 구체화할 수 있다. 이 2-푸아송 분포는 북스테인(Harter, 1975 참조, 199쪽)이 제안하고 하터(Harter, 1975), 북스테인과 스완슨(Bookstein and Swanson, 1974), 북스테인과 크래프트(Bookstein and Kraft, 1977), 로버트슨 외(Robertson et al., 1981)가 이후에 발전시키고 검증했다.

푸아송 분포는 프랑스 수학자 시메옹 드니 푸아송^{Siméon Denis Poisson}이 1838년에 창안한 개념으로, 주어진 시간 간격 내에 특정한 종류의 사건이 발생하는 건수를 모델링하는 데 사용된다. 예를 들어 푸아송 분포는 특정 교차로에서 연간 자동차 사고 수, 매분마다 웹서버 접속 수, 초당 우라늄-238 1그램에서 방출되는 알파 입자 수 등을 모델링하는 데 쓰인다. 이때 한 시간 간격 내에 발생하는 사건들은 겹치지 않는 다른 시간 간격 내에서 일어나는 사건과 '통계적으로 독립'으로 가정한다. 즉, 한 시간 간격에서 사건의 수는 다른 시간 간격에서 발생하는 사건 수에 영향을 끼치지 않는다는 뜻이다. 이 절에서는 푸아송 분포를 주어진 텀이 문서에서 출현하는 횟수를 모델링하는 데 활용하는데, 이때 텀의 출현은 "사건"이고 문서는 "시간 간격"의 역할을 담당하게 된다.

어떤 음수가 아닌 정수인 확률 변수 X와, 주어진 시간 간격 내에 평균 사건 수를 뜻하는 실수 매개변수 μ가 주어졌을 때, 푸아송 분포는 다음과 같이 정의된다.

$$g(x, \mu) \;=\; \frac{e^{-\mu}\,\mu^{x}}{x!} \tag{8.34}$$

푸아송 분포로 텀 분포를 모델링하려면, 모든 문서의 길이가 똑같다고 가정할 필요가 있다. 문서 모음에 같이 들어 있는 책과 이메일 메시지의 길이가 1,000배 이상 차이 날지도 모르므로, 길이가 같다는 가정은 전혀 현실적이지 않다. 그렇지만 지금은 이 가정을 받아들이고 8장 뒷부분에서 다시 다루도록 한다.

2-푸아송 분포를 구성하고자 엘리트와 엘리트 아닌 문서의 평균(μ_e와 $\mu_{\bar{e}}$)이 각각 다르고, 엘리트성 개념에 따라 $\mu_e > \mu_{\bar{e}}$라고 가정한다. 만약 $q = p(e|r)$, $\bar{q} = p(e|\bar{r})$라 놓고 식 8.33에 대입하면, 적합 및 비적합 문서에 대한 다음의 두 모델 수식을 얻게 된다.

$$p(F_t = f_t \mid r) \quad = \quad g(f_t, \mu_e) \cdot q + g(f_t, \mu_{\bar{e}}) \cdot (1 - q) \tag{8.35}$$

$$p(F_t = f_t \mid \bar{r}) \quad = \quad g(f_t, \mu_e) \cdot \bar{q} + g(f_t, \mu_{\bar{e}}) \cdot (1 - \bar{q}) \tag{8.36}$$

식 8.32에 대입하면 다음과 같다.

$$\sum_{t \in q} \log \frac{(g(f_t, \mu_e)\, q + g(f_t, \mu_{\bar{e}})\, (1-q)) \cdot (g(0, \mu_e)\, \bar{q} + g(0, \mu_{\bar{e}})\, (1-\bar{q}))}{(g(f_t, \mu_e)\, \bar{q} + g(f_t, \mu_{\bar{e}})\, (1-\bar{q})) \cdot (g(0, \mu_e)\, q + g(0, \mu_{\bar{e}})\, (1-q))} \tag{8.37}$$

첫눈에 보기에 이 수식의 텀 가중치는 복잡하지만 실제 구조는 매우 간단하다. 분자와 분모에 있는 각 인자들은 엘리트성과 비엘리트성을 나타내는 동일한 두 푸아송 분포를 혼합했다. 주어진 텀에 대해 결정해야 하는 매개변수는 $\mu_e, \mu_{\bar{e}}, q, \bar{q}$로 총 4개가 있다. 이 매개변수들은 텀 통계를 사용해 텀 가중치와 문서 모음 내 실제 텀 분포 사이의 최적 적합 매개변수들을 찾아내는 방식으로 추정할 수 있다.

여러 연구자들이 이 노선을 따랐지만 아쉽게도 성공 사례는 거의 없었다. 특히 엘리트성은 직접 관찰할 수 없는 숨은 변수라서 추정하기 매우 복잡하다. 그렇지만 이 텀 가중치에서 몇 가지 가치 있는 발견을 할 수 있다.

먼저 텀이 존재하지 않을 경우 ($f_t = 0$) 텀 가중치는 예상대로 0으로 결정된다. 두 번째로, f_t가 증가하면 가중치도 커진다. 이 결과도 예상과 일치한다.

마지막으로 텀 숫자가 무한대가 될 때 ($f_t \to \infty$) 가중치의 변화 양상을 생각해보자. 식 8.37을 약간 재배치하면 다음과 같다.

$$\sum_{t \in q} \log \frac{\left(q + \frac{g(f_t, \mu_{\bar{e}})}{g(f_t, \mu_e)} (1-q) \right) \left(\frac{g(0, \mu_e)}{g(0, \mu_{\bar{e}})} \bar{q} + (1-\bar{q}) \right)}{\left(\bar{q} + \frac{g(f_t, \mu_{\bar{e}})}{g(f_t, \mu_e)} (1-\bar{q}) \right) \left(\frac{g(0, \mu_e)}{g(0, \mu_{\bar{e}})} q + (1-q) \right)} \tag{8.38}$$

이제

$$\frac{g(f_t, \mu_{\bar{e}})}{g(f_t, \mu_e)} \;=\; \frac{e^{-\mu_{\bar{e}}}\,\mu_{\bar{e}}^{f_t}}{e^{-\mu_e}\,\mu_e^{f_t}} \;=\; e^{\mu_e - \mu_{\bar{e}}} \cdot \left(\frac{\mu_{\bar{e}}}{\mu_e}\right)^{f_t}$$

여기서 $\mu_{\bar{e}} < \mu_e$이기 때문에 이 값은 f_t가 무한대로 가면 0이 되고, 또한 다음과도 같다.

$$\frac{g(0, \mu_e)}{g(0, \mu_{\bar{e}})} \;=\; e^{\mu_{\bar{e}} - \mu_e}$$

따라서 $f_t \to \infty$ 이면 식 8.38의 텀 가중치는 다음과 같이 텀에 관계없이 상수가 된다.

$$\log \frac{q\,(\bar{q}\,e^{\mu_{\bar{e}} - \mu_e} + (1 - \bar{q}))}{\bar{q}\,(q\,e^{\mu_{\bar{e}} - \mu_e} + (1 - q))} \tag{8.39}$$

그러므로 텀의 개수가 늘어나면 가중치는 포화돼, 식 8.39로 주어지는 점근 최댓값에 이르게 된다. 달리 말하면 텀의 반복 정도가 문서 점수에 미치는 정도에 한계가 있다는 뜻이다. 또한 $e^{\mu_{\bar{e}} - \mu_e}$가 작다고 가정하면, 가중치에 기여하는 정도가 적으므로, 0으로 근사할 수 있다. 그러면 가중치는 다음과 같아진다.

$$\log \frac{q\,(1 - \bar{q})}{\bar{q}\,(1 - q)} \tag{8.40}$$

이 가중치와 식 8.23의 로버트슨/스파크 존스 가중치가 유사하다는 점은 단순히 우연의 일치는 아니다. 이 수식은 식 8.23에서 텀 존재 여부를 엘리트성 개념으로 대체한 결과다. 식 8.23은 식 8.40의 근사식으로 볼 수도 있다.

8.4.2 2-푸아송 모델의 근사

식 8.37에서 얻은 관찰들을 기반으로, 로버트슨과 워커(Robertson and Walker, 1994)는 2-푸아송 텀 가중치를 단순하게 근사하는 식을 제안했는데, 그 식은 다음과 같다.

$$\sum_{t \in q} \frac{f_{t,d}\,(k_1 + 1)}{k_1 + f_{t,d}} \cdot w_t \tag{8.41}$$

여기서 $f_{t,d}$는 문서 d에서 텀 t의 빈도를 나타내고, w_t는 로버트슨/스파크 존스 가중치 중 하나를 뜻하며, $k_1 > 0$이다.

관찰했던 대로, 텀 가중치는 $f_{t,d} = 0$일 때 0이 되고 $f_{t,d}$가 증가하면 같이 커진다. $f_{t,d} = 1$일 때, 가중치는 w_t와 같아진다. $f_{t,d} \to \infty$이면 가중치는 $(k_1 + 1)w_t$가 된다. 따라서 가중치는 식 8.38과 같이 로버트슨 스파크 존스 가중치의 상수 인자로 수렴한다.

일반적으로 $1 \leq k_1 < 2$이며 모든 질의의 모든 텀에 대해 같은 값을 사용한다. 연구 문헌에서 기본값으로 $k_1 = 1.2$를 사용하므로 이 책의 연습 문제 및 실험에서도 그 값을 쓴다. 실제로 k_1은 모든 질의의 모든 텀에 대해 같은 값이므로, 전체 시스템의 매개변수로 두고 문서 모음이나 적용 상황에 따라 좋은 효율을 내도록 최적화할 수 있다. 11장에서 이 수식 및 여러 검색 공식에서 매개변수를 조정하는 방법을 설명할 것이다.

표 2.1의 예제 문서 모음으로 다시 돌아가 식 8.41을 이용해 질의 ⟨"quarrel", "sir"⟩에 대한 문서 순위를 매겨보자. 문서 1의 점수를 계산하면,

$$\frac{f_{\mathrm{quarrel},1}(k_1+1)}{k_1 + f_{\mathrm{quarrel},1}} \cdot w_{\mathrm{quarrel}} + \frac{f_{\mathrm{sir},1}(k_1+1)}{k_1 + f_{\mathrm{sir},1}} \cdot w_{\mathrm{sir}} \approx \frac{k_1+1}{k_1+1} \cdot 1.32 + \frac{k_1+1}{k_1+1} \cdot 0.32 \approx 1.64$$

그리고 문서 2의 점수는

$$\frac{f_{\mathrm{quarrel},2}(k_1+1)}{k_1 + f_{\mathrm{quarrel},2}} \cdot w_{\mathrm{quarrel}} + \frac{f_{\mathrm{sir},2}(k_1+1)}{k_1 + f_{\mathrm{sir},2}} \cdot w_{\mathrm{sir}} \approx \frac{k_1+1}{k_1+1} \cdot 1.32 + \frac{2(k_1+1)}{k_1+2} \cdot 0.32 \approx 1.76$$

문서 2에 "sir"가 더 있어서 점수를 더 높게 받았다. 하지만 "quarrel"이 없으면 "sir"가 문서에서 무한 번 나타나도 "quarrel"이 한 번 나타난 문서보다도 점수를 낮게 받음에 주목하자. 문서 3과 5는 길이가 차이나므로 문서 순위가 달라야 하지만, 점수는 둘 다 0.32다. 문서 4에는 질의 텀이 하나도 나타나지 않기 때문에 0점을 받는다.

식 8.41의 텀 가중치는 TF-IDF의 일종임에 주목하자. 하지만 식 2.14처럼 연구 문헌에 나오는 다른 가중치와 이 가중치 사이의 결정적인 차이는 값이 포화된다는 특성이다. 예제에서 알 수 있듯이, 이 포화 특성 때문에 텀이 얼마나 문서에 나오든 간에 문서 점수에 끼치는 영향력은 제한적이다.

8.4.3 질의 텀 빈도

문서 텀 빈도 때와 마찬가지로, 식 8.41은 질의 텀 빈도 q_t(질의에서 텀 t가 나타나는 횟수)를 반영하도록 확장할 수 있다. 짧은 질의에서 질의 텀이 반복되는 일은 상대적으로 흔치 않다. 하지만 2장에서 언급했듯이, 어떤 상황에서는 문서 전체를 질의로 사용해서, "유사한 페이지 찾기" 기능을 구현해야 할 수도 있다. 이와 비슷하게 사용자는 문서에서 구절을 복사해서 검색엔진에 붙여 넣는 식으로 간단히 긴 질의를 만들어 낼 수도 있다.

문서를 질의 후보로 본다면, 질의와 문서 사이의 대칭성이 뚜렷해지므로, 질의 텀 빈도는 다음과 같은 형태가 된다.

$$\frac{q_t \left(k_3 + 1\right)}{k_3 + q_t} \tag{8.42}$$

여기서 $k_3 > 0$은 k_1과 비슷하게 시스템 매개변수이다(k_2는 확률 모델을 다루는 다른 논문에서 다른 용도로 쓰이므로, 이 매개변수에는 k_3을 쓰는 편이 일반적이다). 식 8.41에 이 인자를 넣으면, 수식은 다음과 같다.

$$\sum_{t \in q} \frac{q_t \left(k_3 + 1\right)}{k_3 + q_t} \cdot \frac{f_{t,d} \left(k_1 + 1\right)}{k_1 + f_{t,d}} \cdot w_t \tag{8.43}$$

하지만 질의가 매우 긴 경우에도, 질의에서 텀이 여러 번 나오는 경우가 문서에서 여러 번 나오는 경우보다 텀의 중요성을 더 강력하게 시사할 수 있다. 따라서 일반적인 k_3의 값은 상응하는 k_1의 값보다 훨씬 커지곤 한다. 실제로 $k_3 = \infty$으로 놓고 식 8.42를 $k_3 \to \infty$일 때의 극한인 q_t로 두고 순위 공식을 다음과 같이 쓰는 경우도 드물지 않다.

$$\sum q_t \cdot \frac{f_{t,d} \left(k_1 + 1\right)}{k_1 + f_{t,d}} \cdot w_t \tag{8.44}$$

질의와 문서 둘 다에 나타나지 않는 텀들은 자동적으로 텀 가중치가 0이 되므로, 필요하다면 전체 텀들에 대해 합산을 해도 된다. 따라서 일반적으로 논문에서 쓰는 대로, 8장 나머지 부분에서는 합산 범위는 표시하지 않고 생략할 것이다.

8.5 문서 길이: BM25

2-푸아송 모델은 모든 문서의 길이가 같다는 비현실적인 가정이 밑에 깔려 있다. 다양한 문서 길이를 다루는 간단한 방법 중 하나는 실제 텀 빈도 $f_{t,d}$를 문서 길이에 맞게 정규화하는 것이다.

$$f'_{t,d} \; = \; f_{t,d} \cdot (l_{avg}/l_d) \tag{8.45}$$

이때 l_d는 문서 d의 길이이고, l_{avg}는 전체 문서 모음에 속한 문서 길이의 평균이다. 이제 이 정규화된 텀 가중치를 식 8.44의 실제 텀 가중치에 대입할 수 있다.

$$\sum q_t \cdot \frac{f'_{t,d}\,(k_1 + 1)}{k_1 + f'_{t,d}} \cdot w_t \tag{8.46}$$

이 수식을 전개하고 정리하면 다음과 같이 된다.

$$\sum q_t \cdot \frac{f_{t,d}\,(l_{avg}/l_d)\,(k_1 + 1)}{k_1 + f_{t,d}\,(l_{avg}/l_d)} \cdot w_t \; = \; \sum q_t \cdot \frac{f_{t,d}\,(k_1 + 1)}{k_1\,(l_d/l_{avg}) + f_{t,d}} \cdot w_t \tag{8.47}$$

이렇게 조정하면 2-푸아송 모델에는 맞지만, 여전히 현실에는 맞지 않는다. 한 문서가 다른 문서보다 두 배 길고, 짧은 문서보다 질의 텀이 두 배로 더 많이 나타난다고 생각해보자. 식 8.47에 따르면 두 문서는 같은 점수를 받는다. 짧은 문서를 이어 붙여서 긴 문서를 만든다고 상상하면 점수가 같아도 이상하지 않지만, 보통 현실에서는 긴 문서가 더 많은 정보를 담기 때문에 더 높은 점수를 받아야한다.

　로버트슨 외(Robertson et al., 1994)는 문서 길이 정규화 정도를 조절하는 변수 b를 이용해 식 8.47과 8.44를 혼합하는 모델을 제안했다. 즉,

$$\sum q_t \cdot \frac{f_{t,d}\,(k_1 + 1)}{k_1\,((1 - b) + b\,(l_d/l_{avg})) + f_{t,d}} \cdot w_t \tag{8.48}$$

이고 $0 \le b \le 1$이다. $b = 0$이면 수식은 8.44와 같아지고, $b = 1$이면 수식은 8.47과 같아진다. 매개변수 k_1와 마찬가지로 매개변수 b는 모든 질의에 대해 같으며, 검색 시스템에서 사용하는 문서 모음이나 환경에 따라 조정된다. 연습 문제 및 실험에서는 $b = 0.75$를 기본

값으로 사용한다.

이제 우리는 확률 모델을 개발하는 과정에서 중요한 이정표에 도달했다. 2장에서 나열했던 기초적인 특성들만 쓸 수 있는 경우, 식 8.48은 순위 검색에서 가장 잘 알려진 방법 중 하나다. 이 기법은 1993년에 TREC-3에서 처음 소개했고, 2장의 벡터 공간 모델과 동시대 모델이지만, 9장에서 설명할 더 현대적인 언어 모델링 기법에 비해서도 여전히 성능이 뒤지지 않는다. 이 방법론은 새로운 방법론을 평가할 때 기준치가 될 때가 많다. 이 모델보다 성능이 확실히 더 좋으려면 보통 자동 질의 확장을 하거나 문서 구조, 링크 구조 같은 추가적인 정보를 동원하거나, 대규모 정보에 머신러닝 기법을 적용해 모델을 확장해야 한다. 8장의 다음 절에서 의사 적합도 피드백으로 알려진 자동 질의 확장 방법을 하나 소개할 것이다. 확률 모델의 관점에서 문서 구조 정보는 8.7절에서 다룰 것이다. 나머지 장에서 머신러닝과 링크 구조를 이야기하면서도 확률 모델을 다시 언급할 예정이다.

식 8.48은 "오카피^{Okapi} BM25" 또는 단순히 "BM25"로 널리 알려져 있다. 오카피는 런던시티대학교의 로버트슨과 동료 연구자들이 만든 검색 시스템의 이름으로, 이 시스템에 이 수식이 처음으로 구현됐다. "BM"은 "Best Match(최적 일치)"의 약자다. BM25는 오카피 시스템의 여러 버전에 구현된 BM 공식들 중 하나다. 식 8.22는 기본적으로 BM1이고, 식 8.47은 BM11, 식 8.44는 BM15이다. 하지만 이중에 BM25의 명성에 견줄 만한 수식은 없다. 이 명성은 BM25 수식이 상대적으로 단순하고 효과적이기 때문이다. TREC-5 이후부터 TREC 평가 참가자들은 BM25을 이용해 여러 TREC 과제에서 신뢰할 만하고 훌륭한 성과를 내왔다.

표 2.1의 문서 모음에 BM25를 적용해 〈"quarrel", "sir"〉 질의에 대한 순위를 매기는 경우를 고려해보자. 평균 문서 길이는 $l_{avg} = (4 + 4 + 16 + 2 + 2)/5 = 28/5 = 5.6$이 된다. 문서 1의 점수는 다음과 같다.

$$\frac{f_{\text{quarrel},1}\,(k_1 + 1)}{k_1\,((1 - b) + b\,(l_d/l_{avg})) + f_{\text{quarrel},1}} \cdot w_{\text{quarrel}} + \frac{f_{\text{sir},1}\,(k_1 + 1)}{k_1\,((1 - b) + b\,(l_d/l_{avg})) + f_{\text{sir},1}} \cdot w_{\text{sir}}$$

$$\approx \frac{k_1 + 1}{k_1\,((1 - b) + b\,(5/5.6)) + 1} \cdot 1.32 + \frac{k_1 + 1}{k_1\,((1 - b) + b\,(5/5.6)) + 1} \cdot 0.32 \approx 1.72$$

마찬가지로 문서 2는 1.98점, 문서 3은 0.18점, 문서 4는 0점, 문서 5는 0.44점을 받는다.

문서 3과 문서 5에서 "sir" 텀은 한 번만 나타나고, "quarrel"은 한 번도 나타나지 않는다는 점은 같지만, 문서 길이 차이 때문에 문서 5가 더 높은 점수를 받는다.

8.6   적합도 피드백

8.3절에서 설명했듯이, 적합도 정보가 있으면 w_t 값을 더 잘 추정할 수 있고 결과적으로 검색 성능도 올릴 수 있다. 이 정보를 얻는 방법 중 하나는 검색 시스템에서 초기 검색을 해서 그 결과를 사용자에게 보여주고 몇 가지 적합 문서를 골라내도록 하는 것이다. 선택된 적합 문서 수가 작더라도, 식 8.26에서 n_r 및 $n_{t,r}$ 값을 정하는 데 활용할 수 있다. 그런 다음 개선된 가중치를 사용해서 최종 검색이 수행된다.

아마도 더 중요한 점은 이런 적합도 판별 정보를 적합 문서의 추가적인 특성을 얻는 데 활용할 수 있다는 사실이다. 예를 들어 식별된 문서에서 적절한 텀을 골라 질의에 추가할 수 있을 것이다. 그리고 이렇게 확장된 질의는 두 번째와 최종 검색에서 활용될 수 있을 것이다. 이와 같은 질의 확장 기법은 가정 Q의 한계, 즉, 질의에 없는 텀이라도 문서에서 그 텀의 존재가 적합도에 영향을 끼칠 수 있다는 점을 고려해서 고안됐다.

텀 선택의 문제는 잠시 제쳐 두고 텀에 점수를 매기는 방법만 있다고 가정하면, 기본적인 적합도 피드백 절차는 다음과 같다.

1. 사용자의 처음 질의를 수행한다.
2. 검색 결과를 사용자에게 제시하고, 결과를 훑어보고 적합 문서를 고르게 한다.
3. 적합 문서에서 나타나는 텀에 점수를 매기고, 그중에서 처음 질의에 있는 텀은 제외하고 나머지 중에 점수가 가장 높은 m개의 확장 텀을 고른다.
4. 처음 질의에 새 텀을 추가하고, 가중치 w_t를 조정하고, 확장 질의를 수행한다.
5. 최종 검색 결과를 사용자에게 보여준다.

4번째 단계에서 텀 t에 대한 가중치 조정은 식 8.26에서 n_r을 사용자가 식별한 적합 문서의 수로, $n_{t,r}$을 식별된 문서 중에 텀 t를 포함한 문서 수로 놓으면 결정할 수 있다. 또한 처음 질의에 포함된 텀들이 사용자의 정보 요구사항을 가장 잘 반영한다고 가정하고 특별 취급하는 경우도 많다. 확장 텀의 가중치에 상수 계수 γ를 곱해서 이런 추가적인 조정을 하는데, 보통 $\gamma = 1/3$을 쓴다.

적합도 피드백은 연구의 중요한 부분을 차지하는 주제로, 피드백의 기본적 방식은 다양하게 확장하고 개선할 수 있다. 예를 들어 사용자가 비적합 문서를 선택할 수 있게 하거나 대화식으로 텀 목록을 선택하거나 아니면 적절하다고 생각하는 텀들을 추가하거나 제거하면서 피드백 과정을 여러 번 반복하게 할 수도 있다. 또한 텀에 점수를 매기는 방법도 다양하게 제시됐다. 그중 하나를 다음 절에서 소개하고자 한다.

8.6.1 텀 선택

로버트슨(Robertson, 1990)은 어떤 텀이 질의에 추가됐을 때 적합 및 비적합 문서의 점수 변화 기댓값을 활용해 텀을 선택하는 간단한 방법을 제안했다. 질의에 텀 t를 추가한다고 생각해보자. 8.3절에서 p_t를 t를 포함하는 적합 문서의 확률로, $\bar{p}_t$는 t를 포함하는 비적합 문서의 확률로 정의했다. 식 8.22를 고려해보자. t를 질의에 추가하면 적합 문서의 점수는 $p_t w_t$의 평균값만큼 오른다. 비적합 문서의 점수는 $\bar{p}_t w_t$의 평균값만큼 오를 것이다.

이 두 증가분의 기댓값($p_t w_t$와 $\bar{p}_t w_t$) 차이가 클수록 적합 문서와 비적합 문서를 구분하는 데 그 텀이 더 도움이 된다는 뜻이다. 그러므로 적합도 피드백을 위해 텀들에 점수를 매기는데 다음과 같은 텀 선택 값을 쓸 수 있다.

$$w_t \cdot (p_t - \bar{p}_t) \tag{8.49}$$

적합도 피드백의 맥락에서, 사용자가 t를 포함한 $n_{t,r}$개의 문서 중에 n_r개의 적합 문서를 골라낸다고 하면, p_t를 $(n_{t,r}/n_r)$로 추정할 수 있다. $\bar{p}_t$의 값은 추정하기 더 어렵다. 하지만 값이 p_t에 비해 작다고 가정하고 0으로 놓을 수 있다. 그러므로 텀 선택 값은

$$\frac{n_{t,r}}{n_r} \cdot w_t \tag{8.50}$$

이 된다.

분모의 n_r값을 지울 수 있는데, 이 값이 모든 텀에 대해 상수이기 때문에 곱해도 순위에

영향을 주지 않기 때문이다. 따라서 다음과 같다.

$$n_{t,r} \cdot w_t \qquad (8.51)$$

적합도 피드백을 하면 식 8.51에 따라 각 질의 텀들의 순위를 매기고, 상위 m개를 고르고, 고른 텀들을 처음 질의에 추가하고, 필요하면 가중치를 다시 계산하게 된다.

아쉽게도 이 방법은 선택할 텀 개수 m에 관해서는 아무런 지침이 없다. TREC 문서 모음에서 $m = 10$ 값인 경우 괜찮은 성능을 낸다고 알려져 있으므로, 실험할 때 이 값을 기본값으로 할 것이다. 로버트슨과 워커(Robertson and Walker, 1999)는 무관한 텀의 허용 확률을 바탕으로 텀 선택 시 컷오프 문턱값을 추정하는 방법을 제안했다.

8.6.2 의사 적합도 피드백

의사 적합도 피드백PRF, Pseudo-Relevance Feedback 또는 맹목적 피드백Blind Feedback으로 알려진 이 방법은 적합도 피드백에서 상호작용 단계가 생략된 변형 방법이다. 여기서는 사용자에게 적합 문서를 식별해달라고 요청하는 대신 단순히 검색 시스템에서 처음 질의로 검색된 상위 k개의 문서 모두가 적합 문서라고 가정한다. TREC 문서 모음에서 $k = 20$ 값인 경우 괜찮은 성능을 낸다고 알려져 있으므로, 실험할 때 이 값을 기본값으로 할 것이다. 피드백 과정의 나머지 부분은 이전에 설명한 대로 진행된다. 즉, 적합 문서들에서 텀을 선택하고, 원래 질의에 추가한 후, 확장 질의를 최종 검색 결과를 내는 데 사용한다.

PRF는 긍정적 피드백에 의존하기 때문에, 특히 상위 k의 문서 중에 실제로 적합한 문서가 별로 없거나 아예 없는 경우 성능이 심각하게 저하될 우려가 있다. 그럼에도 평균 정밀도 및 유사한 효과성 측도로 봤을 때, 여러 질의에 대해 평균하면 PRF는 상당히 효과적인 경우가 많다. 게다가 사용자에게 선택 부담을 주지 않는 완전히 자동화된 과정이라, 질의가 들어오면 눈에 보이지 않게 수행할 수 있다.

예제 삼아 법 집행견(犬)에 관한 TREC 주제 426으로 돌아가보자(그림 1.8). TREC45 문서 모음에서 $N = 528{,}155$개의 문서에 대해 의사 적합도 피드백을 적용한 결과가 표 8.1에 나와 있다. 여기서 상위 $k = n_r = 20$개의 문서가 적합하다고 가정했다.

표에서 첫 3개 행에 3개의 원 질의 텀에 대한 통계가 나와 있다. 이 텀들은 상위 20개의 문서 대부분 또는 전체에서 나타나기 때문에, 조정된 텀 가중치는 피드백 이후 거의 2배가 된다. 표의 아랫부분에는 식 8.51 텀 선택 값($n_{t,r} \cdot w_t$)에 따라 매겨진 순위의 상위 10개 확장 텀들이 나열돼 있다. 표의 마지막 열은 확장 질의에서 사용되는 w_t의 조정 값이고 여기서 γ = 1/3 값이 사용된다. 원 질의는 precision@10(상위 10개의 정밀도)이 0.300이고 MAP은 0.043이다. 확장 질의는 precision@10이 0.500이고 MAP은 0.089로 성능이 상당히 개선됐다.

표 8.1 TREC 주제 426에 적용된 의사 적합도 피드백 결과로, 가중치 조정 인자 γ = 1/3이 사용됐다.

질의 텀(t)	N_t	$n_{t,r}$	원래 w_t	$n_{t,r} \cdot w_t$	조정된 w_t	
dogs	2163	20	7.93178		13.29648	
law	49792	10	3.40698		6.96509	
enforcement	10635	19	5.63407		9.30767	
dog	3126	12	7.40050	88.80600	2.64856	$= 7.95363\gamma$
sniffing	194	6	11.41069	68.46414	3.42793	$= 10.29407\gamma$
canine	150	5	11.78178	58.90890	3.44006	$= 10.33051\gamma$
pooper	20	4	14.68867	58.75468	4.35952	$= 13.09164\gamma$
officers	15006	11	5.13735	56.51085	1.78900	$= 5.37239\gamma$
metro	39887	15	3.72697	55.90455	1.70128	$= 5.10896\gamma$
canines	34	4	13.92314	55.69256	4.06435	$= 12.20526\gamma$
police	30589	13	4.10988	53.42844	1.62250	$= 4.87237\gamma$
animal	5304	8	6.63774	53.10192	2.02091	$= 6.06879\gamma$
narcotics	3989	7	7.04879	49.34153	2.06199	$= 6.19217\gamma$

확장 텀으로 "pooper"가 추가된 점은 의사 적합도 피드백에서 발생할 수 있는 문제들을 암시한다. 〈"law", "enforcement", "dogs"〉라는 질의는 법 집행에 개를 활용하는 경우 말고도 개에 대한 법의 집행에도 관련될 수 있다. 주제에 관한 설명에 따르면 전자에 해당하는 해석이 명확하지만, 검색 시스템은 이런 설명을 알지 못한다. 개 주인들이 "pooper scoopers(개똥 치우는 부삽)"으로 개들의 뒤처리를 하도록 강제하는 법들이 있는 경우가 많기 때문에, 후자의 해석에 따라 "pooper"는 훌륭한 확장 텀이 될 수도 있다.

의사 적합도 피드백이 상당한 성능 개선을 가져오는데, 왜 피드백 과정을 한 번만 거치는지 궁금할지도 모른다. 과정을 반복한다면 성능 개선이 추가로 될 거라 기대할 수도 있다. 하지만 위 예제 주제에 대해 피드백 과정을 반복하면 다음과 같은 확장 결과가 나온다.

반복수	확장 텀들
1	dog, sniffing, canine, pooper, officers, metro, canines, police, animal, narcotics
2	dog, canine, pooper, sniffing, leash, metro, canines, animal, officers, narcotics
3	dog, canine, pooper, sniffing, leash, metro, canines, animal, owners, pets
4	dog, leash, animal, metro, canine, pooper, sniffing, canines, owners, pets
5	dog, leash, metro, canine, pooper, sniffing, canines, owners, animal, pets
6	dog, leash, metro, pooper, canines, owners, pets, animals, canine, scooper
7	dog, leash, metro, pooper, canines, owners, pets, animals, canine, scooper

7번 반복한 후에 질의가 하나의 결과로 확실히 수렴했다. 이후로는 추가적인 반복을 거쳐도 더 바뀌는 점은 없었다.

이 예에서 보이는 질의 수렴은 무분별한 의사 적합도 피드백에서 나타날 수 있는 주요 문제점을 말해준다. 심지어 과정을 한 번만 수행해도 효율성이 심각하게 저하되는 경우도 있다. 이런 이유로 대부분의 상업적 검색 시스템에서는 의사 적합도 피드백을 사용하지 않는다. 평균적으로 개선되는 데서 오는 이득은 안 좋은 사례 하나에서 오는 부정적인 사용자 경험을 넘지 못할 수 있다. 게다가 의사 적합도 피드백은 여러 문서들에 대한 분석과 두 번의 질의 수행이 필요하므로 능률 관점에서는 대가가 크다. 마찬가지로, 얻는 이득이 응답시간이 늘어나는 손해를 넘지 못한다.

8.7 필드 가중치: BM25F

2장에서 텀 빈도와 텀 근접도 같은 기본적인 특성들과 함께, 문서 구조와 같은 순위 지정에 사용할 만한 추가적인 특성들을 여러 개 소개했다. 예를 들어 문서 제목 같이 특정 영역에서 나타나는 텀들은 문서 본문에 나타나는 텀들보다 더 높은 가중치를 받을 수 있다. 이절에서는 BM25F로 알려진, 문서 구조를 고려해 BM25를 확장한 모델을 소개한다.

웹 검색의 관점에서 문서 구조 활용은 특히 중요하다. 그림 8.1은 웹 검색엔진에서 활용할 수 있는 풍부한 구조 정보 중 일부를 보여주고 있다. 이 그림은 2007년 중반에 영문으로 쓰인 위키피디아 웹페이지인 en.wikipedia.org/wiki/Shakespeare의 내용을 매우 단순화해서 표현한다.

```
<html>
  <head>
    <title>William Shakespeare - Wikipedia, the free encyclopedia</title>
    <meta
      name="keywords"
      content="William Shakespeare,Persondata,Sister projects, Earlybard,
               1582,1583,1585,1616"/>
  </head>
  <body>
    <h1>William Shakespeare</h1>
    <b>William Shakespeare</b> (baptised 26 April 1564 - died 23 April 1616)
    was an English <a href="http://en.wikipedia.org/wiki/Poet">poet</a> and
    <a href="http://en.wikipedia.org/wiki/Playwright"> playwright</a>.
    He is widely regarded as the greatest writer of the English language
    and the world's pre-eminent dramatist.  He wrote approximately 38 plays
    and 154 sonnets, as well as a variety of other poems...
  </body>
</html>
```

그림 8.1 웹의 전형적 구조를 보여주는 간단한 HTML 페이지의 예

HTML은 두 부분으로 나뉜다. 즉, (1) <head> ...</head> 태그로 구분되는 헤더^{header}로, 제목과 문서의 메타데이터^{metadata}를 포함한다. 그리고 (2) 본문^{body}으로, 화면에 보이는 문서 내용을 담고 있다. 메타데이터에는 셰익스피어 관련 주요 날짜와 위키피디아 구성에 관한 주석들이 쓰여 있다. 예를 들어 Persondata 키워드는 인물 정보에 관한 표준화된 표를 포함한 페이지라는 뜻이다. 문서 본문에는 절의 제목이 <h1> 태그로 표시되고, **굵은 글꼴**로 표시되는 텍스트는 <b> 태그로 표현돼 있다.

본문에는 "poet(시)"와 "playwright(극작가)" 표제의 위키피디아 페이지로 연결되는 하이퍼텍스트 링크 또한 포함된다. 이런 링크들의 시작 태그 <a>와 종료 태그 </a> 사이의 앵커 텍스트$^{anchor\ text}$는 참조된 페이지의 내용을 가리킨다고 볼 수 있는데, 이 경우에는 표제를 그대로 썼다. 앵커 텍스트는 웹 검색에서 중요한 특성으로, 15장에서 다시 다룰 예정이다.

HTML이 특히 구조적 정보가 풍부하기는 하지만, 여러 문서들이 비슷한 필드들을 갖고 있다. 예를 들어 이메일 메시지에서 "Subject", "To", "From" 필드들도 비슷한 용도로

활용할 수 있다. BM25F의 목표는 이런 구조가 내포하는 정보의 강조점들을 적절하게 모델에 반영하는 것이다.

BM25F의 아이디어는 식 8.45에서 문서 길이 정규화에서 나왔던 아이디어와 비슷하다. 그 수식에서는 문서 길이를 고려해서 조정된 텀 빈도를 구하고, 수식 내의 실제 텀 빈도 대신 사용했다. 이 아이디어를 확장해서 텀이 발견되는 필드에 따라 조정된 텀 빈도를 계산하는 방식으로 필드 가중치를 구할 수 있다. 예를 들어 질의 텀이 문서 제목에서 한 번 나타나면 문서 본문에서 10번 나타난 정도와 같다고 보고 텀 빈도의 크기를 그에 따라 조정할 수 있다.

이 개념을 공식화하려면 먼저 $f_{t,d,s}$를 문서 d의 필드 s에서 텀 t가 나타난 횟수라 정의하자. 그리고 필드별로 BM25의 정규화와 유사한 문서 길이 정규화를 적용하되, 필드 종류별로 평균 길이의 차이를 반영하도록 따로 적용한다. 예를 들어 문서 제목은 보통 본문보다 짧다.

$$f'_{t,d,s} \;=\; \frac{f_{t,d,s}}{(1 - b_s) + b_s\,(l_{d,s}/l_s)} \tag{8.52}$$

여기서 $l_{d,s}$는 문서 d 내의 필드 s의 길이고, l_s는 모든 문서에 대한 필드 s의 길이의 평균값이며, b_s는 BM25의 매개변수 b와 비슷한 필드별 매개변수다. 매개변수 b와 마찬가지로 b_s는 0에서 1 사이 값이며, 이 값이 0일 때는 아무런 정규화도 이뤄지지 않고, 1일 때는 완전히 정규화된다.

이제 이 필드별로 조정된 텀 빈도, 또는 의사 빈도pseudo-frequency들을 모아 문서 전체에 대한 조정 텀 빈도로 결합할 수 있다.

$$f'_{t,d} \;=\; \sum_s v_s \cdot f'_{t,d,s} \tag{8.53}$$

여기서 v_s는 필드 s에 대한 가중치를 뜻한다. 예를 들어 $v_{\text{title}} = 10$이고 $v_{\text{body}} = 1$로 놓을 수 있다.

이 조정된 텀 빈도를 식 8.44의 실제 텀 빈도에 대입하면 BM25F 공식은 다음과 같아진다.

표 8.2 8장에서 논의된 검색 방법론의 유효성 측도

방식	TREC45				GOV2			
	1998		1999		2005		2006	
	P@10	MAP	P@10	MAP	P@10	MAP	P@10	MAP
Equation 8.22	0.256	0.141	0.224	0.148	0.069	0.050	0.106	0.083
Equation 8.44	0.402	0.177	0.406	0.207	0.418	0.171	0.538	0.207
BM25	0.424	0.178	0.440	0.205	0.471	0.243	0.534	0.277
BM25 + PRF	0.452	0.239	0.454	0.249	0.567	0.277	0.588	0.314
BM25F					0.482	0.242	0.544	0.277

$$\sum q_t \cdot \frac{f'_{t,d}(k_1 + 1)}{k_1 + f'_{t,d}} \cdot w_t \qquad (8.54)$$

길이 정규화가 조정된 텀 빈도를 계산하는 데 일부로 들어갔으므로, 이 식에는 명시적인 정규화가 필요하지 않다. 다음 할 일은 로버트슨/스파크 존스 가중치 w_t를 문서 수준에서 계산하기다. BM25F를 사용하려면 전체 매개변수 k_1뿐만 아니라 각 필드에 대해 두 가지 매개변수 b_s와 v_s를 조절해야 한다.

BM25F를 구현하려면 문서에 적절한 태그를 붙이고 각 필드별로 텀 빈도를 계산해야 한다. 5장에서 소개했던 가벼운 구조에 기반한 질의 처리 기법이 구현하는 데 도움이 될 것이다.

8.8 실험적 비교

표 8.2는 1.4절에서 설명한 시험용 자료 모음을 이용해, 확률 모델에서 주요한 혁신이 있었을 때의 발전 과정을 보여준다. 이 표의 결과는 표 2.5의 결과와 바로 비교해볼 수 있다. BM25는 두 표에 모두 나온다.

BM25 실험에서는 $k_1 = 1.2$, $b = 0.75$를 사용했다. 식 8.30은 w_t를 계산하는 데 사용됐다. 의사 적합도 피드백PRF의 경우에는 상위 $k = 20$개의 문서를 골라냈고, 상위 $m = 10$개의 텀을 질의에 추가해 8.6절에서 설명한 대로 원 질의와 새 질의 텀의 가중치를 $\gamma = 1/3$로 두고 재조정했다. BM25F의 경우에는 제목과 본문 두 개의 필드만 고려했는데, 텀이 제목에 없으면 본문에 있다고 간주했다. BM25F 실험에서 매개변수는 $k_1 = 1.2$, $v_{\text{title}} = 10$, $v_{\text{body}} = 1$, $b_{\text{title}} = b_{\text{body}} = 0.75$를 사용했다.

표에서 보듯이 텀 빈도 요소를 도입한 이후로 성능이 크게 향상됐다. 의사 적합도 피드백은 문서 모음마다 영향이 상당히 달라서 precision@10은 3~20%, MAP은 13~34% 개선됐다. 필드 가중치(BM25F)는 GOV2 주제에는 끼친 영향이 적다. 15장에서 이와 같은 방법들을 웹 기반 검색 작업에 적용해볼 때는 필드 가중치의 영향이 더 뚜렷할 것이다(표 15.6 참조).

8.9 더 읽을거리

정보 검색에서 가장 초기 확률 모델은 아마도 마론과 쿤(Maron and Kuhns, 1960)의 모델일 것이다. 퍼(Fuhr, 1992)는 마론/쿤의 모델과 로버트슨/스파크 존스의 확률 모델을 비교했다. 추론 네트워크 모델은 확률 모델에 기반해 만들어졌으며, 풍부한 확률 연산자를 제공한다(Turtle and Croft, 1991; Greiff et al., 1999). 래퍼티와 자이(Lafferty and Zhai, 2003)는 확률 모델과 9장에서 소개할 언어 모델링 방법론 사이의 관계를 근본적인 수준에서 탐구했다. 이 책에서 두 방법에 관한 설명은 그들의 분석을 기초로 한다. 뢸레케와 왕(Roelleke and Wang, 2006)은 이 분석을 확장해서 두 모델의 요소 사이에 일치하는 내용을 세심하게 밝혀냈다.

로버트슨/스파크 존스 확률 모델의 발전상은 여러 논문으로 알아볼 수 있다. 가장 눈에 띄는 논문으로는 스파크 존스(Spärck Jones, 1972), 로버트슨과 스파크(Robertson and Spärck Jones, 1976), 로버트슨(Robertson, 1977), 크로프트와 하퍼(Croft and Harper, 1979), 로버트슨과 워커(Robertson and Walker, 1994), 로버트슨 외(Robertson et al., 1994), 로버트슨과 워커(Robertson and Walker, 1997)가 있다. 스파크 존스 외(Spärck Jones et al., 2000a, b)가 쓴 논문에는 1999년까지 개선 사항과 확장 내용에 관한 논의와 함께 발전 내용이 잘 요약돼 있다.

로버트슨(Robertson, 2004)은 논문에 역문서 빈도에 깔린 이론적 원리와 확률 모델 사이의 관계에 관한 새로운 통찰을 담았다. 이 관련성은 드 브리스와 룅레케(de Vreis and Roelleke, 2005)가 더 깊이 탐구했다. 그들은 적합도 정보의 도입을 엔트로피의 감소로 보고 식 8.26에 적용된 평활화 값 0.5를 "가상 문서"의 추가로 설명하는 흥미로운 견해를 제시했다. 처치와 게일(Church and Gale, 1995)은 IDF를 푸아송 분포의 혼합으로 모델링하고 문서 빈도와 문서 모음 내 텀 빈도 사이의 주요한 차이를 강조했다. 룅뢰케와 왕 (Roelleke and Wang, 2008)은 TF-IDF의 이론적 기반을 세심히 재검토하고, 다양한 검색 모델들에서 그 의미를 해석했다.

적합도 피드백을 적용한 최초의 질의 확장 알고리즘 중 하나는 조셉 J. 로치오가 SMART 시스템의 일환으로 발명했다(자세한 내용은 로치오(1971) 또는 배자-예이츠와 리베로 네토 (1999) 참조). 루스벤과 랄마스(Ruthven and Lalmas, 2003)는 대화형 적합도 피드백과 의사 적합도 피드백 전반을 자세히 조사했다. 왕 외(Wang et al., 2008)는 부정적 (비적합) 예제만 있을 때 적합도 피드백에 관해 논했다.

1992년과 1998년 사이에 TREC의 여러 연구 집단에서 실험한 결과를 바탕으로, 의사 적합도 피드백은 평균 정밀도를 개선하는 기법으로 확고히 자리 잡게 됐다. 하지만 제품 환경에서 의사 적합도 피드백의 이점은 명확하게 입증된 적은 없다. 리넘 외(Lynam et al., 2004)는 2003년 즈음에 TREC 스타일의 여러 선도 연구 집단들이 활용했던 의사 적합도 피드백 기법들을 실험적으로 비교했다. 언어 모델링 접근법을 기반으로, 리 외(Lee et al, 2008)는 피드백하기 더 좋은 문서를 고르는 데 클러스터링 방법을 적용했다. 또한 카오 외 (Cao et. Al, 2008)도 언어 모델링 접근법을 기반으로, 피드백 문서에서 더 좋은 확장 텀을 골라내는 데 분류 방법론을 사용했다. 콜린스-톰슨(Collins-Thompson, 2009)은 의사 적합도 피드백과 같은 질의 확장 기법과 관련한 위험을 최소화하는 틀을 제시했다.

BM25F의 기초가 되는 이론은, BM25가 최상위 순위 공식으로 확립된 지 한참 뒤에 로버트슨 외(Robertson et al., 2004)가 처음 제시했다. 8장에서 소개한 형식의 오카피 BM25F는 TREC-13(Zaragoza et al., 2004)과 TREC-14(Craswell et al., 2005b)에 대한 마이크로소프트 캠브리지 실험의 일부로 도입돼 계산된 것이다. BM25의 다른 확장들로 근접도(Rasolofo and Savoy, 2003; Büttcher et al., 2006), 문서 내 질의 텀의 위치 (Troy and Zhang, 2007)를 통합한 모델과, 앵커 텍스트 및 웹 연관 피처들을 사용한 모델 (Hawking et al., 2004; Craswell et al., 2005a)이 있다. 로버트슨과 사라고사(Robertson and Zaragoza, 2010)는 BM25F에 구현된 최근의 확률적 검색 모델을 조사했다.

8.10 연습 문제

연습 문제 8.1 $0 \leq p \leq 1$일 때 $\mathrm{logit}(p) = -\mathrm{logit}(1 - p)$임을 보여라.

연습 문제 8.2 어떤 상황에서 식 8.26이 음수 값을 가지는가? 이 상황이 실제로 일어날 가능성이 있는가?

연습 문제 8.3 가정 Q와 가정 T(349~350쪽)를 적용해 식 8.13에서 식 8.32를 유도하라.

연습 문제 8.4 8장에서 BM25F를 설명할 때 필드 s가 문서마다 최대 한 번만 나타난다고 암묵적으로 가정했다. 하지만 섹션 헤더, 굵은 글씨 텍스트 등의 구조적 요소들은 문서에서 여러 번 나타날 수 있다. 동일한 종류의 필드가 여러 번 나타나는 경우를 다룰 수 있도록 BM25F 확장 모델을 제시해보라.

연습 문제 8.5 (프로젝트 연습) BM25 순위 공식(식 8.48)을 구현하라. 연습 문제 2.13에서 만든 시험용 자료 모음이나 TREC 자료 모음 같은 다른 공개된 문서 모음을 활용해 구현을 시험해보라.

연습 문제 8.6 (프로젝트 연습) 8.6절에서 설명한 의사 적합도 피드백 방법론에서 텀 선택 단계를 구현하라. 주어진 질의 q에 대해, 원하는 문서 모음에서 원하는 검색 방법을 써서 상위 20개 문서를 반환하라. 식 8.51을 활용해서 반환된 문서 중 상위 10개 텀을 골라내라. 다음 질의에 대해 구현한 내용을 시험해보라.

- (a) ⟨"law", "enforcement", "dogs"⟩
- (b) ⟨"marine", "vegetation"⟩
- (c) ⟨"black", "bear", "attacks"⟩
- (d) ⟨"journalist", "risks"⟩
- (e) ⟨"family", "leave", "law"⟩

이 질의들은 TREC 2005 로버스트 트랙^{Robust track}에서 가져왔으며, 해당 트랙은 "성능이 나쁜 주제에 초점을 맞추어 검색 기술의 일관성"을 개선하는 목적을 가진다. 의사 적합도 피드백은 이러한 주제들에는 안 좋은 영향을 끼치는 경우가 종종 있다.

8.11 참고문헌

Baeza-Yates, R. A., and Ribeiro-Neto, B. (1999). *Modern Information Retrieval*. Reading, Massachusetts: Addison-Wesley.

Bookstein, A., and Kraft, D. (1977). Operations research applied to document indexing and retrieval decisions. *Journal of the ACM*, 24(3):418–427.

Bookstein, A., and Swanson, D. R. (1974). Probabilistic models for automatic indexing. *Journal of the American Society for Information Science*, 25(5):312–319.

Büttcher, S., Clarke, C. L. A., and Lushman, B. (2006). Term proximity scoring for ad-hoc retrieval on very large text collections. In *Proceedings of the 29th Annual International ACM SIGIR Conference on Research and Development in Information Retrieval*, pages 621–622. Seattle, Washington.

Cao, G., Nie, J. Y., Gao, J., and Robertson, S. (2008). Selecting good expansion terms for pseudo-relevance feedback. In *Proceedings of the 31st Annual International ACM SIGIR Conference on Research and Development in Information Retrieval*, pages 243–250. Singapore.

Church, K. W., and Gale, W. A. (1995). Inverse document frequency (IDF): A measure of deviation from poisson. In *Proceedings of the 3rd Workshop on Very Large Corpora*, pages 121–130. Cambridge, Massachusetts.

Collins-Thompson, K. (2009). Reducing the risk of query expansion via robust constrained optimization. In *Proceedings of the 18th ACM Conference on Information and Knowledge Management*, pages 837–846. Hong Kong, China.

Craswell, N., Robertson, S., Zaragoza, H., and Taylor, M. (2005a). Relevance weighting for query independent evidence. In *Proceedings of the 28th Annual International ACM SIGIR Conference on Research and Development in Information Retrieval*, pages 416–423. Salvador, Brazil.

Craswell, N., Zaragoza, H., and Robertson, S. (2005b). Microsoft Cambridge at TREC 14: Enterprise track. In *Proceedings of the 14th Text REtrieval Conference. Gaithersburg*, Maryland.

Croft, W. B., and Harper, D. J. (1979). Using probabilistic models of document retrieval without relevance information. *Journal of Documentation*, 35:285–295.

de Vries, A. P., and Roelleke, T. (2005). Relevance information: A loss of entropy but a gain for IDF? In *Proceedings of the 28th Annual International ACM SIGIR Conference on Research and Development in Information Retrieval*, pages 282–289. Salvador, Brazil.

Fuhr, N. (1992). Probabilistic models in information retrieval. *The Computer Journal*, 35(3):243–255.

Greiff, W. R., Croft, W. B., and Turtle, H. (1999). PIC matrices: A computationally tractable class of probabilistic query operators. *ACM Transactions on Information Systems*, 17(4):367–405.

Harter, S. P. (1975). A probabilistic approach to automatic keyword indexing: Part I. On the distribution of specialty words in a technical literature. *Journal of the American Society for Information Science*, 26:197–206.

Hawking, D., Upstill, T., and Craswell, N. (2004). Toward better weighting of anchors. In *Proceedings of the 27th Annual International ACM SIGIR Conference on Research and Development in Information Retrieval*, pages 512–513. Sheffield, England.

Lafferty, J., and Zhai, C. (2003). Probabilistic relevance models based on document and query generation. In Croft, W. B., and Lafferty, J., editors, *Language Modeling for Information Retrieval*, chapter 1, pages 1–10. Dordrecht, The Netherlands: Kluwer Academic Publishers.

Lee, K. S., Croft, W. B., and Allan, J. (2008). A cluster-based resampling method for pseudo relevance feedback. In *Proceedings of the 31st Annual International ACM SIGIR Conference on Research and Development in Information Retrieval*, pages 235–242. Singapore.

Lynam, T. R., Buckley, C., Clarke, C. L. A., and Cormack, G.V. (2004). A multi-system analysis of document and term selection for blind feedback. In *Proceedings of the 13th ACM International Conference on Information and Knowledge Management*, pages 261–269. Washington, D.C.

Maron, M. E., and Kuhns, J. L. (1960). On relevance, probabilistic indexing and information retrieval. *Journal of the ACM*, 7(3):216 – 244.

Ponte, J. M., and Croft, W. B. (1998). A language modeling approach to information retrieval. In *Proceedings of the 21st Annual International ACM SIGIR Conference on Research and Development in Information Retrieval*, pages 275 – 281.

9

언어 모델링 및 관련 방법론

9장은 8장에서 설명한 확률 모델과는 다른 방식으로 순위 문제를 바라보는 방법을 소개한다. 9장에서 제시하는 검색 방법은 이론적 기반은 다르지만 몇 가지 중요한 특성을 공유한다. 이 방법들은 모두 문서 모음이나 문서의 특성에서 예상되는 텀 출현 양상과 실제 문서에서 텀 출현 양상을 비교한다는 점에서 언어 모델링이라는 방식으로 문서 순위를 매긴다고 볼 수 있다. 또한 이 방법들은 적합도가 명시적으로 고려되지 않아 그 중요성이 줄어들었다는 점에서 확률 모델과 구별된다.

9장에서 소개하는 방법이 넓은 관점에서 언어 모델링 접근법으로 볼 수 있지만 9.1절에서 9.4절까지는 "언어 모델링 접근법"이 일반적으로 무엇을 가리키는지에 관해 더 좁은 관점에서 기초를 다지고자 한다. 버거, 크로프트, 힘스트라, 래퍼티, 폰트, 자이 등의 연구자들이 확립한 이 접근법은 질의에 대해 생성 모델generative model을 구성하는 데 문서를 사용한다는 점이 특징이다(Ponte and Croft, 1998; Hiemstra, 2001; Song and Croft, 1999; Miller et al., 1999; Berger and Lafferty, 1999; Lafferty and Zhai, 2001; Zhai and Lafferty, 2001, 2004). 대략 1998년부터 2001년까지 짧은 기간 동안 언어 모델링 접근법은 폰테와 크로프트(Ponte and Croft, 1998)의 SIGIR 논문을 뿌리로 해서 새로운 정보 검색 연구를 선도하는 세부 주제로 성장했다. 연구 문헌에서 "언어 모델링 접근법"이라는 말이 나오면 보통 이렇게 좁은 의미를 뜻하는 경우가 많다.

9.1절은 확률 순위 원칙을 출발점으로 이 생성 질의 모델을 유도하고 검증할 것이다. 즉, 문서가 하나 주어졌을 때, 그 문서에서 언어 모델을 만들어 질의 q가 검색 문서 d에 들어갈 확률 $p(q|d)$를 추정한 후에, 그 값을 이용해 문서의 순위를 매기려 한다. 이 아이디어는 1장에서 텀 빈도를 이야기하면서 소개했고, 6장에서 데이터 압축의 관점에서 더 자세히 들여다봤다. 9장의 언어 모델은 1장에서 나왔던 가장 간단한 모델을 기초로 한다. 여기서는 문서와 문서 모음 통계에서 도출되는 0차 모델만 다룰 것이다.

9.2절에서는 문서 하나에서 언어 모델을 구성하는 자세한 내용을 다루며, 문서 내에 나타나지 않는 텀에 0이 아닌 확률값을 주는 평활화 방법을 중점으로 이야기할 것이다. 적합 문서라도 모든 질의 텀을 포함하지 않을 가능성이 있기 때문에 이런 텀들에 양의 확률 값을 할당하는 일은 중요하다. 9.3절에서는 평활화한 언어 모델을 순위 문제에 적용하고 9.1절과 9.2절의 결과를 종합해 순위 공식을 개발한다. 9.4절은 쿨백–라이블러 발산 Kullback-Lebler divergence이라는, 두 개의 확률 분포의 차이를 알아내는 방법을 바탕으로 언어 모델링 접근법의 또 다른 이론적 기반을 다질 것이다. 이 기반을 바탕으로 언어 모델링 접근법에서 질의를 확장하는 방법을 개략적으로 설명한다.

후반부에서는 넓은 범위의 언어 모델링을 다룬다. 9.5절에서는 순위를 매길 문서 내에 실제 텀들의 분포와 무작위 텀 분포 모델을 직접 비교하는 방법인 "무작위성 발산DFR, Divergence From Randomness"으로 알려진 검색 방법을 소개한다. 9.6절은 DFR 및 다른 언어 모델링 접근법과 밀접한 관련이 있는 구절 검색 방법을 소개한다. 9.7절에서는 9장에서 소개한 몇 가지 검색 방법들을 비교 평가한다. 9.8절은 언어 모델링에서 파생되거나 언어 모델링과 관련이 있는 최신 검색 방법을 여러 가지 소개한다.

9.1 문서에서 질의 생성하기

8장에서와 같이 식 8.8에서 구현된 확률 순위 원칙을 출발점으로 삼는다.

$$\log \frac{p(r \mid D, Q)}{1 - p(r \mid D, Q)} \quad = \quad \log \frac{p(r \mid D, Q)}{p(\bar{r} \mid D, Q)} \tag{9.1}$$

$$= \log \frac{p(D, Q \,|\, r) \; p(r)}{p(D, Q \,|\, \bar{r}) \; p(\bar{r})} \tag{9.2}$$

식 8.10에서는 $p(D, Q|R) = p(D|Q, R) \cdot p(Q|R)$ 등식을 이용해 이 식에서 나타나는 결합 확률을 전개했다. 이 절에서는 $p(D, Q|R) = p(Q|D, R) \cdot p(D|R)$ 등식을 활용하는 반대 방향으로 결합 확률을 전개한다.

$$\log \frac{p(r \,|\, D, Q)}{p(\bar{r} \,|\, D, Q)} \;\; = \;\; \log \frac{p(D, Q \,|\, r) \; p(r)}{p(D, Q \,|\, \bar{r}) \; p(\bar{r})} \tag{9.3}$$

$$= \;\; \log \frac{p(Q \,|\, D, r) \; p(D \,|\, r) \; p(r)}{p(Q \,|\, D, \bar{r}) \; p(D \,|\, \bar{r}) \; p(\bar{r})} \tag{9.4}$$

$$= \;\; \log \frac{p(Q \,|\, D, r) \; p(r \,|\, D)}{p(Q \,|\, D, \bar{r}) \; p(\bar{r} \,|\, D)} \tag{9.5}$$

$$= \;\; \log p(Q \,|\, D, r) - \log p(Q \,|\, D, \bar{r}) + \log \frac{p(r \,|\, D)}{p(\bar{r} \,|\, D)} \tag{9.6}$$

$$= \;\; \log p(Q \,|\, D, r) - \log p(Q \,|\, D, \bar{r}) + \mathrm{logit}(p(r \,|\, D)) \tag{9.7}$$

마지막 식의 확률들을 각각 자세히 조사해보자.

주어진 질의 q와 적합 문서 d에 대해, $p(Q = q|D = d, r)$ 값은 사용자가 문서 d를 검색하고자 질의 q를 입력할 확률을 뜻한다. 기본적으로 d에 대한 조건으로 한 적합 문서의 사례를 얻게 된다. 이 사례에서 d 같은 문서가 필요할 경우가 사용자가 q를 입력할 확률을 추정할 수 있다. 특히 어떤 텀이 무작위 확률보다 문서 d에서 훨씬 높은 빈도로 나타난다면, 그 텀이 질의에 나타날 확률이 더 높다고 기대할 수 있을 것이다.

반면 식 9.7의 확률 $p(Q = q|D = d, \bar{r})$에서 d의 역할을 고려해보자. 여기서 d에 대한 조건으로 사용자의 요구사항에 대해 더 약한 그림을 얻을 수 있다. 우리는 적합하지 않은 문서 사례가 있을 뿐 무엇이 적합한 문서인지 추측할 수밖에 없다. 따라서 이 확률은 d에 독립적이라고, 즉 $p(Q = q|D = d, \bar{r})$이 상수라고 가정하는 편이 합리적이다. 이 가정을 받아들이면 상수는 지울 수 있으므로 순위가 동등한 수식은 다음과 같이 된다.

$$\log p(Q \,|\, D, r) + \mathrm{logit}(p(r \,|\, D)) \tag{9.8}$$

두 번째 항의 확률 $p(r|D)$는 q에 대해 독립이고 모든 질의에 대해 같다. 이 적합도에 대한 사전 확률은 문서의 품질이나 중요도를 가리킨다고 해석할 수 있다. 예를 들어 웹 검색이라면 어떤 대학의 홈페이지가 그 대학에 다니는 한 학생의 개인 홈페이지보다 더 높은 사전 확률을 가진다고 생각할 수 있다(15.3절 참조). 파일 시스템 검색이라면, 메일링 리스트에서 받은 이메일보다 독자만 수신인인 이메일이 더 높은 값을 가질 것이다.

그럼에도 실제 적용하려 할 때 정보가 없는 경우, 모든 문서에서 적합도 사전 확률 $p(r|D)$는 같다고 가정하는 경우가 많다. 또다시 이 가정을 받아들인다면, 순서 보존 변환의 일환으로 상수를 지울 수 있다. 게다가 지수 연산도 순서 보존 변환이므로, 로그도 지워서 다음과 같은 식을 얻을 수 있다.

$$p(Q|D,r) \tag{9.9}$$

원한다면 적합도 조건도 명시적으로 쓰지 않을 수 있으므로 수식은 다음과 같아진다.

$$p(Q = q|D = d) \tag{9.10}$$

이 매우 간단한 공식은 언어 모델링 접근법과 관련해, 8장의 확률적 검색 모델에서 식 8.13이 했던 역할과 동일한 역할을 한다. 문서 d와 질의 q가 주어졌을 때, 확률 $p(q|D)$를 추정하는 식으로 d에 순위를 위한 점수를 매길 수 있다.

이 확률을 추정하도록 문서는 질의 q를 생성하는 모델을 제공한다. 사용자가 적합 문서를 검색하려고 질의를 구성한다고 상상해보자. 사용자는 이 적합 문서들에 자주 나타나지만 비적합 문서에서는 잘 나타나지 않는 단어들을 생각해내려고 할 것이다. 이때 사용자의 마음속에서는 적합 문서가 어떤 모습일지, 즉, 문서 모음 내 다른 문서들과 적합 문서를 구분하는 텀이 무엇일지 떠오르게 된다. 그리고 나서 사용자들은 떠올린 텀들 가운데 일부를 골라 검색엔진에 입력할 것이다. 이 텀들이 질의 q가 된다.

d의 점수를 매기려면 우리는 d가 사용자의 마음속 이미지와 맞는다고 가정하고, 사용자가 q를 선택해서 그 문서를 검색할 확률을 추정한다. d가 q의 생성 모델을 제공한다고 보는 이유가 바로 이러한 사용자의 정보 필요성(마음속 이미지)과 문서 d 사이의 연결 고리 가정 때문이다.

몇몇 정보 검색 연구자들은 식 9.10을 좀 더 직접적인 추론으로 이끌어낸다. 그 방식은 단순히 질의와 문서 사이의 결합 확률인 $p(Q, D)$에 관심을 둔다. 그리고 적합도 문제는 무시한다. 문서는 다음과 같은 공식

$$p(Q, D) = p(Q \mid D) \cdot p(D)$$

이나, 다음과 같은 수식을 이용해 순위를 매기게 된다.

$$\log p(Q \mid D) + \log p(D) \tag{9.11}$$

식 9.8에서 두 번째 항을 다뤘던 방식과 마찬가지로, $\log p(D)$가 문서의 품질이나 중요도를 가리킨다고 해석할 수 있고, 다른 정보가 없을 때 상수로 취급할 수 있다. 하지만 식 9.11과 9.8에서 이 두 번째 항은 다르다.

9.2 언어 모델과 평활화

1장에서는 셰익스피어와 여타 문서 모음들에서 텀 분포를 조사하고 기초적인 언어 모델링 접근법을 소개했었다. 또한 6장에서는 텍스트 압축의 맥락에서 심볼 집합에서 유한-컨텍스트 모델의 개념을 더 살펴봤다. 한 문서에서 왼쪽에서 오른쪽으로 텍스트를 읽어 가면서, 언어 모델을 활용해 다음에 나올 내용을 추측하고 각 심볼마다 확률 값을 정해준다고 상상해보자. 만약 예측이 잘 된다면, 그 문서를 더 적은 비트만 사용해 부호화할 수 있을 것이다.

검색에서는 목표가 살짝 다르다. 이때는 적합한 문서를 하나 골라서 다음과 같은 질문을 던진다고 생각해야 한다. "이 문서 같은 결과를 검색하려고 사용자가 텀 t를 입력할 확률은 얼마인가?"

이 질문에 답을 하고자, 검색할 때 입력될 질의들을 위한 언어 모델을 해당 문서로부터 만들려고 한다. 목표는 문서 d에서 문서 언어 모델 $\mathcal{M}_d(t)$를 구성하는 것이다. 가장 단순한 문서 언어 모델은 문서에서 나타나는 텀의 개수를 바탕으로 하는 최대 우도 모델 $\mathcal{M}_d^{\text{ml}}(t)$이다.

$$\mathcal{M}_d^{\text{ml}}(t) \;=\; \frac{f_{t,d}}{l_d} \tag{9.12}$$

여기서 평소처럼 $f_{t,d}$는 d에서 t가 나타나는 횟수고, l_d는 문서의 길이이다. 그러므로 문서에 나타나지 않는 텀에 대해서 $\mathcal{M}_d^{\text{ml}}(t) = 0$이다.

$$\sum_{t \in \mathcal{V}} \mathcal{M}_d^{\text{ml}}(t) \;=\; \sum_{t \in d} \mathcal{M}_d^{\text{ml}}(t) \;=\; \sum_{t \in d} f_{t,d}/l_d \;=\; l_d/l_d \;=\; 1 \tag{9.13}$$

예를 들어 "lord"라는 텀은 길이가 43,314인 〈햄릿〉에 624번 등장하지만, 길이가 26,807인 〈맥베스〉에는 78번만 나온다. 그러므로 〈햄릿〉을 기반으로 만든 언어 모델은 〈맥베스〉에 기반한 모델보다 해당 텀의 확률을 훨씬 높게 예측한다.

$$\mathcal{M}_{\text{Hamlet}}^{\text{ml}}(\text{"lord"}) \;=\; \frac{f_{\text{lord,Hamlet}}}{l_{\text{Hamlet}}} \;=\; \frac{624}{43,314} \;\approx\; 1.441\%$$

$$\mathcal{M}_{\text{Macbeth}}^{\text{ml}}(\text{"lord"}) \;=\; \frac{f_{\text{lord,Macbeth}}}{l_{\text{Macbeth}}} \;=\; \frac{78}{26,807} \;\approx\; 0.291\%$$

반면, "lady"는 〈햄릿〉에서 30번, 〈맥베스〉에는 196번 나오므로 〈햄릿〉이 해당 텀의 확률을 더 낮게 예측한다.

$$\mathcal{M}_{\text{Hamlet}}^{\text{ml}}(\text{"lady"}) \;=\; \frac{f_{\text{lady,Hamlet}}}{l_{\text{Hamlet}}} \;=\; \frac{30}{43,314} \;\approx\; 0.069\%$$

$$\mathcal{M}_{\text{Macbeth}}^{\text{ml}}(\text{"lady"}) \;=\; \frac{f_{\text{lady,Macbeth}}}{l_{\text{Macbeth}}} \;=\; \frac{196}{26,807} \;\approx\; 0.731\%$$

$\mathcal{M}_d^{\text{ml}}(t)$는 문서 길이로 조정된 텀 빈도일 뿐이므로, $p(q|d)$를 계산하는 방법으로는 문서 순위를 만족스럽게 매기기엔 충분하지 않을 수 있다. 특히 d가 적합 문서 중 한 사례일 뿐이므로, d가 몇백 개의 단어로만 돼 있는 경우에는 그 문서에서 추정한 추정치가 매우 부정확할 가능성이 있다. 게다가 모델에서 문서에 출현하지 않는 텀들은 모두 확률 값이 0이어서, 질의에 이런 텀들은 나타날 수가 없다.

문서나 문서와 비슷한 크기의 예제들에 기반한 언어 모델을 사용할 때 발생하는 이런 문제들을 해결하도록, 정보 검색뿐만 아니라 음성 인식 같은 분야에서는 배경 언어 모델을 이용해 모델들을 매끄럽게(평활화) 만들어 정확도 향상을 꾀하는 경우가 많다. 정보 검색에서는 문서 모음 전체가 이런 배경 모델을 만드는 데 편리한 재료가 된다.

$\mathcal{M}_\mathcal{C}(t)$를 문서 모음 전체의 텀 빈도에 기반한 최대 우도 언어 모델로 정의한다.

$$\mathcal{M}_\mathcal{C}(t) \;=\; l_t / l_\mathcal{C} \tag{9.14}$$

여기서 l_t는 문서 모음 $\mathcal{C}$에서 t가 출현하는 횟수이고, $l_\mathcal{C}$는 문서 모음 내 토큰 수의 총합이다.

$$
\begin{aligned}
\mathcal{M}_\mathcal{C}(\text{``lord''}) &= \frac{l_{\text{lord}}}{l_\mathcal{C}} = \frac{3,346}{1,271,504} \approx 0.263\% \\
\mathcal{M}_\mathcal{C}(\text{``lady''}) &= \frac{l_{\text{lady}}}{l_\mathcal{C}} = \frac{1,031}{1,271,504} \approx 0.081\%
\end{aligned}
$$

1장 예제들과 달리 이 예제에서 $l_\mathcal{C}$에는 모든 단어뿐만 아니라 토큰과 태그들도 포함된다.

이제 두 가지 잘 알려진 평활화 방법을 생각해보자. 첫 번째 방법은 제리넥-머서 평활화로 알려진 방법(Jelinek and Mercer, 1980; Chen and Goodman, 1998)으로, 문서 언어 모델과 문서 모음 언어 모델을 단순히 선형 결합한 모델이다.

$$\mathcal{M}_d^\lambda(t) \;=\; (1-\lambda) \cdot \mathcal{M}_d^{\text{ml}}(t) + \lambda \cdot \mathcal{M}_\mathcal{C}(t) \tag{9.15}$$

이때 λ는 0에서 1 사이 값을 갖는 매개변수로, 문서와 문서 모음 언어 모델 사이의 상대적 가중치를 결정한다. 예를 들어 $\lambda = 0.5$면 다음과 같다.

$$
\begin{aligned}
\mathcal{M}_{\text{Hamlet}}^\lambda(\text{``lord''}) &= (1-\lambda) \cdot \mathcal{M}_{\text{Hamlet}}^{\text{ml}}(\text{``lord''}) + \lambda \cdot \mathcal{M}_\mathcal{C}(\text{``lord''}) \\
&= 0.5 \cdot \frac{78}{26,807} + 0.5 \cdot \frac{3,346}{1,271,504} \approx 0.277\%
\end{aligned}
$$

$\mathcal{M}_d^\lambda(t)$는 확률을 나타내므로, 다음 식이 성립한다.

$$\sum_{t \in \mathcal{V}}(1-\lambda) \cdot \mathcal{M}_d^{\text{ml}}(t) + \lambda \cdot \mathcal{M}_\mathcal{C}(t) = (1-\lambda) \cdot \sum_{t \in \mathcal{V}} \mathcal{M}_d^{\text{ml}}(t) + \lambda \cdot \sum_{t \in \mathcal{V}} \mathcal{M}_\mathcal{C}(t) = 1 \tag{9.16}$$

두 번째 평활화 방법은 문서 모음의 각 문서에 $\mu > 0$개의 텀을 추가해 문서 모음 언어 모델 $\mathcal{M}_\mathcal{C}(t)$에 따라 텀들이 분포하도록 흉내 내는 방법이다. 예를 들어 $\mu = 1,000$이라고 하면, 개념적으로 모든 문서에 $\mu \cdot \mathcal{M}_C(\text{``lord''}) = 2.6315$개만큼의 "lord" 텀을 추가한다. 물론 실제로 분수 개의 텀을 문서에 추가할 수는 없지만, 수학적 기법으로는 동작한다. 그러면 이 새로운 문서들에 기초한 최대 우도 언어 모델은 다음과 같이 되고, 여기서 $f_{t,d}$는 원래 문서에서 t가 출현하는 횟수이고 l_d는 원본의 길이가 된다.

$$\mathcal{M}_d^\mu(t) = \frac{f_{t,d} + \mu \mathcal{M}_C(t)}{l_d + \mu}$$

추가 텀이 끼치는 영향은 문서 길이에 따라 다르다. 문서가 길수록 끼치는 영향은 작으며 극한에서 값은 $\mathcal{M}_d(t)$에 가까워진다. 이 평활화 방법은 디리클레 분포에 적절한 매개변수를 써서 유도할 수 있기 때문에 디리클레 평활화$^{\text{Dirichlet smoothing}}$로 알려져 있다(Chen and Goodman, 1998).

텀 t가 문서 d에 나타나지 않는다면, $\mathcal{M}_d^\lambda(t) = \lambda \cdot \mathcal{M}_C(t)$이고 $\mathcal{M}_d^\mu(t) = (\mu/(l_d + \mu)) \cdot \mathcal{M}_C(t)$이다. 두 평활화 모델에서 모두 문서 모음의 상수 확률 값이므로, 문서에서 나타나지 않는 텀들의 상대적 확률은 같다.

9.3 언어 모델로 순위 매기기

식 9.10에 따르면 d가 적합 문서의 예로 주어졌을 때, q가 질의로 입력될 확률에 따라 문서 순위를 매긴다는 뜻이다. 이제 9.2절에서 평활화한 언어 모델을 적용해서 이 확률 값을 추정하는 문제를 풀 준비가 됐다. 우선 350쪽의 가정 Q와 비슷한 독립성 가정을 적용해, 질의에서 텀별로 확률을 추정하는 문제로 줄여보자. 질의 벡터 $q = \langle t_1, t_2, \dots t_n \rangle$과 문서 d가 주어졌을 때, $p(q|d)$는 다음과 같이 추정할 수 있다.

$$p(q|d) = p(|q| = n) \cdot \prod_{i=1}^{n} p(t_i|d) \tag{9.17}$$

여기서 $p(|q| = n)$은 사용자가 길이 n의 질의를 입력할 확률을 뜻한다. 사용자가 q를 입력할 확률을 추정하려면, 한 질의 텀의 선택이 다른 텀의 선택과 독립적이라고 가정한 상

태에서 각 텀의 확률뿐만 아니라 질의 길이가 문서 및 질의 텀들과 독립적이라고 가정한 상태에서 질의 길이에 대한 확률을 추정해야 한다.

다행히 질의 길이는 무시해도 안전하다. 질의가 정해져 있기 때문에, 가능한 모든 길이의 질의들 중이 아니라 길이 n인 질의들 중에서 q를 입력할 확률만 고려해도 충분하기 때문이다. 9.4절에서 언어 모델링 접근법 기반으로 질의 확장을 간단하게 다루면서 질의 길이를 추정할 필요가 다시 생길 것이다. 하지만 지금은 $p(q|d)$를 다음과 같이 계산한다.

$$p(q|d) = \prod_{i=1}^{n} p(t_i|d) \tag{9.18}$$

질의 벡터에서 텀의 순서는 이 수식에서는 의미가 없으므로, q를 집합으로 보고 질의-텀 빈도를 수식에 명시적으로 쓸 수 있다.

$$p(q|d) = \prod_{t \in q} p(t|d)^{q_t} \tag{9.19}$$

그러면 문서 언어 모델을 각 $p(t|d)$ 값을 추정하는 데 사용할 수 있고, 문서들의 순위를 다음 수식에 따라 매길 수 있다.

$$p(q|d) = \prod_{t \in q} \mathcal{M}_d(t)^{q_t} \tag{9.20}$$

$\mathcal{M}_d(t)$는 $\mathcal{M}_d^{\lambda}(t)$, $\mathcal{M}_d^{\mu}(t)$, 또는 또 다른 문서 언어 모델일 수 있다. 만약 $\mathcal{M}_d(t)$ 대신 $\mathcal{M}_d^{\lambda}(t)$를 쓴다고 하면 다음과 같다.

$$p(q|d) = \prod_{t \in q} \left((1-\lambda) \cdot \mathcal{M}_d^{\mathrm{ml}}(t) + \lambda \cdot \mathcal{M}_\mathcal{C}(t)\right)^{q_t} \tag{9.21}$$

만약 $\mathcal{M}_d(t)$ 대신 $\mathcal{M}_d^{\mu}(t)$를 쓰면 다음을 얻는다.

$$p(q|d) = \prod_{t \in q} \left(\frac{f_{t,d} + \mu \mathcal{M}_\mathcal{C}(t)}{l_d + \mu}\right)^{q_t} \tag{9.22}$$

이 지점에서 멈추고 식 9.21이나 9.22를 써서 순위를 매겨도 된다. 하지만 몇 쪽을 더 할 애해서 언어 모델링 기법 및 다른 방법과 관련성을 더 알아보는 일도 가치 있을 것이다. 독 자들이 2장과 8장의 순위 공식에서 볼 수 있었던 여러 특성들이 이 수식에는 없다는 사실 을 눈치챘을 지도 모르겠다. 예전의 공식과 달리 이 수식들은 TF-IDF 형식을 사용하지 않 는다. 게다가 문서 모음 내 문서 수(N)와 텀을 포함한 문서 수(N_t)는 수식에 전혀 나오지 않 는다. 그럼에도 약간의 작업을 거치면 수식을 단순화하면서도 수식에서 TF-IDF에 가까운 무언가를 찾을 수 있다.

다른 방법들과 일관성뿐 아니라 편의성을 위해서, 여기부터는 확률을 직접 쓰기보다는 로그 값을 쓰려고 한다. 먼저 문서에 포함되지 않는 텀을 포함되는 텀과 따로 고려해보자.

$$
\begin{aligned}
\log p(q\,|\,d) \quad &= \quad \sum_{t \in q} q_t \cdot \log p(t\,|\,d) & (9.23) \\
&= \quad \sum_{t \in q \cap d} q_t \cdot \log p(t\,|\,d) + \sum_{t \in q \setminus d} q_t \cdot \log p(t\,|\,d) & (9.24)
\end{aligned}
$$

t가 문서에 포함될 때 $p(t\,|\,d)$를 추정하려고 $\mathcal{M}_d(t)$를 활용하는데, $\mathcal{M}_d(t)$는 $\mathcal{M}_d^\lambda(t)$나 $\mathcal{M}_d^\mu(t)$가 된다. t가 문서에 포함되지 않으면, α_d가 d의 특성에만 영향받는(그리고 q에는 영 향받지 않는) 값이라고 할 때, $\mathcal{M}_d(t)$는 $\alpha_d \mathcal{M}_{\mathcal{C}}(t)$ 같은 형태가 된다. 9.2절의 마지막에 나온 대로, $\mathcal{M}_d^\lambda(t)$에서 $\alpha_d = \lambda$이고, $\mathcal{M}_d^\mu(t)$에서는 $\alpha_d = \mu/(l_d + \mu)$이다.

이제 $\mathcal{M}_d(t)$와 $\alpha_d \cdot \mathcal{M}_{\mathcal{C}}(t)$를 식 9.24에 대입하고 약간의 재배치를 거쳐서 문서에 나타 나지 않는 질의 텀들에 대한 합을 지운다.

$$
\begin{aligned}
\log p(q\,|\,d) \quad &= \quad \sum_{t \in q \cap d} q_t \cdot \log \mathcal{M}_d(t) + \sum_{t \in q \setminus d} q_t \cdot \log(\alpha_d \cdot \mathcal{M}_{\mathcal{C}}(t)) & (9.25) \\
&= \quad \sum_{t \in q \cap d} q_t \cdot \log \mathcal{M}_d(t) - \sum_{t \in q \cap d} q_t \cdot \log(\alpha_d \cdot \mathcal{M}_{\mathcal{C}}(t)) & (9.26) \\
&\quad + \sum_{t \in q \cap d} q_t \cdot \log(\alpha_d \cdot \mathcal{M}_{\mathcal{C}}(t)) + \sum_{t \in q \setminus d} q_t \cdot \log(\alpha_d \cdot \mathcal{M}_{\mathcal{C}}(t)) & (9.27) \\
&= \quad \sum_{t \in q \cap d} q_t \cdot \log \frac{\mathcal{M}_d(t)}{\alpha_d\, \mathcal{M}_{\mathcal{C}}(t)} + \sum_{t \in q} q_t \cdot \log(\alpha_d \cdot \mathcal{M}_{\mathcal{C}}(t)) & (9.28)
\end{aligned}
$$

$$= \sum_{t \in q \cap d} q_t \cdot \log \frac{\mathcal{M}_d(t)}{\alpha_d \, \mathcal{M}_\mathcal{C}(t)} + n \cdot \log \alpha_d + \sum_{t \in q} q_t \cdot \log \mathcal{M}_\mathcal{C}(t) \qquad (9.29)$$

여기서 $n = \sum_{t \in q} q_t$는 질의에서 토큰의 숫자를 나타낸다. 마지막 항인 $\sum_{t \in q} q_t \cdot \log \mathcal{M}_\mathcal{C}(t)$은 모든 문서에서 상수이기 때문에 지우고 순위-동등한 공식으로 다시 쓸 수 있다.

$$\sum_{t \in q \cap d} q_t \cdot \log \frac{\mathcal{M}_d(t)}{\alpha_d \, \mathcal{M}_\mathcal{C}(t)} + n \cdot \log \alpha_d \qquad (9.30)$$

이 수식은 두 부분으로 나뉜다. 왼쪽 부분은 문서에서 나타나는 질의 텀들과 관련된 가중치의 합으로, 이전 장들에서 소개했던 순위 공식을 연상시킨다. 오른쪽 부분은 구체적인 질의 텀들에는 독립이지만 질의나 문서 길이에는 독립이 아닌, 문서별 조정 값이나 정규화로 볼 수 있다.

이제 식 9.30에서 $\mathcal{M}_d(t)$를 두 평활화 모델인 $\mathcal{M}_d^\lambda(t)$와 $\mathcal{M}_d^\mu(t)$로 각각 바꿔서 특화해보자. $\mathcal{M}_d^\lambda(t)$를 대입하면 다음과 같다.

$$
\begin{aligned}
\sum_{t \in q \cap d} q_t \cdot \log \frac{\mathcal{M}_d^\lambda(t)}{\alpha_d \, \mathcal{M}_\mathcal{C}(t)} + n \cdot \log \alpha_d &= \sum_{t \in q \cap d} q_t \cdot \log \frac{(1-\lambda)\,\mathcal{M}_d^{\mathrm{ml}}(t) + \lambda\,\mathcal{M}_\mathcal{C}(t)}{\lambda\,\mathcal{M}_\mathcal{C}(t)} + n \cdot \log \lambda \\
&= \sum_{t \in q \cap d} q_t \cdot \log \frac{(1-\lambda)\,f_{t,d}/l_d + \lambda\,l_t/l_\mathcal{C}}{\lambda\,l_t/l_\mathcal{C}} + n \cdot \log \lambda
\end{aligned}
$$

텀 $n \cdot \log \lambda$는 상수이므로 제거할 수 있다. 항들을 약간 재배치하면 최종 순위 공식의 형태가 된다.

$$\sum_{t \in q} q_t \cdot \log \left(1 + \frac{1-\lambda}{\lambda} \cdot \frac{f_{t,d}}{l_d} \cdot \frac{l_\mathcal{C}}{l_t} \right) \qquad (9.31)$$

이 책의 뒷부분에서는 이 공식을 제리넥-머서 평활화 언어 모델링LMJM, Language Modeling With Jelinek-Mercer Smoothing으로 부를 것이다. 일반적으로 λ의 최적 값은 질의 길이와 연관이 있다고 보이며, 긴 질의에는 더 큰 값이 적합하다. 학습 데이터나 그 외 다른 정보가 없을 때, 경험상 $\lambda = 0.5$가 그런대로 괜찮다고 알려져 있다. 다른 말이 없는 한 연습 문제와 실험에서는

$\lambda = 0.5$ 값을 쓸 것이다.

표 2.1의 문서 모음을 다시 생각해보자. 질의 〈"quarrel", "sir"〉가 주어졌을 때, 문서 1에 대한 LMJM 점수는 다음과 같이 계산된다.

$$\log\left(1 + \frac{1-\lambda}{\lambda} \cdot \frac{f_{\text{quarrel},1}}{l_1} \cdot \frac{l_{\mathcal{C}}}{l_{\text{quarrel}}}\right) + \log\left(1 + \frac{1-\lambda}{\lambda} \cdot \frac{f_{\text{sir},1}}{l_1} \cdot \frac{l_{\mathcal{C}}}{l_{\text{sir}}}\right)$$
$$= \log\left(1 + \frac{0.5}{0.5} \cdot \frac{1}{4} \cdot \frac{28}{2}\right) + \log\left(1 + \frac{0.5}{0.5} \cdot \frac{1}{4} \cdot \frac{28}{5}\right) \approx 3.43$$

더 나아가기 전에 식 9.31의 구조는 간단히 검토해볼 만한 가치가 있다. 수식을 보면 N과 N_t같이 문서에 기반한 문서 모음 통계는 어디에서도 볼 수 없다. 하지만 로그 함수 안의 문서 모음 언어 모델 $l_{\mathcal{C}}/l_t$는 IDF를, $f_{t,d}$와 밀접한 관련성은 TF-IDF를 연상시키므로, 2장과 8장의 수식들에 있는 요소가 여기에도 나타난다고 할 수 있다.

문서 길이는 흥미로운 역할을 한다. $f_{t,d}/l_d$는 문서 토큰당 t의 평균 출현 횟수다. 이 값에 $l_{\mathcal{C}}/l_t$를 곱하면, 문서 모음 언어 모델에 기반한 기대 출현 횟수 대비 토큰당 실제 출현 횟수 비율로 해석할 수 있다.

이제 디리클레 평활화를 고려해보자. 식 9.30의 $\mathcal{M}_d(t)$에 $\mathcal{M}_d^{\mu}(t)$를 대입하고 간략화하면 $\mu > 0$에 대해,

$$\sum_{t \in q \cap d} q_t \cdot \log \frac{\mathcal{M}_d^{\mu}(t)}{\alpha_d \, \mathcal{M}_{\mathcal{C}}(t)} + n \cdot \log \alpha_d = \sum_{t \in q} q_t \cdot \log\left(1 + \frac{f_{t,d}}{\mu} \cdot \frac{l_{\mathcal{C}}}{l_t}\right) - n \cdot \log\left(1 + \frac{l_d}{\mu}\right) \quad (9.32)$$

가 되며, 이 식은 이제부터 디리클레 평활화 언어 모델[LMD, Language Modeling with Dirichlet Smoothing]로 부를 것이다. 이 공식에서 문서 길이의 정규화는 오른쪽 항으로 따로 빠져나왔다. 식 9.31 과 같이 텀 빈도와 문서 모음 언어 모델 사이의 관계에서 TF-IDF의 힌트를 발견할 수 있을 것이다. 다른 말이 없다면, 연습 문제와 실험에서 $\mu = 1000$으로 둘 것이다. 하지만 실제로는 적당한 학습 데이터를 사용해서 μ의 값을 조정해야 된다는 사실을 말해 둔다(11장 참조).

문서 모음의 모든 문서들의 길이가 같다면, 두 평활화 방법은 $\mu = l_d \cdot \frac{\lambda}{1-\lambda}$로 두면 동일하게 만들 수 있다. 이 사실을 바탕으로, l_d를 평균 문서 길이 l_{avg}로 대체하고, 기존 λ 값을 기반으로 $\mu = l_{avg} \cdot \frac{\lambda}{1-\lambda}$가 되도록 μ값을 적당히 고를 수 있을 것이다. 만약 0.5를 λ의 기

본값으로 두면, 그에 대응하는 μ의 기본 값은 단순히 평균 문서 길이가 된다. 식 9.32에서 l_{avg}를 μ에 대입하고 $l_{avg} = l_C/N$인 점을 고려하면, LMD 순위 공식은 다음과 같이 줄어든다.

$$\sum_{t \in q} q_t \cdot \log \left(1 + f_{t,d} \cdot \frac{N}{l_t} \right) - n \cdot \log \left(1 + \frac{l_d}{l_{avg}} \right) \qquad (9.33)$$

이 수식에서 N의 존재는 앞에서 언급한 IDF와의 관계를 더 강화한다. 또한 수식에서 오카피 BM25에서 보았던 문서 길이 정규화도 엿볼 수 있다.

질의 ⟨"quarrel", "sir"⟩에 대해 LMD를 써서 표 2.1의 문서 모음의 순위를 매기면, 문서 1의 점수는 다음과 같이 계산된다.

$$\log \left(1 + f_{\text{quarrel},1} \cdot \frac{N}{l_{\text{quarrel}}} \right) + \log \left(1 + f_{\text{sir},1} \cdot \frac{N}{l_{\text{sir}}} \right) - n \cdot \log \left(1 + \frac{l_1}{l_{avg}} \right)$$
$$= \log \left(1 + 1 \cdot \tfrac{5}{2} \right) + \log \left(1 + 1 \cdot \tfrac{5}{5} \right) - 2 \cdot \log \left(1 + \tfrac{4}{5.6} \right) \approx 1.25$$

9.4 쿨백–라이블러 발산

쿨백–라이블러^{KL} 발산으로 알려진 개념으로 언어 모델링 접근법을 이해하고 사용하는 또 다른 이론적 틀이 있다. 상대적 엔트로피라고도 하는 KL 발산은 확률 분포를 비교하는 방법이다.

연속적인 확률 분포 $f(x)$와 $g(x)$가 있을 때, 두 분포 사이의 KL 발산은 다음과 같이 정의된다.

$$\int_{-\infty}^{\infty} f(x) \cdot \log \frac{f(x)}{g(x)} \, dx \qquad (9.34)$$

정보 검색론에서는 보통 이산 분포를 쓰므로, 그럴 때 KL 발산은 다음과 같은 형태가 된다.

$$\sum_x f(x) \cdot \log \frac{f(x)}{g(x)} \qquad (9.35)$$

이 값은 클수록 차이가 크다는 뜻이다. f와 g가 동일한 분포라면, $\log(f(x)/g(x)) = \log 1 = 0$이므로 KL 발산도 0이 된다.

예를 들어 "공정한" 동전을 던졌을 때 앞면과 뒷면은 같은 확률로 나온다. 앞면이 40% 의 확률로, 뒷면이 60%의 확률로 나오는 "불공정한" 동전이 있다고 할 때, 공정한 동전과 불공정한 동전 사이 KL 발산은 다음과 같이 계산된다.

$$0.5 \cdot \log \frac{0.5}{0.4} + 0.5 \cdot \log \frac{0.5}{0.6} \approx 0.02945$$

이 예제에서 로그의 밑은 아무 값이나 상관없으므로 2로 정했다.

KL 발산은 $f(x)$와 $g(x)$를 바꾸면 다른 값이 된다는 점에서 대칭이 아니다. 예를 들어 공정한 동전과 불공정한 동전의 역할을 바꾸면, KL 발산은 다음과 같이 된다.

$$0.4 \cdot \log \frac{0.4}{0.5} + 0.6 \cdot \log \frac{0.6}{0.5} = 0.02905$$

이 비대칭성 때문에 식 9.35에서 $f(x)$가 "참" 분포라고 할 때, KL 발산은 이 참 분포를 또 다른 분포와 비교하는 값으로 생각되기도 한다. 정보 이론의 관점에서, KL 발산은 메시지의 심볼이 참 분포 f 대신 g에 따라 분포한다고 가정했을 때 그 메시지를 전송하거나 압축하는데 필요한 심볼당 평균 추가 비트를 가리킨다.

KL 발산을 순위에 적용하려면 문서에서 언어 모델을 구성했던 방식처럼 질의 $\mathcal{M}_q(t)$에서 언어 모델을 만들어야 한다. 가장 단순한 언어 모델은 최대 우도 모델이다. 즉, 질의의 길이 대비, 질의에서 t가 나타나는 횟수의 비율이다.

$$\mathcal{M}_q^{ml}(t) = \frac{q_t}{n} \tag{9.36}$$

물론 문서 언어 모델에서 했던대로, 평활화 방법 등을 이용해서 더 복잡한 질의 언어 모델을 만들 수도 있다.

이제 질의 언어 모델과 문서 언어 모델 사이의 KL 발산을 계산해서, 문서 순위를 매기는데 활용하려 한다.

$$\sum_{t \in \mathcal{V}} \mathcal{M}_q(t) \cdot \log \frac{\mathcal{M}_q(t)}{\mathcal{M}_d(t)} \; = \; \sum_{t \in \mathcal{V}} \mathcal{M}_q(t) \cdot \log \mathcal{M}_q(t) - \sum_{t \in \mathcal{V}} \mathcal{M}_q(t) \cdot \log \mathcal{M}_d(t) \quad (9.37)$$

왼쪽 합산은 모든 문서에 대해 같으므로, 순위 보존 변환으로 제거할 수 있다. 오른쪽 합산은 음수 부호를 제외한 오른쪽 합산은 발산이 감소함에 따라 증가하므로 순위 공식으로 적합하다.

$$\sum_{t \in \mathcal{V}} \mathcal{M}_q(t) \cdot \log \mathcal{M}_d(t) \qquad\qquad (9.38)$$

이제 $\mathcal{M}_q(t)$를 최대 우도 언어 모델 $\mathcal{M}_q^{\mathrm{ml}}(t)$로 바꾸면, 공식은 다음과 같아진다.

$$\sum_{t \in \mathcal{V}} \mathcal{M}_q^{\mathrm{ml}}(t) \cdot \log \mathcal{M}_d(t) \; = \; \frac{1}{n} \cdot \sum_{t \in q} q_t \cdot \log \mathcal{M}_d(t) \qquad\qquad (9.39)$$

상수 $1/n$을 제거하면 순위 동등한 다음 수식을 얻는다.

$$\sum_{t \in q} q_t \cdot \log \mathcal{M}_d(t) \qquad\qquad (9.40)$$

이 식은 (로그 공간에서) 정확히 식 9.20과 일치한다.

식 9.38에서 $\mathcal{M}_q(t)$에 최대 우도 모델을 사용하는 대신, 질의 언어 모델을 원래 질의에 나타나지 않는 텀들의 확률을 0이 아닌 값으로 추정하는데 써서 질의 확장을 노려볼 수도 있다. 이 방법으로 질의 텀을 전혀 포함하지 않는 문서에도 양의 점수를 줄 수 있다. 예를 들어 그림 1.8에서 질의 〈"law", "enforcement", "dogs"〉가 주어졌을 때, 마약 검색에 경찰견(police canine 또는 K-9[1])을 활용하는 내용의 문서는 분명 질의에 적합할 것이다. 따라서 질의에 "police", "canine", "K-9", "drug", "searches"같은 확장 텀을 적절한 가중치와 함께 추가한다면 아마도 성능이 올라갈 것이다. 언어 모델 $\mathcal{M}_q(t)$는 원래 질의 텀과 추가될 확장 텀 사이의 연결고리이므로, 확장 텀을 찾아내고 가중치를 매길 때 이론적으로 타당한 수단이 된다.

---

1 "Police canine(경찰견)"에서 "canine"과 K-9 발음이 같아서 이렇게도 쓰인다. – 옮긴이

래퍼티와 자이(Lafferty and Zhai, 2001)는 질의 텀을 포함하는 문서 하나에서 시작해서 문서 모음 내의 문서들을 무작위 "방문"하는 방법으로 질의 언어 모델을 확장하는 방법을 제시했다. 방문의 첫 번째 단계에서는 질의 텀을 포함하는 문서 하나를, 텀 빈도나 기타 요소들로 매겨진 가중치에 따라 무작위로 선택한다. 그러고 나서 그 새 문서에서 $M_d(t)$에 따라 무작위 텀을 또 하나 고른다. p_{stop}의 확률로 방문을 중단하고, $1 - p_{stop}$의 확률로는 방문을 계속한다. 그리고 새로운 텀을 포함하는 문서를 무작위로 고르고, 그 문서에서 또 새로운 무작위 텀을 선택하는 식으로 계속한다. 그러면 질의 언어 모델 $M_q(t)$는 이 방문 중에 텀 t에서 중단될 확률에 기반하게 된다.

래퍼티와 자이는 모든 텀에 대한 방문을 동시에 효과적으로 할 수 있도록 위 아이디어를 행렬식으로 공식화했다. 엄청나게 많은 텀들에 모두 작은 확률을 할당하는 비효율을 피하도록 방문은 적은 수의 단계만 거치고 멈춘다. 래퍼티와 자이는 TREC45 및 몇 가지 문서 모음에서 상당한 효과 개선이 있었다고 보고했다.

9.5 무작위성 발산

정보 검색에서 무작위성 발산^{DFR} 방법은 문서 내 텀 분포를 무작위 과정^{random process}으로 가정하고, 문서에서 관찰한 실제 텀 분포가 우연히 나타날 확률을 바탕으로 문서 순위를 매긴다. 언어 모델링 접근법에서는 문서 모음 언어 모델을 평활화 모델에 통합함으로써 속에서 비슷한 처리를 한다. 예를 들어 식 9.31에는 문서 모음 언어 모델에 따른 기대 출현 횟수와 문서 내 실제 출현 횟수의 비율이 들어가 있다.

DFR의 중요한 속성은 다른 방법론에서 있고 훈련 집합 조정용으로 쓰이는 임의의 매개 변수가 없다는 점이다. LMD에서 μ나, LMJM에서 λ, BM25에서 k_1 같은 매개변수들은 있어야 하는 이유를 쉽게 설명하기 어렵고 직관적이지 않다. DFR은 비모수적 방법으로도 이런 방법들에 준하는 검색 성능을 발휘한다.

이 절에서는 8.4절에서 소개했던 엘리트성 개념을 다시 살펴보려 한다. $f_{t,d} > 0$일 때 무작위 문서 d에 텀 t가 $f_{t,d}$번 등장할 확률을 결정하고 나면, 그 문서가 실제로 그 텀에 내재된 개념에 대한 글인지에 대한 확률을 추정하고자 엘리트성의 개념을 사용할 것이다. 8.4절에서 이 개념은 2-푸아송 분포로 모델링됐다. 이 절에서는 라플라스의 계승 법칙에 기반한 방법을 소개하려 한다.

가장 일반적으로 DFR 방법의 핵심은 다음 수식으로 요약할 수 있다.

$$(1 - P_2) \cdot (-\log P_1) \tag{9.41}$$

이 수식에서 P_1은 무작위 문서 d에서 t가 정확히 $f_{t,d}$번 나타날 확률을 뜻한다. $-\log P_1$값은 자기 정보로 불리며, d에서 t가 정확히 $f_{t,d}$번 나타나는 것과 관련된 정보 비트의 개수로 해석할 수 있다(6.1절 참조). 텀 t를 문서 모음 전체에 분포시키는 무작위 과정으로는 특정 문서 d에 이 텀들이 대부분 몰릴 가능성은 없다. 따라서 P_1은 $f_{t,d}$가 증가하면 빠르게 감소한다.

P_2는 엘리트성을 반영해서 빠른 감소를 조정하는 요소다. 만약 d가 t에 대해 엘리트이면, 문서 안에서 나타나는 t는 우연이 아니라고 가정할 수 있다. t에 대해 엘리트인 d에서 t의 출현 횟수를 세려고 d를 읽기 시작했다고 생각해보자. 그러면 끝에 도달하기 전에 t를 $f_{t,d} - 1$번 발견하게 된다. 이 발견에 따르면 텀이 더 나타날 거라 기대할 수 있으며 P_2는 적어도 1개를 찾을 확률이 된다. P_2는 $f_{t,d}$가 증가하면 증가한다. 따라서 식 9.41에서 $(1 - P_2)$는 $f_{t,d}$가 증가하면 감소한다.

지금까지는 텀 하나만 고려했다. 텀이 여러 개인 질의에 대해 문서들의 순위를 매기고 자, 일반적인 독립성 가정 아래 순위 공식을 다음과 같이 쓸 수 있다.

$$\sum_{t \in q} q_t \cdot (1 - P_2) \cdot (-\log P_1) \tag{9.42}$$

이 뒷부분에서는 순위 공식에 사용될 거라는 사실을 염두에 두고, 주어진 텀 t에 대해 P_1과 P_2의 추정치를 구하는 데 초점을 맞출 것이다.

DFR 밑에 깔린 이론은 아마티와 판 레이스베르헌(Amati and van Rijsbergen, 2002)이 처음 만들고, TREC 콘퍼런스의 실험으로 검증됐다(Plachouras et al., 2002; Amati et al., 2003). 아마티와 판 레이스베르헌(Amati and van Rijsbergen, 2002)은 식 9.41을 이론적으로 정당화하는 동시에 P_1을 추정하는 7가지 방법과 P_2를 추정하는 2가지 방법을 제시하고 평가했다. 9장에서는 방법론을 설명하기 좋고 검색 효율도 좋은 방법 하나씩만 골라서 자세히 검토하고자 한다.

추가로 아마티와 판 레이스베르헌은 문서 길이 정규화를 DFR에 통합시키는 방법도 두 가지 제시했다. 당분간은 모든 문서 길이가 같다고 가정하고 이 복잡한 문제는 무시할 것이다. 끝나기 전에는 다시 이 문제로 돌아와서 식 8.45에서 했던 대로, 평균 길이가 아닌 문서에서 조정된 텀 빈도를 계산하고 실제 텀 빈도에 대입하는 식으로 문서 길이 정규화를 처리할 것이다.

9.5.1 무작위성 모델

문서에 텀을 무작위로 분포시킨다고 가정하자. N개의 문서에 텀 t가 l_t번 출현한다고 가정하면 다음과 같이 된다.

$$f_{t,1} + f_{t,2} + \dots + f_{t,N} \ = \ l_t \tag{9.43}$$

여기서 $f_{t,i}$는 i번째 문서에서 텀 t가 출현하는 횟수를 뜻한다. 문서들을 구별할 수 없다고 가정했을 때 N개의 문서에 l_t번을 분포시키는 서로 다른 방법은 몇 가지가 있을까? 예를 들어 3개의 문서에 4번을 나누는 방법은 네 가지가 있다. (1) 한 문서에 모두 나오게 하기 (2) 한 문서에 3번, 다른 문서에 한 번 나오게 하기 (3) 한 문서에 2번, 나머지 문서들에 1번씩 나오게 하기 (4) 두 문서에 2번씩 나오게 하기. 바꿔 말하면 식 9.43을 만족하는 텀의 배치 방법은 총 몇 가지가 있는가?

이 질문에 답하고자 아마티와 판 레이스베르헌은 이 문제를 열 평형 상태에서 서로 구별할 수 없는 동일한 입자들을 에너지 상태들에 배분하는 방법 수에 대한 보즈-아인슈타인 통계Bose-Einstein statistics로 다룰 수 있는 문제로 봤다. 그 답은 이항 계수로 표현할 수 있다.

$$\binom{N + l_t - 1}{l_t} \ = \ \frac{(N + l_t - 1)!}{(N - 1)! \, l_t!} \tag{9.44}$$

이 문제는 m개의 공을 n개의 구별할 수 없는 통에 분배하는 방법의 수를 결정하는, 조합 수학에서의 점유 문제와 동일하다고도 볼 수 있다.

텀 t에 대해 P_1의 추정치를 계산하고자, 주어진 문서 d에서 t가 $f_{t,d}$번 나타난다고 가정하자. 나머지 문서들에 나타나는 나머지 $l_t - f_{t,d}$번 대한 무작위 분포는 다음의 방정식을 만족해야 한다.

$$f_{t,1} + \cdots + f_{t,d-1} + f_{t,d+1} + \cdots + f_{t,N} = l_t - f_{t,d} \tag{9.45}$$

이 방정식을 만족하는 방법의 수는 식 9.44를 따른다.

$$\binom{(N-1) + (l_t - f_{t,d}) - 1}{l_t - f_{t,d}} = \frac{((N-1) + (l_t - f_{t,d}) - 1)!}{(N-2)! \, (l_t - f_{t,d})!} \tag{9.46}$$

이 수식은 선택된 문서가 $f_{t,d}$번 텀을 포함한다고 가정하고 나머지 텀들이 분포될 수 있는 방법 수를 나타낸다. 식 9.44는 N개의 문서에 l_t번을 분배하는 방법의 수를 뜻한다. 그러므로, 이 수식들의 비율은 선택한 문서가 $f_{t,d}$번 텀을 포함할 확률 P_1을 가리키게 된다.

$$P_1 = \frac{\binom{(N-1) + (l_t - f_{t,d}) - 1}{l_t - f_{t,d}}}{\binom{N + l_t - 1}{l_t}} = \frac{((N-1) + (l_t - f_{t,d}) - 1)! \, (N-1)! \, l_t!}{(N-2)!(l_t - f_{t,d})! \, (N + l_t - 1)!} \tag{9.47}$$

안타깝게도 식 9.47는 계승^{factorial} 때문에 곧바로 다루기가 어렵다. 따라서 아마티와 판 레이스베르헌은 그 대신에 값을 추정하는 두 가지 방법을 제시하고, 두 방법 모두 유효성 측면에서 비슷한 성능을 낸다는 사실을 보여줬다. 이 방법들 중에 더 단순한 방법에서는 P_1를 다음과 같이 추정한다.

$$P_1 = \left(\frac{1}{1 + l_t/N}\right) \left(\frac{l_t/N}{1 + l_t/N}\right)^{f_{t,d}} \tag{9.48}$$

그러므로

$$-\log P_1 = \log(1 + l_t/N) + f_{t,d} \cdot \log(1 + N/l_t) \tag{9.49}$$

오른쪽 항은 TF-IDF를 연상시키는 형태를 띠고 있으며, N_t의 역할을 l_t가 대신하고 있다.

9.5.2 엘리트성

아마티와 판 레이스베르헌은 라플라스의 계승 법칙을 활용해 P_2 추정치를 얻었는데, 이 추정치는 예시를 들어서 가장 잘 설명할 수 있다. 잇따른 $m - 1$번의 아침에 일출을 봤다고 생각해보자. 지구가 태양 주위를 돈다는 물리적 모델 같은 다른 정보가 없다면, 내일도 해가 떠오르는 사건이 일어날 확률은 얼마가 돼야 할까? 비록 이 사건이 일어날 거라는 예상은 강하게 들지만, 확률 값이 1이라고 완전히 확신하기도 어렵다. 어쩌면 내일은 해가 뜨지 않을지도 모르기 때문이다. 계승 법칙은 그 대신 확률 값을 $m/(m + 1)$로 제시한다(자세한 수학적 내용은 생략한다).

아마티와 판 레이스베르헌은 이 계승 법칙을 적용해 P_2를 다음과 같이 추정했다.

$$P_2 = \frac{f_{t,d}}{f_{t,d} + 1} \tag{9.50}$$

두 사람은 이 수식을 두고 "적합 문서의 길이가 매우 크다고 가정했을 때, [...] 문서에서 하나의 텀 토큰이 더 나타날 조건부 확률"이라 설명했다. 식 9.40와 함께 이 추정치를 식 9.41에 대입하면 식 9.51이 된다.

$$(1 - P_2)(-\log P_1) = \frac{\log(1 + l_t/N) + f_{t,d}\log(1 + N/l_t)}{f_{t,d} + 1} \tag{9.51}$$

이 수식에서 텀 빈도 부분은 오카피 BM25 순위 공식(식 8.48)의 텀 빈도 부분과 닮았고, 비슷한 속성을 가진다. $f_{t,d}$의 값과 관계 없이, 식 9.51의 값은 $\log(1 + l_t/N) + \log(1 + N/l_t)$ 안으로 제한된다.

9.5.3 문서 길이 정규화

식 9.51은 모든 문서 길이가 같다고 가정한다. 아마티와 판 레이스베르헌은 문서 길이가 변할 때 수식에서 $f_{t,d}$를 조정된 텀 빈도 $f'_{t,d}$로 바꾸는 정규화 방법을 제안했다. 그 두 명은 이 조정값을 계산하는 두 가지 방법을 고안하고 평가했다. 두 방법 중 더 나은 성능을 보이는 쪽은 다음과 같다.

$$f'_{t,d} \;=\; f_{t,d} \cdot \log\left(1 + l_{avg}/l_d\right) \tag{9.52}$$

두 저자는 식 9.49와 9.50을 묶고 식 9.52로 조정한 모델을 GL2 버전 DFR이라고 불렀다. 이 책의 실험에서는 이 버전을 사용했다.

9.6 구절 검색 및 순위 매기기

책에서 다룬 순위 방법론 대부분은 문서 순위를 매긴다. 적용하는 상황에 따라, 이 문서들은 웹페이지, 뉴스 기사, 이메일 메시지, 또는 이들의 조합이나 그 외 다른 문서 종류들에 해당한다. 어떤 경우에는, 책 안의 페이지들이나 뉴스 기사의 섹션과 같이 문서 내 요소들의 순위를 매기는 방식이 더 적절할 수도 있다. 또 다른 경우에는 문서 내의 텍스트 조각이 순위 결과인 임의 구절 검색이 더 바람직할 수 있다.

William **Shakespeare** — Wikipedia, the free encyclopedia
At the age of 18, **Shakespeare** married the 26-year-old Anne Hathaway. The consistory court of the Diocese of Worcester issued a **marriage** licence on 27 November 1582. Two of Hathaway's neighbours posted bonds the next day ...
en.wikipedia.org/wiki/William_**Shakespeare**

그림 9.1 위키피디아에서 검색한, 〈"shakespeare", "marriage"〉 질의에 대한 일반적인 검색엔진의 결과. 문서에서 질의 텀이 나타나는 부분의 간단한 내용을 보여준다.

그러한 상황 중 하나는 검색된 문서를 사용자에게 보여줄 때 그 내용을 간단히 요약하는 발췌문snippet을 생성할 때다. 그림 9.1은 주어진 질의 〈"shakespeare", "marriage"〉에 대해 검색엔진이 위키피디아에서 검색한 결과의 예시다. 검색엔진은 웹 페이지의 제목과 URL과 함께, 검색 텀이 나타나는 맥락을 보여주는 발췌문을 문서 본문에서 추출해서 보여준다.

질문 답변도 임의 구절 검색의 가치가 드러나는 또 다른 응용 방법이다(Tellex et al., 2003) "인도의 인구는 얼마인가?" 같은 질문이 주어졌을 때, 질문 답변 시스템은 답이 포함된 문서보다는 정확한 답("11.2억")을 제시하려 한다. 질문 답변에서 구절 검색은 종종 검색 단계의 첫 부분이 된다. 검색 시스템은 질문에서 핵심 단어를 추출하고 시스템 내부에서 처리할 질의 형태(⟨"population", "india"⟩)로 바꾼다. 그런 후 이 텀들이 포함된 구절을 말뭉치에서 검색하고 분석해서 가능한 답변을 추출하고 검증한다. 질의 텀들이 근접도 높게 나타나는 구간은, 질의보다 약간 더 길지만 여전히 짧은, 답("⋯The population of India is⋯")을 포함하는 구절의 일부일 가능성이 높다. 이 구간은 문서 모음 내에서 답을 발견할 수 있는 "핵심 위치"가 된다.

2.2.2절에서 우리는 텀 근접도에만 기반한 간단한 순위 모델을 소개했다. 그 방법은 질의 벡터 $q = \langle t_1, t_2, ..., t_n \rangle$에 대한 커버를 찾는데, 여기서 커버란 질의의 각 텀들이 적어도 한 번 나타나되, 모든 텀을 포함하면서 그보다 더 작은 구간이 포함되지 않는 텍스트 구간 $[u, v]$로 정의된다.

이제 커버의 개념을 질의 텀의 부분집합으로 확장하자. m-커버는 $m \leq n$일 때, 질의 내 m개의 서로 다른 텀들이 문서 모음 내에서 한 번 이상 나타나는 구간이면서 그보다 더 작은 구간을 포함하지 않는 구간 $[u, v]$로 정의된다. 문제를 단순화하도록, 이 절에서의 구절 순위 방법론은 반복되는 질의 텀을 다루지 않으므로 q에서도 반복되는 텀이 없다고 가정한다. 예를 들어 표 2.1의 문서 모음에서 질의 벡터 ⟨"you", "quarrel", "sir"⟩에 대한 2-커버들의 집합은 [2, 3], [3, 4], [4, 5], [5, 6], [8, 10], [10, 12], [12, 16], [24, 28]로 구성된다. 구간 [12, 24]는 [12, 16]을 포함하기 때문에 이 집합에 포함되지 않음을 유의하자. 또한 [24, 28]은 마지막 세 개의 문서에 걸쳐 있지만 집합에 포함된다. 대부분의 경우 이와 같은 m-커버는 사용하기 전에 걸러낸다. 하지만 역시 문제를 단순하게 만들고자 문서 경계는 고려하지 않고 m-커버를 정의하고, 적절한 후처리를 적용하도록 한다.

m-커버의 개념은 발췌문을 생성하고 질문 답변을 위한 임의 구절 검색을 돕는 데 사용될 수 있다. 한 색인된 웹 페이지에서 보여줄 발췌문을 찾는다고 가정해보자. 이상적으로는 모든 질의 텀이 포함되고 서로 근접해 있는 발췌문을 보여주면 좋겠지만, 항상 그럴 수는 없다. 어떤 질의 텀들은 문서 시작과 끝에 멀리 떨어져서 나타날지도 모른다. 또 어떤 질의 텀들은 문서 제목에만 나오고 본문에는 없을 수도 있다. 그리고 또 어떤 질의 텀들은

문서에서 전혀 나타나지 않을 수도 있다. 대신 발췌문은 되도록 많은 텀을 포함하는 하나 이상의 m-커버에 대응하는 텍스트 조각으로 구성될 것이다. 적절한 m-커버 집합이 결정되면, 일단 각각의 커버를 가장 가까운 문장 경계까지 확장한 후에, 공간에 맞게 잘라내게 된다.

질문 답변의 경우에는, 질의 텀이 일부가 가까이 붙어있는 부분을 포함하는 구절이, 모든 질의 텀을 모두 포함하면서 훨씬 긴 구절보다 답변이 있을 가능성이 더 높다. 예를 들어 "Who starred in the film Shakespeare in Love?(영화 〈셰익스피어 인 러브〉에서 누가 출연했는가?)"라는 질문을 답변하려 한다고 생각해보자. 그러려면 질의 벡터 〈"starred", "film", "shakespear", "love"〉를 수행하고 결과를 분석해서 답을 찾아야 할 것이다. 이때 모든 텀들이 포함된 긴 구절보다 "starred"나 "film" 중 하나와 함께 "shakespeare"와 "love" 텀이 포함된 짧은 3-커버가 답이 있다는 더 좋은 신호가 될 수 있으며, 답변에 다른 배우 이름들이나 상세 내용이 섞일 수 있을 것이다. 일반적으로 발췌문 생성 및 질문 답변 같이 실제 적용 상황에서는 질의 텀의 조합과 길이 사이에 트레이드-오프를 하며 간격을 골라야만 한다.

9.6.1 구절 점수 매기기

질의 $q = \langle t_1, t_2, ..., t_n \rangle$에 대해 점수를 매기려는 간격 $[u, v]$가 있다고 가정하자. 또한 그 간격은 질의 텀의 부분집합 $q' \subseteq q$를 포함하며, $q' = \langle t_1', t_2', ..., t_m' \rangle$이고 $m \leq n$이라고 하자. 그리고 길이 $l = v - u + 1$에 대해, 이 질의 텀들이 적어도 한 번 이상 포함된 길이 l의 간격 $[u, v]$를 무작위로 고를 확률을 추정해서 점수 값으로 쓰려 한다. 9.5절에서 설명한 방법처럼, 이 구절 점수매기기 방법은 텀들의 실제 분포를 무작위 분포와 연관시키는 방법이다.

위 방법을 위해 문서 모음은 독립적으로 생성된 텀들의 연속열로 모델링하고, 어느 주어진 문서 위치에서 텀 $t \in q'$가 일치할 고정 확률 p_t가 있다고 가정한다. 이 가정대로라면 특정 위치에서 여러 개의 텀이 일치할 수 있음에 유의하자. 비현실적인 가정이기는 하지만, 대부분의 텀에서 p_t 값은 작으므로 허용할 만하며, 구절 점수 공식을 간단하게 유도하는 데 도움이 된다.

길이 $l = v - u + 1$인 간격 $[u, v]$가 주어졌을 때, 그 간격에 t가 한 번 이상 포함될 확률 $p(t, l)$은

$$
\begin{aligned}
p(t, l) &= 1 - (1 - p_t)^l & (9.53) \\
&= 1 - (1 - lp_t + O({p_t}^2)) & (9.54) \\
&\approx l \cdot p_t & (9.55)
\end{aligned}
$$

$[u, v]$가 q'의 모든 텀들을 포함할 확률은

$$
p(q', l) = \prod_{t \in q'} p(t, l) \approx \prod_{t \in q'} l \cdot p_t = l^m \cdot \prod_{t \in q'} p_t \qquad (9.56)
$$

이다. 마지막으로 p_t를 텀 t의 문서 모음 빈도로 추정하면

$$
p_t = l_t / l_\mathcal{C} \qquad (9.57)
$$

여기서 l_t는 t가 문서 모음에서 나타나는 총 횟수이고 $l_\mathcal{C}$는 문서 모음의 총 길이이다. 이 값을 대입하고 음수 로그 항(자기 정보)를 취하면 다음과 같다.

$$
\sum_{t \in q'} (\log(l_\mathcal{C} / l_t)) - m \cdot \log(l) \qquad (9.58)
$$

이 수식에서 길이와 문서 모음 빈도 사이 관계는 식 9.32에서 나오는 관계와 유사하다.

9.6.2 구현

아마도 놀랍지 않겠지만, m-커버를 찾는 알고리즘은 그림 2.10에 나오는 적응 알고리즘을 단순히 확장한 것이다. 확장 알고리즘의 자세한 내용은 그림 9.2에 나와 있다. m값이 정해져 있을 때, 알고리즘은 주어진 위치 뒤로 다음 m-커버를 찾는다.

라인 1-2는 이 위치 다음으로 개별 텀들이 다음에 나타나는 위치를 찾는 명령이다. m번째 텀은 m-커버의 마지막 지점 (v)가 된다(라인 3). v 이전에 나타나는 각 텀에 대해 v 이전의 최근 출현 위치를 찾는다(라인 7-9). 이 값들 중에 가장 작은 값이 m-커버의 시작 지

```
      nextCover (⟨t₁,...,tₙ⟩, position, m) ≡
1         for i ← 1 to n do
2             V[i] ← next(tᵢ, position)
3         v ← mth largest element of V
4         if v = ∞ then
5             return [∞, ∞]
6         u ← v
7         for i ← 1 to n do
8             if V[i] < v and prev(tᵢ, v + 1) < u then
9                 u ← prev(tᵢ, v + 1)
10        return [u, v]
```

그림 9.2 주어진 위치 뒤로 텀 벡터 ⟨t₁, ..., tₙ⟩에 대한 다음 m-커버를 찾는 함수. 정수 배열 V는 중간 계산 결과를 저장하는 데 쓰인다.

점 (u)가 된다.

모든 m-커버를 생성하려면 이 확장 버전 **nextCover** 함수를 $m > 1$인 모든 m값들에 대해 문서 모음 전체에 반복해서 호출해야 한다.

```
for m ← n down to 2 do
    u ← -∞
    while u < ∞ do
        [u, v] ← nextCover(⟨t₁, t₂, ..., tₙ⟩, u, m)
        if u ≠ ∞ then
            report the m-cover [u, v]
```

1-커버는 생성할 필요가 없는데, 텀들의 위치 목록에서 바로 구할 수 있기 때문이다.

상황에 따라 보통 전체 문서 모음에서 모든 m-커버를 생성할 필요는 없다. 발췌문 생성의 경우에는 보통 최상위 문서들의 m-커버만 필요하다. 질문 답변의 경우에는 일정 수의 문서에서 가장 좋은 m-커버만 관심을 둔다. 클라크 외(Clarke et al., 2006)는 후자의 경우에 빠르게 m-커버를 생성하는 최적화 방법을 논의했다.

9.7 실험 비교

표 9.1에 9장에서 소개된 검색 방법의 유효성이 나와 있다. 이 표의 숫자들은 표 2.5 및 표 8.2의 숫자들과 비교할 수 있다. 9.6절의 구절 검색 알고리즘 결과는 이 표에는 나와 있지 않다. 문서가 아닌 구절의 순위를 매기는 방법이기 때문이다. 이론상 가장 높은 점수를 받은 구절을 문서의 점수로 쓰는 방법으로 문서 순위도 매길 수 있지만, 한 단어 질의에는 이 방법이 통하지 않는다.

표 9.1 9장에서 논의된 몇 가지 검색 방법의 유효성 측도

| 방식 | TREC45 | | | | GOV2 | | | |
| | 1998 | | 1999 | | 2005 | | 2006 | |
	P@10	MAP	P@10	MAP	P@10	MAP	P@10	MAP
LMJM(Eq. 9.31)	0.390	0.179	0.432	0.209	0.416	0.211	0.494	0.257
LMD(Eq. 9.32)	0.450	0.193	0.428	0.226	0.484	0.244	0.580	0.293
DFR(Eq. 9.51/9.52)	0.426	0.183	0.446	0.216	0.465	0.248	0.550	0.269

9.8 더 읽을거리

9장에서 소개된 언어 모델링 방법론에 관한 중요한 연구에는 폰테와 크로프트(Ponte and Croft, 1998), 버거와 래퍼티(Berger and Lafferty, 1999), 자이와 래퍼티(Zhai and Lafferty, 2004), 힘스트라의 박사 졸업 논문(Hiemstra, 2001)이 있다. 크로프트와 래퍼티가 편집한 학술지 한 권에 2003년까지의 많은 작업이 통합돼 있다(Croft and Lafferty, 2003). 라브렌코와 크로프트(Lavrenko and Croft, 2001)는 언어 모델링 방법에서 적합도 역할을 탐구했다. 다른 초기 연구로는 밀러 외(Miller et al., 1999)의 연구가 있는데, 히든 마르코프 모델HMM, Hidden Markov Model을 이용해 문서에서 질의가 생성된다고 가정하고 식 9.21을 유도한 연구로, 여기서 λ는 문서 상태와 일반적인 언어 상태 사이에서 선택된다. 이들은 이 HMM 프레임워크를 확장해서 의사-적합도 피드백, 근접도, 문서 사전 확률을 통합해 넣었다.

평활화는 인간 언어 기술의 전체에 걸쳐 언어 모델 기법에서 중요한 역할을 한다. 6장의 매닝과 슈체(Manning and Schutze, 1999)의 저술에는 언어 모델링에 관한 일반적인 소개가 있다. 첸과 굿맨(Chen and Goodman, 1998)은 평활화 기법을 비교했다.

언어 모델링 방법론은 현재의 많은 정보 검색 연구의 기초를 형성한다. 지난 몇 년 동안 대부분의 정보 검색 학술회의 논문 목록에는 언어 모델링 방법론에서 만들어지거나 영향을 받은 논문이 늘 있었다. 그 모든 참고문헌을 소개하는 일은 이 책의 범위를 벗어나지만, 최근 연구 중 일부 사례를 소개하고자 한다. 메츨러와 크로프트(Metzler and Croft, 2004)는 언어 모델링 접근법을 확률적 추론 모델(Turtle and Croft, 1991; Greiff et al., 1999)과 결합했다. 카오 외(Cao et al., 2005)는 텀의 의존성을 언어 모델링 방법에 통합했다. 타오와 자이(Tao and Zhai, 2007), 자오와 윤(Zhao and Yun, 2009)은 근접도를 언어 모델링 방법에 통합했다. 카오 외(Cao et al., 2008)는 의사 적합도 피드백을 언어 모델링의 틀 안에서 고려했다. 뤼와 자이(Lv and Zahi, 2009)는 텀의 위치 정보를 고려했다. 자이(Zhai, 2008b)는 정보 검색론에서 최근의 언어 모델링 기법을 조사했다.

9.9 연습 문제

연습 문제 9.1 독자는 어떤 문서 모음의 문서들이 30일의 "반감기"를 갖고 있다는 사실을 알았다. 30일의 기간이 지나면 문서의 적합도 사전 확률 $p(r|D)$가 30일 전의 절반으로 떨어진다. 이 사실을 식 9.8에 반영해보라. 합리적이라 생각하는 가정을 바탕으로 수식을 순위-동등한 형태로 단순화시켜 보라.

연습 문제 9.2 디리클레 평활화 결과로 나오는 모델들을 확률 분포로 취급할 수 있음을 보여라. 즉, $\sum_{t \in V} \mathcal{M}_d^\mu(t) = 1$임을 보여라.

연습 문제 9.3 (프로젝트 연습 문제) LMD 순위 공식(식 9.33)을 구현하라. 연습 문제 2.13에서 만든 시험용 자료 모음이나 TREC 자료 모음 같이 구할 수 있는 다른 문서 모음을 이용해서 구현을 시험해보라.

연습 문제 9.4 (프로젝트 연습 문제) 9.5절에서 설명한 DFR 순위를 구현하라. 연습 문제 2.13

에서 만든 시험용 자료 모음이나 TREC 자료 모음 같이 구할 수 있는 다른 문서 모음을 이용해서 구현을 시험해보라.

연습 문제 9.5 (프로젝트 연습 문제) 9.6절에서 설명한 구절 검색 및 점수 매기기 방법을 구현하라. 구현을 이용해 이 책에서 나온 문서 검색 방법 중 하나의 발췌문 결과를 표시해보라.

9.10 참고문헌

Amati, G., Carpineto, C., and Romano, G. (2003). Fondazione Ugo Bordoni at TREC 2003: Robust and Web Track. In *Proceedings of the 12th Text REtrieval Conference*. Gaithersburg, Maryland.

Amati, G., and van Rijsbergen, C. J. (2002). Probabilistic models of information retrieval based on measuring the divergence from randomness. 20(4):357–389.

Berger, A., and Lafferty, J. (1999). Information retrieval as statistical translation. In *Proceedings of the 22nd Annual International ACM SIGIR Conference on Research and Development in Information Retrieval*, pages 222–229. Berkeley, California.

Cao, G., Nie, J. Y., and Bai, J. (2005). Integrating word relationships into language models. In *Proceedings of the 28th Annual International ACM SIGIR Conference on Research and Development in Information Retrieval*, pages 298–305. Salvador, Brazil.

Cao, G., Nie, J. Y., Gao, J., and Robertson, S. (2008). Selecting good expansion terms for pseudo-relevance feedback. In *Proceedings of the 31st Annual International ACM SIGIR Conference on Research and Development in Information Retrieval*, pages 243–250. Singapore.

Chen, S. F., and Goodman, J. (1998). *An Empirical Study of Smoothing Techniques for Language Modeling*. Technical Report TR-10-98. Aiken Computer Laboratory, Harvard University.

Clarke, C. L. A., Cormack, G. V., Lynam, T. R., and Terra, E. L. (2006). Question answering by passage selection. In Strzalkowski, T., and Harabagiu, S., editors,

Advances in Open Domain Question Answering. Berlin, Germany: Springer.

Croft, W. B., and Lafferty, J., editors (2003). *Language Modeling for Information Retrieval*. Dordrecht, The Netherlands: Kluwer Academic Publishers.

Greiff, W. R., Croft, W. B., and Turtle, H. (1999). PIC matrices: A computationally tractable class of probabilistic query operators. *ACM Transactions on Information Systems*, 17(4):367–405.

Hiemstra, D. (2001). *Using language models for information retrieval*. Ph.D. thesis, University of Twente, The Netherlands.

Jelinek, F., and Mercer, R. L. (1980). Interpolated estimation of Markov source parameters from sparse data. In *Proceedings of the Workshop on Pattern Recognition in Practice*. Amsterdam, The Netherlands.

Lafferty, J., and Zhai, C. (2001). Document language models, query models, and risk minimization for information retrieval. In *Proceedings of the 24th Annual International ACM SIGIR Conference on Research and Development in Information Retrieval*, pages 111–119. New Orleans, Louisiana.

Lavrenko, V., and Croft, W. B. (2001). Relevance based language models. In *Proceedings of the 24th Annual International ACM SIGIR Conference on Research and Development in Information Retrieval*, pages 120–127. New Orleans, Louisiana.

Lv, Y., and Zhai, C. (2009). Positional language models for information retrieval. In *Proceedings of the 32nd International ACM SIGIR Conference on Research and Development in Information Retrieval*, pages 299–306. Boston, Massachusetts.

Manning, C. D., and Schütze, H. (1999). *Foundations of Statistical Natural Language Processing*. Cambridge, Massachusetts: MIT Press.

Metzler, D., and Croft, W. B. (2004). Combining the language model and inference network approaches to retrieval. *Information Processing & Management*, 40(5):735–750.

10
분류 및 필터링

10장은 오랜 기간 반복해서 수많은 사용자들이 공통적으로 원하는 정보 요구사항을 설명한다. 표 10.1에 위키피디아에서 발췌한 60건의 기사가 있다. 이 기사들이 무슨 언어로 쓰였는지 구분할 수 있을까? 그림 10.1에는 이메일 수신함의 메시지 18건이 있다. 이 가운데서 스팸 메시지 10건을 찾아낼 수 있을까?

위 두 사례에서 작성 언어나 스팸 메시지를 찾으려는 시도는 기본적인 정보 요구사항으로, 여러 상황에서 쉽게 접할 수 있다. 검색엔진에서는 들어오는 질의가 어떤 언어인지 알아야 적합한 결과를 낼 수 있다. 아니면 검색 사용자가 직접 검색할 문서의 언어를 선택하고 싶어 할 수도 있다(질의와 검색 결과의 언어가 꼭 같을 필요는 없다). 이메일 스팸 필터는 일단 스팸을 구분해야 스팸 전송을 막을 수 있다. "헬프 데스크" 같은 고객 지원 부서에서는 이메일을 직접 읽고 답변할 직원에게 적절하게 전달하고 싶을 것이다.

스팸 필터나 헬프 데스크 예와 마찬가지로, TREC 필터링 트랙의 토픽 383(그림 10.2 참조. 정신 질환 치료에 관한 토픽이다)과 같은 검색 기반 요구사항을 고려해보자. 이제까지 다뤘던 검색엔진은 어떤 말뭉치에서 예전 문서들을 찾는 데 쓰였다. 하지만 이 경우에는, 질의에 적합한 새로운 문서들을 계속 전달받는 식으로 최신 정보를 놓치지 않으려는 의료 전문가를 가정한다. 요구사항은 기본적으로 같지만, 전자는 일시적이고 후자는 지속적이다.

분류는 어떤 정보 요구사항에 맞춰 문서에 레이블을 붙이는 과정을 말한다. 위 사례들로 보자면 문서에 붙는 태그는 작성 언어나 스팸 또는 햄(즉, 스팸이 아님), 적합 또는 비적합이 된다. 그리고 필터링은 어떤 일정한 정보 요구사항에 따라 문서를 지속적으로 평가하는 과정을 뜻한다. 필터링 결과 문서는 보통 필요에 따라 0개 이상의 목적지로 전달된다. 예를 들어 스팸 필터는 스팸 메시지를 삭제하거나 휴지통 폴더로 옮기고, 햄 메시지는 수신함으로 보낸다. 뉴스 필터는 의료 전문가에게 정신과 치료 관련 기사들을 배달한다. 문서 전달 routing은 필터링의 동의어로 문서를 분류에 맞게 전달한다는 뜻이다. 또 다른 동의어로 선택적 정보 보급SDI, Selective Dissemination of Information이란 용어도 있다.

분류와 필터링은 검색과 비슷하다. 어떻게 보면 이 개념들은 하나의 문제를 서로 다르게 정의한다. 즉, 분류와 필터링은 지속적인 정보 요구사항에 따라 어떤 문서가 속하는 '분류'를 찾는 반면, 검색은 주어진 정보 요구사항에 따른 분류(적합 또는 비적합)에 속하는 '문서'들을 찾는다.

분류와 필터링은 많은 면에서 검색과 다르다. 분류는 보통 정보 요구사항이나 검색 질의와는 문제를 정의하는 방식이 다르다. 지금까지 검색 방법으로는 "네덜란드어로 쓰인 문서를 검색하라"나 "스팸을 찾아라" 같은 요구사항에 의미 있는 답을 찾기 어려울 것이다. 심지어 의료 전문가의 예처럼 상대적으로 다루기 쉬운 문제도, 정보가 지속적으로 필요하다는 특성 때문에 시스템에 요구사항을 전달하려면 수고가 더 많이 든다. 요구사항 전달 방법 중 하나로는 해당 전문가가 검색 규칙을 설정하는 방법이 있을 것이다. 즉, 사용자가 직접 세계 각국 언어나 스팸 메시지, 의료 정보를 구분 짓는 특성이나 어휘, 문법을 시스템에 입력하는 방법이다. 열심히 노력한다면 세계 언어, 스팸과 햄, 우울증 치료에 관한 보고서와 기타 글들을 나누는 규칙을 정의할 수도 있을 것이다. 하지만 검색할 때처럼 자동으로 분류 및 필터링을 하는 편이 더 효율적이고 효과적이다. 이 책에서는 분류기classifier로 알려진 머신러닝 방법으로 자동화를 하려 한다. 분류기는 각 분류에 속하는 문서들을 구분하는 방법을 예제로 학습하는 방법이다.

검색엔진은 비적합 문서와 적합 문서를 구분한다는 면에서 분류기이기도 하다. 검색엔진이 문서 집합 또는 순위 목록을 반환하듯이, 분류기는 반환 방식에 따라 하드hard 또는 소프트soft 분류기로 나뉜다. 즉, 하드 분류기는 어떤 분류에 문서가 포함되는지를, 소프트 분류기는 신뢰 점수를 반환한다. 소프트 분류는 순위화ranking라고도 하며, 소프트 분류기 연구는 순위 학습learning to rank으로도 부른다.

표 **10.1** 60개 언어 위키피디아에서 가져온 발췌문. 각각의 발췌문은 "무작위 글(random article)" 링크를 클릭해서 나온 본문에서 앞부분 50바이트만 표시한다.

18ος αιώνας | 19ος αιώνας |	8052 Novalis is a Main belt asteroid found on Sep
A távolsági jelzőmozzanatok a látás során t	Artikulu hau ez dator formatu hitzarmenekin bat.
Auzainvilliers é uma comuna francesa na região	Brgudac je selo na sjeveru Istre , u općini Lani
Burung Pacat ekor Biru adalah salah satu daripada	Byrteåi er ei elv i Tokke kommune i Telemark . H
Básendar (Bátsandar) voru fyrrum kaupstaður og	Cet article est une ébauche concernant une
Ciklobutan je bezbojni gas koji pripada grupi cik	Coordinates: 53°23′40″N 14°23′30″E
Danang (Da Nang , Đà Nẵng , fransk navn Tour	De Audi S4 is een sportieve versie van de Audi A4
Den Henri Grethen (* 16. Juli 1950 zu Esch-Uelzec	Flavius Constantius (mati 2 September 421) atau
George Thomas Moore (* 23 de febrero 1871 ,	Gijang-gun là một hạt (gun) trực thuộc
Gold Medal är den högsta utmärkelsen från Roy	Guido (-onis) [1] est nomen masculinum originis G
Her Majesty je píseň britské hudební skupiny	Hirdskjald hos Harald Hårfager , kendt fra digte
Jelizaveta Petrovna. Portree autor Charles-Amédé	Komz a raer eus filistenerezh evit ober anv en un
Koordinatès : 42°04′N 19°30′E	La strashimirita és un mineral de la classe dels
Maria Theresia Opladen (* 6. April 1948 in Engels	Ministerul Integrării Europene a fost un organ d
NGC 782 je galaxia v súhvezdí Eridanus , ktorú	Ofersǣwisc rind is plante and pyrt, þe hātte
Pedr III (21 Chwefror , 1728 – 17 Gorffennaf ,	Piec martenowski – dokładnie piec Siemensa-Mar
Püstəqasım , Azərbaycan ın Quba rayonunda bi	Questa voce di asteroidi è solo
Rënia heroike e dëshmorëve Isa Kastrati, Sokol	Sun Wukong (geleneksel Çince : 孫悟空 , basi
Suster-vaihe eli Susterian oli luultavasti ylämi	USS Gato je ime već plovil Vojne mornarice ZDA :
Èdè ni ìlànà kan pàtàkì tó jé gbòóg	Ĥarkiva Nacia Universitato nome de Vasil Karazin
Більче-Золотецький ландша	Война между родами Токугав
За филма от 1994 вижте Гарван	Курија е село во Општина Не
Уколико сте тражили расу п	מורוני הינה העיר הגדולה בי
مبارک آباد ، روستایی است از	هذه المقالة وسمت عن طريق بو
अनुबधाल छग तल	कपया या लखाचा/वि
यह शब्द हिंदी म क	कानडोस मिउॅनिसिपि
জয়গা (ইংরেজি :Jaygaon)	१९४४ (1964) २०মী সদী দা
ஓமான் சுல்த்தானகம	หนานเปน ชอบ
პატარა გუგუთა – სოფ	リューディガー・ゲルシュト (Rüdiger
袁武 , GBS , JP (1941年 11月 —), 又	기울랜ㄴ ㅍ린닝 (Irish Nationalist Party)

전통적인 머신러닝 방법은 아니긴 하지만, 8장의 BM25 순위화 방법은 소프트 분류기로 정의할 수 있으며 10장에서 나오는 필터링 및 분류 문제에도 괜찮은 성능을 보여준다. 10.1절에서는 앞서 설명한 예제를 발전시켜, 분류 및 순위화 기능을 살펴볼 것이다. 이때

Subject	Sender	Recipient
Washington Mutual Urgent Credit/Debit card update	service@wamu.com	emclaug@enron.com
Urgent Humanitarian Relief required for Tsunamis Indonesia	SEHAT CHARITIES	SKean@enron.com
worthy Christian	Khushab	joydish@bareed.alburaq.net
FW: Bin Laden Shoot em up	Dernehl, Ginger	"Shapiro, Richard"
REVISION!	Fresquez, Rick	"Adams, Jacqueline P.", "Bump...
Start Date: 10/25/01; HourAhead hour: 3; <CODESITE>	Schedule Crawler	pete.davis@enron.com
Gift shipment ready KAM.KEISER@enron.com need address	DVDPlayer	KAM.KEISER@enron.com
ERV Notification: (Enron Americas Position Report - 11/21/2001)	Wallace, Cassi	"Abel, Chris", "Allison, John", "...
Rate and Currency Counterparty Exposure as of 12/12/2001	Carrington, Clara	"Moran, Tom", "Shackleton, Sa...
The Internets #1 IRS tax solution. [omzl2]	3myjd9@msn.com	nqeb5e6@msn.com
The Internets #1 IRS tax solution. [omzl2]	3myjd9@msn.com	nqeb5e6@msn.com
The TechNews - Bulletin, April 2005	The TechNews	skean@enron.com
Start Date: 1/31/02; HourAhead hour: 13;	Schedule Crawler	pete.davis@enron.com
Pharrmacy for you	Faith Hightower	kholst
Re:	Quigley, Dutch	"Scott, Susan M."
Windows XP Pro $49.95, Office 2003 $69.95 Win XP	Lynda Hyatt	mmotley@enron.com
3 Days left to Respond	Anthony	kholst@enron.com
仒伬僪俕褅12000堹喁劯伬僪傑俱伬佘	iouityy	keith.holst@enron.com

그림 10.1 여기 있는 이메일 19건 중 10건은 스팸이다. 어떤 메시지가 스팸인지 식별할 수 있는가?

BM25를 사용하는데, BM25가 익숙한 방법이기도 하지만 성능도 괜찮기 때문에 10장과 11장에서 다른 방법과 비교할 때 기준점으로 삼기 위해서다. 그리고 분류에 특화된 평가 척도도 만들 것이다.

```
<top>
<num> Number: 383
<title> mental illness drugs
<desc> Description:
Identify drugs used in the treatment of mental illness.
<narr> Narrative:
A relevant document will include the name of a specific
or generic type of drug. Generalities are not relevant.
</top>
```

그림 10.2 TREC 7 애드혹 및 TREC 8 필터링 토픽 383

412

10.2절에서는 분류 문제를 더 정식화하고, 10.3절에서 10.7절까지는 분류 및 필터링에 쓰는 다양한 학습 방법들을 설명한다. 10.8절에서는 다양한 방법들의 결과를 10.1절의 BM25 결과와 비교한다.

10.1 자세한 예제

일반적인 필터링 및 분류 문제와 그 해법, 평가 방법을 단계적인 예제를 들어서 설명하려한다. 이 예제들은 위에서 말했던 주제 기반 필터링, 언어 분류, 스팸 필터링을 변형한 것이다. 예제의 답은 8장의 'BM25 순위화와 적합도 피드백 방법'을 사용해 구한다. 보통 필터링 및 분류 문제에 BM25를 쓰지는 않지만, BM25에서 시작하면 문제를 이해하는데 편리하며, 결과를 다른 방법과 비교할 때도 탄탄한 기준선이 돼 줄 것이다. 평가 척도는 문제와 연계해서 만들 것이다. 먼저 BM25가 만들어졌던 순위 검색과 비슷한 예제부터 시작해, 접근법이나 평가 척도 면에서 차이점이 있는 예제를 몇 가지 더 살펴보자.

10.1.1 주제 기반 배치 필터링

의료 전문가 예제를 생각해보자. 우선 검색엔진에 주제를 입력해야 한다. 하지만 막상 필터링 작업을 하려 해도 처음에는 검색할 문서가 없다! 따라서 문서가 생성되길 기다리는 수밖에 없다. 만약 많은 수의 문서를 기다릴 여유가 있다면, 그 문서들을 하나의 말뭉치로 합치고, 색인하고, BM25 같은 검색 방법을 이용해 적합 확률이 높은 순서대로 나열한 문서 목록을 만든 후, 그 목록을 사용자에게 보여줄 수 있을 것이다. 그리고 문서들이 더 많이 도착하기를 기다렸다가 새로 만든 문서 배치batch에서 똑같은 과정을 반복하면 된다. 이런 방법을 배치 필터링이라고 한다. 사용자 관점에서 배치 필터링은 적절한 시간 내에 충분히 많은 문서가 들어오기만 한다면 해볼 만한 방법이다. 아마 이 예제의 의료 전문가는 일주일 또는 한 달에 한 번 꼴로 업데이트된 문서들을 볼 수 있다면 만족할 것이다. 게다가 이런 주기로 배달되는 게 더 나을 수도 있다. 하지만 배치 작업으로 이메일 필터링이 지연되는 경우는 받아들이기 어려울 것이다.

표 10.2 주제 기반 배치 필터링 결과. 결과 없음은 대시(-) 기호로 표시했다.

배치 수	n	첫 번째 배치			두 번째 배치			평균(모든 배치)		
		|Rel|	AP	P@10	|Rel|	AP	P@10	|Rel|	AP	P@10
1000	141	1	1.00	0.1	0	–	0.0	0.07	–	0.01
500	281	1	0.50	0.1	0	–	0.0	0.13	–	0.01
100	1407	3	0.33	0.2	0	–	0.0	0.67	–	0.04
50	2814	3	0.15	0.1	1	0.33	0.1	1.34	–	0.05
10	14070	6	0.06	0.0	8	0.17	0.1	6.70	0.10	0.07
5	28140	14	0.08	0.1	14	0.09	0.1	13.00	0.07	0.10
1	140651	67	0.05	0.1				67.00	0.05	0.10

사용자의 정보 요구사항이 토픽 383이라고 가정하고, BM25를 이용해 TREC45 말뭉치를 처리하는 과정을 통해 배치 필터링 방법을 알아보자. 단계별로 살펴보면 다음과 같다.

- 제목 필드를 질의로 사용한다. 〈"mental", "illness", "drugs"〉
- 다중 언어 검색 및 스팸 필터링 때처럼, 바이트 4-그램을 토큰으로 사용한다(3.3절 참조). 토픽 383에 대해, 어간으로 처리한 단어나 원래 단어나 결과가 비슷해 따로 적진 않았다.
- BM25 매개변수는 $k_1 = 1.1$, $b = 0$으로 설정하고, 문서의 길이 차이는 무시한다. 10장의 이후 실험에서도 이 설정을 쓴다.
- 이 실험에서 적합도 피드백이나 의사-적합도 피드백(8.6절)은 사용하지 않는다.
- TREC45에서 1993년 이후의 파이낸셜 타임스 문서들을 사용한다. 이 문서들은 2년 동안 시간순으로 정렬돼 있다. 총 $N = 140,651$건의 문서가 있으며 그 가운데 토픽 383에 적합한 문서는 67건이다. 이 문서들은 TREC 8 필터링 트랙의 문서 전달 및 배치 필터링 태스크에서 평가 집합으로 활용됐다.
- 배치 크기를 다양하게 바꾸어 가며 배치 필터링을 시뮬레이션하려고 문서들을 141건(1,000개의 배치. 각각은 1일치 메시지에 해당)부터 140,651건(1개의 배치. 전체 2년 동안의 메시지에 해당)까지 순서대로 같은 수만큼 묶어서 배치로 만든다. 각 배치는 개별적이고 독립적인 문서 모음으로 색인된다. 배치들은 시간순으로 한 번에 하나씩 BM25 필터에 입력된다.

필터의 효과성을 평가하는 문제는 순위 결과를 평가하는 문제와 약간 다르다. 따라서 예제를 평가하는 데 필요한 개념과, 그 개념이 더 일반적인 평가 방식과 어떤 연관이 있는지 설명하고자 한다.

140,651건 문서들로 된 배치 하나만 생각하면 배치 필터링은 순위 검색과 동일하다. 그러므로 2.3절에서 소개하고 12장에서 확장할 척도는 무엇이든 사용할 수 있다. 단일 배치일 때 BM25의 결과는 P@10=0.1, P@1000=0.04, 평균 정밀도$^{\text{AP, Average Precision}}$=0.053이었다.

배치가 하나 이상이면 각 배치마다 평가 척도를 따로 계산하고 그 값을 평균해서 요약 측도를 만드는 방법이 있는데, 이해하기는 쉽지만 만족스럽지는 않다. 그 이유는 다음과 같다.

- 문서를 더 많은 배치들로 나누면, 배치당 문서의 수(n)와 적합 문서의 수($|Rel|$)가 줄어든다. 따라서 배치 수가 늘어나면 적합 문서가 없는 배치(즉, $|Rel| = 0$)도 많아진다. 평균 정밀도는 $|Rel| = 0$인 배치에서는 정의되지 않는다. 일반적으로 $|Rel|$에 의존하는 척도들은 배치 크기가 작을 때는 잘 동작하지 않는다.
- k-위치 정밀도(P@k) 같은 척도들은 n에 크게 영향을 받으므로, 배치 크기가 서로 다를 때는 결과를 비교할 수 없다.

표 10.2가 이런 문제들을 보여준다. 배치 크기가 $n = 141$(1,000개의 배치)에서 $n = 28,140$(5개의 배치)일 때, 처음 두 개의 배치에서 계산한 평균 정밀도 및 P@10와, 전체 $[N/n]$개의 배치에서 계산한 값의 평균이 표에 나와 있다. $n = 1$이면 배치가 1개란 뜻이다.

대부분의 배치 크기에 대해 평균 정밀도는 잘 정의되지 않는데, 적합 문서가 없는 배치가 많기 때문이다. P@10과 (정의됐을 때의) 평균 정밀도는 배치 크기에 따라 값이 달라져서, 원래 목적과 달리 효과성에 대해 주는 정보가 별로 없다.

어떤 k에 대해 검색되는 문서 수가 배치의 개수에 비례하기 때문에, P@k는 배치 크기가 다를 때 결과를 비교하는 척도로는 적당하지 않다. 극단적으로 배치가 1,000개와 1개일 때를 생각해보자. 배치가 1,000개일 때, P@10은 배치 당 10건씩 총 10,000건의 문서를 사용자에게 보여줬을 때 얻을 수 있는 정밀도다. 반면 배치가 1개일 때는 총 10건의 문서에 대한 정밀도가 된다. 따라서 사용자에게 보여주는 총 문서 수를 배치별로 모두 같게 만드는 편이 더 합리적이다. 이 방법에서는 P@$\lfloor \rho n \rfloor$를 계산하면 된다($1/n \leq \rho \ll 1$). 즉, 사용자가 배치마다 상위 ρ 비율만큼, 말뭉치 내에서도 ρ 비율만큼 문서를 본다고 가정한다. 따라서 말뭉치 크기가 N, 사용자에게 제시되는 총 문서 수가 k라고 할 때, 비율은 $\rho = k/N$가 되도록 했다. 그러면 배치 크기 n와 무관하게, 모든 배치에 대해서 P@$\lceil kn/N \rceil$를 평균 낸 값은 배치 하나에서 계산한 P@k와 비교할 수 있다. 표 10.3에 k가 10에서 2,000일 때 각각의 P@$\lfloor \rho n \rfloor$이 나와 있다. 각 열의 숫자는 동일한 검색 문서 수에 대해 계산된 값이다. 표를 보면 배치 크기가 충분히 크고 $\lfloor \rho n \rfloor > 0$이면 전체 평균이 배치 크기에 크게 영향을 받지 않음을 확인할 수 있다.

표 10.3 주제 기반 배치 필터링에서 배치 크기에 따른 P@k 결과

배치 수	n	P@$\lfloor \rho n \rfloor$					
		$\rho = 10/N$	$\rho = 20/N$	$\rho = 100/N$	$\rho = 200/N$	$\rho = 1000/N$	$\rho = 2000/N$
1000	141	–	–	–	–	0.03	0.02
500	281	–	–	–	–	0.04	0.01
100	1407	–	–	0.05	0.04	0.04	0.02
50	2814	–	–	0.07	0.05	0.04	0.01
10	14070	0.1	0.10	0.07	0.06	0.04	0.03
5	28140	0.2	0.10	0.06	0.06	0.04	0.01
1	140651	0.1	0.15	0.07	0.06	0.04	0.03

표 10.4 주제 기반 배치 필터링의 집계 결과

배치 수	n	P@10	P@20	P@100	P@200	P@1000	P@2000	AP
1000	141	0.2	0.10	0.7	0.8	0.4	0.2	0.058
500	281	0.1	0.15	0.8	0.8	0.4	0.3	0.056
100	1407	0.1	0.15	0.6	0.7	0.4	0.3	0.053
50	2814	0.1	0.15	0.7	0.6	0.4	0.3	0.053
10	14070	0.1	0.15	0.7	0.6	0.4	0.3	0.053
5	28140	0.1	0.15	0.7	0.6	0.4	0.3	0.053
1	140651	0.1	0.15	0.7	0.6	0.4	0.3	0.053

P@⌊ρn⌋ 척도는 배치마다 동일한 비율의 문서를 사용자에게 보여준다고 가정하고 계산한다. 하지만 다른 배치보다 적합 문서가 더 많은 배치가 있기 때문에 이 가정은 현실적이지 않다. 적합 문서 수가 차이 나는 이유는 전적으로 우연이거나, 문서들이 시간순으로 들어오기 때문에 현재 사건에 따라 자연스럽게 문서 구성이 달라지기 때문이다. 따라서 문서 비율이 변하는 경우도 반영하는 필터링 시스템이 사용자 의도에 더 잘 맞을 것이다. 사용자가 평균 비율 ρ만큼 문서를 검사한다고 가정하자. 즉, 특정 시간 동안 필터가 처리하는 N개의 문서들 중 ρN개를 사용자가 본다고 하자. 이때 ρN개의 문서들에 대한 정밀도는 배치당 정확하게 ρn개 문서를 보여주는 식으로는 최적화되지 않는다. 대신 적합 문서가 더 많이 있을 거라 예상되는 배치의 문서를 사용자에게 더 많이 보여줘야만 정밀도를 올릴 수 있다.

BM25는 적합도 점수 s에 따라 문서를 순위화하고 정렬하므로, 전체 배치에서 상위 ⌊ρn⌋건의 문서를 선별하는 대신에 어떤 문턱값 t가 있을 때 $s > t$인 문서들을 고르는 방식을 택할 수 있다. 보통 t값이 크면 선택되는 문서 수가 더 적은 대신 정밀도가 높아지며, 작으면 그 반대가 된다. 그러므로 어떤 특정 k에 대해 대략 $k = \rho N$ 건의 문서 점수가 $s > t$가 되도록 하는 값 t가 존재하게 된다. 여기서는 어떤 k에 대해서 적절한 t값을 미리 정할 수 있다고 가정한다. 그리고 '집계 P@k^aggregate P@k'라는 용어를 도입해, 문서 수가 총 k건이 되도록 t를 선택했을 때 시스템의 효과성을 가리키도록 한다(표 10.4 참조). 집계 평균 정밀도^aggregate AP도 집계 P@k로부터 도출할 수 있다. 예상대로 표에서 같은 열의 숫자는 거의 같다. 숫자가 차이 나는 이유는 배치마다 IDF 값이 조금씩 다르기 때문이다.

위에서 설명했듯이, 집계 P@k와 집계 평균 정밀도는 사용자가 필요에 따라 t를 바꿔서 필터를 조정하는 실제 시나리오 모델에 잘 맞는다. 또한 사용자가 읽을 우선순위 문서 목록에 배치의 결과가 차례대로 들어오는 상황도 모사한다. 이때 집계 P@k는 배치가 모두 처리되고 나서 우선순위 목록에 있는 문서 중 상위 k건에 대한 정밀도를 뜻하고, 집계 평균 정밀도는 최종적인 순위화의 효과성을 측정한다고 보면 된다.

10.1.2 온라인 필터링

온라인 필터링은 배치 크기가 $n = 1$인 배치 필터링과 유사하다. 온라인 필터는 그림 10.3

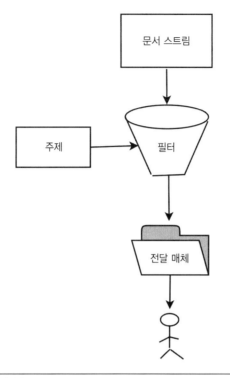

그림 10.3 주제 기반 온라인 필터링

처럼 메시지를 배치로 처리하는 대신 메시지가 들어오는 즉시 처리한다. 그리고 적합한 메시지 같으면 사용자에게 전달하고 그렇지 않은 메시지는 버린다. 필터는 필터링한 메시지를 문자 메시지나 이메일로 전달하거나 사용자가 나중에 보도록 따로 모아 놓는다. 전달 매체는 신속성, 저장 용량, 접근 가능성에 따라 여러 가지 종류가 있다.

배치 필터링과 마찬가지로 온라인 필터링도 정밀도와 재현율 사이에 트레이드-오프가 있다. 보통 사용자에게 전달되는 메시지 수를 늘리면 정밀도가 떨어지고 재현율이 올라간다. 최근에는 가장 빠른 매체(예: 문자 메시지)도 저장 용량이 크고 정교한 접근 가능성을 갖추고 있어서, 매체보다는 사용자가 메시지를 처리하는 능력에 따라 제한이 걸릴 여지가 많다. 그러므로 매체가 대기열 역할을 하도록, 전달되는 메시지에 우선순위를 매기는 편이 유리하다. 그러면 사용자가 검색 결과를 볼 때처럼 우선순위가 가장 높은 문서 중 몇 건을 검토하면서 암묵적으로 트레이드-오프가 결정된다.

표 10.5 주제 기반 배치 집계 결과와 온라인 필터링 집계 결과를 비교한 결과. 첫 줄은 표 10.4에서 가져왔다.

방법	P@10	P@20	P@100	P@200	P@1000	P@2000	AP
단일 배치	0.1	0.15	0.07	0.06	0.04	0.03	0.053
온라인	0.2	0.15	0.05	0.05	0.03	0.02	0.041

우선순위를 설정할 수 없을 때는 전달되는 문서가 적절한 수가 되도록 문턱값 t를 결정해야 한다. t를 정하는 방법으로는, (9장에서 설명했던) 전달 비율이 ρ가 되도록 하거나, 정밀도와 재현율 사이의 트레이드-오프를 나타내는 특정 함수(예: 68쪽 F_β)가 최적화되도록 정하는 방법이 있다. BM25 같은 순위 검색의 적합도 점수는 문서 하나 단위로 계산할 수 있다면 우선순위를 나타내는 지표로 쓸 만하다. 하지만 BM25는 문서 모음이 크다고 가정했을 때 텀 개수 N_t에 의존하기 때문에 최적의 지표는 아니다. 그렇지만 표 10.5를 보면 필터링할 문서만으로 이뤄진 거의 비어 있는 문서 모음에 BM25를 적용한 결과도 배치 필터링 결과에 비해 크게 나쁘지는 않다. 11장에서 자세히 살펴보겠지만, 배치 필터링과 온라인 필터링 둘 다 과거 예제들을 이용하면 뚜렷한 성능 개선을 보인다.

10.1.3 과거 예제에서 학습하기

일반적으로 필터를 적용할 때는 적용할 문서의 출처와 동일하거나 유사한 출처에서 예전 문서 예제를 구할 수 있다. 우리가 지금 다루는 문제는 1993년 이후의 「파이낸셜 타임스」 문서를 필터링하는 문제다. 따라서 TREC45 문서 모음에서는 1992년 이전의 「파이낸셜 타임스」 문서가 69,508건 있으므로 이 문서들을 과거 예제로 활용할 수 있다.

예전 TREC 평가를 보면 예전 문서 중 22건이 토픽 383의 적합 문서였음을 알 수 있다. 하지만 필터를 적용하는 시점에 이런 평가 정보가 반드시 존재하지는 않는다. 먼저 이런 평가 정보가 없을 때 과거 문서들을 활용하는 방법을 살펴보고, 평가 정보를 구할 수 있을 때 효과성을 극적으로 개선하는 방법을 생각해보겠다.

과거 문서 모음 통계

과거 문서를 가장 간단하게 활용하는 방법은 아마도 배치 필터링에서 배치 크기를 실질적

표 10.6 주제 기반 온라인 필터링에서 과거 문서 모음 통계가 집계 결과에 끼치는 효과. 첫 두 줄은 표 10.5와 같다. 세 번째 줄은 과거 문서 모음 통계를 이용해 IDF 값을 계산한 필터 결과다. 마지막 줄은 필터를 적용하기 전에 BM25 적합도 피드백으로 찾아낸 문서에서 추출한 20개의 텀으로 질의를 확장한 필터의 결과다.

방법	P@10	P@20	P@100	P@200	P@1000	P@2000	AP
단일 배치	0.1	0.15	0.07	0.06	0.04	0.03	0.053
On-line no history	0.2	0.15	0.05	0.05	0.03	0.02	0.041
On-line historical IDF	0.1	0.15	0.07	0.06	0.04	0.03	0.054
On-line historical IDF + training	1.0	0.95	0.39	0.24	0.06	0.03	0.555

으로 늘리는 방법일 것이다. 즉, 어떤 배치가 있을 때 과거 문서들을 그 배치에 합쳐 넣고 전체 문서 모음 기준으로 문서 순위를 매긴다. 그리고 순위 목록에서 과거 문서들을 제외하면 배치 내의 나머지 필터링 대상 문서들의 순위와 점수를 계산할 수 있다. 이 방법을 쓰면 문서 모음 통계(특히 IDF)가 개선되므로 적합도 점수를 더 정확하게 계산할 수 있다는 장점이 있다. 대신 배치마다 고정 숫자 k개가 아니라, 결합 순위 목록에서 상위 $k' > k$개 중 일부 문서만 반환할 수 있다는 점이 부작용이다. 만약 그 배치에 점수가 높은 문서들이 많았다면 더 많은 문서가 반환된다. k'를 적절하게 선택한다면 정밀도를 개선하면서도 동일한 수의 문서가 반환될 수 있을 것이다.

과거 문서를 활용하면 온라인 필터링 문제는 실질적으로 배치 문제에서 필터링 대상 문서들의 점수와 과거 문서 모음에서 상대적인 순위를 계산하는 문제로 바뀐다. 이 문제에서는 이전 장에서 자세히 설명했던 색인 구조까지는 필요 없다. BM25와 비슷한 점수를 계산할 때는 텀 별로 문서 수 N_t를 기록한 사전 데이터만 있으면 되며, 순위 점수가 필요할 때는 과거 문서 점수를 순서대로 나열한 목록만 있으면 된다. 그리고 적합도 점수를 계산하려면 단순히 적절한 N_t값을 가져와서 수식에 대입하면 되고, 순위를 계산하려면 과거 점수 목록에서 이진 탐색을 수행하면 된다.

표 10.6의 셋째 줄은 온라인 필터에서 과거 문서 모음 통계를 활용했을 때 효과성 집계 성능에 미치는 영향을 보여준다. 집계 결과와 배치 필터 결과는 거의 같다.

과거 훈련 예제

필터 문제는 정보 요구가 지속적이므로, 적합 문서의 예시는 이미 알려져 있거나 어렵지 않게 찾을 수 있다. 이런 예시들은 훈련 예제나 레이블 붙인 데이터labeled data라고 부른다. 머신러닝에서는 레이블 붙인 데이터로 분류기를 만드는 일을 지도 학습이라고 한다. 앞서 이미 설명했던 BM25 적합도 피드백 방법은 지도 학습의 간단한 예다(8.6절).

앞서 말했듯이 「파이낸셜 타임스」 과거 데이터에는 적합 문서가 22건 있다. 우리는 이 문서에 BM25 적합도 피드백 방법을 적용해서 가장 좋은 $m = 20$개의 텀을 선택하고, 토픽에서 3개의 텀을 보강했다. 그리고 이 텀을 이용해 문서별로 BM25 점수를 계산해 온라인 필터로 활용했다.

이 지도 학습 방법에서 나온 집계 결과가 표 10.6의 가장 마지막 줄에 있다. 첫째와 마지막 열은 잘못 찍힌 값이 아니다. 과거 훈련 예제를 사용하면 P@10과 평균 정밀도 값 모두 10배 이상 향상된다.

10.1.4 언어 분류

표 10.7에 나온 60개 언어로 된 위키피디아 예제는, "임의 문서로" 링크를 눌러 나온 문서 8,012건을 받은 후, 각 문서 본문에서 첫 50바이트를 추출한 결과다(표 10.1). 여기서 분류 문제와 필터링 문제를 생각해보자.

- **분류**: 어떤 문서 d와 범주들의 집합이 주어졌을 때, d가 속하는 하나의 범주(또는 여러 개 범주)를 찾는다. 분류 문제는 해당 문서가 속할 가능성이 높은 순대로 범주의 순위를 매기는 범주 순위화 문제로 바꿀 수 있다.
- **필터링**: 범주 c가 있을 때, c에 속하는 문서들을 찾는다. 필터링 문제는 해당 범주에 속할 가능성이 높은 순대로 문서의 순위를 매기는 문서 순위화 문제로 바꿀 수 있다.

이 예제에서는 위키피디아 기사 발췌문이 문서고, 언어가 범주다. 각 문서들은 정의대로 위키피디아 언어에 따라 정확히 하나의 범주에 속한다. 하지만 다른 예제에서는 문서가 여러 범주에 속한다고 보는 편이 더 타당할 것이다. 예를 들어 한 문서 내에 여러 언어가 있

표 10.7 60개 언어의 위키피디아를 구분하는 태그

태그	언어	태그	언어	태그	언어
ang	앵글로-색슨어	fi	핀란드어	nn	뉘노르스크
ar	아랍어	fr	프랑스어	no	부크몰
az	아제르바이잔어	he	히브루어	pa	펀자브어
bg	불가리아어	hi	힌디어	pl	폴란드어
bn	벵갈어	hr	크로아티아어	pt	포르투갈어
bpy	비슈누프리야어	hu	헝가리어	ro	루마니아어
br	브르타뉴어	id	인도네시아어	ru	러시아어
bs	보스니아어	is	아이슬란드어	simple	쉬운 영어
ca	카탈로니아어	it	이탈리아어	sk	슬로바키아어
cs	체코어	ja	일본어	sl	슬로베니아어
cy	웨일스어	ka	조지아어	sq	알바니아어
da	덴마크어	ko	한국어	sr	세르비아어
de	독일어	la	라틴어	sv	스웨덴어
el	그리스어	lb	룩셈부르크어	ta	타밀어
en	영어	lt	리투아니아어	th	태국어
eo	에스페란토어	mk	마케도니아어	tr	터키어
es	스페인어	mr	마라티어	uk	우크라이나어
et	에스토니아어	ms	말레이어	vi	베트남어
eu	바스크어	new	네팔어	yo	요루바어
fa	페르시아어	nl	네덜란드어	zh	중국어

거나, 언어 하나에 여러 방언이 속할 수 있다. 문서 전체를 보고 언어를 식별하는 편이 더 간단하지만(McNamee, 2005), 이 예제에서는 일부러 짧은 발췌문만 쓰기로 한다.

언어 분류 문제는 언어에 맞게 메시지를 전달하거나 언어별로 문서 모음을 구성할 때도 적용된다. 이 두 문제 모두 다 검색엔진에서 처리할 수 있는 형태로 질의를 표현하기는 쉽지 않다. 따라서 정보 요구사항을 나타내려면 훈련 예제에 의존하는 수밖에 없다. 그래서 임의로 4,000개의 발췌문을 골라 과거 데이터로 삼고, 나머지 4,012개 발췌문은 분류 및 필터링 대상으로 삼았다. 머신러닝 용어로 표현하자면 과거 예제는 훈련 집합, 나머지는 테스트 집합이 된다. 전반적인 목표는 테스트 집합보다 훨씬 큰 예제 집합을 분류 및 필터

링하는 것으로, 테스트 집합은 더 큰 집합에서 분류기의 효과성을 추정할 목적으로 추출한 표본으로 보면 된다.

필터링 및 문서 순위화를 할 때도 과거 예제를 바탕으로 주제 기반 필터링을 했을 때 썼던 방법을 사용한다. 그래서 각 언어를 개별 주제로 보고, BM25 순위화와 적합도 피드백 방법을 적용한다(8.6절). 이 예제에서는 주제 언어의 훈련 발췌문들을 각각의 "적합 문서"로 간주한다. 그리고 질의는 한 언어에 대해서 각각의 바이트 4-그램이 질의 텀이라 생각하고 훈련 발췌문에서 질의를 만든다.

표 10.8은 BM25를 60개 언어별 필터링 문제에 적용해서 얻은 평균 정밀도와 전체 MAP이다. 일반적인 검색 문제에서 MAP = 0.78이면 매우 높은 값이지만, 이 값이 BM25가 얼마나 효과적으로 (또는 단지 어떻게) 분류 문제를 다루는지를 말해주는 바는 별로 없다.

분류 문제에서는 문서 대신 언어의 순위를 매겨야 하고, 또 문서마다 이 순위를 구해야 한다. 그래서 우리는 문서 순위화에서 나오는 적합도 점수를 사용했다. 문서 d와 언어 l이 있을 때, 문서 순위화에서 언어 l에 대한 문서 d의 적합도 점수를 $s(d, l)$이라 하자. 그리고 두 언어 l_1과 l_2를 생각하자. 이때 $s(d, l_1) > s(d, l_2)$이면 d의 언어는 l_2가 아니라 l_1일 가능성이 더 높음을 뜻한다고 가정한다. 이렇게 가정하면 $s(d, l)$은 범주 순위화에서 문서 d에 대한 l의 적합도 점수로 볼 수도 있다.

4,012개의 범주 순위를 전부 보여주기는 어렵다. 그래서 예시로 표 10.9에 독일어 위키피디아에서 가져온 발췌문들의 언어 순위를 표시했다. 표를 보면 정답 범주(l_1 = de)의 순위가 1등이고, 정답과 유사한 범주(게르만어 계열)의 순위가 아시아 계열 언어처럼 정답과 유사하지 않은 범주 순위보다 더 높게 나온다.

문제에서 정의한 대로 엄격히 보면 적합 결과는 정답 범주 하나뿐이다, 나머지 범주는 모두 비적합이다.

표 10.10은 4,012개의 언어 순위화에 대한 전체 요약 측도가 표시돼 있다. 이 표에서 P@1은 보통 정확도^accuracy라 한다. 정확도는 정답 범주가 1등으로 매겨진 문서의 비율이다. MAP은 평균 역순위^MRR, Mean Reciprocal Rank라는 척도와 동일한데, 순위화마다 적합 결과가 딱 하나만 있기 때문이다. 한 주제에 대해 역순위 RR은 RR = $1/r$로 정의되며, 여기서 r은 첫 번째 (그리고 하나뿐인) 적합 결과의 순위를 뜻한다. 이 예제에서 AP = P@r = $1/r$이므로, RR = AP이고 MRR = MAP이 된다.

표 10.8 60개 언어별 필터링 문제의 평균 정밀도 결과. 4000개의 훈련 예제에서 선택한 텀을 이용해 BM25를 계산했다.

태그	AP	태그	AP	태그	AP
ang	0.91	ar	0.90	az	0.53
bg	0.67	bn	0.84	bpy	0.81
bn	0.94	bs	0.48	ca	0.70
cs	0.67	cy	0.95	da	0.40
de	0.76	el	1.00	en	0.59
eo	0.72	es	0.67	et	0.45
eu	0.82	fa	0.95	fi	0.85
fr	0.79	he	1.00	hi	0.72
hr	0.47	hu	0.75	id	0.67
is	0.93	it	0.79	ja	0.94
ka	0.99	ko	1.00	la	0.79
lb	0.97	lt	0.82	mk	0.81
mr	0.86	ms	0.68	new	0.91
nl	0.84	nn	0.63	no	0.45
pa	0.96	pl	0.83	pt	0.83
ro	0.92	ru	0.75	simple	0.54
sk	0.75	sl	0.59	sq	0.60
sr	0.68	sv	0.76	ta	0.97
th	1.00	tr	0.82	uk	0.84
vi	0.96	yo	0.63	zh	0.87
		MAP: 0.78			

표에 나오는 요약 값은 미시^{micro} 평균과 거시^{macro} 평균으로, 다음과 같이 정의한다.

- 미시 평균: 범주와 관계없이 모든 문서들에 대한 요약 측도
- 거시 평균: 각 범주별로 계산된 요약 측도들의 평균

이 예제에서는 테스트 집합에 있는 언어별 예제의 수가 대략 같기 때문에 미시 평균과 거시 평균의 차이가 작다. 하지만 예제 개수가 다르거나 범주별로 순위화 효과성이 다르다면 두 값의 차이는 커질 수 있다. 두 값의 차이를 보여주고자 우리는 테스트 집합을 기반으

표 10.9 표 맨 위에 표시된 독일어 발췌문의 언어 순위화(정답 태그: de). $s(d, l)$은 언어별 BM25 점수를 뜻한다.

태그	$s(d, l)$	태그	$s(d, l)$	태그	$s(d, l)$
\multicolumn{6}{c}{Werner Haase(* 2. August 1900 in Kothen(Anhalt)}
de	58.2	lb	35.2	da	33.6
no	29.1	en	28.4	tr	19.4
sk	18.5	hu	17.5	bs	16.4
la	14.7	cs	14.5	et	13.2
fi	13.0	es	12.7	cy	12.0
is	11.8	sl	10.6	simple	10.4
nl	9.3	pl	7.3	yo	7.1
sv	6.0	sq	5.9	ru	5.0
ro	4.6	ang	4.5	lt	3.9
el	3.4	eo	3.3	az	2.4
sr	2.4	nn	2.4	ms	1.7
fr	1.4	zh	0.0	vi	0.0
uk	0.0	th	0.0	ta	0.0
pt	0.0	pa	0.0	new	0.0
mr	0.0	mk	0.0	ko	0.0
ka	0.0	ja	0.0	it	0.0
id	0.0	hr	0.0	hi	0.0
he	0.0	fa	0.0	eu	0.0
ca	0.0	br	0.0	bpy	0.0
bn	0.0	bg	0.0	ar	0.0
\multicolumn{6}{c}{AP(RR): 1.00}

로 전체 위키피디아의 요약 측도를 추정했다.

표 10.11은 전체 위키피디아에서 언어별 문서가 차지하는 비율과 MRR 값이다. 언어마다 집합 크기가 크게 다르며, 가장 큰 언어(영어) 집합은 다른 언어 집합보다 문서가 훨씬 더 많지만 MRR은 0.71로 중간 정도밖에 안 된다. 최종 결과는 테스트 집합에서 미시 평균 MRR이 거시 평균 MRR보다 낮다(0.82 : 0.86). 스팸 필터링 같은 경우에는 이 차이가 훨씬 더 중요하다. 대체로 거시 평균은 범주별 문서 비율과 무관하며, 미시 평균은 그 비율만큼

표 10.10 4,012개 발췌문에 대한 언어 순위 요약 측도. P@1은 정확도와 같으며, 전체에서 정답으로 분류된 발췌문의 비율을 뜻한다. MAP은 MRR과 같은데, 정의에 따라 각 발췌문마다 "적합" 언어가 하나뿐이기 때문이다.

	정확도(P@1)	오류율(1−정확도)	MRR(MAP)
미시 평균	0.79	0.21	0.860
거시 평균	0.79	0.21	0.857

표 10.11 60개 언어의 위키피디아 본문으로 추정한 언어 분류 결과. "%"열은 전체 위키피디아 문서에서 해당 언어에 속하는 문서 비율을 뜻한다. 어떤 언어(영어)에는 다른 언어(아이슬란드어)보다 훨씬 더 많은 문서가 있다.

태그	%	MRR	태그	%	MRR	태그	%	MRR
ang	0.01	0.90	ar	0.81	0.99	az	0.19	0.91
bg	0.60	0.87	bn	0.16	0.89	bpy	0.20	0.84
bn	0.21	0.89	bs	0.22	0.69	ca	1.45	0.80
cs	1.05	0.77	cy	0.19	0.95	da	0.90	0.65
de	7.52	0.88	el	0.35	1.00	en	23.95	0.71
eo	0.95	0.80	es	3.91	0.78	et	0.52	0.73
eu	0.32	0.87	fa	0.50	0.97	fi	1.69	0.88
fr	6.66	0.88	he	0.77	1.00	hi	0.25	0.93
hr	0.49	0.58	hu	1.04	0.87	id	0.86	0.68
is	0.21	0.94	it	4.71	0.81	ja	4.88	0.94
ka	0.25	0.99	ko	0.80	1.00	la	0.23	0.80
lb	0.22	0.99	lt	0.72	0.91	mk	0.24	0.88
mr	0.19	0.81	ms	0.32	0.83	new	0.42	0.85
nl	4.47	0.89	nn	0.40	0.71	no	1.81	0.57
pa	0.01	0.96	pl	5.03	0.89	pt	3.98	0.90
ro	1.04	0.93	ru	3.20	0.81	simple	0.49	0.79
sk	0.90	0.79	sl	0.63	0.78	sq	0.19	0.88
sr	0.62	0.70	sv	2.63	0.85	ta	0.15	0.97
th	0.38	1.00	tr	1.07	0.85	uk	1.21	0.88
vi	0.68	0.96	yo	0.05	0.93	zh	2.10	0.91

MRR: 0.82/0.86(미시 평균/거시 평균)

가중된다. 한 문서 모음의 미시 평균에서 다른 문서 모음의 미시 평균을 추정하려면 문서 비율과 분류별 요약 점수를 둘 다 알아야 한다. 분류 문제에서만 미시 평균과 거시 평균을 구별한다. MAP 및 기타 요약 측도를 검색 결과에 적용할 때는 언제나 거시 평균을 쓴다.

10.1.5 온라인 적응형 스팸 필터링

그림 10.4는 세 번째와 마지막 예제였던 스팸 필터링의 개념을 그린 그림이다. 스팸 필터

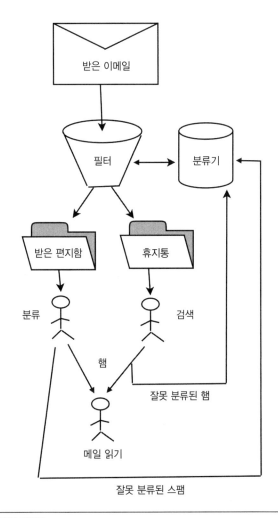

그림 10.4 온라인 스팸 필터 개략도

는 이메일 메시지를 연속적으로 받아 받은 편지함이나 휴지통으로 옮겨야 한다. 사용자는 받은 편지함의 메시지는 들어온 순서대로 읽지만, 휴지통의 메시지는 잘못 분류된 햄(즉, 비스팸)을 찾을 때만 가끔씩 검색한다. 그리고 사용자는 받은 편지함에서 스팸을 발견하거나 휴지통에서 햄을 찾아내면, 필터에 피드백을 남긴다. 이 예제에서 받은 편지함은 단순 대기열로, 휴지통은 우선 순위가 있는 대기열(즉, 동적으로 업데이트되는 순위 목록)로 생각하면 도움이 된다.

우리는 TREC 2005 공개 스팸 말뭉치를 사용했는데, 이 말뭉치에는 92,180건의 메시지가 순서대로 기록돼 있으며 그중 39,399건은 스팸, 78,798건은 햄 메시지다. 이 메시지를 훈련 집합과 테스트 집합으로 나누기보다는 온라인 피드백 개념을 도입해 어떤 이상적인 사용자가 잘못 분류된 사례를 모두 찾아내 보고한다고 가정해보자. 이 가정 아래서 모든 메시지는 분류된 후 곧바로 과거 훈련 예제로 쓸 수 있다. 즉, 오분류된 메시지들은 사용자가 직접 올바른 범주를 지정해주고, 나머지 메시지들은 필터가 제대로 분류했다고 가정한다. 이런 이상적인 사용자는 비현실적인 가정이지만, 이 가정에 기반한 평가 결과를 비교 기준선으로 쓸 수 있다.

온라인 적응형 필터링 시나리오는 TREC 스팸 필터 평가 도구에 구현돼 있으며, 이 도구는 웹에서 테스트 말뭉치와 예제 필터와 같이 내려받을 수 있다. 이 도구에서는 범주 이름을 spam과 ham이라 했지만, 온라인 이항 분류 문제라면 이 도구를 똑같이 쓸 수 있다. 10장의 예제들은 모두 이 도구를 사용했다. 도구를 이용해 평가를 하려면 표 10.12에 있는 다섯 가지 명령줄 연산을 필터에 구현해야 한다.

이번에도 BM25를 사용해서 온라인 적응형 스팸 필터를 구축해보자. BM25의 일반적인

표 10.12 TREC 스팸 필터 평가 도구의 명령줄 인터페이스. 이 도구 프레임워크에서 평가를 하려면 필터에 다음 다섯 가지 연산을 구현해야 하며, 이 연산은 차례대로 호출된다.

명령	필터 동작
initialize	새로운 메시지 스트림을 처리하는 필터를 생성한다.
classify *file*	file에 있는 메시지들의 범주 및 우선순위 점수를 반환한다.
train spam *file*	file을 과거 스팸 예제로 사용한다.
train ham *file*	file을 과거 햄 예제로 사용한다.
finalize	필터를 종료한다.

용례는 아니지만, 그 결과가 10장 뒷부분에 나올 기법들에 뚜렷한 기준선이 된다는 점을 다시 말해둔다. 스팸 필터링은 이항 분류의 한 예로, 겹치지 않는 두 개의 범주로 나누는 분류 문제다. 즉, 문서들이 한 범주에만 속한다. 스팸 필터링은 이전 예제와 달리 주제 설명도 과거 예제도 없다. 훈련 예제는 오로지 온라인 피드백에서만 나온다. 처음에 스팸 필터는 분류에 쓸 만한 정보가 없이 시작하지만, 메시지를 처리할수록 범주를 구분하는 메시지 특성을 학습하게 된다. 학습을 거쳐 필터가 개선되는 속도나 그 방식은 학습 곡선이라 부른다.

기본 접근 방식은 언어 분류 때와 같다. 우리는 각 문서 순위화 문제에 BM25와 적합도 피드백을 적용한다. 문서 순위화 문제는 각 문서 d마다 스팸 및 햄을 찾아 두 개의 점수 $s(d, \text{spam})$과 $s(d, \text{ham})$을 만드는 문제다. 문서 d에 대한 범주 순위는 두 점수의 차이 $s(d) = s(d, \text{spam}) - s(d, \text{ham})$으로 매긴다. 만약 $s(d) > 0$이면, 메시지를 스팸으로, 아니면 햄으로 분류한다.

전과 같이 질의 텀은 스팸이나 햄으로 분류된 메시지에서 추출한 바이트 4-그램들이다. 필터링 과정 중에는 햄과 스팸의 질의를 따로 만들고 관리한다. 사용자가 피드백을 남기면

표 10.13 스팸 필터링에서 문서 순위화 문제의 효과성 측도. 각 줄은 스팸 및 햄 적합도 점수와 두 점수의 차이를 이용해 문서 순위화를 했을 때 효과성을 뜻한다.

적합도 점수	P@10	P@20	P@100	P@200	P@1000	P@2000	AP
$s(d, \text{spam})$	1	1	1	1	1	1	0.9918
$s(d, \text{ham})$	1	1	1	' 1	1	1	0.9906
$s(d, \text{spam}) - s(d, \text{ham})$	1	1	1	1	1	1	0.9927

표 10.14 온라인 스팸 필터에서 기본 분류 문제의 정보 검색 기반 효과성 측도

종류	정확도(P@1)	오류(%)	정밀도	재현율	F_1
스팸	0.99989	0.011	0.80308	0.99989	0.89074
햄	0.67149	32.860	0.99977	0.67149	0.80339
미시 평균	0.85954	14.055	0.85945	0.85954	0.85954
거시 평균	0.83569	16.431	–	–	0.84707
로짓 평균	0.99260	0.740	–	–	0.85233

적절한 질의에 새로운 텀을 추가하고 IDF 값을 업데이트한다. 초기에는 두 종류 다 질의가 없으므로 점수가 0이지만, 메시지가 오면 점수는 빠르게 증가한다. 예전 실험과 달리 질의마다 추가되는 피드백 텀의 수를 제한하지 않으므로 두 질의는 무한히 길어질 수 있다.

점수 $s(d)$는 온라인 순위화에서 우선순위 역할도 한다. 표 10.13에 있는 문서 순위화 문제의 평가 척도들은 스팸 필터링에는 큰 도움이 되지 못한다. 그 이유를 대략적으로 말하자면 검색의 목적은 의미 있는 문서 찾기인데, P@k나 평균 정밀도 같은 성능 척도로 평가하면 분류하기 너무 쉬운 문서들을 잘 찾는 필터가 더 좋게 평가되기 때문이다. 스팸 필터의 핵심 성능은 분류하기 어려운 문서를 잘 필터링하기인데, 이 척도들은 그에 대해 말해주는 바가 적다.

온라인 스팸 필터의 기본 분류 문제에 대한 평가 측도가 표 10.14에 있다. 범주가 두 개라 역순위는 의미가 없으므로 표시하지 않았다. 필터의 F_1 점수를 계산할 때는 스팸이 적합 분류라고 가정했다. 이 가정은 연구 문헌에서 일반적으로 쓰인다. 정밀도나 재현율을 접했을 때 햄일 때의 값인지 스팸일 때의 값인지 확실치 않다면, 보통 스팸을 적합 분류라고 생각하면 된다.

표 10.14를 보면 스팸 메시지 정확도(P@1)가 매우 높아, 9가 너무 많아 알아보기 어렵다. 보기에는 백분율로 표시된 오류율(1−P@1)이 더 편리하고 직관적이다. 필터 효과성을 가늠할 때 오류율 0.1%가 오류율 1%보다 10배 나은지 알아보기가 훨씬 쉽다. 정확도 0.999가 정확도 0.990보다 10배 나은지 알아차리려면 9의 개수를 세고 암산을 해야 하기 때문이다. 다시 예제로 돌아가면 스팸 오류율이 0.01%인데, 이 말은 곧 10,000건의 스팸 메시지 중 1건 정도가 받은 편지함으로 전달된다는 뜻이다. 반면 햄 오류율은 32.9%인데, 정상 메시지 중에 1/3 정도가 휴지통으로 이동된다는 뜻이다. 이 결과는 사용자가 받아들이기 어렵다. 하지만 정반대라면 이야기가 다르다. 햄 오류율이 0.01%이고 스팸 오류율이 32.9%인 필터라면, 햄 메시지는 대부분 받은 편지함으로 전달하고 스팸의 2/3는 제거할 것이다.

미시 평균이든 거시 평균이든 요약 통계들은 범주별로 오류를 고려하지 않는다. 게다가 미시 평균은 스팸의 전체 비율에 매우 민감하다. 예를 들어 스팸의 수가 두배가 되고 햄의 수와 스팸 및 햄의 오류율은 그대로라고 생각해보자. 그러면 미시 평균 오류율은 14%에서 8.9%로 떨어진다. 필터의 성능이 나아졌을까? 물론 아니다. 미시 평균은 필터의 어떤 속성 같이 스팸의 **출현율**^{prevalence}을 측정한다.

로짓 평균$^{\text{LAM, logit average}}$은 로짓 변환을 거친 거시 평균이다(식 10.38 참조).

$$lam(x, y) \;=\; \text{logit}^{-1}\left(\frac{\text{logit}(x) + \text{logit}(y)}{2}\right) \tag{10.1}$$

직관적으로 보면 로짓 평균은 점수를 확률로 해석하고, 점수가 가리키는 증거의 가중치에 따라 점수를 결합하는 값이다. 로짓 평균에서 점수 0.1과 0.01의 차이는 점수 0.9와 0.99의 차이와 같은 영향을 준다. 어떤 면에서 보면 이 점수들은 효과성의 자릿수 차이를 뜻한다. 반면 0.5와 0.51의 차이는 별로 영향을 주지 않는다. 다른 논문(Cormack, 2008)에 LAM을 오즈 비율$^{\text{odds ratio}}$(10.2.1절)을 기반으로 더 정식으로 유도한 내용이 있다.

정밀도와 재현율은 그에 관련된 다른 요약 측도들과 마찬가지로 필터링 문제에서는 해석하기가 어렵고 출현율에 따라 강하게 영향을 받는다. 스팸 필터링에서 정밀도와 재현율을 계산하려면 스팸이나 햄 중에서 무엇이 "적합" 분류인지 임의로 선택해야 한다. 표 10.14의 결과는 스팸이 "적합" 분류라는 일반적인 가정 아래서 계산한 정밀도와 재현율이다. 미시 평균 정밀도와 재현율은 중복된다는 사실에 유의하자. 두 값은 정확도와 같다. 10장에서 다뤘던 스팸 필터링이나 언어 분류 예제와 같이 범주들이 서로 겹치지 않는다면 이 값들이 같음을 쉽게 보일 수 있다. 거시 평균 정밀도와 재현율은 의미가 없지만, F_1 같은 재현율/정밀도 요약 측도의 거시 평균은 계산할 수 있으며 표 10.14에도 표시돼 있다. 필터링 문제에서 정밀도, 재현율 또는 F_1을 합리적으로 해석하기 어려우므로 평가 척도로 쓰지 않기를 권한다.

10.1.6 이항 분류에서 문턱값 선택

BM25 같은 순위화 방법을 이항 분류에 적용할 때, 문턱값 t를 어떻게 선택하는지에 따라 두 범주의 오류율 사이에 트레이드-오프가 발생한다. 스팸 필터링 예제에서는 다소 임의로 $s(d) > 0$일 경우 스팸, 나머지는 햄 레이블을 붙였었다. 그렇다면 0 대신 t를 써서 $s(d) > t$이면 스팸, 나머지는 햄으로 표시해도 된다. 표 10.15에 몇 가지 t 값에 따른 오류율을 기록했다.

표를 보면 문턱값 자체는 별 의미가 없지만, t값이 커지면 스팸 오류율이 높아지는 대

표 10.15 스팸 오류율과 햄 오류율 사이의 문턱값에 따른 트레이드-오프

문턱값 t	스팸 오류율	햄 오류율	거시 평균 오류율	로짓 평균 오류율	거시 평균 F_1
2156	56.8%	0.0%	28.4%	1.1%	0.66
1708	36.2%	0.1%	18.2%	2.3%	0.79
1295	10.0%	0.4%	5.2%	2.0%	0.94
1045	2.2%	1.0%	1.6%	1.5%	0.98
931	1.0%	2.8%	1.9%	1.7%	0.98
713	0.1%	10.0%	5.1%	1.0%	0.95
−180	0.0%	34.9%	17.4%	0.7%	0.84

신 햄 오류율이 낮아지고, 그 반대도 성립함을 알 수 있다. 수신자 조작 특성 곡선receiver operating characteristic curve, 또는 ROC 곡선은 어떤 문턱값 t에 대해 x가 스팸 오류율 $1 - y$가 햄 오류율(즉, y는 햄 정확도)일 때, 점 (x, y)들로 이뤄진 곡선을 말한다. 따라서 재현율-정밀도 곡선이 컷오프와 관계없이 순위 검색의 효과성 특성을 보여주듯이, ROC 곡선은 문턱값과 관계없이 필터의 필터의 효과성 특성을 기하학적으로 보여준다.

ROC 곡선을 선형 척도로 그리면(그림 10.5), 곡선이 x, y축에 너무 가까워서 필터 성능을 시각적으로 확인하기 어렵다. 이때는 그림 10.6과 같이 로짓 변환을 해서 그리는 편이 더 낫다. 이 곡선에서 t를 조정하면 스팸 오류가 얼마일 때 햄 오류가 얼마인지 쉽게 판단할 수 있다. 또한 필터를 이 곡선으로 비교할 수 있다. 한 필터의 곡선이 다른 필터 곡선 위에 있다면 전반적으로 성능이 더 낮다는 뜻이다. 곡선이 교차할 때는 스팸과 햄 오류율의 상대적인 중요도에 따라 어느 쪽이 나은지가 갈린다. 비교를 위해 유명한 스팸어새신 SpamAssassin 필터 결과(버전 3.02에 기본 설정 이용)와 BM25 결과를 동일한 메시지에 대해 같이 그렸다. 영역 대부분에서 BM25가 스팸어새신보다 더 나은 결과를 보이지만, 햄 오류율이 매우 낮은 영역에서는 곡선이 교차하면서 스팸어새신의 성능이 살짝 더 낮다.

ROC 곡선의 밑 면적area under the ROC curve, AUC 또는 ROCA는 0에서 1 사이 숫자로, 문턱값에 독립적으로 필터 성능을 나타내는 지표로 사용할 수 있다. ROC 곡선이 더 위에 있을 때 AUC 값은 더 큰 경향이 있다. 이렇게 AUC를 기하학적으로 해석하는 방법 외에 확률적으로 해석하는 방법도 있다. AUC는 무작위로 고른 햄 메시지보다 무작위로 고른 스팸 메시지가 더 높은 점수를 받을 확률이다.

$$\mathrm{AUC} \;=\; \Pr[s(d_1) > s(d_2) \mid d_1 \in \mathtt{spam}, \; d_2 \in \mathtt{ham}] \tag{10.2}$$

우리가 만든 BM25 필터는 AUC = 0.9981이다. ROC 곡선의 윗 면적인 1 − AUC는 백분율로 쓰는 편이 해석에 편리하다. 즉, 1 − AUC = 0.1896%이다. 스팸어새신은 1 − AUC = 0.5163%이다.

계산 전에 문턱값을 고정시켰을 경우, ROC 곡선에 정확히 하나의 점 (x, y)만 있으므로 AUC가 정의되지 않는다. 이때 표 10.15처럼 로지스틱 평균 LAM은 다른 요약 측도보다 문턱값 설정에 훨씬 덜 민감하다. 미시나 거시 평균 오류율과 F_1은 문턱값 설정에 훨씬 더 영향을 많이 받아서 측정이 잘 되지 않는다.

필터를 과거 데이터로 학습한다면 t값을 바꿔 가며 스팸 오류율과 햄 오류율 사이에 원하는 정도의 트레이드-오프를 찾는 과정이 어렵지 않다. 온라인 피드백을 한다면, 햄 오류율이 너무 높을 때는 t를 조금씩 증가시키고, 그 반대라면 감소시키면서 동적으로 조정하면 된다. 하지만 "원하는 정도의 트레이드-오프"를 수식으로 나타내기는 쉽지 않다. 많은 경우 명시적으로 하든 내재적으로 하든 문턱값은 사용자가 선택하는 편이 최선이다. 사용자 인터페이스로 문턱값을 조정하는 방법도 있다(예. "더 적게" 또는 "더 많이" 보여주도록 슬라이더를 두거나, "엄격한 필터링", "중간 필터링", "필터링 하지 않음" 같은 버튼을 두는 방법).

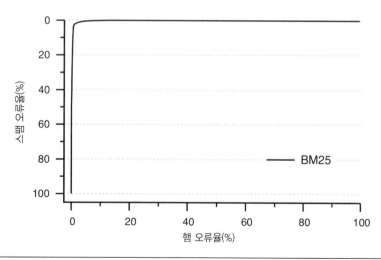

그림 10.5 BM25 기반 스팸 필터의 ROC 곡선을 선형 척도로 그림

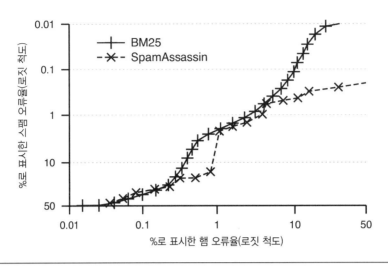

그림 10.6 스팸어새신과 BM25 기반 스팸 필터의 로짓 척도 ROC 곡선

또는 사용자가 직접 범주 하나를 골라 최대 오류율을 정하거나, 단위 시간 내 문서 수를 조절하거나, 받은 문서들 중 전달 비율을 정하도록 하는 방법도 있다. 이런 값들은 계산이 쉽다. 그래서 이 값들이 시간에 따라 일정한 범위 내 머무르도록 t를 자동으로 조절할 수도 있다.

10.2 분류

BM25를 활용하는 예제로부터 분류와 필터링의 특성을 알아봤으므로, 이제 이와 동일한 유형의 문제를 푸는 방법을 살펴보자. 필터링과 범주화 categorization 의 핵심은 분류 classification 다. 가장 기초적인 분류 문제는 이항 분류로, 어떤 대상이 특정 속성 P를 갖는지 아닌지를 결정하는 문제다. 이항 분류기는 이항 분류를 자동화하는 방법을 뜻한다. 주로 스팸 필터링을 예를 들어 이항 분류 방법을 살펴볼 예정인데, 여기서 이메일 메시지가 대상이고 "스팸 여부"가 속성 P, 스팸 필터가 분류기다. 그 이후에 문서가 대상이고, 적합도나 "우크라이나어" 같은 언어가 속성이 되는 사례도 다룰 것이다.

분류 문제는 컴퓨터 과학보다도 훨씬 오래된 문제다. 고전 통계학에서 초기 연구 중 상당수는 이항 분류 문제로, 양조장에서 맥주 품질 관리를 위한 불량 배치batch를 찾아내기 같은 문제였다. 이때 연구로 지금까지 쓰이는 난해한 용어들이 몇 가지 생겼다. 그때나 지금이나 완벽한 분류기는 없었다. 그래서 대상에 어떤 속성이 없지만 있다고 분류기가 판정할 때(양질의 맥주 배치를 불량으로 판단할 때) 발생하는 오류는 1종 오류type 1 error라고 부른다. 대상에 어떤 속성이 있지만 판별하지 못할 때(불량 배치를 찾아내지 못할 때) 발생하는 오류는 2종 오류type 2 error라고 한다. 이 오류의 결과는 분류의 목적에 따라 달라진다. 맥주 품질을 판별하는 문제에서는, 아마도 고객에게 저질 맥주를 제공하는 사태를 피하고자 할 것이다. 1종 오류가 흔하면 맥주 낭비로 손해를 보게 되며, 2종 오류가 흔하면 눈에 잘 보이지는 않겠지만 고객의 신뢰를 잃거나 사람들 건강이 나빠지는 등 결과가 더 심각할 수 있다.

분류 연구는 레이더가 등장하면서 같이 개발된 신호 탐지 이론 덕분에 더 발전했다. 신호 탐지 이론은 의학 진단 테스트 외 여러 분야에서 널리 쓰인다. 진단 테스트는 사람들에게 익숙하다. 일례로 임신 테스트에서 양성은 임신했다는 증거가 된다(하지만 확증은 아니다). 테스트 결과가 양성이면 어떤 조건에 대한 증거를, 음성은 반증을 뜻한다. 참 양성tp, true positive은 양성 결과가 정말로 맞는 경우, 거짓 양성fp, false positive은 양성 결과가 실제로는 틀리는 경우를 말한다. 이와 비슷하게 참 음성tn, true negative은 음성 결과가 맞는 경우, 거짓 음성fn, false negative은 음성 결과가 틀리는 경우를 뜻한다. 표 10.16은 네 가지 경우를 나열한다. 이 표는 진단 테스트 결과 분할표contingency table라고 부른다.

진단 테스트의 효과성은 보통 민감도sensitivity와 특이도specificity, 또는 참 양성률tpr, true positive rate과 참 음성률tnr, true negative rate이라 부르는 값으로 결정된다. 표 10.16의 요소들로 어떤 테스트에 대한 확률 빈도 네 가지를 표현하면 다음과 같다.

표 10.16 진단 테스트 결과 분할표

		속성 또는 조건	
		없음	있음
테스트 결과	음성	tn	fn
	양성	fp	tp

$$민감도 = tpr = \frac{tp}{tp + fn}, \qquad 특이도 = tnr = \frac{tn}{tn + fp} \tag{10.3}$$

테스트 성능이 좋을 경우 민감도와 특이도는 1에 근접하므로, 그 대신 거짓 음성률[fnr, false negative rate]과 거짓 양성률[fpr, false positive rate]로 표현하면 더 다루기 편하다.

$$fnr = 1 - 민감도 = \frac{fn}{tp + fn}, \qquad fpr = 1 - 특이도 = \frac{fp}{tn + fp} \tag{10.4}$$

임신 테스트에서 확인하려는 조건은 임신 여부다. 거짓 음성률은 임신한 모든 사람들 중에서 테스트가 음성이 나온 사람의 비율이고, 거짓 양성률은 임신하지 않은 모든 사람들 중에 테스트가 양성으로 나온 사람의 비율이다.

거짓 음성률과 거짓 양성률은 그럴 듯하게 들리지만 사실은 잘못 해석되는 경우가 많다. 이를 두고 검사의 오류라고 한다. 예를 들어 $fpr = 1\%$고 $fnr = 10\%$인 임신 테스트를 누군가에게 시행해 양성 결과를 얻었다고 가정하자. 이때 이 사람이 임신했을 확률이 $1 - fpr = 99\%$라고 주장한다면 검사의 오류에 빠진 셈이다. 테스트를 남자에게 시행했다고 생각해보면 확실히 이 결론이 오류임을 알 수 있다. 테스트 결과가 어떻든 남자가 임신할 확률은 없다. 이때는 테스트 결과가 거짓 양성이라는 설명이 가장 가능성 높을 것이다. 반대로, 테스트를 받은 사람이 임신 징후를 보이는 가임기 여성이라면 99%보다 훨씬 더 높은 확률로 참 양성이라는 설명이 가장 가능성 높을 것이다. 이제 이런 사전 확률 효과를 정량화하는 오즈[odds], 오즈비[odds ratios], 우도비[likelihood ratio] 개념을 소개할 것이다.

10.2.1 오즈와 오즈비

확률과 조건부 확률은 각각 오즈[Odds]와 오즈비[OR, Odds Ratios][1]로 다시 쓰면 간단하게 다룰 수 있다. x를 조건으로 하는 사건 e가 있을 때 두 값은 다음과 같이 정의한다.

$$\text{Odds}[e] \quad = \quad \frac{\Pr[e]}{\Pr[\overline{e}]}, \tag{10.5}$$

---

1   승산과 승산비라고도 부른다. – 옮긴이

$$\text{OR}(e, x) \;=\; \frac{\text{Odds}[e \,|\, x]}{\text{Odds}[e]} \tag{10.6}$$

정의에서 바로 다음 식이 나온다.

$$\text{Odds}[e \,|\, x] \;=\; \text{Odds}[e] \cdot \text{OR}(e, x) \tag{10.7}$$

베이즈 규칙을 식 10.7의 $\text{Pr}[e|x]$와 $\text{Pr}[e|x]$에 적용하면 다음을 얻는다.

$$\text{OR}(e, x) \;=\; \frac{\frac{\text{Pr}[e|x]}{\text{Pr}[\overline{e}|x]}}{\frac{\text{Pr}[e]}{\text{Pr}[\overline{e}]}} \;=\; \frac{\frac{\text{Pr}[x|e] \cdot \text{Pr}[e] \cdot \text{Pr}[x]}{\text{Pr}[x|\overline{e}] \cdot \text{Pr}[\overline{e}] \cdot \text{Pr}[x]}}{\frac{\text{Pr}[e]}{\text{Pr}[\overline{e}]}} \;=\; \frac{\text{Pr}[x \,|\, e]}{\text{Pr}[x \,|\, \overline{e}]} \tag{10.8}$$

이 형태의 오즈비는 보통, e가 주어졌을 때 x에 대한 우도비$^{\text{LR, Likelihood Ratio}}$라 한다.

$$\text{LR}(e, x) \;=\; \frac{\text{Pr}[x \,|\, e]}{\text{Pr}[x \,|\, \overline{e}]} \tag{10.9}$$

여기서 $\text{Pr}[x|e]$는 e가 주어졌을 때 x의 우도, $\text{Pr}[x|\overline{e}]$는 $\overline{e}$가 주어졌을 때 x의 우도다.

오즈를 쉽게 해석하고 추정하는 방법은 "승"과 "패"를 세는 것이다. 만약 어떤 스포츠 팀이 50번 승리하고 30번 패배했다고 하면, 승리 오즈는 $\frac{50}{30} \approx 1.67$로 계산된다. 오즈비는 x가 참이라고 했을 때 오즈의 변화량으로 해석할 수 있다. 예를 들어 미카라는 새로운 선수가 팀에 합류해서 팀의 승리 오즈가 $\frac{51}{29} \approx 1.76$으로 올라간다면, 오즈비는 다음과 같다.

$$\text{OR}(\text{승리, 미카}) \;=\; \frac{\frac{51}{29}}{\frac{50}{30}} \;\approx\; 1.06 \tag{10.10}$$

일반적으로 $\text{OR}(e, x) > 1$이면, x가 e의 오즈를 증가시킨다고 말한다. 그리고 $\text{OR}(e, x) < 1$이면 x가 오즈를 감소시킨다고 한다. 이제 젠슨이라는 선수를 추가 영입해서 $\text{OR}(\text{승리, 젠슨}) \approx 1.12$이 됐다고 하자. 오즈비를 보면 젠슨 영입이 더 나은 선택이었음을 알 수 있다. 하지만 두 선수를 모두 영입한다면 어떨까? 즉, $\text{OR}(\text{승리, 미카 & 젠슨})$의 값은 어떻게 될까? 나이브 베이즈 가정을 따르면 다음과 같다.

$$\mathrm{OR}(e, x \ and \ y) \ = \ \mathrm{OR}(e, x) \cdot \mathrm{OR}(e, y) \tag{10.11}$$

이 가정 아래서 다음과 같이 된다.

$$\mathrm{OR}(winning, \mathrm{Mika} \ and \ \mathrm{Jenson}) \ \approx \ 1.18 \tag{10.12}$$

하지만 여러 경우에 이 가정은 비현실적이다. 미카와 젠슨이 팀에서 같은 포지션, 예를 들어 골키퍼라면 두 선수를 모두 고용해도 추가되는 이득이 별로 없다. 그리고 미카와 젠슨 사이에 개인적인 갈등이 있다고 한다면 오히려 승리 오즈를 낮추는 효과가 생길 수도 있다.

이제 임신 테스트를 고려해보자. 우리는 테스트 결과가 양성일 때 임신에 대한 오즈를 계산하고자 한다.

$$\mathrm{Odds}[\text{임신}|\text{양성}] = \mathrm{Odds}[\text{임신}] \cdot \mathrm{OR}(\text{임신}, \text{양성}) \tag{10.13}$$

식 10.8에서,

$$\mathrm{OR}(\text{임신}, \text{양성}) = \mathrm{LR}(\text{임신}, \text{양성}) = \frac{tpr}{fpr} = \frac{90\%}{1\%} = 90 \tag{10.14}$$

$\mathrm{Odds}[\text{임신}]$은 사전 오즈$^{\text{Prior Odds}}$로, 테스트와는 별개의 증거에만 의존한다. 만약 임신 테스트를 하는 여성들 중 대략 80%가 실제로 임신이라면,

$$\mathrm{Odds}[\text{임신}|\text{양성}] = \frac{80\%}{20\%} \cdot \frac{90\%}{1\%} = 360 \tag{10.15}$$

이므로 다음과 같다.

$$\mathrm{Pr}[\text{임신}|\text{양성}] = \frac{360}{1 + 360} \ \approx \ 99.7\% \tag{10.16}$$

반면 테스트가 음성이면

$$\mathrm{Odds}[\text{임신}|\text{음성}] = \frac{80\%}{20\%} \cdot \frac{fnr}{tnr} \ = \ \frac{80\%}{20\%} \cdot \frac{10\%}{99\%} \ \approx \ 0.404 \tag{10.17}$$

이므로 다음과 같다.

$$\Pr[\text{임신} | \text{음성}] = \approx \frac{0.404}{1 + 0.404} = 28.8\% \qquad (10.18)$$

이럴 때는 두 번째 테스트가 더 적절할 것이다.

10.2.2 분류기 만들기

분류나 필터링 문제에서 우리는 특정 범주에 속하거나 속하지 않는 문서 예제를 이용해 이항 분류기를 자동으로 만들고자 한다. 서로소인 두 범주(예: 햄과 스팸)가 있을 때, 이항 분류기는 그 범주 중 하나에 속하는지 여부를 판별하도록 만들어진다. 그리고 양성 결과는 그 범주에 속함을 뜻하고, 음성 결과는 다른 범주에 속함을 뜻한다. 범주가 서로소가 아닐 때는 두 범주에 대해 따로 이항 분류기를 구성해야 한다. 범주가 n개($n > 2$)일 때는 여러 이항 분류기를 결합하거나, n-중 분류기(11.6절 참조)를 만들어야 할 것이다. 이 절에서는 이항 분류기를 구성하는 문제를 다루고, 분류 및 필터링에서 그 역할에 관해 살펴볼 것이다.

분류 문제는 학습자 L이 양성/음성 결과나 연속적인 점수 값을 출력하는 분류기 c를 구성하는 문제로 형식화된다. 문서 모음 D가 있을 때, 문서들의 부분집합이 특정 속성을 가지면 $P \subset D$라고 표기하자. 특정 속성이 없는 여집합은 편의상 $\overline{P} = D \backslash P$로 표기한다. 핵심 과제는 분류기, 즉, 어떤 문서 d에 대해서도 "d가 주어졌을 때 $d \in P$인가?"라는 질문에 정확하게 답하는 함수를 구성하는 일이다. 이상적인 분류기는 다음과 같은 전함수[2]가 된다.

$$isp : D \rightarrow \{pos, neg\} \qquad (10.19)$$

여기서 $isp(d) = pos$와 $d \in P$는 동치이다. 이렇게 이상적인 분류기는 존재하지 않으므로, 대신 근사 분류기인 $c \approx isp$를 만들고자 한다. 하드 분류기 및 소프트 분류기는 서로 다른 방식의 근사 개념을 사용한다. 하드 분류기 c는

---

2   정의역의 모든 값에 대해 정의되는 함수 – 옮긴이

$$c: D \to \{pos, neg\} \tag{10.20}$$

대부분의 $d \in D$에 대해 $c(d) = isp(d)$가 되도록 isp를 근사한다. 소프트 분류기 c는

$$c: D \to \mathbb{R} \tag{10.21}$$

대부분의 $(d, d') \in P \times \overline{P}$에 대해 $c(d) > c(d')$가 되도록 isp를 근사한다. 하드 분류기 c_h는 소프트 분류기 c_s와 고정된 문턱값 t를 이용해 정의할 수 있다.

$$c_h(d) = \begin{cases} pos & (c_s(d) > t) \\ neg & (c_s(d) \leq t) \end{cases} \tag{10.22}$$

하드 분류기 성능의 단순 효용 척도로는 정확도가 있다.

$$accuracy = 1 - error = \frac{|\{d \mid c_h(d) = isp(d)\}|}{|D|} \tag{10.23}$$

정확도^{accuracy}와 오류^{error}는 출현율^{prevalence}에 따라 달라지기는 하지만, 일반적으로 필터를 최적화할 때 사용하고 그 결과로 보고하는 값이다. 우리는 이 오류 측도를 한 쌍으로 사용한다.

$$fpr = \frac{|\overline{P} \cap \{d \mid c(d) = pos\}|}{|\overline{P}|}, \quad fnr = \frac{|P \cap \{d \mid c(d) = neg\}|}{|P|} \tag{10.24}$$

소프트 분류기에서는 다음과 같은 비용 측도를 사용한다.

$$1 - \text{AUC} = \frac{|P \times \overline{P} \cap \{(d, d') \mid c(d) < c(d')\}| + \frac{1}{2}|P \times \overline{P} \cap \{(d, d') \mid c(d) = c(d')\}|}{|P| \cdot |\overline{P}|} \tag{10.25}$$

필터링의 경우, 숨겨진 매개변수가 학습된 프로파일을 결정하는 수식을 c라고 보면 유용하다. 즉, 학습기 L이 만든 프로파일을 $profile$이라 할 때, $c(d)$는 $c(profile, d)$를 간략하게 썼다고 간주한다.

10.2.3 학습 방식

학습기 L는 증거를 바탕으로 프로파일을 구성한다. 학습기에 증거를 전달하는 방법은 학습 방식에 따라 다르다.

- **지도 학습**supervised learning은 머신러닝 분류기에서 일반적으로 사용하는 방법이다. 학습기의 입력 $(T, label)$은 훈련 예제들의 집합 $T \subseteq D$와, T에서 isp를 근사하는 함수 $label : T \to \{pos, neg\}$로 이뤄진다. $label$ 함수는 일반적으로 사람이 수작업으로 만든다. T가 D의 독립 동일 분포 표본이고, 모든 $d \in T$에 대해 $label(d) = isp(d)$라고 가정하면, 학습기는 어떤 효용함수(보통 정확도가 된다)에 대해 c를 최적화하는 프로파일을 생성한다. 지도 학습에서 이 가정은 너무 일반적이라 의문 없이 받아들여지는 경우가 많다. 하지만 분류할 문서의 표본, 특히 그중에서도 독립 동일 분포 표본을 구하기는 매우 어려울 수 있다. 게다가 (분류 대상인) D의 문서들은 미래에만 존재하므로 표본으로 뽑을 수 없다. $label$ 함수는 구축하기가 어렵고 오류도 발생하기 쉬워서, 그 함수가 존재한다는 가정이 미심쩍을 정도다. 정확도를 최적화해도 곧바로 목적에 가장 적합한 분류기가 나온다고 가정해서는 안 된다.

- **준지도 학습**semi-supervised learning은 $T \subseteq D$, $S \subset T$일 때 입력이 $(T, S, label)$이고, $label : S \to \{pos, neg\}$이라고 가정한다. 즉, $label$이 훈련 예제의 부분 집합에서만 정의된다. 준지도 학습은 문서에 레이블을 붙이기보다 표본 추출이 훨씬 더 쉽다는 사실에서 나왔다. 준지도 학습은 지도 학습과 마찬가지로 T가 D의 독립 동일 분포 표본이라 가정한다. 이 가정은 학습기가 $T \backslash S$의 레이블이 없는 예제에서 D의 분포에 대해 더 많이 학습하도록 해준다. 준지도 학습기 중에 뻔한 경우는 입력이 단순히 $(S, S, label)$인 지도 학습기로, 이 경우는 다른 준지도 학습기를 비교하는 기준선으로 쓰기에 적당하다.

- **변환 학습**transductive learning은 준지도 학습과 마찬가지로, 레이블이 있는 예제와 없는 예제 $(T, S, label)$을 사용한다. 차이점이 있다면 레이블이 없는 예제에 테스트 예제 전체가 포함된다는 점이다. 즉, $T = D$이다. 그래서 분류기 $c : T \to \{true, false\}$ 또는 $c : T \to R$은 T의 원소에만 적용된다. 고전적인 정보 검색론은 변환 학습의 한 예로, 전체 말뭉치로 문서 통계를 만들며 적합 결과로 분류된 문서 집합은 그 말

뭉치의 부분집합이 된다.

- **비지도 학습**unsupervised learning은 *label* 함수를 전혀 고려하지 않는다. 즉, 입력이 단순히 집합 $T \subseteq D$으로, 분류기를 구성하는 데 곧바로 사용되는 경우가 드물다. 그렇지만 비지도 학습 방법은 다른 학습 방법과 연계할 수 있다. 예를 들어 클러스터링 방법은 어떤 그룹에 속하는 메시지들이 같은 분류에 속한다고 가정하고, 유사한 메시지로 이뤄진 그룹을 찾는다.

- **온라인 학습**on-line learning은 훈련 예제와 테스트 예제를 미리 구분하지 않는다. 분류할 예제들은 순서열 $S = d_1, d_2, ..., d_n$을 이룬다. 그리고 개별 문서 d_k를 분류할 때, 이전의 모든 문서 $\{d_{i<k}\}$들은 훈련 예제로 활용될 수 있다. 모든 예제는 처음에는 분류기를 테스트하는 데 사용되고 이후에 훈련에 활용된다. 온라인 분류기를 구현하는 방법으로 꼭 효율적이거나 효과적이지는 않겠지만, $T_k = \{d_i \mid i < k\}$를 훈련 집합으로 쓰고 각 d_k에 대해 새로운 배치 분류기를 구성하는 방법이 있다. 만약 모든 문서에 레이블이 있다면 지도 온라인 학습이 된다. 그렇지 않으면 준지도 온라인 학습이나 비지도 온라인 학습이다. 온라인 학습 방법에는 두 가지 주요 단점이 있다.

  1. 시간이 지남에 따라 예제의 특성이 크게 변하는, 개념 변화라는 현상이 나타날 수 있다. 온라인 학습은 훈련 예제의 시간적 요소를 무시하기 때문에 이 현상을 잘 모델링할 수 없다.

  2. 문서 d_k마다 모든 훈련 예제들을 활용해 분류기 c_k를 만들어 분류한다면, S를 전부 처리하는 시간이 2차나 그 이상이 된다. c_k를 만들 때 $k - 1$개의 훈련 예제가 있다면, 각각을 검사하는 시간은 k에 비례한다. 따라서 모든 c_k를 만드는 데 걸리는 최소 시간은 다음과 같다.

$$\sum_{i=k}^{n} k - 1 \quad \in \quad \Omega(n^2) \tag{10.26}$$

- **점진적 학습**incremental learning은 한 문서열을 분류하는 전체 비용을 줄이는 방법이다. 점진적 학습기는 d_k를 분류하는 분류기 c_k에 숨은 *profile*$_k$를 활용해 $c_k + 1$을 효율

적으로 만든다. 온라인 필터링에서 학습기를 선택할 때, 그 학습기가 점진적 학습에 효율적인지는 중요한 기준이 된다. 비점진적 학습기에 배치 및 슬라이딩 윈도우를 적용하면 전진적 학습을 근사할 수 있다.

- **능동 학습**active learning은 레이블이 없는 훈련 예제 중 한정된 수만 레이블을 붙인다. 예를 들면 사용자가 특정 메시지들에 레이블을 붙이면, 그 결과를 바탕으로 필터가 나머지를 분류한다. 능동 학습의 원형은 불확실 표본추출이라는 방법으로(Lewis and Catlett, 1994), 레이블 없는 예제 각각에 소프트 분류기를 적용해 그 결과가 문턱값 t에 가장 가까운 예제들만 레이블을 붙이도록 요청하는 방법이다.

10.2.4 특성 엔지니어링

분류기의 정의역 D가 문서 집합이기는 하지만 텍스트 표현을 직접 다루는 분류기는 별로 없다. 그 대신 보통 이메일 메시지 수신 시간 같은 텍스트 외부 정보나 텍스트 자체에서 추출한 특성들의 묶음으로 문서를 표현한다. 특성 엔지니어링feature engineering이라고 부르는 과정은 분류기에서 유용할 만한 특성들을 정의하고 추출하는 과정으로, 전체 필터 성능에 지대한 영향을 미친다. 따라서 논문에 특성 표현 방법이 설명돼 있지 않다면 그 학습 방법은 (결과가 좋든 나쁘든) 의심해봐야 한다.

문서 d는 보통 n개의 특성의 벡터 $x^{[d]} = \langle x_1^{[d]}, x_2^{[d]}, ..., x_n^{[d]} \rangle$로 표현되며, 여기서 각 $x_i^{[d]}$는 메시지를 분류하는 데 필요한 증거를 정량화하는 실수 값 또는 이산 값이다. 그러므로 각 메시지는 n차원 특성 공간 위의 한 점으로 표현된다. 가장 기초적인 특성의 예를 들자면 3장에서 토큰과 텀으로 계산했던 단순한 통계 수치들이 있다.

토큰화는 몇 가지 차이점을 제외하면 분류나 검색에서도 똑같이 적용된다. 필터링이나 범주화 문제에서는 커다란 말뭉치를 불러오는 대신 문서들을 순서대로 처리하므로 색인을 만들 필요가 없다. 검색엔진은 특성마다 색인 목록을 만들어야 하므로, 분류기에서는 검색엔진보다 훨씬 더 많은 수의 특성들을 쓸 수 있다. 문자나 단어 n-그램(3.3절 참고) 같은 특성들은 여러 경우에 유용하게 쓰인다. k개 이하만큼 떨어져 있는 두 토큰의 쌍을 가리키는 희소sparse bigram은 특성 공간의 차원은 증가시키지만 필터링에 효과가 있다(Siefkes et al., 2004).

학습 방법 중에는 n이 클 때 효율성이나 분류 성능 측면에서 나쁜 성능을 보이는 방법들이 있다. 분류기를 $|T| \ll n$인 훈련 집합 T로 학습하는 문제를 생각해보자. 거의 대부분의 경우 연립방정식을 풀면 T를 완벽하게 분류하는 분류기를 만들 수 있다. 하지만 이 분류기는 과적합^{overfitting} 문제 때문에 전체 D에 적용하면 나쁜 성능을 보인다. 모든 분류기는 T보다 D에서 더 성능이 안 좋은 일반화 오류를 보인다. 학습 방법들을 나누는 주요 차이점 중 하나가 이 오류를 최소화하는 능력이다.

특성 선택은 보통 n을 줄여서 특성 공간 X의 차원을 낮추는 데 쓰는 방법이다. 더 일반적으로는 X를 더 작은 차원의 공간에 사영하거나 작은 공간으로 변환하는 차원 축소 기법들이 있다. 이 기법들이 의미 있으려면 시간 및 공간 효율성이 너무 나쁘지 않아야 하고 일반화 오류를 줄일 수 있어야 한다.

예전에는 특성 선택이나 차원 축소는 따로 분류기 전처리 단계로 생각했었다. 하지만 최신 연구에 따르면 이 생각은 더 이상 맞지 않다. 특성 선택과 분류기는 서로 크게 영향을 끼치기 때문에 둘을 같이 고려해야만 한다. c의 정의를 봐도 내부 처리 과정 중에 입력을 더 작은 공간으로 사영하는 작업을 해도 문제가 되지는 않는다. 나이브 베이즈나 결정 트리 같은 방법은 상당히 공격적으로 이 작업을 한다. 로지스틱 회귀나 서포트 벡터 머신 같이, 성능 좋은 분류 방법 중에는 차원 축소를 직접 하지 않고 효율성이나 일반화 오류를 다른 방식으로 처리하는 경우도 있다. 특성 선택이나 차원 축소가 쓸모가 없다는 뜻이 아니라, 사용 맥락이나 분류 방법 등에 따라 써야 할 상황도, 필요 없을 상황도 있다는 말이다.

특성 선택은 직접적으로 차원 축소를 하는 방법으로, 그중 가장 간단한 예는 불용어 처리 (3.1.3절)이다. 통계적으로 가장 중요한 특성들을 찾고 나머지는 삭제하는 기법도 제안됐다. 어간 추출(3.1.2절)은 여러 특성을 하나로 합치는, 간단한 차원 축소 방법이다. 해싱도 토큰 해시들이 같은 값을 갖도록 만들어 매우 큰 공간을 쉽게 줄일 수 있는 차원 축소의 방법이다. 주성분 분석은 선형대수학을 이용해 전체 공간을 더 작은 차원의 공간으로 변형하는 방법이다.

점진적으로 분류기를 구성하는 온라인 적응 필터링에는 특성 엔지니어링이 잘 맞지 않는 경우가 있다. 예전에 보이지 않았던 특성이 중간에 나타나서 공간의 차원을 늘릴 수 있기 때문이다. 새로운 예제를 학습하면 특성 값의 경우의 수가 증가한다. 문서 하나가 추가되면 문서에 속한 텀의 IDF 같은 전체 통계 수치는 전부 달라지기 때문에 다시 계산해야 한다. 그리고 전체 통계 수치가 변하면 이미 필터링했던 문서들의 점수가 크게 변할 수 있다. 이렇게 통계 수치가 계속 달라지기 때문에, 통계적 특성 선택과 차원 축소는 온라인 학습 환경에서 쓰기가 어렵다.

분류기를 평가할 때 자주 저지르는 오류는, 훈련 문서나 테스트 문서에 기반해서 특성 선택이나 차원 축소를 하는 일이다. 이는 잘못된 방법이다. 분류기의 프로파일에 테스트 예제 정보가 전달되기 때문이다.

10.3 확률적 분류기

확률적 분류기는 $x^{[d]} = \langle x_1^{[d]}, x_2^{[d]}, ..., x_n^{[d]} \rangle$로 표현되는 문서 d가 있을 때, 그 문서가 속성 P를 가질 확률 $p^{[d]} \approx \Pr[d \in P \mid x^{[d]}]$의 추정치를 계산한다. 이 확률을 다르게 표현하자면, 그 속성들을 갖는 문서들의 집합 P에 d가 속할 확률이다. 확률 추정치는 다음과 같이 곧바로 소프트 분류기로 사용되거나,

$$c(d) = p^{[d]} \tag{10.27}$$

또는 $0 < t < 1$인 어떤 문턱값과 조합해서 하드 분류기가 된다.

$$c(d) = \begin{cases} pos & (p^{[d]} > t) \\ neg & (p^{[d]} \le t) \end{cases} \tag{10.28}$$

확률적 분류기는 다음 두 과정을 거친다.

1. $x^{[d]}$의 각 $x_i^{[d]}$에 대해 $p_i^{[x]} \approx \Pr[d \in P \mid x_i^{[d]}]$를 추정한다.
2. 추정치를 조합해 $p^{[d]} \approx \Pr[d \in P \mid x^{[d]}]$를 구한다.

10.3.1 확률 추정치

특성은 이산적, 또는 연속적 값이다. 이산적 특성(범주형 특성으로도 부른다)은 고정된 값들 중 하나가 된다. 연속적 특성에서 존재할 수 있는 값은 무한히 많다. 범주형 특성과 연속적

특성의 확률은 다른 방법으로 추정한다.

범주형 특성의 확률 추정치

먼저 특수한 예제로 값이 0, 1 두 개만 존재하는 이진 특성을 생각해보자. 이진 특성 $x_i^{[d]}$: {0, 1}의 값에 본질적인 의미는 없지만 보통 $x_i^{[d]} = 1$은 d에 어떤 토큰이 존재하는 상태를, $x_i^{[d]}$는 그 토큰이 존재하지 않는 상태를 나타낸다. $x_i^{[d]} = k$일 때 d가 P에 속할 오즈는 훈련 집합 T에 속하는 음성 예제 대비 양성 예제 비율로 추정할 수 있다.

$$\text{Odds}[d \in P \mid x_i^{[d]} = k] \;\approx\; \frac{\left| \left\{ d \in T \mid x_i^{[d]} = k \right\} \cap P \right|}{\left| \left\{ d \in T \mid x_i^{[d]} = k \right\} \cap \overline{P} \right|} \tag{10.29}$$

"money"라는 단어가 스팸 메시지 100건과 햄 메시지 5건에서 나타났다고 가정해보자. "money"라는 단어가 있는 어떤 메시지 d가 스팸일 오즈는 $\text{Odds}[d \in P \mid x_i^{[d]} = 1] \approx \frac{100}{5} = \frac{20}{1}$으로 추정된다. 동일한 추정치를 확률로 표현하면 $\Pr[d \in P \mid x_i^{[d]} = 1] \approx \frac{20}{1}$ + 20 = 0.952이다. $k = 1$이면 특별한 점이 없다. 예를 들어 T가 1,000건의 스팸과 1,000건의 햄 메시지로 구성된다고 가정하면, 900건의 스팸 메시지와 995건의 햄 메시지에서 $x_i = 0$이라고 추론할 수 있고, 따라서 "money"를 포함하지 않는 메시지가 스팸일 오즈는 $\text{Odds}[d \in P \mid x_i^{[d]} = 0] = \frac{900}{995} \approx 0.9$로 거의 같은 값이기 때문이다. 직관적으로 봐도 "money"가 없다는 사실이 필터링에 큰 도움이 되진 않는다. 따라서 필터는 어떤 토큰이 없다는 정보를 보통 무시한다.

양성과 음성 예제 수의 비율 $\frac{a}{b}$는 a와 b가 충분히 크다면 괜찮은 오즈 추정치가 된다. 만약 a와 b가 작다면 추정치가 크게 변하기 때문에 신뢰하기 어렵고, a와 b 중에 0이 있다면 추정치가 $\frac{0}{1}, \frac{1}{0}, \frac{0}{0}$ 중 하나가 돼 의미가 없다. 이 문제를 피하는 방법 중 하나는 평활화로, 작은 양의 상수 γ, ϵ를 분자와 분모에 각각 더해서, 오즈 추정치를 $\frac{a+\gamma}{b+\epsilon}$로 계산하는 방법이다. $a = b = 0$이면 추정치가 $\frac{\gamma}{\epsilon}$가 되지만, a와 b의 값이 크다면 추정치가 $\frac{a}{b}$와 별 차이가 없어진다. 보통 $\gamma = \epsilon = 1$로 둔다.

위 방법은 범주형 특성이 이진 이상이라 k가 0과 1 아닌 다른 값을 가질 수 있는 경우에도 확장 적용할 수 있다. 이때 오즈는 k값마다 따로 계산한다.

연속적 특성의 확률 추정치

$x_i^{[d]}$가 실수 특성 값이면, 어떤 문턱값 t와 비교해 이진 값 $b_i^{[d]} : \{0, 1\}$으로 변환하는 방식으로 직접 확률을 추정하는 방법이 있다.

$$b_i^{[d]} \;=\; \begin{cases} 1 & x_i^{[d]} > t \\ 0 & x_i^{[d]} \leq t \end{cases} \tag{10.30}$$

그리고 앞 절에서 설명한 대로 $\mathrm{Odds}[d \in P \mid b_i^{[d]} = k]$를 추정하면 된다. 이산 값과 마찬가지로 실수 값에도 본질적인 의미는 없지만, $x_i^{[d]}$ 값이 더 크면 $d \in P$인 오즈가 더 크도록 특성 값을 조절할 수 있다. 바꿔 말하면, $x_i^{[d]}$는 그 자체로 소프트 분류기이고, $b_i^{[d]}$는 그에 대응하는 하드 분류기이다. n개의 범주형 값 $b_i^{[d]} \in \{0, 1, ..., n - 1\}$에 대해서는 $n - 1$개의 문턱값으로 n개의 구간을 나눠서 계산한다.

$$b_i^{[d]} \;=\; \begin{cases} n - 1 & t_{n-1} < x_i^{[d]} \\ \cdots & \cdots \\ 1 & t_1 < x_i^{[d]} \leq t_2 \\ 0 & x_i^{[d]} \leq t_1 \end{cases} \tag{10.31}$$

따라서 연속적인 값 $x_i^{[d]}$에서 부분적으로 오즈의 근삿값을 구할 수 있다.

이 방식의 단점이 n이 증가할수록, k마다 $b_i^{[d]} = k$인 문서 수가 줄어들기 때문에 오즈 추정치를 점점 더 신뢰하기 어려워진다는 점이다. 그 대안으로 다음과 같은 $f : \mathbb{R} \to \mathbb{R}$ 변환을 정의하는 방법이 있다.

$$f(k) \;\approx\; \mathrm{Odds}[d \in P \mid x_i^{[d]} = k] \tag{10.32}$$

$x_i^{[d \in P]}$와 $x_i^{[d \in \overline{P}]}$의 분포를 단순하게 숫자를 세어 추정하는 대신, 모수 모형parametric model을 도입할 수도 있다. 예를 들어 가우스(정규) 분포를 가정하면, $x_i^{[d \in P]}$와 $x_i^{[d \in \overline{P}]}$의 평균과 표준 편차를 나타내는 네 개의 모수 $\mu_{(i, P)}, \sigma_{(i, P)}, \mu_{(i, \overline{P})}, \sigma_{(i, \overline{P})}$만 있으면 분포를 완전히 기술할 수 있다. 이 모수들이 주어지면 우도비를 다음과 같이 계산할 수 있다.

$$\mathrm{LR}(d \in P, \ x_i^{[d]} = k) \ \approx \ \frac{g(\mu_{(i,P)}, \sigma_{(i,P)}, k)}{g(\mu_{(i,\overline{P})}, \sigma_{(i,\overline{P})}, k)} \tag{10.33}$$

여기서 g는 가우스 분포의 확률 밀도 함수를 뜻한다. 식 10.7과 10.8에서

$$\mathrm{Odds}[d \in P \,|\, x_i^{[d]} = k] \ \approx \ \frac{N_P}{N_{\overline{P}}} \cdot \frac{g(\mu_{(i,P)}, \sigma_{(i,P)}, k)}{g(\mu_{(i,\overline{P})}, \sigma_{(i,\overline{P})}, k)} \tag{10.34}$$

가 되며, 여기서 N_P와 $N_{\overline{P}}$는 T에서 양성과 음성 예제의 수를 말한다.

예시

이제 앞에서 나온 방법들을 TREC 2005 공개 스팸 말뭉치(Cormack and Lynam, 2005)에서 가져온 두 특성을 이용해 설명하려고 한다. 여기서 선택한 특성들은 이 말뭉치에 있는 메시지들이 전부 어떤 조직의 조직원들에게 전송됐고, 스팸 및 햄 메시지에서 그 조직의 이름(여기서는 Enron이다) 다른 비율로 출현한다는 사실을 활용하는 특성들이다. 이 두 특성은 메시지를 소문자로 변환한 후 제목과 본문에서 "enron"이라는 문자열이 나타나는 횟수를 단순히 센 결과다. head : enron은 "enron"이 제목에서 출현한 횟수를, body : enron은 본문에서 출현한 횟수를 뜻한다. 표 10.17은 말뭉치에서 고른 18건의 메시지에서 특성 값이다. 이 메시지 중 10건은 스팸이고 8건은 햄이다.

이 특성으로 메시지의 어느 부분에 "enron"이 있는지에 관한 정보를 알기는 어렵다. "enron" 토큰은 모든 메시지의 제목에 존재하므로(즉, 우도비가 1이다), 스팸 및 햄에서 출현 비율 외에는 추가 정보가 없기 때문이다. 본문에 "enron" 토큰이 있는 스팸 메시지는 4건, 햄 메시지는 5건으로, 본문에 "enron"이 있는 메시지가 스팸일 오즈 추정치는 4:5이다. 본문에 "enron" 토큰이 없는 스팸 메시지는 6건, 햄 메시지는 3건으로, 그런 메시지가 스팸일 오즈 추정치는 2:1이다.

표 10.8은 (확률로 바꾼) 오즈 추정치와, 전체 말뭉치에서 계산한 실제 확률의 "최적 표준" 추정치를 비교한다.

표 10.9는 head:enron의 값을 [0, 9], [10, 19], [20, 30]의 세 구간으로 나눈 결과다. 훈련 데이터에서 평활화 모수^{smoothing parameter}를 $\gamma = \epsilon = 0$과 $\gamma = \epsilon = 1$로 두고 계산한 확률

TREC 2005 공개 스팸 말뭉치(Public Spam Corpus)의 예제들

메시지 태그	실제 분류	head:enron	body:enron
016/201	spam	12	0
033/101	spam	11	0
050/001	spam	10	0
066/186	ham	7	24
083/101	ham	21	0
083/101	ham	21	0
100/001	ham	27	4
133/101	spam	12	17
148/013	ham	22	5
166/201	ham	13	23
183/101	spam	11	0
200/001	spam	14	4
216/201	ham	25	2
233/101	spam	13	20
250/001	ham	5	0
266/201	spam	12	0
283/101	spam	13	0
300/001	spam	11	22

표 10.18 표 10.17의 예제들에 대한 표본 추정치와 최적 표준 추정치의 비교

특성 f	훈련 데이터		최적 표준	
	빈도	Pr[스팸 | f]	빈도	Pr[스팸 | f]
head:enron $\neq$ 0	1.0	0.56	0.9999	0.57
head:enron = 0	0.0	0.50	0.0001	0.00
body:enron $\neq$ 0	0.5	0.44	0.62	0.45
body:enron = 0	0.5	0.67	0.38	0.77
전체	1.0	0.56	1.00	0.57

표 10.19 표 10.17 예제에 대한 이산 구간 특성

특성 f	훈련 데이터			최적 표준	
	빈도	$\gamma = \epsilon = 0$	$\gamma = \epsilon = 1$	빈도	Pr[스팸 | f]
$0 \leq$ head:enron < 10	0.11	0.00	0.25	0.18	0.05
$10 \leq$ head:enron < 20	0.61	0.91	0.85	0.74	0.75
$20 \leq$ head:enron < 30	0.28	0.00	0.14	0.05	0.19

추정치가 표에 있다(평활화 방법에 관해서는 446쪽 참고). 중간 구간인 $(10 \leq$ head:enron $<$ 20)의 추정치를 보면 확실히 스팸을 가리키고, 나머지 구간의 추정치는 햄을 예측하고 있다.

표 10.20은 표본에서 계산한 모수 $\mu_P = 11.9$, $\sigma_P = 1.2$, $\mu_{\bar{P}} = 17.6$, $\sigma_{\bar{P}} = 8.3$로 가우스 분포를 가정하고, 가능한 모든 head:enron 값에 대해서 예측 값을 구한 결과다. 이 모델은 k값이 작을 때는 $\Pr[d \in P \mid$ head:enron $= k]$를 적절하게 추정하지만, k값이 클 때는 크게 과소평가한다. k값이 큰 경우는 드물기 때문에 과소평가로 생기는 문제는 보기보다 적으며, 심지어 과소평가 때문에 분류를 올바르게 하는 경우가 더 많다. 그렇다 하더라도 모델은 개선할 여지가 많다.

10.3.2 확률 추정치 결합

이제 다음을 추정하고자 한다.

$$p^{[d]} \approx \Pr[d \in P \mid x^{[d]}] \tag{10.35}$$

여기서 d의 개별 특성에 대한 추정치들은 다음과 같이 주어진다.

$$p_i^{[d]} \approx \Pr[d \in P \mid x_i^{[d]}] \quad (\text{for } 1 \leq i \leq n) \tag{10.36}$$

편의상 로그-오즈 추정치로 계산하면

$$l^{[d]} \approx \mathrm{logOdds}[d \in P \mid x^{[d]}] \tag{10.37}$$

여기서

표 10.20 표 10.17의 예제에서, 가우스 모델에서 추정한 표본 추정치와 최적 표준 추정치의 비교

k	훈련 데이터		최적 표준	
	빈도	Pr[spam | head:enron = k]	빈도	Pr[spam | head:enron = k]
5	0.06	0.0000	0.00	0.0000
6	0.00	0.0000	0.01	0.0705
7	0.06	0.0017	0.08	0.0000
8	0.00	0.0311	0.05	0.0409
9	0.00	0.2315	0.03	0.1767
10	0.06	0.5880	0.07	0.6191
11	0.17	0.7735	0.28	0.8366
12	0.17	0.8049	0.19	0.7343
13	0.17	0.7158	0.09	0.7838
14	0.06	0.4371	0.04	0.7269
15	0.00	0.1079	0.02	0.6321
16	0.00	0.0094	0.01	0.4687
17	0.00	0.0000	0.01	0.4162
18	0.00	0.0000	0.01	0.4838
19	0.00	0.0000	0.01	0.3539
20	0.00	0.0000	0.01	0.5745
21	0.11	0.0000	0.01	0.4236
22	0.06	0.0000	0.01	0.4008
23	0.00	0.0000	0.00	0.5281
24	0.00	0.0000	0.00	0.1026
25	0.06	0.0000	0.02	0.0114
26	0.00	0.0000	0.00	0.0629
27	0.06	0.0000	0.00	0.0026

$$l^{[d]} = \text{logit}(p^{[d]}) = \log \frac{p^{[d]}}{1 - p^{[d]}}, \qquad p^{[d]} = \text{logit}^{-1}(l^{[d]}) = \frac{1}{1 + e^{-l^{[d]}}} \quad (10.38)$$

이다.

또한 다음과 같이 정의한다.

$$l_i^{[d]} \approx \text{logOdds}[d \in P \,|\, x_i^{[d]}] \quad (\text{for } 1 \leq i \leq n) \tag{10.39}$$

먼저 특수한 경우로 $n = 0...2$를 살펴보고 나서, $n > 2$인 경우로 일반화할 것이다.

- $n = 0$은 빈 벡터를 뜻하므로, 추정치 l_0은 다음과 같다(여기서 γ와 ϵ는 평활화 모수다).

$$l^{[d]} = l_0^{[d]} = \frac{|P \cap T| + \gamma}{|\overline{P} \cap T| + \epsilon} \approx \text{logOdds}[d \in P] \tag{10.40}$$

- $n = 1$도 자명하다.

$$l^{[d]} = l_1^{[d]} \approx \text{logOdds}[d \in P \,|\, x_1^{[d]}] \tag{10.41}$$

- $n = 2$는 더 복잡하다. $x_1^{[d]}$와 $x_2^{[d]}$의 조건부 의존성을 고려하지 않고 $l_1^{[d]}$와 $l_2^{[d]}$를 하나의 추정치로 결합하는 일반적인 방법은 없다. 식 10.7과 10.40에서

$$\log \text{OR}(d \in P, x_1^{[d]}) \approx l_1^{[d]} - l_0^{[d]}, \tag{10.42}$$

$$\log \text{OR}(d \in P, x_2^{[d]}) \approx l_2^{[d]} - l_0^{[d]} \tag{10.43}$$

나이브 베이즈 가정(식 10.11)을 하면 다음을 얻는다.

$$\log \text{OR}(d \in P, x^{[d]}) = \log \text{OR}(d \in P, x_1^{[d]} \, and \, x_2^{[d]}) \approx l_1^{[d]} - l_0^{[d]} + l_2^{[d]} - l_0^{[d]} \tag{10.44}$$

따라서

$$l^{[d]} = -l_0^{[d]} + l_1^{[d]} + l_2^{[d]} \approx \text{logOdds}[d \in P \,|\, x^{[d]}] \tag{10.45}$$

가 된다. 나이브 베이즈 가정이 실제로 성립하는 경우는 드물다. 예를 들어 "sildenafil"이라는 단어는 스팸이든 햄이든 "Viagra"라는 단어와 같이 나타날 가능성이 매우 높다.[3] 가정이 맞지 않음을 제쳐 두면, 나이브 베이즈 분류기는 단순한 데다가 (확률 추정치가 정확치

---

3 Viagra(비아그라)는 발기부전 치료제인 sildenafil(실데나필)의 상표명이다. – 옮긴이

않을 때조차) 문턱값 0.5를 기준으로 하는 하드 분류기로 쓸 때 적당한 성능을 보이기 때문에 일반적으로 활용된다(Domingos and Pazzani, 1997).

반대로 x_1과 x_2가 서로 의존적이라는 가정을 할 수 있다. 예를 들어 "sildenafil"과 "Viagra" 모두 스팸을 가리키는 지표지만, 메시지에 한 단어만 있는지 둘 다 있는지는 중요하지 않다고 하자. 요컨대 "sildenafil"과 "Viagra"가 둘 다 있는 메시지가 스팸일 확률은, 하나만 있는 경우보다 더 높지도 낮지도 않다는 가정이다. 이렇게 가정하면 l_1과 l_2는 같은 양을 추정하면서 추정 오류만 다르기 때문에 평균해서 쓸 수 있다.

$$l^{[d]} = \frac{l_1^{[d]} + l_2^{[d]}}{2} \tag{10.46}$$

나이브 베이즈 가정이나 로그-오즈 평균 가정 모두, $n \geq 2$일 때 $l^{[d]}$의 일반 해는 각각의 $l_i^{[d]}$를 선형 결합한 형태가 된다.

$$l^{[d]} = \sum_{i=0}^{n} \beta_i \cdot l_i^{[d]} \tag{10.47}$$

나이브 베이즈의 경우에는

표 10.21 로그-오즈 평균 및 나이브 베이즈를 이용한 결합 확률 추정치

특성 f_1	특성 f_2	$\Pr[\text{spam} \mid f_1, f_2]$		
		로그-오즈 평균	나이브 베이즈	최적 표준
$0 \leq$ head:enron < 10	body:enron $= 0$	0.45	0.36	0.14
$0 \leq$ head:enron < 10	body:enron > 0	0.33	0.16	0.03
$10 \leq$ head:enron < 20	body:enron $= 0$	0.77	0.90	0.86
$10 \leq$ head:enron < 20	body:enron > 0	0.66	0.76	0.65
$20 \leq$ head:enron < 30	body:enron $= 0$	0.36	0.21	0.40
$20 \leq$ head:enron < 30	body:enron > 0	0.25	0.08	0.12

$$\beta_i = \begin{cases} 1 - n & (i = 0) \\ 1 & (i > 0) \end{cases} \tag{10.48}$$

로그-오즈 평균의 경우에는

$$\beta_i = \begin{cases} 0 & (i = 0) \\ \frac{1}{n} & (i > 0) \end{cases} \tag{10.49}$$

이다. 표 10.21은 두 특성 값의 모든 가능한 조합에서 위 두 방법을 비교한다. 로그-오즈 평균 방법은 $p_0 = 0.55$에 더 가까운 보수적인 결과를, 나이브 베이즈는 더 극단적인 결과를 보인다. 몇 가지 경우에는 평균 방법의 추정치가 더 낮지만, 나머지는 나이브 베이즈 방법의 추정치가 더 낮다.

β_i를 선택하는 방법은 여러 가지다. 예를 들어 나이브 베이즈와 로그-오즈 평균 추정치를 평균하면, $x_i^{[d]}$ 사이의 조건부 의존성을 부분적으로 반영하는 선형 결합을 얻을 수 있다. 또는 $i[d]$의 정확도에 따라 β_i에 $\frac{1}{n}$ 대신 다른 가중치를 줄 수도 있다.

로지스틱 회귀^{logistic regression}는 레이블이 붙은 훈련 예제들이 주어졌을 때, 우도가 최대가 되도록 β_i를 계산하는 방법이다. 우도는 추정치 $p^{[d]}$가 $p^{[d]} = \frac{1}{1 + e^{-l^{[d]}}} = \Pr[d \in P \mid x^{[d]}]$ 라는 가정 아래서 단순히 예제들의 확률을 결합한 값이다. 즉,

$$likelihood = \prod_{d \in T \cap P} p^{[d]} \cdot \prod_{d \in T \cap \overline{P}} 1 - p^{[d]} \tag{10.50}$$

로지스틱 회귀는 β_i의 해를 구하므로, 별도의 $l_i^{[d]}$를 로그-오즈 추정치로 반드시 보정할 필요는 없다. 특히 범주형 특성들은 로지스틱 회귀에 맞춰 변환할 필요가 없다. 대신 특성 $x_i^{[d]} : \{k_1, k_2, ..., k_m\}$은 다음과 같은 m개의 이산 이진 특성 $x_{i1}^{[d]}, x_{i2}^{[d]}, ..., x_{im}^{[d]}$들로 해석된다.

$$x_{ij}^{[d]} = \begin{cases} 1 & (x_i^{[d]} = k_j) \\ 0 & (x_i^{[d]} \neq k_j) \end{cases}$$

보통 $x_i^{[d]}$는 값이 2개고, 10.3.1절에서 언급했던 이유로 $x_{i0}^{[d]}$는 버리므로, 사실상 $x_i^{[d]}$는 $x_{i1}^{[d]}$

입력:

집합 $T \subset D$. 집합 T의 원소는 $x^{[d]} = \langle 1, x_1^{[d]}, x_2^{[d]}, \ldots, x_n^{[d]} \rangle$ 으로 표현되는 훈련 예제들 $d \in T$

레이블 $label : T \rightarrow \{0, 1\}$

평활화 매개변수 γ, ϵ

출력:

$\beta \cdot x^{[d]}$, $\log\text{Odds}[label(d) = 1]$ 의 나이브 베이즈 추정치. 여기서 $\beta = \langle \beta_0, \ldots, \beta_n \rangle$.

```
1    p ← a ← ⟨0, . . . 0⟩
2    for d ∈ T do
3      for i ∈ [0..n] do
4        if x_i^[d] = 1 then
5          if label(i) = 1 then p_i ← p_i + 1 else  a_i ← a_i + 1
6    β_0 ← logit(p_0+γ / a_0+ε)
7    for i ← 1 to n do
8      β_i ← logit(p_i+γ / a_i+ε) − β_0
```

그림 10.7 나이브 베이즈 분류기 구성

로 대체된다. 연속 특성들도 로그-오즈에 비례(또는 거의 비례)한다면 변환할 필요가 없다.

10.3.3 현실적 고려 사항

특성을 표현하거나 결합하는 방법에 따라 분류기의 단순성이나 효율성은 크게 달라지며, 특히 온라인 방법은 더 큰 영향을 받는다. TF-IDF나 통계적 특성 선택은 적응형 분류기에 적용하기 어렵다는 이야기를 한 적이 있었다. 전체 분포를 모델링하는 확률 기반 해석들도 비슷한 문제가 있다. 온라인 학습에는 훈련 집합을 제외한 나머지 메시지에서 추출한 이산 특성들이 더 적합하다. 배치 필터링의 경우도, 보통 전체 통계 기반의 더 복잡한 특성 표현 보다 이렇게 간단한 특성 표현이 더 좋거나 같은 성능을 낸다.

나이브 베이즈 분류기는 적절한 특성만 있다면 구현하기 매우 쉬우며, 배치나 온라인 버전에 따른 차이도 거의 없다. 배치 버전이 그림 10.7에 기술돼 있다. 이 버전은 단순히 $T \cap P$와 $T \cap \overline{P}$에 속하는 각 특성들의 출현 빈도를 세고, 로그-오즈 계수를 계산한다. 온라인 적응형 버전(따로 쓰진 않음)은 단순히 숫자를 세고 계수를 계산하는 작업을 결합한 것이다. 문서에서 새로운 특성이 처음 발견됐을 때는 초기 횟수를 0으로 설정하는 식으로 쉽게 적용할 수 있다.

입력:

집합 $T \subset D$. T의 원소는 $x^{[d]} = \langle 1, x_1^{[d]}, x_2^{[d]}, \ldots, x_n^{[d]} \rangle$으로 표현되는 훈련 예제들 $d \in T$.

레이블 $label : T \to \{0, 1\}$

비율 모수 δ

출력:

$\beta \cdot x^{[d]}$, $d \in T$에 대한 $\Pr[label(d) = 1]$의 최대 우도 추정치

1      $\beta \leftarrow \langle 0, \ldots, 0 \rangle$
2   **loop** until convergence:
3   **for** $d \in T$ **do**
4            $p \leftarrow \frac{1}{1 + e^{-\beta \cdot x^{[d]}}}$
5            $\beta \leftarrow \beta + (label(d) - p) \cdot \delta \cdot x^{[d]}$

그림 10.8 경사 하강법을 이용한 로지스틱 회귀

나이브 베이즈 방법으로 적당한 성능의 하드 분류기는 만들 수 있지만, 특성들이 합쳐진 효과가 과대평가되기 때문에 소프트 분류기로서 성능은 매우 떨어진다. 특성들을 더 많이 고려할수록 과대평가는 더 심해진다. 과대평가 문제는 문서마다 정해진 수의 텀만 고르는 방법으로 완화할 수 있다. 즉, m이 고정 값일 때, $x_i^{[d]}$에서 가장 큰 m개와 가장 작은 m개 값만 사용해서 $x^{[d]}$를 계산하는 방법이다. 이 방식은 문서들 사이, 또는 양성과 음성 특성들 사이의 과대평가 크기가 정규화되는 효과가 있다.

로지스틱 회귀는 예전부터 배치 알고리즘으로 분류됐지만, 간단한 경사 하강법gradient descent method을 이용해 나이브 베이즈보다 더 단순하고 성능도 좋으면서, 온라인이나 배치 환경에서 사용하도록 구현할 수 있다. 경사 하강법은 함수의 경사가 음수인 방향으로 한 걸음씩 진행하는 과정을 반복해서 함수의 지역 최솟값을 찾는 방법이다. 배치 버전은 그림 10.8에 기술돼 있다. 가장 단순하게 구현하는 방식은 수렴할 때까지 경사 하강을 반복하는 대신 입력 문서마다 한 단계씩 진행하는 방법이다. 모든 예전 훈련 예제들을 기억했다가 학습하는 방법도 있다. 예를 들면 새로운 양성 예제가 들어오면, 예전 음성 예제를 무작위로 하나 골라 같이 학습하는 방법이다. 그러면 양성 및 음성 예제 숫자가 균형이 맞아 분류 결과가 더 좋아지는 효과가 있다.

보통 경사 하강법은 공간 효율성이 좋기 때문에 규모가 큰 문제에 적용하기 좋다. 하지만 훈련 예제의 수가 많을 때는 시간 효율성이 더 좋은 알고리즘을 쓸 수도 있다.

경사 하강법에서 상대적으로 수렴이 늦다는 특징은 과적합을 피하는 데는 장점이 되기

도 한다. 로지스틱 회귀는 연립방정식의 해를 구하므로 예제의 수보다 특성의 수가 많으면 과적합이 된다. 경사 하강법에서는 학습율 δ을 적절하게 선택해 이 함정을 피할 수 있다. 반면 배치 방법은 정규화라는 기법으로 과적합을 피한다. 정규화는 훈련 예제들에 대해 우도를 최대화할 뿐 아니라 β의 크기도 최소화하는데, 계수가 크면 과적합되는 경향이 있기 때문이다. 우도 최대화와 $|\beta|$의 최소화 사이의 트레이드-오프는 보통 C로 표기하는 정규화 매개변수를 두어 조절한다.

배치 로지스틱 회귀는 표준 도구이므로 주요 통계 및 수학 소프트웨어 패키지에는 다 구현돼 있다. 분류에서 유명한 패키지로는 Weka(Witten and Frank, 2005), LR-TRIRLS (Komarek and Moore, 2003), LibLinear가 있다.

10.4 선형 분류기

n을 특성 개수라 할 때, 선형 분류기는 메시지 d의 특성 벡터 $x^{[d]}$를 n차원 공간의 한 점으로 바라본다. 분류기는 계수들의 벡터 $\beta = \langle \beta_1, \beta_2, ..., \beta_n \rangle$과 문턱값 t로 구성된다. 수식 $\beta \cdot x = t$는 공간을 반으로 나누는 초평면을 뜻한다. 그리고 초평면의 한 편($\beta \cdot x^{[d]} > t$)에 있는 모든 점들은 양성으로, 다른 편($\beta \cdot x^{[d]} < t$)의 점들은 음성으로 분류된다. $\forall_{d \in P} : \beta \cdot x^{[d]} > t$이고 $\forall_{d \in \bar{P}} : \beta \cdot x^{[d]} \leq t$이면 $\beta \cdot x = t$는 분리 초평면hyperplane으로 정의된다. 그리고 메시지 집합에 대해 분리 초평면이 존재하면, 선형 분리할 수 있다고 말한다. 앞 절에서 나왔던 확률적 분류기의 로그-오즈 공식이 바로 선형 분류기의 한 예다. 이 절에서는 선형 분류기의 기하학적 해석과 그 구성 방법을 몇 가지 설명할 것이다.

편의상 $n = 2$인 경우만 생각해보자. 일반적인 필터링 문제에서는 특성이 더 많으므로 차원수도 더 높다는 점을 기억해두자. 그림 10.9는 지금까지의 예제에서 나왔던 18건의 메시지를 벡터 공간에 표시한다(표 10.17). x축은 **head:enron** 특성을 가우스 모델로 변환한 수치다(표 10.20). 그리고 y축은 단순히 **body:enron** 특성을 개수로 표현했다. 대각선을 보면 한 편에는 양성 예제들 전부가, 반대편에는 음성 예제들 전부가 있으므로 이 대각선은 분리 초평면이 된다. 따라서 적어도 표본 데이터에 한해서는 이 분류기는 완벽한 분류기다.

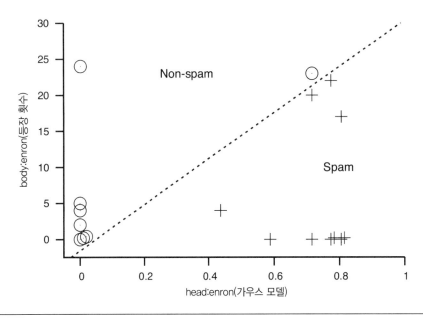

그림 10.9 선형 분리할 수 있는 표본과 분리 초평면

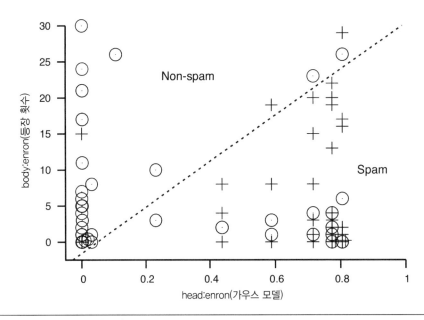

그림 10.10 선형 분리할 수 없는 더 큰 표본

그림 10.10은 동일한 출처에서 표본을 더 많이 뽑은 결과로, 앞의 대각선이 분리 초평면이 아닐 뿐더러, 심지어 분리 초평면이 될 만한 다른 선도 존재하지 않는다. 하지만 여전히 양성 예제와 음성 예제는 대부분 선을 따라 스팸과 햄으로 나뉜다. 따라서 이 선은 합리적인 분류기라 할 수 있다. 하지만 이 벡터 공간에서 최적 분류기일까? 그리고 훈련 데이터만으로 어떻게 최적의 분류기를 찾을 수 있을까? 답은 최적을 어떻게 정의하는지에 달렸다.

점들이 선형 분리할 수 있으면 일반적으로 분리 초평면이 무한한 수로 존재한다. 그림 10.11에서 두 극단 선을 어떻게 선형 조합해도 전부 음성과 양성 예제가 잘 분리된다. 하지만 분리 초평면이 존재해도 곧바로 최적 분류기인지는 확실치 않다. 그림 10.12처럼 $\langle 0.72, 23 \rangle$ 위치의 햄을 훈련 데이터의 오류인 특이점^{outlier}으로 생각하고, 두 번째 특성은 실질적 효과가 없다고 가정한 후 수직 분리선을 그리는 편이 합리적일지도 모른다. 지나서 보면(그림 10.10) 맨 처음 분리선이 더 적절하다는 사실을 직관적으로 알 수 있다. 하지만 현 시점에서 훈련 데이터만으로 어떤 선택이 맞는지 결정하기에는 걱정이 따른다. 그림

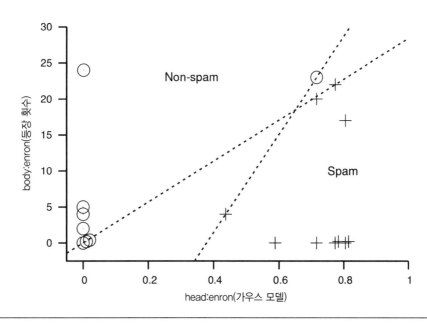

그림 10.11 선형 분리할 수 있는 표본과 두 개의 분리 초평면. 어느 쪽이 "더 나은"가?

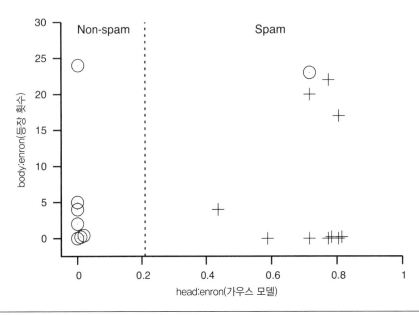

그림 10.12 점 하나를 무시함

10.9와 10.12는 최적 분류기를 이루는 요소가 무엇인지에 관해 두 가지 상반되는 시각을 나타내고 있다.

- 모든 훈련 예제를 올바르게 분류하면서, 초평면에서 가장 가까운 점과 초평면 사이 거리를 최대화하는 분류기(그림 10.9)
- 오분류를 한 건 이상 허용하되, 나머지 점들 사이 거리는 늘리는 분류기(그림 10.12)

10.4.1 퍼셉트론 알고리즘

퍼셉트론^{perceptron} 알고리즘(그림 10.13)은 가중치 벡터 β로 결정되는 초평면에서 시작해, 잘못 분류되는 예제마다 가중치를 증가 또는 감소시키는 과정을 반복하며 분리 초평면을 찾는 알고리즘이다(분리 초평면이 존재한다면 어떻게 해서든지 하나는 찾는다). 퍼셉트론 알고리즘은 잘 분류된 예제는 무시한다. 만약 예제들이 선형 분리할 수 있으면 유한한 반복 횟수 안에 결과가 수렴하며, 분리할 수 없으면 종료에 실패한다. 실제 적용 시에는 일정 시간

:
    집합 $T \subset D$. T의 원소는 $x^{[d]} = \langle 1, x_1^{[d]}, x_2^{[d]}, \ldots, x_n^{[d]} \rangle$ 으로 표현되는 훈련 예제들
    레이블 $label : T \rightarrow \{-1, 1\}$

출력:
    선형 분리할 수 있으면, $\beta \cdot x^{[d]} > 0$인 β ($label(d) = 1$와 동치)
    아닐 경우에는 종료 실패

1    $\beta \leftarrow \langle 0, \ldots, 0 \rangle$
2   **while** $\exists_{d \in T} : \ \beta \cdot x^{[d]} \cdot label(d) < 0$ **do**
3        $\beta \leftarrow \beta + x^{[d]} \cdot label(d)$

그림 10.13 퍼셉트론 학습 알고리즘

이 지나면 최적은 아니더라도 적당한 분류기가 찾아진다고 가정하고 학습을 멈추는 방법을 쓴다. 퍼셉트론은 간단하고 증분 방식에 적응형 방법이므로 필터링에 적용하기 좋다.

마진^{margin} 퍼셉트론 알고리즘은 초평면에 가까우면서 잘 분류된 예제들과 잘못 분류된 예제들에 대해서도 β를 증가시킨다. 마진은 유클리드 공간에서 가장 가까운 예제와의 거리로 정의된다. 마진 퍼셉트론(그림 10.14. 자세한 내용은 Sculley et al., 2006 참조)은 마진 매개변수 τ를 도입해 마진이 더 큰 분리선을 찾아가도록 만든다. 일반 퍼셉트론이 중단되는 시점에도 마진 퍼셉트론은 마진이 $\tau/|\beta|$가 될 때까지 초평면을 계속 조정한다. 단계마다 $|\beta|$가 커지면 적절한 초평면을 찾기 위한 마진은 감소한다는 사실에 주목하자. 가능한 마진 값 중에 가장 큰 값(즉, 가능한 $|\beta|$ 중 가장 작은 값)을 찾으리라는 보장은 없지만 τ가 충분히 크다면 마진 퍼셉트론은 보통 적절한 근사치를 찾아간다.

입력:
    집합 $T \subset D$. T의 원소는 $x^{[d]} = \langle 1, x_1^{[d]}, x_2^{[d]}, \ldots, x_n^{[d]} \rangle$으로 표현되는 훈련 예제들 $d \in T$.
    레이블 $label : T \rightarrow \{-1, 1\}$
    마진 매개변수 τ

출력:
    선형 분리할 수 있으면, $label(d) = 1$이면 $\beta \cdot x^{[d]} \geq \tau$이고, $label(d) = -1$이면 $\beta \cdot x^{[d]} \leq -\tau$인 β
    아닐 경우에는 종료 실패

1    $\beta \leftarrow \langle 0, \ldots, 0 \rangle$
2   **while** $\exists_{d \in T} : \ \beta \cdot x^{[d]} \cdot label(d) < \tau$ **do**
3        $\beta \leftarrow \beta + x^{[d]} \cdot label(d)$

그림 10.14 마진 퍼셉트론

10.4.2 서포트 벡터 머신

서포트 벡터 머신SVM, Support Vector Machine은 가장 가까운 예제들 사이의 마진을 최대화하는 분리 초평면을 직접 계산하는 방법이다. 이때 몇 개의 점들이 같은 거리에 위치하게 된다. 이 점들을 서포트 벡터라 하며, 분류기는 서포트 벡터들의 선형 결합이 된다(나머지 점들은 모두 무시된다). 따라서 그림 10.11에서 햄 편은 $\langle 0, 0 \rangle$, $\langle 0.72, 23 \rangle$, 스팸 편은 $\langle 0.72, 20 \rangle$이 서포트 벡터가 되며, SVM은 여러 분리선 중에 그림 10.9의 해답을 더 선호하게 된다.

분리할 수 없는 데이터나 분리할 수 있지만 몇 개의 점들이 해답에 크게 영향을 미치는 데이터의 경우(예: 그림 10.12, 또는 훈련 데이터에서 $\langle 0.72, 23 \rangle$), 모든 데이터를 올바르게 분류해야 한다는 조건을 완화하는 편이 바람직할 수 있다. 최신 SVM에서는 마진의 최대화와 학습 오류의 최소화 사이에 트레이드-오프를 고려한다. 트레이드-오프 매개변수 C는 첫 번째와 두 번째 목표 사이에 상대적 가중치를 정하는 변수다. $C = 0$은 앞에서 설명한 기본 SVM이다. $C = 1$은 두 목표 사이에 균형 잡힌 가중치를 뜻하며, 보통 초깃값이 된다. $C = 100$은 두 번째 목표에 상당한 가중치를 준 설정으로, 스팸 필터링에 적합하다(Drucker et al., 1999; Sculley et al., 2006).

Weka, SVM-light, LibSVM 등 SVM이 구현된 소프트웨어 패키지가 많다. 스컬리와 와크만(Scully and Wachman, 2007)은 SVM을 활용한 온라인 필터링 문제에 효율적인 경사 방법을 제안했다.

10.5 유사도 기반 분류기

이 절에서는 서로 다른 문서들보다 비슷한 문서들이 같은 범주에 속할 가능성이 더 높다는 가정을 활용하는 유사도 기반 분류기를 다룬다. 분류를 하려면 유사도 개념을 함수 $sim: D \times D \rightarrow \mathbb{R}$로 바꿔야 하는데, 여기서 $sim(d_1, d_2) > sim(d_3, d_4)$은 d_1, d_2가 d_3, d_4보다 서로 더 유사하다는 뜻이다. 2장에서 정보 검색을 위한 벡터 공간 모델에서, sim을 코사인 유사도로 했던 예가 아마도 가장 친숙할 것이다(식 2.12).

$$sim(d_1, d_2) = \frac{|x^{[d_1]} \cdot x^{[d_2]}|}{|x^{[d_1]}| \cdot |x^{[d_2]}|} \tag{10.51}$$

과거 데이터가 없는 주제 기반 필터링의 경우, 순위 검색과 마찬가지로 질의 q와 문서 사이 유사도를 우선순위값으로 정하는 방식으로 소프트 분류기를 만들 수 있다.

$$c(d) = sim(d, q) \tag{10.52}$$

과거 데이터가 있을 때는 과거 데이터에서 일부 또는 전부와 d 사이 유사도를 계산하고, 그 결과를 결합해 d를 분류할 수 있다. 이 접근법을 수식으로 표현하고자 새로운 유사도 함수 $Sim: D \times 2^D \to \mathbb{R}$을 정의하고, d와 집합 $D' \subset D$에 속하는 문서들 사이의 유사도를 $Sim(d, D')$으로 쓴다. 유사도 기반 분류기들은 어떻게 sim을 정의하고, sim에서 Sim을 유도하는지에 따라 다양하게 나뉜다.

10.5.1 로치오 방법

로치오 방법(Rocchio, 1971)은 다음을 정의한다.

$$Sim(d, D') = sim(d, d'), \quad \text{where } x^{[d']} = \frac{1}{|D'|} \sum_{d \in D'} x^{[d]} \tag{10.53}$$

즉, D'는 가상의 대리 문서 d'로 대표되며, 이 문서 d'의 특성 벡터는 D'에 속하는 모든 원소들의 중심이라는 뜻이다. 로치오 분류기 중 가장 단순한 버전은 양성 훈련 예제만 사용하는 분류기다.

$$c(d) = Sim(d, T \cap P) \tag{10.54}$$

양성 예제와 음성 예제가 있다면, 그 차이를 이용해 분류기를 개선할 수 있다.

$$c(d) = Sim(d, T \cap P) - Sim(d, T \cap \overline{P}) \tag{10.55}$$

로치오 방법은 벡터 공간 모델의 적합도 피드백에 널리 사용됐다. 로치오 방법은 그 기본이 되는 코사인 측도와 마찬가지로, 이제 적합도 피드백에는 낡은 방법이 됐다. BM25 적합도 피드백 같은 방법들이 더 나은 성능을 보인다. 로치오 방법이 사실 선형 분류기라는 점은 어렵지 않게 알 수 있지만, 여기서 소개한 다른 분류기들만큼 효과적이지는 않다.

이 책에서 언어 분류 및 스팸 필터링에 BM25를 적용한 예제(10.1절)는 Sim을 코사인 측도 대신 BM25 적합도 피드백 공식으로 정의한, 로치오 방법의 변형으로 생각할 수 있다.

10.5.2 기억 기반 방법

사례 기반 방법$^{\text{case-based method}}$으로도 알려진 기억 기반 방법$^{\text{memory-based method}}$은 훈련 예제 자체를 분류기 프로파일로 사용하는 방법이다. 즉, 문서나 문서 집합을 분류할 때 필요한 시점에 훈련 예제를 검색한다. 최근접$^{\text{NN, Nearest Neighbor}}$ 방법은 가장 간단한 기억 기반 방법 중 하나로 보통 하드 분류기로 쓰인다.

$$c_h(d) \;=\; label\left(\arg\max_{d' \in T} sim(d, d')\right) \tag{10.56}$$

만약 sim이 검색에서 일반적으로 사용되는 순위화 방법 중 하나라면 훈련 예제를 색인해서 검색엔진으로 가장 유사한 문서를 검색하는 식으로 최근접 분류기를 효율적으로 구현할 수 있다. 그렇지 않다면 모든 $d' \in T$에 대해 $sim(d, d')$를 계산해야 한다.

더 일반적으로는 소프트 최근접 분류기를 계산하고, 거기서 하드 분류기를 유도하는 방법이 있다.

$$Sim(d, D') \;=\; \max_{d' \in D'} sim(d, d') \tag{10.57}$$

$$c_s(d) \;=\; Sim(d, T \cap P) - Sim(d, T \cap \overline{P}) \tag{10.58}$$

$$c_h(d) \;=\; \begin{cases} pos & (c_s(d) > 0) \\ neg & (c_s(d) \le 0) \end{cases} \tag{10.59}$$

c_s를 구현할 때 T_{pos}와 T_{neg}에 대한 검색 색인을 각각 따로 구성하면 효율적이다.

k-최근접$^{\text{kNN, k-Nearest Neighbor}}$은 간단한 변형 모델로, 어떤 고정 k값에 대해 d와 가장 유사한 문서 k개를 이용하는 방법이다. 보통 가장 비슷한 k개의 문서 중에 다수결로 하드 분류기를 정의한다.

10.6 일반화 선형 모델

앞서 이야기했듯이 특성 엔지니어링과 분류기 구성은 뚜렷한 구분이 없다. 특성 표현 $x^{[d]}$를 적절하게 선택하면 기본적으로 어떤 분류 문제도 선형 분류기로 풀 수 있다. 지금까지 설명한 예제들은 다음과 같은 특성 엔지니어링을 했었다.

- 확률적 분류기 예제에서는 연결 함수나 전환 함수로 알려진 로짓 변환을 적용해 문제를 선형 분류에 알맞도록 바꿨다.
- 선형 분류기 예제에서는 차원 하나에 가우스 변환을 적용했다.

그림 10.15는 변환을 거치지 않았을 때 선형 분류 문제다. 두 차원의 특성 표현으로는 원본 텀 빈도가 쓰였다. 앞으로 설명할 때 원본 특성 표현과 변환 특성 표현은 다음의 표기법으로 구분한다.

- $x^{[d]}$는 d의 원본 특성 표현이다. 위 예제에서 $x^{[d]}$는 두 텀의 빈도로 된 벡터다. 일반적으로 $x^{[d]}$는 어떤 방식이든 d를 직접적으로 표현한 값이다.

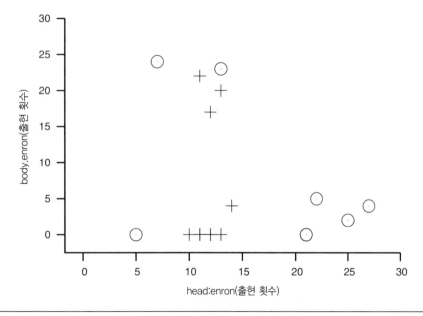

그림 10.15 변환을 거치지 않은 특성들

- $X^{[d]} = \varphi(x^{[d]})$는 d의 변환 특성 표현으로, φ는 매핑 함수를 뜻한다. X는 벡터 공간으로, 차원이 꼭 x와 같을 필요는 없다. 변환이 차원 축소라면 X의 차원은 더 작을 수 있다. 또는 차원이 훨씬 더 크거나, 심지어 무한일 수도 있다. 이런 경우에는 커널 방법kernel method를 사용하면 $X^{[d]}$를 계산할 필요 없이 X에 대한 선형 분류기를 만들 수 있다. 퍼셉트론과 SVM은 커널 방법으로 쉽게 구현된다.

식 10.34를 이용하면, 앞의 예제에서 매핑 함수는 다음과 같다.

$$X^{[d]} \;=\; \varphi(x^{[d]}) \;=\; \left\langle \frac{N_P}{N_{\overline{P}}} \cdot \frac{g(\mu_{(1,P)}, \sigma_{(1,P)}, x_1^{[d]})}{g(\mu_{(1,\overline{P})}, \sigma_{(1,\overline{P})}, x_1^{[d]})}, \; x_2^{[d]} \right\rangle \tag{10.60}$$

네 개의 매개변수 $\mu_{(1,P)}$, $\sigma_{(1,P)}$, $\mu_{(1,\overline{P})}$, $\sigma_{(1,\overline{P})}$는 특성 엔지니어링 과정에서 훈련 예제들을 바탕으로 추정한 값이라는 점에 주목하자. 그 외 다른 방법으로는 매개변수 선택, 더 일상적인 용어로는 튜닝이라고 부르는 방법이 있는데, 모수를 몇 가지 추측한 후 어떤 값이 가장 성능이 좋은지 선택하는 방법이다. Φ도 추측할 수 있는데, φ와 φ의 매개변수를 추측하는 과정을 통틀어 모델 선택이라 부른다. 매개변수 선택이나 모델 선택을 하는 분류기를 계산할 때는 평가(즉, 테스트) 데이터를 참고하지 않아야만 한다. 보통 훈련 예제를 학습 집합과 평가 집합으로 따로 분리한다(11장에 자세한 내용이 있다). 지금 당장은 φ(및 매개변수들)이 고정돼 있다고 가정한다.

설명을 위해 x의 차원을 늘려 3차원으로 만드는 두 번째 매핑 함수 φ^+를 도입해보자.

$$\varphi^+(x^{[d]}) \;=\; \left\langle x_1^{[d]}, \; x_2^{[d]}, \; \frac{N_P}{N_{\overline{P}}} \cdot \frac{g(\mu_{(1,P)}, \sigma_{(1,P)}, x_1^{[d]})}{g(\mu_{(1,\overline{P})}, \sigma_{(1,\overline{P})}, x_1^{[d]})} \right\rangle \tag{10.61}$$

이 매핑 함수를 시각적으로 표현하자면, 양성 예제들을 평면에서 세 번째 차원 방향으로 들어올리되, 음성 예제들은 그 자리에 두는 함수다. 이 새로운 3차원 공간에서 예제들은 선형 분리할 수 있다. 게다가 첫 번째 차원을 없애고 2차원으로 바꿔도 여전히 선형 분리할 수 있기 때문에, 첫 번째 차원은 필요가 없다.

$$\varphi^-(X^{[d]}) = \left\langle X_3^{[d]}, \; X_2^{[d]} \right\rangle \tag{10.62}$$

원래 매핑 함수 φ는 단순히 φ^+와 φ^-의 합성 함수다.

$$\varphi(x^{[d]}) = \varphi^-(\varphi^+(x^{[d]})) \tag{10.63}$$

10.6.1 커널 방법

선형 분류기는 다음과 같이 유사도 기반 분류기로 재구성할 수 있다.

$$sim(d_1, d_2) = X^{[d_1]} \cdot X^{[d_2]} \tag{10.64}$$

특성 공간 x가 선형 분리할 수 있는 경우를 생각해보자. 퍼셉트론 알고리즘을 이용해 가중치 벡터 β를 다음과 같이 계산할 수 있다.

$$c(d) = \beta \cdot X^{[d]} \qquad c(d \in P) > 0 \qquad c(d \in \overline{P}) < 0 \tag{10.65}$$

그림 10.13에서, β는 양성 및 음성 훈련 예제의 선형 결합이면서 양성 예제는 음이 아닌 계수, 음성 예제는 양이 아닌 계수를 가져야 함을 알 수 있다.

$$\beta = \sum_{d \in T} \alpha_i X^{[d]} \qquad \alpha_{d \in P} \geq 0 \qquad \alpha_{d \in \overline{P}} \leq 0 \tag{10.66}$$

입력:
  집합 $T \subset D$. T의 원소는 임의로 표현되는 훈련 예제 $d \in T$
  레이블 $label : T \to \{-1, 1\}$
  유사도 (커널) 함수 $sim : D \times D \to \mathbb{R}$,
    여기서 가상의 특성 공간 X에서 $sim(d_1, d_2) = X^{[d_1]} \cdot X^{[d_2]}$
출력:
  선형 분리할 수 있으면,
    $c(d) > 0$인 α. 여기서 $c(d) = \sum_{d' \in T} \alpha_{d'} \; sim(d', d)$이고, $c(d) > 0$은 $label(d) = 1$과 동치
  아닐 경우에는 종료 실패

```
1    α ← ⟨0, . . . , 0⟩
2    while ∃_{d∈T} : c(d) · label(d) < 0 do
3        α_d ← α_d + label(d)
```

그림 10.16 커널 퍼셉트론 학습 알고리즘

여기서 α는 가중치들의 벡터로, T의 문서마다 하나씩 있다. 식 10.64, 10.65, 10.66을 결합하면 분류기의 쌍대 공식dual formulation을 얻는다.

$$c(d) \ = \ (\sum_{d' \in T} \alpha_{d'} \cdot x^{[d']}) \cdot x^{[d]} \ = \ \sum_{d' \in T} \alpha_{d'} \cdot (x^{[d']} \cdot x^{[d]}) \ = \ \sum_{d' \in T} \alpha_{d'} \cdot sim(d, d') \quad (10.67)$$

이 쌍대 공식에는 sim을 정의할 때를 제외하고 $X^{[d]}$가 나오지 않는다. 커널 퍼셉트론 알고리즘(그림 10.16)은 이 표현을 이용해서 다음과 같은 업데이트 규칙에 따라 β 대신 α를 계산한다.

$$\beta \leftarrow \beta + X^{[d]} \cdot label(d) \quad \text{with} \quad \alpha_d \leftarrow \alpha_d + label(d) \qquad (10.68)$$

따라서 커널 퍼셉트론은 sim과 α은 조절하지만, $X^{[d]}$나 β는 전혀 손대지 않는다. 마진 퍼셉트론이나 SVM 같은 다른 방법들도 커널 방법으로 공식화할 수 있다.

커널 기법kernel trick은 전부 계산할 필요가 없도록 X와 상관없이 $sim(d_1, d_2)$를 구현하는 방법이다. 식 10.64만 성립한다면, 어떻게 구현해도 된다. 이런 구현을 커널 함수라 부른다. 원래라면 사용할 수 없지만 커널 기법으로 매우 많거나 무한한 수의 가상 특성들을 활용할 수 있다.

예를 들어 문서 집합 $d \in D$가 있고, 그 원본 특성 표현 $x^{[d]}$가 n개의 텀 빈도로 이뤄졌다고 생각해보자. 전통적인 방법대로 코사인 규칙으로 선형 분류기를 만드는 대신 두 개의 문서에서 동일한 빈도로 출현하는 텀의 개수로 유사도를 정의해보자.

$$sim(d_1, d_2) \ = \ |\{i \in [1, n] \,|\, x_i^{[d_1]} = x_i^{[d_2]}\}| \qquad (10.69)$$

일반적으로 가능한 $f = x_i^{[d]}$ 값의 개수는 제한이 없지만 (f, i)의 조합에서 $\mathbb{N}$으로 매핑되는 함수 π를 정의해 가능한 값의 개수를 셀 수 있다.

$$\pi(f, i) \ = \ i + n \cdot f \qquad (10.70)$$

π가 주어졌을 때, 가상 특성 표현 $X^{[d]}$은 다음과 같이 정의된다.

468

$$X^{[d]}_{\pi(f,i)} = \begin{cases} 1 & (x^{[d]}_i = f) \\ 0 & (x^{[d]}_i \neq f) \end{cases} \tag{10.71}$$

이 공간에서 $sim(d_1, d_2) = X^{[d_1]} \cdot X^{[d_2]}$가 된다. 하지만 sim은 $X^{[d_1]}$과 $X^{[d_2]}$가 아니라 $x^{[d_1]}$과 $x^{[d_2]}$를 세어서 구한다.

상상력만 있다면 특성 공간과 커널 함수를 설계하는 데에는 아무런 제약이 없다. 일반적인 예로는 스트링 커널, 다항 커널, 방사 기저 함수(가우스) 커널이 있다. SVM 패키지들은 다양한 커널을 지원하며, 사용자가 직접 프로그래밍으로 sim을 구현하는 사용자 정의 커널도 쓸 수 있다.

10.7 정보 이론 모델

모델이란 증거를 바탕으로 어떤 사건이 일어날 확률을 추정한 결과다. 이를테면 기상학자는 습도와 기압 등의 증거를 기반으로 내일 비가 올 확률을 80%로 예측한다. 여기서 비가 사건이고, 기상학자의 모델 추정치는 $\Pr[\text{비}] \approx 0.8$과 $\Pr[\text{비 안 옴}] \approx 0.2$가 된다.

6장에서 우리는 어떤 알파벳 $\mathcal{S}$에서 각 기호 s를 예측하는 모델 $\mathcal{M}$이 정확하다는 단순화 가정하에 데이터 압축을 위한 몇 가지 모델을 고려했다.

$$\forall_{s \in \mathcal{S}} \ \Pr[s_i] = \mathcal{M}(s_i) \tag{10.72}$$

여기서는 반대로 가정한다. 즉, 실제 모델 $\mathcal{M}$은 반드시 부정확하며, 어떤 다른 모델 $\mathcal{M}'$보다 실제 확률에 더 가깝다면 더 나은 모델이라는 가정이다. $\mathcal{M}$이나 $\mathcal{M}'$ 중 어떤 모델이 더 나은지 정하려면 두 가지 문제에 부딪히게 된다.

- 참 확률을 말할 수 없으며, 따라서 비교 기준으로도 사용할 수 없다.
- "더 가깝다"는 개념은 여러 가지로 해석할 수 있다.

이 문제를 해결하고 어떤 모델이 더 나은 모델인지 결정하는 방법이 있다고 가정하면, 다음 두 가지 방법 중 하나로 분류기를 만들 수 있다.

- 양성 및 음성 훈련 예제에서 각각 데이터 압축 모델을 구성하고, 그 모델들을 사용해 어떤 잘 모르는 문서의 우도비를 추정한다.

$$\mathcal{M}_P(d) \approx \Pr[d\,|\,d \in P] \qquad \mathcal{M}_{\overline{P}}(d) \approx \Pr[d\,|\,d \in \overline{P}] \tag{10.73}$$

$$c_s(d) = \frac{\mathcal{M}_P(d)}{\mathcal{M}_{\overline{P}}(d)} \approx LR(d \in P, d) \tag{10.74}$$

- 후보 모델들 중에서 훈련 예제의 레이블을 가장 잘 모델링하는 모델 $\mathcal{M}$을 고르고, $\mathcal{M}$ 자체를 분류에 적용한다.

$$c_s(d) = \mathcal{M}(label(d) = pos\,|\,d) \approx \Pr[d \in P\,|\,d] \tag{10.75}$$

결정 트리 분류기를 만들 때 보통 이 방법이 사용된다. 더 일반적인 접근법은 모델 선택이라 부른다.

10.7.1 모델 비교

$\mathcal{P}(x)$를 어떤 사건 x에 대한 가상의 참 확률로 정의하고, $\mathcal{M}$을 그 확률에 대한 모델로 정의하자.

$$\mathcal{M}(x) \approx \mathcal{P}(x) = \Pr[x] \tag{10.76}$$

$I_\mathcal{P}(x)$는 x의 정보량으로, 단위는 비트다.

$$I_\mathcal{P}(x) = -\log_2 \mathcal{P}(x) \tag{10.77}$$

$\mathcal{H}(\mathcal{P})$는 분포가 $\mathcal{P}$인 확률 변수 X의 엔트로피, 또는 기대 정보량이다(마찬가지로 단위는 비트다).

$$\mathcal{H}(\mathcal{P}) = \mathrm{E}[I_\mathcal{P}(X)] = \sum_x \mathcal{P}(x) \cdot I_\mathcal{P}(x) \tag{10.78}$$

$\mathcal{H}(\mathcal{P})$는 X를 코딩하는 데 필요한 기대 비트수의 정보 이론적 하한이다. 모든 x가 $I_p(x)$ 비

트로 인코딩된 경우에만 이 하한이 된다.

6장에서 나왔던 실제 데이터 압축 방법들은 다음 두 가지 이유로 이 하한을 달성하지 못한다.

- $\mathcal{M}(x) = \mathcal{P}(x)$라는 가정 아래, 각 x를 대략 $I_{\mathcal{M}}(x)$ 비트로 인코딩하므로 $\mathcal{H}(\mathcal{P})$ 대신 $\mathcal{H}(\mathcal{M})$가 최적화된다.
- 일반적으로 $I_{\mathcal{M}}(x)$는 정수가 아니므로, 일부 비트들이 버려진다.

우리 목적대로라면 첫 번째 고려 사항만 중요하다. 즉, 정확히 $I_{\mathcal{M}}(x)$ 비트로 x를 인코딩하는 코드가 하한에서 얼마나 멀까? 분포가 $\mathcal{P}$인 확률 변수 X에 대한 코드의 기대 길이는 $\mathcal{P}$와 $\mathcal{M}$ 사이의 교차 엔트로피cross-entropy로 주어진다.

$$\mathcal{H}(\mathcal{P}; \mathcal{M}) = \mathrm{E}[I_{\mathcal{M}}(X)] = \sum_{x} \mathcal{P}(x) \cdot I_{\mathcal{M}}(x) \qquad (10.79)$$

교차 엔트로피(코드 길이)와 엔트로피(하한)의 차이는 KL 발산(9.4절 참고)이다.

$$D_{KL}(\mathcal{P} \parallel \mathcal{M}) = \mathcal{H}(\mathcal{P}; \mathcal{M}) - \mathcal{H}(\mathcal{P}) \qquad (10.80)$$

모델 $\mathcal{M}_1$이 모델 $\mathcal{M}_2$에 비해 기대 코드 길이가 더 짧다면 $\mathcal{M}_1$이 더 나은 모델이라고 할 수 있다. 즉, 다음과 같다.

$$\mathcal{H}(\mathcal{P}; \mathcal{M}_1) < \mathcal{H}(\mathcal{P}; \mathcal{M}_2) \quad \Leftrightarrow \quad D_{KL}(\mathcal{P} \parallel \mathcal{M}_1) < D_{KL}(\mathcal{P} \parallel \mathcal{M}_2) \qquad (10.81)$$

$$\Leftrightarrow \quad \sum_{x} \mathcal{P}(x) \cdot (I_{\mathcal{M}_1}(x) - I_{\mathcal{M}_2}(x)) < 0 \qquad (10.82)$$

10.7.2 순차 압축 모델

부분 부합에 의한 예측PPM, Prediction by Partial Matching(Cleary and Witten, 1984), 동적 마르코프 압축DMC, Dynamic Markov Compression(Cormack and Horspool, 1987), 맥락-트리 가중CTW, Context-Tree Weighting(Willems et al., 1995) 같은 순차 압축 모델은 메시지 m을 유한한 알파벳으로 이뤄진 기호들의 순열 $s_1 s_2 \dots s_n$으로 취급한다. 기호들은 순차적으로 처리되고, 앞선

기호 $s_1 s_2 \ldots s_k$들에 대해 순서대로 모델 $\mathcal{M}_k$가 구성된다($0 \leq k < n$). 각 $\mathcal{M}_k$는 $s_k + 1$을 압축하는 데 쓰이고 버려진다. 전체 메시지에 대한 모델 $\mathcal{M}$은 다음과 같다.

$$\mathcal{M}(m) \;=\; \prod_{k=0}^{n-1} \mathcal{M}_k(s_{k+1}) \tag{10.83}$$

이 모델에서 m에 대한 최적의 코드 길이는 다음과 같다.

$$I_{\mathcal{M}}(m) \;=\; \sum_{k=0}^{n-1} I_{\mathcal{M}_k}(s_{k+1}) \tag{10.84}$$

분류 문제(Bratko et al., 2006)에서, 각각의 문서 d는 기호 $m^{[d]}$들의 순열로 표현되고, 모든 $m^{[d \in T \cap P]}$(양성 훈련 예제)를 이어 붙여서 상위 순열 m^P를, 모든 $m^{[d \in T \cap \bar{P}]}$(음성 훈련 예제)를 이어 붙여서 $m^{\bar{P}}$를 이룬다. 두 순차 모델 $\mathcal{M}_P$와 $\mathcal{M}_{\bar{P}}$는 이 순열에서 만들어진다. 분류할 새로운 메시지 $m^{[d]}$는 m^P와 $m^{\bar{P}}$에 이어져서, 각각 새로운 모델 $\mathcal{M}_{Pd}$와 $\mathcal{M}_{\bar{P}d}$가 된다. 소프트 분류기는 다음과 같이 구성된다.

$$c(d) \;\approx\; \log \frac{\Pr[m^P m^{[d]} \,|\, d \in P]}{\Pr[m^{\bar{P}} m^{[d]} \,|\, d \in \bar{P}]} - \log \frac{\Pr[m^P \,|\, d \in P]}{\Pr[m^{\bar{P}} \,|\, d \in \bar{P}]} \;=\; \log \mathrm{LR}(d \in P, m^{[d]}) \tag{10.85}$$

$$c(d) \;=\; I_{\bar{P}d}(m^{\bar{P}} m^{[d]}) - I_{\bar{P}}(m^{\bar{P}}) - I_{Pd}(m^P m^{[d]}) + I_P(m^P) \tag{10.86}$$

즉, d를 음성 예제에 추가할 때와 양성 예제에 추가할 때 정보량 증가분의 차이가 분류기가 된다.

실제로 $\mathcal{M}_{Pd}$와 $\mathcal{M}_{\bar{P}d}$를 처음부터 계산할 필요는 없다. 순차 압축 방법에 따르면 저장된 $\mathcal{M}_P$와 $\mathcal{M}_{\bar{P}}$ 표현에서 $m^{[d]}$와 함께 $\mathcal{M}_{Pd}$와 $\mathcal{M}_{\bar{P}d}$를 효율적으로 구성할 수 있다. $d \in P$일 때는 $\mathcal{M}_P$를 $\mathcal{M}_{Pd}$로, $d \in P$일 때는 $\mathcal{M}_P$를 $\mathcal{M}_{\bar{P}d}$로 바꾸면 증분 훈련도 쉬워진다.

가장 간단하면서도 성능이 좋은 방법인 동적 마르코프 압축^{DMC}을 예로 들어보자. DMC는 각 메시지를 보통 ASCII나 유니코드 비트열로 처리한다. 따라서 메시지 표현은 {0,1} 기호들의 순열이 된다. 그림 10.17은 DMC의 동작 원리를 설명하고 있다. 우선 그림 왼쪽 (a)에 표시한 바와 같이, 상태 수가 매우 작은 기본 마르코프 모델(1.3.4절)에서 시작한다.

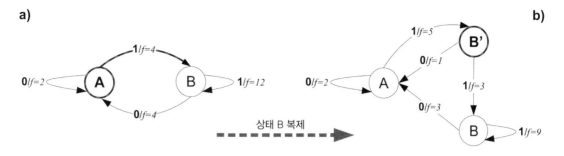

그림 10.17 DMC 마르코프 모델 복제 과정

메시지는 이진 비트열로 처리되므로, 상태마다 0과 1로 표시된 전환 화살표가 그려져 있다. 또한 전환마다 전환 빈도도 같이 표시돼 있다. 이 정보로부터 (a)는 22개 비트 중에 16개는 1이고 6개는 0인 비트열로 학습됐음을 알 수 있다. 직관적으로 볼 때 상태 A는 마지막 비트가 0인 비트열을, 상태 B는 마지막 비트가 1인 비트열을 나타낸다. 이 상태에서 다음 전환에 대한 오즈는 빈도 값을 활용해 추정할 수 있다.

$$\text{Odds}[1\,|\,A] \approx \frac{4}{2} = 2 \ \text{ and } \ \text{Odds}[1\,|\,B] \approx \frac{12}{4} = 3 \qquad (10.87)$$

이 방법은 온라인 분류기처럼 동작한다. 즉, 오즈 추정치로부터 각 비트를 먼저 예측하고 나서 적절한 전환을 하고 그에 해당하는 빈도를 증가시킨다.

어떤 상태를 자주 방문하면 그 상태는 두 개의 비슷한 상태로 복제된다. 그림 오른쪽 (b)는 상태 A에서 B로 전환되고 빈도가 5로 증가하기 직전에 상태가 복제된 상황을 보여주고 있다. B는 B′로 복제되고, 빈도가 높은 전환이 B′로 다시 연결됐다. B와 B′에서 바깥쪽으로 나가는 빈도는 들어오는 빈도들에 비례해 나뉘어, Odds[1|B′] = Odds[1|B] = 3이 된다. 최종적으로 B′로 전환이 이뤄지고, 빈도가 증가한다. 이 복제로 마르코프 모델은 훈련 예제에서 부분 문자열이 더 긴 경우도 모델링할 수 있게 된다. 이 예시에서 상태 B′는 01로 끝나는 문자열을, 상태 B는 11로 끝나는 문자열을 모델링한다. 상태 A는 복제 전과 마찬가지로 0으로 끝나는 문자열을 모델링한다.

DMC를 구현한 코드는 무료로 다운로드할 수 있다. 표 10.22는 18건의 예시 메시지의

To: 필드에 두 개의 DMC 모델(하나는 햄 모델, 다른 하나는 스팸 모델)을 적용한 결과다. 표 10.22의 첫 번째 열은 메시지의 실제 분류 값을 뜻한다. 두 번째 열은 전체 로그-우도비 $c(d)$이고, 세 번째 열은 메시지의 To: 필드다. 각 문자들은 로그-우도비(즉, 문자를 이루는 개별 비트의 로그-우도비들의 합)에 따라 음영으로 표시돼 있다. 검은색은 스팸($\log \text{LR}(d \in spam, x_i) \gg 0$), 밝은 회색은 햄($\log \text{LR}(d \in spam, x_i) \ll 0$), 중간 회색은 스팸도 햄도 아닌 상태를 가리킨다($\log \text{LR}(d \in spam, x_i) \approx 0$).

첫 번째 메시지는 이전 메시지가 없기 때문에 회색이고 로그-우도비가 0이다. 따라서 스팸과 햄 모델은 동일하다. 다음 두 메시지는 (올바르게) 스팸으로 분류됐는데, 비교할 햄 예제가 없기 때문에 아마도 당연한 결과일 것이다. 실제로 네 번째 메시지(첫 번째 햄)은 로그-우도비 값이 양수로, 스팸으로 오분류된 사례다. 모델은 더 많은 예제를 학습하면서 햄과 스팸을 더 잘 구분하게 된다. 마지막 메시지 7건은 올바르게 분류됐다. 문자 음영을 관찰해봤을 때 햄을 가리키는 핵심 지표는 다음과 같다.

- 따옴표
- 대문자로 표시된 "ENRON" 토큰
- Adams와 pete.davis 같은 특정 이름들

스팸의 핵심 지표는 다음과 같다.

- 소문자로 표시된 "enron" 토큰
- Kholst의 다른 이름들

필터링에 사용되는 데이터 압축 모델은 메시지의 인접 기호들 사이의 상관관계를 이용한다. DMC는 자주 나타나는 더 긴 문자열을 점진적으로 모델링하는 비트 단위 동적 마르코프 모델을 활용한다. 반대로 부분 부합에 의한 예측PPM은 접미사 트리 표현에 n-그램 문자 모델(보통 $4 \leq n \leq 8$)을 사용하는데, 이 트리 표현은 선형 크기의 공간만 필요하기 때문에 특성 벡터 표현보다 더 처리하기 좋다. 맥락-트리 가중치 방법은 특별한 가정을 한다면 이론적으로 거의 최적이지만, DMC나 PPM에 비해 복잡하며 결과가 더 좋지도 않다.

474

표 10.22 표시된 메시지 순서대로, To: 필드에 온라인 학습 방식으로 DMC를 적용한 결과. 첫 번째 열은 실제 분류를 나타낸다. 두 번째 열은 DMC가 계산한 로그-우도비이다. 로그-우도비가 양수면 스팸, 음수면 햄이라는 뜻이다. 세 번째 열은 실제 텍스트로, 어둡게 표시된 글자는 스팸 우도가 높은 경우를, 밝게 표시된 글자는 스팸 우도가 낮은 경우를 말한다. 간단히 설명하려고 To: 필드만 사용했지만 전체 메시지 텍스트를 사용하면 더 나은 결과를 얻을 수 있다.

분류	점수	메시지 발췌문
spam	0.0	To: emclaug@enron.com
spam	3.9	To: **SKean@**enron.com
spam	0.1	To: <joydish@bareed.alburaq.net>
ham	1.1	To: "Shapiro, Richard" <Richard.Shapiro@**ENRON.com**>
ham	-0.8	To: "**Adams, Jacqueline P.**" <Jacqueline.P.Adams@**ENRON.com**>,
ham	-4.4	To: "Adams, Jacqueline P." <Jacqueline.P.Adams@**ENRON.com**>,
ham	1.5	To: pete.da**vis**@enron.com
spam	1.0	To: **KAM.KEISER@**enron.com
ham	-2.1	To: "**Abel, Chris**" <Chris.Abel@**ENRON.com**>,
ham	-1.8	To: "**Moran, Tom**" <Tom.Moran@**ENRON.com**>,
spam	-0.1	To: nqeb5e6@msn.com
spam	1.6	To: skean@enron.com
ham	-1.4	To: pete.davis@enron.com
spam	0.1	To: **kholst** <kholst@enron.com>
ham	-1.1	To: "Scott, Susan M." <Susan.M.Scott@**ENRON.com**>
spam	0.8	To: mmotley@enron.com
spam	3.2	To: **kholst@**enron.com
spam	3.1	To: **keith.holst@**enron.com

10.7.3 결정 트리와 스텀프

결정 트리 분류기는 부분집합에서 양성 또는 음성 예제의 비율이 D에서 비율보다 더 높도록 D를 부분집합들로 연속적으로 분할하는 방법이다. 트리는 T의 예제들을 이용해 구성하며, 이 트리가 D를 적절하게 분할한다고 가정한다.

이진 결정 트리를 먼저 생각해보자. 이진 결정 트리는 분할되는 2개의 부분집합 중 하나를 가리키는 불 수식들로 표현된다. 각 수식들은 보통 매우 단순하며, 이진 특성 중 하나와 같은지 확인하거나, 연속 특성을 특정 문턱값과 비교하는 수식이 된다.

가장 단순한 형태의 결정 트리는 이진 결정 스텀프[binary decision stump]로, D를 두 개의 부분집합으로 나누는 수식 b 하나만으로 이뤄진 트리다.

$$D^b \;=\; \{d \in D | b\}, \qquad D^{\bar{b}} \;=\; \{d \in D | \bar{b}\} \tag{10.88}$$

결정 트리는 D를 부분집합으로 반복적으로 분할하면서 구성된다. 이 과정을 $n - 1$번 반복하면 n개의 서로소인 부분집합이 만들어진다.

$$D = D_1 \cup D_2 \cup \ldots \cup D_n \tag{10.89}$$

그리고 $k - 1$에서 $k = n - 1$까지 각 단계마다 다음과 같은 두 가지 결정을 한다.

1. 분할할 특정 $D_i(1 \leq i \leq k)$를 찾는다.
2. D_i를 D_i와 D_k로 분할하는 b_{ik}를 구한다.

좋은 분류기가 되도록 잘 선택을 하는 것이 과제다. "좋다"는 정의를 어떻게 하든 간에 이 문제는 다루기 어려운 문제이며, 결정들은 발견적 해결 방법을 이용해 한 번에 하나씩 "탐욕적greedy"으로 이뤄지게 된다. 이때는 일반적으로 정보 이득IG, Information Gain을 활용한다.

일어날 수 있는 사건이 pos와 neg인 이항 분류 모델 $\mathcal{M}$을 찾는 문제를 생각해보자.

$$\mathcal{M}(pos) = 1 - \mathcal{M}(neg) \approx \Pr[d \in P] \tag{10.90}$$

레이블이 붙은 훈련 예제들의 집합 T가 주어졌을 때, 양성 예제들의 비율에서 간단한 모델을 유도할 수 있다.

$$\mathcal{M}(pos) = \frac{|T \cap P|}{|T|} \tag{10.91}$$

훈련 레이블 집합 $label(T) = \{label(d) \mid d \in T\}$의 정보량은 다음과 같다.

$$I_{\mathcal{M}}(label(T)) = \sum_{d \in T} I_{\mathcal{M}}(label(d)) = |T \cap P| \cdot I_{\mathcal{M}}(pos) + |T \cap \overline{P}| \cdot I_{\mathcal{M}}(neg) \tag{10.92}$$

이제 $T^b = T \cap D^b$와 $T^{\bar{b}} = T \cap D^{\bar{b}}$에 대해 모델이 따로 생성되는 상황을 고려해보자.

$$\mathcal{M}_b(pos) = \frac{|T^b \cap P|}{|T^b|} \tag{10.93}$$

$$\mathcal{M}_{\bar{b}}(pos) = \frac{|T^{\bar{b}} \cap P|}{|T^{\bar{b}}|} \approx \Pr[d \in P|\bar{b}] \tag{10.94}$$

476

$B \in \{b, \bar{b}\}$가 분류될 문서에 대해서 알려져 있다고 가정하면, 결합 모델은 다음과 같다.

$$\mathcal{M}_B \;=\; \begin{cases} \mathcal{M}_b & (B = b) \\ \mathcal{M}_{\bar{b}} & (B = \bar{b}) \end{cases} \;\approx\; \Pr[d \in P | B] \tag{10.95}$$

B가 주어졌을 때, 훈련 레이블의 정보량은 다음과 같다.

$$I_{\mathcal{M}_B}(label(T)) \;=\; I_{\mathcal{M}_b}(label(T^b)) + I_{\mathcal{M}_{\bar{b}}}(label(T^{\bar{b}})) \tag{10.96}$$

B로 인한 정보 이득은 B를 알고 있을 때 레이블 정보량의 감소량이다.

$$IG(B) \;=\; I_{\mathcal{M}}(label(T)) - I_{\mathcal{M}_B}(label(T)) \tag{10.97}$$

표 10.17의 18개의 훈련 예제 중에, 10개는 양성이고 8개는 음성이다. 단순한 모델 $\mathcal{M}$은 양성 예제의 비율을 확률 추정치로 사용한다.

$$\mathcal{M}(pos) \;=\; \frac{10}{18} \;\approx\; 0.556 \tag{10.98}$$

$$I_{\mathcal{M}}(label(T)) \;\approx\; -10 \cdot \log_2(0.556) - 8 \cdot \log_2(0.444) \;\approx\; 17.84 \text{ bits} \tag{10.99}$$

이제 "$b \Leftrightarrow d$의 본문에 enron을 포함한다"는 수식을 사용해 T를 분할한다.

$$\mathcal{M}_b(pos) \;=\; \frac{4}{9} \;\approx\; 0.444 \tag{10.100}$$

$$\mathcal{M}_{\bar{b}}(pos) \;=\; \frac{6}{9} \;\approx\; 0.667 \tag{10.101}$$

$$I_{\mathcal{M}_b}(label(T^b)) \;\approx\; -4 \cdot \log(0.444) - 5 \cdot \log(0.556) \;\approx\; 8.92 \text{ (bits)} \tag{10.102}$$

$$I_{\mathcal{M}_{\bar{b}}}(label(T^{\bar{b}})) \;\approx\; -6 \cdot \log(0.667) - 3 \cdot \log(0.333) \;\approx\; 8.26 \text{ (bits)} \tag{10.103}$$

$$I_{\mathcal{M}_B}(label(T)) \;\approx\; 8.92 + 8.26 \;=\; 17.18 \text{ (bits)} \tag{10.104}$$

$$IG(B) \;=\; I_{\mathcal{M}} - I_{\mathcal{M}_B} \;\approx\; 0.66 \text{ (bits)} \tag{10.105}$$

결정 트리를 구성하려면, 각 단계에서 어떤 가능한 수식 집합을 탐색하고, 정보 이득이 가장 큰 수식을 고른다. 가능한 수식을 너무 많이 찾거나 복잡한 수식을 구성하거나 D를 너무 많은 집합들로 분할하지 않도록 해야 한다. 이런 선택들은 각각 학습 데이터에 모델을 과적합시키는 경향이 있다. 이런 주의 사항은 정보 이론에 따르면 충분한 근거가 있다. 즉, 정보 이득을 계산할 때 훈련 레이블의 정보량 외에 수식 자체의 정보량을 고려해야 한다는 점이다. 고정된 n개의 후보 집합에서 수식을 고른다면 그 정보량은 $\log_2(n)$ 비트다. 만약 수식이 더 복잡하다면 그 정보량은 훨씬 더 클 수 있다. 수식과 훈련 레이블의 정보량을 결합한 결과가 음의 정보 이득을 나타낸다면, 분할을 더 하면 역효과를 낳을 수 있다.

10.8 실험적 비교

이 절에서는 이제까지 설명했던 대표적인 방법론을 10.1절에서 소개된 세 가지 구체적인 예에 적용할 것이다. 그리고 쉽게 비교할 수 있도록 BM25 결과를 기준선으로 삼는다. 여기서 제시된 결과로부터 다양한 방법들의 일반적인 성능에 대해 감을 잡을 수 있을 것이다. 또한 이 결과들은 11장에서 설명할 결합 방법과 비교하는 기준선으로 사용될 것이다.

10.8.1 주제 기반 온라인 필터링

표 10.23에서 "과거 학습"이라는 이름이 붙은 열은 다양한 방법론을 10.1.2절에서 설명한 주제 기반 필터링 문제에 적용한 결과다. "적응 학습"이라는 이름의 열은 해당 방법론에 대한 적응 학습의 효과를 나타낸다. 적응 학습은 과거 및 테스트 예제를 하나의 공통 순서열로 처리해서, 각 문서들을 차례대로 분류하고 학습한다. 즉, 이 접근법은 10.1.5절의 스팸 필터링에서 설명한 방법과 똑같다. 비교를 위해 요약 측도는 테스트 예제에 대한 분류 결과만 고려한다(즉, 1993년 이후 「파이낸셜 타임스」 문서들).

첫 번째 행은 10.1.2에서 설명한 대로 BM25의 결과다. 과거 학습 예제의 경우 표 10.6의 맨 마지막 행에 결과가 재현됐다(319쪽). NB행의 결과는 다음과 같은 설정에서 나이브 베이즈 분류기의 결과다.

- 바이트 4-그램이 이진 특성으로 사용됨
- 평활화 매개변수 $\gamma = \epsilon = 1$이 사용됨
- 가장 점수가 높은 30개의 특성들과, 가장 점수가 낮은 30개의 특성들이 각 문서마다 선택됨

LR(경사 하강)로 표시된 행의 결과는 10.3.3절에서 설명한 온라인 경사 하강 로지스틱 회귀를, 다음과 같은 설정으로 사용한 결과다.

- 문자 4-그램이 이진 특성으로 사용됨
- 각 특성 벡터 $x^{[d]}$가 길이 정규화된 형태 $X^{[d]} = \frac{x^{[d]}}{\sqrt{|x^{[d]}|}}$로 매핑됨
- 비율 매개변수는 $\delta = 0.004$
- 적응 학습이 사용됨. 각 훈련 예제에 정확히 경사 단계를 하나씩 적용함. 이 단계를 따라 무작위로 추가 분류의 과거 예제들을 선택해서 훈련 예제로 사용했다. 전체적으로 적합 및 비적합 예제들에 동일한 수의 학습 단계를 적용했다.

DMC로 표시된 행의 결과들은 DMC 압축 방법을 문서의 텍스트 표현에 적용한 결과다. 나머지 방법들은 배치 학습 방법을 활용해서, 과거 학습에 대한 결과만 표시돼 있다. LR(배치)는 로지스틱 회귀다.

- LibLinear 패키지(버전 1.33)를 -s 0 플래그(L2 정규화 로지스틱 회귀) 및 기본 매개변수로 사용함
- 이진 4-그램 특성이 사용됨

SVM의 경우

- SVM^{light} 패키지(버전 6.02)를 플래그 없이 사용함(선형 커널, 기본 매개변수)
- 이진 4-그램 특성이 사용됨

DT의 경우

- FEST[10](Fast Ensembles of Sparse Tree) 패키지를 사용함. $n = 2$로 표시된 결과

표 10.23 TREC 주제 383에 대한 분류기 결과(412쪽 그림 10.2)

방법론	과거 학습		적응 학습	
	P@10	AP	P@10	AP
BM25	1.0	0.56	0.8	0.30
NB	0.0	0.00	0.4	0.06
LR(경사 하강)	0.7	0.39	1.0	0.55
DMC	0.0	0.01	0.1	0.06
LR(배치)	0.8	0.48		
SVM(배치)	0.8	0.49		
DT($n = 2$)	0.1	0.03		
DT($n = 8$)	0.9	0.53		
DT($n = 256$)	0.8	0.53		

는 플래그 -d 1(깊이 1, 결정 스텀프), $n = 8$은 -d 3, $n = 256$은 -d 8을 사용함

BM25는 특별히 과거 학습에 맞게 만들어졌으므로, 과거 학습에 관한 다른 방법들보다 성능이 더 낮다는 사실은 그다지 놀랍지 않다. 반면 BM25의 성능은 적응 학습에서는 더 나빠진다. 이런 결과는 점수가 가장 높은 20개의 특성들을 피드백 텀들로 사용하고, 더 많은 훈련 예제들이 들어오면 이 특성 집합이 달라질 수 있다는 사실에 기인할 가능성이 가장 높다. 이와 대조적으로 다른 적응 방법론들은 적응 학습에서 더 나은 결과를 보인다.

나이브 베이즈, DMC, 결정 스텀프는 안 좋은 성능을 보인다. 하지만 다른 학습 방법들은 성능이 꽤 괜찮다. 이 한 가지 예제로 어떤 방법이 가장 좋은지 결론 내리기는 적절하지 않을지 모르겠지만, 이 방법들을 고려해볼 가치는 분명 있다.

표 10.24는 언어 분류 문제에 기본적으로 같은 방법론을 적용한 결과다. 적용된 방법은 모두 10.1.4절에서 설명했다. 60개 언어 각각에 따라 문서 순위를 매기고, 그 결과로 나온 점수들을 각 문서들마다 분류 순위를 매기는 데 사용했다.

문서 순위의 경우 60개 순위에 대한 MAP을, 분류 문제의 경우 4012 테스트 문서들에 대한 MRR과 오류율을 표시했다. 문서 순위의 경우 SVM의 성능이 가장 좋아 보이지만 이 이점은 분류 순위에 적용되진 않는다. 전체적으로 분류 성능에 관해서는 DMC, LR, SVM, BM25 중에 고를 것이 거의 없다. NB와 DT(모든 n)는 문서 순위 및 분류 문제 모두 상당히

표 10.24 언어 분류 문제에서 분류기 결과

방법론	문서 순위	분류	
	MAP	미시 평균 오류	MRR
BM25	0.78	20.6	0.86
NB	0.44	27.0	0.80
LR(경사 하강)	0.76	22.9	0.84
LR(배치)	0.82	20.0	0.86
SVM(배치)	0.83	20.0	0.80
DMC	0.74	20.0	0.86
DT($n = 2$)	0.33	64.1	0.44
DT($n = 8$)	0.54	43.7	0.63
DT($n = 256$)	0.63	34.8	0.70

표 10.25 온라인 스팸 필터링 문제에서 분류기 결과

방법	분류 오류(%)					CPU 시간
	fpr	fnr	거시 평균	로지스틱−평균	1−AUC	
BM25	32.85	0.01	16.43	0.77	0.190	8m
NB	1.21	1.21	1.21	1.21	0.062	24s
LR(경사 하강)	0.41	0.47	0.44	0.44	0.012	12s
ROSVM	0.32	0.42	0.37	0.37	0.013	4d
DMC	0.31	0.54	0.42	0.37	0.013	6m

나쁜 결과를 나타내고 있다.

10.8.2 온라인 적응 스팸 필터링

표 10.25는 적응 방법론을 10.1.5절에서 설명한 바와 같이 온라인 스팸 필터링에 적용하고 얻은 결과다. 그림 10.18은 결과를 ROC 곡선으로 요약한다. BM25, NB, LR, DMC는 다음 과 같은 차이점을 제외하고 앞에서 설명한 바와 같다.

- TREC에서 잘 된다고 보고된 바에 따라, 메시지의 첫 2,500바이트만 사용했다.

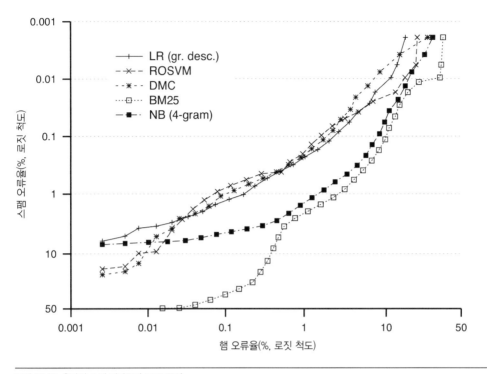

그림 10.18 온라인 스팸 필터들의 ROC 곡선

- BM25의 경우 주제 기반 필터링 때처럼 피드백 텀의 숫자를 20으로 제한하는 대신 제한을 두지 않았다. 또한 스팸과 햄의 적합도를 고려해 별도로 점수를 계산하고 그 차이를 전체 점수로 사용했다.

ROSVM은 완화된 온라인 SVM(Sculley and Wachman, 2007)으로, TREC 2007 스팸 트랙(Cormack, 2007)에서 가장 성능이 좋았던 필터 두 개 중 하나였다. ROSVM은 기존 SVM 방법이 본질적으로 잘 맞지 않는, 효율적인 적응 필터링을 위해 특별히 설계된 방법 이다. 그렇지만 스컬리의 TREC 도구에서 ROSVM은 경사 하강 LR보다 25,000배 느리다. 오픈소스 버전 코드는 웹에서 다운로드할 수 있다.

모든 면에서 DMC, LR, ROSVM은 거의 동일한 성능을 보여준다. ROC 곡선을 보면 NB 가 BM25보다 낮지만, 둘 다 다른 방법론에 비하면 상당히 성능이 떨어진다.

10.9 더 읽을거리

정보 검색론과 통계적 학습 방법은 크게 분리된 연구 커뮤니티에서 발전해왔다. 좀 오래됐지만 미첼(Mitchell, 1997)은 머신러닝에 관해 훌륭한 개론서를 썼다. 해스티 외(Hastie et al., 2009)는 이론적인 기법을 종합적으로 다뤘다. 특히 서포트 벡터 머신은 요아힘스(Joachims, 2002)가 다룬 주제다. 로지스틱 회귀는 일반적인 데이터 분석 방법으로 잘 정착된 방법론이고(Hosmer and Lemeshow, 2000), 텍스트 분류에 잘 통한다고 알려져 있지만(Kormarek and Moore, 2003), 다른 학습 방법만큼 많은 관심을 끌지는 못했다.

정보 검색 연구자들의 주된 관심사는 검색이었고, 분류나 필터링은 후순위였다. 벨킨과 크로프트(Belkin and Croft, 1992)는 검색과 필터링의 관계를 논했다. 머신러닝 연구자들은 텍스트 분류를 보통 지도 학습의 응용 사례로 생각했고, 그 맥락에서 문서를 나타내는 특성을 다뤘다. 세바스티아니(Sebastiani, 2002)는 텍스트 분류에 쓰이는 학습 방법에 관한 조사 논문을 썼으며, 책에서 지나가는 말로 언급했던 내용도 그 논문에 나와 있다. 그중에는 텀 선택 방법을 통한 차원 축소 방법과 로이터 뉴스 기사에서 추출한 F1 및 RCV1 표준 벤치마크 문서 모음을 활용한 논문의 비교 결과들이 있다(Lewis et al., 2004).

판 레이스베르헌(van Rijsvbergen, 1979)은 집합 기반 검색 척도로 F_β 척도를 도입했고, 사용자 만족도와는 반대로 수학적 특성을 기반으로 타당성을 보였다. 루이스(Lewis, 1991)는 각 문서들이 여러 범주에 속할 수 있을 때, 하드 분류 문제를 문서 d가 범주 q에 속할 때의 문서 모음 $D \times Q$에서 모든 (d, q) 쌍을 검색하는 문제로 볼 수 있음을 관찰하고, 미시 평균의 개념을 소개했다. 정밀도, 재현율, F_β처럼 미시 평균화한 집합 기반 척도는 검색 집합 $Ret \subseteq D \times Q$를 적합 집합 $Ret \subseteq D \times Q$과 비교한다.

스웨츠(Swets, 1963; 1969)는 정보 검색 평가에 신호 검출 이론을 사용하는 방법을 제안했다. 하지만 이 방법은 순위 검색에 널리 채택되지는 않았다. 참 양성률과 거짓 양성률은 정보 검색 척도인 재현율과 부적합율과 동등하므로 재현율-부적합율은 ROC 곡선과 같다. 최근에 ROC 분석이 머신러닝의 표준으로 떠올랐으며(Fawcett, 2006), TREC 스팸 트랙에 사용됐다(Cormack and Lynam, 2005). LAM은 스팸 트랙과 같이 소개됐으며, 이후에 전염병학과 약학에서 사용되는 척도인 진단 오즈비와 동등하다는 사실이 밝혀졌다(Glas et al., 2003; Cormack, 2008). 스팸 트랙은 집계 요약 측도도 도입했는데, 소프트 분류 문제에서 미시 평균과 같다.

TREC1에서 TREC 11(1992-2002)에는 다양한 라우팅 및 필터링 과제가 있었다 (Robertson and Callan, 2005). TREC 14에서 TREC 16(2005-2007)에는 스팸 트랙이 포함됐다. TREC에서 라우팅 과제는 배치 필터링으로, 이전 연도의 임시 과제 문서 모음(문서, 토픽, qrel 포함)이 과거 예제가 되고, 새로운 문서 모음을 적합도순으로 순위화하는 시스템을 만들게 된다. 그리고 표준적인 순위 검색 평가 척도로 결과를 평가한다. TREC에서 필터링 시스템은 선형 효용함수 및 F_β를 포함한 몇 가지 집합 기반 척도로 평가받는 순서 없는 집합을 반환해야 한다. 순위 검색만으로는 이 척도들은 최적화되지 않으며, 문턱값 설정 방법도 필요하다. 배치 필터링은 라우팅과 동일한 과거 예제들과 새로운 문서들을 활용한다. 적응 필터링은 온라인 필터링으로, 문서가 분류된 이후에 적합하다고 표시된 예제들만 훈련 예제로 활용할 수 있다. 적응 필터링에서 문턱값을 조정하는 데 쓸 수 있는 훈련 예제가 적기 때문에, 최적 문턱값을 설정하는 문제는 특히 어렵다(Callan, 1998; Robertson, 2002). 스컬리(Sculley, 2007)는 온라인 스팸 필터링의 맥락에서 비슷한 문제를 다뤘다. 스팸 트랙에서는 10장에서 설명한 방법론을 사용해서 필터를 평가했다. 몇 가지 변형 과제들에서는 피드백이 불완전하거나 지연되는 경우, 사용자 사이의 피드백, 능동적 학습법의 영향들을 탐구했다. 코맥(Cormack, 2008)이 스팸 트랙과 관련 방법론 및 결과들을 조사했다.

10.10 연습 문제

연습 문제 10.1 TREC 스팸 필터 평가 도구를 다운로드해서, 샘플 말뭉치에 몇 가지 샘플 필터를 실행해보라.

연습 문제 10.2 TREC45 문서 모음에서 파이낸셜 타임즈 문서를 찾아라. 이 문서들에 대해 업데이트된 qrel을 불러오라. 스팸 필터 도구로 평가에 적합한 테스트 말뭉치를 만들어라.

연습 문제 10.3 배치 기반 분류기를 하나 이상 다운로드하라. 말뭉치 중 하나에서 특성 엔지니어링을 수행해 그 분류기들에 입력할 훈련 및 테스트 파일들을 준비하라. 그리고 분류기 결과를 계산하라. SVMlight, Liblinear, LibSVM, FEST는 공통 파일 포맷을 사용한다. Weka와 R 같은 시스템에는 여러 방법론이 구현돼 있다.

연습 문제 10.4 적어도 두 개 이상의 위키피디아 언어 버전에서 무작위로 페이지를 불러오고, 그 페이지들로 분류 방법들을 적용할 말뭉치를 준비하라.

연습 문제 10.5 검색엔진을 이용해 텍스트 분류 및 필터링에 쓰이는 고전적인 말뭉치들을 하나 이상 찾아보라. 그 예로는 라우팅, 필터링 및 스팸 과제에 수년간 활용됐던 로이터 Reuter, 20 뉴스 그룹 20 Newsgroups, 스팸베이스 Spambase, 링 스팸 Ling Spam, TREC 문서 모음이 있다. 이 말뭉치들을 이용한 연구 결과를 찾아보라. 그 결과들에서 어떤 방법론이 가장 좋은지 결정할 수 있는가? 그 결과들을 재현할 수 있는가? 독자의 말뭉치에 방법론을 테스트하면 결과가 어떠한가?

연습 문제 10.6 직접 필터를 구현하고 평가해보라. 만든 필터가 복잡할 필요는 없다. 나이브 베이즈, 로지스틱 회귀나 퍼셉트론 같은 방법들은 이진 특성을 사용한다면 매우 간단하다. 실제로 어떤 데이터 압축 방법도 필터로 사용할 수 있다. 단순히 출력 길이를 교차 엔트로피의 추정치로 측정하면 된다. DMC 및 그 외 순차 방법들을 구현한 코드는 웹에서 다운로드할 수 있다. 모델을 구성하는 코드는 이 구현 코드에서 추출하고 코딩 부분은 버리면 된다. 스컬리의 온라인 SVM도 웹에서 찾을 수 있다.

연습 문제 10.7 주요 고속도로에서는 교통량의 70%는 제한 속도를 넘어서 주행하며, 자동차 2대 사이 교통 사고 중 80%는 적어도 자동차 한 대 이상이 과속한 경우다. 과속 시 사고가 발생할 오즈비는 얼마인가?

연습 문제 10.8 이 자동차 2대 사이 교통 사고의 50%는 차량 한 대가 정지했을 때 발생한 사고다. 제한 속도로 주행할 때에 비해 과속시 사고가 발생할 오즈비를 계산하려면 어떤 추가 정보가 더 필요한가?

연습 문제 10.9 특정 시점에 지나간 모든 자동차 번호 및 속도 및, 그 이후 1시간 내에 발생한 사고와 관련된 자동차 번호의 로그 데이터가 전부 있다고 생각해보자. 특정 자동차가 1시간 내에 사고에 휘말릴 확률을 어떻게 추정하겠는가?

연습 문제 10.10 고속도로 순찰대는 Q로 시작하는 번호판을 단 빨간색 자동차를 쫓았지만 잡는 데는 실패했다. 법원에서 검찰 측 전문가는 모든 번호판의 $\frac{1}{36}$이 Q로 시작하고, 전체 자동차의 $\frac{1}{20}$이 빨간색이며, $\frac{1}{1400}$가 경찰차를 따돌릴 만큼 빠르다고 증언했다. 자동차 등록 데이터베이스를 찾아보니 X씨가 빨간색 페라리 자동차를 소유하고 있음이 밝혀졌다. X씨는 경찰에게서 도망친 혐의로 기소됐고, 검찰은 $\frac{1}{20} \cdot \frac{1}{36} \cdot \frac{1}{1400} = \frac{1}{1008000}$이므로, X씨가 결백할 오즈가 100만 분의 1이라고 주장한다. 독자가 피고 측 전문가 증인으로 고용됐다고 하자. 밥값을 벌 수 있을까?

10.11 참고문헌

Belkin, N. J., and Croft, W. B. (1992). Information filtering and information retrieval: Two sides of the same coin? *Communications of the ACM*, 35(12):29 – 38.

Bratko, A., Cormack, G. V., Filipič, B., Lynam, T. R., and Zupan, B. (2006). Spam filtering using statistical data compression models. *Journal of Machine Learning Research*, 7:2673 – 2698.

Callan, J. (1998). Learning while filtering documents. In *Proceedings of the 21st Annual International ACM SIGIR Conference on Research and Development in Information Retrieval*, pages 224 – 231. Melbourne, Australia.

Cleary, J. G., and Witten, I. H. (1984). Data compression using adaptive coding and partial string matching. *IEEE Transactions on Communications*, 32(4):396 – 402.

Cormack, G. V. (2007). TREC 2007 Spam Track overview. In *Proceedings of the 16th Text REtrieval Conference*. Gaithersburg, Maryland.

Cormack, G. V. (2008). Email spam filtering: A systematic review. *Foundations and Trends in Information Retrieval*, 1(4):335 – 455.

Cormack, G. V., and Horspool, R. N. S. (1987). Data compression using dynamic Markov modelling. *The Computer Journal*, 30(6):541 – 550.

Cormack, G. V., and Lynam, T. R. (2005). TREC 2005 Spam Track overview. In *Proceedings of the 14th Text REtrieval Conference*. Gaithersburg, Maryland.

Domingos, P., and Pazzani, M. J. (1997). On the optimality of the simple bayesian classifier under zero-one loss. *Machine Learning*, 29(2-3):103–130.

Drucker, H., Wu, D., and Vapnik, V.N. (1999). Support vector machines for spam categorization. *IEEE Transactions on Neural Networks*, 10(5):1048–1054.

Fawcett, T. (2006). An introduction to ROC analysis. *Pattern Recognition Letters*, 27(8):861–874.

Glas, A. S., Lijmer, J. G., Prins, M. H., Bonsel, G. J., and Bossuyt, P.M.M. (2003). The diagnostic odds ratio: A single indicator of test performance. *Journal of Clinical Epidemiology*, 56(11):1129–1135.

Hastie, T., Tibshirani, R., and Friedman, J. H. (2009). *The Elements of Statistical Learning* (2nd ed.). Berlin, Germany: Springer.

Hosmer, D. W., and Lemeshow, S. (2000). *Applied Logistic Regression* (2nd ed.). New York: Wiley-Interscience.

Joachims, T. (2002). *Learning to Classify Text Using Support Vector Machines*. Norwell, Massachusetts: Kluwer Academic.

Komarek, P., and Moore, A. (2003). Fast robust logistic regression for large sparse datasets with binary outputs. In *Proceedings of the 9th International Workshop on Artificial Intelligence and Statistics*. Key West, Florida.

Lewis, D. D. (1991). Evaluating text categorization. In *Human Language Technologies Conference: Proceedings of the Workshop on Speech and Natural Language*, pages 312–318. Pacific Grove, California.

Lewis, D. D., and Catlett, J. (1994). Heterogeneous uncertainty sampling for supervised learning. In *Proceedings of the 11th International Conference on Machine Learning*, pages 148–156.

Lewis, D. D., Yang, Y., Rose, T. G., and Li, F. (2004). RCV1: A new benchmark collection for text categorization research. *Journal of Machine Learning Research*, 5:361–397.

McNamee, P. (2005). Language identification: A solved problem suitable for undergraduate instruction. *Journal of Computing Sciences in Colleges*, 20(3):94–101.

Mitchell, T. M. (1997). *Machine Learning*. Boston, Massachusetts: WCB/McGraw-Hill.

Robertson, S. (2002). Threshold setting and performance optimization in adaptive filtering. *Information Retrieval*, 5(2-3):239 – 256.

11

병합과 메타 학습

앞서 검색, 분류, 필터링의 다양한 핵심 방법론을 다뤘다. BM25의 k_1, v_{title}, v_{body}, b_{title}, b_{body} 와 같이 이 방법들 중에는 유효성을 바꾸는 매개변수가 있는 경우가 많다. 이런 매개변수들과 토큰화나 특성 선택 방식과 같은 설계 요소까지 모두 고려하면 우리가 선택할 수 있는 방법론 가짓수는 무한대에 가까워진다.

이 무한한 가능성은 한 가지 질문을 이끌어낸다. 어떤 조합으로 선택해야 가장 성능이 좋을까? 물론 그 답을 미리 안다면 가장 좋은 선택만 남기고 나머지는 버리면 된다. 그리고 놀랍게도 가장 좋은 방법을 반드시 알 필요 없이 몇 가지 결과를 합쳐서 하나의 가장 좋은 방법보다 더 나은 결과를 낼 수 있는 경우가 종종 있다.

11장에서 다루는 방법론은 구체적으로 다음과 같다.

- 결합^{fusion} 또는 집계^{aggregation}. 여러 정보 검색 방법론의 결과들을 하나로 합친다(11.1절).
- 스태킹^{stacking}. 학습을 거쳐 분류기 몇 개를 최적으로 조합하는 방법을 찾아 메타 분류기를 만든다. 11.2절은 적응 필터링, 11.3절은 비적응 필터링 및 분류 문제에서의 스태킹을 다룬다.
- 배깅^{bagging} 또는 부트스트랩 집계^{bootstrap aggregation}. 훈련 예제들을 무작위로 재추출해서

결과를 평균한 분류기를 만든다(11.4절).

- 부스팅boosting. 오분류된 훈련 예제들에 점진적으로 가중치를 줘 결과가 가중 평균된 분류기를 만든다(11.5절).
- 다범주multicategory 순위화와 분류categorization. 여러 개의 이진 분류기의 결과를 합친다 (11.6절).
- 순위 학습learning to rank. 서로 다른 예제들의 순위에서 순위화 함수를 학습한다(11.7 절).

구체적인 예로 들어가기 전에 일반적인 이야기를 하려 한다. 위 방법들은 모두 서로 다른 방법론에서 나온 증거들을 모아 사용자의 요구에 더 잘 맞는 결과를 만들어내는 방법들이다. 어떤 방법론의 증거가 다른 방법론의 증거보다 더 강력한 경우도 있겠지만, 전체적으로 봤을 때 모든 증거들을 적절하게 조합하면 보통 증거 하나 하나보다 더 강력하다. 이런 현상은 정보 검색만이 아닌 일반적으로 '군중의 지혜' 현상으로 알려져 있다(Surowiecki, 2004).

여기서 다룰 증거들은 세 가지 형태 중 하나다.

1. 범주형categorical: 개별 문서나 문서 집합이 특정 범주와 관련이 있거나 그에 속하는지 여부를 나타내는 이산적discrete 값. 결과가 범주형인 문제를 보통 분류classification 문제라 한다.
2. 순서형ordinal: 문서들과 어떤 범주 사이의 관련성의 정도에 따라 문서 순서를 매기는 순위 값이나 점수. 결과가 순서형인 문제를 보통 순위화 문제라고 한다.
3. 정량형quantitative: 문서들과 어떤 범주 사이의 관련성의 정도를 가리키도록 조정된 점수로, 보통 확률 값이다. 이런 점수를 추정하는 문제를 보통 회귀regression 문제라고 한다.

분류를 도입하면 회귀 문제는 순위화 문제로 그리고 컷오프 순위나 문턱값을 이용하면 순위화 문제는 분류 문제로 환원할 수 있다. 문제를 환원할 때마다 정보는 손실된다. 때로는 방법론 자체에 정보 손실이 내재돼 피할 수 없는 경우도 있다. 정보 손실을 줄일수록 전체적인 증거의 신빙성도 더 강해진다.

다양하게 증거들을 결합하는 방법들을 설명하고자 순위 검색, 주제 기반 필터링, 언어 분류, 온라인 스팸 필터링처럼 10장에서 나왔던 문제들을 다시 다루려고 한다. 그리고 문제마다 방법론의 결과들을 가져와 그중 가장 성능이 좋았던 결과와 여러 결과를 조합한 결과를 비교해볼 예정이다. 덧붙여 순위 학습 방법론은 LETOR 3 데이터 집합[1]을 이용해 설명할 것이다(이 데이터 집합은 몇 가지 TREC 말뭉치에서 만들었으며 표준 벤치마크 데이터로 쓰인다).

11.1 검색 결과 병합

검색 결과 병합은 증거들을 조합하는 가장 간단한 방식으로, 몇 가지 검색엔진에서 나온 문서 목록을 하나로 합치는 방법이다. 이때 목록 내에서 문서 순위 및 점수 외의 정보는 사용하지 않는다. 병합 방법은 세 가지 종류를 살펴볼 것이다. 바로 (1) 각 목록에서 정해진 수의 문서를 순위와 관계없이 고려하는 고정 컷오프 검색, (2) 목록 내 문서들의 순위를 고려하는 순위 집계, (3) 결과 목록 내 문서들의 순위와 점수를 고려하는 점수 집계다.

검색 결과 병합을 설명할 때는 다음과 같은 표기법을 쓰기로 한다. 문서 집합 D에서 어떤 질의 q에 대한 결과로 문서 목록 Res_1, Res_2, ..., Res_n을 반환하는 시스템이 n개 있다고 하자. 그리고 n개의 목록에서 증거를 모아 더 나은 목록 Res를 구성하려고 한다. 이때 각각의 Res_i에 대해 순위 함수 $r_i(d)$를 정의하는데, 그 함수값이 d가 Res_i 내에 있을 때는 d의 위치가 되고, d가 Res_i에 없을 때는 어떤 큰 값 c가 되도록 한다.

$$r_i(d) = \begin{cases} k & (Res_i[k] = d) \\ c & (d \notin Res_i) \end{cases} \tag{11.1}$$

c는 $c > |Res_i|$이기만 하면 어떤 값이든 관계없다. 적절한 값으로는 $c = \infty$, $c = |D|$, $c = \frac{|D|}{2}$, $c = |Res_i| + 1$가 있다. 여기서는 $c = \infty$로 선택했다.

점수 집계에서는, 크기가 늘어나지 않는 목록 $Score_i$가 시스템마다 반환된다고 가정하

1　research.microsoft.com/en-us/um/beijing/projects/letor

표 11.1 11장의 병합 및 순위 학습 예제 29개의 결과. 굵은 숫자는 해당 열에서 가장 좋았던 결과를 가리킨다.

| 방법론 | Stop | Stem | TREC45 | | | | GOV2 | | | |
| | | | 1998 | | 1999 | | 2004 | | 2005 | |
			P@10	MAP	P@10	MAP	P@10	MAP	P@10	MAP
bm25	No	No	0.424	0.178	0.440	0.205	0.471	0.242	0.534	0.277
bm25	No	Yes	0.440	0.199	**0.464**	0.247	**0.500**	0.266	0.600	0.334
bm25	Yes	No	0.424	0.178	0.438	0.205	0.467	0.243	0.538	0.276
bm25	Yes	Yes	0.440	0.199	**0.464**	0.247	**0.500**	0.266	0.592	0.333
bm25 b=0	No	No	0.402	0.177	0.406	0.207	0.418	0.171	0.538	0.207
bm25 notf b=0	No	No	0.256	0.141	0.224	0.147	0.069	0.050	0.106	0.083
dfr-gb2	No	No	0.426	0.183	0.446	0.216	0.465	0.248	0.550	0.269
dfr-gb2	No	Yes	0.448	**0.204**	0.458	0.253	0.471	0.252	0.584	0.319
dfr-gb2	Yes	No	0.426	0.183	0.446	0.216	0.465	0.248	0.550	0.269
dfr-gb2	Yes	Yes	0.448	**0.204**	0.458	0.253	0.471	0.252	0.584	0.319
lm-dirichlet-1000	No	No	0.450	0.193	0.428	0.226	0.484	0.244	0.580	0.293
lm-dirichlet-1000	No	Yes	**0.464**	**0.204**	0.434	0.262	0.492	0.270	0.600	**0.343**
lm-dirichlet-1000	Yes	No	0.448	0.193	0.430	0.226	0.494	0.247	0.568	0.291
lm-dirichlet-1000	Yes	Yes	0.462	**0.204**	0.436	**0.262**	0.488	**0.272**	**0.602**	0.341
lm-jelinek-0.5	No	No	0.390	0.179	0.432	0.208	0.416	0.211	0.494	0.257
lm-jelinek-0.5	No	Yes	0.406	0.192	0.434	0.248	0.437	0.225	0.522	0.302
lm-jelinek-0.5	Yes	No	0.390	0.179	0.432	0.209	0.414	0.212	0.482	0.253
lm-jelinek-0.5	Yes	Yes	0.406	0.192	0.436	0.249	0.445	0.225	0.508	0.298
lm-unsmoothed	No	No	0.354	0.114	0.396	0.141	0.402	0.171	0.492	0.231
lm-unsmoothed	No	Yes	0.384	0.134	0.416	0.180	0.433	0.196	0.538	0.285
lm-unsmoothed	Yes	No	0.352	0.114	0.394	0.141	0.400	0.172	0.484	0.230
lm-unsmoothed	Yes	Yes	0.384	0.134	0.416	0.180	0.439	0.196	0.518	0.283
prox	No	No	0.396	0.124	0.370	0.146	0.424	0.173	0.560	0.230
prox	No	Yes	0.418	0.139	0.430	0.184	0.453	0.207	0.576	0.283
prox	Yes	No	0.396	0.123	0.370	0.146	0.422	0.173	0.546	0.232
prox	Yes	Yes	0.416	0.139	0.430	0.184	0.447	0.204	0.556	0.282
vsm-lintf-logidf	No	No	0.266	0.106	0.240	0.120	0.298	0.092	0.282	0.097
vsm-logtf-logidf	No	No	0.264	0.126	0.252	0.135	0.120	0.060	0.194	0.092
vsm-logtf-noidf-raw	No	No	0.342	0.132	0.328	0.154	0.400	0.144	0.466	0.151

492

는데, 이때 $Score_i[k]$는 $Res_i[k]$와 연관된 적합도 점수다. 그리고 각 $Score_i$에 대해 점수 함수 $s_i(d)$를 정의하는데, 그 함수값은 d가 Rel_i 내에 있을 때는 d의 점수, d가 Rel_i에 없을 때는 가장 작은 점수가 된다.

$$s_i(d) = \begin{cases} Score_i[k] & (Res_i[k] = d) \\ Score_i[|Score_i|] & (d \notin Res_i) \end{cases} \tag{11.2}$$

일반적으로 $Score_i$는 다음과 같이 정규화된다고 가정한다.

$$Score_i[|Score_i|] = \min_d\{s_i(d)\} = 0, \qquad Score_i[1] = \max_d\{s_i(d)\} = 1 \tag{11.3}$$

결과 병합은 10장에서 언급했던 표 11.1의 $n = 29$개의 검색 방법론의 결과에, 위 세 가지 방법을 적용하는 방식으로 설명한다. 방법론마다 네 종류의 TREC 문서 집합들에 대한 P@10과 MAP 결과가 표에 나와 있는데, 그중 굵은 글씨로 표시된 값은 가장 좋은 결과를 뜻한다.

11.1.1 고정 컷오프 집계

표 11.1의 결과를 합쳐서 P@10을 최적화하는 문제를 생각해보자. 지금은 각 결과가 순서에 관계없이 토픽당 10개의 문서로 이뤄진 범주형 값이라고 간주할 것이다. 예제로 나온 29개 방법의 결과 집합의 합집합은 토픽당 10개에서 290개 사이의 문서를 포함하게 되는데, 이 집합에서 적합 확률이 가장 높은 문서 10건을 찾아내서 P@10을 최대화하려 한다.

가장 간단한 방법은 "최상의" 검색 시스템에서 10건의 문서를 결과로 받는 방법일 것이다. 하지만 무엇이 최상일까? 앞에서 평가해본 바에 따르면 아마도 BM25나 LMD의 효과가 가장 좋을 거라고 예상할 수 있다. 하지만 네 개의 말뭉치 모두에서 가장 좋은 방법이나 매개변수 설정은 없다. 독자는 표를 참고해서 최상의 개별 결과를 찾아내는 특권을 누릴 수는 있다. 이때 "최상의 개별 결과"란, 결과 하나를 선택했을 때 도달할 수 있는 유효성의 상한이 된다. 그러나 실제로는 그런 상한은 안정적으로 달성할 수 없다.

단순하면서도 현실적인 방법으로는, 다양한 방법들이 "후보"로 꼽은 문서들 가운데 10

표 11.2 이 책에서 나온 검색 방법을 TREC 문서 집합에 적용하고, 그 결과를 범주형 결과로 결합했을 때의 P@10

방법론	TREC45		GOV2	
	1998	1999	2004	2005
	P@10	P@10	P@10	P@10
최상	0.464	0.464	0.500	0.602
Median	0.406	0.430	0.445	0.538
Election	0.452	0.460	0.492	0.554

개의 문서를 "선출"하는 전략이 있다. 선출 전략마다 상당한 차이가 있지만, 여기서는 단순히 29개 결과에서 가장 많이 나타나는 문서 10건을 고르되, 출현 횟수가 같을 때는 임의로 선택하는 방법을 쓴다. 실제적으로는 범주형 결과들을 몇 가지 합쳐서 순위가 있는 목록을 만들고, 거기에 컷오프(문서 10건)를 적용해 새로운 범주형 결과를 만들었다. 표 11.2는 그 "선출" 결과다. 표를 보면 이 단순한 투표 전략이 각 말뭉치마다 이상적인 최상의 결과를 내지는 못하지만, 최상에 가까움을 알 수 있다.

11.1.2 순위 및 점수 집계

이제 이 네 개 문서 집합에서 MAP을 최적화하는 문제를 다뤄보자. 결과 Res_i는 순위 r_i가 매겨진 목록이다. 이 순위들을 합치면 집계 순위 r이 된다. 이 방법은 순위 집계, 병합, 또는 메타 검색이라 부른다.

아마도 순위 집계 전략 중 가장 간단하면서 효과적인 전략은 역순위 병합[RRF, Reciprocal Rank Fusion](Cormack et al., 2009)일 것이다. RRF는 다음과 같은 점수 공식으로 문서를 정렬한다.

$$RRFscore(d) \;=\; \sum_i \frac{1}{k + r_i(d)} \tag{11.4}$$

이때 $k = 60$이면 일반적인 검색 결과에서 잘 동작한다고 알려져 있다. 이 공식은 순위가 높은 문서를 더 중요하게 보면서도, 순위가 낮은 문서의 중요성도 사라지지 않게 하자는 아이디어에서 나왔다. 조화 순열은 이런 특성을 만족한다. k는 성능이 나쁜 방법에서 높은 순위를 받은 문서의 영향을 줄이는 상수다.

문서를 범주로 선택하는 대신에, 문서의 우열을 바탕으로 하는 선출 전략들이 더 많다(하지만 그 방법들이 꼭 더 효과적이지는 않다). 예를 들어 콩도르세 병합 방법Condrecet fusion (Montague and Aslam, 2002)은 문서 쌍의 부등식 $r(d_1) < r(d_2)$에 따라 문서를 정렬하고 순위를 합치는 방법으로, 각 (d_1, d_2) 대한 부등식은 여러 순위 결과들을 바탕으로 다수결로 결정한다.

그 외에 순수한 순위 집계 방법은 아니지만, 순위에 점수(임의로 조정하긴 하지만 정량적 증거다)를 더해서 사용하는 방법이 몇 가지 있다. 예를 들면 CombMNZ(Lee, 1997)은 다음과 같은 순위 공식에 따라 문서를 정렬한다.

$$CMNZscore(d) \;=\; |\{i \mid d \in Res_i\}| \cdot \sum_i s_i(d) \tag{11.5}$$

즉, $CMNZscore$는 해당 문서가 존재하는 검색 결과 수와 점수들의 합을 곱해서 만든 결합 점수다. 표 11.3은 29개의 방법론 결과들을 위의 세 방법으로 병합했을 때의 결과다. RRF는 말뭉치 네 개 중 세 개에서 MAP 점수가 단일 최상 방법론보다 높다. 콩도르세 방법도 MAP 점수가 더 높지만 아주 큰 차이는 아니다. $CombMNZ$는 MAP 점수가 단일 최상일 때와 비슷하지만 그 값을 넘지는 못했다. 앞의 투표 방식 결과와 비교하도록 병합 순위에 컷오프 10을 적용해 계산한 P@10도 적어 두었다. RRF의 P@10 점수는 모든 경우에서 투표 방식을 능가하며, 단일 최상 P@10 점수에 견줄 만하다.

표 11.3 이 책에서 나온 검색 방법을 TREC 문서 집합에 적용하고, 순위 기반으로 병합한 결과

| 방법론 | TREC45 | | | | GOV2 | | | |
| | 1998 | | 1999 | | 2004 | | 2005 | |
	P@10	MAP	P@10	MAP	P@10	MAP	P@10	MAP
단일 최상(MAP 기준)	0.462	0.204	0.434	0.262	0.500	0.272	0.602	0.341
단일 최상(P@10 기준)	0.464	0.204	0.464	0.247	0.500	0.266	0.602	0.341
RRF(k= 60)	0.462	0.215	0.464	0.252	0.543	0.297	0.570	0.352
Condorcet	0.446	0.207	0.462	0.234	0.525	0.281	0.574	0.325
CombMNZ	0.448	0.201	0.448	0.245	0.561	0.270	0.570	0.318

종합해보면 순위 및 점수 집계 방법은 개별 결과들의 상대적 품질을 몰라도 개별 방법과 비슷하거나 더 나은 결과를 만들 수 있다는 점에서 훌륭하다. 이 집계 방법들은 11장에서 나올 부트스트랩 집계 방법(11.4절)과 같은 다른 집계 방법과 함께 사용할 수 있다.

11.2 적응 필터 스태킹

표 10.25(481쪽)에 있는 온라인 스팸 필터의 범주형 결과나 정량형 결과를 합치는 문제를 다시 생각해보자. 범주형 결과는 단순히 메시지들이 스팸인지 햄인지를 가리킨다. 필터들이 홀수 개만 있으므로 투표가 동수인 경우를 신경 쓰지 않고 간단히 다수결 투표로 결과를 합쳐볼 수 있을 것이다. 투표 순위는 문턱값 t와 비교하는 방식으로 범주형 결과로 바꿀수 있다. 그리고 메시지를 스팸으로 판정하려면 다섯 개 필터 중에 t개의 판정이 필요하다고 하자. 이렇게 다수결 투표 방식을 쓰면 성능이 가장 좋은 개별 필터와 거의 비슷하다(표 11.4 참조). 실제로 $t = 4$나 $t = 5$로 두면 더 만족스러운 스팸 필터링 결과를 낸다.

순위 집계를 하려면 점수를 정렬해야 하기 때문에 그 자체로는 온라인 필터에 적당하지 않다. 대신 과거 데이터를 이용해 d_i가 스팸일 로그-오즈 근삿값을 구해 문서 d_i의 점수 s_i를 조정할 수 있다.

표 11.4 투표 방식으로 온라인 스팸 필터 합치기

방법	분류 오류(%)		
	거짓 양성 비율	거짓 음성 비율	로지스틱 평균
최상	0.32	0.42	0.37
다수결 투표	0.42	0.34	0.37
5개 중 1	32.88	0.00	0.61
5개 중 2	1.54	0.02	0.54
5개 중 3	0.42	0.34	0.37
5개 중 4	0.19	0.61	0.34
5개 중 5	0.08	1.50	0.36

표 11.5 로그-오즈 평균 및 회귀 방법으로 온라인 스팸 필터 합치기

방법	분류 오류(%)			
	거짓 양성 비율	거짓 음성 비율	로지스틱 평균	1-AUC
최상(AUC)	0.41	0.47	0.44	0.012
다수결 투표	0.42	0.34	0.37	0.095
NB 스태킹	0.37	0.34	0.36	0.008
LR 스태킹	0.39	0.27	0.33	0.006

$$\text{logOdds}[d_i \in spam] \quad \approx \quad \log \frac{|\{d_{j<i} \in spam \mid s(d_j) \leq s(d_i)\}|}{|\{d_{j<i} \notin spam \mid s(d_j) \geq s(d_i)\}|} \tag{11.6}$$

이 점수들은 확률적 분류기의 특성들을 다룰 때와 마찬가지로 평균할 수 있다. (메타) 학습 방법을 사용해서 결과를 합치는 방법은 스태킹^{stacking}이라 부른다. 로그-오즈 평균 방법에서 메타 학습 방법은 나이브 베이즈와 같다(10.3.2절). 기울기 하강 로지스틱 회귀$^{gradient\ descent}$ $^{logistic\ regression}$ 같은 다른 적응 메타 학습 방법을 대신 사용할 수도 있다. 나이브 베이즈와 로지스틱 회귀 방법 모두 최상의 개별 필터보다 상당히 더 좋은 결과를 보인다.

이제 표 10.23에서 주제 기반 필터링 결과를 고려해보자. 적응 스태킹 방법은 적응 훈련 결과가 있는 네 가지 방법에 바로 적용할 수 있다. 이러한 방법은 사실 전체 데이터 집합에 대해 순차적으로 훈련됐지만, 테스트 예제 결과만 기록했다. 우리는 스팸 필터 스태킹과 마찬가지로, 전체 데이터 집합에 대해 점수들을 점진적으로 로그-오즈로 변환하고, 적응 로지스틱 회귀 방법으로 결합하거나 평균을 내는 방법을 썼다. 결과는 테스트 예제만 기록 했다. 표 11.6을 보면 스팸 필터링 때와 마찬가지로, 두 스태킹 방법 모두 최상의 개별 필

표 11.6 TREC 토픽 383에 대해 적응 훈련을 스태킹한 결과. 이 표에 나오 는 숫자들은 표 10.23의 "적응 훈련" 부분과 비교할 수 있다.

방법	과거 + 온라인	
	P@10	AP
최상	1.0	0.55
NB 스태킹	1.0	0.59
LR 스태킹	1.0	0.60

터보다 확실히 개선된 성능을 보이며, 그중에서 로지스틱 회귀법이 약간 더 낮다는 사실을 알 수 있다. 결과를 결합한 방법 중 하나를 제외하면 모두 최상의 방법보다 성능이 상당히 뒤떨어진다. 그럼에도 스태킹 방법을 활용하면 최상의 방법 하나보다 성능이 더 개선된다.

11.3 배치 분류기 스태킹

필터들이 반환하는 점수를 로그-오즈나 다른 의미 있는 양으로 조정하기가 쉽지 않기 때문에 배치로 학습된 필터 결과에 스태킹을 적용하기란 어려운 문제다. 로그-오즈를 직접 추정하는 로지스틱 회귀 같은 방법조차도 훈련 집합 T에서만 로그-오즈를 추정할 수 있다. 과적합 가능성 때문에 이 추정치가 테스트 집합에서 일반화될지는 미지수다. 서포트 벡터 머신이나 결정 트리 같은 방법들은 상황이 훨씬 더 나쁘다. 이 방법들은 훈련 예제에서 만점을 받는 경우가 흔하다. 그리고 테스트 예제에서는 전혀 다른 점수를 받는다.

이에 따라 훈련 문서 $d_j \in T$의 점수를 기반으로 문서 $d_j \in D$의 점수 s_i를 조정하면 식 11.6은 다음과 같아진다.

$$\mathrm{logOdds}[d_i \in spam] \quad \approx \quad \log \frac{|\{d_j \in (T \cap spam) \mid s(d_j) \leq s(d_i)\}|}{|\{d_j \in (T \backslash spam) \mid s(d_j) \geq s(d_i)\}|} \tag{11.7}$$

표 11.7은 표 10.23의 9개 방법에 대한 배치 훈련 결과에 스태킹을 적용한 결과다. 나이브 베이즈 스태킹으로는 상당한 성능 개선이 있었고, (배치) 로지스틱 회귀는 그보다 더 좋은 성능을 보이는 등, 전반적인 결과는 앞의 예제와 비슷하다.

표 11.7 TREC 토픽 383에 대해 배치 훈련을 스태킹한 결과. 이 표에 나오는 숫자는 표 10.23의 "과거 훈련" 부분과 비교할 수 있다.

방법	과거 훈련	
	P@10	AP
최상	1.0	0.56
NB 스태킹	1.0	0.62
LR 스태킹	1.0	0.65

11.3.1 홀드아웃 검증

훈련 결과에서 로그-오즈를 추정하기는 회귀 문제, 즉, 가용 데이터에서 정량적 결과를 추정하는 문제다. 특히 우리는 분류 유효성의 관점에서 각 방법의 성능을, 점수 $s(d)$의 함수로서 추정하고 있다. 이 추정치를 이용하면 순위 결합 방법(또는 분류기)을 더 낫게 만들 수 있다.

그렇지만 앞 절의 방법들은 $d \in T$일 때 $s(d)$에서 로그-오즈를 추정하므로, 일반화 오류가 발생하게 된다. 이 일반화 오류는, 분리된 검증 집합 $V \subset D$에서 온 $s(d)$를 사용해서 로그-오즈(또는 다른 회귀량)를 계산하면 피할 수 있다($T \cap V = \emptyset$). 즉, T에서 훈련하고 V를 점수화(또는 분류나 순위화)하는 오류다.

V를 만드는 가장 간단한 방법은 **홀드아웃**holdout 방법이다. 홀드아웃 방법은 D에서 추출된, 레이블이 붙은 예제들로 이뤄진 어떤 큰 집합 L을 나눠서 $L = T + V$로 만드는 방법이다. L은 D의 독립 동일 분포i.i.d, independent and identically distributed 표본이고, T는 L에서 무작위로 만든 부분 집합이라 가정하면, T와 V는 둘 다 D의 i.i.d. 표본으로 간주할 수 있다. 그러면 로그-오즈를 계산할 때 D의 독립 표본을 사용하므로 분류기가 T에 과적합되는 문제에 영향을 받지 않는다(회귀는 V에 과적합될 수 있지만, 별개의 문제다). V는 검증 집합이라 부르며 이렇게 특별한 상황에서는 **홀드아웃 집합**이라 한다. 그리고 이 방법 전체는 **홀드아웃 검증**이라고 부른다.

홀드아웃 검증의 한계점은 주로 레이블이 붙은 예제가 부족하다는 점이다. 보통 L의 크기는 레이블이 붙은 예제 수나, 레이블을 붙이는 비용에 따라 제한되므로, T와 V의 크기에는 직접적인 트레이드-오프가 성립한다. 보통 T가 커지면 방법이 더 좋아지며, V가 커지면 검증이 개선된다. 그리고 하나가 좋아지면 다른 쪽이 나빠진다.

두 번째 한계점은 T와 V에서 양성 예제의 출현율이 다르다는 사실에서 기인한다. 특정 방법들, 특히 문턱값에 의존하는 분류 방법들은 출현율에 매우 민감하다. L에서 T(그리고 V)를 만들 때 **층화 추출**stratified sampling을 하면 이 한계를 어느 정도 극복할 수 있다. 층화 추출은 T(그리고 V)에서 각 범주들의 비율이 대략 L에서 비율과 같도록, 범주별로 따로 예제들을 추출하는 방법이다.

11.3.2 교차 검증

교차 검증은 레이블이 붙은 예제들의 집합 L을, (T_1, V_1), (T_2, V_2), ..., (T_k, V_k)와 같이 k개의 분할로 나누고 회귀를 적용하는 방법이다. 훈련은 각 T_i에서 개별적으로 진행되고, $d \in V_i$의 점수를 각각 매긴다. 회귀는 합친 결과에 적용되며, 결과들은 하나의 큰 검증 집합 $V = \bigcup_{i=1}^{k} V_k$로 간주된다. 가장 자주 쓰이는 방법은 k-폴드$^{k-fold}$ 교차 검증으로, 검증 집합들을 동일한 크기의 서로소 집합으로 나누는 방법이다. 즉, $\forall_{i \neq j} V_i \cap V_j = \emptyset$이다. 그리고 훈련 집합은 검증 집합에 속하지 않는 예제로 구성된다$(T_i = L \backslash V_i)$. 따라서 k값이 크면, $T_i \approx L$이고 $V = L$이 된다. 그러므로 V는 동일한 크기의 독립적인 홀드아웃 집합의 근사로 볼 수 있다. 극단적으로 $k = |L|$인 경우는 단일 제외 검증이라고 부른다.

만약 층화 추출을 한다면, k값은 가장 출현 수가 적은 범주로 제한된다. 앞선 주제 기반 필터링 예제에서 T에 정확히 22개의 적합 문서가 있었으므로, V_i에 적합 문서를 하나씩만 넣는다고 하면 22-폴드 교차 검증을 할 수 있다. 층화 추출을 하지 않는다면, 훈련에 드는 비용이 k에 비례하므로 k값의 한계는 효율성에 따라 정해진다. 일반적으로 5-폴드 교차 검증($k = 5$)과 10-폴드 교차 검증($k = 10$)이 활용된다. 표 11.8는 토픽 383에 대해 22-폴드 교차 검증을 수행해서 평균 병합 및 스태킹 병합 결과가 둘 다 향상됐음을 보여주고 있다.

교차 검증의 중요한 역할 중 하나는 학습 방법을 선택하거나 튜닝하는 일이다. 이때 교차 검증은 전반적인 유효성 척도를 추정하고, 이 척도를 최적화하는 전체 공간에서 방법론이나 매개변수 설정을 찾는 데 쓰인다. 11장 앞에서 예시로 보여줬듯이 최상의 방법이나 매개변수 설정을 하나 선택한다고 반드시 전체 결과가 최상이 되지는 않는다.

표 11.8 TREC 토픽 383에 대해, 22-폴드 층화 추출 교차 검증으로 스태킹한 결과

방법	과거 훈련	
	P@10	AP
최상	1.0	0.56
NB 스태킹	1.0	0.64
LR 스태킹	1.0	0.69

11.4 배깅

학습 방법을 특정 훈련 집합 T에서 추출한 예제들로 훈련하고 D에서 추출한 문서들에 적용할 때, 그 결과로 나오는 분류, 순위, 회귀에는 훈련 오류와 일반화 오류라는 두 가지 유형의 오류가 발생한다. 만약 하나의 훈련 집합 T 대신에 N개의 훈련 집합 T_1, T_2, T_N에 동일한 학습 방법을 따로 적용해서 나온 결과를 평균한다면(이때 각 T_i는 D의 독립 표본이며, T와 크기가 같다), 이 두 오류를 줄일 수 있다.

이유는 꽤 간단하다. 어떤 문서 $d \in D$에 대해 이상적인 분류기가 반환하는 결과 점수를 $ideal(d)$이라고 하자. 그리고 T_i에서 훈련된 방법이 계산하는 값은 $c_i(d) \approx ideal(d)$이다. 더 자세히 말하자면, T_i에서 발생하는 오류를 나타내는 확률 변수 E_i가 있을 때, $c_i(d) = ideal(d) + E_i$로 쓸 수 있다. 이제 결과들을 평균해 결합하면 다음과 같이 된다.

$$c(d) \;=\; \frac{1}{N} \cdot \sum_{i=1}^{N} \left(ideal(d) + E_i \right) \;=\; ideal(d) + E \tag{11.8}$$

이때 다음과 같다.

$$E \;=\; \sum_{i=1}^{N} \frac{E_i}{N} \tag{11.9}$$

만약 E_i가 서로 독립이라면, E의 분산은 일반적으로 각 E_i 분산보다 작다. σ_E^2가 모두 같은 특수한 상황을 가정하면, σ_E^2는 $1/N$만큼 작게 된다.

$$\sigma_E^2 \;\approx\; \frac{\sigma_{E_i}^2}{N} \tag{11.10}$$

T_i가 D의 독립 동일 분포(i.i.d) 표본이라면, E_i들은 독립이고 모두 분산이 같으므로, 표준편차 σ_E는 하나의 T_i에서 훈련했을 때에 비해 $\sqrt{N}$만큼 줄어든다.

일반적으로 레이블이 붙은 예제들의 집합 L을 여러 개의 독립적인 훈련 집합들로 분할해서 얻는 이득은 별로 없다. 하나의 큰 집합 $T = L$에서 훈련해도 잘 되기 때문이다. 부트스트랩^{bootstrap}이라는 기법은 T를 분할하는 대신 L과 같은 크기의 T_1, T_2, ..., T_N을 가상으로 만드는 방법이다(12.3.2절 참조). 부트스트랩은 T_i에 속할 원소를, D 대신 L에서 무작위로 독립 추출한다. 원소들이 독립적으로 선택되기 때문에 T_i에서 같은 원소가 여러 번 중복되거나 어떤 원소는 전혀 포함되지 않을 수 있다. T_i의 표본 크기가 적당할 때($N > 20$), 어떤 원소 $d \in L$가 k번 나타날 확률은 푸아송 공식으로 잘 근사된다.

$$\Pr[|\{d \in T_i\}| = k] \ \approx \ \frac{1}{k! \cdot e} \tag{11.11}$$

즉, 어떤 T_i에서든, 대략적으로 문서의 $1/e \approx 36.8\%$는 한 번도 나타나지 않으며, $1/e \approx 36.8\%$는 한 번 나타나고, $1/2e \approx 18.4\%$는 두 번 정도 출현한다는 뜻이다. 이러한 부트스트랩 표본은 오차 분산이 감소할 정도로 독립성이 충분하다. L이 D의 문서 유형들을 잘 표현할 만큼 충분히 크고 중복된 표본을 속성이 동일한 개별 표본들로 보고 학습 방법을 적용한다면 L 대신 D에서 뽑은 훈련 집합과 부트스트랩 훈련 집합은 거의 유사해진다(Efron and Tibshirani, 1993).

부트스트랩 집계 또는 배깅 기법은 부트스트랩 표본들을 훈련 집합으로 삼는 결과들을 평균하는 방법이다. 배깅은 어떤 학습 방법에도 적용할 수 있지만, 특정 훈련 예제에 따라 결과가 매우 달라지는 불안정한 학습 방법에 가장 많이 쓰이며 또 가장 효과적이다. 표 11.9는 TREC 토픽 383에서 훈련한 결정 트리에 대한 부트스트랩 집계 결과다. $n = 2$인 결정 트리에서 가장 극적인 개선을 보인다. $n = 8$ 및 $n = 256$인 더 큰 트리에서는 N이 작을 때는 유효성이 낮지만, $N \geq 32$일 때는 좋은 성능을 보인다. $N \geq 128$이면 결과가 수렴하므로 추가로 얻는 이득이 적다.

표 11.9 TREC 토픽 383에 대해 훈련한 결정 트리들의 부트스트랩 집계(배깅). 이 표에서 나오는 숫자는 AP 값을 나타내며, 표 10.23의 숫자와 비교할 수 있다.

방법	부스팅 반복 횟수(N)												
	2	4	8	16	32	64	128	256	512	1024	2048	4096	8192
DT(n = 2)	0.38	0.22	0.56	0.37	0.52	0.50	0.51	0.51	0.51	0.52	0.52	0.53	0.52
DT(n = 8)	0.21	0.33	0.47	0.55	0.59	0.58	0.57	0.57	0.57	0.59	0.58	0.59	0.58
DT(n = 256)	0.13	0.44	0.45	0.47	0.55	0.54	0.56	0.55	0.55	0.55	0.55	0.55	0.54

11.5 부스팅

부스팅은 배깅과 마찬가지로 훈련 예제들을 살짝 조작해 결과를 결합하는 데 활용할 앙상블을 만드는 방법이다. 배깅은 일반화 오류가 최소가 되도록 무작위로 훈련 데이터를 추출하지만 부스팅은 훈련 오류가 최소가 되도록 훈련 데이터를 체계적으로 구성한다. 두 방법 밑에 깔린 가정은 상당히 다르지만, 분류기 성능을 개선한다는 점은 같다.

다른 모든 지도 학습 방법과 마찬가지로 부스팅에서 사용하는 전체 훈련 집합 T는 집합 D의 무작위 표본이다. 하지만 T를 훈련에 바로 사용하지는 않는다. 대신 $d \in T$마다 $1 = \sum_d w_d$가 되도록 가중치 $w_d \in \mathbb{R}$를 할당한다. 또 기본 학습 방법을 적용할 때, 문서 d의 출현율 ρ_d가 T에서 비율(즉, $\rho_d \approx 1/|T|$)과 달리 D에서처럼 $\rho_d = w_d$가 된다고 가정한다. 결정 트리로 분류기를 만든다고 하면, 각각의 d의 기여도에 w_d를 곱하면 쉽게 가정을 만족할 수 있다.

부스팅은 k개의 가중치 벡터 $w^{[1]}$, $w^{[2]}$, ..., $w^{[k]}$를 계산하고, 그 가중치에 대응하는 분류기 $c^{[1]}$, $c^{[2]}$, ..., $c^{[k]}$를 T를 활용해 훈련하는 데서 시작한다. 처음에는 모든 $d \in T$에 대해 $w_d^{[1]} = 1/|T|$이다. 다음 단계에서 $c^{[i]}(d)$가 잘못 분류한 예제들에 대해 가중치 $w_d^{[i+1]}$를 ($w_d^{[i]}$에 비해) 증가시키고, $1 = \sum_d w_d^{[i+1]}$가 되도록 정규화한다. 전체 분류기는 처음 k개 분류기 결과의 가중 합이 된다.

$$c(d) = \sum_{i=1}^{k} \alpha_i c^{[i]}(d) \tag{11.12}$$

여기서 가중치 α_i는 전체 오류를 최소화하도록 선택된다. w와 α를 계산하는 방법에 따라

표 11.10 TREC 토픽 383에 대해 훈련한 결정 트리 부스팅(AdaBoost) 결과. 이 표에 나오는 숫자들은 AP 값을 나타내며, 표 10.23과 11.9의 숫자와 비교할 수 있다.

방법	부스팅 반복 횟수(N)												
	2	4	8	16	32	64	128	256	512	1024	2048	4096	8192
DT(n = 2)	0.19	0.31	0.38	0.52	0.48	0.50	0.49	0.53	0.54	0.59	0.60	0.61	0.59
DT(n = 8)	0.21	0.22	0.27	0.41	0.54	0.59	0.60	0.63	0.61	0.62	0.64	0.64	0.63
DT(n = 256)	0.60	0.51	0.54	0.54	0.53	0.49	0.55	0.57	0.56	0.56	0.57	0.57	0.57

부스팅 분류가 다양하게 나뉜다. 아마도 결정 트리에 적용하는 AdaBoost가 가장 유명할 것이다. 이 방법을 TREC 토픽 383에 적용한 결과가 표 11.10에 나와 있다. 부스팅은 로지스틱 회귀나 그 외 최적화 기반 방법과 매우 유사하다고 밝혀졌다(Schapire, 2003).

11.6 다범주 순위화 및 분류

다범주 순위화 및 분류 문제에서는 문서 $d \in D$가 범주 $q \in Q$에 속할 확률(즉, $\Pr[d \in q]$)의 대리가 되는 점수 $s(d, q)$가 필요하다. 언어 분류 예제(10.1.4절)의 경우, 범주는 60개의 언어로 나뉘었으므로 $q_j \equiv l_j$이다. 주제 기반 검색이나 필터링의 경우에는, 범주가 개별 주제들이므로, $q_j \equiv t_j$이다. 먼저 언어 분류 예제를 다루고, 그 후에 주제 기반 문제를 살펴보자. 위에서 말한 "확률의 대리가 된다"는 의미는 다음과 같다.

- $s(d, q)$가 범주형일 때: 우연보다 더 자주 맞는다.
- $s(d, q)$가 순서형일 때: 점수로 결정되는 순위와 확률 사이에 양의 상관관계가 있다.
- $s(d, q)$가 정량형일 때: 어떤 알려진 함수 f에 대해 다음과 같다.

$$f(s(d, q)) \approx \Pr[d \in q] \tag{11.13}$$

다범주 순위화에서만 점수를 확률 대리로 사용하지는 않는다. 지금까지 나왔던 적합도 순위나 병합 방법도 핵심은 같다. 이 방법에서 차이라면 $q_j \neq q_k$일 때도 $s(d, q_j)$와 $s(d, q_k)$가 비교할 수 있다고 가정한다는 점이다.

$$s(d, q_j) < s(d, q_k) \iff \Pr[d \in q_j] < \Pr[d \in q_k] \tag{11.14}$$

즉, $s(d, q)$는 단순히 범주 내에서 문서만이 아니라 문서 내에서 범주의 순위를 적절히 매기는 값이다.

이 절에서는 다범주 순위화 및 분류 문제에서 여러 종류의 점수 함수 $\{s^{[f]} : D \times Q \to \mathbb{R}\}$를 계산하고 결합하는 방법을 몇 가지 다룰 예정이다.

11.6.1 문서 대 범주 점수

언어 분류 예제(10.1.4절)에서, 우리는 각 언어 l마다 $Pr[d_i \in l]$을 대신하는 점수 $s_l(d_i)$를 계산했다. 개별 문서 d에 포함된 언어들의 순위를 매기려면 $Pr[d \in l_j]$의 대리 함수인 $s_d(l_j)$가 필요하다. 지금까지는 단순히 $s_{d_i}(l_j) = s_{l_j}(d_i)$로 놓는 방법을 썼다. 이 방법은 $s(d_i, l_j) = s_{l_j}(d_i)$가 s에 대해 앞서 말했던 기준을 만족한다는 가정을 바탕으로 한다. 즉, s가 어떤 언어 l 하나에 대해서만이 아니라, 모든 d_i 및 l_j에 대해서 $Pr[d_i \in l_j]$의 적절한 대리 함수라는 기준이다. 이 가정을 바탕으로 문서 d의 언어로 가장 확률 높은 언어는 다음과 같다.

$$\arg \max_{l_j} \{s(d, l_j)\} \qquad (11.15)$$

또한 d에 포함됐을 가능성이 있는 언어들은 $s(d, l_j)$로 순위가 매겨진다.

로지스틱 회귀는 확률을 (로그-오즈로) 직접 추정하므로 이 가정은 합리적인 가정이다. 다른 선형 분류기나 일반화 선형 분류기의 경우에는 분리 초평면까지 거리를 점수로 삼을 수 있다. 최근접 이웃 방법 같은 비선형 방법은 보통 가장 가까운 이웃과 근접도나, k개의 최근접 이웃들 사이에서 l_j의 비율 같은 점수를 내부적으로 사용한다. 결정 트리는 D를 부분 집합들로 나누고, d가 속하는 부분 집합에서 l_j의 비율로 점수를 구한다. 하드 분류기는 매우 대략적인 추정치를 낸다. 배깅, 부스팅, 스태킹 등에서 나온 여러 추정치들의 평균 그 자체가 정량적인 추정치다.

만약 $s(d, l)$가 대리 함수로 적절하지 않다면, 문서 순위화는 잘 돼도 분류 정확도는 떨어진다. 표 10.24를 보면 문서 순위화 성능MAP과 분류 성능(1-오류 또는 MRR)이 여러 군데에서 역전되는 현상을 볼 수 있다. 특히 NB의 경우 MAP는 0.44이고 MRR은 0.8인데, DT(n=8)를 보면 MAP(0.54)는 더 높지만 MRR(0.64)는 더 낮다. 또한 DMC를 보면 MRR(0.86)과 오류율(20.0%, LR과 동률) 둘 다 가장 좋지만, MAP(0.74)은 평범하다. 가정을 돌아봤을 때 로지스틱 회귀가 문서 순위화와 범주 순위화 모두에서 탁월한 유효성을 보인다는 사실은 별로 놀랍지 않다.

$s(d, l)$이 범주형 또는 순서형 값이면, 범주의 순위는 하나로 정의되지 않는다. 바꿔 말하면, $s(d, l_j)$에 따라 동점이 나올 가능성 때문에 arg max가 잘 정의되지 않는다. 그러므로 동점 처리 전략이 필요하다. 만약에 동점이 그리 자주 발생하지 않는다면 무작위로 결정

하면 된다. 아니면 출현율이 가장 높은 범주가 유리하도록 동점 처리를 할 수도 있는데, 이 전략은 (거시적이 아닌) 미시적 평균 오류율을 최소화한다. 더 일반적으로는, 2차적인 대리 점수 $s^{[2]}(d, l)$을 도입해서 동점을 처리할 수 있다. 출현율의 경우에는 $s^{[2]}(d, l) = prev(l)$ 이 된다.

이 2차적인 대리 점수는 여러 개의 $s^{[l]}$를 집계해서 점수 함수를 만드는, 더 일반적인 방법의 특수한 사례다. 그 예로는 다음과 같은 방법이 있다.

- 문서 순위 병합. 각 l에 대해, k개의 문서 점수 함수 $s_l^{[1]}, s_l^{[2]}, ..., s_l^{[k]}$을 결합해서 전체 점수 $s_l(d)$를 구성한다. 범주 점수는 $s_d(l) = s_l(d)$로 한다.
- 범주 순위 병합. 각 d에 대해, k개의 범주 순위화 방법 $s_d^{[1]}, s_d^{[2]}, ..., s_d^{[k]}$를 결합해서 전체 점수 $s_d(l)$을 구성하고, 그 값으로 범주 순위를 매긴다.
- 다범주 방법. d와 l을 함께 고려해서 $s(d, l)$을 계산한다.

11.6.2 문서 대 범주 순위 병합

표 10.24에 나열된 9개의 문서 순위화 방법을 합치는 방법 다섯 가지의 결과가 표 11.11 에 있다. 분류와 문서 순위화에서 최상의 결과를 냈던 개별 방법의 결과도 표에 같이 비교 해놨다. 주제 기반 검색 때와 마찬가지로 9개의 문서 순위화를 하나로 합치는 데는 RRF를 사용했다. RRF 점수는 문서 내 언어 순위를 매기는 데 쓰인다. 기본 순위화 방법 세 가지

표 11.11 언어 분류 문제에서 문서 순위 병합 결과. 이 표의 숫자들은 표 10.24의 숫자들과 비교할 수 있다.

방법	듀얼 순위화	범주 분류	
	MAP	오류율(%)	MRR
최상(범주 순위화)	0.82	20.2	0.86
최상(문서 순위화)	0.83	20.2	0.80
RRF	0.83	18.9	0.87
NB 스태킹	0.84	19.2	0.87
LR 스태킹	0.82	18.6	0.87
배깅(DT; n=8, N=1024)	0.77	25.9	0.82
부스팅(DT; n=8, N=1024)	0.75	35.7	0.69

표 11.12 언어 분류 문제에 대한 범주 순위 병합 결과

방법	분류	
	오류(%)	MRR
역순위 병합(RRF)	27.0	0.80
콩도르세	19.5	0.87
로지스틱 회귀(LR)	18.0	0.88

(NB, DMC, 경사 하강 LR)는 온라인 방법이므로 식 11.6으로 로그 오즈를 추정한다. 나머지 6개는 배치 방법으로, 식 11.7로 로그-오즈를 추정한다. "NB 스태킹"은 결과들을 평균한 값이고, "LR 스태킹"은 훈련 예제에 로지스틱 회귀를 써서 합친 결과다. 결정 트리($n = 8$) 1,024개의 앙상블을 만드는 데는 배깅과 부스팅이 사용됐다. 그 외 다른 문서 순위화 방법에서는 배깅과 부스팅을 쓰지 않았다.

표 11.12는 범주 순위 병합의 결과로, 문서 단위로 여러 점수를 합친 결과다. 순위를 매길 언어들은 훈련 집합과 테스트 집합으로 나뉘지 않기 때문에, 병합 방법이 약간 다르다. 따라서 점수를 확률 추정치로 변환하는 확실한 방법도 없다. 그래서 다양한 방법의 점수들에 로지스틱 회귀와, 추정치가 필요하지 않은 RRF와 콩도르세 순위 집계 방법을 바로 적용했다. RRF 결과는 상대적으로 나빴지만 콩도르세 결과는 단독 최상 결과보다 나았다. 로지스틱 회귀는 그보다 더 좋은 결과를 냈다. 로지스틱 회귀는 순위 학습의 특수한 사례이기도 하다. 11.7절에서 자세히 설명한다.

11.6.3 다범주 방법들

범주 순위화 문제를 직접 푸는 방법으로는 이진 분류, 순위화, 회귀 방법 등 여러 가지가 있다. 이런 기법들을 다범주multicategory 방법이라고 부를 것이다. 논문에서는 종종 이항binomial, 이분법dichotomous이라는 용어에 대비해 다항multinomial 또는 다분법polytomous이라는 용어로 표현한다.

1대 나머지

지금까지는 먼저 문서 순위화 문제를 풀고, 그 결과를 병합해서 범주 순위화 문제를 푸는 식으로 접근했다. 이런 접근 법은 범주 1개를 나머지들과 구분하는 이진 분류 문제 결과를 n개 병합하는 방식이라 "1대 나머지" 방법으로 부른다. 지금까지 우리는 소프트 분류 결과가 신뢰도를 의미한다고 가정하고, 1대 나머지 결과 n개 중에 가장 신뢰도가 높은 범주를 선택했다.

하드 이진 분류기에서 1대 나머지 전략을 쓰려면 약간 문제가 있다. 하드 분류기 중에 정확히 하나만 양성 결과를 낸다면 범주를 결정할 수 있지만, 양성이 전혀 없거나 양성 결과가 여러 개라면 동점을 가리는 방법이 필요하다.

1대 1

그 대안으로 "1대 1" 방법은, 문제를 $n(n - 1)/2$쌍의 범주들 사이의 이진 분류 문제로 바꾼다. $n(n - 1)/2$쌍의 결과를 합칠 때에는 선출 방법으로 한 문서에서 범주를 선택하거나 범주의 순위를 매긴다. 다양한 선출 방식들이 연구됐는데, 전부 설명하면 이 책의 범위를 벗어난다. 가장 간단한 선출 방식은 범주별로 승리(즉, 양성 결과) 횟수를 세고 그 값으로 순위를 매기는 방법일 것이다. 여전히 동점이 나올 수 있지만 이진 문제의 결과들이 일관성이 없을 때만 그렇다. 이런 동점 상황을 해소하는 데는 다양한 결선 전략이 사용된다. 보통은 동점 범주들끼리만 선출을 반복하면 대부분 문제가 해결된다. 소프트 분류기의 신뢰도도 고려할 수 있을 것이다.

다범주 로지스틱 회귀

로지스틱 회귀는 특히 다범주 회귀와 순위화에 적용하기 쉽다. x가 관심을 두고 있는 어떤 이진수이고 $\bar{x}$는 그 보수일 때, (이항) 로지스틱 회귀에서 로그-오즈는 다음과 같이 추정했다.

$$\mathrm{logOdds}[x] \;=\; \log\left(\frac{\Pr[x]}{\Pr[\bar{x}]}\right) \;=\; \log\left(\frac{\Pr[x]}{1 - \Pr[x]}\right) \tag{11.16}$$

언어 분류 예제에서 로지스틱 회귀로 다범주 순위화를 하는 방법은 다음과 같다. 각 범주 $q_i (1 \leq i \leq n)$에 대해 어떤 문서 d가 범주에 속하는지 여부($d \in q_i$)를 x_i로 표기하자. 그리고 각 범주마다 따로 로지스틱 회귀를 적용해서 $l_i \approx \mathrm{logOdds}[x_i]$를 계산한다. l_i는 $d \in q_i$라는 증거의 강도를 잘 나타내므로, 순위화에서도 이 방법은 잘 동작한다. 확률 추정치도 다음과 같이 유도할 수 있다.

$$p_i = \mathrm{logit}^{-1}(l_i) = \frac{1}{1 + e^{-l_i}} \approx \Pr[x_i] \qquad (11.17)$$

하지만 이 추정치는 (언어 예제처럼) 범주들이 서로 겹치지 않을 때는 잘 맞지 않는다. 확률의 합이 1이 돼야 한다는 조건을 만족하지 못하기 때문이다.

$$1 = \sum_{i=1}^{n} \Pr[x_i] \qquad (11.18)$$

사후에 이 조건을 맞추려고 하면 추정치가 나빠진다. 이때 추천할 만한 해결 방법은 두 가지다. 하나는 식 11.18에 따라 p_i의 합이 1이 되도록 정규화하는 방법이다. 다른 하나는 로지스틱 회귀를 사용해 p_i 중 하나를 제외한 전부를 추정한 다음 식 11.18을 사용해 n번째를 정하는 방법이다.

더 나은 방법은 로지스틱 회귀를 사용해 확률 쌍들 사이의 비율을 추정하고

$$r_{ij} \approx \frac{\Pr[x_i]}{\Pr[x_j]} \qquad (11.19)$$

식 11.18과 11.19를 모두 만족하도록 p_i를 계산하는 방법이다. 이 방법을 쓰면 $n(n-1)/2$개의 r_{ij} 추정치 중에서 $n-1$개만 계산하면 되고, 나머지는 계산할 필요가 없다. 모든 r_{ij}를 생성할 수 있는 기저만 된다면, 어떤 r_{ij}든 임의로 선택할 수 있다.

표준적으로는 기준 범주 로짓 모델baseline category logit model에 따라 선택한다. 이 모델에서는 임의로 x_1을 기준으로 잡고, 모든 i에 대해 r_{i1}를 계산한다. $i = 1$이면

$$r_{11} = 1 \qquad (11.20)$$

로 정의한다. $i > 1$일 때는 먼저 다른 모든 범주를 없앴을 때 r_{ij}를 x_j에 대한 x_i의 오즈로

표 11.13 1 대 나머지 및 다범주 언어 분류 결과

방법	1 대 나머지		다범주	
	오류	MRR	오류	MRR
LR	20.0	0.86		
SVM(C = 0.01)	20.1	0.85	29.9	0.79
SVM(C = 1)	20.0	0.86	31.8	0.74
SVM(C = 100)	20.0	0.86	22.8	0.84
SVM(C = 10000)	20.0	0.86	19.7	0.86
부스트된 그루터기(N = 1024)	46.4	0.63	32.2	0.76

다시 쓸 수 있음을 떠올리자.

$$r_{ij} \approx \frac{\Pr[x_i]}{\Pr[x_j]} = \text{Odds}[x_i \,|\, x_i \text{ or } x_j] \tag{11.21}$$

그러므로

$$r_{1j} = e^{l_{i1}} \; (i > 1) \tag{11.22}$$

이때

$$l_{i1} \approx \log\text{Odds}[x_i \,|\, x_1 \text{ or } x_i] \tag{11.23}$$

이다. 즉, l_{i1}은 범주가 q_1이나 q_j인 훈련 문서들 d에 로지스틱 회귀를 적용하면 계산된다 ($d \in (q_1 \cup q_j) \cap T$). $i, j > 1$일 때

$$r_{ij} = \frac{r_{i1}}{r_{11}} \cdot \frac{r_{11}}{r_{j1}} = \frac{r_{i1}}{r_{j1}} \; (i, j > 1) \tag{11.24}$$

$\{r_{i1}\}$가 주어졌을 때, p_i는 간단하게 계산된다.

$$p_i = \frac{r_{i1}}{\sum_{i=1}^{n} r_{i1}} \tag{11.25}$$

이 책의 범위를 넘으므로 따로 설명하지는 않겠지만, 어떤 범주 q_1를 기준으로 선택하든 p_i의 계산은 같다(Agresti, 2007).

다범주 서포트 벡터 머신

(이진) 서포트 벡터 머신은 두 분류 사이 공간을 분리하는 초평면을 찾고, 마진margin의 크기와 오분류된 점들의 수(및 오분류 정도) 사이에 트레이드-오프 균형을 맞춘다. 다범주 서포트 벡터 머신(Crammer and Singer, 2002)은 문서 순위화 때와 마찬가지로 n개의 초평면을 구성하지만, 마진과 오분류를 공통으로 최적화한다. 즉, 오분류된 점의 전체 수(및 오분류 정도)의 최소화와 n개의 마진 중 최소 마진의 최대화 사이에 트레이드-오프 균형을 맞춘다. 그러므로 로지스틱 회귀가 모든 분류에 대한 확률 분포를 다루는 반면, 다범주 서포트 벡터 머신은 분류 오류를 더 직접 다룬다.

다범주 부스팅

부스팅도 비슷하게 접근할 수 있다. 다범주 부스팅은 각 범주마다 w와 α를 따로 계산하는 대신, 전체 범주에 대해 훈련 오류를 최소화하는 방식을 쓴다(Schapire and Singer, 2000).

표 11.13은 TREC 토픽 383에 '1대 나머지'와 다범주를 적용한 결과다. 종합적으로 봤을 때 어느 한 결과가 특별히 좋다고 결론 짓긴 어렵다. 다범주 서포트 벡터 머신SVM-Multiclass[2]는 C=10,000이라는 극단적인 경우를 빼고는 결과가 더 좋지 않다. 다범주 부스팅Boostexter[3]은 확실히 더 낮긴 하지만, 기준선 자체가 매우 낮다.

11.7 순위 학습

순위 학습learning to rank이라는 용어는, 집합 R의 원소들 사이에 올바른 순서

---

2   svmlight.joachims.org/svm_multiclass.html

3   www.cs.princeton.edu/~schapire/boostexter.html

$$\prec:\ R \times R$$

을 추정하는 문제를 말한다. 반면 분류와 회귀는 R의 원소들에 대한 어떤 이상적인 함수를 추정하는 문제다.

$$ideal:\ R \to \{true, false\} \quad \text{or} \quad ideal:\ R \to \mathbb{R}$$

이렇게 정의를 넓혀 보면, 우리는 이미 여러 가지 순위 학습 방법을 배운 셈이다. 예를 들어 $R \subseteq D$일 때 우리는 어떤 적합도 개념을 가정하고 문서 순위화를 했다. 어떤 질의 q에 대한 이진 적합도를 예로 들자면 다음 식과 같다.

$$d_1 \prec d_2 \ =_{def} \ (d_1 \notin rel_q \text{ and } d_2 \in rel_q) \tag{11.26}$$

문서 순위화에서, 학습기 l은 훈련 집합 $T \subset D$와 레이블 함수 $label : T \to \{rel, non\}$를 입력으로 받아 점수 함수 $s : D \to \mathbb{R}$를 출력한다. 순위 학습의 관점에서 재구성하면, 출력은 올바른 순서 $<$를 근사하는 $<_{\precsim} : D \times D$가 된다.

$$d_1 \precsim d_2 \ =_{def} \ s(d_1) < s(d_2) \tag{11.27}$$

$<$는 보통 부분 순서$^{\text{partial order}}$라는 점에 유의해야 한다. $d_1 \nprec d_2$, $d_2 \nprec d_1$이고 $d_1 \neq d_2$인 문서 쌍이 있을 수 있다. 식 11.26에서 $d_1, d_2 \in rel_q$이거나 $d_1, d_2 \notin rel_q$일 때 늘 이런 상황이 벌어진다. 추정 $<$ 또한 부분 순서다. 하지만 MAP과 P@k 같은 순위 검색 평가 척도는 전 순서$^{\text{total order}}$라 가정한다. 전 순서가 아니면 어떤 $d_1 \neq d_2$에 대해 $s(d_1) = s(d_2)$란 이야기가 되므로, 그럴 때 trec_eval(2.3.2절) 같은 평가 소프트웨어에서는 임의로 $d_1 < d_2$이거나 $d_2 < d_1$라고 가정해버린다.

11.7.1 순위 학습은 무엇인가?

연구 문헌에서 "순위 학습"이라는 용어는, 앞에서 q와 D가 고정되고 $<$가 이진 적합도였던 예시들보다 더 일반적인 학습 문제를 가리킨다. 무엇이 순위 학습이고 무엇이 아닌지 합의된 바는 없지만, 이 용어는 다음과 같은 개념을 포함한다.

- 메타 학습. 여러 가지 특성 공학과 순위 공식을 q와 d에 적용해 d의 특성 표현 $x[d]$를 얻는다.
- 이진 적합도(식 11.26)보다 더 일반적으로 $\prec$를 정의하기. 예를 들어 등급 적합도graded relevance는 k개의 적합도 범주 $rel_q^{[1]}$, ..., $rel_q^{[k]}$들의 순서 집합을 가정하는데, 여기서 $rel_q^{[1]}$은 q에 가장 덜 적합한 범주를, $rel_q^{[k]}$는 가장 적합한 범주를 뜻한다(12.5.1절 참조). 등급 적합도에서 $\prec$는 다음과 같이 표현된다.

$$d_1 \prec d_2 \;\Leftrightarrow\; d_1 \in rel_q^{[i]} \text{ and } d_2 \in rel_q^{[j]} \; (i < j) \tag{11.28}$$

- 한 순위화 부류를 학습하는 문제. $\prec q$와 $<q$는 $q \in Q$가 매개변수가 된다.
- 질의를 조건으로 하는 훈련 레이블들. $d_1 <_q d_2$는 $q \in Q_T$일 때만 정해지며, 여기서 Q_T는 훈련 질의들의 집합으로 Q의 매우 작은 부분집합이다.
- 쌍 훈련. $d_1 <_q d_2$는 $(q, d_1, d_2) \subset Q_T \times D_T \times D_T$일 때만 정해지며, 여기서 $D_T \subseteq D$는 훈련 문서들의 집합이다.
- LETOR 테스트 데이터 집합[4]에서 설명하는 표준 검색 순위 학습들. LETOR에서 훈련 집합 T는 여러 개의 삼중쌍 $(q, x^{[d, q]}, r) \in Q_T \times \mathbb{R}^k \times \mathbb{Z}$로 구성된다. 이때 $Q_T \subset Q$는 훈련 질의들의 집합이고 $x^{[d, q]} = s_1(d, q), s_2(d, q), ..., s_k(d, q)$는 q에 대해 k개의 서로 다른 함수를 d에 적용해서 유도되는 특성 표현이며, r은 $\prec$를 가리킨다.

$$\forall_{q \in Q_T} : \; r_1 < r_2 \;\Leftrightarrow\; (q, d_1) \prec_q (q, d_2) \tag{11.29}$$

- 클릭 행동clickthrough 데이터를 이용해서 훈련 예제 쌍을 만드는 표준 예(Joachims et al., 2005). 검색엔진에서 질의 q에 대한 응답으로 사용자에게 순위 목록 Res를 보여준다고 생각해보자. 그리고 사용자가 k번째 문서 $d_k = Res[k]$를 클릭하고 그보다 순위($j < k$)가 더 높은 문서 $d_j = Res[j]$는 보지 않았다고 해보자. 이 정보에서 확률로 보면 다음 관계를 추론할 수 있다.

$$d_j \prec_q d_k \tag{11.30}$$

---

4 research.microsoft.com/en-us/um/beijing/projects/letor

이 추론은 틀릴 가능성이 있으므로 불확실한 추론이며, $d_1 <_q d_2$가 $(d_1, d_2) \in D_T \times D_T$의 부분집합에서만 정의되므로 불완전한 추론이다.

11.7.2 순위 학습 방법들

순위 학습 방법은 훈련 방식에 따라 보통 점 단위, 쌍 단위, 목록 단위 방법으로 나눌 수 있다(Cao et al., 2007). 점 단위 방법은 질의 q에 문서 d가 적합할 확률에 따라 각 (d, q)의 점수를 매기는 문제로 바라본다. 로지스틱 회귀는 이 확률을 (로그-오즈로) 직접 추정하고, 레이블에 따라 예제들의 전체 우도를 최대화한다. 선형 회귀, 순위 퍼셉트론, 신경망 같은 방법들은 일반적으로 d가 q에 적합하다는 레이블이 있을 때는 (d, q)에 더 높은 점수를, d가 비적합하다는 레이블이 있을 때는 더 낮은 점수를 준다. 서포트 벡터 머신SVM은 적합한 (d, q) 예제를 비적합한 예제들과 분리하는 초평면을 찾는다.

점 단위 SVM 방법은 점 단위 방법론에서 생길 수 있는 단점을 보여준다. 정의상으로는 다음과 같다.

$$(d_1, q_1) \not\prec (d_2, q_2) \quad (\text{for } q_1 \neq q_2) \tag{11.31}$$

그렇지만 SVM은 $q_1 \neq q_2$일 때에도 비적합 (d_2, q_2)에서 모든 적합 (d_1, q_1)을 분리하려고 시도한다. 순위화 SVM은 마진과 훈련 오류를 둘 다 최적화할 때 $q_1 = q_2$인 경우만 고려한다. 사실상 순위화 SVM은 각 $q \in Q_T$마다 하나씩, $|Q_T|$개의 서로 다른 분리 초평면을 만든다. 다른 점 단위 방법들도 비슷한 방식으로 쌍 단위 훈련에 적용된다.

목록 단위 접근법은 각 $q \in Q_T$별로 따로 전체 집합 $D_T \times \{q\}$의 순서를 만든다. 이 방법의 장점은 각 D_T의 최고 순위의 문서들에 가중치를 더해주는 식으로 정밀도 등의 검색 성능을 더 강조할 수 있다는 점이다. 반면 D_T에는 $|D_T|!$개의 순열이 존재할 수 있으므로, 그 중에 가장 좋은 순열을 일반화하면서도 간결하게 표현하는 일이 난제가 된다.

11.7.3 무엇을 최적화하나?

학습 방법에서는 여러 제약 조건 아래, 어떤 목적 함수를 최적화(손실 함수를 최소화)한다. 순위 학습에서 쓰기에 가장 간단한 손실 함수는 순위 역전 횟수일 것이다. 즉, 학습된 순서와 이상적인 순서가 반대인 쌍의 수다.

$$inv = |\{(d_1, q_1), (d_2, q_2) \mid (d_1, q_1) \prec (d_2, q_2) \text{ and } s(d_2, q_2) < s(d_1, q_1)\}| \quad (11.32)$$

$\prec$가 이진 적합도일 때, inv를 최소화하면 ROC 곡선 밑 넓이인 AUC를 최소화하는 셈이다. $\prec$가 전 순서 일 때, inv를 최소화하면 켄달 τ 상관계수를 최대화하는 셈이다.

$$\tau = 2 \cdot (1 - inv) \quad (11.33)$$

inv를 최소화한다고 꼭 검색 성능이 최대화되지는 않으며, 보통은 재현율 대비 정밀도가 올라가게 된다. MAP, P@k, nDCG 같은 척도는 낮은 순위 문서보다, 최상위 문서들 사이의 순위 역전 횟수에 더 높은 가중치를 주면 값이 올라간다. 일반적으로 이 척도를 직접 최적화할 수는 없는데, 이 척도들이 불연속이고 볼록 함수도 아니기 때문이다. 그래서 이 척도들과 점근적으로 유사하면서, 연속이고 볼록인 손실 함수를 대리 함수로 만들어 사용하는 방법들이 많다.

11.7.4 분류에서 순위 학습

범주 순위화 병합 방법(11.6절)들은 바로 위에 설명한 내용에서 D와 Q를 뒤집은 순위 학습이다. 우리는 다음 관계를 거의 만족하는 $\preceq: (D \times L) \times (D \times L)$를 계산하려 한다.

$$(d, l') \prec (d, l) \Leftrightarrow d \text{에 } l \neq l' \text{인 언어 포함} \quad (11.34)$$

"거의"를 평가하는 척도로는 정확도(1-오류)와 MRR이 있다. 각 (d, l)을 나타내는 특성들은 다음과 같이 구성된다.

$$x^{[d,l]} = (r, s_1(d, l), s_2(d, l), \ldots s_k(d, l)) \quad (11.35)$$

여기서

$$r = \begin{cases} 1 & (d\text{에 언어 } l\text{이 있을 때}) \\ 0 & (d\text{에 언어 } l'\text{가 있을 때}(l' \neq l)) \end{cases} \quad (11.36)$$

$$s_m(d, l) = \text{기본 방법 } m\text{에서 } d\text{와 } l\text{의 점수} \quad (11.37)$$

표 11.12의 RRF와 콩도르세 결과는 학습 방법보다는 계산 규칙이지만, 점 단위 로지스틱 회귀와 동일한 결과를 보인다.

점 단위나 목록 단위 방법을 사용하려면 특성 표현 (d, l)에서 특정 문서 d를 구별해서 공통 d를 갖는 부분 집합을 알아야 한다.

$$x^{[d_i, l]} = (r, i, s_1(d_i, l), s_2(d_i, l), \ldots, s_k(d_i, l)) \tag{11.38}$$

표 11.14에는 LR 점 단위 결과와, 언어 범주 순위화 문제에 적용된 순위화 SVM(SVM^{light})의 결과가 두 개의 정규화 매개변수 C값에 대해 나와 있다. 순위화 SVM에서 두 매개변수의 경우 모두 점 단위 로지스틱 회귀보다 더 나은 분류 결과를 보인다.

11.7.5 순위 검색 학습

표 11.3에는 다양한 정보 검색 방법의 결과 순위들을 조합하는 고정 조합법이 나와 있다. 네 실험 모두 정확하게 동일한 방법을 썼으므로, 순위 학습 방법으로 더 나은 조합 방법을 찾을 가능성을 알아볼 수 있다. 테스트에는 TREC 45 1998과 GOV2 2004 결과 및 qrel을

표 11.14 언어 분류에 대한 순위화 SVM 결과

방법	오류율(%)	MRR
LR(점 단위)	18.0	0.88
순위화 SVM($C = 0.01$)	17.3	0.88
순위화 SVM($C = 0.1$)	17.6	0.88

표 11.15 로지스틱 회귀 순위 학습 결과. 1년치로 학습하고 그 다음 해 토픽에 대해 테스트함

말뭉치 훈련 테스트	TREC45 1998 1999		GOV2 2004 2005	
척도	P@10	MAP	P@10	MAP
RRF	0.464	0.252	0.570	0.352
LR	0.446	0.266	0.588	0.309
순위화 SVM($C = 0.02$)	0.420	0.234	0.556	0.268

훈련 예제와 레이블로 활용하고, TREC 45 1999와 GOV2 2005를 각각 테스트 예제로 썼다. 예제 (d, q_j)들은 질의 벡터로 표현된다.

$$x^{[d, q_j]} \;=\; (r, j, s_1(d, q_j), s_2(d, q_j), \ldots, s_k(d, q_j)) \tag{11.39}$$

여기서 $k = 29$는 방법의 개수를 뜻한다. 그리고 (점 단위) 로지스틱 회귀와 순위화 SVM을 적용했다.

표 11.15는 역순위 병합 결과를 기준으로 로지스틱 회귀[LR]와 순위화 SVM을 비교한다. 결과를 보면 LR 결과가 기준보다 실제로 다르다고 말하기는 어렵다. 순위화 SVM[SVM-Rank5]은 결과가 별로 좋지 않으며, GOV2를 처리하는 데 CPU 시간으로 RRF는 수초, LR은 수분이 걸리는 데 비해 대략 4일이나 걸린다.

11.7.6 LETOR 데이터 집합

순위 학습의 벤치마크 데이터 집합 LETOR(Liu et al., 2007)는 순위 학습 방법을 평가하는 데 활용하는 시험용 자료 집합이다. 이 책을 쓰는 시점에 최신 버전은 LETOR 데이터 집합 버전 3이었다. LETOR 3은 7개의 데이터 집합으로 구성되고, 각각은 식 11.39 형태의 예제를 포함한다. 각 예제들은 5-폴드 교차 검증을 위해 5개로 분리돼 있다. 데이터 집합 중 6개는 TREC GOV(GOV2 아님) 문서 집합에서 고른 문서들과 TREC 2003 및 TREC 2004 웹 트랙 태스크에서 선별한 토픽을 사용한다. 데이터 집합 중 하나는 OHSUMED 문서 집합에서 추출한 문서와 토픽을 사용한다. TREC 문서들의 경우에는 적합도가 이진 값으로 표현되며, 질의와 문서들을 표현하는 특성 값이 64개 있다. OHSUMED 문서들의 경우에는 적합도가 3개의 값(적합하지 않음, 적합함, 매우 적합함)으로 돼 있고, 내용 기반 특성이 45개 있다. 말뭉치와 함께 표준적인 평가 도구도 제공된다.

LETOR 데이터 집합에는 원 데이터로 몇 가지 최신 순위 학습 방법의 Res_i와 $Score_i$가 포함돼 있다.

- ListNet(Cao et al., 2007): 목록 단위 목적 함수를 최적화하는 데 경사 하강법을 사

---

5   www.cs.cornell.edu/people/tj/svm light/svm_rank.html

표 11.16 LETOR 3 말뭉치 내 583,850 문서-질의 쌍에 대한 순위 학습 결과. P@10과 MAP 점수는 7개의 LETOR 3 데이터 집합의 680개 토픽에 대한 점수를 평균한 값이다. RRF, 콩도르세, CombMNZ는 별도의 순위 학습 방법들의 결과를 결합한 값이다.

방법	P@10	MAP
ListNet (Cao et al., 2007)	0.1853	0.5846
LR(경사 하강법)	0.1821	0.5837
AdaRank-Map (Xu and Li, 2007)	0.1789	0.5778
RankSVM (Joachimes, 2002)	0.1811	0.5737
LR (배치)	0.1780	0.5715
RankBoost(Freund et al., 2003)	0.1836	0.5622
RRF	0.1902	0.6051
콩도르세(Condorcet)	0.1907	0.5917
CombMNZ	0.1893	0.6107

용한다.

- AdaRank-MAP(Xu and Li, 2007): 특별히 평균 정밀도를 최적화하는 대리 목적 함수를 활용하는 AdaBoost 방법을 사용한다.
- RankBoost(Freund et al., 2003): 쌍 단위 훈련 예제와 결과 순위 목록 사이의 순위 역전을 최소화하는 AdaBoost 방법을 사용한다.
- RankSVM: 언어 분류에서 사용했던 SVM^{light}와 같은 구현으로, 쌍 단위 훈련 예제 사이의 순위 역전을 최소화한다.

680개 토픽마다 최대 1,000건의 문서가 있다. 7개의 데이터 집합마다 따로 방법을 훈련하긴 했지만, 680개 토픽별 P@10과 AP 점수를 평균해 표 11.16에 나오는 요약 결과를 만들었다. 또한 앞 예제에서 사용했던 'LR(배치)' 점 단위 방법의 결과도 같이 나열했다. 'LR(경사 하강법)'에서는 순위가 높은 비적합 문서들의 순위 역전에 더 높은 가중치를 주는 목적 함수로, 경사 하강 쌍 단위 LR 방법을 썼다.

RRF, 콩도르세, CombMNZ 같은 병합 방법은 6개의 순위 학습 결과를 합쳐서 P@10 과 MAP를 개선했다. 이 책을 쓰는 시점까지는 이 병합 결과를 능가하는 순위 학습 방법은 없었다. 게다가 통계적 분석을 해도 6가지 방법 사이에 유의한 차이를 발견하지 못했다 (Cormack et al. 2009).

11.8 더 읽을거리

벨킨 외(Belkin et al., 1995)는 초기에 TREC 토픽에서 수동 및 자동으로 만든 서로 다른 질의들의 검색 결과를 합치는 시도를 했다. 그리고 점수를 조합하는 방법론(CombMNZ는 그중 하나다)이 제시됐다. 여러 후속 연구에서 이 방법들을 검토한 결과, 다양한 검색 결과를 합치는 방법이 효과적임이 확인됐다(예: Lee, 1997). 몬태규와 아슬람(Montague and Aslam, 2002)은 점수를 조합하는 방법과 선출 방법들을 연구했으며, 콩도르세 선택 방법을 제안했다. 부어히 외(Voorhees et al., 1995)는 문서들의 서로소 문서 집합에 동일한 질의를 적용하는 테스트-문서 집합 결합을 연구했다. 메타검색^{metasearch}이라는 용어는 보통 검색엔진 결과를 조합하는 방법을 가리키며, 멍 외(Meng et al., 2002)가 조사했다.

보그트와 코트렐(Vogt and Cottrell, 1999)은 선형 회귀를 사용해 훈련 예제들에 기반한 검색 결과를 조합하는 방법을 연구했다. 울퍼트가 제안한(Wolpert, 1992) 스택 일반화(스태킹) 방법은 머신러닝에서 일반적인 기법이다. 책의 예제에서 사용된 특정한 로그-오즈 변환과 경사 하강 방법은 라이넘과 코맥의 연구(Lynam and Cormack, 2006)에서 따왔다. 스태킹과 같이 부트스트랩 집계(Breiman, 1996)와 부스팅(Schapire, 2003)은 머신러닝의 주요 방법론이다. 대부분의 머신러닝 교과서(Hastie et al., 2009)는 스태킹, 배깅, 부스팅 같은 앙상블^{ensemble} 방법론을 주요 주제로 다룬다.

로지스틱 회귀와 같이 다범주 로지스틱 회귀는 일반적인 데이터 분석 표준 기법이다(Hosmer and Lemeshow, 2000). 크레머와 싱어(Crammer and Singer, 2002)는 다중 분류 서포트 벡터 머신$^{multiclass\ support\ vector\ machines}$을 위한 실용적 알고리즘을 다뤘다. 샤파이어와 싱어(Schapire and Singer, 2000)는 다범주 문제에 부스팅을 적용하는 방법을 설명했다.

순위 학습은 NIPS 2005, SIGIR 2007 및 SIGIR 2008의 워크숍 주제였다. 그럼에도 이 용어가 무엇을 의미하는지는 여전히 정확히 정의하기 어렵다. 버제스 외(Burges et al., 2005)와 요아힘스 외(Joachims et al., 2005)의 핵심 논문에서는 순위 학습을 '학습된 순위와 목표 순위 사이의 순위 역전을 최소화하는 문제'로 암묵적으로 정의한다. 버제스 등은 Ranknet에서 경사 하강법을 사용했고, 요아힘스 등은 서포트 벡터 머신 방법을 사용했다.

리 외(Li et al., 2007)는 순위 학습을 각 적합도 등급을 분류에 대응시키는 다범주 분류 문제로 바라봤다. 허브리치 외(Herbrich et al., 2000)와 프로인드 외(Freund et al., 2003)는 쌍 단위 방법을 연구했다. 쉬와 리(Xu and Li, 2007)는 AdaRank-MAP 목록 단위 방법을, 버제스 외(Burges et al., 2006)는 LambdaRank 목록 단위 방법을 제시했다. 스보어와 버제스(Svore and Burges, 2009)는 특성 집합이 동일할 때 LambdaRank가 BM25를 능가할 수 있음을 보였다. 일마즈와 로버트슨(Yilmaz and Robertson, 2010)은 순위 학습에서 최적화 대상으로서 정보 검색 평가 척도들을 사용하는 주제를 논의했다. LETOR 데이터 집합(Liu et al., 2007)은 순위 학습 방법들을 평가하는 표준 벤치마크로 제안됐다. 리우(Liu, 2009)는 현재 순위 학습의 방법론을 조사했다. D. 스컬리[D. Sculley]의 sofia-ml 패키지는 속도가 빠른 머신러닝 알고리즘 구현을 지원한다.

11.9 연습 문제

연습 문제 11.1 TREC 시험용 자료 집합과 하나 이상의 검색엔진을 다운로드하라. 주제별로 다양한 설정으로 검색엔진을 실행하고 그 결과들을 RRF, CombMNZ, 콩도르세 방법으로 병합하라. 그리고 결과를 비교해보라.

연습 문제 11.2 TREC 스팸 필터 평가 도구[TREC Spam Filter Evaluation Toolkit]를 다운로드해서 몇 가지 샘플 필터를 샘플 말뭉치에 적용해보라. 그 결과를 투표 방법[voting], 나이브 베이즈, 로지스틱 회귀를 사용해 결합해보라. 그리고 나서 결과를 평가하라.

연습 문제 11.3 RRF, CombMNZ, 콩도르세 방법을 써서 스팸 필터 실행 결과를 결합하라. 이 실험은 스팸 필터 활용을 적절히 모델링하는가? 이 방법들이 투표 방법, 나이브 베이즈, 로지스틱 회귀보다 결과가 더 나은가?

연습 문제 11.4 LETOR 3 데이터 집합을 다운로드하라. 하나 이상의 순위 학습 방법(예 SVM^{light})을 데이터 집합에 적용하고 논문 결과들과 비교해보라.

연습 문제 11.5 qid 필드를 무시하고 LETOR 3 데이터 집합에 직접 로지스틱 회귀(예 LibLinear)를 적용해보라. 순위 학습 결과에서 얻은 결과와 비교해보라.

11.10 참고문헌

Agresti, A. (2007). *An Introduction to Categorical Data Analysis* (2nd ed.). New York: Wiley-Interscience.

Belkin, N., Kantor, P., Fox, E., and Shaw, J. (1995). Combining the evidence of multiple query representations for information retrieval. *Information Processing & Management*, 31(3):431–448.

Breiman, L. (1996). Bagging predictors. *Machine Learning*, 24(2):123–140.

Burges, C. J. C., Ragno, R., and Le, Q. V. (2006). Learning to rank with nonsmooth cost functions. In *Proceedings of the 20th Annual Conference on Neural Information Processing Systems*, pages 193–200. Vancouver, Canada.

Burges, C. J. C., Shaked, T., Renshaw, E., Lazier, A., Deeds, M., Hamilton, N., and Hullender, G. (2005). Learning to rank using gradient descent. In *Proceedings of the 22nd International Conference on Machine Learning*, pages 89–96. Bonn, Germany.

Cao, Z., Qin, T., Liu, T.Y., Tsai, M. F., and Li, H. (2007). Learning to rank: From pairwise approach to listwise approach. In *Proceedings of the 24th International Conference on Machine Learning*, pages 129–136. Corvalis, Oregon.

Cormack, G. V., Clarke, C. L. A., and Büttcher, S. (2009). Reciprocal rank fusion outperforms Condorcet and individual rank learning methods. In *Proceedings of the 32nd Annual International ACM SIGIR Conference on Research and Development in Information Retrieval*, pages 758–759. Boston, Massachusetts.

Crammer, K., and Singer, Y. (2002). On the algorithmic implementation of multiclass kernel-based vector machines. *Journal of Machine Learning Research*, 2:265–292.

Efron, B., and Tibshirani, R. J. (1993). *An Introduction to the Bootstrap*. Boca Raton, Florida: Chapman & Hall/CRC.

Freund, Y., Iyer, R., Schapire, R. E., and Singer, Y. (2003). An efficient boosting algorithm for combining preferences. *Journal of Machine Learning Research*, 4:933–969.

Hastie, T., Tibshirani, R., and Friedman, J. H. (2009). *The Elements of Statistical Learning* (2nd ed.). Berlin, Germany: Springer.

Herbrich, R., Graepel, T., and Obermayer, K. (2000). Large margin rank boundaries for ordinal regression. In Bartlett, P. J., Schölkopf, B., Schuurmans, D., and Smola, A. J., editors, *Advances in Large Margin Classifiers*, chapter 7, pages 115 – 132. Cambridge, Massachusetts: MIT Press.

Hosmer, D. W., and Lemeshow, S. (2000). *Applied Logistic Regression* (2nd ed.). New York: Wiley-Interscience.

Joachims, T. (2002). Optimizing search engines using clickthrough data. In *Proceedings of the 8th ACM SIGKDD International Conference on Knowledge Discovery and Data Mining*, pages 133 – 142. Edmonton, Canada.

Joachims, T., Granka, L., Pan, B., Hembrooke, H., and Gay, G. (2005). Accurately interpreting clickthrough data as implicit feedback. In *Proceedings of the 28th Annual International ACM SIGIR Conference on Research and Development in Information Retrieval*, pages 154 – 161. Salvador, Brazil.

Lee, J. H. (1997). Analyses of multiple evidence combination. In *Proceedings of the 20th Annual International ACM SIGIR Conference on Research and Development in Information Retrieval*, pages 267 – 276.

Li, P., Burges, C., and Wu, Q. (2007). McRank: Learning to rank using multiple classification and gradient boosting. In *Proceedings of the 21st Annual Conference on Neural Information Processing Systems*, pages 897 – 904. Vancouver, Canada.

Liu, T. Y. (2009). Learning to rank for information retrieval. *Foundations and Trends in Information Retrieval*, 3(3):225 – 331.

Liu, T. Y., Xu, J., Qin, T., Xiong, W., and Li, H. (2007). LETOR: Benchmark dataset for research on learning to rank for information retrieval. In *Proceedings of SIGIR 2007 Workshop on Learning to Rank for Information Retrieval*, pages 481 – 490. Amsterdam, The Netherlands.

Lynam, T. R., and Cormack, G. V. (2006). On-line spam filter fusion. In *Proceedings of the 29th Annual International ACM SIGIR Conference on Research and Development in Information Retrieval*, pages 123 – 130. Seattle, Washington.

Meng, W., Yu, C., and Liu, K. L. (2002). Building efficient and effective metasearch engines. *ACM Computing Surveys*, 34(1):48 – 89.

Montague, M., and Aslam, J. A. (2002). Condorcet fusion for improved retrieval. In *Proceedings of the 11th International Conference on Information and Knowledge*

522

Management, pages 538 – 548. McLean, Virginia.

Schapire, R. (2003). The boosting approach to machine learning: An overview. In Denison, D. D., Hansen, M. H., Holmes, C. C., Mallick, B., and Yu, B., editors, *Nonlinear Estimation and Classification, volume 171 of Lecture Notes in Statistics*, pages 149 – 172. Berlin, Germany: Springer.

Schapire, R., and Singer, Y. (2000). BoosTexter: A boosting-based system for text categorization. *Machine learning*, 39(2):135 – 168.

Surowiecki, J. (2004). *The Wisdom of Crowds: Why the Many Are Smarter Than the Few and How Collective Wisdom Shapes Business, Economies, Societies and Nations*. New York: Doubleday.

Svore, K. M., and Burges, C. J. (2009). A machine learning approach for improved BM25 retrieval. In *Proceedings of the 18th ACM Conference on Information and Knowledge Management*, pages 1811 – 1814. Hong Kong, China.

Vogt, C., and Cottrell, G. (1999). Fusion via a linear combination of scores. *Information Retrieval*, 1(3):151 – 173.

Voorhees, E. M., Gupta, N. K., and Johnson-Laird, B. (1995). Learning collection fusion strategies. In *Proceedings of the 18th Annual International ACM SIGIR Conference on Research and Development in Information Retrieval*, pages 172 – 179. Seattle, Washington.

Wolpert, D. H. (1992). Stacked generalization. *Neural Networks*, 5:241 – 259.

Xu, J., and Li, H. (2007). Adarank: A boosting algorithm for information retrieval. In *Proceedings of the 30th Annual International ACM SIGIR Conference on Research and Development in Information Retrieval*, pages 391 – 398. Amsterdam, The Netherlands.

Yilmaz, E., and Robertson, S. (2010). On the choice of effectiveness measures for learning to rank. *Information Retrieval*.

4부

평가

12

유효성 측정

평가의 목표는 정보 검색 방법론이 얼마나 의도한 바를 잘 달성하는지를 측정하기이다. 주어진 상황에서 정보 검색 방법론의 유효성을 추정하고, 동일한 상황에서 다른 방법의 유효성과 비교하거나 다른 상황에서의 유효성을 예측하려면 평가가 필수다. 평가 정보 없이는 어떻게 적용할지 결정하거나 더 나은 방법을 찾아내기가 어렵다. 평가 방법론이 의미 있으려면 다음과 같은 요소가 있어야 한다.

- 정보 검색 방법론이 의도한 바를 특성화하기
- 목적 달성 정도를 정량화하는 척도
- 정밀한, 정확한, 경제적인 측정 기법
- 측정 오류 추정치

12장은 정보 검색 평가에서 위 요소들에 관해 설명한다. 2.3절에서는 기초적 검색의 평가에 관해 개관했는데, 그다음부터 곧바로 설명을 발전시키려 한다.

12.1절에서는 전통적으로 정보 검색 평가에서 주로 사용했던 유효성 척도를 알아보고, 관련 검색 작업을 논의한다. 12.2절에서는 텍스트 검색 학회[TREC, Text REtrieval Conference]에서 채택된 평가 방법론을 다룬다. TREC 방법론은 사실상 정보 검색 평가의 표준이며 많은 연구자들이 이 기준을 따르고 있다. 12.3절의 주제는 평가 결과의 통계적 분석이다. 신뢰 구간

이나 유의성 검정 같이 일반적인 기법을 정보 검색에 적용하는 방법과 개별 실험의 메타분석 같이 조금 특수한 방법도 논의할 예정이다. 또한 검색 함수들 사이의 차이를 얼마나 잘 찾아내는지 나타내는 검정력과, 통계적 결정이 얼마나 정확한지 나타내는 타당성 측면에서 몇 가지 통계적 검정 방법을 비교해볼 것이다. 12.4절에서는 적합도 판정 횟수는 줄이면서도 평가 결과의 신뢰도는 유지하는 방법을 탐구한다. 마지막으로 12.5절은 12.1절의 전통적인 유효성 척도들을 확장한 척도나, 또는 그 척도들을 활용하는 문제들을 다룬다. 이 절에는 등급화된 적합도 평가(적합/비적합 두 분류로 평가하는 방법론을 확장한 방법)와 불완전한 판정, 참신성novelty과 다양성diversity 개념 등이 나온다.

12장 말고 다른 장에서도 평가를 다른 맥락으로 다루고 있다. 10장은 필터링과 분류에서 평가를 논한다. 15장은 웹에 특화된 문제와 그 척도를 이야기한다. 16장에서는 XML 정보 검색에서 유효성 평가를 개괄적으로 설명한다.

12.1 전통적 유효성 척도

전통적 정보 검색 평가는 다음 두 가지 기본 가정을 바탕으로 한다.

- 검색 질의로 표현되는 사용자의 정보 요구information need가 있을 때, 주어진 문서 모음 내의 문서들은 이 정보 요구에 따라 적합relevant하거나 비적합nonrelevant한 문서로 각각 나뉜다.
- 어떤 문서 d의 적합도는 정보 요구와 d 자체에만 의존한다. 문서 모음 내의 다른 문서들의 검색 순위는 영향을 미치지 않는다.

이 두 가정을 바탕으로, 다양한 유효성 척도를 정의할 수 있다. 그중 몇 가지는 이미 2.3절에서 소개한 적이 있다.

12.1.1 재현율과 정밀도

재현율과 정밀도는 아마도 정보 검색 평가에서 가장 오래된 척도일 것이다. 이 척도들은 질의로 검색된 문서들로 이뤄진 순서 없는 집합에 적용된다. 재현율recall은 그 집합에 속한 적합 문서의 비율이다. *Res*를 검색된 문서들의 집합이라고 하고, *Rel*을 적합 문서들의 집합이라고 하자. 그러면 재현율은 다음과 같다.

$$recall \; = \; \frac{|Res \cap Rel|}{|Rel|} \qquad (12.1)$$

재현율은 검색 결과가 사용자의 정보 요구를 얼마나 제대로 만족시키는지를 정량적으로 평가하는 유효성 척도다. 재현율은 논문이나 법률 정보를 검색할 때처럼 적합 문서를 전부 찾을 필요가 있는 상황을 모델링한다.

검색엔진이 단순히 문서 모음 내 모든 문서를 반환하면 재현율 1.0을 쉽게 달성할 수 있다. 그러면 물론 결과 문서 중 대부분은 비적합 문서일 것이다. 정밀도precision는 검색 집합의 다른 측면인, 검색된 문서 중 적합 문서의 비율을 나타내는 척도다.

$$precision \; = \; \frac{|Res \cap Rel|}{|Res|} \qquad (12.2)$$

정밀도는 사용자가 검색 집합의 문서들을 검토하는 데 드는 노력을 생각해서 적합 문서를 적당한 수만 찾는다고 가정한다. 정밀도는 검토에 드는 노력 대비 적합 문서의 수를 나타내는 척도다. 정밀도의 역수는 사용자가 검색 결과에서 적합 문서를 찾을 때까지 무작위 순서로 검토해야 하는 문서 수의 기댓값과 동일하다.

12.1.2 *k*개 문서에서 정밀도(P@*k*)

1960년대 초기 정보 검색 실험에서는 재현율이 적절했을지 모르겠지만, 요새 들어 문서 모음의 크기가 커지면서 재현율이 유용한지는 점점 더 의문스러워졌다. 예를 들어 TREC 주제 425("law enforcement, dogs(법률 집행, 개들)")의 문서 모음에는 적합 문서가 202건 있다. 아마도 호기심이 아주 많은 사용자만 그 문서 전부에 관심을 가질 것이다. 웹 검색에서는 적합 문서가 수만 건이 넘는 주제가 흔하기 때문에 재현율의 의미는 더 줄어든다(예. "drug abuse(약물 남용)", "Vietnam war(베트남 전쟁)", "international space station(국제 우주 정거장)" 같은 TREC 주제를 떠올려보자).

*k*개 문서에서 정밀도("precision@*k*" 또는 "P@*k*")는 '사용자가 상위 *k*건 문서를 봤을 때 만

족도'를 모델링한 값이다(k는 보통 5, 10, 20 같이 적당히 작은 값이 된다). P@k는 다음과 같이 정의된다.

$$\text{P}@k \;=\; \frac{|Res[1..k] \cap Rel|}{k} \tag{12.3}$$

여기서 $Res[1..k]$는 검색 시스템이 반환하는 상위 k건 문서 집합이다. 기본 정밀도와 마찬가지로 P@k는 사용자가 무작위 순서로 결과를 검토하고, 하나 이상의 적합 문서를 찾은 후에도 나머지 문서 전부를 검토한다고 가정한다. 또한 상위 k개 검색 결과에서 적어도 하나의 적합 문서도 없다면, 사용자의 정보 요구는 만족되지 않은 채로 남는다고 가정한다. k개 문서에서 정밀도는 초기 정밀도 척도라고 쓰기도 한다. 이 척도에는 재현율 요소가 포함되지 않으므로, 사용자가 약물 남용이나 베트남 전쟁에 대한 적합 문서를 모두 읽는 경우는 없다고 가정한다.

12.1.3 평균 정밀도

일반적으로 P@k에서 k값이 얼마여야 하는지는 확실하지 않다. 보통 사용자에게 상위 10개 결과만 보여주는 검색엔진이 많기 때문에 $k = 10$으로 둘 수는 있을 것이다. 하지만 평가 대상은 검색 순위화지 사용자 인터페이스가 아니므로, $k = 10$도 임의로 고른 값인 점은 마찬가지다.

평균 정밀도AP, Average Precision는 모든 가능한 재현율에서의 정밀도 값을 합산해 이 문제를 해결하려는 척도다.

$$\text{AP} \;=\; \frac{1}{|Rel|} \cdot \sum_{i=1}^{|Res|} \text{relevant}(i) \cdot \text{P}@i \tag{12.4}$$

위에서 relevant(i)는 Res에서 i번째 문서가 적합 문서일 때 1이고(즉, $Res[i] \in Rel$), 비적합 문서이면 0이다. 따라서 AP는 모든 적합 문서 d에 대해, 결과 목록에서 d의 순위까지의 정밀도를 측정한다. 만약 문서가 Res에 없다면 정밀도는 0이라 가정한다. 그러므로 AP는 결과 목록에 없는 적합 문서들도 고려하므로 재현율 요소가 내재됐다고 볼 수 있다.

12.1.4 역순위

지금까지 나왔던 척도에서는 적합 문서 집합이 있고, 이 집합에 속하는 모든 문서가 동등하게 유용하며, 사용자가 적합 문서들을 여러 건 본다고 가정한다. 이런 가정이 질의기반 검색 작업ad-hoc retrieval task에는 적절하지만, 사용자가 딱 하나의 적합 문서가 최고 순위이기를 바라는 경우도 많다. 예를 들어 〈"white", "house", "official", "website"〉라는 질의를 생각해보자. 이 질의에 적합한 결과(www.whitehouse.gov)는 딱 하나뿐이며, 그 결과의 순위가 5위나 10위인 편보다는 1위인 편이 훨씬 더 낫다.

역순위RR, Reciprocal Rank는 상위 결과 몇 개에만 초점을 맞춰서, 적합 문서가 최상위에 나오는 경우를 강하게 선호하는 척도다. 역순위는 다음과 같이 정의한다.

$$\text{RR} = \frac{1}{\min\{k \mid Res[k] \in Rel\}} \tag{12.5}$$

식 12.5는 적합 문서가 1건 이상 있어도 성립한다. 만약 $|Rel| > 1$이면, 사용자가 가장 먼저 나오는 적합 문서를 보게 되면 검색을 끝낸다고 가정한다. 적합 문서가 1건일 때 ($|Rel| = 1$) 역순위는 평균 정밀도와 같다.

12.1.5 산술 평균 대 기하 평균

집계 결과는 여러 주제들의 결과를 평균(산술 평균)을 내어 구한다. 이런 집계 결과에는 평균 정밀도의 평균MAP, Mean Average Precision, 평균 역순위Mean Reciprocal Rank 등이 있다. 흥미롭게도 이름에 "평균"이 들어가지 않는 척도도 있다. 예를 들면 k에서 평균 정밀도Mean Precision는 보통 P@k로 쓰지, MP@k라고 표기하지 않는다.

최근에는 여러 주제에 대한 유효성 척도를 집계하는 데 산술 평균이 최선이 아닐 수 있다는 주장이 제기됐다(Robertson, 2006). 예를 들어 두 개의 주제 T_1과 T_2가 있고, 주제마다 적합 문서가 딱 하나만 있다고 생각해보자. 그리고 두 결과 목록이 다음과 같다고 하자.

$$Res(T_1) = \langle -, +, -, -, -, \ldots \rangle, \quad Res(T_2) = \langle -, +, -, -, -, \ldots \rangle \tag{12.6}$$

여기서 "+"는 적합 문서를, "−"는 비적합 문서를 가리킨다. 평균 정밀도는 둘 다 0.5다. 따라서 두 주제의 MAP도 0.5다. 이제 다른 경우를 생각해보자.

$$Res'(T_1) = \langle +, -, -, -, -, \ldots \rangle, \quad Res'(T_2) = \langle -, -, -, -, -, \ldots \rangle \qquad (12.7)$$

이때 $Res'(T_1)$의 AP는 1이고, $Res'(T_2)$의 AP는 0이다. 두 경우(12.6, 12.7) 모두 MAP은 같지만, 사용자가 느끼는 전체적인 효용은 식 12.7보다 식 12.6이 훨씬 더 클 가능성이 높다.

이 관찰을 바탕으로 평균 정밀도의 기하 평균^{GMAP, Geometric Mean Average Precision}을 정의할 수 있다(Robertson, 2006).

$$\mathrm{GMAP}(AP_1, \ldots, AP_n) \;=\; \sqrt[n]{\prod_{i=1}^{n}(AP_i + \varepsilon)} - \varepsilon \qquad (12.8)$$

위 정의에서 ε는 APi 중 하나가 0일 때 발생하는 문제를 막는 상수다. 예를 들어 $\varepsilon = 0.01$로 놓으면 12.6과 12.7은 다음과 같아진다.

$$\mathrm{GMAP}(0.5, 0.5) = 0.5, \quad \mathrm{GMAP}(1.0, 0.0) = \sqrt{1.01 \cdot 0.01} \approx 0.10 \qquad (12.9)$$

이 결과는 $Res(T_1)$과 $Res(T_2)$의 전체 효용이 $Res'(T_1)$과 $Res'(T_2)$의 효용보다 높다는 직관과 잘 맞아떨어진다.

AP 값들의 기하 평균은 AP 로그 값들의 산술 평균과 동등하므로, 위 문제는 산술 평균으로 생긴 문제가 아니라 AP 척도 자체의 문제였다고 볼 수도 있다.

12.1.6 사용자 만족

사실상 지난 20년 동안 고안된 순위화 함수들은 전부 앞에서 나왔던 유효성 척도들로 평가됐다. 정보 검색 평가에서 이 척도들의 중요성을 고려해보면, 평균 정밀도 같은 척도와 사용자 만족도 사이의 관련성은 이미 철저히 연구됐다고 생각할지도 모른다.

하지만 안타깝게도 그렇지 않았다. 사용자 만족과 다양한 유효성 척도 사이의 상관관계를 찾으려는 연구는 비교적 최근 이뤄지고 있다. 초기 연구에 따르면 AP와 사용자 만족의 상관관계는 꽤 낮지만(Turpin and Scholer, 2006), P@10 같은 초기 정밀도 척도와 사용자 만족의 상관관계는 상당히 높다(Kelly et al., 2007). 그래도 여전히 AP는 당분간 가장 널리 사용되는 정보 검색 평가 척도일 것이다.

12.2 텍스트 검색 학회

2.3절에서는 TREC이 정의하고 평가 연구에서 많이 반복됐던, 고전적인 유효성 측정 방법을 간략히 살펴봤다. TREC$^{The\ Text\ Retrieval\ Conference}$ 방법론은 앞 절의 평가 척도들을 적용하는 틀이 된다. TREC 방법론은 사실상 정보 검색 평가의 표준으로, 대부분의 출판 논문에는 TREC 방법론을 사용한 측정 결과들이 실려 있다(특히 질의 기반 검색). 이 접근법에 따라 평가 실험 주최자는 검색 주제^{topic}들을 만들고, 실험 참가자들에게 그 주제와 대상 문서 모음을 같이 배포한다. 일반적으로 문서 모음은 비교적 동질적인, 신문이나 저널 기사처럼 전문적으로 작성되고 편집된 글들이다. 참가자 그룹들은 주제에서 질의를 생성하고 문서 모음에 대해 질의를 수행한다. 보통 이 질의들은 사람의 개입 없이 주제에서 자동으로 생성해야 하지만, 질의를 수동 생성하거나 수정하는 일이 허용되는 실험도 있다.

주제 집합은 일반적으로 50개 이상의 주제로 구성된다. 그리고 필드 중 하나는 특별한 수정 없이 질의로 바로 쓸 수 있도록 만드는 경우가 많다. 그림 1.8의 주제 예제에서 제목 필드("law enforcement, docs")가 질의 필드로 의도한 예다. 제목이 너무 간결해서 생기는 모호성을 없앨 수 있도록, 주제의 나머지 부분은 추가 정보를 제공한다. 이상적이라면 적합 문서의 요구사항을 적확하고 완전하게 명시하도록 주제를 만든다. 실제 질의에서 흔하게 나타나는 오탈자가 TREC 주제에 포함되는 경우는 드물다.

참가자들은 자료 모음에 질의들을 수행하고, 주제마다 k건의 문서 ID 순위 목록을 반환한다. TREC 실험에서는 $k = 1000$이 일반적이다. 이 책에 나오는 실험에서는 $k = 10,000$을 썼다. 전체 주제 집합에 대한 순위 목록 집합은 TREC 용어로 런^{run}이라고 한다. 실험에 따라 참가자가 검색 시스템을 여러 측면으로 쉽게 시험할 수 있도록 런의 반복 제출을 허용하기도 한다.

참가자 그룹들이 하나 이상의 런을 제출하면, 실험 주최자는 평가 문서 풀^{pool}을 만든다. 이 풀은 각 런의 상위 문서들의 합집합으로 구성되며, 런당 풀 크기는 100이 일반적이다. 평가하는 사람은 각 문서들을 적합과 비적합, 두 가지 값으로 판정한다.[1] TREC 용어로 *qrel* 이라 부르는 이 판정은 앞 절에 나왔던 재현율, 정밀도, 평균 정밀도 등의 척도들을 계산하

---

1 TREC 실험 중에는 비적합, 적합, 매우 적합의 세 값으로 판정하는 경우도 있다. 하지만 개별 런을 평가할 때는 적합과 매우 적합 문서는 보통 똑같이 취급된다.

는 데 사용된다. 이 척도들을 계산할 때 풀에 속하지 않는 문서들은 비적합 문서로 간주된다(어떤 런에서도 상위 문서로 반환되지 않았기 때문이다).

주제들과 판정들은 문서 모음과 같이 시험용 자료 모음을 이룬다. TREC의 핵심 목표는 나중의 실험에 재활용 가능한 시험용 자료 모음을 만들기다. 예를 들어 새로운 정보 검색 기법이나 순위화 공식이 제안되면, 그 발명자는 이미 확립된 시험용 자료 모음을 이용해서 새로운 방법론과 표준 방법론을 비교할 수 있을 것이다. 검색 공식의 매개변수를 조정해 성능을 최적화하는 데도 재활용 가능한 시험용 자료 모음이 활용될 수 있다. 시험용 자료가 재활용 가능하려면, 판정을 최대한 철저하게 해야 한다는 단서가 붙는다. 이상적으로는 모든 적합 문서가 판별돼야 한다. 따라서 찾아낸 적합 문서 수를 늘리려고 (사람의 개입을 포함하는) 수동 런을 적극적으로 권장하는 평가 실험도 많다.

풀링 방법은 상당한 판정 노력이 필요하다. 주제가 50개, 참가 그룹이 수십 개, 풀의 크기가 100일 때, 평가자들은 수만 번 판정을 해야 할 수도 있다. 1999년 TREC-8 애드혹 과업에서는 풀이 71개의 런으로 구성됐다(Voorhees and Harman, 1999). 이론적으로 런끼리 결과가 겹치지 않는다고 했을 때 이 풀의 크기는 $71 \cdot 50 \cdot 100 = 355{,}000$이 될 수 있었다. 다행히도 특히 앞부분 순위에서 런 결과가 상당히 많이 겹쳤다. 그럼에도 50개 주제에 대한 전체 풀의 문서들은 총 86,830건에 달했다. 평가자 한 명이 한 문서를 판정하는 데 30초가 걸린다고 하면, 86,830건의 문서를 평가하는 데는 총 724시간이 필요하며, 이는 10명의 평가자가 2주간 바쁘게 일해야 하는 분량이 된다.

12.3 통계를 활용한 평가

문서, 주제, qrel로 구성된 시험용 자료 모음이 주어졌을 때, 12.1절의 척도들을 활용해 어떤 검색 방법 A의 유효성을 계산하고, 다른 방법 B의 유효성과 비교할 수 있다. 하지만 그러한 평가 결과가 말해주는 정보는 주어진 시험용 자료에서 두 방법론의 비교 결과뿐이다. 우리가 알고 싶은 내용은 모든 경우의 문서, 주제, 적합도 평가에 대해, 일반적으로 두 방법론 중에 무엇이 더 나은지, 또 얼마나 더 나은지 여부다.

통계적 분석은 특정 시험용 자료 외에 다른 데이터에서 시스템 성능이 얼마나 좋을지 예측하는 데 쓰인다. 누군가 특정 주제에 대한 AP나 어떤 주제 집합에 대한 MAP를 보고할 때는, 검색 시스템을 특정 주제들 외에 다른 주제에도 잘 확장되게 만들었으니 결과도 비슷할 거라고 암묵적으로 주장하는 셈이다. 하지만 통계적 분석 없이는 측정 결과가 시스템의 성능을 잘 반영하는지 말하기 어렵다.

통계적 분석은 정량적 척도의 정밀도 추정치(예: "방법론 A가 얼마나 좋은가?" 또는 "B에 비해 A가 얼마나 더 나은가?")나 특정 가설을 지지하는 증거력 추정치(예: "방법론 A가 방법론 B보다 더 낫다!")를 구하는 데 쓰일 수 있다. 실험 방법론 교과서에서 많은 분량을 차지하는 전통적인 가설 검정에서는 증거력이 임의의 문턱값을 넘을 때 결과가 통계적으로 유의하다고 말한다. 이런 검정은 증거력의 정량적 추정치보다 주는 정보가 확실히 더 적으며, 쉽게 잘못 해석될 수 있다. 가설 검정은 의학 같은 분야에서는 이미 인기를 잃었다(Gardner and Altman, 1986). 정보 검색 논문들은 통계적 추정치와 가설 검정을 보통 누락하거나 오용한다. 우리는 이런 관행을 더 좋게 바꾸는 데 일조하고 싶다.

이 절은 다양한 기초 및 정보 검색 방법론 평가에 관해 길게 다룬다. 12장에서 다루는 기초 내용 가운데 독자들이 아는 내용이 많을지 모르겠지만, 아마도 일반적인 수학이나 응용 통계 교과서에서 바라보는 관점과는 좀 다르게 설명할 것이다. 우리는 통계 그 자체를 위한 통계나 논문 출판만을 목적으로 적용됐던 통계 검정과 달리, 과학적 방법론에서 통계의 역할을 설명하려 한다.

오래전 통계학을 배웠고 이 내용과 다시 씨름하고 싶지 않다면 이 절의 뒷부분은 생략하거나 대충 훑어봐도 된다. 이 내용의 "요점"은 다음과 같다. (1) 정보 검색 실험의 적절한 기준선을 세운다. (2) 다른 방법론이나 기법의 효과를 기준선과 비교한다. (3) 기준선과 차이가 사용자에게 유의미한 영향을 미치는지 고려하고, 그 차이를 보고한다. (4) p-값이나 신뢰 구간 같은 통계적 신뢰 척도를 보고한다. 마지막 단계에서는 보통 짝 t-검정[paired t-test]을 선택하기에 적당하다.

12.3.1 기초 및 용어

어떤 의미에서 정보 검색 평가의 유효성 척도들은 물리적 측정과 상당히 비슷하다. 이 책의 저자 중 한 명이 양복을 맞추려고 자신의 키를 재고 싶어 한다고 해보자. 키를 자로 재니 5피트 8인치로 측정됐다. 줄자로 다시 재 보니 키가 173cm로 측정됐다. 그리고 정확하게 단위 변환을 해보니 두 값은 각각 1727.2mm와 1730mm이었다. 헷갈려서 자로 더 정밀하게 측정해보니 5피트 $8\frac{3}{8}$ 인치였다(정확히 1736.72mm). 측정 중 하나가 잘못된 걸까? 저자의 진짜 키는 얼마인가? 정답은 "아니요, 자나 줄자를 사용하는 기술에 따라 측정은 예상 범위 내에서 일치합니다"와, "별 상관없습니다. 어차피 같은 사이즈의 양복을 입게 될 테니까요"이다. 통계적 방법론은 이런 종류의 질문에 답을 하는 데 도움을 준다.

　더 엄밀한 측정치가 필요하다면, 측정값 평균을 계산기로 계산해 1731.308333mm라고 결론 내릴 수도 있을 것이다. 충분한 수의 독립적인 측정값을 평균하면 매우 정밀한 키 추정치를 얻을 수 있지만, 위와 같이 소수점 이하 숫자가 10개일 정도로 정밀하다고 보기는 어렵다. 사람 키를 그렇게 자세하게 측정하는 데는 상식이 통하지 않기 때문이다. 사람 키는 아침에 측정해야 할까 저녁에 측정해야 할까, 또는 두꺼운 옷을 입고 재도 될까? 키에는 머리카락도 포함해야 하나? 이렇게 상식적인 키의 정의보다 더 정밀하게 측정하려는 시도는 무의미하다. 그렇지만 "키의 참값"의 개념은 추정치의 정밀도를 설명하는 데(즉, "추정치가 참값과 얼마나 가까운가?"라는 질문에 답하는 데) 쓸모 있는 추상적 개념이다. "키의 참값"은 무한한 수의, 우연에 의해서만 서로 다른 측정값들의 평균으로 정의하면 유용하다. 그러면 개별 측정값과 참값의 차이를 랜덤 오차^{random error}로 볼 수 있다. 랜덤 오차는 계통오차^{systematic error} 또는 편향^{bias}과 대비되는 개념으로, 예를 들어 너무 많이 써서 길이가 늘어난 줄자를 썼을 때 발생하는 오차가 곧 편향이다.

　측정의 정밀도^{precision of measurement2}는 측정에 랜덤 오차가 없는 정도를 말한다. 타당성^{validity}은 측정의 의도가 진정으로 반영된 정도(이 예에서는 전반적인 검색 유효성)를 뜻한다. 이 절에서 관심사는 특히 정보 검색 실험에서 측정의 정밀도. 검색 시스템의 유효성을 측정하는 실험에서 서로 다른 주제, 문서, 적합도 평가에 대해 똑같은 기법을 반복 적용한다면 그 결과가 얼마나 비슷할까? 실제로 실험을 반복하지 않고 유사도를 예측할 수 있을까? 대체로 이 질문들은 통계적 추론으로 다룰 수 있지만, 꼭 통계적일 필요는 없는 타당성 질문을 포함해 일반적인 맥락으로만 이해될 수 있다. 이 질문들은 과학적 탐구의 도구, 즉 관찰, 귀

2　측정의 정밀도는 통계학 문헌에서는 단순히 정밀도(precision)로 부른다. 검색 유효성 척도와 구분하도록 필요하다면 더 긴 이름을 사용할 것이다.

납, 연역, 실험으로 다루게 된다.

　모집단은 통계적 분석의 핵심 개념으로, 예전이나 지금이나 철학적 논쟁의 주제였다 (Lenhard, 2006). 우리는 로널드 피셔가 제안한 무한 가상 모집단 개념(Fisher, 1925)을 소개하고자 한다.

> 만약 멘델의 실험에서 어떤 짝짓기로 태어난 생쥐가 흰색이 될 확률을 1/2이라고 한다면, 우리는 그 생쥐를 그 짝짓기로 태어났을 생쥐들의 무한한 모집단 중에 하나로 생각해야 한다. 유한한 모집단에서 추출한 생쥐 한 마리가 흰색이라는 사실은 다른 생쥐가 흰색일 확률에 영향을 미칠 수 있으며 이는 우리가 고려하고자 하는 가설이 아니기 때문에 모집단은 무한해야 한다. 게다가 확률이 반드시 유리수는 아닐 수 있다. 무한한 모집단은 분명히 가설적인데 부모 생쥐가 낳은 생쥐의 실제 숫자는 유한해야 하며 부모 생쥐들의 나이나 영양 상태에 따라 확률이 달라질 가능성도 고려해야 하기 때문이다. 하지만 우리는 실험 조건에서 태어나는, 즉, 동일한 환경에서 동일한 나이의 비슷한 부모 생쥐에게 태어나는 무한한 숫자의 생쥐를 상상할 수 있다. 이 상상의 모집단에서 흰색 생쥐의 비율은 우리의 확률 설명에 맞는 실제적 의미를 가진다고 보인다. 요약하자면 가상 모집단은 우리가 연구하고 있는 조건의 개념적 결과다. 확률은 다른 통계적 모수와 마찬가지로 그 모집단의 수치적 특성이다.

　저자의 키로 돌아가보자. 우리는 자나 줄자를 이용한 측정 결과에 관해 이야기하고 있다. 현재 관심 모집단은 비슷한 측정들의 집합이다(무심코 떠올릴 수는 있지만 비슷한 저자들의 집합은 아니다). 정보 검색 평가에서 관심 결과는 MAP이나 P@k 같이 시스템에 적용되는 유효성 척도(또는 두 시스템의 MAP이나 P@k의 차이)이며 모집단은 비슷한 측정들의 집합이다. 비슷한 측정들의 집합은 정확히 같은 방법론을, 다른 문서, 주제, 적합도 판정에 적용한 결과라고 말할 수 있다. 다른 문서, 주제, 적합도 판정 자체는 가상 모집단이다(시스템에 제시되는 주제들, 적합 문서를 검색하기 위한 문서 모음과, 적합도 평가 집합).

　키와 마찬가지로 "유효성 참값"은 모든 가능한 측정들의 평균으로 정의할 수 있다. 또한 키와 마찬가지로, 이 측정 모집단을 정확하게 규정할 방법이 없기 때문에 유효성도 필연적으로 부정확한 개념이다. 우리가 할 수 있는 정의는, "과거, 현재, 미래에 특정 검색 시스템에 제시된 모든 주제들", "과거, 현재, 미래에 필터에 입력된 모든 문서들", "과거, 현재, 미래에 특정 주제에 대한 특정 문서의 모든 적합도 판정"이 된다. 이러한 모집단의 일부는 아직 존재하지도 않기 때문에 측정 대상으로 열거할 수조차 없다.

가상 모집단을 열거하는 대신에 쉽게 구할 수 있는 데이터와 관찰 값(예: TREC 시험용 자료 모음에서 주제, 문서, qrel 형식)을 가져와서 "우리가 수집한 것과 같은 모든 데이터"라는 가상 모집단에서 추출됐다고 간주할 수 있다. 이 가상 모집단은 목표 모집단이라는 실제(하지만 무형의) 관심 모집단과 대비해서, 원천 모집단이라 한다. 원천 모집단은 가상 목표 모집단을 근사한다. 근사가 잘 될수록 원천 모집단에서 측정은 목표 모집단에서 가상의 측정을 더 잘 반영할 것이다. 측정의 정확도는 세 가지 측면으로 나눠 생각할 수 있다. 즉, 측정의 정밀도, 원천 모집단으로 정의된 참값에 대한 측정의 타당성 그리고 목표 모집단에 대한 측정의 타당성이다. 타당성에는 내적 타당성과 외적 타당성이라는 두 가지 형태가 있다. 외적 타당성은 전이 가능성이나 일반화 가능성이라고도 한다.

통계적 추론은 정밀도와 내적 타당성, 즉, '원천 모집단으로 정의된 참값에 대한 측정이 얼마나 좋은가?'만을 고려한다. 외적 타당성은 통계적 추론이 아니라 과학적 탐구로 정해지는데, 그 과정은 (a) 원천 모집단과 목표 모집단에서 차이를 보이고, 외적 타당성에 영향을 끼칠 수 있는 특성들을 식별하며, (b) 이 특성에서 차이를 보이는 새로운 원천 모집단을 찾고, (c) 새로운 원천 모집단에서 유효성을 측정하고, (d) 그 차이의 효과를 평가하는 과정이다. 예를 들어 원래 TREC 자료 모음은 대부분 현재 사건에 관한 뉴스 서비스나 그와 비슷한 기사를 다루는 주제들로 구성됐다. TREC 웹 트랙에서는 뉴스 대신에 웹페이지와 웹 질의에서 발생하는 차이점을 조사했다. 아이디어는 목표 모집단을 가장 잘 나타내는 궁극의 원천 모집단을 찾는 대신, 실제로 차이를 보이는 모집단을 식별하는 것이었다. 측정 결과가 비슷하다면 두 경우의 외적 타당성에 대한 신뢰가 증가한다. 측정 결과가 다르면 그 차이를 과학적으로 더 조사해볼 가치가 있다.

모든 실험 기법에는 그 외적 타당성에 영향을 미치는 가정과 한계점이 있다. 한계점이 꼭 그 기법을 버려야 할 이유가 되지는 않는다. 그 대신 과학적 탐구 방법으로 한계점을 식별하고, 그 효과를 평가해야 한다. 실험을 거쳐 찾아낸 증거들은 검색 유효성을 더욱 잘 이해하도록 돕는 역할을 한다. 증거들 자체도 모집단으로 볼 수 있으며, 메타분석이라는 기법을 사용해서 통계적 추론을 이끌어 낼 수도 있다. 예를 들어 최신 의학 연구에는 특정 치료법의 효과와 관련된 모든 결과들을 다루는 메타분석이 포함된다.

표 12.1 이 책에 나온 검색 방법에 대한 95% 신뢰 구간과 유효성. 주제는 가상 모집단에서 추출했고, 측정 오차가 정규 분포(가우스 분포)를 따른다고 가정하고 신뢰 구간을 계산했다.

방법론	TREC45(1998)		GOV2(2005)	
	P@10	MAP	P@10	MAP
코사인(2.2.1)	0.264(0.19–0.34)	0.126(0.09–0.16)	0.194(0.13–0.26)	0.092(0.06–0.12)
근접도(2.2.2)	0.396(0.30–0.49)	0.124(0.08–0.17)	0.560(0.48–0.64)	0.230(0.18–0.28)
코사인(원 TF)	0.266(0.19–0.34)	0.106(0.07–0.14)	0.282(0.20–0.36)	0.097(0.07–0.13)
코사인(TF 문서들)	0.342(0.27–0.42)	0.132(0.10–0.17)	0.466(0.37–0.56)	0.151(0.11–0.19)
BM25(8장)	0.424(0.34–0.51)	0.178(0.14–0.22)	0.534(0.46–0.61)	0.277(0.23–0.32)
LMD(9장)	0.450(0.37–0.53)	0.193(0.15–0.24)	0.580(0.50–0.66)	0.293(0.25–0.34)
DFR(9장)	0.426(0.34–0.51)	0.183(0.14–0.23)	0.550(0.47–0.63)	0.269(0.22–0.32)

　　다른 분야와 마찬가지로 정보 검색 분야에서도 외적 타당성 평가는 어려운 문제다. 지금 이야기하는 연구실 실험에서는, 현실적으로 시험용 자료를 얻기에 불가능할 수도 있다. 예를 들면 대부분의 TREC 자료 모음에는 스팸(적합 문서로 표시되지만 원치 않는 문서)이 없다. 주제들은 실제 상황의 정보 요구를 반영한 것이 아니라, 보통 평가를 위해 만들어진다. 주제들은 표준 정보 검색 방법론으로 검토되며, 검색 질의로 활용되는 주제의 제목 필드에는 오타도 거의 없다. 게다가 현실적 질의 예시를 구하더라도, 질의의 의도가 늘 명확하지는 않으며, 적합도 판정이 사용자의 정보 요구와 반드시 일치한다는 보장도 없다. 반면 실서비스와 사용자를 대상으로 하는 실험도, 개인정보보호 이슈, 서비스와 사용자의 상호작용, 정보 요구 및 적합도 판단의 어려움, 반복 실험과 시스템 비교의 차이점을 통제하는 데 드는 어려움 등 고려할 점이 많기 때문에 어려운 문제다. 실서비스 평가는 실험에 드는 비용이 매우 비싸고 시간도 오래 걸리며, 결과도 보통 부정확하다는 한계점이 있다. 즉, 여기서 설명한 통계적 정밀도 추정 기법은 실험실 측정이나 실서비스 측정 둘 다에 적용할 수 있다.

12.3.2 신뢰 구간

신뢰 구간 $c = [l, u]$는 실험적으로 측정된 어떤 양 m(특정 시험용 자료 모음으로 계산한 P@k나 MAP 같은 값)의 가상의 "참값"이 속할 가능성이 있는 범위를 말한다. "가능성"은 신뢰 수준 $1 - \alpha$로 정량화되는데, 여기서 α는 유의 수준이라고 한다. "참값" $t = \mathrm{E}[M]$은 M의 기댓값으로, M은 대상 모집단에서 예시를 선택하는 방법만 다를 뿐, 실질적으로 비슷한 실험에서 가능한 m값들을 특징짓는 확률 변수다. C를 비슷한 측정에서 가능한 결괏값 c를 나타내는 확률 변수라고 하자. 신뢰 수준 $1 - \alpha$인 신뢰 구간은 다음을 뜻한다.

$$\Pr[t \in C] \; \geq \; 1 - \alpha \tag{12.10}$$

신뢰 구간은 신뢰 하한 및 신뢰 상한 $[l,\, u]$로 범위를 표시하거나, 추정값에 대한 공차^{tolerance}로 나타낼 수 있다(예: $\pm\delta$). 신뢰 구간에 대한 신뢰 수준은 보통 95%이며, 반드시 명시해야 한다. 표 12.1은 표 2.5의 첫 번째 및 마지막 열에 나온 실험 결과를 재현한 결과로, 추정치에 뒤에 설명할 고전적인 방법으로 계산한 95% 신뢰 구간을 추가했다. 모든 결과에서 신뢰 한계는 측정된 유효성의 약 $\pm20\%$ 정도임을 볼 수 있다.

신뢰 구간은 실험적 측정 기법의 정밀도를 가리킨다. 동일한 기법을 반복해서 사용할 때, 결과 구간은 적어도 신뢰 수준 $1 - \alpha$와 같은 빈도로 참값을 포함한다고 기대할 수 있다. 즉, 신뢰 구간들 중 α만이 참값을 포함하지 못한다. 그러므로 표 12.1에서 28개 구간 중 약 5%(한두 개)는 참값을 포함하지 않을 수 있다. 추가 정보가 없다면 어떤 구간이 참값을 포함하는 데 실패했는지는 알 수 없다.

신뢰 수준 $1 - \alpha$이 주어졌을 때, 신뢰 구간이 더 작을수록 측정이 더 정밀하다는 뜻이다. 측정의 정밀도는 표본 크기, 추정한 척도, 사용한 방법에 따라 달라진다. 검색 시스템의 유효성 측정 실험을 설계할 때는 측정의 크기, 비용, 실용성이나 정밀성과 타당성 사이에 트레이드-오프를 고려해야 한다.

신뢰 구간 계산

피셔의 생쥐 짝짓기 문제로 돌아가 신뢰 구간 계산을 설명해보자. 생쥐의 색깔은 흰색 아니면 검은색이므로, 결과는 다음과 같이 완전히 특징 지을 수 있다.

$$\Pr[\text{Color} = \text{white}] \; = \; 1 - \Pr[\text{Color} = \text{black}] \tag{12.11}$$

만약 가능한 실험 결괏값 m이 매우 많다면, 모든 가능한 m에 대해 $\Pr[M = m]$을 추정해야 한다. 이 추정이 바로 확률 분포다. m이 연속적 값일 때 가능한 값은 무한히 많다. 그런 분포는 확률 밀도 함수로 표현한다. 신뢰 구간을 계산하려면 분포 자체가 아니라 누적 밀도 함수로 표현되는 누적 분포를 봐야 한다.

$$\text{cdf}(x) \;=\; \Pr[M \leq x] \tag{12.12}$$

신뢰 구간은 M의 분포 추정을 사용해 계산된다. 신뢰 구간을 계산하는 다양한 방법들은 이 분포를 어떻게 표현하는지에 따라 나뉜다.

- 자연적 수량을 측정하면 보통 그 값이 평균 μ와 분산 σ^2인 정규 분포(또는 가우스 분포)를 따른다고 가정한다. 이 분포에 대한 확률 밀도 함수는 가우스 함수$^{\text{Gaussian function}}$다(그림 12.1 왼쪽).

$$\varphi_{\mu,\sigma^2}(x) \;=\; \frac{1}{\sigma\sqrt{2\pi}} \cdot e^{-\frac{(x-\mu)^2}{2\sigma^2}} \tag{12.13}$$

대응하는 확률 밀도 함수는 다음과 같다(그림 12.1 오른쪽).

$$\Phi_{\mu,\sigma^2}(y) \;=\; \int_{-\infty}^{y} \varphi_{\mu,\sigma^2}(x) \; dx \tag{12.14}$$

Φ의 계산은 복잡하므로 수학 소프트웨어에 맡기는 편이 제일 낫다. 과거에는 Φ값

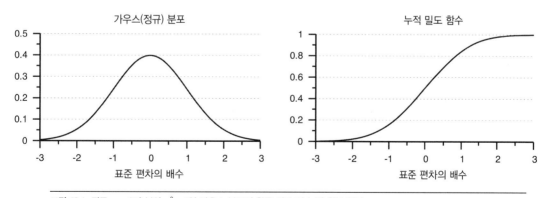

그림 12.1 평균 $\mu = 0$과 분산 $\sigma^2 = 1$인 가우스 분포의 확률 밀도 및 누적 확률 밀도

을 통계표에서 찾았다. 나중에 살펴보겠지만 Φ 중에 어떤 값은 매우 자주 쓰이기 때문에 기억하기 쉽다.

$$\Phi_{\mu=0,\sigma=1}(-1.96) \approx 0.025, \qquad \Phi_{\mu=0,\sigma=1}(1.96) \approx 0.975 \tag{12.15}$$

- **이항 분포**는 베르누이 시행으로 알려진 독립 시행에서 양성 결과 수를 세어 도출한 분포다. 이때 양성 결과의 확률 q는 모든 시행에서 동일하다. 예를 들어 $N = 100$마리의 생쥐가 태어났는데, 흰색 생쥐의 수를 세어보니 n이었다고 하자. 이때 이항 분포는 시행 횟수인 N과, 양성일 확률 q로 완전히 기술된다. N과 q가 주어졌을 때 어떤 특정 n값의 확률은 간단히 다음과 같다.

$$\binom{N}{n} \cdot q^n \cdot (1-q)^{N-n} \tag{12.16}$$

n은 이산 값이므로 누적 확률은 합으로 표현된다.

$$\mathrm{cdf}(y) = \sum_{n \le y} \Pr[B = n] \tag{12.17}$$

여기서 B는 지정된 분포의 확률 변수다(이 실험에서는 생쥐 탄생 수다). 그림 12.2에 이항 분포 및 누적 이항 분포가 그려져 있다.

20세기 초 고전 통계학이 생겨났을 시점에는 매우 간단한 계산기를 이용하거나 손

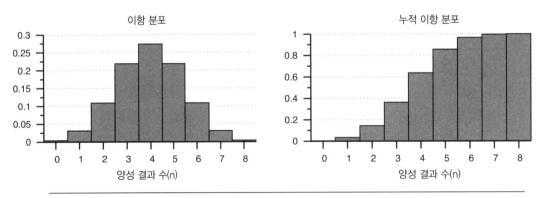

그림 12.2 $N = 8$, $q = 0.5$일 때 이항 분포와 누적 분포

으로 계산을 했으며, 일반적인 N값에 대해 누적 확률을 계산하기 어려웠다. 이런 계산 노력을 줄이려고 더 단순한 근사 방법이 개발됐다. 현대 컴퓨터를 이용하면 실제로 발생하는 거의 모든 N값에 대해 정확하게 분포를 계산할 수 있지만, 여전히 근사 방법들도 자주 쓰인다.

이러한 근사법 중 하나에서 단순히 계산량을 줄이는 목적 외 응용 사례를 알아두면 좋을 것이다. $0 \neq q \neq 1$일 때, $N \to \infty$이면 이항 분포는 $\mu = N \cdot q$이고 $\sigma^2 = N \cdot q \cdot (1 - q)$인 정규 분포에 가까워진다. 일반적으로 봤을 때 $\sigma^2 > 10$이면, 정규 분포는 이항 분포를 적절하게 근사한다. 즉, 적당한 크기의 표본과 적당한 수의 양성 및 음성 결과를 얻는 일이 중요하다.

• 정규 분포와 이항 분포는 몇 개의 모수^{parameter}로 완전히 기술되기 때문에 모수 분포라고 부른다. 따라서 분포를 추정하는 문제는 모수를 추정하는 문제로 바뀐다. 반면 경험적 분포는 단순히 관측된 값들의 중복집합[3]이다. 예를 들면 키를 측정한 값 $H = \{1727.2, 1730, 1736.725\}$나 새로 태어난 생쥐의 색깔 $B = \{$검은색, 흰색, 흰색, 검은색, 흰색$\}$이 경험적 분포의 예다. 경험적 분포에서 어떤 값의 확률은 곧 그 빈도로, 키에서는

$$\Pr[H = 1727.2] \ = \ \Pr[H = 1730] \ = \ \Pr[H = 1736.725] \ = \ \frac{1}{3} \qquad (12.18)$$

이고, 생쥐의 경우에는 다음과 같이 된다.

$$\Pr[B = \text{white}] \ = \ \frac{3}{5}, \qquad \Pr[B = \text{black}] \ = \ \frac{2}{5} \qquad (12.19)$$

이 값들을 정렬하면, 누적 분포는 단순히 합산이 된다. 예를 들면 다음과 같다.

$$\Pr[H \leq 1735] \ = \ \frac{2}{3} \qquad (12.20)$$

---

3   원소가 여러 번 나타날 수 있는 집합을 뜻한다. - 옮긴이

더 공식적으로 표현하자면 경험적 분포는 각 원소들의 확률이 동등하다는 가정 아래, 값들의 이산 집합 또는 표본 s로 기술된다. 이 분포의 확률 변수 X에 대해서 다음 식을 얻는다.

$$\Pr[X = x] \;=\; \frac{|\{i \in s \mid i = x\}|}{|s|} \tag{12.21}$$

누적 확률은 다음과 같다.

$$\Pr[X \leq x] \;=\; \frac{|\{i \in s \mid i \leq x\}|}{|s|} \tag{12.22}$$

경험적 분포의 평균과 분산은 다음과 같이 친숙한 공식으로 주어진다.

$$\mu_s \;=\; \frac{1}{|s|} \cdot \sum_{i \in s} i \tag{12.23}$$

$$\sigma_s^2 \;=\; \frac{1}{|s|} \cdot \sum_{i \in S} (i - \mu_s)^2 \tag{12.24}$$

자연 현상(사람의 키 등)을 측정하면서 발생하는 경험적 분포는 모수가 동일한 정규 분포를 닮는 경우가 많다.

분포에서 신뢰구간까지

분포의 평균 μ_M을 확실히 알고 있는 가상의 상황에서 신뢰 구간 계산은 생각할 필요가 없다. $t = \mu_M$이므로 100% 신뢰로 $c = [\mu_M, \mu_M]$이기 때문이다. μ_M를 제외하고 분포의 다른 모든 측면들이 알려진 상황(이 또한 가상의 상황이다)을 생각하면 더 이해하기 쉽다. E가 측정 오차를 나타내는 확률 변수이고, $M = t + E$가 되도록 정의해보자. E의 분포는 그 평균이 $\mu_E = 0$임을 제외하면 M의 분포와 동일하다. 우선 t를 제외한 분포를 알고 있다고 가정하고, 신뢰 구간을 구하는 방법을 고려한 후에, 분포를 추정해보자. 다음을 만족하는 어떤 $a, b \geq 0$에 대해서

$$\Pr[E > a] + \Pr[E < -b] \ \leq \ \alpha \qquad (12.25)$$

$c = [m - a, m + b]$는 신뢰 수준이 $1 - \alpha$인 신뢰 구간이다. 이 신뢰 구간이 정의와 부합하는지 보고자, 실험적으로 측정된 m값이 M의 한 예시이고 $C = [M - a, M + b]$임을 확인해보자. 위의 부등식을 다시 정리하면 다음과 같다.

$$\Pr[t + E > t + a] + \Pr[t + E < t - b] \ \leq \ \alpha, \qquad (12.26)$$
$$\Pr[M > t + a] + \Pr[M < t - b] \ \leq \ \alpha, \qquad (12.27)$$
$$\Pr[t < M - a] + \Pr[t > M + b] \ \leq \ \alpha \qquad (12.28)$$

일반적으로 a와 b는 구간이 m을 중심으로 대칭이 되도록 $a = b$로 선택된다. 어떤 경우에는 a 또는 b를 0이나 ∞ 같은 극한값으로 설정해서, 단측$^{\text{one-sided}}$ 또는 한쪽 꼬리$^{\text{single-tailed}}$ 구간을 구성하기도 한다.

 E의 분포 추정치가 주어졌을 때, 신뢰 구간 계산은 간단하다. 기초 분포가 대칭이라고 가정하는 대칭 구간에서 우리는 다음과 같은 $a = b$를 찾을 수 있다.

$$\Pr[E < -b] \ \leq \ \frac{\alpha}{2} \qquad (12.29)$$

비대칭 분포의 경우에는 다음과 같은 a, b를 찾아서 준대칭$^{\text{quasi-symmetric}}$ 구간을 만든다.

$$\Pr[E < -b] \ \leq \ \frac{\alpha}{2}, \qquad \Pr[-E < -a] \ \leq \ \frac{\alpha}{2} \qquad (12.30)$$

정규 분포의 경우에는 이 값들은 누적 밀도 역함수 Φ^{-1}로 직접 주어진다. 이항 분포와 경험적 분포의 경우는 이진 탐색으로 적절한 값들을 찾을 수 있다.

분포 추정하기

정보 검색 결과 보고에서는 문서와 적합도 평가를 고정한 채로 측정마다 바뀌는 주제들만 고려하는 경우가 압도적으로 많다. 주제 선택이 우연의 결과라는 이 가정을 바탕으로 하면 문제를 전통적인 정밀도 추정 문제로 다룰 수 있다. 문서와 적합도 평가 사이의 우연한 차이를 설명하려면 더 정교한 추정 방법이 필요하다. 정보 검색 분야에서도 그런 추정 방법들이 제안됐지만 널리 쓰이진 않는다(Savoy, 1997; Cormack and Lynam, 2006; Voorhees, 2000).

여기서 우리가 고려하는 추정 기법들은 특정 측정에서 사용되는 개별 문서, 주제, 적합도 평가가 그와 비슷한 문서, 주제, 적합도 평가에 대한 가상의 무한한 모집단에서 독립적이고 무작위로 선택된다고 가정한다. 자세한 설명을 위해 측정을 할 때마다 (문서, 주제, 적합도 평가 중에서) 한 종류만 변하고 나머지는 일정하게 유지된다고 가정하자. 그리고 변하는 원소들을 개별 요소로(*i*라고 표시한다), 특정 측정에 사용되는 개별 요소들을 표본 *s*로, 개별 요소들의 모집단은 단순히 모집단 *P*로 지칭하자.

위에서 언급한 가정 아래서, 측정 *m*은 표본 *s*에 적용되는 함수 *f*로 기술될 수 있다.

$$m = f(s) \tag{12.31}$$

모든 가능한 표본들의 집합에서 나온 표본 하나는 균일하게 분포된 확률 변수 *S*로 볼 수 있고, $M = f(S)$는 독립적인 변수로 생각할 수 있다. 이 시점에서는 *f*가 수학적 의미에서 함수라는 가정 외에는 어떠한 가정도 하지 않는다. 즉 그 값은 표본에 의해서만 달라진다.

고전적 추정

고전적인 접근법에서는 *f*가 각 개별 요소에 적용되는 어떤 기초 함수 *g*의 평균이라 가정한다.

$$f(s) \ = \ \frac{1}{|s|} \cdot \sum_{i \in s} g(i) \tag{12.32}$$

예를 들어 개별 요소가 주제라고 하면, $f = \text{MAP}$, $g = \text{AP}$이면 가정에 맞는다. 고전적 가정이 성립하지 않을 때는 전단사 전이함수 bijective transfer function $\mathfrak{t}$를 사용해, *f*를 다루기 좋은 함수 *f'*와 *g'*로 변환할 수 있다.

$$f'(y) = \mathfrak{t}(f(y)), \qquad g'(x) = \mathfrak{t}(g(x)) \tag{12.33}$$

예를 들어 GMAP은 표본 AP값들의 산술 평균이 아니라 기하 평균이다. 로그 함수가 알맞은 전이함수로, $f' = \log(\text{MAP})$이고 $g' = \log(\text{AP})$이면 가정에 맞는다. 로그$^{\log}$나 로짓^{logit} 같은 전이함수들은 [0,1] 범위 내에 들어오는 AP 같은 값들 사이에서 일반적으로 사용된다. 대안 중 하나는 이항 분포를 사용하는 방법이다(12.3.6절 참고).

f가 이 가정에 부합하면, 모집단 평균 $\text{E}(g(P))]$는 참값 $t = \text{E}[M] = \text{E}[f(S)] = \text{E}[g(P)]$과 같은 의미가 된다. 모집단 분포 $g(P)$는 모집단 분산이 $\sigma_{g(P)}^2$인 정규 분포로 가정된다. 모집단 표준편차 $\sigma_{g(P)}$는 거의 항상 간단히 '표준 편차'라고 부른다.

표본 s는 (모집단) 표준편차를 추정하는 경험적 분포 $\{g(i) : i \in s\}$를 생성한다. 이 추정 분포는 차례로 표준 오차 σ_E와 신뢰 구간을 계산하는 데 사용된다. 한 가지 단순한 방법은 경험적 표본 분산을 모집단 분산의 추정치 $\sigma_s^2 \approx \sigma_{g(P)}^2$로 활용하는 방법이다. 그러면 오차 분산은 $\sigma_E^2 = \sigma_M^2 = \frac{\sigma_{g(P)}^2}{|s|} \approx \frac{\sigma_s^2}{|s|}$이 된다. 이 분산 추정치가 주어졌을 때, 신뢰 구간은 역정규분포를 이용해 계산할 수 있다.

이 단순한 접근법에는 표본 크기가 작기 때문에 발생하는 두 가지 근사 오차가 있다. 첫째로 표본 크기가 $|s| = 1$인 극단적인 사례를 생각해보면, 표본 분산은 모집단 분산에 대한 최적 추정치가 아니다. 경험적 분포 s의 분산이 $\sigma^2 = 0$이 되므로 당연히 좋은 추정치가 될 수 없기 때문이다. "표본 크기 1"은 바꿔 말하면 "정밀도를 모르는 측정"과 같다. $|s| = 2$의 사례에서 알 수 있듯이, 작은 값 $|s| > 1$에 대해서도 여전히 문제가 남는다. 이런 경우에 $\sigma_s \approx 1/2\sigma_{g(P)}$임을 보이기는 어렵지 않다. 이를 일반화하면, 통계학 개론 교과서에서 자주 나오는 더 좋은 추정치를 구할 수 있다.

$$\sigma_P^2 \approx \frac{\sum_{i \in s}(i - \mu_s)^2}{|s| - 1} \tag{12.34}$$

이 수식이 σ_s^2와 유일하게 다른 부분은 분모가 $|s|$ 대신 $\nu = |s| - 1$라는 점으로, 여기서 ν는 자유도$^{\text{degrees of freedom}}$이다.

두 번째 근사 오차는 σ_s^2를 측정할 때의 불확실성에서 생겨난다. 위 수식은 예전에 언급했던 "참"의 의미대로, σ_s^2가 참 분산이라고 가정한다. 만약 우리가 어떤 특정 값과 그와 관련된 정규분포 Φ_{0, σ_s^2}를 사용한다면 신뢰 구간은 σ_s^2에 그 오차를 반영할 것이다. $N = |s| > 30$이면 오차는 무시할 만하지만, $N \leq 30$이면 무시하기 어렵다. 윌리엄 실리 고셋^{William}

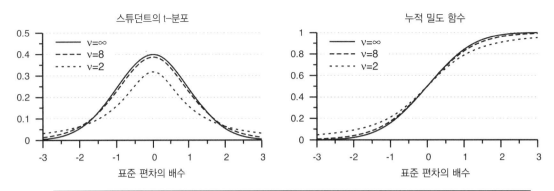

그림 12.3 자유도 $v = 2$, $v = 8$, $v = \infty$인 스튜던트 t-분포의 확률 밀도와 누적 밀도($v = \infty$인 t-분포는 가우스 분포와 동일하다).

Sealy Gosset은 이런 효과를 벌충하는 t-분포를 고안했다. 고셋은 기네스 양조 회사에 다니고 있었고 연구 결과가 회사 영업 비밀이었기 때문에, "학생(The Student, 이하 스튜던트)"이라는 가명으로 해당 논문을 출판했다. 스튜던트의 t-분포(그림 12.3)는 모든 Φ_{0, σ_s^2}를, 자유도가 v인 σ_s^2의 확률 분포로 가중 평균한 것이다. 즉, t-점수$^{\text{t-score}}$는 "참" 분포에 대한 추정치다. 표본 크기는 $N = v + 1$임을 기억하자.

신뢰 구간을 계산하는 절차는 Φ 대신 $v = N - 1$인 누적 t-분포를 사용한다는 점을 제외하면 앞의 단순한 방법과 동일하다. Φ와 마찬가지로 t 계산은 수학 소프트웨어에 맡기는 편이 가장 낫다. 별도의 설명이 없다면, 보고된 결과들은 통계 패키지를 이용해 이 고전적인 추정 방법으로 계산했다고 가정할 수 있다. 보통 $N \leq 30$이면 t-분포를 사용하고, $N > 30$이면 Φ도 괜찮다.

부트스트랩

부트스트랩^{bootstrap}(Efron and Tibshirani, 1993)은 표본 s를 표본추출해서 경험적 분포 모델링 $f(S)$를 시뮬레이션하는 방법이다. "표본을 표본추출"한다는 말은 다소 어색하게 들리기 때문에, 이 추출 과정은 재표본추출^{resampling}이라 한다. 부트스트랩이 고전적 추정 결과를 시뮬레이션하지만, f나 모집단 분포에 대한 가정에 구애되지 않으므로 고전적인 방법을 적용할 수 없는 상황에서도 적용할 수 있다.

재표본추출 과정은 매우 간단하다. 먼저 표본 s를 원천 모집단의 대리로 생각한다. 그리고 s에서 독립이며 동일 분포를 따르는(iid) 표본들을, 각각의 크기가 s와 같도록($|r_j| = |s|$) 추출해서 중복집합 $R = \{r_j \mid 1 \leq j \leq k\}$를 생성한다. 이 독립 조건은 s에서 나온 표본들이 r_j 내에서 일부는 여러 번 나오고 일부는 빠질 수 있음을 뜻한다. 여기서 중복 표본들은 가상의 무한 모집단 내 구성원들을 대신한다고 가정한다(f를 계산할 때 서로 구분하지 않는다). 예를 들면 흰색과 검은색 생쥐 수를 셀 때 검은색 생쥐 한 마리를 열 번 세든지, 열 마리의 서로 다른 검은색 생쥐를 세든지 아무런 차이를 두지 않는다는 뜻이다.

R이 생성되면, 경험적 분포 $f(R)$에서 다음 두 가지 방법 중 하나로 신뢰 구간을 계산할 수 있다.

1. $\sigma_M = \sigma_{f(S)} \approx \sigma_{f(R)}$로 추정하고 위에서 설명한 누적 정규 분포 Φ를 활용
2. 매우 많은 수의 예비 표본들($|R| \gg 100$)을 계산하고 누적 경험적 분포를 직접 활용 (즉, $\Pr[f(S) < x] \approx \Pr[f(R) < x]$).

12.3.3 비교 평가

정보 검색 방법론의 유효성을 측정하는 목표로 다시 돌아가 통계적 추론을 거쳐 결과들을 일반화해보자. 실제로 우리는 고립된 시스템의 유효성을 측정하기보다는 다른 시스템과 유효성을 비교하는 데 관심이 많다. 표 12.1에 나온 결과와 신뢰 구간을 보면 표에 나열된 방법론의 상대적 성능에 대해 일반적인 감을 잡을 수 있다. 하지만 아래 세 방법에 비해 뚜렷하게 성능이 좋은 코사인(원 TF) 방법(2.2.1절)을 제외하면, 이 결과들만으로 어떤 방법이 더 나은지 확신을 가지고 추론할 수 없다.

시스템 A에서 측정한 유효성은 m_A, 시스템 B에서 측정한 유효성은 m_B라 하자. m_A와 m_B가 비슷한 조건 아래 측정됐다면, $m_A > m_B$는 A가 B보다 더 유효성이 좋다는 증거로 삼을 수 있다. 하지만 다음 질문에 답해주지는 않는다.

- A가 B보다 얼마나 유효성이 좋은가?
- 그 차이가 실질적인가?
- 그 차이가 실질적이라는 증거는 얼마나 강력한가?

표 12.2 다양한 순위화 함수들의 MAP 결과를 쌍으로 비교한 표. 각 차이에 대한 유의 수준을 가리키는 p-값과 신뢰 구간을 같이 표시했다.

| 방법론 A | 방법론 B | TREC45(1998) | |
		MAP$_{A-B}$(95% 신뢰 구간)	p-값
LMD	DFR	0.010(−0.002 − 0.021)	0.09
DFR	BM25	0.005(−0.004 − 0.013)	0.29
BM25	코사인(TF 문서)	0.046(0.018 − 0.075)	0.002
코사인(TF 문서)	코사인	0.006(−0.021 − 0.033)	0.66
코사인	근접도	0.002(−0.036 − 0.040)	0.92
근접도	코사인(원 TF)	0.018(−0.021 − 0.056)	0.36

차이를 나타내는 $m_{A-B} = m_A - m_B$는 첫 번째 질문에는 답이 되지만, 두 번째 질문은 A와 B를 구별하려면 차이가 얼마나 커야 하는지를 고려해야 한다. 두 사람의 키를 비교하는 예를 들면, 1mm 미만의 차이가 문제가 되는 상황을 생각하기 어렵기 때문에 이런 차이는 실질적이지 않다고 생각할 것이다. 만약 충분히 세밀하게 측정했다면 아마도 두 사람의 키 차이가 1mm 미만인 경우도 알 수 있겠지만 "A가 B보다 크다"는 결론은 맞지 않을 것이다. 증거 강도에 대한 세 번째 질문은 측정된 차이에 대한 신뢰 구간으로 다룰 수 있다. 만약 신뢰 구간이 실질적인 차이만 포함한다면, $1 - \alpha$의 신뢰수준으로 A가 B보다 실질적으로 더 낫다는 결론을 내릴 수 있다. 만약 비실질적인 차이만 포함한다면, $1 - \alpha$의 신뢰수준으로 A와 B는 실질적인 차이가 없다고 결론 내릴 수 있다. 실질적인 차이와 비실질적인 차이를 둘 다 포함한다면, 그 비율이 확률 균형에 반영된다.

표 12.2는 TREC 주제 351-400에 대해 MAP으로 순위를 매겨서, 표 12.1의 시스템들을 비교한 결과를 보여준다. 순위 순서대로의 시스템의 차이가 아래에 설명하는 고전적인 방법으로 추정한 p-값과 신뢰구간과 함께 표시돼 있다

유의성

증거의 강도는 통계적 유의성, 더 흔하게는 유의성^{significance}이라고 표현된다. "유의한 차이"란 $1 - \alpha$ 신뢰구간이 0을 포함하지 않는다는 뜻이다. 즉, 그 차이가 실질적이든 실질적이지

않든 상관없이 어떤 차이가 있다는 강력한 증거를 말한다. 차이나 실질성의 추정치가 없다면, 유의성만으로는 별다른 정보를 전달하지 못한다. 유의성은 실질성을 의미하지 않는다. "유의한" 측정은 비실질성이나 실질성의 강력한 증거일 수도, 둘 다 아닐 수도 있다.

p-값

어떤 정해진 유의 수준 α(일반적으로 0.05)로 신뢰 수준을 보고하는 방법의 대안으로는, 유의성 추정치 또는 p-값을 보고하는 방법이 있다. 주어진 측정에 대해 p는 그 결과가 유의 수준 α로 유의한 α 중 가장 작은 값이다. 다르게 말하자면 p는 0을 포함하지 않는 가장 큰 신뢰 구간에 대한 α값이다. 차이 척도 $m_A - m_B$와 결합하면, p-값은 단순히 신뢰 구간이 제공하는 수준과 동일한 정밀도 추정치를 다르게 쓴 값이다. 신뢰 구간은 α를 상수로 두고 구간의 크기를 계산한다. 그리고 p-값은 $m_A - m_B$를 포함하는 특정 구간에 대한 α를 계산하고, 한쪽 경계는 0으로 둔 것이다. 신뢰 구간과 p-값은 정확히 동일한 누적 확률 추정치를 이용해 계산된다. 두 값은 같은 정밀도 추정치에 대한 다른 관점을 보여주므로, 둘 다 보고해도 나쁘지 않다. p-값은 위에서 설명한 이유(다음 절에서 더 이야기할 것이다)로 $m_A - m_B$의 정량적 추정치 없이는 보고해서는 안 된다.

　　p-값은 일반적으로 차이에 적용되지만, 어떤 측정 m에 대해서도 p를 계산할 수 있다. 양측 p-값$^{two-sided\ p-value}$는 대칭 신뢰 구간이나 준대칭 신뢰 구간 $c = (0, x]$ 또는 $c = [x, 0)$ 중 m을 포함하는 구간에 대한 유의 수준 α다. 대칭 구간에 대해서는 $x = 2m$이다. A와 B가 공통의 모집단에서 독립적으로 선택됐다면 차이 m_{A-B}는 반드시 대칭 구간을 만든다.

　　단측 p-값은 $t \geq 0$(즉, 측정 중인 효과의 "참값"이 0보다 크다고 가정)을 전제로 하고 $c = (0, \infty]$인 α를 선택한다. 일반적으로 (분포가 대칭 또는 준대칭이라고 가정하면), 양측 p-값은 동일한 실험에서 단측 p-값의 정확히 두 배가 된다. p-값이 단측인지 양측인지 유의해야 하며, 측정 전에 $t \geq 0$이라는 가설이 명시되는 경우에만 단측 p-값을 사용해야 한다. 측정 결과 m이 일단 알려지면, 그런 가설을 세우기에는 너무 늦다. 특히 A와 B가 공통 모집단에서 무작위로 선택됐다면, m_{A-B}의 유의성을 추정하려고 단측 p-값을 사용하기는 결코 적절하지 않다.

　　이러한 문제에도 단측 p-값은 실질성 평가에 유용하다. δ가 실질적이라 생각하는 가장 작은 값이라 할 때, $t_{A-B} > \delta$인지 아닌지 판단하려는 상황을 생각해보자. $t' = t_{A-B} - \delta$에 대한 단측 p-값으로, A가 B보다 실질적으로 낮다는 증거가 유의한지 평가할 수 있다.

여기에 소개된 방법론은 의학 같은 분야에서 잘 정립돼 있다. 이 분야에서 측정된 차이는 효과 크기로, 실질성은 실질적 유의성 또는 임상적 유의성이라 한다. 의학에서는 임상 시험을 하기 전에, 가설과 예측 결과를 방법론이나 척도와 같이 공공 등록 시스템에 제출하지 않으면 그 결과를 출판할 수 없다(De Angelis et al., 2004). 이러한 표준은 가설과 시험 방법론이 건전한지, 검토 대상이 되는지 보증하는 데 도움이 된다. 등록 시스템에 등재된 증거들은 모여서 시험을 할 때마다 설득력이 더욱 높아진다.

12.3.4 유해한 가설 검정

앞 절에서 설명한 바와 같이 측정의 정밀도 추정(예: 신뢰 구간의 형태)과 결합한 시스템 사이의 차이 척도는 그 차이가 어떤 임의로 선택된 α에 대해 "유의 수준 α로 유의"한지 아닌지에 대한 추정보다 훨씬 더 많은 통찰을 준다. 가설 검정으로 알려진 이 추정법은 피해야 하며, 의학 같은 분야에서는 더 이상 허용되지 않는다.

가설 검정은 거의 1세기 전 현대 통계학의 선구자인 로널드 피셔Ronald Fisher와 칼 피어슨Karl Pearson 사이의 철학적 논쟁을 오해해서 생겨났다. 기본 개념은 어떤 측정을 하기 전에 찾으려는 대상이 무엇인지 정해야 한다는, 건전한 내용이다. 즉, 통제하라는 뜻이다. 영향력 있는 과학 철학자 칼 포퍼Karl Popper가 신봉한 과학적 방법은 먼저 반증할 수 있는 연구 가설을 세우고, 이 가설이 사실이 아니라면 일어날 리 없는 사건을 예측하는 방식이었다. 만약 예측한 대로 그 사건이 발생하면 연구 가설의 신뢰도가 높아진다. 가설이 참이라는 것 외에 어떤 이유라도 그 사건은 발생할 수 있다. α는 우연히 그 사건이 발생할 확률에 대한 추정 상한이다.

연구 가설은 대립 가설alternative hypothesis(또는 대안 가설)로 부르는 경우가 많다(대립 가설은 H_A로 표기한다). 대립 가설은 귀무 가설null hypothesis(또는 영 가설)에 반대되는 가설로, 귀무 가설은 예측한 사건 e가 우연히 발생한다는 가설이다(귀무 가설은 H_0으로 표기한다). 그리고 유의한 결과는 다음과 같다고 본다.

$$\Pr[e \mid H_0] \leq \alpha \qquad\qquad (12.35)$$

가설 검정의 남용은 모두 다음과 같은 몇 가지 요인에서 비롯한다.

1. $t_A \neq t_B$라는 무의미한 가설을 가정함(즉, $t_{A-B} \neq 0$). 차이 t_{A-B}는 보통 분포가 연속인 실수 값이므로, $\Pr[t_A = t_B \mid A \neq B] \approx 0$이다. 즉, H_0은 정의상 거짓이다. 그 사실을 보여줄 수 있는 충분한 정밀도의 실험만 있으면 된다.

2. 더 나은 대립 가설은, 적어도 귀무 가설 $H_0 \equiv t_A \leq t_B$과 싸워볼 기회라도 있는 $t_A > t_B$이다. 하지만 m_A와 m_B를 먼저 측정하고 $m_A > m_B$를 관찰한 사실을 기반으로 가설을 만들고, 한쪽 꼬리 검정$^{single\text{-}tailed\ test}$을 근거로 유의성을 주장하는 경우가 너무나 흔하다. 이런 주장은 잘못됐는데, 실제로 검정하는 대상은 복합 가설 $m_A > m_b \vee m_A < m_B$로, 공허한 가설 $m_A \neq m_B$와 동일하며 α를 1/2로 보고하기 때문이다. 이 말은 α를 2배로 하면 한쪽 꼬리 검정을 적절하게 고칠 수 있다는 뜻은 아니다. 사전 가설 $t_A > t_B$가 없다면, 한쪽 꼬리 검정은 양쪽 꼬리 검정$^{two\text{-}tailed\ test}$과 같이 기본적으로 쓸모가 없다. 나쁜 과학의 결과는 단순하게 조정해서는 고칠 수 없다.

3. 고정된 유의성 문턱값 α에 대해 상대적으로 "유의하다" 또는 "유의하지 않다"고 판정하는 일은 증거의 크기를 말해주지 않으며, "유의하지 않다"의 경우에는 증거의 방향성조차 알려주지 않는다. 즉, 증거가 약할지라도 증거 여부가 대립 가설을 지지하거나 반증한다는 점이다.

4. 범주형으로 판정("유의하다" 또는 "유의하지 않다")하면 그 정밀도 추정에서 나오는 정보를 전달하지 못한다는 사실을 넘어서, 다음과 같이 겉으로만 그럴듯한 여러 가지 해석들이 따라오기 쉽다.

   - 유의한 결과가 대립 가설을 입증한다는 결론은 옳지 않다.
   - 유의한 결과가 확률 $\geq 1 - \alpha$로 대립 가설이 참임을 보인다는 결론은 옳지 않다.
   - 유의한 결과가 확률 $\geq 1 - \alpha$로 귀무 가설이 거짓임을 보인다는 결론은 옳지 않다.

- 유의하지 않은 결과가 대립 가설에 반대되는 증거라는 결론은 옳지 않다.
- 유의하지 않은 결과가 대립 가설을 지지하는 증거를 만들지 않는다는 결론은 옳지 않다.
- 대립 가설을 전반적으로 평가할 때 유의하지 않은 결과를 무시하는 방식은 옳지 않다.
- 유의성을 효과의 크기 추정치로 사용하는 방식은 옳지 않다.
- 유의성을 결과의 실증성 추정치로 사용하는 방식은 옳지 않다.

가설 검정을 올바르게 활용하는 방법은 유의성을 범주형으로 기술하는 일을 피하는 것이다. 차이 척도는 신뢰구간이나 유의성의 정량적 추정치(p-값)와 함께 봐야 더 많은 정보를 정확히 알 수 있다. 안타깝게도 많은 정보 검색 연구에서 가설 검정 결과를 수록하기는 하지만, p-값이나 신뢰구간은 쓰지 않는다. 이 결과들을 해석할 때 다음과 같이 일부 정보를 복구할 수 있다.

- 차이의 크기 추정치를 찾은 후 이 차이가 참이라면 실질적인지 아닌지를 결정하라. 별도 측정할 수 있는 경우, 간단한 뺄셈으로 차이 추정치를 구할 수 있다.
- 동일한 연구나 실험에서 폐기된 유의하지 않은 결과의 수를 u라 하자. 그리고 본페로니 교정을 적용해 $p < (u + 1) \cdot \alpha$을 구한다. 이 교정 방법은 $u + 1$개의 결과 중 무엇이라도 참이라는 가설 H를 가정하므로, H_0은 아무 것도 참이 아님을 뜻한다. H_0이 참이라고 가정하면, 각 결과는 확률 α로 "유의"하다고 생각할 수 있다. 그러므로 작은 α에 대해 어떤 결과가 "유의"할 결합 확률은 다음과 같다.

$$1 - (1 - \alpha)^{u+1} \approx (u + 1) \cdot \alpha \tag{12.36}$$

따라서 H에 대한 증거의 종합적 가중치는 $p < (u + 1) \cdot \alpha$이다. 결과 중 상당수가 유의하거나, 결과들에 상관관계가 있다면(척도들 사이에 연관이 있거나, 순위 결과들 짝으로 차이를 보는 경우), 본페로니-홈 교정Bonferroni-Holm correction (Holm, 1979) 같은 더 정교한 방법으로 더 엄격한 추정치를 만들 수 있다.

12.3.5 짝의 차이와 짝이 아닌 차이

m_{A-B}를 측정하는 단순한 방법은 m_A와 m_B를 따로 구하고, $m_{A-B} = m_A - m_B$를 계산하는 방법이다. m_{A-B}의 정밀도는 오차 분포의 분산을 합산하는 방식으로 m_A와 m_B에 대한 별도의 모수적 추정치로 추정할 수 있다.

$$\sigma^2_{E_{A-B}} = \sigma^2_{E_A} + \sigma^2_{E_B} \tag{12.37}$$

양쪽꼬리 p-값에 대한 대략적인 추정치는 측정들과 그에 따른 $1 - \alpha$ 신뢰구간 m_A, c_A, m_B, c_B에서 얻을 수 있다. 만약 $m_A \in c_B$ 또는 $m_B \in c_A$이면, $p \gg \alpha$임을 우리는 알고 있다. 만약 $c_A \cap c_B = \emptyset$이면, $p \ll \alpha$이다. c_A와 c_B가 주어졌을 때, 그 크기에서 각각 표준 오차 σ_{E_A}와 σ_{E_B}를 구할 수 있고, 그 계산을 효과적으로 뒤집을 수 있다. 일반적으로 $|c_A \cap c_B| < \frac{1}{2\sqrt{2}} |m_A - m_B|$이면(즉, 구간이 m_A와 m_B 사이의 거리의 1/3보다 덜 겹친다면), $p < \alpha$라 가정할 수 있다. 더 정확히 말하자면, 각 구간의 크기를 $\sqrt{2}$로 나누면, 이 나눠진 구간들이 $p = \alpha$일 때 서로 접해도 겹치지 않는다.

짝의 차이[paired-difference] 방법은 m_A와 m_B가 둘 다 동일한 표본 s에 대한 평균이라는 표준적인 가정을 활용한다(12.3.2절). 즉,

$$m_A = f_A(s) = \frac{1}{|s|} \cdot \sum_{i \in s} g_A(i) \tag{12.38}$$

$$m_B = f_B(s) = \frac{1}{|s|} \cdot \sum_{i \in s} g_B(i) \tag{12.39}$$

이 가정 아래 두 가지 다른 방법으로 차이 m_{A-B}와 m'_{A-B}를 계산할 수 있는데, 이 차이들은 표본 s에 대해서는 동일하지만 그 오차 항 E와 E'는 다른 분포를 따른다.

$$m_{A-B} = f_A(s) - f_B(s) = \frac{1}{|s|} \cdot \sum_{i \in s} g_A(i) - \frac{1}{|s|} \cdot \sum_{i \in s} g_B(i) = \frac{1}{|s|} \cdot \sum_{i \in s} g_{A-B}(i), \tag{12.40}$$

$$m'_{A-B} = f(s) = \frac{1}{|s|} \cdot \sum_{i \in s} (g_A(i) - g_B(i)) = \frac{1}{|s|} \cdot \sum_{i \in s} g_{A-B}(i) \tag{12.41}$$

여기서 $g_{A-B}(x) = g_A(x) - g_B(x)$이다.

대부분의 경우 $g_A(i)$와 $g_B(i)$는 강한 양의 상관관계를 가지므로, $m'_{A-B} = m_{A-B}$이라도 오차의 분산은 상당히 작다.

$$\sigma^2_{E'} \approx \frac{\sigma^2_{g_{A-B}(s)}}{|s| - 1} \ll \sigma^2_E \approx \frac{\sigma^2_{g_A(s)} + \sigma^2_{g_B(s)}}{|s| - 1} \tag{12.42}$$

짝의 차이 방법은 동일한 α에 훨씬 더 엄격한 신뢰 구간과, 동일한 차이에 훨씬 더 작은 p-값을 준다.

12.3.6 유의성 검정

표 12.3은 짝의 차이에 대한 p-값을 계산하는 세 가지 고전적인 방법론, 즉, t-검정, 부호 검정$^{\text{sign test}}$, 윌콕슨 부호 순위 검정$^{\text{Wilcoxon signed-rank test}}$으로 이어지는 측정 결과의 예다. 일반적으로 차이에 대한 p-값은 차이에 대한 신뢰구간과 거의 같은 방식으로 계산된다. 즉, 누적 오차 확률을 추정하고, 그 추정을 이용해 p에 대한 해를 구하는 방법이다. 단측 유의성이면 다음과 같으며, 전과 같이 E_{A-B}는 측정 오차다.

$$p = \Pr[E_{A-B} \geq m_{A-B}] \tag{12.43}$$

양측 유의성이면 다음과 같다.

표 12.3 TREC 주제 351–358에서의 BM25와 LMD 비교. m_{BM25}와 m_{LMD}는 각 8개의 주제에 대해 각 방법의 유효성(AP)을 측정한 결과를 뜻한다. $m_{\text{BM25-LMD}}$는 t-검정의 기초가 되는 주제별 차이를 말한다. w_{AB} 및 r_{AB}로 표시된 행은 각각 부호 검정(sign test)과 윌콕슨 검정(Wilcoxon test)의 기초가 되는 승률(win rate)과 부호 순위 대리 척도(signed-rank surrogate measure)를 나타낸다.

주제 ID	351	352	353	354	355	356	357	358
m_{BM25}	0.343	0.040	0.223	0.114	0.078	0.012	0.294	0.134
m_{LMD}	0.409	0.045	0.311	0.105	0.149	0.019	0.311	0.105
$m_{\text{BM25-LMD}}$	−0.066	−0.005	−0.088	+0.009	−0.071	−0.007	−0.017	+0.029
w_{AB}	0	0	0	1	0	0	0	1
r_{AB}	−6	−1	−8	+3	−7	−2	−4	+5

$$p = \Pr[|E_{A-B}| \geq |m_{A-B}|] \tag{12.44}$$

즉,

$$p = \Pr[E_{A-B} \geq |m_{A-B}|] + \Pr[E_{A-B} \leq -|m_{A-B}|] \tag{12.45}$$

이러한 공식들을 보면 단측 p-값은 m_{A-B} 이상으로 큰 양의 차이가 우연히 나타날 확률이고, 양측 p-값은 크기가 m_{A-B} 이상인 어떤 차이가 우연히 나타날 확률임이 명백하다. 또한 대칭 분포에서 양측 p-값이 단측 p-값의 두 배라는 사실도 확실히 알 수 있는데, 이 대칭 분포는 두 비슷한 측정들의 분포에서 흔히 나타난다.

t-검정

E_{A-B}의 분산을 계산하는 단순한 방법(12.37)은 위에 설명한 p-값을 계산하는 데 활용할 수 있다. 이 방법은 원 데이터가 없거나 측정이 표본 평균이 아닐 때 결과들을 결합하는 데 유용하다. 그러나 m_A와 m_B가 표본 평균이고, 평균을 구하는 경험적 분포가 있다면 (표 12.3과 같이), 둘을 결합해서 $\sigma^2_{E_{A-B}}$의 추정치를 더 낮게 만들어 더 작은 p-값을 얻을 수 있다. (짝 아닌) t-검정은 두 분포의 합집합 평균을 효과적으로 계산해서, m_B에 해당하는 값을 보완한다. 그 결과의 경험적 분포는 (동일한 표본 크기를 가정했을 때) 크기가 2배가 되며,

표 12.4 표 12.3의 개별 시스템 비교에서 도출된 요약 통계 및 검정 결과. 개별 평균과 분포 추정치도 참고로 기록돼 있다. 단순한 방법, 짝이 아닌 t-검정, 짝 t-검정은 t 분포와 서로 다른 분산 추정치를 사용해서 차이의 정밀도를 추정한다. 부호 검정은 승률과 이항 분포를 이용한다. 윌콕슨 검정은 부호 순위 합과 그에 대응하는 t-분포를 이용한다. 정밀도 추정치가 의미 있는 경우, 95% 신뢰구간과 (양측) p-값으로 표시했다.

척도	오차 분포	추정치	검정	p-값
m_{BM25}	$t(v = 7, \sigma = 0.12)$	$0.155(0.05, 0.26)$		
m_{LMD}	$t(v = 7, \sigma = 0.12)$	$0.182(0.06, 0.30)$		
$m_{BM25-LMD}$	$t(v = 7, \sigma = 0.12)$	$-0.027(-0.4, 0.33)$	식 12.37	0.9
$m_{BM25-LMD}$	$t(v = 7, \sigma = 0.12)$	$-0.027(-0.17, 0.11)$	짝 아닌 t	0.7
$m_{BM25-LMD}$	$t(v = 7, \sigma = 0.12)$	$-0.027(-0.06, 0.01)$	짝 t	0.1
$w_{BM25-LMD}$	이항$(N = 8, q = 0.5)$	$0.25(0.03, 0.65)$	부호	0.3
$r_{BM25-LMD}$	윌콕슨 $T(N = 8)$	-20	윌콕슨	0.2

$\sigma^2_{E_{A-B}}$를 거의 반으로 줄이고, 단순한 방법에 비해 자유도 $\nu_{E_{A-B}}$를 2배로 증가시킨다. 결과로 나온 모수 추정치와 p-값이 표 12.4에 비교돼 있다. 단순한 방법에서 $p = 0.9$였던 것이 t-검정으로 $p = 0.7$로 줄어들었다.

짝 t-검정은 정확히 12.3.5절에 상세히 기술된 짝의 차이 방법을 사용한다. 사용 조건이 맞다면, 거의 확실히 짝이 아닌 t-검정(표 12.4에서 $p = 0.1$)에 비해 더 나은 정밀도 추정치를 얻을 수 있다. 이 때문에 짝 t-검정은 정보 검색에서 가장 일반적인 검정 방법이다.

t-검정과 짝 t-검정은 오차 E가 정규 분포를 따른다는 가정을 바탕으로 한다. m이 큰 표본의 평균일 때, 중심극한정리에 따르면 동일한 (하지만 꼭 정규 분포는 아닌) 분포를 가지고 분산이 $\sigma < \infty$인 N개의 독립 변수의 평균은, N이 무한에 가까워질수록 분산이 $\frac{\sigma}{N}$인 정규분포에 근접한다고 알려져 있으므로 이 가정은 타당하다.

t-검정을 사용하지 않는 유일한 때는 m이 표본 평균이 아니거나, 정규 분포로 근사하기에는 N이 너무 작은 경우다. 이런 상황의 대부분에서는 부트스트랩이 대안이 된다. 부트스트랩 같은 방법이 오래되긴 했지만 고전적인 검정 방법 목록에 오르지 못하는 이유는, 공식적인 통계 도구로 사용된 시점이 상대적으로 최근이기 때문이다. 아마도 고전적인 검정 방법이 개발됐을 때는 부트스트랩을 실용적으로 쓰기엔 계산량이 너무 많았기 때문일 것이다.

부호 검정과 윌콕슨 부호 순위 검정

부호 검정과 윌콕슨 검정은 m_{A-B} 대신 $\hat{m}_{A-B} \approx T_{A-B}$를 사용하는데, 여기서 $\approx$는 대략적으로 다음과 같이 해석된다.

$$\Pr[\text{sgn}(\hat{m}_{A-B}) = \text{sgn}(t_{A-B})] \gg 0.5 \qquad (12.46)$$

이런 이유로 이 검정들은 차이의 크기를 추정하기보다는 원래 역할인 가설 검정에 더 적합하다. 이 검정들은 차이가 존재할 증거를 정량화하지만, 차이의 크기에 관해 주는 정보는 한계가 있다. 부호 검정과 윌콕슨 검정이 잘못된 양을 측정함에도, 말하자면 짝 t-검정의 가정이 성립하지 않을 때 적용할 수 있다.

부호 검정에서, 기본 척도는 (비록 다를지라도) 그 자체로 검색 시스템의 상대적 유효성에 대한 척도다. 이 척도는 승률로 다음과 같다.

$$w_{AB} = \frac{|\{i \in s \mid g_{A-B}(i) > 0\}|}{|\{i \in s \mid g_{A-B}(i) \neq 0\}|} \tag{12.47}$$

g_{A-B}는 앞에서 정의된 바와 같다. $w_{AB} > 0.5$의 뜻은 모든 측정 중에서 절반 이상 A가 B보다 더 효과적이었다는 뜻이다. w_{AB}에서 적당한 대리 척도를 쉽게 유도할 수 있다.

$$\hat{m}_{A-B} = w_{AB} - 0.5 \tag{12.48}$$

w_{AB}가 그 예인 확률 변수 W_{AB}는 모수가 $N = |s|$와 참 승률 $q = t_{AB} = E[W_{AB}]$인 이항 분포를 가진다. 오차 항 $E_{AB} = W_{AB} - t_{AB}$의 분포는 알려지지 않은 t_{AB}에 크게 의존한다. 단측 p-값을 추정하려면, 최악의 경우를 가정하고 다음을 최대화하는 t_{AB}를 선택한다.

$$p = \Pr[t_{AB} + E_{AB} \geq w_{AB}] \tag{12.49}$$

$t_{AB} = q = 0.5$가 p를 최대화함을 보이기는 어렵지 않으며, 이것이 단측 부호 검정의 결과다. 양측 검정의 경우에는 결과가 두 배가 된다.

$w_{AB} = 0$과 $w_{AB} = 1$은 양측 p-값을 달리 사용할 때에도 단측 p-값이 적절한 특수한 경우임에 주목하자. 그 이유는 이미 $w_{AB} < 0$과 $w_{AB} > 1$이 불가능함을 알기 때문이다. 신뢰 구간을 사용할 때, 단측 구간은 특정 신뢰 수준 $1 - \alpha$를 산출하도록 계산돼야 한다.

표 12.3의 8개 주제에 대해서, $m_{BM25-LMD} > 0$인 주제가 두 개, $m_{BM25-LMD} < 0$인 주제가 6개 있으므로 $w_{AB} = 0.25$이고 $\hat{m}_{A-B} = -0.25$다. $N = 8$, $q = 0.5$인 이항 분포로부터 다음을 얻는다.

$$p = \Pr[|E| \geq |-0.25|] = 2 \cdot \Pr[W_{AB} \leq 0.25] \approx 0.3 \tag{12.50}$$

윌콕슨 검정은 m_{A-B} 대신 부호 순위 차이를 사용한다.

$$r_{AB} = \sum_{i \in s} rnk(g_{A-B}(i)) \cdot \text{sgn}(g_{A-B}(i)) \tag{12.51}$$

여기서 $i \neq j$이면 $g_{A-B}(i) \neq g_{A-B}(j)$이라는 단순화 가정을 했을 때, $rnk(x) = |\{i \mid x \leq$

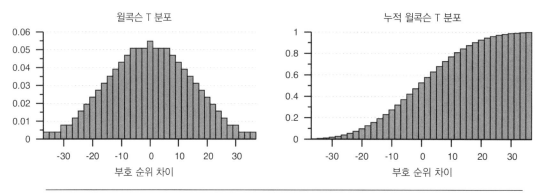

그림 12.4 $N = 8$일 때 윌콕슨 T 부호 순위 합 분포와 누적 분포

$g_{A-B}(i)\}|$이다. 이 가정을 완화하면 분석이 매우 복잡해지지만, 실제적으로는 무작위로 동점을 깨거나 평균 순위를 할당하는 편이 합리적인 경우가 많다.

$$rnk(x) \;=\; \frac{1}{2} + \frac{1}{2} \cdot |\{i \mid x = g_{A-B}(i)\}| + |\{i \mid x < g_{A-B}(i)\}| \tag{12.52}$$

윌콕슨 검정은 차이의 상대적 크기(정확한 값은 아니지만)가 중요하다는 가정과, 이를테면 $m_{\text{BM25-LMD}} = -0.066$(주제 351)이 $m_{\text{BM25-LMD}} = -0.09$(주제 354)보다 더 중요하다는 가정을 모델링한다. 그리고 모든 차이들을 절댓값이 증가하는 순서대로 정렬하고, 정렬된 목록에서 순위에 따라 차이들에 정수 가중치를 주는 방식으로 진행된다. 예를 들면 주제 352의 차이가 표의 8개 주제 중에 가장 작은 차이라서 가중치 1을 받고, 주제 353의 차이는 가중치 8을 받는다. 그런 다음 차이의 부호에 따라 가중치를 양수 또는 음수로 계산해 가중치의 합을 구한다.

$$r_{AB} \;=\; -6 + 1 - 8 + 3 - 7 - 2 - 4 = -20 \tag{12.53}$$

주어진 N에 대해 가능한 부호 순위 차이의 분포는 윌콕슨 T 분포$^{\text{Wilcoxon T distribution}}$라 부른다 (그림 12.4). 누적 확률은 모든 가능한 2^N개의 결과를 나열해 계산할 수 있다. 이 예제에서는 $2^8 = 256$개의 가능한 결과 중에, 크기가 20보다 큰 결과가 50개 있다. 따라서 윌콕슨 검정은 p-값을 $50/256 \approx 0.2$로 보고한다.

대리 척도에 기반한 p-값은 참 차이의 추정치와 같이 제공돼야 한다. 보고자는 어떤 검정이 사용됐는지 확실히 알려야 하며, 독자는 실제 차이 추정치의 정밀도가 알려지지 않았는지 주의해야 한다. 실질성 문턱값 δ와 함께 하면 대리 검정이 제공하는 정보가 더 많아진다. $m_{A-B} > \delta$인 높은 신뢰도로 결정되는 대리 검정은, $m_{A-B} > 0$인 높은 신뢰도로 결정되는 대리 검정보다 더 유용하다.

12.3.7 타당성과 통계적 검정력

통계적 검정의 목적은 특정 측정 m이 우연히 설명될 우도likelihood를 추정하기다. 만약 검정이 이 우도를 의도대로 추정한다면 타당하고, 측정이 실제로 우연이 아닐 때 추정치가 작다면 강력할 것이다. 타당성과 검정력은 검정이 의도한 목적에 적합한지를 결정한다. 타당성은 보통 간단히 가정하며, 검정력은 스스로 타당성을 가정하는 검정력 분석을 거쳐 추정된다. 검색 시스템 비교를 위해 통계적 검정의 타당성과 검정력을 알아보는 메타-실험 설계를 고려해보자.

동일한 두 시스템을, 동일한 방법과 다른 주제 집합 S를 이용해서 비교하는 독립적인 실험을 $X_x = \langle A_x, B_x, S \rangle$라고 표기하자($|S| = |s|$). 또한 S를 이용해서 측정한 A_x와 B_x 사이의 차이를 M_x라 하자. 이 차이의 참값 t_x는 다음과 같다.

$$t_x = \mathrm{E}[M_x] \tag{12.54}$$

p_x 계산은 오차 항 $E_x = M_x - t_x$의 누적 확률 분포를 근사하는 모델 M_x를 이용한다.

$$\mathcal{M}_x(e) \approx \Pr[E_x \le e] \tag{12.55}$$

식 12.55가 모든 x와 모든 e에 대해 합리적인 허용tolerance 영역 내에서 성립한다면, 여기서 도출된 p-값 또는 신뢰구간은 정확하며, 통계적 검정이 타당하다고 말한다.

일반적으로 t_x는 알 수 없으므로, 타당성은 간접적으로 밝혀야 한다. X_x를 독립적으로 복제한 $X_x^{[1]}$와 $X_x^{[2]}$를 생각해보자. 그에 대응하는 측정 $M_x^{[1]}$과 $M_x^{[1]}$는 오차 항 $E_x^{[1]}$과 $E_x^{[1]}$와 같이 동일 분포를 따른다. 이제 차이를 고려해보자.

$$D_x = E_x^{[1]} - E_x^{[2]} = (M_x^{[1]} - t_x) - (M_x^{[2]} - t_x) = M_x^{[1]} - M_x^{[2]} \qquad (12.56)$$

$X_x^{[1]}$에서 파생된 모델 $\mathcal{M}_x^{[1]}$가 주어졌을 때, 우리는 D_x에 대한 모델 $\mathcal{D}_x^{[1]}$을 도출할 수 있으며, 메타-실험으로 산출된 경험적 분포와 그 모델을 비교해서 $\mathcal{D}_x^{[1]}$을 검증할 수 있을 것이다. 만약 x와 d의 대푯값에 대해 $\mathcal{D}_x^{[1]}(d) \approx \Pr[D_x \leq d]$라면, $\mathcal{D}_x$와 $\mathcal{M}_x$가 모든 x에 대해 타당하다고 높은 신뢰도로 추론할 수 있다.

검정이 타당하다고 가정하면 유의 수준 α에 대한 검정력은 다음과 같다.

$$power_\alpha = \Pr[p_x \leq \alpha \,|\, \overline{H_0}] \qquad (12.57)$$

따라서 검정력은 양쪽 꼬리 검정 $H_0 \equiv t_x = 0$에서, $t_x = 0$인 실험 표본에 대해 경험적으로 추정된다. 그런 표본은 $m_x \neq 0$일 때 $t_x = 0$일 가능성이 매우 낮고 그 가능성을 무시할 수 있기 때문에 $m_x \neq 0$인 표본으로 잘 근사된다. 한쪽 꼬리 검정의 경우에는 $H_0 \equiv t_x \leq 0$나 $H_0 \equiv t_x \geq 0$ 중 하나를 미리 선택해야 한다. $t_x \geq 0$와 $t_x \leq 0$이 동일한 확률이라는 단순한 가정 아래서, 유의 수준 α에 대한 한쪽 꼬리 검정력은 유의 수준 2α에 대한 양쪽 꼬리 검정력과 같다.

하나의 실험 모집단에서 다른 검정보다 더 검정력이 강했던 검정이 다른 모집단에서도 더 강할 가능성이 높기 때문에 검정력의 경험적 추정치는 통계적 검정의 상대적 유효성을 비교하는 데 유용하다. 특정 실험의 검정력을 예측하려면 주제의 수 $|s|$, 추정 참 차이 t_x, 추정 표본 분산 σ_s^2를 고려해서 가정된 모집단 분포에서, 검정력 분석으로 모델 $\mathcal{M}_x$를 구성해야 한다.

타당성과 검정력 측정하기

예제로 TREC 2004 로버스트 트랙$^{TREC\ 2004\ Robust\ Track}$에 제출된 결과들로 실험 모집단을 구성했다. 이 실험들은 트랙에 제출된 100개의 런 중 두 개를 각각 비교했으며, 런들은 249개의 주제 부분집합을 이용해서 MAP을 계산한 결과다. t-검정, 부호 검정, 윌콕슨 검정의 타당성을 비교하고자 비슷한 실험들을 쌍 $\langle x^{[1]}, x^{[2]} \rangle$으로 묶었다. 이때 $x^{[1]} = \langle A_x, B_x, s^{[1]} \rangle$이고, $x^{[2]} = \langle A_x, B_x, s^{[2]} \rangle$이며, $s^{[1]}$과 $s^{[2]}$는 124개 주제로 이뤄진 서로소 집합들로, 트랙에서 사용된 249개 주제 중에 교체 없이 무작위로 선택했다. 쌍들은 총 191,840건의 예제들에 대해서 중복되지 않는 쌍들이 32번 나타나도록 구성됐다. 이 가운데 32개는 $m_x^{[1]} = 0$이어서 제외하고 총 191,808개의 실험 쌍이 남았다.

각 쌍마다 $\mathcal{M}_x^{[1]}$을 구성하고 거기서 $\mathcal{D}_x^{[1]}$을 유도하는데, 이 모델은 $m_x^{[1]}$과 $m_x^{[1]}$ 사이의 비일치성^{discordance}의 확률을 x_2와 관계없이 추정하는 데 사용된다.

$$d_x \;=\; \Pr[m_x^{[1]} \cdot M_x^{[2]} < 0] \;\approx\; \mathcal{D}_x^{[1]}(-|m_x^{[1]}|) \tag{12.58}$$

아무 d_x를 검증할 수는 없지만 d_x를 계산하는 방법이 타당하다면 예측 비일치성과 실제 비일치성이 거의 동일한 큰 예제 집합 $\mathbb{X}$에 대해서는 가능해야 한다.

$$\hat{d} \;=\; \sum_{x \in \mathbb{X}} d_x \;\approx\; d \;=\; \frac{\left\{ x \in \mathbb{X} \mid m_x^{[1]} \cdot m_x^{[2]} < 0 \right\}}{|\mathbb{X}|} \tag{12.59}$$

우리는 $\mathcal{M}_x^{[1]}$를 사용해 단일 꼬리 p-값 p_x를 계산하고 그걸로 191,808개의 예제를 6개의 구간^{bin}으로 나눴다. 검증이 타당하려면 예측 비일치성과 실제 비일치성이 모든 구간에서 거의 같아야 한다. 만약 그렇지 않으면 검정이 타당하지 않다. 그리고 그렇다면 높은 신뢰도로 해당 구간이 나타내는 p-값의 범위에서 검정이 타당하다고 결론 내릴 수 있다.

표 12.5에서 표 12.7까지는 t-검정, 부호 검정, 윌콕슨 검정의 검증 결과다. 표에는 각 구간의 $\hat{d}_p$, d_p와 p의 범위가 백분율로 표시된 예측 오차와 함께 나와 있다.

표 12.5 t-검정의 예측 비일치성, 관찰 비일치성과 검정력을 p의 함수로 표시했다. 오차는 예측과 관찰 비일치성 사이의 비율이 1에서 얼마나 떨어져 있는지를 가리키는 양이다. RMS 오차는 여섯 개의 오차 추정치를 요약한다.

범위	쌍	예측 비일치성	실제 비일치성	오차
$0.00 \le p < 0.01$	131567(68.6%)	676.5	781	−13.4%
$0.01 \le p < 0.02$	7153(3.7%)	427.6	458	−6.6%
$0.02 \le p < 0.05$	10775(5.6%)	1025.7	981	4.6%
$0.05 \le p < 0.10$	9542(5.0%)	1433.2	1397	2.6%
$0.10 \le p < 0.20$	11436(6.0%)	2592.4	2455	5.6%
$0.20 \le p < 0.50$	21335(11.1%)	8182.5	7837	4.4%
RMS 오차: 7.1%				

표 12.6 부호 검정의 예측 비일치성, 관찰 비일치성과 검정력을 p의 함수로 표시했다. 오차는 예측과 관찰 비일치성 사이의 비율이 1에서 얼마나 떨어져 있는지를 가리키는 양이다. RMS 오차는 여섯 개의 오차 추정치를 요약한 값이다.

범위	쌍	예측 비일치성	실제 비일치성	오차
$0.00 \leq p < 0.01$	125875(65.6%)	675.0	822	−17.9%
$0.01 \leq p < 0.02$	9318(4.9%)	581.1	550	5.6%
$0.02 \leq p < 0.05$	10068(5.2%)	1009.9	965	4.6%
$0.05 \leq p < 0.10$	9949(5.2%)	1524.3	1402	8.7%
$0.10 \leq p < 0.20$	10300(5.4%)	2294.6	2107	8.9%
$0.20 \leq p < 0.50$	26298(13.7%)	10293.7	8063	27.7%
		RMS 오차: 14.7%		

표 12.7 윌콕슨 검정의 예측 비일치성, 관찰 비일치성과 검정력을 p의 함수로 표시했다. 오차는 예측과 관찰 비일치성 사이의 비율이 1에서 얼마나 떨어져 있는지 가리키는 양이다. RMS 오차는 여섯 개의 오차 추정치를 요약한 값이다.

범위	쌍	예측 비일치성	실제 비일치성	오차
$0.00 \leq p < 0.01$	137008(71.4%)	655.2	981	−33.2%
$0.01 \leq p < 0.02$	6723(3.5%)	402.1	466	−13.7%
$0.02 \leq p < 0.05$	10096(5.3%)	956.6	1027	−6.9%
$0.05 \leq p < 0.10$	8737(4.6%)	1311.7	1382	−5.1%
$0.10 \leq p < 0.20$	10267(5.4%)	2320.1	2444	−5.1%
$0.20 \leq p < 0.50$	18977(9.9%)	7287.5	7609	−4.2%
		RMS 오차: 15.3%		

$$error_p \;=\; \frac{\hat{d} - d}{d} \tag{12.60}$$

RMS 오차는 여섯 개 범위의 예측 오차를 요약한 값이다.

$$RMS error \;=\; \sqrt{\sum_p error_p^2} \tag{12.61}$$

t-검정의 예측 및 실제 비일치성 비율은, $p < 0.01$일 때 경험적 결과에 비해 13.4% 낮게 추정하기는 하지만 전체적으로 볼 때 합리적이다. 부호 검정과 윌콕슨 검정은 전체 p 구간

표 12.8 TREC 2004 로버스트 트랙에서 나온 런들의 쌍을, 124개 주제에 대한 MAP의 차이를 이용해서 비교하는 통계적 검정의 타당성 대 한쪽 꼬리 검정력. 표 12.7에서 보았던 대로, 윌콕슨 검정은 p-값을 과소 추정하고 검정력을 과대 추정한다.

	RMS 오차	검정력	
		$\alpha = 0.1$	$\alpha = 0.05$
t-검정	7.1%	0.69	0.78
부호 검정	14.7%	0.66	0.76
윌콕슨 검정	15.3%	0.71	0.86

에서 더 나쁜 결과를 보이며, $p < 0.01$에서는 훨씬 더 안 좋다. 전반적으로 t-검정이 가장 일관되게 정확한 예측을 보이며, RMS 오차율도 가장 낮다.

표 12.8은 세 가지 검정에서 $\alpha = 0.01$와 $\alpha = 0.05$일 때 한쪽 꼬리 검정력과 RMS 오차를 보여준다. 윌콕슨 검정은 검정력이 가장 높아 보인다. 하지만 이런 장점은 윌콕슨 검정이 일관되게 너무 낙관적이라 실제 검정력이 드러난 수치만큼 높지는 않다는 사실로 상쇄된다. 즉, 만약 p-값이 더 정확했더라면 검정력은 더 낮았을 것이다. 부호 검정은 t-검정보다 검정력은 낮고 오차도 더 높다.

t-검정의 타당성에 관한 우려는 이 결과와는 관계가 없다. 반면 t-검정의 오차율이 낮으므로 검색 시스템을 비교하는 최선의 방법이 된다.

다른 표본 크기

위 예제의 결과들은 $n = 124$개 주제들로 된 자료 모음에서 MAP 점수의 차이를 측정하는 실험과 관련된다. n을 다르게 선택하면 t-검정의 타당성과 검정력에 어떤 영향을 미치는지 평가하고자, $X_x^{[1]} = \langle A_x, B_x, s \rangle$와 $X_x^{[2]} = \langle A_x, B_x, S \rangle$가 되도록 실험을 변경했다($s$와 S는 다른 수의 주제를 포함한다). 249개 TREC 주제의 부분 집합을 s, 그 여집합을 S로 선택하면 $|s| = n$, $|S| = 249 - n$이다. 이 상황에서 $E_x^{[1]}$과 $E_x^{[2]}$의 분포는 동일하지 않다. t-검정 모델에서 $\mu_{E_x^{[1]}} = \mu_{E_x^{[2]}}$이고,

$$\frac{\sigma^2_{E_x^{[1]}}}{\sigma^2_{E_x^{[2]}}} \approx \frac{n-1}{249-n-1} \tag{12.62}$$

표 12.9 주제 수 *n*에 따른 t–검정의 타당성 대 검정력

n	RMS 오차	검정력	
		$\alpha = 0.1$	$\alpha = 0.05$
25	11.4%	0.39	0.56
50	10.0%	0.53	0.67
75	6.5%	0.61	0.72
100	7.7%	0.65	0.76
125	6.8%	0.69	0.78
150	6.0%	0.71	0.80
175	3.9%	0.73	0.81
200	3.4%	0.75	0.83
225	9.2%	0.77	0.84
249	–	0.78	0.85

따라서 $\mu_{D_x} = 0$이고,

$$\sigma^2_{D_x} \approx (1 + \frac{249 - n - 1}{n - 1}) \cdot \sigma^2_{E_x^{[1]}} \tag{12.63}$$

표 12.9는 *n*을 25씩 증가시켜가며 RMS 오차와 검정력을 표시했다. t–검정이 일반적으로 모든 *n*값에 대해 타당하고, RMS 오차는 일반적으로 *n*이 증가하면서 감소함에 주목하자. *n*이 작을 때 RMS 오차가 약간 증가하는 점은 놀랄 일이 아니다. *n*이 작으면 예측 비일치성이 더 적은 정보에 기초하기 때문이다. 마찬가지로 *n* = 225로 큰 값일 때 RMS 오차가 증가하는 점도 놀랄 일이 아닌데, *S* 내에 주제 수가 작으면 실제 비일치성 계산에 불확실성이 생기기 때문이다. *n* = 249이면, |*S*| = 0이므로 RMS 오차는 정의되지 않는다. RMS 오차 결과는 $25 \le n \le 249$에서 t–검정의 타당성과 변함없이 일치한다. 타당성은 변하지 않지만 검정력은 예상대로 n에 따라 실질적으로 증가한다.

12.3.8 측정 정밀도 보고

통계적 검정은 잘 정의되지만 보통 오해를 낳는, 측정 정밀도의 정량적 추정치를 만들며

이 추정치는 신뢰 한계나 p-값으로 표현된다. 따라서 통계적 검정은 정량적 추정치 자체를 보강하지만 대체하지는 않는다. 신뢰 구간은 p-값보다 훨씬 더 매력적이다. 신뢰 구간이 같은 정보를 담으면서도 더 직관적이고 측정을 전면에 내세우기 때문이다.

가설 검정은 절대적이지 않으며, 측정과 정밀도 추정치를 "유의함" 또는 "유의하지 않음"이라는 범주적 정의 뒤로 숨겨버리면 실수를 저지르는 셈이다. "차이가 없다"는 귀무가설은 아무런 정보를 주지 않는다. 적절한 가설이라면 차이가 실질적으로 0이 아닌 경우를 예측해야 하고, 정밀도 추정치는 측정이 그런 차이를 반영하는지 안 하는지에 대한 증거력을 정량화한다.

짝 t-검정을 수행할 수 있다면 최선의 방법으로 보인다. 승/패 결과만 있는 경우 부호검정은 충분히 효과가 있다. 윌콕슨 검정은 특별히 직관적이지 않으며, 검정력이 부호 검정보다 더 강하고 짝 t-검정보다는 확실히 더 강하지만, p-값이 작으면 정말로 크게 틀릴 수 있다. 기초 분포는 자연적으로 발생하지 않고 표본 크기가 증가함에 따라 분산도 한계가 없이 커지므로 차이의 참 (모집단) 값의 대리 값 같은 것은 존재하지 않는다. 즉, 중심 극한 정리가 적용되지 못한다. 윌콕슨 검정이 짝 t-검정이 적용되지 못하는 상황에서 종종 사용되지만, 부트스트랩이 더 나은 선택이 될 수 있다.

12.3.9 메타분석

메타분석은 여러 추정치를 하나로 결합해서 훨씬 더 높은 신뢰도로 전체 추정치를 구하는 기법이다. 단순한 접근법 하나는 예/아니요의 두 가지 판정을 하는 통계적으로 독립적인 일련의 실험이나 측정에 부호 검정(12.3.6절)을 적용하는 방법이 있다. 예를 들어 $A > B$라는 가설을 세우고 4개 모두 $A - B > 0$를 가리키는 독립적인 측정을 한다면, 얼마나 많은지 상관없이, 한쪽 꼬리 부호 검정을 사용해 $A > B(p < 0.06)$라고 결론을 내릴 수 있을 것이다. 한쪽 꼬리 검정을 사용할 때 일반적인 주의 사항이 있다. 사전 가설을 세우지 않고 단순히 4번 중 4번 동일한 결과를 관찰했다면, 낮은 신뢰도로 같은 결론을 내는 양쪽 꼬리 검정이 적절하다. $A > B(p < .13)$. 일반적으로 부호 검정은 같은 대상을 비교하지만 효과 크기와 정밀도 추정치를 사용할 수 없는 다양한 실험 결과를 결합하는 데 사용될 수 있다. 개별 실험의 결과들을 결합해 관련 정밀도 추정치와 같이 공통의 결과로 만드는 일반적인

표 12.10 LMD(식 9.32)와 DFR(식 9.51, 9.52)의 MAP 차이($\text{MAP}_{\text{LMD-DFS}}$)에 대한 메타분석. 모든 실험의 결합 신뢰 수준(0.02)은 각 실험의 신뢰 수준보다 낮다.

실험	$\text{MAP}_{\text{LMD-DFR}}$	p(양측 t-검정)
TREC 1998	0.010(−0.002 − 0.021)	0.09
TREC 1999	0.009(−0.006 − 0.025)	0.24
GOV2 2005	−0.004(−0.027 − 0.020)	0.75
GOV2 2006	0.023(−0.000 − 0.047)	0.05
부호 검정	> 0 −	0.13
고정 효과 모델	0.010(0.002 − 0.018)	0.02

접근법은 메타분석$^{\text{meta-analysis}}$이라고 한다. 생명과 막대한 돈이 걸려 있는 의학 같은 분야에서 체계적인 메타분석은 법률로 규정된다.

이어서 설명할 고정 효과 모델$^{\text{fixed-effect model}}$ 메타분석은 각각의 연구들의 효과 크기와 정밀도 추정치(부호 검정에서는 누락된 정보)를 사용해 훨씬 더 정밀한 전체 추정치를 구하기 때문에 훨씬 더 강력한 방법이다. 표 12.10의 첫 네 행은 LMD와 DFR을 비교한 결과다. 넷 중 셋에서 LMD가 더 나은 결과를 보이며, 네 번째 결과는 그 반대다. 유의한 결과($\alpha = 0.05$)는 하나도 없다. 보고된 p-값 0.05는 0.051에서 반올림했다. 세세한 건 제쳐 놓고 보면, (약하더라도) 반대되는 증거를 두고 좋은 결과만 택하는 건 적절하지 않을 것이다. 부호 검정은 $p \approx 0.13$로, 강력한 증거와는 거리가 있다. 반면 고정 효과 모델은 정밀도 추정치 $p \approx 0.02$로 차이 추정치를 준다.

고정 효과 모델은 m_i가 참값 t를 공통으로 하는 어떤 양에 대한 독립 측정값이고, π_i가 그 정밀도라 할 때, 결과 집합 $R = \{(m_i, \pi_i)\}$를 결합한다. 우리의 예에서 그 양은 아마도 더 다양한 가상 모집단에 대한 $\text{MAP}_{LMD-DFR}$일 것이다. 메타분석의 맥락에서 정밀도는 보통 측정의 분산의 역수로 표현된다.

$$\pi_i = \sigma_i^{-2} \tag{12.64}$$

분산의 역수는 신뢰구간이나 p-값을 다르게 전달하는 방법일 뿐이다. 가정된 분포가 타당하다면 서로 바꿔 쓸 수 있다. 메타분석에서 "정밀도"가 어떤 숫자를 가리키는지 말이 없다면, 여러분은 그 용어가 분산의 역수를 뜻한다고 생각하는 편이 안전할 것이다.

메타분석의 첫 단계는 개별 측정에서 동일한 척도와 단위를 사용하고, 사실상 같은 대상을 측정하는지 확인하는 작업이다. 두 번째 단계는 신뢰구간이나 p-값을 계산하는 절차를 거꾸로 해서 분산의 역수로 다시 표현하는 작업이다.

공통 추정치와 그 정밀도는 개별 측정들을 정밀도로 가중 평균해서 계산한다.

$$m = \frac{\sum_i m_i \cdot \sigma_i^{-2}}{\sum_i \sigma_i^{-2}} \qquad \sigma^{-2} = (\sum_i \sigma_i^{-2})^{-1} \qquad (12.65)$$

결합된 결과의 신뢰구간이나 p-값은 σ와 누적 확률 분포를 이용하는 보통의 방법으로 계산할 수 있다.

2008년 미국 대통령 선거는 통계 활용과 오용에 관한 사례 연구 대상이다. 여론조사 결과는 오바마가 계속 선두를 달리고 있다고 나왔지만, 전문가들은 그 결과가 "오차 한계 내에 있다", "통계적으로 접전", "박빙"이라고 꾸준히 이야기했다. 이와 대조적으로 개별 주별 여론 조사의 짝 차이 메타분석으로는 오바마가 유의하고 실질적으로 우세를 보였으며, 결국 선거인단 하나 차이로 그 결과가 맞았다.

12.4 판정 노력 최소화하기

정보 검색 평가를 위한 판정 집합을 만들려면 상당한 수작업이 필요하다. 지금까지 우리는 판정이 완전하다고, 즉, 질의에 관한 문서들의 적합 여부 판정을 활용할 수 있다고 가정했다. 풀링 방법$^{pooling\ method}$은 풀 안에 있는 문서들은 판정하고, 풀 밖의 문서들은 비적합이라고 정의해 이 가정을 만족시키려는 방법이다. 이 절에서는 먼저 풀링 방법을 수정해 필요한 판정 수를 줄이고, 둘째로 풀 안에서 판정이 되지 않은 문서들을 설명하도록 MAP을 추정한다.

(qrel 형식의) 판정은 다음 두 가지 다른 종류의 평가를 위해 적합도 기준으로 활용한다.

1. 어떤 문서를 판정할지 결정에 따라 결과가 영향을 받는 시스템의 평가(예: 주어진 TREC 과업에 참여한 시스템)

2. 결과가 그 결정에 영향받지 않는 시스템의 평가

여기서 우리의 관심사는 위 두 평가에서 판정 전략의 효율성과 유효성이다. 효율성은 수작업 노력으로 측정되고, 유효성은 qrel을 기준으로 썼을 때, 측정의 타당성과 정밀도로 측정된다.

이 절에서는 MAP을 주된 유효성 척도로 가정할 것이다. 즉, 다양한 판정 전략들을 시스템의 "참" AP를 측정하는 능력으로 시험해볼 것이다.

개별 전략들을 논하기 전에 측정할 때 사용할 주제 집합, 문서, 시스템들이 주어졌을 때 가장 정밀하고 타당하게 측정할 수 있는 이상적인 qrel 집합의 속성을 생각해볼 가치가 있다. 이상적인 qrel 집합은 측정할 시스템과 무관하게 모든 주제와 관련된 모든 문서의 참적합도를 나타낼 것이다. 따라서 위에서 설명한 두 가지 평가 사이에는 아무런 차이가 없을 것이다.

어떤 실제 qrel 집합도 두 가지 이유 때문에 이상적인 집합이 되지 못한다. 즉, 적합도를 정의할 때의 부정확성과, 그 정의에 따라 적합도를 추정할 때 추정 방법의 타당성과 정밀성이 그 이유다. 참 적합도 개념은 모든 참의 개념들이 그렇듯 무어라 꼬집어 말하기 어렵다. "사용자의 정보 요구를 만족한다"가 아마도 근접한 정의일 터이지만, 사용자가 요구하는 정보가 무엇인지, 그 요구가 충족됐는지 확신할 수는 없다. 사용자에게 물어보면 타당성과 정밀도를 알 수 없는 근사치만 얻을 수 있다. "암 치료"를 찾는 미국인의 요구는 멕시코의 레이어트릴 치료[4] 보고서로 만족될 수도, 아닐 수도 있다. 사용자가 "승인된 암 치료"를 의도했다고 가정하고, 레이어트릴이 미국에서 승인된 치료법이 아니라는 데 동의한다면, 사용자의 요구는 충족되지 않을 것이다. 하지만 사용자가 레이어트릴이 승인된 치료법인지 아닌지 잘 몰라서 그 적합성을 오인할 수도 있다. 제삼자 평가자는 레이어트릴의 효능에 관해 더 많은 정보를 알 수도 있지만, 그 사용자가 "승인된 암 치료"를 찾았는지, "마지막 희망이 되는 암 치료"를 찾았는지는 여전히 확신할 수 없다.

이러한 문제에도 사람의 판정은 적합도를 평가하는 데 가장 좋은 방법이다. 그 사람이 사용자든 제삼자 평가자든 판정에 따르는 노력은 상당하며 정보 검색 평가 노력의 한계를

---

4 살구, 복숭아 씨 등에서 얻는 물질로 암을 치료하는 요법으로, 미국 식품의약국에서는 인정하지 않는 비정통 치료법이다.
 – 옮긴이

결정 짓는 주요 요인 중 하나가 된다. 완전 판정은 확실한 방법으로, 평가자나 평가자 팀이 자료 모음의 문서들을 각 주제에 대해 적합 및 비적합 레이블을 붙이도록 하는 방법이다. 현대의 자료 모음들은 완전 판정에 드는 노력이 엄두도 못 낼 정도로 크다. 작은 TREC 말뭉치도 50개 주제와 약 500,000건의 문서로 이뤄져 있다. 완전 판정을 하려면 2천5백만 건의 판정을 내려야 하고, 30초마다 레이블을 붙인다 하더라도 20명으로 1년이 걸린다. 심지어 그렇게 하더라도 평가자가 실수를 하거나 확신을 못하는 경우가 생기기 때문에 qrel은 부정확할 수밖에 없다. 문서마다 3명이 따로 평가하고, 다수결로 qrel을 결정한다고 하면 정밀도가 더 나아지겠지만 40명이 1년 동안 더 투입돼야 할 것이다. 일반적으로 사람의 노력이 더 들어가면 정밀도도 올라간다. 하지만 완전 판정과 비슷하거나 더 나은 측정을 하면서도 훨씬 더 효율적인 전략들이 있다.

노력의 정도와 관계없이, qrel에서 특정 수의 오류가 나오는 부분은 불가피하다. 이런 오류들의 실질성은 그것들을 사용하는 검색 유효성 측정의 타당성과 정밀도에 미치는 영향을 관찰해서 결정된다.

12.4.1 판정을 위한 문서 선택

TREC 풀링 방법은 완전 판정을 하는 대신 검정 중인 시스템에서 주제별로 상위 문서 k건으로 된 문서 풀을 구성하고, 그 풀에 있는 문서들만 판정하는 방법이다. 그리고 문서 풀에 속하지 않은 다른 문서들은 비적합으로 가정한다. 50개 주제, 500,000건의 문서로 된 시험용 자료 모음에서는 일반적으로 $k = 100$이 잘 동작한다고 한다. 그러나 이 정도 크기의 자료 모음에서도 평가에 드는 노력은 상당하다(12.2절에서 TREC-8에서 86,830건의 평가를 하는 데 판정 하나당 30초만 걸린다고 해도 약 724시간이 필요하다고 했음을 떠올려보자). 문서나 주제가 더 많은 더 큰 자료 모음에서는 이런 노력을 감당하기 어려울 수 있다. 하지만 여전히 대규모 정보 검색 작업을 시뮬레이션하고 측정의 정밀도를 개선하려면 더 큰 자료 모음을 쓰는 편이 바람직하다. 그래서 판정을 위해 문서를 선택하는 대안 전략의 효율성과 유효성을 살펴보도록 하겠다.

문서 모음에서 문서를 무작위 추출해도 좋겠지만, 표본이 상당히 크지 않으면 적합 문서가 거의 포함되지 않을 것이므로 검색 유효성을 측정하는 데는 효용이 떨어진다. 그래서 그 대신에 적합 문서를 가능성이 더 높은 편향 추출 기법을 사용한다. 풀링 방법이 그런 기법의 한 예다. 검정 중인 시스템에서 검색된 상위 문서(즉, 풀 안의 문서)가 무작위로 선택된 문서보다 적합할 가능성이 훨씬 더 높기 때문이다. 게다가 이런 문서들은 (적합 문서라도) 하위 문서보다 시스템 사이의 차이를 드러내 줄 가능성이 더 높다.

편향 추출 기법을 사용할 경우 시스템의 유효성이 아니라 표본 편향에 잘 맞는 정도를 측정이 반영할 위험이 있다. 특히 시스템의 유효성이 같더라도 그 결과들이 풀에 들어가는 시스템은 그렇지 않은 시스템보다 더 높은 점수를 받을 수 있다. 50개 주제, 500,000건 문서로 된 TREC 자료 모음의 경우 편향은 실질적이지 않아 보인다. 실험 결과 동일한 시스템은 풀에 기여하든 기여하지 않든 비슷한 점수를 받는다고 나타났다. 실제로 TREC 자료 모음 데이터는 저장해두고 벤치마크로 쓰기 좋다. 즉, 새로운 시스템이나 방법론은 이미 있는 qrel로 검정하고, 같은 자료 모음에서 측정한 다른 시스템들과 비교해볼 수 있다. TREC 방법은 다른 방법에 대한 비교 기준이 된다.

대화형 검색 및 판정

대화형 검색 및 판정[ISJ, Interactive Search and Judging]은 간단하지만 효과적으로 문서를 선택하고 판정하는 방법이다. 숙련된 검색자는 검색엔진을 사용해 되도록 많은 적합 문서를 찾고 레이블을 붙인다. 그 과정에서 검색엔진의 종류는 그다지 중요하지 않아 보이며, 적합도 피드백, 주제의 여러 측면을 보도록 질의를 바꾸는 기술, 판정 기록 체계, 이전에 판정한 문서들을 추가 검토하지 않도록 막는 방법 등이 중요하다. TREC 6 이전에 코맥 외(Cormack et al., 1998)가 위에서 설명한 기능들을 지원하는 사용자 인터페이스와 근접도 순위화를 활용하는 ISJ 방법을 써서 애드혹 과업에 대한 qrel 집합을 만든 적이 있다. 주제당 약 2시간씩 총 1,000시간이 걸렸는데 이는 TREC 판정에 드는 노력의 약 7분의 1 정도다. 코맥 외(Cormack et al., 1998)와 부어히(Voorhees, 2000)의 연구에 따르면 이러한 qrel을 이용한 평가 결과가 공식적인 TREC 결과와 비슷했다. 더 분량이 많은 작업에서 (시간적으로) 첫 번째 문서만 골라 만든 qrel로 분량을 줄인 작업도 시뮬레이션해봤다. 이렇게 분량의 자릿수가 달라도, 평가 결과는 TREC 결과와 상당히 비슷했다. "얼마나 비슷해야 충분히 비슷한가?"라는 질문은 나중에 다루겠다.

전진 이동 풀링

전진 이동 풀링법MTF, Move-To-Front pooling은 좋은 성능을 보이는 시스템에서 상위를 차지한 문서에 우선순위를 주면서 판정 문서를 점진적으로 선택하는 방법이다(Cormack et al., 1998). 개념적으로 설명하자면 각 시스템이 반환한 문서들은 순차적으로 검토된다. 문서가 이전에 판정되지 않았다면 차례로 판정하고 그 qrel을 기록한다. 시스템에서 반환된 문서들은 r개의 문서들이 연속으로 비적합으로 판정될 때까지 계속 순차적으로 검토된다. 실제로 우리는 우선순위 대기열을 사용해 모든 시스템들의 중간 과정에 개입하게 된다. 즉, 적합 문서가 나올 때마다, 그 문서를 제공한 시스템을 대기열의 앞쪽으로 이동시킨다. MTF 방법은 풀링 방법보다 훨씬 더 높은 비율로 적합 문서를 고른다. 그 결과로 나오는 qrel은 평가 결과와 비슷하다. 얼마나 비슷한지는 나중에 설명한다.

얕은 풀링

풀링에 드는 노력은 풀링 깊이 k를 바꾸는 식으로 간단히 조절할 수 있다. 이는 성능이 더 좋은 시스템에서 문서를 더 많이 고르는 MTF와 달리 시스템의 성능과 무관하게 시스템마다 정확하게 k개씩 뽑는 방식이다. 깊이 k인 풀링은 MTF보다 뽑은 적합 문서 밀도가 더 낮지만, 편향이 적다는 가정을 한다면 일반적인 사용처를 찾을 수 있다. 특히 k가 작을 때 P@k를 MAP의 대리값으로 사용하면 MAP을 사용할 때보다 편향이 작다는 의견이 제시됐다(Sanderson and Zobel, 2005). 그 근거는 MAP을 측정할 때 결과가 판정 안 된 문서들의 적합도에 따라 결정된다는 점이다. 반면 풀 깊이 k를 이용해서 P@k를 측정할 때, P@k가 의존하는 모든 문서들의 적합도가 알려져 있다는 사실을 우리는 알고 있다. 따라서 P@k를 MAP 대신 측정하면 정밀도는 높아지고 편향은 낮아질 것이다. 다음 예제에서 보겠지만, 이 근거는 경험으로 완전히 뒷받침되진 않는다.

더 많거나 적은 주제들?

조금 더 간접적으로 풀링에 드는 노력을 조절하는 방법은 주제 수가 더 많거나 적은 자료 모음을 사용하는 방법이다(Sanderson and Zobel, 2005). 전반적인 판정 노력의 정도는 대략 $k \cdot n$에 비례한다. 여기서 k는 풀 깊이이고 n은 주제 개수다(서로 다른 시스템에서 겹치는 결과는 보통 더 상위에서 많다). 주제당 판단된 문서 수와 주제 개수 사이에는 직접적인 트레이드-오프 관계가 있다. 표 12.9에서 보듯이, 시스템 비교들의 타당성과 검정력은 n에 따라 증가한다. k와 n이 클수록 측정 정밀도는 높아진다. 질문은 다음과 같다. 판정에 드는 노력이 정해져 있을 때, 주제가 더 많고 얕은 풀을 사용하는 편이 나은가? 아니면 주제가 더 적고 깊은 풀이 더 나은가? ISJ와 MTF와 같은 다른 접근법에도 동일한 질문이 적용된다.

풀링 전략 평가

판정할 문서를 선택하는 전략을 평가할 때는 시스템 유효성 측정에 미치는 영향을 고려해야 한다. 만약 참 유효성을 안다면 비교의 기준으로 사용할 수 있을 것이다. 우리에게 있는 최상의 기준은 풀링 방법과 어떤 큰 k로 도출된 결과 집합이다. 전통적으로 풀링 및 판정 전략은 시스템을 유효성에 따라 순서를 매기는 능력으로만 평가되므로, 더 효과적인 시스템 순위가 덜 효과적인 시스템 앞에 온다. 한 순위화를 다른 것과 비교하고, 만약 비슷하다면 그 차이는 비실질적으로 생각된다. 전적으로 동의하지는 않지만, 여기에는 시스템 유효성을 측정하는 유일한 목적은 시스템들의 순위를 매기기 위함이고, 측정 자체(예: 주어진 전략에 따라 계산된 MAP 값)는 관련이 없다는 가정이 깔려 있다(Buckley and Voorhees, 2005). 이 가정을 받아들이든 아니든 간에, 좋은 시스템 순위화는 접근법이 일반적으로 타당하다는 증거다.

전통적으로 두 시스템 순위화를 비교할 때는 영국의 통계학자 모리스 켄달^{Maurice Kendall}의 이름을 딴 켄달 τ 순위 상관계수^{Kendall τ rank correlation coefficient}를 사용한다. τ는 두 순위 사이의 역전 횟수를 뜻한다. 역전은 하나의 순위화에서는 x가 y보다 앞에 오고 다른 순위화에서는 반대인 어떤 쌍 (x, y)를 말한다. 두 순위화의 순위가 동일하다면 $\tau = 1$이고, 정반대라면 $\tau = -1$이며, 상관관계가 없다면 $\tau \approx 0$이다.

정보 검색 평가의 맥락에서, TREC 실험으로 측정된 시스템 집합을 생각해보자. Res_1은 전통적인 풀링 방법($k = 100$)으로 계산된, MAP에 따른 최상의 기준 순위화다. Res_2는 어떤 대안적인 판정 전략에서의 순위화다. 정식으로 정당화되진 않았지만, $\tau > 0.9$(즉 역전이 5% 미만일 때)이면 최상 기준과 잘 일치한다고 간주됐다(Voorhees, 2000).

τ를 쓸 때 심각한 문제 하나는 측정 정밀도를 고려하지 않는다는 점이다. 표 12.9에서 봤듯이 $n = 50$, $k = 100$(TREC 2004 로버스트 트랙의 풀 깊이)에 대한 MAP 차이 측정에 대한 검정력은 약 67%($\alpha = 0.05$일 때)이다. 즉, 12.3.6절의 t-검정은 $p < 0.05$인 검정에서 모든 시스템 쌍의 67%만 구분할 수 있다는 뜻이다. 따라서 최상 기준이라도 시스템 쌍의 최소 2.8%는 오분류될 것으로 예상할 수 있다. 오류율이 동일하게 2.9%인 대안 방법은 최상 기준과 완전히 일치하거나($\tau = 1$), 5.6%까지 역전될 수 있다($\tau = 0.89$). 오류율이 5.6% 인 방법은 역전이 적으면 2.9%($\tau = 0.94$), 많으면 8.4%($\tau = 0.83$)이 된다. 켄달 τ는 이런 사례들을 확실하게 구별할 수 없다.

순위화 차이를 보고할 때는 켄달 τ를 사용하는 대신, 어떤 유의 수준 α로 유의 역전율 significant inversion rate을 쓴다(Cormack and Lynam, 2007; Carterette, 2009b). 대안 풀링/판정 방법이 최상 기준과 비교했을 때 MAP에서 유의한 차이를 보인다면($p < \alpha$), 유의 쌍이 된다. 유의 역전은 유의 쌍에서 대안 순위화와 최상 기준 순위화의 순서가 뒤바뀐 경우다. 유의 역전율은 유의 역전인 모든 유의 쌍들의 비율이다. α 미만인 유의 역전율을 이용한 방법은, 편향에 의한 어떤 오차도 무작위 오차보다 작기 때문에 타당하다. 대안 방법의 정밀도는 그 검정력으로 측정된다.

전반적으로 볼 때 대안 풀링 방법은 그 방법의 검정력이 높고 관찰된 편향이 랜덤 오차에 비해 비실질적이면 좋다.

예제 실험

판정 노력과 결과 측정의 타당성 및 정밀도 사이의 트레이드-오프를 설명하고자 예제 실험을 하나 설명하려고 한다(Cormack and Lynam, 2007). 쉽게 시뮬레이션하기 어려운 ISJ를 제외하고(Sanderson and Joho, 2004 참조), 위에서 언급한 방법들이 비교 방법들이다. 판정 문서 수의 함수이자 주제 개수를 매개변수로 해서 대안 판정 전략의 검정력과 편향을 측정했다. 최상 기준은 풀 깊이 $k = 100$을 사용해서 MAP으로 순위를 매긴 시스템 순위화다. 다음이 대안 풀링 방법들이다.

- 얕은 풀링(풀 깊이 $k \leq 100$)
- P@k를 MAP 대신 쓰는 방법(풀 깊이 $k \leq 100$)

- 비적합 문서가 *r*건 연속 나왔을 때 중단하는 전진 풀링 방법

세 방법 모두 TREC 2004 견고한 검색 트랙^{Robust Retrieval Track}에 제출된, 총 249개 주제에 대한 311,410건의 qrel로 이뤄진 런을 사용해 시뮬레이션했다. 얕은 풀링과 전진 풀링 방법을 평가할 때는 qrel을 골라서 MAP에 따라 시스템 순위를 매기고 이 순위를 최상 기준과 비교했다. P@k를 대리 척도로 사용하는 방법을 평가할 때는 MAP 대신 P@k로 순위를 매겼지만(풀 깊이는 *k*), 최상 기준과 비교할 때는 MAP을 사용했다. 모든 평가 쌍에 대해 단꼬리 p-값은 짝 t-검정으로 계산했다. 유의한 결과($p \leq 0.05$)의 비율은 검정력의 추정치로, 유의한 역전을 보여주는 모든 비교 쌍의 비율은 편향의 표시로 봤다. 만약 이 비율이 $\alpha = 0.05$보다 작으면 추정치 타당성에서 (무작위 오차에 비교했을 때) 무시할 만한 요인이고, 비실질적이라 생각할 수 있다.

그림 12.5는 *k*(풀 깊이)와 *n*(주제 수)을 변화시켰을 때, 표준 방법과 얕은 TREC 풀링 방법의 판정 노력과 검정력($\alpha = 0.05$)에 미치는 영향을 보여준다. *y*축은 검정력이고 *x*축은 주어진 *n*에 대해 그 검정력을 얻는 데 필요한 적합도 평가 수다. 각 점들은 다른 *k*값을 나타낸다. 그림 12.6은 (그림 12.5와 함께) 전진 풀링 방법이 주어진 판정 수에 대해 전통적인 상위-*k*개 풀링 전략에 비교해서 실질적인 검정력 차이를 보여주지 않음을 나타낸다. 반면

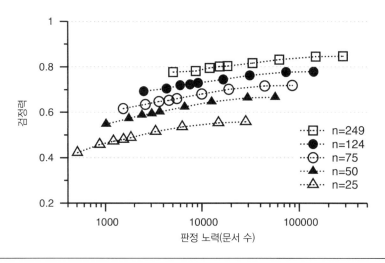

그림 12.5 얕은 풀링 방법에서 판정된 문서 수의 함수로서 검정력. 여러 깊이에서 측정한다.

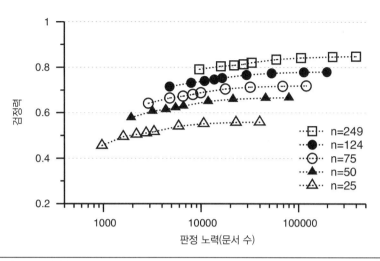

그림 12.6 전진 풀링 방법에서 판정된 문서 수의 함수로서 검정력. 여러 깊이에서 측정한다.

그림 12.7은 MAP으로 순위화하기보다 P@k로 순위화하기가 실질적으로 검정력이 낮음을 보여준다. 즉, P@k는 주어진 적합도 평가 수에 대해 시스템들을 구별하는 데 쓰기에 별로 좋지 못하다. 그림 12.8은 각 방법에서 관찰된 편향으로, 최상 기준과 비교했을 때 유의한 역전 개수로 측정하고, 판정 노력의 함수로 나타낸다. 전진 풀링 방법이 보통 더 공정하다고 생각되는 방법보다 실질적으로 편향이 더 적다는 사실을 관찰할 수 있다. 생각은 관찰을 이길 수 없는 법이다.

그림 12.5와 12.8에 나온 결과들을 종합하면, 샌더슨과 조벨이 제안한 바와 같이 (Sanderson and Zobel, 2005) 더 많은 주제와 더 적은 주제당 판정을 활용하는 실험 설계가(n = 50이고 k = 100인 TREC 표준과 비교했을 때) 더 효율적이라는 점을 알 수 있다. 하지만 깊이가 고정된 풀이나, P@k 같이 "완전히 판정된" 척도가 검정력이 더 높거나 편향이 더 낮다는 주장을 뒷받침하지는 않는다. 새로운 풀링 전략과 평가 척도를 평가할 때는 순위 상관관계 대신 검정력 및 편향 분석을 사용하기를 권한다(Buckley and Voorhees, 2004).

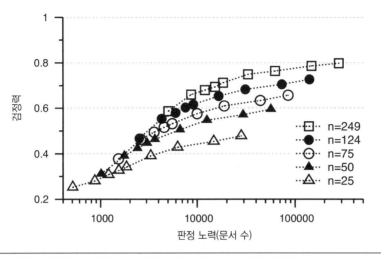

그림 12.7 얕은 풀링 방법에서 판정된 문서 수의 함수로서 검정력. 여러 깊이에서 측정한다.

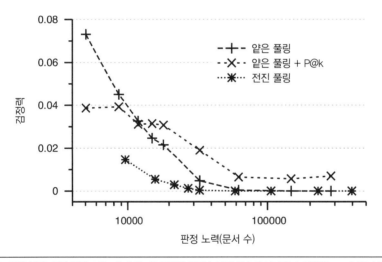

그림 12.8 얕은 풀링, 전진 풀링, P@k 대리 척도의 편향을 판정 노력의 함수로 나타낸다. 편향은 α = 0.05에서 유의한 역전 수로 측정됐다.

578

12.4.2 풀 표본 추출

앞 절에서 설명한 선택적 판정 방법(ISJ나 전진 풀링)의 대안으로, 풀 생성 전략은 그대로 둔 채, 전체 집합 대신 풀 안의 무작위 부분집합만 판정하는 방법을 쓸 수 있다. 풀 표본추출을 하면 사람의 평가 수를 줄이면서 동시에 편향도 피할 수 있다. 만약 풀에서 10~20%를 고르면, 판정 노력은 5에서 10배로 줄어든다. 물론 전체 풀을 판정하지 않으면 실제로 AP나 적합도 완전 판정을 가정으로 다른 유효성 척도를 계산할 수 없다.

하지만 무작위 표본을 기반으로 그 척도들을 추정할 수 있다. AP의 경우 결과로 나온 유효성 척도는 추론된 평균 정밀도$^{\text{inferred Average Precision}}$나, 줄여서 infAP라고 부른다. infAP는 평균 정밀도에 대한 비편향 추정치를 제공한다(Yilmaz and Aslam, 2008).

편의상 평균 정밀도 수식(식 12.4)을 여기 다시 써 보자.

$$\text{AP} \;=\; \frac{1}{|Rel|} \cdot \sum_{i=1}^{|Res|} \text{relevant}(i) \cdot \text{P@}i \tag{12.66}$$

여기서 |Res|는 시스템이 반환한 순위 목록의 길이(TREC 실험에서 보통 1,000이나 10,000)이고, 순위가 i인 문서가 적합하다고 할 때 relevant(i) = 1, 적합하지 않을 때는 0이다. 실제로는 i번째 문서가 적합하다고 판정됐을 경우에만 relevant(i) = 1이다. 마찬가지로 *Rel*은 판정된 적합 문서들의 집합이다.

infAP를 계산하려면, P@i를 기대 P@i로 바꾼다.

$$\text{infAP} \;=\; \frac{1}{|Rel|} \cdot \sum_{i=1}^{|Res|} \text{relevant}(i) \cdot \text{E[P@}i] \tag{12.67}$$

이 수식에서 기대 P@i는 다음과 같이 계산된다. 먼저 순위가 i인 문서를 생각해보자. relevant(i) = 1라고 가정하는데, 그렇지 않다면 P@i를 추정할 필요가 없기 때문이다. 따라서

$$\text{E[P@}i] \;=\; \frac{1}{i} + \frac{i-1}{i} \cdot \text{E[P@}(i-1)] \tag{12.68}$$

이제 E[P@(i − 1)]을 계산하려면 순위 1에서 i − 1까지 문서들을 생각하자. $1 \leq j < i$일 때 순위 j인 문서에 대해 다음 네 가지 경우가 있다.

1. 순위 목록에서 j가 후순위라서 그 문서가 풀에 속하지 않을 수 있으며, 이 경우에는 비적합으로 가정한다.
2. 그 문서가 풀에 속하지만 표본에 속하지는 않으며, 이 경우에는 판정이 되지 않는다.
3. 그 문서가 표본에 속하고 적합으로 판정된다.
4. 그 문서가 표본에 속하고 비적합으로 판정된다.

이제 *Jud*를 판정 문서 집합, *Pool*을 풀에 속한 문서 집합이라 하자. $|Jud|/|Pool|$ 값은 무작위 표본에 포함된 풀 문서의 비율이다. $Res[1..i − 1]$이 순위 목록에서 상위 i − 1개에서 나타나는 문서 집합이라고 할 때, P@(i − 1)은 다음과 같이 추정된다.

$$\mathrm{E}[\mathrm{P@}(i − 1)] \; = \; \frac{|Pool \cap Res[1..i − 1]|}{i − 1} \cdot \frac{|Rel \cap Res[1..i − 1]|}{|Jud \cap Res[1..i − 1]|} \tag{12.69}$$

이 수식의 오른쪽은 두 개의 분수로 구성돼 있다. 첫 번째 분수는 풀을 구성하는 상위 i − 1건의 문서 비율을 나타낸다. 두 번째 분수는 적합으로 판정된 상위 i − 1개 문서의 비율을 뜻한다. 이 두 번째 분수는 풀에 포함되는 상위 i − 1건 문서의 정밀도의 비편향 추정치이다. 첫 번째 분수는 풀에 없는 문서(그래서 비적합으로 가정되는 문서)들을 설명하려고 이 추정치를 조정하는 값이다.

$$\mathrm{E}[\mathrm{P@}(i − 1)] \; = \; \frac{|Pool \cap Res[1..i − 1]|}{i − 1} \cdot \frac{|Rel \cap Res[1..i − 1]| + \varepsilon}{|Jud \cap Res[1..i − 1]| + 2\varepsilon} \tag{12.70}$$

ε는 작은 상수 값이다. 식 12.68에 식 12.70을 대입하고 i − 1을 소거하면 다음과 같다.

$$\mathrm{E}[\mathrm{P@}i] \; = \; \frac{1}{i} + \frac{|Pool \cap Res[1..i − 1]|}{i} \cdot \frac{|Rel \cap Res[1..i − 1]| + \varepsilon}{|Jud \cap Res[1..i − 1]| + 2\varepsilon} \tag{12.71}$$

예를 들어 다음 벡터로 표현되는 순위 목록을 생각해보자.

$$Res \; = \; \langle +, ?, −, +, −, \mathrm{X}, \mathrm{X}, ?, \mathrm{X}, +, ... \rangle \tag{12.72}$$

이 벡터는 순위 목록 상위 문서들의 판정을 코드화했는데, "+"는 적합 문서 판정, "−"는 비적합 문서 판정, "?"는 풀에서 판정되지 않은 문서, X는 풀에 속하지 않은 문서를 뜻한다 (풀 깊이는 5). NIST의 `trec_eval` 프로그램에서 쓰는 값대로 $\varepsilon = 0.00001$이라고 가정하자. 이때 값은 다음과 같다.

$$E[P@10] \ = \ \frac{1}{10} + \frac{7}{10} \cdot \frac{2+\varepsilon}{4+2\varepsilon} \ \approx \ 0.45 \tag{12.73}$$

물론 더 현실적인 경우, 순위 목록에서 판정되지 않은 문서의 상대적 숫자는 훨씬 더 크다. 전통적인 가정이라면, 목록에서 판정된 적합 문서가 3건뿐이므로, P@10 = 0.3이 된다. E[P@10]은 풀에 남은 문서들을 판정한다고 했을 때 그 정밀도가 몇일지 추정하는 값이다.

12.5 비전통적 유효성 척도

12.1절과 12.2절에 요약된 전통적인 평가 방법론은 정보 검색의 역사에 걸쳐 일관되게 그 가치가 증명됐다. 현재 표준화된 여러 이론들과 기법들이 수년에 걸쳐 개발, 개선됐듯이 평가 방법론도 그 방법들의 유효성들을 실증하는 데 기여해왔다. 확률적 모델, 언어 모델링 접근법, 무작위성 발산divergence from randomness, 의사 적합도 피드백(모두 3장에서 설명됐다)이 그런 기법들이다. 더 큰 문서 모음이 도입돼도 이 방법론은 놀라울 정도로 잘 유지돼서 GOV2만큼 크고 다양한 문서 모음에서도 합리적인 결과를 내고 있다. 그럼에도 최근에 생겨난 요구를 충족하기에는 불충분해 보인다. 예컨대 적합도를 등급화하거나, 누락된 판정을 처리하거나, 참신성과 다양성을 수용하고자 하는 요구다. 이 절에서는 이런 요구를 해결하려는 여러 시도 중 몇 가지를 검토할 것이다.

12.5.1 등급화 적합도

웹의 규모는 가장 큰 시험용 자료 모음의 규모로도 따라잡을 수 없다. 웹에는 간신히 봐 줄 만한 문서도 많고 아주 훌륭한 문서도 많다. 일부 웹 페이지는 유해하거나, 의심스럽거나 위험한 제품을 광고하거나, 사용자의 컴퓨터를 악성 코드나 바이러스로 감염시키려 든다.

회사 관점에서 일반적인 문서 관리 플랫폼이나 기업 인트라넷은 대부분의 시험용 자료 모음보다 크고 다양한 경우가 있다. 개인 사용자 관점에서도 (저자를 포함한) 수많은 사람들이 기가바이트 단위의 이메일이나 문서들을 개인 저장 공간에 저장해 두는데, 이 데이터 크기는 작은 크기의 TREC 시험용 자료 모음만 하며, 콘텐츠의 다양함은 이를 뛰어넘는다.

다양한 사용자 요구를 반영하고, 다양한 품질의 문서를 다루려면 예/아니요 적합도 대신 등급화된 적합도가 필요하다. 예를 들면 문서를 "정답^{definitive}", "우수^{excellent}", "양호^{good}", "보통^{fair}", "나쁨^{bad}", "유해^{detrimental}"의 6점 척도로 평가할 수 있다(Najork et al., 2007). 이 척도에서 "나쁨"은 "비적합"에, "유해"는 악의적이거나 허위 콘텐츠에 해당하고, 나머지 점수들은 다양한 적합도를 가리킨다.

등급화된 적합도 평가는 탐색/정보 검색이 섞인 작업에 특히 유용하다(이런 종류의 작업들은 15.2절에서 자세히 다룬다). 예를 들어 "IBM"이라는 질의를 생각해보자. 이 질의에서 IBM 회사에 관해 가치 있는 정보를 제공하는 위키피디아 페이지 품질은 "양호"나 "우수"로 볼 수 있지만, IBM의 공식 웹사이트인 www.ibm.com은 "정답"으로 봐야 할 것이다.

정규화 할인 누적 이득$^{\text{nDCG, nomarlized Discounted Cumulative Gain}}$ 척도는 등급화 적합도 평가를 직접 활용한다(Järvelin and Kekäläinen, 2002). nDCG는 가장 적합한 문서를 앞에, 다음으로 적합한 문서를 바로 그 뒤에 두는 식으로 순위를 매긴 "이상적"인 결과와, 현재 순위 결과의 적합도 값을 비교하는 식으로 동작한다. nDCG를 계산하려면, 적합도 단계마다 이득 값$^{\text{gain value}}$을 할당해야 한다. 이 이득 값은 적합도 단계를 점수로 계산할 수 있도록 숫자로 바꾼 값이다. 이득 값은 적합도 단계들 사이의 상대적 차이를 반영하도록 결정해야 한다. 예를 들어 문서가 "매우 적합", "적합", "덜 적합", "비적합"의 4점 척도로 평가된다고 하자. 그러면 이득 값은 다음과 같이 정할 수 있다.

매우 적합 →	10
적합 →	5
덜 적합 →	1
비적합 →	0

문서 순위 목록이 주어졌을 때, nDCG를 계산하는 첫 단계는 이득 벡터$^{\text{gain vector}}$ G를 구성하는 작업이다. 예를 들어 순위 목록에서 첫 6건의 문서가 다음과 같이 판정됐다고 가정하

자. (1) 적합, (2) 매우 적합, (3) 비적합, (4) 적합, (5) 덜 적합, (6) 매우 적합. 그리고 그 뒤 문서들은 모두 비적합이다. 이 목록에 대응하는 이득 벡터는 다음과 같다.

$$G \ = \ \langle 5, 10, 0, 5, 1, 10, 0, 0, ... \rangle \tag{12.74}$$

nDCG 계산의 두 번째 단계는 누적 이득 벡터$^{cumulative gain vector}$ CG를 계산하는 작업이다. CG 의 k번째 원소는 G에서 1부터 k번째까지 원소를 더한 값이다.

$$\mathrm{CG}[k] \ = \ \sum_{i=1}^{k} G[i] \tag{12.75}$$

예시 값은 다음과 같다.

$$\mathrm{CG} \ = \ \langle 5, 15, 15, 20, 21, 31, 31, 31, ... \rangle \tag{12.76}$$

누적 이득 벡터를 계산하기 전에 사용자가 낮은 순위 문서들까지 찾아볼 때 드는 수고를 반영하도록 낮은 순위에 불이익을 주는 할인 함수를 적용할 수 있다. 사용자들은 시간이나 수고로움 때문에 낮은 순위의 문서를 잘 검토하지 않는다. 할인 함수로는 일반적으로 $\log_2(1 + i)$를 쓰지만, 사용자의 수고를 더 잘 반영하는 다른 할인 함수도 쓸 수 있다 (Järvelin and Kekäläinen, 2002). 이 할인 누적 이득$^{discounted cumulative gain}$은 다음과 같이 정의된다.

$$\mathrm{DCG}[k] \ = \ \sum_{i=1}^{k} \frac{G[i]}{\log_2(1 + i)} \tag{12.77}$$

위 예제에서는 다음과 같이 된다.

$$\mathrm{DCG} \ = \ \langle 5.0, 11.3, 11.3, 13.5, 13.8, 17.4, 17.4, 17.4, ... \rangle \tag{12.78}$$

다음 단계는 할인 누적 이득 벡터를 "이상적"인 이득 벡터로 정규화하는 작업이다. 이상적인 순위화는 모든 단계에서 누적 이득을 최적화하는 순위다. 문서 모음에 매우 적합 문서가 두 건, 적합 문서가 두 건, 덜 적합 문서가 두 건 있다고 하자. 나머지 문서들은 모두 비적합이다. 그러면 이상적 이득 벡터는 다음과 같이 된다.

$$\text{G}' \;=\; \langle 10, 10, 5, 5, 1, 1, 0, 0, ... \rangle \tag{12.79}$$

그리고 이상적 누적 이득 벡터는 다음과 같다.

$$\text{CG}' \;=\; \langle 10, 20, 25, 30, 31, 32, 32, 32, ... \rangle \tag{12.80}$$

이상적 할인 누적 이득 벡터는 다음과 같다.

$$\text{DCG}' \;=\; \langle 10.0, 16.3, 18.8, 21.0, 21.3, 21.7, 21.7, 21.7, ... \rangle \tag{12.81}$$

nDCG 계산의 마지막 단계는, 할인 누적 이득을 이상적 할인 누적 이득 벡터로 나눠서 정규화하는 작업이다.

$$\text{nDCG}[k] \;=\; \frac{\text{DCG}[k]}{\text{DCG}'[k]} \tag{12.82}$$

예제 값으로 쓰면 다음과 같다.

$$\text{nDCG} \;=\; \langle 0.50, 0.69, 0.60, 0.64, 0.65, 0.80, 0.80, 0.80, ... \rangle \tag{12.83}$$

정보 검색 평가 척도에서 보통 그렇듯이, nDCG는 개별 주제들의 nDCG 값에 산술 평균을 취해서 전체 주제 집합에 대한 값을 구한다. nDCG는 정밀도와 재현율과 비슷하게 여러 검색 깊이에 대한 값을 보고한다. 위 예제에서는 nDCG@4 = 0.64이고, nDCG@8 = 0.80이다.

nDCG 척도는 웹 페이지들의 품질이 크게 차이 나고, 고만고만하게 적합한 페이지들이 문서 모음에서 많이 나타나는 웹 검색에서 자주 쓰인다(Najork et al., 2007). 또한 XML 정보 검색의 평가에서도 채택된다(16.5절 참조). nDCG 외에도 CG와 DCG도 평가 척도로 직접 사용할 수 있다. 웹 검색 결과에 기반한 한 연구에서, 알-마스카리 외(Al-Maskari et al., 2007)는 CG와 DCG가 nDCG보다 사용자 만족도와 실제로 더 상관관계가 있다는 증거를 제시한 적이 있다.

12.5.2 불완전하고 편향된 판정

미판정 문서는 대부분의 유효성 척도에 문제를 일으킨다. 새로운 방법을 시험하거나 기존 방법을 조정하려고 큰 시험용 자료 모음을 재활용할 때, 상위권에 미판정 문서들(즉 풀에 없는 문서)이 있을 수 있다. 편의상 이런 문서들은 비적합으로 간주한다(12.2절). 사실 미판정 문서를 평가자에게 보여줬다면 그중 상당수가 적합 문서로 평가됐을지도 모른다. 따라서 풀링 방법은 기본적으로 풀에 기여하지 않은 런에 멀도록 편향돼 있다. 시험용 자료 모음을 재활용할 때 이런 편향 때문에 런들의 상대적 품질이 왜곡되고, 부정확한 결론을 내릴 수 있다.

불완전한 판정을 다루는 방법 대부분은, 특정 시스템이나 방법론이 더 유리하지 않은 비편향 표본을 가정한다. 예를 들면 추론된 평균 정밀도(12.4.2절)로는 전체 풀을 다 평가하지 않아도 유효성을 측정할 수 있지만, 다양한 경우에 편향되지 않은 정밀도 추정치를 얻으려면 비편향 표본이 필요하다.

불완전하고 편향된 판정 앞에서 유효성을 측정하는 능력은 실제로 중요하다. 누락된 판정을 처리하는 능력 또한 문서 모음이 동적으로 변하는 검색 시스템 평가에 필요한 조건이다. 문서 모음이 크고 동적으로 변할 때 실험에서는 종종 미판정 문서들이 수면으로 올라온다. 많은 경우, 시간과 비용 문제 때문에 즉시 시험용 자료 모음의 구멍을 메우는 판정을 할 수가 없다. 예를 들어 웹 검색 서비스의 운영자가 정해진 질의들을 주기적으로 던져보고 시스템 성능을 측정할 수도 있을 것이다. 크롤러가 계속적으로 페이지를 문서 모음에 추가해서 이 페이지들을 즉시 판정하지 못할 수도 있지만, 여전히 오늘과 어제의 유효성을 의미 있게 비교할 수 있어야 한다.

불완전하고 편향된 판정으로 생기는 문제가 중요하지만 이 문제를 풀려는 연구는 상대적으로 적었다. 몇 가지 연구에 따르면 그중에서 순위 유효성 척도rank effectiveness measure 또는 RankEff라는 특정 척도가 시스템 순위화의 안정성 측면에서 다른 척도를 능가한다고 알려졌다(Büttcher et al., 2007; Ahlgren and Grönqvist, 2008). 안정성이란, 한 검색 시스템이 RankEff 기준으로 다른 시스템을 능가한다면, 판정이 완전할 때 전통적인 척도로 측정해도 그 시스템의 성능이 더 나을 거라는 뜻이다. 하지만 이 안정성도 절대적이진 않으므로, 누락된 판정 수가 많아질수록 확실성도 떨어진다는 점을 주의해야 한다.

RankEff 수식은 평균 정밀도 수식(식 12.4)이 미판정 문서들을 무시한다는 점을 제외하면, 그 수식을 연상시킨다.

$$\text{RankEff} = \frac{1}{|Rel|} \cdot \sum_{i=1}^{|Res|} \text{relevant}(i) \cdot \left(1 - \frac{|Res[1..i] \cap Non|}{|Non|}\right) \qquad (12.84)$$

i번째 순위의 문서가 적합으로 판정을 받으면 relevant$(i) = 1$, 아니면 0이다. 이 수식에서 Rel은 판정된 적합 문서들의 집합, Non은 판정된 비적합 문서들의 집합, $Res[1..i]$는 순위 목록에서 상위 i번째 안에 들어오는 문서 집합이다. 아래 값은 기본적으로 판정된 비적합 문서의 재현율 @i이다.

$$\frac{|Res[1..i] \cap Non|}{|Non|} \qquad (12.85)$$

이 수식은 순위 목록에서 판정된 적합 문서들 각각의 값에, 판정된 비적합 문서들이 그보다 상위에 나타나는 비율로 불이익을 준다. 이 수식은 Res에 나타나지 않는 판정된 적합 문서를 모든 판정된 비적합 문서 하위에 나타나는 것처럼 처리해서 점수에 아무런 영향을 주지 않도록 만든다.

예를 들어 다음 벡터로 표현되는 문서 순위 목록을 생각해보자.

$$Res = \langle +, ?, -, +, -, ?, ?, ?, ?, + \rangle \qquad (12.86)$$

이 벡터는 10위까지의 순위 목록 문서를 부호화했으며, "$+$"는 판정된 적합 문서, "$-$"는 판정된 비적합 문서, 그리고 "$?$"는 미판정 문서를 뜻한다. 판정된 적합 문서가 4건($|Rel| = 4$), 판정된 비적합 문서가 6건($|Non| = 6$) 있다고 하자. RankEff는 다음과 같이 계산된다.

$$\frac{1}{4} \cdot \left(\left(1 - \frac{0}{6}\right) + \left(1 - \frac{1}{6}\right) + \left(1 - \frac{2}{6}\right)\right) = \frac{5}{8} = 0.625 \qquad (12.87)$$

동일한 벡터의 AP 값을 비교하면 다음과 같다.

$$\frac{1}{4} \cdot \left(\frac{1}{1} + \frac{2}{4} + \frac{3}{10}\right) = \frac{9}{20} = 0.450 \qquad (12.88)$$

586

12.5.3 참신성과 다양성

고전적인 정보 검색 평가 방법론은 각 문서의 적합도가 다른 문서와 독립적으로 판정 받는다고 가정한다. 따라서 불필요한 중복도 좋은 판정을 받는다. 시험용 자료 모음에 거의 동일한 문서들이 다수 포함됐다고 가정해보자(그리고 실제로 그런 경우가 많다). 이런 문서들 중 하나가 적합 문서라면, 전부 다 적합일 것이다. 이 문서들을 모두 상위로 올리면 AP 같은 고전적 척도로는 높은 점수를 받겠지만, 실제 사용자는 확실히 좋지 않게 볼 것이다. 웹에서 수집한 문서 모음들에 특히 이런 문제가 많다. 번스타인과 조벨(Bernstein and Zobel, 2005)은 GOV2 문서 모음에서 거의 동일한 문서들을 조사해봤는데, 문서의 17% 이상이 다른 문서의 복제라는 사실을 알아냈다. 편법으로 중복 문서를 문서 모음에서 삭제한다 한들 그저 문제를 숨길 뿐이다. 따라서 문제를 숨기는 대신 중복 문서의 가능성을 평가 척도에 반영해서, 사용자가 이전(즉, 더 상위) 문서를 보고 알게 된 정보 외에 참신한 정보를 주는 문서를 우대하도록 해야 한다.

고전적 정보 검색 평가의 또 다른 문제점은 주제를 통해 표현된 바와 같이 완전히 특정한 정보 요구와 관련해 적합도를 판정한다는 가정에 있다. 그림 1.8(64쪽)에서 제목("law enforcement, docs")은 질의로 사용하도록 의도한 TREC 주제 426을 생각해보자. 이 질의는 해당 실험에서 한 가지로만 해석됐다. 즉, "전 세계에서 법 집행 목적의 개 활용 정보"를 담고 있는 문서만 적합하다고 본다. 하지만 367쪽 예제에서 설명한 바와 같이, 이 질의는 '개에 관련한 법률 시행 정보'(예: 개 목줄 규제)와 관련이 있다는 두 번째 해석도 가능하다. 이 두 번째 해석이 완전히 말이 되고 실제 사용자가 원할 가능성도 있지만, 이런 해석을 반영하는 문서는 비적합으로 판정된다. 간단히 설명과 묘사를 바꾸면 한 해석에서 다른 해석으로 넘어갈 수 있다는 점(상대적으로 쉬운 질의에서 상대적으로 어려운 질의로 이동)에 유의하자. 이 책을 쓰는 시점에 위 질의를 상업용 웹 검색엔진에 던져보니 첫 번째 해석을 크게 반영하는 문서들이 섞여서 반환됐다.

어떤 해석이든 이 질의는 어떤 사용자의 정보 요구를 잘 정의하지 못할 수 있다. 어떤 사람은 마약 탐지견에만 관심이 있을 수도 있고 또 어떤 사람은 자신의 지역의 개 목줄 규제만 관심이 있을 수도 있다. 이상적인 검색 시스템이라면 질의에 숨은 모호성을 반영해서, 모든 측면을 다 담는 결과를 반환할 것이다. 이 문제를 해결하려면 검색 결과의 다양성에 적절한 보상을 주는 유효성 척도가 필요하다.

검색 시스템은 주어진 질의에 대한 정보의 다양성과, 그 질의에 담긴 모호성을 모두 중시하는 순위 결과 목록을 줘야 한다. "재규어"라는 질의는 모호한 질의의 대표적인 예시다. 이 질의에 답하려면 자동차, 고양잇과 동물, 클래식 펜더 기타에 관한 문서를 섞는 편이 가장 좋을 것이다. 이 문서들을 모으면 가능한 모든 해석에 대한 완전한 그림이 떠올라야 한다. 이상적으로는 이 질의에 대한 문서 순위는 전체 사용자 집단의 관심을 적절히 설명할 것이다. 만약 자동차가 고양잇과 동물보다 훨씬 더 인기가 많았다면, 주제를 바꾸기 전에 처음 몇 문서는 자동차에 관한 글로만 채우는 편이 적절할지도 모른다. 앞 순위 문서가 각 주제의 주요 정보를 다루고, 후순위 문서는 불필요하게 같은 정보를 반복하는 대신 이 기본 정보를 보충하는 문서로 배치할 수도 있다.

참신성과 다양성을 모두를 설명하는 평가 척도를 하나 다루기 전에 클라크 외(Clarke et al., 2008)의 연구에서 파생된 두 가지 예제를 동기부여 삼아 제시하고자 한다. 첫 번째는 웹 검색 예제다. 두 번째는 TREC 2005에서 했던 질문 답변 실험 과업에 기반한 예다 (Voorhees and Dang, 2005).

웹 검색 예제

표 12.11은 책을 쓰는 시점에 웹 질의 "UPS"를 상업 검색엔진에 입력하고 나온 검색 결과 상위 10건 중 5개다. 검색엔진의 순위를 그대로 유지했지만 예제를 간결하게 만들도록 몇 가지 결과는 삭제했다. 결과를 보면 모호성이 뚜렷하게 드러난다. 이 질의를 입력한 사용자는 유나이티드 파슬 서비스[UPS, United Parcel Service]를 통해 발송한 소포를 추적할 수도, 무정

표 12.11 웹 질의 "UPS"의 결과로 나올 수 있는 페이지들. 질의의 여러 해석을 반영한다.

순위	페이지 제목	URL
1	UPS 글로벌 홈	www.ups.com
2	UPS: 정보 추적	www.ups.com/tracking/tracking.html
3	무정전 전원 장치(Uninterruptible power supply) −위키피디아	en.wikipedia.org/wiki/Uninterruptible power...
4	UPS 스토어: 소매 포장, 운송	www.theupsstore.com
5	펏젯 사운드 대학교(University of Puget Sound) :: 홈	www.ups.edu

전 전원장치[UPS, Uninterruptible power supply]를 구매하려고 할 수도, 펏젯사운드대학교[UPS, University of Puget Sound]를 찾으려 할 수도 있다. 약어가 정확히 뭘 의미하는지는 사용자 의도에 따라 달라진다.

이 다섯 페이지 중 어느 하나가 다른 것보다 더 적합하다고 말하기는 어렵다. 페이지마다 그 페이지가 가장 좋은 결과라고 여길 사용자들이 있을 것이다. 고전적인 평가 방법에서 적합도 판정은 주제를 어떻게 묘사하는지, 검색 시스템에 숨은 세부 사항이 무엇인지에 따라 바뀐다. 이 숨은 세부 사항에 따라 어떤 문서도 적합이나 비적합으로 판정 받을 수 있다. 이런 질의들은 모호성이 눈에 띄기 때문에 자연스럽게 TREC에서 배제될 것이고 문제도 피할 수 있을 것이다. 하지만 불행히도 실제에서는 이 문제를 피할 수 없다.

이 페이지들을 순위화하는 방법 하나는 그 페이지를 적합하다 생각하는 집단의 상대적 크기를 따르는 방식이다. 추측컨대 워싱턴주[5]에서도 유나이티드 파슬 서비스를 의도한 사용자 집단이, 펏젯사운드대학교를 의도한 집단보다 실질적으로 클 것이다. 무정전 전원장치에 관심이 있는 사용자 수는 그 중간 어디 즈음에 있을 것이다. 표 12.11의 순위는 이 추측과 일치한다. 하지만 무정전 전원장치(#3)에 관한 페이지가 유나이티드 파슬 서비스에 관한 페이지 둘 사이에 껴 있음에 주목하자. 무정전 전원장치에 관심 있는 사용자들이 그 지점까지 결과 목록을 살펴보는 사용자 집단에서 다수를 차지한다면 이 순위는 정당화할 수 있다. 다섯 번째 결과까지 대학에 관심 있는 사용자들이 다수를 형성할 수도 있다. 따라서 결과의 다양성은 사용자 집단의 요구에서 곧바로 기인한다.

표 12.11이 (실제로 그렇지 않더라도) 최선의 순위화라고 한다면, 그 순위는 비공식적이고 직관적으로 정당화될 수 있을 것이다. 그리고 그 직관을 반영해서 이 순위화에 가장 높은 점수를 주도록 평가 척도를 만들어야 한다.

질문 답변 예제

두 번째 예는 TREC 2005 질문 답변 과업[TREC 2005 question answering task](Voorhees and Dang, 2005)에서 가져온 주제다. 전통적인 검색 과업과 대조적으로, 질문 답변(QA) 과업의 목표

---

5 펏젯사운드는 워싱턴주에 있다. - 옮긴이

표 12.12 TREC 2005 질문 답변 주제 85. 주제는 여러 질문으로 구성돼 있고, 각 질문은 전체 주제의 다른 측면들을 겨냥한다.

85: 노르웨이 크루즈 라인(Norwegian Cruise Lines; NCL)
85.1: NCL의 배 이름
85.2 1999년 NCL 인수를 시도한 크루즈 라인은 무엇인가?
85.3 NCL이 소유한 섬 이름은 무엇인가?
85.4 다른 크루즈 라인과 크기를 비교했을 때 NCL은 순위가 몇 번째인가?
85.5 그랜드 케이맨(Grand Cayman) 섬은 왜 NCL 배를 돌려보냈는가?
85.6: NCL이 홍보하는 테마 크루즈선 이름

는 여러 출처의 정보를 합쳐서 특정 질문에 정확한 답변을 하는 것이다. TREC 2005 과업에서 질문들은 대상이 하나인 질문 시리즈들로 묶여 있었다. 참여하는 시스템은 대상과 질문들을 받고 각각의 질문에 대한 답을 반환하는 목표를 가진다. 표 12.12는 주제 85의 대상인 "노르웨이 크루즈 라인NCL, Norwegian Cruise Lines"과 관련 질문들이다.

이 주제를 다른 관점에서 봐서 대상을 질의어로, 질문을 사용자가 찾고 있는 특정 정보의 대표나 예제로 볼 수도 있을 것이다. 표 12.13은 대상을 질의로 보고, Wumpus의 BM25 공식 구현을 이용해서 검색한 결과다. 말뭉치는 TREC 2005 QA 과업에서 사용한

표 12.13 TREC 2005 QA 과업 말뭉치에서 "Norwegian Cruise Lines(NCL)"를 질의로 하고 BM25 기준으로 구한 상위 10건의 문서. 문서마다 답변된 질문들을 표시했다.

	문서 제목	85.1	85.2	85.3	85.4	85.5	85.6	합계
a.	Carnival Re-Enters Norway Bidding		X		X			2
b.	NORWEGIAN CRUISE LINE SAYS...		X					1
c.	Carnival, Star Increase NCL Stake		X					1
d.	Carnival, Star Solidify Control							0
e.	HOUSTON CRUISE INDUSTRY GETS...	X				X		2
f.	TRAVELERS WIN IN CRUISE...	X						1
g.	ARMCHAIR QUARTERBACKS NEED...			X				1
h.	EUROPE, CHRISTMAS ON SALE	X						1
i.	TRAVEL DEALS AND DISCOUNTS							0
j.	HAVE IT YOUR WAY ON THIS SHIP							0

신문 기사 문서 모음과 동일하다. 상위 10건 문서의 제목이 표에 표시돼 있다. 표에서 공식 TREC 판정에 따라 그 기사가 답변한 질문이 나와 있다. 이 예제의 목적에 따라 NCL 선박의 이름이 나열돼 있다면 질문 85.1에 답하는 문서로 생각했다. 마지막 열에는 답변된 총 질문 수가 나와 있다. 비록 이 질문들이 주제의 모든 면을 나타내진 않지만 대표라고 봐도 적절할 것이다. 이 관점에서 이 질문들에 대한 전체 문서 적합도를 근거로 전체 답변 수를 등급화된 적합도 값으로 볼 수 있다. 따라서 답변된 질문 수만을 고려한다면, "이상적"인 문서 순위는 답변이 하나인 문서 앞에 답변이 둘인 문서를 배치했을 때 a-3-b-c-f-g-h-d-i-j-d가 된다.

만약 참신성을 고려한다면 질문 85.3에 답하는 문서는 g뿐이므로 이상적인 순위는 g가 답변하는 질문이 하나인 다른 문서보다 앞서서 3위가 될 것이다. 게다가 a-e-g 순위는 어떤 문서로도 답변되지 않는 질문 85.5를 제외하고 다른 모든 질문을 포함한다. 그러면 나머지 문서들은 새로운 내용을 덧붙이지 못하기 때문에 비적합으로 생각할 수 있다. 하지만 나머지 문서들이 질문들이 다루지 않는 측면들을 포함할 가능성이 높기 때문에 3위까지만 보여줘서는 안 된다. 또한 판정에 오류가 있거나 그 문서가 해당 질문에 충분한 답변이 되지 못할 수도 있다. 활용할 수 있는 정보가 주어졌을 때, 각 질문이 답변 되는 횟수를 고려해서 순위를 매길 수 있다. 문서 b(85.2 답변)는 g 뒤에 오고, b 다음에 f(85.1 답변) 및 c, h(이 질문들을 세 번째로 답변)를 둘 수 있을 것이다. 최종 순위는 a-e-g-b-f-c-h-i-j-d가 된다.

참신성과 다양성 측정

참신성과 다양성에 대한 유효성 척도의 개발 및 검증은 아직 열린 연구 주제다. 다음에 클라크 외(Clarke et al., 2008)가 제안한 척도를 소개하고자 한다. 그 외에 제안된 척도들은 '더 읽을거리' 절에 언급했다.

앞서 소개한 예제를 일반화하고자 정보 요구를 너깃[nugget]들로 생각할 수 있다. 한 너깃은 개념적으로 정보 요구에 관련된 특정 사실이나 특정 질문에 대한 답변을 나타낸다. 심지어 너깃은 특정 문서 모음에 속하는 한 문서를 가리키는, 특정 기간 내에 작성됐거나 특정 웹 사이트에서 보이는 어떤 구조적, 탐색적 요청을 나타낼 수도 있다. 그러고 나서 그 문서에 등급화된 적합도 값을, 문서가 포함하는 너깃 수에 기초해서 할당할 수 있다. 즉, 너깃이 많을수록 좋다. 게다가 문서 순위 목록이 있을 때 한 너깃이 한 문서에서 나타난다면 그 뒤의 문서들의 값은 감소하게 되고, 다양성보다 참신성을 더 선호하게 된다. 등급화된 적합도 값이 가능하다면 nDCG 같은 척도를 적용해서 유효성을 측정할 수 있다. nDCG가 이런 이득 값을 사용하도록 확장한 척도를 α-nDCG라고 한다.

수식으로 쓰자면 사용자의 정보 요구를 너깃의 집합 $\{n_1, ..., n_m\}$으로 모델링한다. 문서 순위 목록 $\langle d_1, d_2, ... \rangle$가 주어졌을 때, 문서 d_i가 너깃 n_j를 포함한다고 판정했을 때 $N(d_i, n_j) = 1$, 아닌 경우 $N(d_i, n_j) = 0$이라 하자. 문서 d_i에 포함된 너깃 수는 다음과 같다.

$$\sum_{j=1}^{m} N(d_i, n_j) \tag{12.89}$$

중복이 문제가 되지 않는 경우, 이 숫자는 곧바로 등급화된 적합도 값으로 쓸 수 있다. 하지만 결과 목록에서 더 아래로 내려가면 중복 정보의 가치가 감소하는 점을 반영해서 너깃이 반복되면 이 숫자를 조정하고 싶을 수도 있다. 숫자를 조정하려면 먼저 너깃 j를 포함한다고 판정된 $k - 1$위까지의 문서 수를 정의하자.

$$r_{j,k-1} = \sum_{i=1}^{k-1} N(d_i, n_j) \tag{12.90}$$

편의상 $r_{j,0} = 0$이라 정의한다. 그런 다음 이득 벡터 G에서 k번째 원소를 다음과 같이 정의한다.

$$G[k] = \sum_{j=1}^{m} N(d_k, n_j) \alpha^{r_{j,k-1}} \tag{12.91}$$

α는 $0 < \alpha \leq 1$인 상수다. 이 상수는 반복된 너깃에서 이득 값의 감소를 뜻한다. 예를 들어 $\alpha = 1/2$이라 설정한다면, 표 12.13의 문서 순위에서 다음 이득 벡터를 얻는다.

$$G = \langle 2, \tfrac{1}{2}, \tfrac{1}{4}, 0, 2, \tfrac{1}{2}, 1, \tfrac{1}{4}, ... \rangle \tag{12.92}$$

이 예제에서 너깃 값은 그 너깃을 포함한 각 문서들에서 절반이 된다. $\alpha = 1$일 때는 너깃이 아무리 많이 나타나도 이득 값은 그대로 유지된다. $\alpha = 0$이면 너깃이 한 번 나타난 후 이득 값이 0으로 떨어진다.

이제 12.5.1에서 설명한 대로 nDCG 계산을 진행할 수 있다. 정규화를 위해 이상적인 순위는 모든 단계에서 누적 이득을 최대화하는 순서다. 이 예제에서 이상적인 순서는 a-e-g-b-f-c-h-i-j-d이고 그에 따른 이상적인 이득 벡터는 다음과 같다.

$$G' = \langle 2, 2, 1, \tfrac{1}{2}, \tfrac{1}{2}, \tfrac{1}{4}, \tfrac{1}{4}, ... \rangle \tag{12.93}$$

12.6 더 읽을거리

최초의 정보 검색 시험용 자료 모음은 1960년대 시릴 클레버던과 그의 동료들이 만들었으며, 크랜필드 테스트[Cranfield test]로 알려진 연속된 실험들의 일부였다(Cleverdon, 1967). 고정된 문서 집합, 질의, 수작업 판정들을 활용한 검색 시스템 평가의 기본적 접근법은 여전히 크랜필드 패러다임이라 부른다. 이 접근법은 1990년대 초 TREC에서 채택하고, 더 큰 자료 모음으로 확장됐다(기가바이트 이상의 크기). 부어히와 하먼(Voorhees and Harman, 2005)이 TREC의 역사와 크랜필드 패러다임의 활용에 관해 설명했다.

정보 검색 평가에서 통계적 방법을 적절히 활용하는 방식은 계속 논쟁의 주제가 됐다. 12장에서 논의한 의학 같은 분야에서는 표준적인 방법인 몇 가지 통계적 방법들은 아직 정보 검색 분야에서는 보편적으로 적용되지 않고 있다. 샌더슨과 조벨(Sanderson and Zobel, 2005)은 정보 검색에서의 통계적 검정을 검토하고, 더 많은 수의 주제에서 얕은 판정을 하는 편보다 더 작은 수의 주제에 대해서 깊은 판정을 하는 편이 더 낫다고 결론을 내렸다. 웨버 외(Webber et al., 2008b)는 검색 시스템을 쌍으로 비교할 때 통계적 검정력을, 효과 크기, 주제 수, 풀링 깊이의 함수로서 실험적으로 측정했다. 웨버 등은 617개 주제로 깊이 $k = 5$인 얕은 풀링 방법을 사용하면, TREC 2004 로버스트 트랙에 제출된 시스템의 쌍 중에 80%를 구분할 수 있는 검정력이 있다고 추정했으며, 이 추정은 그림 12.5와 일치한다(576쪽). 스머커 외(Smucker et al., 2007)는 무작위화 검정[randomization test]을 최상 기준으로 보고 t-검정, 부호 검정, 윌콕슨 검정을 평가했다. 그리고 무작위화 검정,

t-검정, 부트스트랩 방법의 p-값이 비슷하게 계산되지만, 다른 검정들에서는 상당히 다르다는 결론을 내렸다. 정보 검색 분야를 벗어나보면 토머스(Thomas, 1997)가 후향검정력 분석retrospective power analysis 논란의 성격에 대해 논하고, 후향검정력 계산 방법들을 비교했다. 영국 의학 저널 사이트에는 메타분석에 관한 논문 요약 페이지가 있다.

선택적인 판정을 동원해 판정 노력을 줄이려는 방법들이 여럿 제안됐다. 코맥 외(Cormack et al., 1998)는 대화형 검색, 판정 및 수동 질의 변경 과정을 거쳐 시험용 자료 모음을 만드는 방법을 연구했다. 그 목표는 주어진 시간 내에 되도록 많은 적합 문서를 식별하기다. 샌더슨과 조호(Sanderson and Joho, 2004)는 이 방향으로 더 나아가 풀링 없이 시험용 자료 모음을 만드는 세 가지 방법을 만들었다. 조벨(Zobel, 1998)과 코맥 외(Cormack et al., 1998)는 적합 문서가 다음에 판정될 확률을 높이도록 풀 내의 문서를 동적으로 재정렬하는 방법을 제안했다. 카트레트 외(Carterette et al., 2006)는 판정이 시스템 차별화 능력에 미치는 영향을 최대화하도록, 다음에 판정할 문서를 고르는 알고리즘을 기술했다. 모팻 외(Moffat et al., 2007)는 적응적 판정법을 조사했는데, 이는 결과 목록의 문서 순위에 따라 문서에 지수적으로 감소하는 가중치를 주는 순위-편향 정밀도rank-biased precision 척도의 맥락이다. infAP를 포함한 표본 추출 방법들은 아슬람 외(Aslam et al., 2006)와 일마즈와 아슬람(Yilmaz and Aslam, 2008)이 연구했다. 일마즈 외(Yilmax et al., 2008)는 이 연구를 개선하고 nDCG로 확장다. 소보로프 외(Soboroff et al., 2001)는 적합도 판정을 완전히 피하는 흥미로운 방법을 제안했다.

수년에 걸쳐 수십 개의 정보 검색 평가 방법이 발명됐다. 그 외의 방법은 다른 분야에서 차용해 정보 검색에 접목했다. nDCG 척도는 자베린과 케컬레이넌(Järvelin and Kekäläinen, 2002)이 처음 제안하고 기술했다. nDCG는 그 이후 웹 검색(Burges et al., 2005: Najork et al., 2007)과 XML 정보 검색(Al-Maskari et al., 2007)을 포함해 여러 분야에 적용됐다. 버클리와 부어히(Buckley and Voorhees, 2004)는 RankEff와 구조나 의도 면에서 비슷한 *bpref* 척도를 제안했다. 샤와 크로프트(Shah and Croft, 2004)는 역순위 척도(식 12.5)를, 상위에서 높은 정밀도가 중요한, 고정확도 검색을 평가했다. 아슬람 외(Aslam et al., 2005)는 유효성 척도의 품질을 정량화하는 방법을 제안했다. 모팻과 조벨(Moffat and Zobel, 2008)은 간단한 사용자 행동 모델링에 기반한 순위-편향 정밀도 척도를 설명하고 평가했다. 채플 외(Chapelle et al., 2009)는 단순한 사용자 모델을 통합하고, 상용 검색엔진의 로그에서 추출한 사용자 행동으로 검증된 등급화 적합도를 위한 역순위 척도를 설명했다.

아미타이 외(Amitay et al., 2004)와 버처 외(Büttcher et al., 2007)는 적합 문서의 특성을 파악해 시험용 자료 모음을 확장할 수 있도록 만들어 새로운 문서 판정이 자동으로 이뤄지게 하는 방법을 제안했다. 카트레트(Carterette, 2007)는 재활용할 수 있는 시험용 자료 모음 개념을 정의했다. 커스티스와 알-코파히(Custis and Al-Kofahi, 2007)는 질의 확장 기법의 평가를 연구했다. 웨버 외(Webber et al., 2008a)는 시험용 자료 모음 간의 점수를 비교하는 문제를 다뤘다. 사카이와 칸도(Sakai and Kando, 2008)는 적합도 판정이 누락됐을 때 영향을 시험했다.

정보 검색 평가에서 참신성과 다양성 연구는 1960년대까지 거슬러 올라가며 많은 연구자들이 연구했다(Goffman, 1964; Boyce, 1982). 카보넬과 골드스타인(Carbonell and Goldstein, 1998)은 최대한계적합도를 기술했는데, 이 방법은 상위 문서의 유사도를 최소화하면서 적합도를 최대화하는 기법이다. 자이 외(Zhai et al., 2003)는 위험-최소화의 틀에서 하위 주제 검색 방법을 개발, 검증하고, 하위 주제 재현율과 정밀도에 대응하는 척도들을 도입했다. 첸과 카거(Chen and Karger, 2006)는 다양성을 극대화할 목적으로 문서가 일단 결과 목록에 포함되면 적합하지 않다고 가정하는 부정적 피드백을 넣은 검색 방법을 만들었다. 아그라왈 외(Agrawal et al., 2009)는 분류법을 적용해서 검색 결과를 다양화하고 nDCG, MAP, MRR 같은 전통적 유효성 척도가 다양성을 설명할 수 있도록 일반화했다. 스파크 존스 외(Sparck Jones et al., 2007)는 다양성을 포함하는 평가 방법론과 시험용 자료 모음을 만들자는 제안을 했다. 비 외(Vee et al., 2008)는 쇼핑 검색 맥락에서 다양성, 반 즈월 외(Van Zwol et al., 2008)는 이미지 검색 맥락에서 다양성을 연구했다. 클라크 외(Clarke et al., 2009)는 모팻과 조벨(Moffat and Zobel, 2008)이 제안한 순위-편향 정밀도 척도에, 클라크 외(Clarke et al., 2008)와 아그라왈 외(Agrawal et al., 2009)가 만든 참신성 및 다양성 척도를 합치고, 사용자 요구와 사용자 행동을 간단히 모델링해서 잘 정의되지 않는 질의들을 설명하는 척도들을 만들었다. 카트레트(Carterette, 2009a)는 참신성 및 다양성 척도를 위해 이상적인 결과를 계산하는 문제를 연구했다.

12.7 연습 문제

연습 문제 12.1 식 12.81에서, $|Jud \cap Res[1..i-1]| = 0$이라고 가정하자. 이 경우에 $E[P@i]$의 값은 무엇인가?

연습 문제 12.2 다음 벡터로 표현되는 문서 순위 목록을 생각하자.

$$Res = \langle 0, -, +, 0, -, X, 0, X, X, +, ... \rangle \qquad (12.94)$$

"+"는 판정된 적합 문서를, "−"는 판정된 비적합 문서를, 0은 풀에서 미판정된 문서를, X는 풀에 없는 문서를 뜻한다. $E[P@1]$과 $E[P@10]$를 계산하라. $\varepsilon = 0.00001$이라고 가정하라.

연습 문제 12.3 이득 벡터가 다음과 같이 주어지고,

$$G = \langle 1, 3, 0, 2, 1, 3, 0, 0, ... \rangle \qquad (12.95)$$

이상적 이득 벡터가 다음과 같을 때,

$$G' = \langle 3, 3, 2, 2, 2, 1, 1, 0, ... \rangle \qquad (12.96)$$

nDCG 벡터를 계산하라.

연습 문제 12.4 다음 벡터로 표현되는 문서 순위 목록을 생각하자.

$$Res = \langle 0, -, +, 0, -, 0, 0, 0, 0, + \rangle \qquad (12.97)$$

이 벡터는 길이 $k = 10$인 순위 목록에서 문서들의 판정을 코드화한 것으로, "+"는 판정된 적합 문서, "−"는 판정된 비적합 문서, 0은 미판정 문서를 뜻한다. 판정된 적합 문서가 3건이고($|Rel| = 3$) 판정된 비적합 문서가 4건($|Non| = 4$)이라 가정하자. 이 벡터의 RankEff를 계산하라(식 12.84).

연습 문제 12.5 상용 웹 검색엔진에 다음과 같이 잘 정의가 안되고 모호한 질의를 던져보자. (a) "재규어^{jaguar}", "윈도우^{windows}", (c) "안녕^{hello}", (d) "찰스 클라크$^{Charles\ Clarke}$". 상위 10개 결과에서 다른 의미가 얼마나 많이 나오는가?

연습 문제 12.6 95% 신뢰구간 $c = [l, u]$로 m의 추정치를 산출하는, n개 주제의 집합 s를 사용해 특정 시스템의 MAP을 측정한다고 생각해보자. 그리고 두 번째 추정치 m'은 특성이 비슷한 n개의 서로 다른 주제들을 이용해서 구한다고 하자. m'의 정밀도 추정치는 알 수 없다. c가 m'를 포함할 확률은 얼마인가? $m = m + m'/2$를 계산한다고 하자. 추가 정보 없이 m을 포함하는 가장 작은 95% 신뢰 구간의 크기를 구하라. 두 번째 주제 집합의 크기가 $n' \neq n$이면 답이 어떻게 바뀌는가?

12.8 참고문헌

Agrawal, R., Gollapudi, S., Halverson, A., and Ieong, S. (2009). Diversifying search results. In *Proceedings of the 2nd ACM International Conference on Web Search and Data Mining*, pages 5 – 14. Barcelona, Spain.

Ahlgren, P., and Grönqvist, L. (2008). Evaluation of retrieval effectiveness with incomplete relevance data: Theoretical and experimental comparison of three measures. *Information Processing & Management*, 44(1):212 – 225.

Al-Maskari, A., Sanderson, M., and Clough, P. (2007). The relationship between IR effectiveness measures and user satisfaction. In *Proceedings of the 30th Annual International ACM SIGIR Conference on Research and Development in Information Retrieval*, pages 773 – 774. Amsterdam, The Netherlands.

Amitay, E., Carmel, D., Lempel, R., and Soffer, A. (2004). Scaling IR-system evaluation using term relevance sets. In *Proceedings of the 27th Annual International ACM SIGIR Conference on Research and Development in Information Retrieval*, pages 10 – 17. Sheffield, England.

Aslam, J. A., Pavlu, V., and Yilmaz, E. (2006). A statistical method for system evaluation using incomplete judgments. In *Proceedings of the 29th Annual International ACM SIGIR Conference on Research and Development in Information Retrieval*, pages 541 – 548. Seattle, Washington.

Aslam, J. A., Yilmaz, E., and Pavlu, V. (2005). The maximum entropy method for analyzing retrieval measures. In *Proceedings of the 28th Annual International ACM SIGIR Conference on Research and Development in Information Retrieval*, pages 27 – 34. Salvador, Brazil.

Bernstein, Y., and Zobel, J. (2005). Redundant documents and search effectiveness. In *Proceedings of the 14th ACM International Conference on Information and Knowledge Management*, pages 736 – 743. Bremen, Germany.

Boyce, B. (1982). Beyond topicality: A two stage view of relevance and the retrieval process. *Information Processing & Management*, 18(3):105 – 109.

Buckley, C., and Voorhees, E. (2005). Retrieval system evaluation. In Voorhees, E. M., and Harman, D. K., editors, *TREC — Experiment and Evaluation in Information Retrieval*, chapter 3, pages 53 – 75. Cambridge, Massachusetts: MIT Press.

Buckley, C., and Voorhees, E. M. (2004). Retrieval evaluation with incomplete information. In *Proceedings of the 27th Annual International ACM SIGIR Conference on Research and Development in Information Retrieval*, pages 25 – 32. Sheffield, England.

Burges, C. J. C., Shaked, T., Renshaw, E., Lazier, A., Deeds, M., Hamilton, N., and Hullender, G. (2005). Learning to rank using gradient descent. In *Proceedings of the 22nd International Conference on Machine Learning*, pages 89 – 96. Bonn, Germany.

Büttcher, S., Clarke, C. L. A., Yeung, P. C. K., and Soboroff, I. (2007). Reliable information retrieval evaluation with incomplete and biased judgements. In *Proceedings of the 30th Annual International ACM SIGIR Conference on Research and Development in Information Retrieval*, pages 63 – 70. Amsterdam, The Netherlands.

Carbonell, J., and Goldstein, J. (1998). The use of MMR, diversity – based reranking for reordering documents and producing summaries. In *Proceedings of the 21st Annual International ACM SIGIR Conference on Research and Development in Information Retrieval*, pages 335 – 336. Melbourne, Australia.

Carterette, B. (2007). Robust test collections for retrieval evaluation. In *Proceedings of the 30th Annual International ACM SIGIR Conference on Research and Development in Information Retrieval*, pages 55 – 62. Amsterdam, The Netherlands.

Carterette, B. (2009a). An analysis of NP – completeness in novelty and diversity ranking. In *Proceedings of the 2nd International Conference on the Theory of Information Retrieval*, pages 200 – 211. Cambridge, England.

Carterette, B. (2009b). On rank correlation and the distance between rankings. In *Proceedings of the 29th Annual International ACM SIGIR Conference on Research and Development in Information Retrieval*, pages 436–443. Boston, Massachusetts.

Carterette, B., Allan, J., and Sitaraman, R. (2006). Minimal test collections for retrieval evaluation. In *Proceedings of the 29th Annual International ACM SIGIR Conference on Research and Development in Information Retrieval*, pages 268–275. Seattle, Washington.

Chapelle, O., Metzler, D., Zhang, Y., and Grinspan, P. (2009). Expected reciprocal rank for graded relevance. In *Proceedings of the 18th ACM Conference on Information and Knowledge Management*, pages 621–630. Hong Kong, China.

Chen, H., and Karger, D. R. (2006). Less is more: Probabilistic models for retrieving fewer relevant documents. In *Proceedings of the 29th Annual International ACM SIGIR Conference on Research and Development in Information Retrieval*, pages 429–436. Seattle, Washington.

Clarke, C. L., Kolla, M., Cormack, G. V., Vechtomova, O., Ashkann, A., Büttcher, S., and MacKinnon, I. (2008). Novelty and diversity in information retrieval evaluation. In *Proceedings of the 31st Annual International ACM SIGIR Conference on Research and Development in Information Retrieval*, pages 659–666. Singapore.

Clarke, C. L. A., Kolla, M., and Vechtomova, O. (2009). An effectiveness measure for ambiguous and underspecified queries. In *Proceedings of the 2nd International Conference on the Theory of Information Retrieval*, pages 188–199. Cambridge, England.

Cleverdon, C. W. (1967). The Cranfield tests on index language devices. *AsLib proceedings*, 19(6):173–193. Reprinted as Cleverdon (1997).

Cleverdon, C. W. (1997). The Cranfield tests on index language devices. In *Readings in Information Retrieval*, pages 47–59. San Francisco, California: Morgan Kaufmann.

Cormack, G. V., and Lynam, T. R. (2006). Statistical precision of information retrieval evaluation. In *Proceedings of the 29th Annual International ACM SIGIR Conference on Research and Development in Information Retrieval*, pages 533–540. Seattle, Washington.

Cormack, G. V., and Lynam, T. R. (2007). Power and bias of subset pooling strategies. In *Proceedings of the 30th Annual International ACM SIGIR Conference on Research and Development in Information Retrieval*, pages 837–838. Amsterdam, The Netherlands.

Cormack, G. V., Palmer, C. R., and Clarke, C. L. A. (1998). Efficient construction of large test collections. In *Proceedings of the 21st Annual International ACM SIGIR Conference on Research and Development in Information Retrieval*, pages 282–289. Melbourne, Australia.

Custis, T., and Al-Kofahi, K. (2007). A new approach for evaluating query expansion: Query-document term mismatch. In *Proceedings of the 30th Annual International ACM SIGIR Conference on Research and Development in Information Retrieval*, pages 575–582. Amsterdam, The Netherlands.

De Angelis, C., Drazen, J., Frizelle, F., Haug, C., Hoey, J., Horton, R., Kotzin, S., Laine, C., Marusic, A., Overbeke, A., et al. (2004). Clinical trial registration: A statement from the International Committee of Medical Journal Editors. *Journal of the American Medical Association*, 292(11):1363–1364.

Efron, B., and Tibshirani, R. J. (1993). *An Introduction to the Bootstrap*. Boca Raton, Florida: Chapman & Hall/CRC.

Fisher, R. A. (1925). Theory of statistical estimation. *Proceedings of the Cambridge Philosophical Society*, 22:700–725.

Gardner, M. J., and Altman, D. G. (1986). Confidence intervals rather than p values: Estimation rather than hypothesis testing. *British Medical Journal*, 292(6522):746–750.

Goffman, W. (1964). A searching procedure for information retrieval. *Information Storage and Retrieval*, 2:73–78.

Holm, S. (1979). A simple sequentially rejective multiple test procedure. *Scandinavian Journal of Statistics*, 6:65–70.

Järvelin, K., and Kekäläinen, J. (2002). Cumulated gain-based evaluation of IR techniques. *ACM Transactions on Information Systems*, 20(4):422–446.

Kelly, D., Fu, X., and Shah, C. (2007). *Effects of Rank and Precision of Search Results on Users' Evaluations of System Performance*. Technical Report 2007-02. University of North Carolina, Chapel Hill.

Lenhard, J. (2006). Models and statistical inference: The controversy between Fisher and Neyman-Pearson. *British Journal for the Philosophy of Science*, 57(1).

Moffat, A., Webber, W., and Zobel, J. (2007). Strategic system comparisons via targeted relevance judgments. In *Proceedings of the 30th Annual International ACM SIGIR Conference on Research and Development in Information Retrieval*, pages 375-382. Amsterdam, The Netherlands.

Moffat, A., and Zobel, J. (2008). Rank-biased precision for measurement of retrieval effectiveness. *ACM Transactions on Information Systems*, 27(1):1-27.

Najork, M. A., Zaragoza, H., and Taylor, M. J. (2007). HITS on the Web: How does it compare? In *Proceedings of the 30th Annual International ACM SIGIR Conference on Research and Development in Information Retrieval*, pages 471-478. Amsterdam, The Netherlands.

Robertson, S. (2006). On GMAP – and other transformations. In *Proceedings of the 15th ACM International Conference on Information and Knowledge Management*, pages 78-83. Arlington, Virginia.

Sakai, T., and Kando, N. (2008). On information retrieval metrics designed for evaluation with incomplete relevance assessments. *Information Retrieval*, 11(5):447-470.

Sanderson, M., and Joho, H. (2004). Forming test collections with no system pooling. In *Proceedings of the 27th Annual International ACM SIGIR Conference on Research and Development in Information Retrieval*, pages 33-40. Sheffield, England.

Sanderson, M., and Zobel, J. (2005). Information retrieval system evaluation: effort, sensitivity, and reliability. In *Proceedings of the 28th Annual International ACM SIGIR Conference on Research and Development in Information Retrieval*, pages 162-169. Salvador, Brazil.

Savoy, J. (1997). Statistical inference in retrieval effectiveness evaluation. *Information Processing & Management*, 33(4):495-512.

Shah, C., and Croft, W. B. (2004). Evaluating high accuracy retrieval techniques. In *Proceedings of the 27th Annual International ACM SIGIR Conference on Research and Development in Information Retrieval*, pages 2-9. Sheffield, England.

Smucker, M., Allan, J., and Carterette, B. (2007). A comparison of statistical significance tests for information retrieval evaluation. In *Proceedings of the 16th ACM conference on Conference on Information and Knowledge Management*, pages 623–632. Lisbon, Portugal.

Soboroff, I., Nicholas, C., and Cahan, P. (2001). Ranking retrieval systems without relevance judgments. In *Proceedings of the 24th Annual International ACM SIGIR Conference on Research and Development in Information Retrieval*, pages 66–73. New Orleans, Louisiana.

Spärck Jones, K., Robertson, S. E., and Sanderson, M. (2007). Ambiguous requests: Implications for retrieval tests. *ACM SIGIR Forum*, 41(2):8–17.

Thomas, L. (1997). Retrospective power analysis. *Conservation Biology*, 11(1):276–280.

Turpin, A., and Scholer, F. (2006). User performance versus precision measures for simple search tasks. In *Proceedings of the 29th Annual International ACM SIGIR Conference on Research and Development in Information Retrieval*, pages 11–18. Seattle, Washington.

van Zwol, R., Murdock, V., Garcia Pueyo, L., and Ramirez, G. (2008). Diversifying image search with user generated content. In *Proceedings of the 1st ACM International Conference on Multimedia Information Retrieval*, pages 67–74. Vancouver, Canada.

Vee, E., Srivastava, U., Shanmugasundaram, J., Bhat, P., and Amer-Yahia, A. (2008). Efficient computation of diverse query results. In *Proceedings of the 24th IEEE International Conference on Data Engineering*, pages 228–236. Cancun, Mexico.

Voorhees, E., and Harman, D. (1999). Overview of the eighth text retrieval conference. In *Proceedings of the 8th Text REtrieval Conference*, pages 1–24. Gaithersburg, Maryland.

Voorhees, E. M. (2000). Variations in relevance judgments and the measurement of retrieval effectiveness. *Information Processing & Management*, 36(5):697–716.

Voorhees, E. M. (2004). Overview of the TREC 2004 Robust Track. In *Proceedings of the 13th Text REtrieval Conference*. Gaithersburg, Maryland.

Voorhees, E. M., and Dang, H. T. (2005). Overview of the TREC 2005 Question Answering track. In *Proceedings of the 14th Text REtrieval Conference*. Gaithersburg, Maryland.

Voorhees, E. M., and Harman, D. K. (2005). The Text REtrieval Conference. In Voorhees, E. M., and Harman, D. K., editors, *TREC — Experiment and Evaluation in Information Retrieval*, chapter 1, pages 3–20. Cambridge, Massachusetts: MIT Press.

Webber, W., Moffat, A., and Zobel, J. (2008a). Score standardization for inter-collection comparison of retrieval systems. In *Proceedings of the 31st Annual International ACM SIGIR Conference on Research and Development in Information Retrieval*, pages 51–58. Singapore.

Webber, W., Moffat, A., and Zobel, J. (2008b). Statistical power in retrieval experimentation. In *Proceedings of the 17th ACM Conference on Information and Knowledge Management*, pages 571–580. Napa, California.

Yilmaz, E., and Aslam, J. A. (2008). Estimating average precision when judgments are incomplete. *International Journal of Knowledge and Information Systems*, 16(2):173–211.

Yilmaz, E., Kanoulas, E., and Aslam, J. A. (2008). A simple and efficient sampling method for estimating AP and NDCG. In *Proceedings of the 31st Annual International ACM SIGIR Conference on Research and Development in Information Retrieval*, pages 603–610. Singapore.

Zhai, C., Cohen, W. W., and Lafferty, J. (2003). Beyond independent relevance: Methods and evaluation metrics for subtopic retrieval. In *Proceedings of the 26th Annual International ACM SIGIR Conference on Research and Development in Information Retrieval*, pages 10–17. Toronto, Canada.

Zobel, J. (1998). How reliable are the results of large-scale information retrieval experiments? In *Proceedings of the 21st Annual International ACM SIGIR Conference on Research and Development in Information Retrieval*, pages 307–314. Melbourne, Australia.

13

능률 측정

12장에서는 검색엔진의 유효성, 즉, 검색 결과의 품질을 측정하는 방법에 관해 이야기했다. 하지만 검색 품질은 검색 시스템의 유용성을 나타내는 기준 중 하나일 뿐이다. 첫 번째와 똑같이 중요한 두 번째 기준은 바로 능률이다. 유효성effectiveness이 시스템이 설계된 대로 얼마나 잘 동작하고 있는가를 나타낸다면, 능률efficiency은 그 작업을 하는 동안 시스템이 소비하는 자원을 뜻한다.

검색엔진에서 능률이란 다음 세 가지 중 하나를 말한다. 바로 시간 능률(얼마나 빠른가?), 공간 능률(메모리/디스크 공간이 얼마나 필요한가?), 비용 능률(처음 설정하고 계속 운영하는 데 얼마나 많은 비용이 드는가?)이다. 이 세 가지 요소는 서로 밀접한 관련이 있다. 예를 들어 비용을 더 들여 시스템의 메모리 자원을 늘리면, 더 많은 데이터를 RAM에 올릴 수 있기 때문에 속도가 더 빨라진다. 또는 더 정교한 색인 압축 기법으로 메모리 사용량을 줄이면 전체적인 비용은 줄어들지만 압축 해제 루틴이 더 복잡해져 질의 처리가 더 느려질 수도 있다.

13장에서는 주로 시간 능률만 다룬다. 사용자의 눈에 더 잘 띄면서 사용자가 검색엔진의 효과 성능으로 받아들이기까지 하는 지표는 시간 능률밖에 없기 때문이다. 바꿔 말하자면 (대부분) 빠를수록 좋기 때문이다. 앞으로 13장에서 성능은 시간 능률이라는 용어와 동의어이며, 질의 처리 속도를 가리킨다(예: 질의당 걸리는 시간(초), 초당 질의).

13장은 세 부분으로 구성됐다. 첫 번째 부분(13.1절)은 성능 척도, 즉 검색엔진이 빠르다는 말이 무엇을 의미하는지 다룬다. 그리고 두 가지 주요한 성능 척도로 처리량[throughput]과 지연 시간(또는 응답 지연, latency)을 이야기할 것이다. 두 번째 부분(13.2절)에서는, 대기열 이론으로 시스템 부하가 높을 때의 상황을 설명하면서 두 가지 척도 사이의 관련성을 살펴볼 것이다. 마지막으로는(13.3, 13.4절) 질의 스케줄과 캐싱이라는 두 성능 최적화 방법을 설명할 것이다. 두 방법 모두 측정 과정에는 직접적인 연관은 없지만 측정 결과에 큰 영향을 미칠 수 있으므로 성능 평가를 할 때 그 역할을 이해하는 일이 중요하다.

13.1 능률 기준

컴퓨터 시스템의 성능을 측정하기는 쉽지 않다. 1980년대 중반 개인용 컴퓨터가 출시됐을 때 제조사들은 대부분 CPU의 MHz 등급을 능률 기준으로 삼아 광고했다. 하지만 새로운 세대의 마이크로프로세서가 전과 비슷하거나 더 낮은 클록 주파수에서도 더 빠른 성능을 보이면서, CPU 주파수는 시스템 성능 평가 지표로서는 점점 더 믿기 어렵게 됐다. 최근 CPU 제조사들이 CPU 주파수나 클록 사이클당 수행 명령 수 대신 CPU 코어 개수를 늘리는 데 집중하면서 컴퓨터 시스템의 성능을 추정하는 일은 그 어느 때보다 어려워졌다.

사람들은 실제로 컴퓨터가 얼마나 빠르거나 느린지 직접 측정하는 방법으로 이 문제를 돌파하려고 노력해왔다. 1988년에 설립된 비영리 기관인 표준 성능 평가 단체[SPEC, Standard Performance Evaluation Corporation]가 그런 초창기 시도 중 하나였다. SPEC은 컴퓨터 시스템 성능을 여러 방면으로 측정하는 벤치마크를 다수 개발했다. 예를 들어 SPECfp 벤치마크는 컴퓨터의 부동 소수점 성능을 측정한다. SPECfp 점수는 물리 시뮬레이션이나 3D 그래픽 처리같이 대규모 수치 계산에 대한 성능을 나타내는 지표다. SPCEweb2005 벤치마크는 웹서버에서 HTML 페이지를 서빙하고, PHP로 동적 콘텐츠를 생성하는 등의 일상적인 처리 능력을 측정한다. SPEC 웹사이트에 가 보면 전체 벤치마크 목록을 찾아볼 수 있다.[1]

검색엔진의 경우에는 표준화된 성능 벤치마크 목록은 존재하지 않는다. 설령 누가 만들더라도 랭킹 알고리즘마다 항상 능률과 유효성 사이의 트레이드-오프가 있기 때문에

---

1 www.spec.org

그 목록이 유용할지는 미지수다. 예를 들어 8.6절의 의사 적합도 피드백을 생각해보자. 표 8.2(371쪽)의 평가 결과를 보면 의사 적합도 피드백을 적용해서 정밀도가 크게 높아졌다. 하지만 이 알고리즘을 쓰려면 데이터를 한 번 더 처리해야 하고 결과적으로 검색엔진이 더 느려진다. 의사 적합도 피드백이 실제로 검색엔진의 전반적인 품질을 올리는지는 사용자 연구 없이는 말하기 어렵다. 사실 사용자 연구를 하려면 시간 및 비용 소요가 상당하기 때문에 실험 데이터 없이 정책적으로 트레이드-오프의 수준을 결정하게 되는 경우가 많다. 이 문제는 일반적인 해법이 없기 때문에, 여기서는 검색 순위가 고정돼 있다고 가정하고 시스템 능률만 따져 볼 예정이다.

13.1.1 처리량과 지연 시간

검색엔진의 성능을 세부 조정할 때, (결과가 동일한) 구현 방법 두 가지 중에서 무엇이 더 나은지 결정해야 하는 상황에 처하게 되는 경우가 많다. 그때 일반적으로 사용하는 성능 척도로는 처리량과 지연 시간(또는 간단히 지연)이 있다.

- **처리량**은 주어진 시간 동안 검색엔진이 처리하는 질의의 개수다. 일반적으로 초당 질의qps, queries per second로 측정된다. 만약 검색엔진이 5초에 700개의 질의를 처리한다면, 140qps가 된다.

  처리량을 이야기할 때는 보통 이론적 처리량을 뜻하는데, 이는 시스템이 질의를 처리할 수 있는 가장 빠른 속도로 서비스율service rate이라고도 한다. 서비스율과 밀접한 관련이 있는 척도는 서비스 시간service time으로, 질의마다 프로세서가 실제로(능동적으로) 처리하는 데 걸린 시간을 뜻한다. 서비스 시간은 다음과 같은 공식으로 서비스율과 연결된다.

$$serviceRate = \frac{m}{serviceTime} \tag{13.1}$$

여기서 m은 시스템 프로세서의 수를 말한다.

- **지연 시간**은 응답 시간response time이라고도 하며, 검색엔진에 질의가 들어온 후 검색 결과가 사용자에게 전달될 때까지 걸린 시간을 말한다. 이 시간은 질의당 경과 시

간(초)으로 측정된다.

지연 시간은 서버 쪽이나 클라이언트 쪽에서 측정될 수 있다. 후자는 종단 간 지연 시간end-to-end latency이라 부른다. 즉, 사용자가 질의를 보내고 검색 결과를 받을 때까지 걸리는 총 시간이다. 여기에는 네트워크 지연 시간이 포함되므로 검색엔진에서만 질의 처리 지연 시간보다 사용자 만족도를 더 잘 반영한다. 하지만 네트워크로 추가되는 지연 시간은 구현과는 별개이고 상수이기 때문에, 비교 성능 평가를 할 때는 실제 검색 지연 시간만 생각해도 충분하다.

지연 시간과 처리량 둘 다 한 질의에 대한 결과만으로는 별로 의미가 없다. 대신 MAPmean average precision 같은 유효성 척도를 측정할 때(12.1절 참조)와 비슷하게, 보통 수천 수백만 건의 질의 결과를 모아 평균 지연 시간, 평균 처리량을 측정한다.

두 가지 구현 중에 무엇이 더 나은지 결정할 때도, 유효성을 측정할 때와 같은 방법을 쓰면 답을 찾을 수 있을 것이다. 즉, 동일한 질의 집합 $Q = \{q_1, ..., q_n\}$에 대해 두 가지 구현으로 검색해보고, 각 질의 q_i마다 지연 시간(또는 서비스 시간)을 기록한 후에 두 방법의 차이에 대한 신뢰 구간을 계산한다(신뢰 구간을 계산하고 해석하는 방법은 12.3.2절을 참조하라). 그리고 신뢰 구간에 0이 포함된다면 두 방법 사이에 실질적인 차이가 없다는 증거로 생각할 수 있다. 만약 신뢰 구간에 0이 없다면 속도에 차이가 있다고 보고 더 빠른 구현을 선택할 수 있다.

유효성 측정에 비해 비교 성능 측정은 사람의 판단이 필요하지 않다는 장점이 있다. 검색엔진으로는 수만 건의 질의에 대한 서비스 시간도 쉽게 잴 수 있기 때문에, 상대적인 성능 차이가 1% 미만이라도 안정적으로 찾아낼 수 있다. 반면 유효성을 측정할 때 비슷한 민감도 수준에서 차이를 알아내려면 엄청나게 비싼 비용을 들여야 한다.

지연 시간 ≠ 서비스 시간

지연 시간과 서비스 시간(또는 지연 시간과 처리량)을 동일한 측정값으로 생각하려는 사람이 있을 수 있다. 하지만, 두 측정값은 사뭇 다르다. 엄밀하게 말해서 시스템의 지연 시간은 서비스 시간보다 길며, 훨씬 더 긴 경우도 많다. 지연 시간에는 질의를 처리할 때 실제로 소요되는 시간에 다음과 같은 시간이 더 추가된다.

- 메인 메모리에 색인이 올라가 있지 않을 때, 하드 디스크에서 포스팅 데이터를 읽어들이는 데 걸리는 시간. 시스템은 디스크에서 데이터를 읽는 동안 다른 질의를 처리할 수 있으므로, 서비스 시간에는 이러한 지연 시간이 포함되지 않는다.
- CPU를 사용할 수 있을 때까지 대기열에서 질의가 대기하고 있는 시간. 시스템에 부하가 많이 걸릴수록 이런 시간이 지연 시간을 늘리는 주요 원인이 된다(13.2절 참조).
- 색인 서버가 n개인 분산 검색엔진에서, i개의 서버가 작업을 마쳤을 때 나머지 $n - i$개의 서버도 결과를 반환할 때까지 기다리는 시간.

앞의 관계 외에도, 처리량과 지연 시간은 하나를 개선하면 나머지 성능은 떨어지는 대립적 관계가 있다. 이 관계는 병렬성 관점에서 더 뚜렷하게 나타난다. 예를 들어 색인 서버 I_1과 I_2로 이뤄진 검색엔진을 생각해보자. 그러면 질의를 처리하는 데 걸리는 부하를 나누는 방법이 적어도 두 가지 있다.

- **색인 복제**Index replication. I_2는 I_1의 복사본이다. 각 서버는 전체 색인의 사본을 저장한다. 질의가 들어오면, 50%의 확률로 I_1이나 I_2로 보낸다.
- **색인 분할**Index partitioning. I_1과 I_2는 문서 모음의 50%씩 색인한다. 질의가 들어오면 두 색인 서버에 모두 전달한다. 그리고 I_1과 I_2는 각 색인에서 상위 k개의 검색 결과를 계산한다. 두 서버 모두 계산이 끝나면 결과를 합쳐서 최종 결과를 사용자에게 보여준다.

서버가 하나일 때와 위 두 가지 경우에서 처리량 및 지연 시간을 비교 분석해보자. 색인 복제의 경우 색인 서버마다 질의의 50%만 처리하기 때문에 처리량은 100% 늘어난다. 지연 시간에는 아무런 변화가 없는데, 각 질의들이 여전히 하나의 서버에서만 처리되기 때문이다. 색인 분할의 경우에는 처리량과 지연 시간이 둘 다 비슷하게 개선되지만, 다음과 같은 이유로 속도 향상은 100% 미만이 된다.

- 질의 처리 작업 중에는 색인 크기와 무관하게 일정한 비용이 드는 연산이 있다. 예

를 들어 색인이 디스크에 저장돼 있다면, 시스템은 질의 텀마다 항상 적어도 한 번의 디스크 탐색을 수행해야 한다. 이때 드는 비용은 문서 모음을 반으로 나눠도 줄어들지 않는다.

- 검색/랭킹 과정에서 계산 복잡도는 색인의 크기에 선형적이지 않다. 5.1.1절에서 설명했던 텀 최대 점수[MAXSCORE] 기법은 애초에 검색 결과 상위에 올라오지 못할 문서들의 점수를 계산하지 않는 방법이다. MAXSCORE를 활용할 수 있다면 색인 크기가 클수록 점수를 매겨야 하는 문서 비율을 줄일 수 있다.

따라서 처리량만 주로 개선하고 지연 시간은 개선할 필요가 없다면, 색인 복제가 올바른 선택이다.[2] 그리고 그 반대라면 색인 복제가 더 적절한 선택이 된다. 대규모 검색엔진에서는 지연 시간과 처리량이 둘 다 중요하므로 두 방법을 조합해서 쓴다.

13.1.2 집계 통계 및 사용자 만족

유효성 척도처럼 능률 척도에 대해서도 집계 통계(예: 평균 처리량 또는 평균 지연 시간)가 항상 의미 있지는 않다. 가상의 검색 시스템 A와 B를 생각해보자. 시스템 A는 질의 하나를 처리하는 데 늘 정확히 500ms가 걸린다. 시스템 B는 정교한 캐싱 전략을 활용해서 90%의 질의는 질의당 10ms 내에 처리하지만, 나머지 10% 질의에서는 4.9초가 걸린다고 하자. 두 경우 모두 평균 지연 시간은 같지만, B 사용자 중에 10%는 너무 긴 응답 시간 때문에 매우 짜증이 날 것이므로 A가 훨씬 더 나은 사용자 경험을 제공한다고 볼 수 있다.

물론 이는 작위적인 예로, 실제로 속도 차이가 그렇게 크게 나는 경우는 드물다. 그렇지만 평균 성능 지표만 참조하면 발생할 수 있는 문제를 말해주고 있다. 보통 이 문제를 해결하는 데는 평균 값 대신에 백분위수를 사용하는 경우가 많다. 예를 들어 검색엔진 회사에서 질의의 99%가 1초 이내에 처리되도록 목표를 설정하는 경우를 생각해볼 수 있다. 사용자 입장에서는 이 지표가 평균 지연 시간보다 훨씬 더 의미가 있다. 게다가 부가적인 효

---

2   순수한 성능 외에 장애 허용 측면으로 보면, 색인 복제가 색인 분할보다 나은 점이 있다. 즉, 색인 복제 방법을 쓰면 I_1이나 I_2에서 장애가 났을 때 속도는 떨어지더라도 여전히 시스템에서 질의를 처리할 수 있다. 색인 분할 방법에서는 색인 서버 중 하나라도 장애가 나면 검색 결과의 50%가 사라지므로 시스템이 쓸모가 없어진다. 분산 검색엔진에서 장애 허용 능력은 14장에서 다룰 것이다.

과로, 앞 절에서 나왔던 지연 시간과 처리량 사이의 트레이드-오프 문제에 답이 되기도 한다. 이러면 이제 지연 시간은 더 이상 자유 변수가 아니다. 1초 안에 질의의 99%를 처리한다는 목표를 달성하면서 처리량이 최대화되도록 시스템을 조정할 수 있기 때문이다.

13.2 대기열 이론

검색엔진 운영자는 앞에서 말했던 99% 기준처럼, 지연 시간을 일정하게 유지하면서도 달성할 수 있는 최대 처리량을 추정해야 하는 경우가 많다. 그 질의 용량을 추정하는 방법 중 하나로, 미리 정해 둔 지연 시간 최대치에 도달할 때까지 (예를 들면 예전 질의 로그를 그대로 다시 반복하는 방법으로) 검색엔진에 던지는 질의의 빈도를 점차 늘리면서 성능을 테스트하는 방법이 있을 것이다. 하지만 이 방법이 늘 적절하지는 않으며 아예 쓸 수 없을 때도 있다. 그 첫 번째 이유는 실제로 다른 질의를 처리하는 데 활용할 수도 있는 귀중한 컴퓨팅 자원을 써야 한다는 점이다. 두 번째는 검색엔진이 아직 출시되지 않았다면, 질의가 입력되는 시간 분포를 정확하게 반영하는 질의 로그를 얻기 어렵다는 점 때문이다.

실제 성능을 테스트하는 다른 방법으로는, 검색엔진의 질의 처리 성능 추정치를 바탕으로 수학적인 모델을 동원해서 실험 결과를 예측하는 방법이 있다. 예를 들어 질의당 평균 서비스 시간의 근사치가 있다고 가정해보자. 그러면 대기열 이론을 적용해 평균 질의 도착률이 주어졌을 때 시스템의 평균 지연 시간을 계산할 수 있다. 그리고 이 계산을 반대로 하면 미리 정해 둔 지연 시간을 지키면서 달성할 수 있는 최대 처리량을 계산할 수 있다.

평균 서비스 시간과 질의 도착률이 주어졌을 때 지연 시간을 추정하는 모델에서는 다음 세 가지 기본 가정을 한다.

1. 두 번의 연속된 질의 도착 사이의 시간차(도착 시간 간격)는 지수 분포를 따르는 확률 변수 A로 다음과 같은 밀도 함수를 갖는다.

$$f_A(x) = \lambda \cdot e^{-\lambda x} \quad (\text{for } x \geq 0) \tag{13.2}$$

여기서 λ는 질의 도착률이다. $E[A] = \int_0^\infty x \cdot f(x, \lambda)\, d_x = 1/\lambda$는 두 질의 사이의 평균

시간이다. 어떤 정해진 길이의 시간 구간 내 도착하는 질의 수가 포아송 분포(식 8.34)를 따르기 때문에, 이 모델은 포아송 과정$^{Poisson\ process}$이라고 부른다.

2. 질의당 서비스 시간 또한 지수 분포를 따르는 확률 변수 S로, 다음과 같은 밀도 함수를 갖는다.

$$f_S(x) = \mu \cdot e^{-\mu x} \quad (\text{for } x \geq 0) \tag{13.3}$$

여기서 μ는 시스템의 서비스율(즉, 이론적 처리량)이다. $E[S] = 1/\mu$는 질의당 평균 서비스 시간이다. $\mu > \lambda$이라고 가정하는데, 그렇지 않으면 검색엔진에서 아무런 질의도 처리할 수 없기 때문이다.

3. 질의는 선착순$^{first\text{-}come\text{-}first\text{-}served,\ FCFS}$ 방법으로 처리된다. 그리고 항상 한 번에 한 질의만 처리된다.

가정 1은 질의가 대체로 서로 독립적이며 시간에 따라 균일하게 분포한다는 통찰에서 온다. 적어도 몇 분이나 30분 같이 짧은 시간만 보면 이 가정은 보통 유효하다. 시간이 (하루 또는 1주로) 더 길면 이 가정은 성립하지 않는데, 사용자들이 밤보다는 낮에, 주말보다는 주중에 더 많이 활동하는 경향이 있기 때문이다.

가정 2는 이론적인 이유가 아니라 실제로 관찰된 서비스 시간 분포에 따른 가정이다. 예를 들어 그림 13.1은 TREC 테라바이트 2006 능률 태스크에서 온 10,000건의 질의

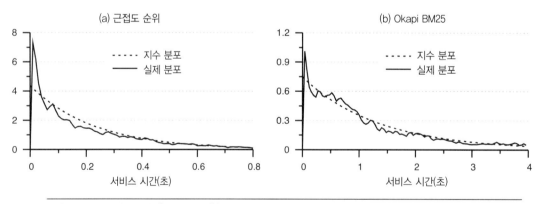

그림 13.1 질의당 서비스 시간(즉, CPU 시간)을 지수 분포를 따르는 확률 변수로 모델링한다. (a) 평균 서비스 시간 $E[S] = 0.23$초($\mu = 4.37$qps)인 근접도 순위(그림 2.10) (b) 평균 서비스 시간 $E[S] = 1.34$초($\mu = 0.75$qps)인 Okapi BM25.

를, GOV2 문서 모음의 스키마 독립 색인에 던져서 얻은 근접도 순위(그림 2.10)와 Okapi BM25(식 8.48)의 서비스 시간 분포를 보여주고 있다(CPU 시간만 계산됐으며 하드 드라이브 지연 시간은 포함되지 않음). 두 랭킹 알고리즘은 상당히 다르지만, 질의당 서비스 시간은 밀도 함수가 $f_S(x) = \mu \cdot e^{-\mu x}$인 지수 분포로 잘 모델링된다(이때 근접도 순위에서는 $\mu = 4.37$ qps, BM25에서는 $\mu = 0.75$qps이다).

가정 3은 문제를 단순하게 만들기 위한 가정이다. 대규모 검색엔진에서는 보통 더 복잡한 스케줄링 알고리즘을 이용한다. 시스템에 부하가 많이 걸릴 때, 스케줄링 알고리즘을 적절히 고르면 지연 시간을 큰 폭으로 줄일 수 있다. 하지만 스케줄링 알고리즘이 복잡하면 분석하기 상당히 어렵기 때문에 지금으로서는 일단 무시한다. 이 주제는 13.3절에서 다시 살펴볼 것이다.

13.2.1 켄달 표기법

영국 통계학자 데이비드 G. 켄달$^{David\ G.\ Kendall}$의 이름을 딴 켄달 표기법에 따르면, 앞 절의 대기열 모델은 $M/M/c/\infty/\infty/F$로 표기할 수 있다(켄달 τ를 고안한 또 다른 영국 통계학자인 모리스 G. 켄달$^{Maurice\ G.\ Kendall}$과 다른 사람이다).

- 첫 번째 "M"은 질의 도착 과정이 마르코프(Markovian, 즉 지수함수) 과정임을 나타낸다.
- 두 번째 "M"은 서비스 시간 분포도 마르코프 과정이라고 가정한다는 뜻이다.
- "c"는 시스템의 서비스 채널$^{service\ channel}$ 개수를 나타낸다. 모델을 단순화하고자 $c = 1$인 경우만 생각한다. 하지만 n개의 분산 서버가 색인의 $1/n$씩 담당하는 경우도 다룰 수 있다.
- 첫 번째 "∞"는 대기열의 길이를 나타내며, 무한대로 가정한다는 뜻이다.
- 두 번째 "∞"는 질의 모집단의 크기로, 역시 무한대로 가정한다는 뜻이다.
- "F"는 대기열 규칙, 즉, 시스템에서 질의가 처리되는 순서를 뜻한다. 앞에서 이야기했듯이 대기열 규칙은 선착순으로 가정한다.

전체 켄달 표기법에서 마지막 세 매개변수는 똑같이 $(\infty/\infty/F)$라서, $M/M/c/\infty/\infty/F$로 쓰

는 대신 $M/M/c$로 간단히 줄여서 쓰는 경우가 많다.

13.2.2 M/M/1 대기열 모델

이제 $M/M/1$ 대기열 모델에 따라 검색엔진의 지연 시간 분포를 어떻게 계산하는지 알아보자. 하지만 자세한 계산에 앞서 대기열 분석에서 편리하게 쓰이는 정리를 먼저 살펴보자.

> **리틀의 법칙**(Little, 1961)
>
> n을 임의의 시점에서 시스템의 평균 질의 수(처리 중이거나 대기 중인 질의 수)라 하자. 그리고 λ는 질의 도착률이라 하자. 그러면 시스템의 평균 질의 응답 시간 r은 다음과 같다.

$$r = \frac{n}{\lambda} \tag{13.4}$$

식 13.4의 대략적인 증명 과정은 간단하다(정식 증명은 리틀의 논문에 있다). 충분히 긴 시간 t 동안 q개의 질의가 도착했다고 생각해보자($q = \lambda \cdot t$). 그러면 q건의 질의를 처리하는 데 시스템이 소비하는 총 시간은 $r_{total} = r \cdot q$이다. 질의가 시스템 내에 있는 동안(처리 중이거나 대기 중인 경우)만 r_{total}에 포함되므로 $r_{total} = n \cdot t$이고 따라서 $r = n/\lambda$이다. 이때 서비스 시간이나 도착 시간 간격 분포에 대해서는 아무런 가정을 하지 않았다. 그러므로 리틀의 법칙은 $M/M/1$ 모델뿐 아니라 다른 어떤 대기열 모델에서도 성립한다.

검색엔진의 평균 지연 시간을 계산하려면, 먼저 임의의 시점에 시스템 내의 질의 수 기댓값을 구해야 한다. 검색엔진을 확률적 상태 기계라 생각하고, 상태 Z_i는 "시스템 내 i건의 질의가 있는 상태"(즉, 1건의 질의는 처리 중이고 $i - 1$건의 질의는 대기 중인 상태)를 뜻한다고 해보자. 각각의 상태는 '임의의 시점에서 시스템이 상태 Z_i일 확률' p_i를 가진다. 이런 종류의 상태 기계는 연속 시간 마르코프 체인이라 부른다. 그림 13.2는 그 설명이다.

우리는 두 인접 상태 Z_i와 Z_{i+1} 사이의 전이와 그 상대적 빈도에 관심이 있다. T^+는 Z_i에서 Z_{i+1}로, T^-는 Z_{i+1}에서 Z_i로 전이를 뜻한다고 해보자. 그러면 평균적으로 단위 시간마다 T^+는 $\lambda \cdot p_i$만큼, T^-는 $\mu \cdot p_{i+1}$만큼 발생하게 된다. 도착 과정과 서비스 과정 모두 마르코프 과정(즉, 무기억성^{memoryless})이라 가정하기 때문에, 상대적 빈도는 시스템 내 질의 수에

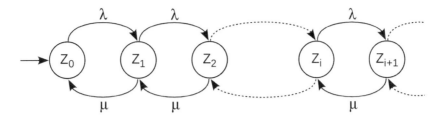

그림 13.2 연속 시간 마르코프 체인. 시스템의 질의 대기열을 상태의 개수가 무한한 상태 기계로 표현했다. 상태 Z_i는 "시스템 내 i건의 질의가 있는 상태"를 뜻한다. 상태 전이 $Z_i \rightarrow Z_{i+1}$과 $Z_{i+1} \rightarrow Z_i$의 상대적 빈도는 각각 질의 도착률 λ과 서비스율 μ로 주어진다.

따라 달라지지 않는다. 따라서 모든 $i \geq 0$에 대해 다음 값은 동일하다.

$$\frac{\lambda \cdot p_i}{\mu \cdot p_{i+1}} \tag{13.5}$$

지금 여기서 알 수 있는 사실은, 평균적으로 두 종류의 전이가 정확히 같은 빈도로 발생한다는 점이다. 질의는 도착한 후에만 처리할 수 있으므로 당연히 T^-가 T^+보다 더 자주 발생할 수는 없다. 반면 T^+도 T^-보다 더 자주 일어날 수 없다. 그러면 대기열 내 평균 질의 수가 무한대(그리고 $\lambda \geq \mu$)가 되기 때문이다. 그러므로 두 값은 같아야 한다.

$$\lambda \cdot p_i = \mu \cdot p_{i+1} \tag{13.6}$$

즉,

$$p_{i+1} = \frac{\lambda}{\mu} \cdot p_i \tag{13.7}$$

편의상 $\rho = \lambda/\mu$라고 정의하자(ρ는 트래픽 강도 또는 이용률이라 한다). 그러면 다음 식을 얻는다.

$$p_i = p_0 \cdot \rho^i \quad \forall i \geq 0 \tag{13.8}$$

p_i는 확률 분포를 이루므로, 전체 합은 1이 된다. 여기서 p_0를 계산할 수 있다.

$$p_0 \cdot \sum_{i=0}^{\infty} \rho^i = 1 \quad \Leftrightarrow \quad p_0 \cdot \frac{1}{1 - \rho} = 1 \quad \Leftrightarrow \quad p_0 = 1 - \rho = 1 - \lambda/\mu \tag{13.9}$$

시스템 내 질의 수 N에 대해서는 다음과 같이 된다.

$$E[N] = \sum_{i=0}^{\infty} i \cdot p_i = \sum_{i=0}^{\infty} i \cdot (1 - \rho) \cdot \rho^i = \frac{\rho}{1 - \rho} \tag{13.10}$$

마지막으로 리틀의 법칙(식 13.4)을 적용하면 다음 식을 얻는다.

$$E[R] = \frac{E[N]}{\lambda} = \frac{1}{\mu(1 - \rho)} = \frac{1}{\mu - \lambda} \tag{13.11}$$

여기서 R은 질의당 응답 시간(즉, 지연 시간)을 나타내는 확률 변수다. 서비스 시간 S와 도착 시간 간격 A이 둘 다 지수 분포를 따른다면, 응답 시간 R도 지수 분포를 따른다(Harrison, 1993).

$$f_R(x) = (\mu - \lambda) \cdot e^{-(\mu - \lambda)x} \tag{13.12}$$

편의상 M/M/1 모델에서 유도되는 기초 등식을 다시 표 13.1로 정리했다.

13.2.3 지연 시간 백분위 수와 평균 이용률

13.1.2절에서 제시했던 가상의 목표로 다시 돌아가보자. 바로 검색엔진에 들어오는 질의의 99%에서 지연 시간이 1초 미만이 되도록 만드는 목표다. 이 검색엔진이 평균적으로 한 질의를 처리하는 데 100ms만큼 걸린다고 가정해보자(즉, $\mu = 10$). 그러면 검색엔진 응답 시

표 13.1 M/M/1 대기열 모델의 핵심 등식(λ: 도착률, μ: 서비스율)

측정량	등식
평균 이용률(average utilization)	$\rho = \lambda/\mu$
시스템 내 평균 질의 수	$E[N] = \rho/(1 - \rho)$
평균 응답 시간(Average response time)	$E[R] = 1/(\mu - \lambda)$
응답 시간 분포(Response time distribution)	$f_R(x) = (\mu - \lambda) \cdot e^{-(\mu - \lambda)x}$

간의 밀도 함수는 다음과 같이 된다.

$$f_R(x) = (10 - \lambda) \cdot e^{-(10-\lambda)x} \tag{13.13}$$

지연 시간이 1초 미만인 질의의 비율은 다음과 같다.

$$\int_0^1 f_R(x) \ dx \ = \ 1 - e^{\lambda - 10} \tag{13.14}$$

99% 백분위 수에 대해서, $e^{\lambda-10} = 1 - 0.99$이고 $\lambda \approx 5.4$가 된다. 즉, 검색엔진의 평균 이용률을 54%로 유지하면서도 여전히 99%의 질의에서 지연 시간을 1초 미만으로 만들 수 있다. 목표를 더 높게 잡아서 99.9%의 질의에서 지연 시간이 1초 미만이 되게 하려면, $\lambda \approx 3.1$이 되고, 이는 평균 이용률 31%에 대응한다.

위의 예제는 검색엔진의 이론적 처리량(서비스율과 동일함)과, 지연 시간을 너무 길게 하지 않으면서 실제로 얻을 수 있는 처리량 사이의 차이를 보여준다. 실제로 평균 이용률이 50%이상이라면 예외적으로 높은 값으로 달성하기 거의 불가능하다. 또한 위 계산들 모두가 도착률 λ를 상수라고 가정한다는 점에 주목하자. 이 가정은 보통 몇 분 정도의 짧은 시간에만 유효하며, 하루 정도로 긴 시간이 되면 사용자의 활동 주기가 달라지기 때문에 잘 맞지 않는다(대부분의 사람은 밤에 잠을 잔다). 도착률이 달라져서 이용률이 20%나 그 미만이 되는 경우는 꽤 흔하다. 따라서 실제 하드웨어 자원은, 지연 시간을 고려하지 않고 단순하게 처리량을 분석해서 예측한 양보다 5배는 더 필요할 수도 있다.

13.3 질의 스케줄링

앞 절에서는 검색엔진의 지연 시간 R을 구할 때 질의가 항상 선착순으로 처리된다고 가정했다. 이런 대기열 규칙을 채택한 근거는 바로 공정성이다. 즉, 나중에 질의를 요청한 사람이 먼저 검색 결과를 받으면 안된다는 원칙이다. 선착순대로면 질의를 요청한 순대로 검색 결과도 반환된다. 하지만 지연 시간 최소화가 제1의 목표라면, 선착순은 가장 좋은 방법이 아니다.

대기열에서 두 개의 질의 q_i와 q_{i+1}가 대기 중인 상황을 가정해보자 그리고 두 질의의 서비스 시간이 각각 s_i 및 s_{i+1}이고, $s_i = s_{i+1} + \delta(\delta > 0)$라고 해보자. 그러면 질의를 바꿔서 q_i의 지연 시간을 s_{i+1}로 늘리고 q_{i+1}의 지연 시간은 s_i로 줄이면, 평균 지연 시간을 $\delta/2$로 만들 수 있다.

검색엔진에서 질의 처리 순서를 바꾸는 방법을 스케줄링 알고리즘이라 한다. 간단하게 다음 세 가지 알고리즘만 살펴보자.

- FCFS(first-come, first-served, 선착순): 지금까지 설명했던 스케줄링 알고리즘이다.
- SJF(shorted job first, 최단 작업순): 검색엔진이 질의 처리를 마치고 대기열에서 다음 질의를 골라야 할 때, 항상 예상되는 서비스 시간이 가장 짧은 질의를 선택한다.
- DDS(deadline-driven scheduling, 마감 기반 스케줄링): 시스템에 도착하는 각 질의마다 마감 시간을 도착 후 1초로 정한다. 검색엔진이 질의 처리를 마칠 때마다 마감 시간을 넘기는 질의 수가 최소화되도록 대기열 내 질의들을 재정렬한다.

질의 q의 서비스 시간을 예측하기는 어렵다. 하지만 질의 텀들의 포스팅 리스트의 길이와, 질의 내 텀 수를 토대로 대략적으로 서비스 시간을 추정해도 충분한 경우가 많다.

그림 13.3은 서비스율 $\mu = 10$인 검색엔진을 시뮬레이션한 결과다. 우리는 도착률을 $\lambda = 1$qps에서 $\lambda = 8$qps까지 변화시키면서 검색엔진이 질의를 처리하도록 했다(즉, 평균

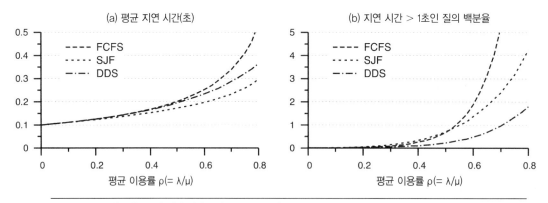

그림 13.3 다양한 도착률 λ에 대해 질의 스케줄링 알고리즘을 시뮬레이션하고 구한 지연 시간. 서비스율은 $\mu = 10$qps로 고정됐다.

이용률을 10%에서 80%까지 변화시켰다). 시뮬레이션은 각각 수십만 건의 질의를 이용해서 (시뮬레이션 시간 기준으로) 몇 시간 정도 진행됐다. 그림은 세 가지 스케줄링 알고리즘에서 검색엔진의 평균 지연 시간과, 지연 시간이 1초를 넘은 질의의 비율을 보여주고 있다. 그림을 보면 부하가 많이 걸릴 때 어떤 스케줄링 알고리즘을 선택하는지에 따라 결과에 큰 차이가 있음을 알 수 있다. 예를 들어 $\rho = 0.7$일 때, FCFS로는 전체 질의 중 5%가 마감 시간을 넘겼다. 마감 시간을 넘기는 질의 숫자를 최소화하기를 목표로 삼는 DDS 알고리즘을 사용했을 때는 질의의 1%만이 마감 시간을 넘겼다.

지연 시간 비용 함수

SJF와 DDS를 쓰면 질의 지연 시간이 전반적으로 줄어들지만, 심각한 단점이 있다. 바로 기아 상태^{starvation} 문제다. 즉, 두 알고리즘에서 어떤 질의의 예상 서비스 시간이 길다면, 그 질의가 선택되고 처리되려면 오랜 시간을 기다려야 하는 문제가 있다. 시뮬레이션의 예를 보면, SJF에서 지연 시간이 1초를 넘는 질의의 비율이 5%에서 2.5%로 줄어들기는 했지만 ($\rho = 0.7$일 때), 지연 시간이 2초를 넘는 질의의 비율은 0.02%에서 0.06%로 올라갔다. DDS에서는 이런 효과가 더 희미하기는 하지만, 여전히 질의의 0.05%에서 지연 시간이 2초가 넘는다.

일반적으로 '지연 시간이 특정 문턱값 미만인 질의 비율'과 같은 숫자 하나만으로는, 검색엔진의 성능과 사용자 만족도를 다 설명하지 못한다. 또한 한 종류의 질의들의 지연 시간을 줄이면 불가피하게 다른 종류의 질의들의 지연 시간이 늘어나기도 한다. 따라서 스케줄링 알고리즘을 선택하기 전에, 지연 시간이 정도를 벗어났음을 나타내는 비용함수를 정의하고, 질의당 평균 비용을 최소화하는 식으로 전체 목표를 잡아야 한다.

선형 비용 함수 $c(x) = x$는 평균 지연 시간을 최소화하겠다는 뜻이다. 다항식 비용 함수 $c(x) = x^q (q > 1)$는 검색엔진 지연 시간의 변동폭이 클 때 (즉, 특정 질의의 지연 시간이 다른 질의의 지연 시간보다 훨씬 긴 경우에) 사용자들이 더 짜증을 내는 경향을 반영한 비용함수다. 어떤 비용함수가 적절한지는 사용자 연구를 거쳐서만 찾을 수 있다. 일단 비용함수를 만들고 나면, 그 함수에 최적화된 스케줄링 알고리즘을 고르는 일로 옮겨 갈 수 있게 된다.

13.4 캐싱

앞 절에는 평균 서비스 시간은 그대로 두고 검색엔진의 지연 시간을 줄이는 방법을 살펴봤다. 지금까지 설명했던 질의 스케줄링 알고리즘은 질의가 처리되는 논리를 변경할 필요가 없었다. 즉, 단순히 검색엔진이 질의를 처리하는 순서를 바꾸기만 했다. 이 절에서는 자주 사용하는 데이터들을 캐싱^{cashing}해 평균 서비스 시간을 줄이는 최적화 방법을 알아보고자 한다.

캐싱은 전형적으로 시간과 공간 자원을 교환하는 방법이다. 만약 시스템에 메모리가 남는다면 이전 질의의 검색 결과를 저장해둘 수 있을 것이다. 그리고 검색엔진이 질의를 받았을 때 그 결과가 이미 캐시에 있다면 바로 반환할 수 있다.

처음에는 캐싱이 신뢰할 수 있게, 의미 있게 성능 측정을 하는 문제와 관련이 없어 보일 수 있다. 하지만 질의 흐름의 특성에 캐싱이 미치는 영향을 이해하기는 중요하다. 예를 들어 AOL 질의 로그[3]의 평균 질의 길이는 약 2.8개의 텀이다. 캐시의 크기가 무한이고, 모든 고유 질의를 정확히 한 번씩 처리할 수 있다고 가정한다면 평균 질의 길이는 질의당 3.5개 텀으로 늘어나는데, 질의가 길면 고유 질의일 가능성이 더 높기 때문이다. 따라서 검색엔진의 서비스율을 측정하는 시점이 캐시를 적용하기 전인지, 후인지에 따라 큰 차이가 생길 수 있다. 또한 어떤 캐시는 일정 시간(예열 시간)이 지난 후에만 목표 적중률^{hit rate}을 달성하므로, 검색엔진을 재시동한 후에는 유효 서비스율이 예상보다 상당히 낮을 수 있다.

13.4.1 3단계 캐싱

검색엔진 캐싱 시스템을 설계할 때는 먼저 어떤 종류의 데이터가 캐시할 가치가 있는지 스스로 질문해봐야 한다. 가장 당연한 대답은 "검색 결과"일 것이다. 만약 사용자 A가 검색 질의를 입력하고 나서 몇 분 후에 사용자 B가 동일한 질의를 입력한다면, 똑같은 처리를 반복할 필요는 없을 것이다. 그 대신에 검색엔진은 사용자 A에게 보여줬던 마지막 검색 결과를 캐싱하고, B에게 그 캐싱된 결과를 보내주면 된다.

---

3 AOL 질의 로그는 AOL 검색엔진이 2006년 3월부터 5월까지 받았던 약 2천만 개의 질의에 대한 로그이다. 이 로그는 2006년 8월 초에 공개됐으며, 며칠 동안 프라이버시 문제를 두고 열띤 토론이 있은 뒤 오프라인으로 전환됐다. 검색엔진에서 "aol query log"라고 검색하면 아직 데이터 복사본을 찾아볼 수 있다.

"elections(선거)"나, "global warming(지구 온난화)"같이 자주 입력되는 질의들의 결과를 캐싱하는 전략은 잘 통한다. 하지만 한계는 있다. 문서 모음 내 텀 빈도처럼 질의 빈도는 대략적으로 지프^{Zipfian} 분포를 따르며, 이때 i번째로 가장 흔한 원소의 빈도 $f(i)$는 다음과 같이 표현된다.

$$f(i) = c \cdot i^{-\alpha} \qquad\qquad (13.15)$$

여기서 c와 α는 상수다($\alpha > 1$)(지프 분포에 관한 자세한 내용은 1.3.3절을 참고). 이때 매개변수 α는 보통 1에 매우 가까우며, 그 말은 곧 빈도가 1인 질의가 매우 많은 "긴 꼬리" 분포를 따른다는 뜻이다. 배자-예이츠 외(Baeza-Yates et al., 2007)는 www.yahoo.co.uk의 1년치 질의 로그를 분석해, 전체 질의 규모의 44%가 빈도가 1인 질의라는 사실을 알아냈다. 그 로그 전체에서 평균적 질의 빈도는 약 두 번 정도였다. 그러므로 캐시 크기가 무한대라도 캐시 적중률은 50%를 넘지 않게 된다. 말할 필요도 없이, 웹처럼 텍스트가 끊임없이 변화하는 환경에서는 며칠 이상 분량의 질의를 캐시에 보관할 수 없다. 그러므로 캐시 적중률이 50% 이하인 경우가 많다.

롱과 수엘(Long and Suel, 2005)은 이 문제를 해결하려고 다음과 같이 검색엔진에 3단계로 적용되는 캐시 계층을 도입했다.

1. **검색 결과**: 질의 관점에서 보면 검색 결과를 캐싱하는 전략은 가장 효과적이다. 검색엔진이 캐시에서 질의를 찾으면 그 결과를 거의 즉시 반환할 수 있으므로 서비스 시간이 수백 밀리초에서 수 밀리초로 줄어들게 된다. 분산 검색엔진에서는 캐시가 질의 중개 서버나 캐시 전용 서버에 위치한다. 해당 질의를 캐시에서 찾으면 색인 서버에는 접근할 필요조차 없다.

   불행히도 앞서 언급한 바와 같이 50%가 넘는 질의에 대해서는 일반적으로 검색 결과를 캐싱할 수 없다. 또한 긴 질의들은 빈도가 1인 경우가 많으므로, 캐싱할 수 있는 질의들은 2개 또는 3개 텀으로 이뤄진 짧은 질의가 대부분이다. 따라서 검색 결과를 캐싱해서 절약할 수 있는 비용은 캐시 적중률로 기대한 정도보다 더 낮다. 롱과 수엘의 실험에 따르면 적중률이 50%일 때 질의 하나당 절감되는 평균 비용이 33%뿐이었는데, 캐싱된 질의들이 캐싱이 안 된 질의보다 길이가 더 짧아서 처리 비용이 더 저렴하기 때문이었다.

2. **리스트 교집합**: 많은 검색엔진이 결합 검색 모델을 사용한다(불리언 AND). 질의가 주어졌을 때 모든 텀들을 포함하는 문서 집합을 찾으려면, 모든 질의 텀들의 포스팅 리스트들의 교집합을 구해야 한다. 이 작업은 한 번에 하나씩 순서대로 처리할 수 있다. 말하자면 첫 단계에서는 처음 두 질의 텀의 포스팅 리스트의 교집합을 구하고, 두 번째 단계에서 셋째 텀의 리스트를 첫 단계의 결과 리스트와 합치는 식이다. 질의 텀들의 교집합을 캐싱하면 이 작업량을 줄일 수 있다. 예를 들어 〈"global", "warming", "facts"〉라는 질의에서는 "global"과 "warming"의 교집합을 캐싱해 둘 수 있을 것이다. 그리고 나중에 〈"global", "warming", "controversy"〉라는 질의가 나왔을 때, 앞에서 캐싱했던 교집합을 재사용하면 비용이 절감된다. 롱과 수엘은 교집합을 캐싱하는 전략을 쓰면 디스크 기반 색인 환경에서 평균 서비스 시간을 약 50% 줄인다고 추정했다. 색인을 메모리에 저장하면 속도가 증가하는 효과가 더 작다.

3. **포스팅 리스트**: 이전 두 단계 캐싱에 덧붙여, 자주 접근하는 포스팅 리스트를 메모리에 저장해둬서 질의 처리 비용을 줄일 수 있다. 이 방법은 교집합을 캐싱했는지에 따라 성과가 갈린다. 롱과 수엘에 따르면 검색 결과를 캐싱하고 교집합은 캐싱하지 않을 때, 리스트 캐시를 추가하면 평균 질의 비용을 45% 근처까지 낮출 수 있다고 한다. 하지만 교집합도 캐싱하면 리스트를 캐시를 추가해도 비용이 20%밖에 절감되지 않는다.

터핀 외(Turpin et al. 2007)는 넷째 단계로 문서 캐시를 추가했다. 문서를 캐싱해도 검색 과정 자체에는 효과가 없지만 사용자에게 표시되는 발췌문 생성 속도는 늘어난다. 이런 사용자 측면은 (학술적) 정보 검색 연구에서는 간과되곤 한다.

13.4.2 캐시 정책

어떤 종류의 데이터를 캐싱할지 결정하더라도 아직 답해야 하는 질문이 있다. 즉, '캐시에 데이터 중 무슨 항목을 저장하는가?'이다. 검색 결과, 리스트 교집합, 포스팅 리스트 모두를 저장할 만큼 캐시가 클 리는 별로 없으므로, 저장할 가치가 있거나 없는 항목들이 무엇인지 정해야 한다.

캐시 정책(또는 캐시 알고리즘)은 항목들의 집합과 캐시 용량이 정해졌을 때, 캐시에 어떤 항목이 저장돼야 할지 정하는 알고리즘이다. 캐시 정책에는 정적 정책과 동적 정책이 있다. 정적 정책에서는 캐싱된 항목 집합이 미리 정해지며, 검색엔진이 시동된 이후에도 바뀌지 않는다. 그리고 색인을 주기적으로 다시 만들 때나 캐시를 업데이트한다. 동적 정책에서는 캐시에 추가할 만한 새로운 대상(예: 포스팅 리스트)이 나타날 때마다 캐시 항목이 변경된다. 동적 캐시 정책은 대체replacement 알고리즘이라고도 부르는데, 그 이유는 캐시에 항목 하나를 추가하면 보통 다른 항목 하나가 제거되기 때문이다.

범용 캐시 정책

캐싱은 사실상 컴퓨터 과학의 모든 분야에서 쓰이는 개념이다. 그러므로 다른 분야에서 이미 검증된 캐시 정책을 재활용할 수 있다. 다음은 캐시 정책 중 두 가지 예다.

- LRULeast Recently Used: 가득 찬 캐시에 새로운 항목을 추가할 때, 캐시에서 가장 오랜 시간 접근되지 않았던 항목을 제거한다.
- LFULeast Frequently Used: 가득 찬 캐시에 새로운 항목을 추가할 때, (캐시에 적재된 이후로) 캐시에서 가장 접근 빈도가 낮았던 항목을 제거한다.

LRU와 LFU는 질의 집합에서 상위-k개 검색 결과를 선택하는 문제처럼 항목들의 크기가 (거의) 일정한 경우에는 잘 동작하지만, 항목들의 크기가 매우 다른 경우에는 금세 한계에 부딪히는 경향이 있다. 예를 들어 앞 절에서 설명했던 캐시 3단계에서 LRU 정책을 단순히 적용해보면 포스팅 리스트가 캐시의 90% 이상을 차지하게 되는데, 단지 포스팅 리스트의 크기가 교집합이나 검색 결과보다 훨씬 더 크기 때문이다. 이 정책은 캐시를 가장 경제적으로 활용하는 정책은 아니다.

비용 감지 캐시 정책

위 문제를 해결하는 방법으로는 캐시를 단계별로 하나씩 3개의 버킷bucket으로 분할하는 방법이 있다. 그리고 유형별 버킷 크기는 예전 경험에 비춰 정한다. 버킷 크기를 적절하게 고른다면 이 방법은 괜찮은 성능을 낸다. 하지만 이보다 더 좋은 방법도 있다. 그 방법은 캐시할 수 있는 항목 x이 기본적으로 다음 세 가지 속성으로 표현된다는 아이디어에서 출발한다.

- c_x는 x를 캐시에 저장할 때 발생하는 비용이다. x의 바이트 크기에 비례한다.
- g_x는 캐싱 안 된 x 대신에 캐싱된 x를 사용했을 때 기대 이득이다. 이 속성은 x의 유형(즉, 캐시 계층 단계)별로 각각 '질의의 서비스 시간', '리스트 교집합 계산 시간', '포스팅 리스트를 메모리에 적재하는 시간'이다.
- p_x는 정해진 시간 동안 x의 기대 사용 횟수다. p_x를 확률로 생각해도 된다.

캐시에 x를 저장하는 순 이득 기대치는 다음과 같다.

$$\mathrm{ENB}(x) = \frac{p_x \cdot g_x}{c_x} \tag{13.16}$$

물론 위 수식은 검색엔진에만 적용되지는 않는다. 비용 감지 캐시 정책은 WWW 프록시 등 여러 사례에서 쓰인다(Cao and Irani, 1997).

식 13.16은 캐시 정책을 함축적으로 정의한다. 즉, ENB에 따라 모든 항목 x를 정렬하고, 그중 상위 n개 항목을 캐시에 저장하면 된다(이때 상위 n개의 크기 합이 캐시 용량을 넘지 않도록 n을 정한다). 이 캐시 정책에는 편리한 속성이 두 가지 있다. 첫째는 13.4.1절에서 설명했던 세 가지 항목들이 모두 자연스럽게 포함된다는 점이다. 둘째는 과거 질의 로그에서 변수 c_x, g_x, p_x를 추정할 수 있다는 점이다. 두 번째 속성은 중요한데, 시스템을 초기화할 때 ENB 기준 상위 n개 항목을 캐시에 미리 불러오는 식으로 정적 정책으로도 활용할 수 있기 때문이다. 질의 및 질의 텀 분포의 시간에 따라 천천히 변한다면, 이 정적 정책은 거의 최적에 가까운 성능을 보인다.

위 정책은 캐시 중에 일부가 사용되지 않는 상태로 남으므로 (내부 파편화 문제라고 한다) 최적은 아니라는 주장이 있다. 하지만 이론적인 주장일 뿐이다. 실제로는 총 캐시 크기에 비해 캐시 대상의 크기가 작으므로, 파편화로 낭비되는 공간은 무시해도 된다.

13.4.3 검색 결과 미리 불러오기

과거의 질의 로그를 볼 수 있다면 그 로그를 활용해 현재 캐시에는 없지만 곧 들어오리라 예상되는 질의의 결과를 미리 캐시에 불러올 수 있을 것이다. 예를 들어 검색 대상이 뉴스, 블로그처럼 시의성 높은 정보라 검색 결과를 캐싱한 이후로 한두 시간이 넘으면 재사용하지 못하는 경우를 생각해보자. 하루가 끝날 때 즈음 캐시 적중률이 30~40% 수준으로 높은 값이더라도, 사람들이 자러 가면 트래픽은 줄어들고 아침 즈음에는 적중률이 다시 거의 0에 가까워질 것이다.

이때 만약 내일 질의 양상이 오늘과 비슷할 거라는 가정을 한다면, 인기 있는 질의들의 검색 결과를 미리 요청해 사용자가 아침에 일어날 즈음에는 캐시에 결과가 들어 있도록 할 수 있을 것이다. 결과를 미리 불러온다면 검색엔진에 걸리는 전체적인 부하는 낮아지진 않지만, 캐시 적중률은 올라가므로 사용자들이 질의를 요청했을 때 평균 지연 시간이 줄어든다. 게다가 이 방법을 쓰면 하루 중에서 검색엔진이 바쁜 시기와 한가한 시기의 부하 차이를 줄일 수 있는데, 검색엔진의 처리량이 이론적 한계에 가깝다면 중요한 장점이 될 수 있다.

심지어 이 아이디어를 한층 더 발전시켜서, 하루 중 특정 시간에 예상되는 질의 결과를 연속해서 미리 불러올 수도 있다. 비첼 외(Beitzel et al., 2004)는 웹 검색엔진의 질의 로그를 일주일 단위로 분석해서 "개인 금융 질의는 오전 7~10시부터 인기가 늘어나고, 음악 질의는 인기가 줄어든다"는 사실을 알아냈다. 물론 이 정책을 썼을 때는 캐싱되는 항목에 기간 제한이 있거나, 다음날 똑같은 질의가 요청되기 전에 캐시에서 결과를 제거하는 경우에만 그 이점을 기대할 수 있을 것이다.

13.5 더 읽을거리

릴자(Lilja, 2000)는 컴퓨터 성능 측정에 관한 여러 측면을 다루는 읽기 쉬운 개론을 썼다. 13.2절의 단순한 $M/M/1$ 모델을 넘어서는 모델 등, 대기열 분석에 관한 깊이 있는 논의는 그로스 외(Gross et al, 2008)나 클라인록(Kleinrock, 1975)의 저작을 참고하라.

13.4.1절의 3단계 캐시 계층은 롱과 수엘이 처음 제안했다(Long and Suel, 2005). 이

개념은 사라이바 외(Saraiva et al., 2001)의 2단계 캐시 계층에서 발전시켰다.

배자-예이츠 외(Baeza-Yates et al., 2007)는 13.4.2절의 ENB 정책과 유사한 QtfDF 알고리즘을 포함해 검색 결과 및 포스팅 리스트를 캐싱하는 여러 가지 알고리즘을 연구했다. 가르시아(Garcia, 2007)는 비용 감지 알고리즘을 포함해 다양한 캐시 정책을 조사했다. 파니 외(Fagni et al. 2006)는 서로 다른 알고리즘을 활용해 검색엔진의 캐시를 정적인 부분과 동적인 부분으로 나누는 방법을 이야기했다. 정적/동적 캐시를 혼합하는 방법은 과거 질의 통계를 활용하면서도 질의 분포 변화에 잘 대응할 수 있기 때문에, 정적 전략이나 동적 전략만 사용할 때보다 좋은 성능을 보인다. 장 외(Zhang et al., 2008)는 리스트 캐시와 색인 압축 간의 관계를 연구했다.

TREC 조직자들은 TREC에서 실시되는 일반적인 유효성 기반 평가에 능률 지향 평가를 여러 차례 추가했다. VLC[very large corpus]와 TB[terabyte] 트랙이 그런 시도 중 두 가지였다 (Hawking and Thistlewaite, 1997; Hawking et al., 1998; Clarke et al., 2005; Büttcher et al., 2006).

13.6 연습 문제

연습 문제 13.1 검색엔진이 질의들을 $\mu = 20$qps의 속도로 처리한다고 가정하자. 질의들은 $\lambda = 15$qps의 속도로 도착한다. 서비스 시간과 도착 시간 간격이 지수 분포를 따른다고 가정하면, 이 검색엔진의 평균 지연 시간은 얼마인가? 질의 중에 지연 시간이 1초가 넘는 비율은 얼마인가? 이 검색엔진에서 질의의 99%에서 지연 시간이 1초 미만이 되도록 했을 때 달성할 수 있는 최대 처리량은 얼마인가?

연습 문제 13.2 두 개의 스케줄링 알고리즘 SJF와 DDS(13.3절)에 대해, 다음과 같이 지연 시간과 비용을 매핑하는 형태이면서, 질의당 평균 비용이 최소가 되게 하는 지연 시간 비용 함수를 만들어라.

$$c : [0, \infty) \rightarrow [0, \infty)$$

연습 문제 13.3 질의 분포가 다음과 같은 멱함수 분포를 따르고 질의가 무한히 들어오는 경우를 생각해보자.

$$p(i) = \frac{c}{i^{1.05}}$$

여기서 $p(i)$는 빈도가 높은 순으로 i번째인 질의의 확률이고, c는 $\sum_{i=1}^{\infty} p(i) = 1$이 되도록 하는 상수다. 빈도가 가장 높은 1,000,000건의 질의를 미리 선택하는 정적 캐시 정책을 활용했을 때, 질의 중에서 캐시로 답할 수 있는 비율은 얼마인가? 이 문제를 푸는 데는 다음 근사식이 도움이 될 것이다.

$$\sum_{i=1}^{\infty} i^{-\alpha} \approx 0.5772 + \int_1^{\infty} x^{-\alpha} dx$$

연습 문제 13.4 정적 캐시 정책인 QTFDF를 생각해보자. 이 정책은 가장 점수가 높은 n개의 텀의 포스팅 리스트를 캐싱하며, 이때 텀 t의 점수는 다음과 같이 정의된다.

$$score(t) = \frac{f_Q(t)}{N_t}$$

여기서 $f_Q(t)$는 (r과거 질의의 로그를 바탕으로) t가 한 질의에서 나타나는 빈도수고, N_t는 t를 포함한 문서의 수다. 어떤 조건이면 QTFDF가 13.4.2절의 ENB 정책과 같아지는가?

13.7 참고문헌

Baeza-Yates, R., Gionis, A., Junqueira, F., Murdock, V., Plachouras, V., and Silvestri, F. (2007). The impact of caching on search engines. In *Proceedings of the 30th Annual International ACM SIGIR Conference on Research and Development in Information Retrieval*, pages 183–190. Amsterdam, The Netherlands.

Beitzel, S. M., Jensen, E. C., Chowdhury, A., Grossman, D., and Frieder, O. (2004). Hourly analysis of a very large topically categorized Web query log. In *Proceedings of the 27th Annual International ACM SIGIR Conference on Research and Development in Information Retrieval*, pages 321–328. Sheffield, England.

Büttcher, S., Clarke, C. L. A., and Soboroff, I. (2006). The TREC 2006 terabyte track. In *Proceedings of the 15th Text REtrieval Conference (TREC 2006)*. Gaithersburg, Maryland.

Cao, P., and Irani, S. (1997). Cost-awareWWW proxy caching algorithms. In *Proceedings of the 1997 USENIX Symposium on Internet Technologies and Systems*, pages 193–206. Monterey, California.

Clarke, C. L. A., Scholer, F., and Soboroff, I. (2005). The TREC 2005 terabyte track. In *Proceedings of the 14th Text REtrieval Conference*. Gaithersburg, Maryland.

Fagni, T., Perego, R., Silvestri, F., and Orlando, S. (2006). Boosting the performance of web search engines: Caching and prefetching query results by exploiting historical usage data. *ACM Transactions on Information Systems*, 24(1):51–78.

Garcia, S. (2007). *Search Engine Optimisation Using Past Queries*. Ph.D. thesis, RMIT University, Melbourne, Australia.

Gross, D., Shortle, J., Thompson, J., and Harris, C. (2008). *Fundamentals of Queueing Theory* (4th ed.). New York: Wiley-Interscience.

Harrison, P. G. (1993). Response time distributions in queueing network models. In *Performance Evaluation of Computer and Communication Systems, Joint Tutorial Papers of Performance '93 and Sigmetrics '93*, pages 147–164. Santa Clara, California.

Hawking, D., Craswell, N., and Thistlewaite, P. (1998). Overview of TREC-7 very large collection track. In *Proceedings of the 7th Text REtrieval Conference*. Gaithersburg, Maryland.

Hawking, D., and Thistlewaite, P. (1997). Overview of TREC-6 very large collection track. In *Proceedings of the 6th Text REtrieval Conference*, pages 93–106. Gaithersburg, Maryland.

Kleinrock, L. (1975). *Queueing Systems. Volume 1: Theory*. New York: Wiley-Interscience.

Lilja, D. J. (2000). *Measuring Computer Performance: A Practitioner's Guide*. New York: Cambridge University Press.

Little, J. D. C. (1961). A proof for the queueing formula L=λW. *Operations Research*, 9(3):383–387.

Long, X., and Suel, T. (2005). Three-level caching for efficient query processing in large web search engines. In *Proceedings of the 14th International Conference on World Wide Web*, pages 257–266. Chiba, Japan.

Saraiva, P. C., de Moura, E. S., Ziviani, N., Meira, W., Fonseca, R., and Riberio-Neto, B. (2001). Rank-preserving two-level caching for scalable search engines. In *Proceedings of the 24th Annual International ACM SIGIR Conference on Research and Development in Information Retrieval*, pages 51–58. New Orleans, Louisiana.

Turpin, A., Tsegay, Y., Hawking, D., and Williams, H. E. (2007). Fast generation of result snippets in web search. In *Proceedings of the 30th Annual International ACM SIGIR Conference on Research and Development in Information Retrieval*, pages 127–134. Amsterdam, The Netherlands.

Zhang, J., Long, X., and Suel, T. (2008). Performance of compressed inverted list caching in search engines. In *Proceeding of the 17th International Conference on World Wide Web*, pages 387–396. Beijing, China.

5부

응용 및 확장

14

병렬 정보 검색

정보 검색 시스템은 방대한 자료를 다루는 경우가 흔하다. 문서 규모는 수기가바이트에서 수테라바이트에 이르고, 색인에 담은 문서는 수백만 개를 넘는다. 5장부터 8장까지 설명한 방법을 잘 활용하면 대량의 자료를 처리하는 데 얼마간 도움이 된다. 그러나 어느 수준에 이르면 정교한 자료 구조나 참신한 최적화만으로는 부족하다. 컴퓨터 한 대의 연산 능력과 저장 공간으로는 월드 와이드 웹^{World Wide Web}[1]에 존재하는 문서 규모의 작은 일부분을 처리하기조차 버겁다.

   14장에서는 정보 검색 시스템이 웹처럼 매우 큰 문서 모음을 다룰 수 있도록 돕는 다양한 방법을 살펴본다. 첫 번째 부분(14.1절)은 질의 병렬 처리, 즉 입력한 질의를 여러 색인 서버가 병렬로 처리해서 처리량을 늘리는 방법을 다룬다. 또한 분산 검색엔진에서 발생하는 중복 서버와 장애 허용에 관한 내용도 논의한다. 두 번째 부분(14.2절)은 색인 구축이나 문서 통계 분석과 같은 사전 작업을 병렬로 수행하는 방법을 다룬다. 그리고 MapReduce라고 부르는 대량의 정보를 대규모 병렬 연산으로 처리하는 프레임워크의 기초도 설명한다.

---

1   색인할 수 있는 웹의 정확한 크기는 아무도 모르지만, 최소한 1천억 개는 되리라고 추정된다. 2005년 8월 야후!가 자사의 색인 크기를 공개했을 때 총 192억 개 문서를 색인했다(http://www.ysearchblog.com/archives/000172.html(2009년 12월 23일 기준)).

14.1 질의 병렬 처리

검색엔진이 질의를 더 빨리 처리하도록 병렬화할 수 있는 부분이 많다. 가장 많이 쓰이는 방법은 색인 분할partition과 복제replication다. 색인 서버가 총 n대라고 가정하자. 표준 용어로는 이들 서버를 노드라고 부른다. 색인을 n개 복제하고 각각을 노드 하나에 할당하면, 질의 하나를 처리하는 데 걸리는 시간은 변함이 없지만 검색엔진의 질의 처리량이 (이론적으로) n배가 된다. 이런 유형의 병렬화를 질의 간 병렬화라고 부른다. 여러 질의를 동시에 처리할 수 있지만 질의 하나만 놓고 보면 순차적으로 처리하기 때문이다. 이와 달리 색인을 n개 부분으로 나눠서 노드 하나가 한 부분만 담당하게 만들 수도 있다. 이런 유형의 병렬화는 질의 내 병렬화라고 부른다. 질의 하나를 여러 서버에서 동시에 처리하기 때문이다. 질의 내 병렬화는 질의 처리량은 늘리고 평균 질의 처리 시간은 줄인다.

이 절에서는 우선 질의 내 병렬화에 초점을 맞춘다. 색인을 독립적인 부분으로 나눔으로써 각 노드가 색인 일부를 담당하는 색인 분할 방식을 알아볼 것이다.

널리 쓰이는 색인 분할 방식은 문서 분할과 텀 분할이다(그림 14.1에 나타냈다). 문서 분할 색인이란 각 노드가 문서 모음의 부분 집합을 담당하는 방식이다. 예를 들어 그림 14.1(a)의 노드 2가 유지하는 색인은 다음 문서 번호 목록을 포함한다.

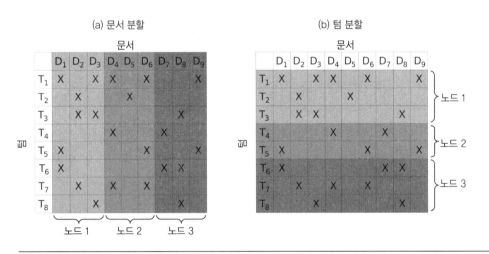

그림 14.1 보편적인 색인 분할 방식인 문서 분할과 텀 분할(텀 8개와 문서 9개를 포함하는 가상의 색인을 표현했다)

$$L_1 = \langle 4, 6 \rangle, \quad L_2 = \langle 5 \rangle, \quad L_4 = \langle 4 \rangle, L_5 = \langle 6 \rangle, \quad L_7 = \langle 4, 6 \rangle$$

텀 분할 색인이란 각 노드가 문서 모음에 등장하는 전체 텀의 부분 집합을 담당하는 방식이다. 그림 14.1(b)에서 노드 1에 저장한 색인은 다음 목록을 포함한다.

$$L_1 = \langle 1, 3, 4, 6, 9 \rangle, \quad L_2 = \langle 2, 5 \rangle, \quad L_3 = \langle 2, 3, 8 \rangle$$

이 두 가지 분할 방식은 질의를 처리하는 방법이 사뭇 다르다. 문서 분할은 n개 노드 모두가 모든 질의를 함께 처리한다. 텀 분할은 각 질의에 포함된 텀을 담당하는 노드만 질의 처리에 참여한다.

14.1.1 문서 분할

문서 분할 색인에서는 각 색인 서버가 문서 모음의 부분 집합을 담당한다. 앞단 서버는 입력 질의를 받아서 n개 색인 노드로 전달하고, 질의 처리를 기다려서 각 노드로부터 결과를 받은 뒤 병합해 최종 결과를 만들고, 최종 결과를 다시 사용자에게 돌려준다. 이 구조를 그림 14.2에 도식화했다.

문서 분할의 주요 장점은 단순함이다. 모든 색인 서버가 다른 서버와 엮이지 않고 독자적으로 동작하므로 하단의 질의 처리 과정에서 더 고려할 복잡성이 없다. 단지 앞단 서버가 질의를 뒷단(색인) 서버로 전달하고, n개 노드 각각으로부터 상위 k개 결과를 받아서 그중 상위 m개를 추리고, 그 결과를 사용자에게 돌려주면 된다(보통 m은 사용자가 지정하고, k는 검색엔진 운영자가 지정한다). 앞단 서버는 질의와 결과를 전달하는 역할 외에도 자주 입력된 질의에 대한 검색 결과를 캐시에 유지하기도 한다.

만약 갱신(문서 삽입, 삭제 등)을 허용하는 동적 색인을 사용한다면 갱신 작업 역시 분산 처리할 수 있다. 각 노드가 자신이 담당하는 색인에 대한 갱신을 처리한다. 이렇게 하면 복잡하게 한 군데에서 전체 색인을 구축하고 유지할 필요가 없다. 다만 분산 색인을 하려면 문서끼리 서로 관련이 없어야 하며, 하이퍼링크나 앵커 텍스트와 같은 문서 간 정보가 색인에 포함돼서는 안 된다.

전체 문서 집합을 어떻게 n개 색인 노드로 분할할지 결정하는 데 있어서, 어떤 기준에 따라 특정 문서를 특정 노드에 몰아넣고자 할 수 있다. 예를 들면 비슷한 문서끼리 같은 노드에 저장하는 식이다. 6.3.7절에서 문서를 URL의 알파벳 순서대로 재배치해서 URL이 비슷한 문서에 인접한 문서 번호를 부여하면 더 많이 압축된다고 설명했다. 같은 도메인에서 나온 문서를 모두 같은 노드에 몰아넣으면 당연히 압축 효과가 가장 클 것이다. 이 방법은 색인 서버 간 부하량이 고르지 않을 수 있다는 문제점이 있다. 한 노드가 어떤 주제에 관한 문서를 대부분 저장하고 있는데, 이 주제가 갑자기 사람들의 관심을 끈다면 다른 노드보다 이 노드로 질의가 몰릴 것이다. 결국 가용 자원을 효율적으로 사용하지 못한다. 이 문제를 피하려면 뭔가 근사한 방법으로 문서를 분할하려고 시도하기보다 단순히 무작위로 n개 부분 집합으로 분할하는 게 낫다.

일단 색인을 분할해서 각 노드에 적재한 다음에는 노드 하나가 반환하는 결과 집합 크기 k를 정해야 한다. 사용자가 m개 문서를 요청하면, 이를 바탕으로 어떻게 k를 정해야 할까? 사용자가 m = 100개를 요청했다고 가정하자. 안전하게 모든 색인 노드가 각각 k = 100개씩 반환하는 방법을 생각해볼 수 있다. 전체 문서에서 상위 100개를 확실히 찾을 수 있기 때문이다. 하지만 이는 두 가지 이유로 좋은 결정이라고 볼 수 없다.

1. 한 노드에서 상위 100개가 모두 나올 가능성은 매우 낮다. 색인 서버 모두가 100개

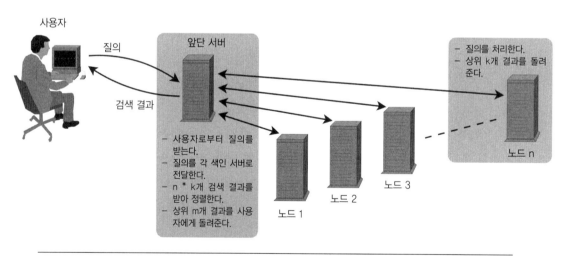

그림 14.2 문서 분할 방식에서 앞단 서버 하나와 여러 색인 서버가 질의를 처리하는 구조다. 입력 질의는 모든 색인 서버로 전달한다.

씩 앞단 서버로 돌려준다면 필요 이상으로 네트워크 부하를 유발한다.

2. 질의 처리 성능에도 k가 많은 영향을 미친다. 성능을 높이려고 텀 최대 점수(5.1.1 절 참고)와 같은 기법을 적용하기 때문이다. 표 5.1에는 GOV2를 빈도 색인으로 만들어서 질의를 수행했을 때, k를 100에서 10으로 줄이면 질의당 평균 CPU 소요 시간이 약 15% 줄어든다고 나온다.

클라크와 테라(Clarke and Terra, 2004)는 색인 서버가 n대 있고 노드마다 결과 k개를 반환할 때, 앞단 서버가 전체 상위 m개 결과를 받을 수 있는 확률을 계산했다. 이들의 계산은 문서가 무작위로 색인 노드에 할당되므로 각 노드가 똑같은 확률로 1등, 2등, 3등 문서 등을 돌려준다는 가정을 바탕으로 한다.

상위 m개 결과 집합 $\mathcal{R}_m = \{r_1, r_2, ..., r_m\}$이 있다고 하자. 이 가운데 하나인 r_i가 특정 노드에서 나올 확률은 $1/n$이다. 따라서 m개 상위 결과 중 정확히 l개가 특정 노드에서 나올 확률은 이항 분포$^{binomial\ distribution}$를 따른다.

$$b(n, m, l) \;=\; \binom{m}{l} \cdot \left(\frac{1}{n}\right)^l \cdot \left(1 - \frac{1}{n}\right)^{m-l} \tag{14.1}$$

색인 노드 n개가 각각 상위 k개 결과를 반환할 때, $\mathcal{R}_m$에 속하는 모든 결과를 얻을 확률은 다음에 나온 점화식으로 구할 수 있다.

$$p(n, m, k) \;=\; \begin{cases} 1 & m \leq k \text{일 때} \\ 0 & m > k \text{이고 } n = 1 \text{일 때} \\ \sum_{l=0}^{k} b(n, m, l) \cdot p(n-1, m-l, k) & m > k \text{이고 } n > 1 \text{일 때} \end{cases} \tag{14.2}$$

처음 두 가지 경우는 이해하기 쉽다. 점화식이 들어간 세 번째 경우는 시스템의 첫 번째 노드에서 전체 상위 m개 결과 중 $l = 0, 1, 2, ..., k$개를 얻을 확률(즉, $b(n, m, l)$)을 계산한다. 이렇게 l의 각 값마다 확률을 구한 다음, 각 l에 대해 다시 확률 $p(n-1, m-l, k)$, 그러니까 아직 남은 $m-l$개 상위 결과 문서를 나머지 $n-1$개 노드에서 얻을 확률을 곱한다. 식 14.2를 점화식을 쓰지 않는 단일 수식으로 풀 수는 없지만, 동적 계획법$^{dynamic\ programming}$을 적용해 $\Theta(n \cdot m \cdot k)$의 시간 복잡도로 풀 수 있다.

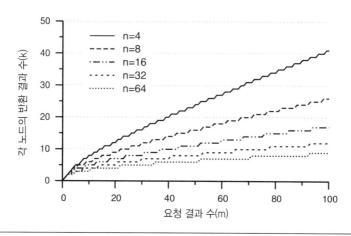

그림 14.3 색인 노드 n개로 문서 분할한 색인에서 전체 상위 m개 결과를 확률 $p(n, m, k) > 99.9\%$로 반환하는 k의 최솟값 변화

    그림 14.3은 상위 m개 결과를 99.9% 이상 확률로 얻으려면 각 노드가 반환해야 하는 문서 수 k를 보여준다. 만약 $m = 100$이고 $n = 4$면 노드당 반환 수 $k = 41$이 돼야 한다. 확률 요건을 99.9%에서 95%로 낮추면 k는 41에서 35로 좀 더 큰 폭으로 줄어든다.

    때로는 사용자가 요청한 문서 수와 다르게 m을 설정해서 k를 구하는 게 득이 될 수 있다. 예를 들어서 앞단 서버가 최근 입력된 질의에 대한 검색 결과를 캐시에 유지하는 시스템에서, 사용자가 상위 10개만 요청하더라도 20개를 미리 가져와 캐시에 저장하고 사용자가 "다음 페이지" 링크를 누르면 캐시에 저장한 결과를 바로 반환할 수 있다. 앞단 서버가 $m' > m$인 결과 집합 $\mathcal{R}_{m'}$을 얻어서 살펴보는 방법도 유용하다. 카보넬과 골드슈타인 (Carbonell and Goldsteins, 1998)의 최대 한계 적합도^{maximal marginal relevance}나 구글의 출처 다양화^{host crowding2}와 같은 결과 다양성을 위한 재정렬 기법을 활용할 수 있기 때문이다.

14.1.2 텀 분할

문서 분할이 대부분의 환경에서 적절한 선택이고 노드 수를 늘려서 거의 선형적으로 규모를 확장할 수 있긴 하지만, 어디까지나 각 노드가 색인 정보를 주 메모리 또는 그에 버금가

는 임의 접근 속도를 갖는 매체, 즉 플래시 메모리 같은 곳에 저장해야 의미가 있다. 디스크에 색인을 저장하는 경우는 이야기가 다르다.

문서 분할을 적용한 검색엔진에서 모든 포스팅 목록을 디스크에 저장했다고 생각해보자. 질의 하나에 평균 세 단어가 들어 있고, 초당 최대 100개 질의를 처리해야 한다고 치자. 13.2.3절의 내용을 돌이켜보면, 대기열 효과 때문에 가용 자원을 50% 이상 쓸 경우 질의 처리 지연 시간이 갑작스럽게 올라갈 위험이 있다. 이는 곧 초당 100개 질의를 감당하려면 시스템 용량은 최소한 초당 200개 질의 처리 수준이어야 한다. 바꿔 말하면 임의 접근을 텀 하나당 한 번씩, 초당 600번 수행해야 한다는 뜻이다. 디스크의 탐색 지연이 평균 10ms 라고 가정하면 디스크 하나에서 임의 접근을 초당 100회까지 수행할 수 있는데, 이는 필요한 최소 수치의 1/6에 불과하다. 색인 노드에 디스크를 추가해 이 문제를 해결할 수도 있겠지만, 각 서버에 하드 디스크를 6개씩 두는 건 아마도 실용적인 해법은 아닐 것이다. 게다가 이 방법으로는 시스템에 아무리 많은 노드를 추가하더라도 분명히 초당 질의 수백 개 이상은 감당하지 못한다.

텀 분할은 문서 모음을 문서 단위의 부분 집합으로 쪼개는 대신 텀 단위 부분 집합으로 쪼갬으로써 디스크 탐색이 유발하는 문제를 해결한다. 각 색인 노드 v_i는 특정 텀 집합 $\mathcal{T}_i$를 담당하고, $\mathcal{T}_i$에 속하는 텀이 하나라도 질의에 있어야만 질의 처리에 참여한다. 이 책에서 다루는 텀 분할 질의 처리 방식은 모팻 외(Moffat et al., 2007)가 제안한 파이프라인 구조에 기반한다. 이 구조는 질의를 "텀 하나씩 처리하기$^{term-at-a-time}$" 방식으로 처리한다 (term-at-a-time 질의 처리에 관한 자세한 내용은 5.1.2절을 참고한다).

질의가 q개 텀 t_1, t_2, ..., t_q를 포함한다고 가정하자. 앞단 서버는 t_1을 담당하는 노드 $v(t_1)$ 으로 질의를 전달한다. 노드 $v(t_1)$은 t_1의 포스팅 목록을 읽어서 문서 점수 누적기 집합을 만든 다음, 텀 t_2를 담당하는 노드 $v(t_2)$로 질의와 누적기 집합을 전달한다. 이제 $v(t_2)$는 누적기 집합을 갱신하고 다시 $v(t_3)$로 질의와 누적기 집합을 전달하고, 모든 텀을 처리할 때까지 이런 식으로 이어진다. 파이프라인에서 마지막 노드인 $v(t_q)$는 질의 처리를 마치면 앞단 서버로 최종 누적기 집합을 보낸다. 앞단 서버는 상위 m개 결과를 골라서 사용자에게 돌려준다. 이 구조를 그림 14.4에 나타냈다.

순차적으로 텀 하나씩 처리할 때 적용하는 최적화를 텀 분할 구조에도 적용할 수 있다. 등장 빈도가 낮은 텀부터 처리한다. 누적기 잘라내기 기법으로 누적기 집합 크기와 네트워

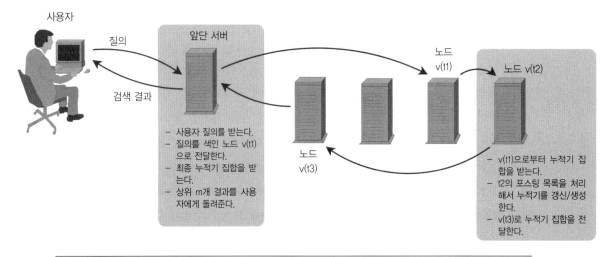

그림 14.4 텀 분할 구조에서 앞단 서버 한 대와 색인 서버 네 대가 동작하는 과정이다. 각 질의는 포함하는 텀에 따라 색인 서버 간에 전달된다(예제는 텀 세 개를 포함한다).

크 트래픽을 일정하게 유지한다. 포스팅을 영향도순으로 정렬해 각 텀에 대해 가장 중요한 포스팅을 빠르게 찾는다.

지금까지 설명한 파이프라인 질의 처리 구조는 질의 내 병렬화를 사용하지 않는다는 점에 유의하자. 각 질의는 어느 한 시점에는 오로지 한 노드만 처리한다. 이런 이유로 앞서 기술한 기본적인 텀 분할은 시스템의 이론적인 처리량을 늘릴 수는 있어도, 검색엔진의 응답 시간을 단축하지는 못한다. 이러한 제약은 앞단 서버가 질의를 $v(t_1)$에 전달하는 동시에 나머지 노드 $v(t_2)$, ..., $v(t_q)$에도 사전 수행 요청을 함으로써 어느 정도 완화할 수는 있다. 이로써 $v(t_i)$가 이전 노드로부터 누적기 집합을 전달받은 시점에 t_i의 포스팅 일부는 이미 메모리에 적재돼 질의를 더 빨리 처리할 수 있다.

텀 분할이 적어도 색인을 디스크에 저장하는 환경에서는 문서 분할보다 더 좋은 성능을 보일지도 모르지만, 몇 가지 단점이 있어서 실제 현장에서 사용하기는 어렵다.

- **확장성**: 문서 모음이 커지면 개별 포스팅 목록도 길어진다. 문서가 10억 개인 말뭉치에서 "computer"나 "internet"처럼 등장 빈도가 높은 텀의 포스팅 목록은 수백 메가바이트를 훌쩍 넘긴다. 질의에 이런 텀이 하나만 있어도 총 소요 시간은 대다

수 사용자가 익숙한 수준보다 훨씬 길어서 수 초에 이를 수 있다. 이 문제를 해결하려면 긴 포스팅 목록을 작은 덩어리로 쪼개 여러 노드로 나눠야 한다. 각 노드는 쪼개진 작은 색인만 처리하되, 색인을 나눠 맡은 모든 노드가 동시에 질의를 처리한다. 다만 이렇게 하면 질의 처리 과정이 상당히 복잡해진다.

- **부하 불균형**: 텀 분할은 색인 노드 간 부하 불균형을 야기한다. 텀 하나에 대한 부하는 문서 모음에서 해당 텀이 등장하는 빈도로 결정되는 동시에 질의에 텀이 등장하는 빈도의 영향도 받는다. 어떤 텀이 긴 포스팅 목록을 가지는 데다 질의에도 빈번하게 등장하면, 그 텀을 담당하는 색인 노드는 시스템 평균보다 훨씬 큰 부하를 받는다. 이 문제를 해결하려면 부하가 큰 텀의 포스팅 목록을 복제해 여러 노드에 분산해야 한다. 이로써 해당 텀으로 인한 연산 부하를 여러 장비가 분담한다. 다만 정보를 복제하므로 저장 공간을 더 사용해야 한다.

- **텀 하나씩 처리하기**: 아마도 텀 분할의 가장 심각한 제약은 문서 하나씩 처리하는 방식을 효율적으로 지원할 수 없다는 점일 것이다. 텀 분할 색인상에서 문서 하나씩 점수를 계산하려면, 잘라낸 누적기 집합이 아니라 관련된 포스팅 목록 전체를 네트워크를 통해 다른 노드로 전달해야 한다. 포스팅 목록의 크기를 고려하면 이는 현실적인 방안이 아니다. 그렇기 때문에 문서 하나씩 처리해야 하는 순위화, 예컨대 2.2.2절의 근접도 순위화 함수 같은 방식은 텀 분할 색인에서 사용할 수 없다.

이런 모든 단점에도 텀 분할이 적합한 때가 있다. 13.4.1절에서 설명한 3단계 캐시 계층 구조를 떠올려보자. 계층 구조의 두 번째 캐시는 불리언 AND(2.2절 참고)를 사용하는 검색 엔진에서는 포스팅 목록 교집합 결과를 저장한다. 문서 분할을 선택해서 모든 색인 노드에 교집합 결과 캐시를 두는 대신, 텀 분할을 선택하고 캐시에 저장한 교집합 정보를 일반적인 포스팅 목록처럼 취급할 수 있다. 그림 14.4에 나온 예제에서, 질의 $\langle t_1, t_2 \rangle$를 과거에 이미 봤다면 교집합 목록 $(t_1 \wedge t_2)$를 색인 노드 $v(t_2)$에 캐싱함으로써 새로운 질의 $\langle t_1, t_2, t_3 \rangle$를 받았을 때 노드 $v(t_1)$의 처리 과정을 건너뛸 수 있다.

좀 더 일반적으로 보면 텀 분할은 교집합 결과처럼 원래 포스팅 수가 적어서든, 또는 색인 잘라내기 기법(자세한 내용은 5.1.5절을 참고하라) 등을 사용해 인위적으로 줄였든, 포스팅 목록이 비교적 짧다면 이점이 명백하다.

14.1.3 혼합 구조

크기가 |C|인 문서 모음으로 만든 색인을 n개 노드에 분산하는 상황을 생각해보자. 만약 |C|/n이 너무 작고 디스크 탐색 시간이 전체 질의 처리 시간의 대부분을 차지한다면 문서 분할은 비효율적이다. 반대로 |C|가 너무 크면 텀 분할은 질의 처리 시간이 너무 오래 걸려서 유용하지 않다.

시 외(Xi et al., 2002)는 문서 모음을 표준 문서 분할 구조에 따라 p개 하위 모음으로 분리하는 혼합 구조를 제안했다. 각 하위 모음의 색인을 다시 텀 분할로 n/p개 노드에 분산하고, 각 노드는 하위 모음 하나에서 등장하는 특정 텀 집합 전체를 담당한다. 부하 분산 정책을 잘 수립하면 대략 질의 처리량은 n배 증가하고 질의 처리 시간은 p분의 1로 줄인다.

텀/문서 분할 혼합 방식의 대안으로는 문서 분할과 복제를 혼합한 방식이 있다. 텀 분할을 하는 일차 목적은 응답 시간을 줄이기가 아니라 처리량을 늘리기라는 점을 명심하자. 그러므로 하위 색인 p개를 다시 텀 분할하는 대신 n/p개로 복제하고, 질의 역시 n/p개 복제로 분산해서 처리하면 같은 성능을 얻을 수 있다. 크게 보면 이런 색인 구성은 구글이 2003년 무렵 채용한 방식이다(Barroso et al., 2003). 최대 처리량과 평균 응답 시간에 대한 전반적인 영향은 문서/텀 분할 혼합 방식과 거의 같다. 저장 공간은 n/p번 복제하기 때문에 약간 더 많이 사용하지만, 디스크에 색인을 저장한다면 큰 문제는 아니다.

14.1.4 서버 복제와 장애 허용

다수의 사용자를 대상으로 대규모 검색엔진을 운영하려면 응답 시간과 검색 품질 못지않게 안정성과 장애 대응도 중요하다. 더 많은 질의를 처리하도록 검색엔진을 구동하는 장비가 늘어남에 따라 어느 시점이든 그중 하나가 장애를 겪을 가능성이 높아진다. 장애가 발생할 여지를 염두에 두고 시스템을 설계했다면 장비 한 대가 장애를 겪더라도 처리량이 약간 줄거나 검색 품질이 약간 떨어지는 정도로 그친다. 하지만 장애 발생을 고려하지 않은 시스템은 장비 한 대만 장애를 겪어도 검색엔진 전체가 동작을 멈출지도 모른다.

노드 32개상에서 분산 검색엔진을 구동하되, 단순하게 복제를 두지 않을 때의 문서 분할과 텀 분할 구조를 비교해보자. 텀 분할 색인 노드 하나에서 장애가 발생하면 해당 노드가 관리하는 텀을 포함하는 질의는 더 이상 처리할 수 없게 된다. 다른 텀만 포함하는 질의에는 아무런 영향이 없다. 단어 세 개(웹 질의의 평균 질의 텀 수)를 포함하는 임의의 질의를 나머지 31개 노드가 정상적으로 처리할 확률을 구해보자.

$$\left(\frac{31}{32}\right)^3 \approx 90.9\% \qquad (14.3)$$

반면 문서 분할 색인 노드 중 하나에서 장애가 발생하면 검색엔진은 여전히 모든 질의를 처리할 수는 있다. 하지만 검색 결과 중 일부는 놓칠지도 모른다. 문서를 무작위로 분할했다면 임의의 질의에 대해서 상위 k개 결과 중 j개를 놓칠 확률은 다음과 같다.

$$\binom{k}{j} \cdot \left(\frac{1}{32}\right)^j \cdot \left(\frac{31}{32}\right)^{k-j} \qquad (14.4)$$

따라서 상위 10개 결과를 온전히 받을 확률은 다음과 같다.

$$\left(\frac{31}{32}\right)^{10} \approx 72.8\% \qquad (14.5)$$

얼핏 보면 텀 분할이 문서 분할보다 장애로 인한 영향이 적어 보인다. 그러나 이렇게 비교하는 건 공정하지 않다. 상위 10개 결과 중 하나를 놓치는 경우보다 질의 하나 자체를 처리하지 못하는 쪽이 더 심각하기 때문이다. 이번에는 상위 10개 중 두 개를 놓칠 확률을 계산해보자.

$$1 - \left(\frac{31}{32}\right)^{10} - \binom{10}{1} \cdot \left(\frac{1}{32}\right) \cdot \left(\frac{31}{32}\right)^9 \approx 3.7\% \qquad (14.6)$$

이로써 알 수 있듯이 노드 하나가 장애를 겪어서 질의에 심각한 영향을 미칠 확률은 사실상 상당히 낮으며, 사용자 대다수는 차이를 알아차리지 못할 것이다. 이런 이유로 노드 하나가 장애를 겪을 경우 문서 분할 색인이 텀 분할 색인보다 장애를 더 잘 감춘다고 볼 수 있다.

정보성 질의는 적합한 결과가 여러 개 존재하기 마련이라서, 문서 분할의 장애 대응은 괜찮은 결과를 보인다. 하지만 안내성 질의는 상황이 다르다(정보성 질의와 안내성 질의의 차이점을 알고 싶다면 15.2절을 참고하라). 안내성 질의 예로 ⟨"white", "house", "website"⟩를 생각해보자. 이 질의에 대한 필수적인 결과는 딱 하나(http://www.whitehouse.gov/)로, 검색 결과 상위에 반드시 나와야 한다. 만약 문서 분할 색인을 저장한 32개 노드 중 하나에서 장애가 발생한다면, 모든 안내성 질의는 (만약 있다면) 필수 결과를 3.2% 확률로 보여주지 못한다. 이 문제를 해결하는 방법은 여러 가지인데, 그중 널리 쓰이는 세 가지 방법을 소개한다.

- **복제**: 같은 색인 노드를 여러 벌 유지한다. 이전 절에서 혼합 구조를 설명할 때 언급했던 방식이며, 복제한 색인 노드들은 질의를 병렬로 처리한다. 만약 한 색인 노드의 r개 복제 중에서 하나가 장애를 일으키면 나머지 $r - 1$개 복제가 장애가 일어난 노드의 부하를 나눠 맡는다. 이 방법은 단순하고, 처리량과 장애 허용도를 모두 개선할 수 있다는 장점이 있다. 이 방법의 단점은 복제 수 r은 작은데 시스템이 한계 처리량에 가까운 부하를 받고 있다면, 복제 하나가 장애를 일으킬 때 나머지 $r - 1$개 복제가 과부하에 걸릴 수 있다는 점이다.

- **부분 복제**: 색인 전체를 r벌로 복제하는 게 아니라 중요한 문서에 대한 색인 정보만 복제한다. 이렇게 해도 되는 이유는 대부분의 검색 결과가 필수는 아니며 다른 적합한 문서를 대신 반환해도 괜찮기 때문이다. 이 방법의 단점은 안내성 질의에 필수적인 문서가 무엇인지 예측하기 어렵다는 점이다. 페이지랭크처럼 질의와 무관한 속성이 적합한 문서를 찾는 실마리를 제공할 수 있다.

- **유휴 복제**: 검색엔진에 총 n개 노드가 있다고 가정하자. 각 노드에 존재하는 색인을 $n - 1$개 조각으로 나눠서 자신을 제외한 나머지 $n - 1$개 노드에 고르게 퍼뜨린다. 단, 이들은 디스크에 저장만 해두고 질의 처리에 사용하지 않는다. 원래 노드가 장애를 겪으면 그제서야 나머지 노드가 보관해둔 $n - 1$개 색인 조각을 메모리에 적재해서 질의 처리에 사용한다. 메모리에 적재한다는 게 중요한데, 그렇지 않다면 질의 하나를 처리할 때 디스크 탐색이 두 배로 늘기 때문이다. 유휴 복제는 각 노드가 $n - 1$개 색인 조각을 저장하므로 복제를 하지 않을 때보다 대략 두 배의 저장 공간을 사용한다.

앞서 나열한 방안을 결합할 수도 있다. 예를 들면 색인 일부만 유휴 복제를 한다. 한 노드에 존재하는 색인 전체를 복제하지 않고 중요한 문서에 대한 색인 정보만 복제하는 식이다. 이렇게 해서 저장 공간 사용량을 줄이고 장애가 발생했을 때 검색엔진에 미치는 영향도 제어할 수 있다.

14.2 MapReduce

검색엔진은 질의 처리 외에도 여러 가지 대규모 정보 처리 작업을 수행한다. 색인을 구축하고 갱신하거나 말뭉치에서 중복 문서를 판별하거나 문서 모음의 링크 구조(페이지랭크 등, 15.3.1절 참고)를 분석한다.

구글이 개발한 MapReduce는 대량의 데이터를 (장비 수천 대 수준의) 대규모 병렬 연산으로 처리하는 프레임워크로, 위에 나열한 종류의 작업을 모두 수행할 수 있다. MapReduce는 딘과 게마와트(Dean and Ghemawat, 2004)가 처음 소개했다. 이들의 논문은 프레임워크의 상위 설계는 물론, 여러 가지 흥미로운 구현 세부 사항과 성능 최적화에 관한 내용도 담고 있다.

14.2.1 기본 프레임워크

MapReduce는 Lisp과 같은 함수형 프로그래밍 언어에서 제공하는 *map*과 *reduce*라는 함수에서 영감을 얻어서 만들었다. 이 가운데 map 함수는 함수 f와 목록 $l = \langle l_1, l_2, ..., l_n \rangle$을 인자로 받아서 다음과 같이 새로운 목록을 돌려준다.

$$map(f, l) = \langle f(l_1),\ f(l_2),\ \ldots,\ f(l_n) \rangle \tag{14.7}$$

그리고 reduce 함수(*fold*나 *accumulate*라고도 한다)는 함수 g와 목록 $l = \langle l_1, l_2, ..., l_n \rangle$을 인자로 받아 다음과 같이 새로운 원소(목록이 아니다) 하나를 돌려준다.

$$l' = reduce(g, l) = g(l_1,\ g(l_2,\ g(l_3,\ \ldots))) \tag{14.8}$$

MapReduce에서 map 함수라고 하면 흔히 *map*에 전달하는 함수 *f*를 뜻한다(*map* 자체는 프레임워크가 제공하므로). 마찬가지로 *reduce*로 전달하는 함수 *g*를 그냥 reduce 함수라고 부른다. 이 책에서도 이런 관습을 따른다.

추상적으로 보면 MapReduce 프로그램(또는 단순히 MapReduce)은 키-값 쌍을 나열한 입력을 읽고, 여기에 어떤 연산을 수행해서 새로운 키-값 쌍을 나열한 결과를 만든다. 키와 값은 주로 문자열이지만 어떤 형식이든 될 수 있다. MapReduce는 세 단계로 이뤄진다.

- map 단계에서는 입력에서 키-값 쌍을 차례대로 읽어서 각 쌍에 map 함수를 적용한다. 일반적인 함수 형태는 다음과 같다.

$$map : \ (k, v) \ \mapsto \ \langle (k_1, v_1), \ (k_2, v_2), \ \ldots \rangle \tag{14.9}$$

  다시 말해 map이 각 키-값 쌍마다 어떤 키-값 쌍을 나열한 결과를 돌려준다는 뜻이다. 빈 결과를 돌려줄 수도 있고, 나열한 키는 입력 키와 같을 수도 다를 수도 있다(보통 다르다).

- shuffle(섞기) 단계에서는 map 단계에서 만든 쌍들을 키로 정렬하고, 키가 같은 값들을 한데 모은다.

- reduce 단계에서는 키와 키로 모은 값마다 reduce 함수를 적용한다. 함수 형태는 다음과 같다.

$$reduce : \ (k, \ \langle v_1, v_2, \ldots \rangle) \ \mapsto \ (k, \ \langle v_1', v_2', \ldots \rangle) \tag{14.10}$$

  다시 말해 reduce 함수는 개별 키에 대해 연관된 값 목록을 처리해서 새로운 값 목

```
map (k, v) ≡                          reduce (k, ⟨v₁, v₂, …, vₙ⟩) ≡
1   split v into tokens            5   count ← 0
2   for each token t do            6   for i ← 1 to n do
3       output(t, 1)               7       count ← count + vᵢ
4   return                         8   output(count)
                                   9   return
```

그림 14.5 말뭉치에서 각 텀이 나온 횟수를 세는 MapReduce 작업이다. 문서 또는 그와 비슷한 본문 내용을 map 함수에 입력한다. 입력 인자에서 키는 사용하지 않는다. MapReduce를 수행하면 (*t*, *fₜ*) 쌍을 나열한 결과를 얻는다. 여기서 *t*는 텀이고 *fₜ*는 텀 *t*가 입력 문서에 등장한 횟수다.

록을 만든다. 함수 입력과 출력이 같을 수도 다를 수도 있다. 구현마다 다르긴 하지만 대체로 입력 키와 출력 키는 같다.

그림 14.5는 주어진 말뭉치에 존재하는 모든 텀의 등장 횟수를 세는 MapReduce의 map과 reduce 함수를 보여준다. 그중 reduce 함수의 출력 키는 입력 키와 같아서 생략됐다.

MapReduce는 고도로 병렬화할 수 있다. map과 reduce 모두 여러 장비에서 동시에 수행할 수 있기 때문이다. 장비 m대로 map을, r대로 reduce를 수행하도록 총 $n = m + r$대 장비를 보유했다고 가정해보자. MapReduce에 들어오는 입력은 map 샤드라는 작은 조각으로 쪼개진다. 통상 샤드 하나는 16에서 64메가바이트 사이의 크기를 갖는다. 샤드는 각각 독립적으로 다루고, m대 장비 중 하나에 할당한다. 작업 규모가 크면 장비 하나에 수십 또는 수백 개 샤드를 할당하는 경우도 흔하다. 장비 하나는 한 번에 샤드 하나씩 처리하므로 같은 장비에 할당된 모든 샤드는 순차적으로 처리하게 된다. 그렇지만 장비에 CPU가 여러 개라면 여러 샤드를 동시에 처리해 성능을 높일 수 있다.

비슷한 방법으로 map 수행 결과는 여러 reduce 샤드로 쪼개진다. 샤드 개수는 흔히 reduce를 수행하는 장비 수 r과 같다. 앞서 map 함수를 수행해서 얻은 키-값 쌍을 reduce 샤드 중 하나로 보낸다. 통상 키-값 쌍에서 키만 보고 어느 샤드로 보낼지 결정한다. 예를 들어 다음과 같은 공식으로 r개 reduce 샤드 중 하나를 선택한다.

$$shard(key, value) = hash(key) \bmod r \tag{14.11}$$

여기서 hash란 임의의 해시 함수다. 이 방법으로 map 결과를 reduce 샤드에 할당하면 키가 같은 값들은 모두 같은 샤드에 모인다. 각 샤드 안에 들어온 키-값 쌍은 키를 기준으로 정렬하고(이 과정이 shuffle 단계다), reduce 함수에 입력해서 최종 결과를 만든다.

그림 14.6은 셰익스피어 희곡에서 뽑은 세 개의 짧은 본문 구간을 그림 14.5에서 기술한 MapReduce 작업으로 처리하는 흐름을 표현한다. 각 본문 구간이 map 샤드를 뜻한다. 여기에 map 함수를 적용해서 얻은 키-값 쌍은 키에 대한 해시 결과를 기반으로 세 개의 reduce 샤드로 나뉜다. 본 예제에서는 $hash(\text{"heart"}) \bmod 3 = 0$, $hash(\text{"soul"}) \bmod 3 = 1$ 등이다.

이 과정에서 map 단계와 shuffle 단계가 겹칠 수, 즉 동시에 수행될 수 있고 shuffle 단

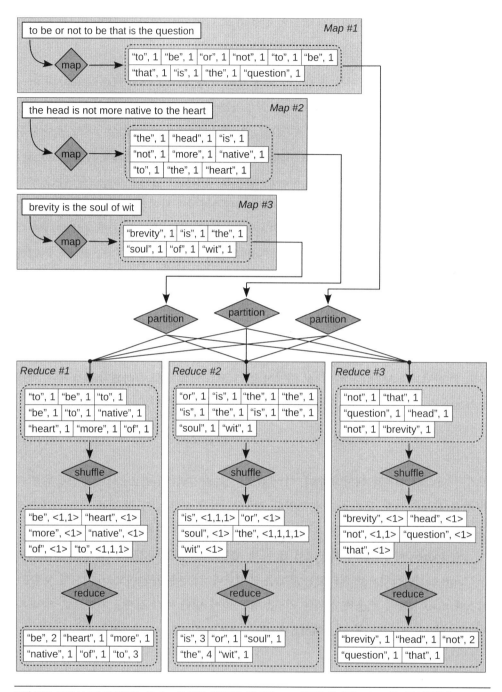

그림 14.6 그림 14.5에 기술한 MapReduce의 동작 흐름이다. 세 개의 map 샤드와 세 개의 reduce 샤드를 사용했다.

648

계도 reduce 단계와 겹칠 수 있다. 그러나 map 단계와 reduce 단계가 겹치는 경우는 절대로 없다. reduce 함수를 시작하려면 어떤 키에 대한 모든 값이 준비돼야 하기 때문이다. 일반적으로 어떤 map 수행 장비에서 어떤 키가 나올지 미리 알 수 없으므로 map 단계가 끝나기 전에는 reduce 단계를 시작할 수 없다.

14.2.2 결합기

많은 MapReduce 작업에서, map 샤드 하나로부터 같은 키를 갖는 수많은 키-값 쌍이 나올 수 있다. 예컨대 그림 14.5에 나온 단어 세기 작업을 전형적인 영문 문서에 대해 수행하면 map 결과 중 6~7%의 키는 "the"가 차지할 것이다. 이 모든 결과를 "the"를 담당하는 reduce 수행 장비로 전달하는 건 네트워크와 저장 공간 낭비다. 그리고 더 중요한 점은 전체 부하 분산이 고르게 되지 않는다는 문제다. 얼마나 많은 장비를 reduce에 할당하든지 간에 그중 한 대는 전체 reduce 작업 분량 중 최소한 7%는 처리해야 한다.

이 문제를 극복하려면 map을 변경해서 샤드에서 얻은 텀 개수를 해시 테이블에 누적하고, 샤드 하나를 다 처리하면 $(t, 1)$ 형태의 결과 f_t개를 보내는 대신 (t, f_t)라는 결과 하나만 보낸다. 다만 이렇게 처리하려면 프로그래머가 구현할 내용이 늘어나는 단점은 있다.

해시 테이블을 사용하는 방법 말고도, map 장비가 각 map 샤드 처리 결과를 reduce 장비로 넘기기 전에 자체적으로 shuffle/reduce 단계를 수행하는 방법도 있다. 성능 개선 효과는 해시 테이블을 사용할 때와 비슷하지만 구현을 바꿀 필요가 없기 때문에 개발자들이 선호한다. 이렇게 reduce 샤드가 아니라 map 샤드에 직접 적용하는 reduce 함수를 결합기combiner라고 부른다. 어떤 reduce 함수든지 입력값과 출력값의 형식이 같아서 출력 결과를 다시 입력으로 쓸 수 있기만 하면 결합기가 될 수 있다. 예제로 든 단어 세기 MapReduce는 reduce 단계의 입력값과 출력값이 모두 정수여서 이 요건을 충족한다.

14.2.3 이차 키

지금까지 설명한 대로라면 MapReduce 기본 프레임워크는 키가 같은 여러 값이 reduce 함수에 입력되는 순서에 대해 어떤 보장도 하지 않는다. 많은 상황에서는 reduce 함수가 입맛에 따라 순서를 재조정할 수 있으므로 별 문제가 아니다. 그렇지만 어떤 작업은 키 하나에 대한 값이 너무 많이 나와서 한꺼번에 메모리에 적재할 수 없고 reduce 함수가 순서를 조정하기도 어려울 수 있다. 이런 상황에서 각 키에 대한 값을 reduce 함수에 넘기기 전에 정렬할 수 있으면 도움이 된다.

예를 들어서 색인 구축에서는 reduce 함수에 전달되는 값이 특정한 순서를 따라야 한다. 주어진 문서 모음에서 문서 번호 색인을 구축하려면 map 함수가 출력 키-값으로 문서 d에 등장한 각 텀 t마다 $(t, docid(d))$ 쌍을 만든다. 그리고 reduce 함수는 텀 t에 대한 모든 포스팅을 이어 붙여서 (그리고 아마 압축도 해서) 포스팅 목록을 만든다. 이렇게 하려면 확실히 reduce 함수에 $docid(d)$의 오름차순으로 입력돼야 한다.

MapReduce는 이차 키라는 개념을 사용해 같은 키에 대한 값이 reduce 함수에 전달되는 순서를 정의할 수 있도록 지원한다. 중간의 shuffle 단계에서는 이전처럼 키-값 쌍을 키 순서대로 정렬한다. 그러나 어떤 키에 값이 둘 이상 있으면 이차 키를 기준으로 값을 정렬한다. MapReduce로 색인을 구축한다면 이차 키는 키-값 쌍의 값 자체(즉, 텀을 포함하는 문서의 문서 번호)가 된다.

14.2.4 장비 장애

수백 또는 수천 대 장비에서 MapReduce를 실행하다보면 어떤 장비는 때때로 문제가 생겨서 실행을 중단하곤 한다. MapReduce 프레임워크는 map 함수가 완벽히 결정적으로 동작하고 map 샤드 하나에서 나온 결과는 온전히 그 샤드만으로 얻는다(즉, 같은 map 장비라도 두 개 map 샤드 간에 정보 교환은 전혀 없다)고 가정한다. 이 가정을 지키는 한 map 장비 하나가 장애를 겪으면 그 장비가 처리하던 샤드를 다른 장비에 할당해서 다시 수행하도록 하면 된다.

반면 reduce 장비가 장애를 겪으면 상황이 약간 더 복잡해진다. 각 reduce 샤드에 들어 있는 정보는 모든 map 샤드로부터 골고루 받았기 때문에, reduce 샤드를 다른 장비에 할당해서 수행하려면 우선 모든 map 샤드를 다시 처리해야 할 수도 있다. 이 문제를 피하려면 map 단계 수행 결과를 바로 reduce 장비에 보내지 않고 안정적인 저장 계층, 즉 전용 저장 서버나 구글 파일 시스템(Ghemawat et al., 2003) 같은 곳에 임시로 저장한다. 만약 reduce 장비가 장애를 겪어서 다른 장비를 투입하면, 새 장비는 저장 계층에서 map 수행 결과를 가져올 수 있다. 하지만 map 결과를 안정적으로 저장하더라도, reduce 장비가 장애를 겪으면 담당하던 reduce 샤드에 대한 shuffle 단계는 여전히 재실행해야 한다. 이마저도 피하고 싶다면 reduce 장비가 shuffle 단계를 끝내고 reduce 단계를 시작하기 전에 shuffle 수행 결과를 다시 저장 서버로 보내야 한다. 한 샤드에 대한 shuffle 단계와 reduce 단계는 같은 장비에서 이뤄지므로, 자주 장애가 일어나지 않는다면 시간을 조금 아끼고자 shuffle 결과를 재전송하는 비용을 치를 필요는 없다.

14.3 더 읽을거리

이 책에서 설명하는 다른 주제와 비교하면 병렬 정보 검색은 얄팍하게 다뤘다. 지금까지 발표된 논문은 몇몇 주요 검색엔진 회사에서 발표한 내용을 제외하면 대부분 장비 수십 대를 넘지 않는 소규모에서 중간 규모 클러스터에 관한 내용뿐이다. 그렇기 때문에 논문에서 제안한 시스템 구조의 확장성을 평가하기 어려운 경우도 있다. 예를 들어서 14.1.2절에서 설명한 텀 분할의 기본 방식은 노드 8개짜리 클러스터에서는 잘 동작할지 몰라도, 확실히 수백 수천 대 노드상에서 잘 동작할 리는 없다. 다만 이런 한계에도 불구하고 소규모 실험에서 얻은 결과를 대규모 병렬 검색엔진에도 적용할 수 있는 경우도 있다.

텀 분할 환경의 부하 분산 주제는 모팻 외(Moffat et al., 2006)가 연구했는데, 이들은 부하 분산 정책을 잘 선택하면 텀 분할도 문서 분할에 버금가는 성능을 낸다는 점을 밝혔다. 마린과 길-코스타(Marin and Gil-Costa, 2007)는 비슷한 연구를 수행해 텀 분할이 문서 분할보다 나은 성능을 보일 수도 있다고 결론지었다. 아버서콘 외(Abusukhon et al., 2008)는 텀 분할 구조 중에서도 포스팅 목록이 긴 텀을 여러 색인 노드에 분산하는 변종을 조사했다.

퍼핀 외(Puppin et al., 2006)는 문서를 무작위로 노드에 할당하지 않고, 질의 로그로 얻은 정보를 바탕으로 어떤 질의에 대한 순위가 높은지 기반으로 할당하는 문서 분할 구조를 연구했다. 특정 질의 집합에 대해서 순위가 높은 문서를 가급적 같은 노드에 할당하는 식이다. 질의가 들어오면 그 질의에 대한 순위가 높은 문서를 가진 색인 노드에만 질의를 전달한다. 시 외(Xi et al., 2002) 그리고 마린과 길-코스타(Marin and Gil-Costa, 2007)는 텀 분할과 문서 분할을 결합한 혼합 구조상에서 수행한 실험 결과를 보고했다. 마린과 나바로(Marin and Navarro, 2003)는 조금 다른 관점에서 병렬 질의 처리를 바라봤는데, 역파일이 아니라 후위 배열^{suffix array}에 기반한 분산 질의 처리 구조를 논했다.

바로소 외(Barroso et al., 2003)는 구글에서 도입한 분산 질의 처리 구조에 관해 개괄적으로 다뤘다. 구글에서 사용하는 다른 대규모 정보 처리 시스템에 관해서는 게마와트 외(Ghemawat et al, 2003) 그리고 딘과 게마와트(Dean and Ghemawat, 2004, 2008), 마지막으로 창 외(Chang et al., 2008)가 소개했다.

하둡^{Hadoop3}은 구글의 MapReduce와 구글 파일 시스템^{GFS} 기술에서 영감을 얻어 만들어진 오픈소스 병렬 연산 프레임워크다. 하둡은 하둡 분산 파일 시스템^{HDFS}과 MapReduce 구현체를 비롯한 여러 요소를 포함한다. 하둡 프로젝트는 루씬 검색엔진을 만든 더그 커팅이 시작했다. 야후는 이 프로젝트의 주요 기여자이고 장비 수천 대에 이르는 세계 최대 하둡 시스템을 설치, 운영하고 있다고 알려졌다.

최근 그래픽 연산 장치^{GPU}를 그래픽 연산이 아닌 범용 연산에 활용하는 일이 주목받고 있다. GPU는 병렬 처리에 특화된 장치라서, 대량의 정보를 순차적이나 동순차적(여러 입력 목록 각각을 순차적으로 처리해서 마지막에 합치는 방식)으로 처리해야 하는 분야에서는 CPU보다 우월하다. 이런 작업에는 정렬(Govindaraju et al., 2006; Sintorn and Assarsson, 2008)이나 논리합(불리언 OR) 질의 처리(Ding et al., 2009) 등이 있다.

14.4 연습 문제

연습 문제 14.1 분산 검색엔진을 노드 수준으로 복제(클러스터 하나에 $2n$개 색인 노드를 두고 한 색인 샤드를 두 노드에 복제해서 질의를 나눠 처리하는 방식)하거나 클러스터 수준으로 복제(두 개의 동일한 클러스터를 두되, 각 클러스터 안에는 복제가 없는 방식)할 수 있다. 각 방식의 장단점을 논하라.

연습 문제 14.2 문서 분할에서 설령 색인을 모두 주 메모리에 적재하더라도 발생할 수 있

---

3 hadoop.apache.org

는 확장성 문제를 설명해보라(힌트: 색인 크기보다 느리게 증가하는 복잡도를 갖는 질의 처리 연산을 생각해보라).

연습 문제 14.3 문서 분할 구조에서 노드 수 $n = 200$, 최종 결과 수 $m = 50$일 때, 상위 m개 결과를 모두 가져올 확률이 99%가 되는 노드당 결과 수 k는 얼마인가?

연습 문제 14.4 14.1.4절에서 설명한 유휴 복제를 일반화해서 장비 k대가 동시에 장애를 겪을 때 대응할 수 있도록 만들어라. 전체 저장 공간 사용량은 어떻게 변하는가?

연습 문제 14.5 텀 분할 색인과 문서 분할 색인에서 유휴 복제가 어떻게 다른지 설명해보라.

연습 문제 14.6 (a) 주어진 말뭉치에서 평균 문서 길이(문서 당 토큰 수)를 구하는 MapReduce 작업(map 함수와 reduce 함수)를 설계해보자. (b) 설계한 작업에서 reduce 함수를 결합기로 쓸 수 있도록 개선해보자.

연습 문제 14.7 어떤 문서가 텀 t_2를 포함할 때 텀 t_1도 함께 포함할 조건부 확률 $\Pr[t_1|t_2]$를 구하는 MapReduce 작업을 설계해보자. 같은 키를 갖는 모든 값이 특정 순서로 전달되도록 map 함수에서 이차 키를 만들면 유용할 것이다.

연습 문제 14.8 (프로젝트 문제) 연습 문제 5.9에서 구현한 BM25 순위화 함수를 사용하는 문서 분할 기반 모의 검색엔진을 만들어보자. GOV2 문서 모음의 100%, 50%, 25%, 12.5%를 색인해보자. 각 색인 크기마다 표준 질의 집합을 사용해서 평균 질의 처리 시간을 측정해보라. 어떤 경향이 보이는가? 이 결과가 문서 분할 구조의 확장성에 어떤 영향을 주는가?

14.5 참고문헌

Abusukhon, A., Talib, M., and Oakes, M. P. (2008). An investigation into improving the load balance for term-based partitioning. In *Proceedings of the 2nd International United Information Systems Conference*, pages 380–392. Klagenfurt, Austria.

Barroso, L. A., Dean, J., and Hölzle, U. (2003). Web search for a planet: The Google cluster architecture. *IEEE Micro*, 23(2):22 – 28.

Carbonell, J. G., and Goldstein, J. (1998). The use of MMR, diversity–based reranking for reordering documents and producing summaries. In *Proceedings of the 21st Annual International ACM SIGIR Conference on Research and Development in Information Retrieval*, pages 335 – 336. Melbourne, Australia.

Chang, F., Dean, J., Ghemawat, S., Hsieh, W. C., Wallach, D. A., Burrows, M., Chandra, T., Fikes, A., and Gruber, R. E. (2008). Bigtable: A distributed storage system for structured data. *ACM Transactions on Computer Systems*, 26(2):1 – 26.

Clarke, C. L. A., and Terra, E. L. (2004). Approximating the top-m passages in a parallel question answering system. In *Proceedings of the 13th ACM International Conference on Information and Knowledge Management*, pages 454 – 462. Washington, D.C.

Dean, J., and Ghemawat, S. (2004). MapReduce: Simplified data processing on large clusters. In *Proceedings of the 6th Symposium on Operating System Design and Implementation*, pages 137 – 150. San Francisco, California.

Dean, J., and Ghemawat, S. (2008). MapReduce: Simplified data processing on large clusters. *Communications of the ACM*, 51(1):107 – 113.

Ding, S., He, J., Yan, H., and Suel, T. (2009). Using graphics processors for high performance IR query processing. In *Proceedings of the 18th International Conference on World Wide Web*, pages 421 – 430. Madrid, Spain.

Ghemawat, S., Gobioff, H., and Leung, S. T. (2003). The Google file system. In *Proceedings of the 19th ACM Symposium on Operating Systems Principles*, pages 29 – 43. Bolton Landing, New York.

Govindaraju, N., Gray, J., Kumar, R., and Manocha, D. (2006). GPUTeraSort: High performance graphics co-processor sorting for large database management. In *Proceedings of the 2006 ACM SIGMOD International Conference on Management of Data*, pages 325 – 336. Chicago, Illinois.

Marín, M., and Gil-Costa, V. (2007). High–performance distributed inverted files. In *Proceedings of the 16th ACM Conference on Information and Knowledge Management*, pages 935 – 938. Lisbon, Portugal.

Marín, M., and Navarro, G. (2003). Distributed query processing using suffix arrays.

In *Proceedings of the 10th International Symposium on String Processing and Information Retrieval*, pages 311–325. Manaus, Brazil.

Moffat, A., Webber, W., and Zobel, J. (2006). Load balancing for term-distributed parallel retrieval. In *Proceedings of the 29th Annual International ACM SIGIR Conference on Research and Development in Information Retrieval*, pages 348–355. Seattle, Washington.

Moffat, A., Webber, W., Zobel, J., and Baeza-Yates, R. (2007). A pipelined architecture for distributed text query evaluation. *Information Retrieval*, 10(3):205–231.

Puppin, D., Silvestri, F., and Laforenza, D. (2006). Query-driven document partitioning and collection selection. In *Proceedings of the 1st International Conference on Scalable Information Systems*. Hong Kong, China.

Sintorn, E., and Assarsson, U. (2008). Fast parallel GPU-sorting using a hybrid algorithm. *Journal of Parallel and Distributed Computing*, 68(10):1381–1388.

Xi, W., Sornil, O., Luo, M., and Fox, E. A. (2002). Hybrid partition inverted files: Experimental validation. In *Proceedings of the 6th European Conference on Research and Advanced Technology for Digital Libraries*, pages 422–431. Rome, Italy.

15

웹 검색

지금까지 정보 검색을 다루면서 일부 예제와 연습 문제를 제외하면 항상 일반화할 수 있는 맥락에서 설명했다. 정보 검색 시스템은 문서 모음을 포함하고, 문서는 토큰을 나열한 대상이다. 마크업은 제목과 저자를 비롯한 각 구성 요소를 가리킨다. 정보 검색 시스템이 동작하는 환경과 문서의 속성에 관해 이보다 더 구체적인 특성을 상정하지 않았다.

15장에서는 어쩌면 독자들에게는 가장 친숙할 웹 검색이라는 구체적인 영역 안에서 정보 검색을 다룰 것이다. 이처럼 영역을 한정하면 응용 분야를 일반화해야 하는 상황에서는 상정할 수 없는 문서 특성도 도입할 수 있다. 이런 문서 특성 중 매우 중요한 한 가지는 하이퍼링크를 활용해 파악하는 구조. 하이퍼링크는 한 페이지를 다른 페이지로 연결하고, 링크에 붙인 이미지 또는 앵커 텍스트를 통해 개별 페이지는 물론 페이지 간 관계에 관한 가치 있는 정보를 제공한다.

물론 설명할 대상을 웹 검색으로 한정하면 편리한 점뿐만 아니라 기존에 신경 쓰지 않던 문제점도 함께 따라온다. 이런 문제점은 주로 웹 페이지와 웹사이트의 상대적인 "품질", "위상(권위)", "인기도"가 주요 글로벌 뉴스 사이트의 전문가가 편집한 페이지에서 고등학생의 개인 페이지에 이르기까지 천차만별이라는 점 때문에 생긴다. 게다가 수많은 웹 페이지는 사실상 스팸, 즉 돈을 벌려고, 또는 다른 동기로 사람들을 끌어모으고자 악의적으로 정체를 숨기는 페이지다. 물론 웹사이트 관리자라면 누구든지 주요 검색엔진에서 상위 결과에 들기를 바라고, 그 목적을 위해 수단과 방법을 가리지 않겠지만, 그 가운데서도 특히 스팸 페이지를 만드는 이들은 검색엔진과 대척 관계에 있다. 스팸 제작자는 웹 페이지 내용이나 품질을 속이는 등 적극적으로 검색 순위화에 사용하는 속성을 왜곡하려 든다.

또 다른 문제는 웹의 규모로 인해 발생한다. 호스트 수백만 개에 페이지 수십억 개가 난립한다. 웹 페이지를 색인하려면 웹 크롤러^{crawler}라는 웹 문서 수집기가 웹을 돌아다니며 페이지를 수집해 검색엔진이 처리할 수 있게 저장해야 한다. 수많은 웹 페이지가 매일 또는 매시간 간격으로 내용을 바꾸기 때문에 검색엔진이 바라보는 웹의 현재 모습(스냅숏)은 주기적으로 갱신해야 한다. 수집기는 페이지를 모으면서 다른 페이지와 완전히 중복되거나 거의 중복에 가까운 페이지를 마주치는데, 이런 상황도 잘 대응해야 한다. 예를 들어 자바 프로그래밍 언어의 표준 문서는 여러 웹사이트에서 제공하지만, 〈"java", "vector", "class"〉라는 질의에 대한 최선의 결과는 java.sun.com 사이트의 공식 문서일 것이다.

그리고 상업적 웹 검색엔진이 받는 질의의 양과 다양성도 고려해야 한다. 질의의 양과 다양성은 웹에 존재하는 정보의 양과 다양성을 그대로 반영한다. 질의는 흔히 텀 한두 개 정도로 짧아서 검색엔진이 질의를 입력한 사람이 의도하는 바를 알 길이 거의 없다. 어떤 사람이 〈"UPS"〉라는 질의를 입력한다면 택배 서비스를 찾는 건지 전원 공급 장치를 찾는 건지 그도 아니면 펏젯사운드대학교^{University of Puget Sound}의 야간 수업에 대해 알고 싶은 건지 알 수 없다. 이런 질의 의도를 파악하는 건 모든 정보 검색 분야에서 중요하지만, 특히 웹 검색에서 극도로 민감한 주제다.

15.1 웹 구조

그림 15.1은 웹 구조에 관련된 가장 중요한 특질을 나타내는 예다. 여기엔 W, M, H[1]라는 웹사이트 세 개가 있다. W 사이트는 셰익스피어(w0.html)와 그가 쓴 희곡인 햄릿(w1.html)과 맥베스(w2.html)에 관한 페이지를 비롯해 일반적인 백과사전 정보를 제공한다. H 사이트는 셰익스피어의 아내(h0.html)와 아들(h1.html)에 관한 페이지를 포함해

---

1   단순하게 표현하려고 실제 사이트와 페이지 이름 대신 한 글자짜리 사이트 이름과 짧은 페이지 이름을 쓴다. 예를 들면 http://en.wikipedia.org/wiki/William_Shakespeare라는 실제 URL 대신 http://W/w0.html와 같은 식이다.

역사 정보를 제공한다. M 사이트는 1971년 개봉한 로만 폴란스키 감독의 영화 〈맥베스〉(m0.html)에 관한 페이지를 포함해 영화와 TV 관련 정보를 제공한다.

그림 15.1은 이들 페이지와 사이트 사이의 연결 구조를 나타낸다. 예를 들어 w0.html 페이지의 HTML 앵커 요소는 다음과 같다.

```
<a href="http://H/h0.html">Anne Hathaway</a>
```

이 요소는 w0.html 페이지와 H 사이트의 h0.html 페이지 사이에 연결(링크)을 맺는다. 앵커 텍스트("Anne Hathaway")는 대상 페이지의 내용을 명시하는 역할을 한다.

15.1.1 웹 그래프

이처럼 하이퍼링크가 가리키는 사이트와 페이지 사이의 관계는 웹 그래프라는 개념을 낳았다. 웹 그래프를 순수하게 수학적인 관념으로 본다면 각 페이지는 노드가 되고 각 하이퍼링크는 한 노드에서 다른 노드를 가리키는 방향을 가진 간선(엣지)이 된다. 그림 15.2는 그림 15.1의 구조를 웹 그래프로 바꿨다. 보기 편하도록 모든 페이지 이름을 http://W//w0.html에서 w_0처럼 짧게 바꿨다.

하지만 실용적인 관점에서는 웹 그래프라고 말할 때 이처럼 단순한 추상적 관념에 그치지 않는다는 점을 기억하자. 페이지는 사이트 단위로 엮이고 앵커 텍스트와 이미지를 링크마다 붙일 수 있다. 링크는 특정 페이지 전체를 가리키기도 하고 페이지 안의 특정 위치를 가리키기도 한다. 웹 자체가 매우 빠르게 바뀐다는 점도 고려해야 한다. 전 세계 곳곳의 사이트에서 페이지와 링크가 끊임없이 생기고 없어진다. 어느 한순간 웹 그래프의 전체 모습을 정확히 포착하기란 절대로 불가능하다.

웹 일부분, 예컨대 특정 사이트나 기관에 속하는 모든 페이지만 고려하는 상황도 있다. 이런 상황에서 한 사이트나 기관의 정확한 웹 그래프를 포착하기란 웹 전체를 파악하기보다 훨씬 쉽다. 그렇다 하더라도 웹사이트 대부분은 규모를 불문하고 끊임없이 바뀌므로, 정확한 모습을 계속 파악하려면 주기적으로 방문해 문서를 재수집해야 한다.

앞으로 사용할 웹 그래프의 표기법을 정리하고 넘어가자. Φ는 웹 그래프에 존재하는 모든 페이지의 집합이고 $N = |\Phi|$는 집합의 크기, 다시 말해 총 페이지 수다. E는 그래프에

Site W:

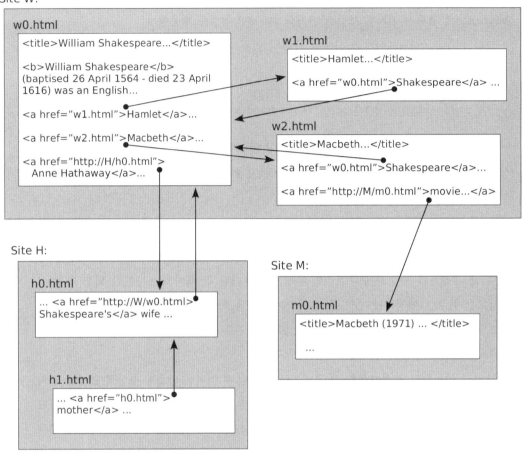

그림 15.1 웹 구조를 그림으로 나타냈다. 페이지는 서로 가리키고(<a href=...>) 연결 정보에 앵커 텍스트("mother" 등)를 붙일 수 있다.

존재하는 모든 링크(엣지)의 수다. 어떤 페이지 $\alpha \in \Phi$가 있을 때 $out(\alpha)$는 α에서 다른 페이지를 가리키는 링크 수를, $in(\alpha)$는 다른 페이지가 α를 가리키는 링크 수를 의미한다. 그림 15.2의 웹 그래프에서 $out(w_0) = 3$이고 $in(h_0) = 2$다. 만약 $in(\alpha) = 0$이면 α를 근원source, $out(\alpha) = 0$이면 α를 수렁sink이라고 부른다. 그리고 Γ는 수렁을 모은 집합이다. 그림 15.2에서 m_0는 수렁이고 h_1은 근원이다.

웹 페이지 각각은 매우 복잡하고 구조화될 수 있다. 페이지에는 흔히 메뉴, 이미지, 광고

660

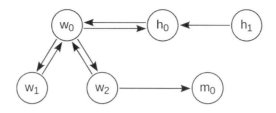

그림 15.2 그림 15.1에 나온 웹 페이지들을 웹 그래프로 나타냈다. 각 링크는 그래프의 단방향 엣지에 해당한다.

등이 포함된다. 스크립트를 활용해서 페이지를 처음 로드할 때 내용을 만들고 사용자가 반응하면 내용을 바꾸기도 한다. 어떤 페이지는 다른 페이지를 보여주는 틀이거나 단순히 다른 페이지로 넘겨주기(재지정)만 할 수도 있다. 페이지 재지정은 스크립트나 특별한 HTTP 응답으로 구현하며, 여러 번 반복될 수 있어서 상황이 더 복잡해진다. 또한 웹에는 HTML 뿐만 아니라 PDF, 마이크로소프트 워드를 비롯한 여러 가지 형식의 문서가 존재한다.

15.1.2 정적 페이지와 동적 페이지

웹 페이지가 "정적" 또는 "동적"이라는 표현을 심심찮게 들어봤을 것이다. 정적 웹 페이지의 HTML은 사전에 완성해서 디스크에 저장했다가 웹 서버가 요청을 받으면 브라우저나 수집기(크롤러)로 전송한다. 여러 기관의 홈페이지(첫 페이지)가 정적 페이지의 좋은 예다. 동적 웹 페이지는 요청을 받는 시점에 생성되고, 내용 일부는 요청 인자에 따라 결정된다. 검색엔진 결과 페이지^{SERP, Search Engine Result Page}가 바로 동적 페이지의 좋은 예다. 검색 결과는 사용자 질의로 응답 내용을 결정한다.

웹 페이지 유형을 이렇게 양분하면서 정적 페이지가 동적 페이지보다 수집하고 색인하는 데 더 중요하다는 인식이 퍼졌는데, 실제로도 여러 유형의 동적 페이지는 수집하고 색인하기에 적절하지 않다. 예를 들어 온라인 달력은 사람들이 일정과 약속을 관리하고자 사용하는데, 과거나 미래 일정을 보여주도록 동적으로 페이지를 생성한다. 달력의 링크를 계속 따라가면 어떤 날짜에든지 이를 수 있다. 물론 온라인 달력에 25년 뒤 약속을 등록하는 건 어렵지 않지만, 무수히 이어지는 일정도 없는 달들을 모두 색인하기란 검색엔진 입장에선 할 만한 일이 아니다.

이처럼 수집과 색인하지 않을 동적 페이지가 많지만, 색인해야 할 동적 페이지 역시 많이 존재한다. 온라인 쇼핑몰의 상품 목록 페이지는 데이터베이스로부터 최신 상품과 가격을 가져와 동적으로 생성한다. 그리고 상품 정보를 HTML로 변환하고 브라우저에 보일 메뉴 및 고정 내용으로 감싼다. 소비자는 상품 정보를 검색하고 싶어 하므로 검색엔진은 이런 페이지를 반드시 수집해서 색인해야 한다.

어떤 경우엔 URL에 포함된 속성으로 동적 페이지를 특정할 수 있다. 예를 들어 공용 게이트웨이 인터페이스CGI, Common Gateway Interface를 거쳐서 접속한 서버는 URL에 cgi-bin이라는 경로 요소를 담기도 한다. 마이크로소프트의 액티브 서버 페이지Active Server Page로 생성한 페이지는 URL에 .asp나 .aspx라는 확장자를 포함한다. 안타깝게도 이런 정보가 항상 URL에 들어 있는 건 아니다. 원칙상 어떤 웹 페이지든지 정적 또는 동적 페이지가 될 수 있고, 정적/동적 페이지를 구분할 수 있는 확실한 방법은 없다. 문서를 수집하고 색인할 때는 내용이 중요하지, 페이지가 정적이냐 동적이냐는 별로 중요하지 않다.

15.1.3 닿을 수 없는 웹

수많은 페이지가 소위 "숨은"(또는 "안 보이는" 또는 "심층") 웹이다. 숨은 웹에는 외부에서 가리키는 링크가 없는 페이지나 비밀번호로 보호한 페이지나 디지털 라이브러리 또는 데이터베이스를 통해서만 사용할 수 있는 페이지들이 있다. 설령 이런 페이지에 유용한 정보가 담겨 있더라도 웹 수집기가 접근하기가 아주 어렵거나 아예 불가능하다.

내부망에 있는 페이지는 숨은 웹의 특별한 경우다. 내부망 페이지는 기업이나 해당 조직 내에서만 접근할 수 있다. 내부망 정보를 다루는 기업용 검색엔진은 일반적인 웹 검색엔진에서 사용하는 검색 기법을 그대로 활용하기도 하지만 내부망의 특성을 기반으로 성능을 조정하기도 한다.

15.1.4 웹의 전체 규모

숨은 웹을 배제하더라도 웹의 전체 규모를 가늠하기란 어렵다. 호스트 하나만 더하거나 빼도 접근할 수 있는 페이지 수가 해당 호스트에 저장한 내용에 따라 바뀐다. 어떤 호스트는 유용한 정보를 담은 페이지가 수두룩하고 어떤 호스트는 쓸모 없는 페이지만 수두룩하다

(연습 문제 15.14를 보라).

그러나 검색 결과 상위에 나올 만한 페이지는 그리 많지 않다. 검색 결과에 나올 가능성이 거의 없는 페이지를 수집하지 않더라도 검색엔진에는 별다른 영향이 없다. 따라서 엄밀한 정의는 아니지만, 범용 웹 검색엔진에 포함해야 할 페이지만 모은 "색인할 수 있는 웹"이라는 개념을 정의할 수 있다(Gulli and Signorini, 2005). 색인할 수 있는 웹은 검색 결과에 영향을 제법 미칠 만한 모든 페이지로 이뤄진다.

주요 검색엔진에 색인된 모든 페이지를 색인할 수 있는 웹의 최소 범위라고 본다면, 색인할 수 있는 웹 규모의 하한은 이들 주요 검색엔진이 수집한 페이지 집합을 모두 합한 크기다. 구체적으로는 각 주요 검색엔진이 색인한 페이지 집합이 A_1, A_2, ...라고 하면 색인할 수 있는 웹 규모의 하한은 이들의 합집합 크기인 $|\cup A_i|$인 셈이다.

문제는 합집합을 구하기 어렵다는 점이다. 비록 특정 URL의 색인 여부는 확인할 수 있지만, 주요 검색엔진들은 색인한 전체 페이지 목록은 물론이고 페이지 수조차 공개하지 않는다. 설혹 검색엔진 각각이 색인한 페이지 수를 알아냈다고 해도, 검색엔진 간에 겹치는 페이지가 많기 때문에 합집합 크기는 단순히 모든 엔진에서 얻은 페이지 수를 더한 값보다 작을 것이다.

바랏과 브로더(Bharat and Broder, 1998) 그리고 로렌스와 자일스(Lawrence and Giles, 1998)는 각각 주요 검색엔진의 색인 페이지 집합의 합을 추정하는 기법을 고안했다. 먼저 테스트 URL 집합을 만든다. 테스트 URL 집합은 일련의 무작위 질의를 여러 검색엔진에 보내고, 응답 결과에서 임의의 URL을 선택하는 방식으로 얻을 수 있다. 이렇게 얻은 테스트 집합은 검색엔진이 색인한 페이지에 고르게 분포한다고 가정한다. 다음으로 테스트 집합의 각 URL을 모든 검색엔진에 대해 검사해 실제로 해당 URL을 색인한 엔진을 기록한다.

두 검색엔진 A와 B가 있고 각기 수집한 문서 모음이 그림 15.3과 같다고 하자. 테스트 URL 집합을 기반으로 $\Pr[A \cap B \mid A]$, 즉 A가 수집한 문서가 두 엔진 모음의 교집합에도 있을 확률을 구한다.

$$\Pr[A \cap B \mid A] = \frac{A와\ B\ 모두\ 가진\ 테스트\ URL\ 수}{A가\ 가진\ 테스트\ URL\ 수} \tag{15.1}$$

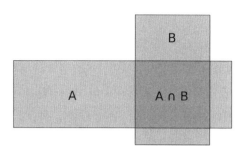

그림 15.3 검색엔진 A와 B가 수집한 문서의 교집합으로 색인할 수 있는 웹 규모를 추정할 수 있다.

같은 방식으로 $\Pr[A \cap B \mid B]$도 구할 수 있다. 만약 A가 색인한 총 페이지 수를 알 수 있다면 교집합 크기는 이렇게 추산한다.

$$|A \cap B| \;=\; |A| \cdot \Pr[A \cap B \mid A] \tag{15.2}$$

그리고 B가 색인한 총 페이지 수는 다음과 같이 구한다.

$$|B| \;=\; \frac{|A \cap B|}{\Pr[A \cap B \mid B]} \tag{15.3}$$

이제 합집합 크기를 추산할 수 있다.

$$|A \cup B| \;=\; |A| + |B| - |A \cap B| \tag{15.4}$$

만약 A와 B 둘 다 색인한 총 페이지 수를 안다면 둘 사이의 교집합 크기를 양쪽 수치로 두 번 구하고, 합집합 크기를 추산할 때는 두 번 계산한 결과의 평균을 교집합 크기로 사용한다.

$$|A \cup B| \;=\; |A| + |B| - \frac{1}{2}\left(|A| \cdot \Pr[A \cap B \mid A] + |B| \cdot \Pr[A \cap B \mid B]\right) \tag{15.3}$$

이 기법을 여러 엔진으로 확장할 수 있다. 바랏과 브로더(Bharat and Broder, 1998)는 이 기법을 조금 변형해 1997년 중반의 색인할 수 있는 웹 규모가 1억 6천만 페이지라고 추산했다. 한편 비슷한 시기에 있었던 다른 연구에서는 로렌스와 자일스(Lawrence and

664

Giles, 1998)가 3억 2천만 페이지라고 추산했다. 약 1년 뒤 그 규모는 8억 페이지로 늘었고(Lawrence and Giles, 1999), 2005년 중반에는 무려 115억 페이지에 이르렀다(Gulli and Signorini, 2005).

15.2 질의와 사용자

웹 검색 질의는 대개 짧다. 스핑크와 잰슨(Spink and Jansen, 2004)은 주요 검색엔진의 검색 로그를 분석한 연구 결과를 모아서 정리했다. 비록 각 연구마다 측정한 정확한 값은 서로 다르지만, 모두 한결같이 많은 질의가 단지 한두 텀이고 평균 질의 길이도 두세 텀에 불과하다는 결론을 내렸다. 웹 질의 주제는 사람이 관심 갖는 분야를 총망라한다. 성, 건강, 상거래, 오락 등이 주요 부분을 이룬다.

웹 질의가 짧은 건 어쩌면 놀랄 일은 아니다. 최근까지도 웹 검색엔진의 질의 처리 정책은 긴 질의를 꺼리게 만들었다. 이들의 처리 정책은 2.3절에서 설명했듯이 질의를 우선 불리언 논리곱으로 해석해 문서를 거른 다음 순위를 매겼다. 어떤 페이지가 검색 결과에 들어오려면 모든 질의 텀이 본문이나 자신을 가리키는 링크의 앵커 텍스트에 존재해야 한다. 결과적으로 관련 있는 텀을 많이 넣어서 질의를 늘이면, 설령 적합한 페이지라 할지라도 질의 텀 중 한두 개만 없어도 결과에서 빠진다. 최근에는 이런 엄격한 기준을 다소 완화했다. 예컨대 동의어도 원래 텀에 부합한다고 판단한다. 이를테면 질의로 "FAQ"가 들어왔을 때 동의어인 "howto"라는 텀이 있는 문서도 함께 찾는다. 그럼에도 응답 속도를 높이려면 질의 처리에서 엄격하게 문서를 제한하는 기능은 여전히 중요하다. 따라서 웹 검색엔진은 여전히 긴 질의를 잘 처리하지 못할 가능성이 있다.

웹 질의 분포는 지프의 법칙(그림 15.4를 보라)을 따른다. 웹 검색을 대표할 만한 1천만 개 질의를 가진 검색 로그에서 가장 빈도가 높은 단 하나의 질의가 입력된 횟수는 전체 질의 수의 1%를 넘기도 하지만, 반대로 절반 가까운 질의는 딱 한 번만 등장한다. 검색엔진 성능을 조정하고 평가할 때는 이런 지프 법칙의 "롱테일long-tail" 현상을 반드시 고려해야 한다. 모두 합해보면 드물게 받는 질의도 자주 반복되는 질의보다 결코 중요도가 떨어지지 않는다.

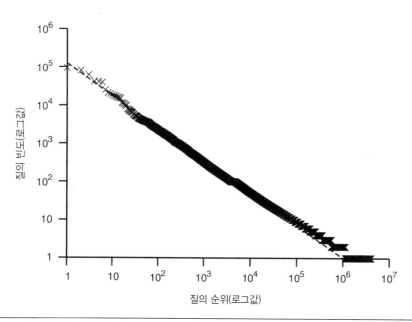

그림 15.4 발생 순위에 따른 질의 빈도. 한 상업적 검색엔진의 질의 로그에 기록된 1천만 개 질의로부터 얻은 결과다. 점선은 지프의 법칙($\alpha = 0.85$)을 따르는 선이다.

15.2.1 사용자 의도

웹 검색엔진에 유입된 질의를 분석해서 사용자가 의도하는 바를 알아내려는 연구가 있었다. 브로더(Broder, 2002)는 알타비스타^Altavista^ 검색엔진의 사용자를 대상으로 설문 조사를 하고 질의 로그를 분석해서 웹 검색 분류 체계를 만들었다. 그는 웹 질의를 사용자 의도에 따라 세 가지로 구분했다.

- 안내성 질의는 특정 페이지나 사이트를 찾고자 하는 의도로 보낸다. 일례로 CNN 뉴스 홈페이지를 찾고자 하면 질의를 〈"CNN"〉이라고 입력할 것이다. 안내성 질의는 보통 딱 하나의 정답이 있기 마련이다. 그러나 검색하는 사람에 따라 정답이 다를 수는 있다. 스페인어를 모국어로 하는 미국 거주자는 CNN 스페인어 홈페이지(www.cnn.com/espanol)를 원할 것이고, 튀니지 사람은 아랍어판(arabic.cnn.com)을 찾을 것이다.

- 정보성 질의는 특정 주제에 대한 내용을 알고자 하는 의도로 보내며, 내용이 믿을

만하다면 출처는 그리 중요하지 않다. 1장에서 소개한 (그리고 첫 네 장에서 평가를 위해 참조한) 시험용 문서 모음에 속한 주제는 정보성 질의 의도를 반영한다. 누군가 〈"president", "obama"〉라는 질의를 입력하면 CNN 웹사이트, 위키피디아, 아니면 다른 어딘가에서 원하는 정보를 찾을 수 있다. 어쩌면 여러 출처의 내용을 조합해서 찾고자 했던 모든 정보를 얻을 수 있을지도 모른다. 정보성 질의에 깔린 의도는 사람마다 다를 수 있고 찾는 정보의 범위도 제각각이다. 질의한 사람은 (오바마) 정부 정책의 세부 항목을 찾거나, 대통령의 짤막한 일대기를 찾든가, 어쩌면 그저 대통령의 생년월일이 궁금할 수도 있다.

- 거래성 질의는 어떤 웹사이트를 찾아서 그곳에서 특정 작업을 하려는 의도로 보낸다. 웹사이트에서 게임을 하거나 물건을 사거나 여행 예약을 하거나 이미지, 음악, 동영상을 다운로드하는 일들이 여기에 속한다. 이 부류는 사용자가 특정 사이트에 국한되지 않고 아무 지도나 날씨 서비스를 찾고자 보내는 질의도 포함한다.

로즈와 레빈슨(Rose and Levinson, 2004)은 브로더의 연구를 확장해서 세 가지 질의 의도를 사용자 목표의 여러 계층으로 세분화했다. 상위 계층에는 브로더의 분류 체계가 유지되지만, 그중 거래성 질의는 "자원" 범주로 이름을 바꿨다. 정보성과 거래성 범주 밑에는 여러 하위 범주를 정의했다. 예컨대 목적성 정보성 질의는 구체적인 질문("오바마 대통령이 언제 태어났나?")의 해답을 얻고자 보내고, 비목적성 정보성 질의는 단순히 해당 주제에 관해 알고자 할 때("오바마 대통령에 관해서 알려줘") 보낸다. 목적성 정보성 질의는 질문이 열린 결말인지 아니면 구체적인 정답이 있는지에 따라 다시 개방형과 폐쇄형으로 구분한다.

안내성 질의와 정보성 질의의 차이는 비교적 명쾌하다. 사용자가 특정 사이트를 찾느냐 아니냐로 갈린다. 반면 거래성 질의와 다른 두 가지 유형은 구분이 다소 모호하다. 〈"mapquest"〉라는 질의는 www.mapquest.com 사이트를 찾으려는 안내성 질의일 수도 있지만, 사용자가 그 사이트에 들어가서 길안내를 받거나 지역 정보를 얻으려는 경우일 수도 있다. 누군가 〈"travel", "washington"〉이라는 질의를 입력하는 건 워싱턴 D.C.의 여행 정보를 얻는 동시에 숙소 예약을 하고자 함일 수 있으며, 이 경우 정보성과 거래성 의도가 공존한다. 이런 질의는 안내성/거래성 또는 정보성/거래성처럼 서로 다른 범주를 결합한 영역에 속한다고 봐야 타당하다.

브로더(Broder, 2002)의 연구에 따르면 안내성 질의는 전체 웹 질의의 20~25%를 차지한다. 나머지에서 최소 22%는 거래성 질의이고, 그 밖에는 정보성 질의이다. 한편 로즈와 레빈슨(Rose and Levinson, 2004)의 연구에 따르면 12~15%는 안내성 질의이고 24~27%가 거래성 질의다. 좀 더 최근에는 잰슨 외(Jansen et al., 2007)가 이 수치를 반박하는 연구 결과를 보였다. 전체 질의의 80% 이상이 정보성 질의이고 나머지는 안내성과 거래성 질의가 비슷한 비율이라는 내용이다. 어쨌든 이 모든 연구에서 세 가지 질의 범주 모두 웹 질의의 상당한 부분을 차지한다고 보았고, 웹 검색엔진이 사용자의 의도를 구분할 수 있어야 한다는 주장을 폈다.

"안내성 질의"나 "정보성 질의"라는 표현은 흔히 쓰는 은어다. 이런 표현은 누가 질의를 보내든지 목적이 같거나 최소한 비슷하다면 받아들일 수 있다. 하지만 어떤 질의는 사람마다 해석하는 범주가 다르다. 따라서 이런 질의 범주는 근본적으로 질의를 입력한 바로 그 사람의 목적과 의도를 반영하지, 질의 자체에 내재된 속성으로 나누지 않는다는 점을 강조하고 싶다. 이를테면 누군가 예제로 소개했던 〈"UPS"〉라는 질의를 입력했을 때 이 사람은

- 전원 공급 장치가 어떻게 동작하는지 알고 싶은 정보성 의도
- 개인용 컴퓨터에 쓸 저렴한 전원 공급 장치를 구매하려는 거래성 의도
- 택배 배송 상황을 확인하려는 거래성/안내성 의도
- 펫젯사운드대학교의 교육 과정에 관한 정보를 얻고자 하는 안내성/정보성 의도중 무엇이든 가질 수 있다.

물론 이 예제는 특별히 해석 가능성이 꽤 다양한 질의이긴 하지만, 어떤 질의이든 당사자가 아닌 이상 어떤 범주에 넣을지 판단하는 일이 잘해야 조금 똑똑한 추측일 뿐이다.

15.2.2 클릭 행동 곡선

안내성 질의와 정보성 질의의 차이는 사용자 행동 방식에서 볼 수 있다. 리 외(Lee et al., 2005)는 클릭 행동으로부터 사용자 의도를 유추할 수 있는 가능성을 시사했다. 클릭 행동이란 검색엔진의 결과 페이지에서 결과 링크를 클릭하는 행위를 말한다. 많은 상업적 검색엔진은 성능 측정을 위해서 클릭 행동을 기록한다(15.5.2절을 보라).

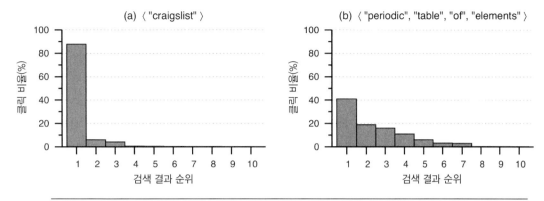

그림 15.5 전형적인 안내성 질의(⟨"craigslist"⟩[2])와 정보성 질의(⟨"periodic", "table", "of", "elements"⟩)에서 발생하는 클릭 행동 분포 곡선

물론 클릭 대부분은 상위 10개 안쪽에서 일어나지만(Joachims et al., 2005; Agichtein et al., 2006b), 클릭하는 양상 자체는 질의마다 다르다. 리 외(Lee et al., 2005)는 같은 질의를 보낸 수많은 사용자의 클릭 행동을 조사해서 정보성 질의와 안내성 질의에서 주로 나타나는 클릭 행동 분포를 특징지었다. 안내성 질의에서는 한 결과에만 클릭이 집중되고, 정보성 질의에서는 좀 더 고르게 클릭한다.

클라크 외(Clarke et al., 2007)는 상업적 검색엔진의 로그를 분석해 더 깊은 분석 결과와 예제를 제시했다. 그림 15.5도 이들의 논문에서 따왔다. 두 그래프는 1등부터 10등까지 검색 결과에 대한 클릭 비율(클릭률)을 나타낸다. 같은 질의를 입력한 여러 사람이 처음 클릭한 대상이다. 그림 15.5(a)는 전형적인 안내성 질의의 클릭 행동 분포를 보여준다. 검색 결과에서 광고 사이트이자 아마도 질의로 찾고자 하는 대상인 www.craigslist.org에 대한 클릭률만 치솟는다. 그림 15.5(b)는 전형적인 정보성 질의의 클릭 행동 분포를 보여준다. 두 가지 그래프 모두 검색 순위가 내려가면 클릭률도 떨어진다. 다만 정보성 질의에서는 하위 결과의 클릭률이 비교적 높다.

---

2   개인 간 거래 중개 웹사이트 – 옮긴이

15.3 정적 순위화

웹 검색 순위화는 두 단계로 진행된다. 첫 번째 단계는 색인 과정에서 일어나는데, 각 페이지에 정적 순위(Richardson et al., 2006)를 부여한다. 정적 순위는 대략 그 페이지의 품질, 위상(권위), 인기도를 반영한다고 볼 수 있다. 이상적으로는 정적 순위가 페이지 적합도의 선행 확률에 대응할 것이다. 다시 말해 적합 확률이 높을수록 정적 순위도 높다.

정적 순위는 질의에 무관하게 정한다. 웹 검색 두 번째 단계는 질의 처리 시점에 일어난다. 이 단계에서 정적 순위를 질의에 연관된 정보, 즉 텀 근접도와 텀 빈도와 같은 정보와 결합해서 동적 순위를 얻는다.

색인 과정에서 정적 순위를 부여하면 웹 검색엔진이 질의 처리 과정에서 다루기 어려운 특성을 반영할 수 있다. 이런 특성 중 가장 중요한 건 링크 분석 기법으로 얻는다. 링크 분석 기법은 웹 그래프 구조에 담긴 정보를 추출하는 기술이다. 정적 순위에는 다른 특성도 반영하는데, 그중에는 페이지 내용이나 사용자 행동에서 얻는 정보(15.3.5절을 보라)도 있다.

정적 순위를 설명하고자 우선 15.3.1절에서 가장 유명한 링크 분석 기법인 페이지랭크PageRank의 기초부터 시작하겠다. 비록 이 절에서 일반적으로 페이지랭크라는 이름으로 알려진 알고리즘을 소개하지만, 실제 웹 검색에서 이 알고리즘을 쓰는 데는 다소 제약이 있다. 웹 구조에 대한 너무 단순한 가정을 하기 때문이다. 15.3.2절과 15.3.3절에서 이 기본 알고리즘을 확장해서 더 정교한 웹 구조를 수용할 수 있는 버전을 소개, 분석한다. 15.3.4절에서는 기타 링크 분석 기법을 폭넓게 소개하고, 15.3.5절에서는 정적 순위에 적용할 수 있는 다른 특성도 간략하게 다룬다. 동적 순위는 15.4절에서 다룰 것이다.

15.3.1 기본 페이지랭크

페이지랭크PageRank는 1990년대 중반 스탠포드대학교 전산학과 대학원생 래리 페이지Larry Page와 세르게이 브린Sergey Brin이 발명했다. 이 알고리즘은 그들이 개발한 Backrub 검색엔진의 핵심 요소였으며, 이 검색엔진은 머지않아 구글 검색엔진으로 발전했다.

페이지랭크를 직관적으로 설명하려면 무작위로 웹 서핑을 즐기는 사람(웹 서퍼)을 상상해보자. 그 사람의 브라우저에는 항상 웹 페이지가 떠 있다. 이제 이 사람은 두 가지 행동을 취할 수 있다.

1. 현재 페이지에 보이는 링크를 하나 클릭해서 이동한다.
2. 주소창에 아무 페이지 URL이나 무작위로 입력해서 이동(도약)한다.

어느 시점이든 페이지 링크를 따라 이동(1번)할 확률은 δ로 고정된다. 따라서 페이지를 무작위로 이동, 즉 도약(2번)할 확률은 $1 - \delta$다. δ의 적절한 값은 0.75에서 0.90 사이에 오고, 여러 연구에서 가장 많이 인용된 값은 0.85다. 문제를 단순화하고자 이 책에서는 특별한 언급이 없으면 $\delta = 3/4$로 쓴다.

웹 그래프에서 수렁(다른 페이지를 가리키는 링크가 없는 페이지)을 만나면 도약할 수밖에 없다. 즉, 이런 경우는 항상 2번을 선택한다. 오랜 시간 동안 끊임없이 그리고 빠르게 웹 서핑을 지속할 수 있다고 가정하면 페이지랭크 $r(\alpha)$는 페이지 α를 방문하는 상대적 빈도를 의미할 것이다.

확률 δ는 때때로 재시작 확률 또는 감쇠비라고 부른다. 링크를 따라 다른 페이지로 이동할 확률을 줄이기 때문이다. 감쇠비를 적용해 무작위 도약을 허용하면 그렇지 않은 경우(15.3.3을 보라)보다 통계적 의미에서 페이지랭크의 안정성을 높인다. 간단히 말해 웹 그래프에 작은 변화가 생기는 정도로는 페이지랭크가 그다지 변하지 않는다는 뜻이다.

페이지 α의 $r(\alpha)$는 α를 가리키는 페이지의 페이지랭크와 모든 수렁 페이지의 페이지랭크를 조합해 다음과 같이 표현할 수 있다.

$$r(\alpha) \ = \ \delta \cdot \left(\sum_{\beta \to \alpha} \frac{r(\beta)}{out(\beta)} + \sum_{\gamma \in \Gamma} \frac{r(\gamma)}{N} \right) + (1 - \delta) \cdot \sum_{\alpha \in \Phi} \frac{r(\alpha)}{N} \qquad (15.6)$$

식을 단순화하려고 다음과 같이 가정한다.

$$\sum_{\alpha \in \Phi} r(\alpha) \ = \ N \qquad (15.7)$$

그러면 식 15.6은 다음과 같이 바뀐다.

$$r(\alpha) \;=\; \delta \cdot \left(\sum_{\beta \to \alpha} \frac{r(\beta)}{out(\beta)} + \sum_{\gamma \in \Gamma} \frac{r(\gamma)}{N} \right) + (1 - \delta) \tag{15.8}$$

$\sum_{\alpha \in \Phi} r(\alpha)/N = 1$이기 때문에 어느 시점에 페이지 α에 도달할 확률은 $r(\alpha)/N$이다.

식 15.8을 좀 더 자세히 살펴보자. 첫째로 $(1 - \delta)$라는 항은 무작위 도약으로 페이지 α에 도달하는 경우를 반영한다. 나머지 항은 링크와 수렁으로부터 오는 좀 더 복잡한 요소다. 우선 링크의 경우 페이지 β에서 링크를 거쳐서 페이지 α로 이동할 수 있다. 페이지 β에는 다른 페이지로 연결된 링크가 여러 개 있을 수 있고, 이런 경우 페이지 β의 페이지랭크 값을 링크한 모든 페이지에 링크 수 $out(\beta)$에 따라 고르게 나눠준다. 마지막으로 수렁에서 도약해서 페이지 α에 도달하는 경우도 α의 페이지랭크에 적게나마 영향을 준다. 어떤 수렁 γ로부터 도약하면 웹 그래프상의 총 N개 페이지 중에서 (자신도 포함해서) 무엇이든 선택할 수 있으므로, 이 경우 페이지랭크 요소는 $r(\gamma)/N$이다.

식 15.8을 그림 15.2의 웹 그래프에 적용하면 다음과 같은 식을 얻는다.

$$r(w_0) \;=\; \delta \cdot \left(r(w_1) + \frac{r(w_2)}{2} + r(h_0) + \frac{r(m_0)}{6} \right) + (1 - \delta)$$

$$r(w_1) \;=\; \delta \cdot \left(\frac{r(w_0)}{3} + \frac{r(m_0)}{6} \right) + (1 - \delta)$$

$$r(w_2) \;=\; \delta \cdot \left(\frac{r(w_0)}{3} + \frac{r(m_0)}{6} \right) + (1 - \delta)$$

$$r(h_0) \;=\; \delta \cdot \left(\frac{r(w_0)}{3} + r(h_1) + \frac{r(m_0)}{6} \right) + (1 - \delta)$$

$$r(h_1) \;=\; \delta \cdot \left(\frac{r(m_0)}{6} \right) + (1 - \delta)$$

$$r(m_0) \;=\; \delta \cdot \left(\frac{r(w_2)}{2} + \frac{r(m_0)}{6} \right) + (1 - \delta)$$

여기에 $\delta = 3/4$로 설정하면 다음과 같은 결과를 얻는다.

$$r(w_0) \;=\; \frac{3\,r(w_1)}{4} + \frac{3\,r(w_2)}{8} + \frac{3\,r(h_0)}{4} + \frac{r(m_0)}{8} + \frac{1}{4}$$

$$r(w_1) = \frac{r(w_0)}{4} + \frac{r(m_0)}{8} + \frac{1}{4}$$

$$r(w_2) = \frac{r(w_0)}{4} + \frac{r(m_0)}{8} + \frac{1}{4}$$

$$r(h_0) = \frac{r(w_0)}{4} + \frac{3\,r(h_1)}{4} + \frac{r(m_0)}{8} + \frac{1}{4}$$

$$r(h_1) = \frac{r(m_0)}{8} + \frac{1}{4}$$

$$r(m_0) = \frac{3\,r(w_2)}{8} + \frac{r(m_0)}{8} + \frac{1}{4}$$

페이지랭크를 계산하려면 위 결과로 나온 선형 방정식 계에 존재하는 $r(w_0)$, $r(w_1)$, $r(w_2)$, $r(h_0)$, $r(h_1)$, $r(m_0)$의 값을 구한다. 이런 선형 방정식 계의 수치 해를 구하는 알고리즘이 많이 있다. 페이지랭크 계산에 특히 적합한 기법은 고정 지점 반복법fixed-point iteration이다.

고정 지점 반복법은 선형과 비선형 방정식 계를 푸는 일반 기법이다. 이 기법을 적용하려면 각 변수는 다른 변수와 자기 자신에 대한 함수로 표현할 수 있어야 한다. 페이지랭크 방정식은 왼쪽 항에 각 페이지의 페이지랭크만 존재하고 오른쪽 항에 다른 페이지랭크의 함수가 오는 형식이므로 조건에 맞는다.

페이지랭크를 고정 지점 반복법으로 구하는 과정은 각 변수에 초기 추정값을 부여함으로써 시작한다. 이 초깃값을 오른쪽 항에 대입해서 각 변수의 새로운 근삿값을 계산한다. 이 과정을 반복해서 현재 근삿값으로부터 다음 근삿값을 얻는다. 근삿값이 수렴해 과정을 반복해도 변하지 않으면 방정식 계의 해를 얻은 셈이다.

이 방식은 모든 페이지에 대해 $r^{(0)}(\alpha)$, $r^{(1)}(\alpha)$, $r^{(2)}(\alpha)$, …와 같이 일련의 페이지랭크 근삿값을 만들어낸다. 만약 모든 페이지의 초기 추정값을 $r^{(0)}(\alpha) = 1$로 선택하면 식 15.7처럼

$$\sum_{\alpha \in \Phi} r^{(0)}(\alpha) = N \tag{15.9}$$

가 된다. 이제 식 15.8으로부터 아래 수식을 얻어서 현재 근삿값으로부터 새로운 근삿값을 계산한다.

$$r^{(n+1)}(\alpha) \;=\; \delta \cdot \left(\sum_{\beta \to \alpha} \frac{r^{(n)}(\beta)}{out(\beta)} + \sum_{\gamma \in \Gamma} \frac{r^{(n)}(\gamma)}{N} \right) + (1 - \delta) \tag{15.10}$$

그림 15.2의 웹 그래프 전체에 대한 페이지랭크를 계산하려면 다음 방정식으로 반복 계산한다.

$$r^{(n+1)}(w_0) \;=\; \frac{3\,r^{(n)}(w_1)}{4} + \frac{3\,r^{(n)}(w_2)}{8} + \frac{3\,r^{(n)}(h_0)}{4} + \frac{r^{(n)}(m_0)}{8} + \frac{1}{4}$$

$$r^{(n+1)}(w_1) \;=\; \frac{r^{(n)}(w_0)}{4} + \frac{r^{(n)}(m_0)}{8} + \frac{1}{4}$$

$$r^{(n+1)}(w_2) \;=\; \frac{r^{(n)}(w_0)}{4} + \frac{r^{(n)}(m_0)}{8} + \frac{1}{4}$$

$$r^{(n+1)}(h_0) \;=\; \frac{r^{(n)}(w_0)}{4} + \frac{3\,r^{(n)}(h_1)}{4} + \frac{r^{(n)}(m_0)}{8} + \frac{1}{4}$$

$$r^{(n+1)}(h_1) \;=\; \frac{r^{(n)}(m_0)}{8} + \frac{1}{4}$$

$$r^{(n+1)}(m_0) \;=\; \frac{3\,r^{(n)}(w_2)}{8} + \frac{r^{(n)}(m_0)}{8} + \frac{1}{4}$$

표 15.1은 이 방정식 계를 반복해서 순서대로 얻은 일련의 페이지랭크 근삿값을 보여준다. 18번 반복한 뒤 소수점 세 자리 안에서 수렴한다.

그림 15.6은 페이지랭크 계산 알고리즘을 자세히 기술했다. 이 알고리즘은 웹 그래프의 모든 페이지에 1부터 N까지 순서대로 번호를 매긴다고 가정한다. 길이가 E인 배열 *link*는 웹 그래프의 링크를 저장하며, *link*[*i*].*from*은 링크를 갖는 출처 페이지를 *link*[*i*].*to*는 링크가 가리키는 대상 페이지를 뜻한다. 배열 R은 현재 단계의 페이지랭크 근삿값을 저장하고 배열 R'는 다음 근삿값을 계산해서 저장한다.

1-2번 행의 반복 구간에서 R을 초기 근삿값으로 채운다. 주 반복 구간(3-14행)이 끝날 때 배열 R은 새로운 근삿값을 담게 된다. 알고리즘대로라면 구간을 무한 반복하지만, 실제 상황에서는 근삿값이 수렴하거나 정해진 횟수만큼 반복하면 종료한다. 원하는 정확도 수준과 계산 정밀도에 따라 종료 조건이 달라지기 때문에, 알고리즘에 종료 조건을 명시하지 않았다. 대부분의 웹 그래프에 대해서는 수백 번 반복하면 쓸 만한 근삿값을 얻을 수 있다.

표 15.1 그림 15.1의 웹 그래프에 대한 페이지랭크 반복 계산 결과

n	$r^{(n)}(w_0)$	$r^{(n)}(w_1)$	$r^{(n)}(w_2)$	$r^{(n)}(h_0)$	$r^{(n)}(h_1)$	$r^{(n)}(m_0)$
0	1.000	1.000	1.000	1.000	1.000	1.000
1	2.250	0.625	0.625	1.375	1.375	0.750
2	2.078	0.906	0.906	1.188	0.344	0.578
3	2.232	0.842	0.842	1.100	0.322	0.662
4	2.104	0.891	0.891	1.133	0.333	0.648
5	2.183	0.857	0.857	1.107	0.331	0.665
6	2.128	0.879	0.879	1.127	0.333	0.655
7	2.166	0.864	0.864	1.114	0.332	0.661
8	2.140	0.874	0.874	1.123	0.333	0.657
9	2.158	0.867	0.867	1.116	0.332	0.660
10	2.145	0.872	0.872	1.121	0.332	0.658
11	2.154	0.868	0.868	1.118	0.332	0.659
12	2.148	0.871	0.871	1.120	0.332	0.658
13	2.152	0.869	0.869	1.119	0.332	0.659
14	2.149	0.870	0.870	1.120	0.332	0.658
15	2.151	0.870	0.870	1.119	0.332	0.659
16	2.150	0.870	0.870	1.119	0.332	0.658
17	2.151	0.870	0.870	1.119	0.332	0.659
18	2.150	0.870	0.870	1.119	0.332	0.658
19	2.150	0.870	0.870	1.119	0.332	0.659
20	2.150	0.870	0.870	1.119	0.332	0.658
...	...	...	...	...	...	...

주 반복 구간을 한 번 순회하는 데 $O(N + E)$ 시간이 걸리고, 전체 알고리즘의 시간 복잡도는 주 반복 구간을 반복하는 횟수에 달렸다.

4-5행은 도약으로부터 얻는 페이지랭크 기여분으로 R'를 초기화한다. 6-9행은 각 링크를 순회하면서 링크 출처 페이지가 대상 페이지의 페이지랭크에 제공하는 기여분을 계산한다. $\Sigma_{\alpha \in \Phi}\, r(\alpha) = N$이므로 수렁 집합은 따로 고려하지 않아도 된다. 그 대신 R'를 초기화하고 링크 순회를 마친 다음 R'의 요소를 모두 더한다. 요소를 모두 더한 합과 N 사이의

```
1        for i ← 1 to N do
2            R[i] ← 1
3        loop
4            for i ← 1 to N do
5                R'[i] ← 1 − δ
6            for k ← 1 to E do
7                i ← link[k].from
8                j ← link[k].to
9                R'[j] ← R'[j] + (δ·R[i])/out(i)
10           s ← N
11           for i ← 1 to N do
12               s ← s − R'[i]
13           for i ← 1 to N do
14               R[i] ← R'[i] + s/N
```

그림 15.6 페이지랭크를 구하는 기본 알고리즘이다. 배열 link에는 웹 그래프에 존재하는 링크를 담는다. 3–14행은 무한 반복 구간을 이룬다. 이 구간을 반복할 때 마지막에 이르면 각 페이지의 페이지랭크에 대한 새로운 근삿값을 배열 R에 저장하게 된다. 실제로 이 알고리즘을 사용한다면 구간 반복 수행 시 페이지랭크의 변화량이 일정 수준 이하로 떨어지거나 정해진 횟수만큼 반복한 다음에는 반복을 그만둘 것이다.

차이가 $\sum_{\gamma \in \Gamma} r(\gamma)$, 즉 수렁이 제공하는 기여분에 해당한다.

6-9행을 링크가 아니라 모든 노드(페이지)를 순회하는 방식으로 바꿀 수도 있다. 이때는 식 15.8을 그대로 구현해, 각 노드마다 그 노드를 가리키는 링크를 가진 노드의 페이지랭크 기여분을 더한다. 웹 그래프가 작으면 이런 방법이 합리적이지만, 링크를 순회하는 방식이 자료 구조가 단순하고 메모리를 적게 사용하기 때문에 커다란 웹 그래프를 분석할 때는 더 적합하다.

그리고 링크를 순회하면서 계산하면 링크 정보를 디스크에 파일로 저장해서 메모리 사용량을 더 줄일 수 있다. 6-9행에서 배열을 순회하는 대신 구간을 반복할 때마다 디스크에 저장한 링크 파일을 순차적으로 읽는다. 링크 정보를 파일에 저장하면 알고리즘상에서 배열 R과 R'만 메모리에 저장하므로 공간 복잡도는 O(N)밖에 안된다.

커다란 웹 그래프에서 페이지랭크를 구하는 과정을 보이고자 영문 위키피디아(연습 문제 1.9를 보라)에 이 알고리즘을 적용했다. 표 15.2에 상위 12개 페이지를 나열했다. 영문 위키피디아만 분석한 결과이므로 영어를 쓰는 주요 국가에 관한 페이지가 목록 상당 부분을 차지하는 건 놀랄 일이 아니다. 다른 국가들도 경제 규모가 크고 미국을 비롯한 영어권

표 15.2 위키피디아의 기본 페이지랭크 상위 12개 페이지

페이지: α	페이지랭크: $r(\alpha)$	확률: $r(\alpha)/N$
United States	10509.50	0.004438
United Kingdom	3983.74	0.001682
2006	3781.65	0.001597
England	3421.03	0.001445
France	3340.53	0.001411
2007	3301.65	0.001394
2005	3290.57	0.001389
Germany	3218.33	0.001359
Canada	3090.20	0.001305
2004	2742.86	0.001158
Australia	2441.65	0.001031
World War II	2417.38	0.001021

국가와 가까운 나라들이다. 위키피디아 문서에는 어떤 사건의 날짜도 종종 링크하기 때문에 최근 연도의 페이지도 높은 점수를 얻었다. 제2차 세계대전World War II은 20세기에 있었던 매우 중요한 사건이므로 순위에 들어도 자연스럽다. 전반적으로 위키피디아 문서 작성자들이 경험한 문화와 시대를 반영한 결과라고 볼 수 있다.

15.3.2 확장한 페이지랭크

발상의 동기였던 무작위로 이동하는 웹 서퍼를 다시 떠올려보면, 기본 페이지랭크의 한계가 잘 드러난다. 이 가공의 인물처럼 무작위로 웹상을 표류하는 사람은 실제로 없다. 설령 이 서퍼를 웹 사용자의 평균적인 행동 방식을 대표하는 일종의 인조인간이라고 보더라도, 페이지상의 링크나 도약할 페이지를 완전히 임의로 선택하는 점은 비현실적이다.

좀 더 현실적이려면 링크나 도약할 페이지를 선택할 때 선호도를 가져야 한다. 예를 들어서 사람들은 광고를 가리키는 링크보다 안내성 링크를 선호하거나, 페이지 아래쪽에 보이는 링크보다 위쪽에 보이는 링크를 선호하거나, 아주 작거나 안 보이는 폰트로 쓴 링크보다 읽기 편한 폰트로 쓴 링크를 선호할 것이다. 임의의 페이지로 도약할 때도 깊이 파묻

힌 페이지보다 상위 경로에 있는 페이지를 선호하거나, 최근에 작성한 페이지보다 오랜 시간 존재한 페이지를 선호한다거나, 본문이 적은 페이지보다 풍부한 페이지를 선호할 것이다.

다행히 선도도를 반영하도록 페이지랭크를 확장하기는 어렵지 않다. 페이지 도약의 선호도를 반영하고자 도약 벡터라는 개념을 정의한다. 도약 벡터는 J라고 쓰고 길이는 N이며 원소 $J[i]$는 도약 시 페이지 i로 이동할 확률을 나타낸다. J는 확률의 벡터이므로 $\sum_{i=1}^{N} J[i]$ = 1이다. J의 원소 중에는 0이 있을 수 있지만, 이런 경우 어떤 페이지는 페이지랭크가 0이 될 수도 있다. 반면 J의 모든 원소가 양수, 즉 $1 \le i \le N$에 대해 $J[i] > 0$이면, 페이지랭크가 0인 페이지는 존재하지 않는다(15.3.3절 참고).

링크를 선택하는 선호도를 반영하려고 추종 행렬이라는 개념을 정의한다. 추종 행렬은 F라고 쓰고 크기는 $N \times N$이며 원소 $F[i, j]$는 페이지 i에서 링크를 따라 페이지 j로 이동할 확률을 나타낸다. 페이지 i가 수렁이 아닌 한 i번째 행의 원소를 모두 더하면 1이 된다. 즉, $\sum_{i=1}^{N} F[i, j]$ = 1이다. 페이지 i가 수렁이면 i번째 행의 원소 합은 0이 된다.

F는 원소 대부분이 0인 희소 행렬이다. 전체 N^2개 원소 중 최대 E개, 즉 링크의 개수만큼만 0보다 큰 값을 가진다. F의 이러한 속성을 활용해서 확장한 페이지랭크 알고리즘을 구현한다. 그림 15.7에 확장 페이지랭크 알고리즘을 기술했다. 그림 15.6의 기본 페이지랭크 알고리즘과 비슷하지만, 5, 9, 14번 행은 도약 벡터와 추종 행렬을 사용하도록 바꿨다.

```
1    for i ← 1 to N do
2        R[i] ← J[i] · N
3    loop
4        for i ← 1 to N do
5            R'[i] ← (1 − δ) · J[i] · N
6        for k ← 1 to E do
7            i ← link[k].from
8            j ← link[k].to
9            R'[j] ← R'[j] + δ · R[i] · F[i, j]
10       s ← N
11       for i ← 1 to N do
12           s ← s − R'[i]
13       for i ← 1 to N do
14           R[i] ← R'[i] + s · J[i]
```

그림 15.7 확장한 페이지랭크 계산 알고리즘이다. 도약 벡터 J의 각 원소 $J[i]$는 도약 시 페이지 i를 선택할 확률이다. 추종 행렬 F의 각 원소 $F[i, j]$는 페이지 j에서 링크를 따라 페이지 i로 이동할 확률이다.

이렇게 바꿔도 알고리즘의 시간 복잡도에는 영향이 없고, 주 반복 구간을 한 번 순회하는 데 $O(N + E)$ 시간이 걸린다.

F가 희소 행렬이므로 그 원소에 대응하는 링크를 함께 저장할 수 있다. 구체적으로는 $link$ 배열의 원소마다 $follow$라는 필드를 다음과 같이 정의할 수 있다.

$$link[k].follow = F[link[j].from, link[k].to]$$

이렇게 확장한 link 배열을 디스크에 파일로 저장하고, 6-9행에서 이 파일을 순회하도록 한다. 링크 정보를 디스크에 저장했으므로 메모리에는 단지 배열 R과 R' 그리고 도약 벡터 J만 $O(N)$ 공간 복잡도로 유지하면 된다.

확장한 알고리즘으로 기본 페이지랭크를 계산하려면 도약 벡터의 모든 원소를 $1/N$로 설정하고, 추종 행렬의 원소는 페이지 α가 링크로 가리키는 모든 페이지에 대해서는 $1/out(\alpha)$로, 나머지는 0으로 설정한다. 그림 15.2에 나온 그래프에 존재하는 노드 w_0, w_1, w_2, h_0, h_1, m_0를 순서대로 1부터 6까지 번호를 매기면 기본 페이지랭크 계산에 사용할 추종 행렬과 도약 벡터를 다음과 같이 얻는다.

$$F = \begin{pmatrix} 0 & \frac{1}{3} & \frac{1}{3} & \frac{1}{3} & 0 & 0 \\ 1 & 0 & 0 & 0 & 0 & 0 \\ \frac{1}{2} & 0 & 0 & 0 & 0 & \frac{1}{2} \\ 1 & 0 & 0 & 0 & 0 & 0 \\ 0 & 0 & 0 & 1 & 0 & 0 \\ 0 & 0 & 0 & 0 & 0 & 0 \end{pmatrix}, \quad J = \begin{pmatrix} \frac{1}{6} \\ \frac{1}{6} \\ \frac{1}{6} \\ \frac{1}{6} \\ \frac{1}{6} \\ \frac{1}{6} \end{pmatrix} \tag{15.11}$$

이제 외부의 정보원으로부터 어떤 사이트 W가 잘 편집한 양질의 정보만 담고 있다는 사실을 아는 반면, 다른 사이트는 정보 품질이 어떠한지 전혀 모른다고 가정하자. 알고 있는 지식을 반영하고자 링크를 통하든 도약해서든 사이트 W로 이동할 가능성이 다른 사이트의 두 배라고 가정하고, 이를 바탕으로 추종 행렬과 도약 벡터를 다음과 같이 조정할 수 있다.

$$F = \begin{pmatrix} 0 & \frac{2}{5} & \frac{2}{5} & \frac{1}{5} & 0 & 0 \\ 1 & 0 & 0 & 0 & 0 & 0 \\ \frac{2}{3} & 0 & 0 & 0 & 0 & \frac{1}{3} \\ 1 & 0 & 0 & 0 & 0 & 0 \\ 0 & 0 & 0 & 1 & 0 & 0 \\ 0 & 0 & 0 & 0 & 0 & 0 \end{pmatrix}, \qquad J = \begin{pmatrix} \frac{2}{9} \\ \frac{2}{9} \\ \frac{2}{9} \\ \frac{1}{9} \\ \frac{1}{9} \\ \frac{1}{9} \end{pmatrix} \qquad (15.12)$$

일반적인 웹 검색이라면 이런 외부 정보를 반영하도록 추종 행렬과 도약 벡터를 무수히 조정해야 할 것이다. 그렇지만 웹 그래프 자체의 속성을 반영하려는 조정은 피해야 한다. 예를 들어서 많은 페이지가 한 특정 페이지를 가리킨다면 대상 페이지의 "인기도"가 높다고 간주하고 도약 벡터에서 그 페이지로 이동할 확률을 높이고 싶을 것이다. 이런 유혹을 피하라. 이런 이유로 조정하는 건 필요하지도 권장할 만하지도 않다. 정말로 사람들이 많이 방문할 근거가 될 만한 외부 정보에 의해서만 추종 행렬과 도약 벡터를 조정하라. 웹 그래프 자체의 속성을 반영하는 일은 페이지랭크 알고리즘의 몫이다.

추종 행렬과 도약 벡터를 설정할 때 참고할 외부 정보가 많을 수 있다. 이들을 모두 거론하기에는 너무 많고, 몇 가지 후보를 정리했다. 이 목록은 모든 가능성을 대표하지도 않고(연습 문제 15.6을 보라) 여기 소개한 사례가 실제로 유용하다고 보장하지도 않는다.

- **페이지 내용과 구조**: 검색엔진은 문서를 수집하고 색인하면서 웹 페이지가 브라우저에 보이는 구조를 분석할 수 있다. 분석 결과로 얻은 페이지 레이아웃과 외관을 바탕으로 페이지에 존재하는 링크마다 확률을 부여할 수 있다. 이를테면 사람들은 페이지 상단이나 메뉴에 나타나는 링크를 더 많이 클릭할 것이다. 페이지 내용의 다양한 측면도 품질을 나타내는 요소로 해석할 수 있고, 따라서 도약 벡터에서 특정 페이지로 도약하는 확률을 높이는 사유가 될 수 있다. 본문 내용이 충실하다면 긍정적인 신호이고, 반대로 본문이 HTML 태그에 비해서 적은 편이라면 부정적인 신호다. 글자가 너무 작아서 읽기 힘들다면 사용자가 실제로 보는 내용과는 다른 주제로 검색되도록 검색엔진을 기만하려는 시도일지도 모른다.
- **사이트 내용과 구조**: 사람들은 어떤 사이트의 상위에 있는 페이지를 깊은 구석에 있는 페이지보다 선호할 것이다. 게다가 페이지 URL이 길수록 사람들은 기억하기 어

렵고 브라우저 주소창에 직접 입력하기를 꺼릴 것이다. 한 사이트에 존재하는 페이지 수 역시 도약 벡터를 설정할 때 고려할 수 있다. 다만 페이지가 많다는 이유만으로 이동 확률을 높여서는 안 된다. 어떤 사이트에서는 다른 사이트로 이동하기보다 사이트를 탐색하려고 같은 사이트의 다른 페이지로 이동하는 경우가 잦을 수 있다. 한편 교육용 사이트와 상업용 사이트를 연결하는 링크는 대체로 수익을 위해 만들지 않기 때문에, 확률을 높이는 데 상당히 긍정적인 신호일 수 있다. 그리고 사람들은 오랜 역사를 가진 안정된 사이트를 최근 등장한 사이트보다 선호할 수 있다.

- **명시적인 판단**: 편집자를 고용해서 찾아낸 양질의 사이트에 높은 이동 확률을 부여할 수 있다. 검색 서비스 관련 전문가 또는 오픈 디렉터리 프로젝트[ODP, Open Directory Project][3]와 같은 웹 분류 작업에 자발적으로 참여하는 사람들이 이런 일을 맡는 편집자가 될 수 있다. 주요 검색엔진은 서비스를 위해서 자체 웹 분류 작업을 수행하는 내부 편집자를 고용하기도 한다.

- **암묵적인 피드백**: 웹 검색 결과의 클릭 행동은 클릭한 페이지의 품질에 대한 암묵적인 판단이라고 해석할 수 있다(15.5.2절을 보라). 여러 주요 검색엔진은 툴바[toolbar]라는 브라우저 확장 프로그램을 제공한다. 툴바는 기본 검색 서비스를 보완하는 추가 기능을 제공한다. 툴바는 사용자 동의를 얻어 웹 브라우저 동작에 관한 정보를 검색 서비스로 전송한다. 사용자가 방문한 페이지와 사이트를 기록해 추종 행렬과 도약 벡터의 확률을 조정하는 데 사용할 수 있다. 많은 검색 서비스가 무료 이메일 계정도 제공한다. 이메일로 보낸 링크는 검색 서비스가 접근해서 사이트와 페이지 품질을 높이는 데 기여할 것이다. 물론 이런 암묵적인 피드백을 사용할 때는 개인 정보와 사생활을 보호해야 한다.

페이지랭크의 특별한 변종을 계산할 때도 도약 벡터를 조정할 수 있다. 개인화 페이지랭크를 계산할 때는 특정 개인이 관심을 갖는 페이지에 높은 이동 확률을 부여한다(Page et al., 1999). 사용자 브라우저 북마크나 홈페이지를 통해서나 일정 기간 웹 브라우저 이력을 관찰해 대상 사용자가 관심을 갖는 페이지를 추릴 수 있다. 주제 지향 페이지랭크 또는 집

---

3   www.dmoz.org

중된 페이지랭크는 스포츠나 경제와 같이 특정 주제에 관련된 페이지에 높은 이동 확률을 부여한다(Haveliwala, 2002). 이러한 특정 주제 관련 페이지는 오픈 디렉터리 프로젝트를 비롯한 웹 분류 결과물에서 찾을 수 있다.

예를 들어 위키피디아에서 페이지 하나를 선택해 그 페이지만을 대상으로 하는 주제 지향 페이지랭크를 만들어볼 수 있다. 도약 벡터를 만들 때는 해당 페이지에 50% 확률을 부여하고 나머지 50%는 다른 모든 페이지에 고루 나눠서 할당한다. 모든 원소가 0보다 큰 건 페이지랭크가 0이 되는 페이지가 없도록 하기 위함이다. 다만 대상 페이지에 100% 확률을 부여하더라도 결과는 대동소이하다.

표 15.3은 "윌리엄 셰익스피어William Shakespeare"와 "정보 검색Information Retrieval"이라는 두 가지 주제 지향 페이지랭크 상위 12개 페이지를 보여준다. "정보 검색"에 대한 주제 지향 페이지랭크는 해당 주제에 관련된 페이지에 높은 점수를 준다. 카렌 스파크 존스Karen Spärck Jones나 제라드 솔튼Gerard Salton과 같은 이름은 이미 2장부터 8장에 걸쳐서 익히 들어봤을 것이다. 럿거스대학교Rutgers University, 런던시티대학교City University, London, 글래스고대학교 University of Glasgow는 유명한 정보 검색 연구 그룹이 소재한 학교다. 구글이나 SIGIR 학회가

표 15.3 두 가지 주제에 대한 위키피디아의 주제 지향 페이지랭크 상위 12개 페이지

William Shakespeare		Information Retrieval	
문서	페이지랭크	문서	페이지랭크
William Shakespeare	303078.44	Information Retrieval	305677.03
United States	7200.15	United States	8831.25
England	5357.85	Association for Computing Machinery	6238.30
London	3637.60	Google	5510.16
United Kingdom	3320.49	GNU General Public License	4811.08
2007	3185.71	World Wide Web	4696.78
France	2965.52	SIGIR	4456.67
English language	2714.88	Rutgers University	4389.07
2006	2702.72	Karen Spärck Jones	4282.03
Germany	2490.50	City University, London	4274.76
2005	2377.21	University of Glasgow	4222.44
Canada	2058.84	Gerard Salton	4171.45

포함된 점도 당연하다. 그러나 "윌리엄 셰익스피어"에 대한 주제 지향 페이지랭크 값은 다소 놀랍게도 그림 15.2에서 본 기본 페이지랭크와 거의 똑같다. 영어("English language")와 셰익스피어에 관한 페이지 자체를 빼면 나머지 모두 기본 페이지랭크의 상위 12개 페이지에 있었다. 주제 지향 페이지랭크를 구했음에도 미국[United States]을 소개하는 페이지는 양쪽 주제에서 모두 2등이다.

주제 지향 페이지랭크나 기본 페이지랭크 모두 같은 페이지 집합에 대한 확률 분포를 나타낸다. 이전 예제에서 얻은 결과를 비교해보면 좀 더 명확한 차이를 알 수 있을 것이다. 9.4절에서 두 이산 확률 분포 사이의 쿨백-라이블러[Kullback-Leibler] 발산, 즉 KL 발산을 다음과 같이 정의했다.

$$\sum_x f(x) \cdot \log \frac{f(x)}{g(x)} \tag{15.13}$$

위 식에서 f는 주제 지향 페이지랭크이고 g는 기본 페이지랭크다. 둘 다 확률 분포를 나타내도록 정규화했다. 모든 개별 페이지 α를 다음 식과 같이 f와 g 사이의 KL 발산에 기여하는 정도에 따라 순위를 다시 매긴다.

$$f(\alpha) \cdot \log \frac{f(\alpha)}{g(\alpha)} \tag{15.14}$$

KL 발산이 가리키는 바는 어떤 메시지를 실제 심볼 확률 분포 f 대신 g라는 또 다른 심볼 확률 분포를 가정해서 압축할 경우 추가로 사용하는 평균 비트 수라는 점을 상기하자. 식 15.14는 페이지 α로 인해서 더 사용하는 비트 수를 가리킨다. 표 15.4는 주제 지향 페이지랭크를 식 15.14를 사용해서 조정함으로써 생기는 변화를 보여준다.

이제 상위 페이지가 모두 해당 주제에 관련된 내용으로 바뀌었다. 앤드류 세실 브래들리[Andrew Cecil Bradley]는 옥스포드대학교 교수로 셰익스피어의 희곡과 시에 관한 책으로 유명하다. 벤 존슨[Ben Jonson]과 조지 윌킨스[George Wilkins]는 셰익스피어와 동시대에 활동한 극작가다. 리처드 버비지[Richard Burbage]와 헨리 콘델[Henry Condell]은 셰익스피어가 활동했던 King's Men 극단에 속해 있던 배우들이다. 정보 검색 관련 페이지를 살펴보면, 스파크 존스[Spärck Jones]와 솔튼[Salton] 사이에 또 다른 정보 검색 분야의 거장인 판 레이스베르헌[C. J. (Keith) van

표 15.4 각 페이지가 주제 지향 페이지랭크와 기본 페이지랭크 사이의 KL 발산에 기여하는 정도에 따라 주제 지향 페이지랭크를 재정렬한 결과이다.

William Shakespeare		Information Retrieval	
문서	KL 발산	문서	KL 발산
William Shakespeare	1.505587	Information Retrieval	2.390223
First Folio	0.007246	SIGIR	0.027820
Andrew Cecil Bradley	0.007237	Karen Sp˙˙arck Jones	0.026368
King's Men (playing company)	0.005955	C. J. van Rijsbergen	0.024170
Twelfth Night, or What You Will	0.005939	Gerard Salton	0.024026
Lord Chamberlain's Men	0.005224	Text Retrieval Conference	0.023260
Ben Jonson	0.005095	Cross-language information retrieval	0.022819
Stratford-upon-Avon	0.004927	Relevance (information retrieval)	0.022121
Richard Burbage	0.004794	Assoc. for Computing Machinery	0.022051
George Wilkins	0.004746	Sphinx (search engine)	0.021963
Henry Condell	0.004712	Question answering	0.021773
Shakespeare's reputation	0.004710	Divergence from randomness model	0.021620

Rijsbergen이 나온다. Sphinx는 관계형 데이터베이스 시스템을 대상으로 하는 오픈소스 검색엔진이다. 나머지 주제도 아마 여러분에게 친숙할 것이다.

15.3.3 페이지랭크의 속성

지금까지 페이지랭크를 설명하면서 몇 가지 중요한 점을 빠뜨렸다. 그림 15.7에 기술한 고정 지점 반복법이 항상 수렴할까 아니면 어떤 웹 그래프에서는 수렴하지 않을까? 만약 수렴한다고 해도 얼마나 빨리 수렴할까? 초기 추정값이 얼마이건 항상 같은 값으로 수렴할까? 등등.

다행히도 페이지랭크 알고리즘의 속성은 우리가 원하는 방향으로 동작하도록 보장한다. 이런 속성에 관한 논의를 단순화하고자 추종 행렬과 도약 벡터를 하나의 전이 행렬로 통합한다. 우선 추종 행렬을 확장해서 수렁 페이지를 다룰 수 있게 만든다. F'라는 $N \times N$ 행렬을 다음과 같이 정의하자.

684

$$F'[i,j] = \begin{cases} J[j] & i\text{가 수렁 페이지인 경우} \\ F[i,j] & \text{그 밖의 경우} \end{cases} \qquad (15.15)$$

다음으로 각 행이 도약 벡터랑 같은 $N \times N$ 행렬 J'를 정의하자. 마지막으로 전이 행렬을 다음과 같이 정의한다.

$$M = \delta \cdot F' + (1 - \delta) \cdot J' \qquad (15.16)$$

페이지 i와 j가 있다면 $M[i,j]$는 페이지 i를 방문한 뒤 링크를 따라서든 도약해서든 페이지 j로 옮겨 갈 확률을 나타낸다. 예를 들어 그림 15.12에 나온 F와 J로부터 생성한 전이 행렬은 다음과 같다.

$$M = \begin{pmatrix} \frac{1}{18} & \frac{16}{45} & \frac{16}{45} & \frac{37}{180} & \frac{1}{18} & \frac{1}{18} \\ \frac{29}{36} & \frac{1}{18} & \frac{1}{18} & \frac{1}{18} & \frac{1}{18} & \frac{1}{18} \\ \frac{5}{9} & \frac{1}{18} & \frac{1}{18} & \frac{1}{18} & \frac{1}{18} & \frac{11}{36} \\ \frac{7}{9} & \frac{1}{36} & \frac{1}{36} & \frac{1}{36} & \frac{1}{36} & \frac{1}{36} \\ \frac{1}{36} & \frac{1}{36} & \frac{1}{36} & \frac{7}{9} & \frac{1}{36} & \frac{1}{36} \\ \frac{7}{36} & \frac{7}{36} & \frac{7}{36} & \frac{1}{9} & \frac{1}{9} & \frac{1}{9} \end{pmatrix} \qquad (15.17)$$

행렬 M을 1.3.4에서 소개한 마르코프 체인의 전이 행렬을 나타내는 확률론적 행렬로 볼 수 있다. 각 페이지는 마르코프 체인에서 하나의 상태에 해당한다. 처음 웹 서핑을 시작하는 위치가 시작 상태다. 그리고 페이지랭크 벡터 R은 다음과 같은 속성을 가진다.

$$M^T R = R \qquad (15.18)$$

벡터 R을 M^T의 고유 벡터eigenvector로 볼 수 있고, 그 고윳값eigenvalue은 1이다.[4] 어떤 $n \times n$ 행렬 A가 있을 때 x가 A의 고유 벡터이고 λ가 그에 대한 A의 고윳값이라는 건 $A\vec{x} = \lambda\vec{x}$라는 뜻이다.

마르코프 체인과 그에 대한 고유 벡터에 관해서는 알려진 바가 많고, 이로부터 페이지랭크의 속성을 알아낼 수 있다. 설명을 단순화하도록 지금은 일단 도약 벡터의 모든 원소

4　선형 대수가 익숙하지 않다면 15.3.4절로 건너뛰어도 괜찮다.

가 양수라고 가정하지만, 설령 0인 원소가 있어도 페이지랭크 속성은 유지된다. 이 절의 후반부에서 도약 벡터에 0인 원소가 존재하는 경우를 다룬다.

페이지랭크의 기저에는 오랜 시간 동안 웹 서핑을 하면 각 페이지에서 머무는 상대적인 시간이 처음 서핑을 시작한 위치와 무관하게 어떤 값으로 수렴한다는 생각이 깔려 있다. 이러한 다소 느슨한 개념은 마르코프 체인의 에르고딕성^{ergodicity}[5]이라고 부르는 중요한 속성에 해당한다. 마르코프 체인이 에르고딕성을 지닌다는 말은 두 가지 속성을 유지한다는 뜻이며, 만약 J가 양수만 가지면 M은 이 두 가지 속성을 유지한다. 첫 번째 속성은 비환원성^{irreducibility}이라고 부르며 웹 서핑을 하면서 어떤 상태에서든지 유한한 수의 단계를 거치면 다른 어떤 상태로든지 이동할 수 있음을 뜻한다. 좀 더 구체적으로 표현하면 어떤 상태 i와 j에 대해서도 현재 상태가 i이면 최대 k번($k \leq N$) 단계 안에 상태 j로 이동하는 확률이 존재한다(0이 아닌 양수다). 도약 벡터의 모든 원소가 양수이면 모든 상태 i, j의 $M[i, j] > 0$이고, 따라서 상태 i에서 j로 한 번만에 이동할 수 있는 확률이 존재한다.

두 번째 속성은 전이 행렬의 비주기성이다. 상태 i가 k를 주기로 갖는다는 말은 k의 배수로 상태 전이를 해야만 상태 i로 되돌아올 수 있다는 뜻이다. 예를 들어서 어떤 상태에서 짝수번 이동해야만 다시 원 상태로 돌아올 수 있다면 이 상태의 주기는 2다. 행렬의 모든 상태가 주기 1을 가지면 비주기성을 지닌다. 모든 i에 대해서 $M[i, j] > 0$이므로 어떤 상태에서 다른 어떤 상태로든지 단번에 이동할 수 있다. 그러므로 모든 상태의 주기는 1이고 전이 행렬의 비주기성이 성립한다.

M^T의 고유 벡터가 $\vec{x}_1, \vec{x}_2, ..., \vec{x}_N$이고 그에 대응하는 고윳값이 $\lambda_1, ..., \lambda_N$이라고 하자. 통상적으로 $|\lambda_1| \geq |\lambda_2| \geq ... \geq |\lambda_N|$가 되도록 고유 벡터를 정렬한다. M^T의 모든 원소가 양수이고 각 행을 더하면 모두 1이 되기 때문에, 페론-프로베니우스 정리$^{Perron\text{-}Frobenius\ theorem}$에 의해서 $\lambda_1 = 1$이고 다른 모든 고유 벡터에 대해서는 $|\lambda_i| < 1$이며 $\vec{x}_1$의 모든 원소는 양수다. 따라서 M^T의 주요 고유 벡터$^{principal\ eigenvector}$는 페이지랭크 벡터가 된다. 통상적으로 고유 벡터의 크기를 단위 길이로 정규화한다. 다시 말해 모든 i에 대해서 $\|\vec{x}_1\| = 1$이며 $\vec{x}_1 = R/N$이 된다.

---

5   어떤 시스템이 오랜 시간동안 임의의 확률 과정을 거치면 시간에 따른 평균 행동이 전체 상태 집합의 평균과 같아지는 성질 - 옮긴이

이제 페이지랭크 계산 알고리즘을 행렬을 사용해 다시 기술하겠다. $\vec{x}^{(0)}$을 페이지랭크의 초기 추정치라고 하자(길이는 1로 정규화했다). 그림 15.7의 알고리즘에서 주 반복 구간을 반복할 때마다 M^T와 현재 추정치를 곱해 새로운 추정치를 구한다. 구간 첫 수행 시 $\vec{x}^{(1)} = M^T\vec{x}^{(0)}$를 구하고, 두 번째 반복 시 $\vec{x}^{(2)} = M^T\vec{x}^{(1)}$을 구하고..., 이런 식으로 이어간다. 구간을 n번 반복했을 때의 추정치는 다음과 같다.

$$\vec{x}^{(n)} = \left(M^T\right)^n \vec{x}^{(0)} \tag{15.19}$$

그러므로 이 알고리즘은 다음 조건이 맞으면 페이지랭크를 계산한다.

$$\lim_{n \to \infty} \vec{x}^{(n)} = \vec{x}_1 \tag{15.20}$$

행렬 M이 에르고딕성을 지니기 때문에 위와 같이 수렴한다. 마르코프 체인에서 사용하는 용어를 빌리면, $\vec{x}$은 행렬 M의 정적 분포라고 부른다. 행렬의 주요 고유 벡터를 구하는 이 알고리즘을 거듭제곱 방법이라고 부른다(Golub and Van Loan, 1996).

추정치가 수렴하는 속도를 확인하고자 초기 추정치 $\vec{x}^{(0)}$가 미지의 고유 벡터의 선형 조합이라고 가정하자.

$$\vec{x}^{(0)} = \vec{x}_1 + a_2\,\vec{x}_2 + a_3\,\vec{x}_3 + \cdots + a_N\,\vec{x}_N \tag{15.21}$$

다음 추정치는 아래와 같다.

$$
\begin{aligned}
\vec{x}^{(1)} &= M^T\vec{x}^{(0)} \\
&= M^T\left(\vec{x}_1 + a_2\,\vec{x}_2 + \cdots + a_N\,\vec{x}_N\right) \\
&= M^T\vec{x}_1 + a_2\,M^T\vec{x}_2 + \cdots + a_N\,M^T\vec{x}_N \\
&= \vec{x}_1 + a_2\,\lambda_2\,\vec{x}_2 + \cdots + a_N\,\lambda_N\,\vec{x}_N
\end{aligned}
$$

추정치를 n번 갱신한 상태에서, λ_2가 λ_1 다음으로 큰 고윳값이라는 점을 반영하면 다음과 같이 유도할 수 있다.

$$\vec{x}^{(n)} = \vec{x}_1 + a_2 \lambda_2^n \vec{x}_2 + \cdots + a_N \lambda_N^n \vec{x}_N$$
$$\leq \vec{x}_1 + \lambda_2^n (a_2 \vec{x}_2 + \cdots + a_N \vec{x}_N)$$
$$= \vec{x}_1 + O(\lambda_2^n)$$

이로부터 추정치가 수렴하는 속도는 M^T의 두 번째 고윳값에 달렸음을 알 수 있다. 값이 작을수록 빠르게 수렴한다.

하벨리왈라와 캄바(Haveliwala and Kamvar, 2003)는 페이지랭크와 관련해서 두 번째 고윳값 δ가 감쇠비라는 주목할 만한 사실을 증명했다.[6] δ가 1에 근접하지 않는 한 추정치는 충분히 빨리 수렴한다. 그보다 더 중요한 사실은 추정치 수렴 속도가 웹 그래프의 특징과 무관하다는 점이다. 어떤 웹 그래프에서 수렴 속도가 충분히 빠르면, 시간이 흐르면서 웹 그래프가 변화해도 수렴 속도는 여전히 빠르다.

하벨리왈라와 캄바는 페이지랭크의 안정성도 δ와 연관이 있다는 점을 지적했다. δ가 작으면 페이지랭크는 웹 그래프의 작은 변화에 둔감해진다. 물론 δ가 0에 근접하면 거의 매번 도약하므로 웹 그래프의 유용한 정보를 반영할 수 없을 것이다. 통상적으로 쓰는 $\delta = 0.85$는 페이지랭크를 계산할 수 있으면서도 안정성과 수렴 속도를 고려할 때 적절한 값이라고 볼 수 있다.

지금까지 설명한 내용을 정리하면 추정치 수렴 속도와 페이지랭크의 안정성을 결정하는 요소는 웹 페이지 간의 무작위 도약이다. 도약 벡터는 행렬 M의 에르고딕성과, 이로 인해 페이지랭크 알고리즘이 수렴함을 보장한다. 감쇠비는 페이지랭크의 안정성과 수렴 속도를 결정한다. 웹 그래프 구조 자체는 여기에 별다른 영향을 주지 않는다.

지금까지 논의한 바는 도약 벡터의 원소가 모두 양수라는 가정하에 성립한다. 만약 이 가정이 맞지 않아서 도약 벡터에 0이 존재하면 행렬 M은 비환원성을 지니지 않을 수 있다. 도약 벡터에 0인 원소가 있다는 건 절대로 도약해서 도달할 수 없는 페이지가 있다는 뜻이다. 어떤 페이지 α가 있는데, 이 페이지는 도약해서 도달할 수 있는 다른 페이지에서 들어오는 링크가 전혀 없다고 가정하자. 일단 α에서 다른 페이지로 이동한 후에 한 번이라도 도약하면 더 이상 α로 돌아올 방법이 없다.

6　정확히는 $|\lambda_2| \leq \delta$이지만, 현실적인 웹 그래프상에서는 $\lambda_2 = \delta$다.

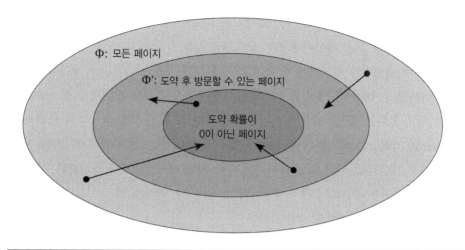

그림 15.8 도약 후 방문할 수 있는 페이지

웹 서핑을 무한히 지속하면 한 번이라도 도약할 확률은 1에 수렴하고, 한 번이라도 도약하면 α를 방문할 확률은 0이다. 그러므로 α의 페이지랭크는 계산할 필요도 없이 0이다.

도약 이후에도 도달할 수 있는 페이지들의 집합을 Φ'라고 하자(그림 15.8). 집합 Φ' 외부에 있는 페이지는 모두 페이지랭크가 0이며, Φ'에 속하는 페이지의 페이지랭크 계산에서 고려할 필요가 없다. 집합 Φ'에 대한 전이 행렬이 M'이고 도약 벡터가 J'라고 하자. J'에도 여전히 0이 존재할지도 모르지만, 해당 페이지는 원소가 0이 아닌 다른 페이지로부터 연결되는 링크를 가지므로 도달할 수는 있다. 도약은 아무 단계에서나 일어나고 Φ'에 속하는 어떤 페이지도 도약 이후에도 도달할 수 있으므로 M'은 비환원성을 지닌다. 아무 단계에서나 도약 가능성이 있다는 건 M'의 비주기성을 보장하는데도 도움을 준다(연습 문제 15.5). M'이 비환원성과 비주기성을 모두 지니기 때문에 에르고딕성을 가지면 따라서 페이지랭크는 수렴한다. 더불어 M'은 다른 안정성과 수렴 관련 속성도 유지한다.

15.3.4 기타 링크 분석 기법: HITS와 SALSA

페이지랭크 외에도 여러 가지 웹 링크 분석 기법이 있다. 그 가운데 두 가지를 꼽자면 클라인버그의 HITS 알고리즘(Kleinberg, 1998, 1999) 그리고 SALSA 알고리즘(Lempel and Moran, 2000)이 있다. HITS는 페이지랭크와 비슷한 시기에 독자적으로 만들어졌다. SALSA는 그보다 조금 뒤에 페이지랭크와 HITS의 특징을 결합하려는 의도로 만들었다.

HITS는 어떤 페이지가 웹상에서 한 가지 주제에 대해 가지는 역할들을 생각해보면 직관적으로 이해할 수 있다. 한 가지 역할은 페이지가 주어진 주제에 관한 풍부하고 믿을 만한 내용을 담고 있다는 점, 즉 페이지의 위상(권위)이다. 또 다른 역할은 주제와 관련된 다른 페이지들을 가리키는 링크를 모아 놓은 허브 역할이다. 좋은 허브 페이지는 권위 있는 페이지를 다수 가리키고, 권위 있는 페이지는 여러 허브 페이지로부터 참조된다. 다만 이렇게 깔끔하게 역할을 구분하는 건 이상향이다. 현실에서는 페이지 하나가 적당히 허브 역할도 하면서 주제에 대한 권위도 지닐 것이다.

페이지랭크는 전체 웹을 대상으로 동작하지만, 이와 달리 클라인버그가 구상한 HITS는 그보다 작은 웹 그래프에서 동작한다. 검색엔진에서 질의를 수행한 결과로 상위 수백 개 페이지와 그들의 이웃 페이지를 얻어서 소규모 웹 그래프를 만들 수 있다. HITS는 검색 결과로 얻은 페이지를 기반으로 입력 질의에 대한 허브 페이지와 권위 있는 페이지를 계산한다. HITS를 발명할 당시에는 웹 검색엔진이 링크 분석 기법을 도입하지 않는다고 알려져 있었고(Marchiori, 1997), HITS는 검색엔진의 지원 없이도 링크 분석 결과를 얻을 수 있는 방법을 제시했다.

주어진 페이지 α에 대해서 HITS는 위상값 $a(\alpha)$와 허브값 $h(\alpha)$ 두 가지를 계산한다. 페이지의 위상값은 그 페이지를 가리키는 페이지들의 허브값으로부터 도출한다.

$$a(\alpha) \;=\; w_a \cdot \sum_{\beta \to \alpha} h(\beta) \qquad\qquad (15.22)$$

페이지의 허브값은 그 페이지가 가리키는 페이지들의 위상값으로부터 도출한다.

$$h(\alpha) \;=\; w_h \cdot \sum_{\alpha \to \beta} a(\beta) \qquad\qquad (15.23)$$

가중치 w_a와 w_h의 중요성을 짧게 언급하겠다. 각 페이지가 자기 자신을 가리키는 링크와 같은 사이트 내에서 이동하는 링크는 무시한다. 이런 링크는 허브와 위상의 관계보다는 문서 안내를 위한 정보를 나타낸다고 보기 때문이다.

수식 15.22와 15.23을 행렬과 벡터 표기법으로 표현하면 웹 그래프에 존재하는 N개 페이지에 대해서 $\vec{a}$는 위상값이 되고 $\vec{h}$는 허브값이 된다.[7] 웹 그래프의 i번째 페이지에서 j번째 페이지로 향하는 링크가 있으면 $W[i, j] = 1$이고 아니면 $W[i, j] = 0$인 행렬 W를 인접 행렬이라고 부른다. 예를 들어서 그림 15.2의 웹 그래프(같은 사이트를 가리키는 링크를 유지함)에 대한 인접 행렬은 다음과 같다.

$$
W = \begin{pmatrix}
0 & 1 & 1 & 1 & 0 & 0 \\
1 & 0 & 0 & 0 & 0 & 0 \\
1 & 0 & 0 & 0 & 0 & 1 \\
1 & 0 & 0 & 0 & 0 & 0 \\
0 & 0 & 0 & 1 & 0 & 0 \\
0 & 0 & 0 & 0 & 0 & 0
\end{pmatrix}
\tag{15.24}
$$

행렬/벡터 표기법으로는 수식 15.22와 15.23을 다음과 같이 쓴다.

$$
\vec{a} = w_a \cdot W^T \vec{h} \quad \text{그리고} \quad \vec{h} = w_h \cdot W \vec{a}
\tag{15.25}
$$

위 식에 정의한 $\vec{a}$와 $\vec{h}$를 서로 대입하면 다음과 같이 도출할 수 있다.

$$
\vec{a} = w_a \cdot w_h \cdot W^T W \vec{a} \quad \text{그리고} \quad \vec{h} = w_a \cdot w_h \cdot W W^T \vec{h}
\tag{15.26}
$$

$A = W^T W, H = W W^T, \lambda = 1/(w_a \cdot w_h)$라고 정의하면 다음 수식을 얻을 수 있다.

$$
\lambda \vec{a} = A \vec{a} \quad \text{그리고} \quad \lambda \vec{h} = H \vec{h}
\tag{15.26}
$$

그러므로 위상 벡터 $\vec{a}$는 A의 고유 벡터이고, 허브 벡터 $\vec{h}$는 H의 고유 벡터다.

행렬 A와 H는 계량서지학[8] 분야에서 볼 때 흥미로운 해석을 할 수 있다(Lempel and Moran, 2000; Langville and Meyer, 2005). A는 웹 그래프의 동시 인용 행렬co-citation matrix로 $A[i, j]$는 페이지 i와 j를 가리키는 링크를 모두 가진 페이지 수다. H는 웹 그래프의 동

7　자세한 내용을 알 필요가 없다면 15.3.5절로 건너뛰어도 된다.

8　출판물의 통계적 분석 – 옮긴이

시 참조 행렬co-reference matrix로 $H[i, j]$는 페이지 i와 j 둘 다 참조(링크)하는 페이지 수다. A와 H는 모두 대칭적이며 이는 벡터 $\vec{a}$와 $\vec{h}$를 계산하는 데 중요한 속성이다.

페이지랭크를 계산할 때처럼 고정 지점 반복법을 거듭제곱 방법 형식으로 적용해 $\vec{a}$와 $\vec{h}$를 계산할 수 있다. 벡터 $\vec{a}^{(0)}$과 $\vec{h}^{(0)}$을 각각 $\vec{a}$와 $\vec{h}$의 초기 추정치라고 하자. n번째 추정치인 $\vec{a}^{(n)}$과 $\vec{h}^{(n)}$은 아래 수식처럼 이전 추정치로부터 계산할 수 있다.

$$\vec{a}^{(n)} = W^T \vec{h}^{(n-1)} / \|W^T \vec{h}^{(n-1)}\| \quad \text{그리고} \quad \vec{h}^{(n)} = W \vec{a}^{(n-1)} / \|W \vec{a}^{(n-1)}\| \quad (15.28)$$

정규화를 거쳐서 각 추정치 벡터가 단위 길이를 갖도록 조정하면 고윳값을 계산하는 수고를 덜 수 있다. 벡터 $\vec{a}$와 $\vec{h}$가 다음과 같이 수렴한다면, 위 수식을 반복 적용해 그 값을 구할 수 있다.

$$\lim_{n \to \infty} \vec{a}^{(n)} = \vec{a} \quad \text{그리고} \quad \lim_{n \to \infty} \vec{h}^{(n)} = \vec{h} \quad (15.29)$$

페이지랭크를 계산할 때는 M의 에르고딕성이 추정치 수렴을 보장한다. HITS는 초기 추정치에 주요 고유 벡터 방향의 요소가 들어 있는 한, A와 H의 대칭성이 추정치가 수렴함을 보장한다(Kleinberg, 1999; Golub and Van Loan, 1996). 양수만 갖는 단위 벡터는 이 요건을 충족한다. 이를테면 다음 식과 같은 경우다.

$$\vec{a}^{(0)} = \vec{h}^{(0)} = \langle 1/\sqrt{N}, 1/\sqrt{N}, \dots \rangle$$

안타깝게도 초기 추정치와 무관하게 항상 같은 값으로 수렴한다는 보장은 없다(Langville and Meyer, 2005). HITS는 초기 추정치가 다르면 최종 해답이 다를 수 있는 것이다(연습 문제 15.9를 보라).

SALSA(Stochastic Approach for Link-Structure Analysis, 통계론적 링크 구조 분석 기법)은 페이지랭크에서 비유한 웹 서핑 개념을 HITS에 도입한 기법이다(Lempel and Moran, 2000). SALSA는 서로 끈끈히 연결된 소수의 사이트(또는 커뮤니티)를 관찰한 결과를 계기로 해서 만들었다. 이런 사이트는 내부 페이지에 비정상적으로 높은 값을 유발함으로써 허브값과 위상값에 지대한 영향을 미친다.

SALSA 역시 무작위로 웹을 서핑하는 가상의 인물을 상정하는데, 페이지랭크와 다르게 정방향과 역방향 링크를 번갈아 가며 이동한다. 홀수 번째 단계에서는 현재 페이지에서 외부로 향하는 링크를 임의로 선택해서 따라간다. 짝수 번째 단계에서는 현재 페이지를 가리키는 링크 중에서 임의로 선택해서 링크를 가진 페이지로 거슬러 올라간다. 수행 단계가 늘어나면 모든 홀수 번째 단계를 밟기 직전에 어떤 페이지에서 머무른 상대적인 총 시간이 그 페이지의 허브 점수를 나타낸다. 그리고 모든 짝수 번째 단계를 밟기 직전에 어떤 페이지에서 머무른 상대적인 총 시간이 그 페이지의 위상 점수를 나타낸다.

여기서 자세히 기술하지는 않지만 SALSA 역시 고유 벡터 문제로 정형화할 수 있다. 렘펠과 모란(Lempel and Moran, 2000)은 SALSA 계산을 단순화하는 속성을 연구했다. 라파이와 멘델존(Rafiei and Mendelzon, 2000)은 SALSA와 유사한 알고리즘에 무작위 도약 개념을 도입했다. 이 알고리즘에서는 홀짝 단계 한 쌍을 거칠 때마다 무작위 도약이 발생할 수 있다.

15.3.5 기타 정적 순위화 기법

정적 순위화는 각 웹 페이지마다 질의에 상관없이 고유한 점수를 부여한다. 링크 분석이 정적 순위화에 핵심적인 요소이긴 하지만, 다른 특성도 정적 순위화에 관여한다.

앞서 15.3.2절에서 링크 분석을 다루면서 언급했듯이 암묵적인 사용자 피드백은 아주 중요한 특성을 제공한다. 암묵적이라는 말은 사용자가 다른 행동을 하는 와중에 피드백을 준다는 뜻이다. 어쩌면 사용자는 자신이 피드백을 주고 있다는 사실조차 모를 수도 있다. 예컨대 웹 검색 결과에서 하나를 클릭하는 행동은 그 사이트나 페이지를 선호한다는 사실을 의미할 수 있다. 상위에 올라온 페이지를 지나치는 행동은 그 페이지에 대한 부정적인 피드백이 될 수도 있다(Joachims et al., 2005). 상업적 검색 서비스가 제공하는 툴바는 사용자가 방문한 사이트를 추적하고 그 정보를 (사용자 동의를 얻어서) 검색 서비스에 전달한다. 이렇게 수집한 방문자 수, 방문 빈도와 머무는 시간을 바탕으로 사이트의 인기도를 측정할 수 있다(Richardson et al., 2006).

페이지 내용 자체도 정적 순위화에 영향을 준다. 아이보리와 허스트(Ivory and Hearst, 2002)는 페이지 내용과 구조의 정량적인 지표를 사용해 전문 평가자들이 매기는 품질 점수를 예측하는 방법을 기술했다. 본문의 분량과 복잡도, 시각 자료의 위치와 구성, 폰트와 글자색 등이 정량적인 지표에 해당한다.

마지막으로 URL의 내용과 구조도 고려할 만하다. 사람들은 길고 복잡한 URL보다 짧고 간단한 편을 선호하며, 안내성 질의에서는 이런 성향이 두드러진다(Upstill et al., 2003). 도메인이 com인 사이트는 도메인이 edu인 사이트보다 상업성 질의의 결과로서 더 적합하고, 학구적 질의의 경우는 그 반대다.

리차드슨 외(Richardson et al., 2006)는 11.7절에 기술한 내용과 비슷한 머신러닝 기법을 적용해 정적 순위화 점수를 계산했다. 기본 페이지랭크에 인기도, 페이지 내용, URL 특성을 결합해 기본 페이지랭크보다 훨씬 나은 결과를 보였다. 15.3.2절에서 확장한 페이지랭크를 계산할 때 이러한 특성을 활용해서 추종 벡터와 도약 벡터를 조정하는 방법을 논의한 바 있다. 이런 특성을 활용하는 방법 중 무엇이 최선인지는 아직 탐구할 영역이 남아있다.

15.4 동적 순위화

검색엔진은 질의를 처리하는 시점에 각 페이지의 정적 순위를 질의에 연관된 특성, 즉 텀 빈도와 근접도 등과 결합해 동적 순위를 결정한다. 상업적 검색엔진이 사용하는 동적 순위화 알고리즘은 3부에 소개한 이론을 바탕으로 하고 있지만, 알고리즘의 세부 사항은 웹 검색엔진마다 매우 다르다. 게다가 시간이 흐르면 그동안 처리한 무수한 질의와 검색엔진을 사용한 수많은 사람들로부터 얻은 경험을 토대로 끊임없이 알고리즘을 개편해 나간다.

이 책에서 특정 웹 검색엔진이 사용하는 동적 순위화 알고리즘을 구체적으로 다룰 의도는 없지만, 그중 두 가지 요소는 눈여겨볼 만하다. 하나는 앵커 텍스트로서, 웹 검색에서 특히 중요한 순위화 요소다. 앵커 텍스트는 링크가 가리키는 페이지를 설명하는 내용을 담고 있는 경우가 많아서 검색 유효성을 개선하는데 활용할 수 있다. 다른 하나는 참신성으로서, 웹의 규모와 구조로부터 발생한다. 한 사이트 안에 질의에 적합한 페이지가 여러 개 존재하기도 하지만, 검색 결과에 같은 사이트에 속하는 페이지만 많이 보여주기보다는 다양한 사이트에서 한두 페이지씩 골라서 보여주는 쪽이 더욱 풍부한 정보를 제공한다.

15.4.1 앵커 텍스트

앵커 텍스트는 링크의 대상이 되는 페이지를 설명하거나 이름 붙이곤 한다. 표 15.5는 위키피디아 페이지 중에서 en.wikipedia.org/wiki/William_Shakespeare를 가리키는 링크의 앵커 텍스트를 많이 등장한 순서대로 나열한 목록이다. 위키피디아 사이트 외부에 있는 페이지도 링크를 가질 수 있지만, 이들의 정보는 웹 문서 수집을 해야만 파악할 수 있다. 표에 나타난 앵커 텍스트는 오타와 별칭("the Bard") 등이 뒤섞여 있다. 총 6,889개 링크가 해당 페이지를 가리키며 71가지 앵커 텍스트가 존재한다. 전체 앵커 텍스트 중 45% 이상이 "Shakespeare"이며 "William Shakespeare"도 비슷한 수준으로 많다.

일반적인 웹에서는 특정 페이지를 가리키는 링크가 하나에서 수백만 개까지 있을 수 있다. 어떤 페이지를 가리키는 링크가 많으면 앵커 텍스트도 많이 겹치고, 이렇게 겹치는 앵커 텍스트는 페이지에 대한 정확한 설명을 나타낸다고 볼 수 있다(연습 문제 15.12를 보라). 오타, 별칭, 유사한 다른 앵커 텍스트 역시 유용하다. 페이지 자체에는 없는 텀이지만 사용자가 질의에 쓸 수 있기 때문이다.

표 15.5 위키피디아의 셰익스피어 페이지(en.wikipedia.org/wiki/William_Shakespeare)를 가리키는 링크의 앵커 텍스트 목록이다. 링크가 많은 순서로 나열했다.

#	앵커 텍스트	#	앵커 텍스트
3123	Shakespeare	2	Will
3008	William Shakespeare	2	Shakesperean
343	Shakespeare's	2	Shakespere
210	Shakespearean	2	Shakespearean studies
58	William Shakespeare's	2	Shakepeare
52	Shakespearian	2	Bill Shakespeare...
10	W. Shakespeare	1	the Bard's
7	Shakespeare, William	1	lost play of Shakespeare
3	William Shakepeare	1	Shakespearesque
3	Shakesphere	1	Shakespearean theatre
3	Shakespeare's Theatre	1	Shakespearean plays
3	Bard		...
2	the Bard		...

앵커 텍스트를 순위화 요소로 사용하려면 링크 대상이 되는 페이지와 연동해야 한다. 색인을 만들기 전에 앵커 텍스트를 각 페이지에서 추출해 다음과 같은 형식으로 만든다.

〈대상 URL, 앵커 텍스트〉

위 정보를 모아서 URL 순서로 정렬한다. 그런 다음 각 URL에 대한 앵커 텍스트를 대상 페이지 내용과 합쳐서 색인할 문서를 만든다.

검색 시점에는 앵커 텍스트를 제목이나 8.7절에 언급한 다른 영역처럼 하나의 문서 영역으로 간주한다. 텀 가중치를 계산할 때도 앵커 텍스트를 다른 일반 본문과 같은 방식으로 계산하거나, 반복된 텀의 영향도를 줄이려고 텀 빈도를 조정한다(Hawking et al., 2004). 앵커 텍스트가 등장한 페이지의 정적 순위 역시 텀 가중치를 계산하는 데 영향을 줄 수 있다(Robertson et al., 2004). 앵커 텍스트가 등장한 페이지의 정적 순위가 높으면 더 높은 가중치를 부여한다.

15.4.2 참신성

웹이 가지는 정보는 다양하고 방대하기 때문에 검색엔진은 다채로운 검색 결과를 제공해야 한다. 이전에도 언급한 〈"UPS"〉라는 질의에 대해서 택배 서비스, 전원 공급 장치, 대학교 정보를 고루 섞은 결과를 보여준다면 좋을 것이다. 같은 결과의 반복을 간단히 줄이려면 색인에 중복 페이지 정보를 넣고, 검색 수행 후 같은 사이트에서 결과가 너무 많이 나오면 제거한다.

웹에는 중복된 (또는 매우 비슷한) 페이지가 많지만, 검색 결과에는 그중 하나만 나와야한다. 웹에 중복 페이지가 존재하는 이유는 몇 가지가 있다. 많은 사이트가 URL 경로를 잘못 입력하면 기본 오류 페이지를 보여주기 때문에, 한 사이트 안에서 잘못된 URL은 모두 같은 페이지로 나온다. 어떤 콘텐츠는 여러 사이트에 복제된다. 예를 들어서 여러 언론 기관에 뉴스를 제공하는 통신사[9]의 기사는 똑같은 내용으로 여러 신문사 사이트에 등장한다. 웹 수집기가 중복을 검출해서 표시하기도 하며(15.6.3절), 검색 수행 시 정적 순위를 이용해 가장 좋은 페이지를 선택할 수 있다.

---

9   통신 서비스 회사가 아니라 취재 기사와 보도 자료를 각 언론사에 공급하는 회사를 말한다. – 옮긴이

일반적으로 한 사이트에 등장하는 중복 페이지는 색인에서 제거해야 한다. 하지만 다른 사이트에 존재하는 결과라면 중복 페이지라도 유지할 경우가 있다. 대부분의 상업적 웹 검색엔진은 특정 사이트나 도메인에서만 검색하는 기능이 있다. 예컨대 질의에 site:wikipedia.org라고 입력하면 위키피디아 문서만으로 검색한다. 이런 질의를 제대로 처리하려면 중복 페이지라도 사이트가 다른 이상 유지해야 한다.

검색 결과의 다양성을 높이는 또 다른 방법은 검색 결과 후처리다. 상업적 검색엔진 대부분은 동적 순위화를 적용한 다음, 중복 결과를 없애는 작업을 수행한다. 예를 들어 (지금은 폐기된) 구글 SOAP API[10]의 문서에는 간단한 후처리 알고리즘이 나온다. 검색 수행 후, 두 가지 방법으로 검색 결과를 거를 수 있다.

1. 제목과 발췌문이 같은 결과가 여러 개면 그중 하나만 남긴다.
2. 한 사이트에서는 최대 두 개까지만 결과를 남긴다.

문서에서 두 번째 방법은 "출처 다양화[host crowding]"라고 불렀다. 흥미롭게도 첫 번째 방법은 중복처럼 보이는 결과를 없애려다가 실제로는 중복이 아니면서 적합한 페이지를 제외할 위험이 있다.

15.5 웹 검색 평가

원칙상으로는 전통적인 정보 검색 평가 프레임워크(P@10나 MAP)를 웹 검색 평가에도 적용할 수 있다. 그러나 방대한 웹 규모를 대상으로 평가할 때는 몇 가지 문제가 생긴다. 예컨대 정보성 질의에 적합한 문서만 수백, 수천 개가 있을 수 있다. 상위 열 개 결과가 모두 질의에 적합한 경우도 드물지 않다. 이런 상황에서 전통적인 방식에 따라 적합도를 이분법("적합"/"부적합")으로 평가해서는 의미 있는 평가 결과를 얻기 힘들다. 단계별 평가가 좀 더 적절한 방법이다.

단계별 적합도를 사용할 수 있으면 nDCG(12.5.1절)와 같은 평가 지표를 적용할 수 있

---

10 code.google.com/apis/soapsearch/reference.html(2009년 12월 23일 기준)

다(Richardson et al., 2006). 예를 들어서 나요크(Najork, 2007)는 윈도우 라이브 검색엔진에 입력된 28,000개 이상의 질의에 대해 nDCG를 사용해서 웹 검색 품질을 평가했다. 이를 위해서 거의 500,000회에 달하는 수작업 평가를 수행해야 했다. 평가는 확실함, 훌륭함, 좋음, 괜찮음, 나쁨, 형편 없음 이렇게 6단계로 이뤄졌다.

품질 평가 시 웹의 본질이 야기하는 몇 가지 독특한 측면을 고려해야 한다. 15.2절에서 논의했듯이 웹 질의의 상당수는 안내성이다. 이런 질의는 단 하나의 특정 페이지만 적합하다. 15.5.1절에서 이런 질의 유형을 평가하는 방법을 소개한다. 그리고 상업적 웹 검색 서비스는 질의와 사용자가 대단히 많아 사용자 행동으로부터 적합도를 유추할 기회가 생긴다. 이렇게 유추한 적합도는 수작업 평가 결과를 보완하거나 대체한다. 15.5.2절에서 클릭 행동을 비롯한 다른 비슷한 사용자 행동을 해석해 평가에 활용하는 기법을 두루 소개한다.

15.5.1 특정 페이지 찾기

특정 페이지 찾기란 일종의 웹 평가 작업으로 사용자가 특정 페이지를 과거에 이미 봤거나 최소한 알고 있어서 정확히 그 페이지를 찾는 작업이다. 사용자는 해당 페이지 내용을 기술하는 질의를 입력하고 검색 결과에 그 페이지가 일등으로 나오거나 오로지 그 페이지만 나오기를 바란다. 예를 들어서 〈"Apollo", "11", "mission"〉이란 질의는 NASA의 첫 번째 달 착륙 기록을 담은 페이지를 가리키려고 입력할 수 있다. 같은 주제에 관한 다른 페이지도 있겠지만, 단 하나의 페이지만 질의 의도에 맞는다고 간주한다. 특정 페이지 찾기는 TREC의 2002년부터 2004년까지 웹 트랙에, 2005년부터 2006년까지 테라바이트 트랙에 포함됐다(Hawking and Craswell, 2001; Craswell and Hawking 2004; Clarke et al., 2005; Büttcher et al., 2006).

특정 페이지 찾기는 안내성 질의의 중요한 일부분이라는 전제가 있다. 하지만 안내성 질의 상당수(〈"UPS"〉 등)는 특정 내용보다 특정 사이트를 찾으려는 질의이다. 이를 고려해서 특정 페이지 찾기에 홈페이지 찾기 질의를 포함하도록 확장할 수 있다(Craswell and Hawking, 2004).

2006년 테라바이트 트랙에서는 참가자들이 181개 주제를 만들어냈다. 이들은 각 주제

표 15.6 특정 페이지 찾기를 3부에서 소개한 검색 방법으로 수행한 결과다. 비교를 위해 TREC 2006에서 얻은 최상의 결과 (Metzler et al., 2006)도 덧붙였다.

검색 방법	MRR	% Top 10	% Not Found
BM25(8장)	0.348	50.8	16.0
BM25F(8장)	0.421	58.6	16.6
LMD(9장)	0.298	48.1	15.5
DFR(9장)	0.306	45.9	19.9
Metzler et al.(2006)	0.512	69.6	13.8

별로 GOV2 문서 모음에서 정답 페이지를 선택했다. 수행 결과는 모두 최대 1,000개 결과를 담았다. 수행 결과를 평가하는 과정에서 정답 페이지와 거의 중복되는 결과는 번스타인과 조벨(Bernstien and Zobel, 2005)이 구현한 DECO 알고리즘을 이용해 검출했다. 이 알고리즘은 15.6.3절에서 소개할 중복 검출 알고리즘을 변형했다. 정답 페이지와 거의 중복되는 결과도 모두 정답으로 간주했다. 평가를 위해 세 가지 지표를 측정했다.

- MRR$^{\text{Mean Reciprocal Rank}}$: 첫 번째로 정답인 결과의 평균 순위 역수
- % Top 10: 정답이 상위 10개 결과 안에 나온 질의 비율
- % Not Found: 정답이 상위 1,000개 결과 안에 나오지 않은 질의 비율

순위 역수는 정답이 처음으로 나온 등수의 역수다. 정답이 맨 처음 나왔다면 순위 역수는 1이다. 정답이 다섯 번째 결과에 나오면 순위 역수는 1/5이다. 결과 목록에 정답이 없으면 순위 역수는 1/∞ = 0이다. 평균 순위 역수는 모든 주제에 대한 순위 역수의 평균이다.

위 트랙에서 얻은 전체 결과는 버처 외(Büttcher et al., 2006)가 제공했다. 표 15.6은 3장에서 소개한 검색 방법을 적용해 얻은 결과를 정리했다. 이 결과를 보면 BM25F가 BM25보다 낫다. 그리고 비교를 위해서 트랙에서 얻은 최상의 결과(Metzler et al., 2006)도 포함했다. 이 작업 수행에는 링크 분석(정적 순위화)과 앵커 텍스트를 비롯한 몇 가지 웹 특유의 기법을 동원했다. 3장에서 소개한 표준 검색 방법과 트랙 실험 결과의 차이를 보면 안내성 검색 수행에서 이런 기법들이 왜 중요한지 알 수 있다.

15.5.2 암묵적 사용자 피드백

암묵적 피드백은 사용자가 검색엔진을 사용하면서 생기는 부산물이다. 클릭 행동은 중요하면서도 즉시 활용할 수 있는 암묵적 피드백이다. 사용자가 질의를 입력하고 검색 결과에서 링크를 클릭할 때마다 브라우저는 클릭 기록을 검색엔진으로 보내고, 검색엔진은 이를 저장, 분석한다.

여러 사용자가 같은 질의를 입력한다면 그들의 클릭 기록을 모아 해당 질의에 대한 클릭 양상을 보여주는 클릭 행동 곡선을 그릴 수 있다. 그림 15.5는 안내성 질의와 정보성 질의에 대한 전형적인 클릭 행동 곡선을 보여준다. 두 곡선 모두 순위가 내려가면 클릭 수도 줄어든다. 클릭 행동이 사용자 선호도를 나타낸다고 해석하면 클릭 행동 곡선은 예상과 일치한다. 순위가 높을수록 질의에 적합할 가능성이 높고 더 많이 클릭한다. 적합도가 같은 문서가 연달아 나오는 경우에도 순위가 높은 쪽을 더 많이 클릭할 것이라고 예상할 수 있다. 사용자가 검색 결과 앞쪽부터 훑는다면 순위가 높은 결과를 더 먼저 본다. 그리고 사용자 행동에는 신뢰 편향(Joachims et al., 2005)이 존재한다. 사람들은 검색엔진이 좋은 결과부터 보여줄 것이라고 기대하기 때문에, 설령 상위 결과에 원하는 정보가 없을지 몰라도 일단 클릭하는 경향이 있다.

그림 15.9에는 세 번째 클릭 행동 곡선이 나오는데, 앞선 두 개와 같은 논문(Clarke et

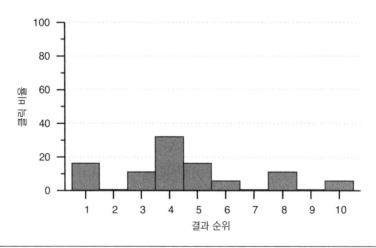

그림 15.9 "kids", "online", "games"라는 질의에 대한 클릭 행동 곡선. 클릭 비율 역전(예: 2등 대 3등)은 검색 결과가 완벽하지 않음을 뜻한다.

al., 2007)에서 나온 결과다. 이 그림은 정보성/거래성 질의인 〈"kids", "online", "games"〉에 대한 클릭 행동 곡선이다. 그림에는 자기 다음 순위의 결과보다도 클릭이 적게 발생한 (예컨대 2등과 3등, 7등과 8등) 클릭 행동 역전이 포함됐다.

클릭 행동 역전은 문서 순위화가 완벽하지 않다는 뜻으로 풀이할 수 있다. 다시 말해 덜 적합한 문서가 더 적합한 문서보다 상위에 온 셈이다. 하지만 적합도와 무관한 이유로 역전이 발생할 수도 있다. 이를테면 상위 결과의 제목과 발췌문이 페이지 실제 내용을 정확히 알려주지 못하는 경우(Clarke et al., 2006; Dupret et al., 2007)다. 사용자가 제목과 발췌문을 읽고도 어째서 그 결과가 질의에 적합한지 이해하지 못하면 그 결과를 건너뛰고 다른 결과를 볼지도 모른다. 하지만 어쨌든 제목과 발췌문이 결과를 제대로 설명하기만 한다면, 클릭 행동 역전은 하위 결과에 대한 상대적인 선호도로 해석할 여지가 있다(Joachims and Radlinski, 2007).

질의 거르기, 즉 질의를 보냈지만 결과를 하나도 클릭하지 않는 현상은 좀 더 근본적으로 사용자가 불만족하는 상황이다(Joachims and Radlinski, 2007). 많은 사람이 어떤 질의를 거른다면 상위 결과에 적합한 내용이 하나도 없다는 의미일 수 있다. 어떤 경우에는 질의를 거른 직후 사용자가 텀을 추가하거나 빼거나 교정해서 다시 질의를 입력하기도 한다. 브라우저 쿠키나 비슷한 다른 방법[11]을 활용해 검색 행동을 추적하면 이런 질의 변형이 발생하는 걸 포착할 수 있다.

많은 사용자로부터 온 질의 변형을 면밀히 살펴봄으로써 오타 교정, 검색어 제안, 축약어 판별(Cucerzan and Brill, 2004; Jones et al., 2006) 등을 적용할 수 있다. 예를 들어서 어떤 사람이 〈"brittany", "spears"〉라는 질의를 입력한 뒤 〈"britney", "spears"〉로 고칠 수 있다.[12] 변형한 질의로 얻은 결과를 클릭한다는 건 그중에 처음 입력한 질의에 적합한 문서가 있다는 뜻이다. 요아힘스와 래드린스키(Joachims and Radlinski, 2007)는 사람들이 종종 〈"oed"〉를 〈"oxford", "english", "dictionary"〉로 바꿔서 입력하고 첫 번째 결과를 클릭한다고 보고했다.

다른 종류의 암묵적 피드백을 포착하는 건 사용자가 협조해서 브라우저 툴바나 다른 비

---

11 www.w3.org/Protocols/rfc2109/rfc2109
12 labs.google.com/britney.html(2009년 12월 23일 기준)

슷한 프로그램을 설치하고 피드백을 수집해도 된다고 허락해야 한다(Kellar et al., 2007). 페이지 체류 시간은 이런 식으로 측정할 수 있는 피드백 중 하나다. 사용자가 어떤 결과를 클릭해 열어보고 즉각 원래 결과 페이지로 돌아온다면 그 결과는 적합하지 않을 가능성이 높다.

지금까지 설명한 내용을 비롯해서 여러 다른 암묵적 피드백을 동원하면 웹 검색 결과 품질을 상당히 개선할 수 있다. 이는 품질 평가에 사용하기도 하고(Agichtein et al., 2006b) 순위화 요소를 추가하는 데에도 활용한다(Agichtein et al., 2006a).

15.6 웹 크롤러

웹 크롤러(수집기)는 사용자가 하는 웹 서핑을 훨씬 대규모로 수행한다. 사람이 한 페이지에서 링크를 따라 다른 페이지로 이동하듯이 크롤러도 순차적으로 페이지를 다운로드해서 링크를 추출하고, 추출한 링크가 가리키는 페이지를 다시 다운로드한다. 웹 크롤러를 개발하는 데 생기는 난관은 이 작업을 대단히 빠르고 대규모로 수행해야 한다는 점에서 비롯한다.

웹에 존재하는 80억 페이지를 일주일 안에 모두 다운로드하는 목표를 세웠다고 하자(이마저도 상업적 웹 검색엔진 기준에서는 작은 규모다). 평균 페이지 크기가 64KB라고 가정하면 다음과 같은 속도로 꾸준히 다운로드해야 한다.

$$64\text{KB/페이지} \cdot 80\text{억 페이지/주} = 512\text{TB/주}$$
$$= 888\text{MB/초}$$

이 엄청난 속도를 달성하려면 크롤러가 여러 사이트에서 동시에 페이지를 받아야 한다. 각 사이트에서 다운로드 요청 하나를 완료하는 데 몇 초가 걸리기 때문이다. 크롤러는 다운로드하는 도중에도 진행 상황을 추적해 이미 받은 페이지를 다시 받지 않도록 하고 다운로드가 실패한 페이지는 재시도한다.

크롤러의 요청이 대상 사이트의 운영을 방해해선 안 된다. 여러 페이지를 동시에 다운로드할 때는 대상 사이트를 고르게 퍼뜨려야 하고, 한 사이트에 너무 자주 방문해서 심각한 부하를 주지 않도록 한다. 더불어 특정 페이지와 링크를 수집 대상에서 제외하는 데 통용되는 관습을 따름으로써 방문한 사이트의 수집 정책을 존중해야 한다.

많은 웹 페이지는 주기적으로 갱신된다. 따라서 크롤러가 어떤 페이지를 수집하고 시간이 얼마간 흐른 뒤, 최신 내용을 얻도록 같은 페이지를 재방문하지 않으면 검색엔진에 색인한 내용이 구닥다리가 된다. 이 문제를 피하려고 매주 전체 웹을 재수집할 수도 있겠지만, 이런 방식은 시스템 자원을 낭비하고 웹 검색의 실질적인 요구 사항을 충족하지 못한다. 어떤 페이지는 인기 있거나 중요한 정보가 계속 갱신되기 때문에 다른 페이지보다 더 자주, 예컨대 매일 또는 매시간 재수집해야 한다. 반면 어떤 페이지는 거의 변하지 않거나 그다지 가치 없는 정보를 담고 있어서 2주나 한 달에 한 번 정도 재수집하는 정도로 충분하다.

크롤러는 문서를 수집, 재수집하는 순서와 빈도를 관리하려고 방문한 URL의 우선순위 큐를 유지한다. 우선순위 큐의 URL 정렬 순서는 페이지의 상대적 중요도와 갱신 빈도를 고려해서 정한다.

15.6.1 크롤러 구성 요소

크롤러가 어떤 URL(en.wikipedia.org/wiki/William_Shakespeare)로부터 페이지를 수집하는 과정을 따라가면서 크롤러의 수집 단계와 구성 요소를 살펴보자. URL 하나만 따라가면 설명이 단순해지지만, 실제 웹 검색엔진은 동시에 다수의 URL을 대상으로 수집해야 한다.

그림 15.10은 크롤러의 수집 단계와 구성 요소를 개괄적으로 보여준다. 수집 과정이 시작되면 우선순위 큐 앞단에서 URL 하나를 가져오고, 끝나면 가져온 URL과 더불어 그 페이지에서 추출한 다른 URL들을 다시 큐에 집어넣는다. 크롤러마다 구체적인 구현 방법은 다르지만 어떤 형태로든 이 과정을 포함한다. 예를 들어 URL 하나에 대해서 한 스레드가 모든 단계를 수행할 수도 있고 여러 스레드가 동시에 수행할 수도 있다. 아니면 여러 URL을 일괄 처리 단위로 묶어서, 수집 과정의 각 단계마다 일괄 처리 단위에 포함된 모든 URL을 한꺼번에 처리하기도 한다.

검색엔진과 마찬가지로 대규모 웹 크롤러도 필요한 다운로드 속도를 맞추려면 여러 장

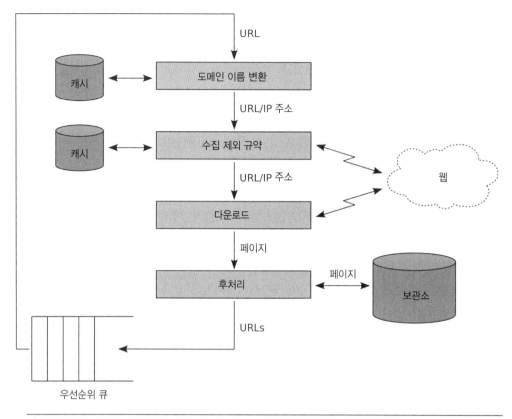

그림 15.10 웹 크롤러 구성 요소

비에서 분산 실행해야 한다. 분산 처리는 각 장비마다 전체 URL의 부분 집합을 할당함으로써 전체 웹의 일부분씩 담당하게 구성할 수 있다. URL 부분 집합은 호스트 이름, IP 주소, 그 밖에 다른 요소를 바탕으로 정한다(Chung and Clarke, 2002). 예를 들면 각 장비에 특정 호스트를 할당하는 방식이 있다. URL의 우선순위 큐를 한 전용 장비가 유지하면서 다른 장비에게 수집할 URL을 알려주는 구조가 있는가 하면, 각 장비가 자신에게 할당된 URL 부분집합만으로 우선순위 큐를 만들어 사용하는 구조도 있다.

도메인 이름 변환

URL을 처리하려면 우선 호스트 이름을 32비트의 IP 주소로 변환해야 한다. (이 책을 쓰는 시점에) en.wikipedia.org라는 호스트의 IP 주소는 208.80.152.2이다. 이 주소를 사용해 해당 페이지를 제공하는 장비에 접근할 수 있다.

이름을 IP 주소로 변환하는 작업은 도메인 이름 시스템^{DNS, Domain Name System}이라고 하는 인터넷상에 퍼져 있는 계층화된 분산 서버와 캐시로 구성된 표준 인터넷 서비스를 통해 이뤄진다. DNS가 요청을 처리하는 속도는 대부분의 애플리케이션에는 적합한 수준이지만 초당 수천 번 이상 변환을 수행해야 하는 웹 크롤러의 요구 수준을 충족하기엔 부족할지도 모른다. 이 정도의 요구 수준을 충족하려면 크롤러가 자체적으로 변환 캐시를 관리해야 한다. 변환 캐시는 호스트 이름을 IP 주소로 대응하는 정보를 관리하며 대응 정보가 오래되면 파기하고 최신 정보로 갱신한다. 자체 DNS 캐시는 크롤러의 주요 구성 요소는 아니지만, 이런 캐시가 필요하다는 사실은 크롤러가 고속으로 수집할 때 어떤 문제가 발생하는지 잘 보여준다.

수집 제외 규약

크롤러는 변환 작업으로 IP 주소를 알아낸 다음 웹사이트가 대상 페이지 접근을 허용하는지 점검해야 한다. 페이지 접근 허용 여부는 수집 제외 규약(또는 "robots.txt" 규약)이라는 비공식적이지만 널리 통용되는 규약을 따른다. 어떤 사이트의 접근 허용 정책은 호스트 이름 뒤에 "/robots.txt"를 덧붙인 경로의 페이지를 다운로드하면 얻을 수 있다.

위키피디아의 경우 http://en.wikipedia.org/robots.txt가 이에 해당한다. 그림 15.11은 이 URL에 존재하는 접근 허용 정책 페이지의 일부를 보여준다. 페이지 내용은 일련의 주석과 지시어로 구성된다. "User-agent"라는 지시어는 같은 줄에 표시한 크롤러에 요구하는 정책 목록이 시작하는 위치다. 대상 크롤러를 "*"로 기술하면 모든 크롤러에 요구하는 정책이 된다. "Disallow"라는 지시어는 접근할 수 없는 페이지의 공통 상위 경로를 가리킨다. 지시어에 기술한 상위 경로로 시작하는 모든 페이지는 접근할 수 없다. 그림의 예제는 wget[13] 프로그램의 접근을 거부하고, 다른 모든 크롤러도 동적으로 내용을 생성하는 무작위 링크와 검색 링크는 접근하지 않기를 요구한다. 수집 제외 규약에 관한 세부 사항은 웹

---

13   지정한 URL의 파일을 받는 리눅스 프로그램이다. - 옮긴이

```
#
# robots.txt for http://www.wikipedia.org/ and friends
#
...

#
# Sorry, wget in its recursive mode is a frequent problem.
#
User-agent: wget
Disallow: /
...

#
# Friendly, low-speed bots are welcome viewing article pages, but not
# dynamically-generated pages please.
#
User-agent: *
Disallow: /wiki/Special:Random
Disallow: /wiki/Special:Search
...
```

그림 15.11 robots.txt 파일의 일부 내용

로봇 사이트[14]에서 찾아볼 수 있다.

웹 크롤러는 같은 호스트의 여러 URL을 처리할 때 robots.txt 페이지를 반복해서 다운로드하지 않도록 이를 캐싱하곤 한다. 그리고 캐싱한 정보는 몇 시간 또는 며칠 주기로 파기해야 한다.

크롤러가 접근하면 안 되는 페이지의 URL은 다운로드가 불가능함을 표시해 우선순위 큐에 다시 집어넣는다. 이후 크롤러가 큐에서 해당 URL을 다시 꺼내면 다운로드할 수 있는지 재검사하고, 여전히 불가능하면 영구적으로 접근할 수 없다고 표시해서 이후로는 다시 다운로드를 시도하지 않도록 한다.

---

14   www.robotstxt.org

다운로드

크롤러는 어떤 페이지를 다운로드해도 된다고 확인하면 HTTP로 페이지를 받는다. 대상 페이지는 HTML(그림 8.1 등) 또는 PDF를 비롯한 다른 형식을 가질 것이다. 연관된 페이지도 확인해서 함께 다운로드하거나 추후 수집하도록 남겨둔다. 만약 어떤 페이지가 프레임을 포함하면 프레임에 속하는 모든 페이지도 함께 다운로드한다. 이미지 검색 서비스를 위해서 이미지 파일도 다운로드하기도 한다.

크롤러는 다운로드할 때 페이지 재지정redirection에 대처해야 한다. 재지정한 페이지의 실제 내용은 다른 위치에 존재한다. 페이지 재지정은 다운로드 절차를 상당히 복잡하게 만든다. 여기엔 재지정 방식을 다양하게 구현할 수 있다는 점도 한몫한다. HTTP 규격상 웹 서버는 다양한 방법으로 어떤 페이지가 일시적 또는 영구적으로 다른 위치로 이동했다는 응답을 줄 수 있다. 또한 HTML 페이지의 태그를 이용해서 재지정을 표현할 수도 있다. 마지막으로 HTML 페이지에 포함된 자바스크립트를 실행하면 재지정한 페이지로 이동할 수도 있다.

예를 들어서 위키피디아는 en.wikipedia.org/wiki/william_shakespeare라는 페이지를 en.wikipedia.org/wiki/William_Shakespeare라는 페이지로 재지정한다는 정보를 HTTP의 "301 Moved Permanently" 응답 코드로 알려준다. 위키피디아에서 철자 오류를 바로잡거나 대소문자를 바꾸려고 페이지를 재지정하는 일은 흔하다. 다른 사이트도 구조를 재설계한 경우 기존 URL이 계속 동작하게끔 HTTP 재지정 기능을 활용한다.

자바스크립트로 페이지 재지정을 구현한 경우가 대처하기 가장 어렵다. 바뀐 페이지 위치를 알려면 크롤러가 자바스크립트 코드를 실행해야 하기 때문이다. 심지어 같은 코드라도 사용자의 브라우저 유형과 같은 요인에 따라 서로 다른 페이지로 안내할 수도 있다. 이론상 모든 가능성을 확인하려면 크롤러가 존재할 수 있는 모든 재지정 대상을 파악할 때까지 설정을 바꿔가며 자바스크립트 코드를 반복 실행하는 수밖에 없다.

크롤러의 자원이 무한하지 않기 때문에 수백만 페이지에서 모두 자바스크립트 코드를 실행하기란 사실상 불가능하다. 그 대신 코드 일부만 실행하거나 다른 경험적 기법을 활용해서 재지정 대상을 파악할 수만 있다면 충분하다. 만약 크롤러가 자바스크립트의 재지정 코드를 무시하면 그저 자바스크립트가 활성화됐다는 정보에 불과한, 그다지 쓸모없는 내용만 얻게 될 것이다.

후처리

크롤러는 수집한 페이지를 보관소에 저장해서 검색엔진이 색인할 수 있도록 한다. 과거에 수집한 같은 페이지 사본도 보관소에 유지하면 해당 페이지가 얼마나 자주, 어떤 유형으로 변경되는지 추정할 수 있다. 사이트에 일시적으로 접근할 수 없거나 해서 페이지 다운로드가 실패하면 과거 사본으로 색인할 수도 있다. 다운로드가 실패한 URL은 우선순위 큐에 다시 넣어서 이후 재시도한다. 며칠 동안 다운로드 시도가 모두 실패하면 과거 사본도 파기해 해당 페이지가 색인에서 사라진다.

보관소에 저장한 페이지를 분석해 URL을 추출한다. 크롤러는 웹 브라우저처럼 HTML을 파싱해서 앵커 태그를 비롯해서 링크를 포함하는 요소를 찾는다. 색인할 때 활용할 앵커 텍스트나 기타 정보 역시 이 과정에서 추출해서 검색엔진이 활용하기 쉽도록 보관소에 저장한다. 이미 저장한 페이지와 완전히 또는 거의 중복되는 페이지도 분석 과정에서 확인한다(15.6.3절 참고).

크롤러는 후처리 과정에서 어떤 페이지를 색인하지 않거나 특정 링크를 따라가지 않도록 요구하는 관례를 따라야 한다. 만약 어떤 페이지 헤더에 다음과 같은 태그가 있다면 검색엔진은 이 페이지를 색인하지 않아야 한다.

```
<meta name="robots" content="noindex">
```

앵커 태그에 "rel=nofollow"라는 속성이 있는 경우에는 크롤러가 링크를 따라가면 안 된다. 예를 들면 다음처럼 위키피디아의 셰익스피어 페이지에 포함된 외부 링크가 있다.

```
<a href="http://www.opensourceshakespeare.org" rel="nofollow">
  Open Source Shakespeare
</a>
```

크롤러는 다른 출처에서 같은 링크를 발견한 경우에만 해당 페이지를 수집할 수 있고, 발견한 링크가 어떤 식으로든 순위화에 영향을 줘서도 안 된다. 블로그나 위키 등의 사이트는 사용자가 외부 링크를 생성할 수 있는데, 생성한 링크에 자동으로 "rel=nofollow" 속성을 붙이기도 한다. 이런 정책을 적용하는 이유는 오로지 링크가 가리키는 페이지의 페이지랭크를 높이려고 링크를 남발하는 행위를 막으려 함이다. 링크에 "rel=nofollow"를 붙이면 이를 만든 사용자는 어떤 이득도 볼 수 없을 것이다.

다운로드 과정과 마찬가지로, 자바스크립트는 후처리 과정에서도 문제를 야기한다. 자바스크립트를 실행하면 페이지 내용은 물론 링크도 완전히 새롭게 바꿀 수 있다. 크롤러가 코드를 실행하기 어려운 상황이라면 경험적 기법으로 URL과 기타 정보를 얻을 수도 있지만, 그 결과가 성공적일지 장담할 수는 없다.

우선순위 큐

후처리 과정에서 추출한 URL은 우선순위 큐에 집어넣는다. 이미 큐에 있는 URL은 후처리 과정에서 얻은 정보에 따라 위치(우선순위)가 바뀔 수도 있다.

우선순위 큐를 구현하기란 쉽지 않다. 평균 URL 길이가 64바이트라고 가정하면 80억 개 페이지를 저장할 우선순위 큐는 (압축하지 않을 경우) URL을 저장하는 데만 500기가바이트 정도 필요하다. 여기에 초당 수백만 회 갱신해야 하는 요건까지 고려하면 우선순위 큐를 관리하는 정책을 복잡하게 만들 수 없게 된다. 15.6.2절에서 우선순위 큐 관리 정책을 논의할 때는 이런 구현에 관한 난제는 고려하지 않는다. 하지만 실제로 크롤러를 운영할 때는 이 문제를 무시할 수 없다.

15.6.2 수집 순서

웹에 존재하는 수십억 페이지를 처음으로 수집한다고 생각해보자. 웹에 존재하는 무수한 사이트와 페이지에 대한 자세한 정보를 파악해야 하지만, 아직은 모르는 상태다. 주요 포털 사이트, 인터넷 쇼핑몰, 뉴스 서비스를 비롯한 유명한 URL로 이뤄진 작은 씨앗 집합부터 수집을 시작한다. 오픈 디렉터리 프로젝트[ODP]나 기타 웹 디렉터리에서 링크한 페이지 역시 씨앗 집합이 될 수 있다. 이로부터 시작해서 너비 우선[breadth-first] 방식으로 페이지를 탐색하면 수집 초기부터 양질의 페이지를 많이 얻을 수 있다(Najork and Wiener, 2001).

수집을 진행하면서 웹에 대한 지식도 늘어난다. 어느 시점에 이르면 새로운 URL을 방문하는 일 못지않게 이미 수집한 페이지를 재방문하는 일도 중요해지는데, 특히 운영 중인 검색엔진에서는 더 중요하다. 그렇게 하지 않으면 검색 서비스에 생성한 색인이 최신 내용을 반영하지 못한다. 이때부터는 크롤러가 파악하는 웹의 스냅숏이 끊임없이 확장, 갱신되는 단계에 들어선다. 페이지를 방문하고 재방문하면서 새로운 URL을 찾고 없어진 페이지는 삭제한다.

이제 크롤러의 동작은 갱신 정책에 따라 결정된다(Olston and Pandey, 2008; Pandey and Olston, 2008; Cho and Garcia-Molina, 2000; 2003; Wolf et al., 2002; Edwards et al., 2001). 정책에는 두 가지 요소가 관여한다. (1) 페이지 내용이 바뀌는 빈도와 성격 (2) 바뀐 페이지를 재수집하는 일과 새로운 URL을 수집하는 일이 검색 결과에 미치는 상대적 영향도. 가장 단순한 갱신 정책은 모든 페이지를 정해진 주기(몇 주 등)마다 똑같은 비율로 재방문하고 새로운 URL은 너비 우선 탐색을 계속하는 방식이다. 이 정책은 자주 바뀌지 않는 페이지에는 적합하지만, 내용이 자주 바뀌면서도 파급력이 큰 페이지(www.cnn.com 등)는 더 자주 재방문해야 한다. 또한 새로운 URL 중에서 검색 결과에 영향을 줄 잠재력이 높은 페이지는 수집 우선순위를 높여야 한다. 기존의 질의 로그를 처리하고 사용자 행동(클릭 행동 등)을 분석해서 어떤 페이지가 영향력이 있을지 추정할 수 있다. 갱신 정책은 이미 방문한 페이지에 대한 재방문 비율과 새로운 URL을 수집하는 순서를 결정하는 역할을 한다.

웹은 끊임없이 변한다. 엔툴라스 외(Ntoulas et al., 2004)는 154개 웹사이트를 1년 넘게 추적해서 매주 8%의 비율로 새로운 페이지가 생겨나고 25%의 비율로 새로운 링크가 생긴다고 추산했다. 페이지가 삭제되는 비율도 높았다. 생긴지 1년 뒤까지도 남아 있는 페이지 비율은 20%에 불과했다. 그렇지만 대부분의 페이지는 일단 생긴 다음 지워질 때까지 내용이 거의 변하지 않았다. 1년 이상 살아남은 페이지 중에서도, 삭제되는 시점까지 TF-IDF 기반으로 측정한 기준으로 내용이 5% 이상 바뀐 페이지는 절반을 넘지 않았다. 조와 가르시아(Cho and Garcia-Molina, 2003)는 페이지 내용이 바뀌는 빈도를 포아송 분포Poisson distribution로 모델화할 수 있음을 보였다. 따라서 어떤 페이지가 바뀐 이력을 안다면 미래에 얼마나 자주 바뀔지도 예측할 수 있을 것이다.

페이지가 자주 바뀌더라도 실제로 재방문할 빈도를 정할 때는 그 변화의 본질을 고려한다. 올스턴과 판데이(Olston and Pandey, 2008)는 웹 페이지의 서로 다른 부분은 각기 다른 갱신 특성을 가진다는 점을 알게 됐는데, 이런 특성을 고려해서 해당 페이지의 갱신 정책을 결정해야 한다. 예를 들어서 페이지 안에 삽입된 광고는 페이지를 읽을 때마다 내용이 바뀌고, 어떤 페이지는 매일 내용이 바뀌는 "오늘의 명언"류 일부분과, 전혀 내용이 바뀌지 않는 나머지 부분으로 이뤄진다. 블로그나 포럼에서는 새 글이 과거 글을 아래로 밀어내서 결국 안 보이게 만들기도 한다. 뉴스 서비스의 홈페이지 같은 경우 매시간 다량으로 갱신이 일어난다.

페이지를 재방문하는 비율이나 처음 수집하는 URL을 방문하는 순서는 대상 페이지가 검색 결과에 미치는 영향을 고려해서 정한다. 판데이와 올스턴(Pandey and Olston, 2008)은 페이지의 영향도란 상위 결과에 해당 페이지가 나타나는 횟수에 달렸다고 정의했다. 이들의 연구에 따르면 질의 하나 이상에 대한 검색 결과를 개선할 가능성이 있는 URL을 우선 방문해야 한다. 또한 재방문 비율을 결정할 때에도 검색 결과 영향도를 고려한다. 뉴스 정보는 수시로 바뀌고 검색 결과에도 큰 영향을 주기 때문에, 뉴스 서비스는 매시 또는 그보다 더 자주 재방문하는 편이 적당하다. 뉴스 속보를 검색하고자 하는 사람에게는 최신 뉴스가 필요하기 때문이다. 반면 "오늘의 명언"을 보여주는 페이지는 매일 방문해도 별 쓸모가 없다. 페이지의 나머지 내용은 그대로이고, 이 페이지가 검색 결과 상위에 나온다면 바로 그 바뀌지 않는 부분 덕분이기 때문이다.

검색 결과 영향도는 정적 순위와 관계가 있다. 정적 순위가 높은 페이지는 대체로 자주 수집해야 할 대상이기도 하다. 그러나 영향도가 정적 순위와 일치하지는 않는다(Pandey and Olston, 2008). 예를 들어 어떤 페이지는 같은 사이트에 있는 정적 순위가 아주 높은 페이지가 링크로 가리킨다는 이유로 정적 순위가 높을 수 있다. 그렇지만 막상 검색 결과에서는 같은 사이트의 다른 페이지보다 한참 아래에만 나타난다면, 이 페이지 내용이 바뀐다고 해서 검색 결과에 그다지 영향을 주진 않을 것이다. 이와 반대로 어떤 페이지는 다루는 주제가 다소 모호하고 찾는 사람이 적어서 정적 순위는 낮다. 그렇지만 찾고자 하는 사람들에게는 해당 페이지가 검색 결과에서 사라지면 큰 영향을 미친다.

15.6.3 페이지 중복

전체 웹 페이지 중 약 30~40%는 다른 페이지와 똑같은 페이지(완전 중복)이고 약 2%는 거의 똑같은 페이지(유사 중복)이다(Henzinger, 2006). 페이지 중복이 이 정도 비율이 되면 검색엔진이 쓸데없이 같은 내용을 저장, 처리하는 데 많은 비용을 써야 하므로 큰 문제가 된다. 더욱이 완전히 또는 거의 중복된 페이지는 검색 결과의 참신성에 영향을 줘 바람직하지 않은 결과를 유발한다. 출처 다양화를 비롯한 검색 후 제한 기법으로 이런 현상을 완화할 수 있지만, 성능 저하를 야기하는 비용은 여전히 남는 데다 완전히 중복된 페이지가 아닐 경우 걸러내지 못하기도 한다.

완전 중복 페이지를 검출하기란 상대적으로 쉽다. 태그와 스크립트까지 포함해서 페이지 전체를 해시 함수에 넣고, 그 결과로 얻은 해시값을 다른 페이지의 해시값과 같은지 비교하면 된다. 이런 용도로 쓸 수 있는 해시 함수로는 MD5 알고리즘(Rivest, 1992)이 있다. MD5는 어떤 문자열이 주어지면 그에 대한 128비트 길이의 "메시지 축약"값을 돌려준다. MD5는 파일을 전송한 뒤 모든 내용이 올바르게 전송됐는지 간단하게 정합성을 검사하는 데 자주 쓰인다. 해시값 길이가 128비트여서 다른 입력이 우연히 같은 해시값을 가질 가능성은 낮다(다만 연습 문제 15.11도 보라).

해시값을 이용해 완전 중복을 검출하는 방식은 모든 바이트가 동일해야만 하지만, 이 정도만으로도 흔히 발생하는 수많은 페이지 중복을 찾는 데 충분하다. 자바 문서처럼 같은 페이지를 여러 사이트에 복제한 경우라면 이렇게 검출할 수 있다. 또한 유효하지 않은 URL을 요청하면 항상 똑같은 "페이지 없음" 페이지를 돌려주는 사이트도 많다. URL에 사용자나 세션 ID가 포함되지만 그 값에 상관없이 똑같은 내용을 보여주는 페이지도 있다. 수집 과정에서 완전 중복을 검출한다면 이상적이다. 일단 복제 페이지를 하나 찾으면 그 페이지가 가리키는 다른 복제 페이지는 자연히 거를 수 있다.

사용자 입장에서는 두 페이지가 완전히 똑같지 않아도 본질적으로 같은 내용을 담고 있으면 중복이라고 볼 수 있다. 이러한 유사 중복 페이지를 검출하려면 문서를 색인할 때처럼 페이지 내용을 일련의 토큰으로 정형화한다. 이 과정에서 흔히 태그와 스크립트를 제거한다. 더불어 구두점과 불필요한 공백을 제거하고 (영문은) 소문자로 통일한다. 예컨대 그림 8.1에 나온 HTML 문서를 정형화하면 다음과 같이 바뀐다.

william shakespeare wikipedia the free encyclopedia william shakespeare william shakespeare baptised 26 April 1564 died 23 April 1616 was an english poet and playwright he is widely regarded as the...

정형화한 내용에 해시 함수를 적용해서 중복 여부를 판별할 수 있다.

712

다만 유사 중복 페이지는 조금씩 내용을 바꾸거나 덧붙인 경우가 흔한데, 이런 경우 페이지 전체 내용의 해시값으로는 중복 여부를 판별할 수 없다. 메뉴, 제목, 그 밖의 공통 구성 요소가 다를 수 있기 때문이다. 한 사이트의 내용을 다른 사이트로 복사할 때는 내용을 편집하기도 한다. 이러한 유사 중복을 검출하려면 문서에 포함된 부분 문자열을 비교해야 한다. 예를 들어서 통신사의 기사가 여러 사이트에 등장하면 상당한 부분 문자열(기사 본문)이 똑같지만 페이지의 다른 부분은 다를 수 있다.

한 페이지가 다른 페이지를 얼마나 복사했는지는 공통된 부분 문자열을 기반으로 구할 수 있다. 같은 기사가 두 사이트에 게재된 경우를 생각해보자. 모두 정형화를 거친 뒤, 한 사이트의 페이지는 크기가 24KB, 다른 사이트의 페이지는 크기가 32KB다. 기사 본문 자체가 16KB라고 한다면 중복된 내용을 기반으로 구한 두 페이지의 유사도는 다음과 같다.

$$\frac{16 \text{ KB}}{24 \text{ KB} + 32 \text{ KB} - 16 \text{ KB}} = 40\%$$

즉, 기사 내용이 두 페이지 내용의 합집합 중 40%를 차지한다.

브로더 외(Broder et al., 1997)는 웹 규모 수준에서 내용 유사도를 계산해서 유사 중복을 검출하는 방법을 소개했다. 바로 정형화한 각 페이지에서 간판shingle[15]이라고 이름 붙인 부분 문자열을 추출하고 두 페이지 사이에 간판이 겹치는 정도를 측정하는 방식이다. 여기서는 간략히 설명하며 자세한 내용은 브로더 외(Broder et al., 1997)의 논문 및 관련 논문 (Henzinger, 2006; Bernstein and Zobel, 2005; Charikar, 2002)을 참고하라.

페이지 하나에서 길이가 w인 간판이란 토큰 중 길이가 w인 모든 부분 문자열을 가리킨다. 예컨대 〈햄릿〉에 나오는 다음 세 행을 보자.

#1: To be, or not to be: that is the question

#2: To sleep: perchance to dream: ay, there's the rub

#3: To be or not to be, ay there's the point

처음 두 행은 이 책에서 사용한 셰익스피어의 표준 편집본에서 나왔고, 마지막 행은 어

---

15 지붕널을 뜻하기도 하고 의사나 변호사의 사무실 간판을 뜻하기도 한다. 문맥상 간판으로 봐야 알맞다. – 옮긴이

떤 조연의 기억에 의존해서 재구성한 내용으로서[16], 같은 희곡의 해적판에 있을 법한 문장이다.

위 내용을 정형화하면 각 행마다 다음과 같이 길이가 2인 간판이 만들어진다. 겹치는 결과는 빼고 알파벳 순서로 정렬했다.

#1: be or, be that, is the, not to, or not, that is, the question, to be

#2: ay there, dream ay, perchance to, s the, sleep perchance, the rub, there's, to dream, to sleep

#3: ay there, be ay, be or, not to, or not, s the, the point, there's, to be

예제에서는 $w = 2$이지만, 실제 웹 페이지에서는 $w = 11$이 적당할 것이다(Broder et al., 1997).

두 개의 간판 집합 A와 B가 있을 때, 그들 간의 유사도[17]는 공통된 간판 수에 따라 정의한다.

$$\frac{|A \cap B|}{|A \cup B|} \tag{15.30}$$

유사도는 0과 1 사이에 오며 A와 B가 중복된 내용을 포함하는 정도를 가리킨다. 유사도 계산을 쉽게 하도록 각 간판의 해시값을 구해서 활용한다. 유사도 계산에는 64비트 해시값이면 충분하다(Henzinger, 2006). 비록 웹에 존재하는 모든 간판이 고유한 해시값을 갖도록 보장하기엔 64비트로는 좀 부족하지만, 실제로 내용이 중복되지 않는 이상 두 문서의 여러 간판이 동시에 같을 가능성은 거의 없다. 예제에서는 8비트 해시값을 사용해 표현하겠다.

#1: 43, 14, 109, 204, 26, 108, 154, 172

#2: 132, 251, 223, 16, 201, 118, 93, 197, 217

#3: 132, 110, 43, 204, 26, 16, 207, 93, 172

---

16 internetshakespeare.uvic.ca/Library/SLT/literature/texts+1.html(2009년 12월 23일 기준)

17 여기서 유사도(resemblance)는 앞서 다룬, 페이지 간 유사도(similarity)와는 다른 개념이다. – 옮긴이

웹 페이지 하나에 간판이 아주 많을 수 있다. 간판 수를 줄이는 한 가지 방편은 m으로 나누어 떨어지는 해시값만 남기기다. 웹 페이지를 대상으로는 $m = 25$면 적당하다(Broder et al., 1997). 또 다른 방편은 작은 순으로 s개 해시값만 남기기다. 유사도를 계산할 때는 남은 간판만 사용한다. 예제에서는 첫 번째 방편을 선택하되, $m = 2$로 해서 해시값이 짝수인 간판만 남긴다.

> #1: 14, 204, 26, 108, 154, 172
>
> #2: 132, 16, 118
>
> #3: 132, 110, 204, 26, 16, 172

예제는 비교할 대상이 적어서 각각 비교하는 게 어렵지 않다. 하지만 웹 문서는 수십억 개가 넘기 때문에 일일이 비교할 수 없는 노릇이다. 그래서 대신 다음과 같은 쌍을 구성한다.

> ⟨간판 해시값, 문서 ID⟩

그리고 모든 쌍을 해시값을 기준으로 정렬한다(역색인을 만드는 셈이다). 위 예제를 대입하면 다음과 같은 결과가 나온다.

> ⟨14, 1⟩, ⟨16, 2⟩, ⟨16, 3⟩, ⟨26, 1⟩, ⟨26, 3⟩, ⟨108, 1⟩, ⟨110, 3⟩, ⟨118, 2⟩, ⟨132, 2⟩,
> ⟨132, 3⟩, ⟨154, 1⟩, ⟨172, 1⟩, ⟨172, 3⟩, ⟨204, 1⟩, ⟨204, 3⟩

그 다음엔 같은 해시값을 갖는 쌍을 모아서 다음과 같은 쌍으로 만든다.

> ⟨id1, id2⟩

이는 두 문서가 같은 간판을 포함함을 나타낸다. 문서 ID가 작은 쪽이 먼저 온다. 두 문서 사이에서 공통된 간판 하나마다 한 쌍이 나오므로 해시값은 표시하지 않아도 된다. 예제를 대입하면 다음과 같은 결과가 나온다.

> ⟨2, 3⟩, ⟨1, 3⟩, ⟨2, 3⟩, ⟨1, 3⟩, ⟨1, 3⟩

이 결과를 다시 정렬해서 같은 값을 세면 다음과 같은 형태가 된다.

$$\langle id1, id2, count \rangle$$

예제에 대입한 결과는 다음과 같다.

$$\langle 1, 3, 3 \rangle, \langle 2, 3, 2 \rangle$$

이로부터 #1과 #3의 유사도를 계산해보자.

$$\frac{3}{6 + 6 - 3} = \frac{1}{3}$$

같은 방법으로 #2와 #3의 유사도를 계산하면

$$\frac{3}{3 + 6 - 2} = \frac{2}{7}$$

이고, #1과 #2는 결과가 없으므로 유사도는 0이다.

15.7 요약

15장은 내용이 길고 다양한 주제를 다뤘지만, 사실상 세 가지 요소를 반복 설명했다. 바로 규모, 구조, 사용자다.

- 웹은 모든 종류의 주제에 관한 다양한 언어로 된 방대한 자료를 품는다. 또한 끊임없이 성장하고 변화한다. 웹은 방대하므로 수많은 질의에 대해서 적합한 문서를 대량으로 찾을 수 있다. 이처럼 많은 정답 후보가 있는 상황에서는 참신성과 문서 품질이 순위화에 중요한 고려 대상이 된다. 같은 질의라도 사람에 따라 의도하는 바가 다르다. 수백만 개나 되는 사이트를 색인에 정확하고 적절하게 반영하는 데는 상당한 수준의 계획과 자원이 필요하다.
- HTML 태그와 링크로 표현하는 구조는 순위화에 중요한 요소다. 링크 분석 기법은 페이지의 상대적 품질을 결정하는 방법으로서 광범위하게 연구해온 분야다. 제목과 앵커 텍스트에 등장한 텀은 가중치를 조정하기도 한다. 문서를 연결하는 링크 없이는 웹 페이지 수집은 거의 불가능할 것이다.

- 웹 검색은 사용자 경험에 의해 변화한다. 검색엔진은 사용자 질의의 저의를 어떤 방식으로 해석할지 알아야 한다. 정보성 질의는 안내성 질의와는 다른 결과를 보여 줘야 하며, 검색엔진을 평가하려면 두 가지 질의 유형에 대한 성능을 함께 고려해야 한다. 클릭 행동을 비롯해서 검색엔진 로그에서 얻은 암묵적인 사용자 피드백을 분석하면 검색엔진 성능을 평가하고 개선할 수 있을 것이다.

15.8 더 읽을거리

웹 검색엔진은 베일에 싸인 복잡한 시스템이며, 수많은 전담 엔지니어와 개발자가 끊임없이 조정하고 개선해 나간다. 15장에서는 웹 검색의 바탕을 이루는 여러 기술 중 일부만을 다뤘을 뿐이다.

웹 검색과 광고의 상업적 중요성은 너무나 대단해서 검색엔진 마케팅을 위한 대규모 커뮤니티와 검색엔진 최적화SEO, search engine optimization를 제공하는 회사들이 그 주변에 모여 성장했다. 검색엔진 최적화 회사는 웹사이트 소유자에게 주요 검색엔진의 상위 결과에 올라갈 수 있는 방법을 알려준다. 그 방법이 적법하든 (이따금) 부적절하든. 커뮤니티 구성원들은 자신들이 한 일을 블로그에 올리며 이렇게 올라온 블로그 글에 등장하는 기술적 팁들은 읽어볼 만하다. 이 분야에 입문하기 적당한 사이트는 Search Engine Roundtable[18]이다. 구글의 웹 스팸 팀을 이끄는 매트 컷츠의 블로그[19] 역시 좋은 시작점이 될 수 있다.

최초의 웹 검색엔진은 1990년대 초반, 웹 자체가 생겨난 지 얼마 되지 않아 등장했다. 1990년대 중반까지 상업적 웹 서비스인 익사이트Excite, 라이코스Lycos, 알타비스타Altavista, 야후!Yahoo! 등은 매일 수백만 건의 질의를 처리했다. 이런 초기 검색엔진의 역사는 Search Engine Watch라는 사이트에서 찾아볼 수 있다. 이 사이트는 검색엔진 기술의 상업적 측면을 1996년부터 추적, 기록했다.[20] 이들 검색엔진은 3부에서 논의한 내용 기반 특성 외에도 단순한 링크 기반 특성도 활용했다. 예컨대 페이지로 들어오는 링크 수를 인기의 척도

---

18 www.seroundtable.com

19 www.mattcutts.com

20 searchenginewatch.com/showPage.html?page=3071951(2009년 12월 23일 기준)

로 봤다(Marchiori, 1997).

15.8.1 링크 분석

1990년대 말에 이르러 정적 순위화와 링크 분석의 중요성이 널리 인식됐다. 마치오리가 1997년 페이지랭크의 기반이 될 만한 링크 분석 기법을 선보였다. 같은 해 카리에와 카즈만(Carrière and Kazman, 1997)은 웹사이트 간의 링크 연결 관계를 탐색할 수 있는 도구를 만들었다.

1998년 4월 15일, 호주의 브리즈번에서 열린 7차 월드와이드웹 콘퍼런스World Wide Web Conference에서 세르게이 브린과 래리 페이지는 이제 고전이 된, 기본 페이지랭크 알고리즘과 그들의 초기 구글 검색엔진 구조를 소개한 논문(Brin and Page, 1998)을 발표했다. 그들은 이 연구를 시작으로 동료들과 함께 연이어 논문을 발표했는데, 이를 바탕으로 페이지랭크 개인화와 웹 데이터 마이닝의 근간을 이루는 알고리즘을 소개했다(Brin et al., 1998; Page et al., 1999). 두 사람이 페이지랭크(와 구글 검색엔진)를 개발하는 동안, 클라인버그는 독자적으로 HITS 알고리즘을 고안해 1998년 1월에 열린 9차 Annual Symposium on Discrete Algorithm에 발표했다(Kleinberg, 1998; 1999). 클라인버그는 동료와 함께 쓴 HITS가 앵커 텍스트를 반영하도록 확장한 논문을, 7차 월드와이드웹 콘퍼런스에서 브린과 페이지가 발표한 그날 동시에 발표했다(Chakrabarti et al., 1998). 브린, 페이지, 클라인버그의 연구는 이후로 링크 분석 기법에 관한 무수한 연구를 촉발했다.

바랏과 헨징어(Bharat and Henzinger, 1998)는 HITS에 내용 분석 기법을 결합했다. 또한 그들은 밀접하게 연결된 커뮤니티가 HITS에 문제를 일으킬 수 있다는 점과 그에 대한 해결책을 제시했으며, 이는 나중에 렘펠과 모란(Lempel and Moran, 2000)이 SALSA로 발전시켰다. 라파이와 멘델존(Rafiei and Mendelzon, 2000)은 페이지랭크를 SALSA 위에서 확장해서 어떤 페이지를 대표하는 주제(페이지의 평판)를 정할 수 있도록 했다. 데이비슨(Davidson, 2000)은 일부 링크에는 다른 링크보다 낮은 가중치를 부여해야 한다는 점을 인지하고, 단지 이익을 위해서가 아니라 실제 상업적 연관성으로 인해 생긴 링크를 인식하는 판별기를 만들었다. 콘과 창(Cohn and Chang, 2000)은 주성분 분석PCA, principal component analysis을 활용해서 HITS 행렬로부터 여러 고유 벡터를 추출해냈다. 개인화 또는 주제 지향 페이지랭크를 효율적으로 계산하는 방법을 제시한 논문도 여럿 있었다(Haveliwala, 2002; Jeh and Widom, 2003; Chakrabarti, 2007).

응 외(Ng et al., 2001a, b)는 HITS와 페이지랭크의 안정성을 비교하면서, 페이지랭크의 도약 벡터가 갖는 역할을 설명하고 HITS에도 도약 벡터를 도입하자고 제안했다. 보로딘 외(Borodin et al., 2001)는 HIT와 SALSA의 이론적 분석과 개선 방향을 제공했다. 리차드슨과 도밍고스(Richardson and Domingos, 2002)는 사용자가 질의에 관련된 페이지를 가리키는 링크를 따라 이동할 가능성이 높다는 가정하에 질의별 페이지랭크를 구하는 방법을 기술했다. 그리고 캄바 외(Kamvar et al., 2003)는 페이지랭크 계산을 더 빠르게 하는 방법을 발표했다.

그 이후로 랭빌과 메이어(Langville and Meyer, 2005, 2006)는 페이지랭크와 HITS의 근간을 이루는 수학 이론을 조사해 자세하고도 읽기 쉽게 정리했다. 비안치니 외(Bianchini et al., 2005)는 페이지랭크의 속성을 더 깊이 연구했다. 크라스웰 외(Craswell et al., 2005)는 정적 순위를 반영하도록 BM25F를 확장했다. 배자-예이츠 외(Baeza-Yates et al., 2006)는 도약 벡터의 역할을 일반화하고, 도약 벡터를 다른 감쇠 함수로 대체함으로써 페이지랭크와 관련된 여러 알고리즘을 개발했다. 나요크 외(Najork et al., 2007)는 HITS와 SALSA의 검색 유효성(품질)을 비교해 SALSA가 정적 순위화 요소로서는 HITS보다 우월하다는 결론을 내렸다.

경이 외(Gyöngyi et al., 2004)는 웹 스팸을 구별하는 TrustRank라는 링크 분석 기법을 발표했다. 그리고 이와 관련된 또 다른 논문(Gyöngyi and Garcia-Molina, 2005)에서는 웹 스팸 문제를 개괄하고 세부 논의를 전개했다. 링크 분석 기법과 더불어 10장에서 소개한 이메일 스팸 탐지 기법과 같은 내용 기반 기술 역시 웹 스팸을 판별하는 데 적용할 수 있다. AIRWeb[21] 워크숍은 웹 스팸을 적대적 정보 검색이라는 좀 더 넓은 주제의 한 부분으로 간주하고, 웹 스팸을 탐지하고 평가하는 방법을 논의하는 포럼이다.

골럽과 반 론(Golub and Van Loan, 1996)의 저서는 수치적 행렬 계산 기법의 전범이다. 이 책에서 긴 두 개의 장은 온전히 고윳값 문제의 해법에 관한 내용으로, 거듭제곱 방법을 완벽하게 다루고 있다.

---

21 airweb.cse.lehigh.edu

15.8.2 앵커 텍스트

앵커 텍스트는 초창기 웹 검색엔진에서 순위화 요소로 활용했다(Brin and Page, 1998). 크라스웰 외(Craswell et al., 2001)는 본문 내용 기반의 순위화 요소와 비교함으로써 앵커 텍스트의 중요성을 보였다. 로버트슨 외(Robertson et al., 2004)는 확률 기반 검색 모델에 앵커 텍스트를 반영하는 방법을 기술했다. 호킹 외(Hawking et al., 2004)는 같은 앵커 텍스트가 여러 번 반복될 경우 텀 빈도를 조정해 앵커 텍스트의 가중치를 낮추는 방법을 발표했다.

15.8.3 암묵적 피드백

요아힘스와 래드린스키(Joachims and Radlinski, 2007)는 암묵적 피드백을 해석하는 방법을 소개했다. 켈리와 티반(Kelly and Teevan, 2003)은 이 주제에 관한 이전 연구 목록을 정리했다. 듀프렛 외(Dupret et al., 2007)와 리우 외(Liu et al., 2007) 그리고 카터렛과 존스(Carterette and Jones, 2007)는 웹 검색 성능 평가에서 클릭 행동을 활용하는 방안을 논의했다. 아지테인 외(Agichtien et al., 2006b)는 여러 가지 브라우징과 클릭 행동 요소를 결합해서 적합도 판별을 학습하는 주제를 연구했다. 치우와 조(Qiu and Cho, 2006)는 클릭 행동으로부터 사용자 관심사를 파악하는 방법을 발표했다. 이를 기반으로 사용자 관심에 맞는 개인화된 검색 결과를 만들어낼 수 있다.

15.8.4 웹 크롤러

웹 크롤러의 기본 구조는 헤이든과 나요크(Heydon and Najork, 1999)가 기술한 바 있다. 올스턴과 나요크(Olston and Najork, 2010)는 웹 크롤러의 최신 기술을 철저히 조사했다.
증분 크롤러의 갱신 정책을 최적화하는 문제는 여러 그룹에서 연구한 주제다(Edwards et al., 2001; Wolf et al., 2002; Cho and Garcia-Molina, 2003; Olston and Pandey, 2008). 다스굽타 외(Dasgupta et al., 2007)는 새로운 URL을 방문하는 일과 이미 수집한 페이지를 재방문하는 일 사이의 트레이드-오프를 면밀히 조사했다. 판데이와 올스턴(Pandey and Olston, 2008)은 새로 수집한 페이지가 검색 결과에 미치는 영향도를 연구했다. 차크라바티 외(Charkrabarti et al., 1999)는 특정 주제에 관한 페이지만 수집하는 크롤러에 관해 기술했다. 웹 크롤러의 우선순위 큐를 효율적으로 구현하는 방법에 관해서는 발표된 바가 거의 없지만, 이 외(Yi et al., 2003)는 이를 탐구해 볼만한 시작점을 제시한다.

브로더 외(Broder et al., 1997)는 유사 중복을 검출하는 간판 기법을 소개했다. 헨징어(Henzinger, 2006)는 같은 기법을 차리카(Charikar, 2002)가 제안한 방법과 비교 실험하고, 두 기법을 결합해서 더 나은 알고리즘을 설계했다. 번스타인과 조벨(Bernstein and Zobel, 2005)은 일종의 간판 기법을 사용해서 유사 중복이 검색 품질에 미치는 영향을 평가했다.

15.9 연습 문제

연습 문제 15.1 다음 웹 그래프에 대한 기본 페이지랭크를 계산하라. $\delta = 3/4$로 가정한다.

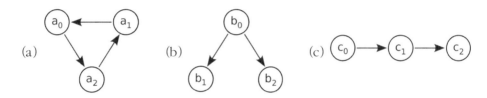

연습 문제 15.2 다음 웹 그래프에 대한 기본 페이지랭크를 계산하라. $\delta = 0.85$로 가정한다.

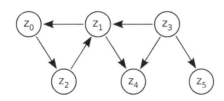

연습 문제 15.3 식 15.9와 15.10에 대해서 모든 $n \geq 0$에 대해 다음 식이 성립함을 보여라.

$$\sum_{\alpha \in \Phi} r^{(n)}(\alpha) = N$$

연습 문제 15.4 식 15.12에 나온 추종 행렬과 도약 벡터를 사용해서 확장한 페이지랭크를 계산하라. $\delta = 0.85$로 가정한다.

연습 문제 15.5 전이 행렬 M'는 어떤 웹 그래프에서도 비주기성을 가진다는 점을 보여라.

연습 문제 15.6 본문에서 제시한 예시 외에도 추종 행렬과 도약 벡터를 설정할 때 고려할 수 있는 정보 출처를 생각해보라.

연습 문제 15.7 식 15.24에 나온 인접 행렬 W에 대해서 동시 인용 행렬 $A = W^T W$와 동시 참조 행렬 $H = W^T W$를 구하라.

연습 문제 15.8 식 15.24에 나온 인접 행렬 W에 대해서 위상 벡터 $\vec{a}$와 허브 벡터 $\vec{h}$를 구하라.

연습 문제 15.9 랭빌과 메이어(Langville and Meyer, 2005)는 HIT가 수렴하는 성질을 보이고자 다음과 같은 예를 제시했다. 아래 인접 행렬에 대해서 위상 벡터 $\vec{a}$를 구하라. 최초 추정치 $\vec{a}^{(0)}$은 $\langle 1/2, 1/2, 1/2, 1/2 \rangle^T$다.

$$W = \begin{pmatrix} 0 & 0 & 0 & 0 \\ 1 & 0 & 0 & 0 \\ 1 & 0 & 0 & 0 \\ 0 & 1 & 1 & 0 \end{pmatrix} \tag{15.31}$$

최초 추정치를 $\vec{a}^{(0)} = \langle 1/\sqrt{3}, 1/3, 1/3, 2/3 \rangle^T$로 바꿔서 다시 계산해보자.

연습 문제 15.10 유명한 웹사이트에서 robots.txt 파일을 찾아보자. 접근이 막힌 페이지나 크롤러가 보이는가? 어째서 그런가?

연습 문제 15.11 MD5 알고리즘은 안전하지 않다고 알려졌다. 어떤 문자열에 대한 MD5 값과 똑같은 값을 만드는 다른 문자열을 만들 수 있기 때문이다. 악의적인 사이트가 어떻게 이 약점을 이용해서 웹 검색 서비스에 문제를 일으킬 수 있을까? 이에 관해 찾아보고 적절한 해결책을 제시하라.

연습 문제 15.12 "Google bombing"이라는 용어를 검색해보자. 검색엔진이 이 문제에 대처할 수 있는 방안을 제시하라.

연습 문제 15.13 (프로젝트 문제) 바랏과 브로더(Bharat and Broder, 1998)가 기술하고 걸리와 시뇨리니(Gulli and Signorini, 2005)가 개선한 기법을 사용해서 색인할 수 있는 웹의 규모를 추산해보라.

연습 문제 15.14 (프로젝트 문제) "크롤러 함정"을 구축해보자. 크롤러 함정이란 동적으로 내용을 만들어서 웹사이트 규모를 실제보다 훨씬 더 크게(수십억 페이지 정도로) 보이도록 하는 기법이다. 함정은 임의의 본문(연습 문제 1.13)과 함정이 만드는 다른 페이지를 임의로 가리키는 링크를 담은 무작위 페이지를 만들어내야 한다. URL은 난수 생성기에 쓸 씨앗값을 포함해서 같은 페이지는 항상 같은 내용을 돌려주도록 한다.

주의점: 실제 웹사이트에 함정을 설치하면 해당 사이트의 검색 결과에 악영향을 미치므로 주의해야 한다. 가급적 허락을 받고 설치하라. 함정을 설치할 때는 정상적인 크롤러가 함정 페이지를 수집하지 않도록 robots.txt에 규약을 추가하기 바란다.

15.10 참고문헌

Agichtein, E., Brill, E., and Dumais, S. (2006a). ImprovingWeb search ranking by incorporating user behavior information. In *Proceedings of the 29th Annual International ACM SIGIR Conference on Research and Development in Information Retrieval*, pages 19 – 26. Seattle, Washington.

Agichtein, E., Brill, E., Dumais, S., and Ragno, R. (2006b). Learning user interaction models for predicting Web search result preferences. In *Proceedings of the 29th Annual International ACM SIGIR Conference on Research and Development in Information Retrieval*, pages 3 – 10. Seattle, Washington.

Baeza-Yates, R., Boldi, P., and Castillo, C. (2006). Generalizing PageRank: Damping functions for link-based ranking algorithms. In *Proceedings of the 29th Annual International ACM SIGIR Conference on Research and Development in Information Retrieval*, pages 308 – 315. Seattle, Washington.

Bernstein, Y., and Zobel, J. (2005). Redundant documents and search effectiveness. In *Proceedings of the 14th ACM International Conference on Information and*

Knowledge Management, pages 736 – 743. Bremen, Germany.

Bharat, K., and Broder, A. (1998). A technique for measuring the relative size and overlap of public Web search engines. In *Proceedings of the 7th International World Wide Web Conference*, pages 379 – 388. Brisbane, Australia.

Bharat, K., and Henzinger, M. R. (1998). Improved algorithms for topic distillation in a hyperlinked environment. In *Proceedings of the 21st Annual International ACM SIGIR Conference on Research and Development in Information Retrieval*, pages 104 – 111.Melbourne, Australia.

Bianchini, M., Gori, M., and Scarselli, F. (2005). Inside PageRank. *ACM Transactions on Internet Technology*, 5(1):92 – 128.

Borodin, A., Roberts, G. O., Rosenthal, J. S., and Tsaparas, P. (2001). Finding authorities and hubs from link structures on the World Wide Web. In *Proceedings of the 10th International World Wide Web Conference*, pages 415 – 429. Hong Kong, China.

Brin, S., Motwani, R., Page, L., and Winograd, T. (1998). What can you do with a Web in your pocket? *Data Engineering Bulletin*, 21(2):37 – 47.

Brin, S., and Page, L. (1998). The anatomy of a large-scale hypertextual Web search engine. In *Proceedings of the 7th International World Wide Web Conference*, pages 107 – 117. Brisbane, Australia.

Broder, A. (2002). A taxonomy of Web search. *ACM SIGIR Forum*, 36(2):3 – 10.

Broder, A. Z., Glassman, S. C., Manasse, M. S., and Zweig, G. (1997). Syntactic clustering of the Web. In *Proceedings of the 6th International World Wide Web Conference*, pages 1157 – 1166. Santa Clara, California.

Büttcher, S., Clarke, C. L. A., and Soboroff, I. (2006). The TREC 2006 Terabyte Track. In *Proceedings of the 15th Text REtrieval Conference*. Gaithersburg, Maryland.

Carrière, J., and Kazman, R. (1997). WebQuery: Searching and visualizing the Web through connectivity. In *Proceedings of the 6th International World Wide Web Conference*, pages 1257 – 1267.

Carterette, B., and Jones, R. (2007). Evaluating search engines by modeling the relationship between relevance and clicks. In *Proceedings of the 21st Annual Conference on Neural Information Processing Systems*. Vancouver, Canada.

Chakrabarti, S. (2007). Dynamic personalized PageRank in entity-relation graphs. In *Proceedings of the 16th International World Wide Web Conference*. Banff, Canada.

Chakrabarti, S., Dom, B., Raghavan, P., Rajagopalan, S., Gibson, D., and Kleinberg, J. (1998). Automatic resource list compilation by analyzing hyperlink structure and associated text. In *Proceedings of the 7th International World Wide Web Conference*. Brisbane, Australia.

Chakrabarti, S., van den Burg, M., and Dom, B. (1999). Focused crawling: A new approach to topic-specific Web resource discovery. In *Proceedings of the 8th International World Wide Web Conference*, pages 545–562. Toronto, Canada.

Charikar, M. S. (2002). Similarity estimation techniques from rounding algorithms. In *Proceedings of the 34th Annual ACM Symposium on Theory of Computing*, pages 380–388. Montreal, Canada.

Cho, J., and Garcia-Molina, H. (2000). The evolution of the Web and implications for an incremental crawler. In *Proceedings of the 26th International Conference on Very Large Data Bases*, pages 200–209.

Cho, J., and Garcia-Molina, H. (2003). Effective page refresh policies for Web crawlers. *ACM Transactions on Database Systems*, 28(4):390–426.

Chung, C., and Clarke, C. L. A. (2002). Topic-oriented collaborative crawling. In *Proceedings of the 11th International Conference on Information and Knowledge Management*, pages 34–42. McLean, Virginia.

Clarke, C. L. A., Agichtein, E., Dumais, S., and White, R. W. (2007). The influence of caption features on clickthrough patterns in Web search. In *Proceedings of the 30th Annual International ACM SIGIR Conference on Research and Development in Information Retrieval*, pages 135–142. Amsterdam, The Netherlands.

Clarke, C. L. A., Scholer, F., and Soboroff, I. (2005). The TREC 2005 Terabyte Track. In *Proceedings of the 14th Text REtrieval Conference*. Gaithersburg, Maryland.

Cohn, D., and Chang, H. (2000). Learning to probabilistically identify authoritative documents. In *Proceedings of the 17th International Conference on Machine Learning*, pages 167–174.

Craswell, N., and Hawking, D. (2004). Overview of the TREC 2004 Web Track. In *Proceedings of the 13th Text Retrieval Conference*. Gaithersburg, Maryland.

Craswell, N., Hawking, D., and Robertson, S. (2001). Effective site finding using link anchor information. In *Proceedings of the 24th Annual International ACM SIGIR Conference on Research and Development in Information Retrieval*, pages 250 – 257. New Orleans, Louisiana.

Craswell, N., Robertson, S., Zaragoza, H., and Taylor, M. (2005). Relevance weighting for query independent evidence. In *Proceedings of the 28th Annual International ACM SIGIR Conference on Research and Development in Information Retrieval*, pages 416 – 423. Salvador, Brazil.

Cucerzan, S., and Brill, E. (2004). Spelling correction as an iterative process that exploits the collective knowledge of Web users. In *Proceedings of the Conference on Empirical Methods in Natural Language Processing*, pages 293 – 300.

Dasgupta, A., Ghosh, A., Kumar, R., Olston, C., Pandey, S., and Tomkins, A. (2007). The discoverability of theWeb. In *Proceedings of the 16th International World Wide Web Conference*. Banff, Canada.

Davidson, B. D. (2000). Recognizing nepotistic links on the Web. In *Proceedings of the AAAI-2000 Workshop on Artificial Intelligence for Web Search*, pages 23 – 28.

Dupret, G., Murdock, V., and Piwowarski, B. (2007). Web search engine evaluation using clickthrough data and a user model. In *Proceedings of the 16th International World Wide Web Conference Workshop on Query Log Analysis: Social and Technological Challenges*. Banff, Canada.

Edwards, J., McCurley, K., and Tomlin, J. (2001). An adaptive model for optimizing performance of an incremental Web crawler. In *Proceedings of the 10th International World Wide Web Conference*, pages 106 – 113. Hong Kong, China.

Golub, G. H., and Van Loan, C. F. (1996). *Matrix Computations* (3rd ed.). Baltimore, Maryland: Johns Hopkins University Press.

Gulli, A., and Signorini, A. (2005). The indexable Web is more than 11.5 billion pages. In *Proceedings of the 14th International World Wide Web Conference*. Chiba, Japan.

Gyöngyi, Z., and Garcia-Molina, H. (2005). Spam: It's not just for inboxes anymore. *Computer*, 38(10):28 – 34.

Gyöngyi, Z., Garcia-Molina, H., and Pedersen, J. (2004). Combating Web spam with TrustRank. In *Proceedings of the 30th International Conference on Very Large*

Databases, pages 576 – 584.

Haveliwala, T., and Kamvar, S. (2003). *The Second Eigenvalue of the Google Matrix*. Technical Report 2003-20. Stanford University.

Haveliwala, T. H. (2002). Topic-sensitive PageRank. In *Proceedings of the 11th International World Wide Web Conference*. Honolulu, Hawaii.

Hawking, D., and Craswell, N. (2001). Overview of the TREC-2001 Web Track. In *Proceedings of the 10th Text REtrieval Conference*. Gaithersburg, Maryland.

Hawking, D., Upstill, T., and Craswell, N. (2004). Toward better weighting of anchors. In *Proceedings of the 27th Annual International ACM SIGIR Conference on Research and Development in Information Retrieval*, pages 512 – 513. Sheffield, England.

Henzinger, M. (2006). Finding near-duplicateWeb pages: A large-scale evaluation of algorithms. In *Proceedings of the 29th Annual International ACM SIGIR Conference on Research and development in Information Retrieval*, pages 284 – 291. Seattle, Washington.

Heydon, A., and Najork, M. (1999). Mercator: A scalable, extensible web crawler. *World Wide Web*, 2(4):219 – 229.

Ivory, M. Y., and Hearst, M. A. (2002). Statistical profiles of highly-rated Web sites. In *Proceedings of the SIGCHI Conference on Human Factors in Computing Systems*, pages 367 – 374. Minneapolis, Minnesota.

Jansen, B. J., Booth, D., and Spink, A. (2007). Determining the user intent of Web search engine queries. In *Proceedings of the 16th International World Wide Web Conference*, pages 1149 – 1150. Banff, Canada.

Jeh, G., and Widom, J. (2003). Scaling personalized Web search. In *Proceedings of the 12th International World Wide Web Conference*, pages 271 – 279. Budapest, Hungary.

Joachims, T., Granka, L., Pan, B., Hembrooke, H., and Gay, G. (2005). Accurately interpreting clickthrough data as implicit feedback. In *Proceedings of the 28th Annual International ACM SIGIR Conference on Research and Development in Information Retrieval*, pages 154 – 161. Salvador, Brazil.

Joachims, T., and Radlinski, F. (2007). Search engines that learn from implicit feedback. *IEEE Computer*, 40(8):34 – 40.

Jones, R., Rey, B., Madani, O., and Greiner, W. (2006). Generating query substitutions. In *Proceedings of the 15th International World Wide Web Conference*, pages 387 – 396. Edinburgh, Scotland.

Kamvar, S. D., Haveliwala, T. H., Manning, C. D., and Golub, G. H. (2003). Extrapolation methods for accelerating PageRank computations. In *Proceedings of the 12th International World Wide Web Conference*, pages 261 – 270. Budapest, Hungary.

Kellar, M., Watters, C., and Shepherd, M. (2007). A field study characterizing web-based information-seeking tasks. *Journal of the American Society for Information Science and Technology*, 58(7):999 – 1018.

Kelly, D., and Teevan, J. (2003). Implicit feedback for inferring user preference: A bibliography. *ACM SIGIR Forum*, 37(2):18 – 28.

Kleinberg, J. M. (1998). Authoritative sources in a hyperlinked environment. In *Proceedings of the 9th Annual ACM-SIAM Symposium on Discrete Algorithms*, pages 668 – 677. San Francisco, California.

Kleinberg, J. M. (1999). Authoritative sources in a hyperlinked environment. *Journal of the ACM*, 46(5):604 – 632.

Langville, A. N., and Meyer, C. D. (2005). A survey of eigenvector methods of Web information retrieval. *SIAM Review*, 47(1):135 – 161.

Langville, A. N., and Meyer, C. D. (2006). *Google's PageRank and Beyond: The Science of Search Engine Rankings*. Princeton, New Jersey: Princeton University Press.

Lawrence, S., and Giles, C. L. (1998). Searching the World Wide Web. *Science*, 280:98 – 100.

Lawrence, S., and Giles, C. L. (1999). Accessibility of information on the Web. Nature, 400:107 – 109.

Lee, U., Liu, Z., and Cho, J. (2005). Automatic identification of user goals in Web search. In *Proceedings of the 14th International World Wide Web Conference*, pages 391 – 400. Chiba, Japan.

Lempel, R., and Moran, S. (2000). The stochastic approach for link-structure analysis (SALSA) and the TKC effect. *Computer Networks*, 33(1-6):387 – 401.

Liu, Y., Fu, Y., Zhang, M., Ma, S., and Ru, L. (2007). Automatic search engine performance evaluation with click-through data analysis. In *Proceedings of the 16th International World Wide Web Conference Workshop on Query Log Analysis: Social and Technological Challenges*, pages 1133–1134. Banff, Canada.

Marchiori, M. (1997). The quest for correct information on the Web: Hyper search engines. In *Proceedings of the 6th International World Wide Web Conference*. Santa Clara, California.

Metzler, D., Strohman, T., and Croft, W. (2006). Indri TREC notebook 2006: Lessons learned from three Terabyte Tracks. In *Proceedings of the 15th Text REtrieval Conference*. Gaithersburg, Maryland.

Najork, M., and Wiener, J. L. (2001). Breadth-first search crawling yields high-quality pages. In *Proceedings of the 10th International World Wide Web Conference*. Hong Kong, China.

Najork, M. A. (2007). Comparing the effectiveness of HITS and SALSA. In *Proceedings of the 16th ACM Conference on Information and Knowledge Management*, pages 157–164. Lisbon, Portugal.

Najork, M. A., Zaragoza, H., and Taylor, M. J. (2007). HITS on the Web: How does it compare? In *Proceedings of the 30th Annual International ACM SIGIR Conference on Research and Development in Information Retrieval*, pages 471–478. Amsterdam, The Netherlands.

Ng, A. Y., Zheng, A. X., and Jordan, M. I. (2001a). Link analysis, eigenvectors and stability. In *Proceedings of the 17th International Joint Conference on Artificial Intelligence*, pages 903–910. Seattle, Washington.

Ng, A.Y., Zheng, A. X., and Jordan, M. I. (2001b). Stable algorithms for link analysis. In *Proceedings of the 24th Annual International ACM SIGIR Conference on Research and Development in Information Retrieval*, pages 258–266. New Orleans, Louisiana.

Ntoulas, A., Cho, J., and Olston, C. (2004). What's new on the Web?: The evolution of the web from a search engine perspective. In *Proceedings of the 13th International World Wide Web Conference*, pages 1–12.

Olston, C., and Najork, M. (2010). Web crawling. *Foundations and Trends in Information Retrieval*.

Olston, C., and Pandey, S. (2008). Recrawl scheduling based on information longevity. In *Proceedings of the 17th International World Wide Web Conference*, pages 437–446. Beijing, China.

Page, L., Brin, S., Motwani, R., and Winograd, T. (1999). *The PageRank Citation Ranking: Bringing Order to the Web*. Technical Report 1999-66. Stanford InfoLab.

Pandey, S., and Olston, C. (2008). Crawl ordering by search impact. In *Proceedings of the 1st ACM International Conference on Web Search and Data Mining*. Palo Alto, California.

Qiu, F., and Cho, J. (2006). Automatic identification of user interest for personalized search. In *Proceedings of the 15th International World Wide Web Conference*, pages 727–736. Edinburgh, Scotland.

Rafiei, D., and Mendelzon, A. O. (2000). What is this page known for? Computing Web page reputations. In *Proceedings of the 9th International World Wide Web Conference*, pages 823–835. Amsterdam, The Netherlands.

Richardson, M., and Domingos, P. (2002). The intelligent surfer: Probabilistic combination of link and content information in PageRank. In *Advances in Neural Information Processing Systems 14*, pages 1441–1448.

Richardson, M., Prakash, A., and Brill, E. (2006). Beyond PageRank: Machine learning for static ranking. In *Proceedings of the 15th International World Wide Web Conference*, pages 707–715. Edinburgh, Scotland.

Rivest, R. (1992). *The MD5 Message-Digest Algorithm*. Technical Report 1321. Internet RFC.

Robertson, S., Zaragoza, H., and Taylor, M. (2004). Simple BM25 extension to multiple weighted fields. In *Proceedings of the 13th ACM International Conference on Information and Knowledge Management*, pages 42–49. Washington, D.C.

Rose, D. E., and Levinson, D. (2004). Understanding user goals in web search. In *Proceedings of 13th International World Wide Web Conference*, pages 13–19. New York.

Spink, A., and Jansen, B. J. (2004). A study of Web search trends. *Webology*, 1(2).

Upstill, T., Craswell, N., and Hawking, D. (2003). Query-independent evidence in home page finding. *ACM Transactions on Information Systems*, 21(3):286–313.

Wolf, J. L., Squillante, M. S., Yu, P. S., Sethuraman, J., and Ozsen, L. (2002). Optimal crawling strategies for Web search engines. In *Proceedings of the 11th International World Wide Web Conference*, pages 136–147. Honolulu, Hawaii.

Yi, K., Yu, H., Yang, J., Xia, G., and Chen, Y. (2003). Efficient maintenance of materialized top-k views. In *Proceedings of the 19th International Conference on Data Engineering*, pages 189–200.

16

XML 검색

문서를 XML으로 쓰면 정보 검색 시스템이 문서 구조를 활용해 적당한 개별 문서 요소를 결과로 낼 수 있을 것이다. XML 정보 검색 시스템은 사용자 질의를 받아, 단락, 절, 본문, 서지 정보 등을 섞어서 결과로 낸다. 매뉴얼이나 책 같이 매우 긴 문서가 문서 모음에 들어 있고, 사용자가 그중 가장 적합한 부분을 바로 찾아보려 할 때 이런 XML 정보 검색 시스템은 특히 쓸모가 있다.

16장은 이 책에서 나왔던 문서 구조와 관한 아이디어들을 발전시켜 완성하는 장이다. 우리는 1장에서 〈맥베스〉 등의 셰익스피어 희곡 문서 모음을 소개할 때 XML을 처음 살펴봤다(그림 1.2). 2장에서는 이 문서 모음을 예제로 썼고, 그 뒷장에서도 가끔씩 만나볼 수 있었다. 2.1.3절에서는 역색인을 다루면서 경량 구조를 지원하는 접근법을 소개했고, 5.2절에서는 이 방법을 확장하고 공식화했다. 8.7절에서는 텀이 있는 구조적 요소의 위치에 따라 가중치를 줌으로서, 확률 모델에 구조를 통합하는 방법을 살펴봤다. 여기서 제목이나 초록에 나타나는 텀들은 부록이나 각주에 나타나는 텀들보다 더 높은 가중치를 받는다. 15장에서는 웹 검색에서의 앵커 텍스트 및 링크 구조의 역할을 알아봤다.

16장에서는 XML 및 XML 정보 검색의 개념을 확장할 것이다. 16.1절은 XML의 재귀적 구조와 태그 내 속성 등, 15장에서 그냥 넘어갔던 XML의 기본 특성을 논한다. 이어서 16.2절에서는 데이터베이스 관점에서 XML 검색을 알아본다. 이 절에서는 XPath 질의 언어를 소개하는데, 이 언어는 특정 기준을 만족하는 XML 요소들의 집합을 검색하는 언어다. XPath 는 문서 검색에서 부울 대수$^{Boolean\ algebra}$가 하는 역할을 XML 검색에서 수행한다. 즉, 순위화 같은 추가적인 처리를 할 수 있도록 요소의 부분집합을 선택하는 작업이다. NEXI 질의 언어라는, XML 정보 검색 관련 문제를 풀고자 특별히 고안된 XPath의 변종도 다룰 것이다. 추가로 XML 문서를 조작하고 질의를 던지는 정교한 기능을 제공하는 XQuery 언어도 간략히 소개한다.

XPath, XQuery 및 XML 등 이 절에서 설명하는 언어들은 대부분 웹 기술 국제 표준 기구인 W3C$^{World\ Wide\ Web\ Consortium}$에서 발표한 표준이다. W3C는 웹사이트[1]를 통해 이런 공식 정의를 발표한다.

16장의 세 번째에서 다섯 번째 절까지는 이 책의 2부, 3부, 4부에 대응한다. 즉, 16.3절은 색인과 질의 처리 방법을, 16.4절은 순위화를, 16.5절은 평가를 다룬다. 색인 및 질의 처리는 6.2절의 경량 구조를 바탕으로 설명할 것이다.

순위 검색 및 평가에 관한 논의는 XML 검색 평가 이니셔티브$^{INEX,\ Initiative\ for\ the\ Evaluation\ of\ XML\ Retrieval}$[2]의 맥락을 따른다. 2002년 이후 INEX는 TREC과 마찬가지로, XML로 작성한 문서 모음을 대상으로 하는 정보 검색 기술을 제안하고 평가하는 실험적 포럼을 개최해왔다. INEX에는 매년 약 100여 개의 산업계와 학계 그룹이 참여한다. 2006년까지 INEX에서는 영어 위키피디아 문서들로 구성된 XML 문서 모음을 활용해왔다. NEXI 언어는 INEX에서의 노력으로 탄생했다.

XML 검색은 전통적인 데이터베이스 연구와 밀접하게 관련된 주제로, 분야가 광범위한 만큼 관점도 다양하다. 주요 데이터베이스 제품에서 XML을 지원하기는 하지만, 정보 검색에서 XML의 활용방법은 아직 확립되지 않았다. 그래서 16장은 앞장들과 비교할 때 자세한 설명보다는 개요에 머무를 것이다.

---

1   www.w3.org

2   www.inex.otago.ac.nz(2009년 12월 23일 기준)

16.1 XML의 기초

그림 16.1은 XML 형식의 저널 논문에서 발췌한 내용이다. 이 그림에는 앞장에서 나오지 않았던 XML 요소들이 몇 가지 있다. 먼저 문서는 XML 선언으로 시작하는데, 문서가 XML 표준 버전 1.0이고 UTF-8로 인코딩됐음을 뜻한다.

```
<?xml version="1.0" encoding="UTF-8"?>
```

각 요소는 ⟨name⟩ 형식의 시작 태그로 시작하며, ⟨/form⟩ 형식의 종료 태그로 끝난다. XML 시작 태그에는 다음과 같은 형태의 속성attribute이 하나 이상 포함될 수 있다.

attribute = value

그림에서 article 태그에는 서지 정보를 나타내는 속성이 있다.

```
<article journal="IEEE TKDE" volume="9" number="2" year="1997">
```

section 태그에는 섹션 번호를 가리키는 속성이 있다.

```
<section number="2">
```

속성 값은 작은 따옴표나 큰 따옴표로 감싸야 한다. 태그는 ⟨name/⟩ 형식도 쓸 수 있다. 이 형식은(그림에는 없다) 빈 요소 태그라 한다. 빈 요소 태그는 기본적으로 시작 태그를 열고 곧바로 종료 태그로 닫은 셈이다(⟨name⟩⟨/name⟩). 빈 요소 태그에 내용content은 없지만 속성은 있을 수 있다.

XML 문서에는 문자열 "<!--"로 시작하고 "-->"로 끝나는 주석을 둘 수 있다. 그림의 주석에는 해당 논문에 관한 간략한 정보가 담겨 있다. 응용 소프트웨어가 XML 문서를 생성하거나 수정할 때는 주석에 소프트웨어 이름이나 버전 번호를 기록하는 경우가 많다. 주석은 내용도 구조도 아니다. XML 처리 도구에서 주석 표시는 필수가 아니므로, 주석을 색인이나 검색에 활용하기에는 적절하지 않다.

```
<?xml version="1.0" encoding="UTF-8"?>
<article journal="IEEE TKDE" volume="9" number="2" year="1997">
    <!-- Foundational paper on inverted index compression -->
    <header>
        <title>Text Compression for Dynamic Document Databases</title>
        <author>Alistair Moffat</author>
        <author>Justin Zobel</author>
        <author>Neil Sharman</author>
        <abstract><p>For compression of text databases...</p>...</abstract>
    </header>
    <body>
        <section number="1">
            <title>Introduction</title>
            <p>Modern document databases contain vast quatities of text...</p>
            <p>There are good reasons to compress the text...</p>
            ...
        </section>
        <section number="2">
            <title>Reducing memory requirements</title>
            <p>In this section we assume a static text collection...</p>...
            <section number="1">
                <title>Method A</title>
                <p>The first method considered for choosing which words...</p>...
            </section>
        </section>
        ...
    </body>
</article>
```

그림 16.1 XML로 작성된 저널 논문

XML 요소는 중첩 구조여야 한다. 요소가 서로 중복overlap[3]되면 안 된다. 5.2절의 영역 대수에서는 이 규칙과 달리 겹침이 허용됐다. 실제로 HTML도 제한적이나마 중복을 허용한다. 예를 들어 다음과 같은 HTML 조각을 생각해보자.

---

3   시작 태그를 열고 나서 그에 대응하는 종료 태그로 닫기 전에 다른 시작 태그가 나온다. – 옮긴이

```
<p> Simple <b>example...<p>
<p> ...illustrating <em>overlapping</b> tags in </em> HTML. </p>
```

엄밀히 말해서 이 조각은 유효한 HTML이 아니지만, 그 의도는 명확하다. 대부분의 브라우저는 이 조각을 다음과 같이 잘 처리해서 출력한다.

```
Simple example...
...illustrating overlapping tags in HTML.
```

XML 요소가 중첩 구조여야 한다는 조건은, 엄밀하게는 계층 구조가 아닌 문서를 표현할 때는 어색할 수 있다(Hockey, 2004). 예를 들어 그림 1.2에 나온 〈맥베스〉 발췌문을 보면 6행과 8행 대사의 화자가 여럿이다. 그림 1.3의 XML에서는 이 대사의 (아마도 더 중요한) 시적 구조를 무시하고 여럿으로 쪼개서 계층 구조로 만들었다. 만약 다음과 같이 작성하면 8행의 시적 구조가 더 잘 반영될 것이다.

```
<SPEECH>
  <SPEAKER>First Witch</SPEAKER>
    <LINE>Where the place?
  </SPEECH>
  <SPEECH>
    <SPEAKER>Second Witch</SPEAKER>
                          Upon the heath.</LINE>
</SPEECH>
```

아쉽게도 이런 방식은 XML 문법에 맞지 않다.

　　XML이 요소 중복을 지원하지는 않지만, 재귀 구조는 지원한다. 그림 16.1에 나왔듯이, 섹션은 섹션을 포함하는 섹션을 포함할 수 있다. 이 재귀 구조 덕에 중첩의 최대 깊이를 미리 정의하지 않아도 하위 섹션과 하위 하위 섹션을 적절하게 집어넣을 수 있다.

　　XML 표준은 적격 문서well-formed document라는 개념을 정의한다. 적격 문서는 위에서 설명한 태그, 속성, 주석의 형식을 지정하는 규칙 외에도 여러 가지 제약 조건을 준수하는 문서다.

XML의 주요 특징 중 하나는 XML 적격 문서의 내용을 규정하는 구조적 메타데이터를 정의할 수 있는 기능이다. 이로써 어떤 요소가 다른 어떤 요소를 포함해야 하는지를 규정할 수 있다. 예를 들면 저널 논문article에는 항상 머리글header과 본문body이 들어가도록 규정할 수 있다. 또한 요소마다 허용되는 속성들을 지정할 수 있으며, 어떤 속성은 필수, 또 어떤 속성은 선택으로 둘 수도 있다. 논문의 예로 보자면 저널journal과 연도year 속성을 필수로 넣고 추가적으로 권volume과 호수issue number 속성을 지정할 수 있다. 속성 값에 추가 규칙을 둘 수도 있다. 예를 들면 섹션 번호가 자연수가 되도록 규정할 수 있다. XML의 구조적 메타데이터가 있으면, 검색 시스템은 이 메타데이터를 활용해서 질의 처리를 최적화할 수 있다.

XML의 구조적 메타데이터 정의에는 두 가지 표준이 있다. 첫째는 문서 형식 정의document type definition 또는 DTD라 하며, 더 오래되고 단순한 표준이다. DTD는 주로 XML의 구조를 정의하며, 요소들이 어떻게 중첩돼야 하는지, 어떤 속성을 가질 수 있는지 등을 규정한다. 두 번째는 XML 스키마XML Schema로, 더 복잡한 형식으로 요소 및 속성을 정의하는 기능을 제공한다. DTD는 XML의 기초인 옛 SGML 표준을 물려받았다. XML 스키마는 DTD의 한계를 극복하려고 새롭게 고안됐다. DTD로 표현되는 규정은 전부 XML 스키마로도 표현되지만, 그 반대는 아니다.

16.1.1 문서 형식 정의

그림 16.2는 그림 16.1의 저널 논문에 대한 DTD다. 설명을 단순하게 하려고 DTD에는 그림에 나온 요소와 속성만 담았다. 실제로 저널 논문에 관한 DTD에는 인용citation, 각주footnote, 그림figure, 표table, 캡션caption, 목록list, 수식equation, 참고문헌appendix 같이, 실제 구조에 대응되는 요소가 더 필요하다.

DTD의 시작은 XML 표준 버전 1.0을 준수한다는 선언이다. 나머지 DTD 부분은 수수께끼처럼 보이기는 하지만, 요소가 어떻게 중첩돼야 하고 무슨 속성이 포함될 수 있는지 설명하는, 문맥 자유 문법context-free grammar에 가까운 형식으로 돼 있다. ELEMENT 선언들은 그 문법에서의 규칙을 정의한다. 예를 들어 다음 선언은

```
<?xml version="1.0"?>
<!ELEMENT article (header body)>
<!ATTLIST article journal CDATA #REQUIRED>
<!ATTLIST article volume  CDATA #IMPLIED>
<!ATTLIST article number  CDATA #IMPLIED>
<!ATTLIST article year    CDATA #REQUIRED>
<!ELEMENT header (title, author+, abstract?)>
<!ELEMENT body (section+)>
<!ELEMENT title (#PCDATA)>
<!ELEMENT author (#PCDATA)>
<!ELEMENT section (title, p*, section*)>
<!ATTLIST section number CDATA #REQUIRED>
<!ELEMENT abstract (p)>
<!ELEMENT p (#PCDATA)>
```

그림 16.2 저널 논문에 대한 DTD(부분)

```
<!ELEMENT article (header, body)>
```

---

article 요소가 두 개의 자식 요소 header와 body를 포함한다는 규칙이다. 다음 선언은 header가 title, 하나 이상의 author, (선택적인) abstract 요소로 구성된다는 의미다.

```
<!ELEMENT header (title, author+, abstract?)>
```

요소 이름 다음에 오는 물음표("?")는 그 요소가 선택적임을 뜻한다. 요소 이름 뒤의 덧셈 기호("+")는 그 요소가 한 번 이상 나타난다는 뜻이다. 요소 이름 뒤의 별표("*")는 그 요소가 0번 또는 그 이상 나타난다는 의미다.

DTD에서 혼란스러운 점은 ELEMENT 선언 순서대로 요소 순서가 정해지지 않는다는 점이다. header 요소에서 title, author, abstract 요소는 어떤 순서로 쓰든 상관없다. header에서 abstract를 가장 먼저 놓고, 그 다음에 author, title를 적은 후에, 나머지 두 명의 author를 써도 아무런 문제가 없다. SGML에서 물려받은 특성 때문에 XML의 DTD에서는 순서를 지정할 수 없다.

다음 선언은 title이 텍스트만 포함될 수 있다는 선언이다.

```
<!ELEMENT title (#PCDATA)>
```

"#PCDATA"는 "구문 분석된 문자 데이터^{parsed character data}"를 줄여 쓴 표기로, 일반 텍스트를 가리킨다. 속성은 ATTLIST 선언으로 정의된다. 다음 선언은 section number가 section의 필수 속성임을 말한다.

```
<!ATTLIST section number CDATA #REQUIRED>
```

이 속성은 "CDATA" 타입인데, 마찬가지로 일반 텍스트라는 뜻이다. 속성 값이 자연수가 되도록 정하고 싶을지 모르겠지만, DTD에서는 표현할 수 없다.

왜 일반 텍스트를 요소 선언에서는 "#PCDATA"라고 쓰지만, 속성 선언에서는 "#CDATA"라고 쓸까? 그 답은 XML 구문 분석의 상세 내용과 관련이 있지만, 이 책의 범위를 벗어난다. 문맥 자유 문법으로서 DTD의 기본 개념이 비교적 간단하긴 하지만, 전부 설명하려면 책 한 장을 할애해야 한다.

DTD를 문서에 연결하려면 문서 형식 선언^{document type declaration}이 문서에 반드시 있어야 한다. DTD를 형식 선언에 바로 쓸 수도 있지만, 보통 별도의 파일에 저장하고 파일명으로 참조하는 편이 더 편리하다. 이렇게 하면 여러 문서가 쉽게 DTD를 공유할 수 있다. 예를 들면 그림 16.2의 DTD는 "article.dtd"라는 파일에 저장돼 있다. 그림 16.1의 XML 선언 바로 뒤에 추가된 다음 형식 선언이 그 파일을 참조하라는 뜻이다.

```
<!DOCTYPE article SYSTEM "article.dtd">
```

16.1.2 XML 스키마

XML 스키마는 요소와 속성에 관한 강력한 타입 구조를 지원한다. 이 절에서는 XML 스키마를 간략히 설명하려 한다. 전부 다 설명하려면 책 한 권이 필요하기 때문이다(van der Vlist, 2002). XML 스키마 내부에는 정수, 부동 소수, 날짜, 시간, 기간, URL등 다양한 내

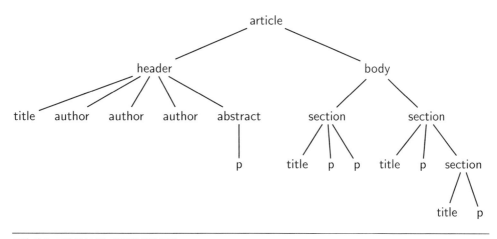

그림 16.3 그림 16.1 XML 문서의 트리 구조

장형 기본 타입들이 있다. 파생 타입은 이런 기본 타입에 제약 조건을 추가한다. 예를 들면 저널명 문자열에 최소 길이 조건을 설정할 수 있다. 복합 타입은 기본 타입, 파생 타입, 그 외 다른 복합 타입을 결합한 타입이다. 일예로 article과 header 내 요소의 순서를 복합 타입으로 지정할 수 있으며, volume 속성과 number 속성은 자연수 값을, year 속성은 연도 값이 되도록 조건을 추가할 수 있다.

16.2 경로, 트리, FLWOR

XML 요소는 중첩 구조를 따르므로 트리로 볼 수 있다. 그림 16.3은 그림 16.1의 문서의 트리 구조다. 그림 16.1의 문서 중에 일부만 트리로 표현했으며, 문제를 단순화하려고 나머지는 생략했다. 그림에는 나와 있지 않지만, 문서의 텍스트(즉, #PCDATA)는 그 텍스트를 포함하는 요소 밑에 붙은 말단 노드들로 볼 수 있다. 속성도 요소에 붙은 말단 노드로 생각할 수 있다. XML 문서를 트리로 보는 편이 자연스러우므로, XML 검색을 트리 매칭 또는 경로 매칭 문제로 바라보는 경우가 많다. XPath, NEXI, XQuery 등 주요 XML 질의 언어가 이 관점을 따른다.

16.2.1 XPath

XPath는 XML 문서에서 요소 및 기타 노드 집합을 정의하는 표준 표기법을 제공한다. W3C는 1999년 11월에 XPath 초기 버전(버전 1.0)을 확정해 발표했다.[4] XPath의 두 번째 버전(버전 2.0)은 새로운 XQuery 표준의 첫 번째 버전과 함께 2007년 1월에 확정돼 발표됐다.[5] XPath 2.0을 XQuery의 완전한 부분집합으로 두려고 한 결과, XPath 2.0은 XPath 1.0과 완전히 호환되지는 못한다. 다행히 호환이 안 되는 부분은 대부분 기본 데이터 모델의 상세 내용과 관련되므로 이 장의 간단한 예제에서는 걱정할 필요가 없다.

XPath는 경로 표현식이라 불리는, 문서 요소와 기타 노드 집합을 지정하는 표현식을 제공한다. 가장 간단한 경로 표현식은 요소 이름들을 슬래시 문자(/)로 구분한 형식이다. 예를 들어 다음 경로 표현식은 article의 body에 속하는 최상위 단계의 section 집합을 지정한다.

```
/article/body/section
```

마찬가지로 다음 경로 표현식은 두 번째 단계의 section들을 지정한다(부가 섹션).

```
/article/body/section/section
```

아래 경로 표현식은 최상위 단계의 section title을 정의한다.

```
/article/body/section/title
```

이 표기법은 의도적으로 유닉스 운영체제의 파일 경로나 URL의 경로 표기법과 비슷하게 만들었다.

XPath는 경로 표현식 외에도 산술, 논리, 문자열 표현식을 전부 지원하며, 다른 여러 가지 내장형 함수들도 제공한다. XPath는 이런 지능으로 다른 언어에 쉽게 통합될 수 있으

---

4   www.w3.org/TR/xpath

5   www.w3.org/TR/xpath20

며, 범용 표현 언어의 역할을 한다. 이런 종류의 언어에는 또 다른 W3C 표준인 스타일시트 언어 XSL과 XQuery가 있다. 또한 XPath 1.0은 요소 집합을 병합하는 연산을 지원하며, XPath 2.0에는 다른 집합 연산도 추가됐다.

경로 표현식에는 속성 값과 요소의 위치 값을 지정하는 서술식이 들어갈 수 있다. 예를 들어 다음 경로 표현식은 문서에서 두 번째 섹션을 가리킨다.

```
/article/body/section[2]
```

다음 경로 표현식은 속성 값이 2로 매겨진 최상위 섹션을 지정한다(바로 전 예와 같은 섹션이다).

```
/article/body/section[@number=2]
```

또한 서술식으로 요소와 속성의 내용을 참조할 수 있다. 다음 경로 표현식은 제목에 "memory requirements" 문자열을 포함하는 섹션을 가리킨다("./title"에서 마침표는 현재 노드를 가리킨다).

```
/article/body/section[contains(.title, "memory requirements")]
```

또한 이중 슬래시("//")로 표기되는, 자손 또는 자가 표기법^{descendant-or-self notation}으로 알려진 방법을 사용해 요소들을 "건너뛸" 수도 있다. 예를 들어 다음 표기법은 중첩의 깊이와 관계없이 article 내의 모든 섹션을 가리킨다.

```
/article//section
```

다음 경로 표현식은 모든 section title을 지정한다.

```
//section/title
```

위 예제는 경로 표현식의 맛보기에 지나지 않는다. XPath는 위에서 설명한 기능 외에도 조상^ancestor, 형제^sibling, 자손^descendant 노드를 탐색하는 데 쓰는 수많은 표기법들을 지원한다.

16.2.2 NEXI

XPath는 순위 검색을 지원하지 않는다. XPath는 2.2.3절의 부울 대수와 5.2절의 영역 대수처럼 완전 매칭만 지원한다. 즉, 경로 표현식은 표현식이 정의한 기준에 완전히 일치^matching하는 노드 집합을 정의한다는 뜻이다. 특히 XPath 표현식에서 contains 함수는 문자열 완전 매칭 함수다. 예를 들어 다음 경로 표현식은

```
//article//section[contains(.,"compression codes")]
```

"compression codes" 문자열과 문자 그대로 일치하는 section이 나오도록 지정한다. XPath로는 "compression codes"와 (완전 일치하지는 않지만) 관련 있는 단락들의 순위 집합을 정의할 방법이 없다. NEXI^Narrowed Extended XPath I라는 XPath의 다른 버전은 트로트먼과 시귀르비외르든손(Trotman and Sigurbjornsson, 2004)이 이 문제를 해결하고자 개발했다. NEXI는 경로 표현식을 XPath의 표현식보다 좁혀서 순위 검색을 지원하는 확장 기능을 제공한다.

정보 검색에서는 요소에 문자열이 정확히 포함되는 요건이 덜 중요하기 때문에, NEXI는 경로의 하위나 자기자신을 뜻하는 표기법("//")만 지원한다. NEXI는 순위 검색을 정의하려고 contain 함수를 about(관련된) 함수로 교체한다. "compression codes"에 대한 article의 section들의 순위 리스트는 다음과 같은 경로 표현식을 써서 요청할 수 있다.

```
//article//section[about(.,"compression codes")]
```

NEXI는 경로 표현식에 대한 엄격한 해석과 느슨한 해석을 둘 다 수용한다. 엄격한 해석을 따르면 위 표현식의 답은 article의 section만을 포함할 것이다. 느슨한 해석에서는 구조 정보를 사용자 요구사항에 관한 힌트로 본다. 즉, 위 경로 표현식은, 사용자가 article의 section을 선호하긴 하지만, 검색 시스템이 paragraph 같은 다른 요소도 자유롭게 반환할 수 있음을 뜻한다. 검색 시스템은 요소들을 순위화할 때, 사용자가 제공한 구조 힌트와 요

744

소 내용 사이에 균형을 맞춰서 전체 적합도를 결정해야 한다.

NEXI로는 경로 표현식에 "and" 및 "or" 부울 연산자를 쓸 수 있다. 예를 들어 다음 경로 표현식은

```
//article[about(.//p,"compression codes") and about(.//author, Moffat)]
```

모팻^{Moffat}이 쓴 논문 중에 "compression codes"가 나오는 단락^{paragraph; p}이 있는 논문^{article}들의 순위 리스트를 요청한다. NEXI에서는 구문에만 인용 부호를 쓰므로, "Moffat"은 인용 부호 없이 쓰였다. 그리고 NEXI는 경로 표현식에 별표("*")로 표시되는 와일드카드 문자를 허용한다. 예를 들어 다음 경로 표현식은

```
//section//*[about(.,"compression codes")]
```

section에 속하면서 "compression codes"에 대한 요소들의 순위 리스트를 요청한다. NEXI는 공식적인 W3C 표준은 아니지만 XML 정보 검색 커뮤니티에서 널리 받아들여지고 있다. 정보 검색 커뮤니티 밖에서는 상대적으로 잘 알려져 있지 않으나, XML 정보 검색의 활용 범위가 더 넓어진다면 상황이 바뀔지도 모른다.

16.2.3 XQuery

XQuery 언어를 잠깐 살펴보고 이 절을 마무리하려 한다. XQuery(또는 XML Query라고도 한다)는 XPath에 XML 문서를 조작하고 변환하는 기능을 확장한 언어다. 특히 XQuery는 XML을 동적으로 구성해 표현식의 출력 자체가 XML이 되도록 하는 표현식을 지원한다. XQuery 표현식은 노드 및 값들의 순서열에 적용된다. 순서열의 노드와 값은 각각 그와 연관된 타입과, 타입 체계를 제공하는 XML 스키마를 가져야 한다.

XQuery의 중심에는 FLWOR 표현식("플라워"라고 발음한다)이 있는데, FLWOR란 for, let, where, order by, return의 약어다. 이 약어는 FLWOR 표현식을 나타내면서 그 연산에 대한 힌트도 준다. FLWOR 표현식은 순서열 생성, 필터링, 정렬, 반복을 지원하는 기능을 제공한다. SQL의 선택문과 유사하게 FLWOR 표현식은 여러 XML 문서들의 조인^{join}을

계산할 수 있다.

FLWOR 표현식을 설명하고자 XQuery 표준에서 예제를 하나 가져와보자.[6] 다음과 같이 XML로 작성한 희곡 서지 정보가 있다고 하자.

```
<bib>
  <play>
    <author>Shakespeare</author>
    <title>Hamlet</title>
    <year>1599</year>
  </play>
  <play>
    <author>Beckett</author>
    <title>Waiting For Godot</title>
    <year>1949</year>
  </play>
  <play>
    <author>Shakespeare</author>
    <title>Macbeth</title>
    <year>1603</year>
  </play>
  <play>
    <author>Stoppard</author>
    <title>Rosencrantz and Guildenstern Are Dead</title>
    <year>1966</year>
  </play>
</bib>
```

그림 16.4의 FLWOR 표현식은, 이 데이터를 재구성해서 극작가[playwright]들을 그의 희곡[play] 목록과 같이 리스트로 만든다. 위 예제는 두 개의 중첩 표현식으로 구성된다. 바깥쪽 표현식은 극작가 리스트고, 안쪽 표현식은 특정 극작가가 쓴 희곡 리스트다. 이 표현식을 위의 서지 정보[bibliography]($bib 변수와 연결돼 있다)에서 실행하면 다음과 같은 출력이 나온다.

---

6   www.w3.org/TR/xquery

```
<works>
{
    for $a in fn:distinct-values($bib/play/author)
    order by $a
    return
        <playwright>
            <name> {$a} </name>
            <plays>
            {
                for $p in $bib/play[author = $a]
                order by $p/title
                return $p/title
            }
            </plays>
        </playwright>
}
</works>
```

그림 16.4 XQuery FLWOR 표현식

```
<works>
  <playwright>
    <name>Beckett</name>
    <plays>
      <title>Waiting For Godot</title>
    </plays>
  </playwright>
  <playwright>
    <name>Shakespeare</name>
    <plays>
      <title>Hamlet</title>
      <title>Macbeth</title>
    </plays>
  </playwright>
  <playwright>
    <name>Stoppard</name>
    <plays>
      <title>Rosencrantz and Guildenstern Are Dead</title>
```

```
    </plays>
  </playwright>
</works>
```

XQuery는 데이터베이스 이론 및 프로그래밍 언어론 연구에 강하게 영향을 받아, 복잡한 형식 의미와 정적 타이핑^{static typing}을 갖추고 있다. XQuery는 익히기 어렵다. XQuery 타입 체계가 복잡하긴 하지만, 놀랍게도 정적 타이핑은 선택 사항이다. 구현할 때는 타입 강조 정도를 마음대로 정할 수 있다. 즉, 질의가 실행되기 전에 정적으로나, 또는 실행 중에 타입 오류를 던지는 식으로 동적으로 처리할 수도 있다. 둘을 섞는 방법도 허용된다.

16.3 색인과 질의 처리

XML의 색인과 질의 처리는 5.2절의 영역 대수로 쉽게 다룰 수 없는 두 가지 중요한 문제를 야기한다. 첫 번째 문제는 요소들이 재귀적으로 중첩될 수 있다는 점이다. 다음 표현식의 답은

```
//section/section
```

중첩이나 깊이와 관계없이 다른 section에 포함된 모든 section들이 포함하게 된다. 그 답이 구간 집합으로 나타나거나, 다른 곳에서 중첩될 수는 있지만, GC 목록으로는 나타낼 수 없다. XPath 질의 처리 전략은 이런 재귀를 적절하게 처리해야 한다. 두 번째 문제는 XPath 표현식은 직접적인 포함 관계를 지정할 수 있다는 점이다. 다음 표현식의 답은

```
/article/body/section/p
```

최상위 단계의 section에 직접적으로 포함된 단락 p만 포함하고, 하위 section이나 하위 하위 section에 포함된 p는 포함하지 않는다. 반면 영역 대수와 달리 XPath는 겹치는 구조에 대한 조건이 없다. 요소들은 중첩 구조여야 하므로, 문서들은 트리로 간주할 수 있다.

재귀 구조와 직접 포함 관계를 다루도록, 역목록 ADT(75쪽)를 확장해서 포스팅 목록의

각 요소들이 트리에서 시작^{start} 위치, 종료^{end} 위치, 깊이^{depth}의 세 가지 값으로 된 튜플이 되도록 만든다.

$$(start, end, depth)$$

영역 대수와 달리, 요소의 시작 및 종료 태그는 개별 포스팅 목록을 가지지 않으며, 결합된 포스팅 목록을 공유한다. 한 요소에서 튜플 내 시작 위치는 시작 태그의 위치를 가리키며, 종료 위치는 종료 태그의 위치를 가리킨다. 단어와 같은 다른 토큰의 경우, 시작 및 종료 위치는 같으며, 토큰의 위치를 가리킨다. 이 확장 포스팅 목록에서 튜플은 시작 위치로 정렬된다.

예를 들어 그림 2.1의 〈맥베스〉의 역색인으로 돌아가보면, play들에 대한 확장된 포스팅 목록은 다음과 같다.

$$\{(3, 40508, 1), (40511, 75580, 1), ..., (1234602, 1271504, 1)\}$$

이 포스팅 목록에서 깊이는 항상 1인데, play의 최상위 요소로만 나타나지만 포스팅 목록의 모든 튜플에 대해 그 깊이가 같을 필요는 없기 때문이다. 예를 들어 speech(대사)에 대한 확장된 포스팅 목록은 다음과 같다.

$$\{(312, 470, 4), (471, 486, 4), ..., (506542, 506878, 3), ..., (1271273, 1271498, 4)\}$$

대사들은 보통 깊이 4로, play의 act(막)의 scene(장면) 안에 있지만, play의 prologue(서막)에서는 깊이 3에서 나타난다. "witch(마녀)"에 대한 포스팅 목록은 다음과 같다.

$$\{(1598, 1598, 6), (27555, 27555, 6), ..., (432149, 432149, 4), ..., (1245276, 1245276, 6)\}.$$

"witch"는 깊이 6에서 speaker(화자)로 나오거나, 깊이 4에서 persona(배우) 리스트 안에 있을 수 있다. 이렇게 확장하고자 역목록 ADT의 네 가지 메서드를 다음과 같이 수정한다.

first(*term*)	주어진 *term*에 대한 첫 번째 튜플을 반환한다.
last(*term*)	주어진 *term*에 대한 마지막 튜플을 반환한다.
next(*term, current*)	현재(*current*) 위치 다음에서 첫 번째 튜플을 반환한다.
prev(*term, current*)	현재(*current*) 위치 전에서 마지막 튜플을 반환한다.

실제 값으로 예를 들면 다음과 같다.

$$\textbf{first}(\text{``PLAY\_"}) = (3, 40508, 1)$$

$$\textbf{last}(\text{``SPEECH\_"}) = (1271273, 1271498, 4)$$

$$\textbf{next}(\text{``SPEECH\_"}, 400) = (471, 486, 4)$$

$$\textbf{prev}(\text{``witch"}, 20000) = (1598, 1598, 6)$$

이 수정된 역색인은 구조적 메타데이터에서 얻은 지식과 결합해서 효율적으로 XPath 표현식을 계산한다. 예를 들어 그림 16.5의 코드는 다음 경로 표현식을 그림 16.1처럼 저널 논문에 대해 계산한다.

```
//section//section
```

그림 16.2의 DTD을 보면 section들이 재귀적이어서, 이 경로 표현식은 비어 있지 않은 해 집합을 가진다. section을 포함하는 모든 section을 명시적으로 찾기보다는, 해 집합의 일부를 구성하는 section만 최상위 단계에서 나타나지 않는 섹션뿐이라는 점에 유의하자. 따라서 이 코드는 최상위 section들을 차례대로 처리하면서, 깊이와 관계없이 그 안에 포함된 모든 section을 보고한다.

1행에서 첫 번째 section은 튜플 (u, v, d)에 저장된다. 이 section은 그 시작 위치가 가장 낮은 값이기 때문에 최상위 section이어야 한다. 2행에서는 해 집합의 요소가 될 수 있는 첫 번째 후보 section이 튜플 (u', v', d')에 저장된다. 3행에서 8행까지의 루프는 후보 section을 차례대로 조사하면서, 그 section이 현재 최상위 section에 속하는지 판단한다.

```
1    (u, v, d) ← first("⟨section⟩")
2    (u', v', d') ← next("⟨section⟩", u)
3    while u < ∞ do
4        if v' < v then
5            report the interval [u',v']
6            (u', v', d') ← next("⟨section⟩", u')
7        else
8            (u, v, d) ← (u', v', d')
```

그림 16.5 경로 표현식 //section//section을 푸는 코드

```
1      (u, v, d) ← first("⟨section⟩")
2      while u < ∞ do
3          (u', v', d') ← next("⟨p⟩", u)
4          while v' < v do
5              if d' = 4 then
6                  report the interval [u',v']
7              (u', v', d') ← next("⟨p⟩", u')
8          (u, v, d) ← next("⟨section⟩", v)
```

그림 16.6 경로 표현식 //article/body/section/p를 푸는 코드

만약 그렇다면 5행에서 보고한다. 만약 그렇지 않다면, 8행에서 그 section이 새로운 최상위 section이 된다. section을 보고할 때는 사용자에게 보여주거나, 아니면 대부분 추가 처리를 위해 저장해 두게 된다. 해를 계산하는 데 깊이 값이 필요 없다는 점에 주목하자.

그림 16.6에 다음의 경로 표현식의 해를 구하려고 깊이 값을 사용하는 코드가 나와 있다.

```
/article/body/section/p
```

DTD를 보면 section은 article의 body 내에만 속하므로, 이 경로 표현식을 계산할 때는 article과 body는 명시적으로 고려할 필요가 없음을 알게 된다. 이 경로 표현식이 만족되려면 해 집합의 $p^{\text{paragraph}}$ 하나는 최상위 section 바로 밑에 속해야 한다. DTD를 보면 그런 p는 반드시 깊이 4에 위치해야 한다. 이 코드는 첫 번째 최상위 section에서 시작해서 (1행), 최상위 section들을 순차 검사하며 section에 포함되는 깊이 4에 위치한 p를 보고한다(2행에서 8행). 한 최상위 section에서 다음으로 이동하고자, 8행에서는 현재 최상위 section의 다음 section을 찾는 메서드 호출로 하위 section을 건너 뛴다. 4행에서 7행까지는 현재 최상위 section에 속한 p들을 순차 검색하면서, 깊이 4에서 나타나는 p만 보고한다(5행에서 7행).

16.4 순위 검색

XML의 순위 검색은 지원되는 질의 유형에 따라 구별되는 두 가지 문제로 바라볼 수 있다. 첫째는 표준적인 문서 검색에서 텀 벡터에 관련해서 문서 순위를 매기듯이, XML 검색은 텀 벡터로 표현되는 질의에 관련해서 요소들의 순위를 매기는 작업으로 보는 문제다. 예를 들면 텀 벡터 ⟨"text", "compression"⟩이 있을 때, 검색 시스템이 이 질의에 대한 적합도 확률에 따라 순위가 매겨진 요소 리스트를 반환한다.

두 번째 관점에서 질의는 NEXI 같은 언어의 경로 표현식으로 표현된다. 요소들은 내용과 구조를 같이 고려해 순위를 매긴다. 질의로 정의되는 구조는 엄격한 필터나 더 느슨한 힌트로 해석된다. 필터로 해석될 때는, 경로 표현식이 지정한 구조와 정확히 일치하는 요소들만 결과 리스트에 오른다. 느슨하게 해석될 때는, 정보 검색 시스템은 구조와 내용 사이에 잠재적으로 경쟁하는 요건들 사이에 균형을 잡아야 한다. 다음 경로 표현식을 생각해 보자.

```
/article/body/section[about(./title,"memory requirements")]
```

엄격하게 해석하면 검색 시스템은 "memory requirements"에 대한 제목의 적합도에 따라서 순위가 매겨진 최상위 section만 반환하도록 제한된다. 느슨하게 해석하면 검색 시스템은 다른 요소들보다 section에 더 우선순위를 주고 그 제목에 나타나는 질의 텀들에 더 큰 가중치를 부여할 수 있지만, 하위 섹션, 하위 하위 섹션, 단락 및 기타 요소들을 자유롭게 반환할 수 있다.

INEX 전문 용어로는 텀 벡터에 따라 요소들을 순위화하는 문제를 '내용 전용 태스크content-only task' 또는 CO 태스크라 한다. 경로 표현식에 따라 요소들을 순위화하는 문제는 '내용과 구조 태스크content-and-structure task' 또는 CAS 태스크라 부른다. CO 태스크의 질의들은 CAS 질의의 특별한 경우로 취급할 수 있다. CO 태스크에서 텀 벡터 ⟨$t_1, t_2, ..., t_n$⟩가 주어졌을 때, 다음 CAS 질의와 동일하게 볼 수 있다.

```
//*[about(.,"t1 t2 tn")]
```

연구 논문에서 CAS 질의 순위화 방법이 여러 가지 제안됐지만, 이 문제는 여전히 잘 이

해되지 않고 있고, 제안된 방법들 중 누구도 확실한 승자로 떠오르지 못했다. 한 가지 간단하면서 합리적인 CAS 질의 처리 방법은, 2단계 검색 과정을 도입해서 구조와 내용을 별도로 처리하는 방법이다. 첫 단계에서는 결과를 요소들의 부분집합으로 제한하는 필터로서 경로 표현식을 적용한다. 이 첫 단계에서 경로 표현식의 about 함수는 무시되고, 모든 요소들이 어떤 주제와도 동등하게 적합하다고 취급된다. 두 번째 단계에서는 질의 벡터가 이 방인들처럼 about 함수에서 나타나는 텀들로 구성된다. 그리고 첫 번째 단계에서 선택된 요소들이 이 텀 벡터에 따라 순위가 매겨진다. 예를 들어 다음 경로 표현식이 주어졌을 때,

```
/article/body/section[about(./title,"memory requirements")]
```

첫 번째 단계는 최상위 section 집합을 만들고, 두 번째 단계는 텀 벡터 〈"memory", "requirements"〉에 따라 그 section들의 순위를 매길 것이다. about 함수의 구조적 제약 조건은 순위화 함수가 받아들일 수도, 무시할 수도 있다. 마찬가지로 다음 경로 표현식에 대해서는,

```
//article[about(.//p,"compression codes") and about(.//author, Moffat)]
```

텀 벡터 〈"compression", "codes", "moffat"〉에 따라 article의 순위를 매기게 된다. 이 단순한 방법이 CAS 질의에서 이전 예제의 개별 author나 p 제약 조건 같은 일부 측면을 무시할 수 있지만, 일관되게 더 나은 성능을 보이는 다른 방법은 제시되지 않았다. 이 문제는 더 연구할 여지가 있다.

16.4절의 나머지 부분에서는 CO 태스크에 초점을 맞춘다. CAS 질의와 마찬가지로 CO 질의에 대한 순위화 방법론도 여러 논문으로 제안됐고 INEX에서 시험했다. 이런 방법들 중 나름의 장점이 있는 방법이 많았지만, BM25 같은 표준 순위 공식으로 개별 요소를 순위화하는 단순한 접근법보다 일관되게 더 나은 성능을 보이는 방법은 없었다. 이 접근법에서 요소들은 각각 별도의 문서처럼 취급된다. 그리고 나서 이 요소들의 문서 모음에 문서 순위화 방법을 적용한다.

문서 순위화 기법을 요소를 문서 모음에 적용할 때 몇 가지 문제가 곧바로 생긴다. 먼저 텍스트 조각이 여러 다른 요소에 속할 수 있다는 문제다. 예를 들면 그림 16.1의 저널

article에서 p, 하위 section, section, body 또는 article 그 자체의 일부가 텍스트 조각일 수 있다. 만약 이 요소들 각각을 검색에서 독립적인 "문서"로 본다면, 반복되는 텍스트가 텀과 문서 통계를 왜곡할 수 있다. 두 번째 문제는 이런 요소들(INEX 용어로는 "중복overlap"이라 한다)의 중첩 때문에 검색 결과에 과도한 중복이 나타날 수 있다는 점이다. 만약 어떤 단락 p의 적합도가 높다면, 그 단락 요소를 포함한 하위 section, section, body, article도 적합도가 높을 수 있지만 이 요소들을 전부 개별적으로 결과 리스트에 넣는다면 쓸모가 없다. 마지막 문제는 요소 유형들이 모두 다 검색 결과로 적합하지는 않다는 점이다. 단락 p나 section 같은 요소들은 사용자에게 적절하게 보여줄 수 있지만, 나머지 요소들은 그렇지 않다. 일례로 section title 요소 자체는 그 요소를 포함한 section보다 사용자가 훨씬 덜 유용하게 느낄 수 있다.

16.4.1 요소 순위화

문서 모음이 별도의 문서로 취급되는 XML 요소들로 구성됐다면, 특정 텀은 여러 다른 요소들에서 나타날 수 있다. 그림 16.1의 문서에서 2.1절의 첫 번째 단락 p에서 나타나는 "method"라는 텀을 생각해보자("The first method considered…"). 이 텀은 p, 하위 section, section, body, article의 일부로 볼 수 있다. 만약 이런 요소들을 각각 별도의 문서로 본다면, 이 "문서 모음"에서 "method"는 다섯 번 나타나는 셈이다.

XML 정보 검색의 맥락에서 표준적인 적합도 순위화 기법을 적용할 때, 텀 빈도 통계는 각 요소들에 대해 독립적으로 계산할 수 있다(Mass and Mandelbrod, 2004). 주어진 요소 e에 대해 그 텀 빈도 값 $f_{t,e}$는 요소 e에 텀 t가 나타나는 횟수로 계산한다. 동일한 텀이 여러 요소에 포함될 수 있지만, 텀 빈도 계산의 목적상 그 텀을 포함하는 요소마다 따로 출현한다고 친다. 대부분의 순위화 기법은 역문서 빈도와 같이 전체 문서 모음으로 계산한 전체 통계가 필요하다. 이러한 전체 통계를 계산할 때는 각 요소가 독립적인 문서인 것처럼 보면 안 된다. 주어진 텀이 그 텀을 포함하는 모든 요소들에서 반복된다는 가정 아래 역문서 빈도를 계산하는 방식은 적절하지 않은데, 어떤 텀을 포함한 요소의 숫자가 원본 XML의 구조적 배열에만 의존하기 때문이다(Vittaut et al., 2004; Kekäläinen et al., 2004). 대신 우리는 각 텀 출현이 이 부분집합에 있는 요소들 중 하나에 정확히 속하도록 요소의 부

표 16.1 IEEE 매거진 및 저널 논문으로 이뤄진 INEX 문서 모음에서, 질의 〈"text", "index", "compression", "algorithms"〉에 대해 순위를 매겼을 때 최상위 요소들. IDF 값은 각 article(논문) 요소를 하나의 문서로 취급해서 계산했다.

BM25 점수	문서 식별자	요소
32.000923	/co/2000/ry037.xml	/article[1]/body[1]
31.861366	/co/2000/ry037.xml	/article[1]
31.083460	/co/2000/ry037.xml	/article[1]/body[1]/section[2]
30.174324	/co/2000/ry037.xml	/article[1]/body[1]/section[5]
29.420393	/tk/1997/k0302.xml	/article[1]
29.250019	/tk/1997/k0302.xml	/article[1]/body[1]/section[1]
29.118382	/tk/1997/k0302.xml	/article[1]/body[1]
29.075621	/co/2000/ry037.xml	/article[1]/body[1]/section[3]
28.417294	/tk/1997/k0302.xml	/article[1]/body[1]/section[6]
28.106693	/tp/2000/i0385.xml	/article[1]
27.761749	/co/2000/ry037.xml	/article[1]/body[1]/section[7]
27.686905	/tk/1997/k0302.xml	/article[1]/body[1]/section[3]
27.584927	/tp/2000/i0385.xml	/article[1]/body[1]
27.273247	/co/2000/ry037.xml	/article[1]/body[1]/section[4]
27.186977	/tp/2000/i0385.xml	/article[1]/body[1]/section[1]
27.072521	/tk/1997/k0302.xml	/article[1]/body[1]/section[3]/section[1]
26.992224	/co/2000/ry037.xml	/article[1]/body[1]/section[5]/section[1]
. . .	. . .	. . .

분집합을 선택할 수 있다. 예를 들어 이 부분집합은 모든 article 요소들로 구성할 수 있을 것이다. 그러면 역문서 빈도와 다른 전체 통계는 이 부분집합에 대해 계산할 수 있다.

텀 빈도 및 역문서 빈도에 이 규칙을 사용하면, 표준적인 순위화 공식을 적용해서 요소들의 순위를 매길 수 있다. 표 16.1은 IEEE 매거진 및 저널 논문으로 구성된 INEX 문서 모음에서, INEX 주제 162("Text and Index Compression Alogorithms")에 대해 최상위를 차지한 요소들을 보여준다. 이 예시에서 원래 INEX 마크업은 그림 16.2의 DTD와 일치하도록 수정했다. 첫 번째 열은 BM25 점수, 두 번째 열은 문서 식별자, 세 번째 열은 해당 문서들 내 요소들이다. 모든 요소들은 세 건의 문서에서만 나온다. 문서 /tk/1997/k0302.xml은 그림 16.1에 나온 저널 논문이다.

16.4.2 중복 요소

표 16.1에서 설명한 바와 같이 표준 적합도 순위화 기법을 XML 요소 집합에 직접 적용하면 구조적으로 연관된 요소들이 상위를 다 채울 수 있다. 높은 점수를 받은 section은 높은 점수를 받은 단락 p들을 포함하고, 높은 점수를 받은 article에 속할 가능성이 높다. 사용자에게 이 요소들을 각각 별개의 결과로 보여준다면 그 사용자는 중복된 내용을 검토하는 데 상당한 시간을 낭비할 것이다.

한 가지 해결책은 트리에서 주어진 경로를 따라 가장 높은 점수를 받은 요소들만 보고하고, 더 낮은 순위에서 그 요소를 포함하거나 그 요소가 속하는 요소들은 제거하는 방법이다. 표 16.2는 이 접근법을 표 16.1에 적용한 결과로 나온 순위 리스트다. 세 요소를 제외하고는 모두 제거됐음을 볼 수 있다. 남은 요소 중 2개는 전체 article이고 1개는 article body다. INEX 문서 모음에 이 방법을 적용했을 때 article같이 더 큰 요소들이 우세를 보이는 점은 특이한 일이 아니다. INEX 문서 모음 내 논문들의 상당수는 좁은 분야를 다루고 있고, 문서 길이가 보통 만 단어 미만으로 길지 않다. 따라서 주제에 따라 전체 article이 높은 순위를 받는 경우가 많다.

게다가 주어진 경로를 따라 하나의 답만 보고하는 방식은 XML 정보 검색의 장점을 해친다. 예를 들어 바깥쪽 요소가 안쪽 요소에는 없는 정보를 상당히 많이 담고 있지만, 안쪽 요소가 질의 주제에 더 초점을 맞춰서 핵심 개념을 보여줄 수도 있다. 이런 경우에는 높은 순위 요소를 포함하거나, 그런 요소에 포함되는 요소를 보고하는 편이 합리적이다. 심지어 책 한 권 전체가 적합한 정보일 때도, 사용자는 그중 가장 중요한 단락을 찾아 시간을 절약하기를 원할 수 있다(Fuhr and Großjohann, 2001; Clarke, 2005).

표 16.2 표 16.1에서 중복을 제거한 후의 최상위 요소들

BM25 점수	문서 식별자	요소
32,000923	/co/2000/ry037.xml	/article[1]/body[1]
29,420393	/tk/1997/k0302.xml	/article[1]
28,106693	/tp/2000/i0385.xml	/article[1]
. . .	. . .	. . .

16.4.3 검색할 수 있는 요소

XML 정보 검색 시스템은 어떤 요소도 검색할 수 있지만, 검색 결과로는 적당하지 않은 요소가 많다. 요소에 텍스트가 매우 적을 때 보통 이런 경우가 발생한다(Kamps et al., 2004). 예를 들어 질의 텀만 포함하는 섹션 제목이 순위화 알고리즘에서 높은 점수를 받았지만, 그 요소만으로는 실제 섹션을 찾아보려는 사용자에게 주는 가치가 제한될 수 있다. 글꼴 변경같이 문서의 논리적 구조가 아니라 물리적 구조를 반영해서, 사용자에게 아무런 의미가 없거나 별다른 가치를 주지 못하는 요소도 있을 수 있다. XML 정보 검색 시스템이 효과적이려면, 내용이 충분하고, 스스로도 독립적인 대상이 되는 요소만 반환해야 한다(Pehcevski et al., 2004; Mass and Mandelbrod, 2003). 단락, 섹션, 하위 섹션, 초록 같이 표준적인 문서 구성 요소들은 이런 요건을 만족하는 경우가 많다. 하지만 제목, 이탤릭체로 표시된 구문 같은 요소들은 그렇지 못하다.

16.5 평가

XML 검색 시스템은 12장에서 소개한 유효성 척도를 확장해서 평가한다. 유효성 척도를 확장하려면 앞 절의 순위화 방법과 동일한 문제, 특히 중복 문제를 풀어야 한다.

16.5.1 시험용 자료 모음

지금까지는 INEX가 XML 검색에서 유일하게 대규모로 평가를 시도한 곳이다. 2006년까지 INEX의 주 자료 모음은 1995년에서 2002년 사이의 IEEE 컴퓨터 소사이어티IEEE Computer Society의 매거진 및 저널에서 가져온 12,000건 이상의 논문으로 구성돼 있다. 그림 16.1은 이 자료 모음에서 전형적인 문서의 한 예다(INEX 자료 모음에서 사용한 마크업은 살짝 다르기는 하다). 자료 모음의 전체 크기는 대략 500MB다. 2006년에는 위키피디아 문서로 더 큰 자료 모음을 만들었다. 이 새로운 자료 모음은 영어로 된 600,000건 이상의 문서로 구성돼 있으며, 전체 크기는 4GB를 넘는다. 드노이어와 갈리나리(Denoyer and Gallinari, 2006)는 이 자료 모음의 구조와 생성 과정을 설명했다. 최근 몇 년 동안 세 번째 자료 모음이 개발돼 INEX 실험에 제한적으로 사용됐다. 이 자료 모음은 저작권이 만료된 50,000권의 책으로 구성돼 있고, 전체 크기는 50GB 이상이다(Wu et al., 2008).

INEX에서 생성한 주제와 판정들은 여러 참가자들이 협력해서 만들었다. 각 참가자 그룹은 두세 개의 주제를 만들며, INEX 주최자가 그 주제를 수집하고 검토한다. 주제 집합이 확정되면 주최자는 이 주제들을 각 그룹에 배포하고, 그룹들은 XML 요소의 순위 리스트를 주최자에게 제출한다. 평가 풀은 제출된 런에서 만들어진다. 참가자들은 주최 측이 제공한 평가 인터페이스를 사용해서 그들이 기여했던 주제에 대한 풀을 평가한다. 이 평가에 근거해서 주최자는 이후에 공식 결과가 되는 유효성 척도를 계산한다.

16.5.2 유효성 척도

중복은 검색 평가에 상당한 문제를 만들기 때문에 INEX 주최자와 참가자들은 INEX의 설립 이래로 계속 이 문제와 씨름해왔다(Kazai and Lalmas, 2006). 눈에 띄는 진전이 있긴 했지만 이 문제는 여전히 완전히 해결되지는 못했다. 게다가 XML 정보 검색은 되도록 관련 없는 정보를 거의 포함하지 않으면서도 주제에 관한 내용을 전부 담고 있는 요소를 찾는 문제이기 때문에, 단순히 개별 요소들을 "적합" 대 "비적합"으로 판정하는 정도로는 충분하지 않다. 그래서 평가 절차를 다루기 쉽게 유지하면서도 XML 정보 검색의 요건을 만족하는 척도를 개발하려는 시도가 여러 번 있었다.

그중 한 시도가 INEX의 적합도 평가에서 두 가지 차원을 채택한 일이다(Piwowarski and Lalmas, 2004). 각 요소는 이 차원들에 대해 독립적으로 판단된다. 첫 번째 차원인 완전성exhaustivity은 한 요소가 주제를 다루는 정도를 반영하는 차원이다. 그리고 두 번째 차원인 특수성specificity은 한 요소가 주제에 초점을 맞추는 정도를 반영하는 차원이다. 두 차원 평가에는 4점 척도 점수가 사용됐다. 따라서 (3,3) 요소는 완전성과 특수성이 높고, (1,3) 요소는 완전성은 낮고 특수성은 높으며, (0,0) 요소는 비적합이다.

이런 2차원 판정을 이용해서 기존 유효성 척도를 수정하려는 노력이 이어졌다. 초기 INEX 콘퍼런스에서 시도된 방법 하나가, 2.3절에서 설명한 평균 정밀도의 평균MAP, Mean Average Precison의 다른 버전이었다. 이 버전의 MAP은 다양한 정량화 함수를 이용해서, 완전성과 특수성 값에 따라 요소들에 다른 가중치를 줘서 전체 값을 조정한다. 예를 들어 엄격한 정량화 함수는 (3,3) 요소에 가중치 1을 주고, 나머지 요소는 전부 가중치 0을 준다. 이 버전의 값은 기본적으로 (3,3) 요소는 "적합", 다른 나머지 모든 요소들은 "비적합"으로 보았을 때의 표준 MAP 값이다. 다른 정량화 함수들은 완전성이나 특수성이 모자라서 "살짝 미달"인 요소들에 부분적인 점수를 주도록 설계됐다. 일반화 정량화 함수와 특수성 지향 일반화 함수는 둘 다 "적합도 정도에 따라"(Kazai et al., 2004) 요소들에 가중치를 준다(후자는 특수성에 더 큰 비중을 둔 함수다).

유감스럽게도 이 버전의 MAP은 중복에 불이익을 주지 않는다. 특히 일반화 및 특수성 지향 일반화 정량화 함수는 (3,3) 요소가 더 높은 순위일 때도 그 요소에 속한 요소들에 가중치를 줄 수 있다. 이 문제를 해결하려고 카자이 외(Kazai et al., 2004)와 카자이와 랄마스(Kazai and Lalmas, 2006)는 12.5.1절의 nDCG를 확장해서, XCG라는 XML 누적 이득 척도를 개발했다. XCG 척도는 이상적인 이득 벡터와, 순위 리스트의 누적 이득을 비교한다. 이 이상적인 이득 벡터는 주어진 경로를 따라 가장 좋은 요소만 남기고 중복을 제거해서 만든 적합도 판정에서 구성된다. 따라서 XCG 척도는 중복을 피하는 검색 런에 보상을 하게 된다.

좀 더 최근의 INEX 콘퍼런스에서는 평가자가 문서에서 적합한 부분을 강조 표시하는 방식으로 적합도 판정을 했다. 요소들의 순위 리스트를 판정할 때, 재현율은 강조 표시된 텍스트가 검색된 비율로 계산할 수 있고 정밀도는 검색된 텍스트가 강조 표시된 비율로 계산할 수 있다.

16.6 더 읽을거리

XML은 정보 검색의 경계를 훨씬 뛰어넘는 중요성을 지닌, 유명한 웹 표준이다. 데이터 저장 및 교환을 위해 XML을 사용하는 애플리케이션들은 매우 많으며 또 점점 많아지고 있다. 예컨대 마이크로소프트 오피스 2007과 오픈오피스 생산성 제품군이 기본 문서 형식으로 XML을 사용한다. 대부분의 주요 데이터베이스 업체는 전통적인 관계형 DB를 확장해서 XML을 지원한다. XML 입문서는 기초(Tittel and Dykes, 2005)부터 전문 정보(Evjen et al., 2007)까지 많이 있다.

1990년대 후반에 데이터베이스 연구자들은 여러 XML 질의 언어들을 개발하고 평가했는데, 그중에 스탠포드의 로렐Lorel 언어(Abiteboul et al., 1997), INRIA의 YATL 언어(Cluet et al., 2000), 퀼트Quilt 언어(Chamberlin et al., 2000)가 주목할 만하다. XQuery 버전 1.0이 2007년까지 확정되지 않기는 했지만, 몇 년 새 이 연구는 XQuery의 예비 표준으로 통합됐다. 멜턴과 벅스턴(Melton and Buxton, 2006)이 XPath, XQuery 및 기타 XML 질의 방법에 관해 읽기 쉽고 자세한 설명을 썼다.

XQuery 1.0 표준에는 XML 문서를 업데이트하는 기능이 없다. 이 기능은 2008년 8월 WC3가 발표한 XQuery 업데이트 기능 1.0에서 추가됐다. 최근 W3C는 XQuery와 XPath로 "전체 텍스트" 확장에 대한 권고안을 제안했다. 이 권고안은 제한적인 요소 순위화 지원과 함께 키워드 및 부울 검색을 위한 확장 기능을 담고 있다.

경로 표현식을 효율적으로 계산하려면 전문화된 색인이 필요하다. 알칼리파 외(Al-Khalifa et al., 2002)는 질의와 문서 트리 사이의 효율적인 패턴 부합을 위해 구조적 색인을 연구했다. 장 외(Zhang et al., 2001)는 전통적인 관계형 데이터베이스 시스템의 맥락에서 경로 표현식의 부분집합을 계산하는 방법을 제안했다. 브루노 외(Bruno et al., 2002)는 이 연구를 확장해서, 작은 질의 트리(잔가지twig라 부름)를 XML 문서 모음을 나타내는 훨씬 더 큰 트리에 패턴 매칭하는 알고리즘을 연구했다. 전체론적 잔가지 조인holistic twig join이라 불리는 이 알고리즘은 역순위를 활용해서 경로 표현식을 푸는 기초적인 방법이다. 16.3절에서 설명한 역순위 확장 ADT는 그 데이터 구조를 기반으로 한다.

경로 표현식을 푸는 많은 후속 연구들이 전체론적 잔가지 조인 알고리즘을 토대로 한다. 장 외(Jiang et al., 2003)는 전체론적 잔가지 조인의 효율성을 개선하는 방법을 제시했다. 카우식 외(Kaushik et al., 2004)는 전체론적 잔가지 조인을 구조적 조인과 결합해서 구조적 정보를 더 잘 활용하도록 만들었다. 루 외(Lu et al., 2005)는 전체론적 잔가지 조인 처리를 위한 알고리즘 개선과 확장을 제안했다. 고틀롭 외(Gottlob et al., 2005)는 트리 매칭을 넘어서 XPath 질의의 자세한 의미를 고려했다. 장 외(Zhang et al., 2006)는 경로 표현식의 해답 후보 집합들을 빠르게 찾아내는 방법으로서, 문서의 하위 구조를 특성 기반으로 색인하는 방법을 제안했다.

데이터베이스 커뮤니티에서 순위 검색은 종종 "상위-k" 검색이라 불린다. 시오벌드 외(Theobald et al, 2008)는 XML 및 기타 구조화된 데이터에서 상위-k 검색의 색인 구조와 질의 처리 방법을 연구했으며, 여기에는 XML 전체 텍스트 확장 지원이 포함된다. 트로트 먼(Trotman, 2004)은 XML 및 기타 구조화된 문서에서 순위 검색의 색인 구조에 관해 다른 제안을 했다. XML 정보 검색 연구는 INEX 주최자 및 참가자의 노력으로 크게 속도를 내게 됐다. INEX에서 진행 중인 활동은 이제 기본 검색 태스크를 벗어나서 엔티티 순위화, 질문 답변, 데이터 마이닝, 추출문 반환, 링크 분석 같은 주제로 확장됐다. 최근 연구에 관해 상세히 알려면 INEX 프로시딩을 찾아봐야 한다(Fuhr et al., 2007; 2008).

　　다른 XML 정보 검색 연구는 내용과 구조 사이에 트레이드오프에 특히 초점을 맞춘 광범위한 문제들을 다뤘다. 아메르-야히아 외(Amer-Yahia et al., 2005)는 여러 종류의 문서 모음에서 내용과 구조를 모두 설명하는 XML 검색에 대한 효율적인 질의 처리 방법을 기술하고 평가했다. 캄프스 외(Kamps et al., 2006)는 구조와 내용을 모두 참조하는 질의를 가장 잘 표현하는 방법을 검토했다. 레토넨(Lehtonen, 2006)은 여러 종류의 문서 모음에서 XML 정보 검색과 관한 문제를 연구했다. 추-캐롤 외(Chu-Carroll et al., 2006)는 XML 문서 모음에서 시맨틱 검색을 위한 XML 기반 질의 언어를 제안했다. 아메르-야히아와 랄마스(Amer-Yahia and Lalmas, 2006)는 2006년까지의 XML 정보 검색 연구에 관한 짧은 조사 논문을 썼다.

　　XML 정보 검색의 평가 방법론 연구도 이어졌다. 카자이 외(Kazai et al., 2005)는 INEX 검색 평가의 맥락에서 중복 문제를 상세하게 해설하고, 여러 가지 평가 척도를 제안했다. 완전성과 특수성에 관한 더 많은 정보는 피보바르스키와 랄마스의 저작(Piwowarski and Lalmas, 2004)에서 찾아볼 수 있으며, 이 개념에 대한 상세한 근거도 나와 있다. 카자이와 랄마스(Kazai and Lamas, 2006)는 nDCG 척도를 XML 정보 검색 평가에 적용하는 문제를 면밀히 분석했다. 피보바르스키 외(Piwowarski et al., 2008)는 INEX에서 배운 교훈들을 요약하면서 XML 정보 검색 평가에 관해 많은 내용을 논의했다. 알리 외(Ali et al., 2008)는 중복의 영향하에서 사용자의 검색 이력을 고려하는 XML 정보 검색 평가의 틀을 개발했다.

　　이상적인 XML 정보 검색 시험용 자료 모음이라면, INEX의 두 가지 주요 자료 모음인 IEEE 문서와 위키피디아 문서에 비해 더 이질적이어야 한다. INEX의 두 자료 모음은 DTD 하나로 자료 모음 내 모든 문서들이 설명된다. 그리고 자료 모음 내 문서들의 크기도 비슷하다. 각 문서는 짧은 시간 안에 모두 읽을 수 있을 만큼 짧다. 이상적인 XML 시험용 자료 모음은 크기도, DTD도 다른, 더 다양한 성질의 문서로 이뤄져야 한다. 그런 자료 모음에는 짧은 기사 외에도 책 같이 더 긴 문서도 포함될 것이다. 앞으로 이런 요건을 만족하는 새로운 XML 책 자료 모음이 나오리라고 본다(Wu et al., 2008; Koolen et al., 2009).

16.7 연습 문제

연습 문제 16.1 그림 1.3과 같이 셰익스피어 희곡의 구조와 일치하는 DTD를 만들어라.

연습 문제 16.2 경로 표현 /article/body/section/p는 그림 16.6의 5행-7행을 하위 section에 포함된 단락 p들을 건너뛰지 않도록 수정해서 깊이를 고려하지 않고 계산할 수 있다. 이 수정된 알고리즘을 적어라. 수정 버전이 그림 16.6의 버전보다 더 효율적인가?

연습 문제 16.3 그림 16.2의 DTD와 16.3절의 역색인 ADT를 가정하고, 표현식 /article/body/section/section를 계산하는 알고리즘을 적어라.

연습 문제 16.4 그림 16.2의 DTD와 16.3절의 역색인 ADT를 가정하고, 표현식 /article/body/section[2]를 계산하는 알고리즘을 적어라.

16.8 참고문헌

Abiteboul, S., Quass, D., McHugh, J., Widom, J., and Wiener, J. (1997). The Lorel query language for semistructured data. *International Journal on Digital Libraries*, 1(1):68–88.

Al-Khalifa, S., Jagadish, H. V., Patel, J. M., Wu, Y., Koudas, N., and Srivastava, D. (2002). Structural joins: A primitive for efficient XML query pattern matching. In *Proceedings of the 18th IEEE International Conference on Data Engineering*, pages 141–152.

Ali, M. S., Consens, M. P., Kazai, G., and Lalmas, M. (2008). Structural relevance: A common basis for the evaluation of structured document retrieval. In *Proceedings of the 17th ACM Conference on Information and Knowledge Management*, pages

1153 – 1162. Napa, California.

Amer-Yahia, S., Koudas, N., Marian, A., Srivastava, D., and Toman, D. (2005). Structure and content scoring for XML. In *Proceedings of the 31st International Conference on Very Large Data Bases*, pages 361 – 372. Trondheim, Norway.

Amer-Yahia, S., and Lalmas, M. (2006). XML search: Languages, INEX and scoring. *SIGMOD Record*, 35(4):16 – 23.

Bruno, N., Koudas, N., and Srivastava, D. (2002). Holistic twig joins: Optimal XML pattern matching. In *Proceedings of the 2002 ACM SIGMOD International Conference on Management of Data*, pages 310 – 321. Madison, Wisconsin.

Chamberlin, D., Robie, J., and Florescu, D. (2000). Quilt: An XML query language for heterogeneous data sources. In *Proceedings of WebDB 2000 Conference*, pages 53 – 62.

Chu-Carroll, J., Prager, J., Czuba, K., Ferrucci, D., and Duboue, P. (2006). Semantic search via XML fragments: A high-precision approach to IR. In *Proceedings of the 29th Annual International ACM SIGIR Conference on Research and Development in Information Retrieval*, pages 445 – 452. Seattle, Washington.

Clarke, C. L.A. (2005). Controlling overlap in content-oriented XML retrieval. In *Proceedings of the 28th Annual International ACM SIGIR Conference on Research and Development in Information Retrieval*, pages 314 – 321. Salvador, Brazil.

Cluet, S., Siméoni, J., and De Voluceau, D. (2000). YATL: A functional and declarative language for XML. Bell Labs, Murray Hill, New Jersey.

Denoyer, L., and Gallinari, P. (2006). The Wikipedia XML corpus. *ACM SIGIR Forum*, 40(1):64 – 69.

Evjen, B., Sharkey, K., Thangarathinam, T., Kay, M., Vernet, A., and Ferguson, S. (2007). *Professional XML (Programmer to Programmer)*. Indianapolis, Indiana: Wiley.

Fuhr, N., and Großjohann, K. (2001). XIRQL: A query language for information retrieval in XML documents. In *Proceedings of the 24th Annual International ACM SIGIR Conference on Research and Development in Information Retrieval*, pages 172 – 180. New Orleans, Louisiana.

Fuhr, N., Kamps, J., Lalmas, M., and Trotman, A., editors (2008). *Focused Access to XML Documents: Proceedings of the 6th International Workshop of the Initiative for the Evaluation of XML Retrieval*, volume 4862 of Lecture Notes in Computer

Science. Berlin, Germany. Springer.

Fuhr, N., Lalmas, M., Malik, S., and Szlávik, Z., editors (2005). *Advances in XML Retrieval: Proceedings of the 3rd International Workshop of the Initiative for the Evaluation of XML Retrieval*, volume 3493 of Lecture Notes in Computer Science. Berlin, Germany. Springer.

Fuhr, N., Lalmas, M., and Trotman, A., editors (2007). *Proceedings of the 5th International Workshop of the Initiative for the Evaluation of XML Retrieval*, volume 4518 of Lecture Notes in Computer Science.

Gottlob, G., Koch, C., and Pichler, R. (2005). Efficient algorithms for processing XPath queries. *ACM Transactions on Database Systems*, 30(2):444–491.

Hockey, S. (2004). The reality of electronic editions. In Modiano, R., Searle, L., and Shillingsburg, P. L., editors, *Voice, Text, Hypertext: Emerging Practices in Textual Studies*, pages 361–377. Seattle, Washington: University of Washington Press.

Jiang, H., Wang, W., Lu, H., and Yu, J. X. (2003). Holistic twig joins on indexed XML documents. In *Proceedings of the 29th International Conference on Very Large Data Bases*, pages 273–284. Berlin, Germany.

Kamps, J., de Rijke, M., and Sigurbjörnsson, B. (2004). Length normalization in XML retrieval. In *Proceedings of the 27th Annual International ACM SIGIR Conference on Research and Development in Information Retrieval*, pages 80–87. Sheffield, England.

Kamps, J., Marx, M., de Rijke, M., and Sigurbjörnsson, B. (2006). Articulating information needs in XML query languages. *ACM Transactions on Information Systems*, 24(4):407–436.

Kaushik, R., Krishnamurthy, R., Naughton, J. F., and Ramakrishnan, R. (2004). On the integration of structure indexes and inverted lists. In *Proceedings of the 2004 ACM SIGMOD International Conference on Management of Data*, pages 779–790. Paris, France.

Kazai, G., and Lalmas, M. (2006). eXtended cumulated gain measures for the evaluation of content-oriented XML retrieval. *ACM Transactions on Information Systems*, 24(4):503–542.

Kazai, G., Lalmas, M., and de Vries, A. P. (2004). The overlap problem in content-oriented XML retrieval evaluation. In *Proceedings of the 27th Annual International*

ACM SIGIR Conference on Research and Development in Information Retrieval, pages 72–79. Sheffield, England.

Kekäläinen, J., Junkkari, M., Arvola, P., and Aalto, T. (2004). TRIX 2004 — Struggling with the overlap. In *Proceedings of INEX 2004, pages 127–139. Dagstuhl, Germany*. Published in LNCS 3493, see Fuhr et al. (2005).

Koolen, M., Kazai, G., and Craswell, N. (2009). Wikipedia pages as entry points for book search. In *Proceedings of the 2nd ACM International Conference on Web Search and Data Mining*.

Lehtonen, M. (2006). Preparing heterogeneous XML for full-text search. *ACM Transactions on Information Systems*, 24(4):455–474.

Lu, J., Ling, T. W., Chan, C. Y., and Chen, T. (2005). From region encoding to extended Dewey: On efficient processing of XML twig pattern matching. In *Proceedings of the 31st International Conference on Very Large Data Bases*, pages 193–204. Trondheim, Norway.

Mass, Y., and Mandelbrod, M. (2003). Retrieving the most relevant XML components. In *Advances in XML Retrieval: Proceedings of the 3rd International Workshop of the Initiative for the Evaluation of XML Retrieval*, number 3493 in Lecture Notes in Computer Science, pages 53–58. Berlin, Germany: Springer.

Mass, Y., and Mandelbrod, M. (2004). Component ranking and automatic query refinement for XML retrieval. In *Proceedings of INEX 2004*, pages 53–58. Dagstuhl, Germany. Published in LNCS 3493, see Fuhr et al. (2005).

Melton, J., and Buxton, S. (2006). *Querying XML*. San Francisco, California: Morgan Kaufmann.

Pehcevski, J., Thom, J. A., and Vercoustre, A. (2004). Hybrid XML retrieval re-visited. In *Proceedings of INEX 2004*, pages 153–167. Dagstuhl, Germany. Published in LNCS 3493, see Fuhr et al. (2005).

Piwowarski, B., and Lalmas, M. (2004). Providing consistent and exhaustive relevance assessments for XML retrieval evaluation. In *Proceedings of the 13th ACM Conference on Information and Knowledge Management*, pages 361–370. Washington, D.C.

Piwowarski, B., Trotman, A., and Lalmas, M. (2008). Sound and complete relevance assessment for XML retrieval. *ACM Transactions on Information Systems*,

27(1):1–37.

Theobald, M., Bast, H., Majumdar, D., Schenkel, R., and Weikum, G. (2008). Topx: Efficient and versatile top-k query processing for semistructured data. *The VLDB Journal*, 17(1):81–115.

Tittel, E., and Dykes, L. (2005). *XML for Dummies* (4th ed.). New York: Wiley.

Trotman, A. (2004). Searching structured documents. *Information Processing & Management*, 40(4):619–632.

Trotman, A., and Sigurbjörnsson, B. (2004). Narrowed Extended XPath I (NEXI). In *Proceedings of INEX 2004*. Dagstuhl, Germany. Published in LNCS 3493, see Fuhr et al. (2005).

van der Vlist, E. (2002). *XML Schema: The W3C's Object-Oriented Descriptions for XML*. Sebastopol, California: O'Reilly.

Vittaut, J., Piwowarski, B., and Gallinari, P. (2004). An algebra for structured queries in Bayesian networks. In *Proceedings of INEX 2004*, pages 100–112. Dagstuhl, Germany. Published in LNCS 3493, see Fuhr et al. (2005).

Wu, H., Kazai, G., and Taylor, M. (2008). Book search experiments: Investigating IR methods for the indexing and retrieval of books. In *Proceedings of the 30th European Conference on Information Retrieval Research*, pages 234–245.

Zhang, C., Naughton, J., DeWitt, D., Luo, Q., and Lohman, G. (2001). On supporting containment queries in relational database management systems. In *Proceedings of the 2001 ACM SIGMOD International Conference on Management of Data*, pages 425–436. Santa Barbara, California.

Zhang, N., Özsu, M. T., Ilyas, I. F., and Aboulnaga, A. (2006). FIX: Feature-based indexing technique for XML documents. In *Proceedings of the 32nd International Conference on Very Large Data Bases*, pages 259–270. Seoul, South Korea.

부록

부록 A
컴퓨터 성능

2부에서 역색인에 관련된 다양한 기법의 성능 수치도 소개했다. 여러분이 이 수치를 올바르게 이해하도록 컴퓨터 성능의 중요한 측면을 간단히 짚어보고, 이 책에 나온 실험에서 사용한 컴퓨터 시스템의 주요 성능 특성을 요약해본다(표 A.1).

정보 검색 시스템은 대부분의 데이터베이스 시스템과 마찬가지로 컴퓨터의 한 부분에서 다른 부분으로 데이터를 옮기는 데 많은 시간을 쓴다. 그리고 그 성능은 대개 두 가지 요소로 결정된다. 바로 데이터 접근 지역성과 파이프라인 실행이다.

이 책에서 말하는 데이터 지역성이란 순차 접근 방식과 임의 접근 방식의 차이다. 순차 접근의 좋은 예는 5.1.2절에서 설명한 논리합 질의에 대한 텀 하나씩 처리하기^{term-at-a-time} 기법이다. 임의 접근의 좋은 예는 4.2절에서 소개한 정렬 기반 사전으로서, 이진 탐색으로 텀을 조회하도록 구현한다. 색인을 메모리에 저장하든 디스크에 저장하든 상관없이 지역성이 좋아지면 성능은 올라가기 마련이다. 따라서 순차 접근을 잘 활용할 수 있도록 데이터를 재배열할 수도 있다.

파이프라인 실행은 현대 마이크로프로세서의 한 특성으로, CPU가 n번째 명령어 I_n을 실행하는 도중에 다음 명령어 I_{n+1}의 실행을 시작하는 방식이다. 이를 가능하게 하려면 CPU가 I_n을 끝내기 전에 I_{n+1}의 주소를 알아야 한다. 만약 I_n이 분기 실행 명령("IF" 등)이면 다음 명령어 주소를 예측하기 어려워진다.

A.1 디스크 순차 접근과 임의 접근

하드 디스크 드라이브에서 순차 접근과 임의 접근의 차이는 명백하다. 디스크 드라이브가 데이터를 읽으려면 우선 헤드 위치를 데이터 시작 지점으로 옮겨야 하기 때문이다. 이 과정은 두 단계로 진행된다. 첫 번째로 헤드를 데이터가 저장된 트랙으로 이동한다(탐색 지연). 두 번째로 디스크가 회전해서 헤드가 읽을 데이터 시작 지점에 위치할 때까지 기다린다(회전 지연).

평균 회전 지연은 하드 드라이브의 회전 속도에 의해 결정된다. 디스크가 분당 7200번 회전한다면 한 번 회전하는 데 1/120초, 즉 약 8.3ms가 걸린다. 디스크에서 임의의 위치에 있는 데이터를 읽으려면 평균적으로 반 바퀴 회전하는 시간, 약 4.2ms를 기다려야 한다.

색인 작업에서 발생하는 평균 탐색 지연은 색인 크기에 영향을 받는다. 색인이 작으면 저장하는 디스크 트랙 수도 작으므로 연달아 색인에 접근할 때 헤드를 덜 움직여도 된다. 예를 들어, 실험에서 사용한 하드 드라이브의 평균 임의 접근 지연은 대략 12.8ms(탐색 지연 8.6ms, 회전 지연 4.2ms)이지만, GOV2 문서 모음을 사전 혼재 방식으로 구축(표 4.4 참고)했을 때 평균 조회 시간은 11.4ms에 불과했다. 총 색인 크기가 전체 디스크 용량의 13%

표 A.1 이 책에서 소개한 실험에 사용한 컴퓨터 시스템의 주요 성능 특성을 나열했다. 하드 디스크 드라이브 두 개를 RAID-0(striping)로 구성했다. 2부에서 소개한 색인/검색 실험에서 모든 디스크 작업은 RAID-0에서 수행했다.

CPU	
모델	1 × AMD Opteron 154, 2.8GHz
데이터 캐시	64 KB(L1), 1024 KB(L2)
TLB 캐시	40 entries(L1), 512entries(L2)
실행 파이프라인 길이	12단계
디스크	
총 크기	2 × 465.8GB
평균 회전 지연	4.2ms(7000rpm)
평균 탐색 지연	8.6ms
평균 임의 접근 지연	12.8ms(≈ 3600만 CPU 사이클)
순차 읽기/쓰기 처리량(단일 디스크)	45.5MB/초
순차 읽기/쓰기 처리량(RAID-0)	87.4MB/초
메모리	
총 크기	2048MB
임의 접근 지연	75ns(≈ 210 CPU 사이클)
순차 읽기/쓰기 처리량	3700MB/초

에 불과했기 때문이다.[1]

A.2 RAM 순차 접근과 임의 접근

주 메모리는 순차 접근과 임의 접근의 차이가 도드라지지 않는다. 주 메모리를 "임의 접근 메모리random access memory"라고 부르는 사실만 봐도 그 차이가 — 설령 있다손 치더라도 — 무시할 만하다는 사실을 뒷받침하는 것 같다. 하지만 실상은 그렇지 않다.

CPU와 메모리 사이에서 데이터를 전송할 때 캐시를 사용하면 더 빨라진다. 이 맥락에서 전송 속도와 가장 관련 있는 캐시는 다음 두 가지다.

- 데이터 캐시: 데이터 캐시는 CPU와 주 메모리 사이에 위치해서 최근 사용한 데이터 사본을 유지한다. 캐시는 64바이트 크기의 데이터를 저장하는 캐시 라인이라는 단위로 이뤄진다. 캐시 라인은 캐시가 메모리와 통신하는 최소 단위를 나타낸다. 어떤 프로세스가 RAM에서 한 바이트를 읽으면 캐시 라인 전체에 해당하는 데이터가 한꺼번에 캐시에 적재되고, 잇따른 작업이 같은 캐시 라인에 저장된 다른 바이트를 사용한다면 그 속도는 훨씬 빠를 것이다.

- 변환 참조 버퍼TLB, Translation Lookaside Buffer: 모든 현대 마이크로프로세서는 가상 메모리를 지원한다. 프로세스가 어떤 데이터에 접근하는 가상 주소는 그 데이터가 실제로 물리 메모리에 저장된 주소와 다르다. 가상 메모리를 물리 메모리로 변환하는 작업은 페이지 테이블이라는 자료 구조로 수행하며, 주소 변환은 보통 4KB나 8KB 크기의 페이지 단위로 일어난다.

가상 메모리 구현을 단순화하면 어떤 메모리 주소를 접근할 때 물리적 접근이 두 번 발생한다. 한 번은 가상 주소를 물리 주소로 변환하려는 페이지 테이블 접근이고, 또 한 번은 실제 데이터 접근이다. 두 번 접근하는 비용으로 인해 성능이 떨어지는 단점을 피하고자 프로세서는 변환 참조 버퍼라는 특별한 캐시를 둔다. 이 캐

---

1   다만 실험에 사용한 파일 시스템(ext3)이 색인을 디스크의 연속된 공간에 저장한다는 보장이 없다는 점에 유의하자. 실제로 색인이 완벽히 연속적으로 저장되지 않았을 가능성이 높고, 이는 다시 말하면 저장 연속성을 보장한다면 지연 시간이 더 줄어들 수도 있다는 뜻이다.

시의 역할은 최근 사용한 페이지 테이블 엔트리의 사본 저장이다.

데이터 캐시와 TLB 모두 캐시 미스가 일어나면 CPU 사이클 수십 개 이상을 소모할 만큼 비용이 커진다. 최악의 경우 메모리 접근으로 인해 TLB 미스는 물론 데이터 캐시 미스도 발생할 수 있다. 이 책의 실험에서 사용한 컴퓨터에서는 이처럼 양쪽 모두 캐시 미스가 일어나면 약 75나노초를 더 소모했으며, 이는 순차적으로 거의 300바이트를 읽을 수 있는 시간이다.

여러 가지 임의 접근 색인 연산이 데이터 캐시와 TLB 미스를 동시에 유발한다는 점을 짚고 넘어가자. 이것이 바로 6.4절에서 소개한 묶음 기법이 단지 검색엔진의 사전 크기를 줄일 뿐만 아니라 조회 성능도 향상시키는 이유다(표 6.12를 보라). 이 기법을 적용하면 사전을 조회할 때 이진 탐색에서 임의 메모리 접근 횟수가 줄어들기 때문이다.

A.3 파이프라인 실행과 분기 예측

파이프라인 실행은 적어도 1980년대 중반 인텔이 i386 마이크로프로세서 계열을 발표했을 때부터 CPU 설계의 표준 기법이 됐다. 기본 착상은 기계 명령어 하나가 CPU의 모든 실행 단계 요소를 동시에 점유하지는 않는다는 점이다. 따라서 명령어 실행 각 단계를 파이프라인화하면 CPU 사용률과 전체 성능이 향상된다.

세 단계로 단순화한 파이프라인을 생각해보자.

1. **명령어 인출**: 명령어를 메모리나 캐시에서 읽어서 CPU에 적재한다.
2. **부호화**: 메모리에 저장된 명령어 형식을 CPU가 실행할 수 있는 마이크로코드로 변환한다.
3. **실행**: 프로세서가 명령어를 실행하고, 그 결과로 CPU 레지스터와 메모리 내용을 갱신한다.

분기 없이 일직선으로 동작하는 프로그램을 수행한다면 이 세 단계 파이프라인은 항상 작업이 끊임없이 들어온다. 그러나 현재 파이프라인에서 수행 중인 어떤 명령어 I_n이 분기 명령이면 프로세서는 다음에 올 명령 I_{n+1}과 I_{n+2}의 주소를 미리 알 수 없으므로, I_n 실행을 마치기 전까지 명령어를 적재할 수 없다. 이런 경우 파이프라인은 막힌다.

현대 프로세서는 분기 예측이라는 기법을 적용해서 이 문제를 완화한다. 분기 예측이란 과거의 분기 실행 이력을 토대로 현재 분기 명령이 IF(조건이 참)로 분기할지 ELSE(조건이 거짓)로 분기할지 예측하는 기법이다. 예측한 결과에 해당하는 다음 명령어를 파이프라인에 미리 적재한다. 만약 예측이 틀리면 이미 I_{n+1}과 I_{n+2}에 대해 수행한 작업은 버리고 다른 명령어를 CPU로 적재해야 하므로 파이프라인 일부가 비게 된다.

분기 예측 정확도는 대개 90%를 넘지만, 어떤 연산 유형은 정확도가 그보다 훨씬 낮다. 6.3.1절에서 소개한 감마(γ) 코드를 떠올려보자. 복호기를 단순하게 구현하면 각 코드값의 일진 부분을 처리하려고 압축한 비트 순열을 한 비트씩 순서대로 검사해서 최초로 $\bar{1}$이 나오는 위치를 찾는다. 이 과정은 대략 다음과 같다.

```
1   bitPos ← 0
2   for i ← 1 to n do
3       k ← 1
4       while bitSequence[bitPos] = 0 do
5           bitPos ← bitPos + 1
6           k ← k + 1
7       현재 코드값을 해석하려면 다음 k 비트를 가져온다.
8       bitPos ← bitPos + k
```

2행의 조건 분기는 프로세서가 재빨리 루프를 반복한다는 사실(n이 크다고 가정하면)을 학습하기 때문에 문제가 별로 없다. 그러나 4행의 조건 분기는 예측하기 더 복잡하다. 포스팅 목록을 압축했는데, 전체 포스팅 중 절반은 감마 코드의 일진 부분값이 1(비트 순열로 $\bar{1}$)이고, 나머지 절반은 2(비트 순열로 $\overline{01}$)라고 가정해보자. 그러면 CPU는 4행 분기 수행의 1/3은 그 다음에 5행, 나머지 2/3는 다음에 8행을 수행할 것이다. 최적 방침은 항상 분기를 탄다는(즉, $bitSequence[bitPos]$가 $\bar{1}$이라는) 예측이므로, 예측 실패 비율은 33%에 이른다.

위에서 예를 든 단순한 세 단계 파이프라인에서 예측 실패 비율이 33%라는 건 그렇게 나쁘지 않아 보인다. 하지만 현대 마이크로프로세서의 실행 파이프라인은 십수 개 이상의 단계로 이뤄진다. 그러므로 예측 실패가 반복되면 프로세서 실행 속도를 현저하게 떨어뜨린다. 테이블 기반 복호화는 분기 예측 실패를 줄이기 때문에, 이를 비트 단위 복호화 방식 대신 사용해야 한다.

찾아보기

정보 검색의 이론과 실제

검색엔진을 구현하고 평가하는 방법

발 행 | 2021년 3월 31일

지은이 | 스테판 버처 · 찰스 클라크 · 고든 코맥
옮긴이 | 임 형 준 · 김 진 홍

펴낸이 | 권 성 준
편집장 | 황 영 주
편 집 | 조 유 나
디자인 | 윤 서 빈

에이콘출판주식회사
서울특별시 양천구 국회대로 287 (목동)
전화 02-2653-7600, 팩스 02-2653-0433
www.acornpub.co.kr / editor@acornpub.co.kr

책값은 뒤표지에 있습니다.